MICROECONOMÍA

Una introducción contemporánea

SEXTA EDICIÓN

William A. McEachern

Profesor de Economía

Universidad de Connecticut

THOMSON™

Australia • Brasil • Canadá • España • Estados Unidos • México • Reino Unido • Singapur

Microeconomía, 6a. edición.
William A. Mc Eachern

Vicepresidente editorial y de producción:
Miguel Ángel Toledo Castellanos

Editora de desarrollo:
Talia Delgadillo

Revisión técnica:
Dra. Leticia Armenta Fraire
ITESM
Campus Ciudad de México

Gerente de producción:
René Garay Argueta

Editora de producción:
Patricia Pantoja Valdez

Supervisora de manufactura:
Claudia Calderón Valderrama

Diseño de portada:
Perla López Romo

Traducción:
José Luis Núñez Herrejón
Traductor profesional

Impreso en México
Printed in Mexico
2 3 4 05 04

Para mayor información contáctenos en:
Séneca 53
Col. Polanco
México, DF, 11560

Puede visitar nuestro sitio en
http://www.thomsonlearning.com.mx

Esta obra se terminó de imprimir en enero del 2004
En los talleres de Litográfica Ingramex S.A. de C.V.
Centeno 162-1, Col. Granjas Esmeralda
C.P. 09810 México, D.F.

Traducido del libro *Microecomics. A Contemporary Introduction 6th edition*, publicado en inglés por South Western, ©2003
ISBN 0-324-07293-7
Datos para catalogación bibliográfica:
William McEachern
Microeconomía
ISBN 970-686-295-1
1. Arte y ciencia del análisis económico 2. Algunas herramientas del análisis económico 3. Análisis de la oferta y la demanda 4. Los actores económicos: familias, empresas, gobiernos y el resto del mundo 5. Elasticidad de la demanda y el precio 6. Elección y demanda del consumidor 7. Producción y costos en las empresas 8. Competencia perfecta 9. Monopolio 10. Competencia monopolística y oligopolio 11. Mercado de recursos 12. mercados de trabajo y sindicatos 13. Capital, interés y financiamiento corporativo 14. Costos de transacción, información imperfecta y comportamiento del consumidor 15. Regulación económica y actitud antimonopolio 16. Bienes y elección públicos 17. Externalidades y medio ambiente 18. Distribución del ingreso y pobreza 19. Comercio internacional

División Iberoamericana

México y América Central
Thomson Learning
Séneca 53
Col. Polanco
México, DF, 11560
Tel. 52 (55) 5281 29 06
Fax 52 (55) 5281 26 56
editor@thomsonlearning.com.mx

El Caribe
Thomson Learning
598 Aldebaran St.
00920, Altamira
San Juan, Puerto Rico
Tel. (787) 641 11 12
Fax (787) 641 11 19
thomson@coqui.net

Cono Sur
Buenos Aires, Argentina
thomson@thomsonlearning.com.ar

América del Sur
Thomson Learning
Calle 39 No. 24-09
La Soledad
Bogotá, Colombia
Tel. (571) 340 9470
Fax (571) 340 9475
clithomson@andinet.com

España
Paraninfo Thomson Learning
Calle Magallanes 25
28015 Madrid
España
Tel. 34 (0)91 446 3350
Fax 34 (0)91 445 6218
clientes@paraninfo.es

Acerca del autor

Desde que se unió a la Universidad de Connecticut en 1973, William A. McEachern es reconocido por la diversidad de cátedras que imparte sobre fundamentos de economía en esa institución. En 1980 inició un proyecto de talleres de enseñanza por todo el país. En el 2000, la Sociedad de Alumnos de la Universidad de Connecticut le otorgó el Galardón a la Excelencia Docente.

William McEachern ha publicado diversos libros y monografías sobre finanzas públicas, política pública y organización industrial. Sus investigaciones han aparecido también en diversas publicaciones periódicas, entre las que se encuentran *Economic Inquiry*, *National Tax Journal*, *Journal of Industrial Economics*, *Kyklos* y *Public Choice*. Es editor fundador del boletín *The Teaching Economist*, el cual está orientado a la enseñanza de la economía a nivel universitario. También es editor fundador de la publicación *The Connecticut Economy: A University of Connecticut Quarterly Review*.

El autor de este libro ha prestado asesoría a los gobiernos federal, estatal y municipal en materia de política; además, dirigió una comisión bipartidista dedicada al análisis de las finanzas de Connecticut. Sus comentarios y estudios han servido de base en distintas investigaciones realizadas por los diarios *The New York Times*, *London Times, The Wall Street Journal, Christian Science Monitor, USA Today* y la revista *Reader's Digest.*

Originario de Portsmouth, N.H., William McEachern obtuvo su licenciatura con honores en el Holy Cross College, pasó tres años en el ejército y obtuvo su maestría y doctorado en la Universidad de Virginia.

Para Pat

Contenido breve

INTRODUCCIÓN A LA ECONOMÍA

1 Arte y ciencia del análisis económico 1
2 Algunas herramientas del análisis económico 26
3 Análisis de la oferta y la demanda 45
4 Los actores económicos: familias, empresas, gobierno y el resto del mundo 69

PARTE 2

INTRODUCCIÓN AL SISTEMA DE MERCADO

5 Elasticidad de la demanda y la oferta 89
6 Elección y demanda del consumidor 115
7 Producción y costos en las empresas 139

PARTE 3

ESTRUCTURA DEL MERCADO Y PRECIO

8 Competencia perfecta 164
9 Monopolio 193
10 Competencia monopolística y oligopolio 216

PARTE 4

MERCADOS DE FACTORES

11 Mercados de factores 239
12 Mercados de trabajo y sindicatos 259
13 Capital, interés y financiamiento de las corporaciones 281
14 Costos de transacción, información imperfecta y comportamiento del mercado 298

PARTE 5

FRACASO DEL MERCADO Y POLÍTICA PÚBLICA

15 Regulación económica y actividad antimonopolio 317
16 Bienes públicos y elección pública 339
17 Externalidades y medio ambiente 357
18 Distribución del ingreso y pobreza 381

PARTE 6

MICROECONOMÍA INTERNACIONAL

19 Comercio internacional 402

Contenido

PARTE 1

INTRODUCCIÓN A LA ECONOMÍA

CAPÍTULO 1
Arte y ciencia del análisis económico 1

El problema económico: escasez de recursos pero necesidades ilimitadas 2
Recursos 2 Bienes y servicios 3 Agentes económicos 4 Un modelo simple de flujo circular 4

Arte del análisis económico 6
Autointerés racional 6 La elección requiere tiempo e información 6 El análisis económico es un análisis marginal 7 Microeconomía y macroeconomía 7

Ciencia del análisis económico 8
Papel de la teoría 8 Método científico 8 Normativo *versus* positivo 10 Los economistas narran historias 11 *Caso de estudio: Un yen por las máquinas vendedoras* 11 Predicción del comportamiento promedio 12 Algunas trampas o fallas del análisis económico 12 Si los economistas son muy inteligentes, ¿por qué no son ricos? 13 *Caso de estudio: Especialidad universitaria e ingresos profesionales* 14

Apéndice: Cómo entender las gráficas 19
Dibujo de gráficas 19 Pendiente de líneas rectas 21 Pendiente, unidades de medida y análisis marginal 21 Pendiente de líneas curvas 22 Cambios en las líneas 24

CAPÍTULO 2
Algunas herramientas del análisis económico 26

Elección y costo de oportunidad 27
Costo de oportunidad 27 *Caso de estudio: Costo de oportunidad de asistir a la universidad* 27 El costo de oportunidad es subjetivo 28 Costos hundidos y elección 30

Especialización, ventaja comparativa e intercambio 30
Ley de la ventaja comparativa 30 Ventaja absoluta y ventaja comparativa 31 Especialización e intercambio 32 División del trabajo y beneficios de la especialización 32 *Caso de estudio: La evidencia de la especialización es muy amplia* 33

Posibilidades de producción de la economía 34
La eficiencia y la frontera de posibilidades de producción 34 Ineficiencia y producción inalcanzable 35 Forma de la frontera de las posibilidades de producción 36 ¿Qué puede afectar la frontera de las posibilidades de producción? 36 ¿Qué se puede aprender de la FPP? 38 Tres preguntas que cada sistema económico debe contestar 38

Sistemas económicos 39
Capitalismo puro 39 Sistema autoritario puro 40 Economías mixtas y transicionales 40 Economías basadas en las costumbres o en la religión 41

CAPÍTULO 3
Análisis de la oferta y la demanda 45

Demanda 46
Ley de la demanda 46 Tabla de demanda y curva de demanda 47

Cambios en la curva de demanda 49
Cambios en el ingreso del consumidor 49 Cambios en los precios de bienes relacionados 50 Cambios en las expectativas del consumidor 50 Cambios en el número o composición de los consumidores 51 Cambios en los gustos del consumidor 51

Oferta 52
Tabla de oferta y curva de oferta 52

Cambios en la curva de oferta 53
Cambios en la tecnología 53 Cambios en los precios de los recursos relevantes 54 Cambios en los precios de los bienes alternativos 54 Cambios en las expectativas del productor 54 Cambios en el número de productores 55

Demanda y oferta crean un mercado 55
Mercados 55 Equilibrio del mercado 56

Cambios en el precio y cantidad de equilibrio 57
Cambios en la curva de demanda 57 Desplazamientos de la curva de oferta 58 Cambios simultáneos en la curva de demanda y de oferta 59 *Caso de estudio: El mercado del básquetbol profesional* 61

Desequilibrio en los precios 63
Precio piso 63 Precio techo 63 *Caso de estudio: El negocio de los juguetes no es un juego de niños* 64

CAPÍTULO 4
Los actores económicos: familias, empresas, gobierno y el resto del mundo 69

La familia 70
Evolución de la familia 70 Las familias maximizan la utilidad 70 Las familias como oferentes de recursos 71 Las familias como demandantes de bienes y servicios 72

La empresa 72
La evolución de la empresa 73 ¿Por qué todavía existe la producción familiar? 73 *Caso de estudio: La cabaña electrónica* 74 Tipos de empresas 75 Instituciones no lucrativas 76

El gobierno 77
El papel del gobierno 77 Estructura del gobierno y sus objetivos 79 Tamaño y crecimiento del gobierno de Estados Unidos 80 Fuentes de los ingresos del gobierno 81 Principios de los impuestos e incidencia fiscal 82

El resto del mundo 83
Comercio internacional 83 Tipos de cambio 84 Restricciones al comercio 84 *Caso de estudio: Las ruedas de la fortuna* 85

PARTE 2
INTRODUCCIÓN AL SISTEMA DE MERCADO

CAPÍTULO 5
Elasticidad de la demanda y la oferta 89

Elasticidad precio de la demanda 90
Cálculo de la elasticidad precio de la demanda 90 Categorías de la elasticidad precio de la demanda 92 Elasticidad e ingreso total 92 Elasticidad precio y la curva de demanda lineal 93 Curvas de demanda de elasticidad constante 94

Determinantes de la elasticidad precio de la demanda 96
Disponibilidad de sustitutos 96 Proporción que un consumidor gasta de su presupuesto en un bien 97 Cuestión de tiempo 97 Estimaciones de la elasticidad 98 *Caso de estudio: Desaliento a los jóvenes fumadores* 99

Elasticidad precio de la oferta 101
Categorías de la elasticidad de la oferta 101 Determinantes de la elasticidad de la oferta 103

Otras medidas de elasticidad 104
Elasticidad ingreso de la demanda 104 Caso de estudio: El mercado de alimentos y el problema agrícola 105 Elasticidad precio cruzada de la demanda 108

Apéndice: La elasticidad precio y la incidencia de impuestos 112
Elasticidad de la demanda e incidencia de impuestos 112
Elasticidad de la oferta e incidencia de impuestos 113

CAPÍTULO 6
Elección y demanda del consumidor 115

Análisis de la utilidad 116
Gustos y preferencias 116 Ley de la utilidad marginal decreciente 117

Medición de la utilidad 117
Unidades de utilidad 118 Maximización de la utilidad en un mundo sin escasez 119 Maximización de la utilidad en un mundo con escasez 120 Condiciones para la maximización de la utilidad 121 *Caso de estudio: Agua, agua por doquier* 122 Ley de la demanda y la utilidad marginal 123 Excedente del consumidor 124 Demanda del mercado y excedente del consumidor 126 *Caso de estudio: El valor marginal de la atención médica gratuita* 127

La función del tiempo en la demanda 129

Apéndice: Curvas de indiferencia y maximización de la utilidad 133
Preferencias del consumidor 133
Línea de presupuesto 135
Equilibrio del consumidor sobre la tangente 136
Efectos de un cambio en el precio 136
Efectos sustitución e ingreso 137

CAPÍTULO 7
Producción y costos en las empresas 139

Costo y ganancia 140

Costos explícitos e implícitos 140 Medidas alternativas de las ganancias 141

Producción a corto plazo 142
Recursos fijos y variables 142
Ley de los rendimientos marginales decrecientes 143
Curvas de producto total y producto marginal 144

Costos a corto plazo 144
Costo total y marginal a corto plazo 145 Costo promedio a corto plazo 148 Relación entre costo marginal y costo promedio 148
Resumen de las curvas de costo a corto plazo 150

Costos a largo plazo 150
Curva de costo promedio a largo plazo 150 Economías de escala 152 Deseconomías de escala 152 *Caso de estudio: En el cine* 153 Economías y deseconomías de escala a nivel de empresa 154 *Caso de estudio: Miles de millones de hamburguesas* 154

Apéndice: Una mirada más cercana a la producción y costos 159
La función producción y la eficiencia 159 Isocuantas 159
Líneas de isocosto 161 Elección de combinaciones de insumos 162 Trayectoria de expansión 162

PARTE 3

ESTRUCTURA DEL MERCADO Y PRECIO

CAPÍTULO 8
Competencia perfecta 164

Introducción a la competencia perfecta 165
Estructura de mercado perfectamente competitivo 165 La demanda en condiciones de competencia perfecta 166

Maximización de las ganancias en el corto plazo 167
Ingreso total menos costo total 167 Ingreso marginal igual a costo marginal en equilibrio 168 Ganancia económica en el corto plazo 169

Minimización de pérdidas en el corto plazo 170
Costo fijo y minimización de pérdidas 170 Ingreso marginal igual a costo marginal 172 Cierre de corto plazo 173

Curvas de oferta en el corto plazo de la empresa y la industria 174
Curva de oferta de corto plazo de la empresa 175 Curva de oferta de corto plazo de la industria 175 Oferta de la empresa y equilibrio de la industria 175 *Caso de estudio: Mercados de subastas* 177

Competencia perfecta en el largo plazo 178
Ganancia económica de cero en el largo plazo 178 Ajuste de largo plazo a un cambio en la demanda 179

Curva de oferta de largo plazo de la industria 182
Industrias de costo constante 182 Industrias de costo creciente 182

Competencia perfecta y eficiencia 184
Eficiencia productiva: producir las cosas correctamente 185
Eficiencia en la asignación: producir las cosas correctas 185
¿Qué hay de "perfecto" en la competencia perfecta? 185
Caso de estudio: Economía experimental 187

CAPÍTULO 9
Monopolio 193

Barreras a la entrada 194
Restricciones legales 194 Economías de escala 195 Control de recursos esenciales 195 *Caso de estudio: ¿Un diamante es para siempre?* 196

Ingresos del monopolio 197
Demanda, ingreso promedio e ingreso marginal 197 Ganancias y pérdidas por la venta de una unidad adicional 198 Escalas de ingresos 199 Curvas de ingreso 199

Costos y maximización de ganancias de una empresa 201
Maximización de ganancias 201
Pérdidas en el corto plazo y la decisión de cerrar 204
Maximización de las ganancias en el largo plazo 204

Monopolio y asignación de recursos 205
Precio y producción en condiciones de competencia perfecta 205 Precio y producción en condiciones de monopolio 206
Efectos de asignación y distribución 206

Problemas para estimar el costo del monopolio en bienestar social 207

Por qué podría ser menor la pérdida del monopolio en el bienestar social 207 Por qué podría ser mayor la pérdida del monopolio en el bienestar social 207 *Caso de estudio: Monopolio postal* 208

Discriminación de precios 209
Condiciones para la discriminación de precios 210 Modelo de discriminación de precios 210 Ejemplos de discriminación de precios 211 Discriminación de precios perfecta: el ideal de todo monopolio 212

CAPÍTULO 10
Competencia monopolística y oligopolio 216

Competencia monopolística 217
Características de la competencia monopolística 217 Diferenciación del producto 217 Maximización de ganancias o minimización de pérdidas en el corto plazo 218 Ganancia económica de cero en el largo plazo 220 *Caso de estudio: Fast forward* 221 Competencia monopolística y competencia perfecta 222

Introduction al oligopolio 224
Variedades de oligopolio 224 *Caso de estudio: Cielos inhóspitos* 225 Economías de escala 225 El elevado costo de la entrada 226

Modelos de oligopolio 227
Colusion y cárteles 228 Liderazgo en los precios 230 Teoría de juegos 231 Comparación entre oligopolio y competencia perfecta 235

PARTE 4
MERCADOS DE FACTORES

CAPÍTULO 11
Mercados de factores 239

Repaso 240
Demanda de factores de producción 240 Oferta de factores de producción 240

Demanda y oferta de los factores de producción 241
Demanda de factores del mercado 241 Oferta de mercado de los factores 242 Diferencias temporales y permanentes en los precios de los factores 243 Costo de oportunidad y renta económica 245

Un análisis más profundo de la demanda de los factores de producción 247
Demanda de un factor por parte de la empresa 247 Ingreso marginal generado por un factor 248 Costo marginal del factor de producción 250 Desplazamientos en la demanda de recursos 252 Caso de estudio: Demanda derivada de arquitectos 253 Empleo óptimo de más de un recurso 254 *Caso de estudio: Salario mínimo* 254

CAPÍTULO 12
Mercados de trabajo y sindicatos 259

Oferta de mano de obra 260
Oferta de mano de obra y maximización de utilidades 260 Salarios y oferta individual de mano de obra 262 Determinantes de la oferta de mano de obra ajenos al salario 264 Oferta de mercado de mano de obra 266 Por qué difieren los salarios 266 *Caso de estudio: El ganador se lleva todo el mercado de trabajo* 268

Sindicatos y contrato colectivo 270
Tipos de sindicatos 270 Contrato colectivo 270 La huelga 271

Uniones sindicales y empleo 271
Sindicatos inclusivos o industriales 271 Sindicatos exclusivos o gremiales 273 Incremento en la demanda de mano de obra sindicalizada 273 Tendencias recientes en la afiliación sindical 275 *Caso de estudio: Sindicalización de los trabajadores de la tecnología de la información* 277

CAPÍTULO 13
Capital, interés y financiamiento de las corporaciones 281

La función del tiempo en la producción y el consumo 282
Producción, ahorro y tiempo 282 Consumo, ahorro y tiempo 283 Inversión óptima 284 *Caso de estudio: El valor de una buena idea: la propiedad intelectual* 286 Mercado de fondos prestables 287 Por qué difieren las tasas de interés 289

Valor presente y descuentos 290
Valor presente de un pago al cabo de un año 290 Valor presente para pagos en años posteriores 291 Valor presente de

un flujo de ingreso 291 Valor presente de una anualidad 291 *Caso de estudio: ¿La lotería del millón de dólares?* 292

Financiamiento de las corporaciones 293
Acciones corporativas y ganancias retenidas 293 Bonos corporativos 294 Mercados de valores y cambios 294

CAPÍTULO 14
Costos de transacción, información imperfecta y comportamiento del mercado 298

Razón de ser de la empresa y alcance de sus operaciones 299
La empresa reduce los costos de transacción 299 Los límites de la empresa 300 *Caso de estudio: Tendencia a la contratación externa* 304 Economías de alcance 305

Comportamiento del mercado con información imperfecta 306
Búsqueda óptima cuando se tiene información imperfecta 306
La maldición del ganador 308

Información asimétrica en los mercados de productos 309
Vicios ocultos: selección adversa 309
Acciones ocultas: el problema entre agente y principal 310
Información asimétrica en los mercados de seguros 310
Cómo afrontar la información asimétrica 311

Información asimétrica en los mercados laborales 311
Selección adversa en los mercados laborales 312
Señalización y selección 312
Caso de estudio: El prestigio de una Big Mac 313

PARTE 5
FRACASO DEL MERCADO Y POLÍTICA PÚBLICA

CAPÍTULO 15
Regulación económica y actividad antimonopolio 317

Comportamiento comercial, política pública y regulación gubernamental 318
Regulación de monopolio naturales 319
Regulación de monopolios naturales 319 Maximización de ganancias no reguladas 320 Fijación de un precio igual al costo marginal 320 Subsidio al monopolio natural 321
Fijación del precio en el nivel de costo promedio 321
Dilema de la regulación 321

Otras teorías de la regulación económica 322
Interés especial de los productores en la regulación económica 322 *Caso de estudio: Regulación y desregulación de las aerolíneas* 323

Leyes antimonopolio y aplicación legal 325
Orígenes de la política antimonopolio 325 Aplicación de las leyes antimonopolio 327 Ilegalidad *per se* y la regla de la razón 327 Fusiones y política pública 328 Oledas de fusión 329

Tendencias competitivas en la economía estadounidense 331
Competencia de mercado en el tiempo 331 *Caso de estudio: Microsoft al estrado* 333 Tendencias competitivas recientes 334 Problemas con la legislación antimonopolio 335

CAPÍTULO 16
Bienes públicos y elección pública 339

Bienes públicos 340
Bienes privados, bienes públicos y bienes intermedios 340
Suministro óptimo de bienes públicos 342

Elección pública en la democracia representativa 343
Modelo del votante medio 343 Interés particular e ignorancia racional 344 Distribución de costos y beneficios 345 *Caso de estudio: Subsidio agrícola* 347 Búsqueda de renta 349 *Caso de estudio: Reformas al financiamiento de las campañas* 350 Economía informal 351

Burocracia y democracia 352
Propiedad y asignación de fondos para dependencias públicas 352 Propiedad y comportamiento organizacional 352 Objetivos burocráticos 352 Producción privada *versus* producción pública 354

CAPÍTULO 17
Externalidades y medio ambiente 357

Externalidades y el problema de la reserva común 358
Solución al problema de la reserva común 359

Nivel óptimo de contaminación 360
Costos externos con tecnología de producción fija 360 Costos

externos con tecnología variable 362 *Caso de estudio: destrucción de las selvas tropicales* 364 Teorema de Coase 366 Mercados para derechos de contaminación 367

Protección ambiental 369
Contaminación del aire 369 *Caso de estudio: Una ciudad entre las nubes* 370 Contaminación del agua 372 Desechos peligrosos y la Ley Superfondo 373 Desperdicios sólidos: "¿Papel o plástico?" 374

Externalidades positivas 376

CAPÍTULO 18
Distribución del ingreso y pobreza 381

Distribución del ingreso familiar 382
Distribución del ingreso por quintiles 382 Curva de Lorenz 382 La instrucción universitaria genera mayor ingreso 383 Problemas con los parámetros de distribución 385 ¿Por qué los ingresos de los hogares difieren? 385

La pobraeza y los pobres 386
Nivel oficial de pobreza 386 Programas para ayudar a los pobres 388

¿Quiénes son los pobres? 390
Pobreza y edad 390 Pobreza y elección pública 390 Feminización de la pobreza 390 Pobreza y discriminación 393 Acción afirmativa 394

Efectos secundarios del subsidio al ingreso 395
Falta de incentivos 395
¿La asistencia social genera dependencia? 396

Reforma a la asistencia social 396
Reformas recientes 396 *Caso de estudio: ¿Funciona la asistencia por trabajo?* 397 *Caso de estudio: Programa de "apoyo social" en Oregón* 399

PARTE 6
MICROECONOMÍA INTERNACIONAL

CAPÍTULO 19
Comercio internacional 402

Beneficios del comercio 403
Perfil de las importaciones y las exportaciones 403 Posibilidades de producción sin intercambio 404 Posibilidades de consumo basadas en la ventaja comparativa 406 Razones para la especialización internacional 408

Restricciones al comercio y pérdida neta de bienestar 409
Cuotas a las importaciones 411 Las cuotas en la práctica 413 Comparación entre aranceles y cuotas 413 Otras restricciones comerciales 413 Un comercio más libre por acuerdo multilateral 414 La Organización Mundial de Comercio 414 *Caso de estudio: La OMC y la "Batalla en Seattle"* 415 Mercados comunes 416

Argumentos a favor de las restricciones comerciales 417
Argumento sobre la defensa nacional 417 Argumento de la industria naciente 417 Argumento *antidumping* 417 Argumento de los empleos y el ingreso 418 Argumento de las industrias en decadencia 419 Problemas con la protección 420 *Caso de estudio: Aplicación de restricciones comerciales* 420 Comparación entre la sustitución de las importaciones y la promoción de las exportaciones 421

Glosario 425
Índice 433

Prefacio

La economía tiene una historia breve pero un gran pasado. Si bien esta materia se ha estudiado como una disciplina independiente desde hace apenas algunos cientos de años, las civilizaciones han enfrentado el problema económico de la escasez de recursos y necesidades ilimitadas durante miles de años. La economía, como disciplina, tal vez tenga siglos de antigüedad, pero se renueva continuamente gracias a las nuevas evidencias que moldean y hacen cada vez más amplia la teoría económica. En este libro deposito más de 25 años de experiencia en el campo de la docencia y la investigación con el objeto de transmitir la vitalidad, puntualidad y naturaleza de la evolución de la economía.

GUIAR CON EL EJEMPLO

¿Recuerda la última vez que se perdió en un lugar desconocido y tuvo que pedir ayuda para ubicarse? Aparte de las debidas indicaciones que recibió, seguramente le hicieron el clásico comentario: "Cómo puede perderse aquí, ¡por favor!". Pero entonces, ¿cómo es que se perdió? La respuesta es que el "punto de referencia" que es tan conocido para los vecinos a usted, como forastero, le pasó desapercibido. Escribir un libro sobre principios económicos es como dar instrucciones a extranjeros perdidos. El autor debe tener un completo conocimiento de los temas; sin embargo, esta misma familiaridad puede opacar su percepción y provocar que el alumno principiante no pueda captar la verdadera esencia de los materiales. Para evitarlo, algunos autores adoptan el método de decirlo todo, lo cual abruma a los estudiantes, ya que aprender tanta información les resulta tan difícil como tratar de beber de una manguera contra incendios. Por otro lado, al optar por un enfoque minimalista, algunos investigadores escriben de manera abstracta sobre una *x* tal y una *y* tal, unidades de mano de obra y unidades de capital o bien, optan por el discurso, lo cual hace que la economía se convierta en una lengua extranjera.

Las indicaciones apropiadas se basan en puntos de referencia que nos son familiares a todos: un semáforo, una bifurcación en el camino o bien, una estación del metro. De igual modo, un buen libro de texto tiende puentes entre lo familiar y lo nuevo. Esto es lo que trato de hacer al *guiar con el ejemplo*. Al introducir un tema con ejemplos que extraigo de la experiencia común de los estudiantes, creo imágenes gráficas que no necesitan de mucha explicación, y de esta forma suscito en el lector esa luz de reconocimiento, ese conocido "¡Ah, claro!". Los ejemplos deben explicarse por sí solos y transmitir el concepto rápida y directamente. Tener que explicar un ejemplo es como tratar de explicar un chiste, el interés y la espontaneidad se pierden. A lo largo del libro, trato de estimular la intuición del lector y ofrezco los suficientes detalles institucionales para que el concepto atraviese la línea de la comunicación sin abrumar a los estudiantes con demasiada información. El énfasis está en las ideas económicas y no en la complicada jerga de la economía.

El primer día de clases, los estudiantes llegan por lo menos con 18 años de experiencia relacionada con elecciones, instituciones y sucesos económicos. Cada uno creció en un hogar, la institución económica central. Como consumidores, están familiarizados con los puntos de venta de comida rápida, las salas de cine, los distribuidores de automóviles, los minoristas en línea y con los conceptos que manejan docenas de tiendas de ropa en los centros comerciales. Casi todos han sido proveedores de recursos, más de la mitad han tenido algún empleo durante sus estudios en la secundaria. También tienen experiencia en asuntos relacionados con el gobierno, conocen sobre los impuestos, las licencias de conducir, los límites de velocidad y la educación pública. Tienen una creciente familiaridad con el resto del mundo. Por desgracia, algunos libros sobre fundamentos de economía desatienden esta rica fuente de experiencias y tratan de crear una nueva visión de lo que realmente es la economía. Tal enfoque no logra relacionar esta disciplina con lo que Alfred Marshall denominara "las transacciones ordinarias de la vida".

En virtud de que los maestros sólo pueden abarcar una pequeña parte del libro durante la clase, el material debe explicarse por sí solo, lo cual permite a los profesores enfocarse en temas de interés particular. Este libro inicia en el mismo nivel en el que se encuentran los estudiantes, no donde los maestros quisieran que estuvieran. Por ejemplo, para explicar la división del trabajo, en lugar de retomar el clásico ejemplo de Adam Smith sobre la fábrica de alfileres, empiezo por ilustrar lo que sucede a este respecto en McDonald's. Para explicar la sustitución de recursos, en lugar de basarme en unidades abstractas de mano de obra y capital, empiezo con un ejemplo sobre cómo puede lavarse un auto, donde la combinación puede variar desde un centro de lavado automotriz automático (mucho capital y poca mano de obra) hasta el proceso de lavarlo uno mismo un sábado por la mañana (mucha mano de obra y poco capital).Esta nueva edición contiene ejemplos prácticos que convierten lo abstracto en concreto y además, permiten que los estudiantes aprendan más fácilmente.

CONTENIDO Y MODIFICACIONES DE LA SEXTA EDICIÓN

Esta edición se basa en el éxito de las anteriores. Asimismo, he tratado de que los materiales de apoyo sean más sencillos de comprender. Para lograr este objetivo, he recurrido a ejemplos concretos, a preguntas abiertas dentro del texto y a resúmenes que sintetizan el contenido de cada capítulo. A medida que el material se vuelve más natural y personal, los alumnos son capaces de realizar un análisis más crítico y abierto.

Capítulos introductorios. Los temas que son comunes en los campos de la macroeconomía y de la microeconomía se cubren en los primeros cuatro capítulos de este volumen. Limitar el material introductorio ahorra valioso tiempo de clases, sobre todo en instituciones en donde los estudiantes toman cursos de macroeconomía y microeconomía bajo cualquier orden y, por tanto, deben cubrir los capítulos introductorios dos veces.

Microeconomía. Mi aproximación a la microeconomía resalta la función del tiempo y la información en la producción y el consumo. Esta presentación también refleja el creciente interés por las instituciones económicas que sostienen la actividad de mercado impersonal. En términos más generales, busco transmitir la idea de que la mayor parte de los principios de la microeconomía operan como la gravedad: las fuerzas del mercado funcionan, sean entendidas o no por los actores económicos.

Cada vez que se me presenta la oportunidad, trato de convertir lo abstracto en concreto. Por ejemplo, en lugar de describir a un monopolio en abstracto, el capítulo dedicado a este tema se enfoca al monopolio de la empresa de diamantes De Beers. En esta nueva edición, el material sobre microeconomía está enfocado al análisis de la teoría de juegos, la incidencia de los impuestos basada en la elasticidad de precios, la economía de la legislación del tabaco, los mercados de trabajo donde el ganador se lleva todo, la propiedad intelectual, las regulaciones ambientales de orden y control en comparación con el modelo de eficiencia económica y el progreso de la reforma a la asistencia social.

Temas internacionales. Esta edición refleja el gran impacto que ejerce la economía mundial en el bienestar económico de Estados Unidos. Los temas internacionales no sólo se presentan desde el inicio de este volumen, sino que son recurrentes a lo largo de todo el contenido.

La cobertura internacional se entrelaza con el resto de los temas que se analizan. Al comparar las situaciones económicas de Estados Unidos con las de otras naciones del mundo, los estudiantes adquieren una mejor perspectiva sobre temas tales como las tendencias en la afiliación sindical, las leyes antimonopolio, la contaminación, la protección del ambiente, las leyes que regulan la emisión de contaminantes, las tasas impositivas, la distribución del ingreso, el crecimiento económico, la productividad, el desempleo, la inflación, la independencia del banco central y los presupuestos públicos. Las figuras sirven de apoyo para visualizar claramente las diferencias económicas de los países; por ejemplo, el porcentaje de papel que se recicla en cada nación. Este tipo de referencias y comparaciones internacionales están respaldados por casos de estudio actuales y de gran interés para el desarrollo intelectual de los lectores.

Casos de estudio. En algunos libros, los casos de estudio son meros apartados que guardan una relación secundaria con el tema expuesto. Yo empleo los casos de estudio como aplicaciones del mundo real con el objeto de reforzar las ideas del capítulo y demostrar la importancia de la teoría económica. Mis casos de estudio tienen una presentación variada y se integran adecuadamente al flujo del capítulo. En pocas palabras, dejan saber a los estudiantes que deben leerlos. Esta edición ofrece cuatro tipos de casos de estudio: (1) *Pongamos en práctica la teoría*, los cuales recurren a la experiencia del estudiante para reforzar la teoría económica, (2) *Política pública*, en los cuales se destacan los equilibrios del sector público, (3) *El mundo de los negocios* ofrece a los alumnos una idea general de la diversidad de opciones que enfrentan quienes toman las decisiones económicas en la actualidad, y (4) *Economía de la información*, en donde se destaca la función que desempeña la información dentro del campo de la economía. Esta nueva edición hace que los recursos tecnológicos resulten más útiles, ya que ofrecen una integración mucho más activa y estrecha con el texto. Por ejemplo, todos los casos de estudio incluyen las direcciones de los sitios electrónicos más actualizados y de mayor interés para habilitar el debate en clase o bien, para realizar un análisis individual. Usted puede tener acceso a todos los vínculos electrónicos, las recomendaciones de navegación y a una gran variedad de información por medio del Centro de Estudio Interactivo de McEachern en http://mceachern.swcollege.com/. Este sitio está disponible en inglés y cuenta con una gran variedad de herramientas no sólo para el alumno, sino también para el profesor que desea mejorar sus clases y darle un enfoque práctico a sus lecciones de teoría. Para mayor información, favor de comunicarse a las oficinas de la editorial Thomson Learning México o al siguiente correo electrónico: clientes@thomsonlearning.com.mx.

CLARIDAD EN EL DISEÑO

En muchos libros de texto que tratan sobre los fundamentos de un tema en particular, los capítulos se interrumpen con recuadros de información, notas a pie de página con precisiones y otras distracciones que rompen el ritmo de la lectura. Los estudiantes no saben si esos elementos adicionales son realmente importantes o bien, si vale la pena leerlos. Una gran ventaja que tiene este libro es que es muy claro y lineal, cada capítulo inicia con preguntas abiertas y luego procede con una lógica narrativa. Como ya dijimos, los casos de estudio aparecen dentro de la secuencia natural del capítulo, no en un recuadro por separado. De esta manera, los estudiantes pueden leer cada capítulo desde las preguntas iniciales hasta la conclusión y el resumen. Hago manifiesto que soy fiel seguidor de la filosofía de lo "oportuno", por lo cual introduzco sólo el material necesario para estructurar un argumento.

Esta edición es más visual de lo que fueron las anteriores y contiene más figuras para reforzar las ideas clave. Por ejemplo, al primer capítulo se le han agregado figuras sobre el modelo de flujo circular y las etapas del método científico. Los títulos de las figuras también son más descriptivas a fin de transmitir los aspectos fundamentales. Se han incluido resúmenes de sección a lo largo del texto y se han reducido, en gran medida, los términos complicados de la jerga económica. Aunque la cantidad de términos definidos al margen de la página se ha incrementado, las definiciones se han minimizado con el objeto de que sean más claras, concisas y no guarden una tediosa semejanza con las entradas de un diccionario. El exitoso resultado es que ahora los fundamentos económicos son más transparentes. Un libro de texto no debe ser como un huevo de Pascua gigante, ni dejar que el estudiante tenga que averiguar lo que el autor trata de decir. Esta nueva edición es una presentación más limpia, un disparo más certero a la mente del alumno. Pese a la incorporación de nuevos ejemplos y algunos temas recientes, esta edición tiene aproximadamente 5% menos palabras que la anterior.

La forma obedece a la función. En casi todos los libros de texto, el diseño de página, es decir, la presentación y color de las cuartillas constituye una elección que el autor toma una vez que ha escrito todo el contenido, olvida la manera en la que sus lectores verdaderamente aprenden. En el diseño de este libro no se ha desperdiciado ningún elemento y todos los materiales operan en conjunto para obtener el máximo aprovechamiento pedagógico. Mediante esta novedosa imagen, cada una de las partes que conforman el capítulo se han integrado exitosamente. Hemos realizado un gran esfuerzo para presentar al alumno un diseño de página claro y legible. El tamaño de fuente, la longitud de la línea del texto y la cantidad de espacios en blanco se eligieron con la finalidad de facilitar el aprendizaje. Los gráficos se exhiben de forma clara y van acompañados de títulos y leyendas que explican las características clave. Estas características son óptimas para los que se inician en el estudio de la economía.

Coordinación del color. El color se emplea sistemáticamente dentro de los gráficos, los esquemas y las tablas para garantizar que los estudiantes puedan interpretar eficazmente la información que proyectan. En todo el libro, las curvas de demanda son de color azul y las curvas de oferta de color vino o rosa. En cada ejemplo estadístico comparativo, las curvas que determinan el punto de equilibrio final son más delgadas que las curvas iniciales. El sombreado en color distingue las áreas clave, como los indicadores de ganancias o pérdidas económicas, la incidencia de los impuestos, el excedente del consumidor y del productor, la producción por encima o por debajo del potencial de la economía y los efectos de los aranceles y las cuotas en el bienestar. En conclusión, el color es algo más que un entretenimiento visual, tiene la firme intención de ayudar a los estudiantes a aprender.

Net Bookmarks. Cada capítulo incluye una sección denominada *Net Bookmark*. Estas notas al margen de la página identifican sitios en internet de gran interés. Además, sirven de referencia para ubicar ejemplos reales, lo cual permite al estudiante mejorar sus técnicas de investigación económica. Estas secciones se hacen más dinámicas en el Centro de Estudio Interactivo de McEachern en http//mceachern.swcollege.com/ aunque cabe recordar que este sitio está disponible sólo en inglés.

***Declaraciones del diario* The Wall Street Journal.** Cada capítulo incluye la sección llamada *La interpretación correcta*. Este apartado está basado en una declaración publicada en el diario *The Wall Street Journal* y guarda una estrecha relación con el tema central del capítulo. El objeto de este nuevo recurso es promover la discusión en clase sobre los diversos temas de la economía mundial actual y sobre todo, desarrollar el aparato crítico de los estudiantes.

Casos prácticos. La mayoría de los casos prácticos contenidos al final de cada capítulo ayudan al alumno a mejorar su perspectiva de análisis. Estos casos demandan que lo aprendido en la teoría sea aplicado a la realidad. Asimismo, invitan al alumno a consultar y evaluar los sitios electrónicos, así como a leer y comentar diversos artículos publicados en libros y revistas de reconocimiento internacional.

INTERNET

Tal y como lo mencioné anteriormente, uno de los objetivos prácticos de esta edición es aprovechar la vasta disponibilidad de recursos económicos y tecnologías de aprendizaje alternas que ofrece la internet. Mientras escribía esta nueva edición medité mucho sobre dos preguntas: ¿Qué ventajas ofrece la tecnología sobre este libro? y ¿de qué forma se pueden utilizar los recursos que ofrece la internet para mejorar la enseñanza y el aprendizaje de la economía?

Es evidente que los estudiantes aprenden más cuando se comprometen y participan. La internet constituye un recurso que permite aumentar la participación del estudiante y al mismo tiempo, mantener el curso de introducción a la economía tan actual como las noticias de todos los días. Con estas ideas en mente, hemos diseñado un sitio de respaldo que integra las actividades del libro y los recursos en internet: http://mceachern.swcollege.com/. Aunque este sitio está en inglés, representa una fuente de soporte y de descubrimiento que desglosa paso a paso las bases que conforman el estudio de la economía. Asimismo, cuenta con un diseño colorido y novedoso que invita al alumno a descubrir cada una de las partes que lo conforman. Este sitio lo hemos construido con la clara idea de optimizar tanto las experiencias docentes como las de aprendizaje.

MATERIALES DE APOYO

Este libro cuenta con una serie de complementos para el profesor, los cuales están en inglés y sólo se proporcionan a los docentes que adopten la presente obra como texto para sus cursos. Para mayor información, favor de comunicarse a las oficinas de nuestros representantes o al siguiente correo electrónico: clientes@thomsonlearning.com.mx

RECONOCIMIENTOS

Muchas personas contribuyeron al desarrollo de esta obra. Agradezco los comentarios esclarecedores de quienes han revisado los capítulos de la sexta edición. Sus sugerencias ampliaron mis ideas y mejoraron la calidad del contenido de este libro.

Steve Abid
Grand Rapids Community College

Kyriacos Aristotelous
Otterbein College

Mohsen Bahmani-Oskooee
University of Wisconsin, Milwaukee

Bharati Basu
Central Michigan University

William Bogart
Case Western Reserve University

Kenneth Boyer
Michigan State University

Taggert Brooks
University of Wisconsin, La Crosse

Eric Brunner
Morehead State University

Shirley Cassing
University of Pittsburgh

Shi-fan Chu
University of Nevada–Reno

Ronald Cipcic
Kalamazoo Valley Community College

Mary E. Cookingham
Michigan State University

Tom Creahan
Morehead State University

Carl Davidson
Michigan State University

Gary Dymski
University of California–Riverside

Ronald D. Elkins
Central Washington University

Gregory Falls
Central Michigan University

Richard Fowles
University of Utah

Roger Frantz
San Diego State University

Julie Gallaway
Southwest Montana State University

Rae Jean Goodman
US Naval Academy

Fred Graham
American University

Harpal S. Grewal
Claflin College

Carolyn Grin
Grand Rapids Community College

Nathan Eric Hampton
St. Cloud State University

James Heisler
Hope College

James R. Hill
Central Michigan University

Calvin Hoerneman
Delta College

Tracy Hofer
University of Wisconsin, Stevens Point

George E. Hoffer
Virginia Commonwealth University

Jennifer Imazeki
San Diego State University

Paul Isley
Grand Valley State University

Claude Michael Jonnard
Fairleigh Dickinson University

Bryce Kanago
Miami University

William Kern
Western Michigan University

Faik Koray
Louisiana State University

Christopher Lee
Saint Ambrose University, Davenport

Jim Lee
Fort Hayes State University

J. Franklin Lee
Pitt Community College

Carl Liedholm
Michigan State University

Barbara Marcus
Davenport College

Nelson Mark
Ohio State University

Bruce McCrea
Lansing Community College

David McKee
Kent State University

Michael A. McPherson
University of North Texas

Scott Eric Merryman
University of Oregon

Michael Metzger
University of Central Oklahoma

Green R. Miller
Morehead State University

Bruce D. Mills
Troy State University, Montgomery

Barry Morris
University of North Alabama

Tina Mosleh
Ohlone College

Paul Natke
Central Michigan University

Rick Nelson
Lansing Community College

Heather Newsome
Baylor University

Farrokh Nourzad
Marquette University

Norman P. Obst
Michigan State University

Jeffrey Phillips
Thomas College

Jeffrey D. Prager
East Central College

Kevin Rogers
Mississippi State University

Scanlon Romer
Delta College

Duane Rosa
West Texas A&M University

Richard Salvucci
Trinity University

George D. Santopietro
Radford University

Ward Sayre
Kenyon College

Carol A. Scotese
Virginia Commonwealth University

Shahrokh Shahrokhi
San Diego State University

Michael Shields
Central Michigan University

Paul Sicilian
Grand Valley State University

Gerald P. W. Simons
Grand Valley State University

Joanne Spitz
University of Massachusetts

Michael Stroup
Stephen Austin State University

Linghui Tang
Drexel University

Donna Thompson
Brookdale Community College

Bernard Weinrich
St. Louis Community College

Mark Wheeler
Western Michigan University

Stephan Woodbury
Michigan State University

Para poner en práctica lo que predico, confié en la división del trabajo, basado en la ventaja comparativa, y así presentar el paquete de enseñanza más novedoso y completo del mercado. A continuación deseo hacer un reconocimiento a todas aquellas personas que con su invaluable calidad académica contribuyeron al mejoramiento de esta nueva edición. Mil gracias a John Lunn del *Hope College* por haber creado las guías de estudio, las cuales son ahora tan populares; Bridgett Lyons de la *Sacred Heart University* por haber revisado el manual del instructor. Finalmente, gracias a Dale Bails de la *Christian Brothers University* por su valiosa colaboración en la estructuración de los bancos de exámenes y en la formación de las presentaciones en Power Point.

Al talentoso equipo de South-Western/Thomson Learning por haberme brindado un gran apoyo en las áreas de ventas, editorial y promoción. Mi especial agradecimiento a la editora de desarrollo Susan Smart, quien cuidó y alimentó a esta obra desde su nacimiento hasta su exitosa publicación con sus docenas de comentarios y revisiones. Agradezco también el arduo trabajo del editor de producción Libby Shipp, el novedoso diseño de interiores de Mike Statton, la creativa imaginación de Deanna Ettinger en la integración de las fotografías, la gran ayuda y soporte de Jan Turner en la preprensa y a la hábil labor de Barbara McGowran. Mi sincera admiración a Vicky True, Peggy Buskey y Palm Wallace por haber desarrollado tan eficazmente el Centro de Estudio Interactivo de McEachern. Estoy en deuda con la Doctora en Economía Dennis Hanseman por su incondicional ayuda y siempre acertados consejos. Mil gracias por haberte hecho cargo de tantas ediciones.

Quiero expresar mis más sinceros reconocimientos al personal ejecutivo de South-Western: Bob Lynch, presidente; Jack Calhoun, vicepresidente y editor en jefe; Mike Roche, vicepresidente y director de equipo; Michael Worls, editor de adquisiciones y experto en resolver problemas. Finalmente, a Lisa Lysne, gerente del departamento de marketing y gran conocedora de este libro. Como reflexión, hago notar que todos los esfuerzos realizados en la elaboración de este libro serían inútiles si los alumnos son incapaces de aprovecharlos y reconocerlos; por esta razón, doy las gracias al equipo de ventas y promoción de South-Western, el cual ha contribuido en gran medida al éxito de las ediciones anteriores.

Finalmente, debo confesar que tengo una enorme deuda con mi esposa, Pat. Ella ha sido una fuente inagotable de inspiración y soporte a lo largo de todos estos años. Mil gracias por haberte dado el tiempo de revisar y comentar el último borrador de esta nueva creación.

William A. McEachern

REVISORES DE LA EDICIÓN PREVIA

Polly Reynolds Allen
University of Connecticut

Ted Amato
University of North Carolina, Charlotte

Donna Anderson
University of Wisconsin, La Crosse

Richard Anderson
Texas A&M University

James Aylesworth
Lakeland Community College

Mohsen Bahmani
University of Wisconsin, Milwaukee

Dale Bails
Christian Brothers College

Andy Barnett
Auburn University

Klaus Becker
Texas Tech University

Jay Bhattacharya
Okaloosa Walton Community College

David Brasfield
Murray State University

Jurgen Brauer
Augusta College

Gardner Brown, Jr.
University of Washington

Judy Butler
Baylor University

Charles Callahan III
SUNY College at Brockport

Giorgio Canarella
California State University, Los Angeles

Larry Clarke
Brookhaven College

Rebecca Cline
Middle Georgia College

Stephen Cobb
Xavier University

Doug Conway
Mesa Community College

James P. Cover
University of Alabama

James Cox
DeKalb College

Jerry Crawford
Arkansas State University

Thomas Creahan
Morehead State University

Joseph Daniels
Marquette University

Elynor Davis
Georgia Southern University

Susan Davis
SUNY College at Buffalo

A. Edward Day
University of Central Florida

David Dean
University of Richmond

Janet Deans
Chestnut Hill College

David Denslow
University of Florida

John Edgren
Eastern Michigan University

Ron Elkins
Central Washington University

Donald Elliott, Jr.
Southern Illinois University

G. Rod Erfani
Transylvania University

Gisela Meyer Escoe
University of Cincinnati

Mark Evans
California State University, Bakersfield

Eleanor Fapohunda
SUNY College at Farmingdale

Mohsen Fardmanesh
Temple University

Paul Farnham
Georgia State University

Rudy Fichtenbaum
Wright State University

T. Windsor Fields
James Madison University

Rodney Fort
Washington State University

Roger Frantz
San Diego State University

Gary Galles
Pepperdine University

Edward Gamber
Lafayette College

Adam Gifford
California State University, Northridge

J. P. Gilbert
MiraCosta College

Robert Gillette
University of Kentucky

Art Goldsmith
Washington and Lee University

Robert Gordon
San Diego State University

Fred Graham
American University

Philip Graves
University of Colorado, Boulder

Daniel Gropper
Auburn University

Simon Hakim
Temple University

Robert Halvorsen
University of Washington

Nathan Eric Hampton
St. Cloud State University

Mehdi Haririan
Bloomsburg University

William Hart
Miami University

Baban Hasnat
SUNY College at Brockport

Julia Heath
University of Memphis

James Henderson
Baylor University

James Hill
Central Michigan University

Jane Smith Himarios
University of Texas, Arlington

Dennis Hoffman
Arizona State University

Bruce Horning
Fordham University

Calvin Hoy
County College of Morris

Beth Ingram
University of Iowa

Joyce Jacobsen
Wesleyan University

Nancy Jianakoplos
Colorado State University

Nake Kamrany
University of Southern California

Bryce Kanago
Miami University

John Kane
SUNY College at Oswego

David Kennett
Vassar College

Robert Kleinhenz
California State University, Fullerton

Faik Koray
Louisiana State University

Joseph Kotaska
Monroe Community College

Marie Kratochvil
Nassau Community College

Joseph Lammert
Raymond Walters College

Jim Lee
Ft. Hays State University

Dennis Leyden
University of North Carolina, Greensboro

C. Richard Long
Georgia State University

Ken Long
New River Community College

Michael Magura
University of Toledo

Thomas Maloy
Muskegon Community College

Gabriel Manrique
Winona State University

Robert Margo
Vanderbilt University

Richard Martin
Agnes Scott College

Wolfgang Mayer
University of Cincinnati

John McDowell
Arizona State University

KimMarie McGoldrick
University of Richmond

James McLain
University of New Orleans

Mark McNeil
Irvine Valley College

Art Meyer
Lincoln Land Community College

Carrie Meyer
George Mason University

Martin Milkman
Murray State University

Bruce Mills
Troy State University

Milton Mitchell
University of Wisconsin, Oshkosh

Shannon Mitchell
Virginia Commonwealth University

Kathryn Nantz
Fairfield University

Maureen O'Brien
University of Minnesota, Duluth

Jaishankar Raman
Valparaiso University

Reza Ramazani
St. Michael's University

Carol Rankin
Xavier University

Mitch Redlo
Monroe Community College

Robert Rossana
Wayne State University

Mark Rush
University of Florida

Richard Saba
Auburn University

Simran Sahi
University of Minnesota, Twin Cities

Rexford Santerre
Bentley College

George Santopietro
Radford University

Ted Scheinman
Mt. Hood Community College

Peter Schwartz
University of North Carolina, Charlotte

Carol Scotese
Virginia Commonwealth University

Roger Sherman
University of Virginia

Alden Shiers
California Polytechnic State University

Frederica Shockley
California State University, Chico

William Shughart II
University of Mississippi

Calvin Siebert
University of Iowa

Gerald Simons
Grand Valley State University

Phillip Smith
DeKalb College

V. Kerry Smith
Duke University

David Spencer
Brigham Young University

Jane Speyrer
University of New Orleans

Mark Stegeman
Virginia Polytechnic Institute

Houston Stokes
University of Illinois, Chicago

Robert Stonebreaker
Indiana University of Pennsylvania

William Swift
Pace University

John Tribble
Russell Sage College

Lee J. Van Scyoc
University of Wisconsin, Oshkosh

Percy Vera
Sinclair Community College

Jin Wang
University of Wisconsin, Stevens Point

Gregory Wassall
Northeastern University

William Weber
Eastern Illinois University

David Weinberg
Xavier University

Donald Wells
University of Arizona

Robert Whaples
Wake Forest University

Mark Wheeler
Western Michigan University

Michael White
St. Cloud State University

Richard Winkelman
Arizona State University

Kenneth Woodward
Saddleback College

Patricia Wyatt
Bossier Parish Community College

Peter Wyman
Spokane Falls Community College

Mesghena Yasin
Morehead State University

Edward Young
University of Wisconsin, Eau Claire

William Zeis
Bucks Community College

Arte y ciencia del análisis económico

CAPÍTULO 1

¿Por qué a los personajes de tiras cómicas como Hagar el Terrible, Hi & Lois, Cathy, Monty y Fox Trot les falta un dedo en cada mano? ¿Y dónde está la boca de Dilbert? ¿Por qué Japón tiene el doble de máquinas vendedoras *per cápita* que Estados Unidos? ¿En qué teoría se apoyan las personas que golpean una máquina vendedora? ¿Cuál es la gran idea detrás de la ciencia económica? Por último, ¿cómo puede traducirse en economía que "lo que se va, regresa"? Éstas y otras preguntas se responden en este capítulo, en donde se presenta el arte y la ciencia del análisis económico.

Usted ha leído y escuchado acerca de temas de economía durante años: desempleo, inflación, pobreza, precios del petróleo, presupuesto federal, colegiaturas, tarifas de boletos de avión, precio y porcentaje de las acciones bursátiles, de computadoras, de gasolina. Cuando las explicaciones de estos temas se vuelven más profundas, algunas personas prefieren hacerse de la vista gorda y cambiar de tema, de la misma manera que lo hacen cuando en la televisión aparece el sujeto que pronostica el tiempo e intenta hacer un análisis más profundo del choque de los frentes de presión alta con humedad en las costas.

Lo que mucha gente no logra comprender es que la economía es mucho más vívida que la simple y árida visión que presentan los medios de comunicación. La economía consiste en crear nuevas elecciones, y éstas se hacen diariamente: elecciones acerca de tener un trabajo de tiempo parcial o enfocarse más en los estudios, vivir en un departamento o fuera de la universidad, tomar un curso de contabilidad o uno de historia, preparar el almuerzo o comprar una Big Mac. Usted, que también toma decisiones, es el tema principal de este libro y en este momento, sabe mucho más economía de lo que cree. Usted representa una experiencia única, experiencia que se aprovechará a lo largo del contenido de este libro para reforzar su conocimiento y entendimiento de las ideas básicas del campo de la economía. Algunos de los temas que aquí se estudiarán son:

- El problema económico
- Análisis marginal
- Autointerés racional
- Método científico
- Análisis normativo *versus* positivo
- Fallas del pensamiento económico

EL PROBLEMA ECONÓMICO: ESCASEZ DE RECURSOS PERO NECESIDADES ILIMITADAS

¿Le gustaría tener un automóvil nuevo, una casa más bonita, mejores comidas, más tiempo libre, una vida social más interesante, gastar más dinero, dormir más? ¿A quién no? Aunque usted pueda satisfacer algunos de estos deseos, aparecerán otros. *El problema es que, aunque sus necesidades o deseos son virtualmente ilimitados, los instrumentos a su disposición para satisfacer esas necesidades son escasos.* Un recurso es *escaso* cuando no hay suficiente de él para satisfacer la mayor parte de las necesidades de la gente. Ya que el recurso es escaso, usted debe seleccionar entre muchas de las necesidades y, cuando quiera elegir, deberá privarse de la satisfacción de algunas otras necesidades.

El problema de escasez de recursos y necesidades ilimitadas son situaciones a las que se enfrentan, en mayor o menor medida, cada una de las más de 6 mil millones de personas alrededor del mundo. A este problema se enfrentan taxistas, agricultores, neurocirujanos, sacerdotes, estudiantes, políticos, y muchos otros más.

Economía Estudio de cómo la gente elige usar sus recursos escasos en un intento por satisfacer sus ilimitadas necesidades.

La **economía** estudia la forma en que las personas utilizan sus recursos para satisfacer sus necesidades. El taxista usa su auto y otros recursos, tales como el conocimiento que tiene de la ciudad, su habilidad para manejar, el combustible para el taxi y su tiempo con el objeto de obtener un ingreso. En recompensa, lo intercambia por una vivienda, abarrotes, ropa, viajes a Disney World, y otros bienes y servicios que ayudan a satisfacer algunas de sus necesidades ilimitadas.

Ahora dejemos a un lado el concepto de economía y consideremos primero qué queremos decir por recursos; enseguida examinaremos los bienes y servicios y, finalmente, nos enfocaremos al centro de la materia: la elección económica, la cual surge de la escasez.

Recursos Son los insumos o factores de producción utilizados para producir los bienes y servicios que la gente desea; los recursos consisten en trabajo, capital, tierra y habilidad empresarial.

Recursos

Los recursos son los insumos o factores de producción utilizados para producir los bienes y servicios que la humanidad necesita. *Los bienes y servicios son escasos porque los recursos son escasos.* Los recursos se pueden dividir en cuatro grandes categorías: trabajo, capital, tierra y habilidad empresarial. **Trabajo** abarca la categoría más amplia del esfuerzo humano, tanto físico como mental. Trabajo incluye el esfuerzo del taxista y el neurocirujano. El trabajo por sí mismo proviene de un recurso aún más fundamental: el *tiempo*. Sin éste, no podríamos lograr nada. Distribuimos el tiempo para usos op-

Trabajo Esfuerzo físico y mental que el hombre utiliza para producir bienes y servicios.

cionales: podemos vender nuestro tiempo como trabajo, o podemos pasar nuestro tiempo haciendo otras actividades como dormir, comer, estudiar, practicar algún deporte, conectarse a internet o simplemente sentarse frente al televisor.

Capital representa la creación humana usada para producir bienes y servicios. Con frecuencia se hace una distinción entre capital físico y capital humano; el primero consiste en fábricas, maquinaria, herramientas, edificios, aeropuertos, carreteras y otros productos manufacturados empleados para producir bienes y servicios. El segundo incluye el auto del taxista, el escalpelo del cirujano, el tractor del agricultor, la red de carreteras interestatal y el edificio donde se imparte la clase de economía. El *capital humano* consiste en el conocimiento y la destreza que las personas adquieren para acrecentar la productividad de su trabajo, así como el conocimiento que tiene el taxista de las calles de la ciudad o el conocimiento del neurocirujano sobre la biología humana.

Capital Todos los edificios, el equipo y la habilidad humana que se utilizan para producir bienes y servicios.

La **tierra** representa no solamente el espacio dimensional en donde se siembra un comestible, sino todos los recursos naturales que se consideran *regalos de la naturaleza*, incluyendo agua, árboles, reservas de petróleo, minerales e incluso los animales.

Tierra Arar la tierra y otros recursos naturales usados para producir bienes y servicios.

Una clase especial de la destreza humana se llama **habilidad empresarial.** Esta habilidad se traduce como un talento raro, pero necesario para crear un nuevo producto o encontrar una mejor manera de producir uno que ya existe. El empresario intenta descubrir y aprovechar las oportunidades de rentabilidad por medio del contrato de recursos y enfrentando los riesgos del negocio: ya sea el éxito o el fracaso. De hecho, las empresas más poderosas del mundo, tales como Ford, Microsoft e Intel nacieron como una idea en la mente de un empresario individual.

Habilidad empresarial Administración y destreza organizacional combinada con la voluntad de tomar riesgos.

Los propietarios de los recursos reciben un **salario** por su trabajo, un porcentaje de **interés** por el uso de su capital y una **renta** por el uso de su tierra. El esfuerzo del empresario es recompensado por la **utilidad**, la cual es la *diferencia* entre el ingreso total de las ventas y el *costo* total de los recursos empleados. El empresario toma lo *residual*, lo que sobra, después de pagar a quienes le brindaron los recursos. Algunas veces el empresario sufre pérdidas. Las ganancias de los recursos suelen estar basadas en el *tiempo* durante el cual los recursos se utilizan. En consecuencia, los pagos a los recursos tienen una dimensión temporal, por ejemplo, un salario de $10 *por hora*, interés *anual* de 6%, renta de $600 *al mes* o utilidades *anuales* de $10 000.

Salarios Pago que recibe el propietario del recurso por su trabajo.

Interés Pago que recibe el propietario del recurso por el uso de su capital.

Renta Pago que el propietario recibe por el uso de su tierra.

Utilidad Rendimiento que el propietario del recurso recibe por su habilidad empresarial; el total de la recaudación de las ventas menos el costo total de los recursos empleados por el empresario.

Bienes y servicios

Los recursos se combinan en una variedad de formas para producir bienes y servicios. Un agricultor, un tractor, cincuenta acres de tierra, semillas y fertilizantes se combinan para producir un bien: maíz. Cien músicos, instrumentos musicales, algunas sillas, un conductor, una pauta musical y un salón de conciertos se combinan para producir un servicio: la Quinta Sinfonía de Beethoven. El maíz es un **bien** porque es algo que se puede ver, sentir y tocar, demanda recursos escasos para producirlo y se usa para satisfacer necesidades humanas. El libro que tiene en sus manos, la silla en la que está sentado, la ropa que viste y su próxima comida son todos bienes. La ejecución de la Quinta Sinfonía es un **servicio** porque es algo intangible; sin embargo, usa recursos escasos para satisfacer las necesidades humanas. Conferencias, películas, conciertos, llamadas telefónicas, servicios de computadoras en línea, tintorería y el corte de cabello son servicios.

Bien Artículo tangible usado para satisfacer necesidades.

Servicio Actividad intangible que se usa para satisfacer necesidades.

Debido a que los bienes y servicios requieren de recursos escasos, son por ello mismo escasos. Un bien o servicio es escaso si la cantidad de gente que lo desea excede a la cantidad que está disponible a un precio de cero. Ya que no podemos tener todos los bienes y servicios que nos gustaría, debemos seguir eligiendo entre ellos. Debemos elegir barrios más agradables para vivir, mejores comidas, ropa más bonita, transporte más confiable, computadoras más rápidas, y así sucesivamente. Hacer elecciones en un mundo de medios **escasos** significa que se deberá renunciar a algunos otros bienes y servicios.

Escasez Cuando la cantidad de un bien o servicio que la gente desea es mayor a la cantidad disponible a un precio cero.

Sólo algunos bienes y servicios son considerados como *gratuitos* porque la cantidad disponible, esto es, la disponibilidad a precio cero, excede a la cantidad que la gente desea. Por ejemplo, el aire y el agua de mar se consideran gratis porque se puede respirar todo el aire que queramos y beber toda el agua de mar que podamos. Pero, a pesar del viejo dicho que dice "Las mejores cosas de la vida son gratis", la mayoría de los bienes y servicios no son gratis; más aún, aquellos que parecen ser gratuitos tienen limitaciones. Por ejemplo, el aire y el agua de mar *limpios* escasean porque la atmósfera se ha utilizado como un tiradero de gases y el océano como drenaje. *Los bienes y servicios que son verdaderamente gratuitos no son tema de estudio de la economía. Sin la escasez, el problema económico no existiría y no habría necesidad de precios.*

Algunas veces pensamos erróneamente que ciertos bienes son gratuitos porque al parecer no implican costo alguno. Esas tarjetas de suscripción que se caen de las revistas aparentan ser gratis. Parece al menos que podríamos tener poca dificultad en recolectar tres mil de ellas si fuera necesario. Producirlas demanda recursos escasos, recursos que se distraen de otros usos competitivos, tal como producir una revista de mayor calidad. Tal vez ha escuchado la expresión "No existen los almuerzos gratuitos". No hay almuerzos gratis porque todos los bienes y servicios tienen un costo. El almuerzo nos puede parecer gratis, pero distrae recursos escasos de la producción de otros bienes y servicios, y el que ofrece un almuerzo gratis frecuentemente espera algo a cambio. Un proverbio ruso hace una referencia similar, pero con más ironía: "El único lugar donde encuentras queso gratis es en una ratonera". Albert Einstein dijo: "Algunas veces uno paga el precio más alto por cosas que se pueden conseguir gratis".

Agentes económicos

Existen cuatro tipos de agentes o participantes en la economía: familias, empresas, gobierno y el resto del mundo. Su interacción determina la forma en que se distribuyen los recursos de una economía. Las *familias* desempeñan el papel principal. Como consumidores, las familias demandan bienes y servicios producidos; como dueños de recursos, las familias ofrecen tierra, trabajo, capital, habilidad empresarial a las empresas, al gobierno y al resto del mundo. *Las empresas, los gobiernos* y el *resto del mundo* son agentes de apoyo porque demandan los recursos que las familias ofrecen y luego utilizan estos recursos para ofrecer los bienes y servicios que las familias demandan. El resto del mundo incluye a miles de familias extranjeras, empresas y gobiernos, los cuales ofrecen recursos y productos en los mercados de Estados Unidos y demandan recursos y productos de los mismos.

Mercado Conjunto de arreglos por los cuales compradores y vendedores llevan a cabo el intercambio en términos de acuerdo mutuo.

Mercados son los medios con los cuales los compradores y vendedores llevan a cabo su intercambio. Al reunir a las dos partes que participan en el intercambio: demanda y oferta, los mercados determinan los precios y las cantidades. Los mercados son regularmente lugares físicos, tales como un supermercado, una tienda departamental o una plaza comercial. Los mercados también incluyen los mecanismos por los cuales compradores y vendedores se comunican, como son los anuncios clasificados, los anuncios en la radio y la televisión, teléfonos, boletines, ciberespacios y el regateo cara-a-cara. Estos mecanismos del mercado aportan información acerca de la cantidad, la calidad y el precio de los productos ofrecidos para su venta. Los bienes y servicios se compran y se venden en **mercados de productos**; los recursos se compran y se venden en el **mercado de recursos**. El mercado de recursos más importante es el del trabajo. Piense en su experiencia para encontrar un empleo y tendrá una idea de este mercado.

Mercado de productos Mercado en el cual se intercambian bienes y servicios.

Mercado de recursos Mercado donde se intercambian recursos.

Un modelo simple de flujo circular

Ahora que usted ha aprendido un poco más sobre los agentes económicos, veamos la forma en que interactúan. Esta forma de interacción se conoce como el **modelo de flujo circular**, el cual describe el flujo de recursos, productos, ingresos y rentas entre los agentes económicos. El modelo más simple de flujo circular se enfoca en las interacciones primarias en una economía de mercado, la cual existe entre familias y empresas.

Modelo de flujo circular Diagrama que ilustra el flujo de recursos, productos, ingresos y entradas entre los agentes económicos.

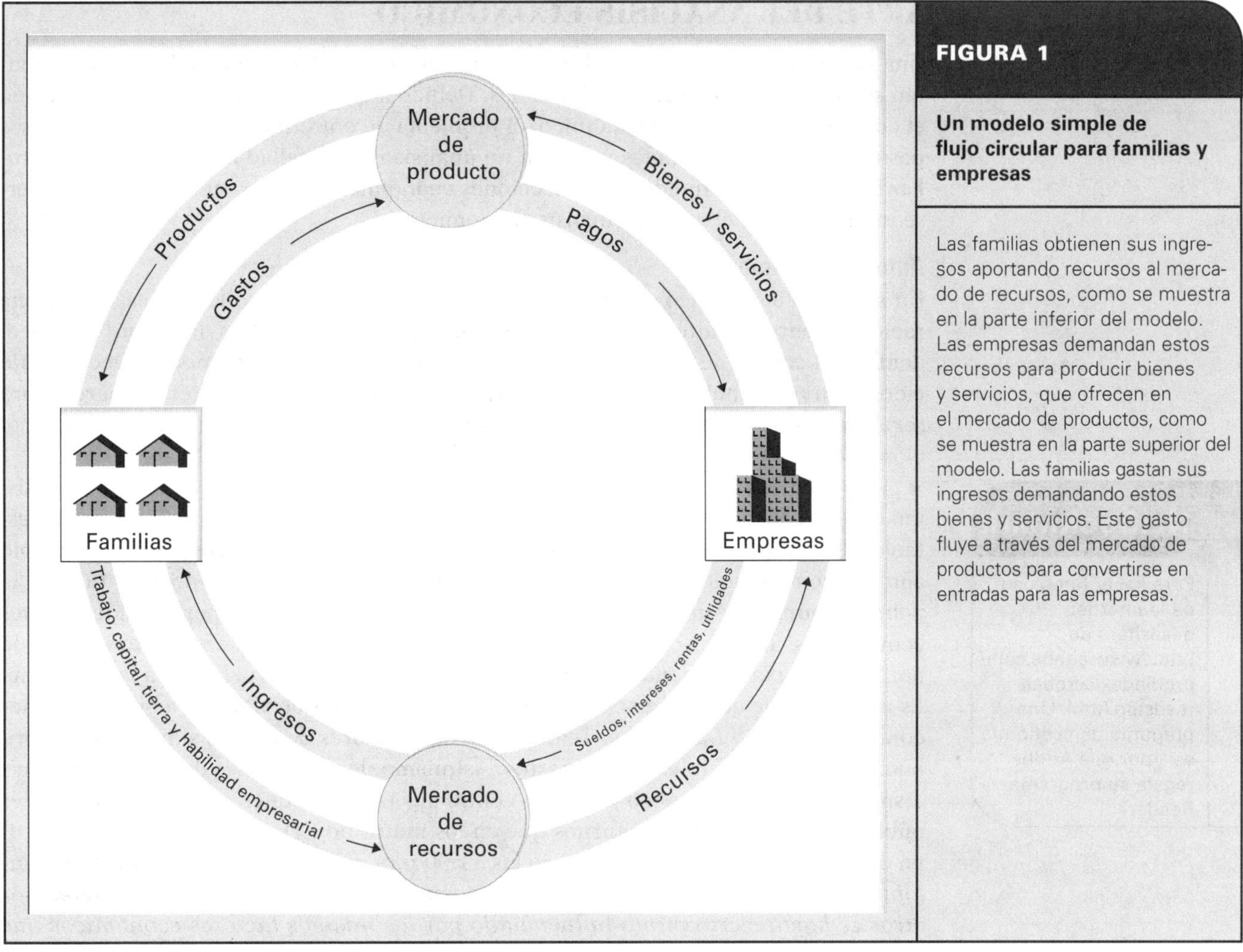

FIGURA 1

Un modelo simple de flujo circular para familias y empresas

Las familias obtienen sus ingresos aportando recursos al mercado de recursos, como se muestra en la parte inferior del modelo. Las empresas demandan estos recursos para producir bienes y servicios, que ofrecen en el mercado de productos, como se muestra en la parte superior del modelo. Las familias gastan sus ingresos demandando estos bienes y servicios. Este gasto fluye a través del mercado de productos para convertirse en entradas para las empresas.

La figura 1 representa a las familias del lado izquierdo y a las empresas del lado derecho. Observe cómo funciona.

Las familias aportan trabajo, capital, tierra y habilidades empresariales a las empresas por conducto de los mercados de recursos, los cuales se muestran en la parte inferior de la figura. A su vez, las familias demandan bienes y servicios de las empresas por conducto de los mercados de productos, los cuales se muestran en la parte superior de la figura. Desde el punto de vista de los negocios, las empresas proporcionan bienes y servicios a las familias mediante los mercados de productos, y las empresas demandan trabajo, capital, tierra y habilidades empresariales de las familias mediante los mercados de recursos.

Los flujos de recursos y productos están apoyados por los flujos de ingresos y gastos, es decir, por el flujo de dinero. Así que agreguemos los flujos monetarios a esta figura. Los que ofrecen y demandan productos se reúnen en mercados de recursos para determinar salarios, intereses, rentas y utilidades que fluyen como *ingresos* a las familias. La oferta y la demanda de productos se reúnen en mercados de productos para determinar los precios de los bienes y servicios, los cuales fluyen como entradas a las empresas. Los recursos y los productos fluyen en una dirección, en este caso, en sentido contrario al de las manecillas del reloj, y los pagos correspondientes fluyen en la dirección opuesta, en el sentido en que se mueven las manecillas del reloj. Lo que se va, regresa. Ahora tómese un poco de tiempo para estudiar los diversos flujos.

ARTE DEL ANÁLISIS ECONÓMICO

Una economía es resultado de las elecciones de los millones de individuos que intentan satisfacer sus necesidades ilimitadas. Debido a que estas elecciones descansan en el corazón del problema económico, el problema de enfrentarse con recursos escasos pero necesidades ilimitadas merecen un análisis más detallado. Entender y desarrollar los factores que moldean las elecciones económicas es el primer paso para volverse un maestro en el arte del análisis económico.

Autointerés racional

Un supuesto económico clave es que el individuo, al hacer sus elecciones, selecciona racionalmente sus alternativas que percibe sean para su interés. *Racional* significa, dentro del campo de la economía, que la gente intenta hacer su mejor elección bajo ciertas circunstancias. La gente tal vez no sepa con certeza cuál alternativa resultará ser la mejor, simplemente selecciona la alternativa y espera recibir la mayor satisfacción y felicidad.

NetBookmark

Para hacer buen uso de la internet, necesitará de http://www.adobe.com/prodindex/acrobat/readstep.html. Una pregunta de economía es: ¿por qué Adobe regala su programa Reader?

Esta confianza en el autointerés racional no debe entenderse como un materialismo ciego, egoísmo o avaricia. Lo que sabemos es que la gente quiere sintonizar su estación QTPM (¿Qué Tiene Para Mí?). Para la mayoría de nosotros el interés propio con frecuencia incluye el bienestar de nuestra familia, nuestros amigos y tal vez, la pobreza mundial. Aun así, el interés por otros está influenciado por consideraciones económicas. Tal vez voluntariamente llevemos a un amigo al aeropuerto un sábado por la tarde, pero lo menos probable es ofrecer llevarlo si su vuelo sale a las 6:00 a.m. Es más probable que donemos nuestra ropa vieja en lugar de la nueva a organizaciones como la *Goodwill Industries*. Tendemos a dar mayores donativos si nuestras contribuciones son deducibles de impuestos. Asimismo, las estaciones de radio están más dispuestas a donar un poco de tiempo entre sus transmisiones a anuncios de interés público en sus horarios nocturnos que en los matutinos. De hecho, el 80% de este tipo de propaganda se transmite entre las 11:00 p.m. y las 7:00 a.m.[1] *La noción de autointerés no descarta el interés por otros; simplemente significa que el interés por otros es hasta cierto punto influenciado por los mismos factores económicos que afectan otras elecciones económicas.* Cuanto más bajo sea el costo personal por ayudar a otros, ofreceremos más ayuda.

La elección requiere tiempo e información

Una elección racional toma tiempo y requiere de información, pero ambos son escasos y valiosos. Si tiene alguna duda acerca del tiempo e información necesaria para hacer la elección, hable con alguien que recientemente haya comprado una casa, automóvil, o una computadora personal. Platique con un funcionario de una compañía que decidió introducir un nuevo producto al mercado, crear una página de ventas por internet, construir una nueva fábrica o adquirir las acciones de otra empresa. Considere sus propias experiencias para seleccionar una escuela; probablemente habló con amigos, parientes, maestros y consejeros, quizá incluso revisó todos los catálogos de promoción y las páginas electrónicas; tal vez visitó los planteles para reunirse con el cuerpo administrativo y obtener mayor información. La decisión tomó tiempo y dinero, y es probable que incluyó en malestar y ansiedad.

Debido a que la información es costosa de adquirir, con frecuencia estamos dispuestos a pagar a otros para que la recopilen y digieran por nosotros. Los mercados de los folletos informativos, los analistas de valores, los agentes de viajes, los vendedores de bienes raíces, los consejeros de carreras profesionales, las guías de restaurantes, los críticos de cine, los sitios especializados en internet y las revistas del *Consumer Reports* indican nuestra voluntad de pagar por la información que mejorará la elección económica.

[1] Sally Goll Beatty, "Media and Agencies Brawl Over Do-Good Advertising", *The Wall Street Journal*, 29 de septiembre 1997.

Tal y como veremos a continuación, *todos aquellos que tengan que tomar decisiones económicas, seguirán buscando la manera de adquirir la información en tanto el beneficio adicional esperado rebase el costo de inversión por obtenerla.*

El análisis económico es un análisis marginal

La elección económica, por lo general, incluye algunos ajustes de la situación existente, el *status quo*. El creador de programas para computadoras debe decidir si actualiza o discontinúa algunos de sus proyectos. El director de una escuela debe decidir si contrata a otro profesor. Sus pantalones de mezclilla favoritos están en oferta y debe decidir si compra uno o dos. Se preguntará si debe tomar un curso extra el próximo semestre, ha terminado de cenar y debe decidir si come postre.

La elección económica está basada en una comparación del costo marginal esperado y el beneficio marginal esperado en consideración. **Marginal** significa "incremento", "adicional" o "extra", se refiere a un cambio en una variable económica, un cambio en el *status quo*. *Usted, como tomador racional de decisiones, cambiará el* status quo *a medida que el beneficio marginal esperado exceda el costo marginal.* Por ejemplo, una empresa que se dedica a la producción de programas de computación compara el beneficio marginal esperado de introducir una nueva línea de productos, lo cual representa un aumento en las ganancias, con el costo marginal, que es el costo adicional de los recursos que se necesitan. Del mismo modo, compare el beneficio marginal esperado de comer postre con su costo marginal, dinero extra, tiempo extra y calorías extras.

Marginal Incremento, adicional o extra; este término se utiliza para describir un cambio en una variable económica.

Por lo regular, el cambio en consideración es pequeño, pero una elección marginal puede incluir ajustes económicos mayores, como la decisión de dejar la escuela y conseguir un empleo. Para una empresa, una elección marginal tal vez signifique producir un nuevo producto, construir una nueva planta en México o incluso declararse en quiebra. Al enfocarse en el efecto de un ajuste marginal al *status quo*, el economista es capaz de reducir la elección del análisis económico a un tamaño manejable en lugar de confrontar una realidad económica confusa. El economista puede iniciar con una elección marginal y después ver cómo esa elección afecta un mercado en particular que ayuda a moldear el sistema económico como un todo. Desgraciadamente para aquel que no es economista, *marginal* significa algo que es relativamente inferior, como cuando nos referimos a una película de "baja calidad". Le suplicamos que no tome en cuenta esta idea y mejor piense que *marginal* tiene una connotación de incremento.

Microeconomía y macroeconomía

Aunque haya hecho miles de elecciones económicas, si es como la mayoría de la gente, rara vez ha pensado acerca de su propio comportamiento económico. Por ejemplo, ¿por qué eligió utilizar su escaso tiempo leyendo este libro ahora en lugar de estar haciendo alguna otra actividad? **Microeconomía** es el estudio de su propio comportamiento y el comportamiento económico de otros haciendo elecciones respecto a qué comprar y qué vender, qué tanto trabajo y qué tanto jugar, cuánto pedir prestado y qué tanto ahorrar. La microeconomía examina qué factores influyen en el individuo en la elección económica y cómo la elección de varios responsables de tomar decisiones es coordinada por los mercados. Por ejemplo, la microeconomía explica cómo el precio y el producto están determinados en el mercado individual, cómo es el mercado del cereal para el desayuno o el mercado para el equipo de deportes.

Microeconomía Estudio del comportamiento económico en mercados específicos, tal como el mercado de computadoras o el de trabajo no calificado.

Probablemente ha pensado muy poco en los factores que influyen en su elección económica o cómo esas elecciones se unen con aquéllas hechas por otros cientos de millones en la economía de Estados Unidos para determinar los grandes agregados económicos como son la producción bruta, el empleo y el crecimiento. La **macroeconomía** estudia el desempeño de la economía como un todo. Así como la microeconomía estudia las piezas individuales del rompecabezas económico, es decir, cómo se refleja por mercados específicos, la macroeconomía une todas las piezas para enfocarlas sobre una gran fotografía.

Macroeconomía Estudio del comportamiento económico de toda la economía.

Repaso: El arte del análisis económico se enfoca en cómo los individuos usan sus recursos escasos en un intento por satisfacer sus necesidades ilimitadas. El autointerés racional guía la elección del individuo. La elección requiere tiempo e información, y significa una comparación del costo marginal y del beneficio marginal de acciones alternas. La microeconomía se enfoca en las piezas individuales del rompecabezas económico; la macroeconomía arma todas las piezas para obtener el todo.

CIENCIA DEL ANÁLISIS ECONÓMICO

Teoría económica, modelo económico Simplificación de la realidad que se utiliza para hacer predicciones acerca del mundo real.

Los economistas usan la ciencia del análisis económico para formular teorías o modelos que ayuden a explicar el comportamiento económico. Una **teoría económica** o **modelo económico** es una simplificación de la realidad económica que *se usa para hacer predicciones acerca del mundo real*. Una teoría o modelo, tal como el modelo de flujo circular, capta los elementos importantes del problema en estudio: no necesita deletrear todos los detalles y la interrelación. De hecho, cuanto más detallado es el contenido de una teoría o cuanto más amplio llega a ser éste, tal vez sea menos útil. El mundo en que vivimos es muy complejo y debemos simplificar todas las situaciones si es que deseamos obtener un sentido de las cosas; así como las tiras cómicas simplifican a sus personajes eliminándoles dedos o bocas. Uno podría considerar que la teoría económica es una versión sintética o desnuda de la realidad económica.

Papel de la teoría

Con frecuencia la gente no entiende la importancia de la teoría. Tal vez ha escuchado decir a alguien: "En teoría está muy bien, pero en la práctica es otra cosa". La implicación es que la teoría proporciona poca ayuda en los asuntos prácticos. La gente que dice esto no se da cuenta que simplemente sustituyen de su propia teoría una que ellos no creen o no entienden. En realidad dicen: "Tengo mi propia teoría, y funciona mejor".

Todos emplean sus propias teorías; sin embargo, son muy mal entendidas o definidas. Alguien que critica las máquinas de la Pepsi por el simple hecho de que algunas se hayan tragado sus monedas tiene una teoría equivocada del funcionamiento de las máquinas y sobre todo, en qué fallaron. Una versión de esta teoría puede ser: "La moneda pasa por una serie de rejillas, algunas veces la moneda se traba. *Si* se traba, *entonces* se puede sacudir la máquina para liberar la moneda y permitir que siga su camino". Es evidente que esta teoría no es del todo convincente para aquellos que golpean las máquinas que no funcionan. Esta situación representa un problema real para la industria de las máquinas expendedoras y una razón de peso para no diseñarlas con vitrinas de vidrio. Sin embargo, cuando se le pide algún individuo que golpea las máquinas su "teoría" de cómo es que operan esos artefactos, él lo mira como si estuviera loco.

Método científico

Para estudiar el problema económico, los economistas emplean un proceso de investigación téorico llamado *método científico*, el cual está conformado de cuatro pasos. Esta estructuración se muestra en la figura 2.

Paso uno: identificar el problema y definir las variables relevantes. Este paso consiste en identificar el problema económico y definir las variables que son relevantes para encontrar la solución. Un ejemplo podría ser: "¿Cuál es la relación entre el *precio* de la Pepsi y las cantidades que se *compran*?" En este caso, las variables relevantes son el precio y la cantidad. Una **variable** es una medida que puede tomar valores diferentes; la variable en estudio se convierte en los elementos de la teoría, por eso es que debe seleccionarse con mucho cuidado.

Variable Es una medida, como el precio o cantidad, que puede tomar diferentes valores.

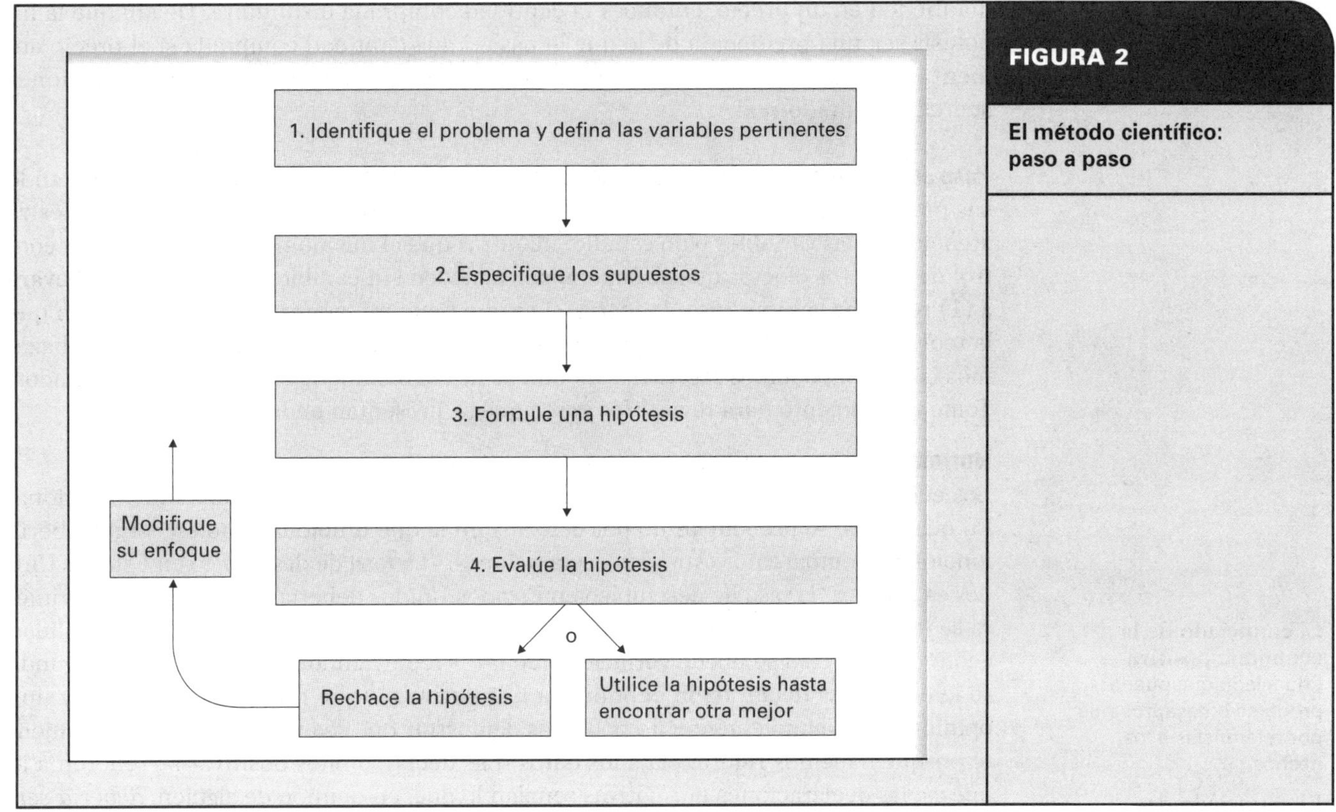

FIGURA 2

El método científico: paso a paso

Paso dos: especificación de los supuestos. Aquí se especifican los supuestos bajo los cuales la teoría se va a aplicar. Los supuestos establecen el marco de referencia de la teoría. Una de las categorías principales de los supuestos es el **supuesto de que otras cosas permanecen constantes**; en latín, el supuesto es *ceteris paribus*. La idea es identificar las variables de interés para después enfocarse exclusivamente en la relación entre ellas, suponiendo que nada más de importancia cambiará; en otras palabras, que otros aspectos permanecerán constantes. Por ejemplo, suponga que está interesado en cómo el precio de la Pepsi influirá en la cantidad comprada. Para aislar la relación entre el precio de la Pepsi y la cantidad comprada se debe suponer que no hay cambios en otras variables importantes como es el caso del ingreso del consumidor, el precio de la Coca-Cola y la temperatura promedio.

El supuesto otras-cosas-constantes El supuesto, cuando se enfoca sobre variables clave, de que otras variables permanecen sin cambio.

También se hacen supuestos acerca del comportamiento del individuo, esto se conoce como el **supuesto de comportamiento**. Tal vez el supuesto de comportamiento fundamental es el de autointerés racional. Como ya se mencionó, suponemos que quien toma decisiones individuales racionalmente persigue su interés propio y toma decisiones en consecuencia. La racionalidad implica que cada consumidor compra los productos que espera maximicen su nivel de satisfacción. La racionalidad también implica que cada empresa que ofrece sus productos maximice sus ganancias. A esta clase de supuestos se le llaman supuestos de comportamiento porque especifican cómo se espera que actúen los actores económicos.

Supuesto de comportamiento Supuesto que describe el comportamiento esperado de los agentes económicos.

Paso tres: formulación de hipótesis. El tercer paso es la formulación de una **hipótesis**, que es la teoría de cómo las variables principales se interrelacionan. Por ejemplo, una hipótesis sostiene que *si* el precio de la Pepsi sube cuando el resto de los artículos se

Hipótesis Enunciado acerca de la relación entre variables clave.

mantienen en un precio, *entonces* la cantidad comprada disminuirá. De ahí que la hipótesis sea una predicción de lo que le pasará a la cantidad comprada si el precio aumenta. El propósito de esta teoría, como de cualquier otra, es hacer predicciones acerca del mundo real.

Paso cuatro: comprobación de la hipótesis. La validez de la teoría se evalúa confrontando sus predicciones con las evidencias. Para probar una teoría, debemos enfocar nuestra atención en las variables bajo estudio, mientras que al mismo tiempo se guarda un control de los otros efectos que se supone permanecen sin cambios. La prueba nos llevará a (1) rechazar la hipótesis o la teoría, si es que tiene un menor valor de predicción que la teoría alterna, o (2) usar la hipótesis o teoría hasta que haya otra mejor. Si rechazamos la teoría, podemos regresar y modificar nuestro enfoque a la luz de los resultados. Tome un momento para revisar los pasos que se presentan en la figura 2.

Normativo *versus* positivo

Los economistas suelen tratar de explicar la manera en la que la economía funciona. En ocasiones, se preocupan no por la forma en la que funciona, sino en cómo debería funcionar. Comparemos estas dos declaraciones: "La tasa de desempleo en Estados Unidos es 5.1%" y "la tasa de desempleo en Estados Unidos debería ser menor". A la primera se le llama **declaración económica positiva** porque es una afirmación de la realidad económica, la cual se puede verificar o rechazar recurriendo a los hechos. A la segunda se le denomina **declaración económica normativa** porque refleja una opinión, y una opinión es eso simplemente: no podemos demostrar que sea verídica o falsa únicamente porque hacemos referencia a los datos. Las declaraciones positivas se refieren a lo que *es*; las declaraciones normativas señalan lo que, en opinión de alguien, *debería ser*. Las afirmaciones positivas no necesariamente son ciertas, pero deben sujetarse a verificación o refutación al confrontarlas con los hechos. Las teorías se expresan como afirmaciones positivas con declaraciones como "si aumenta el precio, entonces se reducirá la cantidad demandada".

El enunciado de la economía positiva
Enunciado que puede probarse o desaprobarse por referencias a los hechos.

El enunciado de economía normativa
Enunciado que representa una opinión que no puede ser aprobada o rechazada.

Uno de los grandes desacuerdos entre los economistas reside en debates normativos; por ejemplo, el papel que debe jugar el gobierno federal, y no en afirmaciones de análisis positivo. De hecho, muchas cuestiones teóricas continúan sin resolverse, pero la mayoría de los economistas apoyan y aceptan la mayor parte de los principios teóricos fundamentales; es decir, aquellos referentes al análisis económico positivo. Por ejemplo, en una encuesta de 464 economistas estadounidenses, sólo 6.5% estuvo en desacuerdo con la declaración: "Un tope en las rentas reduce la cantidad y calidad de las viviendas disponibles". Ésta es una declaración positiva porque se puede demostrar que es consistente o inconsistente con la evidencia. En contraste, existe mucho más desacuerdo sobre afirmaciones normativas, tales como "la distribución de los ingresos en Estados Unidos debería ser más equitativa". La mitad de los encuestados "estuvo totalmente de acuerdo", una cuarta parte "estuvo totalmente en desacuerdo", y otra cuarta parte "estuvo de acuerdo bajo ciertas condiciones".[2]

Las declaraciones normativas, o juicios de valor, tienen su lugar en un debate sobre política económica, por ejemplo la actuación y desempeño del gobierno. Estas declaraciones se desarrollan siempre y cuando las afirmaciones de datos se distingan de las declaraciones de opiniones. En dichos debates sobre política, uno tiene derecho a crear y defender su propia opinión, pero no sus propios datos.

[2] Richard M. Alston *et al.*, "Is There a Consensus Among Economists in the 1990s?", *American Economic Review, núm. 82*, mayo 1992, pp. 203–209, tabla 1.

Los economistas narran historias

A pesar de que los economistas se basan en el método científico para formular y evaluar teorías, el análisis económico es quizá tanto un arte como una ciencia. Tome en cuenta algún fenómeno del mundo real, aísle las variables importantes, especificando los supuestos, formule una teoría que explique cómo esas variables se relacionan y visualice un camino, no ambiguo, para probar todas las predicciones; todo eso implica más que un simple entendimiento de la economía y el método científico.

Llevar a cabo estos pasos demanda una buena intuición para identificar, relacionar, medir y probar teorías. Los economistas explican sus teorías narrando cómo creen que funciona la economía. Para contar una historia convincente, un economista se apoya en casos de estudio, anécdotas, parábolas, las experiencias personales de su auditorio y los datos que lo apoyan. En este libro conocerá historias que lo acercarán a la idea en consideración, como la historiá de las máquinas de la Pepsi ya mencionada. Estas historias ayudan a revivir la teoría económica y le permite personalizar ideas abstractas. Por ejemplo, tenemos el caso de estudio de las populares máquinas vendedoras en Japón.

UN YEN POR LAS MÁQUINAS VENDEDORAS

Caso de **estudio**

El mundo de los negocios

En las últimas décadas, la tasa de desempleo en Japón ha sido bastante baja en comparación con la de otros países. Japón enfrenta una caída continua en el número de gente en edad de trabajar debido a (1) una tasa de natalidad que alcanzó su punto más bajo en 1999, (2) una inmigración que en términos prácticos es inexistente: sólo dos de cada 1000 trabajadores en Japón son extranjeros, y (3) una población de edad cada vez más avanzada. Puesto que la mano de obra es relativamente escasa en Japón, es relativamente costosa. Para vender sus productos, los minoristas japoneses se apoyan en el capital, en particular en máquinas vendedoras, que evidentemente eliminan la necesidad de contar con personal de ventas.

Japón tiene más máquinas vendedoras per cápita que cualquier otro país del mundo: más del doble de Estados Unidos y casi diez veces más que Europa. Cabe mencionar que las máquinas vendedoras en Japón son mucho más sofisticadas. Por ejemplo, mediante enlaces telefónicos, algunas máquinas vendedoras avisan cuando necesitan más productos o monedas, con lo que se eliminan viajes innecesarios para volver a surtirlas. Las máquinas vendedoras de cigarrillos o bebidas alcohólicas pueden verificar ahora la edad del cliente por medio de su licencia de conducir. Algunas máquinas de bebidas frías pueden elevar automáticamente los precios cuando hace calor.

Robo Shop Super 24, un minisúper en Tokio, está totalmente automatizado; después de echar una ojeada a sus largos exhibidores, un cliente puede hacer sus compras pulsando en un teclado los números de los productos deseados. Luego, un pequeño recipiente recorre toda la tienda recogiendo los productos elegidos. Robo Shop es una máquina vendedora gigantesca.

Ya hemos comentado que en Estados Unidos es práctica común sacudir o golpear las máquinas vendedoras que no funcionan bien. Tal abuso eleva la posibilidad de que las máquinas sigan fallando, lo que lleva a cometer más abusos. En Japón las máquinas vendedoras son más respetadas, en parte porque son más sofisticadas y más confiables, y por otra, porque la tasa de delincuencia es menor y hay más respeto por la propiedad ajena. Por ejemplo, la tasa de robo de automóviles en Japón representa una vigésima parte de la tasa que se presenta en Estados Unidos.

eActividad

¿Por qué a los consumidores japoneses les gusta tanto comprar artículos en las máquinas vendedoras y depositan en ellas $520 en promedio cada año? ¿Podría ser algo más que simplemente comodidad? Algunos otros datos se encuentran en el artículo de la revista *Business Week* titulado "Internet Age Japan: PCs, Smart Phones, and Vending Machines?" el cual se encuentra disponible en http://www.businessweek.com/bwdaily/dnflash/nov1999/nf91123b.htm.

Los consumidores japoneses usan las máquinas vendedoras con gran frecuencia. Por ejemplo, en Japón 40% del total de las ventas de refresco se realizan mediante máquinas vendedoras, lo que contrasta el 12% de las ventas en Estados Unidos. Japón tiene el doble de ventas por medio de máquinas que Estados Unidos. Asimismo, estas máquinas tienen una variedad mucho más amplia de productos: videos, huevos, calzoncillos de hombre, animales disecados, pizzas, licores e incluso servicios de citas. La investigación muestra que los consumidores japoneses prefieren tener trato con máquinas anónimas que intercambiar saludos y frases de cortesía con una persona. A pesar de la relativa abundancia de máquinas vendedoras en Japón, las proyecciones indican que su uso se extenderá todavía más, esta situación impulsada por las innovaciones tecnológicas, una fuerza de trabajo cada vez menor y una mayor aceptación por parte de los consumidores.

Fuentes: Peter Hadfield, "Public Sold on Ugly, Wasteful Vending Machines", *South China Morning Post*, 14 de febrero 2001; "Coke Testing Vending Unit That Can Hike Prices in Hot Weather", *The New York Times*, 28 de octubre 1999; y "Sales Per Vending Machine Accelerates in Japan", *Beverage Digest*, 29 de agosto 1999. Se pueden encontrar fotos y una mayor descripción de Robo Shop 24 en http://www.theimageworks.com/Robo/roboftur.htm.

Este caso de estudio converge en dos puntos: primero, los productores combinan los recursos de tal manera que conservan o economizan aquellos relativamente más costosos, en este caso, trabajo. Segundo, las costumbres y convencionalismos del lugar del mercado pueden diferir en todo el país y esto puede resultar en diferentes tipos de arreglos económicos, como el uso más extensivo de las máquinas vendedoras en Japón que en Estados Unidos.

Predicción del comportamiento promedio

La tarea de una teoría económica es predecir el impacto de un cambio en la elección económica, y, a su vez, el efecto de esas elecciones en un mercado en particular o en la economía como un todo. ¿Significa esto que los economistas intentan predecir el comportamiento de un productor o consumidor en particular? No, porque un individuo en particular puede comportarse de manera impredecible. Pero las acciones al azar de un individuo tienden a compensarse una a la otra, así es que el *comportamiento promedio* de grupos puede calcularse con mayor precisión. Por ejemplo, si el gobierno federal reduce la carga fiscal de las familias, algunas de éstas pueden decidir ahorrar todo el importe de los impuestos que ya no pagan. Sin embargo, el gasto de las familias se elevará. Asimismo, si Burger King reduce el precio de las Whoppers en un 50%, el gerente puede predecir mejor en cuántas unidades de Whoppers se incrementarán las ventas que cómo un cliente en particular responderá. *Las acciones al azar de un individuo tienden a compensarse una a la otra, así que el comportamiento en promedio de un grupo grande puede calcularse con mayor precisión que el comportamiento de un individuo en particular*. En consecuencia, los economistas se enfocan en el comportamiento promedio de la gente que pertenece a ciertos grupos en particular; por ejemplo, como contribuyentes en el pago de impuestos o consumidores de hamburguesas, en lugar del comportamiento específico de un actor económico.

Algunas trampas o fallas del análisis económico

El análisis económico, como otras formas científicas, investiga y está expuesto a los errores más comunes del raciocinio, lo cual hace que el incauto llegue a conclusiones falsas. A continuación se comentan tres posibles causas de confusión.

Falacia de que la asociación es causación La idea incorrecta es que si dos variables están asociadas en el tiempo, una necesariamente debe causar la otra.

Falacia de que la asociación es causación. En las últimas dos décadas, el número de médicos especializados en tratamientos contra el cáncer aumentó de manera considerable. Al mismo tiempo, se elevó el número de pacientes con cáncer. ¿Podemos concluir que los médicos causan el cáncer? No. Asumir que el evento A ocasiona el evento B simplemente porque los dos están asociados en tiempo es caer en la **falacia de que la asociación es causación**, un error muy común. El hecho de que un evento preceda al otro o que los dos ocurran al mismo tiempo no implica, por necesidad, que uno cause el otro. No confunda la subsecuencia con la consecuencia. Recuerde: *asociación no necesariamente es causación*.

Falacia de la composición. Permanecer de pie en un partido de fútbol para ver mejor no es una buena idea si otros están también parados. Llegar temprano a la taquilla y formarse para comprar boletos para un concierto no funciona si muchas otras personas llegan también temprano. Éstos son ejemplos de una **falacia de la composición**, la cual es una creencia equivocada de que lo cierto para un individuo, es también cierto para un grupo, o para la totalidad.

Falacia de la composición La creencia incorrecta de que lo verdadero para un individuo, o parte, debe ser necesariamente verdadero para un grupo, o para el todo.

Error de ignorar los efectos secundarios. En muchas ciudades, los funcionarios públicos han impuesto un control de rentas para los departamentos. El *efecto primario* de esta política, es decir el efecto en el cual los legisladores se enfocan, es procurar que las rentas no suban. Sin embargo, a través del tiempo se han construido departamentos porque las rentas son menos lucrativas. Aún más, hoy en día existen departamentos en renta que se deterioran porque los dueños no tienen incentivos para pagar el mantenimiento puesto que, de todas maneras, hay muchas personas que desean rentar uno. De aquí que la cantidad y la calidad de la vivienda disminuya como resultado de lo que parece ser una medida razonable para mantener las rentas sin aumento. Quienes formulan la política cometieron el error de ignorar los **efectos secundarios** o *consecuencias involuntarias* de sus políticas. Las acciones económicas tienen efectos secundarios que con frecuencia resultan ser más importantes que los efectos primarios. Los efectos secundarios puede que ocurran más lentamente y tal vez sean menos obvios, pero un buen análisis económico debe tomarlos en cuenta.

Efectos secundarios Consecuencias no buscadas de la actividad económica que se presentan lentamente con el paso del tiempo cuando la gente reacciona a los hechos.

Si los economistas son muy inteligentes, ¿por qué no son ricos?

¿Por qué los economistas no son ricos? Bueno, algunos de ellos lo son y ganan hasta $25 000 por cada participación en un ciclo de conferencias; otros ganan miles de dólares diariamente sólo como consultores. Dentro de los puestos del gobierno se han nombrado a muchos economistas para ocupar altos cargos: Secretarios de Comercio, Defensa, Trabajo, Gobernación y Tesorería, y para dirigir la Reserva Federal. La economía es la única ciencia social y la única disciplina de negocios por la cual el prestigiado premio Nobel se otorga, y diariamente se reportan en los medios de comunicación importantes declaraciones y pronunciamientos hechos por economistas.

Un columnista de economía del *The New York Times* escribió: "Los hombres de negocios emplearán a muchos economistas o los consultarán a cambio de altos honorarios, creyendo que sus bolas de cristal estrelladas son mejores que ninguna. Es obvio que la prensa persigue a los profetas más conocidos. Mientras muchos hombres pueden molestarse con los economistas, otros practicantes de las ciencias sociales los *odian* por su fama: ganadores de premios Nobel y agentes con fácil acceso al poder político[3]". Un artículo recientemente publicado en *The Economist*, un semanario muy respetado que se publica en Londres, argumenta que las ideas económicas han influido en la política "en un grado tal que hace que a otros científicos sociales se les escurra la baba de admiración".[4]

A pesar de sus críticos, la profesión de economista florece porque sus modelos suelen darle un mejor sentido económico a un mundo confuso que otros enfoques alternos. Pero no todos los economistas son ricos ya que la riqueza personal tampoco es el objetivo de esta disciplina. De manera similar, no todos los doctores son sanos; no todos los carpinteros viven en casas perfectamente construidas; no todos los consejeros matrimoniales están felizmente casados; y no todos los hijos de los psicólogos tienen una excelente conducta. No obstante, aquellas personas que estudian economía sí cosechan recompensas, como se observa en este caso de estudio con que cerramos, el cual vincula el nivel de ingresos con la elección de una especialidad universitaria.

[3] Leonard Silk, *Economics in Plain English*. Nueva York, Simon and Schuster, 1978, p. 17. (Énfasis en original.)
[4] "The Puzzling Failure of Economics", *The Economist*, 23 de agosto 1997, p. 11.

Caso de **estudio**

Economía de la información

*e*Actividad

El Banco de la Reserva Federal de Mineápolis preguntó a algunos ganadores del premio Nobel la forma en que se habían interesado en la ciencia económica. Algunas de las anécdotas se pueden encontrar en http://woodrow.mpls.frb.fed.us/pubs/region/98-12/ quotes.html.

WALL STREET JOURNAL

La interpretación correcta

¿Cuál es la importancia de la siguiente declaración en The Wall Street Journal*?: "Ya que la economía es la especialidad más popular en muchas universidades prestigiadas, la demanda de profesores en esta área ha desembocado en una guerra de precios por obtener al personal docente de mayor reputación".*

ESPECIALIDAD UNIVERSITARIA E INGRESOS PROFESIONALES

Al principio de este capítulo aprendimos que la elección económica se basa en una comparación de los beneficios marginales que se esperan y el costo marginal que se anticipa se tendrá que pagar. Las encuestas muestran que los estudiantes asisten a las universidades porque creen que los estudios universitarios son la clave para obtener mejores empleos y salarios más altos. En otras palabras, para unas dos terceras partes de graduados de educación media, el beneficio marginal que esperan de cursar la universidad parece exceder su costo marginal. Revisaremos el costo de la universidad en el siguiente capítulo y aquí analizaremos los beneficios, especialmente en lo que se refiere a los ingresos esperados.

Entre los graduados universitarios, todo tipo de factores afecta el nivel de ingresos: la capacidad intelectual, la elección de ocupación, las características personales, la universidad en la que estudió, la especialidad, y el grado académico más alto que obtuvo. Hasta hace poco, había poca evidencia sistemática que vinculara los ingresos con la especialidad universitaria, pero la Fundación Nacional para las Ciencias (*National Science Foundation*) patrocinó una enorme encuesta de graduados universitarios para examinar esa relación. Para aislar los efectos de la especialización universitaria sobre los ingresos, la encuesta se enfocó en personas de grupos de edades específicas que trabajaban tiempo completo y cuyo grado de estudios más alto era una licenciatura.

La figura 3 muestra los ingresos en promedio registrados en 1993 por especialidad en hombres y mujeres con edades de 35 a 44 años. Como referencia, el sueldo anual *medio* de los varones fue de $43 199 (la mitad ganaba más y la mitad ganaba menos). El sueldo medio de las mujeres fue de $32 155, sólo 74% del promedio masculino. Entre los hombres, el pago medio superior fue de $53 286, el cual obtenían aquellos que se habían especializado en ingeniería; ese ingreso estaba 23% por encima de todos los varones con edades de 35 a 44 años. Entre las mujeres, el pago promedio superior fue de $49 170, el cual obtenían aquellas con especialidad en el área de la economía. Ese ingreso rebasaba en 53% la media de todas las mujeres encuestadas con edades de 35 a 44 años.

Irónicamente, los varones que se especializaron en economía obtenían en promedio $49 377, situación que los colocaba en el séptimo lugar entre 27 especialidades y 14% arriba de la media para todos los hombres con edades de 35 a 44 años. Por lo tanto, aunque el sueldo medio de todas las mujeres era tan sólo de 74% del pago promedio para todos los varones, las mujeres que se habían especializado en economía ganaban aproximadamente lo mismo que los hombres. De alguna manera podemos decir que los especialistas en economía ganaban más que la mayoría y no sufrían diferencias de sueldo con base en su género.

Observemos que tanto entre los varones como entre las mujeres, los especialistas clasificados en la parte superior de la lista tienden a ser los más cuantitativos y analíticos. De acuerdo con el autor de la encuesta, "los patrones pueden creer que ciertas especialidades son más difíciles y suponer que los graduados en estas disciplinas son más capaces y trabajadores, por lo que les ofrecen mejores percepciones".[5] El optar por una especialidad relativamente más problemática, como la economía, envía una señal favorable a los futuros patrones.

La encuesta también se ocupó de las clases de empleos que encontraron los diferentes especialistas. Los que se habían especializado en economía actuaban como directores, gerentes, ejecutivos o administradores; también encontraron un lugar como agentes de ventas, asistentes de computación, analistas financieros y económicos. Recordemos que la encuesta estaba limitada a aquellas personas cuyo grado máximo de estudios era la licenciatura, así que se excluyeron los especialistas en economía que siguieron con estudios de posgrado en derecho, administración de negocios, economía, administración pública, periodismo y otras disciplinas.

[5] Daniel E. Hacker, "Earnings of College Graduates 1993", *Monthly Labor Review*, diciembre 1995, p. 15.

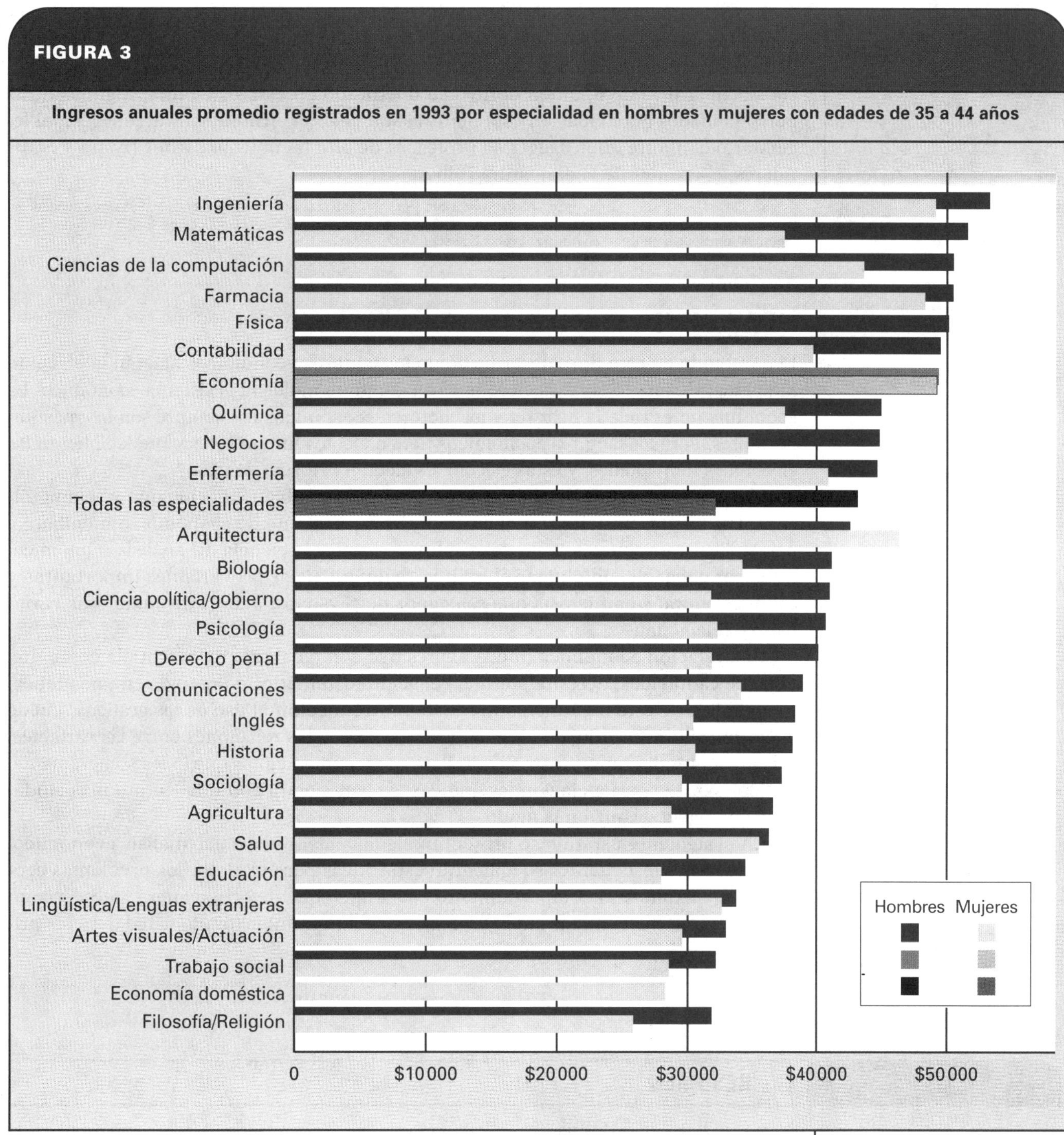

Fuente: Ingresos basados en cifras reportadas por Daniel Hacker in "Earnings of College Graduates 1993", *Monthly Labor Review*, diciembre 1995, pp. 3-17.

Existe un número considerable de líderes políticos graduados en economía, incluyendo los últimos seis presidentes de los Estados Unidos, la secretaria de la Suprema Corte de Justicia americana, Sandra Day O'Connor y la presidenta de Filipinas, Gloria Macapagal Arroyo, quien obtuvo su doctorado en esta disciplina. Algunas otras personalidades graduadas en esta materia son el actor Arnold Schwarzenegger, el legendario cantante Mick Jagger, la profesora de alta tecnología Esther Dyson y Scott Adams, el creador de la caricatura Dilbert.

Fuente: Daniel E. Hacker, "Earnings of College Graduates 1993", *Monthly Labor Review* diciembre 1995. Para conocer y analizar una encuesta de oportunidades de trabajo, consulte el *Occupational Outlook Handbook* en el sitio del departamento de empleos americano en http://www.bls.gov/oco/.

CONCLUSIONES

El contenido de este libro describe cómo los factores económicos afectan la elección individual y cómo todas esas elecciones en conjunto moldean el sistema económico. La economía no es toda la historia y los factores económicos no siempre son los más importantes. Pero los factores económicos tienen efectos importantes y predecibles en las elecciones individuales, y estas elecciones afectan la forma de vida.

La economía es una disciplina desafiante, pero también emocionante y remuneradora. Las buenas noticias son que usted ya sabe bastante de economía. Sin embargo, para aplicar este conocimiento debe cultivar el arte y la ciencia del análisis económico. Debe ser capaz de simplificar el mundo real para aislar las variables importantes y después contar una historia que sea capaz de persuadir acerca de cómo esas variables se relacionan.

Una relación económica puede expresarse con palabras, representada como una tabla de cantidades, descrita por una ecuación matemática o ilustrada en una gráfica. El apéndice de este capítulo contiene una introducción al uso de las gráficas. Puede encontrarlo innecesario, en caso de que ya conozca las relaciones entre las variables, las pendientes, las tangentes y sus similares, le recomendamos que lo lea someramente. Si tiene poca experiencia con las gráficas, se beneficiará con una lectura más cuidadosa con papel y lápiz en la mano.

En el siguiente capítulo se presentan algunas ideas clave del análisis económico. En capítulos subsecuentes se aplicarán estas ideas para explorar los problemas económicos y explicar el comportamiento económico que de otra manera, parecería un crucigrama. Debe caminar antes de correr, en el próximo capítulo usted dará los primeros pasos.

RESUMEN

1. La economía es el estudio de cómo la gente elige asignar sus recursos escasos y limitados para producir, intercambiar y consumir bienes y servicios en un intento por satisfacer sus necesidades ilimitadas. El problema económico surge del conflicto entre los recursos escasos y las necesidades ilimitadas. Si las necesidades fueran limitadas o si los recursos no fueran escasos, habría menos necesidad de estudiar economía.

2. Los recursos económicos se combinan en una variedad de formas para producir bienes y servicios. Las principales categorías de los recursos incluyen trabajo, capital, tierra, los cuales representan todos los recursos naturales, y habilidad empresarial. Debido a que los recursos económicos son escasos, solamente un número limitado de bienes y servicios pueden producirse con ellos, por lo que deben hacerse elecciones.

3. La microeconomía se enfoca a las elecciones de las familias, las empresas y el gobierno, y cómo estas elecciones afectan un mercado en particular, por ejemplo, el de autos usados. Se supone que cada elección está guiada por un autointerés. Elegir implica tener tiempo e información; ambos son escasos y valiosos.

4. Mientras la microeconomía examina las piezas individuales del rompecabezas, la macroeconomía retrocede un paso para poder observar el gran cuadro: el desempeño de la

economía como un todo, es decir, la forma en la que se refleja por medidas tales como la producción total, el empleo, el nivel de precios y el crecimiento económico.

5. Los economistas usan teorías, o modelos, para ayudarse a comprender los efectos de los cambios económicos, tales como los cambios en los precios y los ingresos sobre las decisiones individuales, y a su vez, la manera en la que esas decisiones afectan a un mercado específico y a la economía en general. Para estudiar los problemas económicos, los economistas emplean el método científico: (1) plantean el problema y aíslan las variables clave; (2) especifican los supuestos bajo los cuales operan la teoría; (3) formulan una teoría o una hipótesis de cómo se relacionan las variables; y (4) evalúan la teoría por medio de la comparación de sus predicciones y las evidencias. Una teoría tal vez no funcione perfectamente, pero se aplicará mientras tenga una mejor predicción que otras.

6. El análisis de la economía positiva está enfocado a descubrir cómo funciona el mundo de la economía. Por su parte, el análisis de la economía normativa está más interesada en cómo, en opinión de algunos, debería funcionar. Si no se tiene cuidado, se puede caer de la falacia de que la asociación es causación a la falacia de composición y en el error de ignorar los efectos secundarios.

PREGUNTAS DE REPASO

1. *Definición de economía* ¿Qué determina que un recurso sea considerado escaso? ¿Cuál es la importancia de su escasez para la definición de economía?
2. *Recursos* Determine a qué categoría pertenecen cada uno de los siguientes recursos:
   (a) Un taxista.
   (b) El software de una computadora.
   (c) Una hora de asesoría legal.
   (d) El estacionamiento.
   (e) Un bosque.
   (f) El río Mississippi.
   (g) Un individuo que introduce una nueva forma de venta de productos por internet.
3. *Bienes y servicios* Explique por qué cada uno de los siguientes programas no debería ser considerado como "gratuito" para la economía como un todo:
   (a) Cupones para alimento.
   (b) Ayuda de Estados Unidos a países en desarrollo.
   (c) Donativos de las empresas.
   (d) Programas de televisión normal.
   (e) Bachillerato público.
4. *Agentes económicos* ¿Qué agentes económicos representan el papel líder en el sistema económico? ¿Qué agentes representan el papel secundario? ¿En qué sentido son considerados como agentes secundarios?
5. *Micro* versus *macro* Indique si cada uno de los siguientes análisis debería considerarse como un elemento de la microeconomía o de la macroeconomía:
   (a) Determinación del precio de un automóvil.
   (b) Cálculo del impacto de las políticas impositivas en el nivel del consumo total en la economía.
   (c) Decisiones de las familias en relación con la distribución de sus ingresos disponibles entre todos los bienes y servicios.
   (d) La decisión de un trabajador en relación con cuántas horas trabajar cada semana.
   (e) El diseño de una política gubernamental para alterar el nivel de empleo.
6. *Micro* versus *macro* Algunos economistas creen que para entender realmente la macroeconomía se deben entender los principios de la microeconomía. ¿Cómo se relaciona la microeconomía con la macroeconomía?
7. *Análisis normativo* versus *análisis positivo* Determine si las siguientes afirmaciones son normativas o positivas:
   (a) La tasa de desempleo en Estados Unidos estuvo por debajo de 5% en 1998.
   (b) La tasa de inflación estadounidense es demasiado alta.
   (c) El gobierno de Estados Unidos debería aumentar el salario mínimo.
   (d) Las restricciones al mercado estadounidense costaron $19 mil millones a los consumidores anualmente.
8. *El papel de la teoría* ¿De qué sirve la teoría económica sino puede predecir una conducta individual?

PROBLEMAS Y EJERCICIOS

9. *Autointerés racional* Comente el impacto de autointerés racional en cada una de las siguientes decisiones:
   (a) Ir a la universidad tiempo completo o entrar de tiempo completo al mercado de trabajo.
   (b) Comprar un libro nuevo o usado.
   (c) Asistir a la universidad local o fuera de la ciudad.
10. *Autointerés racional* Si la conducta está gobernada por el autointerés, ¿por qué la gente hace donativos a las organizaciones de beneficencia?
11. *Análisis marginal* El propietario de una pequeña pizzería debe decidir si aumenta una milla más su radio de entrega. ¿Qué aspectos debe considerar si tal decisión contribuye a la rentabilidad?
12. *Tiempo e información* Con frecuencia es costoso obtener la información que se requiere para tomar buenas decisiones. Sin embargo, los intereses propios se pueden atender mejor si se sopesan en forma racional todas las opciones disponibles. Esto exige una toma de decisiones totalmente informadas. ¿Significa que es irracional tomar decisiones no informadas? ¿Cómo se determina qué cantidad de información es la correcta?
13. ***Caso de estudio:*** *Un yen por las máquinas vendedoras* ¿Las máquinas vendedoras ahorran algunos otros recursos además del trabajo? ¿Ofrece la explicación del autor algún elemento de juicio adicional sobre el uso de las máquinas vendedoras en Japón?
14. ***Caso de estudio:*** *Un yen por las máquinas vendedoras.* Supongamos que usted tiene la opción de elegir entre dos tipos de almuerzos diferentes que tienen el mismo precio tanto en la cafetería como en la máquina vendedora. ¿En cuál compraría? ¿Por qué?
15. *Trampas del análisis económico* Repase la presentación de las trampas en el pensamiento económico que se presentan en este capítulo. Luego identifique la falacia o error de pensamiento en cada una de las siguientes afirmaciones:
   (a) Elevar los impuestos incrementará la recaudación gubernamental.
   (b) Siempre que se presenta una recesión se reducen las importaciones. Por tanto, para superar la recesión debemos aumentar las importaciones.
   (c) El aumento de las tarifas sobre el acero importado ayudará a la industria siderúrgica estadounidense. Por lo mismo, contribuirá a mejorar toda la economía.
   (d) El oro se vende aproximadamente en $300 por onza. Por ello, el gobierno de Estados Unidos podría vender todo el oro que se halla en Fort Knox a $300 la onza y pagar toda la deuda nacional.
16. *Asociación* versus *causalidad* Suponga que se observa una comunidad con un gran número de médicos atendiendo una tasa relativamente alta de enfermedades. De esta situación se concluye que los doctores causan las enfermedades. ¿Cuál es el problema de este razonamiento?

CASOS PRÁCTICOS

17. *Micro* versus *macro* Consulte en la página del Banco de Suecia la información sobre el premio Nobel de economía en http://www.nobel.se/economics/. Revise la descripción de algunos premios recientes y trate de determinar si esos premios se concedieron por trabajos en macroeconomía o en microeconomía.
18. ***Caso de estudio:*** *Especialidad universitaria e ingresos profesionales* La oficina de estadísticas del trabajo (*The Bureau of Labor Statistics*) conserva en su sitio de internet copias de los artículos publicados en su *Monthly Labor Review*. Consulte la página http://stats.bls.gov/opub/mlr/mlorhome.htm, haga clic en "Archives" y encuentre el artículo de Daniel Hecker titulado "Earnings of College Graduates: Women Compared with Men" (marzo 1998). ¿Qué puede aprender usted sobre el resultado final de la educación universitaria, tanto para las mujeres como para los varones? (Nota: El lector necesitará del programa Adobe Acrobat Reader para obtener todo el texto del artículo. Puede conseguir una copia de este programa en http://www.adobe.com/prodindex/acrobat/readstep.html.)

APÉNDICE

CÓMO ENTENDER LAS GRÁFICAS

Tome papel y lápiz. Ponga un punto en la mitad de la superficie. Éste será el punto de partida y se le denomina **origen**. Con el lápiz en este punto dibuje una línea recta a la derecha, esta línea se conoce como el **eje horizontal**. El valor de la variable *x* mide a la derecha del origen los incrementos a lo largo del **eje horizontal**. Marque ahora en esta línea incrementos, digamos, en 5 unidades cada uno de 0 a 20. Regrese al origen, dibuje otra línea recta ascendente, esta línea se llama **eje vertical**. Del mismo modo, el valor de la variable *y* mide a lo largo del eje vertical los incrementos cuando se mueve hacia arriba. Otra vez, marque en esta línea incrementos de 5 unidades cada uno de 0 a 20.

Dentro del espacio enmarcado por los ejes puede trazar diferentes combinaciones posibles de las variables medidas en cada uno de los ejes. Cada punto identifica un valor medido a lo largo del eje horizontal, o *x*, *y* un valor medido a lo largo del eje vertical, o *y*. Por ejemplo, ponga un punto *a* en su gráfica que refleje la combinación de *x* igual a 5 unidades y *y* igual a 15 unidades. Asimismo, ponga un punto *b* en su gráfica que refleje 10 unidades de *x* y 5 unidades de *y*. Ahora compare sus resultados con los que se muestran en la figura 1.

FIGURA 4

Fundamentos de una gráfica

Cualquier punto sobre una gráfica representa una combinación de valores particulares de dos variables. Aquí el punto *a* representa la combinación de 5 unidades de la variable *x* (medida sobre el eje horizontal) y 15 unidades de la variable *y* (medida sobre el eje vertical). El punto *b* representa 10 unidades de *x* y 5 unidades de *y*.

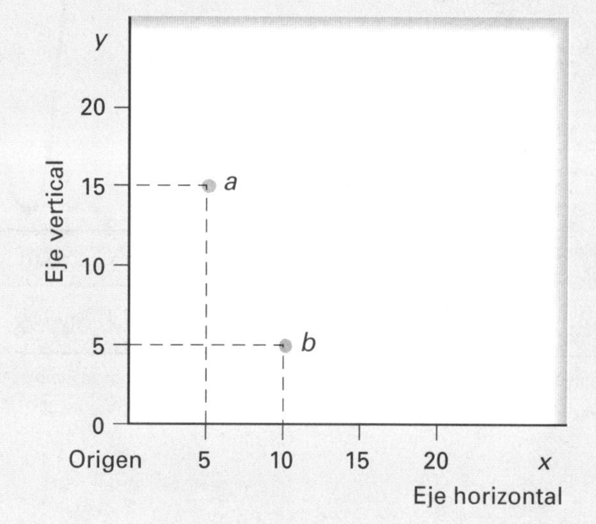

Una **gráfica** es una fotografía que muestra cómo se relacionan las variables y una imagen dice más que mil palabras. Revisemos la figura 5, la cual muestra la tasa de desempleo anual en Estados Unidos desde 1900. El año se mide a lo largo del eje horizontal y la tasa de desempleo a lo largo del eje vertical. La figura 5 es una *gráfica de serie de tiempo* porque muestra el valor de la variable, en este caso, la tasa de desempleo sobre el tiempo. Si tuviera que describir con palabras la información que se presenta, la explicación podría llevarnos muchas páginas y resultaría confusa. La figura muestra no sólo cómo un año se compara con el otro, sino también cómo se compara una década con otra. La vista puede recorrer las crestas y los valles para observar los patrones que hubieran sido difíciles de explicar con palabras. La alta tasa de desempleo durante la Gran Depresión de los treinta es inconfundible. La gráfica también muestra que la tasa promedio de desempleo ha tendido a aumentar desde los cuarenta. *Las gráficas aportan información compacta y eficiente*.

Este apéndice muestra cómo las gráficas expresan una variedad de relaciones entre variables. La mayoría de las gráficas de interés de este libro reflejan la relación entre dos variables económicas, por ejemplo, el año y la tasa de desempleo, el precio de un producto y la cantidad demandada, o el costo de producción y la cantidad ofrecida. Debido a que solamente nos enfocamos en dos variables a la vez, por lo general se supone que otras variables importantes se mantienen constantes.

Con frecuencia se observa que una cosa depende de la otra. El tiempo que le tome llegar a su casa depende de la velocidad promedio. Su peso depende de lo mucho que coma. La cantidad de Pepsi que compre dependerá de su precio. Una *relación funcional* existe entre dos variables cuando el valor de una variable *depende* del valor de otra. El valor de la **variable independiente** determina el valor de la **variable dependiente**.

La tarea del economista consiste en aislar las relaciones económicas y determinar la relación de causalidad, si es que hay alguna. Recuerde que una de las fallas del pensamiento económico es la creencia errónea de que la asociación es causación. No podemos concluir que el primer evento causa el segundo simplemente porque están relacionados en el tiempo. Tal vez no exista ninguna relación entre los dos eventos.

DIBUJO DE GRÁFICAS

Considere una relación muy simple: suponga que está planeando recorrer todo el país en automóvil y quiere determinar qué tanto viajará cada día. Estima que su velocidad promedio será de 50 millas por hora. Las posibles combinaciones

FIGURA 5

Tasa de desempleo en Estados Unidos desde 1900

Una gráfica de serie de tiempo describe el comportamiento de algunas variables económicas (aquí, la tasa de desempleo) sobre el tiempo.

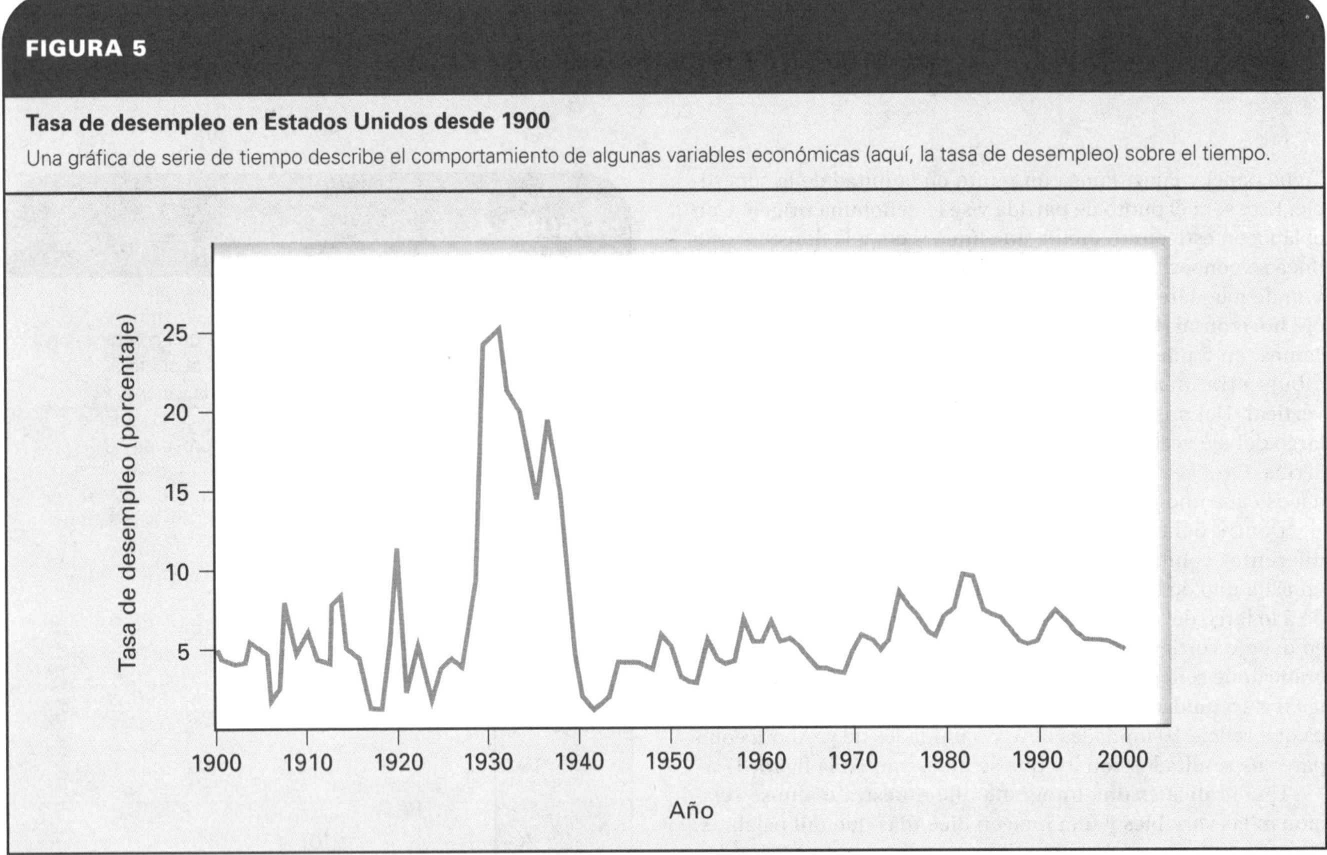

Fuentes: *Historical Statistics of the United States* 1970 y *Economic Report of the President* enero 2001.

del tiempo de manejo y la distancia manejada aparecen en la figura 6. Una columna lista las horas manejadas al día, y la siguiente columna contiene las millas recorridas en ese mismo día, suponiendo una velocidad promedio de 50 millas por hora. La distancia recorrida, variable dependiente, depende del número de horas manejadas, variable independiente. Identificamos las combinaciones de horas manejadas y la distancia recorrida como *a*, *b*, *c*, *d* y *e*. Tal y como se muestra en la figura 7, podemos representar estas combinaciones como una gráfica con las horas manejadas por día en el eje horizontal y el total de la distancia recorrida en el eje vertical. Cada combinación de horas manejadas y distancia recorrida está representada por un punto en la gráfica de la figura 7. Por ejemplo, el punto *a* muestra que cuando maneja solamente 1 hora, recorre únicamente 50 millas. El punto *b* indica que cuando maneja 2 horas, recorre 100 millas. Si se conectan los puntos, o combinaciones, se crea una línea ascendente hacia la derecha. Esto tiene sentido, puesto que mientras más tiempo maneje, más lejos llegará. La constante supuesta a lo largo de esta línea es una velocidad promedio de 50 millas por hora.

FIGURA 6

Tabla que relaciona la distancia recorrida y las horas manejadas

	Horas manejadas por día	Distancia recorrida por día (millas)
a	1	50
b	2	100
c	3	150
d	4	200
e	5	250

FIGURA 7

Gráfica que relaciona la distancia recorrida y las horas manejadas

Los puntos de *a* hasta *e* describen diferentes combinaciones de horas manejadas por día y las correspondientes distancias recorridas. Conectando estos puntos se crea la gráfica.

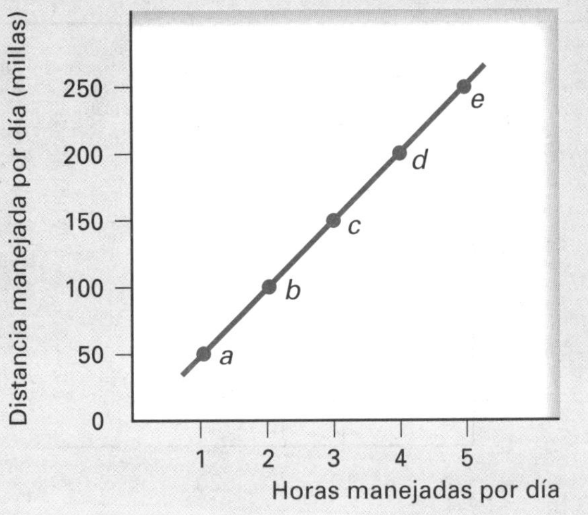

Los tipos de relaciones entre variables incluye lo siguiente:

1. Cuando una variable aumenta, la otra también, como en la gráfica de la figura 7, a esta situación se le conoce como una **relación positiva** o **directa** entre las variables.
2. Cuando una variable aumenta, la otra disminuye, en este caso hay una **relación negativa** o **inversa**.
3. Cuando una variable aumenta, la otra permanece sin cambio, en este caso las dos variables se dice que son *independientes* o *no relacionadas*. Una de las grandes ventajas que tienen las gráficas es que explican e ilustran muy bien la relación que existe entre las variables. No es necesario revisar combinaciones particulares de números, sólo tenemos que enfocarnos a la forma de la curva.

PENDIENTE DE LÍNEAS RECTAS

Una manera más precisa de describir la forma de una curva es midiendo su pendiente. La pendiente de una línea indica qué tanto cambia la variable vertical por un incremento dado en la variable horizontal. Específicamente, la pendiente entre cualquier par de puntos de cualquier línea recta es el cambio vertical entre esos dos puntos dividido entre el incremento horizontal, o

$$\text{Pendiente} = \frac{\text{Incremento en la distancia vertical}}{\text{Cambio en la distancia vertical}}$$

Cada uno de los cuatro paneles que se presentan en la gráfica de la figura 8 indica un cambio vertical dado un incremento de 10 unidades en la variable horizontal. En el panel (a), la distancia vertical aumenta en 5 unidades por un incremento en la distancia horizontal en 10 unidades. De ahí que la pendiente de la línea en el panel (a) sea de 5/10 o 0.5. Note que la pendiente en este caso es un número positivo porque la relación entre las dos variables es positiva o directa. Esta pendiente indica que por cada incremento en una unidad en la variable horizontal, la variable vertical se incrementa en 0.5 unidades. La pendiente, por cierto, no implica causalidad; el incremento en la variable horizontal no necesariamente causa un incremento en la variable vertical. La pendiente simplemente indica una forma uniforme de relación entre el incremento en la variable horizontal y el cambio asociado en la variable vertical.

En el panel (b), la distancia vertical decrece en 7 unidades cuando la distancia horizontal aumenta en 10 unidades, entonces la pendiente equivale a –7/10 o –0.7. La pendiente en este caso es un número negativo porque las dos variables tienen un número negativo o relación inversa. En el panel (c), la variable vertical permanece sin cambios ya que la variable horizontal aumenta en 10, entonces la pendiente es igual a 0/10 o 0. Ambas variables no están relacionadas. Por último, en el panel (d), la variable vertical puede tomar cualquier valor, aunque la variable horizontal permanece sin cambios. En este caso, cualquier cambio en la medida vertical, por ejemplo, un cambio de 10 unidades se divide entre 0, debido a que el valor horizontal no cambia. Cualquier cambio dividido entre 0 es infinitamente grande, así que la pendiente de la línea vertical es infinita.

PENDIENTE, UNIDADES DE MEDIDA Y ANÁLISIS MARGINAL

El valor matemático de la pendiente depende de cómo se miden las unidades en la gráfica. Por ejemplo, suponga que producir un tubo de cobre cuesta un dólar el pie. Las gráficas que representan la relación entre producción y costo total se muestran en la figura 9. En el panel (a), el costo total aumenta en $1 por cada pie extra de tubo producido. De ahí que la pendiente en el panel (a) sea igual a 1/1 o 1. Si el costo permanece igual pero la unidad de medida no son *pies*, sino *yardas*, la relación entre costo total y producción es como se representa en el panel (b). Ahora el costo total aumenta en $3 por cada yarda extra que se produzca, así que la pendiente equivale a 3/1 o 3. Debido a la diferencia en las unidades utilizadas para medir el tubo de cobre, los dos paneles reflejan diferentes pendientes, aunque el costo de los tubos sea de $1 por pie en cada panel. Recuerde que *la pendiente dependerá en parte de las unidades de medición*.

Como ya se mencionó, el análisis económico por lo general incluye al *análisis marginal*, como es el caso del costo marginal de producir una unidad más de producto. La pendiente es un artificio conveniente para medir los efectos marginales porque refleja los cambios en el costo total en el eje vertical por cada unidad de cambio en eje horizontal. Por ejemplo, en el panel (a) de la figura 9, el costo marginal de otro *pie* de tubo de cobre es de $1, el cual iguala la pendiente de la línea. En el panel (b), el costo marginal de otra yarda de tubo es de $3, la cual es una vez más la pendiente de la línea. Debi-

FIGURA 8

Pendientes alternativas para líneas rectas

La pendiente de una línea indica qué tanto cambia la variable que se mide verticalmente a un incremento dado en la variable medida en el eje horizontal. El panel (a) muestra una relación positiva entre dos variables; la pendiente es de 0.5, número positivo. El panel (b) describe una relación negativa o inversa. Cuando la variable *x* aumenta, la variable *y* disminuye; la pendiente es de –0.7, un valor negativo. Los paneles (c) y (d) representan situaciones en que dos variables no están relacionadas. En el panel (c), la variable *y* siempre toma el mismo valor; la pendiente es 0. En el panel (d), la variable *x* siempre toma el mismo valor; la pendiente es infinita.

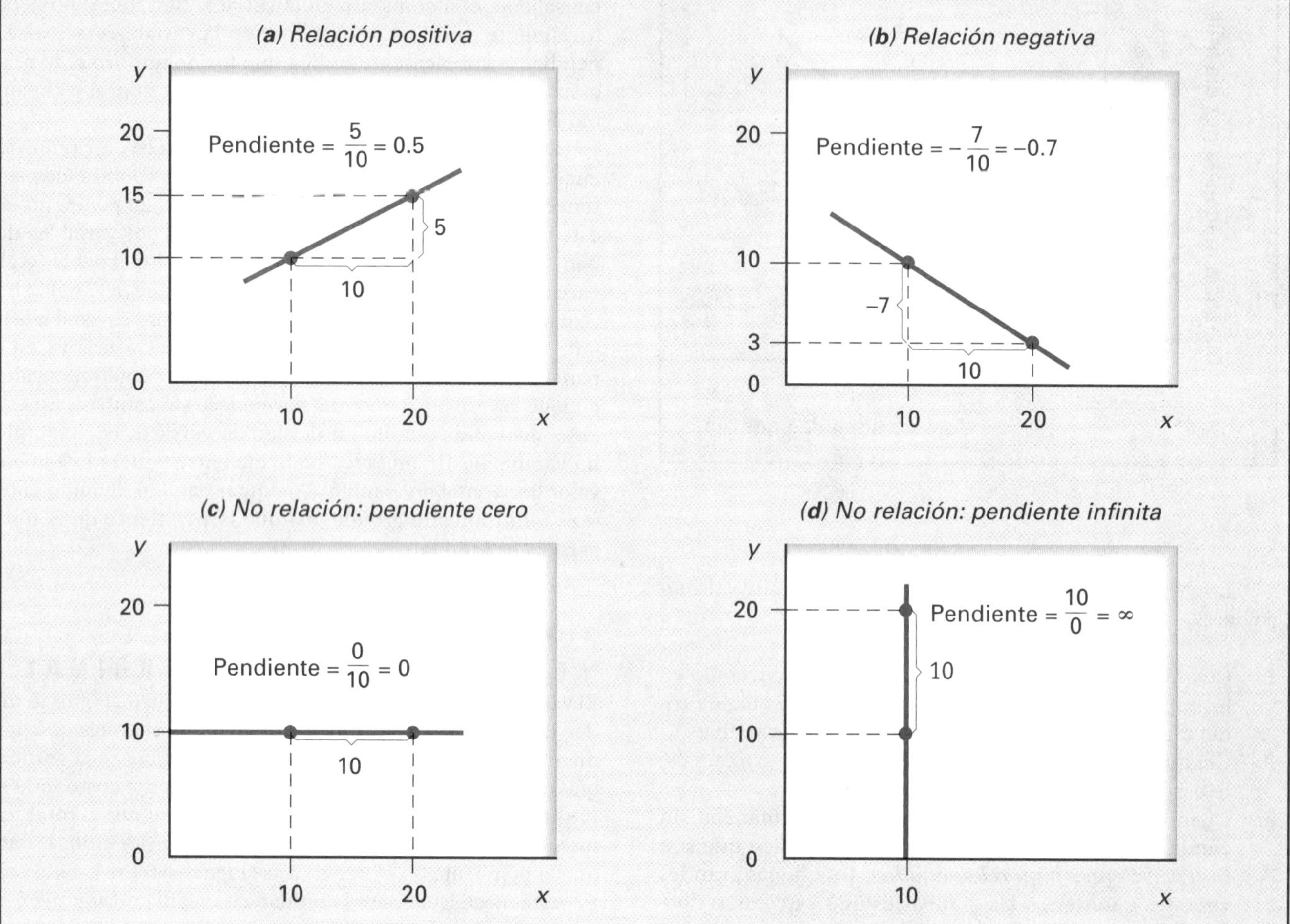

do a su aplicabilidad en el análisis marginal, la pendiente tiene especial significado en economía.

PENDIENTE DE LÍNEAS CURVAS

La pendiente de una línea recta es la misma en cualquier lugar, pero la pendiente de una línea curva varía en diferentes puntos, tal y como se muestra en la figura 10. Para encontrar la pendiente de una línea curva en un punto en particular, dibuje una línea recta que sólo toque la curva en ese punto pero no corte o cruce la curva. Esa línea se llama **tangente** a la curva en ese punto. La pendiente de la tangente es la pendiente de la curva en ese punto. Considere la línea *A*, que es tangente a la curva en el punto *a*. Como el valor horizontal aumenta de 0 a 10 en *A*, el valor vertical cae de 40 a 0. De ahí que el cambio vertical dividido entre el cambio horizontal sea igual a –40/10 o –4, que es la pendiente de la curva en el punto *a*. Ésta es de pendiente negativa porque la curva tiende hacia abajo en ese punto. La línea *B* es una tangente a la curva en el punto *b*, y tiene la pendiente –10/30 o sea,

FIGURA 9

La pendiente depende de las unidades de medida

El valor de la pendiente depende de las unidades de medida. En el panel (a), el producto se mide en pies de tubo de cobre; en el panel (b), el producto se mide en yardas. Aunque el costo de producción es de $1 por pie en cada panel, la pendiente es diferente en los dos paneles porque el tubo de cobre se mide en diferentes unidades.

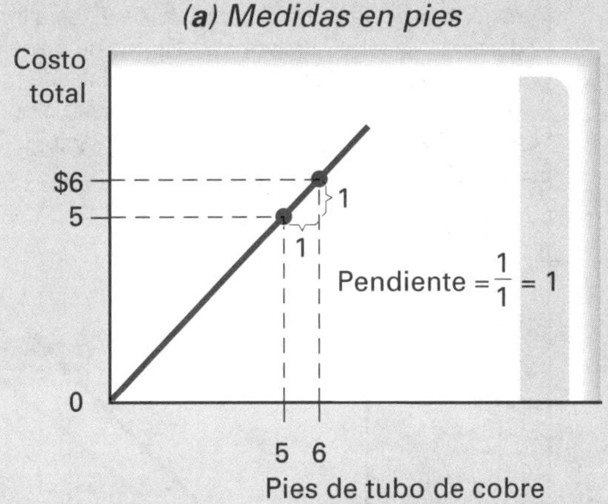

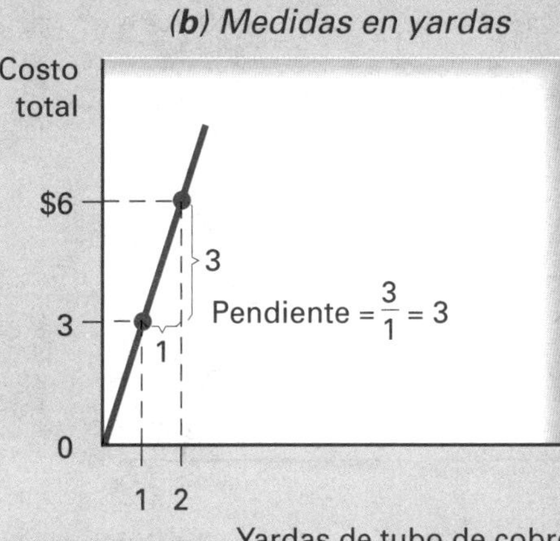

FIGURA 10

Pendiente en diferentes puntos sobre una curva

La pendiente de una curva varía de punto en punto. En un punto dado, como *a* o *b*, la pendiente de la curva es igual a la pendiente de una línea recta que es tangente a la curva en ese punto.

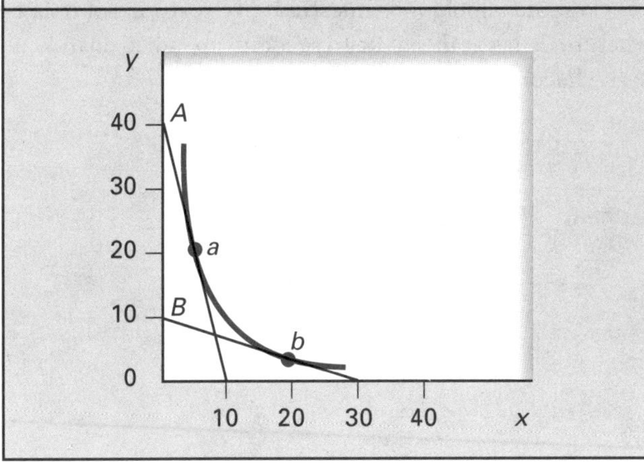

–0.33. Como puede ver, la curva que aparece en la figura 10 tiende a aplanarse al aumentar la variable horizontal y el valor de la pendiente tiende a cero.

Es muy natural que otras curvas reflejen diferentes pendientes así como distintos cambios en ella. Las curvas con pendiente descendente tienen pendiente negativa y las curvas con pendiente ascendente tienen pendiente positiva. Las curvas con inclinación ascendente tienen una pendiente positiva. Algunas veces las curvas, como las que aparecen en la figura 11, son más complejas ya que tienen partes positivas y negativas al mismo tiempo. En la curva que tiene forma de montaña, la cual se usa para valores pequeños de x, existe una relación positiva entre x y y, por lo que la pendiente es positiva. No obstante, conforme el valor de x crece, la pendiente se reduce y finalmente se convierte en negativa. Una curva puede dividirse en dos segmentos: (1) el segmento entre el origen y el punto a donde la pendiente es positiva; y (2) el segmento de la curva que se encuentra a la derecha del punto a, donde la pendiente es negativa. La pendiente de la curva en el punto a es 0. La curva en forma de U, la cual también se exhibe en la figura 11, representa la relación opuesta: x y y están relacionadas negativamente hasta donde alcanza el punto b, de ahí en adelante están relacionadas positivamente. La pendiente equivale a 0 en el punto b.

FIGURA 11

Curvas con ambos rangos, positiva y negativa

Algunas curvas tienen ambas pendientes, positiva y negativa. La curva en forma de montaña tiene una pendiente positiva a la izquierda del punto *a*, una pendiente de 0 en el punto *a* y una pendiente negativa a la derecha de ese punto. La curva tipo U empieza con una pendiente negativa, tiene una pendiente de 0 en el punto *b* y una pendiente positiva a la derecha de ese punto.

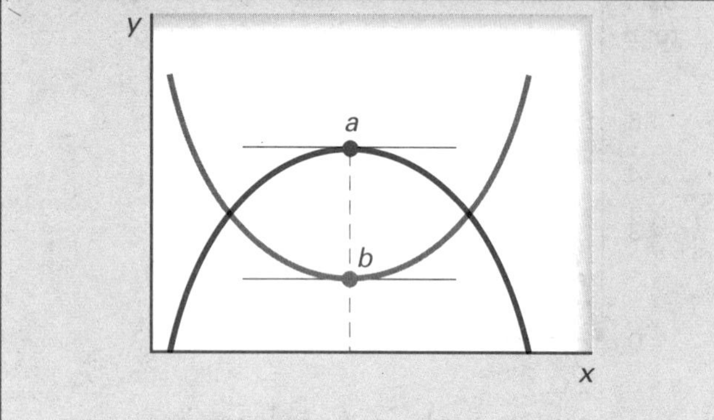

FIGURA 12

Cambio en la línea que relaciona la distancia recorrida con las horas manejadas

La línea *T* apareció originalmente en la figura 7 para mostrar la relación entre las horas manejadas y la distancia recorrida por día, suponiendo una velocidad promedio de 50 millas por hora. Si la velocidad promedio es de sólo 40 millas por hora, toda la relación se mueve a la derecha, hacia *T'*, para indicar que cada distancia de viaje requiere más tiempo de manejo. Por ejemplo, un viaje de 200 millas requiere 4 horas de manejo a 50 millas por hora, pero esa distancia requiere 5 horas manejando a 40 millas por hora.

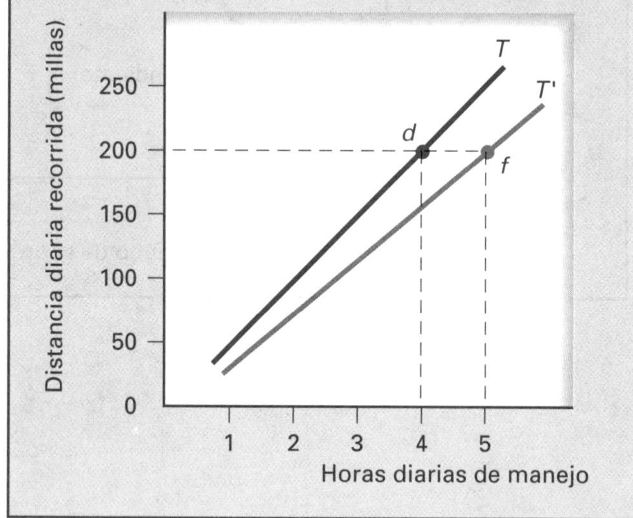

CAMBIOS EN LAS LÍNEAS

Regresemos al ejemplo de su recorrido por todo el país. Recuerde que ese caso estábamos tratando de determinar cuántas millas ha viajado por día; habíamos calculado las horas diarias manejadas en el eje horizontal y las millas diarias recorridas en el eje vertical, suponiendo una velocidad promedio de 50 millas por hora. Esa misma relación se muestra en la línea *T* de la figura 12. ¿Qué pasa si la velocidad promedio no es de 50 millas por hora, sino de 40 millas por hora? Toda la relación entre horas manejadas y distancia recorrida cambiaría, tal y como lo muestra el cambio hacia la derecha de la línea *T* a *T'*. Con una menor velocidad promedio, cualquier distancia que se viaje por día requerirá ahora más tiempo de manejo. Por ejemplo, un viaje de 200 millas necesita 4 horas cuando la velocidad promedio es de 50 millas por hora, como lo muestra el punto *d* en la curva *T*, pero 200 millas exigen 5 horas cuando la velocidad promedia sólo 40 millas por hora, como lo muestra el punto f en la curva *T'*. Así, un cambio en la hipótesis sobre promedio de velocidad cambia la relación entre las dos variables observadas. Este cambio en la relación se expresa por un cambio en la línea que muestra la forma en que ambas variables se relacionan entre sí.

Con esto concluimos nuestra breve revisión sobre la estructura de las gráficas. Regrese a este apéndice cuando necesite hacer un repaso.

PREGUNTAS DEL APÉNDICE

1. *Comprensión de gráficas* Observe la figura 5 y responda las siguientes preguntas:

   (a) ¿En qué año (aproximadamente) hubo la tasa de desempleo más alta? ¿En qué año hubo la tasa más baja?

   (b) ¿En qué década se presentó la tasa de desempleo más alta? ¿En qué década fue la más baja?

   (c) Entre 1950 y 1980, ¿la tasa de desempleo se elevó, se redujo o se conservó en el mismo nivel?

2. *Diseño de gráficas* Dibuje una gráfica para ilustrar su idea de cada una de las siguientes relaciones. Asegúrese de designar adecuadamente ambos ejes. En cada caso explique en qué circunstancias, si es que las hay, podría cambiar la curva:

   (a) La relación entre la edad y la estatura de una persona.

   (b) La temperatura mensual promedio en el curso de un año.

   (c) El ingreso de una persona y el número de hamburguesas consumidas al mes.

   (d) La cantidad de fertilizante utilizado en una hectárea y la cantidad de maíz cosechado en ese terreno en una temporada regular de cultivo.

   (e) La potencia de un automóvil y su rendimiento de gasolina (millas por litro).

3. *Pendiente* Supongamos que le dan los siguientes datos de salarios por hora y número de horas trabajadas:

Punto	Salario por hora	Horas trabajadas por semana
A	$ 0	$ 0
B	5	0
C	10	30
D	15	35
E	20	45
F	25	50

   (a) Construya y designe un grupo de ejes; después grafique estos seis puntos. Asigne un nombre a cada punto. ¿Qué variable cree usted que se debe medir en el eje vertical y qué variable en el eje horizontal?

   (b) Conecte los puntos y describa la curva que aparece. ¿Tiene sentido para usted?

   (c) Calcule la pendiente de la curva entre los puntos *A* y *B*; entre los puntos *B* y *C*; entre los puntos *C* y *D*; entre los puntos *D* y *E* y finalmente entre los puntos *E* y *F*. ¿Qué pasa en la pendiente cuando usted se desplaza del punto *A* al punto *F*?

Algunas herramientas del análisis económico

CAPÍTULO 2

¿Por qué está leyendo este libro en lugar de estar haciendo alguna otra cosa? ¿Cuánto está sacrificando por su educación? ¿Por qué se concentrará finalmente en una sola disciplina en lugar de tomar cursos en diferentes especialidades? ¿Por qué es tan rápida la comida rápida? ¿Por qué no vale la pena llorar por lo que se ha perdido? Éstas y otras preguntas se responden en este capítulo, en donde se presentan algunas herramientas de la economía, es decir, algunas herramientas para los negocios.

En el capítulo 1 se presentó la idea de que la escasez nos obliga a tomar decisiones económicas; sin embargo, no se explica la manera en la que dichas decisiones deben tomarse. En este capítulo se presenta un marco de referencia para evaluar las alternativas económicas: primero, se considerará el costo implícito en la selección de una alternativa u otra, enseguida se presentarán las herramientas para explorar las elecciones de producción de que dispone el individuo y la economía como un todo. Finalmente, se considerará cómo las diferentes economías enfrentan las elecciones económicas que toman, elecciones acerca de qué bienes y servicios producir, cómo y para quién producirlos. Los temas que se tratan en este capítulo incluyen:

- Costo de oportunidad
- División del trabajo
- Ventajas comparativas
- Especialización
- Frontera de posibilidades de producción
- Tres preguntas de economía
- Sistemas económicos

ELECCIÓN Y COSTO DE OPORTUNIDAD

Considere la decisión que acaba de tomar: la decisión de leer ahora este capítulo en lugar de dedicar su tiempo para estudiar otra materia, practicar algún deporte, dormir, ver televisión, conectarse al internet o realizar otra actividad. Suponga que ahora su mejor alternativa es dormir un poco, así que el costo de leer es la oportunidad rechazada de dormir. Debido a la escasez, cuando se toma una elección, se rechazan otras oportunidades; es decir, se incurre en un *costo de oportunidad*.

Costo de oportunidad

¿A qué nos referimos cuando hablamos del costo de algo?, ¿no es en realidad algo a lo que tenemos que renunciar o prescindir para obtener lo que deseamos? El **costo de oportunidad** de un artículo o actividad elegida es *el beneficio esperado de la mejor alternativa que se deja pasar por alto*. Se puede pensar que el costo de oportunidad es una *oportunidad perdida*. Algunas veces el costo de oportunidad puede medirse en términos de dinero; sin embargo, como se verá, el dinero generalmente es sólo una parte del costo de oportunidad.

Costo de oportunidad El valor de la mejor alternativa que se deja pasar por alto cuando un artículo o actividad es elegida.

¿Cuántas veces ha escuchado decir a las personas que realizaron una actividad en particular "porque no tenían otra cosa mejor que hacer"? Realmente lo que quisieron decir es que no tuvieron otra alternativa mejor, tuvieron que sacrificar muy poco para llevar a cabo la actividad que eligieron. No obstante, de acuerdo con la idea del costo de oportunidad, la gente *siempre* hace lo que hace porque no tiene otra cosa mejor que hacer. La elección seleccionada parece, por el momento, preferible a todas las elecciones posibles. Está leyendo este capítulo porque en este momento no tiene otra cosa mejor que hacer. De hecho va a la escuela por la misma razón: parece que la universidad es más atractiva que alguna otra alternativa que tenga. Considere el costo de oportunidad de asistir a la universidad en el siguiente caso de estudio.

COSTO DE OPORTUNIDAD DE ASISTIR A LA UNIVERSIDAD

Caso de **estudio**

Pongamos en práctica la teoría

eActividad

¿Considera que el pago de la universidad es una buena inversión? Consulte la opinión del profesor Jane Leuthold en el sitio College Choice en http://www.cba.uiuc.edu/ CollegeChoice/.

¿Cuál es el costo de oportunidad de asistir a la universidad de tiempo completo este año?, ¿cuál fue la alternativa más valiosa a la que renunció por asistir a la universidad? Si tuviera un empleo, tendría una buena idea del ingreso al que renunció por asistir a la universidad. Suponga que esperaba ganar $16 000 libres de impuestos al año por un empleo de tiempo completo. Como estudiante de la universidad podría trabajar medio tiempo durante el año escolar y tiempo completo durante el verano para obtener un ingreso total de $7 000 libres de impuestos. Por tanto, usted estaría sacrificando ingresos por $9 000 libres de impuestos (= $16 000 – $7 000).

También existe un costo directo de la universidad misma. Suponga que está pagando $5 000 por la colegiatura, las cuotas y los libros en una universidad pública, a los que se agregarían otros $5 000 de una cuota especial por ser alumno foráneo. El asistir a una universidad privada le agregaría otros $13 000. Usted o su familia no dispone de esta cantidad para gastarlo en alguna otra cosa, así que el costo de oportunidad de pagar la colegiatura, las cuotas y los libros es el beneficio esperado de la alternativa de los bienes y servicios que ese dinero pudo haber comprado.

Por otro lado, ¿qué sucede con el alojamiento y los alimentos? Los gastos de alojamiento y alimentación no son costos de oportunidad porque aunque no asistiera a la universidad debe vivir en algún lugar y comer, aunque en realidad el costo sería mayor si lo hiciera dentro de la universidad. Del mismo modo, asista o no a la universidad, tendrá gastos que cubran su entretenimiento, su ropa, la limpieza y la lavandería. Estos gastos no representan un costo de oportunidad por asistir a la universidad, son gastos personales que surgen sin importar lo que haga. En otras palabras, suponga que el hospedaje, la alimentación y los gastos personales son los mismos asista o no a la universidad, en realidad no serían costos de oportunidad de la universidad. Así que los $9 000 que deja de obtener más los $5 000 de la colegiatura, las cuotas y los libros totalizan un costo de oportunidad de $14 000, el cual corresponde al pago de la colegiatura normal para los estudiantes de una universidad pública. El costo de oportunidad se eleva hasta unos $19 000 para aquellos estudiantes que tienen que pagar tarifas por ser foráneos y aproximadamente $27 000 para aquellos que estudian en universidades privadas. Las becas podrían ser una opción para reducir el costo de oportunidad, pero los préstamos no.

Este análisis asume que muchas otras cosas permanecen constantes. Sin embargo, si en su opinión, el asistir a la universidad representa más desventajas de las que usted esperaba, parece ser que la mejor alternativa del costo de oportunidad por asistir a la universidad es aún mayor. Es decir, si usted es una de esas personas que piensa que la universidad es difícil, con frecuencia aburrida y en la mayoría de los casos, mucho más desagradable que tener un empleo de tiempo completo, entonces el costo monetario subestima su verdadero costo de oportunidad. No solamente está incurriendo en más gastos, sino que está dejando pasar una vida mejor y placentera. Si por el contrario, piensa que la vida de un estudiante universitario es más divertida y emocionante que la de un empleado de tiempo completo, entonces las cifras anteriores sobreestiman su verdadero costo de oportunidad porque la mejor alternativa implica una calidad de vida menos satisfactoria.

Evidentemente, considerará a la universidad como una inversión inteligente para su futuro aunque sea costosa y aparentemente complicada. Los graduados universitarios ganan en promedio al año aproximadamente lo doble que los que sólo terminan su educación media superior. Estas ganancias en sueldos han alentado a una fracción creciente de estudiantes universitarios a contraer deudas para financiar su educación. Algunos alumnos, incluso aquellos que acuden a instituciones públicas, se gradúan con deudas que exceden los $25 000.

A pesar de ello, la universidad no es para todos. Algunos consideran que el costo de oportunidad es demasiado alto. Por ejemplo, el famoso golfista Tiger Woods, quien alguna vez comenzó a estudiar economía en Stanford, desertó después de dos años para ganar una fortuna en el deporte profesional. Actualmente conserva un contrato con valor de $100 millones por cinco años para promover la marca deportiva *Nike*. Del mismo modo, algunos alumnos que cursan el último año del bachillerato y que creen estar listos para debutar en el básquetbol profesional, abandonan la idea de ingresar a la universidad, tal y como lo hace la mayoría de los tenistas profesionales, muchos de los cantantes y actores famosos. Tom Cruise ni siquiera terminó el bachillerato.

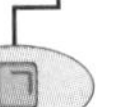

Fuentes: Jonathan Kaufman, "At Elite Universities, a Culture of Money Highlights Class Divide", *The Wall Street Journal*, 8 de junio 2001 y Mary Beth Marklein, "Toll Goes Up on Road to Higher Salary", *USA Today*, 17 de octubre 2000. Para obtener información sobre la forma de pago a las universidades, visite el sitio en internet del College Board en http://www.collegeboard.com/.

El costo de oportunidad es subjetivo

Solamente quien elige puede estimar el valor esperado de la mejor alternativa, y rara vez conoce el valor real de la alternativa que ha dejado pasar. Por definición, esa alternativa es "el camino que no se tomó". Si renunció a una comida en una pizzería con sus amigos por hacer un trabajo semestral, nunca sabrá exactamente el valor de la alternativa a la que renunció, solamente sabrá lo que *esperaba*. Evidentemente, esperaba que el beneficio neto de hacer el trabajo fuera mayor que el beneficio neto esperado de su mejor alternativa. De manera incidental, enfocarse solamente a la mejor alternativa que rechazó hace irrelevantes todas las otras alternativas.

El cálculo del costo de oportunidad exige tiempo e información. Las personas eligen racionalmente la alternativa que promete un beneficio neto esperado mayor. Esto no significa que la gente calcule exhaustivamente costos y beneficios para todas las posibles alternativas. Debido a que con frecuencia el adquirir información acerca de las alternativas es costoso y toma tiempo, la gente por lo general hace algunas elecciones basándose en información limitada o incorrecta. De hecho, algunas elecciones resultan ser muy malas. Por ejemplo, supongamos que fue a un día de campo y llovió, la película que rentó resultó aburrida, los zapatos que compró le lastiman. Sin embargo, cuando hizo la elección, pensó que había hecho el mejor uso de todos sus recursos escasos, incluyendo el tiempo para obtener la información necesaria y evaluar sus alternativas.

El tiempo es la última restricción. El Sultán de Brunei es uno de los hombres más ricos del mundo, tiene una riqueza calculada, sólo en el 2001, de $16 mil millones por tan sólo los ingresos que recibe de la explotación de los recursos petroleros con los que cuenta su pequeño país. Tiene dos palacios, uno para cada una de sus esposas. El palacio más grande tiene 1788 habitaciones con paredes de fino mármol italiano y un salón de trono del tamaño de un campo de fútbol americano. La familia real tiene 2000 automóviles, incluyendo 150 Rolls-Royce, aunque algunos están a la venta.[1] Con el respaldo de esa riqueza, parecería que se ha logrado superar el problema económico que implica la escasez de recursos pero con necesidades ilimitadas. Aunque el Sultán pueda comprar todo lo que desea, su *tiempo* es limitado para disfrutar de sus adquisiciones. Si realiza una actividad, no puede hacer otra cosa al mismo tiempo; cada actividad que efectúa tiene un costo de oportunidad. En consecuencia, el Sultán debe elegir entre los usos competitivos de su recurso más escaso, el tiempo. Aunque tal vez sus alternativas no sean tan exóticas como las del Sultán, usted también debe enfrentarse a la restricción del tiempo, especialmente durante los exámenes finales.

El costo de oportunidad puede variar con las circunstancias. El costo de oportunidad depende del valor de las alternativas. Por eso es menos probable que estudie los sábados por la noche que los martes por la noche. En un martes en la noche, el costo de oportunidad de estudiar es menor porque las alternativas que se le presentan son menos atractivas que las del sábado. Suponga que va al cine el sábado por la noche. El costo de oportunidad de la película es el valor de su mejor alternativa, que podría ser el de asistir a un evento deportivo. Para alguno de ustedes, estudiar los sábados por la noche será la última alternativa de su lista, tal vez por encima de reorganizar su clóset, pero quizá por debajo de lavar su ropa.

Aunque el costo de oportunidad es subjetivo, en algunos casos el dinero que se paga por los bienes y servicios llega a ser una buena aproximación del costo de oportunidad. Por ejemplo, el costo de oportunidad del nuevo estéreo que compró es el valor de gastar esos $300 en la mejor alternativa a la que renunció. La definición del costo monetario puede dejar fuera algunos elementos importantes, particularmente el tiempo implícito. Por ejemplo, rentar una película le cuesta no sólo el importe de $4, sino además tiempo y gastos de transporte para rentarla, verla y devolverla.

[1] Wayne Arnold, "Brunei and Its Leader Try Economic Discipline", *The New York Times,* 6 de marzo 2001.

Costos hundidos y elección

Suponga que ha terminado de ir de compras a una tienda y lleva sus artículos en el carrito rumbo a las cajas. ¿Cómo decide en qué fila formarse? Selecciona la fila que piensa le tomará menos tiempo. Suponga que después de esperar 10 minutos en la fila nota que apenas avanza y que otra fila ya avanzó. ¿Se cambiaría a otra caja que está abierta? o piensa: "Ya estuve formado 10 minutos en esta fila, voy a quedarme aquí". Los 10 minutos que ha pasado esperando representan un **costo hundido** y no puede recuperarlo, independientemente de lo que haga. Debe ignorar estos costos hundidos al hacer una elección económica porque sus elecciones no afectan a los costos hundidos. Por eso, debería cambiarse a una caja abierta. *Las decisiones económicas deben hacerse considerando sólo aquellos costos que son afectados por las elecciones. Por definición, los costos hundidos no son afectados por las elecciones y por lo mismo son irrelevantes.*

Costo hundido Costo en que se debe incurrir sin importar qué; por tanto, es un costo irrelevante cuando se hace una elección económica.

Del mismo modo, usted debe salirse del cine si está viendo una película tediosa, aunque la entrada le haya costado $10. La intrascendencia de los costos hundidos queda patente en el proverbio, "No tiene caso llorar por la leche derramada". La leche ya se derramó, de manera que lo que usted haga ahora no puede cambiar ese hecho.

Ahora que tiene una idea de lo que es el costo de oportunidad, apliquemos esta idea al problema de la mejor forma de utilizar recursos que son escasos para satisfacer necesidades ilimitadas.

ESPECIALIZACIÓN, VENTAJA COMPARATIVA E INTERCAMBIO

Suponga que vive en un dormitorio de la universidad, donde sus comidas y demás labores de hogar las realizan otras personas. Usted y su compañero de cuarto tienen tan poco tiempo que solamente pueden disponer de una hora a la semana para actividades aburridas como mecanografiar o planchar. Reconocemos que, en realidad, usted no tiene que planchar sus camisas ni mecanografiar sus trabajos, pero este ejemplo le ayudará a entender algunos puntos importantes. Cada uno de ustedes debe entregar un trabajo de tres hojas mecanografiado por semana y cada uno de ustedes preferiría planchar sus camisas si tuvieran tiempo. Suponga que mecanografiar una hoja le toma 10 minutos y media hora escribir tres hojas del trabajo. Su compañero de cuarto no es bueno para la mecanografía y le toma más o menos 20 minutos cada hoja o una hora por las tres hojas. Pero su compañero sabe planchar y puede planchar una camisa en tan sólo 5 minutos. Usted necesita el doble de tiempo, o sea 10 minutos.

Durante la hora disponible que tienen cada semana para mecanografiar y planchar, la mecanografía tiene prioridad. Si cada uno de ustedes hiciera su propia mecanografía y planchara, su compañero de cuarto necesitaría toda la hora para escribir su trabajo y no tendría tiempo para planchar. Usted escribe en media hora su trabajo y plancha tres camisas en la media hora restante. Así, si cada uno de ustedes hace su propia tarea; la producción combinada es de dos trabajos mecanografiados y tres camisas planchadas.

Ley de la ventaja comparativa

Rápidamente cada uno de ustedes se da cuenta que el producto total se incrementaría si usted hace toda la mecanografía y su compañero de cuarto planchara. En la hora disponible para esas tareas, usted mecanografía ambos trabajos y su compañero plancha doce camisas. Como resultado de la especialización, el producto total se incrementó nueve camisas. Usted hace un trato: intercambia su mecanografía para que su compañero de cuarto planche, cada uno de ustedes termina con un trabajo mecanografiado y seis camisas planchadas. De ahí que *cada uno de ustedes está en mejor situación como resultado de la especialización e intercambio*. Al especializarse en cada una de las tareas que mejor hace cada uno, usted y su compañero de cuarto emplean la **ley de la ventaja comparativa**, la cual establece que el individuo con un me-

Ley de la ventaja comparativa El individuo, empresa, región o país con el menor costo de oportunidad de producir un bien en particular, debería especializarse en producir ese bien.

nor costo de oportunidad para producir un producto en particular debería especializarse en la fabricación de ese producto. Usted tiene un costo de oportunidad más bajo que su compañero de cuarto en la mecanografía porque en el tiempo que se requiere para escribir a máquina un documento, usted podría planchar 3 camisas, mientras que su compañero de habitación podría planchar 12 de ellas. Y si usted tiene un costo de oportunidad más bajo en la mecanografía, su compañero de cuarto debe tener un costo de oportunidad más bajo en el planchado de camisas.

Ventaja absoluta y ventaja comparativa

La ventaja de la especialización e intercambio en el ejercicio anterior parece obvia. Se tiene un caso más interesante si usted no solamente mecanografía más rápido, sino también plancha más rápido. Suponga que cambiamos el ejemplo y a su compañero de cuarto le toma 12 minutos planchar una camisa, comparado con los 10 minutos. Ahora tiene una *ventaja absoluta* en ambas tareas, debido a que a usted le toma menos tiempo que a su compañero de cuarto. Si generalizamos, tener una **ventaja absoluta** significa poder fabricar un producto con menos recursos que otros productores.

Ventaja absoluta La habilidad de producir algo con menos recursos que los que usan otros productores.

¿Significa su ventaja absoluta en ambas actividades que la especialización ya no es una buena idea? Recuerde que la ley de la ventaja comparativa establece que el individuo con el *menor costo de oportunidad* para producir un bien específico debería especializarse en la producción de ese bien. A usted todavía le toma 30 minutos en mecanografiar un trabajo y 10 minutos planchar una camisa, así que su costo de oportunidad de mecanografiar un ensayo todavía es el planchado de tres camisas. A su compañero de cuarto le toma una hora mecanografiar un trabajo y 12 minutos planchar una camisa, así que su compañero de cuarto podría planchar cinco camisas en el tiempo que a usted le toma mecanografiar un trabajo. Su costo de oportunidad de mecanografiar un trabajo es planchar tres camisas y el costo de oportunidad de su compañero de cuarto es planchar cinco camisas. *Debido a que su costo de oportunidad de mecanografiar es menor al de su compañero de cuarto, usted tiene una ventaja comparativa en la mecanografía*. Por consiguiente, su compañero de habitación debe tener una ventaja comparativa al planchar. Por tanto, usted debe mecanografiar todo y su compañero planchar todo. Aunque tenga ventaja absoluta en ambas tareas, su **ventaja comparativa** exige la especialización en la tarea en la que tiene menor costo de oportunidad, en este caso, mecanografiar.

Ventaja comparativa La habilidad para producir algo a un menor costo de oportunidad que otros productores.

Si ninguno de ustedes se especializa usted podría terminar mecanografiando un trabajo y planchar tres camisas; su compañero de cuarto podría todavía mecanografiar solamente un trabajo. La producción combinada de ambos sería de dos trabajos y tres camisas. Si cada uno se especializa de acuerdo con la ley de las ventajas comparativas, en una hora usted podría mecanografiar ambos trabajos y su compañero de cuarto podría planchar 5 camisas. La especialización incrementa el producto total en dos camisas planchadas. Incluso cuando usted es mejor en ambas tareas que su compañero de cuarto, usted es comparativamente mejor en la mecanografía. Dicho de otra manera, su compañero de cuarto, aunque es peor en ambas tareas, no es tan malo planchando que como mecanógrafo.

No piense que esto es simplemente sentido común; el sentido común lo conduciría a planchar usted mismo y a mecanografiar porque tiene mayor habilidad en ambas. *La ventaja absoluta se enfoca en aquellos que usan menos recursos, en tanto la ventaja comparativa se enfoca en qué otras cosas esos recursos pudieron haberse empleado para producir, es decir, el costo de oportunidad de esos recursos*. La ventaja comparativa es la mejor guía para asignar lo que cada uno debe hacer.

La ley de la ventaja comparativa se aplica no sólo a individuos sino también a empresas, estados y países enteros. Aquellos individuos, empresas, estados o países con los menores costos de oportunidad para la producción de un bien particular deben especializarse en producir ese bien. A causa de factores tales como el clima, las habilidades de la fuerza de trabajo, los recursos naturales y el capital disponible, ciertas regiones del país y ciertas regiones del mundo tienen una ventaja comparativa en producir determinados bienes. Por ejemplo, las computadoras Apple en el Valle del Silicón, California, las naranjas en Florida, los estéreos producidos en Taiwán y los plátanos que se cultivan en Honduras. *Los recursos se asignan más eficientemente a lo largo del país y alrededor del mundo cuando la producción y el comercio están en concordancia con la ley de la ventaja comparativa.*

Especialización e intercambio

Trueque El intercambio directo de un bien por otro, sin usar dinero.

En el ejemplo anterior usted y su compañero de cuarto especializaron e intercambiaron su producción. No hubo dinero alguno de por medio; en otras palabras, hubo trueque. El **trueque** es un sistema de cambio en que los productos se intercambian directamente por otros productos. El trueque funciona satisfactoriamente en economías muy simples donde existe poca especialización y se intercambian pocos bienes diferentes. Pero en economías con mayor especialización, el *dinero* es muy importante y facilita el intercambio. El dinero (monedas, billetes y cheques) sirve como un *medio de cambio* porque es una cosa que todo el mundo está dispuesto a aceptar a cambio de bienes y servicios.

Debido a la especialización y a las ventajas comparativas, la mayoría de las personas consumen muy poco de lo que producen y producen muy poco de lo que consumen. La gente se especializa en actividades específicas, como plomería y carpintería e intercambia sus productos por dinero, el cual, a su vez, se intercambia por bienes y servicios. ¿Usted fabricó alguna de las prendas que viste en este momento? Probablemente no. Considere el grado de especialización que exige hacer una camisa de algodón. Algunos agricultores en un clima caliente cultivaron el algodón y lo vendieron a otra persona que lo limpió y lo convirtió en hilo; éste, a su vez, lo vendió a alguien más que lo convirtió en tela y lo vendió a otro que fue quien hizo la camisa. Éste la vendió al mayorista y luego la vendió al vendedor al menudeo, quien finalmente fue el que se la vendió a usted. Como puede ver, muchos especialistas intervinieron en la manufactura de su camisa o blusa.

División del trabajo y beneficios de la especialización

Imagínese una visita a McDonald's. Usted ordena una Big Mac, una orden de papas y una malteada de chocolate. Un minuto después su orden está lista. Considere cuánto tiempo le tomaría preparar la misma comida; le tomaría por lo menos 15 minutos hacer una versión casera de la Big Mac con todos los ingredientes especiales, le llevaría otros 15 minutos en pelar, rebanar y freír las papas, con el helado en mano, podría hacer la malteada en 5 minutos. Finalmente, le tomaría por lo menos una hora en comprar los ingredientes, preparar la comida y después limpiar. ¿Por qué la comida de McDonald's es más rápida, barata y, para algunas personas, mejor que la que usted prepara?, ¿por qué la comida rápida es tan rápida? McDonald's está aprovechando la ventaja resultante de la **división del trabajo**: en lugar de tener a cada uno de los trabajadores preparando una comida individual completa, divide la preparación en varias tareas y especializa a cada individuo en tareas separadas. Esta división del trabajo permite al grupo producir mucho más de lo que podría si cada una de las personas tratara de preparar una comida completa. En lugar de que cada trabajador hiciera todo y preparara, digamos, un total de 20 comidas completas en una hora, 10 trabajadores especializados podrían probablemente producir 500 comidas por hora.

División del trabajo La organización de producción de un bien, separado en diferentes tareas en la que la gente se especializa.

¿Cómo es posible este incremento en la productividad? Primero, el gerente puede asignar las tareas de acuerdo con las *habilidades* y *preferencias del individuo*; es decir, de acuerdo con la ley de la ventaja comparativa. El empleado con una personalidad agradable y una buena sonrisa puede atender a los clientes en el mostrador; el empleado con una espalda fuerte pero con poco refinamiento social puede cargar las cajas de los ingredientes y colocarlas en la bodega. Segundo, un trabajador que repite la misma tarea una y otra vez mejora. La experiencia hace al maestro. El cajero, por ejemplo, llega a ser mejor en atender los problemas que surjan en el trato con los clientes. Tercero, no hay pérdida de tiempo en la movilización de una tarea a la otra.

Finalmente, y quizá el punto más importante, la **especialización del trabajo** permite la introducción de técnicas más modernas de producción, técnicas que no tendrían sentido económico a menor escala. Por ejemplo, en McDonald's no preparan las malteadas por separado, sino que mezclan los ingredientes en una máquina que bate muchos litros al mismo tiempo, obviamente estas máquinas serían poco prácticas en casa. La especialización del trabajo permite la introducción de máquinas especializadas y éstas hacen a cada trabajador más productivo.

Especialización del trabajo Se enfoca al esfuerzo del individuo en un producto determinado o en una sola tarea.

Repaso: La especialización del trabajo aprovecha las preferencias y habilidades naturales del individuo, permite a los trabajadores adquirir mayor experiencia en una tarea determinada, reduce el tiempo necesario para intercambiar entre diferentes tareas y permite la introducción de maquinaria que ayuda a ahorrar mano de obra. La especialización y división del trabajo ocurre no solamente entre los individuos, sino también entre empresas, regiones y, de hecho, entre todos los países. El proceso de manufactura de ropa mencionado anteriormente puede con frecuencia incluir a un país que se dedique al cultivo del algodón, otro a la producción de tela, un tercero para coser y un cuarto para comercializarla.

Sin embargo, debemos señalar que la especialización puede crear problemas, esto debido a que realizar la misma actividad todo el día puede volverse tedioso. Considere, por ejemplo, un trabajador en la línea de ensamble cuya tarea es apretar un determinado tornillo; este trabajo podría volver loco al trabajador. Los movimientos repetitivos también pueden provocar lesiones. De ahí que la ganancia que se obtiene en dividir la producción en tareas individuales deba valorarse con respecto a los problemas causados por asignar a los trabajadores labores repetitivas y tediosas.

En el siguiente caso de estudio se hace un análisis más profundo de lo que es la especialización.

LA EVIDENCIA DE LA ESPECIALIZACIÓN ES MUY AMPLIA

Caso de **estudio**

Pongamos en práctica la teoría

eActividad

La economía es una disciplina que se ha beneficiado de la especialización y la división del trabajo. Para obtener mayor información sobre los temas que interesan a los economistas, consulte el sistema de clasificación denominado *Journal of Economic Literature's* en http://www.aeaweb.org/journal/elclasjn.html.

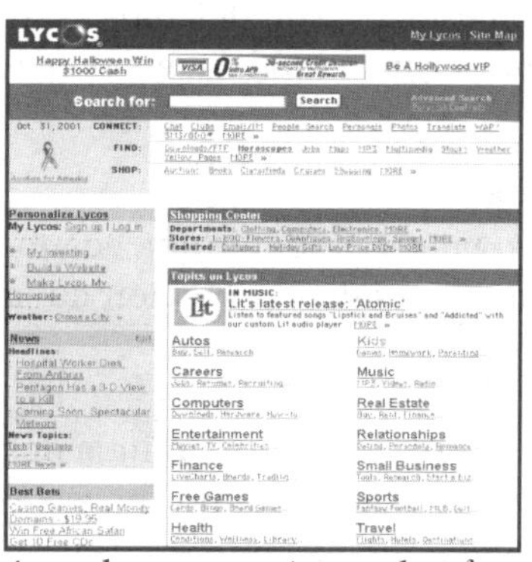

Las evidencias de la especialización se encuentran entre nosotros: observe el grado de especialización en la educación superior. Una universidad puede albergar una docena o más de escuelas y colegios: de agricultura, arquitectura, negocios, teatro, educación, ingeniería, derecho, bellas artes, ciencias y humanidades, medicina, música, enfermería, farmacia, trabajo social y otras. Algunas de éstas incluyen una docena o más de departamentos y coordinaciones, y cada departamento puede ofrecer cursos en una docena o más de especialidades. Por ejemplo, el área de economía puede ofrecer cursos en microeconomía, macroeconomía, desarrollo, econometría, historia de la economía, economía de la salud, organizaciones industriales, comercio y finanzas internacionales, economía laboral, derecho, dinero y banca, estudios sobre la pobreza, finanzas públicas, regulación, economía urbana y regional y otras especialidades más. En fin, una universidad puede ofrecer cursos en miles de campos especializados.

También hay numerosas especialidades en producción y ventas. Las tiendas especializadas van desde las que ofrecen lencería hasta las que venden maletas. Los restaurantes pueden ser muy especializados: desde los que preparan sándwiches hasta los que venden sushi. Revise la *Sección Amarilla* y encontrará miles de especialidades; tan sólo en la sección de "Médicos", descubrirá docenas de especialistas. Sin mover un dedo, podrá notar la división y especialización de la mano de obra dentro de una misma industria, tal y como sucede cuando al final de una película se proyectan los créditos de los actores, el personal de producción, edición, maquillaje, etc. Asimismo, encontrará el gran número de especialistas que se necesitaron para producir la película: desde los electricistas hasta los encargados de preparar las locaciones en el exterior. Las revistas también ofrecen grados de especialización bien definidos. De hecho, existe un sitio en la web en donde se hace una lista de más de 200 000 revistas diferentes, cada una diseñada para un gusto en particular. Es probable que en internet el grado de especialización sea más obvio ya que el grupo de clientes potenciales es tan vasto que los sitios individuales pueden ser sumamente especializados. Por ejemplo, existen sitios que se dedican, por nombrar algunos, a los muebles en miniatura, aviones de papel, tazas musicales, prótesis nasales, broqueles para la lengua, anillos para los dedos de los pies, manijas de bronce, armónicas, juguetes hechos de tela y listón, equipos para malabaristas y visores contra insectos para cascos de motocicleta. Debido a que cada uno de estos sitios tiene una audiencia limitada, no son fáciles de encontrar en los centros comerciales; sin embargo, aparentemente, pueden sobrevivir en el mundo virtual.

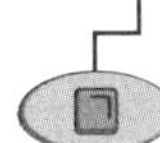

Fuente: El sitio de suscripciones de revistas es http://www.asiasmart.com. Puede encontrar versiones en línea de la *Sección Amarilla* en http://www.yellowpages.com/ y http://www.superpages.com/. Cualquier buscador puede encontrar los sitios especializados ya citados.

POSIBILIDADES DE PRODUCCIÓN DE LA ECONOMÍA

Nuestro punto de atención hasta este momento ha sido analizar cómo el individuo elige usar sus recursos escasos y satisfacer sus necesidades ilimitadas y más específicamente, cómo se especializa basado en las ventajas comparativas. El énfasis en el individuo es apropiado porque el mundo económico está dirigido por las elecciones individuales de quienes toman decisiones, sean consumidores, productores o funcionarios públicos. Cuando los recursos son escasos para el individuo, son escasos para la economía en su totalidad. No hay falacia de composición en esto. La economía tiene millones de recursos diferentes que pueden combinarse de innumerables maneras para producir millones de bienes y servicios posibles. En esta sección dejamos atrás la enorme complejidad de la economía real para crear un segundo modelo, en el cual se presentan las opciones de producción de la economía.

La eficiencia y la frontera de posibilidades de producción

Desarrollemos un modelo para tener una idea de cuánto puede producir una economía con los recursos disponibles. ¿Cuáles son las capacidades de producción de la economía? Éstos son los supuestos simplificadores del modelo:

1. Para reducir el análisis a proporciones manejables, la producción se limita a dos clases amplias de productos. En este ejemplo hay bienes de consumo (pizzas y cortes de cabello), bienes de capital (capital físico como una máquina) y capital humano como son los grados de especialidad universitarios.
2. El énfasis es en la producción durante un periodo dado, en este caso, un año.
3. Las ofertas de recursos disponibles en la economía se fijan en cantidad y calidad durante el periodo.
4. El conocimiento de la sociedad de cómo se pueden combinar estos recursos para producir un producto; es decir, la disponibilidad *tecnológica*, no cambia durante el año.

Frontera de posibilidades de producción Curva que muestra todas las combinaciones posibles de bienes que pueden producirse cuando los recursos disponibles se utilizan eficientemente.

La razón de estos supuestos es congelar la economía en el tiempo para enfocarse en las alternativas de producción de la economía, basada en la disponibilidad de los recursos y tecnología durante ese tiempo.

Dada la disponibilidad de los recursos y tecnología en la economía, la **frontera de posibilidades de producción** o **FPP**, identifica las diferentes combinaciones posibles de los dos tipos de bienes que se pueden producir cuando todos los recursos dis-

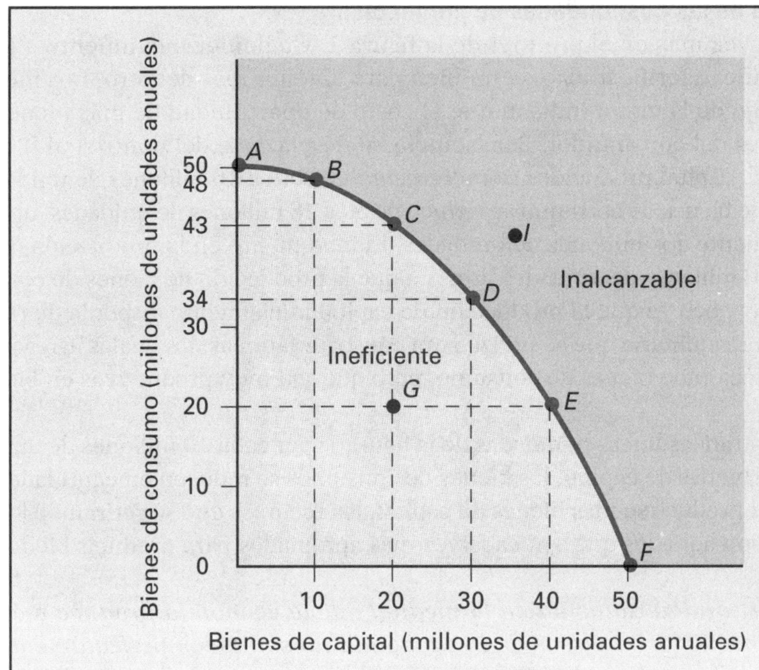

FIGURA 1

Frontera de posibilidades de producción de la economía

Si la economía utiliza sus recursos disponibles y la tecnología plena y eficientemente para producir bienes de consumo y bienes de capital, estará sobre la frontera de posibilidades de producción en los puntos *AF* de la curva. La FPP tiene forma de arco hacia afuera para ilustrar la ley de los costos de oportunidad crecientes: unidades adicionales de bienes de capital demandan el sacrificio económico de más y más unidades de bienes de consumo. Note que se debe renunciar a más bienes de consumo al pasar de *D* a *E* que en pasar de *A* a *B*, aunque en cada caso el aumento en bienes de capital es de 10 millones de unidades. Los puntos dentro de la FPP, como *G*, representan un uso ineficiente de los recursos. Los puntos fuera de la FPP, como *I*, representan combinaciones inalcanzables.

ponibles se utilizan eficientemente. *Los recursos se emplean eficientemente cuando ningún cambio en la manera en que los recursos se combinan podría incrementar la producción de un tipo de bien sin disminuir la producción del otro bien.* **Eficiencia** significa obtener la máxima producción posible con los recursos disponibles.

Eficiencia Condición que existe cuando no hay manera de que los recursos puedan redistribuirse para incrementar la producción de un bien sin disminuir la producción de otro.

La FPP de la economía para bienes de consumo y bienes de capital se muestra en la curva *AF* de la figura 1, donde *A* identifica la cantidad de bienes de consumo producidos en un año si todos los recursos de la economía se utilizan eficientemente para producir bienes de consumo y *F* identifica la cantidad de bienes de capital producidos al año si todos los recursos de la economía se utilizan eficientemente para producir los bienes de capital. Los puntos a lo largo de la curva entre *A* y *F* identifican las combinaciones posibles de los dos tipos de bienes que se pueden producir cuando *todos* los recursos económicos *se utilizan eficientemente* en la producción de ambos bienes.

Ineficiencia y producción inalcanzable

Los puntos dentro de la FPP, incluyendo a *G* en la figura 1, indican las combinaciones que no emplean los recursos plenamente o bien, los emplea ineficientemente. Note que el punto *C* genera más bienes de consumo y no menos bienes de capital que *G*. El punto *E* rinde más bienes de capital y no menos bienes de consumo que *G*. De hecho, cualquier punto a lo largo de la FPP entre *C* y *E*, como el punto *D*, produce más de ambos bienes, de capital y consumo, que *G*. Por esta razón, el punto *G* es *ineficiente*. La economía al utilizar recursos más eficientemente o por usar recursos que estuvieron previamente ociosos, puede producir más de un bien sin reducir la producción de otro.

Los puntos fuera de la FPP, como *I*, representan combinaciones *inalcanzables*, dados los recursos y tecnología disponibles. Por esto, *la FPP no solamente refleja las combinaciones eficientes de producción, sino también identifica los límites entre las combinaciones ineficientes dentro de la frontera y las combinaciones inalcanzables fuera de ésta.*

Forma de la frontera de las posibilidades de producción

Enfoquémonos una vez más en el punto *A* de la figura 1. Cualquier movimiento a lo largo de la FPP significa sacrificar algo de un bien para obtener más del otro. Los movimientos hacia abajo de la curva indican que el costo de oportunidad de más bienes es menor a los bienes del consumidor. Por ejemplo, al desplazarse del punto *A* al *B* la cantidad de bienes de capital producidos se *incrementa* de cero a 10 millones de unidades y la producción de bienes de consumo se *reduce* de 50 a 48 millones de unidades, una reducción de únicamente dos millones de unidades. El incremento en la producción de bienes de capital a 10 millones de unidades provoca que la producción de bienes de consumo se reduzca muy poco ya que la producción de capital inicialmente disponía de recursos, tales como la maquinaria que se utiliza para construir fábricas, los cuales agregan muy poco a la producción de bienes de consumo, pero que son muy productivos en bienes de capital.

Tal y como muestran las líneas punteadas de la figura 1, por cada 10 millones de unidades adicionales de bienes de capital, los bienes de consumos se reducen en cantidades cada vez mayores. Al producirse más bienes de capital, los recursos que se retiran de los bienes de consumo son aquellos que son cada vez más apropiados para producir bienes de consumo.

El *costo de oportunidad aumenta en la medida que la economía produce más bienes de capital porque los recursos de la economía no son todos perfectamente adaptables a la producción de ambos tipos de bienes*. La forma de la frontera de posibilidades de producción refleja la **ley del costo de oportunidad creciente**. Si la economía usa todos los recursos eficientemente, la ley del costo de oportunidad creciente establece que a medida que se produce más de un bien, se deben sacrificar cantidades cada vez mayores del otro bien.

Ley del costo de oportunidad creciente Para producir cada incremento adicional de un bien, se debe sacrificar un incremento cada vez mayor de un bien alterno en caso de que los recursos de la economía se estén utilizando eficientemente.

La forma de arco de la curva FPP se deriva de la ley del costo de oportunidad creciente. Por ejemplo, mientras que los primeros 10 millones de unidades de capital tienen un costo de oportunidad de solamente dos millones de unidades de bienes de consumo, los 10 millones finales, es decir, el incremento del punto *E* al punto *F* tienen un costo de oportunidad de 20 millones de unidades de bienes de consumo. Note que la pendiente de la FPP indica el costo de oportunidad de un incremento de capital. A medida que la economía se desplaza hacia abajo de la curva, la pendiente se hace más pronunciada, lo cual refleja un mayor costo de oportunidad del capital en términos de bienes de consumo a los que se ha renunciado. La ley del costo de oportunidad creciente se aplica también cuando se pasa de la producción de bienes de capital a la producción de bienes de consumo. Si los recursos fueran perfectamente adaptables a los usos alternativos, la FPP se representaría en una línea recta, reflejando, a lo largo de la FPP, un costo de oportunidad constante.

¿Qué puede afectar la frontera de las posibilidades de producción?

Cuando la frontera de posibilidades de producción se establece, se supone que la cantidad de los recursos disponibles en la economía y el nivel tecnológico son constantes. Sin embargo, a través del tiempo, la FPP puede modificarse como resultado de los cambios en la disponibilidad de los recursos o en la tecnología. Un cambio de la FPP hacia afuera refleja un **crecimiento económico**, el cual representa una expansión en la capacidad de la economía para producir bienes y servicios.

Crecimiento económico Es un cambio hacia afuera en la frontera de posibilidades de producción; constituye un incremento en la habilidad de la economía para producir bienes y servicios.

Cambios en la disponibilidad de los recursos. Si la gente decide trabajar más horas, la FPP cambiará hacia afuera, tal y como se describe en el panel (a) de la figura 2. Un incremento en el tamaño o en la salud de la fuerza laboral, un incremento en las habilidades de la fuerza laboral o un incremento en la disponibilidad de otros recursos, como podría ser el descubrimiento de nuevos yacimientos de petróleo, también desplazarán la FPP hacia afuera. Por el contrario, una reducción en la disponibilidad o en la calidad de los recursos, la FPP cambiará hacia adentro, tal y como se muestra en el panel (b). Por ejemplo, en 1990 Iraq invadió Kuwait, incendió los pozos petroleros y destruyó en

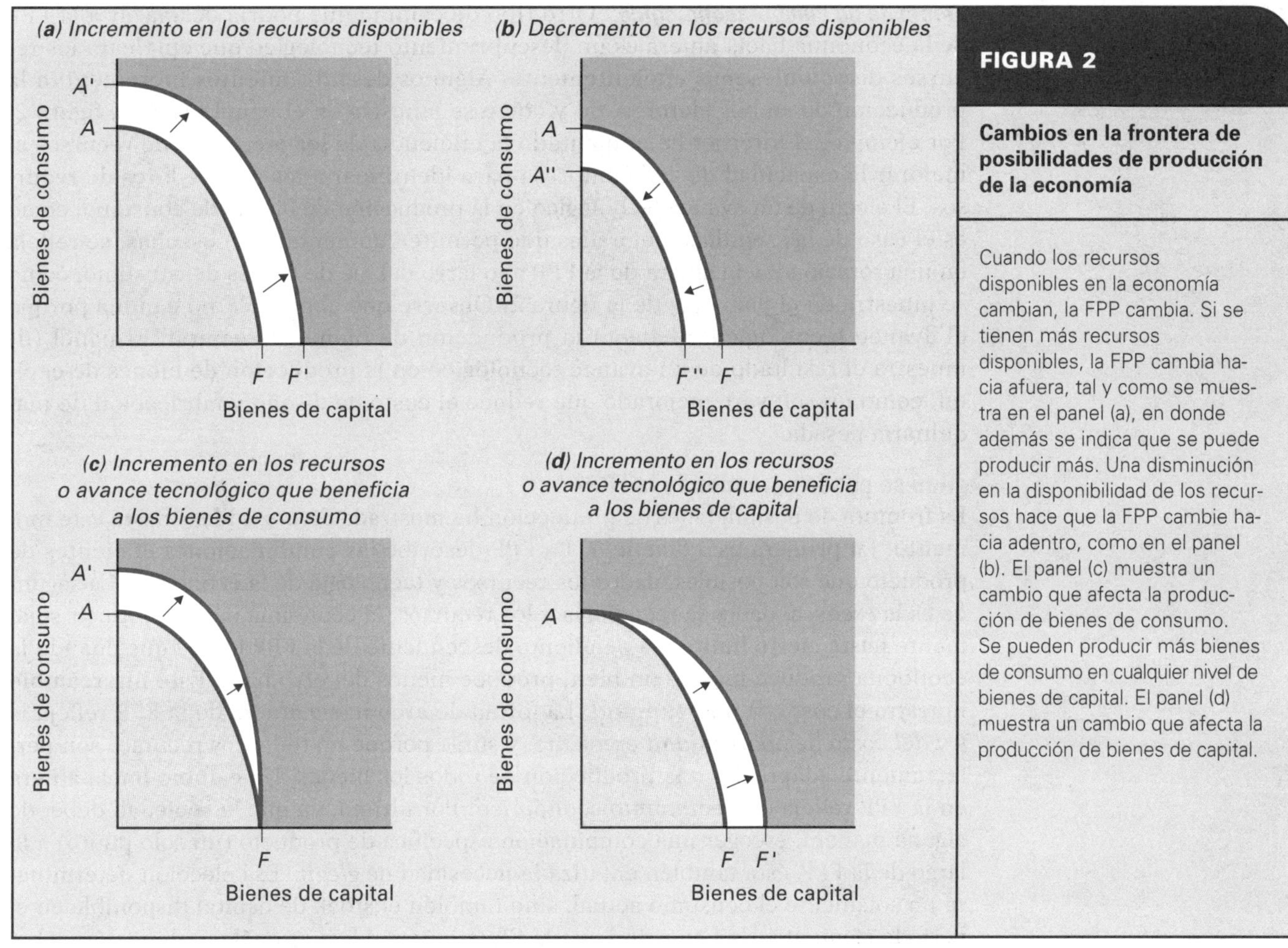

FIGURA 2

Cambios en la frontera de posibilidades de producción de la economía

Cuando los recursos disponibles en la economía cambian, la FPP cambia. Si se tienen más recursos disponibles, la FPP cambia hacia afuera, tal y como se muestra en el panel (a), en donde además se indica que se puede producir más. Una disminución en la disponibilidad de los recursos hace que la FPP cambie hacia adentro, como en el panel (b). El panel (c) muestra un cambio que afecta la producción de bienes de consumo. Se pueden producir más bienes de consumo en cualquier nivel de bienes de capital. El panel (d) muestra un cambio que afecta la producción de bienes de capital.

gran medida el capital físico de Kuwait; esta situación provocó un cambio en la FPP de este país hacia adentro. Cada año en África Occidental, las arenas del Sahara invaden y dañan miles de metros cuadrados de tierra productiva, lo cual cambia la FPP de la economía hacia adentro.

Las nuevas FPP, representadas en los paneles (a) y (b), son paralelas a la FPP original, lo que indica que el recurso que cambia podría producir cualquier bien. Por ejemplo, un mayor suministro de luz eléctrica se puede utilizar para producir bienes de consumo o bienes de capital. Sin embargo, si un recurso como, por ejemplo, un área de cultivo es adecuado únicamente para la producción de bienes de consumo, un incremento en la oferta de ese recurso desplazará a la FPP más a lo largo del eje de los bienes de consumo que a lo largo del eje de los bienes de capital, tal y como se ilustra en el panel (c). Finalmente, el panel (d)indica los efectos de un incremento en la oferta de un recurso, por ejemplo la maquinaria que se utiliza para una construcción; este recurso es adecuado únicamente para los bienes de capital.

Incremento en el stock de capital. La frontera de posibilidades de producción de una economía depende en parte del stock de capital físico y humano. A mayor acumulación de capital de una economía en un periodo, mayor producción de un artículo en el siguiente periodo. Por tanto, el incremento en la producción de bienes de capital en este periodo (por ejemplo, mayor educación en el caso de capital humano o más maquinaria en el caso de capital físico), incrementará la FPP de la economía en el siguiente periodo. La opción entre bienes de consumo y bienes de capital es realmente entre el consumo actual y la producción futura. De nueva cuenta, *mientras más sean los bienes de capital producidos en este periodo, mayores serán las posibilidades de producción de la economía el próximo periodo.*

Efecto de un cambio tecnológico. Otro tipo de cambio que podría desplazar a la FPP de la economía hacia afuera es un descubrimiento tecnológico que empleara los recursos disponibles más eficientemente. Algunos descubrimientos incrementan la producción de ambos factores, tal y como se muestra en el panel (a) de la figura 2. Por ejemplo, el internet ha aumentado la eficiencia de los mercados de recursos al mejorar la capacidad de cada empresa para identificar a los proveedores de recursos. El efecto de un avance tecnológico en la producción de bienes de consumo, como es el caso de las semillas mejoradas que permiten aumentar las cosechas, se refleja en una rotación hacia afuera de la FPP a lo largo del eje de bienes de consumo, como se muestra en el panel (c) de la figura 2. Observe que el punto *F* no cambia porque el avance tecnológico no afecta la producción de bienes de capital. El panel (d) muestra el resultado de un avance tecnológico en la producción de bienes de capital, como un software mejorado que reduce el costo de diseño y fabricación de maquinaria pesada.

¿Qué se puede aprender de la FPP?

La frontera de posibilidades de producción ha mostrado diversas ideas hasta este momento. La primera es: *eficiencia*. La FPP describe las combinaciones eficientes de producto que son posibles, dados los recursos y tecnología de la economía. La segunda es la *escasez*: dados la tecnología y los recursos, la economía puede producir solamente hasta cierto límite. La pendiente descendente de la FPP indica que cuando la economía produce más de un bien, produce menos del otro bien. Este intercambio muestra el *costo de oportunidad*. La forma de arco hacia afuera de la FPP refleja la *ley del costo de oportunidad creciente*, y surge porque no todos los recursos son perfectamente adaptables a la producción de todos los bienes. Un cambio hacia afuera en la FPP refleja el *crecimiento económico*. Por último, ya que la sociedad debe, de alguna manera, escoger una combinación específica de producto (un solo punto) a lo largo de la FPP, ésta también enfatiza la necesidad de *elegir*. Esa elección determinará no solamente el consumo actual, sino también el stock de capital disponible en el periodo siguiente. Una cuestión que la FPP no nos indica es cuál combinación debemos elegir; la FPP únicamente nos señala los costos, no los beneficios de los dos bienes. Para tomar una decisión, requerimos información tanto de los costos *como* de los beneficios. Dependiendo de la naturaleza del sistema económico, la sociedad elegirá una combinación en particular, tal y como se verá en la próxima sección.

Tres preguntas que cada sistema económico debe contestar

Cada punto a lo largo de la frontera de posibilidades de producción de la economía es una combinación eficiente de producto. El que la economía produzca eficientemente y seleccione la combinación preferible, dependerá de las reglas de toma de decisiones empleadas. Sin tomar en cuenta cómo se toman las decisiones, cada economía debe contestar tres preguntas fundamentales: ¿qué bienes y servicios deben producirse?, ¿cómo se producirán? y ¿para quién se producirán? Un **sistema económico** es el conjunto de mecanismos e instituciones que resuelven el *qué*, *cómo* y *para quién*. Los criterios utilizados para distinguir entre los sistemas económicos son: (1) quiénes son los dueños de los recursos; (2) qué proceso de toma de decisión se utiliza para la distribución de los recursos; y (3) qué tipo de incentivos guía a los actores económicos.

Sistema económico
Conjunto de mecanismos e instituciones que contestan las preguntas de qué, cómo y para quién.

¿Qué bienes y servicios se producirán? Muchos de nosotros asumimos el número increíble de elecciones que deben hacerse para decidir qué se producirá: desde los nuevos artículos de cocina que se introducirán, qué obra de algún novelista ilusionado se publicará hasta qué carretera se construirá. Aunque diferentes economías contestan estas y millones de otras preguntas más por medio de la aplicación de diferentes reglas y mecanismos de toma de decisión, todas las economías de alguna manera deben tomar tales decisiones.

¿Cómo se producirán los bienes y servicios? El sistema económico o, más específicamente, los responsables de tomar decisiones en un sistema económico deben determinar cómo se obtiene el producto, qué recursos deberán usarse y cómo deberán combinarse para elaborar cada producto, cuánta mano de obra deberá utilizarse y qué nivel de destreza, qué tipo de maquinaria deberá usarse, qué clase de fertilizante deberá utilizarse para cultivar las mejores fresas, deberá la fábrica construirse en la ciudad o cerca de la carretera estatal. Millones de decisiones individuales determinan qué recursos se emplearán y cómo se combinarán.

¿Para quién se producirán los bienes y servicios? Finalmente, ¿quiénes consumirán realmente los bienes y servicios producidos? El sistema económico debe determinar cómo distribuir los frutos de la producción entre la población. ¿Deberá proveerse cantidades iguales a todo mundo?, ¿deberán el enfermo y el débil recibir más?, ¿deberán recibir más aquellos que esperan más tiempo en la fila?, ¿deberán distribuirse los bienes de acuerdo con la estatura, el peso, la religión, la edad, el sexo, la raza, la fuerza, la apariencia física, las influencias y contactos políticos o el valor de los recursos suministrados? La pregunta "¿Para quién se producirán los bienes y servicios?" hace referencia al *tema de distribución*.

SISTEMAS ECONÓMICOS

Aunque se han analizado las tres preguntas de tipo económico por separado, todas guardan una estrecha relación. La respuesta a una depende mucho de las respuestas a las otras. Por ejemplo, en una economía que distribuye bienes y servicios en cantidades uniformes a voluntad, sin duda, la respuesta a la pregunta de qué se producirá es diferente a la de una economía que de alguna manera permite que cada persona elija una combinación única. Las leyes relacionadas con la propiedad de los recursos y el punto hasta el cual el gobierno intenta coordinar la actividad económica determina las "reglas del juego", es decir, el conjunto de condiciones que dan forma a los incentivos y a las restricciones individuales. A lo largo de un espectro de los sistemas económicos que van desde el más libre al más reglamentado, el *capitalismo puro* estaría en un extremo y un *sistema autoritario* en el otro.

WALL STREET JOURNAL

La interpretación correcta

¿Cuál es la importancia de la siguiente declaración en The Wall Street Journal*?: "Se supone que el capitalismo es el único sistema económico que coloca a los consumidores en el centro".*

Capitalismo puro

Bajo el **capitalismo puro** las reglas del juego incluyen la propiedad privada de todos los recursos y la coordinación de la actividad económica basada en las señales de precio que envían mercados libres y sin restricciones. Cualquier ingreso resultante del uso del trabajo, capital, tierra o habilidad empresarial va exclusivamente a los dueños de esos recursos. Los dueños tienen los *derechos de propiedad* para usar sus recursos y, por lo tanto, están en libertad de entregarlos al mejor postor. Los productores son libres de hacer y vender cualquier producción que piensen es la más redituable; del mismo modo, los consumidores están en libertad de comprar bienes que pueden pagar. Todas estas compras y ventas voluntarias se coordinan por los mercados sin restricciones, donde compradores y vendedores dan a conocer sus intenciones. Los precios del mercado guían a los recursos a sus valores más altos de uso y dirigen los bienes y servicios a los consumidores que los valoran a su máximo.

Capitalismo puro
Sistema económico caracterizado porque los recursos son propiedad privada, así como el uso de los precios para coordinar la actividad económica en mercados no regulados.

Bajo el régimen del capitalismo puro, los mercados contestan el qué, cómo y para quién. Los mercados transmiten información acerca de la escasez relativa, ofrecen incentivos individuales y distribuyen el ingreso entre los proveedores de recursos. Ningún individuo o grupo en particular coordina estas actividades, sino la elección voluntaria de muchos compradores y vendedores que reaccionan solamente a sus incentivos y restricciones individuales que dirigen los recursos y productos a quienes los valoran mejor. De acuerdo con Adam Smith (1723-1790), uno de los primeros personajes en explicar el papel distributivo de los mercados, las fuerzas del mercado coordinan como una "mano invisible", es decir, un tipo de fuerza oculta que dirige la búsqueda del interés pro-

NetBookmark

Para obtener mayor información sobre el desempeño de las economías mundiales, consulte el Centro de comparaciones internacionales (*The Center for International Comparisons*) de la Universidad de Pennsylvania en http://pwt.econ.upenn.edu/

pio para que los recursos obtengan la mayor utilidad. De acuerdo con Smith, *aunque cada individuo persiga su interés propio, la mano invisible promueve el bienestar general*. El capitalismo puro es algunas veces llamado *laissez-faire*, cuya traducción del francés significa "deja hacer" o en términos más generales, deja que la gente haga lo que elija sin la intervención del gobierno. Por lo tanto, en capitalismo puro, las elecciones voluntarias basadas en el interés propio racional se hacen en mercados irrestrictos para contestar las preguntas de qué, cómo y para quién.

Como veremos en los capítulos siguientes, el capitalismo puro tiene fallas. Las más notables son:

1. No existe una autoridad central que pueda proteger los derechos de propiedad, hacer respetar los contratos y asegurar que se respeten las reglas del juego.
2. La gente sin recursos para vender puede morir de hambre.
3. Los productores intentan monopolizar los mercados para eliminar la competencia.
4. La producción o consumo de algunos bienes genera productos secundarios, como la contaminación, que afectan a personas que no participan en la transacción en el mercado.
5. Las compañías particulares no producen los llamados *bienes públicos*, como la defensa nacional, porque las empresas particulares no pueden evitar que las personas que no pagan no disfruten de los bienes públicos.

Por estas limitaciones, los países han modificado el capitalismo puro para permitir la participación del gobierno. Incluso Adam Smith defendía esta idea. Estados Unidos es una de las economías más orientadas al mercado en el mundo actual.

Sistema autoritario puro

Sistema autoritario puro Sistema económico que se caracteriza por la propiedad pública de los recursos y la planeación económica centralizada.

En un **sistema autoritario puro**, los recursos son dirigidos y la producción está coordinada no por los mercados, sino por la "autoridad" o el plan rector del gobierno. En teoría, existe un dominio público o comuna. Los responsables de elaborar los *planes centralizados*, como representantes de toda la población, determinan, por ejemplo, qué cantidad de acero y autos se producirán o bien, cuántas casas se construirán. Estos representantes también determinan cómo producir esos bienes y cómo distribuirlos.

Teóricamente, el sistema autoritario puro incorpora las elecciones individuales a las elecciones colectivas y los cambios se reflejan en decisiones de planeación centralizada. En la práctica, las economías centralizadas también tienen fallas, éstas son las más notables:

1. Administrar una economía es tan complicado que algunos recursos se usan ineficientemente.
2. Debido a que nadie es dueño de un recurso en particular, la gente tiene menos incentivos para emplearlos a su máximo valor de uso por lo que se desperdician algunos recursos.
3. Los planes centrales pueden reflejar de manera más clara las preferencias de los responsables de los planes que aquellas elegidas por la sociedad.
4. Ya que el gobierno es responsable de toda la producción, la diversidad de productos tiende a estar más limitada que en una economía capitalista.
5. Cada individuo tiene menos libertad personal para hacer elecciones económicas.

Dadas estas limitaciones, los países han modificado el sistema autoritario puro para permitir un papel más activo a los mercados. Corea del Norte es probablemente la economía de mayor planeación central del mundo en la actualidad.

Economías mixtas y transicionales

Ningún país en el mundo ejemplifica un tipo de sistema económico en su forma pura. Los sistemas económicos han crecido con un alto rasgo de similitud a lo largo del tiempo, incluyendo una creciente participación del gobierno en las economías capitalistas y una elevada inmersión de los mercados en las economías centralizadas. Estados Unidos representa una **economía capitalista mixta** en la cual el gobierno genera directamente una tercera parte de toda la actividad económica. Lo que es más, el gobierno regula al sector privado de muchas maneras. Por ejemplo, las juntas locales de planeación urbana determinan el tamaño de los lotes y las casas, así como los tipos de industrias que se permiten. Las juntas federales regulan la seguridad en los sitios de trabajo, la calidad ambiental, la equidad en la competencia y otras actividades más.

Economía capitalista mixta Sistema económico que se caracteriza por la propiedad privada de alguno de los recursos y otros recursos de propiedad pública. Algunos mercados no están regulados, otros sí.

Aunque ambos extremos del espectro se han desplazado hacia el centro, el capitalismo ha ganado más seguidores en las últimas décadas. Tal vez los beneficios de los mercados no pueden ser tan evidentes en aquellos países que, divididos por diferentes ideologías, tienen economías capitalistas y economías autoritarias, tales como Taiwán y China, Alemania Oriental y Occidental, antes de su unificación, y Corea del Norte y del Sur. En cada caso, las economías comenzaron con recursos humanos y físicos similares, pero los ingresos *per cápita* pronto se diferenciaron fuertemente y las economías capitalistas sobrepasaron a las economías autoritarias. Por ejemplo, en el 2000 el ingreso *per cápita* en Taiwán era cuatro veces mayor que el de China y el ingreso *per cápita* de Corea del Sur era 13 veces más alto que el de Corea del Norte.

Algunos de los planificadores centrales más recalcitrantes, reconociendo el poder de incentivo de los mercados, aceptan con renuencia cierta actividad de mercado libre. Por ejemplo, alrededor del 20% de la población mundial vive en China, la cual crece cada año con una orientación al mercado cada vez mayor. Hace más de diez años, la antigua Unión Soviética se dividió en 15 repúblicas independientes y la mayoría están tratando de privatizar las industrias que estaban en manos del gobierno y regresar las decisiones de producción a las fuerzas del mercado. Desde Hungría hasta Mongolia, la transición a economías mixtas, ahora regidas por economías centralizadas, será el patrón de planeación que regirá el siglo XXI.

Economías basadas en las costumbres o en la religión

Finalmente, algunos sistemas económicos están basados en gran medida en la religión o en las costumbres. Por ejemplo, la religión musulmana limita las tasas de interés que se puedan cobrar en ciertas inversiones. Los sistemas de casta en la India y en otros países restringen la elección de ocupación. Las relaciones familiares también juegan un papel importante en la organización y coordinación de la actividad económica. Hasta en Estados Unidos, algunas ocupaciones todavía están dominadas por las mujeres, otras por los hombres, esto en gran parte debido a la tradición. Su propio patrón de consumo y elección de ocupación pueden verse influidos por alguno de estos factores.

CONCLUSIONES

Aunque las economías pueden contestar las tres preguntas fundamentales del proceso económico en diferentes maneras, este libro se enfocará principalmente a una forma de capitalismo mixto como la de Estados Unidos. Este tipo de economía mezcla la *elección privada*, guiada por el sistema de precios en los mercados competitivos con la *elección pública*, la cual está encaminada por la democracia en los mercados políticos. El estudio del capitalismo mixto crece con mayor relevancia a medida que las economías centralizadas intentan crear economías de mercado.

Si usted tomara la decisión de dejar de leer este libro en este momento, podría dar por hecho que ya sabe más de economía que la mayoría de la gente. Pero para entender las economías capitalistas, debe aprender primero cómo funcionan los mercados, tal y como lo comprobará en el siguiente capítulo, en el cual se tratan temas como la interacción de la demanda y la oferta.

RESUMEN

1. Los recursos son escasos y las necesidades humanas son ilimitadas. Debido a que no podemos satisfacer todas las necesidades, debemos elegir y la elección siempre incluye un costo de oportunidad. El costo de oportunidad de la opción seleccionada es el beneficio que se sacrifica de la mejor alternativa.

2. La ley de las ventajas comparativas establece que el individuo, empresa, región o país con el menor costo de oportunidad para producir un bien en particular debería especializarse en la producción de ese bien. De acuerdo con la ley de la ventaja comparativa, la especialización promueve el uso de los recursos más eficientemente.

3. La especialización de la mano de obra incrementa la eficiencia por: (1) aprovechar las preferencias del individuo y habilidades naturales, (2) permitir que cada trabajador obtenga más experiencia en una tarea específica, (3) reducir el tiempo necesario para desplazarse entre diferentes tareas y (4) permitir la introducción de capital más especializado y de técnicas de producción.

4. La frontera de posibilidades de producción (FPP) muestra la capacidad productiva de la economía cuando todos los recursos se emplean plena y eficientemente. La forma de arco de la frontera refleja la ley del costo de oportunidad reciente, la cual surge porque algunos recursos no son perfectamente adaptables a la producción de diferentas bienes. Con el tiempo, la frontera puede cambiar hacia adentro o hacia afuera como resultado de los cambios en la disponibilidad de los recursos o en la tecnología. La frontera muestra algunos conceptos económicos, incluyendo la eficiencia, la escasez, el costo de oportunidad, la ley del costo de oportunidad creciente, el crecimiento económico y la necesidad de elegir.

5. Todos los sistemas económicos, sin considerar el proceso en la toma de decisiones, deben contestar tres preguntas fundamentales: ¿qué se producirá?, ¿cómo se producirá? y ¿para quién se producirá? Las economías contestan estas preguntas de diferentes maneras, todo depende de quién es el dueño de los recursos y cómo se coordina la actividad económica.

PREGUNTAS DE REPASO

1. *Costos de oportunidad* Comente las maneras en las que el costo de oportunidad se puede afectar cuando usted va al cine por la noche bajo las siguientes condiciones:
   (a) Tiene examen final mañana.
   (b) La escuela se cerrará durante un mes a partir de mañana.
   (c) La semana próxima exhibirán la misma película en televisión.

2. *Costos de oportunidad* Indique si cada uno de los siguientes enunciados es falso o verdadero, explique su respuesta.
   (a) El costo de oportunidad de una actividad incluye la suma de los beneficios de todas las alternativas rechazadas.
   (b) Los costos de oportunidad son una medida objetiva del costo.
   (c) Cuando se hace una elección, la gente recopila exhaustivamente toda la información relacionada con los costos y beneficios de todas las selecciones opcionales.
   (d) Quien toma decisiones rara vez conoce el valor real de una alternativa que ha rechazado y debe basar su decisión en los valores esperados.

3. *Ventaja comparativa* "Uno nunca debe comprar congelados precocidos porque está pagando los costos de mano de obra de preparar los alimentos." ¿Se puede decir que esta conclusión siempre es válida o se le puede invalidar por la ley de la ventaja comparativa?

4. *Especialización e intercambio* Explique cómo la especialización de la mano de obra puede elevar la productividad.

5. *Posibilidades de producción* ¿En qué condiciones es posible incrementar la producción de un bien sin que disminuya la producción de otro bien?

6. *Posibilidades de producción* ¿En qué condiciones puede operar una economía dentro de su FPP? ¿En qué condiciones puede operar fuera de su FPP?

7. *Cambios en las posibilidades de producción* En respuesta al flujo de extranjeros ilegales, el Congreso elevó a la categoría de delito federal el hecho de contratarlos. ¿Cómo cree usted que esta medida afecta la frontera de posibilidades de producción en Estados Unidos?, ¿cree que se afectaron por igual todas las industrias?

8. *Posibilidades de producción* "Si la sociedad decide utilizar eficientemente todos sus recursos por medio del mercado, es decir, mantener la economía *sobre* la frontera de posibilidades de producción, las futuras generaciones estarán en una situación peor porque no podrían utilizar estos recursos." Si esta aseveración es verdadera, el pleno empleo de los recursos tal vez no pudiera ser conveniente. Comente la validez de esta aseveración.

9. *Preguntas económicas* ¿Qué preguntas económicas básicas se deben responder en una economía de trueque?, ¿en una economía primitiva?, ¿en una economía pura?, ¿en una economía autoritaria?

10. *Sistemas económicos* ¿Cuáles son las principales diferencias entre un sistema de capitalismo puro y otro de autoritarismo? ¿Podemos considerar a Estados Unidos como un sistema de capitalismo puro o como uno de autoritarismo?

PROBLEMAS Y EJERCICIOS

11. ***Caso de* estudio:** *Costo de oportunidad de asistir a la universidad* Durante el periodo de guerra en Vietnam, los colegios y universidades fueron literalmente inundados con estudiantes. ¿Esta insólita demanda por asistir a las escuelas fue provocada por una mejor expectativa de ingresos por la educación o por el cambio en el costo de oportunidad de asistir a la universidad? Explique.

12. *Costo hundido y elección* Usted va a un restaurante y ordena una comida de un precio elevado. A la mitad de la comida, y a pesar de que se siente satisfecho, decide comerla toda. Piensa que después de todo usted la pagó y, por lo mismo, comerá todo. ¿Qué hay de malo en este razonamiento?

13. *Costos de oportunidad* Puede pasar las vacaciones de primavera trabajando en casa a razón de $80 diarios o ir una semana a Florida. Si decide quedarse en casa sus gastos ascenderán a $100. Si viaja a Florida, el boleto de avión, el hospedaje, la comida y demás gastos sumarán $700. ¿Cuál es el costo de oportunidad de ir a Florida?

14. *Ventaja comparativa y absoluta* Considere la siguiente información relacionada con la producción de ropa en Estados Unidos e Inglaterra:

Horas de trabajo necesarias para producir una unidad

	Inglaterra	Estados Unidos
Trigo	2	1
Ropa	6	5

(a) ¿Cuál es el costo de oportunidad de producir una unidad de trigo en Inglaterra y en Estados Unidos?
(b) ¿Qué país tiene ventaja comparativa en trigo?, ¿en ropa?
(c) ¿Qué país tiene ventaja absoluta en trigo?, ¿en ropa?
(d) ¿Qué país debería especializarse en la producción de trigo o en la de ropa?

15. ***Caso de* estudio:** *La evidencia de la especialización es muy amplia.* Proporcione algunos ejemplos de mercados o puntos de venta al menudeo especializados. ¿Qué hace que un medio como la World Wide Web sea tan propicia para la especialización?

16. *Forma de la FPP* Suponga una frontera de posibilidades de producción con los siguientes datos:

Autos	Lavadoras
0	1 000
100	600
200	0

(a) Grafique la frontera de posibilidades de producción, suponga que ésta no tiene segmentos curveados.
(b) ¿Cuál es el costo de un auto más cuando ya se han producido 50?
(c) ¿Cuál es el costo de un auto cuando ya se han producido 150?
(d) ¿Cuál es el costo de una lavadora extra cuando ya se han producido 50 autos?, ¿y cuando ya se han producido 150?
(e) ¿Qué pueden decirle sus respuestas acerca del costo de oportunidad?

17. *Posibilidades de producción* Supongamos que una economía utiliza dos recursos (trabajo y capital) para elaborar dos productos (trigo y ropa). El capital es relativamente más útil en la producción de ropa y el trabajo es relativamente más útil en la producción de trigo. Si la oferta de capital baja en 10% y la oferta de la mano de obra aumenta un 10%, ¿cómo cambiará la FPP del trigo y de la ropa?

18. *Posibilidades de producción* No hay razón alguna por la que no se pueda usar una frontera de posibilidades de producción para representar la situación que un individuo enfrenta. Imagine su propia FPP. Ahora mismo usted tiene determinados recursos: su tiempo, sus habilidades, tal vez algo de capital y puede lograr varios resultados. Supongamos que usted puede alcanzar combinaciones de dos resultados, llamémoslos estudiar e ir a fiestas.

(a) Grafique su FPP para estudiar e ir a fiestas. Asegúrese de marcar los ejes del diagrama de manera apropiada. Marque los puntos donde la FPP interseca los ejes, lo mismo que varios otros puntos a lo largo de la frontera.
(b) Explique lo que significaría para usted desplazarse hacia arriba y a la izquierda a lo largo de su FPP personal. ¿Qué clase de ajustes tendría qué hacer en su vida para realizar tal movimiento a lo largo de la frontera?
(c) ¿Bajo qué circunstancias su FPP personal se movería hacia fuera?, ¿cree que el movimiento sería "paralelo"?, ¿por qué o por qué no?

19. *Cambios en las posibilidades de producción* Determine si cada una de las siguientes circunstancias provocaría que la FPP de la economía se moviera hacia adentro, hacia afuera, o permaneciera estable:

(a) Un incremento en la duración promedio de las vacaciones anuales.
(b) Un aumento en la inmigración.
(c) Una reducción en la edad promedio de jubilación.
(d) La emigración de trabajadores especializados a otros países.

20. *Sistemas económicos* ¿Estados Unidos se puede describir como un sistema de economía mixta? ¿Cuáles son algunos elementos autoritarios en la economía estadounidense?, ¿cuáles son algunos elementos de tradición?

CASOS PRÁCTICOS

21. *Frontera de posibilidades de producción* A continuación se presentan algunos datos sobre la economía estadounidense tomados del *Economic Report of the President*, el cual está disponible en: http://www.access.gpo.gov/eop/.

Año	Tasa de desempleo	Gasto gubernamental real (mil millones)	Gasto civil real (mil millones)
1982	9.7%	$ 947.7	$3 672.6
1983	9.6	960.1	3 843.6
1996	5.4	1 257.9	5 670.5
1997	4.9	1 270.6	5 920.8

(a) Diseñe una FPP para 1982 y 1983, mostrando el intercambio que tiene lugar entre los gastos del sector público (gubernamentales) y los del sector privado (civiles). Supongamos que la disponibilidad de recursos y la tecnología fueron iguales en ambos años, pero observe que la tasa de desempleo era relativamente elevada.

(b) Elabore una FPP para 1996 y 1997. Suponga que la disponibilidad de recursos y la tecnología eran iguales en los dos años, pero mayores que en 1982 y 1983. Observe que la tasa de desempleo a fines de los noventa era mucho menor que a principios de los ochenta.

(c) ¿Qué lección aprendió acerca de la economía estadounidense de los últimos 20 años?

22. *Sistemas económicos* Las economías de Europa Oriental en transición aparecen frecuentemente en los noticieros porque ofrecen campos de prueba para la transición de una planeación central socialista a economías más libres, más orientadas al mercado. Revise el *Transition Newsletter* del Banco Mundial en http://www.worldbank.org/ html/prddr/trans/WEB/trans.htm. Haga clic en "Recent Issues", abra una de las publicaciones y seleccione un país en especial. Trate de determinar en qué medida la transición ocurre sin sobresaltos. ¿Cuáles son los problemas que enfrenta ese país?

Análisis de la oferta y la demanda

CAPÍTULO

3

¿Por qué las rosas cuestan más el día de San Valentín? ¿Por qué los anuncios de televisión cuestan más durante la transmisión del Super Tazón (aproximadamente $1.6 millones por 30 segundos) que durante los reestrenos de *Nick at Nite*? ¿Por qué las habitaciones de los hoteles en Phoenix cuestan más en febrero que en agosto? ¿Por qué los cirujanos ganan más que los carniceros? ¿Por qué los jugadores profesionales de baloncesto ganan más que los jugadores profesionales de hockey? ¿Por qué los especialistas en economía ganan más que la mayoría del resto de los especialistas universitarios? Las respuestas a éstas y muchas otras interrogantes económicas se reducen al funcionamiento de la oferta y la demanda, el cual es el tema central de este capítulo.

En este capítulo se analizan los fundamentos de la oferta y la demanda, además se muestra cómo interactúan en un mercado competitivo. *La demanda y la oferta son las herramientas fundamentales más poderosas de toda la economía.* Es cierto que algunas personas creen que si uno se diera a la tarea de programar una computadora para que conteste "demanda y oferta" a toda pregunta relativa a la economía, haría que muchos economistas perdieran su empleo. El hecho de entender estas dos ideas lo llevará muy lejos en el dominio del arte y la ciencia del análisis económico. Como verá, el análisis correcto de la demanda y la oferta exige habilidad y cuidado. Este capítulo incluye numerosas gráficas, quizá desee consultar el apéndice del capítulo 1 para recordarlas. Los temas que se tratan en este capítulo incluyen:

- Demanda y cantidad demandada
- Movimiento a lo largo de una curva de demanda
- Desplazamiento de una curva de demanda
- Oferta y cantidad ofrecida
- Movimiento a lo largo de una curva de oferta
- Desplazamiento de una curva de oferta
- Los mercados y el equilibrio
- Desequilibrio

DEMANDA

Demanda Relación que muestra las cantidades de un bien que el consumidor está dispuesto y en posibilidades de comprar a varios precios durante un periodo determinado si los demás factores siguen constantes.

¿Cuánta Pepsi comprará el consumidor a la semana si el precio en la presentación de seis latas cuesta $3?, ¿si costara $2?, ¿si costara $4? La respuesta revela la relación entre el precio de la Pepsi y la cantidad comprada. A esta relación se le llama *demanda*. La **demanda** indica la cantidad de un producto que el consumidor está *dispuesto* y *puede* comprar a cada uno de los posibles precios en determinado lapso; si las demás cosas permanecen constantes. La demanda refleja un periodo específico, como puede ser un día, una semana o un mes. Piense en la demanda como una *tasa de deseo de compra durante ese periodo* a cada precio posible. También, note el énfasis en *dispuesto* y *puede*. Tal vez *pueda* comprar una motocicleta Harley-Davidson al precio de $8 000 porque la puede pagar, pero tal vez no esté *dispuesto* a comprarla si no le interesa.

Ley de la demanda

En 1962, Sam Walton abrió su primera tienda en Rogers, Arkansas, con un anuncio que decía: "Wal-Mart Discount City. Vendemos por menos". El resto es historia. La cadena de supermercados Wal-Mart vende ahora más que cualquier otro minorista en el mundo porque allí los precios son los más bajos que se pueden encontrar. Usted como consumidor no tiene ningún problema para entender que la gente comprará a un precio más bajo que a uno más alto. Venda los productos por menos y el mundo podrá recorrer un largo camino hasta su puerta. Por ejemplo, Wal-Mart vende en promedio alrededor de 20 000 pares de zapatos *por hora*.[1]

Ley de la demanda La cantidad de un bien demandado está relacionado inversamente a su precio, estando otras cosas constantes.

Esta relación entre el precio de un producto y la cantidad demandada es una ley de la economía. La **ley de la demanda** establece que la cantidad que se demanda de un producto en un periodo varía inversamente con su precio, manteniendo constantes las demás cosas. Por eso, a mayor precio, menor cantidad demandada; a menor precio, mayor cantidad demandada.

Demanda, deseos y necesidades. La *demanda* del consumidor y los *deseos del consumidor* no son lo mismo. Como hemos visto, los deseos son ilimitados. Quizá *desee* un nuevo Mercedes SL600, pero su precio es de $130 000; probablemente está más allá de su presupuesto, esto es, la cantidad que demandaría a ese precio es cero. La *demanda* no es lo mismo que la *necesidad*. Tal vez *necesite* un silenciador nuevo para su auto, pero si cuesta $200 quizá piense "yo no voy a pagar tanto por él". Al parecer, tiene una mejor manera de gastar su dinero. Si por el contrario, el precio del silenciador disminuye lo suficiente, digamos a $100, usted podría comprarlo y estaría dispuesto a hacerlo.

[1] Leslie Kaufman, "Its Prices, and Its Reach, Push Wal-Mart to Top", *New York Times*, 22 de octubre, 2000.

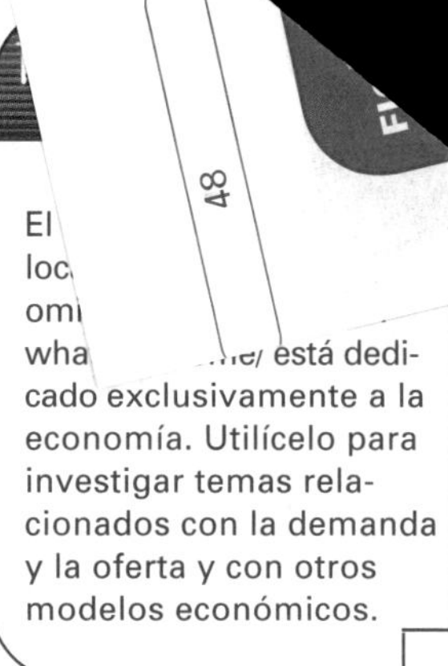

El loc omi wha ...e/ está dedicado exclusivamente a la economía. Utilícelo para investigar temas relacionados con la demanda y la oferta y con otros modelos económicos.

Efecto sustitución de un cambio en el precio. ¿Qué explica la ley de la demanda?, ¿por qué, por ejemplo, se demanda más cuando el precio es menor? La explicación se inicia con la escasez de recursos para satisfacer necesidades ilimitadas. Muchos de los bienes y servicios tienen la capacidad de satisfacer determinada necesidad. Por ejemplo, puede satisfacer su hambre con una pizza, unos tacos, una hamburguesa, pollo frito o cientos de otros platillos. Del mismo modo, puede quitarse el frío durante el invierno con ropa más abrigadora, con un sistema de calefacción en casa, un viaje a Hawaii o de muchas otras maneras. Obviamente, algunos medios son más atractivos que otros. En un mundo sin escasez no habría precios, siempre escogería la opción más atractiva. Sin embargo, la escasez es una realidad y el grado de escasez de un bien relativo a otro ayuda a determinar el precio *relativo* de cada uno de los bienes.

Note que la definición de *demanda* incluye el supuesto que "otras cosas estén constantes". Entre las "otras cosas" que se supone no sufren modificaciones están los precios de otros artículos. Por ejemplo, si baja el precio de las pizzas al mismo tiempo en que los otros precios permanenecen constantes, la pizza se vuelve relativamente más barata. Los consumidores están más *dispuestos* a comprar pizzas cuando se reduce su precio relativo. La pizza comienza a sustituir a otros artículos. A esto se le llama **efecto sustitución de un cambio en el precio**. Por otro lado, un incremento en el precio de la pizza, manteniendo constante todo lo demás, hace que los consumidores adquieran otros artículos en sustitución de la pizza, la cual tiene ahora un precio más elevado, razón por la cual la cantidad demandada se reduce. Recuerde: *el cambio en el precio relativo, es decir, el precio de un bien relativo al precio de otros bienes, es lo que causa el efecto sustitución*. Si todos los precios cambiaran en el mismo porcentaje, no habría cambio en los precios relativos y tampoco habría efecto sustitución.

Efecto sustitución de un cambio en el precio Cuando se reduce el precio de un bien, los consumidores lo sustituirán por otros bienes que cuestan ahora más.

Efecto ingreso de un cambio en el precio. Una caída en el precio de un producto incrementa la cantidad solicitada por una segunda razón. Supongamos que usted recibe $30 semanales por un trabajo de medio tiempo, de modo que su ingreso a la semana es de $30. El **ingreso en dinero** simplemente es la cantidad de dinero que usted recibe por periodo, en este caso, $30 por semana. Supongamos que se gasta todo su ingreso en pizzas, comprando tres por semana a $10 cada una ¿Qué sucede si el precio se reduce a $6 por pizza? A ese precio usted puede comprar ahora cinco pizzas por semana. Su ingreso en dinero sigue siendo $30 dólares, pero la baja en el precio ha significado un aumento en su **ingreso real**, es decir, su ingreso medido en términos de los bienes y servicios que puede comprar. La reducción en el precio, si siguen constantes las demás cosas, aumenta el *poder adquisitivo* de su ingreso, con lo que mejora su *capacidad* de comprar pizzas. La cantidad de pizzas que solicita aumentará por este **efecto en el ingreso provocado por el cambio en el precio**. Es posible que usted no incremente la cantidad que compra a cinco pizzas, pero podría hacerlo. Si usted compra cuatro pizzas a la semana cuando el precio baja a $6, dispondría de $6 para comprar otros artículos.

Ingreso en dinero La cantidad de dinero que se recibe por un periodo; por ejemplo, $100 por semana.

Ingreso real El ingreso medido en términos de los bienes y servicios que puede comprar.

Efecto ingreso de un cambio en el precio Una caída en el precio de un bien incrementa el ingreso real de los consumidores, permitiendo que éstos puedan comprar todos los bienes; en el caso de bienes normales, aumenta la cantidad demandada.

Por tanto, el efecto de un precio menor sobre el ingreso aumenta su ingreso real y por ende, incrementa su capacidad para comprar todos los bienes. En términos generales, debido al efecto ingreso por una reducción del precio, el consumidor aumenta generalmente su cantidad demandada. Por el contrario, un incremento en el precio de un bien, estando lo demás constante, reduce el ingreso real y reduce la *posibilidad* de comprar todos los bienes. Debido al efecto ingreso por un aumento en el precio, los consumidores en general reducen su cantidad demandada conforme aumenta el precio. De nueva cuenta, observe que se supone que el ingreso en dinero sigue constante a lo largo de una curva de demanda.

Tabla de demanda y curva de demanda

La demanda puede expresarse como una *tabla de demanda* o como una *curva de demanda*. El panel (a) de la figura 1 muestra una tabla típica de demanda de pizzas. Cuando se describe la demanda, se deben especificar las unidades que se medirán y el tiempo considerado. En nuestro ejemplo, el precio corresponde a una pizza mediana y el perio-

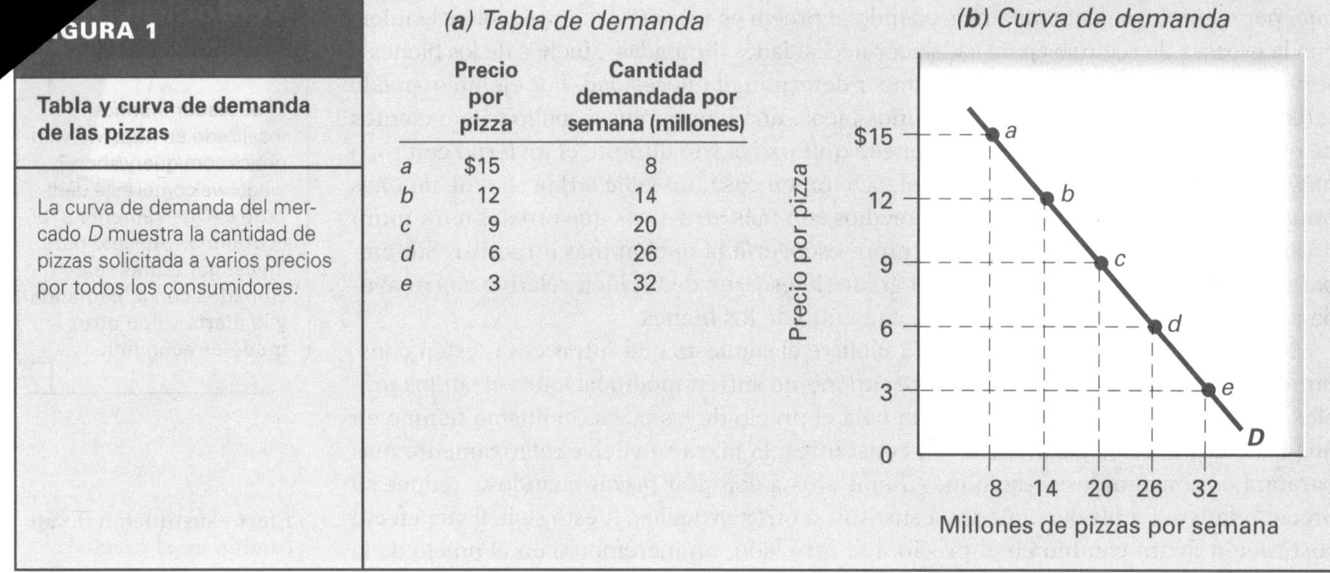

GURA 1

Tabla y curva de demanda de las pizzas

La curva de demanda del mercado *D* muestra la cantidad de pizzas solicitada a varios precios por todos los consumidores.

(a) Tabla de demanda

	Precio por pizza	Cantidad demandada por semana (millones)
a	$15	8
b	12	14
c	9	20
d	6	26
e	3	32

do es una semana. La tabla hace una lista de los posibles precios junto con la cantidad demandada a cada precio. Por ejemplo, a un precio de $15, los consumidores demandan 8 millones de pizzas por semana. Como podemos observar, mientras más bajo sea el precio, si otras cosas siguen constantes, mayor será la cantidad demandada. Si el precio baja hasta $3, los consumidores demandarán 32 millones por semana. Cuando el precio baja, los consumidores compran pizzas en lugar de otros productos. Conforme el precio baja, el ingreso real de los consumidores se eleva, lo que provoca que la cantidad de pizzas que demandan aumente.

Curva de demanda Curva que muestra las cantidades de un bien demandado a varios precios posibles durante un periodo determinado, las demás cosas constantes.

La tabla de demanda en el panel (a) aparece como una **curva de demanda** en el panel (b) con los precios en el eje vertical y la cantidad demandada por semana sobre el eje horizontal. Cada combinación de precio y cantidad demandada registrada en el panel izquierdo se convierte en un punto en el panel derecho. El punto *a*, por ejemplo, indica que si el precio es de $15, los consumidores demandan 8 millones de pizzas por semana. Estos puntos unidos forman la curva de demanda de pizzas, la cual se identifica por *D*. Note que algunas curvas de demanda son líneas rectas y otras son curvas, pero a todas se les conoce como *curvas* de demanda. La pendiente de la curva de la demanda descendente refleja la *ley de la demanda*. Los precios y la cantidad demandada están relacionados inversamente, estando las demás cosas constantes. Suponga que los precios de otros bienes son constantes a lo largo de la curva de demanda, entonces, a lo largo de la curva de demanda de pizzas, *el precio de ellas cambia en relación a los precios de otros bienes*. La curva de demanda muestra los efectos de un cambio en el *precio relativo* de la pizza, esto es, relativo a otros precios que no cambian.

Cantidad demandada La cantidad solicitada a un precio específico, según se refleja en un punto en una curva determinada de demanda.

Tenga cuidado cuando haga la diferencia entre *demanda* y *cantidad demandada*. La *demanda* de pizzas no es una cantidad específica, sino *toda la relación* entre precio y cantidad demandada, es decir, la tabla de demanda o curva de demanda. Un punto sobre la curva de demanda muestra la **cantidad demandada** a determinado precio. Por ejemplo, al precio de $12, la cantidad solicitada es de 14 millones de pizzas por semana. Si el precio baja, digamos a $9, este cambio se representa en la figura 1 *por un movimiento a lo largo de la curva de la demanda*, en este caso, del punto *b* al punto *c*. Cualquier movimiento a lo largo de la curva de demanda refleja un *cambio en la cantidad demandada*, y no un cambio en la demanda.

La ley de la demanda se aplica a los millones de productos que se venden en las tiendas de abarrotes, las tiendas departamentales, las tiendas de ropa, las farmacias, las tiendas de discos, librerías, agencias de viajes y restaurantes, así como en los catálogos, los anuncios clasificados, ciberespacios, mercados de valores, mercados de bienes raíces, mercados de empleo, mercados ambulantes, etc. La ley de la demanda se aplica incluso en elecciones que parecen más personales que económicas, como tener o no una mascota. Por ejemplo, después de que en la ciudad de Nueva York se aprobara la ley que responsabilizaba a los dueños por los desechos de sus perros, los dueños tuvieron que seguir a sus mascotas por todas partes con recogedores, bolsas de plástico o cualquier otra cosa que les ayudara a limpiar. Debido a que la ley incrementó el costo o precio de tener un perro, la cantidad demandada disminuyó. El número de perros abandonados en las perreras se duplicó. La ley de la demanda predice tal comportamiento.

Es conveniente distinguir entre el comportamiento de la **demanda individual**, que es la demanda de un consumidor en particular, y la **demanda del mercado**, que es la suma de las demandas individuales de todos los consumidores en el mercado. En la mayoría de los mercados hay muchos consumidores, algunas veces millones. A menos que se indique lo contrario, cuando hablamos de demanda nos referimos a la demanda del mercado, como en la figura 1.

Demanda individual La demanda de un consumidor individual.

Demanda del mercado La suma de las demandas individuales de todos los consumidores en el mercado.

CAMBIOS EN LA CURVA DE DEMANDA

Una curva de demanda aísla la relación entre el precio de un bien y la cantidad demandada cuando otros factores que podrían afectar la demanda permanecen sin cambio. ¿Cuáles son los otros factores y cómo estos cambios afectan la demanda? Las variables que pueden afectar la demanda del mercado son: (1) el ingreso del consumidor; (2) el precio de los bienes relacionados; (3) las expectativas del consumidor; (4) el número o composición de los consumidores en el mercado; y (5) los gustos de los consumidores. Analicemos cómo un cambio en cada uno de estos factores afecta la demanda.

Cambios en el ingreso del consumidor

La figura 2 muestra la curva de demanda en el mercado de pizzas utilizando la letra D. Esta curva de demanda da por hecho un nivel dado de ingresos en dinero. Supongamos que los ingresos aumentan. Algunos consumidores entonces estarán dispuestos y con la capacidad de comprar más pizzas a cada precio, así que la demanda en el mercado crece; la curva de demanda se mueve a la derecha de D a D'. Por ejemplo, a un precio de $12, la cantidad de pizzas solicitada aumenta de 14 millones a 20 millones por semana, tal y como lo indica el movimiento del punto b en la curva de demanda D al punto f en la curva de demanda D'. En resumen, *un incremento en la demanda, es decir, un movimiento a la derecha de la curva de demanda, significa que los consumidores quieren y pueden pagar más pizzas en cada precio.*

Los bienes se clasifican en dos grandes grupos, dependiendo de la manera en la que la demanda reacciona a los cambios en el ingreso. La demanda de **bienes normales** aumenta cuando el ingreso aumenta. Debido a que la demanda de pizzas aumenta cuando el ingreso del consumidor aumenta, la pizza es un bien normal. La mayoría de los bienes son normales. En cambio, la demanda de un **bien inferior** disminuye cuando el ingreso aumenta, así que la curva de demanda se desplaza a la izquierda. Algunos ejemplos de bienes inferiores son los sándwiches de jamón, los muebles y la ropa usados, el servicio de lavandería y el transporte en autobús. Cuando el ingreso aumenta, los consumidores tienden a cambiar del consumo de bienes inferiores al consumo de bienes normales: sándwiches de carne asada, muebles nuevos, ropa nueva, una lavadora y secadora, un auto e incluso viajes por avión.

Bien normal Un bien para el cual aumenta la demanda, o se desplaza a la derecha, conforme se incrementan los ingresos de los consumidores.

Bien inferior Un bien para el cual disminuye la demanda, o se desplaza a la izquierda cuando el ingreso del consumidor aumenta.

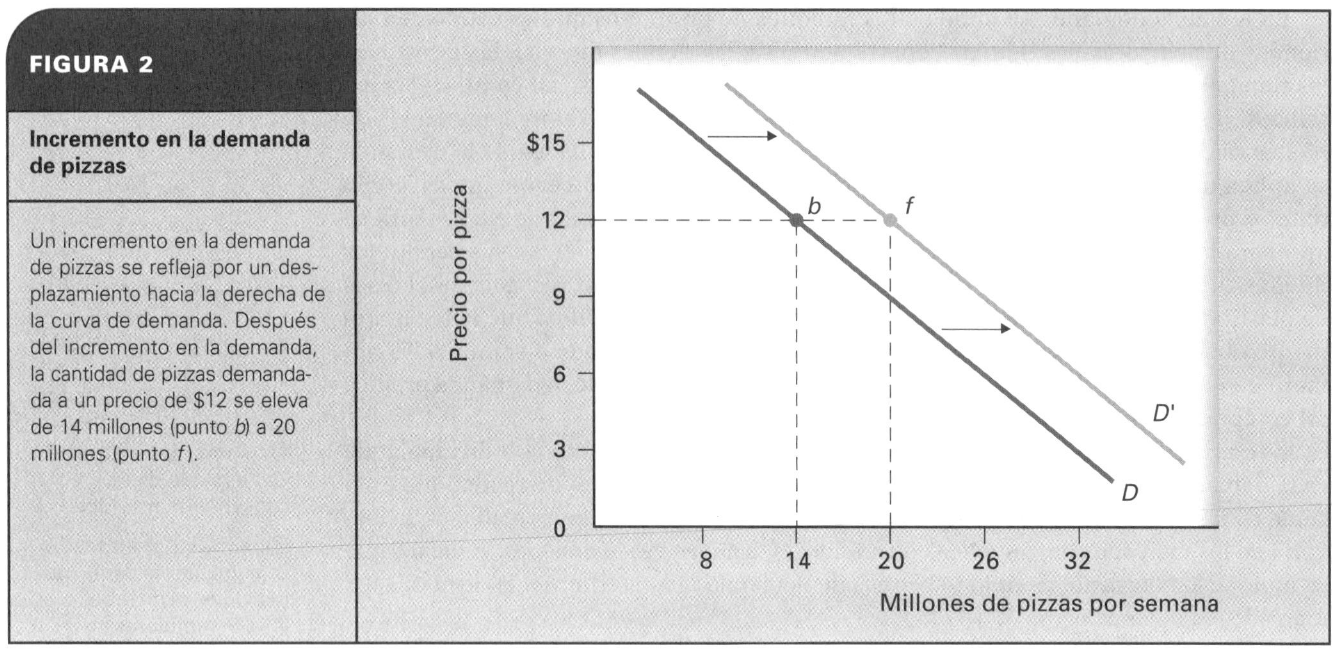

FIGURA 2

Incremento en la demanda de pizzas

Un incremento en la demanda de pizzas se refleja por un desplazamiento hacia la derecha de la curva de demanda. Después del incremento en la demanda, la cantidad de pizzas demandada a un precio de $12 se eleva de 14 millones (punto *b*) a 20 millones (punto *f*).

Cambios en los precios de bienes relacionados

Como ya se mencionó, se supuso que los precios de otros bienes son constantes a lo largo de la curva de la demanda dada. Ahora, tomemos en cuenta otros precios. Hay varias maneras para tratar de satisfacer una necesidad; los consumidores eligen entre productos sustitutos, en parte con base en sus precios relativos. Por ejemplo, las pizzas y los tacos son sustitutos mutuos, aunque no perfectos. Sin embargo, un incremento en el precio de los tacos, si las otras cosas siguen constantes, reduce la cantidad de tacos solicitada a lo largo de una curva determinada de demanda y mueve a la derecha la curva de demanda de pizzas. Dos bienes son **sustitutos** si un incremento en el precio de uno induce a un incremento en la demanda por otro, y a la inversa, si una reducción en el precio de uno induce a una reducción en la demanda por el otro.

Sustitutos Son bienes, como Coca-Cola y Pepsi, que están relacionados en tal forma que un incremento en el precio de una, desplaza la demanda de la otra a la derecha.

Complementarios Son bienes como la leche y los bizcochos que se relacionan de tal manera que una reducción en el precio de uno, desplaza la demanda por el otro a la derecha.

Dos bienes son complementarios si se usan combinados para satisfacer alguna necesidad: la pizza y la Coca-Cola, la leche y las galletas de chocolate, las computadoras y el software, las palomitas y el cine, los boletos de avión y la renta de un automóvil. Dos bienes son **complementarios** si una reducción en el precio de uno induce a un incremento en la demanda por el otro. Por ejemplo, un decremento en el precio de las pizzas mueve la curva de la demanda de Coca-Cola hacia la derecha. La mayoría de los bienes aparejados seleccionados al azar *no están relacionados*, por ejemplo, la pizza y los calcetines o la leche y las viviendas.

Cambios en las expectativas del consumidor

Otras de las cosas que se suponen constantes a lo largo de una curva de demanda dada son las expectativas del consumidor sobre factores que influyen en la demanda, tal como el ingreso futuro y el precio futuro de un bien. Un cambio en las expectativas del consumidor puede cambiar la demanda. Por ejemplo, un consumidor que se entera acerca de un futuro incremento en su salario puede incrementar su demanda actual anticipadamente a ese incremento en la paga. Anticipándose a un salario seguro, un universitario del último año de estudios que tiene un empleo, quizá compre un auto nuevo aunque no haya concluido sus estudios. Algunos cambios en las expectativas de los precios también pueden afectar la demanda. Por ejemplo, si usted espera que el precio de las pizzas aumente la próxima semana, es posible que hoy decida comprar una pizza adicional para el congelador, lo cual eleva la demanda de pizzas. O si los consumidores creen que los precios de las casas aumentarán el próximo año, algunos aumentarán su demanda de viviendas este año, desplazando a la derecha la demanda de éstas. Por otro lado, las expectativas de precios de viviendas más bajos en el futuro alentará a algunos consumidores a posponer las compras y reducir la demanda actual.

Cambios en el número o composición de los consumidores

Como se mencionó anteriormente, la demanda del mercado es la suma de las demandas individuales de todos los consumidores del mercado. Si el número de consumidores en el mercado cambia, la demanda cambiará. Por ejemplo, si la población crece, la demanda de pizzas aumentará. Incluso si la población total permanece constante, la demanda podría cambiar como resultado de un cambio en la composición de la población. Por ejemplo, un aumento en la población adolescente podría mover la demanda de pizzas a la derecha. Si la población de bebés aumenta, la demanda de alimento, ropa y accesorios para su cuidado aumentará.

Cambios en los gustos del consumidor

¿Le gustan las pizzas con anchoas? ¿Qué opina de los tatuajes y perforaciones en el cuerpo? ¿Es más probable que la música que escucha sea rock, country, heavy metal, hip-hop, rap, reggae, jazz, new jazz o clásica? Las elecciones de comida, arte corporal, ropa, películas, televisión, música, lectura, de hecho todas las elecciones del consumidor están influenciadas por sus gustos. Los **gustos** no son más que aquello que le agrada y desagrada como consumidor. Se supone que los gustos del consumidor son constantes a lo largo de la curva de la demanda dada. ¿Qué determina los gustos?, ¿quién puede saberlo? Los economistas seguramente no, puesto que tampoco pasan mucho tiempo preocupándose por eso. Sin embargo, ellos reconocen que los gustos son importantes en la demanda.

Gustos Preferencias del consumidor; gustos y aversiones en el consumo que se supone permanecen constantes a lo largo de una curva determinada de demanda.

Por ejemplo, aunque la pizza es un alimento popular, a algunas personas simplemente no les gusta y otras no toleran los productos lácteos, ya que no pueden digerir la cubierta de queso. En consecuencia, a algunas personas les gusta la pizza y a otras no. En nuestro análisis de la demanda del consumidor, *supondremos que los gustos son dados y relativamente estables*. Suponemos también que los gustos son constantes a lo largo de una curva de demanda. Sabemos, por ejemplo, que en muchas casas la gente joven prefiere el rock, y la gente madura tiende a escuchar otro tipo de música. La música que se toca en los centros comerciales tiende a ser la llamada "música suave", la cual se utiliza para estimular a los compradores de mayor edad, y mayores ingresos, a permanecer más tiempo, estar tranquilos y así gastar más dinero, mientras que, simultáneamente, desalienta a los jóvenes de merodear en los pasillos más allá del tiempo necesario para hacer sus compras.

Un cambio en los gustos por un artículo específico mueve la curva de demanda. Por ejemplo, el descubrimiento de que la combinación de queso con salsa de tomate sobre las pizzas promueve el bienestar general, podría afectar los gustos de los consumidores, moviendo la demanda de pizzas a la derecha. Pero, puesto que un cambio en los gustos es tan difícil de aislar de otros cambios económicos, debemos ser renuentes a atribuir un movimiento en la demanda a un cambio en los gustos.

Antes de seguir adelante, se debe recordar la diferencia entre un **movimiento a lo largo de una determinada curva de demanda** y un **desplazamiento de una curva de demanda**. Un cambio en el *precio*, si las otras cosas siguen constantes, *causa un movimiento a lo largo de una curva de demanda*, con lo cual se cambia la cantidad solicitada. Un cambio en uno de los determinantes de demanda, que no sea el precio, causa el *desplazamiento de una curva de demanda*, con lo cual se cambia la demanda. Así que un cambio en el precio, si las otras cosas siguen constantes, cambia la cantidad solicitada a lo largo de una curva determinada de demanda. Y un cambio en un determinante de la demanda, que no sea el precio del artículo, como el ingreso

Movimiento a lo largo de una curva de demanda Representa un cambio en la cantidad solicitada resultante de un cambio en el precio del artículo, siguiendo las demás cosas constantes.

Desplazamiento de una curva de demanda Representa un cambio en la cantidad demandada resultante de un cambio en uno de los determinantes de la demanda, fuera del precio del artículo.

en dinero, los precios de los bienes relacionados, expectativas del consumidor, el número, composición o gustos de los consumidores, desplaza la curva de demanda.

OFERTA

Oferta Relación que muestra las cantidades de un bien que el productor está dispuesto y en posibilidades de vender a varios precios durante un periodo dado, estando las demás cosas constantes.

Ley de la oferta La cantidad del producto ofrecido en un periodo dado está por lo regular relacionado directamente con su precio, estando las demás cosas constantes.

Curva de oferta Muestra las cantidades de un bien ofrecido a varios precios, estando las demás cosas constantes.

Así como la demanda es la relación entre el precio y la cantidad demandada, la oferta es la relación entre el precio y la cantidad ofrecida. Específicamente, la **oferta** indica qué tantos bienes el productor está *dispuesto* y *puede* ofrecer a la venta por periodo a cada uno de los precios posibles, estando las demás cosas constantes. La **ley de la oferta** establece que la cantidad ofrecida está por lo regular relacionada directamente con su precio, estando las demás cosas constantes. De ahí que a más bajo precio, menor es la cantidad ofrecida, y a mayor precio, mayor será la cantidad ofrecida.

Tabla de oferta y la curva de oferta

La figura 3 muestra la tabla de oferta y la **curva de oferta** *(O)* para las pizzas. Ambas muestran las cantidades de pizzas ofrecidas semanalmente a diversos precios posibles por los miles de productores de pizzas. Como se puede ver, el precio y la cantidad ofrecida están directa y positivamente relacionados. Los productores ofrecen más a la venta a un precio mayor que a un precio menor, por lo que la pendiente de la curva es ascendente.

Existen dos razones por las cuales los productores tienden a ofrecer más bienes para vender cuando el precio es mayor. Primero, en cuanto el precio del bien aumenta, estando las demás cosas constantes, un productor estará más *dispuesto* a ofrecer el bien. Los precios actúan como señales e informan a los proveedores existentes y potenciales las recompensas por producir varios bienes. Un incremento en el precio de las pizzas, con los demás precios constantes, proporciona un incentivo de utilidad para que cambien algunos de los recursos de una producción a otros bienes, por los que el precio es ahora relativamente más bajo a la preparación de pizzas, cuyo precio es ahora relativamente más alto. *Un precio mayor en las pizzas atrae recursos de usos de bajo valor a usos de alto valor.*

Una segunda razón de por qué la curva de la oferta tiende a ser ascendente es que a mayores precios, la *posibilidad* del productor de ofrecer el bien aumenta. La ley del costo de oportunidad creciente, según se señala en el capítulo 2, establece que el costo de oportunidad de la producción adicional aumenta conforme la producción aumenta, es

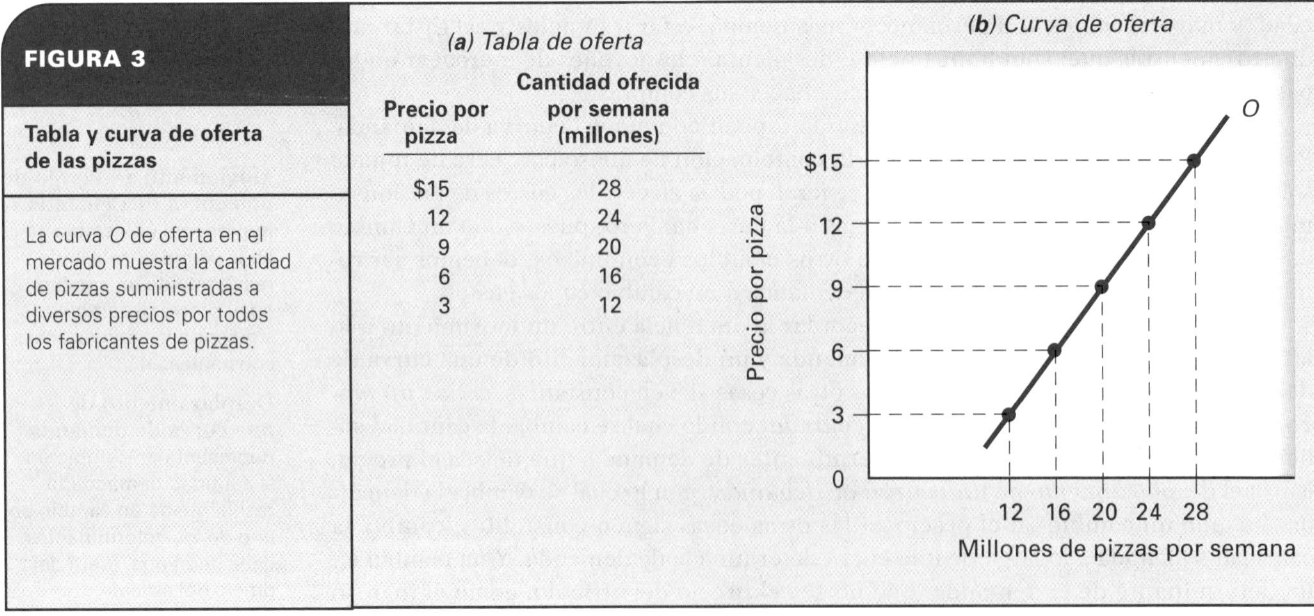

FIGURA 3

Tabla y curva de oferta de las pizzas

La curva *O* de oferta en el mercado muestra la cantidad de pizzas suministradas a diversos precios por todos los fabricantes de pizzas.

***(a)** Tabla de oferta*

Precio por pizza	Cantidad ofrecida por semana (millones)
$15	28
12	24
9	20
6	16
3	12

***(b)** Curva de oferta*

decir, el *costo marginal* de la producción aumenta según el producto se incrementa. Debido a que los productores enfrentan un mayor costo marginal por un producto adicional, deben recibir un mayor precio por ese producto para que así estén *dispuestos* a incrementar la cantidad ofrecida. *Un precio más elevado permite que los productores incrementen las cantidades ofrecidas*. Por ejemplo, un precio más elevado de la gasolina aumenta la capacidad de las empresas para explorar en áreas menos accesibles. En cambio, una caída en el precio del oro durante una década significa que los mineros ya no podrán extraer tanto de ese material.

Esta situación hace que los productores estén más *dispuestos* y en *posibilidades* de incrementar la cantidad de los bienes ofrecidos para su venta. Los productores estarán más *dispuestos* porque la producción de un bien a un mayor precio es ahora relativamente más redituable que los usos opcionales de los recursos implícitos. Los productores están en mejores *posibilidades* porque un mayor precio les permite cubrir un mayor costo marginal generalmente relacionado con tasas mayores de producción.

Al igual que con la demanda, hacemos la distinción entre la *oferta* y la **cantidad suministrada**. La *oferta* es la relación entre el precio y la cantidad ofrecida, la cual se refleja en una tabla de oferta o curva de demanda. La *cantidad suministrada* se refiere a una cantidad específica puesta en venta a un precio determinado, la cual se ilustra en un punto en una curva específica de demanda. También diferenciamos entre la **oferta individual**, es decir, el abastecimiento de un productor individual, y la **oferta en el mercado** que es la suma de los suministros individuales de todos los productores en el mercado. A menos que se indique de otra manera, cuando hablamos de oferta, nos referimos a la oferta en el mercado.

Cantidad ofrecida La cantidad ofrecida para la venta a un precio específico, según se refleja en un punto en una curva determinada de oferta.

Oferta individual La oferta de un productor individual.

Oferta del mercado La suma de las ofertas individuales de todos los productores en el mercado.

CAMBIOS EN LA CURVA DE OFERTA

La curva de oferta aísla la relación entre el precio de un bien y la cantidad ofrecida, estando las demás cosas constantes. Se supuso como constantes a lo largo de la curva de oferta dada los determinantes de la oferta ajenos al precio, los cuales incluyen: (1) el estado tecnológico; (2) los precios de los recursos pertinentes; (3) los precios de los bienes alternativos; (4) las expectativas del productor; y (5) el número de productores en el mercado. A continuación analizaremos cómo un cambio en cada uno de estos determinantes afectará la curva de oferta.

Cambios en la tecnología

En el capítulo dos se dijo que el estado tecnológico representa el acervo de conocimiento de la economía de cómo combinar los recursos más eficientemente. A lo largo de una curva de oferta dada se supone que la tecnología permanece sin cambio. Si se descubre una tecnología más eficiente, los costos de producción disminuirán, y los proveedores estarán más dispuestos y en mejores posibilidades de ofrecer el bien a cada uno de los diferentes precios. En consecuencia, la oferta aumentará y se reflejará en un desplazamiento a la derecha de la curva de oferta. Por ejemplo, un nuevo horno de alta tecnología que puede hornear pizzas en la mitad del tiempo. Un avance de tal naturaleza movería la curva de demanda en el mercado hacia la derecha, tal y como se muestra en los puntos *O* y *O'* de la figura 4, donde se ofrece más producto a cada posible precio. Por ejemplo, si el precio es de $12, la cantidad suministrada aumenta de 24 millones a 28 millones de pizzas, como lo muestra el movimiento del punto *g* al punto *h* de la misma figura. En resumen, *un incremento en la oferta, es decir, un movimiento a la derecha de la curva de oferta, significa que los productores tienen la disposición y el poder de vender más pizzas a cada precio.*

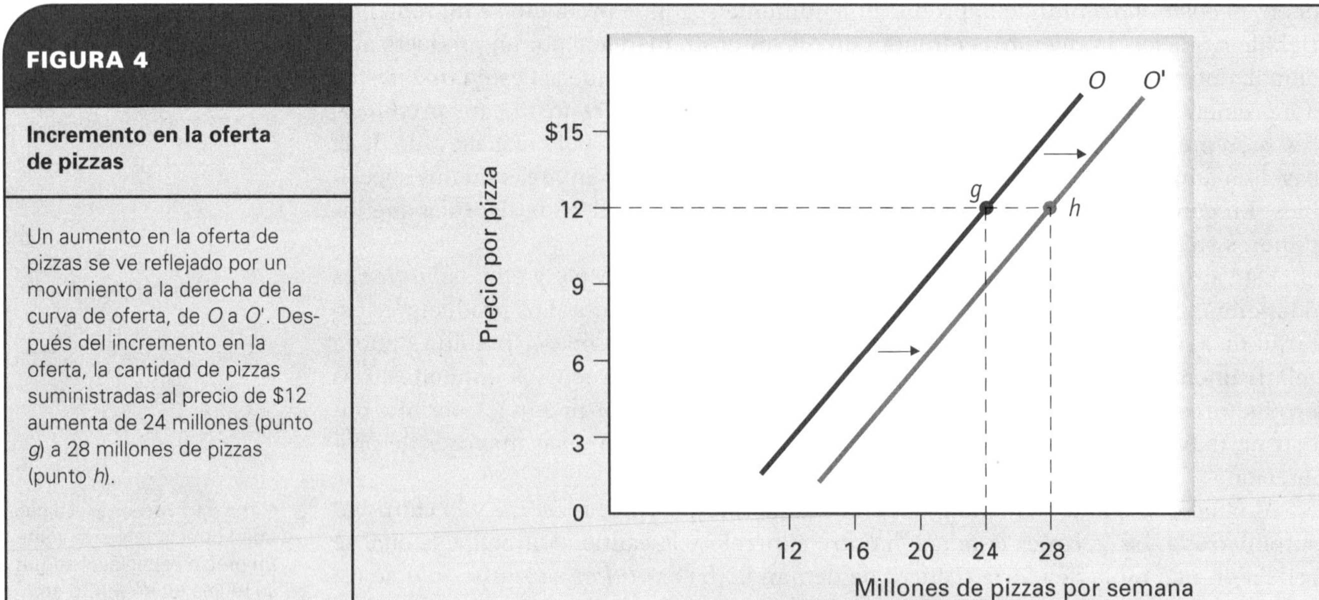

FIGURA 4

Incremento en la oferta de pizzas

Un aumento en la oferta de pizzas se ve reflejado por un movimiento a la derecha de la curva de oferta, de *O* a *O'*. Después del incremento en la oferta, la cantidad de pizzas suministradas al precio de $12 aumenta de 24 millones (punto *g*) a 28 millones de pizzas (punto *h*).

Cambios en los precios de los recursos relevantes

Recursos relevantes Recursos utilizados para producir un bien.

Los **recursos relevantes** son los que se emplean para producir el bien. Por ejemplo, suponga que el precio del queso mozzarella baja; esto reduce el costo de elaboración de las pizzas. Por tanto, los productores están más dispuestos y mejor capacitados para ofrecer pizzas. La curva de oferta de pizzas se desplaza a la derecha, como lo muestra la figura 4. Por otra parte, un aumento en el precio de un recurso relevante reduce la oferta, lo que significa que la curva de oferta se mueve a la izquierda. Un precio mayor en el queso, incrementa el costo de elaboración de las pizzas. Los precios de producción más elevados disminuyen la oferta, así que la oferta de pizzas se mueve a la izquierda, como de *O'* a *O* en la figura 4.

Cambios en los precios de los bienes alternativos

Bienes alternativos Otros bienes que usan algunos de los mismos tipos de recursos utilizados para producir el bien en cuestión.

Casi todos los recursos tienen usos alternativos. El trabajo, la construcción, la maquinaria, los ingredientes para la comida y los conocimientos para administrar un negocio podrían servir para preparar otros productos además de pizzas, por ejemplo, alimentos preparados. Los **bienes alternativos** son bienes que emplean algo de los mismos recursos que se usan para producir el bien en consideración. Por ejemplo, a medida que el precio del pan se eleva, también lo hace el costo de oportunidad de elaborar pizzas. Algunas pizzerías pueden hornear más pan y menos pizzas, de modo que la oferta de pizzas se reduce o se mueve a la izquierda. En cambio, una baja en el precio de un artículo alterno, como el pan, hace relativamente más atractiva la producción de pizzas. Conforme los recursos pasan de la preparación del pan a la de pizzas, aumenta la oferta de éstas, o sea que se desplaza a la derecha.

Cambios en las expectativas del productor

Los cambios en las expectativas del productor en relación con los factores del mercado pueden cambiar la oferta actual. Por ejemplo, el dueño de una pizzería que espera el aumento en el precio de su producto en el futuro puede comenzar a ampliar su pizzería desde hoy, con lo cual desplaza la oferta de pizzas a la derecha. Cuando un bien se puede almacenar fácilmente, por ejemplo, el petróleo crudo, el cual se puede conservar en el subsuelo. La esperanza de mejores precios en el futuro podría impulsar a los productores a *reducir* su oferta actual y esperar un mayor precio. La disminución en la oferta se refleja en un cambio a la izquierda de la curva de oferta. De ahí que las expectativas de un mayor precio en el futuro puedan incrementar o disminuir la oferta actual, dependiendo de la naturaleza del bien de que se trate. En términos generales, cualquier cambio esperado que afecte la rentabilidad, tal como un cambio en los impuestos a las empresas, podría cambiar la oferta actual.

Cambios en el número de productores

Debido a que la oferta del mercado es la suma de los montos ofrecidos por todos los productores, la oferta del mercado depende del número de productores en él. Si el número de productores aumenta, la oferta aumentará, provocando un movimiento hacia la derecha en la curva de oferta correspondiente. Si el número de productores disminuye, la oferta se reducirá, desplazándose la curva correspondiente hacia la izquierda. Como ejemplo de un incremento en la oferta, tenemos que el número de establecimientos de café gourmet aumentó más de cuatro veces en Estados Unidos durante la última década, moviendo la curva de oferta de este tipo de café hacia la derecha.

Finalmente, considere la distinción entre un **movimiento a lo largo de una curva de oferta** y un **desplazamiento de una curva de oferta**. Un cambio en el *precio*, si las demás cosas siguen iguales, causa *un movimiento a lo largo de una curva de oferta*, cambiando la cantidad suministrada. El cambio en uno de los determinantes de la oferta, que no sea el precio, causa *el desplazamiento de una curva de oferta*, cambiando la oferta. Así que un cambio en el precio, si las demás cosas siguen constantes, cambia la cantidad suministrada a lo largo de una curva determinada de oferta, y un cambio en un determinante de la oferta, que no sea el precio, tal como la tecnología, los precios de los recursos pertinentes, el de los bienes alternos, las expectativas de los productores, y el número de éstos, desplaza toda la curva de oferta.

Movimiento a lo largo de una curva de oferta Representa un cambio en la cantidad ofrecida, resultante de un cambio en el precio del bien, si permanecen constantes las demás cosas.

Desplazamiento de una curva de oferta Representa un cambio en la oferta, como resultado de un cambio en uno de los determinantes de oferta, que no sea del precio del artículo.

Una vez aclarado este punto, podemos fusionar la demanda y la oferta.

DEMANDA Y OFERTA CREAN UN MERCADO

Todos los proveedores y compradores tienen diferentes puntos de vista acerca del precio. Esto debido a que los compradores pagan el precio y los proveedores lo reciben. De ahí que un mayor precio tiende a ser una mala noticia para los consumidores, pero buena para los productores. Cuando el precio aumenta, los consumidores reducen su cantidad demandada y los productores aumentan la cantidad ofrecida. ¿Cómo se puede resolver este conflicto entre productores y consumidores?

Mercados

Un mercado clasifica las perspectivas en conflicto de los precios entre los participantes individuales: los que demandan y los que ofrecen. Como lo estudiamos en el capítulo uno, un *mercado* incluye todos los arreglos utilizados para comprar y vender un bien o un servicio. Un mercado reduce el **costo de transacción**, es decir, los costos de tiempo e información necesarios para el intercambio. Por ejemplo, suponga que está buscando un empleo para el verano. Una manera sería ir de empresa en empresa en busca de vacantes, lo cual consumiría bastante tiempo y podría obligarlo a viajar mucho. Lo mejor podría ser comprar un periódico local y leer la sección de anuncios clasificados o conectarse al internet y buscar empleo en algún sitio especializado. Estos anuncios son un elemento del mercado de trabajo y reducen los costos de transacción necesarios para reunir a los trabajadores y empleadores.

Costos de transacción Costos de tiempo e información necesarios para llevar a cabo el intercambio.

La coordinación que se presenta en el mercado no se debe a algún plan central, sino a la "mano invisible" de Adam Smith. Por ejemplo, la mayoría de los distribuidores de autos en la comunidad tienden a establecerse uno cerca del otro, generalmente en la periferia de la ciudad, donde el terreno es más barato. Los distribuidores se congregan no porque alguien se los demandara o por simpatía mutua, sino porque cada uno quiere estar donde los clientes compran autos. De igual manera, las tiendas se agrupan en el centro de la ciudad y en los centros comerciales para estar donde están los compradores. Desde los parques de diversión en Orlando y los teatros de Broadway hasta los casinos de Las Vegas, los proveedores se congregan donde están los compradores. Algunos grupos de proveedores pueden ser muy especializados; por ejemplo, las tiendas que venden maniquíes de ropa se reúnen en Austin Road en Hong-Kong.

Excedente A un precio específico, la cantidad que los productores están dispuestos y son capaces de proporcionar excede la cantidad que los consumidores están dispuestos y son capaces de solicitar; un excedente suele bajar el precio.

Escasez A un precio específico, la cantidad que los consumidores están dispuestos a solicitar y pueden hacerlo, excede la cantidad que los productores están dispuestos a ofrecer y pueden hacerlo; una escasez suele subir el precio.

Equilibrio del mercado

Para analizar cómo funciona el mercado, reunamos la oferta del mercado y la demanda. La figura 5 muestra el mercado de las pizzas, usando las tablas del panel (a) y las curvas del panel (b). Supongamos que el precio inicial es de $12. A ese precio, los fabricantes ofrecen 24 millones de pizzas a la semana, pero los consumidores demandan sólo 14 millones, lo que resulta en una *oferta excesiva* o **excedente** de 10 millones de pizzas semanales. Este sobrante y el deseo de los proveedores por eliminarlo, ejercieron una presión descendente sobre el precio, según lo simboliza la flecha que apunta hacia abajo en la gráfica. Al bajar el precio, los productores redujeron las cantidades que ofrecían y los consumidores aumentaron las cantidades que demandaban. Mientras la cantidad ofrecida exceda la cantidad solicitada, el sobrante empuja el precio hacia abajo.

Por lo contrario, supongamos ahora que el precio inicial es de $6 por pizza. Podemos ver, de acuerdo con la figura 5, que a ese precio los consumidores piden 26 millones de pizzas, pero los dueños de las pizzerías sólo ofrecen 16 millones, lo que resulta en una *oferta escasa* o **escasez** de 10 millones de pizzas a la semana. Los productores notan que la cantidad ofrecida se vendió rápidamente, mientras que los consumidores

FIGURA 5

Equilibrio en el mercado de pizzas

El equilibrio en el mercado ocurre a un precio en que la cantidad demandada por los consumidores es igual a la cantidad ofrecida por los productores. Esto se muestra en el punto *c*. A precios por arriba del precio de equilibrio, la cantidad ofrecida excede la cantidad demandada; a estos precios hay un excedente, y hay presiones para que baje el precio. A precios por debajo del equilibrio, la cantidad demandada excede la cantidad ofrecida; la escasez resultante presiona el precio hacia arriba.

(a) Tablas del mercado

	Millones de pizzas por semana			
Precio por pizza	Cantidad demandada	Cantidad ofrecida	Excedente o escasez	Efecto en el precio
$15	8	28	Excedente de 20	Baja
12	14	24	Excedente de 10	Baja
9	20	20	Equilibrio	Sigue igual
6	26	16	Escasez de 10	Sube
3	32	12	Escasez de 20	Sube

(b) Curvas del mercado

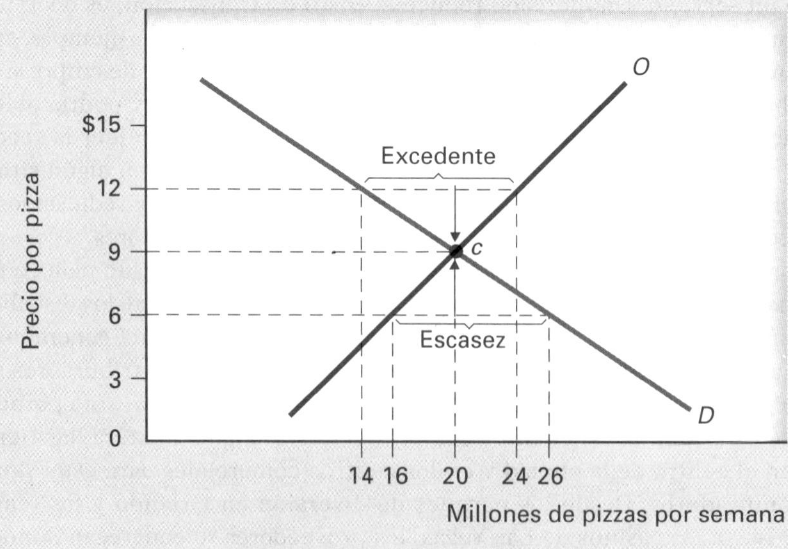

se quejan porque no hay pizzas suficientes. Los consumidores se frustran y los productores que buscan utilidades presionan el mercado para obtener un mayor precio, tal y como lo indica la flecha que apunta hacia arriba en la gráfica. Como el precio está aumentando, los productores incrementarán la cantidad ofrecida y los consumidores reducirán la cantidad demandada. El precio continuará aumentando mientras la cantidad demandada exceda a la cantidad ofrecida.

Por eso, *el excedente presiona el precio hacia abajo y la escasez presiona el precio hacia arriba*. Mientras haya una diferencia entre la cantidad demandada y la cantidad ofrecida, esta diferencia forzará un cambio en el precio y habrá un cambio en la cantidad demandada y en la cantidad ofrecida. Note que la escasez o un excedente siempre deben definirse a un precio dado. No existe escasez en general o un excedente en general.

Cuando el número de consumidores que están dispuestos y en posibilidad de comprar es igual al número de productores que están dispuestos y en posibilidades de vender, el mercado está en **equilibrio**. Los planes independientes de los compradores y vendedores son exactamente iguales, las fuerzas del mercado no impondrán ninguna presión para cambiar el precio y la cantidad demandada. En la figura 5, las curvas de demanda y oferta se intersecan en el *punto de equilibrio*, identificado como el punto *c*. El *punto de equilibrio* es de $9 por pizza y la *cantidad de equilibrio* es de 20 millones por semana. A ese precio y cantidad, el mercado vende todo. No hay escasez o excedente, y no hay presión para el cambio.

Equilibrio Es la condición que existe en un mercado cuando los planes de los compradores se ajustan a los de los vendedores, de modo que la cantidad demandada es igual a la cantidad ofrecida y el mercado se liquida.

Un mercado encuentra el equilibrio a través de las acciones independientes de miles, incluso millones, de compradores y vendedores. Los precios son señales relativas de escasez. En un sentido, el mercado es personal porque cada consumidor y cada productor toman sus propias decisiones en cuanto a qué tanto comprar o vender a un precio determinado. En otro, el mercado es impersonal porque no exige una coordinación consciente entre los consumidores y productores. *Las fuerzas impersonales del mercado sincronizan las decisiones personales e independientes de muchos compradores y vendedores individuales para determinar el precio y cantidad de equilibrio.*

CAMBIOS EN EL PRECIO Y CANTIDAD DE EQUILIBRIO

El equilibrio es la combinación de precio y cantidad a la cual las intenciones de los solicitantes y los proveedores se acoplan perfectamente. Cuando el mercado alcanza el equilibrio, ese precio y esa cantidad continuarán prevaleciendo a menos que cambie uno de los determinantes de la demanda u oferta. Una variación en cualquiera de estos determinantes generalmente cambiará el precio y cantidad de equilibrio de manera predecible.

Cambios en la curva de demanda

En la figura 6, la curva de la demanda *D* y la curva de oferta *O* se intersecan en el precio de equilibrio inicial de $9 y la cantidad de equilibrio inicial de 20 millones de pizzas medianas a la semana. Ahora, supongamos que uno de los determinantes de la demanda cambia y provoca un incremento en la demanda, desplazando la curva de demanda a la derecha (de *D* a *D'*). Cualquiera de los siguientes determinantes pudo haber provocado este desplazamiento hacia la derecha: (1) un aumento en los ingresos en dinero de los consumidores, puesto que la pizza es un bien normal; (2) el aumento en el precio de un producto sustituto como los tacos, o una reducción en el precio de un producto complementario como la Coca-Cola; (3) un cambio en las expectativas que estimula a los consumidores a comprar más pizzas; (4) el crecimiento en el número de consumidores de pizzas; o (5) un cambio en los gustos de los consumidores, por ejemplo, un descubrimiento de que la salsa de tomate que contiene la pizza tiene propiedades antioxidantes que mejora la salud.

FIGURA 6

Efectos de un incremento en la demanda

Después de un aumento en la demanda, la curva de demanda se mueve de *D* a *D'*, entonces, la cantidad solicitada excede la cantidad ofrecida al antiguo precio de $9 por pizza. A medida que el precio sube, la cantidad ofrecida aumenta a lo largo de la curva de oferta *O* y la cantidad solicitada baja a lo largo de la curva de demanda *D'*. Cuando se alcanza el nuevo precio de equilibrio de $12, la cantidad solicitada iguala nuevamente la cantidad ofrecida. Tanto el precio como la cantidad son mayores después del aumento en la demanda.

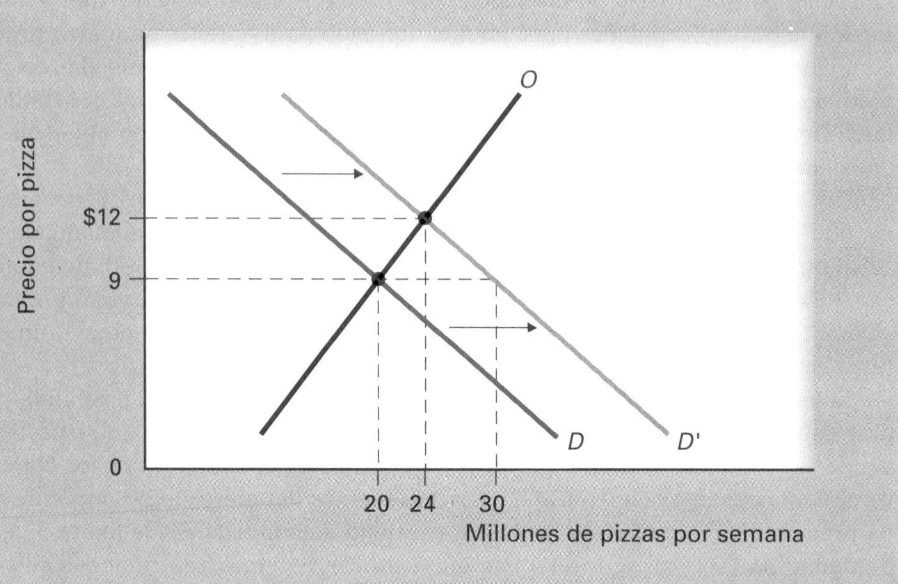

Después de que la curva de la demanda se desplaza hasta D' (véase figura 6), la cantidad solicitada al precio inicial de $9 es de 30 millones de pizzas, la cual excede la cantidad ofrecida de 20 millones en 10 millones de pizzas. Este faltante presiona al precio hacia arriba. Al subir el precio, la cantidad solicitada disminuye a lo largo de la nueva curva de demanda D' y la cantidad ofrecida aumenta a lo largo de la curva existente de oferta O hasta que las dos cantidades vuelven a ser iguales. El nuevo precio de equilibrio es de $12 y la nueva cantidad de equilibrio es de 24 millones de pizzas a la semana. Por tanto, dada una curva de oferta con pendiente ascendente, un incremento en la demanda, lo cual significa que un desplazamiento a la derecha de la curva de demanda, eleva tanto el precio como la cantidad de equilibrio. Una reducción en la demanda, lo que significaría un desplazamiento a la izquierda de la curva de demanda, bajaría tanto el precio como la cantidad de equilibrio. Podemos resumir estos resultados como sigue: *dada una curva de oferta ascendente, un desplazamiento a la derecha de la curva de demanda incrementa tanto el precio como la cantidad de equilibrio, y un desplazamiento a la izquierda de la curva de la demanda disminuye tanto el precio como la cantidad de equilibrio.*

Desplazamientos de la curva de oferta

Veamos ahora el impacto que provocan los desplazamientos de la curva de oferta. En la figura 7, al igual que en la figura anterior, comenzamos con la curva de demanda D y la curva de oferta O, las cuales representan el precio inicial de equilibrio de $9 y la cantidad inicial de equilibrio de 20 millones de pizzas por semana. Supongamos que uno de los determinantes de la oferta cambia, lo que la eleva de O a O'. Los cambios que podrían mover la curva de demanda a la derecha incluyen: (1) un avance tecnológico en los hornos para pizzas; (2) la reducción en el precio de un ingrediente importante como el queso mozzarella; (3) una baja en el precio de un artículo alterno como pan italiano; (4) el cambio en las expectativas que alienta a los dueños de la pizzerías; o (5) un aumento en el número de restaurantes de pizzas.

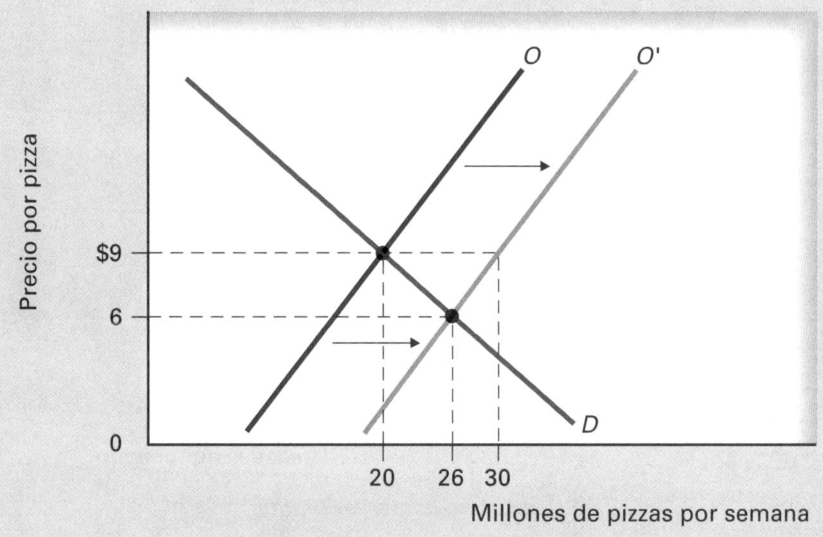

FIGURA 7

Efectos de un incremento en la oferta

Se muestra un aumento en la oferta como un movimiento a la derecha de la curva de oferta, de *O* a *O'*. En el nuevo punto de equilibrio, la cantidad es mayor y el precio es menor que antes del incremento en la oferta.

Después de que la oferta aumenta en la figura 7, la cantidad suministrada al precio inicial de $9 sube de 20 a 30 millones, así que los productores están dispuestos a proveer 10 millones de pizzas más de las que demandan los consumidores. Este excedente empuja el precio hacia abajo. Al bajar el precio, se reduce la cantidad ofrecida a lo largo de la nueva curva de oferta y la cantidad solicitada aumenta a lo largo de la curva de demanda ya existente, hasta que se establece un nuevo punto de equilibrio. El nuevo precio de equilibrio es de $6 y la nueva cantidad de equilibrio es de 26 millones de pizzas a la semana. El desplazamiento hacia la derecha de la oferta reduce el precio de equilibrio, pero incrementa la cantidad de equilibrio.

Por el contrario, una reducción en la oferta, es decir, un desplazamiento a la izquierda en la curva de oferta, incrementa el precio de equilibrio, pero reduce la cantidad de equilibrio. De este modo, *dada una curva de demanda con pendiente descendente, un movimiento a la derecha de la curva de oferta disminuye el precio, pero aumenta la cantidad; y un movimiento a la izquierda sube el precio pero reduce la cantidad*. Una manera fácil de recordar esto es imaginarse que la curva de oferta se mueve a lo largo de una curva de demanda dada con pendiente descendente. Cuando la curva de oferta se desplaza hacia la derecha, baja el precio, pero aumenta la cantidad. Si la oferta se mueve a la izquierda, se incrementa el precio, pero disminuye la cantidad.

Cambios simultáneos en la curva de demanda y de oferta

Mientras cambie solamente una curva, se puede afirmar lo que pasará con el precio y la cantidad de equilibrio. Sin embargo, si ambas curvas cambian, el resultado no es tan obvio. Por ejemplo, suponga que la oferta y demanda aumentan o se desplazan hacia la derecha, como lo muestra la figura 8. Note que en el panel (a) la demanda aumenta más que la oferta y en el panel (b) la oferta aumenta más que la demanda. En ambos paneles, la cantidad de equilibrio aumenta. Sin embargo, el cambio en el precio de equilibrio dependerá del tamaño del incremento de la demanda relativo al incremento de la oferta. Si el incremento en la demanda es mayor, como en el panel

FIGURA 8

Efecto indeterminado de un incremento en la oferta y la demanda

Cuando la oferta y la demanda aumentan, la cantidad intercambiada, cantidad de equilibrio, también aumenta. El efecto en el precio depende de qué curva cambia más. En el panel (a), el cambio en la demanda es mayor que el cambio en la oferta; como resultado, el precio aumenta. En el panel (b), el cambio en la oferta es mayor, así que el precio disminuye.

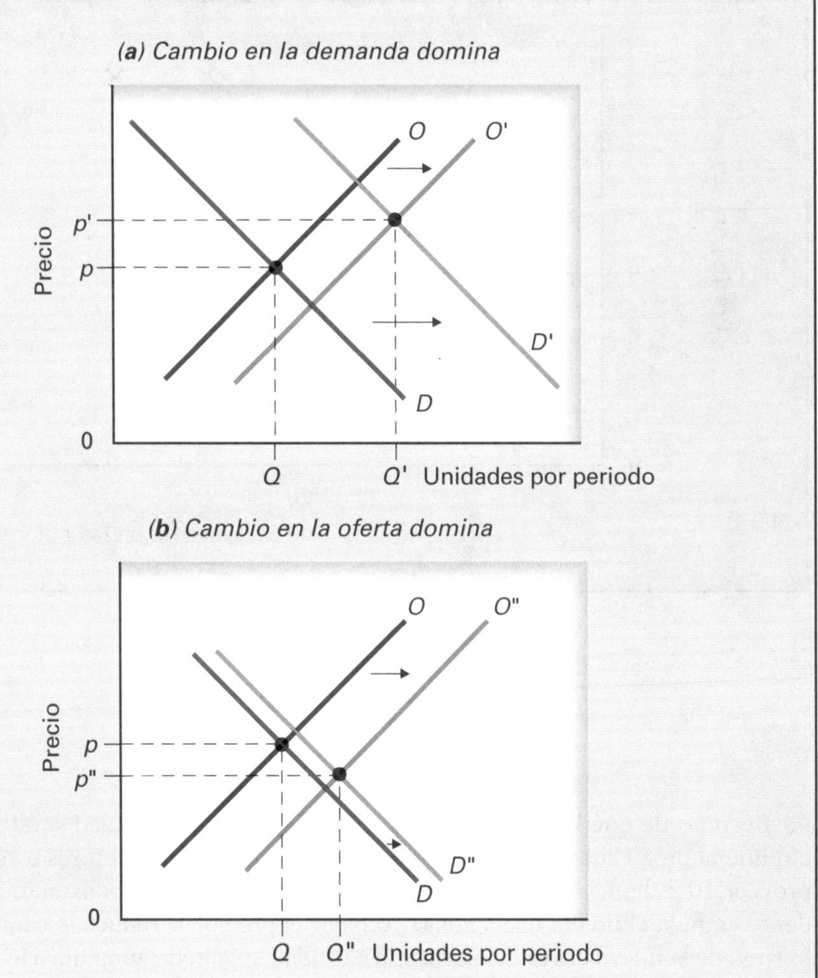

el precio de equilibrio aumenta de p a p'. Por ejemplo, en la última década la demanda de viviendas ha crecido más que la oferta, así que tanto el precio como la cantidad han subido. Si el movimiento de la oferta es mayor, como en el panel (b), el precio de equilibrio baja de p a p'. Por ejemplo, en los últimos diez años la oferta de computadoras personales ha aumentado más que la demanda, así que el precio ha bajado y la oferta ha crecido.

Por el contrario, si la demanda y la oferta disminuyen o se mueven a la izquierda, la cantidad de equilibrio disminuye, pero una vez más no se puede decir qué pasará con el precio de equilibrio a menos que se examinen los cambios relativos. Puede utilizar la figura 8 para considerar una disminución en la demanda y oferta tomando a D' y O' como las curvas iniciales. Si el movimiento de la demanda excede el movimiento de la oferta, el precio bajará. Si el movimiento de la oferta excede el movimiento de la demanda, el precio aumentará.

WALL STREET JOURNAL

La interpretación correcta

¿Cuál es la importancia de la siguiente declaración en The Wall Street Journal*?: "Los funcionarios de California atribuyen los precios de la electricidad más bajos a un clima relativamente benigno en los días pasados, a los esfuerzos de conservación del ambiente en el estado y el restablecimiento de la operación plena de algunas plantas de energía".*

Si la oferta y la demanda se desplazan en dirección opuesta, podemos predecir lo que sucederá con el precio de equilibrio. *El precio de equilibrio aumentará si se incrementa la demanda y la oferta disminuye; y el precio de equilibrio disminuirá si la demanda disminuye y la oferta aumenta.* Sin la referencia de desplazamientos en particular, no podríamos predecir lo que sucedería con la cantidad equilibrio.

Estos resultados son sin duda bastante confusos; sin embargo, la figura 9 ilustra claramente las cuatro posibles combinaciones de los cambios. Por ejemplo, los resultados que se acaban de ilustrar en la figura 8 se muestran en el cuadro superior iz-

Cambio en la oferta		Cambio en la demanda: Incremento en la demanda	Decremento en la demanda
	Incremento en la oferta	El cambio en el precio de equilibrio es indeterminado. Se incrementa la cantidad de equilibrio.	Baja el precio de equilibrio. El cambio en la cantidad de equilibrio es indeterminado.
	Decremento en la oferta	Se eleva el precio de equilibrio. El cambio en la cantidad de equilibrio es indeterminado.	El cambio en el precio de equilibrio es indeterminado. Se reduce la cantidad de equilibrio.

FIGURA 9

Efecto de los cambios en oferta y demanda

Cuando se desplazan las curvas de oferta y demanda en la misma dirección, la cantidad de equilibrio también cambia en la misma dirección; el efecto en el precio de equilibrio depende de qué curva cambia más. Si las curvas cambian en dirección opuesta, el precio de equilibrio se desplazará en la misma dirección de la demanda; el efecto en la cantidad de equilibrio depende de qué curva cambia más.

quierdo de la figura 9. Tome como referencia esta información y practique con algunos cambios hipotéticos en la demanda y oferta para desarrollar un entendimiento intuitivo de los resultados. Después, considere el efecto de un incremento en la demanda por basquetbolistas profesionales en el siguiente caso de estudio.

EL MERCADO DEL BÁSQUETBOL PROFESIONAL

Caso de **estudio**

El mundo de los negocios

eActividad

El *Charlotte Observer* sigue el rastro de los sueldos en la NBA, no sólo para los Hornets, sino para todos los equipos de la NBA. Usted puede encontrar este registro de salarios en http://www.charlotte.com/hornets/nbasalaries.htm.

Hacia finales de los 70, la National Basketball Association (NBA) parecía que estaba al borde del colapso. La asistencia del público a los partidos estaba reduciéndose. Una quinta parte de los equipos estuvieron cerca de la bancarrota y el juego de campeonato de la NBA no merecía la cobertura de la televisión en el horario con mayor demanda.

Sin embargo, durante los ochenta tres superestrellas le dieron la vuelta a las cosas: Michael Jordan, Larry Bird y "Magic" Johnson le dieron una nueva vida al delirante espectáculo y atrajo millones de nuevos aficionados. Ahora una nueva generación de estrellas, la cual incluye a Allen Iverson, Vince Carter y Kobe Bryant, continúa inyectándole gran interés a la liga. Desde 1980 la asistencia a los juegos se ha duplicado, el número de equipos ha aumentado de 22 a 29, se vendieron nuevas franquicias en cantidades insólitas y lo que es más importante, el valor de los derechos de televisión se disparó *35 veces*, pasando de $76 millones en el periodo de 1978-1982 a $2 600 millones de 1998 al 2002. Celebridades como Jack Nicholson y Spike Lee se han convertido en un icono permanente en los estadios. El asiento de Spike Lee cuesta $1 350 por juego. La popularidad del básquetbol ha crecido también alrededor del mundo. La NBA formó una alianza de mercadotecnia con Coca-Cola, McDonald's, IBM, y las finales de la

FIGURA 10

El cambio en el mercado de jugadores de la NBA entre 1980 y 2001

Puesto que la cantidad de los pocos cientos de jugadores de más alto nivel del mundo es relativamente fija por definición, el gran salto en la demanda de estos jugadores hizo que explotara el promedio de sueldos en la liga. Entre 1980 y 2001 el sueldo promedio se incrementó de $170 000 a $3 200 000. Debido a que el número de equipos en la NBA aumentó, el número de jugadores en la liga subió de unos 300 miembros a 400 participantes.

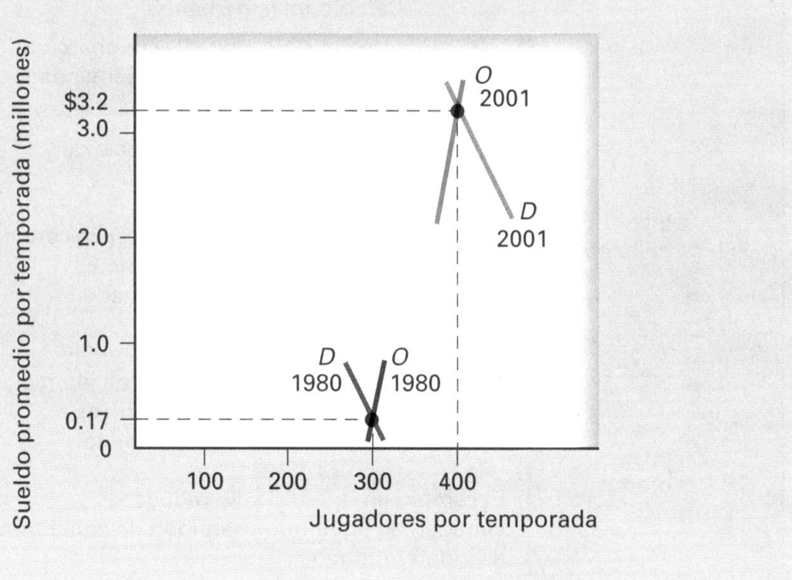

NBA en el 2001 ocuparon el primer lugar entre los programas más vistos de la televisión durante esas semanas y se proyectaron en todo el mundo.

Los jugadores de la NBA son los recursos principales en la producción de los juegos de la NBA. La figura 10 muestra el mercado para los jugadores de la NBA, con la demanda y la oferta en 1980 representadas como D_{1980} y O_{1980}, lo que rinde un sueldo promedio ese año de $170 000 o $0.17 millones para los aproximadamente 300 jugadores que pertenecen a la liga. Durante las siguientes dos décadas, el talento disponible se amplió en cierto grado, moviendo la curva de la oferta un poco a la derecha de O_{1980} a O_{2001}. La oferta de los cien mejores jugadores del mundo es limitada. Pero la demanda de jugadores con talento explotó de D_{1980} a D_{2001}. Esta mayor demanda, con una oferta relativamente fija, fomentó el sueldo promedio en la NBA a $3.2 millones en el 2001 para los cerca de 400 jugadores de la liga.

Estos sueldos atraen a jugadores cada vez más jóvenes porque los jugadores de nivel superior, que siguen en la escuela, se arriesgan a sufrir una lesión que le puede poner fin a su carrera deportiva. Por ejemplo, Kevin Garnett, recién egresado de la educación media superior, ingresó a la NBA en 1995. En 1997 firmó un contrato de siete años con un valor de $121 millones. Los dos talentos que obtuvo el draft del 2001 apenas acababan de graduarse de la preparatoria. Los altos sueldos obtenidos por los mejores jugadores surgen de la escasez de este talento, combinado con una enorme y creciente demanda por dicho talento. Sin embargo, la escasez de éste no es una explicación suficiente. Por ejemplo, los mejores jinetes de rodeo, los mejores jugadores de boliche y las jugadoras de básquetbol más destacadas también poseen un talento difícil de encontrar, pero la demanda no es lo suficientemente grande como para sostener sueldos que se acerquen a los niveles que tiene la NBA. Los jugadores de la NBA son ahora los deportistas mejor pagados del mundo, con ingresos mayores al 60% que el promedio de beisbolistas profesionales y por lo menos, el doble de los jugadores profesionales de fútbol americano y hockey. La oferta y la demanda determinan el nivel del pago promedio.

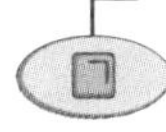

Fuentes: Stefan Fatsis, "Allen Iverson Has Recharged the NBA, But Can He Pitch to the Mainstream?", *The Wall Street Journal*, 8 de junio 2001; Mike Wise, "High School Star Taken No.1 in N.B.A. Draft", *The New York Times*, 28 de junio 2001; Frazier Moore, "NBC: Slam Dunk," *Hartford Courant*, 20 de junio 2001; U.S. Census Bureau, *Statistical Abstract of the United States: 2000*, http://www.census.gov/prod/www/statistical-abstract-us.html; y http://sportsillustrated.cnn.com/.

DESEQUILIBRIO EN LOS PRECIOS

Un excedente ejerce una presión en los precios hacia abajo y la escasez ejerce una presión en los precios hacia arriba. Sin embargo, los mercados no siempre obtienen el equilibrio rápidamente. Durante el tiempo necesario para el ajuste, se dice que el mercado está en desequilibrio. Por lo regular, el **desequilibrio** es una fase temporal mientras el mercado intenta alcanzar el equilibrio. En algunas ocasiones, como resultado de las intervenciones del gobierno en el mercado, el desequilibrio puede durar cierto tiempo, tal y como veremos a continuación.

Desequilibrio Generalmente es una desigualdad temporal entre la cantidad ofrecida y la cantidad demandada mientras el mercado restablece su equilibrio.

Precios piso

Algunas veces los funcionarios públicos establecen los precios por encima de su valor de equilibrio. Por ejemplo, con frecuencia el gobierno federal regula los precios de los bienes agrícolas como un intento por garantizar a los agricultores un ingreso mayor y estable que de otra forma ganarían. Para lograr precios más altos, el gobierno federal fija **precios piso** o un precio de venta *mínimo* por arriba del precio de equilibrio. El panel (a) de la figura 11 muestra los efectos de un precio piso de $2.50 por galón de leche. A ese precio, los granjeros ofrecen 24 millones de galones por semana, pero los consumidores sólo demandan 14 millones. De esta forma, el precio piso resulta en un excedente de 10 millones de galones, además este excedente de leche se acumulará en los anaqueles de las tiendas y se echará a perder con el tiempo. Por tanto, como parte del programa de soporte al precio, el gobierno generalmente acepta comprar el excedente de la leche para retirarla del mercado. De hecho, el gobierno federal gasta miles de millones de dólares cada año en la compra y almacenamiento de productos agrícolas.

Precio piso Precio mínimo legal por debajo del cual no se puede vender un bien o servicio. Para causar un verdadero impacto, este precio debe fijarse por arriba del precio equilibrio.

Precio techo

Algunas veces los funcionarios públicos tratan de mantener los precios por debajo de su valor de equilibrio y establecen un **precio techo** o un precio *máximo* de venta. Por ejemplo, algunas ciudades crearon leyes para imponer rentas techo ya que se había presentado un incremento considerable en el costo de las rentas de las viviendas. El panel (b) de la figura 11 describe la demanda y oferta para la renta de vivienda en una ciudad hipotética. El eje vertical muestra la renta mensual para vivienda y el eje horizontal ilustra el número de unidades en renta. La renta de equilibrio o de liquidación del mercado es de $1 000 mensuales y la cantidad de equilibrio es de 50 000 unidades de vivienda.

Precio techo Precio máximo legal por arriba del cual no se puede vender un bien o servicio. Para causar un verdadero impacto, este precio debe fijarse por debajo del precio equilibrio.

Supongamos que el gobierno fija una renta máxima de $600 al mes. A ese precio techo se demandan 60 000 unidades en renta, pero solamente se ofrecen 40 000, lo que arroja un déficit habitacional de 20 000 unidades. Debido al tope en los precios, el precio de la renta ya no provee un número suficiente de viviendas para los que valoran más éstas. En consecuencia, surgen otras medidas para enfrentar el déficit de vivienda, como es la lista de espera, contactos personales y la disposición de pagar cargos adicionales "por debajo de la mesa", tales como "comisiones clave", "comisiones a corredores", depósitos excesivos de garantía y otros.

Para causar un verdadero impacto, el precio piso debe establecerse por arriba del precio equilibrio; por otro lado, el precio techo debe fijarse por debajo del precio equilibrio. Los precios piso y techo efectivos distorsionan las fuerzas del mercado. Los precios piso por arriba del precio de equilibrio crean excedentes, y los precios techo por debajo del precio de equilibrio crean escasez. Existen diversos mecanismos para la asignación de precios que ayudan a enfrentar este desequilibrio resultante de la interferencia del mercado.

La intervención gubernamental en el mercado no es la única fuente de desequilibrio. En ocasiones, cuando se introducen nuevos productos o cuando la demanda cambia repentinamente se necesita cierto tiempo para alcanzar el equilibrio. Por ejemplo, a menudo los juguetes más populares, los libros de mayor demanda y los

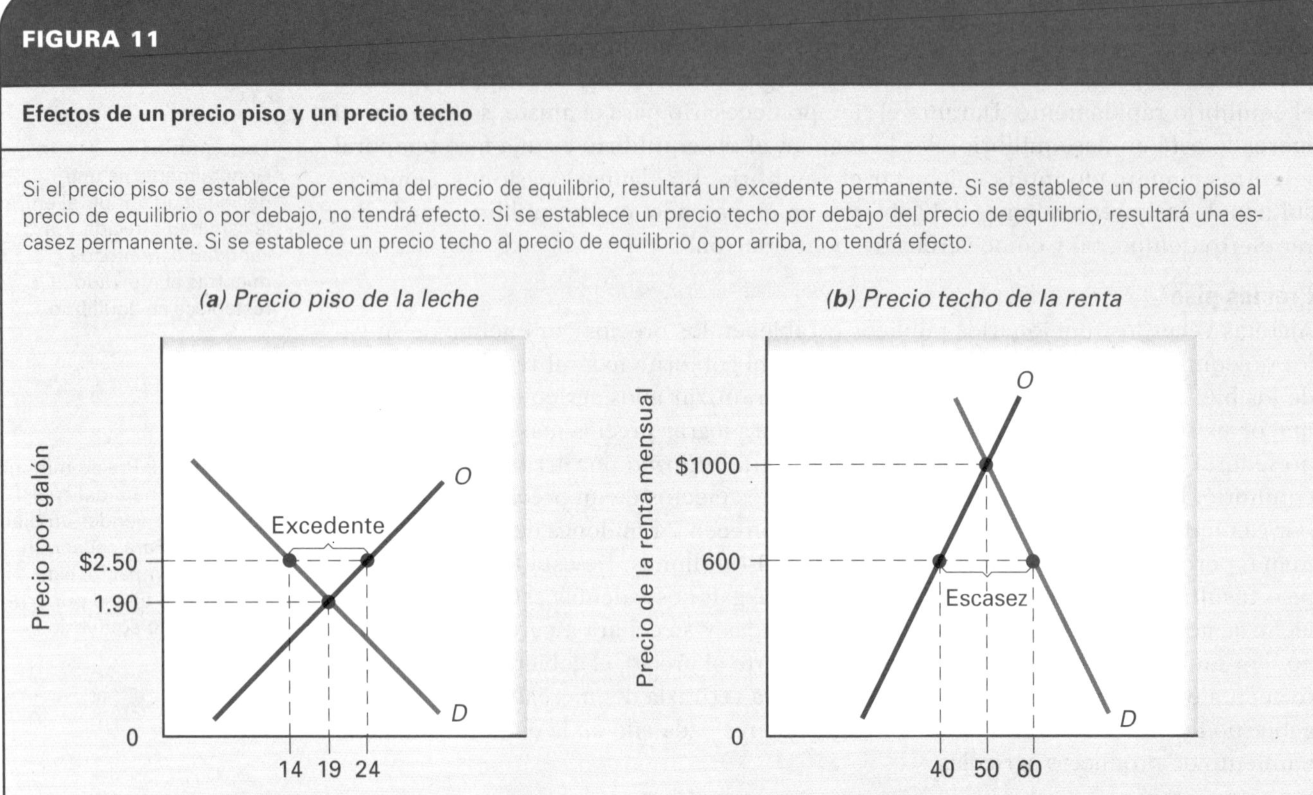

FIGURA 11

Efectos de un precio piso y un precio techo

Si el precio piso se establece por encima del precio de equilibrio, resultará un excedente permanente. Si se establece un precio piso al precio de equilibrio o por debajo, no tendrá efecto. Si se establece un precio techo por debajo del precio de equilibrio, resultará una escasez permanente. Si se establece un precio techo al precio de equilibrio o por arriba, no tendrá efecto.

CD que sobrepasan las expectativas de ventas se agotan y no se pueden conseguir durante un tiempo. En cambio, algunos productos nuevos atraen pocos compradores y se amontonan en los anaqueles de las tiendas esperando una "venta de liquidación".

Caso de **estudio**

El mundo de los negocios

*e*Actividad

Si usted está interesado en aprender más sobre el negocio de los juguetes, puede encontrar mucha información en *ToySource* http://www.toysource.com/faq1.htm.

EL NEGOCIO DE LOS JUGUETES NO ES UN JUEGO DE NIÑOS

La venta de juguetes en Estados Unidos superó los $25 mil millones anuales en el 2001, pero el negocio no es muy divertido para sus fabricantes. La mayoría de los juguetes no sobreviven de una temporada a otra y resultan fracasos bastante costosos. Unas cuantas creaciones son duraderas, como G.I. Joe, quien podría jubilarse después de más de 30 años de servicio militar; Barbie, que ya está llegando a los 40 años, y la pelota Wiffle, que todavía es un gran éxito después de 40 años.

La mayoría de los compradores de las tiendas deben hacer sus pedidos en febrero para que les entreguen la mercancía en Navidad. ¿Podemos imaginarnos la incertidumbre de este mercado? Por ejemplo, ¿quién podría haber anticipado el éxito fenomenal de Tickle Me Elmo, Beanie Babies, Teletubbies, Furbies, Pokémon o PlayStation 2? Hace unos cuantos años, los Mighty Morphin Power Rangers se vendían como pan caliente. En un año el fabricante incrementó su producción diez veces con 11 nuevas fábricas obteniendo una ganancia de casi $1 000 millones. A pesar de ello, con un precio de venta de $13, la demanda excedía la oferta.

¿Por qué los fabricantes de juguetes no dejan que el precio simplemente encuentre su equilibrio? Por ejemplo, supongamos que el precio de realización de los Power Rangers en el mercado haya sido de $26, el doble del precio real. Los clientes pueden haber resentido el haber pagado tanto por un juguete tan pequeño. Los fabricantes suelen manufacturar diversos juguetes y puede que no quieran que se les considere como "acaparadores y estafadores de precios." Después de todo, la reputación de una empresa es importante y las encuestas indican que los consumidores consideran que algunos aumentos en los precios son injustos. Es probable que los proveedores que desean retener a sus clientes por largo tiempo no quieran parecer codiciosos. Ésta puede ser la razón por la que Home Depot no sube los precios de las palas de nieve después de la primera nevada, también la razón por la que Wal-Mart no eleva los precios de los aparatos de aire acondicionado durante los tórridos días de verano, y finalmente la razón por la cual DaimlerChrysler prefiere tener largas listas de espera a elevar todavía más los precios de sus nuevos vehículos deportivos.

En pocas palabras, la incertidumbre es una característica que abunda en el mercado para los nuevos productos. Los proveedores sólo pueden conjeturar cuál será la demanda, de manera que deben ser cuidadosos al decidir los precios que van a cobrar y cuánto deben fabricar. Finalmente, los mercados sí logran el equilibrio. Por ejemplo, DaimlerChrysler duplicó la producción de sus vehículos utilitarios, lo cual ayudó a eliminar la escasez. Sin embargo, alcanzar el equilibrio requiere tiempo ya que hasta la fecha algunos mercados se encuentran temporalmente en desequilibrio.

Fuentes: Raymond Gorman y James Kehr, "Fairness as a Constraint on Profit Seeking", *American Economic Review*, 82, marzo 1992, pp. 355–358; Joe Pereira, "Hasbro Trims 5% of Work Force", *The Wall Street Journal*, 13 de octubre 2000; "Retailers Predict Hot Toys", Associated Press, 17 de octubre 2000; y los sitios en la web de *Toy Industry Association* http://www.toy-tma.com/index.html y *Pokémon World* http://www.pokemon.com/.

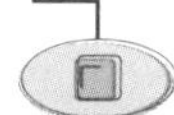

CONCLUSIONES

La oferta y la demanda son la base de una economía de mercado. Aunque un mercado suele implicar la interacción de muchos compradores y vendedores, pocos mercados están diseñados en forma consciente. Así como funciona la ley de la gravedad, ya sea que entendamos o no los principios de Newton, así funcionan las fuerzas del mercado, aunque los participantes entiendan o no la demanda y la oferta. Estas fuerzas surgen en forma natural y de muchas maneras, así como los distribuidores de automóviles que se aglutinan en los suburbios de la ciudad.

Los mercados tienen sus críticos. Por ejemplo, a algunos observadores les molesta que el sueldo anual de Shaquille O'Neal sea tan alto que equivale al sueldo de mil nuevos maestros de escuela, o que los consumidores estadounidenses gasten miles de millones de dólares al año en alimentos para sus mascotas cuando hay gente en el mundo que se muere de hambre. En su próxima visita al supermercado, observe la cantidad de espacio que se dedica a los productos para mascotas, con frecuencia todo un pasillo. Petsmart, una famosa cadena de tiendas, vende mas de 12 000 artículos para mascotas. Los veterinarios ofrecen tratamientos contra el cáncer, eliminación de cataratas y canalizaciones dentales. La diálisis de riñones para una mascota puede costar más de $55 000 anuales. En el siguiente capítulo hablaremos de algunas limitaciones de las economías de mercado y analizaremos la participación del gobierno.

RESUMEN

1. La demanda es la relación entre el precio de un bien y la cantidad que los consumidores están dispuestos y en posibilidades de comprar en un periodo, estando las demás cosas constantes. De acuerdo con la ley de la demanda, la cantidad de artículos solicitados varía en forma inversa a su precio, de modo que la curva de demanda tiene una pendiente descendente.
2. La pendiente de la curva de la demanda es descendente por dos razones. Una reducción en el precio del bien: (1) hace que los consumidores estén más dispuestos a sustituir un bien por otros bienes; y (2) aumenta la cantidad del bien que se podría comprar con un ingreso determinado, permitiendo que los consumidores tengan mayor capacidad para adquirirlo.

3. Los supuestos que son constantes a lo largo de la curva de demanda son: (1) el ingreso del consumidor; (2) el precio de los bienes relacionados; (3) las expectativas del consumidor; (4) el número y composición de los consumidores en el mercado; y (5) los gustos del consumidor. Un cambio en alguno de éstos podría cambiar la demanda.

4. La oferta es la relación entre el precio de un bien y la cantidad que los productores están dispuestos y en posibilidades de vender por periodo, estando las demás cosas constantes. De acuerdo con la ley de la oferta, el precio y la cantidad ofrecida están por lo general relacionadas directamente, por lo que la curva de oferta usualmente tiene una pendiente ascendente. La pendiente de la curva de oferta es ascendente porque a mayores precios: (1) los productores están más dispuestos a ofrecer este bien que otros bienes alternativos; y (2) los productores tienen mayor posibilidad de cubrir costos marginales más altos asociados con tasas de producción mayores.

5. Los supuestos que son constantes a lo largo de la curva de oferta son: (1) el estado tecnológico; (2) el precio de los recursos relevantes; (3) el precio de los bienes alternativos, que son otros bienes que se podrían producir con estos recursos; (4) las expectativas del productor; y (5) el número de productores. Un cambio en cualquiera de éstos provocará un desplazamiento en la curva de oferta.

6. La demanda y la oferta se unen en el mercado de un bien dado. Los mercados suministran información acerca del precio, cantidad y calidad de los productos que se venden. También reducen el costo de transacción de intercambio, es decir, el costo del tiempo y la información necesaria para que vendedores y compradores se reúnan. La interacción de la demanda y oferta guía a los recursos y productos a su uso de máximo valor.

7. Las fuerzas impersonales en el mercado concilian las intenciones personales e independientes de vendedores y compradores. Una vez establecido el equilibrio del mercado, éste continuará hasta que haya un cambio en uno de los determinantes de la oferta o la demanda. El desequilibrio es generalmente una fase temporal que lo mercados atraviesan cuando tratan de equilibrarse; sin embargo, algunas veces toma bastante tiempo, sobre todo cuando se introducen nuevos productos o cuando el gobierno es quien regula el precio.

PREGUNTAS DE REPASO

1. *Ley de la demanda* ¿Cuál es la ley de la demanda? Mencione dos ejemplos de la forma en que usted ha observado que la ley de la demanda funciona en el "mundo real". ¿En qué forma se relaciona la ley de la demanda con la curva de la demanda?

2. *Cambios en la demanda* ¿Qué variables influyen en la demanda de un bien normal? Explique por qué una reducción en el precio de un bien normal no incrementa la demanda del bien.

3. *Efecto sustitución e ingreso de un cambio en el precio* Distinga entre el efecto sustitución y el efecto ingreso de un cambio en el precio. Si el precio de un bien aumenta, ¿tiene cada uno de estos efectos un impacto positivo o negativo en la cantidad demandada?

4. *Demanda* Explique el efecto de un incremento en el ingreso de los consumidores sobre la demanda de un bien.

5. *Efectos del ingreso* Debemos suponer que el ingreso es constante cuando se mueve a lo largo de la curva de la demanda, pero un factor que puede causar un cambio en la demanda es "el efecto del ingreso". Concilie estos datos aparentemente contradictorios.

6. *Demanda* Si se descubriera que el chocolate tiene beneficios para la salud, ¿conduciría esta situación a un desplazamiento en la curva de la demanda o un movimiento a lo largo de la curva de la demanda?

7. *Oferta* ¿Qué es la ley de la oferta? Mencione un ejemplo de la forma en que el lector ha observado el funcionamiento de esta ley. ¿Cuál es la relación entre la ley de la oferta y la curva de la oferta?

8. *Cambios en la oferta* ¿Qué tipo de cambios en las condiciones subyacentes pueden hacer que la curva de la oferta se desplace? Mencione algunos ejemplos y explique la dirección en que se desplaza la curva.

9. *Oferta* Si una fuerte helada destruye parte de la cosecha de cítricos de Florida, ¿esto provoca un desplazamiento en la curva de la oferta o un movimiento a lo largo de esa curva?

10. *Mercados* ¿Cómo coordinan los mercados las decisiones independientes de los compradores y vendedores?

11. ***Caso de* estudio:** *El mercado del básquetbol profesional.* ¿En qué sentido podemos hablar de un mercado para el básquetbol profesional?, ¿quiénes son los solicitantes y quiénes los oferentes?, ¿cuáles son algunos ejemplos de la forma en que los cambios en las condiciones de la demanda y la oferta han afectado este mercado?

PROBLEMAS Y EJERCICIOS

12. *Demanda fluctuante* Utilice las curvas de demanda y oferta y muestre el efecto de cada uno de los siguientes hechos sobre el mercado de cigarrillos:

 (a) Se encuentra un remedio para el cáncer pulmonar.
 (b) Aumenta el precio de los cigarrillos.
 (c) Se incrementan considerablemente los salarios en los estados donde se cosecha el tabaco.
 (d) Se descubre un fertilizante que mejora el rendimiento por acre del tabaco.
 (e) Hay un aumento sustancial en el precio de los cerillos y el gas para encendedores.
 (f) Más estados promulgan leyes que restringen fumar en lugares públicos.

13. *Sustitutos y complementos* Para cada uno de los siguientes pares, determine si los artículos son sustitutos, complementarios o si no guardan ninguna relación:

 (a) Mantequilla de cacahuate y mermelada.
 (b) Transportes públicos y privados.
 (c) Coca Cola y Pepsi.
 (d) Relojes despertadores y automóviles.
 (e) Palos y pelotas de golf.

14. *Equilibrio* "Si un precio no es de equilibrio, existe una tendencia para que se mueva a su valor de equilibrio. Independientemente de que el precio sea demasiado alto o bajo para comenzar, el proceso de ajuste aumentará la cantidad comprada del artículo." Explique esta afirmación utilizando un diagrama de oferta y demanda.

15. *Equilibrio* Supongamos que en la figura 12 se muestra el mercado de maíz. Termine la tabla y encuentre el precio de equilibrio.

16. *Equilibrio del mercado* Determine si cada una de las siguientes declaraciones es verdadera, falsa o incierta. Argumente su respuesta.

 (a) En equilibrio, todos los vendedores pueden encontrar compradores.
 (b) En equilibrio, no hay presión que obligue al mercado para producir o consumir más de lo que se está vendiendo.
 (c) Cuando los precios están por arriba del equilibrio, la cantidad vendida excede la cantidad demandada.
 (d) A precios por abajo del equilibrio, la cantidad vendida es igual a la cantidad ofrecida.

17. *Oferta y demanda* ¿Cómo cree usted que cada uno de los siguientes hechos podría afectar el precio mundial del petróleo? (Use el análisis básico de oferta y demanda.)

 (a) Se ofrecen incentivos fiscales por la compra e instalación de aislantes en los hogares.
 (b) Se termina el oleoducto en Alaska.
 (c) Se elimina el tope en el precio del petróleo.
 (d) Se descubre petróleo en México y el Mar del Norte.
 (e) Se popularizan los vehículos deportivos utilitarios y las minivans.
 (f) Disminuye el uso de energía nuclear.

18. *Demanda y oferta* ¿Qué le sucede al precio y a la cantidad de equilibrio de los helados en respuesta a cada una de las siguientes situaciones?

 (a) Aumenta el precio del forraje para las vacas de granjas lecheras.
 (b) Baja el precio de la carne de res.
 (c) Surgen preocupaciones por el contenido de grasa de los helados. Al mismo tiempo, se incrementa el precio del azúcar que se utiliza para elaborarlos.

FIGURA 12

Precio por bushel	Cantidad solicitada (millones de bushels)	Cantidad ofrecida (millones de bushels)	Excedente/ Faltante	¿Subirá o bajará el precio?
$1.80	320	200		
2.00	300	230		
2.20	270	270		
2.40	230	300		
2.60	200	330		
$2.80	180	350		

19. *Equilibrio* Considere la siguiente gráfica en que la oferta y la demanda son al principio *D* y *O*, respectivamente. ¿Cuáles son el precio y la cantidad de equilibrio? Si la demanda se incrementa a *D'*, ¿cuáles son ahora el precio y la cantidad de equilibrio? ¿Qué sucede si el gobierno no permite que el precio cambie cuando se incrementa la demanda?

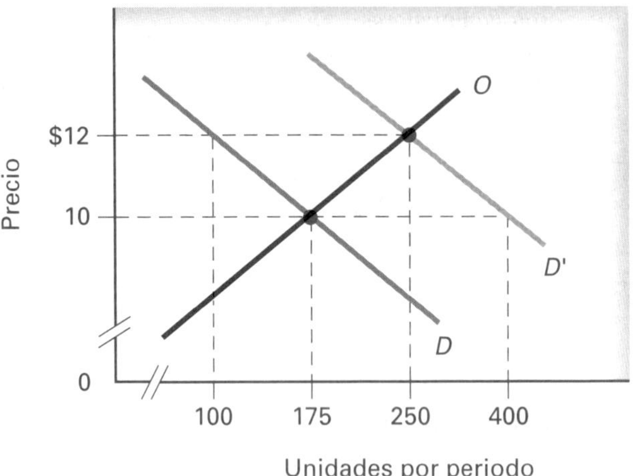

Cambios en el equilibrio ¿Cuáles son los efectos sobre el precio de equilibrio y la cantidad de acero si los salarios de los trabajadores siderúrgicos aumentan y simultáneamente se incrementa el precio del aluminio?

21. *Precio piso* Hay un interés considerable en determinar si el salario mínimo contribuye al desempleo de los adolescentes. Diseñe un diagrama de oferta y demanda para el mercado de trabajo no calificado y analice los efectos de un salario mínimo. ¿A quién se ayuda y a quién se perjudica con el salario mínimo?

22. *Precio techo* Considere las curvas de oferta y demanda de forma típica para representar las unidades de vivienda arrendada. Tome en cuenta que el mercado de renta de viviendas está en equilibrio; poco después el gobierno establece un tope de rentas que está por debajo del nivel de equilibrio.

    (a) ¿Qué sucede con la cantidad de vivienda consumida?

    (b) Quién gana con el control de rentas?

    (c) ¿Quién pierde con el control de rentas?

23. ***Caso de* estudio:** *El negocio de juguetes no es un juego de niños.* Utilice una gráfica de oferta y demanda para describir el desarrollo en el mercado de los juguetes Mighty Morphin Power Rangers. Considere la escasez al precio de venta de $13, la instalación de nuevas fábricas y la escasez constante.

CASOS PRÁCTICOS

24. *Demanda en el mercado* Junto con sus compañeros de clase, determine la demanda de gasolina en su mercado. Elabore un cuadro en donde enliste los diversos precios por galón de gasolina: $1.00, $1.25, $1.50, $1.75, $2.00 y $2.25. Pregunte a cada compañero, y a usted mismo, cuántos galones comprarían *semanalmente* a cada precio posible. Después:

    (a) Trace la curva de demanda de cada compañero. Verifique si las respuestas de cada uno son consistentes con la ley de la demanda.

    (b) Derive la curva de demanda "del mercado" sumando las cantidades solicitadas por *todos* los estudiantes a cada precio posible.

    (c) ¿Qué cree usted que sucederá con la curva de la demanda del mercado después de que su clase se gradúe y aumenten sus ingresos?

25. *Precios piso* El salario mínimo es el nivel mínimo en un mercado de trabajo. El gobierno fija un salario por hora en ciertos mercados y no se permite que ningún patrón pague un salario inferior a ése. Consulte la página electrónica del Departamento de Trabajo para aprender más sobre la mecánica de este programa: http://www. dol.gov/dol/esa/public/ minwage/main.htm. Posteriormente, utilice un diagrama de demanda y oferta para ilustrar el efecto de imponer un salario mínimo por arriba del equilibrio en un mercado específico de trabajo. ¿Qué sucede con la cantidad solicitada y la cantidad ofrecida como resultado del salario mínimo?

Los actores económicos: familias, empresas, gobierno y el resto del mundo

CAPÍTULO

4

Si es verdad que vivimos en la era de la especialización, ¿por qué los especialistas no se han hecho cargo de toda la producción?, es decir, ¿por qué la mayoría de nosotros todavía lavamos nuestra ropa y desempeñamos muchas otras tareas por nosotros mismos?, ¿en qué sentido se ha trasladado la producción familiar a la empresa y se ha vuelto una vez más un asunto familiar? Si la "mano invisible" de los mercados competitivos es realmente un buen distribuidor de los recursos, entonces ¿por qué interviene el gobierno? Éstas y otras interrogantes se responden en este capítulo, en el cual se analizan las cuatro clases de actores económicos: familias, empresas, gobiernos y el resto del mundo.

Para facilitar el entendimiento de cómo funciona la economía, usted debe conocer más acerca de los factores que la conforman. Sin embargo, podemos garantizarle que de alguna forma usted está relacionado con estos temas porque creció dentro de una familia, ha hecho tratos con empresas tales como tiendas departamentales, restaurantes y servicios de distribución; conoce bastante sobre la actuación del gobierno, desde las regulaciones del pago de impuestos hasta la calidad de la educación pública. Cuenta con un mayor entendimiento del resto del mundo, desde los viajes al extranjero hasta el funcionamiento de las páginas electrónicas.

En este capítulo usted hará uso de su vasta experiencia para entender la estructura, organización y objetivos de los actores económicos. Los temas que se tratan en este capítulo incluyen:

- Evolución de la familia
- Evolución de la empresa
- Producción familiar *versus* producción empresarial
- Gasto público e impuestos
- Comercio internacional y finanzas
- Restricciones comerciales

LA FAMILIA

Las familias tienen el papel estelar dentro de la economía de mercado. Primero, ellas demandan bienes y servicios en los mercados de productos y determinan qué se producirá. Segundo, las familias ofrecen tierra, trabajo, capital y habilidad empresarial, factores que permiten obtener esa producción. Como demandantes de bienes y servicios y oferentes de recursos, las familias hacen todo tipo de elecciones, tales como qué comprar, cuánto ahorrar, dónde vivir y dónde trabajar. Aunque una familia generalmente está integrada por varios individuos, se considera que cada una actúa como una sola persona que toma decisiones; por esta razón, denominaremos como el *jefe de familia* a aquel que toma las decisiones.

Evolución de la familia

Tiempo atrás, cuando la economía era principalmente agrícola, un jefe de familia agricultor era autosuficiente. Los miembros de una familia se especializaban en tareas específicas: fabricación de muebles, confección de ropa, atención del ganado, etc. Estas familias producían lo que consumían y consumían lo que producían. Con la aparición de nuevas variedades de semillas, fertilizantes y maquinaria que permitía ahorrar mano de obra, la productividad agrícola se incrementó considerablemente. Se necesitaban menos agricultores para producir suficiente alimento para alimentar a una nación. Del mismo modo, el crecimiento de las empresas urbanas incrementó la demanda de mano de obra industrial. Como resultado, la gente se desplazó del campo a la ciudad, en donde se hicieron mucho menos autosuficientes.

Las familias han evolucionado de muchas formas. Por ejemplo, en 1950 solamente 15% de las mujeres casadas con hijos menores de 18 años pertenecían a la fuerza laboral en Estados Unidos. Desde entonces, los altos niveles de educación entre las mujeres casadas y la creciente demanda de mano de obra incrementaron los ingresos de las mujeres, lo cual ayudó a mejorar su costo de oportunidad de trabajar en casa. Es probable que este creciente costo de oportunidad haya contribuido a su mayor participación en la creciente fuerza de trabajo.[1] Hoy en día, más de la mitad de las mujeres casadas con niños pequeños forman parte de la fuerza laboral.

El incremento en los sueldos que obtienen los dos pilares de la familia ha causado un serio daño en su concepción de unidad económica. Hay menor producción en el hogar y se demandan más bienes y servicios en el mercado. Por ejemplo, los servicios de guardería y los restaurantes de comida rápida han desplazado, en parte, a la

[1] La profesora Claudia Goldin, historiadora de economía en Harvard, señala que los aumentos en los salarios, el crecimiento en el número de empleos de oficina y la reducción de la semana laboral, incrementó el porcentaje de mujeres dentro de la fuerza laboral. Consulte su libro *Understanding the Gender Gap: An Economic History of American Women*, Nueva York, Oxford University Press, 1990.

producción de la familia. La mayor parte de las personas hacen, por lo menos, una comida diaria fuera de su hogar. Por esta razón, el aumento en el número de los miembros de la familia que trabajan ha desplazado al jefe de familia como la figura central de la familia agrícola. Sin embargo, como comprobaremos más adelante, podemos decir que todavía existe alguna producción en el hogar.

Las familias maximizan la utilidad

Existen aproximadamente 100 millones de familias en Estados Unidos. Consideramos como una familia a todas las personas que viven bajo el mismo techo. ¿Qué pretenden obtener los jefes de familia cuando toman cierto tipo de decisiones? Los economistas suponen que la gente intenta maximizar su nivel de satisfacción, el sentirse bien o conseguir un bienestar total. En síntesis, podemos decir que los jefes de familia intentan maximizar la **utilidad** de la familia. Como el resto de los actores económicos, las familias consideran a los jefes de familia como responsables de tomar decisiones racionales. Esto significa que tratan de actuar para obtener el mejor interés de la familia y no seleccionarían una opción deliberada que los empeorara. La maximización de la utilidad depende de los fines subjetivos de cada familia y no de algunos objetivos estándar. La subjetividad de la utilidad permite un amplio rango del comportamiento, todos congruentes con la maximización de la utilidad. Por ejemplo, algunas familias mantienen un hogar limpio con un jardín bien cuidado; otros no ponen atención a sus hogares y usan el jardín como basureros.

Utilidad Se refiere a la satisfacción que se recibe al consumir un bien o servicio.

Las familias como oferentes de recursos

Los jefes de familia usan sus recursos limitados: trabajo, capital, tierra y habilidad empresarial en un intento por satisfacer sus necesidades ilimitadas. Pueden utilizarlos para producir bienes y servicios en sus hogares. Por ejemplo, pueden preparar su comida, podar el césped y arreglar la llave del agua que gotea; también pueden vender sus recursos en el mercado de recursos y utilizar ese ingreso para comprar bienes y servicios en el mercado de productos. El recurso más valioso de la mayoría de las familias es vender su trabajo.

El panel (a) de la figura 1 muestra las fuentes de ingresos personales percibidos por las familias estadounidenses en el 2000, cuando los ingresos personales sumaron $8 mil millones. Como puede verse, 64%, o casi las dos terceras partes, de los ingresos personales provinieron de salarios, sueldos y otros tipos de ingreso percibidos por el trabajo desempeñado. El segundo lugar lo ocupó el ingreso por intereses, 13% de los ingresos personales, seguidos por los ingresos de propietarios y pagos de transferencia (los cuales se analizarán muy pronto), empatados en 8%. Los *propietarios* son aquellas personas que trabajan para ellos mismos en lugar de trabajar para un patrón, como agricultores, plomeros y doctores; ellos son empleados por su cuenta. Solamente una pequeña fracción del ingreso personal proviene de rentas y dividendos. La mayoría del ingreso personal en Estados Unidos proviene de los pagos al trabajo, en lugar de la propiedad de otros recursos como capital o tierra.

Algunas familias tienen pocos recursos que vender debido a una educación deficiente, alguna discapacidad, discriminación o bien porque requieren de mucho tiempo para cuidar a los niños. La sociedad ha tomado la decisión política de que los individuos en esas circunstancias tienen derecho a algún tipo de asistencia pública. Como consecuencia, el gobierno hace **transferencias** a algunas familias que realmente están necesitadas, es decir, concesiones sin reservas del gobierno. Las *transferencias en efectivo* son pagos monetarios, tales como prestaciones de asistencia social, seguro social, compensación por desempleo y prestaciones por incapacidad. Transferencias *en especie*, como son cupones para comida, atención médica, etcétera.

Transferencias Beneficios en efectivo o en especie que el gobierno otorga a los individuos como concesión.

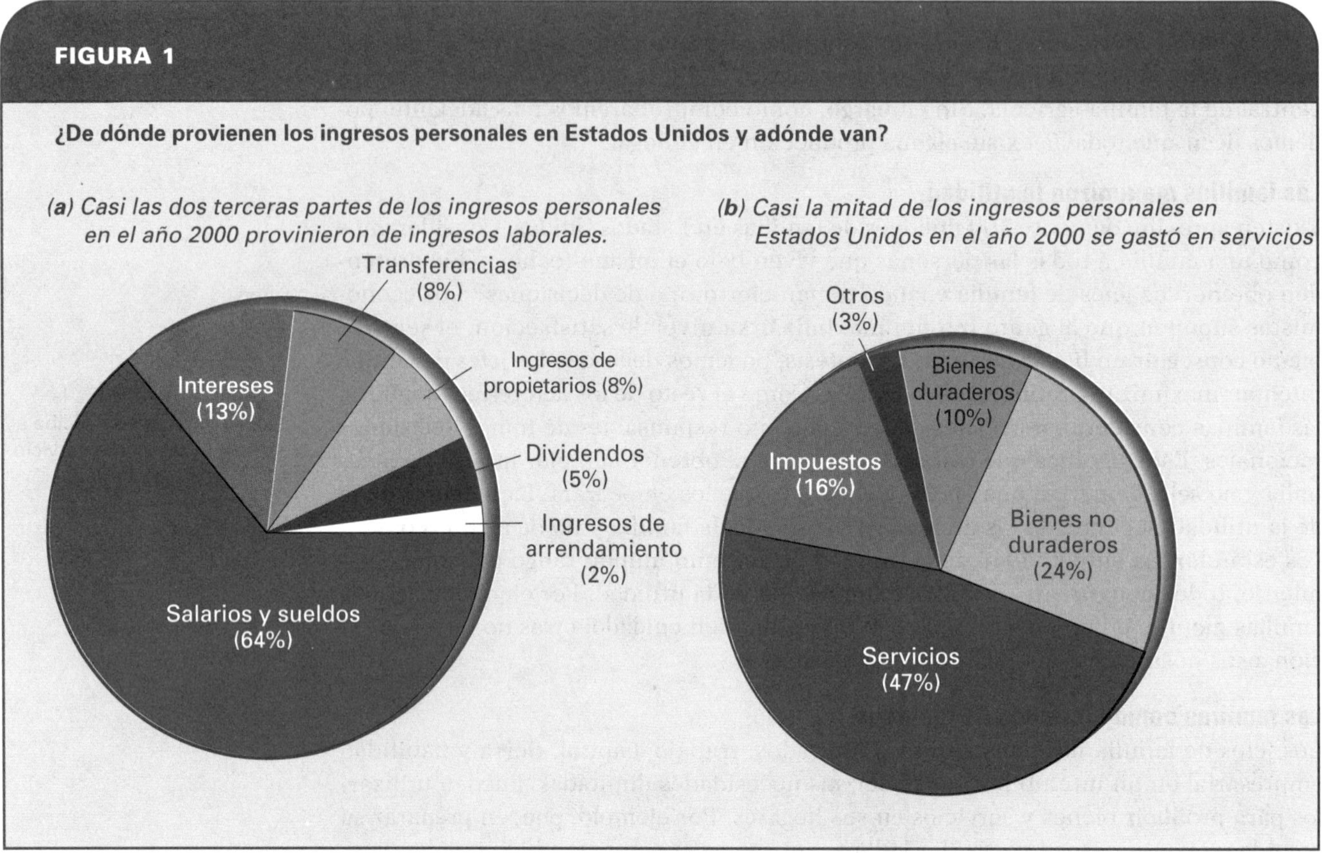

Fuente: Con base en cifras tomadas del *Reporte Económico del Presidente*, enero 2001, tablas B-1 y B-30. Para obtener información más reciente, visite el sitio http://w3.access.gpo.gov/eop.

Las familias como demandantes de bienes y servicios

¿Qué sucede con el ingreso personal una vez que entra a la familia? La mayor parte se dedica al consumo personal, el cual se desglosa en tres amplias categorías de gastos: (1) *bienes duraderos*, es decir, artículos que se espera que duren tres años o más, tales como automóviles y refrigeradores; (2) *bienes no duraderos*, como alimento, ropa y gasolina; y (3) *servicios*, tales como cortes de cabello, viajes en avión y atención médica. Tal y como lo muestra el panel (b) de la figura 1, los artículos duraderos en el 2000 constituyeron 10% de los ingresos personales en Estados Unidos; los artículos no duraderos, 24%; y los servicios, 47%. Los impuestos sumaron 16% y todas las demás categorías, incluyendo los ahorros, ascendieron a 3%. Esto quiere decir que casi la mitad de los ingresos personales se gastó en servicios, el cual es el sector que ha crecido más rápido ya que muchas de las actividades que originalmente realizaban las familias, como la preparación de la comida y el cuidado de los hijos, son ahora servicios que se adquieren en el mercado.

LA EMPRESA

En el pasado, los miembros de las familias construían sus propias casas, elaboraban su ropa, fabricaban sus muebles y cultivaban su comida y se divertían entre ellos. Sin embargo, a través del tiempo, la eficiencia que surge de las ventajas comparativas resultó en una gran especialización entre los oferentes de recursos. En esta sección analizaremos el papel de la empresa, comenzando con su evolución.

La evolución de la empresa

La especialización y la ventaja comparativa explican por qué las familias ya no son autosuficientes. Pero, ¿por qué es una empresa el resultado natural de ese fenómeno? Por ejemplo, en lugar de tejer un suéter de lana comenzando con una bola de estambre, ¿por qué ese consumidor no aprovechó la ventaja de la especialización y confió en una familia que obtuviera la lana, otra que la convirtiera en estambre y una tercera que tejiera el suéter? He aquí el problema con ese modelo: si el consumidor tuviera que visitar a cada uno de estos especialistas y llegar a un acuerdo con ellos, los *costos de transacción* resultantes podrían anular fácilmente las ganancias de la especialización. En lugar de visitar y regatear con cada especialista, el consumidor puede pagarle a alguien para que realice la negociación, por ejemplo a un empresario, el cual sea capaz de conseguir todos los recursos necesarios para conseguirla. *El empresario hace todas las negociaciones para producir muchos suéteres en lugar de uno solo y así poder reducir los costos de transacción por suéter.*

Durante más de 200 años, los empresarios que buscaban utilidades sólo "proporcionaban" la materia prima como lana y algodón a las familias rurales que podían convertirla en bienes terminados, tales como artículos tejidos de estambre de lana. Este sistema se desarrolló en Inglaterra, donde las cabañas de los trabajadores funcionaban como pequeñas fábricas. Este método de producción llegó a conocerse como el *sistema de la industria de la aldea*, mismo que aún existe en algunas partes del mundo. Cualquiera podría pensar que este sistema se encuentra entre la autosuficiencia doméstica y la empresa moderna.

Cuando en el siglo XVIII la economía británica se expandió, los empresarios empezaron a organizar las varias etapas de producción bajo un mismo techo. Los avances tecnológicos, como la energía hidráulica y posteriormente la de vapor, aumentaron la productividad por trabajador y contribuyeron al cambio del empleo de las áreas rurales a las fábricas urbanas. *Por tanto, el trabajo llegó a organizarse en grandes fábricas donde el poder se encontraba centralizado. Estos centros de producción (1) promovieron la eficiencia de la división del trabajo; (2) permitieron la supervisión directa de la producción; (3) redujeron los costos de transporte; y (4) fomentaron el uso de maquinaria más grande de la que se hubiera podido utilizar en casa.* El desarrollo y propagación de fábricas de producción a gran escala se conoce como la **Revolución Industrial**, la cual inició en Gran Bretaña alrededor de 1750 y se extendió al resto de Europa, América del Norte y Australia.

La Revolución Industrial Desarrollo en gran escala de la producción en fábricas, que comenzó en Gran Bretaña alrededor de 1750 y se extendió al resto de Europa, América del Norte y Australia.

La producción ha evolucionado desde la autosuficiencia de las familias rurales al sistema de la industria de la aldea, de donde surgió la especialización de la producción de las familias, hasta el actual sistema de producción masiva. Hoy en día, los empresarios combinan los recursos en empresas como fábricas, molinos, oficinas, tiendas y restaurantes. Las **empresas** son unidades económicas formadas por empresarios que buscan ganancias mediante la combinación de trabajo, capital y tierra para producir bienes y servicios. Así como suponemos que las familias tratan de maximizar su utilidad, suponemos que las empresas tratan de *maximizar sus ganancias*. La ganancia es la recompensa del empresario y equivale también, al ingreso total menos el costo total de producción.

Empresas Unidades económicas formadas por empresarios que buscan utilidades y que utilizan recursos para producir bienes servicios para su venta.

¿Por qué todavía existe la producción familiar?

¿Por qué algunas actividades domésticas como cocinar y limpiar son todavía realizadas por los miembros de la familia y no por empresas?, ¿por qué las empresas no se han hecho cargo de toda la producción? *Si el costo de oportunidad de una familia para realizar una tarea está por debajo del precio de mercado, ésta realizará la tarea.* Aquellos con un costo de oportunidad del tiempo más bajo, preferirán realizar más tareas. Por ejemplo, los conserjes generalmente cortan el pasto de su jardín, mientras que los médicos no. A continuación consideraremos algunas razones para la producción familiar.

No se necesitan recursos capacitados o especializados. Algunas de las actividades exigen muy poca destreza o recursos especializados, por lo que las familias encuentran más barato hacer el trabajo ellos mismos. Para barrer el piso se necesita solamente una escoba y algo de tiempo, y normalmente lo hacen los miembros de la familia. Sin embargo, lijar el piso implica tener maquinaria costosa y una capacitación especial, por lo que este servicio, por lo general, se contrata en el mercado. Tampoco contrataría a alguien para que le cepillara los dientes; sin embargo, el arreglo de un diente es otra cosa. *Con frecuencia, las familias hacen tareas que demandan ya sea poca destreza o maquinaria no especializada.*

La producción familiar evita impuestos. El gobierno cobra impuesto al ingreso, a las ventas y a otras transacciones del mercado. Suponga que está tratando de decidir si pinta su casa o contrata a un pintor. Si el impuesto al ingreso está tasado en un tercio, un pintor que necesita un ingreso de $2 000 netos, le cobrará $3 000 por realizar el trabajo ya que tendrá que pagar $1 000 de impuestos. Usted debe ganar $4 500 para que una vez descontado el impuesto, perciba $3 000 netos y así pagar el servicio que el pintor ofrece. Así que usted debe ganar $4 500 para que el pintor pueda tener $2 000 netos. Si usted mismo pinta su casa, no paga impuestos. *El hecho de no pagar impuestos por la actividad de hágalo usted mismo, favorece la producción familiar y reduce las compras en el mercado.*

La producción familiar reduce costos de transacción. Conseguir presupuestos, emplear a un contratista, negociar los términos de un contrato y monitorear el avance de un trabajo son actividades que toman tiempo y exigen información. En cambio, si realiza el trabajo usted mismo consigue reducir los *costos de transacción*. La producción familiar también permite un mayor control del producto final que está disponible en el mercado de transacción. Por ejemplo, algunas personas prefieren la comida preparada en casa que la que se vende en el restaurante, en parte porque la comida casera puede cocinarse según el gusto de cada uno.

Los avances tecnológicos aumentan la productividad de la familia. Los avances tecnológicos no están confinados al mercado de la producción. Las aspiradoras, lavaplatos, hornos de microondas y otros modernos artículos para el hogar reducen el tiempo y, frecuentemente, la destreza necesaria para hacer las tareas domésticas. Asimismo, las novedades tecnológicas como los estéreos o DVD, la televisión por cable y los juegos electrónicos promueven la diversión doméstica. De hecho, la tecnología de los microchips ha contribuido a regresar al hogar la producción que alguna vez perteneció a la empresa. En el siguiente caso de estudio analizamos este intercambio.

Caso de **estudio**

La economía de la información

*e*Actividad

Los economistas han comenzado a estudiar las consecuencias económicas de la oficina virtual y otros fenómenos relacionados. Visite los sitios Yahoo! (http://www.yahoo.com/) y Excite (http://www.excite.com/), y busque las palabras *virtual* y *economics*. Analice lo que encontrará.

LA CABAÑA ELECTRÓNICA

La Revolución Industrial cambió la producción de la aldea rural a las grandes fábricas urbanas. La **revolución de la información**, generada por la invención del microchip, está descentralizando la adquisición, el análisis y la transmisión de información. Actualmente las personas que dicen trabajar en una oficina en casa generalmente no se refieren a un corporativo, sino a una recámara que tienen libre. De acuerdo con una encuesta reciente, en la última década el número de teletrabajadores aumentó de 4 a 24 millones. El creciente número de conexiones electrónicas y por internet está fomentando esta tendencia, así como el empeoramiento del tránsito en las grandes ciudades. Por ejemplo, casi la mitad del personal de oficina de AT&T trabaja, al menos una buena parte del horario laboral, desde su casa.

Desde su hogar, las personas pueden redactar un documento con sus colaboradores que tienen su residencia en muchas partes del mundo y luego analizar el proyecto conectados a internet en un tiempo real o bien, tener una videoconferencia. McDonald's ahorra millones en costos de viajes mediante el uso de videoconferencias. Recientemente, ha surgido toda una industria para dar servicio a los que trabajan en casa: revistas, boletines, páginas en la web, incluso conferencias nacionales. El software permite a miles de empleados compartir archivos electrónicos. Cuando Accenture cambió su sede de Boston a un suburbio, la compañía se deshizo de 120 toneladas de papel, reemplazándolas con una enorme base de datos accesible en cualquier momento desde cualquier lugar del mundo.

De hecho, una oficina ya no tiene que ser un lugar específico. La tecnología de los chips permite que algunas personas trabajen ahora en una *oficina virtual*, la cual no tiene una ubicación permanente. Con los teléfonos celulares y otros dispositivos electrónicos, la gente puede realizar sus negocios en el camino, literalmente "sobre ruedas". Los contadores que trabajan en Ernst & Young pasan la mayor parte de su tiempo en el campo. Al regresar a la matriz de la empresa, llaman por teléfono con unas horas de anticipación para reservar una oficina. Algunas compañías no tienen una dirección específica. Durante sus primeros dos años, los empleados de Valent Software estaban esparcidos alrededor del país, el jefe ejecutivo estaba en Massachusetts, el presidente en Utah, algunos ingenieros en Ohio y el resto dispersos en todo el mundo.

La tecnología del chip está descentralizando el mundo del trabajo, desplazándolo de un centro específico a un hogar o bien, a ningún lugar en particular. En términos generales, el comercio electrónico ha reducido los costos de transacción de elaborar un producto, ya se trate de un reporte sobre el mercado, de autoría conjunta de investigadores ubicados alrededor del mundo, o de un nuevo sistema de computación montado con piezas solicitadas por internet.

Fuentes: Jonathan Glater, "Telecommuting's Big Experiment", *The New York Times*, 9 de mayo 2001; Scott Rice, "The On-Line Commute", *The New York Times*, 2 de septiembre 2000; y Dagmar Aalund, "Some Rules for Managing Your Home Office", *The Wall Street Journal*, 1 de junio 2001. Para una exposición de la oficina virtual, acuda a http://www.office.com/.

¿Cuál es la importancia de la siguiente declaración en The Wall Street Journal*?: "El surgimiento de las fábricas expulsó el trabajo de los hogares y ahora hemos redescubierto cómo trabajar y vivir en los mismos lugares".*

Revolución de la información Es el desarrollo generado por la invención del microchip en la última mitad del siglo XX y está basado en la adquisición, análisis y transmisión de información.

Tipos de empresas

Existen alrededor de 25 millones de negocios en Estados Unidos. Dos tercios de ellos son pequeños negocios de ventas al menudeo, operaciones de pequeños servicios, negocios de tiempo parcial en los hogares y pequeños agricultores. Cada año surgen aproximadamente un millón de nuevos negocios y la mayoría fracasa. Los empresarios organizan a las empresas en uno de estos tres tipos: como propiedad individual, con socios, o como corporación. Examinemos las ventajas y desventajas de cada uno de ellos.

Propiedad individual. El tipo más simple de la organización de un negocio es el de una **propiedad individual**, es decir, una empresa de un solo propietario. Ejemplos de este tipo de propietarios son los plomeros que trabajan por su cuenta, los granjeros y los dentistas. El propietario tiene el control total, pero también tiene una *responsabilidad ilimitada* y enfrenta la posibilidad de perder todo su capital, incluyendo su casa y otros bienes para liquidar las deudas que el negocio genere. Finalmente, una desventaja de los negocios de un solo propietario es que, por lo general, el negocio desaparece al morir el propietario; sin embargo, sigue siendo el tipo más común de organización de negocios en ese país y representa, según investigaciones más recientes, 73% de todos los negocios en Estados Unidos. Por otro lado, debido a que este tipo de negocios es generalmente pequeño, los propietarios generan sólo una pequeña parte del total de las ventas de los negocios en Estados Unidos, sólo el 5%.

Propiedad individual Es la empresa que tiene sólo un dueño, el cual tiene derecho a todas las utilidades y asume la responsabilidad ilimitada de saldar las deudas de la empresa.

Sociedades. Un tipo más complicado de organización de negocios es la **sociedad**, la cual incluye dos o más individuos que aceptan aportar recursos para el negocio a cambio de una parte de las ganancias o pérdidas. Despachos jurídicos, contables y sociedades médicas tipi-

Sociedad Es la empresa con múltiples dueños que comparten las utilidades y cada uno de ellos tiene responsabilidades ilimitadas de las deudas de la empresa.

fican este tipo de negocios. Los socios tienen fortaleza numérica y con frecuencia es más fácil para ellos que para el único dueño reunir los fondos suficientes para que funcione. Sin embargo, tal vez los socios no siempre estén de acuerdo. Con frecuencia también cada uno de los socios puede enfrentar responsabilidades ilimitadas para todas sus deudas y demandas contra la sociedad, y uno de los socios podría perder todo por los errores de otros. Finalmente, la muerte o salida de uno de los socios puede alterar la continuidad de la empresa y una reorganización completa sería necesaria. La sociedad es el tipo menos común de las formas de organización de los negocios en Estados Unidos; cuentan con sólo 7% de todas las empresas y las ventas representan el 7% del total de transacciones.

Corporación Entidad legal en la que los dueños son accionistas con responsabilidad limitada al valor de sus acciones.

Corporaciones. Por mucho, el tipo más importante de organización del negocio es la corporación. La **corporación** es una entidad legal establecida mediante los artículos de incorporación. Los dueños de la corporación emiten acciones que les permiten participar en el reparto de utilidades de manera proporcional a las acciones que poseen. Una ventaja importante del tipo de corporación es que muchos individuos, sino es que cientos, miles e incluso millones pueden reunir su dinero; por esta razón, la incorporación representa la manera más fácil de reunir grandes sumas de dinero para financiar la empresa. Asimismo, los accionistas tienen *responsabilidades limitadas*, lo que significa que las responsabilidades de cualquier pérdida son limitadas al valor de sus acciones. Finalmente, una ventaja de este tipo de organización es que la corporación tiene una vida ajena y separada de los dueños. La corporación continúa existiendo aun si cambia de dueños, y puede ser gravada o demandada como si fuera una persona.

La modalidad de la corporación tiene también desventajas. La habilidad de los accionistas para influir en las políticas de la corporación está limitada para votar por el consejo de administración, el cual supervisa la operación de la empresa. Generalmente, cada acción tiene un voto; el accionista típico de una gran corporación posee sólo una pequeñísima parte de las acciones y tiene poco que decir. Mientras que el ingreso de las empresas de propiedad individual y sociedad pagan impuestos una sola vez, el ingreso de las corporaciones se grava dos veces: primero como utilidades de la corporación y segundo como ingreso de los accionistas, ya sea como dividendos de la corporación o como aumentos de capital realizados. Un *aumento de capital realizado* es cualquier incremento en el valor de mercado de las acciones que ocurre entre el tiempo que se compró la acción y el tiempo en que se vendió.

Se ha desarrollado un tipo de corporación híbrida para aprovechar la característica de la estructura de responsabilidad limitada, la cual reduce el impacto del doble gravamen. La *corporación S* asigna a los dueños una responsabilidad limitada, pero las utilidades de la corporación son gravadas una sola vez como ingreso en cada una de las declaraciones de impuestos de los accionistas. Para calificar como una corporación *S*, la empresa no debe tener más de 75 accionistas ni registrar extranjeros o accionistas corporativos.

Las corporaciones representan sólo 20% de todos los negocios de Estados Unidos; sin embargo, debido a que tienden a ser más grandes que los otros dos tipos de empresas, las ventas de las corporaciones representan 88% de todas las ventas de los negocios. La figura 2 muestra los porcentajes por tipo de empresa de Estados Unidos y el porcentaje por tipo de ventas totales. *El propietario individual es la forma más importante en términos del número total de empresas, pero la corporación es el más importante en términos de ventas totales.*

Instituciones no lucrativas

Hasta aquí hemos considerado empresas que maximizan ganancias. Algunas instituciones no lucrativas como museos, compañías de ballet, hospitales de beneficencia, la Cruz Roja, el Ejército de Salvación, iglesias, sinagogas, mezquitas y quizá la escuela a la que asiste son organizaciones privadas que no tienen como objetivo explícito obtener utilidades. No obstante, las instituciones no lucrativas deben de alguna manera pagar los recursos que emplean. Las fuentes de ingresos usualmente incluyen alguna

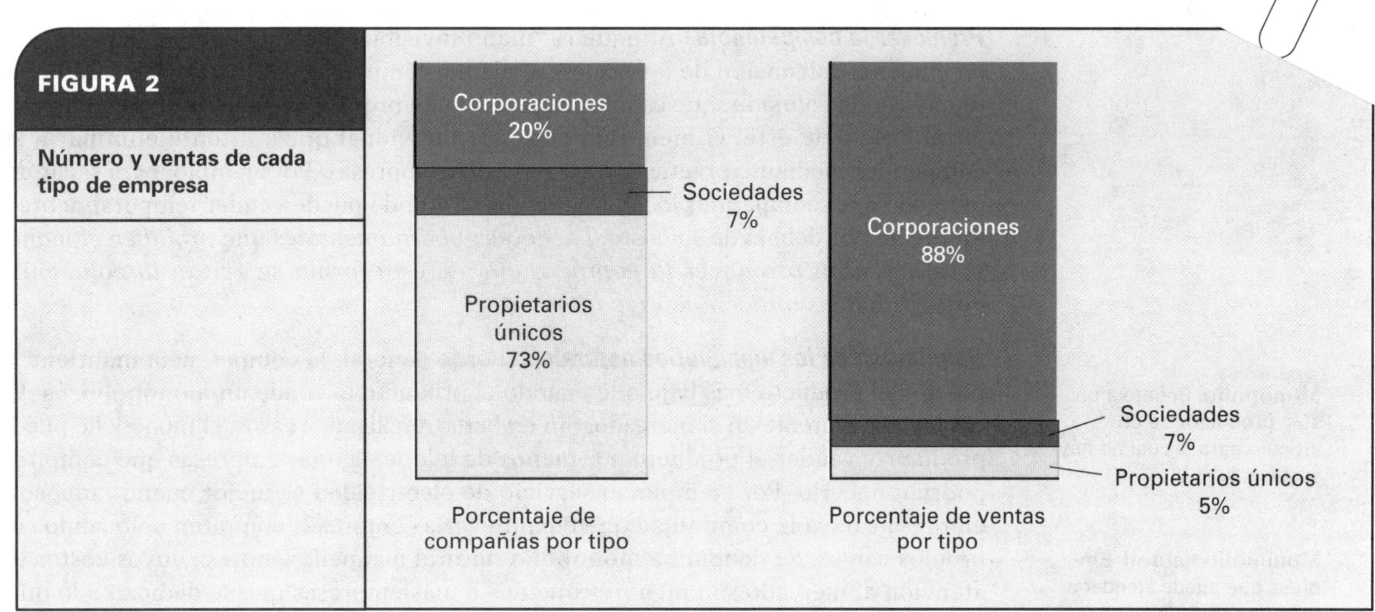

Fuente: Oficina del Censo de Estados Unidos, *Statistical Abstract of the United States, 2001.* Consulte su sitio en internet en http://www.census.gov/prod/statistical-abstract-us.html

combinación de contribuciones voluntarias y cargos por sus servicios, como las inscripciones de los colegios y las cuentas del hospital. Aunque existen millones de instituciones no lucrativas, cuando se habla de *empresas* en este libro se hace referencia a empresas que buscan obtener utilidades.

EL GOBIERNO

Es muy probable que considere que la producción de las empresas y familias podría satisfacer todas las demandas del consumidor; entonces, ¿por qué otra institución económica debe intervenir?

El papel del gobierno

Algunas veces las operaciones de los mercados sin restricciones tienen malos resultados. Esta situación podría deberse a la producción excesiva de algunos bienes o bien, la baja producción de otros. En esta sección consideraremos las fuentes de las **fallas del mercado** y cómo el bienestar de la sociedad podría, en algunos casos, mejorar con la intervención del gobierno.

Fallas del mercado
Situación que se da cuando no hay restricciones en las operaciones del mercado y conllevan a resultados indeseables para la sociedad.

Establecer y cumplir las reglas del juego. La eficiencia del mercado depende de personas como usted, que voluntariamente emplea sus recursos para maximizar sus utilidades. ¿Qué sucedería si en el camino a su casa le robaran su quincena o que el patrón le dijera que no le va a pagar después de dos semanas? ¿Por qué preocuparse por trabajar? El sistema del mercado privado se desmoronaría si usted no pudiera salvaguardar su propiedad privada o que no pudiera cumplir con los contratos. El gobierno cumple su papel al *salvaguardar la propiedad privada* mediante la protección policiaca y al *hacer cumplir los contratos* por medio del sistema judicial. En términos más generales, los gobiernos intentan garantizar que los participantes en el mercado jueguen limpio y respeten las "reglas del juego". Estas reglas se establecen por medio de leyes y también por medio de las costumbres y acuerdos del mercado.

Promover la competencia. Aunque la "mano invisible" de la competencia promueve la eficiente asignación de los recursos, algunas empresas intentan evitar la competencia con la *colusión*, que es un arreglo entre empresas para dividir el mercado o fijar el precio de éste. O bien, una empresa individual quizá intente eliminar a su competidor mediante prácticas desleales entre empresas. Por ejemplo, para sacar del mercado a un competidor local, una empresa grande puede vender temporalmente a un precio por debajo de su costo. *Las leyes gubernamentales que prohíben el monopolio intentan promover la competencia, de esta forma se evitan la colusión y otras prácticas anticompetitivas.*

Monopolio Refiere a un solo productor de un artículo para el cual no hay sustitutos.

Monopolio natural Empresa que puede atender a todo un mercado y que ofrece un precio más bajo por unidad al que pueden vender dos o más empresas.

Regulación de los monopolios naturales. Por lo general, la competencia mantiene el precio del producto más bajo que cuando el producto lo vende un **monopolio**, es decir, un solo oferente en el mercado. Sin embargo, en algunos casos, el monopolio puede producir y vender el producto por menos de lo que algunas empresas que compiten podrían hacerlo. Por ejemplo, el servicio de electricidad es mejor cuando una sola empresa cablea la comunidad que cuando varias empresas compiten colocando sus propios cables. Se denomina **monopolio natural** a aquella empresa cuyos costos de atención al mercado son menores que dos o más empresas que se dedican a lo mismo. Debido a que un monopolio natural no se enfrenta a ninguna competencia, éste maximiza las utilidades cobrando un precio mayor que el óptimo, desde el punto de vista de la sociedad. Por eso, generalmente, el gobierno regula al monopolio natural y lo obliga a reducir el precio.

Bien público Bien que, una vez producido, está disponible para el consumo de todos, sin considerar quién paga y quién no.

Proveer bienes públicos. Hasta ahora hemos analizado los bienes privados que tienen dos características importantes. La primera es que los bienes privados son *rivales* en el consumo, lo que significa que la cantidad consumida por una persona no está disponible para el consumo de otras. Por ejemplo, cuando usted y algunos de sus amigos comparten una pizza, cada rebanada que ellos consumen es una rebanada menos para usted. La segunda es que el oferente del bien privado puede excluir con facilidad a aquellos que no le pagan. Sólo los que pagan comen pizza. Por esta misma razón, los bienes privados también tienen la característica de *exclusión*. En cambio, los **bienes públicos**, como la reducción del terrorismo, la provisión de la defensa nacional y la administración de un sistema de justicia *no rivalizan* en el consumo. El beneficio que obtiene una persona de este bien no reduce la cantidad disponible para otras. Es más, una vez que se han producido los bienes públicos, están disponibles para todos. Los oferentes no pueden prevenir fácilmente el consumo de aquellos que no pueden pagarlos. Por ejemplo, la reducción del terrorismo es *no excluyente*, beneficia a toda la comunidad sin considerar quién paga y quién no. Debido a que los bienes públicos *no son rivales ni tampoco excluyentes*, las empresas privadas normalmente no los pueden ofrecer de manera redituable. Sin embargo, el gobierno tiene la autoridad de cobrar impuestos por los bienes públicos.

Externalidad Costo o beneficio que recae en una tercera persona y por tanto, no es considerado por las dos partes que realizan transacciones en el mercado.

Cómo tratar con externalidades. Los precios del mercado reflejan los costos *privados* y los beneficios de los productores y consumidores. Pero algunas veces la producción o el consumo impone costos o beneficios a terceras personas que no son ni oferentes ni demandantes en el mercado de transacciones. En el caso de una fábrica de papel, ésta contamina el aire que se respira en una comunidad, pero el precio del papel se determina en el mercado privado y no refleja los costos de la contaminación. Debido a que estos costos están fuera o *externos* al mercado de la actividad, se les conoce como *externalidades*. Una **externalidad** es un costo o beneficio que recae en terceras personas y consecuentemente, ignora a las otras dos partes que realizan transacciones en el mercado. Una *externalidad negativa* impone a terceras personas un costo externo, como la contaminación de una fábrica o las emisiones contaminantes de los autos. Una *externalidad positiva* proporciona a una tercera persona un beneficio externo, como el hecho de manejar con cuidado o arreglar su casa.

Debido a que los precios del mercado no reflejan las externalidades, con frecuencia los gobiernos utilizan impuestos, subsidios y disposiciones para desalentar externalidades negativas y alentar externalidades positivas. Por ejemplo, como la educación genera externalidades positivas (las personas instruidas pueden leer las señales en los caminos y es menos probable que incurran en delitos), los gobiernos procuran estimular la educación con escuelas públicas gratuitas, enseñanza superior subsidiada y legislaciones que establezcan una permanencia en la escuela hasta alcanzar una edad determinada.

Distribución más equitativa del ingreso. Como se mencionó, algunas personas tal vez no puedan ganar lo suficiente para mantenerse ellos mismos y a sus familias debido a la falta de educación profesional, discapacidad física o mental, o quizá por la necesidad de cuidar a los hijos en casa. Ya que el mercado de recursos no garantiza a cada familia un mínimo nivel de ingreso, los pagos de transferencia reflejan el intento de la sociedad por proveer un estándar básico de vida a todas las familias. Casi todos los ciudadanos están de acuerdo en que el gobierno debe redistribuir ingresos a los pobres. Note la naturaleza normativa de este enunciado. Las diferencias de opinión surgen cuando debe decidirse cuánto se va a redistribuir, la forma en que debe hacerse, quiénes deben ser los beneficiados y la duración de esta ayuda.

Pleno empleo, estabilidad de precio y crecimiento económico. Quizá la responsabilidad más importante del gobierno es fomentar una economía saludable, la cual sea capaz de beneficiar a casi todos. El gobierno, mediante su poder de gravar, gastar y controlar la oferta monetaria, intenta promover el pleno empleo, la estabilidad de los precios y una adecuada tasa de crecimiento de la economía. La búsqueda de estos objetivos por parte del gobierno mediante gravámenes y gasto se conoce como **política fiscal**, y a la reglamentación de la oferta monetaria se le conoce como **política monetaria**. Estas políticas se comentan en el estudio de macroeconomía.

NetBookmark

El Reporte económico anual del Presidente de Estados Unidos (*The Economic Report of the President*) es una fuente valiosísima de información sobre la política económica actual. También contiene registros muy útiles. Lo puede consultar en http://w3.access. gpo. go-v/eop.

Política fiscal El uso del gasto público, transferencias, impuestos y endeudamiento para influir en la actividad económica agregada, tales como la inflación, el empleo y el crecimiento económico.

Política monetaria Regularización de la oferta monetaria para influir en la actividad económica agregada, tales como la inflación, el empleo y el crecimiento económico.

Estructura del gobierno y sus objetivos

Estados Unidos tiene un *gobierno de sistema federal*; esto significa que las responsabilidades se comparten entre los niveles del gobierno. El gobierno de los estados concede algunos poderes al gobierno local y confiere algunos poderes al gobierno nacional o federal. Como el sistema ha evolucionado, el gobierno federal ha asumido la responsabilidad primordial de la seguridad nacional y la estabilidad de la economía. Los gobiernos de los estados inauguran escuelas de educación superior, cárceles y con la ayuda del gobierno federal, carreteras; asimismo, brindan ayuda a los más necesitados. Las responsabilidades de los gobiernos locales incluyen la educación primaria y secundaria, así como el mantenimiento de los cuerpos policiacos y de bomberos. A continuación presentamos algunas características distintivas del gobierno.

Dificultades para definir los objetivos del gobierno. Suponemos que las familias tratan de maximizar su utilidad y que las empresas tratan de maximizar sus ganancias; pero, ¿qué podemos decir del gobierno? o más bien, ¿quiénes son los que toman las decisiones del gobierno?, ¿qué es lo que tratan de maximizar? Uno de los problemas para definir los objetivos del gobierno de Estados Unidos es que el sistema federal consiste no solamente en uno, sino en varios gobiernos: más de 87 000 jurisdicciones separadas en total. Asimismo, debido a que el gobierno federal depende de la compensación o del balance entre los poderes *ejecutivo, legislativo* y *judicial*, no actúa como un solo y consistente tomador de decisiones. Incluso dentro del poder ejecutivo federal existen muchas dependencias y oficinas que en ocasiones parece que trabajan con propósitos opuestos. Por ejemplo, al mismo tiempo que el Departamento de Cirugía General solicita que se promuevan las advertencias sobre los riesgos y consecuencias en la salud sobre el consumo de cigarros, el Departamento de Agricultura subsidia a los agricultores que se dedican a cultivar el tabaco. Dada esta maleza en las jurisdicciones, dependencias y oficinas de gobierno, una teoría útil del comportamiento del gobierno es que los funcionarios electos traten de *maximizar el número de votos* en las próximas elecciones. Asumimos entonces que los funcionarios elegidos tratan de maximizar votos. Bajo esta teoría, la maximización del voto guía las decisiones de los funcionarios electos que, a su vez, controlan a los empleados gubernamentales.

***Intercambio voluntario* versus *coerción*.** Los intercambios en el mercado dependen del comportamiento voluntario de los compradores y vendedores. Si a usted no le gusta el tofu, no hay ningún problema, no lo compre. Pero en el mercado político la situación es diferente. Bajo cualquier regla de voto, excepto en consenso unánime, habrá alguna coerción gubernamental. Las elecciones públicas las hará cumplir el poder judicial del estado. Aquellos que no pagan impuestos podrían ir a la cárcel aunque puedan objetar sobre algunos de los programas que sostienen la legalidad de esos impuestos.

Ausencia de los precios de mercado. Otra de las características distintivas del gobierno es que el precio de los productos públicos es generalmente cero o alguna otra cantidad por debajo de su costo. Si usted asiste a una universidad o a un colegio estatal, probablemente su inscripción cubre menos de la mitad del costo total de la educación que está recibiendo. Debido a que el lado de los ingresos del presupuesto gubernamental está, por lo general, separado del lado del gasto del presupuesto del gobierno, no hay un vínculo necesario entre el costo y el beneficio de un programa público. Sin embargo, en el sector privado, los beneficios marginales son por lo menos tan grandes como los costos marginales; de otra manera, no ocurriría el intercambio en el mercado.

Tamaño y crecimiento del gobierno de Estados Unidos

Una manera de rastrear el impacto del gobierno en el tiempo es midiendo los desembolsos del gobierno en relación con el *producto interno bruto* o *PIB*, el cual es el valor total de todos los bienes y servicios finales producidos en Estados Unidos. En 1929, año en que inició la Gran Depresión, el gasto del gobierno, en su mayoría por los gobiernos estatales o municipales, sumó aproximadamente 10% del PIB. En ese tiempo, el gobierno federal tenía un papel mínimo. De hecho, durante los primeros 150 años, el gasto público, excepto en tiempos de guerra, nunca fue mayor al 3% del PIB.

La Gran Depresión, la Segunda Guerra Mundial y un cambio en el pensamiento macroeconómico fomentó el papel del gobierno en la economía hasta alcanzar un tope de 35% del PIB en 1992. En el 2000, los desembolsos del gobierno se redujeron a 29% del PIB, de los cuales 18% correspondieron al gobierno federal y 11% a los gobiernos estatales y locales. En comparación, los gastos gubernamentales con relación al PIB en el 2000 fueron 38% en Japón, el Reino Unido y Canadá, 43% en Alemania, 47% en Italia y 51% en Francia. Los desembolsos de los gobiernos de las 24 economías industriales más grandes del mundo promediaron 36% del PIB en el 2000, bajando del 40% alcanzado en 1992.[2] Por tanto, los gastos gubernamentales en Estados Unidos representan una parte relativamente más pequeña del PIB en comparación con otras economías avanzadas. Pero tanto en Estados Unidos como en otras economías avanzadas, desde 1992 los gastos gubernamentales han disminuido en relación con el PIB.

A continuación analizaremos someramente el desglose de los desembolsos federales. Desde 1960, los gastos de defensa han disminuido de más de la mitad de los desembolsos federales a menos de una quinta parte para el 2000, tal y como se muestra

[2] Organización de Cooperación Económica y Desarrollo, *OECD Economic Outlook*, núm. 68, diciembre 2000. Anexo tabla 28.

FIGURA 3

La cuota reservada a la redistribución ha crecido y la de la defensa ha disminuido como parte de los gastos federales de[illegible] 1960

Desembolsos federales (porcentaje)
100
80
60
40
20
0
1960 1965 1970 1975 1980 1985 1990 1995 2000
Gastos varios
Interés neto
Redistribución
Defensa

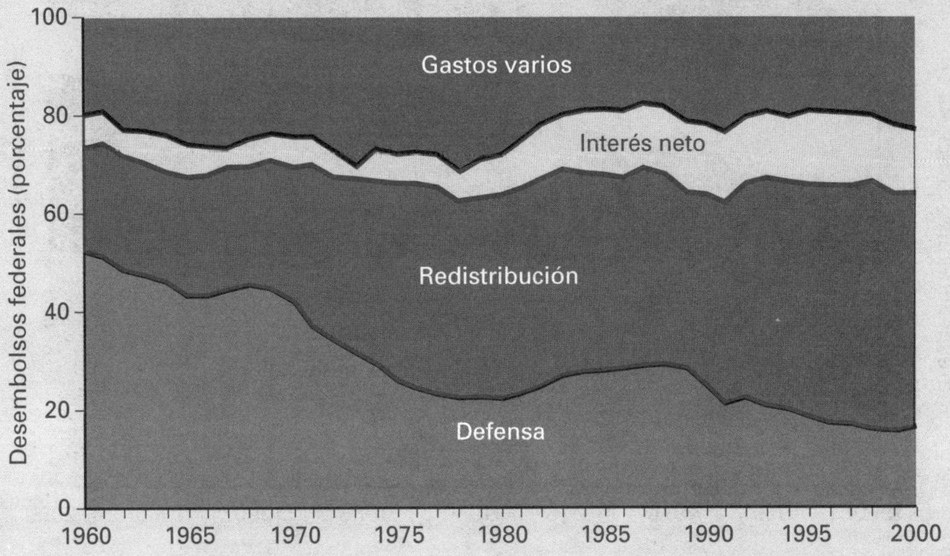

Fuente: Los cálculos están basados en las cifras del *Reporte Económico del Presidente,* enero 2001, tabla B-80. Para obtener cifras más recientes, consulte el sitio http://w3.access.gpo.gov/eop.

en la figura 3. La redistribución, es decir, el seguro social, la atención médica y otros programas de asistencia social son la imagen opuesta a los gastos de defensa, ya que se dispararon de aproximadamente una quinta parte de los gastos federales en 1960 a casi la mitad en el 2000.

Fuentes de los ingresos del gobierno

Los impuestos proporcionan la mayoría de los ingresos en todos los niveles del gobierno. El gobierno federal depende principalmente de impuestos por concepto de ingreso sobre la renta de las personas, los gobiernos estatales obtienen su ingreso de los impuestos a las ventas, y los gobiernos locales de los impuestos a la propiedad. Además de los impuestos, los gobiernos tienen otras fuentes de ingresos que incluyen cargos a usuarios, como las cuotas de carreteras y préstamos. Algunos estados también venden billetes de lotería y licor para recaudar dinero.

La figura 4 ilustra la composición de los ingresos federales desde 1960. La parte integrada por el impuesto a los ingresos individuales ha permanecido relativamente constante, variando desde un mínimo de 42% a mediados de los sesenta hasta un máximo de 50% en el 2000. La parte que forman los impuestos a la nómina se elevó más del doble, de 15% en 1960 a 34% en el 2000. Los *impuestos a la nómina* se deducen del pago para apoyar al seguro social y la atención médica a personas de edad avanzada. Los impuestos corporativos y otros ingresos provenientes de otras fuentes, ta-

FIGURA 4

El porcentaje de impuestos a la nómina ha aumentado como parte de la recaudación federal desde 1960

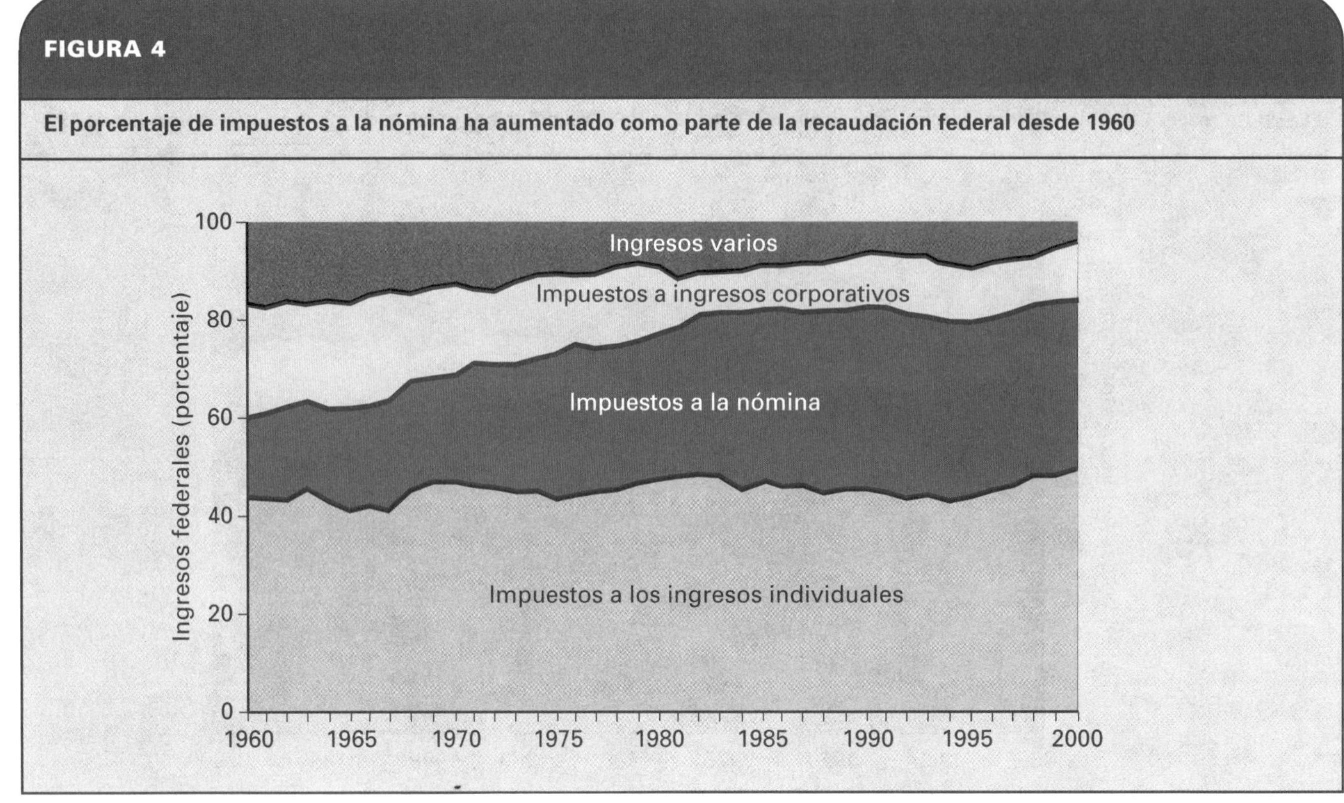

Fuente: Los cálculos se basan en las cifras del *Reporte Económico del Presidente,* enero 2001, tablas B-81 y B-84. Para obtener cifras más recientes, consulte el sitio http://w3.access.gpo.gov/eop.

Principio de capacidad de pago de impuestos Aquellos contribuyentes con una mayor capacidad de pago, como los que perciben mayores ingresos, deben pagar más impuestos.

Principio de beneficios recibidos por impuestos Aquellos que reciben más prestaciones del programa gubernamental con caudales de impuestos deben pagar más impuestos.

Incidencia fiscal Distribución de la carga impositiva entre los contribuyentes.

Impuesto proporcional El impuesto como porcentaje del ingreso permanece constante al aumentar los ingresos. También se le denomina impuesto fijo.

Impuesto progresivo El impuesto como porcentaje de los ingresos sube conforme éstos aumentan.

les como impuestos al consumo o a las ventas, han disminuido su participación en el total desde 1960.

Principios de los impuestos e incidencia fiscal

La estructura de un impuesto se justifica con frecuencia sobre la base de uno de los dos principios generales: primero, un impuesto podría relacionarse con la capacidad de pago del individuo, por eso es que aquellos que tienen mayores posibilidades, pueden pagar más impuestos. Los impuestos a la renta y a la propiedad están generalmente relacionados con este **principio de capacidad de pago de impuestos.** En contraste, el **principio de beneficios recibidos por impuestos** relaciona los impuestos con los beneficios que recibe de la actividad del gobierno financiada con el impuesto. Por ejemplo, el impuesto a la gasolina aporta fondos para la construcción y el mantenimiento de carreteras, por lo que el pago de este impuesto se relaciona con el uso de carreteras, debido a que mientras más maneja la gente, más impuesto paga en la gasolina.

Incidencia fiscal indica quién es el que realmente soporta la carga del impuesto. Una manera de evaluar la incidencia fiscal es calculando los impuestos como porcentajes del ingreso. Bajo el **impuesto proporcional**, los contribuyentes a todos los niveles de ingreso pagan el mismo porcentaje de su ingreso en impuestos. Un impuesto proporcional también es denominado impuesto fijo ya que el impuesto como porcentaje de ingreso permanece constante o fijo a medida que el ingreso aumenta. En un **impuesto progresivo**, el porcentaje del ingreso que se paga de impuestos aumenta conforme aumenta el ingreso; esto es, la tasa impositiva marginal aumenta con el ingreso.

La **tasa impositiva marginal** indica el porcentaje de cada dólar extra de ingresos que se destina a impuestos. Debido a que una alta tasa marginal reduce el rendimiento después de impuestos del trabajo o inversión, las tasas altas pueden disminuir los incentivos de las personas para trabajar e invertir. Cuando los recientes recortes a las tasas de impuestos personales se hayan implantado totalmente en el 2006, las seis tasas marginales irán de 10 a 35%, reduciéndose de 15 a 39.6% en el 2000. El 10% de los contribuyentes pagaban 68% de todos los impuestos al ingreso que se recolectaron en el 2000. Después de los recortes a las tasas, se proyecta un aumento en la parte pagada por ese 10% de contribuyentes. Podemos decir entonces que en Estados Unidos el impuesto a los ingresos es progresivo y que los contribuyentes de altos ingresos pagan una parte muy importante del total.

Tasa impositiva marginal Corresponde al porcentaje de cada unidad monetaria adicional de ingresos que se reserva al pago de impuestos.

Finalmente, bajo un **impuesto regresivo**, el porcentaje del ingreso que se paga en impuestos disminuye mientras el ingreso aumenta, de modo que la tasa impositiva marginal disminuye conforme el ingreso aumenta. La mayoría de los *impuestos a la nómina* son regresivos porque son tasas fijas hasta cierto nivel de ingreso, arriba del cual la tasa marginal disminuye a cero. Por ejemplo, se recaudaron impuestos de seguro social sobre los primeros $80 400 de ingresos de los trabajadores en el 2001. La mitad del 12.4% del impuesto lo pagan los patrones y la otra mitad los empleados (el empleado que trabaja por su cuenta debe pagar toda la cantidad). Pero el 2.9% del impuesto a la atención médica es proporcional porque se aplica a todos los ingresos laborales. Por ejemplo, Julia Roberts paga, sólo por impuestos de atención médica, la cantidad de $435 000 sobre los $15 millones que gana por película.

Impuesto regresivo El impuesto como porcentaje de los ingresos baja conforme éstos aumentan.

Esta exposición de las fuentes de ingresos públicos concluye por ahora el análisis del papel del gobierno en la economía de Estados Unidos y sus fuentes de ingresos. El gobierno tiene una fuerte influencia en la economía y los comentarios acerca de su participación se incluyen en este libro.

EL RESTO DEL MUNDO

Hasta este momento nos hemos enfocado a las instituciones en Estados Unidos, es decir, a las familias, las empresas y el gobierno *americanos.* Este plan inicial fue apropiado porque nuestro objetivo primordial era comprender el funcionamiento de la economía de Estados Unidos que es, por mucho, la economía nacional más grande del mundo. Pero la situación del resto del mundo afecta lo que las familias estadounidenses consumen y lo que las empresas producen. Por ejemplo, las economías de Asia, como Japón y Corea del Sur, ofrecen en los mercados de Estados Unidos autos, equipo electrónico y otros bienes manufacturados que afectan los precios, salarios y utilidades de Estados Unidos. Asimismo, la inestabilidad política en el golfo Pérsico puede incrementar el precio del petróleo.

Por tanto, los tomadores de decisiones extranjeros tienen un claro efecto en la economía estadounidense. El *resto del mundo* se constituye de familias, empresas y gobiernos en más de 200 países en el mundo.

Comercio internacional

En el capítulo dos se estudiaron las ventajas comparativas y lo que se gana con la especialización. Esta ganancia explica por qué las familias dejan de hacer todo ellos mismos y empiezan a especializarse. El comercio internacional surge por las mismas razones. *El comercio internacional es posible porque el costo de oportunidad de producir un bien específico difiere entre países.* Los estadounidenses importan materia prima como petróleo, diamantes y café en grano, y bienes terminados como cámaras, estéreos, reproductores de DVD y automóviles. Los productores estadounidenses, por otro lado, exportan productos más complejos como computadoras, aviones, películas y productos agrícolas como trigo y maíz.

El comercio internacional se ha incrementado entre Estados Unidos y el resto del mundo en las últimas décadas. En 1970, las exportaciones de bienes y servicios de

Estados Unidos representaban únicamente 6% del producto interno bruto. Desde entonces, esta cifra ha aumentado a 14%. Los destinos principales de las exportaciones estadounidenses fueron, en orden de importancia, Canadá, Japón, México, Gran Bretaña, Alemania, Francia, Corea del Sur y Taiwán.

Balanza comercial de mercancías Corresponde al valor de las exportaciones de bienes del país menos el valor de sus bienes importados durante un periodo dado.

La **balanza comercial de mercancías** es igual al valor de los bienes exportados menos el valor de los bienes importados. En este caso, los bienes se distinguen de los servicios, los cuales se mencionarán en otra cuenta comercial. En los últimos veinte años, Estados Unidos ha experimentado un déficit en la balanza de mercancías, lo que significa que el valor de los bienes importados de Estados Unidos ha excedido el valor de los bienes exportados. Así como las familias deben cubrir sus gastos, así también una nación. El déficit en la balanza comercial de mercancías debe compensarse con un superávit en una o más de las otras cuentas de *la balanza de pagos*. La **balanza de pagos** de un país es la contabilidad de todas las transacciones económicas entre sus residentes y los residentes del resto del mundo. *La balanza de pagos* se conforma de varias cuentas, como la balanza comercial de mercancías. Desde 1982, los estadounidenses han consumido más de lo que han producido y han tenido que pedir prestado del exterior para financiar la diferencia.

Balanza de pagos Es el registro de todas las transacciones económicas entre los residentes de un país y los residentes del resto del mundo durante un tiempo dado.

Tipos de cambio

La ausencia de una moneda común complica el intercambio entre países. ¿Cuántos dólares se necesitan para comprar un Porsche? A un estadounidense sólo le importa el costo en dólares, mientras que a un productor alemán sólo le interesa la cantidad de *euros* recibidos (moneda corriente de 12 países europeos). Para facilitar el comercio cuando participan dos divisas, se ha creado un mercado de divisas internacionales. El **intercambio de divisas** es la moneda de otro país que se necesita para realizar las transacciones internacionales. La oferta y la demanda de divisas que ocurre en los *mercados de divisas* internacionales determina el tipo de cambio de equilibrio. El *tipo de cambio* mide el precio de una moneda en términos de otra. Por ejemplo, el tipo de cambio entre el dólar americano y el euro podría indicar que un euro se intercambia por $0.90. A ese tipo de cambio, un Porsche que se vende en 100 000 euros cuesta $90 000. El tipo de cambio afecta los precios de las importaciones y exportaciones, y con ello ayuda a configurar el flujo del comercio exterior. A mayor demanda de una moneda extranjera en particular o menor oferta, mayor será su tipo de cambio, esto es, costará más dólares.

Intercambio de divisas La moneda de otro país necesaria para llevar a cabo transacciones internacionales.

Restricciones al comercio

Aunque hay claros beneficios derivados de la especialización internacional y del intercambio, en casi todos los países existen restricciones al comercio. Éstas pueden tomar la forma de: (1) **aranceles**, que son impuestos sobre la importación o exportación; (2) **cuotas**, que son límites legales sobre la cantidad de un bien en particular que puede ser importado o exportado; y (3) otras restricciones como los acuerdos de las empresas manufactureras japonesas de limitar sus exportaciones a Estados Unidos.

Arancel Impuesto a las importaciones o exportaciones.

Cuota Límite legal sobre la cantidad de un producto en particular que puede importarse o exportarse.

Si de acuerdo con las ventajas comparativas la especialización es benéfica, ¿por qué la mayoría de los países restringen el comercio? Las restricciones benefician a ciertos productores internos que buscan la aprobación del gobierno para obtener esos beneficios. Por ejemplo, los fabricantes textiles de Estados Unidos han buscado y obtenido del Congreso la legislación protectora que restringe la importación de textiles, lo que ha incrementado el precio de los textiles estadounidenses. Estos precios tan elevados han perjudicado al consumidor interno, pero los consumidores generalmente no se dan cuenta de este daño. Las restricciones comerciales interfieren con el libre flujo de los productos al otro lado de la frontera y tienden a perjudicar a toda la economía. Las restricciones comerciales en la industria automotriz se analizan en el siguiente caso de estudio.

LAS RUEDAS DE LA FORTUNA

La industria automotriz estadounidense es enorme; cada año se registran ventas que sobrepasan los $275 mil millones, cantidad que excede el producto interno bruto del 90% de las economías del mundo. Hay más de 200 millones de vehículos sólo en Estados Unidos, casi uno por cada persona. En la década que siguió a la Segunda Guerra Mundial, las importaciones significaron sólo 0.4% de las ventas de autos en Estados Unidos. Sin embargo, en 1973 la repentinamente poderosa OPEP (Organización de Países Exportadores de Petróleo) subió el precio del petróleo a más del triple. En respuesta, los norteamericanos literalmente "pescaban" y arrebataban automóviles que consumieran menos combustible, los cuales, en ese tiempo eran vendidos principalmente por fabricantes extranjeros, especialmente japoneses. Como resultado, las importaciones subieron a 21% de las ventas de autos en Estados Unidos para 1980.

A principios de los ochenta, a instancias de los llamados tres grandes fabricantes de autos (General Motors, Ford y Chrysler), el gobierno de Reagan convenció a los productores japoneses de que adoptaran "voluntariamente" cuotas que limitaban el número de automóviles que exportaban a Estados Unidos. Las cuotas, o restricciones a la oferta, elevó el precio de las importaciones japonesas. Los fabricantes estadounidenses utilizaron esta oportunidad para aumentar sus propios precios. Expertos estiman que la llamada "protección" de la competencia extranjera costó a los consumidores estadounidenses más de $15 mil millones.

Las cuotas tuvieron dos efectos en los productores japoneses: primero, se enfrentaron a una estricta limitación del número de autos que podían exportar a Estados Unidos y empezaron a exportar modelos más grandes en lugar de subcompactos. Segundo, las cuotas alentaron a los productores japoneses a establecer plantas manufactureras en Estados Unidos. Al armar los autos en Estados Unidos, los productores de autos japoneses también redujeron los problemas causados por las fluctuaciones en el valor del yen frente al dólar, situación que hacía a los autos producidos en Japón más caros en Estados Unidos. Las plantas japonesas de autos en Estados Unidos representan más de una cuarta parte de los autos producidos en Estados Unidos. Toyota vende en Japón algunos autos hechos en Estados Unidos, como el Avalon, un nuevo auto de lujo. Dos productores alemanes de autos, Mercedes-Benz (ahora DaimlerChrysler) y BMW también tienen plantas en Estados Unidos.

Las importaciones todavía representan una cuarta parte del total de las ventas de autos en Estados Unidos y los productores japoneses son los que tienen la mayoría de éstas. Las importaciones incluyen autos armados en el extranjero por empresas extranjeras, pero vendidos con el nombre de empresas estadounidenses. Estos fabricantes de automóviles también los construyen alrededor del mundo. De hecho, Ford es el mayor fabricante de automóviles en Australia, Gran Bretaña, México y Argentina.

En China, India y América Latina, el potencial del mercado de autos es enorme. Aquí hay un punto que debemos considerar: hay más personas en China menores de 26 años que la población combinada de Estados Unidos, Japón, Alemania, el Reino Unido y Canadá. La producción de automóviles en China se disparó de 23 500 en 1988 a más de 2 millones en el 2000, y los planes estipulan que la producción se elevará a 3.2 millones para el 2005. Puesto que los aranceles chinos duplican el precio de los vehículos importados, sólo se importaron unos 100 000 en el 2000. Como condición para su ingreso a la Organización Mundial de Comercio, China debe reducir sus aranceles a la importación de autos a 25% para el 2006.

Fuentes: Keith Bradsher, "G.M. Offers Deep Discounts on Some of Its Big Moneymakers", *The New York Times*, 16 de mayo 2001; Owen Brown, "Chinese Govt. Targets 3.2 Million Car Annual Output by 2005", Dow Jones Newswire, 27 de junio 2001; Scott Miller, "Luxury-Car Makers Squeeze Out Some Mass Market Competition", *The Wall Street Journal*, 3 de octubre 2000 y Walter Adams y James Brock, "Automobiles" en *The Structure of American Industry*, 9a. ed., Nueva York, Prentice-Hall, 1995, pp. 65-92. Para enterarse de las últimas noticias en la industria automotriz, consulte el sitio http://www.autocentral.com/.

Caso de **estudio**

El mundo de los negocios

*e*Actividad

El programa internacional de vehículos con motor (*The International Motor Vehicle Program*) tiene una página electrónica en la cual se exhiben datos muy interesantes sobre la producción de autos en todo el mundo. Visite su sitio en internet en **http://web.mit.edu/ctpid/www/impv.html**.

CONCLUSIÓN

En este capítulo se analizaron los cuatro actores económicos: las familias, las empresas, el gobierno y el resto del mundo. Las familias son por mucho las más importantes; ellas, junto con las familias del extranjero ofrecen todos los recursos y demandan todos los bienes y servicios producidos. El gasto del gobierno tiene una creciente participación en la actividad económica. En años recientes, la economía estadounidense ha llegado a depender más del resto del mundo como un mercado para bienes y como fuente de productos.

RESUMEN

1. La mayor parte del ingreso de las familias proviene de la venta de su fuerza de trabajo y la mayor parte del ingreso se gasta en consumo personal, el cual consiste en gastar en bienes duraderos, no duraderos y servicios; este último es el que más rápido ha crecido y el que recibe una mayor porción del ingreso personal.
2. En el pasado, las familias construían sus propias casas, confeccionaban su propia ropa y fabricaban sus muebles y cultivaban sus propios alimentos. No obstante, con el paso del tiempo la eficiencia que surge de la ventaja comparativa resultó en una mayor especialización entre los proveedores de recursos.
3. Las empresas reúnen los recursos especializados y reducen los costos de transacción implícitos en tener que negociar con todos estos proveedores de recursos. Las compañías pueden organizarse en tres formas diferentes: como propietarios únicos, sociedades o corporaciones. Puesto que las corporaciones suelen ser muy grandes, representan el grueso de las ventas de las empresas estadounidenses.
4. Cuando los mercados privados tienen resultados indeseables para la sociedad, el gobierno puede intervenir para solucionar estos fracasos del mercado. Los programas del gobierno están pensados para: (1) proteger la propiedad privada y hacer respetar los contratos; (2) promover la competencia; (3) regular los monopolios naturales; (4) proveer bienes públicos; (5) desalentar externalidades negativas y alentar externalidades positivas; (6) proporcionar mayor equidad en la distribución del ingreso, y (7) promover el pleno empleo, la estabilidad de precios y el crecimiento.
5. En Estados Unidos, el gobierno federal tiene la responsabilidad de velar por la defensa nacional y la estabilidad de la economía. Los gobiernos estatales proveen fondos para la educación pública superior, las cárceles y con ayuda del gobierno federal, las carreteras y la asistencia social. Los gobiernos locales proporcionan fondos para la educación primaria y secundaria, así como la asistencia necesaria para el mantenimiento de los cuerpos policiacos y de bomberos.
6. El gobierno federal se apoya principalmente en el impuesto a los ingresos personales; los estados se apoyan en los impuestos sobre las ventas y los ingresos, y los gobiernos locales se apoyan en el impuesto predial. A menudo, un impuesto se justifica con base en: (1) la capacidad individual de pago, o (2) los beneficios que el contribuyente recibe de las actividades financiadas por el impuesto.
7. El resto del mundo está conformado por familias, compañías y gobiernos. El comercio internacional crea ganancias que surgen de las ventajas comparativas. La balanza de pagos resume las transacciones entre los residentes de un país y los residentes del resto del mundo. A pesar de los beneficios de las ventajas comparativas, casi todos los países imponen restricciones al comercio para proteger industrias domésticas específicas.

PREGUNTAS DE REPASO

1. *Las familias como solicitantes de bienes y servicios.* Clasifique cada uno de los siguientes bienes como durable, no durable o servicio:

   (a) Un galón de leche.
   (b) Una podadora de césped.
   (c) Una videocasetera.
   (d) Un estuche de manicure.
   (e) Un par de zapatos.
   (f) Un examen de la vista.
   (g) Una computadora personal.
   (h) Un adolescente del vecindario podando el césped.

2. *Caso de* **estudio**: *La cabaña electrónica.* ¿En qué forma el desarrollo del hardware y software de las computadoras personales ha revertido algunas de las tendencias que introdujo la Revolución Industrial?

3. *Evolución de la empresa* Explique en qué se diferencian la producción después de la Revolución Industrial y la que se daba conforme al sistema de la industria en cabañas.

4. *Producción en los hogares* ¿Qué factores tiene que tomar en cuenta el ama de casa al decidir si debe producir un bien o servicio en el hogar o comprarlo en el mercado?

5. *Corporaciones* ¿Por qué apareció la institución de la empresa después del advenimiento de la Revolución Industrial?, ¿qué tipo de organización de negocios existía antes de ella?

6. *Propietarios únicos* ¿Cuáles son las desventajas de la propiedad única como forma de negocios?

7. *Gobierno* Con frecuencia se dice que los gobiernos son necesarios cuando los mercados privados no funcionan con eficiencia y justicia. Con base en la lectura del texto, analice de qué forma los mercados privados podrían fracasar.

8. *Externalidades* Supongamos que hay un costo externo asociado con la producción de cierto bien. ¿Qué hay de malo en que uno permita que el mercado determine la cantidad que debe producirse?

9. *Recaudación gubernamental* ¿Cuáles son las fuentes de ingresos del gobierno de Estados Unidos? ¿Qué tipos de impuestos son los más importantes para cada nivel de gobierno? ¿Cuáles son los dos impuestos que captan la mayor cantidad de fondos para el gobierno de Estados Unidos?

10. *Objetivos de los agentes económicos* En el análisis económico, ¿cuáles son los presuntos objetivos de las familias, las empresas y el gobierno?

11. *Comercio internacional* ¿Por qué existe el comercio internacional? ¿Qué significa tener un déficit en la balanza de comercio internacional?

12. *Comercio internacional* Comente la diferencia entre arancel y cuota ¿Quién se beneficia y quién se perjudica por estas restricciones a las importaciones?

13. ***Caso de* estudio**: *Las ruedas de la fortuna* ¿Qué factores impulsaron a los fabricantes de automóviles japoneses a construir plantas ensambladoras en Estados Unidos?

PROBLEMAS Y EJERCICIOS

14. *Evolución de la familia* Indique si cada uno de los siguientes factores aumentaría o disminuiría el costo de oportunidad de las madres que eligen renunciar a un empleo remunerado fuera de casa. Explique sus respuestas.
    (a) Niveles de educación más altos para las mujeres.
    (b) Mayores tasas de desempleo en las mujeres.
    (c) Niveles promedio de pago más altos a las mujeres.
    (d) Menor demanda de empleo en áreas que tradicionalmente emplean mujeres.

15. *Producción familiar* Muchas familias complementan su presupuesto alimenticio mediante el cultivo de pequeños huertos. Explique cómo cada uno de lo siguientes factores podrían afectar este tipo de producción familiar:
    (a) Cada uno de los cónyuges son profesionistas con altos salarios.
    (b) La familia vive en la ciudad y no en el campo.
    (c) La familia reside en una zona en donde se cobran impuestos muy altos por los alimentos.
    (d) La familia reside en una zona en donde se cobran impuestos muy altos por la propiedad.

16. *Gobierno* Complete cada una de las oraciones siguientes:
    (a) Cuando la operación privada del mercado conduce a una sobreproducción o una baja producción de algunos bienes, esto se conoce como un __________.
    (b) Los bienes que no son competidores y no excluyentes se conocen como __________.
    (c) ____________ son beneficios en efectivo o en especie que el gobierno les da sin reserva a los individuos.
    (d) Un __________ confiere un beneficio externo a una tercera persona que no participa en una transacción de mercado.
    (e) ____________ se refiere a la obtención del gobierno del pleno empleo y estabilidad de precio mediante la variación de los impuestos y gasto del gobierno.

17. *Tasas impositivas* Suponga que los impuestos están relacionados con el nivel de ingresos como sigue:

Ingreso	Impuestos
$1 000	$200
$2 000	$350
$3 000	$450

    (a) ¿Qué porcentaje de los ingresos se paga en impuestos en cada nivel?
    (b) ¿La tasa de impuestos es progresiva, proporcional o regresiva?
    (c) ¿Cuál es la tasa marginal de impuestos en los primeros $1 000 de ingresos?, ¿en los segundos $1 000?, ¿en los terceros $1 000?

CASOS PRÁCTICOS

18. *La evolución de la empresa* Consiga un ejemplar del libro *The Wealth and Poverty of Nations*, escrito por David Landes y lea las páginas 207-210. ¿Cómo interpretaría la historia que Landes presenta acerca de la mecanización usando las ideas expresadas en este capítulo?

19. *La evolución de la empresa* El *Contracting and Organizations Research Institute* de la Universidad de Missouri tiene mucha información interesante sobre la evolución de las compañías. Visite el sitio de este instituto en http://www. cori.missouri.edu/index.htm para familiarizarse con el tipo de temas que los economistas analizan actualmente.

Elasticidad de la demanda y la oferta

CAPÍTULO

5

¿Por qué el porcentaje de consultas a la revista en línea de la empresa Microsoft *Slate* bajaron 95% cuando el cargo por acceso aumentó de cero a $20 por año? ¿Por qué un aumento en los impuestos a los cigarros redujeron el consumo entre los adolescentes más que en cualquier otro sector de la población? ¿Por qué aumentó el uso de los servicios en línea de AOL cuando la empresa cambió de un cargo por hora a una tarifa mensual fija?¿Por qué una buena cosecha con frecuencia trae dificultades a los agricultores? Las respuestas a éstas y otras preguntas se analizarán en este capítulo, en el cual se ahonda en el tema de la demanda y la oferta.

Como ya vimos en el capítulo 1, la macroeconomía se concentra en los mercados agregados, es decir, en los grandes planos de la economía mundial. Sin embargo, el gran escenario es un mosaico integrado por las decisiones individuales que toman las familias, las empresas, el gobierno y el resto del mundo. Para entender cómo funciona la economía de mercado debemos observar más de cerca esas decisiones individuales, especialmente el papel que juegan los precios. En las economías de mercado, el sistema de precios determina la producción y las decisiones de consumo. Los precios informan tanto a los consumidores como a los productores acerca de la relativa escasez de productos y recursos.

Cuando una curva de demanda de pendiente descendente y una curva de oferta de pendiente ascendente se combinan, integran un poderoso instrumento de análisis. Pero para aprovechar este instrumento, se necesita aprender más acerca de las formas de las curvas de demanda y oferta. Cuanto más sepa de ellas, puede predecir con mayor exactitud los efectos de un cambio en el precio sobre la cantidad demandada y la cantidad ofrecida. Los agentes económicos tienen mayor oportunidad de pagar por tal conocimiento. Por ejemplo, a Taco Bell le gustaría saber qué pasaría con las ventas de tacos si el precio de éstos bajara. Al gobierno le gustaría saber en qué forma el aumento a los impuestos al tabaco podrían afectar el consumo de cigarrillos en los adolescentes. A las universidades les gustaría saber la forma en que los incrementos en las colegiaturas afectan la cantidad de inscripciones y finalmente, a los dirigentes del servicio del tren subterráneo les gustaría saber en qué forma la reducción a las tarifas afectaría el número de usuarios. Para responder estas preguntas debemos aprender qué nivel de reacción tienen los consumidores y productores a los cambios en los precios. La *elasticidad* es un elemento que se utiliza para medir la *capacidad de respuesta* a estos cambios. Entre los temas que se tratan en este capítulo figuran:

- Elasticidad precio de la demanda.
- Determinantes de la elasticidad precio
- Elasticidad al precio e ingreso total
- Elasticidad precio de la oferta
- Elasticidad ingreso de la demanda
- Elasticidad de la demanda a los precios cruzados

ELASTICIDAD PRECIO DE LA DEMANDA

Para vender más lugares en los vuelos programados para el fin de semana previo al Día de Acción de Gracias, la compañía aérea Delta Airlines redujo el precio de sus tarifas hasta en un 50%. ¿Usted cree que fue un buena idea? Para que los ingresos totales de esta compañía pudieran crecer, la ganancia por la venta de boletos tendría que haber compensado en gran medida la disminución en las tarifas aéreas. Del mismo modo, los administradores de Taco Bell desearían conocer el impacto que una tendría una reducción en el precio de los tacos, digamos de $1.10 a $0.90. La ley de la demanda establece que a menores precios la cantidad de productos demandada aumenta, pero ¿en qué medida?, ¿cuán vulnerable es la cantidad demandada ¿Qué tan sensible es la cantidad de la demanda a un cambio de precio?, ¿el número de los tacos que se venden disminuiría poco o mucho? Después de todo, si la cantidad demandada aumenta lo suficiente, una reducción en el precio podría ser una estrategia redituable para Taco Bell.

Cálculo de la elasticidad precio de la demanda

Para ser más específicos sobre la sensibilidad de los cambios en la cantidad demandada a los cambios en el precio, revisemos la curva de demanda que aparece en la figura 1. Al precio inicial de $1.10 por taco, los consumidores demandan 95 000 tacos al día. Si el precio baja a $0.90, la cantidad demandada se incrementa de 10 000 a 105 000. ¿Usted cree que la cantidad demandada es favorable o desfavorable? La *elasticidad precio de la demanda* mide de forma estandarizada la manera en la que los consumidores reaccionan a los cambios en los precios. *Elasticidad* es otro término que se utiliza para denominar esta *capacidad de respuesta*. En términos más sencillos, la **elasticidad precio de la demanda** mide el cambio porcentual en la cantidad de la demanda dividido entre el cambio porcentual en el precio, o:

Elasticidad precio de la demanda Corresponde a la medida de la capacidad de respuesta de la cantidad demandada ante un cambio de precio. Se obtiene mediante el cambio porcentual en la cantidad demandada dividido entre el cambio porcentual en el precio.

$$\text{Elasticidad precio de la demanda} = \frac{\text{Cambio porcentual en la cantidad demandada}}{\text{Cambio porcentual en el precio}}$$

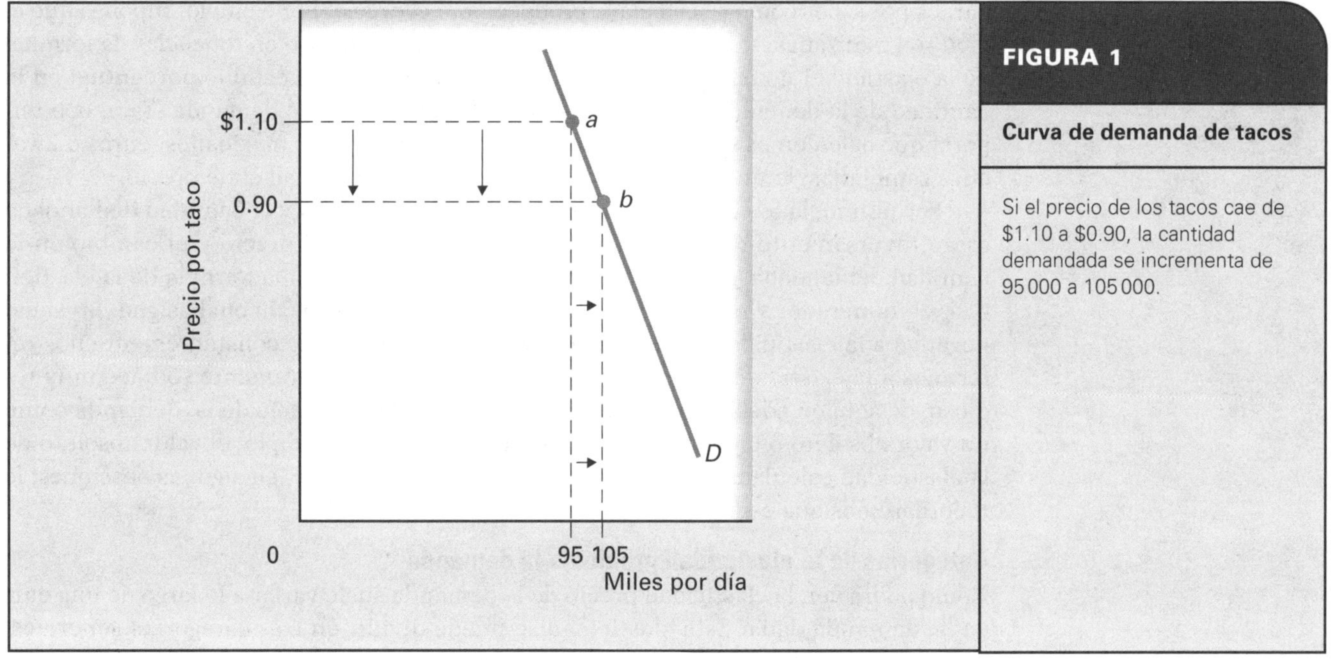

FIGURA 1

Curva de demanda de tacos

Si el precio de los tacos cae de $1.10 a $0.90, la cantidad demandada se incrementa de 95 000 a 105 000.

Entonces, ¿cuál es la elasticidad precio de la demanda cuando el precio de los tacos baja de $1.10 a $0.90, es decir, cuál es la elasticidad precio de la demanda entre los puntos a y b de la figura 1? Para que la elasticidad del precio sea una medida clara y útil, debemos tener el mismo resultado entre los puntos a y b y el que obtuvimos de los puntos b y a. Para asegurar esa consistencia, debemos tomar el promedio del precio inicial y el nuevo precio, y utilizarlo como base para calcular el cambio porcentual en el precio. Por ejemplo, en la figura 1, la base usada para calcular el cambio porcentual en el precio es el promedio de $1.10 y $0.90, que es $1.00. El cambio porcentual en el precio es, por tanto, el cambio en el precio, −$0.20, el cual dividido entre $1.00 da como resultado −20%.

La misma operación se aplica para los cambios en la cantidad demandada. En la figura 1, el cambio porcentual en la cantidad demandada es el promedio de 95 000 y 105 000, el cual es 100 000. Así que el incremento porcentual en la cantidad demandada es el cambio en la cantidad demandada, 10 000 dividido entre 100 000, lo que resulta ser 10%. Por tanto, la elasticidad precio de la demanda resultante entre los puntos a y b es el incremento porcentual en la cantidad demandada, 10%, dividida entre la reducción porcentual en el precio, −20%, que resulta ser −0.5 (=10%/−20%).

Ahora generalicemos la fórmula de la elasticidad al precio. Si el precio baja de p a p', y las demás cosas permanecen constantes, la cantidad demandada se incrementa de q a q'. El cambio en el precio se puede representar como Δp y el cambio en la cantidad como Δq. La **fórmula** para calcular la elasticidad precio de la demanda, E_D, entre los dos puntos es el cambio porcentual en la cantidad demandada dividida entre el cambio porcentual en el precio, o sea:

Fórmula de la elasticidad precio El cambio porcentual en la cantidad dividido entre el cambio porcentual en el precio; la cantidad promedio y el precio promedio se usan como base para calcular los cambios porcentuales en la cantidad y en el precio.

$$E_D = \frac{\Delta q}{(q + q')/2} \div \frac{\Delta p}{(p + p')/2}$$

Una vez más, como la cantidad promedio y el precio promedio se usan como base para calcular el precio porcentual, resulta la misma elasticidad, ya sea que se vaya del precio más alto al precio menor o viceversa.

Note que la elasticidad expresa una relación entre dos cantidades: el cambio porcentual en la cantidad demandada y el cambio porcentual en el precio. Ya que lo que nos interesa es el cambio porcentual en la cantidad demandada, no debemos preocuparnos por saber cómo se calcula la producción o el precio. Por ejemplo, suponga que el bien son manzanas; si las pesamos en libras, bushels o incluso en toneladas, la fórmula de la elasticidad no cambia, lo que realmente importa es el cambio porcentual en la cantidad de la demanda y no cómo se mida la cantidad de la demanda. Tampoco importa que calculemos el precio en dólares americanos, pesos mexicanos, euros o kwachas zambianas; lo único que interesa es el cambio porcentual en el precio.

Por último, la ley de la demanda establece que el precio y la cantidad demandada están inversamente relacionados, así que el cambio en el precio y el cambio en la cantidad demandada se mueven en direcciones opuestas. En la fórmula de la elasticidad, el numerador y el denominador tienen signos opuestos, lo cual asigna un signo negativo a la elasticidad precio de la demanda. Debido a que constantemente nos referimos a la elasticidad como un signo negativo, y verdaderamente se hace muy tedioso, de aquí en adelante manejaremos la elasticidad de precio de la demanda como un valor absoluto o bien, como un número positivo. Por ejemplo, el valor absoluto de la elasticidad calculada en la figura 1 es 0.5. De todas formas, en algunas ocasiones, le recordaremos que estamos hablando de valores absolutos.

Categorías de la elasticidad precio de la demanda

Como podrá ver, la elasticidad precio de la demanda suele variar a lo largo de una curva de demanda dada. Esta elasticidad se puede dividir en tres categorías generales, todo depende del grado de reacción que tenga la cantidad de la demanda a un cambio en el precio. Si el cambio porcentual en la cantidad demandada es menor que el cambio porcentual en el precio, la elasticidad respecto del precio resultante tiene un valor absoluto entre 0 y 1.0. Esta porción de la curva de demanda se denomina **inelástica** ya que la cantidad demandada es relativamente *insensible* a un cambio en el precio. Por ejemplo, la elasticidad resultante entre los puntos *a* y *b* de la figura 1 es 0.5, así que esa porción de la curva de demanda es inelástica. Si el cambio porcentual en la cantidad demandada iguala exactamente el cambio porcentual en el precio, la elasticidad respecto del precio resultante tiene un valor de 1.0 y esa porción de una curva de demanda tiene una **demanda de elasticidad unitaria**. Finalmente, si el cambio porcentual en la cantidad demandada excede el cambio porcentual en el precio, la elasticidad precio resultante tiene un valor absoluto que rebasa 1.0, y se dice que esa porción de una curva de demanda es **elástica**. En resumen, *la elasticidad precio de la demanda es inelástica si está entre 0 y 1.0, unitaria si es igual a 1.0 y elástica si es mayor que 1.0.*

Demanda inelástica Un cambio en el precio tiene un efecto relativamente pequeño en la cantidad demandada; el cambio porcentual en la cantidad demandada es menor que el cambio porcentual en el precio. La elasticidad resultante al precio tiene un valor absoluto menor a 1.00.

Demanda de elasticidad unitaria El cambio porcentual en la cantidad demandada es igual al cambio porcentual en el precio; la elasticidad resultante al precio tiene un valor absoluto de 1.0.

Demanda elástica Un cambio en el precio tiene relativamente un gran efecto en la cantidad demandada; el cambio porcentual en la cantidad demandada excede el cambio porcentual en el precio. La elasticidad precio resultante tiene un valor absoluto mayor de 1.0.

Ingreso total El precio multiplicado por la cantidad demandada a ese precio.

Elasticidad e ingreso total

El conocer la elasticidad precio es una herramienta muy valiosa para los productores ya que les indica qué sucede con su ingreso total cuando el precio cambia. El **ingreso total** (IT) es el precio (p) multiplicado por la cantidad demandada (q) a ese precio, lo cual nos da $IT = p \times q$.¿Qué sucede con el ingreso total cuando el precio decrece? Es cierto que un precio más bajo significa que los productores obtienen menos por cada unidad vendida, lo cual tiende a reducir el ingreso total. Pero de acuerdo con la ley de la demanda, un precio menor incrementa la cantidad demandada, lo cual tiende a elevar el ingreso total. El impacto global que provoca un precio más bajo en el ingreso total es el resultado neto de estos efectos contrarios. *Si el efecto positivo de una mayor cantidad demandada excede al efecto negativo de un precio más bajo, entonces el ingreso total aumentará.* Específicamente, cuando la demanda es *elástica*, el incremento porcentual en la cantidad de la demanda excede el decremento porcentual en el precio, de modo que el ingreso total aumenta. Cuando la demanda es *unitaria*, el incremento porcentual en la cantidad demandada compensa exactamente el decremento porcentual en el precio, de manera que el ingreso total se mantiene sin cambios. Finalmente, cuando la demanda es *inelástica*, el incremento porcentual en la cantidad demandada es menor que el decremento porcentual en el precio, de modo que el ingreso total disminuye.

Elasticidad precio y la curva de demanda lineal

Mediante un análisis de la elasticidad en un tipo específico de curva de demanda, la curva de demanda lineal enlazará todos los conceptos expuestos hasta ahora. Una **curva de demanda lineal** es simplemente una curva de demanda en línea recta, tal y como la que se muestra en el panel (a) de la figura 2. El panel (b) ilustra el ingreso total generado en cada combinación precio-cantidad a lo largo de la curva de demanda del panel (a). Recuerde que el ingreso total es igual al precio multiplicado por la cantidad.

Curva de demanda lineal Una curva de demanda en línea recta. Esta curva de demanda tiene una pendiente constante, pero una elasticidad precio variable.

En vista de que la curva de demanda es lineal, la pendiente es constante, por lo que un decremento dado en el precio siempre ocasiona el mismo incremento unitario en la cantidad demandada. Por ejemplo, una disminución en el precio de $10 a lo largo de la curva de demanda de la figura 2, siempre incrementa la cantidad de la demanda en 100 unidades. Sin embargo, la elasticidad precio de la demanda es mayor en el extremo de precio más alto de la curva de demanda que en el extremo de precio más bajo. Consideremos un movimiento del punto *a* al punto *b* en el extremo superior de la curva de demanda en la figura 2. El incremento de 100 unidades en la cantidad demandada representa un cambio porcentual de 100/150 o 67%. La disminución de $10 en el precio es un cambio porcentual de 10/85 o 12%. Por tanto, la elasticidad precio de la demanda entre los puntos *a* y *b* es 67%/12% o 5.58. Sin embargo, entre los puntos *d* y *e* sobre el extremo inferior, el incremento en 100 unidades de la cantidad constituye un cambio porcentual de 100/850 o sólo 12%. El decremento de $10 en el precio representa un cambio porcentual de 10/15 o 67%. La elasticidad precio de la demanda cae entonces a 12%/67% o 0.18. En otras palabras, *si la curva de la demanda es lineal, los consumidores se muestran más sensibles a un cambio de precio cuando el precio inicial de un producto es relativamente alto que cuando el precio es relativamente bajo*.

La demanda se vuelve menos elástica conforme descendemos por la curva. En un punto ubicado a la mitad en la curva de demanda lineal de la figura 2, la elasticidad es igual a 1.0. *Este punto intermedio divide una curva de demanda lineal en una mitad superior elástica y una mitad inferior inelástica*. Observe la clara relación que existe entre la elasticidad de la demanda en el panel (a) y el ingreso total en el panel (b). Note que cuando la demanda es elástica, un decremento en el precio aumenta el ingreso total debido a que la ganancia en el ingreso por vender más unidades [proceso representado por el rectángulo azul grande en el panel (a)] excede la pérdida de ingresos por vender a menor precio (el pequeño rectángulo rosa). Pero cuando la demanda es inelástica, un decremento en el precio reduce el ingreso total debido a que la ganancia que se obtiene en el ingreso al vender más unidades (el rectángulo azul pequeño) es menor que la pérdida en ingreso que se obtiene de vender a un precio más bajo (el rectángulo rosa grande). Cuando la demanda es unitaria, la ganancia y la pérdida del ingreso se cancelan exacta y mutuamente, de modo que el ingreso total en ese punto permanece constante, a esto se debe que el ingreso total muestre un pico en el panel (b).

En resumen, el ingreso total se incrementa a medida que el precio disminuye hasta alcanzar el punto medio de la curva de demanda lineal, donde el ingreso total alcanza su punto máximo. En la figura 2, el ingreso total alcanza su máximo en $25 000, cuando la cantidad de la demanda es igual a 500 unidades. A la derecha del punto medio de la curva de demanda, el ingreso total declina a medida que el precio baja. En términos más generales, independientemente de que la curva de demanda sea una línea recta o una curva, existe una constante relación entre la elasticidad precio de la demanda y el ingreso total: *un decremento en el precio incrementa el ingreso total si la demanda es elástica, si la demanda es inelástica se presenta un decremento en el ingreso total y si la demanda es de elasticidad unitaria, no hay efecto alguno sobre el total de los ingresos*. Observe que una curva de demanda lineal de pendiente descendente tiene una pendiente constante pero elasticidad variable, de modo que *la pendiente de una curva de demanda no es la misma que la que presenta la elasticidad precio de la demanda.*

NetBookmark

Un reporte basado en el tráfico aéreo de Inglaterra hasta el 2015 muestra la forma en la que la elasticidad se utiliza en el análisis económico. Consulte la página de contenido del sitio *Air Traffic Forecasts for the United Kingdom* 1997 en http://www.aviation.dtlr.gov. uk/aed/air/ aircont.htm y lea la introducción y la sección VIII denominada "Sensitivity Test". ¿Cuál es el objeto de imponer un impuesto sobre el combustible?, ¿qué evaluación calcula implícitamente la elasticidad ingreso de la demanda?, ¿cuáles evaluaciones utilizan la elasticidad precio de la demanda?, ¿por qué el canal-túnel afectaría la demanda de tráfico aéreo?

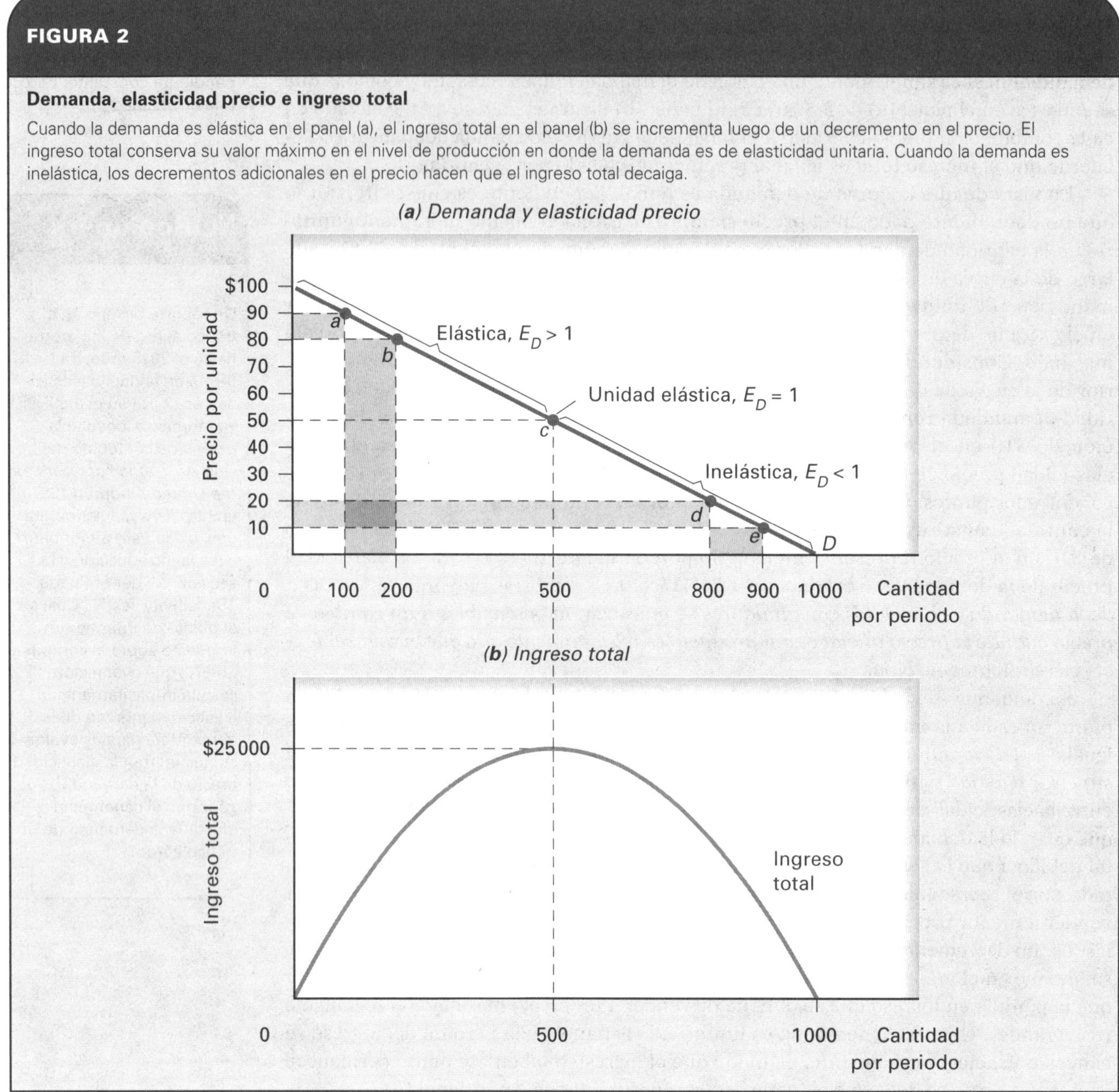

FIGURA 2

Demanda, elasticidad precio e ingreso total

Cuando la demanda es elástica en el panel (a), el ingreso total en el panel (b) se incrementa luego de un decremento en el precio. El ingreso total conserva su valor máximo en el nivel de producción en donde la demanda es de elasticidad unitaria. Cuando la demanda es inelástica, los decrementos adicionales en el precio hacen que el ingreso total decaiga.

Curvas de demanda de elasticidad constante

Ya explicamos que la elasticidad precio mide la reacción de los consumidores a un cambio en el precio. Esta reacción varía a lo largo de una curva de demanda lineal, a menos que la curva de demanda sea horizontal o vertical, como en los paneles (a) y (b) de la figura 3. Estas dos curvas de demanda, junto con la curva de demanda especial del panel (c), se conocen como *curvas de demanda de elasticidad constante* debido a que la elasticidad no cambia a lo largo de ellas.

Curva de demanda perfectamente elástica Refiere a una línea horizontal que refleja una situación en donde cualquier incremento en el precio reduce a cero la cantidad demandada; el valor de la elasticidad es menos infinito.

Curva de demanda perfectamente elástica. La curva de demanda horizontal en el panel (a) indica que los consumidores demandarán todo aquello que se ofrezca en venta al precio dado p. La cantidad realmente demandada dependerá de la cantidad ofrecida a ese precio. Sin embargo, si el precio se eleva por encima de p, la cantidad demandada cae a cero. Se dice que esta **curva de demanda es perfectamente elástica** y su valor

FIGURA 3

Tres curvas de demanda de elasticidad constante

A lo largo de la curva de demanda perfectamente elástica (horizontal) del panel (a), los consumidores van a adquirir todo cuanto se les ofrezca en venta al precio *p*. A lo largo de la curva de demanda perfectamente inelástica (vertical) del panel (b), los consumidores adquirirán la cantidad *Q*, independientemente del precio. A lo largo de la curva de demanda unitaria del panel (c), el ingreso total es el mismo para cualquier combinación precio-cantidad.

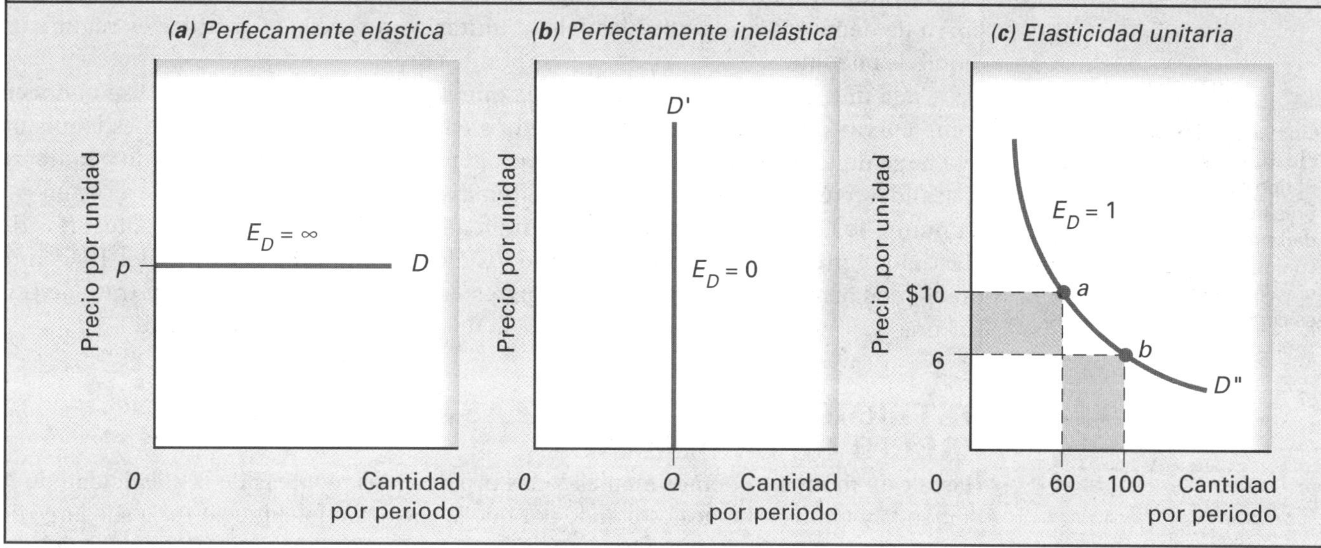

de elasticidad tiene un valor infinito, un número que es demasiado grande como para que pueda definirse. Quizá usted piense que se trata de una forma extraña de curva de demanda: los consumidores, después de un pequeño incremento en el precio, pasan de demandar todo cuanto está a su disposición a no demandar nada. Los consumidores son tan sensibles a los cambios de precio que no toleran ningún incremento en éste. Como se verá más adelante, esto refleja la demanda que existe por la producción de un productor individual cuando muchos productores venden productos idénticos. La forma de la curva de la demanda del producto de una empresa es un elemento importante en las decisiones de precios y producción.

Curva de demanda perfectamente inelástica. A lo largo de la curva de demanda vertical que se aprecia en el panel (b) de la figura 3, la cantidad demandada no varía cuando el precio cambia. Esta curva de demanda expresa la idea de los consumidores de que "el precio no es ningún inconveniente". Por ejemplo, si usted fuera muy rico y necesitara inyecciones de insulina para poder mantenerse con vida, el precio no sería un inconveniente pues sin importarle qué tan alto fuera el precio de la insulina, usted seguiría demandando la cantidad que le permitiera seguir vivo. Si el precio bajara, usted no incrementaría la cantidad que necesita. Puesto que el cambio porcentual en la cantidad demandada es cero para cualquier cambio porcentual en el precio, el valor numérico de la elasticidad precio es cero. A las curvas de demanda vertical se les conoce como **perfectamente inelásticas** debido a que los cambios en el precio no afectan la cantidad demandada, al menos no en la variedad de precios que aparecen en la curva de la demanda.

Curva de demanda perfectamente inelástica Refiere a una línea vertical que refleja una situación en la cual un cambio en el precio no afecta la cantidad de la demanda; el valor de la elasticidad es cero.

Curva de demanda de elasticidad unitaria. El panel (c) de la figura 3 presenta una curva de demanda que es de elasticidad unitaria en todas partes. A lo largo de una **curva de demanda de elasticidad unitaria**, cualquier cambio porcentual en el precio se convierte en un cambio porcentual compensatorio e idéntico en la cantidad demandada. Dado que los cambios porcentuales en el precio y en la cantidad

Curva de demanda de elasticidad unitaria En todos los puntos a lo largo de la curva de la demanda, el cambio porcentual en el precio causa un cambio porcentual de igual dimensión pero compensatorio en la cantidad demandada, así que el ingreso total sigue siendo el mismo; la elasticidad tiene un valor absoluto de 1.0.

son iguales y equivalentes, el ingreso total es el mismo para cada combinación precio-cantidad a lo largo de la curva. Por ejemplo, cuando el precio cae de $10 a $6, la cantidad demandada se incrementa de 60 a 100 unidades. El rectángulo rosa del panel (c) de la figura 3 representa las pérdidas en el ingreso total debido a que todas las unidades se venden a un precio más bajo; el rectángulo azul representa la ganancia en el ingreso total ya que el número de unidades vendidas es mayor cuando el precio baja. Debido a que la curva de demanda es de elasticidad unitaria, el ingreso obtenido por vender más unidades equivale exactamente a la pérdida de ingreso al reducir el precio en todas las unidades, de modo que el ingreso total permanece sin cambio en $600. Una curva de demanda que es de elasticidad unitaria en todos los sentidos es realmente difícil de encontrar.

Curva de demanda de elasticidad constante
El tipo de demanda que se presenta cuando la elasticidad precio es la misma en cualquier punto de la curva; el valor de esta elasticidad es constante.

Cada una de las curvas de demanda que se presentan en la figura 3 se conocen como **curvas de demanda de elasticidad constante** porque la elasticidad es la misma a lo largo de toda la curva. Por el contrario, la curva de demanda lineal de pendiente descendente comentada anteriormente tenía un valor de elasticidad diferente en cada punto de la curva. En la figura 4 se indican los valores de las cinco categorías de elasticidad precio estudiadas, así como los efectos de un incremento del 10% en el precio de la cantidad demandada y el ingreso total. Analice esta figura y trate de trazar una curva de demanda que refleje cada uno de los tipos de elasticidad.

DETERMINANTES DE LA ELASTICIDAD PRECIO DE LA DEMANDA

Hasta este momento hemos analizado las propiedades técnicas de la elasticidad de la demanda y también hemos estudiado por qué la elasticidad del precio varía a lo largo de una curva de demanda con pendiente descendente. Sin embargo, no hemos explicado por qué la elasticidad precio de la demanda es diferente para cada bien. A continuación examinaremos cada uno de los aspectos que influyen en la elasticidad precio de la demanda de un bien.

Disponibilidad de sustitutos

Como se indicó en el capítulo 3, las necesidades individuales específicas pueden satisfacerse de varias maneras. Si el precio de la pizza aumenta, eso hace que otros alimentos resulten relativamente más baratos. Cuando hay sustitutos aproximados disponibles, un incremento en el precio de la pizza inducirá a algunos consumidores a comprar estos sustitutos. Pero si no hay ningún otro producto que satisfaga más que la pizza, entonces la cantidad demandada de ésta no disminuirá mucho. *Cuanto mayor sea la disponibilidad de sustitutos de un bien y su aproximación a los originales, mayor será la elasticidad precio de la demanda.*

FIGURA 4

Resumen de elasticidad precio de la demanda

Efectos de un incremento de 10% en el precio

Valor absoluto de la elasticidad precio	Tipo de demanda	Qué sucede con la cantidad de la demanda	Qué sucede con el ingreso total
$E_D = 0$	Perfectamente inelástica	No hay cambio	Se incrementa 10 %
$0 < E_D < 1$	Inelástica	Cae en menos del 10%	Se incrementa en menos del 10%
$E_D = 1$	Elástica unitaria	Cae en 10%	No hay cambio
$1 < E_D < \infty$	Elástica	Cae en más del 10 %	Decrece
$E_D = \infty$	Perfectamente elástica	Cae a 0	Cae a 0

El número y la similitud de los sustitutos dependen del concepto que tengamos del bien. *Cuanto mayor sea la amplitud con que definamos un bien, menos serán los sustitutos existentes y menos elástica será la demanda.* Por ejemplo, la demanda de calzado de vestir es menos elástica que la demanda de zapatos para correr porque hay pocos sustitutos en el caso del calzado de vestir, pero múltiples sustitutos de los zapatos para correr, como tenis para trotar, para gimnasia, para caminar y para entrenar. Sin embargo, la demanda de zapatos para correr es menos elástica que la demanda de tenis para correr marca Nike porque el consumidor tiene más sustitutos de esta marca como Reebok, New Balance, Fila, etc. Finalmente, la demanda de tenis para correr marca Nike es menos elástica que la demanda de un modelo específico de dicha compañía ya que Nike tiene docenas de modelos.

Ciertos bienes, como medicinas bajo prescripción profesional, no tienen sustitutos. La demanda de esta clase de bienes tiende a ser menos elástica que los bienes para los cuales hay sustitutos aproximados, como la aspirina Bayer. Muchos anuncios publicitarios están enfocados a fijar en la mente del consumidor la exclusividad de un producto en particular, es decir, un esfuerzo para convencer a los consumidores "de no aceptar sustitutos". ¿Por qué querría una empresa desear que la demanda de su producto fuera menos elástica?

Como ejemplo del impacto de los sustitutos en la elasticidad precio, considere el patrón de los comerciales durante las películas que pasan por televisión. Cuando la película comienza, los televidentes tienen varios sustitutos para ella, lo que incluye otros programas y tal vez películas en otros canales. Para evitar que los televidentes cambien de canal, el primer segmento de la película es más largo de lo usual, tal vez 20 o 25 minutos antes de un corte para anuncios. Pero una vez que los televidentes se han interesado en la película, los programas de otros canales ya no son sustitutos cercanos, así que los canales inyectan los comerciales con mayor frecuencia sin miedo de perder a gran parte de su auditorio.

Proporción que un consumidor gasta de su presupuesto en un bien

Recuerde que un precio más alto reduce la cantidad demandada en parte porque un precio más alto reduce el poder adquisitivo real del ingreso del consumidor. Una curva de demanda refleja tanto la *disponibilidad* y la *capacidad* para adquirir un bien a precios alternativos. Debido a que gastar en ciertos bienes representa una proporción considerable del presupuesto del consumidor, un cambio en el precio de tales bienes tiene un impacto considerable en la cantidad que los consumidores son *capaces* de adquirir. Por ejemplo, un incremento en el precio de la vivienda reduce la capacidad de adquirir esta clase de bien. El efecto que tiene un precio más alto en el ingreso es reducir la cantidad demandada. Por el contrario, el efecto en el ingreso de un incremento en el precio, digamos de las toallas de papel, es trivial porque éstas representan una proporción sumamente pequeña en cualquier presupuesto. *Mientras más importante sea el artículo dentro del presupuesto del consumidor, si otras cosas permanecen constantes, mayor es el efecto en el ingreso de un cambio en el precio, así que la demanda de ese artículo será más elástica al precio.* De allí que la cantidad de vivienda demandada responda más a un cambio porcentual dado en el precio que la cantidad de toallas de papel demandadas.

Cuestión de tiempo

Los consumidores pueden sustituir bienes de menor precio por bienes de mayor precio, pero esto toma tiempo. Suponga que en su universidad se anuncia un incremento considerable en las cuotas de dormitorio y alimentación, el cual entrará en vigor inmediatamente. Algunos estudiantes se mudarán a otro lugar fuera de allí tan pronto como puedan, otros esperarán hasta que concluya el año escolar. Y, al paso del tiempo, serán menos los estudiantes que soliciten tener derecho de admisión y más los estudiantes nuevos que opten por alojarse fuera de la escuela. *Mientras más largo sea el periodo de ajuste, mayor será la capacidad de los consumidores para sustituir productos de precio relativamente alto con sustitutos de menor precio. Así, mientras más largo sea el periodo de ajuste, mayor será la reacción como cambio en la cantidad demandada a un cambio dado en el precio.* Por ejemplo, entre 1973 y 1974 el cártel de la OPEP elevó abruptamente el precio del petróleo. El resultado fue un incremento de 45% en el precio de la gasolina pero la cantidad demandada decreció sólo 8%. Sin embargo, conforme más tiempo transcurrió, la gente empezó a comprar automóviles más pequeños y recurrió al uso del transporte público. Y dado que el precio del petróleo utilizado para generar electricidad y calentar las casas también se había incrementado, la gente empezó a comprar más dispositivos ahorradores de energía y a agregar más material aislante a sus casas. De nuevo, el cambio en la cantidad de petróleo demandado fue mayor en la medida en que los consumidores se acostumbraban al aumento en el precio.

La figura 5 muestra cómo la demanda se vuelve más elástica al paso del tiempo. Dado un precio inicial de $1.00 sea D_s la curva de demanda una semana después de un cambio de precio, D_m un mes después y D_a un año después. Supongamos que el precio se incrementa a $1.25, cuanto mayor sea el tiempo que los consumidores tengan para responder al incremento en el precio, tanto mayor será la reducción en la cantidad demandada. Por ejemplo, la curva de demanda D_s muestra que una semana después del incremento en el precio, la cantidad demandada no ha declinado mucho, en este caso fue de 100 a 95 por día. La curva de demanda D_m indica una reducción a 75 por día después de un mes y la curva de la demanda D_a muestra una reducción a 50 por día después de un año. Observe que entre estas curvas de demanda y sobre el rango que inicia donde se intersecan las curvas de demanda, mientras más plana sea la curva de demanda, la demanda será más elástica al precio. Aquí, la elasticidad parece estar vinculada con la pendiente porque comenzamos desde el mismo punto, es decir, desde la misma combinación de precio cantidad.

WALL STREET JOURNAL
La interpretación correcta

¿Cuál es la importancia de la siguiente declaración en The Wall Street Journal*?: "Al vender directamente por medio del internet, catálogos y atención telefónica, la compañía Dell mantiene contacto directo con sus clientes y puede medir periódicamente su sensibilidad a los cambios en los precios".*

Estimaciones de la elasticidad

Consideremos algunas estimaciones de la elasticidad precio de la demanda para determinados bienes y servicios. Como hemos señalado, la sustitución de bienes con precios relativamente más bajos por un bien cuyo precio recién se ha incrementado a menudo toma tiempo. Por tanto, al estimar la elasticidad precio, los economistas suelen distinguir entre un periodo durante el cual los consumidores tienen poco tiempo para ajustarse, es decir un *corto plazo* y un periodo en el cual los consumidores pue-

FIGURA 5

La demanda se vuelve más elástica al paso del tiempo

D_s es la curva de demanda una semana después de que un precio aumenta de $1.00 a $1.25. A lo largo de esta curva, la cantidad demandada diariamente cae de 100 a 95. Un mes después del incremento del precio, la cantidad demandada ha caído a 75 a lo largo de D_m. Un año después del aumento al precio, la cantidad demandada ha descendido hasta 50 a lo largo de D_a. A cualquier precio dado, D_a es más elástica que D_m, la cual, a su vez, es más elástica que D_s.

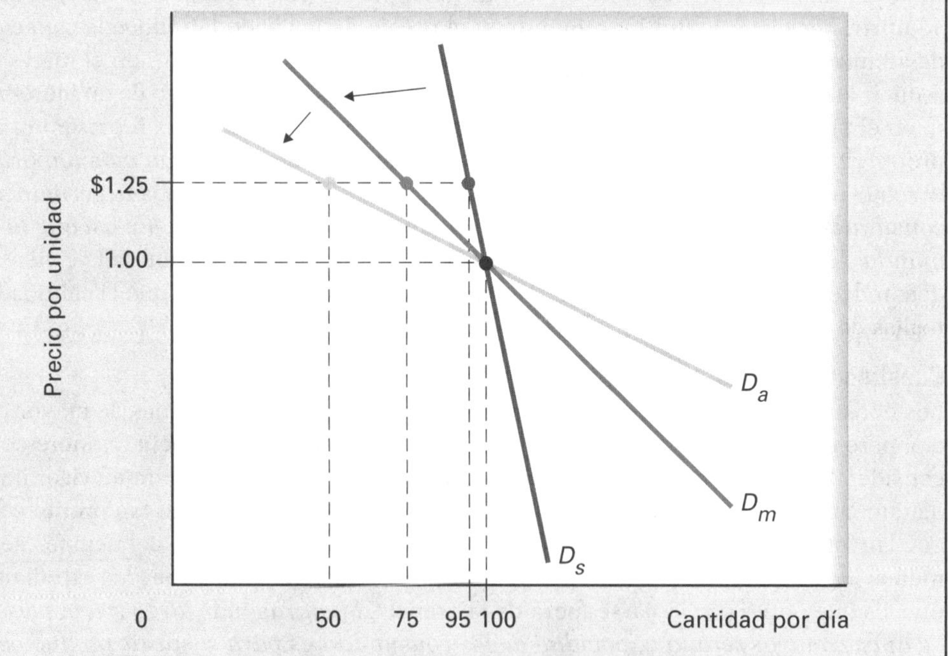

Producto	Corto plazo	Largo plazo
Cigarros (entre adultos)	—	0.4
Electricidad (uso doméstico)	0.1	1.9
Viajes en avión	0.1	2.4
Atención médica y hospitalización	0.3	0.9
Gasolina	0.4	1.5
Leche	0.4	—
Pescado (bacalao)	0.5	—
Vino	0.7	1.2
Cine	0.9	3.7
Gas natural (uso doméstico)	1.4	2.1
Automóviles	1.9	2.2
Autos Chevrolet	—	4.0

FIGURA 6

Selección de elasticidad precio de la demanda (valores absolutos)

Fuentes: F. Chaloupka, "Rational Addictive Behavior and Cigarette Smoking", *Journal of Political Economy*, agosto 1991; Hsaing-tai Cheng y Oral Capps, Jr., "Demand for Fish", *American Journal of Agricultural Economics*, agosto 1998; J. Johnson *et al.*, "Short-Run and Long-Run Elasticities for Canadian Consumption of Alcoholic Beverages", *Review of Economics and Statistics*, febrero 1992; R. Archibald y R. Gillingham, "The Review of the Short-Run Consumer Demand for Gasoline Using Household Survey Data", *Review of Economics and Statistics* 62, noviembre 1980; J. Griffin, *Energy Conservation in the OECD, 1980–2000*. Cambridge, Mass., Balinger, 1979; H. Houthakker y L. Taylor, *Consumer Demand in the United States: Analysis and Projections*, 2a. ed., Cambridge, Mass., Harvard University Press, 1970 y G. Lakshmanan y W. Anderson, "Residential Energy Demand in the United States", *Regional Science and Urban Economics* 10 de agosto de 1980.

den ajustarse plenamente al cambio en el precio, llamémoslo el *largo plazo*. La figura 6 ilustra algunos estimados a corto y largo plazo para algunos productos.

La elasticidad precio de la demanda es mayor a largo plazo dado que los consumidores tienen más tiempo para ajustarse. Por ejemplo, si el precio de la electricidad aumentara hoy, los consumidores a corto plazo reducirían un poco el uso de aparatos eléctricos y quienes tuvieran calefacción eléctrica tal vez apagarían el termostato durante el invierno. Sin embargo, con el tiempo, los consumidores cambiarían a aparatos ahorradores de energía y tal vez pasarían de la calefacción eléctrica a la que utiliza petróleo o gas natural. Por tanto, la demanda de electricidad es más elástica a largo plazo que a corto plazo, tal y como se observa en la figura 6. De hecho, en todos los casos en que se listan valores tanto para el corto como para el largo plazo, este último es más elástico que el de corto plazo. Observe también que la elasticidad precio de la demanda a largo plazo en el caso de los automóviles Chevrolet excede la elasticidad precio de los automóviles en general; existen más sustitutos para los Chevrolet que para todos los otros automóviles. No hay sustitutos aproximados para los cigarros, incluso a largo plazo, de modo que la demanda de cigarros de los adultos es inelástica al precio. Estas medidas de elasticidad representan más que un simple interés académico, tal y como lo comprobaremos en el siguiente caso de estudio.

DESALIENTO A LOS JÓVENES FUMADORES

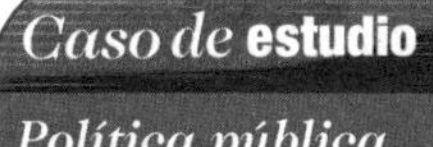

Política pública

*e*Actividad

El nivel de fumadores adolescentes es mayor en Alaska que en el resto de Estados Unidos, y es todavía más alto en el caso de los nativos de Alaska según reporta

Tal y como el Departamento General de Sanidad de Estados Unidos advierte en cada cajetilla de cigarros, fumar puede ser riesgoso para su salud. Los investigadores estiman que el tabaquismo ocasiona más de 400 000 muertes al año en Estados Unidos, casi 10 veces el total de muertes causadas por accidentes de tráfico. El cáncer pulmonar es ahora la principal causa de muerte en las mujeres. Un estudio federal concluyó que el humo

el artículo denominado "Tobacco Use Among Alaska Youth", el cual se encuentra incluido en *The Epidemiology Bulletin* del estado de Alaska. Puede consultar este texto en el sitio **http://www.epi.hss.state.ak.us/bulletins/docs/b1997_05.htm**.
Este informe utiliza las estimaciones de elasticidad para predecir la reducción en el hábito de fumar como resultado de incrementos en los impuestos a los cigarros. ¿Qué errores puede usted detectar en la forma en que este informe utiliza la elasticidad al precio? Alaska, en realidad, incrementó el impuesto en un paquete de cigarros a $1.

de los cigarrillos costó a la economía estadounidense por lo menos $130 000 millones en 1998, más de lo que se gastó en educación pública superior ese año.

Temas relacionados con la salud, en los que se incluyen la depresión y la adicción al cigarro, han fomentado una creciente preocupación social por este problema que ataca principalmente a los adolescentes y que se elevó en una tercera parte durante los noventa. Un estudio federal aplicado en 16 000 estudiantes estadounidenses de educación media superior encontró que el hábito de fumar pasó de 27.5% de aquellos encuestados en 1991 a 36.4% en 1997. Entre los jóvenes negros esa tasa casi se duplicó de 12.6 a 22.7%. En realidad, son muchas las razones que se encuentran detrás de estos incrementos, entre ellas están la estabilidad en los precios de los cigarrillos (los precios no aumentaron entre 1992 y 1997), una mayor glorificación del fumar en las películas y la televisión. Por ejemplo en la película de la década, *Titanic*, los dos protagonistas eran jóvenes atractivos que fumaban y finalmente, la publicidad (como Joe Camel) estaba dirigida principalmente a la gente joven.

Una forma de reducir el hábito de fumar es por medio de un aumento en el precio de los cigarros mediante mayores impuestos. Los investigadores calculan que la elasticidad de la demanda al precio de los cigarros entre los fumadores jóvenes es aproximadamente 1.3, así que un incremento de 10% en el precio reduciría este hábito en 13%. Como se muestra en la figura 6, la elasticidad de la demanda se estimó en tan sólo 0.4 para los fumadores adultos, o sea apenas como una tercera parte de la de los jóvenes fumadores.

¿Por qué los adolescentes son más sensibles a los cambios en los precios que los adultos? Primero, recordemos que uno de los factores que afectan la elasticidad precio de la demanda es la importancia de un producto dado en el presupuesto del consumidor. La parte de su ingreso que un joven fumador gasta en cigarros suele exceder la parte que gastan los fumadores adultos. Segundo, la presión de los compañeros influye mucho más en la decisión de una persona joven que en la decisión de un adulto de seguir fumando (si es que existe, los adultos enfrentan más bien una presión negativa de sus compañeros). Los efectos de un mayor precio se multiplican entre los jóvenes fumadores porque un mayor precio reduce el hábito de fumar de los compañeros. Con menos compañeros que fuman, la presión para que uno también lo haga se reduce. Y tercero, puesto que fumar causa adicción, la gente joven que todavía no está muy involucrada es más sensible a los aumentos en el precio que los fumadores adultos que ya adoptaron ese hábito.

Si una elasticidad precio de 1.3 es constante en el rango de los cambios de precios, un incremento en el precio de $1.80 por cajetilla reduciría en un 60% el hábito de fumar en los adolescentes. Pero para que esta medida sea plenamente efectiva, el incremento en el precio debe introducirse con rapidez, no como lo propuso el Congreso, es decir, en fases de cinco años. La experiencia de otros países apoya la efectividad de los precios más altos. Por ejemplo, un fuerte incremento en el impuesto a los cigarros en Canadá durante los ochenta, minimizó el fumar entre los jóvenes en dos terceras partes.

Otro enfoque ha sido tratar de cambiar los gustos de los consumidores mediante la advertencia del Departamento Cirujano General. El gobierno canadiense ha propuesto incluir fotos de lenguas y labios cancerosos en los paquetes de cigarros y sobre todo, dar mayor publicidad al vínculo que existe entre la adicción al cigarro y la impotencia masculina, eso incluye al hombre que aparece en los anuncios de Marlboro. En California, una combinación de mayores impuestos a los cigarros y un ambicioso programa de generación de conciencia ha contribuido a una baja de 5% en el cáncer pulmonar entre las mujeres en esa entidad, aunque creció 13% en el resto del país.

En un acuerdo legal firmado en una corte americana en 1998, las compañías tabacaleras acordaron no enfocar sus campañas publicitarias a los jóvenes fumadores, por esta razón Joe Camel fue suspendido. Un estudio federal reportó un ligero decremento en el hábito de fumar entre adolescentes, el cual bajó de 36.4% de los encuestados en 1997 a 34.8% en 1999.

Fuentes: "Study Suggests Smoking May Cause Teenager Depression", *Dow Jones Newswire*, 2 de octubre 2000; Lauran Neergaard, "Tobacco Claims More Women as Victims", *Hartford Courant*, 28 de marzo 2001; "Prepared Statement of Frank J. Chaloupka, Ph.D., Before the Senate Judiciary Committee", *Federal News Service*, 29 de octubre 1997. Se pueden obtener mayores datos sobre el acuerdo legal firmado entre las compañías tabacaleras en el sitio http://www.pbs.org/wgbh/pages/frontline/shows/settlement/.

ELASTICIDAD PRECIO DE LA OFERTA

Los precios informan a ambos lados del mercado acerca de la relativa escasez de los productos. Los altos precios desalientan el consumo pero estimulan la producción. La elasticidad precio de la demanda mide la sensibilidad que muestran los consumidores a un cambio de precio. De manera similar, la **elasticidad precio de la oferta** mide la sensibilidad que los productores manifiestan ante un cambio de precio. Esta elasticidad se calcula igual que la elasticidad precio de la demanda, sólo que se usa el cambio porcentual en la cantidad de la oferta en lugar del cambio porcentual en la cantidad de la demanda. En términos más sencillos, la elasticidad precio de la oferta es igual al cambio porcentual en la cantidad de la oferta dividido entre el cambio porcentual en el precio. Puesto que un precio más alto suele resultar en un incremento en la cantidad ofrecida, el cambio porcentual en el precio y el cambio porcentual en la cantidad ofrecida se mueven en la misma dirección, así que la elasticidad de la oferta al precio es generalmente un número positivo.

Elasticidad precio de la oferta Medida que refiere el grado de respuesta de la cantidad ofrecida a un cambio de precio. Se obtiene mediante el cambio porcentual en la cantidad ofrecida dividido entre el cambio porcentual en el precio.

Oferta inelástica Un cambio en el precio tiene relativamente poco efecto en la cantidad ofrecida; el cambio porcentual en la cantidad ofrecida es menor que el cambio porcentual en el precio. La elasticidad precio de la oferta tiene un valor inferior a 1.0.

Oferta con elasticidad unitaria El cambio porcentual en la cantidad ofrecida es igual al cambio porcentual en el precio. La elasticidad precio de la oferta resultante es igual a 1.0.

Oferta elástica Un cambio en el precio tiene un efecto relativamente grande sobre la cantidad ofrecida. El cambio porcentual en la cantidad ofrecida excede el cambio porcentual en el precio; la elasticidad precio de la oferta resultante excede 1.0.

La figura 7 muestra una curva típica con pendiente ascendente. Como se puede ver, si el precio se incrementa de p a p', la cantidad ofrecida se incrementa de q a q'. El precio y la cantidad ofrecida se mueven en la misma dirección. Observemos la fórmula de elasticidad de la curva de oferta. La elasticidad precio de la oferta es E_O, donde:

$$E_O = \frac{\Delta q}{(q + q')/2} \div \frac{\Delta p}{(p + p')/2}$$

donde Δq es el cambio en la cantidad ofrecida y Δp es el cambio en el precio. Ésta es la misma fórmula que usamos para calcular la elasticidad precio de la demanda, excepto que aquí q es la cantidad ofrecida, no la cantidad demandada.

Categorías de la elasticidad de la oferta

La terminología de la elasticidad de la oferta es la misma que emplea la elasticidad de la demanda: si la elasticidad de la oferta es menor que 1.0, la oferta es **inelástica**; si su valor es igual a 1.0, la oferta es **unitaria** y si su valor es superior a 1.0, la oferta es **elástica**. También existen algunos valores especiales para la elasticidad de la oferta que deben considerarse.

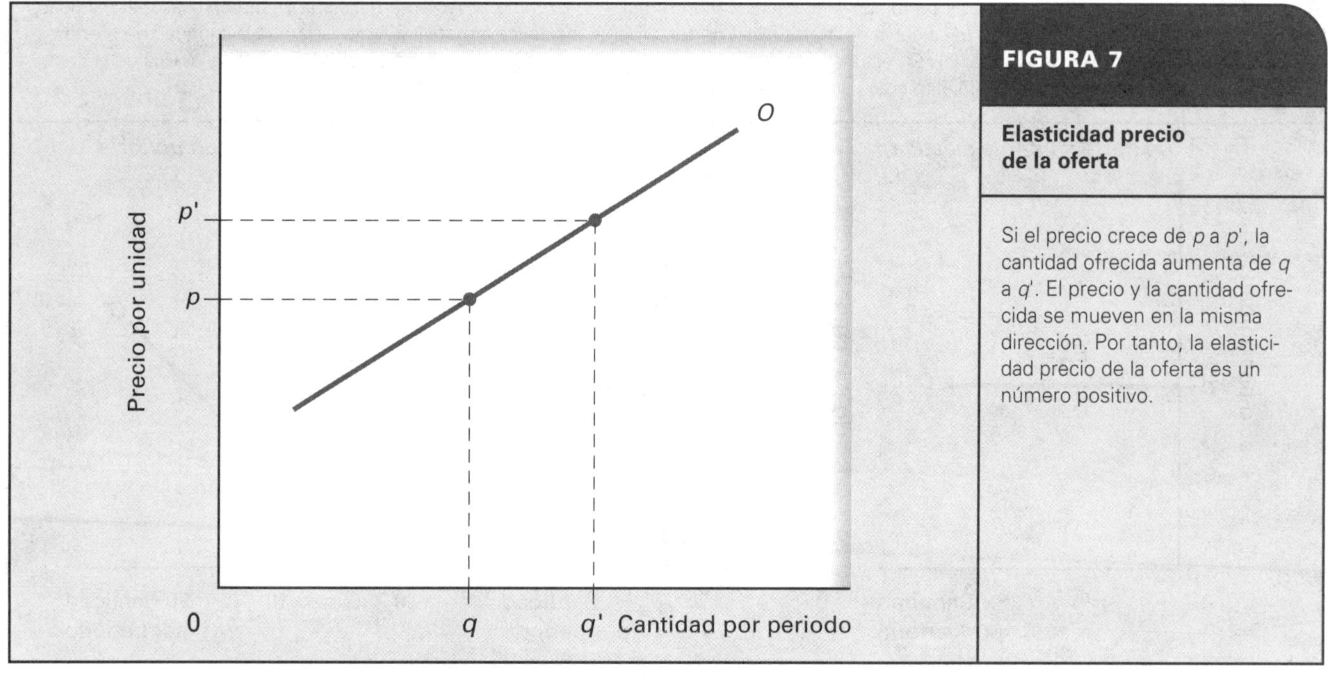

FIGURA 7

Elasticidad precio de la oferta

Si el precio crece de p a p', la cantidad ofrecida aumenta de q a q'. El precio y la cantidad ofrecida se mueven en la misma dirección. Por tanto, la elasticidad precio de la oferta es un número positivo.

Curva de oferta perfectamente elástica Refiere una línea horizontal que refleja una situación en la cual cualquier disminución en el precio baja la cantidad ofrecida a cero. El valor de la elasticidad es infinito.

Curva de oferta perfectamente elástica. Por un lado se encuentra la curva de oferta horizontal, como la curva de la oferta *O* en el panel (a) de la figura 8. En este caso, los productores no ofrecerán ninguna cantidad de ese bien a un precio por debajo de p, pero sí ofrecerán cualquier cantidad al precio de p. La cantidad que en realidad se ofrezca al precio p dependerá de la cantidad de demanda a ese precio. Dado que un pequeño incremento de un precio debajo de p hacia el precio p resultará en una oferta ilimitada, se dice que esta curva refleja una **oferta perfectamente elástica**, con un valor matemático de elasticidad equivalente a infinito. Nosotros, como consumidores individuales, solemos enfrentarnos a curvas de oferta perfectamente elásticas. Cuando vamos al supermercado, por lo general compramos tanto como podemos al precio vigente pero nada a un precio menor. Sin embargo, esto no significa que todos los consumidores en conjunto puedan comprar una cantidad ilimitada al precio actual. Recuerde la falacia de composición que estudiamos en el capítulo 1.

Curva de oferta perfectamente inelástica Refiere una línea vertical que refleja una situación en la cual un cambio en el precio no tiene efecto alguno en la cantidad de la oferta. El valor de la elasticidad es cero.

Curva de oferta perfectamente inelástica. La relación que muestra la mayor insensibilidad entre el precio y la cantidad de oferta es aquella en donde no hay cambio en la cantidad de oferta independientemente del precio, tal y como se muestra en la curva vertical de oferta *O* en el panel (b) de la figura 8. Dado que el cambio porcentual en la cantidad de la oferta es cero, independientemente del cambio en el precio, el valor de la elasticidad de la oferta es igual a cero. Esta curva refleja la oferta perfectamente inelástica. Cualquier bien que se encuentre en oferta fija tendrá una **curva de oferta perfectamente inelástica**, como es el caso de las pinturas de Picasso, el champán 1990 Dom Perignon o los Cadillacs que alguna vez pertenecieron a Elvis Presley.

Curva de oferta de elasticidad unitaria Un cambio porcentual en el precio ocasiona un cambio porcentual idéntico en la cantidad ofrecida, el cual se representa por una curva de oferta que es una línea recta desde el origen; el valor de la elasticidad es igual a 1.0.

Curva de oferta de elasticidad unitaria. Cualquier curva de oferta que pueda representarse como una línea recta desde el origen, como es el caso de *O″* en el panel (c) de la figura 8 es una **curva de oferta de elasticidad unitaria**. Esto significa que un cambio porcentual en el precio siempre resultará en un cambio porcentual idéntico en la can-

FIGURA 8

Tres curvas de oferta de elasticidad constante

La curva de oferta, *O*, en el panel (a) es perfectamente elástica (horizontal). A lo largo de *O*, las empresas suministrarán cualquier cantidad de producción demandada al precio *p*. La curva de oferta *O'* es perfectamente inelástica (vertical). *O'* muestra que la cantidad de oferta es independiente del precio. En el panel (c), *O"*, es una línea recta desde el origen, una curva de oferta de elasticidad unitaria. Cualquier cambio porcentual en el precio ocasionará el mismo cambio porcentual en la cantidad ofrecida.

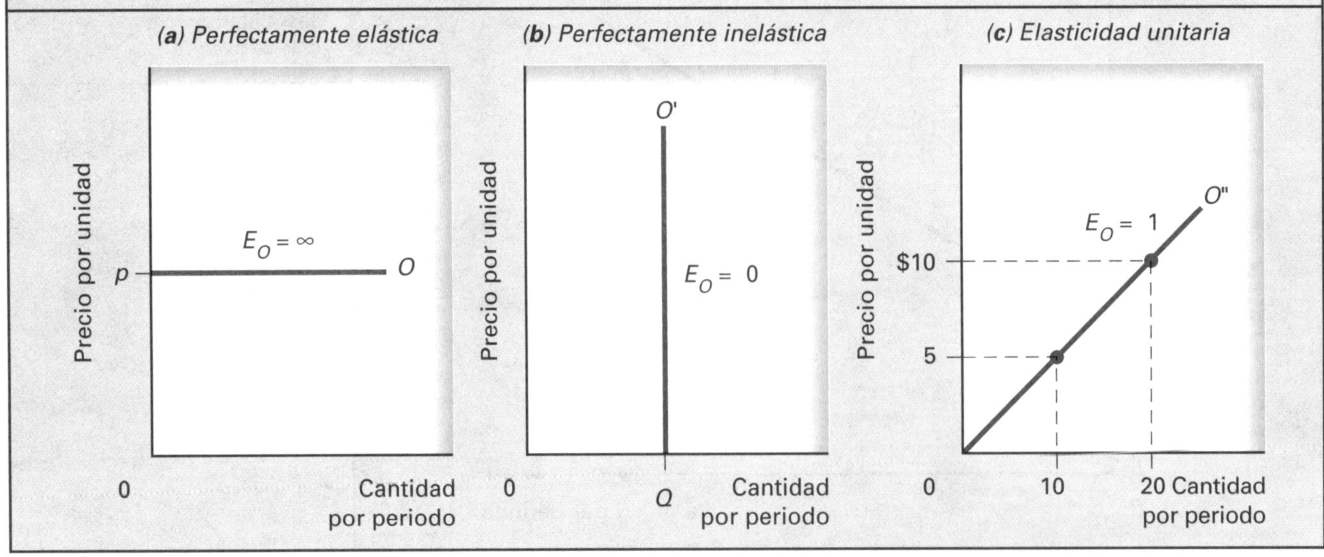

tidad de la oferta. Por ejemplo, a lo largo de O'' un incremento al doble del precio ocasionará una duplicación en la cantidad de la oferta. Note que la elasticidad unitaria se basa no en la pendiente de la línea, sino en el hecho de que la curva lineal de la oferta nace del origen.

Determinantes de la elasticidad de la oferta

La elasticidad de la oferta indica el grado de reacción que muestran los productores a un cambio en el precio. Su respuesta depende de qué tan fácil o difícil sea modificar la producción cuando cambia el precio. Si el costo de ofrecer cada unidad adicional se incrementa abruptamente a medida que la producción aumenta, entonces un precio más alto propiciará poco incremento en la cantidad de oferta, de modo que la oferta tenderá a ser inelástica. Pero si el costo adicional se incrementa lentamente conforme la producción aumenta, el señuelo de fijar un precio más alto generará un incremento mayor en la producción. En tal caso, la oferta tenderá a ser más elástica.

Un determinante de la elasticidad de la oferta es la duración del periodo de ajuste en consideración. Así como la demanda se hace más elástica al paso del tiempo conforme los consumidores se ajustan a los cambios de precio, la oferta también se hace más elástica al paso del tiempo conforme los productores se ajustan a los cambios de precios. Cuanto mayor sea el periodo en consideración, mayor será la capacidad de los productores para adaptarse a los cambios en los precios relativos. La figura 9 presenta una curva de oferta diferente para cada uno de los tres periodos. O_s es la curva de oferta cuando el periodo de ajuste es de una semana. Como puede observar, un precio más alto no generará una respuesta considerable en cuanto a la cantidad de oferta, puesto que las empresas tendrán poco tiempo para adaptarse. Esta curva de oferta es inelástica si el precio se incrementa de $1.00 a $1.25.

O_m es la curva de oferta cuando el periodo de ajuste es de un mes. Las empresas tienen una mayor capacidad para variar su producción en un mes que en una semana. Así, la oferta es más elástica cuando el periodo de ajuste es de un mes que cuando es de una semana. La oferta es todavía más elástica cuando el periodo de ajuste es de un año, como lo muestra O_a. Así que un incremento dado en un tiempo genera una oferta mayor conforme se alarga el periodo de ajuste. Por ejemplo, si el precio del petróleo se incrementa, en el corto plazo los productores de petróleo pueden tratar de

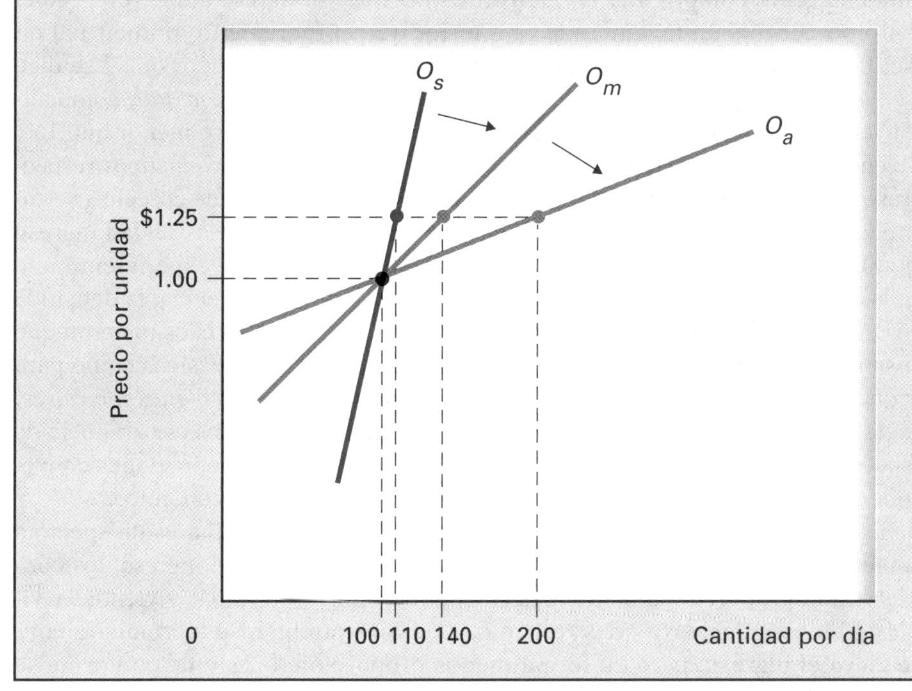

FIGURA 9

La oferta de mercado se vuelve más elástica con el tiempo

La curva de oferta es menos elástica al cabo de una semana de un incremento de precio. O_s es menos elástica, a un precio dado, que la curva que corresponde a un mes después, O_m, la cual, a su vez, es menos elástica que la curva de un año después, O_a. Dado un incremento en el precio de $1.00 a $1.25, la cantidad diaria ofrecida se incrementa a 110 unidades después de una semana, a 140 unidades después de un mes, y a 200 unidades después de un año.

extraer más de los pozos existentes, pero en el largo plazo, un precio mayor estimula más exploración. La investigación confirma el vínculo positivo entre la elasticidad precio de la oferta y la duración del periodo de ajuste. *La elasticidad de la oferta suele ser mayor mientras más largo es el periodo de ajuste.*

La facilidad de incrementar la cantidad ofrecida en respuesta a un precio más alto es distinta entre industrias. El tiempo de respuesta será más largo en el caso de los productores de electricidad, petróleo y maderas, donde la expansión puede tomar años, que en el caso de lavado de ventanas, mantenimiento de césped y jardinería, y venta de hot-dogs, donde la expansión puede tomar sólo unos días.

OTRAS MEDIDAS DE ELASTICIDAD

A menudo, las elasticidades precio de la demanda y la oferta se utilizan en los análisis económicos; sin embargo, hay otras dos medidas de elasticidad que también aportan información útil.

Elasticidad ingreso de la demanda

¿Qué sucede con la demanda de automóviles nuevos, vegetales frescos o el software de las computadoras en el caso de que los ingresos del consumidor se incrementen en, digamos, 10%? La respuesta a esta pregunta es de enorme interés para los productores de éstos y otros bienes dado que les ayuda a predecir el efecto que tiene un incremento de los ingresos en la cantidad vendida y los ingresos totales. La **elasticidad ingreso de la demanda** mide el grado de respuesta de la demanda a un cambio en el ingreso. Específicamente, *la elasticidad ingreso de la demanda mide el cambio porcentual en la demanda dividida entre el cambio porcentual en el ingreso que lo causó.*

Elasticidad ingreso de la demanda Cambio porcentual en la demanda dividido entre el cambio porcentual en el ingreso; el valor es positivo para los bienes normales y negativo para los bienes inferiores.

Como señalamos en el capítulo 3, la demanda de ciertos productos, como ropa y muebles usados, disminuye a medida que aumenta el ingreso. Como consecuencia, la elasticidad ingreso de la demanda para tales productos será negativa. Los bienes con una elasticidad ingreso inferior a cero se denominan *bienes inferiores*. La demanda de la mayoría de los bienes aumenta conforme el ingreso crece. A estos bienes se les conocen como *bienes normales* y presentan una elasticidad ingreso superior a cero.

Analicemos más de cerca los bienes normales. Suponga que la demanda se incrementa con el ingreso, pero en un porcentaje menor que los incrementos en el ingreso. En tales casos, el valor de la elasticidad ingreso es mayor que cero, pero menor que 1. Por ejemplo, la gente compra más comida a medida que su ingreso aumenta, pero el incremento porcentual en la demanda es inferior que el incremento porcentual en el ingreso. Los bienes normales con una elasticidad en el ingreso menor que 1 se dice que son *inelásticos* respecto al ingreso. Los *artículos de primera necesidad*, como alimento, vivienda y ropa, a menudo tienen una elasticidad en el ingreso menor que 1.

Los bienes con una elasticidad ingreso mayor a 1 se conocen como *elásticos* respecto al ingreso. Los *artículos de lujo* como automóviles de moda, vinos de cosechas selectas y comidas en restaurantes exclusivos tienen por lo regular una elasticidad ingreso mayor que 1. Así, durante 1990 y 1991 la economía estadounidense experimentó una recesión, lo que significa que el ingreso nacional declinó; en consecuencia, la demanda de comida en restaurantes exclusivos disminuyó e incluso algunos de ellos tuvieron que cerrar sus puertas. Durante este periodo, la demanda de alimentos básicos como pan, azúcar y queso no sufrió cambios apreciables. De hecho, los términos *bienes inferiores*, *artículos de primera necesidad* y *artículos de lujo* no pretenden establecer un juicio de valor respecto al mérito de determinados bienes, simplemente son definiciones convenientes que los economistas usan para clasificar el comportamiento económico.

En la figura 10 se presentan algunos ejemplos de la elasticidad ingreso respecto a diversos bienes y servicios. Las cifras indican que según aumenta el ingreso, los consumidores gastan proporcionalmente más en comidas en restaurantes, viviendas y vinos. El gasto en comidas, viviendas rentadas y cerveza también se incrementa conforme se eleva el ingreso, pero en forma menos proporcional. Así que conforme se

FIGURA 10

Selección de elasticidades de la demanda con relación al ingreso

Producto	Elasticidad ingreso	Producto	Elasticidad ingreso
Educación privada	2.46	Servicios médicos	0.75
Automóviles	2.45	Coca-Cola	0.68
Vino	2.19	Carne de res	0.62
Viviendas propias	1.49	Comida	0.51
Mobiliario	1.48	Café	0.51
Servicio dental	1.42	Cigarrros	0.50
Comidas en restaurantes	1.40	Gasolina y petróleo	0.48
Calzado	1.10	Renta de vivienda	0.43
Pollo	1.06	Cerveza	0.27
Licores fuertes	1.02	Carne de cerdo	0.18
Ropa	0.92	Harina	−0.36

Fuentes: F. Gasmi *et al.*, "Econometric Analysis of Collusive Behavior in a Soft-Drink Market", *Journal of Economics and Management Strategy*, verano 1992; J. Johnson *et al.*, "Short-Run and Long-Run Elasticities for Canadian Consumption of Alcoholic Beverages", *Review of Economics and Statistics*, febrero 1992; H. Houthakker y L. Taylor, *Consumer Demand in the United States: Analysis and Projections*, 2a. ed., Cambridge, Mass., Harvard University Press, 1970; C. Huang *et al.*, "The Demand for Coffee in the United States, 1963–77", *Quarterly Review of Economics and Business*, verano 1980, y G. Brester y M. Wohlgenant, "Estimating Interrelated Demands for Meats Using New Measures for Ground and Table Cut Beef", *American Journal of Agricultural Economics*, noviembre 1991.

eleva el ingreso, la demanda de comidas en restaurantes se incrementa más en términos porcentuales que la demanda de alimentos. La demanda de viviendas ocupadas por sus propietarios se incrementa más en términos porcentuales que la demanda de viviendas en renta y la demanda de vinos se incrementa más en términos porcentuales que la demanda de cerveza. La harina de trigo tiene una elasticidad ingreso negativa, lo que indica que la demanda de harina declina conforme se eleva el ingreso.

Como hemos observado, la demanda de alimento es inelástica en relación con el ingreso y en relación con el precio. Esta combinación de inelasticidad en el ingreso y en el precio genera problemas en los mercados agrícolas, tal y como se analiza en siguiente caso de estudio.

EL MERCADO DE ALIMENTOS Y EL PROBLEMA AGRÍCOLA

Caso de **estudio**

Política pública

*e*Actividad

¿Cuáles son las fuerzas que configuran la agricultura estadounidense en la actualidad? El Servicio de Investigación Económica (*The Economic Research Service*) del Departamento de Agricultura de Estados Unidos ofrece algunas respuestas en su libro, el cual puede encontrar en http://www.ers.usda.gov/Emphases/Competitive/.

Pese a varias décadas de apoyo federal proporcionado a través de diversos programas de asistencia agrícola y miles de millones de dólares gastados, el número de agricultores estadounidenses continúa disminuyendo. El empleo agrícola cayó en más de dos terceras partes, de 10 millones en 1950 a alrededor de 3 millones en la actualidad. La desaparición de la granja familiar puede atribuirse a las elasticidades precio de la demanda y a las elasticidades ingreso de la demanda de productos agrícolas y a los avances tecnológicos que provocaron un aumento en la producción.

Muchos de los factores que determinan la producción agrícola están más allá del control del agricultor. La temperatura, la lluvia, las plagas y otras fuerzas naturales afectan el tamaño y la calidad de las cosechas. Por

Lea lo que dice la última edición sobre el estado actual de las familias de granjeros estadounidenses. ¿Cómo ha cambiado el tamaño de las granjas y en particular el número de granjas familiares? ¿Cómo se compara el ingreso de las familias de agricultores con los ingresos promedio de las familias citadinas? ¿Qué porcentaje del ingreso de las granjas proviene de las políticas de apoyo del gobierno a la agricultura?

ejemplo, en 1995 el clima ofreció condiciones favorables para los cultivos y las cosechas se incrementaron 16%. Estas oscilaciones en la producción crean problemas a los agricultores dado que la demanda por la mayoría de productos agropecuarios, como leche, huevo, maíz, papa, avena, azúcar y carne de res, es inelástica respecto al precio.

El efecto de la demanda inelástica en los ingresos agrícolas se ilustra en la figura 11. Suponga que en un año normal los agricultores suministran 10 mil millones de bushels de grano a un precio de mercado de $5 por bushel. Los ingresos anuales de los agricultores, que es el precio multiplicado por la cantidad, suman $50 mil millones en nuestro ejemplo. Suponga que condiciones más favorables de crecimiento hacen que el producto de las cosechas aumente a 11 mil millones de bushels, es decir, un incremento de 10%. Dado que la demanda es inelástica con respecto al precio, el precio promedio en nuestro ejemplo debe caer en más del 10%, digamos, $4 por bushel, para vender los mil millones de bushels adicionales. Por tanto, el incremento del 10% en la producción agrícola sólo podrá venderse si el precio desciende en un 20%.

En términos de porcentaje, la baja en el precio excede al incremento en la cantidad demandada y los ingresos totales disminuyen de $50 mil millones a $44 mil millones. De modo que el ingreso total disminuye en más del 10%, pese al incremento de 10% en la producción. *Debido a que la demanda es inelástica respecto al precio, un incremento en la producción reduce el ingreso total.* Por supuesto, para los agricultores el aspecto positivo de la demanda inelástica es que una cosecha más baja de lo normal genera un precio proporcionalmente mayor e ingresos totales más altos. Por ejemplo, debido a la sequía de 1988, los precios del maíz aumentaron más del 50% y el ingreso neto agrícola aumentó intempestivamente. De manera que los cambios que generan las condiciones climatológicas en la producción agrícola crea, año tras año, oscilaciones importantes en los ingresos que se obtienen en este renglón.

Los problemas que ocasionan las fluctuaciones en el ingreso agrícola los crean a largo plazo la *inestabilidad de la demanda* de grano respecto al ingreso, y a un nivel más general, de alimento. A medida que con el paso del tiempo el ingreso de las familias crece, el gasto para alimentación puede aumentar debido a que los consumidores sustituyen la opción de cocinar en casa por los alimentos preparados y las comidas en restaurantes. Sin embargo, este cambio no tiene serias consecuencias en su de-

FIGURA 11

Demanda de grano

La demanda de grano tiende a ser inelástica respecto al precio. A medida que baja el precio de mercado, el ingreso total también disminuye.

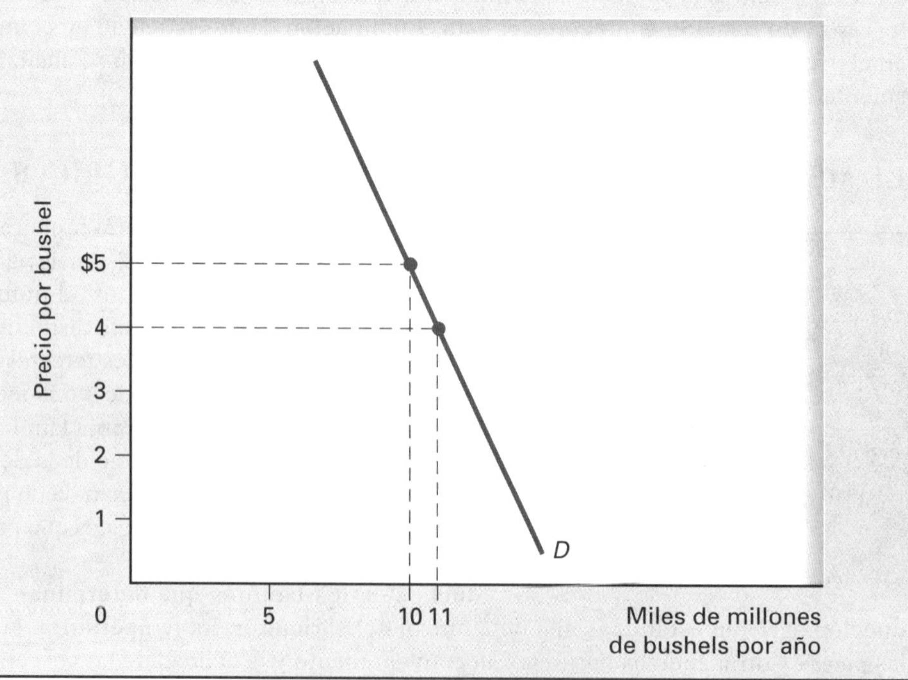

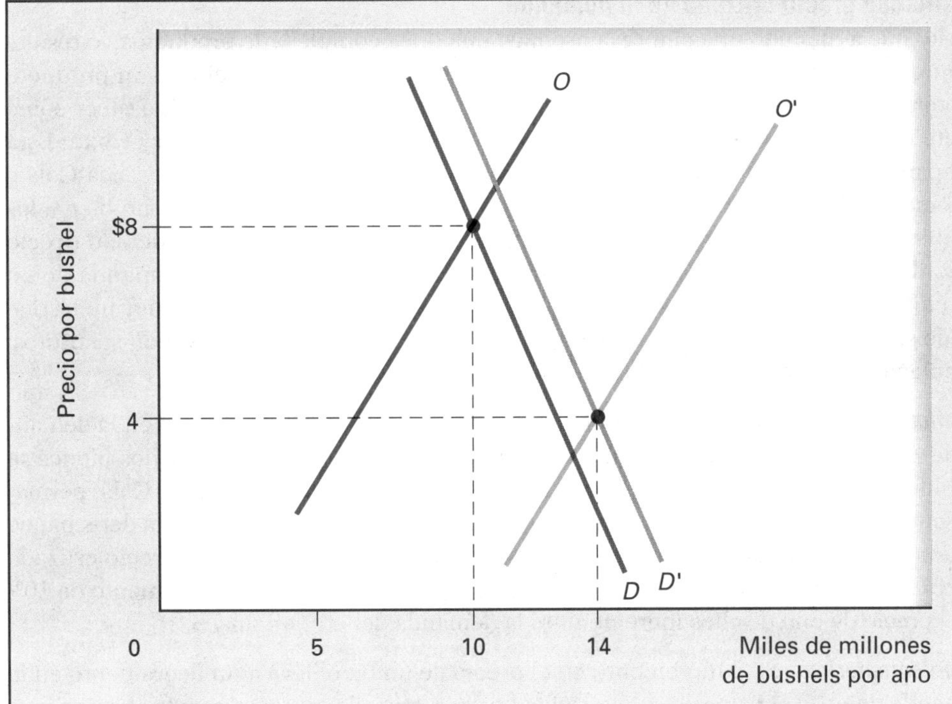

FIGURA 12

Efecto de incrementos en la oferta y la demanda en los ingresos agrícolas

Con el paso del tiempo, los avances tecnológicos en la agricultura han incrementado notablemente la oferta de grano. Asimismo, los incrementos en los ingresos familiares han incrementado la demanda de productos agrícolas. Pero debido a que los aumentos en la oferta de grano han excedido los incrementos en la demanda, el efecto combinado ha representado una caída en los precios de mercado y también una caída en el ingreso total agrícola.

manda total de productos agrícolas. De manera que, a medida que la economía crece al paso del tiempo y el ingreso real aumenta, la demanda de productos agrícolas tiende a incrementarse en menor grado que el incremento en el ingreso real. Esto se refleja en el modesto incremento en la demanda de D a D' en la figura 12.

Sin embargo, gracias a los avances tecnológicos en la producción, la oferta de productos agrícolas ha aumentado notablemente. La producción agrícola por hora de trabajo es alrededor de *ocho veces* mayor en la actualidad que en 1950; esto debido a maquinaria más moderna, mejores fertilizantes y semillas más eficientes. Por ejemplo, los agricultores del delta del Mississippi con el uso de nuevas plantas resistentes a las plagas han recortado las aplicaciones de insecticida de siete por temporada a una o, en algunos casos, a ninguna. La figura 12 muestra un gran incremento en la oferta de grano de O a O'. Ya que el incremento en la oferta excede el incremento en la demanda, el precio del grano baja, y como la demanda de grano es inelástica respecto al precio, la caída porcentual en el precio excede el incremento porcentual en la producción. El efecto combinado en nuestro ejemplo es un menor ingreso total agrícola. De hecho, el ingreso neto (ajustado respecto a la inflación) para todos los agricultores estadounidenses es ahora sólo la mitad del que se había obtenido a principios de la década de los cincuenta.

Otro comodín en la ecuación del ingreso agrícola es la inestabilidad de la demanda extranjera. La demanda extranjera de productos agrícolas estadounidenses depende de la producción y los precios que rijan en el extranjero, del tipo de cambio entre el dólar y las divisas extranjeras, y de la política nacional con respecto al comercio exterior. Algunas exportaciones agrícolas estadounidenses enfrentan tarifas de 100% o más en el extranjero. De ahí que muchas de las fuerzas que determinan el mercado para los productos agrícolas están fuera del control de los agricultores mismos. La demanda que es inelástica tanto con relación al precio como al ingreso significa que una mayor producción agrícola pueda generar un menor ingreso total.

Fuentes: Nicholas Kalaitzandonakes, "Biotechnology and Competitiveness", *Competition in Agriculture: The United States in the World Market*, editado por W. Amponsah, *et al.*, Binghamton, Nueva York, Haworth Press, 2000; Bruce L. Gardner, "Changing Economic Perspective on the Farm Problem", *Journal of Economic Literature* 30, marzo 1992, pp. 62-105. *Economic Report of the President*, enero 2001, tablas B-97 a B-101, en http://w3.access.gpo.gov/eop/. Puede consultar la investigación económica actual del Departamento de Agricultura en el sitio http://www.ers.usda.gov/.

Elasticidad precio cruzada de la demanda

Puesto que a menudo una empresa produce una línea completa de productos, le resulta de interés especial determinar en qué forma un cambio en el precio de un producto afectará la demanda de otros. Por ejemplo, la Coca-Cola Company necesita saber cómo afecta en las ventas de Coca-Cola clásica el cambio del precio de Cherry Coke. Esta compañía también necesita saber la relación que existe entre el precio de Coca-Cola y la demanda de Pepsi y viceversa. El grado de respuesta de la demanda de un bien a los cambios que se observen en el precio de otro bien se conoce como **elasticidad precio cruzada de la demanda** y se define como el cambio porcentual en la demanda de un bien dividido entre el cambio porcentual en el precio de otro bien. Su valor numérico puede ser positivo, negativo o cero, esto depende de que los dos bienes sean sustitutos, complementarios o no relacionados, respectivamente.

Elasticidad precio cruzada de la demanda Refiere a un cambio porcentual en la demanda de un bien como consecuencia de un cambio porcentual en el precio de otro bien.

Sustitutos. Si el incremento en el precio de un bien lleva a un incremento en la demanda de otro, el valor de su elasticidad de precio cruzada es positivo, y los dos bienes se consideran *sustitutos*. Por ejemplo, un incremento en el precio de la Coca-Cola, permaneciendo invariables los demás datos, desplaza la demanda de Pepsi hacia la derecha, de modo que refleja el hecho de que los dos son sustitutos. La elasticidad precio cruzada entre Coca y Pepsi es aproximadamente de 0.7, lo cual indica que un incremento de 10% en el precio de uno de ellos incrementará la demanda del otro en un 7%.[1]

Complementarios. Si el incremento en el precio de un bien lleva a un decremento en la demanda de otro, el valor de su elasticidad precio cruzada es negativa y los bienes son *complementarios*. Por ejemplo, un incremento en el precio de la gasolina, permaneciendo invariables los demás datos, desplaza la demanda de llantas a la izquierda, debido a que la gente conducirá menos y, por tanto, cambiará sus neumáticos con menos frecuencia. La gasolina y los neumáticos tienen una elasticidad precio cruzada negativa y son complementarios.

En síntesis, *cuando el cambio en la demanda de un bien tiene el mismo signo que el cambio en el precio de otro, ambos son sustitutos; cuando el cambio en la demanda de un bien tiene signo contrario al del cambio en el precio de otro, los bienes son complementarios*. La mayoría de los pares de bienes seleccionados al azar son *no relacionados,* de modo que el valor de su elasticidad precio cruzada es aproximadamente cero.

CONCLUSIONES

En vista de que este capítulo ha tendido a ser más cuantitativo que los anteriores, es probable que le haya inquietado la mecánica de los cálculos y, por tanto, haya soslayado el encanto intuitivo y la evidente sencillez del concepto de elasticidad. *Una medida de elasticidad representa la capacidad y disposición de parte de los compradores y los vendedores a modificar su comportamiento en respuesta a un cambio en sus circunstancias económicas.* Las empresas tratan de calcular la elasticidad precio de la demanda de sus productos. El gobierno, por su parte, tiene también un interés en los distintos tipos de elasticidades. Por ejemplo, los gobiernos estatales desean conocer el efecto de un incremento en los impuestos a las ventas en su ingreso total; los gobiernos locales quieren saber en qué medida un incremento en el ingreso afectará la demanda de vivienda y por tanto, a las contribuciones por impuesto a la propiedad. Las agrupaciones internacionales, tales como la Organización de los Países Exportadores de Petróleo (OPEP), también se interesan por la elasticidad precio de la demanda por petróleo, tanto a corto como a largo plazo. Debido a que regularmente una corporación produce toda una línea de productos, también tiene un interés especial en cier-

[1] F. Gasmi, J. Laffont y Q. Vuong, "Econometric Analysis of Collusive Behavior in a Soft-Drink Market", *Journal of Economics and Management Strategy*, verano 1992.

tas elasticidades a precios cruzados. Algunos economistas corporativos se ganan la vida estimando elasticidades.

El apéndice a este capítulo muestra la forma en que la elasticidad precio de la demanda y la elasticidad precio de la oferta arrojan luz sobre la incidencia de un impuesto.

RESUMEN

1. Las elasticidades en el precio de la demanda y la oferta muestran la sensibilidad con la que compradores y vendedores reaccionan a los cambios en el precio de un bien. Más elasticidad significa mayor respuesta.
2. Cuando el cambio porcentual en la cantidad demandada excede el cambio porcentual en el precio, la demanda es elástica al precio; un incremento en el precio reduce el ingreso total y una reducción en el precio incrementa el ingreso total. Cuando el cambio porcentual en la cantidad demandada es menor al cambio porcentual en el precio, la demanda es inelástica al precio; un incremento en el precio eleva el ingreso total y una reducción en el precio reduce el ingreso total. Cuando el cambio porcentual en la cantidad demandada es igual al cambio porcentual en el precio, la demanda tiene una elasticidad unitaria; un cambio en el precio no cambia el ingreso total.
3. A lo largo de una curva de demanda con pendiente descendente, lineal o en línea recta, la elasticidad de la demanda disminuye continuamente a medida que disminuye el precio. Pero una curva de demanda de elasticidad constante tiene la misma elasticidad en cualquier punto.
4. La demanda es más elástica cuando: (1) cuanto mayor sea la disponibilidad de sustitutos y más se parezcan a los bienes para los que existe la demanda; (2) cuanto más exclusivo sea un bien; (3) cuanto mayor sea la proporción del presupuesto del consumidor que invierta en ese bien; y (4) cuanto mayor sea el tiempo disponible para adaptarse a un cambio en el precio.
5. La elasticidad precio de la oferta utiliza un enfoque similar al de la elasticidad precio de la demanda. La elasticidad precio de la oferta depende de cuánto cambia el costo marginal de producción conforme cambia el volumen de producto. Si el costo marginal se eleva abruptamente conforme se expande la producción, la cantidad ofrecida responde menos a los incrementos al precio y es, entonces, menos elástica. Asimismo, mientras mayor sea el tiempo que los productores tienen para ajustarse a los cambios de precios, si otras cosas permanecen constantes, más elástica será la oferta.
6. La elasticidad ingreso de la demanda mide la sensibilidad de la demanda respecto a los cambios en el ingreso del consumidor. Esta elasticidad es positiva en el caso de los bienes normales y negativa en el de los bienes inferiores.
7. La elasticidad precio cruzada de la demanda mide el impacto de un cambio en el precio de un bien sobre la demanda de otro bien. Dos bienes se definen como sustitutos, complementarios o no relacionados; esto depende de si el valor de su elasticidad precio cruzada de la demanda es positivo, negativo o igual a cero, respectivamente.

PREGUNTAS DE REPASO

1. *Categorías de la elasticidad precio de la demanda* Para cada uno de los siguientes valores de la elasticidad precio de la demanda, indique si la demanda es elástica, inelástica, perfectamente elástica, perfectamente inelástica o unitaria. Además, indique qué sucedería con los ingresos totales de una empresa si aumentara su precio en cada clase de elasticidad identificada.
   (a) $E_D = 2.5$
   (b) $E_D = 1.0$
   (c) $E_D = \infty$
   (d) $E_D = 0.8$
2. *Elasticidad e ingreso total.* Explique la relación entre la elasticidad precio de la demanda al precio y el ingreso total.
3. *Elasticidad al precio y la curva de demanda lineal* Explique cómo es posible que muchas elasticidades al precio estén asociadas con una sola curva de demanda.
4. *Determinantes de la elasticidad al precio* ¿Por qué es mayor la elasticidad precio de la demanda de Coca-Cola que la elasticidad precio de la demanda del resto de los refrescos?
5. *Determinantes de la elasticidad del precio* Considera usted que sería más "elástica" la elasticidad precio de la demanda de la electricidad en un corto o largo periodo?
6. Determinantes de la elasticidad precio ¿Qué factores ayudan a determinar la elasticidad precio de la demanda? ¿Qué factores ayudan a determinar la elasticidad precio de la oferta?
7. *Elasticidad precio cruzada de la demanda* Con el uso de curvas de oferta y demanda proyecte el impacto de un incremento en el precio del bien 2 sobre el precio y la cantidad demandada del bien 1 si ambos bienes son sustitutos. ¿Qué pasa si los dos bienes son complementarios?
8. *Otras medidas de elasticidad* Complete cada una de las siguientes frases:
   (a) La elasticidad ingreso de la demanda mide, para un precio dado, la ________ en la demanda dividida entre ___________ del ingreso del consumidor.
   (b) Si un decremento en el precio de un bien ocasiona un decremento en la demanda de otro bien, los dos bienes son ______________.
   (c) Si el valor de la elasticidad precio cruzada de la demanda es aproximadamente cero para dos bienes, ambos se consideran ________________.

PROBLEMAS Y EJERCICIOS

9. *Cálculo de la elasticidad precio de la demanda* Suponga que se demandan 50 unidades de un bien a un precio de $1 por unidad. Una reducción en el precio a $0.20 resulta en un incremento en la cantidad demandada de 70 unidades. Demuestre que estos datos significan una elasticidad precio de 0.25. ¿En qué porcentaje el aumento del 10% en el precio reduciría la cantidad demandada si suponemos que la elasticidad precio es constante a lo largo de la curva de demanda?

10. *Elasticidad precio e ingreso total* Asigne los valores que correspondan en cada renglón de la siguiente tabla. ¿Qué relación muestran?

P	Q	Elasticidad precio	Ingreso total
$8	2	______	______
7	3	______	______
6	4	______	______
5	5	______	______
4	6	______	______
3	7	______	______
2	8	______	______

11. *Elasticidad de la demanda al ingreso* Calcule la elasticidad ingreso de la demanda para cada uno de los siguientes bienes:

	Cantidad demandada cuando el ingreso es $10 000	Cantidad demandada cuando el ingreso es $20 000
Bien 1	10	25
Bien 2	4	5
Bien 3	3	2

12. *Elasticidad precio de la oferta* Calcule la elasticidad precio de la oferta para cada una de las siguientes combinaciones de precio y cantidad ofrecida. Determine si la oferta es elástica, inelástica, perfectamente elástica, perfectamente inelástica o de elasticidad unitaria en cada caso.

(a) El precio cae de $2.25 a $1.75; la cantidad ofrecida cae de 600 a 400 unidades.
(b) El precio baja de $2.25 a $1.75; la cantidad ofrecida baja de 600 a 500 unidades.
(c) El precio se reduce de $2.25 a $1.75; la cantidad ofrecida sigue siendo de 600 unidades.
(d) El precio se incrementa de $1.75 a $2.25; la cantidad ofrecida se incrementa de 466.67 a 600 unidades.

Use el siguiente diagrama para responder las siguientes dos preguntas.

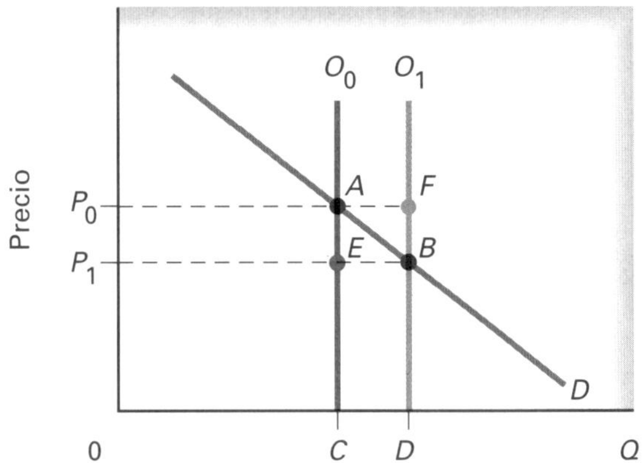

13. *Caso de estudio:* **El mercado de alimentos y el problema agrícola** Interprete este diagrama como si mostrara las curvas de oferta y demanda del mercado de productos agrícolas. Suponga que la oferta incrementó de O_0 a O_1 y que la demanda es inelástica en el ámbito de precios pertinente. ¿Qué áreas de la figura utilizaría para ilustrar el cambio neto en el ingreso total de los agricultores como resultado del incremento en la oferta?

14. *Caso de* **estudio:** *El mercado de alimentos y el problema agrícola* De nueva cuenta suponga que el diagrama representa el mercado de productos agrícolas y que la oferta se ha incrementado de O_0 a O_1. Para auxiliar a los agricultores, el gobierno federal decide estabilizar el precio en P_0 comprando el excedente de productos agrícolas. Muestre en el diagrama cuánto le costaría esta operación al gobierno. ¿En cuánto cambiaría el ingreso agrícola en comparación con lo que hubiera sido sin la intervención gubernamental?

15. *Elasticidad precio cruzada* Clasifique los siguientes productos en orden según la elasticidad precio cruzada de la demanda creciente (de negativa a positiva). Explique su razonamiento.

Limpiador

Té

Crema

Refrescos de cola

CASOS PRÁCTICOS

16. ***Caso de* estudio:** *Desaliento a los jóvenes fumadores* La campaña sanitaria denominada *Tobacco Free Kids* tiene un sitio en internet en donde se encuentra una página que presenta diversos artículos sobre la economía de la política tabacalera en http://tobaccofreekids.org/campaign/global/ worldconference.shtml. Para obtener mayores antecedentes en forma de transcripción de una serie de televisión de cinco partes, busque el libro *The Tobacco Wars* escrito por Walter Adams y James Brock, Cincinnati, OH, South Western College Publishing Co., 1999.

17. ***Caso de* estudio:** *El mercado de alimentos y el problema agrícola* Los problemas agrícolas no son exclusivos de Estados Unidos. Alan Matthews del Trinity College de Dublin tiene una interesante página en internet dedicada al tema "The Farm Problem and the Farm Policy Objectives". Usted puede consultarla en http://econserv2.bess.tcd.ie/amtthews/FoodCourse/LectureTopics/Topics.htm. Revise el material que se expone y determine en qué medida los asuntos agrícolas en la Unión Europea (UE) son similares a los que se experimentaron en Estados Unidos. ¿Qué papel desempeña la economía en el análisis de la política agrícola de la UE?

APÉNDICE

LA ELASTICIDAD PRECIO Y LA INCIDENCIA DE IMPUESTOS

Un factor que contribuyó a la Guerra de Independencia de Estados Unidos fue un impuesto que Inglaterra agregó sobre el té que las colonias americanas importaban. El impuesto del té desembocó en la fiesta del té de Boston, donde los colonos arrojaron el té a la bahía de Boston. Había confusión sobre quién realmente pagaría tal impuesto. ¿Sería pagado por los proveedores del té, los consumidores o ambos? Como el lector podrá ver, la incidencia de los impuestos, es decir, quien paga en definitiva el impuesto, depende de las elasticidades precio de la demanda y de la oferta.

ELASTICIDAD DE LA DEMANDA E INCIDENCIA DE IMPUESTOS

El panel (a) de la figura 13 ilustra el mercado del té con sus curvas *D* de demanda y *O* de oferta. Antes de que se imponga el gravamen, la intersección de la demanda y la oferta representa un precio de mercado de $1.00 por onza y una cantidad de mercado de 10 millones de onzas diarias. Suponga ahora un impuesto de $0.20 en cada onza vendida. Recuerde que la curva de la oferta representa la cantidad que los productores están dispuestos a ofrecer y pueden realmente ofrecer a cada precio. Puesto que el gobierno recibe $0.20 por cada onza vendida, esa cantidad debe agregarse a la curva original de oferta para obtener una curva de oferta que incluya el impuesto. Así, el desplazamiento en la curva de la oferta de *O* a O_i refleja la reducción en la oferta que resulta del impuesto. *El efecto de un impuesto sobre el té es reducir la oferta por la cantidad del impuesto.* La curva de demanda sigue siendo la misma porque nada sucedió con la demanda, sólo cambió la cantidad demandada.

El resultado del impuesto en el panel (a) es elevar el precio de equilibrio de $1.00 a $1.15 y reducir la cantidad equilibrio de 10 a 9 millones de onzas. Como resultado del impuesto, los consumidores pagan $1.15, o sea $0.15 más por onza y los productores reciben $0.95 después del im-

FIGURA 13

Mercado para el té: los efectos de diferentes elasticidades de la demanda sobre la incidencia del impuesto a las ventas

La imposición de un impuesto de $0.20 por onza mueve la curva de oferta a la izquierda de *O* a *O*. En el panel (a), con una demanda menos elástica, el precio en el mercado sube de $1.00 a $1.15 por onza y la cantidad demandada y ofrecida baja de 10 a 9 millones de onzas. En el panel (b), con una demanda más elástica, el mismo impuesto lleva a un incremento en el precio de $1.00 a $1.05 por onza. La cantidad demandada y ofrecida desciende de 10 a 7 millones de onzas. Mientras más elástica sea la demanda, los productores pagan más impuestos en la forma de un ingreso más bajo neto de impuestos.

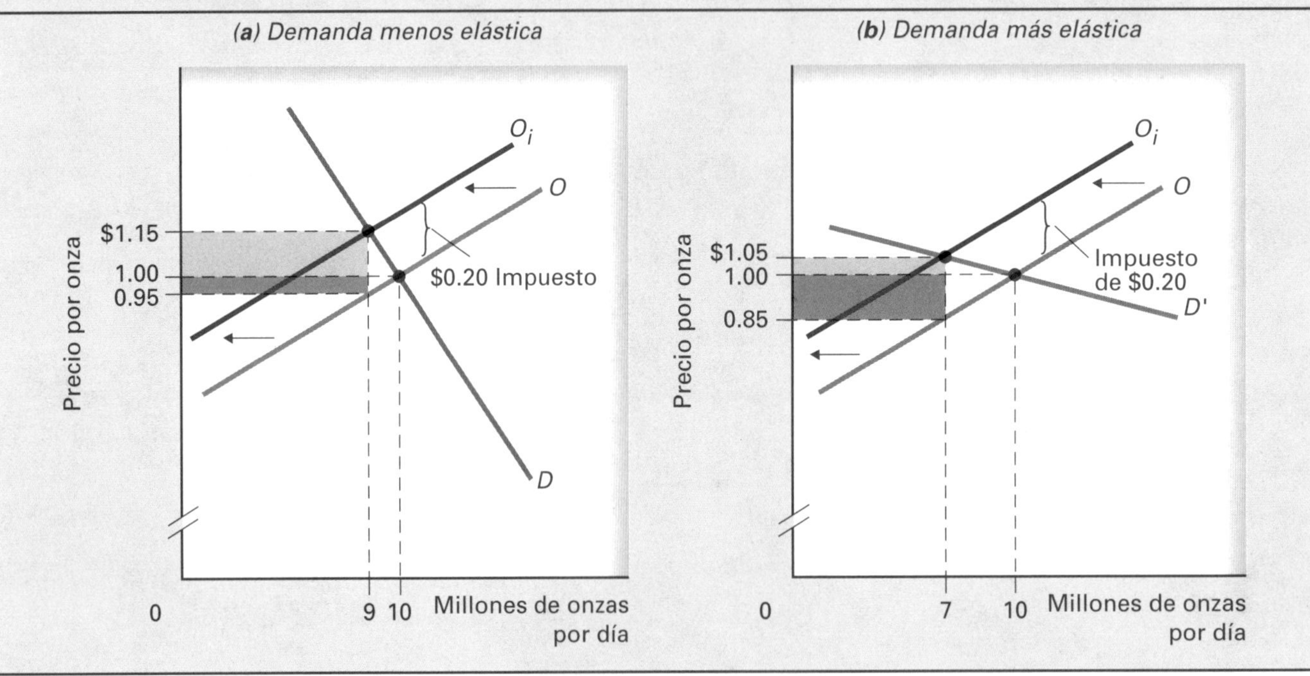

puesto, o sea $0.05 menos por onza. Por tanto, los consumidores pagan $0.15 del impuesto de $0.20 en forma de un precio más alto y los productores pagan $0.05 en forma de un ingreso menor.

El área sombreada del panel (a) muestra el impuesto total cobrado, el cual es igual al impuesto por onza de $0.20 multiplicado por los 9 millones de onzas vendidas, lo que da un total de $1.8 millones en ingresos fiscales al día. Usted podrá ver que la línea original de precio en $1 divide el área sombreada en dos porciones: una parte superior que muestra el impuesto pagado por los consumidores mediante un mayor precio y una porción inferior que muestra el impuesto pagado por los productores, la cual adopta la forma de una cantidad neta de ingresos menor después de impuestos.

La misma situación se ilustra en el panel (b) de la figura 13, excepto que la demanda es más elástica que en el panel (a). Los consumidores en el panel (b) recortan la cantidad que demandan más drásticamente en respuesta a un cambio en el precio, así que los productores no pueden trasladar con tanta facilidad el impuesto en forma de un precio más alto. El impuesto incrementa el precio en $0.05 a $1.05 y los ingresos para los proveedores netos de impuestos se reducen de $0.15 a $0.85. El ingreso total de impuestos es igual a $0.20 por onza multiplicado por 7 millones de onzas vendidas, o sea $1.4 millones diarios. De nueva cuenta, el rectángulo superior del área sombreada muestra la porción del impuesto pagado por los consumidores en forma de un precio más alto y el rectángulo inferior muestra la parte pagada por los productores en forma de ingresos netos más bajos de impuestos. El impuesto es la diferencia entre la cantidad que los consumidores pagan y la cantidad que los productores reciben.

Desde un punto de vista más general, mientras la *pendiente de la curva de oferta sea positiva y la oferta sea más elástica, los productores pagarán mayores impuestos en forma de menores ingresos netos de impuestos y los consumidores lo podrán soportar menos como un precio más alto.* Note también que la cantidad vendida se reduce más en el panel (b) que en el panel (a). Si otras cosas permanecen constantes, el ingreso total de impuestos se reduce más cuando la demanda es más elástica. Como el ingreso de impuestos cae conforme se eleva la elasticidad de la demanda al precio, los gobiernos alrededor del mundo tienden a gravar productos que tienen demandas inelásticas, como cigarros, licores, gasolinas, apuestas, café y té.

ELASTICIDAD DE LA OFERTA E INCIDENCIA DE IMPUESTOS

El efecto de la elasticidad de la oferta sobre la incidencia de impuestos se muestra en la figura 14. La misma curva de demanda aparece en ambos paneles, pero la curva de la oferta es más elástica en el panel (a). De nueva cuenta comenzamos con un precio de equilibrio de $1.00 por onza y una canti-

FIGURA 14

Impuesto al mercado de té: efectos de diferentes elasticidades de la oferta sobre la incidencia del impuesto a la venta

La imposición de un impuesto de $0.20 por onza mueve a la izquierda tanto la curva de oferta más elástica del panel (a) como a la curva menos elástica del panel (b). En el panel (a), el precio en el mercado sube de $1.00 por onza a $1.15; en el panel (b), el precio sube a $1.05 por onza. Así, mientras más elástica sea la oferta, más impuesto pagan los consumidores.

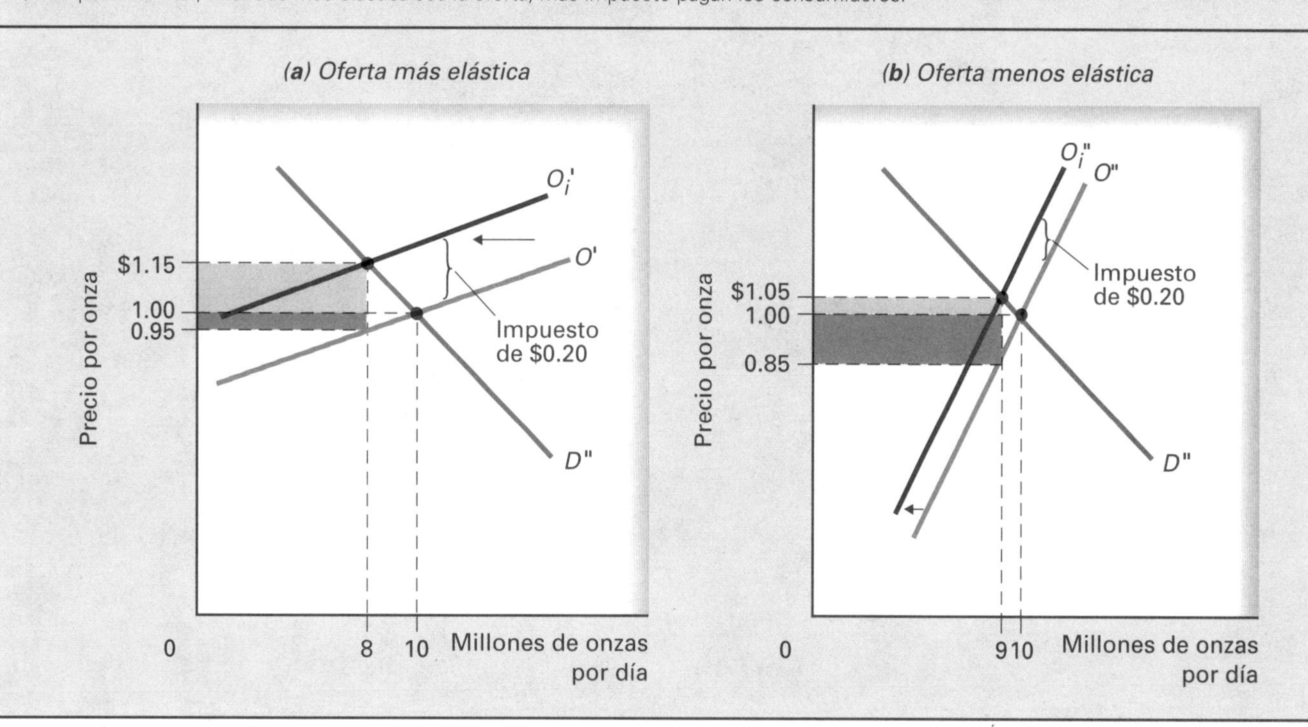

dad de equilibrio de 10 millones de onzas de hojas de té por día. Una vez que se impone el impuesto de ventas de $0.20 por onza, la oferta se reduce en ambos paneles para reflejar el impuesto. Note que en el panel (a) el precio se eleva a $1.15, o sea $0.15 por arriba del precio previo al impuesto de $1.00, mientras que en el panel (b) el precio se incrementa sólo en $0.05. Esto significa que una mayor parte del impuesto se traslada a los consumidores en el panel (a), donde la oferta es más elástica. Mientras más fácilmente puedan los proveedores recortar la producción en respuesta a un gravamen reciente, mayor impuesto pagarán los consumidores. Desde un punto de vista más general, mientras *la curva de la demanda tenga una pendiente negativa y la oferta sea más elástica, los productores pagarán menos impuestos en forma de menores ingresos netos de impuestos y los consumidores lo podrán sobrellevar más como un precio más alto.*

Concluimos que mientras *menos elástica sea la demanda y más elástica la oferta, mayor será la parte del impuesto que paguen los consumidores.* Uno puede considerar al impuesto de ventas como una "papa caliente". El lado del mercado que es más ágil, es decir, más elástico al precio, al ajustarse a un incremento de precios, es más capaz de orillar al otro extremo del mercado para que soporte la mayor parte del impuesto.

PREGUNTAS DEL APÉNDICE

1. Generalmente se afirma que un impuesto, en un bien específico, simplemente será trasladado a los consumidores. ¿En qué condiciones de elasticidades de demanda y oferta ocurrirá esto? ¿En qué condiciones muy poca parte del impuesto será trasladado a los consumidores?

2. Supongamos que se impone un gravamen en un bien con una curva de oferta perfectamente elástica.
   (a) ¿Quién paga el impuesto?
   (b) Muestre cuánto impuesto se cobra utilizando curvas de demanda y oferta.
   (c) ¿Cómo cambiaría este ingreso de impuestos si la curva de oferta fuera menos elástica?

3. Durante los ochenta, el Congreso estadounidense estableció un alto impuesto de ventas sobre los yates, imaginándose que los ricos podrían pagar este lujo. Pero se perdieron tantos empleos en la industria de la construcción de yates que la medida fue finalmente rechazada. ¿Qué error cometió el Congreso al imponer este impuesto?

Elección y demanda del consumidor

CAPÍTULO

6

¿Por qué los periódicos que se venden en las máquinas expendedoras dejan tomar más de un ejemplar a quien deposita una moneda? ¿Cuánto puede comer cuando le dejan consumir todo lo que desea?¿Por qué los restaurantes no permiten llevarse lo que no pudo comer si tienen promociones de las llamadas "Coma todo lo que pueda". ¿Cuál es el remedio para la "fiebre de la primavera"? ¿Por qué el agua es más barata que los diamantes si ésta es vital y los diamantes son meros bienes materiales? Para contestar estas preguntas, examinaremos más de cerca la demanda del consumidor, la cual se considera la piedra angular de la ciencia económica.

Hasta este momento ya conoce dos razones del porqué las curvas de demanda tienen pendiente descendente. La primera es el *efecto sustitución* de un cambio en el precio, es decir cuando el precio de un bien desciende y los consumidores sustituyen ese bien por otros ahora más baratos. La segunda es el efecto ingreso de un cambio en el precio, o sea, cuando el precio de un bien baja, el ingreso real del consumidor se incrementa y así aumenta su capacidad de comprar más.

La demanda es un tema tan importante que debe conocer más de ella. En este capítulo se estudia la ley de la demanda con base en la satisfacción derivada del consumo. Como siempre, suponemos que la elección del consumidor en un mundo de escasez está motivada por el deseo de maximizar su utilidad o satisfacción. El objetivo principal de este capítulo no es decirle cómo maximizar su utilidad, eso se da en forma natural. Sin embargo, el entendimiento de la teoría subyacente a nuestro comportamiento nos ayuda a entender sus consecuencias, lo cual nos lleva a predicciones más precisas. Los temas que se tratan en este capítulo son:

- Utilidad total y marginal
- Ley de la utilidad marginal decreciente
- Medición de la utilidad
- Condiciones para maximizar la utilidad
- Excedente del consumidor
- El papel del tiempo en la demanda
- Precio en dinero y precio en tiempo de los bienes

ANÁLISIS DE LA UTILIDAD

Suponga que usted y un amigo comen juntos. Al terminar, su amigo le pregunta si le gustó la comida. Usted no contestaría "me gustó lo doble que a ti" ni tampoco "esta comida merece un 86 en el índice de satisfacción del consumidor". La utilidad o satisfacción que uno obtiene de la comida no se puede comparar con la experiencia de otra persona ni se puede medir su utilidad objetivamente. Pero podría decir, "me gustó más que la última vez que estuve aquí". En general, uno sí puede afirmar que una de sus experiencias fue más satisfactoria que la otra. Aunque usted se quede callado, podemos sacar inferencias al observar su conducta. Por ejemplo, podemos llegar a la conclusión de que a una persona le gustan más las manzanas que las naranjas cuando esas dos frutas tienen el mismo precio y esa persona decide comprar manzanas.

Gustos y preferencias

Gustos Las preferencias de un consumidor por diferentes bienes y servicios.

Como se mencionó en el capítulo cuatro, *utilidad* es la sensación de placer o satisfacción que se obtiene del consumo de algo. La utilidad es subjetiva. La utilidad que obtiene de consumir un bien depende de sus **gustos**, es decir, sus actitudes y preferencias hacia diferentes bienes y servicios, es decir, lo que le gusta y lo que no le gusta en el consumo. Algunos bienes le pueden parecer extremadamente atractivos y otros no. No podría concebir, por ejemplo, por qué alguien está dispuesto a pagar grandes cantidades de dinero por comer sopa de aleta de tiburón, sesos de becerro, o comprar discos de polkas o películas de artes marciales. ¿Por qué casi todos los cochecitos para bebé que se venden en Estados Unidos son de color azul marino, mientras que en Italia son amarillos y en Alemania verde pálido? ¿Por qué a los australianos les gustan más las papas fritas con sabor a pollo y el pollo con sal?

En realidad, los economistas tienen poco que decir sobre el origen de los gustos o por qué los gustos difieren entre individuos, familias, regiones y países. *Simplemente piensan que los gustos son inherentes y relativamente estables, es decir, diferentes personas pueden tener gustos distintos, pero los gustos de un individuo son inmutables.* Lo que es cierto es que los gustos por ciertos productos cambian con el tiempo. He aquí dos ejemplos: (1) durante la última década, el calzado de mayor uso entre los estudiantes universitarios fueron las botas de alpinista y las botas para trabajo pesado, con lo cual los tenis para correr fueron desplazados. (2) Los americanos comenzaron a consumir cortes de carne más delgados después de que un informe publicado en 1982 vinculó la grasa de las carnes rojas con un riesgo mayor de contraer cáncer. A pesar de estas circunstancias, los economistas siguen considerando que los gustos son lo suficientemente estables como para poder estudiar aspectos como la relación entre el precio y la cantidad de la demanda. Si los gustos no fueran razonablemente estables, no podríamos afirmar el supuesto en el análisis de la demanda de que "otras cosas permanecen invariables" ni siquiera podríamos dibujar una curva de demanda.

Ley de la utilidad marginal decreciente

Suponga que es un día muy caluroso y luego de trotar cuatro millas se sirve un vaso de agua fría. El primer vaso le sabe muy bien y realmente ayuda a saciar su sed; el siguiente ya no es tan maravilloso, pero le sabe bien; el tercero es simplemente regular; y el cuarto vaso lo deja a la mitad. Hablemos ahora de la *utilidad* o satisfacción que obtiene del consumo de agua.

Es importante establecer la diferencia entre utilidad total y utilidad marginal: **utilidad total** es la satisfacción total que un consumidor obtiene del consumo; por ejemplo, la satisfacción total que obtiene por beber cuatro vasos de agua. **Utilidad marginal** es el cambio en la utilidad total que sobreviene por un cambio de una unidad en el consumo de un bien; por ejemplo, la utilidad marginal en el tercer vaso con agua es el cambio en la utilidad total que resulta de consumir ese tercer vaso.

Utilidad total La satisfacción total que un consumidor obtiene del consumo. Se podría referir, ya fuera a la utilidad total de consumir un bien específico o a la utilidad total de todo el consumo.

Utilidad marginal El cambio que ocurre en la utilidad total propiciado por el cambio en una unidad en el consumo de un bien.

Ley de la utilidad marginal decreciente Mientras más sea la cantidad que una persona consume por periodo, menor será el incremento en la utilidad total debido al consumo de una unidad más, siempre y cuando los demás datos se mantengan constantes.

Su experiencia en el caso del agua refleja un principio básico del análisis de la utilidad: la **ley de la utilidad marginal decreciente**. Esta ley establece que cuanto más consuma una persona de un bien por un periodo, permaneciendo invariable lo demás, tanto menor será el incremento en la utilidad total del consumo adicional; es decir, menor será la utilidad marginal de cada unidad adicional que se consuma. La utilidad marginal que obtiene de cada vaso con agua adicional disminuye conforme su consumo aumenta. Usted disfruta mucho el primer vaso, pero cada vaso adicional le proporcionará una utilidad marginal cada vez menor. Si alguien lo obligara a beber un quinto vaso, tal vez ya no lo disfrutaría; entonces la utilidad marginal que obtuviera de ese quinto vaso probablemente sería negativa. La utilidad marginal decreciente es una característica de todo consumo. Si se come un segundo sándwich de 30 cm de largo en la misma comida, sería de poca o ninguna utilidad marginal para la mayoría de la gente. Quizá disfrutaría de una segunda película el viernes en la noche, pero una tercera probablemente sería demasiado. La utilidad marginal no siempre disminuye justo en el momento o con gran rapidez, pero finalmente se reduce con el tiempo. Por ejemplo, es probable que coma muchas papas fritas antes de que la utilidad marginal de papas adicionales empiece a declinar.

Luego de un largo invierno, el primer día caluroso de primavera resulta algo especial y propicia la llamada "fiebre de la primavera"; sin embargo, la fiebre desaparece luego de muchos días de calor semejantes al primero. Para cuando llega agosto, la gente le asigna una utilidad marginal mucho menor, es decir, lo relega a un día caluroso más. En el caso de ciertos bienes, la disminución en la utilidad marginal propiciada por un consumo adicional es más evidente. Es muy probable que un segundo ejemplar del mismo diario no le proporcione utilidad marginal alguna. En realidad, el diseño de las máquinas expendedoras de periódico se basa en el hecho de que no tomará más de un ejemplar.[1] Del mismo modo, ver dos veces la misma película en una tarde por lo general no brinda utilidad adicional. En términos generales, la expresión "haber estado allí y haber hecho eso" conlleva la idea de que, para muchas actividades, las cosas comienzan a envejecer después de la primera vez. Los restaurantes dependen de la ley de utilidad marginal decreciente cuando promueven sus ofertas de coma todo lo que pueda, eso sí sin bolsitas para llevarse los sobrantes, puesto que el trato es que coma todo lo pueda en ese momento y no en ese instante y durante las siguientes dos semanas.

MEDICIÓN DE LA UTILIDAD

Hasta ahora, en nuestras descripciones de utilidad hemos utilizado palabras como *maravilloso*, *bueno* y *regular*; sin embargo, no podremos llevar el análisis demasiado lejos si nos circunscribimos a un lenguaje así de subjetivo. Si queremos predecir el comportamiento con base en los cambios que se suscitan en el entorno económico, debemos desarrollar una forma consistente de analizar la utilidad.

[1] Marshall Jevons, *The Fatal Equilibrium*, Cambridge, MA: MIT Press, 1985.

Unidades de utilidad

Regresemos al ejemplo del agua. Aunque en realidad no existe una manera objetiva de medir la utilidad, si se le obligara, quizá podría ser más específico en cuanto al grado en que disfrutó cada vaso de agua. Por ejemplo, el segundo vaso era la mitad de bueno que el primero, el tercero era la mitad de bueno que el segundo, el cuarto era la mitad de bueno que el tercero, y dejó de lado un quinto vaso porque ya no esperaba ninguna utilidad positiva. Para aclarar este comentario acerca de su satisfacción, asignemos números arbitrarios al monto de la utilidad que se obtiene de cada cantidad consumida, de modo que el patrón de los números refleje el patrón de su satisfacción. En sí los números no son importantes, solamente las relaciones entre ellos es lo que vale. Supongamos que el primer vaso con agua le proporciona 40 unidades de utilidad, el segundo vaso 20, el tercero 10, y el cuarto 5. El quinto vaso, si usted se viera obligado a beberlo, proporcionaría una utilidad negativa, digamos, en este caso, −2 unidades de utilidad. *Utilizar valores numéricos para la utilidad nos permite ser más específicos sobre la utilidad que se obtiene del consumo*. Si de algo le ayuda, puede considerar a las unidades de utilidad como emociones, placeres o diversiones que obtiene de su consumo.

Al darle una medida numérica a la utilidad, podemos comparar la utilidad total que un consumidor específico obtiene de diferentes bienes, así como la utilidad marginal que el mismo consumidor recibe de un consumo adicional. De esta manera, podemos emplear unidades de utilidad para evaluar las preferencias de un consumidor por unidades adicionales de un bien o incluso unidades adicionales de diferentes bienes. Sin embargo, nunca debe tratar de comparar unidades de utilidad entre consumidores. *Cada individuo tiene una escala de utilidad exclusiva.*

En la primera columna de la figura 1 se presenta una lista de las cantidades de agua que podría consumir luego de trotar cuatro millas en un día caluroso, la segunda columna presenta la utilidad total obtenida de ese consumo y la tercera, la utilidad marginal de cada vaso con agua adicional que se consume. Recuerde que la utilidad marginal es el cambio en la utilidad total resultante del consumo de una unidad adicional del bien. En la segunda columna puede ver que la utilidad total aumenta con cada uno de los primeros cuatro vasos, pero en cantidades cada vez más pequeñas. La tercera columna muestra que el primer vaso con agua proporciona 40 unidades de utilidad; el segundo, 20, y así sucesivamente. La utilidad marginal disminuye luego del primer vaso y se vuelve negativa con el quinto. A cualquier nivel de consumo, la utilidad total es la suma de la utilidad marginal. Esta utilidad total se representa gráficamente en el panel (a) de la figura 2. Una vez más, debido a la utilidad marginal decreciente, cada vaso contribuye en menor grado a la utilidad total, de modo que ésta aumenta por los primeros

FIGURA 1

Utilidad que se obtiene del agua después de correr cuatro millas

Vasos con agua consumidos	Utilidad total	Utilidad marginal
0	0	—
1	40	40
2	60	20
3	70	10
4	75	5
5	73	−2

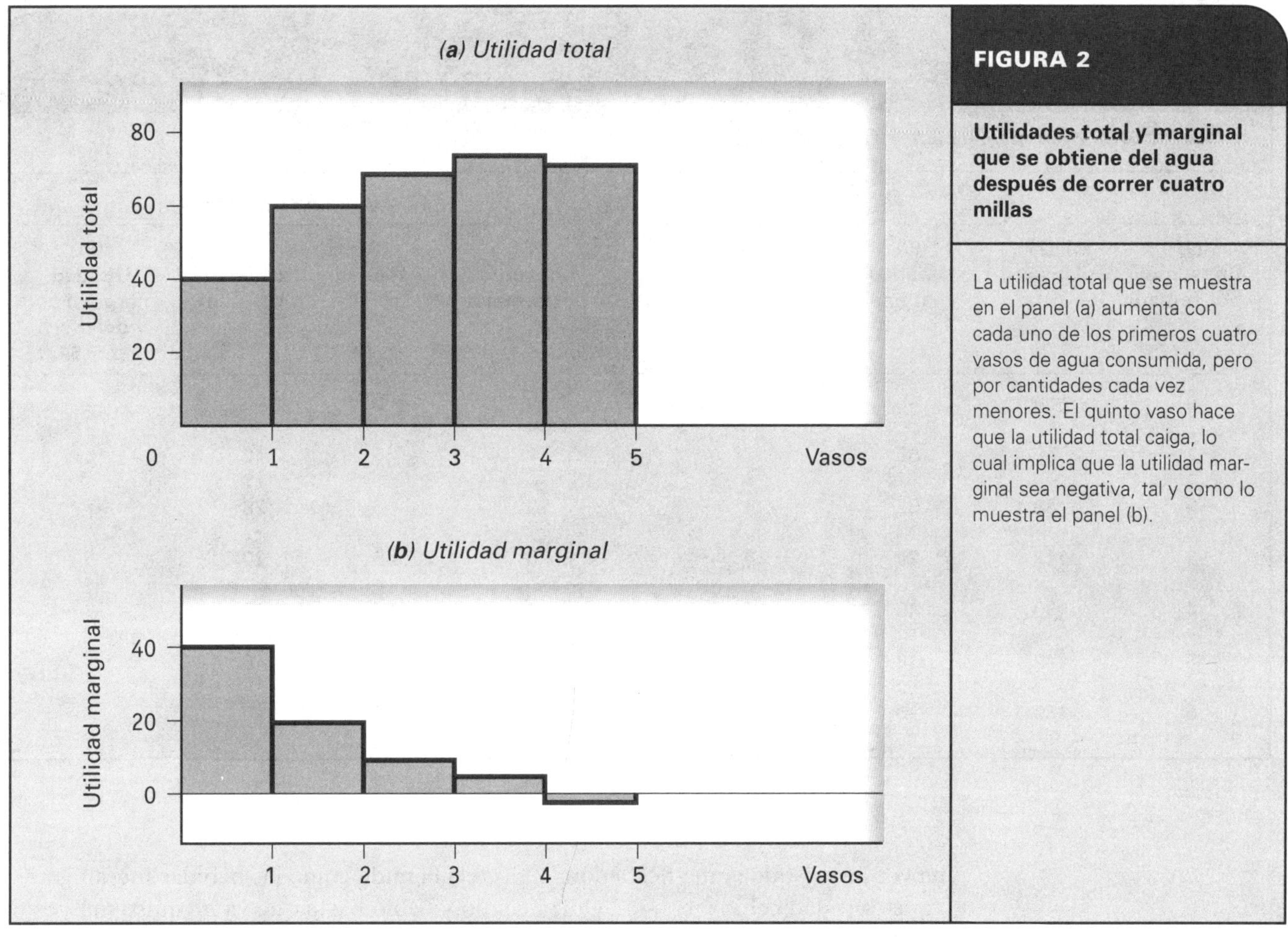

FIGURA 2

Utilidades total y marginal que se obtiene del agua después de correr cuatro millas

La utilidad total que se muestra en el panel (a) aumenta con cada uno de los primeros cuatro vasos de agua consumida, pero por cantidades cada vez menores. El quinto vaso hace que la utilidad total caiga, lo cual implica que la utilidad marginal sea negativa, tal y como lo muestra el panel (b).

cuatro vasos, pero a una proporción decreciente. La utilidad marginal se presenta en el panel (b).

Maximización de la utilidad en un mundo sin escasez

Los economistas suponen que el objetivo en el consumo de agua, al igual que en todo consumo, es *maximizar la utilidad total*. De modo que, ¿cuánta agua consume? Si el precio del agua es cero, beberá agua conforme cada vaso adicional incremente la utilidad total, lo que significa que consumirá cuatro vasos de agua. *Así que cuando un bien es gratuito, se incrementa su consumo en tanto que las unidades adicionales proporcionen una utilidad marginal positiva*.

Ampliemos el análisis de la utilidad para examinar el consumo de dos artículos: pizzas y videos rentados. Seguiremos interpretando la relativa satisfacción que obtiene del consumo en unidades de utilidad. Suponga que las utilidades total y marginal del consumo son tal y como se presentan en la figura 3. Las primeras cuatro columnas aplican para la pizza y las otras cuatro para los videos rentados. Obsérvelas con atención.

Note que en las columnas (3) y (7) ambos bienes muestran utilidad marginal decreciente. Dado este conjunto de preferencias, ¿qué cantidad de cada bien consumiría usted? A un precio cero, usted incrementaría su consumo en tanto obtuviera una utilidad marginal positiva de unidades adicionales de cada bien. En consecuencia, consumiría cuando menos las primeras seis pizzas y los primeros seis videos ya que ambos bienes generan una utilidad marginal positiva en ese nivel de consumo. ¿Algu-

FIGURA 3

Utilidades total y marginal de las pizzas y videos rentados

Pizza				Videos rentados			
(1) Consumo por semana	(2) Utilidad total	(3) Utilidad marginal	(4) Utilidad marginal por dólar si p = $8	(5) Consumo por semana	(6) Utilidad total	(7) Utilidad marginal	(8) Utilidad marginal por dólar si p = $4
0	0	—	—	0	0	—	—
1	56	56	7	1	40	40	10
2	88	32	4	2	68	28	7
3	**112**	**24**	**3**	3	88	20	5
4	130	18	2¼	**4**	**100**	**12**	**3**
5	142	12	1½	5	108	8	2
6	150	8	1	6	114	6	1½

na vez ha asistido a una fiesta donde tanto la comida como las bebidas fueran gratis?, ¿qué cantidad bebió y comió? Quizá comió y bebió hasta que ya no quiso más, es decir, hasta que la utilidad marginal de cada bien consumido declinó a cero.

Maximización de la utilidad en un mundo con escasez

Por desgracia, la escasez es nuestro destino, de modo que debemos observar la manera en la que un consumidor elige cuando los artículos no son gratis. Supongamos que el precio de una pizza es de $8, el precio de renta de un video es de $4 y los ingresos que percibe por un trabajo de medio tiempo suman $40 semanales después de impuestos. Sin embargo, usted todavía desea maximizar la utilidad, pero ahora está sujeta a la condición de que su ingreso es limitado y los precios son mayores de cero. En estas condiciones, *la utilidad que obtiene de diferentes bienes en relación con sus precios determina cómo distribuye su ingreso.* En el mundo real, el consumo depende de los gustos, tal como lo reflejan las utilidades marginales, los precios y el ingreso que recibe.

¿Cómo distribuye entonces su ingreso entre los dos bienes de modo que pueda maximizar la utilidad? Suponga que empieza con alguna combinación de pizzas y videos. Si ve que puede incrementar su utilidad reasignando sus gastos, así lo hará, y seguirá haciendo ajustes en tanto pueda seguir incrementando su utilidad. Al principio, en sus decisiones de consumo tal vez recurra al ensayo y error, pero conforme aprenda de sus errores avanzará hacia el nivel de maximización de la utilidad. Cuando ya no sea posible efectuar más movimientos tendentes a incrementar la utilidad, se habrá situado en la combinación que maximice su utilidad, de acuerdo con sus gustos, los precios y su ingreso, lo cual significa que habrá llegado a la *combinación de equilibrio*. Una vez que alcanza este equilibrio en la maximización de la utilidad, mantendrá su patrón de consumo a menos que haya un cambio en sus gustos, en los precios o en su ingreso.

Para iniciar el proceso de asignación, supongamos que al principio gasta todo su ingreso de $40 en pizzas: usted compra cinco pizzas por semana, lo que rinde un total de 142 unidades de utilidad. Pronto se da cuenta de que si compra una pizza menos, deja suficiente dinero para rentar dos videos. ¿Usted cree que se incrementaría el total de la utilidad? Claro. Usted cede 12 unidades de utilidad, es decir, la utilidad marginal de la quinta pizza para obtener 68 unidades de utilidad de los primeros dos videos. Por tanto, la utilidad total sube de 142 a 198. Luego observa que si reduce la compra de pizzas a tres, cede 18 unidades de utilidad de la cuarta pizza, pero gana un total de 32 unidades de utilidad del tercer y cuarto videos. Éste es otro movimiento que aumenta la utilidad.

Sin embargo, las reducciones extras en las pizzas reducirían su total de utilidad porque cedería 24 unidades de utilidad de la tercera pizza, pero conseguiría sólo 14 del quinto y sexto videos. Así, por un método de tanteo, encuentra que la combinación que equilibra el máximo de utilidades es de tres pizzas y cuatro videos por semana para así obtener un total de utilidades de 212. Esto significa un desembolso de $24 por pizzas y $16 por videos. *Usted se encuentra en equilibrio al consumir esta combinación dado que cualquier cambio contribuiría a disminuir su utilidad total.* Note que ahora demanda menos pizzas y videos que cuando su precio era de $0.

Condiciones para la maximización de la utilidad

Como puede observar del ejemplo anterior, una vez que se ha logrado el equilibrio, cualquier cambio en el presupuesto reducirá la utilidad. *Una vez que el consumidor está en equilibrio, no hay manera de incrementar la utilidad reasignando el presupuesto.* También podemos afirmar que *en estado de equilibrio, el último dólar gastado en cada artículo rinde la misma utilidad marginal.* Veamos cómo funciona esto. La columna (4) muestra la utilidad marginal de la pizza dividida entre su precio de $8. La columna (8) muestra la utilidad marginal de los videos rentados dividida entre su precio de $4. Aquí puede ver que la situación de equilibrio de tres pizzas y cuatro videos agota el presupuesto de $40 y proporciona 3 unidades de utilidad más por el último dólar que gastó en cada artículo. El **equilibrio del consumidor** se alcanza cuando el presupuesto se gasta completamente y el último dólar gastado en cada bien proporciona la misma utilidad, o bien, cuando la utilidad marginal de la pizza dividida entre su precio es igual a la utilidad marginal de los videos divididos entre su precio. En resumen, el consumidor recibe la misma utilidad por el último dólar gastado en cada artículo. Esta igualdad se puede expresar como:

Equilibrio del consumidor Condición en la cual el presupuesto de un consumidor individual se gasta por completo y el último dólar gastado en cada bien proporciona la misma utilidad marginal; la utilidad se maximiza.

$$\frac{UM_p}{p_p} = \frac{UM_v}{p_v}$$

donde UM_p es la utilidad marginal de la pizza, p_p es el precio de la pizza, UM_v es la utilidad marginal de los dos videos rentados y p_v es el precio de la renta de los videos. Aunque hemos considerado sólo dos bienes, la lógica de la maximización de la utilidad se aplica a cualquier número de bienes. El consumidor reasigna los gastos hasta que el último dólar que se gasta en cada producto proporciona la misma utilidad marginal.

En condiciones de equilibrio, los bienes de precio más alto deben proporcionar una mayor utilidad marginal que los bienes de precio más bajo; la suficiente utilidad adicional como para compensar lo alto de su precio. Puesto que una pizza cuesta el doble que la renta de un video, la utilidad marginal de la última pizza que se compra debe ser, en equilibrio, el doble de la del último video rentado. De hecho, la utilidad marginal de la tercera pizza, 24, es el doble de la del cuarto video, 12. Los economistas no afirman que usted iguala conscientemente los porcentajes de utilidad marginal al precio, pero sí aseguran que uno actúa tal como si hubiera realizado tales cálculos. *Por consiguiente, usted decide qué cantidad de cada bien va a adquirir tomando en cuenta sus preferencias, precios en el mercado y sus ingresos.*

De esta manera, los consumidores maximizan la utilidad al igualar la utilidad marginal por unidad monetaria de gastos en todos los artículos. Esta igualdad resolvió lo que había sido un enigma económico, tal y como se verá en el siguiente caso de estudio

Caso de **estudio**

Pongamos en práctica la teoría

*e*Actividad

Cualquier pregunta que tenga sobre el uso y suministro de agua en Estados Unidos, será contestada en la página U.S. Geological Survey´s Water Q&A, la cual se localiza en http://wwwga.usgs.gov/edu/qausage.html. Esta página cuenta con la facilidad de vincular diversos términos con páginas que contienen información adicional. ¿Cuál es el uso principal del agua en Estados Unidos? ¿Qué importancia tiene su uso doméstico?, ¿Cómo se compara el uso del agua en Estados Unidos con el resto del mundo? Encuentre las respuestas a estas interrogantes en el artículo "Water: Critical Shortages Ahead?" del World Resource Institute, cuyo sitio en internet es http://www.wri.org/wr-98-99/ water.htm.

AGUA, AGUA POR DOQUIER

Hace siglos, los economistas estaban perplejos por el precio de los diamantes en relación con el precio del agua. Los diamantes son simples baratijas, es decir, de ninguna necesidad vital. El agua es esencial para la vida y tiene un número inmenso de usos. Sin embargo, los diamantes son caros, mientras que el agua es barata. Por ejemplo, los $10 000 que se gastan en un diamante de un quilate podrían pagar unas 10 000 botellas de agua o como unos 5 millones de galones de agua proporcionada por el municipio, el cual vende a 20 centavos un ciento de galones. No importa la forma en que se les mida, los diamantes son extremadamente costosos si se comparan con el agua. Por el precio de un diamante de un quilate uno podría comprar suficiente agua para toda la vida.

¿Cómo es posible que el precio de algo tan útil como el agua sea tan bajo en comparación con algo que tiene un uso tan limitado como los diamantes? En 1776, Adam Smith analizó lo que se conoce como la *paradoja diamantes-agua*. Debido a que el agua es esencial para la vida, la utilidad total derivada del agua excede por mucho la utilidad total obtenida de los diamantes. Sin embargo, el valor de un bien en el mercado no se basa en su utilidad total, sino en lo que los consumidores están dispuestos y pueden pagar por una unidad adicional del bien, esto es, en su utilidad marginal. Puesto que el agua es tan abundante en la naturaleza, consumimos agua hasta el punto en que la utilidad marginal del último galón que se compra es relativamente baja. Ya que los diamantes son relativamente escasos en la naturaleza, la utilidad marginal del último diamante que se compra es relativamente alta. Por tanto, el agua es barata y los diamantes son caros. Como dijo Benjamín Franklin: "Sólo sabremos el valor del agua cuando se seque la noria".

Si seguimos con el tema del agua, durante los últimos diez años la venta de agua embotellada se desbordó en 150% —con mayor rapidez que cualquier otra bebida— lo cual creó una industria de $5 mil millones en Estados Unidos. El consumo anual de agua embotellada creció de 5 a 12 galones por persona. Estados Unidos ofrece el mercado más grande del mundo para el agua embotellada; importa agua de lugares como Italia, Francia, Suecia, Gales y hasta las islas Fiji. Los "bares de agua" "en Boston, Nueva York y Los Ángeles ofrecen agua embotellada como su atracción principal.

¿Por qué los consumidores pagan una prima por el agua embotellada cuando pueden beber agua de la llave casi gratis? En primer lugar, muchas personas no consideran que las dos sean buenas sustitutas. Algunas se preocupan por la pureza del agua de la llave, y consideran que el agua embotellada es una alternativa saludable. En una encuesta realizada por la empresa Gallup Poll casi la mitad de las personas encuestadas dijeron que no beben agua de la llave. En segundo lugar, las personas que toman agua de la llave consideran que el agua embotellada es una buena opción cuando están fuera de su casa.

De acuerdo con la teoría de maximización de la utilidad, la gente que compra agua embotellada piensa que los beneficios extras compensan el costo adicional. Se espera que las ventas de agua embotellada aumenten y que lleguen a representar la máxima amenaza para la industria refresquera. Pero como dice el dicho, "si puede con el enemigo únase a él": Aquafina, una división de la empresa Pepsi, es la marca de mayor venta de agua embotellada en Estados, Unidos, y Coca-Cola también ya lanzó su propia marca, Dasani.

Fuentes: Corby Kummer, "What's in the Water?", *The New York Times*, 30 de agosto 1998; Betsy McKay, "Consumers' Appetite for Soda is Going Flat", *The Wall Street Journal*, 19 de septiembre 2000 y "Lax Laws Raise Tap Water Risks", *USA Today*, 21 de octubre 1998. Puede consultar el sitio Definitive Bottled Water Site en http://www.bottledwaterweb-.com/ y la página de International Bottled Water Association en http://www.bottledwater.org/.

Ley de la demanda y la utilidad marginal

El propósito del análisis de utilidad es proporcionar información acerca de la demanda. ¿Cómo se relaciona el análisis anterior con su demanda de pizzas? Ésta genera un solo punto en su curva de demanda de pizzas. A un precio de $8, usted demanda tres pizzas por semana. Este punto se basa en un ingreso de $40 a la semana, un precio de renta de $4 por video y sus gustos, los cuales se reflejan en las tablas de utilidad de la figura 3. Este punto, por sí solo, no ofrece indicio alguno respecto de la forma de su curva de demanda. Para generar otro punto, veamos lo que le sucede a la cantidad demandada si el precio de las pizzas cambia, mientras otras cosas permanecen constantes (como gustos, ingresos y el precio de los videos rentados). Supongamos que el precio de una pizza baja de $8 a $6.

La figura 4 es la misma que la figura 3, a excepción de que el precio de la pizza se ha reducido de $8 a $6. Su elección original había sido de tres pizzas y cuatro videos rentados. Con esa combinación y con el precio de la pizza ahora en $6, la utilidad marginal por dólar gastado en la tercera pizza es 4, pero la utilidad marginal por dólar en el cuarto video sigue en 3. Las utilidades marginales del último dólar gastado en cada bien ya no son iguales. Es más, si usted mantiene la combinación original, gastaría sólo $18 en pizzas, quedando $6 sin gastar. Así que podría comprar su combinación original pero tener $6 excedentes. De manera incidental, esta situación muestra el efecto sobre los ingresos de un precio menor de las pizzas. Usted puede incrementar su utilidad si consume una combinación diferente. Tómese un momento para pensar cuál podría ser esa nueva combinación de equilibrio.

Con base en sus planes de utilidad de la figura 4, usted incrementaría su consumo de comida a cuatro pizzas por semana. Este incremento agota su presupuesto e iguala la utilidad marginal del último dólar invertido en cada bien. Su renta de videos, en este ejemplo, permanece igual, aunque podría haber cambiado debido al efecto en

FIGURA 4

Utilidades total y marginal de las pizzas y videos rentados después de una reducción de $8 a $6 en el precio por unidad de pizza

Pizzas				Videos rentados			
(1) Consumo por semana	(2) Utilidad total	(3) Utilidad marginal	(4) Utilidad marginal por dólar si p = $6	(5) Consumo por semana	(6) Utilidad total	(7) Utilidad marginal	(8) Utilidad marginal por dólar si p = $4
0	0	—	—	0	0	—	—
1	56	56	9⅓	1	40	40	10
2	88	32	5⅓	2	68	28	7
3	112	24	4	3	88	20	5
4	**130**	**18**	**3**	**4**	**100**	**12**	**3**
5	142	12	2	5	108	8	2
6	150	8	1⅓	6	114	6	1½

el ingreso de un cambio de precio. Pero a medida que su consumo de comida se incrementa a 4 pizzas, la utilidad marginal de la cuarta pizza, 18, dividida entre el precio de $6, rinde 3 unidades de utilidad por dólar de gasto, que es lo mismo que para el cuarto video. Usted está nuevamente en equilibrio. El total de su utilidad se incrementa por las 18 unidades derivadas de la cuarta pizza. Esto quiere decir que usted está mejor con este decremento en los precios.

Ahora tenemos un segundo punto en su curva de demanda de pizzas: si el precio de la pizza es de $6, la cantidad que demanda es de 4 pizzas. Los dos puntos se representan como *a* y *b* en la figura 5. Podríamos continuar cambiando el precio de las pizzas y, por tanto, generar puntos adicionales en la curva de demanda, pero ahora ya podemos tener una idea de la pendiente descendente de la curva de demanda a partir de estos dos puntos. La forma de la curva de demanda para las pizzas coincide con nuestras expectativas basadas en la ley de la demanda: el precio y la cantidad de la demanda se relacionan inversamente. Trate de determinar la elasticidad precio de la demanda entre los puntos *a* y *b*. ¿Qué le indica su gasto total en pizzas?

Nos hemos extendido en este tema para que vea cómo usted, o cualquier consumidor, puede maximizar su utilidad. Dados los precios y sus ingresos, sus gustos y preferencias lo guían naturalmente al paquete preferido. Ni siquiera está consciente de su conducta. El impulso a maximizar la utilidad es como la fuerza de la gravedad; ambas funcionan, ya sea que las entienda o no. Hasta los animales parecen comportarse en una forma que parece consistente con la ley de la demanda. Por ejemplo, los lobos no muestran preocupación territorial cuando la caza es abundante, pero cuando las presas escasean, los lobos marcan cuidadosamente su territorio y lo defienden contra los intrusos. De este modo, los lobos parecen valorar más a sus presas cuando éstas son cada vez menos.

Ahora que tiene cierta idea de la utilidad, consideremos una aplicación del análisis de la utilidad.

Excedente del consumidor

En nuestro ejemplo anterior, la utilidad total se incrementaba cuando el precio de la pizza bajó de $8 a $6. En esta sección analizaremos con detalle la manera en la que los consumidores se benefician al ofrecérseles un precio más bajo. Suponga que su demanda de sándwiches es como la que se muestra en la figura 6. Recuerde que al trazar una curva de demanda individual debemos mantener constantes los gustos, el ingreso y los precios de los bienes relacionados, lo único que cambia es el precio.

FIGURA 5

Demanda de pizzas generadas de la utilidad marginal

A un precio de $8 por pizza, el consumidor está en equilibrio y consume 3 pizzas (punto *a*). La utilidad marginal por dólar es la misma para todos los bienes consumidos. Si el precio baja a $6, el consumidor incrementará su consumo a 4 pizzas (punto *b*). Los puntos *a* y *b* son dos puntos en la curva de demanda de pizzas de este consumidor.

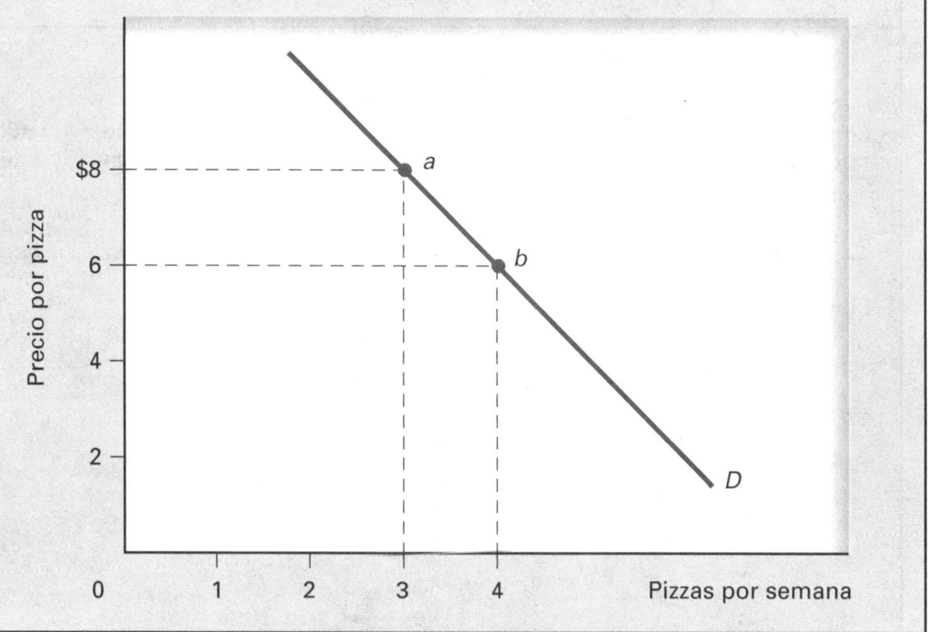

A un precio de $8 o más, tenemos que la utilidad marginal de otros bienes que podría comprar por esa cantidad $8 es mayor que la utilidad marginal de un sándwich. En consecuencia, usted no los compra. A un precio de $7, puede y está dispuesto a comprar uno al mes, así que la utilidad marginal de ese primer sándwich excede la utilidad marginal que esperaba al gastar esos $7 en su mejor alternativa, digamos una entrada al cine. Un precio de $6 lo incita a comprar dos sándwiches al mes, y a $4, compra cuatro. *En cada caso, para usted el valor del último sándwich adquirido debe, por lo menos, igualar el precio; de otra manera, no lo compraría.* De esta forma, a lo largo de la curva de demanda el precio refleja su **valoración marginal** del bien, o el valor en dólares de la utilidad marginal que se obtiene por consumir cada unidad adicional.

Valoración marginal Refiere al valor del dólar de la utilidad marginal derivada del consumo de cada unidad adicional de un bien.

Observe que cuando el precio es de $4, usted adquiere cada uno de los cuatro sándwiches a ese precio a pesar de haber estado dispuesto a pagar más de $4 por cada uno de los primeros tres sándwiches. El primer sándwich proporciona una utilidad marginal que usted valora en $7, el segundo en $6 y el tercero en $5. De hecho, si hubiera sido necesario, habría estado dispuesto a pagar $7 por el primero, $6 por el segundo y $5 por el tercero. El valor en dólares de la utilidad total de los primeros cuatro sándwiches es $7 + $6 + $5 + $4 = $22. Pero cuando el precio es de $4, usted obtiene todos sus sándwiches por $16. Por tanto, un precio de $4 confiere un **excedente del consumidor**, o una bonificación al consumidor, igual a la diferencia entre la cantidad máxima que hubiera estado dispuesto a pagar ($22) más que haberse quedado sin comer sándwiches y lo que realmente pagó, $16. Cuando el precio es de $4, su excedente del consumidor es de $6, tal y como lo muestran las seis áreas sombreadas de la figura 6. El excedente del consumidor es igual al valor de la utilidad total que recibe del consumo

Excedente del consumidor Es la diferencia entre la cantidad máxima que un consumidor puede pagar por una cantidad determinada de un bien y lo que realmente paga.

FIGURA 6

Excedente del consumidor de sándwiches

Con una cantidad determinada de sándwiches, la altura de la curva de demanda muestra el valor del último que se compró. El área ubicada bajo la curva de demanda hasta una cantidad específica muestra el valor total que el consumidor asigna a esa cantidad. A un precio de $4, el consumidor compra 4 sándwiches. El primero está valuado en $7, el segundo en $6, el tercero en $5 y el cuarto en $4. El consumidor valora los cuatro en $22. Puesto que el consumidor paga $4 por cada sándwich, se pueden obtener los cuatro en $16. A la diferencia entre lo que el consumidor hubiera estado dispuesto a pagar ($22) y lo que realmente paga ($16) se le llama excedente del consumidor. Cuando el precio es $4, el excedente del consumidor está representado por el área sombreada debajo de la curva de demanda arriba de $4. Cuando el precio de los sándwiches baja a $3, el excedente del consumidor aumenta a $4, tal y como lo refleja el área menos sombreada.

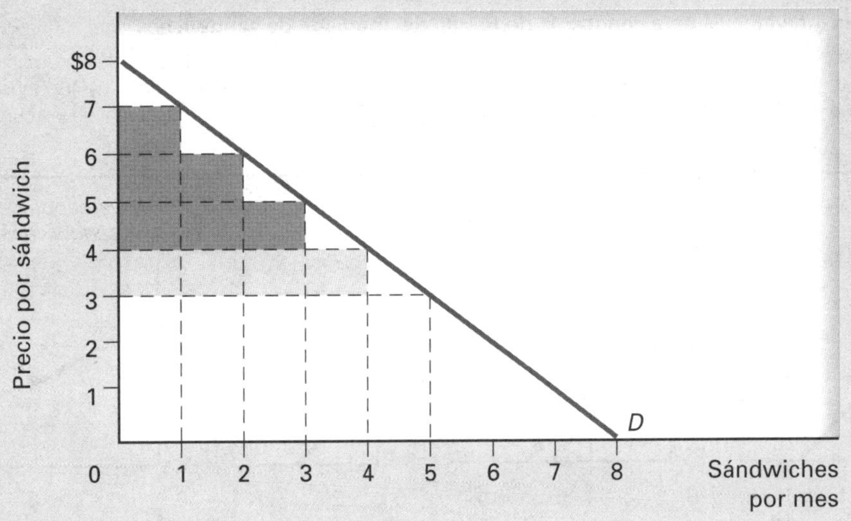

de los sándwiches menos el gasto total en ellos. Una aproximación del excedente del consumidor es el área bajo la curva de demanda, pero arriba del precio.

Si el precio baja a $3, usted compra 5 sándwiches al mes. Usted parece creer que la utilidad marginal que recibió del quinto vale por lo menos $3. El menor precio significa que puede comprar cada uno de los cinco en $3, aun cuando todos, excepto el quinto, valen más que esa cantidad. Su excedente del consumidor cuando el precio es de $3 es el valor de la utilidad total conferido por los primeros cinco, es decir, $7 + $6 + $5 + $4 + $3 = $25, menos el costo, el cual es $3 × 5 = $15. De manera que el excedente del consumidor es de $25 − $15 = $10, tal como lo indican las dos áreas sombreadas de la figura 6. Así que si el precio disminuye a $3, podrá comprar todas las unidades por menos dinero, de modo que su excedente del consumidor se incrementa en $4, tal y como se muestra en los cuatro bloques de sombra más clara de la figura 6. Ahora puede ver por qué los consumidores se benefician con los precios más bajos.

WALL STREET JOURNAL
La interpretación correcta

¿Cuál es la importancia de la siguiente declaración en The Wall Street Journal*?: "Pocas cosas son tan gratas para los consumidores estadounidenses como encontrar una buena oferta. . . . La psicología subyacente es sencilla: uno se siente bien cuando paga menos".*

Demanda del mercado y excedente del consumidor

Hablemos en términos más generales acerca de lo que es la demanda de mercado de un bien, suponiendo que el mercado lo integra usted y otros dos consumidores. *La curva de demanda de mercado es simplemente la suma horizontal de las curvas de demanda individuales que corresponde a todos los consumidores del mercado.* La figura 7 muestra cómo las curvas de demanda, correspondientes a los tres consumidores en el mercado de sándwiches están sumadas horizontalmente para generar la curva de demanda de mercado. Por ejemplo, al precio de $4, usted demanda cuatro sándwiches al mes, Brittany demanda dos, y Chris ninguno. Por tanto, la demanda del mercado a un precio de $4 es de 6 sándwiches. A un precio de $2, usted demanda seis al mes, Brittany cuatro y Chris dos, para llegar a una demanda en el mercado de 12. *La curva de demanda de mercado presenta la cantidad total de la demanda por periodo por parte de todos los consumidores a distintos precios.*

Con ciertas limitaciones que no es necesario señalar, el concepto del excedente del consumidor puede utilizarse para examinar la demanda de mercado así como la demanda individual. Podemos sumar los excedentes de cada consumidor para así llegar al excedente de consumidor del mercado. *Al igual que las curvas de demanda individuales, el excedente del consumidor para la curva de demanda de mercado se mide por la diferencia entre el valor de la utilidad total obtenida del consumo y el monto total pagado por ese consumo.*

FIGURA 7

La suma de demandas individuales para conocer la demanda del mercado de sándwiches

A un precio de $4 por sándwich, usted demanda 4 al mes, Brittany demanda 2 y Chris ninguno. El total de la demanda del mercado a un precio de $4 es 4 + 2 + 0 = 6 sándwiches por mes. Con un precio menor de $2, usted demanda 6, Brittany 4 y Chris 2. La demanda del mercado al precio de $2 es de 12 sándwiches. La curva de demanda del mercado D es la suma horizontal de las curvas de demanda individuales d_U, d_B, y d_C.

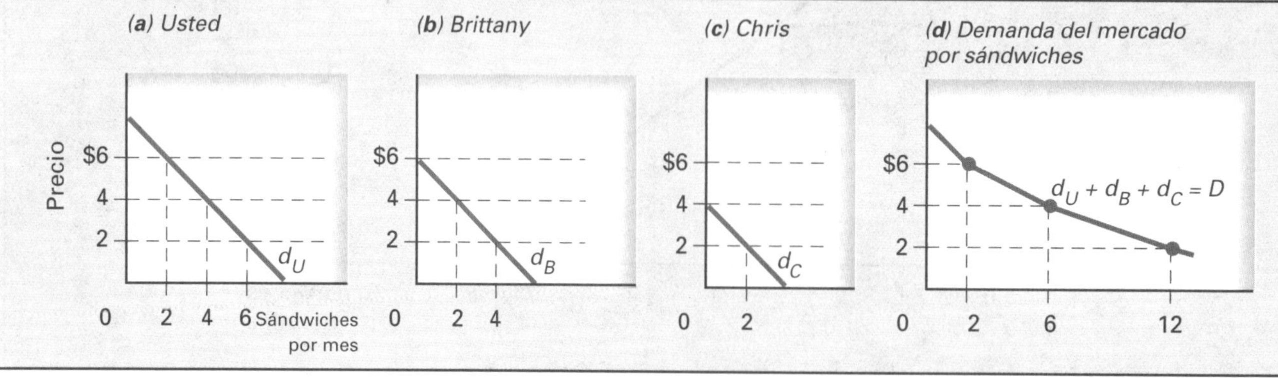

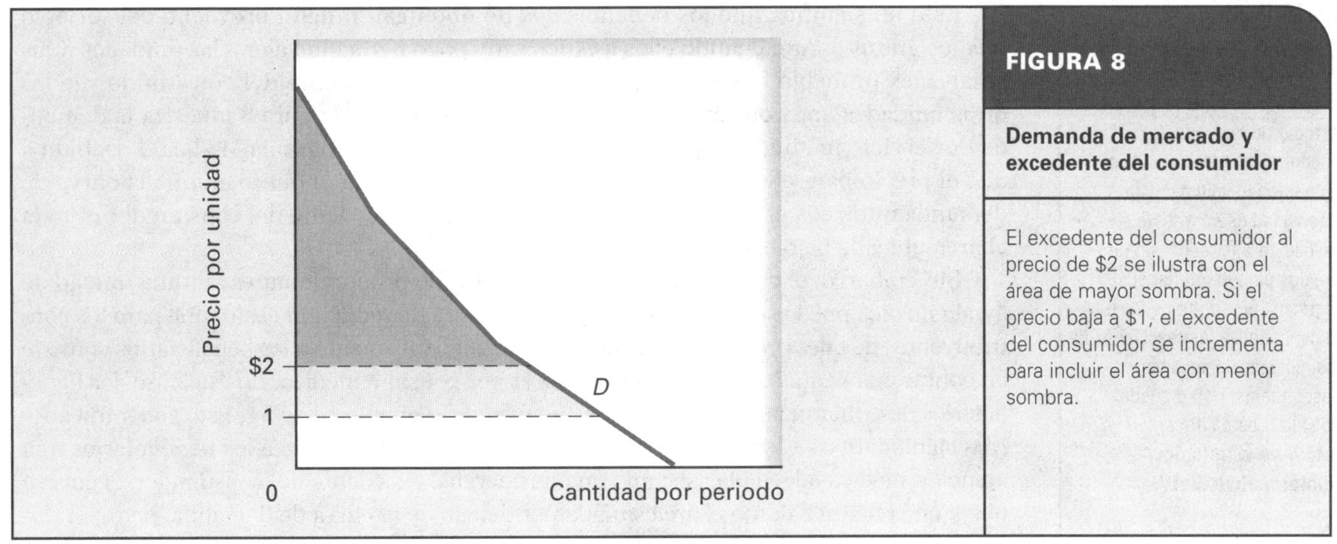

FIGURA 8

Demanda de mercado y excedente del consumidor

El excedente del consumidor al precio de $2 se ilustra con el área de mayor sombra. Si el precio baja a $1, el excedente del consumidor se incrementa para incluir el área con menor sombra.

La idea de excedente del consumidor se puede usar para examinar la demanda del mercado, lo mismo que la demanda individual. *A un precio determinado, el excedente del consumidor para el mercado es la diferencia entre la cantidad que los consumidores están dispuestos a pagar y el total de la suma que realmente pagan.*

En lugar de que haya sólo tres consumidores en el mercado, supongamos que hay muchos. La figura 8 ilustra la demanda de mercado de un bien cuando hay millones de consumidores. Si el precio es de $2 por unidad, cada individuo ajusta la cantidad que demanda hasta que la evaluación marginal de la última unidad adquirida es igual a $2. Pero cada consumidor llega a comprar todas las otras unidades también a $2 cada una. En la figura 8, el área con mayor sombra, limitada en la parte superior por la curva de demanda y en la parte inferior por el precio de $2, refleja el excedente del consumidor cuando el precio es de $2. El área con menor sombra muestra el incremento en el excedente del consumidor si el precio baja a $1. Note que si el bien se regalara, el excedente del consumidor no sería tan grande como cuando el precio es de $1.

El excedente del consumidor es el beneficio neto que los consumidores obtienen del intercambio de mercado. Se puede utilizar para medir el bienestar económico y comparar los efectos de diferentes estructuras de mercado, diferentes estructuras fiscales y diferentes programas de gastos públicos, como el servicio médico gratuito, tal como se analiza en el siguiente caso de estudio.

EL VALOR MARGINAL DE LA ATENCIÓN MÉDICA GRATUITA

Caso de **estudio**

Política pública

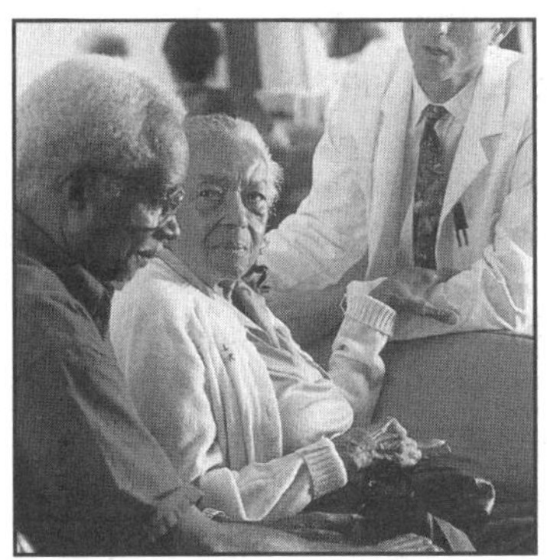

Algunos ciudadanos estadounidenses, como las personas de la tercera edad y los que están inscritos en los programas de asistencia social, reciben servicio médico financiado por el gobierno. Los contribuyentes, tanto estatales como federales, gastaron más de $420 mil millones en el 2000 para brindar asistencia médica a 75 millones de usuarios de los servicios de Medicare y Medicaid, con un costo anual promedio de unos $5 600 por beneficiario. El costo en dólares para la mayoría de los beneficiarios de estos programas suele ser muy poco o nada.

El problema de ofrecer un servicio gratuito es que los beneficiarios lo consumen a tal grado que el beneficio marginal obtenido de la unidad final es cero, mientras que el costo marginal para los contribuyentes puede ser considerable.

eActividad

Este caso de estudio destaca que los pacientes tienen pocos incentivos para vigilar el comportamiento del médico cuando ellos no pagan la cuenta. Con el fin de controlar sus costos, Medicare reduce la tasa de reembolso por los servicios proporcionados por los doctores. ¿Cómo cree que éstos responden? Los auditores de la

Administración del financiamiento para el cuidado de la salud (*Health Care Financing Administration*, HCFA) estudiaron la conducta médica y encontraron que los médicos aumentan el volumen y la intensidad de su trabajo en respuesta a la reducción de precios para mantener sus ingresos. El reporte de la HCFA, el cual analiza las reacciones de los médicos, incluye varios casos reales. Usted puede consultar este sitio en **http://www.hcfa.gov/pubforms/behavoff/**.

Esto no significa que los beneficiarios no obtengan ningún provecho del servicio médico gratuito. Aun cuando ellos asignen muy poco o ningún valor a las unidades marginales, es probable que obtengan un considerable excedente del consumidor de las otras unidades que consuman. Por ejemplo, suponga que la figura 8 muestra la demanda de servicio médico por parte de los beneficiarios del programa Medicaid. Debido a que el precio para ellos es cero, entonces consumen hasta el punto en que la curva de demanda interseca el eje horizontal, de modo que su excedente del consumidor es toda el área ubicada bajo la curva de demanda.

Sin embargo, el costo para los contribuyentes de proporcionar esa última unidad de ayuda médica puede ser de $100 o más. Una manera de reducir el costo total para los contribuyentes de tales programas sin perjudicar significativamente a los beneficiarios consiste en cobrar una pequeña cantidad, digamos, $1 por consulta médica. En este caso, los beneficiarios desecharán aquellas consultas que valoraran en menos de $1. Esto generaría ahorros significativos a los contribuyentes, y continuaría ofreciendo a los beneficiarios una atención médica adecuada así como un considerable excedente del consumidor, el cual se ubica en la figura 8 como el área situada por debajo de la curva de demanda, pero por encima del precio de $1. Al respecto, se tiene el caso de un experimento realizado por Medicaid en California, en el cual se solicitó a un grupo de beneficiarios que pagara $1 por cada una de las dos primeras consultas al mes, luego de dos visitas, el precio se volvía a fijar en cero. Un costo, cuando mucho de $2 mensuales, no impondría una carga pesada sobre los beneficiarios. Un grupo de control siguió recibiendo completamente gratis el servicio médico y el resultado fue que la cuota de $1 redujo las visitas en 8%.

El servicio médico, igual que otros bienes y servicios, también es sensible al componente tiempo del costo (tema que analizaremos en la siguiente sección). Por ejemplo, un incremento de 10% en el tiempo promedio de transporte que se necesitaba para acudir a una clínica gratuita de pacientes externos propició una reducción de 10% en las consultas. Del mismo modo, cuando la reubicación de una clínica gratuita en una universidad hizo que aumentara en diez minutos el tiempo que invertían los estudiantes en trasladarse hacia el lugar a pie, propició que las visitas de los estudiantes disminuyeran 40%.

Este análisis no significa que determinados grupos no merezcan recibir atención médica a bajo costo. El caso es que cuando algo es gratuito, la gente lo consume hasta que la evaluación marginal es cero. Incluso una suma modesta o un costo de tiempo provocan una reducción en el consumo; sin embargo, seguirá dejando a los beneficiarios con un excedente del consumidor importante. Otro problema que se presenta por ofrecer servicios gratuitos es que los beneficiarios son menos sensibles en cuanto a obtener un valor justo. Con cientos de millones de quejas por atender anualmente, Medicare y Medicaid deben confiar en la honradez del proveedor, pero sólo 9 de los 50 estados evalúan cabalmente los servicios que ofrecen los proveedores a los beneficiarios. Esto aumenta la posibilidad de fraudes y abusos por parte de los que ofrecen atención médica. De acuerdo con un estudio realizado por la Oficina de Contabilidad General de Estados Unidos (*U.S. General Accounting Office*) uno de cada siete dólares que se gastan en Medicare, se pierde por cuentas adulteradas, reclamaciones fraudulentas y otras actividades que serían menos comunes si los beneficiarios pagaran sus propias cuentas. Por ejemplo, en una ocasión el gobierno recibió una cuenta por concepto de vigilancia cardiaca las 24 horas del día y en realidad, el paciente sólo era vigilado 30 minutos al mes. Los expertos calculan que al menos 10% de los pagos a Medicaid se pierden en fraudes y abusos. Estos abusos se traducen en una pérdida para los programas de salud de cuando menos $40 mil millones anuales o bien, en más de $500 anuales por cada beneficiario.

Fuentes: "Medicare Improper Payments", U.S. General Accounting Office Report T-AIMD/OSI-00-251, 12 de julio 2000; "Medicaid: HCFA and States Could Work Together to Better Insure the Integrity of Providers", U.S. General Accounting Office Report GAO-T-HEHS-00-159, 18 de julio 2000; Paul Gertler y Jacques van der Gaag, *The Willingness to Pay for Medical Care*, Baltimore, MD; Johns Hopkins University Press, 1990; y Steven Rhoads, "Marginalism" en *The Fortune Encyclopedia of Economics*, editado por D. R. Henderson, Nueva York, Warner Books, 1993, pp. 31-33. Para mayor información sobre Medicare y Medicaid, visite el sitio U.S. Health Care Financing Administration en http://www.hcfa.gov/.

LA FUNCIÓN DEL TIEMPO EN LA DEMANDA

En vista de que el consumo no ocurre instantáneamente, el tiempo también es muy importante en el análisis de la demanda. El consumo toma tiempo y, como decía Benjamín Franklin: "el tiempo es dinero", es decir, que tiene un valor positivo para la mayoría de las personas. En consecuencia, el costo de consumo tiene dos componentes: el *precio del dinero* y el *precio del tiempo* del bien. Los bienes tienen demanda debido a los beneficios que ofrecen. La demanda de algún medicamento se basa en la capacidad que éste tiene para curar; su interés no se centra en la medicina en sí, sino en el beneficio que ésta proporciona. Por tanto, tal vez esté dispuesto a pagar más por una medicina que actúe rápidamente. De manera similar, no es el horno de microondas, la computadora personal o el viaje en avión lo que aprecia, sino los beneficios que éstos le proporcionan. Si otros factores permanecen constantes, tenemos preferencia por el bien que brinda el mismo beneficio en menos tiempo. Ésa es la razón por la que estamos dispuestos a pagar más por uvas, naranjas y melones.

Su disponibilidad a pagar un extra por bienes y servicios que generan ahorros de tiempo depende del costo de oportunidad de su tiempo. Las diferencias en cuanto al valor del tiempo entre los consumidores explica las diferencias en los patrones de consumo que se observan en la economía. Por ejemplo, una pareja retirada tiene más tiempo libre que una pareja que trabaja, y puede recortar cupones y buscar ofertas en los periódicos, incluso puede ir de tienda en tienda para aprovechar los artículos rebajados esa semana. Por lo general, la pareja que trabaja desechará los cupones y las ofertas, comerá fuera de casa con más frecuencia o comprará más cosas en la tienda de la esquina aunque tenga que pagar más por su comodidad. La pareja retirada se sentirá más atraída por manejar un largo trayecto para disfrutar sus vacaciones, mientras que la otra pareja tomará un avión para llegar a su destino.

A la entrada de Disneyland, Disney World y Universal Studios, hay letreros que indican los tiempos de espera de cada espectáculo y paseo. En ese punto, ya se ha pagado el costo de admisión, así que el costo marginal de cada paseo o espectáculo es cero. Los tiempos de espera ofrecen un menú del *costo marginal en tiempo* de cada paseo o espectáculo. Para las personas que están dispuestas a pagar hasta $55 por hora en Disney World y $60 por hora en Disneyland, además del precio de admisión, se les permite hacer visitas VIP sin necesidad de esperar en la fila.[2] ¿Cuánto pagaría para evitar las filas?

Las diferencias en el costo de oportunidad del tiempo entre los consumidores determinan sus patrones de consumo y le dan otra dimensión a nuestro análisis de la demanda.

NetBookmark

Para ver un ejemplo de los precios que utiliza la ley de utilidad marginal, visite la página de compra de boletos en línea de Universal Studios Orlando en http://www.usf.com y haga clic en Buy Tickets. Encuentre los precios de los pases por un día y por varios días. ¿Cuánto cuesta cada día adicional? ¿Cuáles son las promociones que se ofrecen? ¿Cuáles son las restricciones para obtener un segundo día gratis? Compárelas con las restricciones para usar el segundo día de un pase para dos días. Asimismo, trate de comparar un pase para tres días con un pase anual. ¿Cuál es más económico?

CONCLUSIONES

Hasta este punto hemos desarrollado un análisis de la elección del consumidor con base en la utilidad, el cual, a su vez, se enfoca en un estudio basado en la utilidad respecto a la elección del consumidor. También decidimos centrar nuestra atención en la utilidad o placer que los consumidores obtienen del consumo. Al observar el comportamiento del consumidor, suponemos que para una persona en particular la utilidad puede medirse de manera sistemática, aun cuando no es posible comparar entre los diferentes niveles de utilidad de los consumidores. Nuestro objetivo primordial es predecir cómo un cambio en el precio afecta la elección del consumidor. No juzgamos una teoría por el realismo de su suposición, sino por la exactitud de sus predicciones. Con base en tal criterio, la teoría de la elección del consumidor presentada en este capítulo ha demostrado ser muy útil.

De nuevo insistimos en que los consumidores no tienen que entender el material presentado en este capítulo para poder maximizar su utilidad. Los economistas opi-

[2] Nancy Keates, "Tourists Learn How to Mouse Around Disney's Long Lines", *The Wall Street Journal,* 27 de marzo 1998.

nan que los consumidores sensatos intentan maximizar la utilidad de manera natural e instintiva. En este capítulo simplemente tratamos de analizar ese proceso. En el apéndice de este capítulo se desarrolla un enfoque más general para el análisis de la utilidad y la elección del consumidor, enfoque que no requiere una medida específica de la utilidad.

RESUMEN

1. La utilidad es la sensación de placer o satisfacción que se obtiene del consumo; es la capacidad que tienen los bienes, servicios y actividades de satisfacer necesidades. La utilidad que obtiene de consumir un bien en particular depende de sus gustos. Nosotros establecemos una diferencia entre la utilidad total derivada del consumo de un bien o una diversidad de bienes y la utilidad marginal derivada de consumir una unidad más de ese bien. La ley de la utilidad marginal decreciente estipula que cuanto mayor es la cantidad de un bien específico que se consume por periodo, si permanecen constantes otros factores, menor será el incremento en utilidad total que se obtenga de cada unidad adicional consumida.
2. La utilidad es subjetiva. Cada consumidor debe hacer una evaluación del poder de satisfacción de necesidades que se deriva del consumo. Al traducir la medida subjetiva de satisfacción de un individuo en unidades de utilidad, podemos predecir la cantidad demandada a un precio dado, así como el efecto de un cambio en el precio sobre la cantidad demandada.
3. El objetivo del consumidor es maximizar la utilidad dentro de los límites que le imponen sus ingresos y los precios. En un mundo sin escasez, la utilidad se maximiza al consumir cada bien hasta que la utilidad marginal llega a cero. En el mundo real, es decir, un mundo modelado por la escasez y los precios, la utilidad se maximiza cuando se gasta el presupuesto y la utilidad marginal de la última unidad consumida dividida entre el precio de ese bien es idéntica para cada bien consumido.
4. El análisis de utilidad puede utilizarse para elaborar una curva de demanda de un consumidor individual. Si cambiamos el precio y observamos los niveles de consumo de maximización de la utilidad, podemos generar puntos a lo largo de la curva de demanda.
5. Cuando el precio de un bien baja y permanecen constantes los demás factores, el consumidor es capaz de comprar todas las unidades del bien que se trate al precio más bajo. Así, decimos que los consumidores suelen recibir un excedente, o bonificación, a partir del consumo, y que éste aumenta a medida que el precio desciende. El excedente del consumidor es la diferencia entre la cantidad máxima que los consumidores pagarían por una cantidad dada del bien y la cantidad que realmente pagan.
6. Existen dos componentes en el costo de consumo: el precio en dinero del bien y el precio en tiempo del bien. La gente está dispuesta a pagar un mayor precio en dinero por bienes y servicios que ahorran tiempo.

PREGUNTAS DE REPASO

1. *Ley de la utilidad marginal decreciente* Algunos restaurantes ofrecen la promoción "Coma todo lo que pueda". ¿Cómo se relaciona esta práctica con la utilidad marginal decreciente? ¿Qué restricciones debe imponer el restaurante al consumidor para poder obtener ganancias?
2. *Ley de la utilidad marginal decreciente* Complete cada una de las siguientes oraciones:
   (a) Sus gustos determinan la ________________ que usted obtiene al consumir un bien específico.
   (b) utilidad es el cambio en la utilidad resultante de un __________ cambio en el consumo de un bien.
   (c) Mientras la utilidad marginal sea positiva, la utilidad total es ________________.
   (d) La ley de utilidad marginal decreciente indica que conforme un individuo consume más de un bien durante un periodo determinado, si las demás cosas permanecen constantes, la utilidad total ______________.
3. *Utilidad marginal* ¿Es posible que la utilidad marginal sea negativa mientras la utilidad total es positiva? De ser así, ¿bajo qué circunstancias es posible?
4. *Condiciones de maximización de utilidades* Para un consumidor en particular, la utilidad marginal de consumir galletas es igual a la utilidad marginal de consumir dulces. Si el precio de una galleta es menor que el precio de un dulce, ¿cree usted que este consumidor está en equilibrio?, ¿por qué sí o por qué no? Si no, ¿qué debe hacer el consumidor para alcanzar el equilibrio?
5. *Condiciones de maximización de utilidades* Supongamos que la utilidad marginal del bien $X = 100$, el precio de X es de $10 por unidad, y el precio de Y es de $5 por unidad. Bajo el supuesto de que el consumidor está en equilibrio y consume tanto X como Y, ¿cuál debe ser la utilidad marginal de Y?
6. *Condiciones de maximización de utilidades* Supongamos que el precio de X es el del precio de Y. Usted es un maximizador de utilidades que distribuye su presupuesto entre los dos bienes. ¿Qué debe ser cierto de la relación de equilibrio entre los niveles de utilidad marginal de la última unidad consumida de cada bien?, ¿qué debe ser cierto respecto de la relación de equilibrio entre los niveles de utilidad marginal de la última unidad monetaria gastada en cada bien?

7. *Excedente del consumidor* La altura de la curva de demanda en una cantidad determinada refleja la evaluación marginal de la última unidad consumida de ese bien. Para un bien normal, un incremento en los ingresos desplaza la curva a la derecha y, por tanto, aumenta su altura a cualquier cantidad. ¿Esto significa que los consumidores obtienen mayor utilidad marginal de cada unidad de este bien que anteriormente? Explique su respuesta.

8. *Excedente del consumidor* Suponga que un bien se encuentra en una oferta perfectamente elástica a un precio de $5. La curva de demanda del mercado de este bien es lineal y la cantidad de la demanda cae a cero cuando el precio aumenta a $25. Dado lo anterior, si la pendiente de esta curva de demanda lineal es –0.25, trace una gráfica de oferta y demanda que ilustre el excedente del consumidor que sobreviene cuando el mercado está en equilibrio.

9. *Caso de* **estudio:** *El valor marginal de la atención médica gratuita* Los beneficiarios de Medicare pagan una prima mensual por los servicios, deben cubrir un deducible anual y hacer un pago adicional por las visitas al consultorio no se incluyen las medicinas. ¿Qué impacto tendría un aumento a la prima mensual sobre su excedente del consumidor? ¿Cuál sería el impacto de una reducción en sus pagos adicionales? ¿Cuál sería el impacto sobre la cantidad demandada y el excedente del consumidor si Medicare comenzara a cubrir los medicamentos?

10. *El papel del tiempo en la demanda* En muchos parques de diversión uno paga su boleto de entrada, pero ya no tiene que pagar por los juegos individuales. ¿Cómo escoge la gente los juegos mecánicos a los que se subirá?

11. *Caso de* **estudio:** *Agua, agua por doquier* ¿Cuál es la paradoja diamantes-agua, y cómo se explica? Utilice el mismo razonamiento para explicar por qué el agua embotellada cuesta mucho más que la que sale de la llave.

PROBLEMAS Y EJERCICIOS

12. *Maximización de la utilidad* Las siguientes columnas ilustran las utilidades que Elena obtiene de ver películas de estreno en un cine y las que obtiene de rentarlas. Suponga que Elena tiene un presupuesto mensual para diversiones de $36, cada boleto para el cine le cuesta $6, y cada renta le cuesta $3.

Películas en el cine

C	UT	UM	UM/P
0	0		______
1	200	______	______
2	290	______	______
3	370	______	______
4	440	______	______
5	500	______	______
6	550	______	______
7	590	______	______

Películas de una tienda de videos

C	UT	UM	UM/P
0	0	______	______
1	250	______	______
2	295	______	______
3	335	______	______
4	370	______	______
5	400	______	______
6	425	______	______
___	___	______	

(a) Complete las columnas.

(b) ¿Usted cree que estas tablas muestran que las preferencias de Elena obedecen la ley de utilidades marginales decrecientes? Explique su respuesta.

(c) ¿Cuánto consumirá Elena de cada bien si está en equilibrio?

(c) Supongamos que los precios de ambos tipos de películas bajan a $1, mientras que el presupuesto de diversión de Elena se reduce a $10. ¿Cuánto consumirá Elena de cada bien si está en equilibrio?

13. *Maximización de utilidades* Supongamos que un consumidor tiene que elegir entre dos bienes, X y Y. Si el precio de X es $2 por unidad y el precio de Y es $3 por unidad, ¿cuánto de X y Y comprará el consumidor, dado un ingreso de $17? Use la siguiente información sobre la utilidad marginal.

Unidades	UM_X	UM_Y
1	10	5
2	8	4
3	2	3
4	2	2
5	1	2

14. *La ley de la demanda y la utilidad marginal* Daniel distribuye su presupuesto de $24 a la semana entre tres bienes. Use la siguiente tabla de utilidades marginales para el bien A, el bien B y el bien C para responder las siguientes preguntas:

Q_A	UM_A	Q_B	UM_B	Q_C	UM_C
1	50	1	75	1	25
2	40	2	60	2	20
3	30	3	40	3	15
4	20	4	30	4	10
5	15	5	20	5	7.5

(a) Si el precio de *A* es $2, el precio de *B* es $3, y el precio de *C* es $1, ¿cuánto comprará de cada uno en condiciones de equilibrio?

(b) Si el precio de *A* se eleva a $4, mientras otros precios y el presupuesto de Daniel permanecen sin cambios, ¿cuánto de cada bien comprará en equilibrio?

(c) Con la información de las partes (a) y (b), grafique la curva de demanda del bien *A*. Asegúrese de indicar el precio y la cantidad demandada en cada punto de la curva.

15. *Excedente del consumidor*. Supongamos que la curva de demanda lineal de camisas tiene pendiente descendente, y que los consumidores compran 500 camisas al año cuando el precio de una camisa es de $30 y 1 000 camisas cuando el precio es de $25.

(a) En comparación con los precios de $30 y $25, ¿qué se puede decir acerca de la valuación marginal que dan los consumidores a la camisa número 300, a la camisa número 700 y a la camisa número 1200 que pudieran comprar cada año?

(b) Con una utilidad marginal decreciente, ¿están los consumidores obteniendo algún excedente del consumidor si el precio es de $25 por camisa? Explique su respuesta.

(c) Utilice una curva de demanda de mercado para ilustrar el cambio en el excedente del consumidor si el precio baja de $30 a $25.

CASOS PRÁCTICOS

16. *Excedente del consumidor* Consiga una copia del artículo "Creating Value and Destroying Profits? Three Measures of Information Technology's Contribution", escrito por Loren Hitt y Eric Brynjolfsson. Usted puede encontrar esta información en http://ccs.mit.edu/papers/CSWP1 83. html. Utilice su buscador para localizar la palabra excedente del consumidor. ¿Cómo utilizan los autores este concepto para medir el valor de la tecnología de la información?

17. *El papel del tiempo en la demanda* Para conocer más sobre la economía del consumo, lea el artículo "The Joy of Consumption: We Are What We Buy" de Jane Katz, el cual se encuentra en la revista *Regional Review* editado por el Banco Federal de Reservas de Boston en http://www.std.com/frbbos/economic/nerr/rr1997/winter/katz97_1.htm. ¿Cuál es la evidencia que Katz cita en relación con la forma en que el valor al alza del tiempo ha afectado los patrones de gasto de los consumidores?

APÉNDICE

CURVAS DE INDIFERENCIA Y MAXIMIZACIÓN DE LA UTILIDAD

El planteamiento que se utilizó en la primera parte de este capítulo, es decir, el análisis de la utilidad marginal, necesita de ciertos valores numéricos de la utilidad para poder determinar las combinaciones óptimas de consumo. Sin embargo, los economistas han creado otro método, respecto a la utilidad y el comportamiento del consumidor, en el que no se necesita asignar números a niveles específicos de utilidad. Lo único que demanda este nuevo método es que los consumidores sean capaces de clasificar sus preferencias respecto a las diversas combinaciones de bienes. Por ejemplo, el consumidor podrá decir si la combinación *A* es preferible a la combinación *B*, y si la opción *B* es preferible a la combinación *A* o si su grado de preferencia es igual para ambas combinaciones. Este método es más general y flexible que el que se desarrolló en el capítulo. Empezaremos por analizar las preferencias del consumidor.

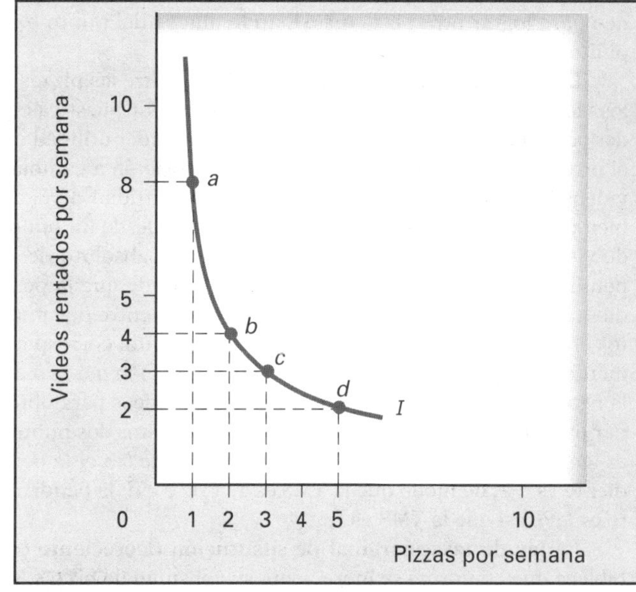

FIGURA 9

Curva de indiferencia

Una curva de indiferencia muestra todas las combinaciones de dos bienes que proporcionan a un consumidor la misma utilidad total. Los puntos *a* y *d* señalan cuatro combinaciones de este tipo. Las curvas de indiferencia tienen inclinaciones negativas y son convexas a partir de su origen.

PREFERENCIAS DEL CONSUMIDOR

El análisis de la curva de indiferencia es una manera de estudiar el comportamiento del consumidor en el cual no se necesita una medición numérica de la utilidad. Una **curva de indiferencia** muestra todas las combinaciones de bienes que le proporcionan al consumidor la misma satisfacción o la misma utilidad, de modo que el consumidor encuentra que todas las combinaciones en una curva las prefiere por igual. En vista de que cada una de las dotaciones opcionales de bienes proporciona el mismo nivel de utilidad, al consumidor le es *indiferente* la combinación que realmente se consume. En el siguiente ejemplo se explica mejor el uso de las curvas de indiferencia.

En realidad, los consumidores eligen entre miles de bienes y servicios, pero para facilitar el análisis supongamos que sólo existen dos bienes disponibles: pizzas y videos rentados. En la figura 9, el eje horizontal mide el número de pizzas que compra por semana y el eje vertical mide el número de videos que renta a la semana. Por ejemplo, el punto *a* muestra el paquete de consumo conformado por una pizza y ocho videos rentados. Supongamos que tiene que elegir la combinación en el punto *a* o alguna otra combinación. La cuestión es, al mantener constante su utilidad total, ¿cuántos videos estaría dispuesto a dejar de rentar para comprar una segunda pizza? Como se puede ver, al moverse del punto *a* al punto *b*, usted está dispuesto a prescindir de cuatro videos para comprar una segunda pizza. La utilidad total es la misma en los puntos *a* y *b*. La utilidad marginal de esa pizza adicional por semana es apenas suficiente para compensarlo por la utilidad perdida al reducir en cuatro sus videos por semana. Así, en el punto *b*, usted está comiéndose dos pizzas y viendo cuatro películas por semana, y es indiferente a las variaciones entre esta combinación y la que refleja el punto *a*, ya que la utilidad total es la misma en ambos puntos.

Al desplazarse del punto *b* al punto *c*, la utilidad total de nuevo es constante; ahora usted está dispuesto a sacrificar un sólo video por otra pizza. En el punto *c*, su paquete de consumo consiste de tres pizzas y tres videos. Una vez que se encuentra en el punto *c*, usted está dispuesto a sacrificar otro video sólo si obtiene dos pizzas más a cambio. Por tanto, la combinación *d* consiste en cinco pizzas y dos videos.

Los puntos *a*, *b*, *c* y *d* pueden conectarse para formar la curva de indiferencia *I*, que representa las posibles combinaciones de pizzas y videos rentados que lo mantendrían al mismo nivel de utilidad total. En vista de que los puntos de la curva ofrecen la misma utilidad total, el consumidor se muestra indiferente ante ellas, de ahí el nombre de *curva de indiferencia*. Observe que no sabemos, ni tampoco necesitamos saber, el valor que le fija a la utilidad reflejada por la curva de indiferencia, es decir, no le asigna una magnitud particular a la utilidad total a lo largo de *I*. *Las combinaciones de bienes a lo largo de la curva de indiferencia reflejan cierto nivel constante, aunque no especificado, de utilidad total.*

Para que el consumidor se mantenga indiferente ante las combinaciones de consumo, el incremento en su utilidad al comer más pizzas debe balancear la reducción en su utilidad al ver menos videos. Por tanto, a lo largo de una curva de indiferencia existe una relación inversa entre la cantidad de un bien consumido y la cantidad de otro también consumido.

Debido a esta relación inversa, *las curvas de indiferencia son de pendiente descendente.*

Las curvas de indiferencia son también *convexas en relación con el origen*, lo que significa que se doblan en dirección al origen: la curva se hace más plana a medida que avanzamos hacia abajo de ella. Ésta es la razón: su disposición para sustituir pizzas con videos depende de las cantidades de cada uno en su paquete actual de consumo. Por ejemplo, en la combinación *a*, usted ve ocho videos y sólo come una pizza, de modo que hay muchos videos en relación con la pizza. Puesto que las películas son relativamente abundantes en su paquete de consumo, usted está dispuesto a prescindir de cuatro películas para conseguir otra pizza. Una vez que llega al punto *b*, se ha duplicado su consumo de pizzas, de manera que no está tan ansioso de dejar de conseguir más videos para obtener una tercera pizza. De hecho, sacrificará sólo un video para lograr otra pizza más. Esto lo mueve del punto *b* al punto *c*.

La **tasa marginal de sustitución** o **TMS**, entre las pizzas y los videos indica el número de videos que está dispuesto a ceder para obtener una pizza más, sin ganar ni perder utilidad en el proceso. Puesto que la TMS mide su disposición a cambiar videos por pizzas, también depende de la cantidad de cada bien que esté consumiendo en ese momento. Desde un punto de vista matemático, la TMS es igual al valor absoluto de la pendiente de la curva de indiferencia. Recuerde que la pendiente de cualquier línea es el cambio vertical entre dos puntos en la línea dividida entre el cambio horizontal correspondiente. Por ejemplo, al moverse de la combinación *a* a la *b* en la figura 9, está dispuesto a sacrificar cuatro videos para obtener una pizza más; como la inclinación entre estos dos puntos es igual a -4, la TMS es 4. En el movimiento de *b* a *c*, la pendiente es -1, de modo que la TMS es 1. Y de *c* a *d*, la pendiente es $-\frac{1}{2}$, así que la TMS es $\frac{1}{2}$.

La **ley de tasa marginal de sustitución decreciente** establece que conforme se incrementa su consumo de pizzas, se reduce el número de videos que está dispuesto a sacrificar para conseguir otra pizza. Esta ley se aplica a la mayoría de pares de bienes. Puesto que su tasa marginal de sustitución de videos por pizzas desciende al aumentar su consumo de pizzas, la curva de indiferencia tiene una pendiente descendente, lo que significa que es convexa cuando se le observa desde su origen. Al bajar por la curva de indiferencia, aumenta su consumo de pizzas, de modo que disminuye la utilidad marginal de las pizzas adicionales. A la inversa, se reduce el número de películas que renta, de modo que se incrementa la utilidad marginal de los videos. Así, al bajar por la curva de indiferencia, usted requiere de más pizzas para compensar la pérdida de cada video.

Nos hemos centrado en una sola curva de indiferencia, lo cual indica cierto nivel constante, pero no específico, de utilidad. Podemos utilizar el mismo procedimiento para generar una serie de curvas de indiferencia, lo cual se conoce como **mapa de indiferencia**. Un mapa de indiferencia es una representación gráfica de los gustos del consumidor. Cada curva en el mapa de indiferencia refleja un nivel distinto de utilidad. Parte de dicho mapa se muestra en la figura 10, donde las curvas de indiferencia para un consumidor determinado, en este caso usted, se han identificado como I_1, I_2, I_3 e I_4. Cada consumidor tiene un mapa de indiferencia único basado en sus propias preferencias.

En vista de que ambos bienes generan una utilidad marginal,el consumidor prefiere más de cada uno y no menos. Por consiguiente, las curvas más alejadas del origen representan mayores niveles de consumo y, por tanto, mayores niveles de utilidad total. El nivel de utilidad total a lo largo de I_2 es más elevado que el que se observa a lo largo de I_1. I_3 refleja un mayor nivel de utilidad que I_2, y así sucesivamente. Podemos observar mejor este procedimiento si trazamos una línea a partir del origen y la seguimos hasta las curvas de indiferencia más altas. Tal línea ya se incluyó en la figura 10. Al seguir esa línea hacia las curvas de indiferencia cada vez más altas, observamos que la combinación de cada curva de indiferencia sucesiva refleja cantidades cada vez mayores de *ambos* bienes. Debido a que el consumidor valora ambos bienes, las cantidades más grandes de cada bien que se reflejan en mayores curvas de indiferencia representan niveles más altos de utilidad.

Las curvas de indiferencia en el mapa de indiferencia de un consumidor no se intersecan. La figura 11 muestra la razón. Si las curvas de indiferencia *I* e *I'* se llegan a cruzar, como en el punto *i*, entonces todos los puntos en la curva de indiferencia *I* y todos los puntos en la curva *I'* tendrían que reflejar el mismo nivel de utilidad que en el punto *i*. Pero como el punto *k* de la figura 11 es una combinación de más pizzas y más videos que en el punto *j*, debe representar un nivel de utilidad más elevado. Esta contradicción significa que las curvas de indiferencia no pueden cruzarse.

Resumamos las propiedades de las curvas de indiferencia:

FIGURA 10

Mapa de indiferencia

Las curvas de indiferencia I_1, I_2, I_3 e I_4 constituyen cuatro ejemplos de un mapa de indiferencia del consumidor. Las curvas de indiferencia más alejadas en relación con el origen representan niveles más altos de utilidad. Una línea interseca cada curva de indiferencia más alta, lo cual refleja una mayor cantidad de ambos bienes.

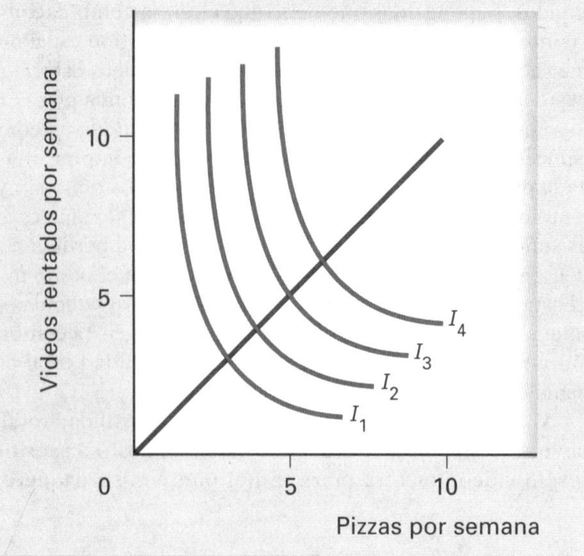

FIGURA 11

Las curvas de indiferencia no se intersecan

Si las curvas de indiferencia se cruzaran, como sucede en el punto *i*, entonces cualquier punto en la curva de indiferencia I y cualquiera en la curva I' tendría que reflejar el mismo nivel de utilidad, como en el punto *i*. Sin embargo, el punto *k* es una combinación con más pizzas y más videos que el punto *j*, de modo que *k* debe representar un nivel más alto de utilidad. Esta contradicción significa entonces que las curvas de indiferencia no pueden intersecarse.

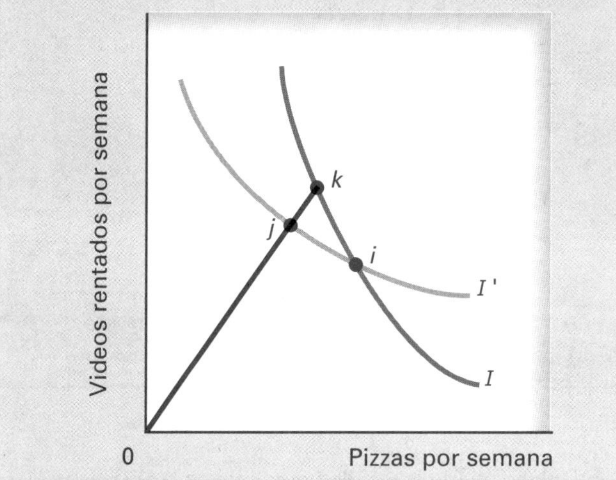

1. Una curva específica de indiferencia refleja un nivel constante de utilidad, de modo que el consumidor es indiferente ante las combinaciones de consumo a lo largo de una curva dada. Ambas son igualmente atractivas.
2. Si la utilidad total debe permanecer constante, un incremento en el consumo de un bien debe compensarse por un decremento en el consumo del otro bien, de modo que las curvas de indiferencia tienen pendiente descendente.
3. Debido a la ley de la tasa marginal de sustitución decreciente, las curvas de indiferencia se doblan hacia el origen.
4. Las curvas de mayor indiferencia representan niveles de utilidades más elevadas.
5. Las curvas de indiferencia no se intersecan.

Un mapa de indiferencia es una representación gráfica de los gustos de un consumidor por los dos bienes. Dado un mapa de indiferencia de un consumidor, ¿qué cantidad de cada bien habrá de consumirse? Para poder determinar esto, debemos considerar los precios relativos de los bienes y el ingreso del consumidor. En la siguiente sección, el tema principal es el presupuesto del consumidor.

LÍNEA DE PRESUPUESTO

La **línea de presupuesto** refleja todas las posibles combinaciones de videos rentados y pizzas, dados sus precios y su presupuesto. Supongamos que los videos se rentan a $4, las pizzas se venden en $8 y su presupuesto es de $40 por semana. Si se gastara los $40 en videos, podría disfrutar 10 videos a la semana. Otra posibilidad es que se gastara los $40 en pizzas, con lo que podría comer cinco a la semana. En la figura 12, su línea de presupuesto encuentra el eje vertical en 10 videos rentados y el eje horizontal en 5 pizzas. Podemos conectar las intersecciones del eje para formar la línea de presupuesto. El consumidor puede adquirir cualquier combinación de bienes que se encuentre en la línea de presupuesto o limitación de presupuesto. Podríamos concebir la línea de presupuesto como su *frontera de posibilidades de consumo.*

Ahora encontremos la pendiente de la línea de presupuesto. En el punto en que la línea de presupuesto toca el eje vertical, el número máximo de videos que puede rentar es igual a sus ingresos (I) dividido entre el precio de renta de los videos (p_v) o I/p_v. En el punto donde la línea de presupuesto encuentra al eje horizontal, la máxima cantidad de pizzas que puede comprar es igual a sus ingresos divididos entre el precio de una pizza (p_p) o I/p_p. La pendiente de la línea de presupuesto entre la intersección vertical en la figura 12 y la intersección horizontal es igual al cambio vertical o $-I/p_v$, dividido por el cambio horizontal o I/p_p:

$$\text{Pendiente de la línea de presupuesto} = -\frac{I/p_v}{I/p_p} = -\frac{p_v}{p_p}$$

En nuestro ejemplo es −$8/$4, lo cual es igual a −2. La pendiente de la línea de presupuesto indica lo que le cuesta obtener otra pizza en términos de videos rentados sacrificados.

FIGURA 12

Línea de presupuesto

La línea de presupuesto muestra todas las combinaciones de pizzas y videos que se pueden consumir a precios fijos con una cantidad determinada de ingresos. Si se gasta todo el ingreso en videos, se pueden rentar 10. Por otro lado, si todo el ingreso se gasta en pizzas, se pueden consumir cinco. Los puntos entre las interseccianes vertical y horizontal representan combinaciones de algunas pizzas y algunos videos. La inclinación de la línea de presupuesto es −2, lo que ilustra el hecho de que el costo de una pizza es de dos videos.

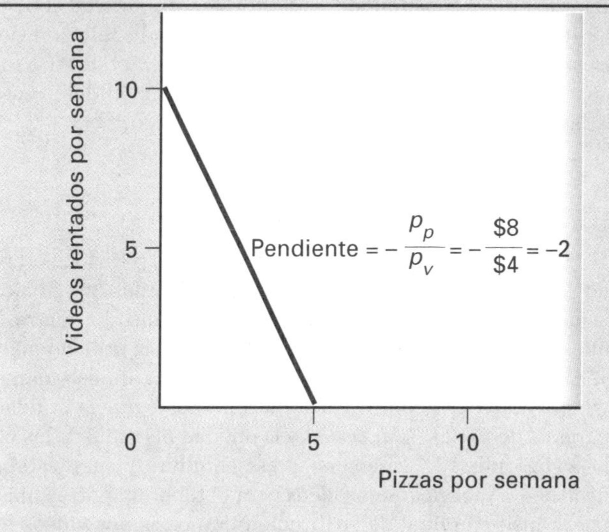

Usted debe prescindir de dos videos por cada pizza adicional. *Observe que el término ingreso se cancela, de modo que la pendiente de una línea de presupuesto depende solamente de los precios relativos y no del nivel del ingreso.*

La curva de indiferencia indica lo que el consumidor está dispuesto a comprar. La línea de presupuesto muestra lo que el consumidor está en *condiciones* de comprar. Por tanto, debemos juntar la curva de indiferencia y la línea de presupuesto para poder saber qué cantidad de cada bien es la que el consumidor puede y está dispuesto a comprar.

EQUILIBRIO DEL CONSUMIDOR SOBRE LA TANGENTE

Como siempre, el objetivo del consumidor es maximizar la utilidad. Sabemos que las curvas de indiferencia más alejadas del origen representan los niveles más altos de utilidad. Por tanto, usted como un consumidor que maximiza las utilidades, seleccionará una combinación a lo largo de la línea de presupuesto que resida en la curva de indiferencia más alta (véase figura 13). Dados los precios y los ingresos, usted maximiza la utilidad con la combinación de pizzas y videos que muestra el punto *e* en la figura 13, donde la curva de indiferencia I_2 apenas toca o es *tangencial a* su línea de presupuesto. En el punto *e*, usted compra tres pizzas a $8 cada una y renta cuatro videos a $4 cada uno, agotando su presupuesto de $40 por semana. Otras combinaciones alcanzables a lo largo de la línea de presupuesto reflejan niveles inferiores de utilidad. Por ejemplo, el punto *a* está en la línea de presupuesto, volviéndola una combinación que *puede* comprar, pero *a* está en una curva inferior de indiferencia, I_1. Otras "mejores" curvas de indiferencia, como la I_3, se encuentran totalmente arriba de la línea de presupuesto y, por tanto, son inalcanzables.

FIGURA 13

Maximización de la utilidad

La utilidad del consumidor se maximiza en el punto *e*, donde la curva de indiferencia I_2 es exactamente tangente a la línea de presupuesto

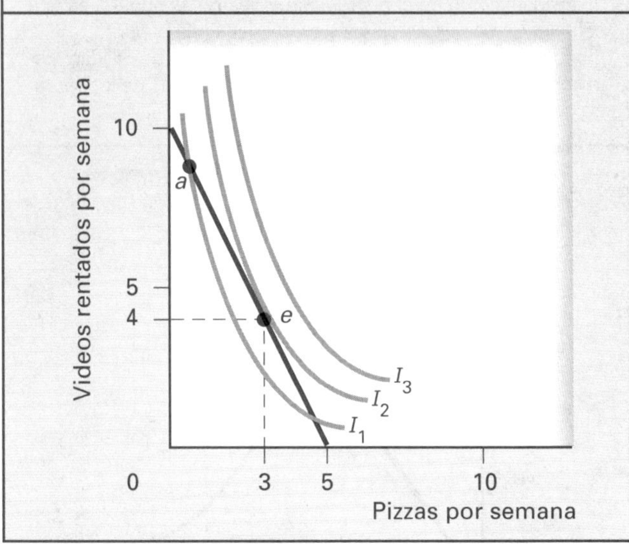

Puesto que usted maximiza su utilidad en el punto *e*, esa combinación es resultado del equilibrio. Observe que la curva de indiferencia es tangente a la línea de presupuesto en el punto de equilibrio y en el punto tangencial, y que la pendiente de una curva es igual a la pendiente de una línea trazada tangentemente a esa curva. Por tanto, en el punto *e* la pendiente de la curva de indiferencia iguala la pendiente de la línea de presupuesto. Recuerde que el valor absoluto de la pendiente de la curva de indiferencia es la tasa marginal de sustitución del consumidor, y que el valor absoluto de la pendiente de la línea de presupuesto es igual a la relación del precio. Por tanto, en equilibrio, la tasa marginal de sustitución entre videos y pizzas, debe igualar la razón del precio de las pizzas con el precio de renta de los videos:

$$\text{TMS} = \frac{p_p}{p_v}$$

La tasa marginal de sustitución de pizzas por videos rentados también se puede obtener de las utilidades marginales de pizzas y videos presentados en el capítulo. La figura 3 muestra que en el equilibrio del consumidor, la utilidad marginal que obtuvo de la tercera pizza fue 24 y la utilidad marginal que derivó del cuarto video fue 12. Puesto que la utilidad marginal de pizzas (UM_p) es 24 y la utilidad marginal de los videos (UM_v) es 12, al moverse a ese equilibrio, usted estaba dispuesto a sacrificar dos videos para obtener una pizza más. Así, la tasa marginal de sustitución de pizzas por videos es igual a la razón de la utilidad marginal de las pizzas (UM_p) a la utilidad marginal de los videos (UM_v), o

$$\text{TMS} = \frac{UM_p}{UM_v}$$

De hecho, el valor absoluto de la pendiente de la curva de indiferencia es igual a UM_p/UM_v. Ya que el valor absoluto de la pendiente de la línea de presupuesto es igual a p_p/p_v, la condición de equilibrio para el método de la curva de indiferencia puede plantearse como

$$\frac{UM_p}{UM_v} = \frac{p_p}{p_v}$$

Esta ecuación es la misma condición de equilibrio para la maximización de la utilidad que se presentó en el capítulo utilizando el análisis de la utilidad marginal. La igualdad indica que en equilibrio, esto es, cuando el consumidor maximiza la utilidad total, el último dólar que se gasta en cada bien proporciona la misma utilidad marginal. Si esta igualdad no continúa, el consumidor puede incrementar la utilidad total ajustando el consumo hasta alcanzar dicha igualdad.

EFECTOS DE UN CAMBIO EN EL PRECIO

¿Qué sucede con el consumo en equilibrio si ocurre un cambio en el precio? La respuesta puede obtenerse derivando la curva de demanda. Empezamos entonces en el punto *e*, nuestro punto inicial de equilibrio, en el panel (a) de la figura 14. En el punto *e*, usted come 3 pizzas y ve 8 videos a la semana. Supongamos que el precio de las pizzas cae de $8 a $6 por unidad, y los otros factores permanecen constantes.

La baja en el precio significa que si todo el presupuesto fuera dedicado a las pizzas, usted podría comprar 6.67 pizzas (= $40/$6). Sus ingresos en dinero permanecen en $40 por semana, pero su ingreso real se ha incrementado debido al precio más bajo de las pizzas. Sin embargo, puesto que el precio de renta de los videos no ha cambiado, 10 sigue siendo el número máximo que puede rentar. En esta forma, la intersección vertical de la línea de presupuesto permanece fija en 10 videos, pero el extremo inferior de la línea de presupuesto se mueve a la derecha, es decir, de 5 a 6.67.

Después del cambio en el precio de las pizzas, el nuevo equilibrio ocurre en *e*", donde aumentan las compras de pizzas de 3 a 4, con la casualidad de que las rentas de video siguen en 4. Así, el precio y la cantidad de pizzas demandadas están relacionados a la inversa. La curva de demanda en el panel (b) de la figura 14 muestra cómo se relacionan el precio y la cantidad demandada. De manera específica, si el precio de las pizzas cae de $8 a $6 por unidad, si las otras cosas permanecen constantes, su cantidad demandada aumenta de 3 a 4. En vista de que el consumidor se encuentra en la curva de indiferencia más alta, es decir, en *e*", obviamente éste se encuentra en mejor situación tras la reducción en el precio, es decir, que el excedente del consumidor ha aumentado.

FIGURA 14

Efecto de una reducción en el precio de las pizzas

Una reducción en el precio de las pizzas provoca que la línea de presupuesto gire a la derecha, tal y como muestra el panel (a). El consumidor regresa al equilibrio en el punto *e*" en la nueva línea de presupuesto. El panel (b) muestra que una reducción de $8 a $6 en el precio de las pizzas conduce a un incremento de 3 a 4 en la cantidad demandada. El precio y la cantidad demandada están relacionadas inversamente.

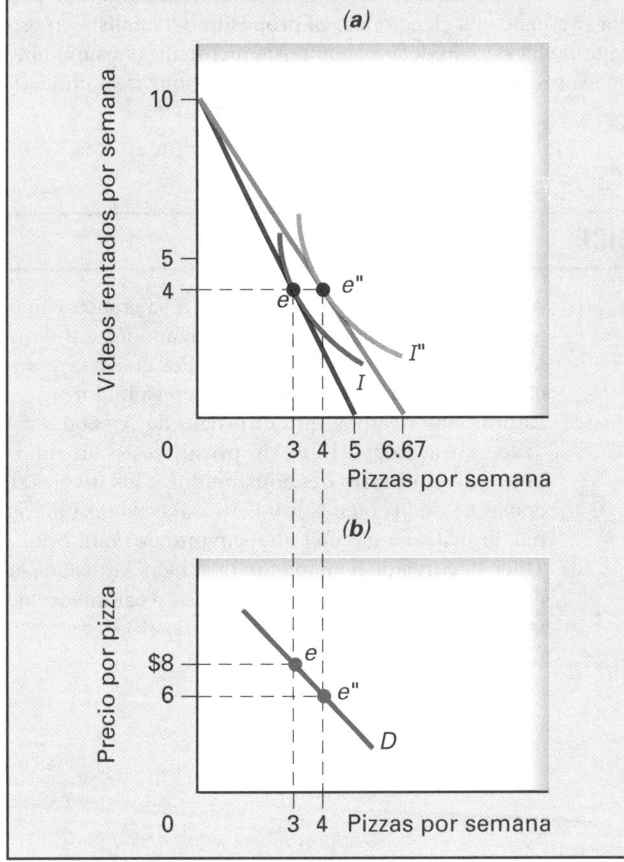

EFECTOS SUSTITUCIÓN E INGRESO

Inicialmente definimos a la ley de la demanda en términos de un efecto ingreso y un efecto sustitución. Ahora hemos presentado los elementos analíticos para examinar estos dos efectos con mayor precisión. Supongamos que el precio de la pizza baja de $8 a $4, y las demás cosas permanecen constantes. Ahora puede comprar un máximo de 10 pizzas con un presupuesto de $40 por semana. Como se muestra en la figura 15, la intersección de la línea de presupuesto gira de 5 a 10 pizzas. Después del cambio en el precio, la cantidad demandada de pizzas se incrementa de 3 a 5. El aumento en la utilidad muestra cómo se puede beneficiar por la reducción del precio.

El aumento en la cantidad de pizzas demandadas puede desglosarse en el efecto sustitución y el efecto ingreso de un cambio en el precio. Cuando baja el precio de las pizzas, el cambio en la razón del precio de las pizzas con el precio de videos rentados se muestra por el cambio en la inclinación de la línea de presupuesto. Para derivar el efecto sustitución, su-

FIGURA 15

Efectos sustitución e ingreso de una reducción de $8 a $4 en el precio por unidad de pizza

Una reducción en el precio de las pizzas hace que el consumidor se desplace del punto *e* al punto *e**. Este movimiento puede dividirse en un efecto sustitución y un efecto ingreso. El efecto sustitución (de *e* a *e*') refleja una reacción a un cambio en los precios relativos a lo largo de la curva de indiferencia original. El efecto ingreso (de *e*' a *e**) hace que el consumidor se desplace a una curva de indiferencia más alta, en la nueva razón de precio relativo.

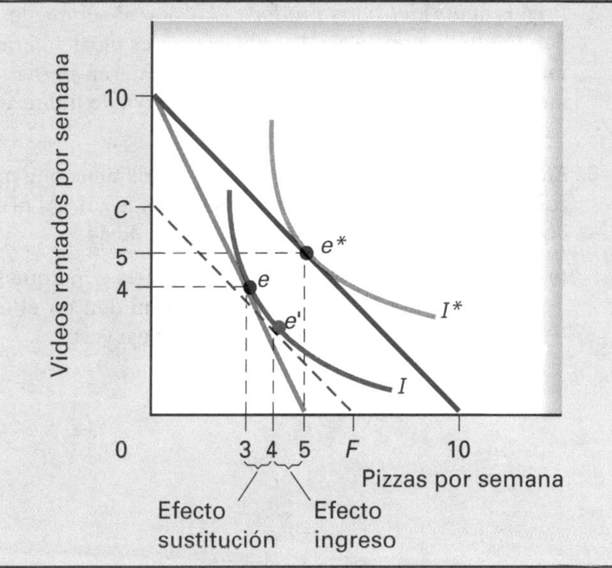

pongamos que debe mantener el mismo nivel de utilidad, después del cambio del precio, igual al que tenía antes. En otras palabras, supongamos que su nivel de utilidad todavía no ha cambiado, pero sí han cambiado los precios relativos que enfrenta. Deseamos saber cómo se ajustará al cambio de precios. Se muestra una nueva línea de presupuesto que refleja sólo el cambio en los precios relativos, no un cambio en la utilidad, por la línea punteada, *CF*, en la figura 15. Dada la nueva serie de precios relativos, usted aumentaría la cantidad de pizzas demandada hasta el punto en la curva de indiferencia *I*, donde la curva de indiferencia es apenas tangencial a la línea punteada de presupuestos. La tangencialidad mantiene la utilidad al nivel inicial, pero refleja la nueva serie de precios relativos. En esta forma, ajustamos su línea de presupuesto para que corresponda con los nuevos precios relativos, pero ajustamos su nivel de ingresos para que su utilidad permanezca sin cambio.

Usted baja por la curva de indiferencia *I* hasta el punto *e*', renta menos videos pero compra más pizzas. Estos cambios en la cantidad demandada reflejan el *efecto sustitución* de los precios menores de las pizzas. El efecto sustitución aumenta siempre la cantidad demandada del bien cuyo precio ha bajado. Puesto que el paquete de consumo *e*' representa el mismo nivel de utilidad que el paquete de consumo *e*, usted no ha mejorado ni empeorado en el punto *e*'.

Pero en el punto *e*', usted no ha gastado todo su presupuesto. La baja en el precio de las pizzas ha incrementado la cantidad de pizzas que puede comprar, tal y como muestra la línea expandida de presupuesto que corre de 10 videos rentados a 10 pizzas. Su *ingreso real* ha aumentado gracias a la reducción en el precio de las pizzas. Como resultado, puede alcanzar el punto *e** en la curva de indiferencia *I**. En este punto, usted compra 5 pizzas y renta 5 videos. Puesto que los precios siguen constantes durante el movimiento de *e*' a *e**, el cambio en el consumo se debe únicamente a un cambio en el ingreso real. De esta manera, el cambio en la cantidad demandada de 4 a 5 pizzas refleja el *efecto ingreso* de los menores precios de pizzas.

Ahora podemos diferenciar entre el efecto sustitución y el efecto ingreso causado por una baja en el precio de las pizzas. El efecto sustitución se muestra por el movimiento del punto *e* al punto *e*' en respuesta a un cambio en el precio relativo de las pizzas, siguiendo constante su utilidad a lo largo de *I*. El efecto ingreso se muestra por el movimiento de *e*' a *e** en respuesta a un incremento en su ingreso real, permaneciendo constantes los precios relativos.

El efecto global de un cambio en el precio de las pizzas es la suma del efecto sustitución y el efecto ingreso. En nuestro ejemplo, el efecto sustitución da cuenta de un aumento de una unidad en la cantidad de pizzas demandada, como lo hace el efecto ingreso. Así, los efectos ingreso y sustitución se combinan para incrementar la cantidad de pizzas demandadas en dos unidades cuando el precio desciende de $8 a $4. El efecto ingreso no siempre es positivo. En el caso de los bienes inferiores, el efecto ingreso es negativo, de modo que al bajar el precio, el efecto ingreso puede propiciar una disminución en el consumo, compensando parte o incluso la totalidad del efecto sustitución. A propósito, note que como resultado de un incremento en el ingreso real, la renta de videos también se incrementa de 4 unidades a 5 por semana en nuestro ejemplo, aunque no siempre se dará el caso de que el efecto ingreso sea positivo.

CONCLUSIÓN

En el análisis de la curva de indiferencia no se necesita anexar valores numéricos a niveles específicos de utilidad, como en el caso de la teoría de la utilidad marginal. Los resultados del análisis de la curva de indiferencia proporcionan una manera lógica de observar la elección del consumidor; sin embargo, los consumidores no necesitan estar al tanto de este método para llevar a cabo sus elecciones. El propósito del análisis en este capítulo ha sido predecir el comportamiento del consumidor, y no aconsejar a los consumidores cómo maximizar su utilidad.

PREGUNTAS DEL APÉNDICE

1. *Preferencias del consumidor* El valor absoluto de la pendiente de una curva de indiferencia es igual a la tasa marginal de sustitución. Si dos bienes fueran *perfectamente* sustituibles, ¿cómo se vería la curva de indiferencia? Explique su respuesta.

2. *Efectos de un cambio en los precios* Chris tiene que distribuir un ingreso de $90 entre los bienes A y B. Al principio, el precio de A es de $3 y el de B es de $4.
   (a) Trace la línea de presupuesto de Chris e indique su pendiente si las unidades de A se miden en el eje horizontal y las unidades de B en el eje vertical.
   (b) Agregue una curva de indiferencia a su gráfica y marque el punto de equilibrio del consumidor e indique los niveles de consumo de A y B. ¿Por qué esta operación se considera un equilibrio de consumidor?
   (c) Ahora, supongamos que el precio de A sube a $4. Trace en la nueva línea de presupuesto un nuevo punto de equilibrio del consumidor y los niveles de consumo de los bienes A y B. ¿Cuál es la tasa marginal de sustitución en el nuevo punto de equilibrio?
   (d) Trace la curva de demanda para el bien A y asigne las diferentes combinaciones de precios y cantidades demandadas determinadas en las partes (b) y (c).

CAPÍTULO 7

Producción y costos en las empresas

¿Por qué la comida rápida es tan rápida? ¿Por qué demasiados cocineros echan a perder el postre? ¿Por qué los cines tienen tantas pantallas? ¿Por qué no aumentan las cadenas de salas de cines? Si iniciara su propio negocio, ¿cuánto tendría que ganar para alcanzar el punto de equilibrio? ¿Por qué su calificación promedio podría disminuir aun cuando haya mejorado desde el periodo anterior? Las respuestas a estas preguntas se responden en este capítulo, en el cual se explican los temas de producción y el costo en la empresa.

En el capítulo anterior estudiamos el comportamiento del consumidor, el cual subyace en la curva de demanda. Aquí examinaremos el comportamiento del productor, el cual se basa en la curva de oferta. En términos más específicos, analizaremos la producción y los costos de operación de una empresa como paso previo al análisis de la oferta. En el capítulo anterior le pedimos que pensara como un consumidor o demandante; en este capítulo debe pensar como un productor o proveedor.

Es natural que se sienta como un consumidor ya que, después de todo, *lo es*. Sin embargo, usted conoce mucho más de los productores de lo que cree ya que los tiene muy cerca: Wal-Mart, Blockbuster, Dunkin' Donuts, 7-Eleven, Exxon, Barnes & Noble, McDonald's, Pizza Hut, Kinko's, Ford, The Gap y cientos más. Así que ya tiene una idea de la forma en la que los negocios operan. Todos tienen el mismo objetivo: tratar de maximizar sus utilidades, las cuales corresponden al ingreso menos el costo. Este capítulo introduce el aspecto del costo de la ecuación de utilidades. Entre los temas que se tratan en este capítulo figuran:

- Costos explícitos e implícitos
- Ganancias económica y normal
- Rendimientos crecientes y decrecientes
- Costos a corto plazo
- Costos a largo plazo
- Economías y deseconomías de escala

COSTO Y GANANCIA

Cuando hablamos de demanda, asumimos que los consumidores tratan de maximizar la utilidad, uno de los objetivos que motivan su comportamiento. Cuando nos referimos a la oferta, nos referimos al intento que hacen los productores por maximizar sus *utilidades* y esta meta es lo que motiva su conducta. Las empresas transforman los recursos en productos para ganar una utilidad. Con el paso del tiempo, las empresas que sobreviven y crecen son aquellas que dejan más utilidades; por otro lado, las que no producen ganancias son las que finalmente fracasan. Cada año, millones de nuevas empresas entran al mercado y casi un número semejante no consigue mantenerse dentro. Los tomadores de decisiones deben elegir qué bienes y servicios han de producir y qué recursos emplear. Asimismo, deben tener un esquema de planeación al mismo tiempo que confrontan la incertidumbre de la demanda del consumidor, la disponibilidad de recursos y las estrategias que otras empresas están desarrollando. *No obstante, el atractivo de las ganancias es tan fuerte, que los empresarios siempre están dispuestos a perseguir sus sueños.*

Costos explícitos e implícitos

Para contratar un recurso, una empresa debe pagar por lo menos el *costo de oportunidad* del recurso, el cual es lo que ese recurso podría ganar en su mejor uso alterno. Para la mayoría de los recursos, un pago en efectivo se aproxima al costo de oportunidad. Por ejemplo, los $3 que Domino's Pizza paga por una libra de queso deben, por lo menos, igualar el costo de oportunidad de su suministro. Algunas empresas o propietarios de empresas poseen sus propios recursos, de modo que para su uso no se necesita efectuar pagos directos en efectivo. Por ejemplo, una empresa que tiene un edificio de su propiedad no necesita pagar renta para poder operar en él. Del mismo modo, los propietarios de pequeños negocios no se pagan a sí mismos un salario por hora. No obstante, estos recursos no son gratuitos. *Ya sea que los recursos se adquieran en los mercados de recursos o sean propiedad de la compañía, siempre tendrán un costo de oportunidad.* El edificio de la compañía podría venderse o rentarse a otro usuario; así también, los propietarios de pequeños negocios podrían encontrar otro empleo.

Costo explícito Costo de oportunidad de los recursos de una empresa que toma la forma de pagos en efectivo.

Costo implícito El costo de oportunidad de una empresa en cuanto al uso de sus propios recursos o aquellos proporcionados por sus propietarios sin un correspondiente pago en efectivo.

Los **costos explícitos** de una empresa son los pagos que realmente se hacen en efectivo a cambio de los recursos adquiridos en los mercados correspondientes: salarios, arrendamiento, intereses, impuestos y similares. Además de estos gastos directos en efectivo, o costos explícitos, la empresa también tiene **costos implícitos**, los cuales son los costos de oportunidad de utilizar los recursos que tiene la empresa o que suministran los propietarios de ésta. Algunos ejemplos de este tipo de costos son el uso del edificio propiedad de la compañía, el uso de los fondos de la empresa o el tiempo de los propietarios de ésta. Igual que los costos explícitos, los costos implícitos son un costo de oportunidad; pero a diferencia de los primeros, los costos implícitos no demandan pagos en efectivo ni tampoco deben registrarse en el *estado contable* de la compañía, en el cual se anotan los ingresos, costos explícitos y ganancias contables de ésta.

Medidas alternativas de las ganancias

Con un ejemplo específico podemos establecer claramente la diferencia entre costos implícitos y explícitos. Suponga que Wanda Rodarte es un ingeniero aeronáutico que gana $50 000 al año en la compañía Skyhigh Aircraft. Un día, en su camino de regreso a casa, se le ocurre cómo diseñar un neumático para avión más redondo y resistente a la fricción. Finalmente, decide renunciar a su empleo e iniciar su propia empresa con el nombre de Distribuidora Rodarte. Para comprar el equipo y la maquinaria necesarios, retira los $20 000 que tenía ahorrados en su cuenta bancaria, la cual le redituaba un interés anual de $1 000. Entonces contrata un asistente y empieza a producir el neumático en su cochera, la cual rentaba a un vecino por $100 al mes.

Al principio, las ventas son bajas; la gente con frecuencia le dice que lo único que está tratando de hacer es reinventar el neumático; sin embargo, llega un momento en que, por fin, su proyecto empieza a funcionar. Cuando Wanda y su contador examinan la situación de la empresa en el primer año, se muestran sumamente complacidos. Tal como puede observar en la parte superior de la figura 1, el ingreso de la compañía en el 2001 fue de $105 000. Después de pagar a su ayudante el costo de los materiales y el equipo, la empresa muestra una utilidad contable de $64 000. Las **ganancias contables** son iguales a los ingresos totales menos los costos explícitos, y precisamente estas ganancias son las que los contadores consideran para determinar los ingresos gravables de una compañía.

Ganancia contable El ingreso total de una empresa menos su costo explícito.

Sin embargo, las ganancias contables no consideran el costo de oportunidad de los propios recursos de Wanda que se utilizan en la empresa. En primer lugar está el costo de oportunidad de su tiempo. Recuerde que ella renunció a un empleo con un salario anual de $50 000 con el objeto de trabajar tiempo completo en su negocio, prescindiendo, por tanto, de ese salario. En segundo lugar está el interés anual de $1 000 que deja de ganar al financiar las operaciones con sus propios ahorros. En tercer lugar, al utilizar su cochera como local para su negocio, ella deja de percibir $1 200 al año como ingreso por arrendamiento. Tanto el salario como los intereses, y el ingreso por concepto de renta que ella deja de percibir constituyen costos implícitos ya que ella ya no percibe el ingreso generado por sus mejores usos alternativos.

La **ganancia económica** es igual al ingreso total menos todos los costos, tanto implícitos como explícitos; *la ganancia económica toma en cuenta el costo de oportunidad de todos los recursos empleados en la producción.* En la figura 1, la utilidad contable de $64 000 menos los costos implícitos de $52 200 son iguales a la utilidad económica de $11 800. ¿Qué ocurriría en el estado contable si Wanda deci-

Ganancia económica El ingreso total de una empresa menos sus costos explícitos e implícitos.

FIGURA 1

Cuentas de Wheeler Dealer, 2001

Total de ingresos		$105 000
Menos gastos explícitos:		
Sueldo para el asistente	−21 000	
Materiales y equipo	−20 000	
Total de utilidades contables		$64 000
Menos costos implícitos:		
Sueldo sacrificado de Wanda	−$50 000	
Interés sacrificado en ahorros	−1 000	
Renta de garage sacrificada	−1 200	
Total de utilidad económica		$11 800

diera asignarse un sueldo de $50 000 al año? Los costos explícitos se incrementarían en $50 000 y los costos implícitos se reducirían en $50 000 ya que no deja de ganar el sueldo que tenía antes. Así la utilidad contable se reduciría en $50 000, pero la utilidad económica no cambiaría porque refleja tanto los costos implícitos como explícitos.

Existe otra medida importante de las ganancias que debe tomarse en cuenta: las ganancias contables necesarias para inducir a los propietarios de la compañía a emplear sus propios recursos. La utilidad contable suficientemente exacta para garantizar que *todos* los recursos utilizados por la compañía puedan ganar su costo de oportunidad se conoce como **ganancia normal.** La compañía de Wanda obtiene una utilidad normal cuando la ganancia contable es igual a sus costos implícitos: la suma del sueldo que ella dejó de ganar en su empleo normal ($50 000), el interés que dejó de ganar al usar sus propios ahorros ($1 000) y la renta que dejó de ganar en su cochera ($1 200). Por tanto, si la utilidad contable es de $52 200 anuales, es decir, el costo de oportunidad de los recursos que Wanda aporta a la empresa, se dice que la compañía obtiene una utilidad normal. *Cualquier ganancia contable que rebase una ganancia normal será una ganancia económica.* Si la ganancia contable es lo suficientemente grande, podrá dividirse en ganancias normal y económica. La utilidad contable de $64 000 obtenida por la empresa de Wanda consiste en: (1) una utilidad normal de $52 200, la cual cubre sus costos implícitos: el costo de oportunidad de los recursos que ella aporta a la empresa, y (2) una utilidad económica de $11 800, la cual sobrepasa en mucho lo que estos recursos, incluido el tiempo de Wanda, podrían permitir ganar en su mejor uso opcional.

Ganancia normal La ganancia contable que se obtiene cuando todos los recursos empleados por la empresa ganan su costo de oportunidad.

Mientras la ganancia económica sea positiva, Wanda tendrá una mejor situación si administra su propia empresa que trabajando para la Skyhigh Aircraft. Si los ingresos totales hubieran sido de tan sólo $50 000, la ganancia contable de $9 000 hubiera cubierto menos de una quinta parte de su sueldo, sin mencionar la renta e intereses que dejó de ganar. Puesto que Wanda no hubiera cubierto sus costos implícitos, no percibiría ni siquiera una utilidad normal y estaría mejor si regresara a su antiguo empleo.

Para entender la maximización de utilidades, el lector debe desarrollar su sentido de intuición tanto para el ingreso como para el costo. En este capítulo comenzará a aprender sobre el costo de producción y su primer paso será comprender la relación entre insumos y productos.

PRODUCCIÓN A CORTO PLAZO

Luego de exponer lo relativo a la ganancia, analizaremos la manera en la que las empresas operan. Suponga que cerca de su casa acaban de inaugurar un nuevo restaurante de la cadena McDonald's, y que su capacidad comercial se está expandiendo más allá de todas las expectativas. El gerente reacciona ante los inesperados niveles de demanda y contrata rápidamente más empleados. Pero suponga también que los automóviles están formados en la calle en espera de un lugar donde estacionarse. La solución es agregar una ventanilla para dar servicio directamente al automóvil; sin embargo, eso lleva tiempo.

Recursos fijos y variables

Ciertos recursos, como la mano de obra, se definen como **recursos variables** dado que es posible modificarlos rápidamente para cambiar el nivel de producción. No obstante, los ajustes en algunos otros recursos toman más tiempo. Los recursos que no se pueden modificar con facilidad, por ejemplo, el tamaño del edificio, se llaman **recursos fijos**. Cuando se toma en cuenta el tiempo necesario para cambiar la cantidad de recursos empleados, los economistas distinguen entre el corto y el largo plazo. En el **corto plazo**, cuando menos uno de los recursos es fijo. Por otro lado, en el **largo plazo**, ninguno de los recursos es fijo.

Recurso variable Cualquier recurso que puede hacerse variar a corto plazo a fin de incrementar o disminuir el nivel de producción.

Recurso fijo Cualquier recurso que no pueda hacerse variar a corto plazo.

Corto plazo Periodo durante el cual al menos uno de los recursos de la empresa es fijo.

Largo plazo Periodo durante el cual todos los recursos que controla la empresa son variables.

La producción puede modificarse a corto plazo si los recursos variables se ajustan, pero la dimensión, o *escala*, de la empresa es fija a corto plazo. Sin embargo, a largo plazo, todos los recursos pueden hacerse variar. La extensión del largo plazo varía de una industria a otra porque la naturaleza de la producción también varía. Por ejemplo, el tamaño de un restaurante McDonald's puede incrementarse con mayor rapidez que las dimensiones de una planta ensambladora de automóviles. Así, el largo plazo para McDonald's es más breve que el largo plazo para un fabricante de autos.

Ley de los rendimientos marginales decrecientes

Enfoquemos nuestra atención en la relación a corto plazo que existe entre el uso de recursos y la tasa de producción por medio de una compañía hipotética de mudanzas llamada Smoother Mover. Suponga que los recursos fijos de la empresa ya están establecidos y consisten en una bodega, una camioneta y equipo de mudanza. En este ejemplo, la mano de obra será el único recurso variable de importancia.

La figura 2 establece la relación entre la cantidad de mano de obra utilizada y la cantidad de producción que se genera. La mano de obra se mide en días/trabajador, lo que significa un trabajador por día, y la producción en toneladas de mobiliario desplazadas diariamente. La primera columna de la izquierda muestra la cantidad de mano de obra empleada, la cual oscila entre 0 y 8 trabajador/días. La segunda columna muestra las toneladas de mobiliario que se han desplazado, o el **producto total**, en cada nivel de empleo. La relación entre la cantidad de recursos empleados y el producto total se conoce como la **función producción** de la empresa. La tercera columna muestra el **producto marginal** de cada trabajador, es decir, la cantidad en que el producto total cambia con cada unidad adicional de mano de obra, suponiendo que todos los otros recursos se mantienen constantes. Observe esta figura durante unos cuantos minutos.

Producto total La producción total que genera una empresa.

Función de producción Relación entre la cantidad de los recursos empleados y el producto total de una empresa.

Producto marginal Cambio en el producto total que ocurre cuando el empleo de un recurso en particular se incrementa en una unidad sin que cambien los otros recursos.

Rendimientos marginales crecientes. Sin la mano de obra, nada tiene movimiento. Por tanto, el producto total es 0. Si sólo se contrata a un trabajador, ese elemento, por sí solo, deberá realizar todas las tareas: conducir la camioneta, empacar y efectuar la mudanza. Una sola persona no podría cargar muebles más grandes como sofás y aparatos domésticos. Aun así, en nuestro ejemplo un solo trabajador puede trasladar dos toneladas de muebles al día. Cuando se contrata a un segundo trabajador, entonces es posible efectuar cierta división del trabajo, y los dos elementos podrán cargar muebles más grandes con mayor facilidad que un solo trabajador, de modo que la producción total alcanza las cinco toneladas diarias. El producto marginal que se obtiene por agregar un segundo trabajador es de tres toneladas por día. La incorporación de un tercer trabajador permite llevar a cabo una mejor distribución de la mano de obra, y esto contribuye a aumentar la producción. Por ejemplo, un trabajador puede especializarse en empacar los objetos frágiles, mientras que los otros dos levantan los objetos

FIGURA 2

Relación a corto plazo entre unidades de mano de obra y toneladas de mobiliario desplazado

Unidades del recurso variable (trabajador-días)	Producto total (toneladas desplazadas por día)	Producto marginal (toneladas desplazadas por día)
0	0	—
1	2	2
2	5	3
3	9	4
4	12	3
5	14	2
6	15	1
7	15	0
8	14	–1

Rendimientos marginales crecientes El producto marginal de un recurso variable crece conforme se emplea cada unidad adicional de ese recurso.

Ley de los rendimientos marginales decrecientes A medida que se agrega más de un recurso variable a una cantidad dada de un recurso fijo, el producto marginal finalmente declina y podría hacerse negativo.

NetBookmark

El costo por unidad de trabajo es el término que se utiliza para describir el costo de mano de obra por cada unidad que se produce. Debido a que la mano de obra abarca la mayor cantidad de costos, se encuentra bajo la estrecha vigilancia de los ejecutivos y analistas económicos de la Reserva Federal. Consulte los datos más recientes sobre los costos de mano de obra en http://stats.bls.gov/ news.release/ prod2. toc. htm. ¿Cuál es la tendencia actual?, ¿Qué fuerzas están provocando la disminución del costo por unidad de trabajo?, ¿Qué repercusiones tiene en las ganancias de las empresas?

Costo fijo Cualquier costo de producción que sea independiente de la tasa de producción de la empresa.

más pesados. El producto total de los tres empleados es de nueve toneladas al día, lo que representa cuatro toneladas más de lo que se lograba con los dos trabajadores. Dado que el producto marginal aumenta, la empresa experimenta **rendimientos marginales crecientes** por cada uno de los primeros tres trabajadores que se incorporan.

Rendimientos marginales decrecientes. Si se contrata a un cuarto trabajador, se contribuye al producto total, pero no tanto como lo que se ganó con el tercer trabajador. El agregar más elementos incrementa el producto total en proporciones cada vez menores, de modo que el producto marginal, expuesto en la figura 2, declina después de tres trabajadores. Con cuatro trabajadores, la **ley de los rendimientos marginales decrecientes** empieza a aplicarse. Esta ley establece que a medida que se combinan cantidades adicionales de recursos variables con una cantidad dada de recursos fijos, el producto marginal acaba por declinar. *La ley de los rendimientos marginales decrecientes es la característica más importante de la producción a corto plazo.*

Conforme se agregan unidades adicionales de trabajo, el producto total puede declinar en última instancia. Por ejemplo, cuando Smoother Mover contrata ocho trabajadores, el área de trabajo se satura a tal grado que los trabajadores se tropiezan unos con otros. El transporte de tanta gente hacia los sitios de mudanza limita la producción porque los trabajadores ocupan un espacio valioso en la camioneta de mudanzas. Como resultado, el octavo trabajador significa una resta al producto total ya que se tiene un producto marginal negativo. De manera similar, un punto de venta de McDonald's puede contratar sólo un número dado de trabajadores antes de que el congestionamiento y la confusión en el área de trabajo recorten el producto total. "Demasiados cocineros echan a perder el postre."

Curvas de producto total y producto marginal

La figura 3 ilustra, por medio de los datos expuestos en la figura 2, la relación que existe entre el producto total y el producto marginal. Note que a causa de los rendimientos marginales crecientes, el producto marginal en el panel (b) se incrementa con la adición de cada uno de los tres trabajadores. Con el producto marginal en crecimiento, el producto total en el panel (a) se incrementa a una tasa creciente, aunque esto sea difícil de visualizar en la figura 3. Sin embargo, una vez que entran en juego los rendimientos marginales decrecientes, los cuales comienzan con el cuarto trabajador, el producto marginal también declina. El producto total continúa incrementándose, pero a una tasa cada vez menor. Mientras el producto marginal es positivo, el producto total se incrementa. En la tasa de producción en que el producto marginal se convierte en negativo, el producto total comienza a caer. La figura 3 resume todo esto al clasificar la producción en tres grupos: (1) rendimientos marginales crecientes, (2) rendimientos marginales decrecientes pero positivos y (3) rendimientos marginales negativos. Estos grupos de producto marginal corresponden al producto total que (1) se incrementa a una tasa creciente, (2) se incrementa a una tasa decreciente y (3) que declina.

COSTOS A CORTO PLAZO

Ahora que hemos examinado la relación entre la cantidad de recursos utilizados y el nivel de producción, podemos considerar cómo es que los costos de producción de la empresa varían a medida que su nivel de producción cambia. Los costos a corto plazo se dividen en dos categorías: costos fijos y costos variables. Dicho en términos sencillos: los costos fijos son los que pagan por los recursos fijos, y los costos variables son los que se pagan por los recursos variables. Una empresa debe pagar un **costo fijo** aun en el caso de que no se genere producción. Incluso si Smoother Mover no contrata trabajadores ni realiza mudanzas, incurre en costos de impuesto predial, seguro, registro vehicular, más cualquier otro costo de oportunidad de los almacenes y equipo. Por definición, el costo fijo es fijo y nada más, no varía con la producción a corto plazo. Suponga que el *costo fijo* de la empresa es de $200 diarios.

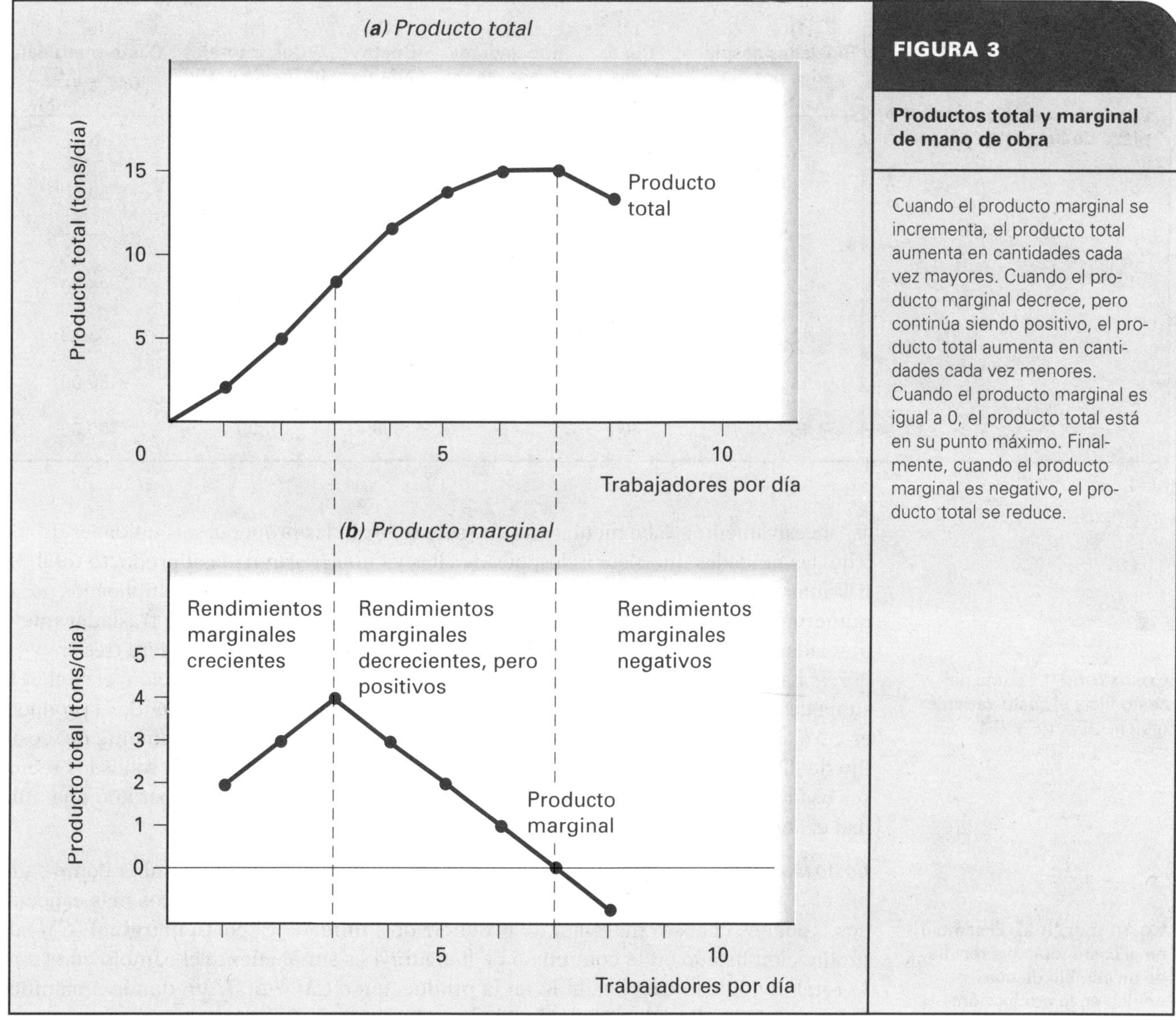

FIGURA 3

Productos total y marginal de mano de obra

Cuando el producto marginal se incrementa, el producto total aumenta en cantidades cada vez mayores. Cuando el producto marginal decrece, pero continúa siendo positivo, el producto total aumenta en cantidades cada vez menores. Cuando el producto marginal es igual a 0, el producto total está en su punto máximo. Finalmente, cuando el producto marginal es negativo, el producto total se reduce.

El **costo variable**, tal como su nombre lo indica, es el costo de los recursos variables. En este caso, trabajo. Cuando no se emplea trabajo, el producto es 0 ya que es un costo variable. Conforme se emplee más trabajo, se incrementa el producto, tal y como lo hacen los costos variables. El costo variable depende de la cantidad de mano de obra empleada y de los salarios. Si la empresa puede contratar trabajadores a $100 diarios, el *costo variable* es igual a $100 multiplicado por el número de trabajadores contratados.

Costo variable Cualquier costo de producción que aumente a medida que la producción crezca.

Costos total y marginal a corto plazo

La figura 4 presenta la información referente a los costos de Smoother Mover así como una lista del costo diario de la producción relacionado con diversas tasas de producto. La columna (1) muestra las posibles tasas de producción en el corto plazo medidas en toneladas de mobiliario desplazado por día.

Costo total. La columna (2) indica el costo fijo (*CF*) que corresponde a cada nivel de producción. Observe que el costo fijo permanece constante en $200 diarios, independientemente de la producción. La columna (3) muestra la cantidad de mano de obra necesaria para producir cada nivel de producción y esta cantidad está basada en las cifras de productividad reportadas en las dos figuras previas. Por ejemplo, para trasladar 2 toneladas de muebles se necesita un trabajador; para 5 toneladas se necesitan dos trabajadores, y

FIGURA 4

Datos de costos a corto plazo de Smoother Mover

(1) Toneladas desplazadas por día (q)	(2) Costo fijo (CF)	(3) Trabajadores por día	(4) Costo variable (CV)	(5) Costo total ($CT = CF + CV$)	(6) Costo marginal $\left(CM = \frac{\Delta CT}{\Delta q}\right)$
0	$200	0	$ 0	$200	—
2	200	1	100	300	$ 50.00
5	200	2	200	400	33.33
9	200	3	300	500	25.00
12	200	4	400	600	33.33
14	200	5	500	700	50.00
15	200	6	600	800	100.00

así sucesivamente. Cabe mencionar que sólo se listan las primeras seis unidades de trabajo, las unidades que siguen después de ellas ya no agregan nada al producto total. La columna (4) lista el costo variable por día (CV), que es igual a $100 multiplicados por el número de trabajadores empleados. Por ejemplo, el costo variable de trasladar nueve toneladas de muebles por día es de $300 ya que esta producción requiere tres trabajadores. La columna (5) lista el **costo total** (CT) de cada nivel de producción, el cual es la suma de costo fijo y costo variable: $CT = CF + CV$. Como puede ver, cuando el producto es cero, el costo variable es cero, así que el costo total consiste enteramente del costo fijo de $200. Debido a que el costo total es el costo de oportunidad de todos los recursos usados por la empresa, el costo total incluye una utilidad normal, pero no una utilidad económica. Tenga muy presente esta idea.

Costo total La suma del costo fijo y el costo variable o bien, $CT = CF + CV$.

Costo marginal. Un aspecto de interés primordial para la empresa es saber cómo cambia el costo total a medida que la producción se modifica. En términos más específicos, ¿cuál es el costo marginal de producir otra unidad? El **costo marginal** (CM) de producción listado en la columna 6 de la figura 4 es simplemente el cambio en el costo total dividido entre el cambio en la producción o $CM = \Delta CT/\Delta q$, donde Δ significa "el cambio en". Por ejemplo, si la producción crece de 0 a 2 toneladas, el costo total se aumenta en $100 (= $300 − $200). El costo marginal de cada una de las primeras 2 toneladas es el cambio en el costo total, $100, dividido entre el cambio en la producción, 2 toneladas o $100/2, lo cual da como resultado $50. El costo marginal de cada una de las siguientes tres toneladas es igual a $100/3 o $33.33.

Costo marginal El cambio en el costo total que resulta de un cambio de una unidad en la producción; el cambio en el costo total dividido entre el cambio en la producción o bien, $CM = \Delta CT/\Delta q$

Observe en la columna (6) que el costo marginal al principio decrece y luego se incrementa. *Los cambios en el costo marginal reflejan cambios en la productividad marginal de los recursos variables empleados.* Recuerde, de la figura 2, que los primeros tres trabajadores contribuyeron a incrementar los rendimientos marginales, con cada uno de ellos produciendo más que el anterior. Este mayor nivel en la productividad de la mano de obra significa un costo marginal decreciente para las primeras nueve toneladas que se desplazaron. Sin embargo, con el cuarto trabajador, la empresa experimenta rendimientos marginales decrecientes de la mano de obra, así que el costo marginal del producto se incrementa. *Cuando la empresa tiene rendimientos marginales crecientes, el costo marginal de la producción decrece; cuando la empresa tiene rendimientos marginales decrecientes, el costo marginal de la producción aumenta.* Por tanto, en la figura 4 el costo marginal primero disminuye y después aumenta.

Curvas de costos total y marginal. En la figura 5 se muestran las curvas de costo para los datos de la figura 4. En vista de que los costos fijos no varían con la producción, la

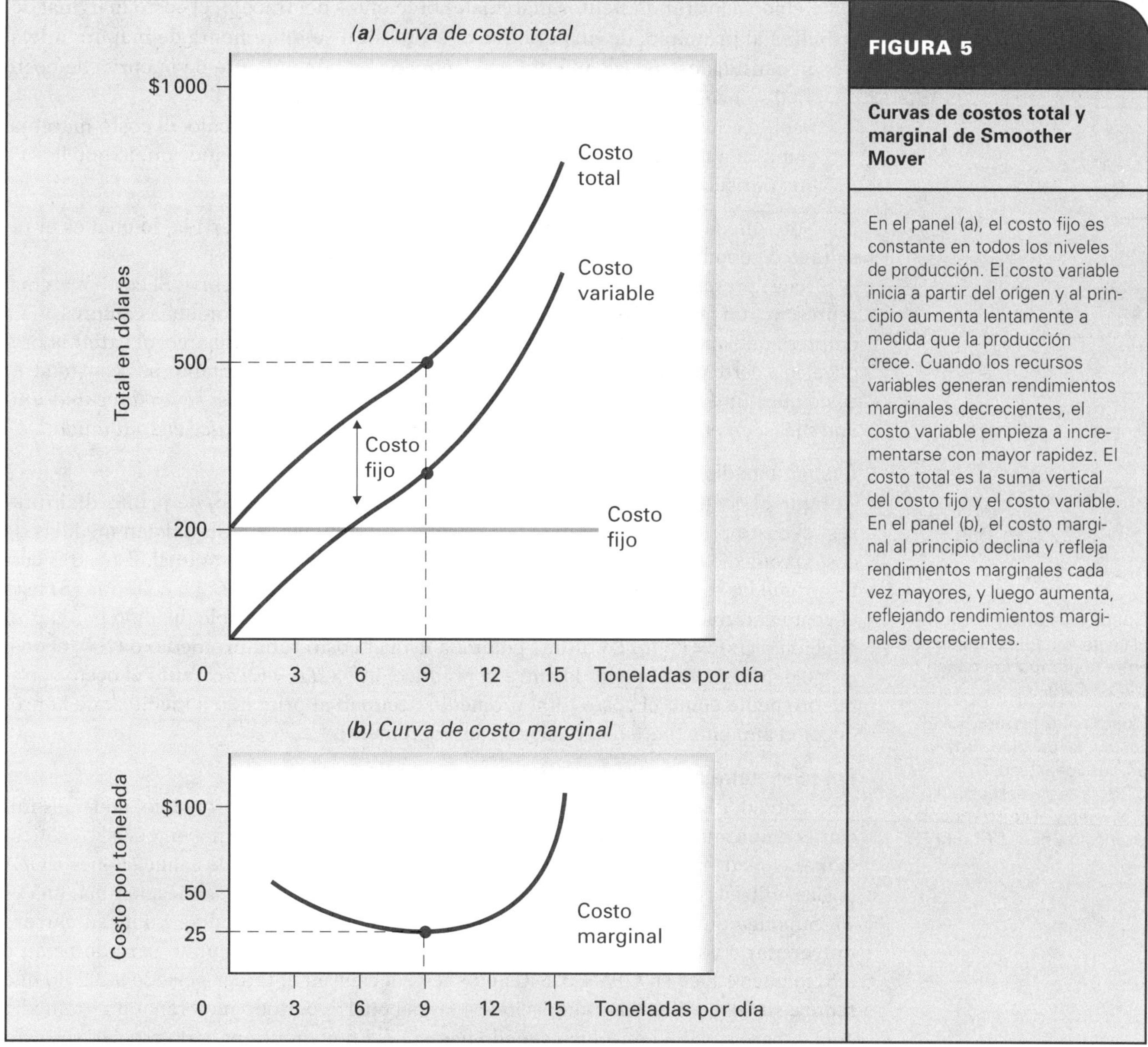

FIGURA 5

Curvas de costos total y marginal de Smoother Mover

En el panel (a), el costo fijo es constante en todos los niveles de producción. El costo variable inicia a partir del origen y al principio aumenta lentamente a medida que la producción crece. Cuando los recursos variables generan rendimientos marginales decrecientes, el costo variable empieza a incrementarse con mayor rapidez. El costo total es la suma vertical del costo fijo y el costo variable. En el panel (b), el costo marginal al principio declina y refleja rendimientos marginales cada vez mayores, y luego aumenta, reflejando rendimientos marginales decrecientes.

curva de costos fijos es una línea horizontal en el nivel de $200 del panel (a). El costo variable es $0 cuando la producción es 0, de manera que la *curva de costo variable* empieza a partir del origen. Al principio, el costo variable se incrementa lentamente, pero después comienza a ascender de manera más pronunciada. *La curva de costo total* suma la curva de costo variable y la curva de costo fijo. Debido a que se agrega una cantidad constante de costo fijo al costo variable, la curva de costo total es la curva de costo variable desplazada verticalmente por la cantidad de costo fijo.

En el panel (b) de la figura 5, el costo marginal baja hasta la novena unidad del producto y luego se eleva, lo cual refleja el incremento en la mano de obra y luego los rendimientos marginales decrecientes. Existe una relación geométrica entre ambas gráficas ya que el cambio en el costo total propiciado por un cambio de una unidad en la producción es igual al costo marginal. Con cada unidad sucesiva de producción, el costo total se incrementa por el costo marginal de la unidad. Por consiguiente, *la pendiente de la curva de costo total en cada nivel de producción es igual al costo marginal en ese mismo nivel de producción.* Con base en lo que le suceda al costo marginal, la curva de costo total puede dividirse en dos secciones:

1. Debido a los rendimientos marginales crecientes del trabajo, el costo marginal declina al principio, de manera que el costo total se incrementa de manera inicial en cantidades sucesivamente más pequeñas y la pendiente de la curva de costo total se hace más plana.
2. Debido a los rendimientos marginales decrecientes del trabajo, el costo marginal empieza a incrementarse luego de la novena unidad de producción, lo que lleva a una curva de costo total cada vez más pronunciada.

Note que la curva de costo total tiene una forma de S invertida, lo cual es el resultado de combinar las dos secciones que se han comentado.

Tenga presente que el análisis económico es un análisis marginal. El costo marginal representa un factor clave para las decisiones económicas que toman las empresas. La empresa que opera a corto plazo no controla su costo fijo; sin embargo, al variar la producción a corto plazo, la compañía modifica su costo variable y, por tanto, su costo total. *El costo marginal indica en cuánto se incrementará el costo total si se produce una unidad más o en cuánto bajará el costo total si la producción se reduce en una unidad.*

Costo promedio a corto plazo

Aunque el costo total y el costo marginal son, analíticamente, de primordial interés, el costo promedio por unidad de producción también es útil. Existen medidas de costo promedio que corresponden a costo fijo, costo variable y costo total. Estos tres costos promedio se muestran en las columnas (5) y (6) de la figura 6. La columna (5) lista el **costo variable promedio** o *CVP*, el cual es igual al costo variable dividido por la producción o $CVP = CV/q$. La última columna lista el **costo total promedio** o *CTP*, el cual es igual al costo total dividido entre la producción o $CTP = CT/q$. Tanto el costo variable promedio como el costo total promedio declinan al principio a medida que la producción aumenta, para luego mostrar un incremento.

Costo variable promedio El costo variable dividido entre la producción o bien, $CVP = CV/q$.

Costo total promedio El costo total dividido entre la producción o bien, $CTP = CT/q$; la suma del costo fijo promedio y el costo variable promedio o bien, $CTP = CFP + CVP$.

Relación entre costo marginal y costo promedio

Para entender la relación entre costo marginal y costo variable promedio, podemos iniciar con una analogía de calificaciones escolares. Piense en la forma en que sus calificaciones en cada periodo escolar afectan su promedio acumulado de calificaciones o *GPA* (siglas utilizadas en el sistema escolar estadounidense en que la calificación máxima es 4). Suponga que obtiene buenos resultados en el primer periodo e inicia su carrera universitaria con un GPA de 3.4. Sus calificaciones para el segundo periodo bajan a 2.8, lo que reduce su GPA a 3.1. Usted vuelve a caer en el tercer periodo a 2.2, lo que reduce su GPA a 2.8. Sus calificaciones para el cuarto periodo mejoran a un promedio de 2.4, pero su GPA continúa cayendo hasta 2.7. En el quinto periodo escolar, sus calificaciones mejoran a un promedio de 2.7, lo cual permite que su GPA permanezca sin

FIGURA 6

Datos de costos a corto plazo de Smoother Mover

(1) Tons desplazadas por día (*q*)	(2) Costo variable (*CV*)	(3) Costo total ($CT = CF + CV$)	(4) Costo marginal ($CM = \Delta CT/\Delta q$)	(5) Costo variable promedio ($CVP = CV/q$)	(6) Costo total promedio ($CTP = CT/q$)
0	$ 0	$200	$ 0	—	∞
2	100	300	50.00	$50.00	$150.00
5	200	400	33.33	40.00	80.00
9	300	500	25.00	33.33	55.55
12	400	600	33.33	33.33	50.00
14	500	700	50.00	35.71	50.00
15	600	800	100.00	40.00	53.33

cambio, es decir, en 2.7. Finalmente, en el sexto periodo escolar obtiene un promedio de 3.3, lo que impulsa su GPA a 2.8. Note que cuando su calificación promedio del periodo escolar está por debajo de su GPA, éste se reduce. Cuando su calificación promedio del periodo escolar mejora, su GPA no mejora sino hasta que su calificación promedio del periodo *excede* su GPA. Después del primer periodo, su calificación promedio del periodo provoca un decremento en su GPA; sin embargo, después de un tiempo lo eleva.

Ahora analicemos la relación entre costo marginal y costo promedio. En la figura 6, el costo marginal mantiene la misma relación con el costo promedio que la que tienen sus calificaciones del periodo escolar con su GPA. Observe esta relación promedio-marginal en las columnas (4) y (5). A causa de los rendimientos marginales crecientes de los primeros tres trabajadores, el costo marginal cae para las primeras nueve toneladas de muebles trasladados. Cuando el costo marginal está por debajo del costo promedio, el costo marginal reduce el costo promedio. El costo marginal y el costo promedio son iguales cuando el producto es igual a 12 toneladas, y el costo marginal excede el costo promedio cuando el producto excede las 12 toneladas, por tanto, el costo marginal impulsa al costo promedio.

La figura 7 muestra la misma curva de costo marginal que se presentó en la figura 5, junto con curvas de costo promedio basadas en los datos de la figura 6. Con tasas bajas de producción, el costo marginal declina conforme la producción se hace más amplia, esto gracias a los rendimientos marginales crecientes del trabajo. Mientras el costo marginal esté por debajo del costo promedio, el costo promedio caerá mientras la producción se extienda. Con tasas de producción más altas, el costo marginal se incrementa por rendimientos marginales decrecientes del trabajo. Cuando el costo marginal excede el costo promedio, el costo marginal impulsa al costo promedio. El hecho de que el costo marginal primero reduzca al costo promedio y luego lo ayude a crecer, explica por qué cada curva de costo promedio tiene una forma de U. La forma de la curva de costo variable promedio y la curva de costo total promedio están determinadas por la forma de la curva de costo marginal, así que cada una está modelada por los rendimientos marginales crecientes y decrecientes.

Note además que la curva de costo marginal creciente se interseca tanto con la curva de costo variable promedio como con la curva de costo total promedio cuando estas curvas promedios se encuentran en su mínimo. Esto es así porque el costo marginal reduce al costo promedio cuando el costo marginal está por debajo del costo promedio; asimismo, impulsa al costo promedio cuando el costo marginal está por arriba del costo prome-

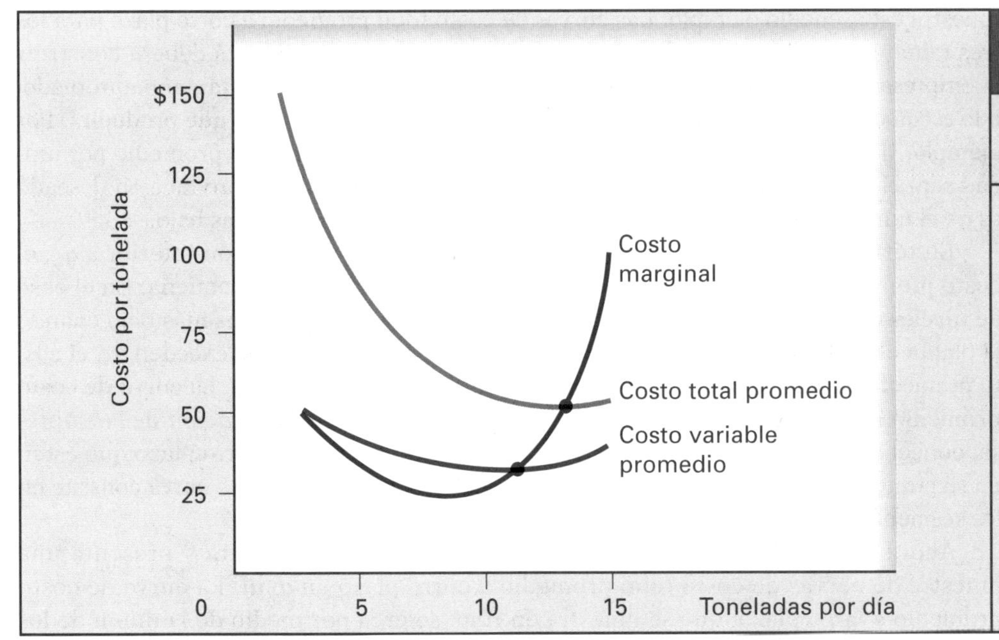

FIGURA 7

Curvas de costos promedio y marginal de Smoother Mover

El costo variable promedio y el costo total promedio caen, llegan a sus puntos mínimos, y luego suben; en general, adoptan formas de U. Cuando el costo marginal está por debajo del costo variable promedio, el costo variable promedio baja. Cuando el costo marginal es igual al costo variable promedio, este último se encuentra en su valor mínimo. Si por el contrario, el costo marginal está por arriba del costo variable promedio, este último crece. La misma relación se mantiene entre el costo marginal y el costo total promedio.

dio. Algo más: la distancia entre la curva del costo variable promedio y la curva del costo total promedio es el *costo fijo promedio*, el cual se va haciendo más pequeño conforme se incrementa el volumen de producción. ¿Por qué cree que suceda esto?

Resumen de las curvas de costo a corto plazo

La ley de los rendimientos marginales decrecientes determina la forma de todas las curvas de costo a corto plazo. La forma de la curva de producto marginal ya expuesta anteriormente determina la forma de la curva de costo marginal. Del mismo modo, la forma de la curva de producto marginal está determinada por la ley de rendimientos marginales decrecientes, que es la relación entre el recurso variable y la producción. Así, la curva de costo marginal depende en última instancia de cuánto produce cada unidad del recurso variable, en este caso el trabajo. Cuando el producto marginal de la mano de obra aumenta, el costo marginal de la producción debe bajar. Una vez que se establecen los rendimientos marginales decrecientes, el costo marginal de la producción debe crecer. Por tanto, el costo marginal al principio cae y luego aumenta. La curva de costo marginal determina las formas de las curvas de costo variable promedio y costo total promedio. Cuando el costo marginal es menor que el costo promedio, significa que éste va a la baja; cuando el costo marginal está por encima del costo promedio, significa que éste se incrementa. ¿Lo entendió? Si no, por favor vuelva a leer este párrafo.

COSTOS A LARGO PLAZO

Hasta este punto nuestro análisis se ha centrado en cómo varían los costos a medida que la tasa de producción aumenta a corto plazo en el caso de una empresa de tamaño determinado. A largo plazo, todos los insumos de que dispone la empresa pueden variar, de modo que no hay costos fijos. El largo plazo no es simplemente una sucesión de cortos plazos. Se tendrá una mejor idea del largo plazo si se le considera como un *horizonte de planeación*. A largo plazo, la elección de combinaciones de insumos es flexible, pero esta flexibilidad es válida sólo para una empresa que aún no ha actuado conforme a sus planes. Las empresas planean a largo plazo, pero producen a corto plazo. Después de haber seleccionado el tamaño de la planta, la empresa tiene costos fijos y está operando en el corto plazo. Ahora analicemos los costos a largo plazo.

Curva de costo promedio a largo plazo

Suponga que debido a la naturaleza de la tecnología en la industria, la planta de una empresa sólo puede tener tres dimensiones: pequeña, mediana o grande. La figura 8 muestra este sencillo ejemplo. Las curvas de costo total promedio a corto plazo para los tres tamaños de plantas son PP', MM' y GG'. ¿Qué tamaño de planta deberá construir la empresa para minimizar el costo promedio de la producción? El tamaño apropiado, o la *escala*, de la planta depende de la cantidad que la empresa cree que producirá. Por ejemplo, si q es la tasa de producción deseada a largo plazo, el costo promedio por unidad será el más bajo en el caso de la planta pequeña. Si el nivel de producción deseado es q', el tamaño de la planta mediana garantiza el costo promedio más bajo.

En términos más generales, para cualquier nivel de producción inferior a q_a, el costo promedio de la producción es más bajo cuando la planta es pequeña. En el caso de niveles de producción situados entre q_a y q_b, el costo promedio es más bajo cuando la planta es de tamaño mediano. Para los niveles de producción que exceden q_b, el costo promedio es más bajo cuando la planta es de grandes dimensiones. La **curva de costo promedio a largo plazo**, también conocida como la *curva de planeación* de la empresa, conecta las porciones de las tres curvas de costo promedio a corto plazo que están en su punto más bajo para cada nivel de producción. En la figura 8, esa curva consiste en los segmentos de línea que conectan P, a, b y G'.

Curva de costo promedio a largo plazo Curva que indica el costo de producción promedio más bajo en cada nivel de producción cuando es posible hacer variar las dimensiones de la empresa; también llamada curva de planeación o curva envolvente.

Ahora suponga que hay muchos tamaños de plantas. La figura 9 presenta una muestra de curvas de costo total promedio a corto plazo en *azul*. La curva de costo promedio a largo plazo, que se muestra en *rojo*, se crea por medio de la unión de los

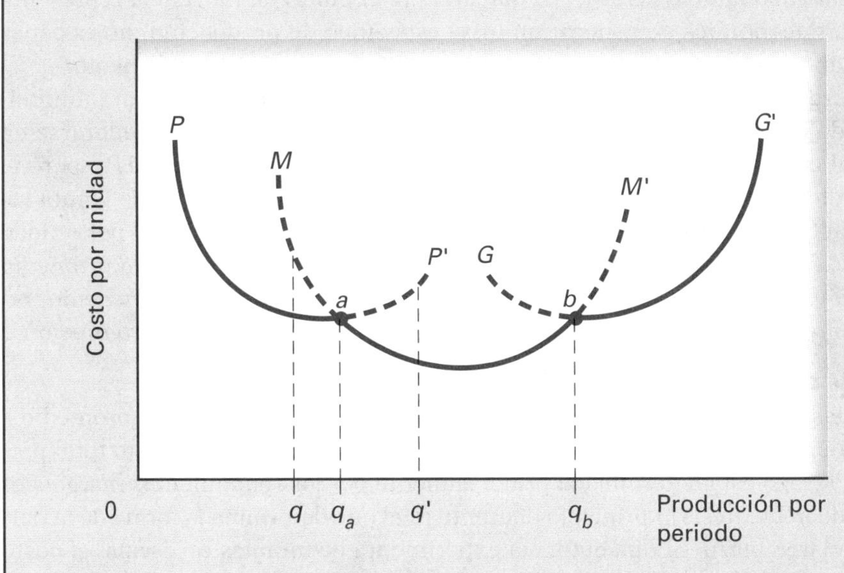

FIGURA 8

Las curvas de costo total promedio a corto plazo forman la curva de costo promedio a largo plazo o curva de planeación

Las curvas *PP'*, *MM'* y *GG'* representan los costos totales promedio a corto plazo para plantas de tamaño pequeño, mediano y grande, respectivamente. En el caso de una producción inferior a q_a, el costo promedio está en su punto más bajo cuando la planta es pequeña. Entre q_a y $q_{o'}$ el costo es mínimo con una planta de tamaño mediano. Si la producción excede a q_b, la planta grande es la mejor opción. La curva de costo promedio a largo plazo es *PabG'*.

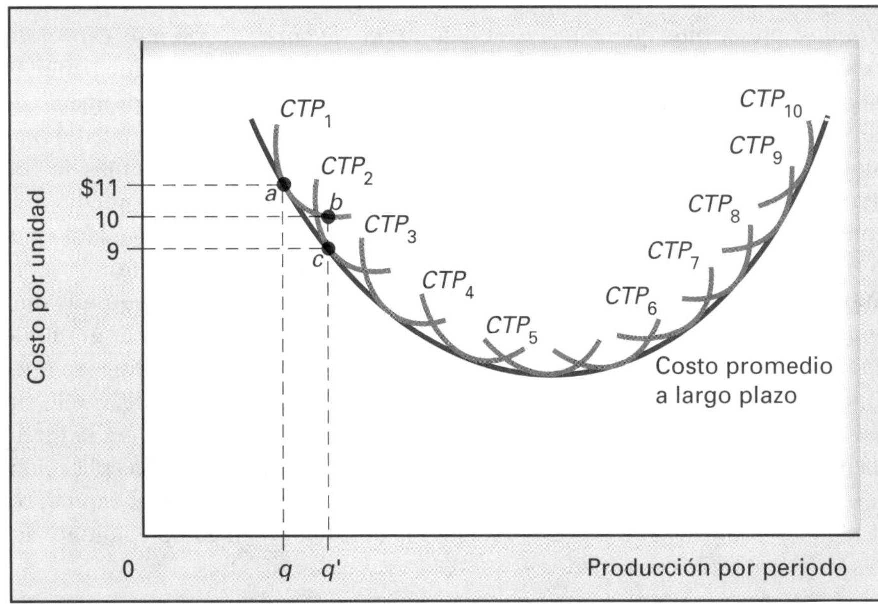

FIGURA 9

Muchas curvas de costo total promedio a corto plazo forman la curva de costo promedio a largo plazo de una empresa o curva de planeación.

Con muchos tamaños posibles de plantas, la curva de costo promedio a largo plazo es la envolvente de porciones de las curvas de costo promedio a corto plazo. Cada curva a corto plazo es tangente a la curva de costo promedio a largo plazo, o curva de planeación a largo plazo. Cada punto de tangencia representa la manera menos costosa de producir un nivel de producción específico.

puntos en las diversas curvas de costo promedio a corto plazo, las cuales representan el costo más bajo por unidad para cada nivel de producción. Cada una de las curvas de costo promedio a corto plazo es tangente a la curva de costo promedio a largo plazo, o *curva de planeación*. Si pudiéramos mostrar suficientes curvas de costos a corto plazo, tendríamos un tamaño diferente de planta para cada nivel de producción. *Estos puntos de tangencia representan la manera más económica, en cuanto a costo, de generar cada nivel determinado de producción, dada la tecnología disponible y los precios de los recursos.* Por ejemplo, la curva de costo total promedio a corto plazo CTP_1 es tangente a la curva de costo promedio a largo plazo en el punto *a*, lo cual indica que la manera más económica, en cuanto a costo, de producir el nivel *q* de producción es con el tamaño de planta asociado con CTP_1. Ningún otro tamaño de planta produciría el nivel *q* de producción a un costo promedio tan bajo por unidad. Sin embargo, note que otros niveles de producción a lo largo de CTP_1 tienen un costo promedio inferior de producción. De hecho, para un nivel de producción *q'* en el punto *b*, el costo promedio por unidad es de sólo $10, comparado con el costo promedio por unidad de $11 para producir *q* en el punto *a*. El punto *b* representa el costo promedio más bajo a lo largo de CTP_1. Así que aunque el punto de tangencia representa la manera más económica de generar un nivel específico de producción, no es capaz de representar el costo promedio mínimo para este tamaño particular de planta.

Si la empresa decide producir q', ¿qué tamaño de planta debe elegir para minimizar el costo de producción promedio? El nivel de producción q' podría generarse en el punto b, el cual representa el costo promedio mínimo a lo largo de CTP_1, pero el costo promedio es más bajo con una planta más grande. Con el tamaño de planta relacionado con CTP_2, se minimizaría el costo promedio de producir q' a $9 por unidad en el punto c. *Cada punto de tangencia ubicado entre una curva de costo promedio a corto plazo y la curva de costo promedio a largo plazo, o curva de planeación, representa la manera más económica de generar ese nivel específico de producción.*

WALL STREET JOURNAL

La interpretación correcta

¿Cuál es la importancia de la siguiente declaración en The Wall Street Journal*?: "Como sucede con cualquier nueva tecnología, las primeras pantallas OLED (diodos orgánicos emisores de luz) son costosas, tal vez seis veces más que las pantallas de cristal líquido, pero los partidarios de los OLED dicen que el problema se resolverá, en parte, una vez que comience la producción masiva y se alcancen economías de escala".*

Economías de escala

Al igual que las curvas de costo promedio a corto plazo, la curva de costo promedio a largo plazo adopta la forma de U. Recuerde que la forma de la curva de costo total promedio a corto plazo está determinada principalmente por los rendimientos marginales crecientes y decrecientes. Un principio diferente es el que determina la forma de la curva de costo a largo plazo. Si una empresa experimenta **economías de escala**, el costo promedio de largo plazo caerá conforme el producto es mayor. Considere algunas fuentes de economías de escala. *Con frecuencia, un tamaño mayor permite tener máquinas de mayores dimensiones y más eficientes, así como mano de obra mucho más especializada.* Por ejemplo, compare la cocina de tamaño doméstico de un restaurante pequeño con la cocina de un McDonald's. A niveles bajos de producción, digamos, un promedio de 20 comidas al día, la cocina más pequeña producirá comidas a un costo promedio más bajo que McDonald's. Pero si la producción en la cocina pequeña aumenta a más de 100 comidas diarias, una cocina a la escala de McDonald's arrojará un costo promedio más bajo. En consecuencia, debido a las economías de escala, el costo promedio a largo plazo para un restaurante desciende conforme el tamaño de la empresa aumenta.

Economías de escala
Fuerzas que ocasionan una disminución en el costo promedio de una empresa a medida que la escala de operaciones aumenta a largo plazo.

Una mayor escala de operación permite que una empresa emplee máquinas más grandes, más eficientes, y permite que los trabajadores alcancen un mayor grado de especialización. Las técnicas de producción, tales como la línea de montaje, se pueden introducir sólo si el volumen de producción es suficientemente grande. Suele suceder que a medida que la escala de la empresa crece, el capital sustituye a la mano de obra y la maquinaria más compleja se cambia por instrumentos de sencilla aplicación. Como un ejemplo extremo de cómo la mano de obra se ve desplazada por el capital, tenemos que algunas plantas japonesas ensambladoras de autos están completamente automatizadas y operan en la oscuridad.

Deseconomías de escala

Deseconomías de escala
Fuerzas que propician que el costo promedio de una empresa se incremente a medida que la escala de operaciones aumenta a largo plazo.

En muchas ocasiones, otra fuerza conocida como **deseconomías de escala** aparece a medida que una empresa comienza a expandirse, lo cual provoca un aumento en el costo promedio a largo plazo mientras que el volumen de producción se eleva. A medida que la cantidad y variedad de recursos empleados se incrementan, la *tarea de coordinar todos estos insumos* se hace cada vez más difícil. Asimismo, conforme crece la fuerza laboral, se hace necesario un mayor número de personal directivo para supervisar la producción y en toda esa confusión burocrática, la comunicación puede verse entorpecida: los altos ejecutivos tienen más problemas para mantenerse en contacto con el piso de ventas ya que la información se distorsiona conforme sube o baja por la estructura de la organización. De hecho, en organizaciones muy grandes los rumores pueden llegar a convertirse en una fuente primordial de información, lo cual reduce la eficiencia de la empresa e incrementa el costo promedio. Por ejemplo, se sabe que IBM ha iniciado un enorme programa de reestructuración debido a que presentaba deseconomías de escala, sobre todo en los niveles gerenciales. La solución que IBM encontró fue descentralizar y asignar seis grupos más pequeños para la toma de decisiones. Para reducir las deseconomías de escala, grandes corporativos han abandonado sus viejos métodos de operación para formar nuevas empresas. Por ejemplo, Hewlett-Packard creó la empresa Agilent Technologies y AT&T creó Lucent Technologies.

Observe que *las deseconomías de escala son consecuencia de un tamaño mayor de la empresa, en tanto que los rendimientos marginales decrecientes ocurren cuando se usan más recursos variables en una empresa de determinado tamaño.*

A largo plazo, la empresa puede hacer variar los insumos que controla; sin embargo, algunos insumos escapan del control de la empresa, y la incapacidad para variar estos insumos puede ser causa de deseconomías de escala. Considere las economías y deseconomías de escala en el ámbito del cine en el siguiente caso de estudio.

EN EL CINE

Caso de **estudio**

El mundo de los negocios

eActividad

Con las grandes economías de escala en la industria de las salas de cine, son muy pocas las cadenas que hoy en día operan miles de salas. Sus sitios electrónicos proporcionan información sobre sus planes actuales e incluyen relatos de la forma en que crecieron para llegar a ser tan grandes. Visite los siguientes sitios: AMC theatres en **http://www.amctheatres.com/about/history.html**, General Cinema en **http://www. generalcinema.com/** y Regal Cinemas en **http://www.regalcinemas.com/corporate/about/history. html**. ¿Puede encontrar el número promedio de pantallas por sala de cada corporativo? ¿Qué es un megaplex? ¿Dónde se pueden encontrar los megaplex?

Las salas de cine experimentan economías y deseconomías de escala. Una sala de cine con una sola pantalla necesita alguien que se ocupe de vender las localidades, alguien que venda las palomitas de maíz (por cierto, las ventas de los puestos concesionados representan más de la mitad de las ganancias que obtienen la mayoría de los cines) y una persona más que se encargue del proyector. Si se agrega una segunda pantalla, el mismo personal podrá realizar las dos tareas mencionadas para ambas pantallas. Entonces, la persona encargada de vender los boletos se volverá más productiva, dado que ahora vende localidades para ambas salas. Más aún, los costos de construcción por pantalla se reducen dado que sólo se necesita un lobby y un par de sanitarios. Las salas de cine pueden anunciarse de manera más espectacular en periódicos y revistas, y así distribuir los costos entre más películas. Éstas son las razones por las que vemos que los propietarios de cines agregan más y más pantallas en el mismo sitio, están realmente aprovechando las economías de escala. De 1990 al 2000, el número de pantallas en Estados Unidos creció con mayor rapidez que el número de salas de cine, así que el número promedio de pantallas por sala se incrementó. En Europa se experimentó un crecimiento similar.

¿Pero por qué detenerse en, digamos 10 o incluso 20 pantallas por cine?, ¿por qué no colocar 50 pantallas en zonas urbanas y pobladas donde la demanda sería los suficientemente atractiva como para garantizar un alto nivel de producción? Un problema que se suscita al incrementar el número de pantallas es que las vías de acceso que conducen a las salas de cine son un recurso que éstas no pueden controlar. La congestión de vehículos alrededor de la sala aumenta en proporción con el número de pantallas que existan en esa localidad. Asimismo, en un momento dado, el suministro de películas populares puede llegar a ser insuficiente para abastecer a tantas pantallas.

Finalmente, el tiempo en sí es un recurso que la empresa no puede controlar fácilmente, sólo determinados horarios son populares y demandados por los cinéfilos. El establecimiento de los horarios se complica porque la gerencia debe espaciar las horas de inicio y término con el fin de evitar la congestión que tiene lugar cuando demasiados asistentes llegan y se van al mismo tiempo. Ya no es posible crear más horas de "máxima afluencia". Como podemos ver, los propietarios de salas de cine no pueden controlar situaciones como la capacidad de las vías de acceso, el suministro de cintas y la cantidad de horas de "máxima afluencia" durante el día, y esta falta de control puede contribuir a un incremento en el costo promedio a largo plazo a medida que la producción aumente, o bien, al surgimiento de las deseconomías de escala.

Fuentes: Joahn Tagliabue, "Now Playing Europe: Invasion of Multiplex", *The New York Times*, 27 de enero 2000; Bruce Orwell y Gregory Zuckerman, "After Joining the Megaplex Frenzy, Regal Gets the Box-Office Blues", *The Wall Street Journal*, 27 de septiembre 2000; Kenneth Gosselin, "State's Cinema Building Boom Fading to Black", *Hartford Courant*, 26 de octubre 2000; y U. S. Census Bureau, *Statistical Abstract of the United States: 2000* en http://www.census.gov/prod/www/ statistical-abstract-us.html.

FIGURA 10

Curvas de costo promedio a largo plazo de una empresa

Hasta el nivel de producción *A*, la curva de costo promedio a largo plazo presenta una pendiente negativa; esto significa que la empresa tiene economías de escala. El nivel de producción *A* es la escala eficiente mínima, es decir, la tasa más baja de producción en la que la empresa aprovecha al máximo las economías de escala. Entre *A* y *B*, el costo promedio es constante. Más allá del nivel de producción *B*, la curva de costo promedio a largo plazo tiene una pendiente positiva, reflejando así deseconomías de escala.

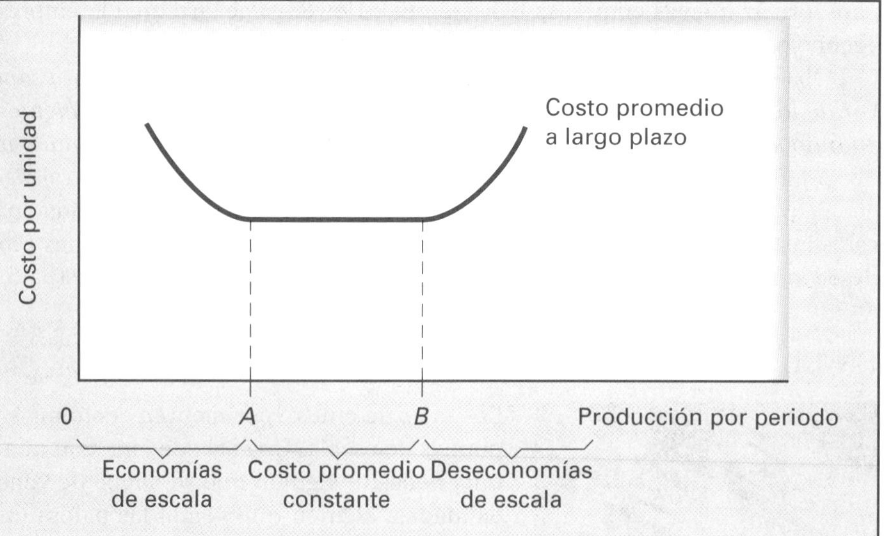

Costo promedio constante a largo plazo Costo que tiene lugar cuando entre algunos límites de producción la curva de costo promedio a largo plazo no se incrementa ni se reduce con cambios en el tamaño de la empresa.

Escala eficiente mínima La tasa de producción más baja a la cual la empresa puede aprovechar al máximo las economías de escala.

Es posible que el costo promedio no aumente ni disminuya con los cambios que se suscitan en el tamaño de la empresa. Si en el proceso de producción no se presentan ni las economías ni las deseconomías de escala, la empresa registra **costos promedios constantes a largo plazo**. Es probable que las economías y deseconomías de escala existan simultáneamente en la empresa pero que tengan efectos compensatorios.

La figura 10 presenta la curva de costo promedio a largo plazo de una empresa, la cual se ha dividido en segmentos que reflejan economías de escala, costo promedio constante a largo plazo y deseconomías de escala. La tasa de producción debe alcanzar la cantidad *A* para que así la empresa pueda lograr la **escala de eficiencia mínima**, que es la tasa de producción más baja en la cual el costo promedio a largo plazo se encuentra en su punto mínimo. Del nivel de producción *A* al nivel *B*, el costo promedio es constante. Más allá del nivel de producción *B*, las deseconomías de escala incrementan el costo promedio a largo plazo.

Economías y deseconomías de escala a nivel de empresa

Hasta ahora, la exposición en cuanto a las empresas se ha centrado en un tipo de planta en particular; por ejemplo, una sala de cine o un restaurante. Sin embargo, una empresa también puede ser un conjunto de plantas, como es el caso de los cientos de Wal-Mart o los miles de restaurantes McDonald's. En términos más generales, podemos distinguir entre economías y deseconomías de escala a *nivel de planta*; esto es, en una sede en particular y a *nivel de empresa*, donde la empresa es un conjunto de plantas. Estos aspectos los analizamos en el siguiente caso de estudio.

Caso de **estudio**

El mundo de los negocios

*e*Actividad

McDonald's usa el término alianzas corporativas para describir la ubicación de sus restaurantes en estaciones de servicio y Wal-Mart. Visite la página dedicada a esta nueva estrategia en http://www.mcdonalds.com/countries/

MILES DE MILLONES DE HAMBURGUESAS

McDonald's tiene economías de escala a nivel de planta, o restaurante, debido a la especialización que maneja en su fuerza laboral; sin embargo, también se beneficia de las economías de escala a nivel de empresa. La experiencia obtenida tras décadas de vender hamburguesas se puede compartir con nuevos gerentes mediante programas centralizados de capacitación. Las eficientes técnicas de investigación y los resultados de la investigación de mercado se pueden compartir entre miles de puntos de venta. Por ejemplo, a McDonald's le llevó tres años decidir la temperatura exacta que los gabinetes de mantenimiento deberían tener para conservar las hamburguesas calientes y siete años para desarrollar los Chicken McNuggets. Lo que es más, el costo de la publicidad y la promoción de McDonald's mediante el patrocinio de acontecimientos mundiales como los Juegos Olímpicos se pueden repartir entre los más de 13 000 expendios que existen en Estados Unidos y los más de 10 000 que existen en otros 110 países.

Algunas deseconomías surgen en operaciones de una vasta escala. El hecho de que un menú debe ser razonablemente uniforme en miles de puntos de venta significa que si a los clientes en algunos lugares del país o del mundo, no les gusta un producto, éste puede no incluirse, sin importar qué tan popular pueda ser en cualquier otro lado. Otro problema que ocasiona un menú uniforme es que los ingredientes deben estar disponibles en todo el mundo y su producción no puede depender de sequías o cambios súbitos en los precios. Por ejemplo, una cadena de restaurantes decidió no agregar tocino en tiras como una opción en sus hamburguesas porque el precio del tocino fluctuaba demasiado.

Debido a que McDonald's ha tenido un gran crecimiento a nivel mundial, la planeación se ha hecho cada vez más compleja. 10% de la carne de res vendida en Japón está en las hamburguesas de McDonald's, y McDonald's es el tercer mayor empleador en Brasil. Por ejemplo, McDonald's es kosher en Israel y cierra cinco veces al día para las oraciones musulmanas en Arabia Saudita. En Rusia, McDonald's tuvo que desarrollar fuentes de abastecimiento de carne de res, papas, lechuga y otros ingredientes, y tuvo que capacitar a los agricultores en los métodos de cultivo de los productos conforme a sus especificaciones.

Aunque los cambios llegan con lentitud a las empresas, finalmente aparecen. En 1997, McDonald's reorganizó sus operaciones en Estados Unidos dividiéndolas en cinco regiones, esto con el objeto de que los gerentes de cada región tuvieran más libertad en el manejo de precios y promociones. McDonald's también se ha hecho más flexible en el sentido de que ha colocado restaurantes express en aeropuertos, estaciones de gasolina y Wal-Mart. Estos denominados restaurantes satélite representaron la mitad de las inauguraciones de esta cadena en Estados Unidos. Asimismo, MacDonald's ha hecho un gran esfuerzo por brindar mayor flexibilidad en los productos y precios en las diferentes regiones del mundo, así como en la estructura de sus restaurantes, con el propósito de resolver las deseconomías de escala.

Fuentes: Miriam Jordan, "MacDonald's Strikes Sparks with Fast Growth in Brazil", *The Wall Street Journal*, 4 de octubre 2000; Bernard Stalmer, "McDonald's Pushes to Get Its Money's Worth on Olympic Tie", *The New York Times*, 5 de septiembre 2000; Thomas L. Friedman, *The Lexus and the Olive Tree: Understanding Globalization*, Nueva York, Farrar, Straus and Giroux, 1999; James L. Watson, ed., *Golden Arches East: McDonald's in East Asia*, Palo Alto, CA., Stanford University Press, 1998. Asimismo, consulte la página electrónica de la cadena de restaurantes McDonald's en: http://www.mcdonalds.com/.

usa/corporate/alliances/index.html. ¿Cuántas alianzas ha establecido? Mcdonald's está ahora en las cuatro esquinas del planeta. Visite el mundo de McDonald's en http.//www.mcdonalds.com/ countries/index.html. Puesto que los gustos varían, así también varía el menú de McDonald's. ¿Puede usted encontrar el país en donde sirven el Rhode Island McFeast Menu? Si puede leer una lengua extranjera, trate de encontrar una página de McDonald's en un país en donde se hable ese idioma.

CONCLUSIÓN

En este capítulo, al considerar la relación entre producción y costo, hemos establecido las bases para una teoría del comportamiento de las empresas. Pese a que pudiera parecer una madeja de curvas de costo a corto y largo plazo, *sólo dos relaciones entre los recursos y la producción son fundamentales para todas las curvas. A corto plazo son los rendimientos crecientes y decrecientes respecto a los recursos variables; a largo plazo son las economías y deseconomías de escala.* Si logra entender las causas de estos dos fenómenos, habrá captado las ideas centrales de este capítulo. Nuestro análisis de la relación entre uso de recursos y cantidad producida a corto y a largo plazo nos ayudará a obtener una curva de oferta de pendiente ascendente en el siguiente capítulo. El apéndice del capítulo desarrolla un enfoque más refinado de la producción y el costo.

RESUMEN

1. Los costos explícitos son los costos de oportunidad de los recursos de una empresa. Estos costos explícitos toman la forma de pagos en efectivo. Los costos implícitos son los costos de oportunidad que se generan por utilizar los recursos de la empresa o que aportan sus propietarios. Se dice que una empresa está obteniendo una ganancia normal si el ingreso total cubre los costos implícitos y explícitos. La ganancia económica es igual al ingreso total menos los costos explícitos e implícitos.

2. Los recursos que pueden hacerse variar con rapidez para aumentar o disminuir el nivel de producción se denominan recursos variables. A corto plazo, al menos uno de los recursos es fijo; a largo plazo todos los recursos son variables.

3. Al principio, los incrementos a corto plazo en el recurso variable pueden resultar en rendimientos marginales crecientes mientras la empresa aprovecha la creciente especialización del recurso variable. La ley de los rendimientos marginales decrecientes indica que la empresa, tarde o temprano, alcanza un punto en que las unidades adicionales del recurso variable, en combinación con los recursos fijos, generan un producto marginal menor.
4. La ley de los rendimientos marginales decrecientes del recurso variable es la característica más importante de la producción a corto plazo, y explica por qué el costo marginal y el costo promedio finalmente se incrementan conforme la producción se hace más amplia.
5. A largo plazo, todos los insumos que controla la empresa son variables, de manera que no hay costos fijos. La curva de costo promedio a largo plazo, o curva de planeación, de la compañía es una envolvente formada por una serie de curvas de costo total promedio a corto plazo. Es mejor concebir el largo plazo como un horizonte de planeación.
6. A largo plazo, la empresa selecciona el tamaño más eficiente para el nivel deseado de producción. Una vez que el tamaño de la empresa se ha seleccionado y los recursos se han contratado, algunos recursos se vuelven fijos, de modo que la empresa está nuevamente operando a corto plazo. De esta manera, la empresa planea a largo plazo, pero produce a corto plazo.
7. Generalmente, la curva de costo promedio a largo plazo, al igual que la curva de costo total promedio a corto plazo, tiene forma de U. A medida que la producción aumenta, al principio, el costo promedio declina debido a las economías de escala: una planta más grande permite el uso de maquinaria más grande y más especializada, y sobre todo, una mayor división del trabajo. Con el tiempo, el costo promedio deja de caer y puede permanecer constante en un cierto rango. Conforme la producción aumenta, la planta puede enfrentar deseconomías de escala a medida que el costo de los recursos de coordinación aumenta.

PREGUNTAS DE REPASO

1. *Costos explícitos e implícitos* Amos McCoy cultiva maíz en su granja de 100 acres y obtiene una ganancia contable de $100 por acre. Sin embargo, si él cultivara frijol de soya, podría obtener $200 por acre. ¿Considera que este agricultor obtiene una ganancia económica? ¿Por qué sí o por qué no?
2. *Costos explícitos e implícitos* Determine si cada una de las siguientes situaciones se considera un costo explícito o implícito:
   (a) Pagos por mano de obra contratada en el mercado de trabajo.
   (b) Una empresa utiliza una bodega de su propiedad, la cual podría rentar a otra empresa.
   (c) Arrendamiento pagado por utilizar una bodega que no es propiedad de la empresa.
   (d) Los salarios que los propietarios podrían ganar si no trabajaran por cuenta propia.
3. *Medidas alternas de utilidad* Calcule la utilidad o pérdida contable, así como la utilidad o pérdida económica en cada una de las siguientes situaciones:
   (a) Una empresa con ingresos totales de $150 millones, costos explícitos de $90 millones y costos implícitos de $40 millones.
   (b) Una empresa con ingresos totales de $125 millones, costos explícitos de $100 millones y costos implícitos de $30 millones.
   (c) Una empresa con ingresos totales de $100 millones, costos explícitos de $90 millones y costos implícitos de $20 millones.
   (d) Una empresa con ingresos totales de $250 000, costos explícitos de $275 000 y costos implícitos de $50 000.
4. *Medidas alternas de utilidad* ¿Por qué es razonable concebir las ganancias normales como un tipo de costos para la empresa?
5. *Corto plazo* versus *largo plazo* ¿Qué diferencia hay entre el periodo a corto plazo y el periodo a largo plazo de una empresa?
6. *Ley de los rendimientos marginales decrecientes* Como agricultor, usted debe decidir cuántas veces al año debe cultivar sus cosechas. Además, debe decidir cuánto espacio dejar entre planta y planta. ¿Cree que los rendimientos decrecientes serán un factor que influya en su decisión?
7. *Costo marginal* ¿Cuál es la diferencia entre costo fijo y costo variable? ¿Afectan estos tipos de costos el costo marginal a largo plazo? Si su respuesta es sí, explique de qué forma. Si es no, explique por qué cada uno afecta o no el costo marginal.
8. *Costo marginal* Explique por qué se debe incrementar el costo marginal de producción si el producto marginal del recurso variable se reduce.
9. *Costos a corto plazo* ¿Qué efecto tendría cada una de las siguientes situaciones en la curva de costo marginal a corto plazo de una empresa y en su curva de costo fijo total?
   (a) Un incremento en la tasa de salarios.
   (b) Una reducción en los impuestos prediales.
   (c) Una elevación en el precio de compra de nuevo capital.
   (d) Una elevación en los precios de energía.
10. *Costos a corto plazo* Identifique las curvas de la siguiente gráfica y escriba el nombre que corresponda a cada una.

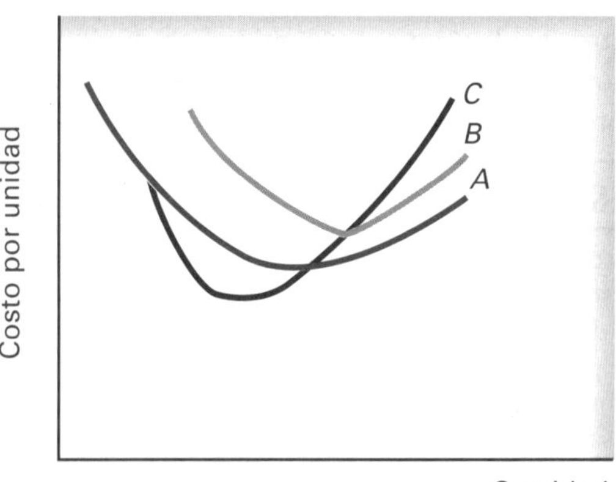

11. *Costo marginal y costo promedio* Explique por qué la curva de costo marginal debe intersecar la curva de costo total promedio y la curva de costo variable promedio en sus puntos mínimos. ¿Por qué hay un acercamiento en las curvas de costo total promedio y de costo variable promedio a medida que el producto se incrementa?

12. *Costo marginal y costo promedio* En la figura 7 de este capítulo, el nivel de producción donde el costo total promedio está en un punto mínimo es mayor que el nivel de producción donde el costo variable promedio está en un mínimo. ¿Por qué es así?

13. *Curva de costo promedio a largo plazo* ¿Qué tipos de cambios podrían desplazar la curva de costo promedio a largo plazo? ¿Cómo afectarían estos cambios a la curva de costo total promedio a corto plazo?

14. *Curva de costo promedio a largo plazo* Explique por qué la curva de costo promedio de largo plazo tiene una forma tan peculiar. ¿Qué significa "escala eficiente mínima"?

15. ***Caso de* estudio:** *En el cine* El caso de estudio señala que las ventas en las dulcerías de los cines representan más de la mitad de las utilidades netas en la mayoría de las salas de cine. Si consideramos estas situaciones, ¿cuáles son los beneficios del escalonamiento de horarios que permite el contar con pantallas múltiples? ¿Cuál es el beneficio que obtiene una sala con pantallas múltiples si se ubica en un centro comercial?

16. ***Caso de* estudio:**: *Miles de millones de hamburguesas* ¿De qué manera un menú que es uniforme alrededor del mundo permite que McDonald's obtenga economías de escala? ¿Por qué la planeación del menú se ha complicado más con la expansión de la franquicia a otros países?

PROBLEMAS Y EJERCICIOS

17. *Producción a corto plazo* Complete la siguiente tabla. ¿En qué punto intervienen los rendimientos marginales decrecientes?

Unidades del recurso variable	Producto total	Producto marginal
0	0	—
1	10	____
2	22	____
3	____	9
4	____	4
5	34	____

18. *Costo total y costo marginal.* Complete la siguiente tabla, suponiendo que cada unidad de trabajo cuesta $75 diarios.

Cantidad de trabajo por día	Producto por día	Costo fijo	Costo variable	Costo total	Costo marginal
0	____	$300	$____	$____	$____
1	5	____	75	____	15
2	11	____	150	450	12.5
3	15	____	____	525	____
4	18	____	300	600	25
5	20	____	____	____	37.5

(a) Grafique el costo fijo, costo variable y curvas de costo total para estos datos.

(b) ¿Cuál es el producto marginal de pasar de dos a tres unidades de trabajo?

(c) ¿Cuál es el costo total promedio cuando la producción es de 18 unidades al día?

19. *Costo total y costo marginal* Complete la siguiente tabla, donde T representa las unidades de trabajo, P las unidades de producción y PM es el producto marginal del trabajo.

T	P	PM	CV	CT	CM	CTP
0	0	____	$0	$12	____	____
1	6	____	3	15	____	____
2	15	____	6	____	____	____
3	21	____	9	____	____	____
4	24	____	12	____	____	____
5	26	____	15	____	____	____

(a) ¿En qué nivel de participación del trabajo los rendimientos marginales comienzan a disminuir?

(b) ¿Cuál es el costo variable promedio cuando $P = 24$.

(c) ¿Cuál es el costo fijo de la empresa?

(d) ¿Cuál es la tasa de salarios?

20. *Relación entre el costo marginal y el costo promedio* Supongamos que el trabajo y el capital son los únicos insumos empleados por una empresa. El capital está fijo en 5 unidades, cuyo precio es de $100 cada una. Se puede contratar a cada uno de los trabajadores en $200. Complete la siguiente tabla para mostrar el costo variable promedio (*CVP*), el costo total promedio (*CTP*) y el costo marginal (*CM*).

Cantidad de trabajo	Producto total	CVP	CTP	CM
0	0	____	____	____
1	100	____	____	____
2	250	____	____	____
3	350	____	____	____
4	400	____	____	____
5	425	____	____	____

21. *Costos a largo plazo* Supongamos que una empresa tiene sólo tres posibles escalas de producción, tal y como se muestra a continuación.

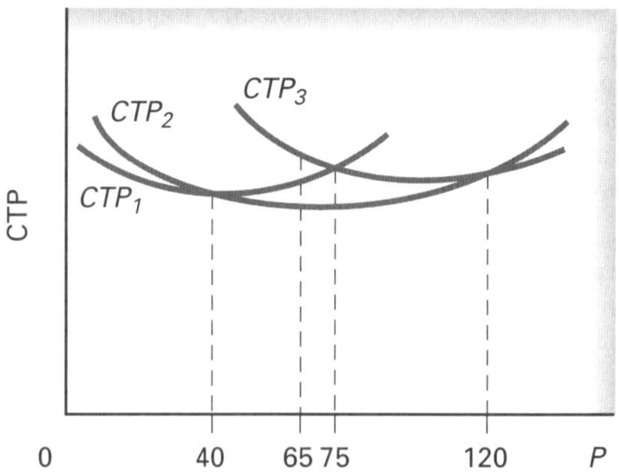

(a) ¿Qué escala de producción es la mejor cuando $P = 65$?
(b) ¿Qué escala de producción es la mejor cuando $P = 75$?
(c) Trace en el diagrama la curva de costo promedio a largo plazo.

CASOS PRÁCTICOS

22. *Costos a corto y largo plazo* Los términos *rendimientos decrecientes* y *economías de escala* se mencionan frecuentemente en la conversación diaria y en la prensa popular. Con un buscador de internet, investigue los términos *rendimientos decrecientes* o *economías de escala*. Vaya a los primeros cinco sitios que encuentre, y en cada caso decida si el término se está utilizando correcta o incorrectamente. Si es lo último, vea si puede determinar la naturaleza de la confusión del escritor. Por ejemplo, revise el artículo denominado "The Concepts of Increasing and Diminishing Returns" en el cual el autor compara un concepto a corto plazo, es decir, rendimientos decrecientes marginales con un concepto a largo plazo, es decir, rendimientos crecientes a escala. Puede encontrar este artículo en http://www.useit.com/alertbox/ increasingreturns.html.

23. *Costos a largo plazo* En el artículo llamado "Information Technology and Productivity: A Review of the Literature" escrito por Erik Brynjolfsson y Shinkyu Yang aplique los conceptos que aprendió en este capítulo y trate de explicar el impacto que se espera de la tecnología de información sobre la productividad y los costos en el largo plazo.

APÉNDICE

UNA MIRADA MÁS CERCANA A LA PRODUCCIÓN Y COSTOS

En este apéndice incluimos un modelo para determinar la manera en la que una empresa, que busca maximizar sus ganancias, puede combinar sus recursos a fin de generar una cantidad específica de producción. La cantidad de producción que se puede originar con una cantidad dada de recursos depende del *estado de la tecnología* existente en ese momento, el cual equivale al conocimiento existente de cómo pueden combinarse los recursos. Por tanto, empezaremos por considerar las posibilidades tecnológicas que la empresa tiene a su alcance.

LA FUNCIÓN PRODUCCIÓN Y LA EFICIENCIA

Las distintas formas en que los recursos pueden combinarse para generar producción se pueden sintetizar como la función producción de una empresa. La *función producción* identifica las cantidades máximas que pueden producirse de un bien o servicio en particular por periodo mediante diversas combinaciones de recursos y un nivel de tecnología dado. La función producción puede representarse como una ecuación, una gráfica o una tabla.

La función producción que se resume en la figura 11 refleja, para el caso de una empresa hipotética, la producción resultante de combinaciones específicas de recursos. Esta empresa utiliza sólo dos recursos: capital y mano de obra. La cantidad de capital empleado se lista en la primera columna de la tabla y la cantidad de mano de obra utilizada se lista en la parte superior. Por ejemplo, si una 1 unidad de capital se combina con 7 unidades de mano de obra, la empresa puede generar 290 unidades de producción mensuales. Suponemos que la empresa genera la máxima producción posible dada la combinación de recursos empleados, y que esa misma producción no podría lograrse con menos recursos. En vista de que suponemos que la función producción combina eficazmente los recursos, 290 unidades es lo más que puede producirse con 7 unidades de mano de obra y 1 unidad de capital. Por tanto, concluimos que la producción es **tecnológicamente eficiente**.

Podemos analizar los efectos de agregar mano de obra adicional a una cantidad de capital existente si comenzamos con cierto nivel de capital y avanzamos por la tabla. Por ejemplo, cuando la empresa utiliza una unidad de capital y 1 unidad de mano de obra, la empresa genera 40 unidades de producción al mes. Si la cantidad de mano de obra se incrementa en 1 unidad y el monto de capital utilizado se mantiene constante, la producción aumenta a 90 unidades, de modo que el producto marginal de la mano de obra es de 50 unidades. Si la cantidad de mano de obra utilizada aumenta de 2 a 3 unidades, sin que cambien los demás datos, la producción aumenta a 150 unidades y da un producto marginal de 60 unidades. Conforme lea la tabla, observará que el producto marginal de mano de obra al principio se incrementa y muestra rendimientos marginales crecientes de la mano de obra, y luego declina y muestra rendimientos marginales decrecientes. De manera similar, si la cantidad de mano de obra se mantiene constante y se baja por la columna, se encontrará que al principio el producto marginal del capital también refleja rendimientos marginales crecientes y después rendimientos marginales decrecientes.

FIGURA 11

Función producción de una empresa que emplea mano de obra y capital: producción por mes

Unidades de capital empleadas por mes	Unidades de mano de obra empleadas por mes						
	1	2	3	4	5	6	7
1	40	90	150	200	240	270	290
2	90	140	200	250	290	315	335
3	150	195	260	310	345	370	390
4	200	250	310	350	385	415	440
5	240	290	345	385	420	450	475
6	270	320	375	415	450	475	495
7	290	330	390	435	470	495	510

ISOCUANTAS

Observe, a partir de la exhibición tabular de la función producción en la figura 11, que diferentes combinaciones de recursos pueden proporcionar el mismo nivel de producción. Por ejemplo, varias combinaciones de mano de obra y capital generan 290 unidades de producción al mes. Intente encontrar las cuatro combinaciones. Parte de la información que se proporciona en la figura 11 puede exponerse con mayor claridad en forma de gráfica. En la figura 12, la cantidad de mano de obra empleada se mide a lo largo del eje horizontal y la cantidad de capital a lo largo del eje vertical. Las combinaciones que dan 290 unidades de producción se presentan en dicha figura como los puntos a, b, c y d. Estos puntos pueden conectarse para formar una *isocuanta* Q_1, que es una curva que muestra las posibles combinaciones de los dos recursos que generan 290 unidades de producción por mes. Del mismo modo, Q_2 muestra las combinaciones de insumos que proporcionan 415 unidades de producción, y Q_3 las combinaciones que dan 475. Los colores de las isocuantas concuerdan con las entradas correspondientes en la tabla de función producción de la figura 11.

FIGURA 12

Las isocuantas de una empresa

La isocuanta Q_1 muestra todas las combinaciones tecnológicamente eficientes de mano de obra y capital que pueden utilizarse para generar 290 unidades de producción. La isocuanta Q_2 se ha trazado para 415 unidades y Q_3 para 475 unidades. Cada isocuanta tiene una pendiente negativa y es convexa respecto al origen.

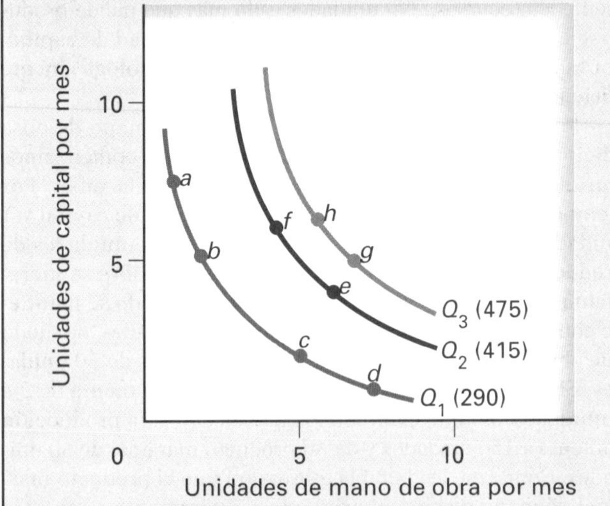

Una **isocuanta**, como Q_1 en la figura 12, es una curva que muestra todas las combinaciones tecnológicamente eficientes de los dos recursos, como son mano de obra y capital, que generan una determinada tasa de producción. *Iso* proviene de la palabra griega que significa "igual", y *cuanta* es una abreviatura de "cantidad"; de modo que *isocuanta* significa "igual cantidad". A lo largo de una isocuanta determinada, como Q_1, el volumen de producción generado se mantiene constante, en este caso 290 unidades por mes, pero la combinación de recursos varía. Para alcanzar un nivel determinado de producción, la empresa puede utilizar combinaciones de recursos que oscilan entre mucho capital y poca mano de obra; y viceversa. Por ejemplo, un contratista especializado en pavimentación puede construir un nuevo acceso para automóviles con 10 trabajadores utilizando palas y aplanadoras manuales; el mismo trabajo podría también realizarse con sólo dos trabajadores, una aplanadora de trabajo pesado y una máquina pavimentadora. Un lavado de coches cuyas ganancias están destinadas a obras de beneficencia, es intensivo en mano de obra ya que hay muchos trabajadores por auto, más cubetas, esponjas y mangueras. En cambio, un sistema profesional para lavado de autos se caracteriza por ser completamente automatizado y sólo se necesita un trabajador para hacer funcionar la maquinaria y cobrar. Una isocuanta muestra este tipo de combinaciones opcionales de recursos que generan el mismo nivel de producción. Aunque hemos incluido sólo tres isocuantas en la figura 12, hay una isocuanta diferente por cada cantidad diferente de producto listada en la figura 11. De hecho, hay una isocuanta distinta por cada nivel de producción diferente que la empresa pudiera alcanzar. Consideremos ahora algunas propiedades de las isocuantas.

1. ***Las isocuantas más alejadas del origen representan mayores niveles de producción.***
2. ***Las isocuantas tienen pendientes negativas*** porque a lo largo de una isocuanta dada, la cantidad de mano de obra que se emplea se relaciona inversamente con la cantidad de capital utilizada, de modo que las isocuantas tienen pendientes negativas.
3. ***Las isocuantas no se intersecan*** porque cada isocuanta se refiere a un volumen específico de producción. Una intersección indicaría que la misma combinación de recursos podría, con igual eficiencia, generar dos diferentes cantidades de producción.
4. ***Las isocuantas suelen ser convexas respecto al origen***, lo que significa que cualquier isocuanta es más plana conforme uno se mueve hacia abajo a lo largo de la curva.

La pendiente de una isocuanta mide la capacidad de las unidades adicionales de un recurso, en este caso, la mano de obra, para sustituir a otra en el proceso de producción, en este caso, el capital. Tal como dijimos, la isocuanta presenta una pendiente negativa. El valor absoluto de la pendiente de una isocuanta es la **tasa marginal de sustitución técnica** o **TMST**, entre los dos recursos. La TMST indica la tasa a la cual la mano de obra puede sustituirse por capital sin afectar la producción. Cuando se utiliza mucho capital y poca mano de obra, la productividad marginal de la mano de obra es relativamente mayor y la productividad marginal del capital es relativamente pequeña, de modo que una unidad de trabajo sustituirá a una cantidad relativamente grande de capital. Por ejemplo, al pasar del punto *a* al punto *b* a lo largo de la isocuanta Q_1 en la figura 12, 1 unidad de mano de obra sustituye a 2 unidades de capital, de manera que la TMST entre los puntos *a* y *b* es igual a 2. Pero a medida que se emplean más unidades de mano de obra y menos unidades de capital, el producto marginal de la mano de obra baja y el producto marginal del capital aumenta, de manera que se necesita más mano de obra para compensar la reducción de 1 unidad del capital. Por ejemplo, al pasar del punto c al punto *d*, 2 unidades de mano de obra sustituyen a 1 unidad de capital; de ahí que, la TMST entre los puntos c y *d* sea igual a ½.

El grado en que un insumo sustituya a otro, tal como lo mide la tasa marginal de sustitución técnica, está directamente asociado con la productividad marginal de cada insumo. Por ejemplo, entre los puntos *a* y *b*, 1 unidad de mano de obra reemplaza a 2 unidades de capital, aunque la producción permanece constante. De modo que el producto marginal de la mano de obra, PM_C, o sea, la producción adicional que resulta de una unidad adicional de mano de obra, debe ser dos veces mayor que el producto marginal del capital, PM_g. De hecho, *a lo largo de toda la isocuanta, la tasa marginal de sustitución técnica de mano de obra por capital es igual al producto marginal de la mano de obra dividido entre el producto marginal del capital, el cual también es igual al valor absoluto de la pendiente de la isocuanta,* o:

$$|\text{Pendiente de isocuanta}| = \text{TMST} = \text{PM}_T / \text{PM}_C$$

donde las líneas verticales a uno u otro lado de la "Pendiente de isocuanta" significan el valor absoluto. Por ejemplo, entre los puntos *a* y *b* la pendiente es igual a −2, la cual tiene un valor absoluto de 2, que es igual a la tasa marginal de sustitución de mano de obra por capital y a la razón de productividades marginales. Entre los puntos b y c, 3 unidades de mano de obra sustituyen tres unidades de capital, mientras que la producción sigue constante en 290. De esta manera, la inclinación entre b y c es de $-3/3$, para un valor absoluto de 1. Observe que el valor absoluto de la pendiente de la isocuanta declina al ir bajando por la curva porque se requiere de mayores aumentos en la mano de obra para compensar cada declinación de 1 unidad en el capital. Dicho de otro modo (manteniendo fija la cantidad de trabajo empleado) mientras menos capital se utilice, el producto marginal de éste es mayor (hasta cierto límite); por otro lado (mantienen constante la cantidad de capital empleada) mientras mayor sea la cantidad de mano de obra que se emplee, el producto marginal del trabajo se reduce.

Si la mano de obra y el capital fueran sustitutos perfectos en la producción, la tasa a la cual el trabajo sustituyera el capital permanecería fija a lo largo de la isocuanta, de manera que ésta sería una línea recta con pendiente descendente. Sin embargo, en vista de que la mayoría de los recursos *no* son sustitutos perfectos, la tasa a la cual uno sustituye al otro cambia a lo largo de una isocuanta. A medida que descendemos por una isocuanta, se necesita más mano de obra para compensar cada disminución de 1 unidad en capital, de modo que la pendiente de la isocuanta se hace más plana y convexa con respecto al origen.

A continuación resumiremos las propiedades de las isocuantas.

1. Las isocuantas más alejadas del origen representan mayores niveles de producción.
2. Las isocuantas tienen una pendiente descendente.
3. Las isocuantas nunca se intersecan entre sí.
4. Las isocuantas son cóncavas respecto al origen.

LÍNEAS DE ISOCOSTO

Las isocuantas representan gráficamente la función producción de una empresa de todas las cantidades de producción que la empresa podría generar. Ahora analizaremos la cuestión de qué combinación de recursos ha de emplearse para minimizar el costo de producir una tasa dada de producto. La respuesta, como veremos, depende del costo de los recursos.

Supongamos que 1 unidad de trabajo le cuesta a la empresa $1 500 al mes, y 1 unidad de capital le cuesta $2 500 al mes. El costo total (CT) de producción es

$$CT = (s \times L) + (r \times C)$$
$$= \$1\,500L + \$2\,500C$$

donde s es la tasa mensual de salario, L es la cantidad de mano de obra empleada, r es el costo mensual del capital, y C es la cantidad de capital empleado. Una **línea de isocosto** identifica todas las combinaciones de capital y mano de obra que una empresa puede contratar por un costo total dado. De nuevo, *iso* proviene de la palabra griega que significa "igual", de modo que una línea de isocosto es una línea que representa combinaciones de recursos que tienen el mismo costo. Por ejemplo, en la figura 13, la línea CT = $15 000 identifica todas las combinaciones de trabajo y capital que cuestan a la empresa $15 000 mensuales. Éstos podrían pagar 6 unidades de capital o 10 unidades de trabajo al mes. La empresa también podría emplear cualquier otra combinación de recursos a lo largo de la línea de isocosto.

FIGURA 13

Líneas de isocostos de una empresa

Cada línea de isocosto muestra las combinaciones de mano de obra y capital que pueden adquirirse por una cantidad fija de costo total. La pendiente de cada una es igual a menos la tasa salarial dividida entre la tasa de arrendamiento de capital. Los niveles de costo más altos se representan mediante las líneas de isocosto más apartadas del origen.

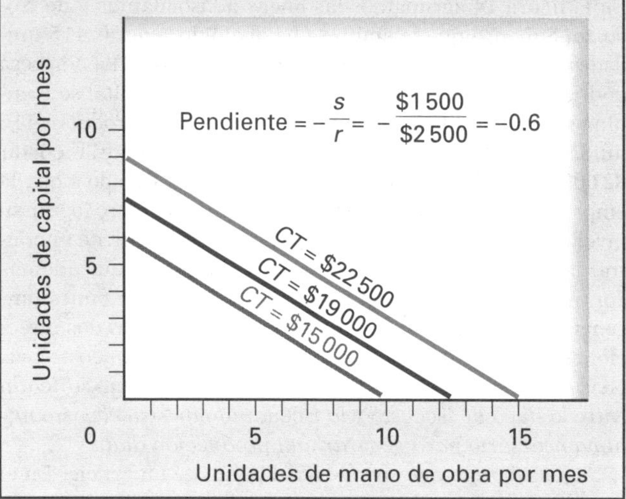

Recuerde que la pendiente de cualquier línea es el cambio vertical entre dos puntos situados en la línea dividida por el correspondiente cambio horizontal. En el punto donde la línea de isocosto choca con el eje vertical, la cantidad de capital que puede adquirirse es igual al costo total dividido entre el costo mensual de 1 unidad de capital o CT/r. En el punto donde la línea de isocosto choca con el eje horizontal, la cantidad de mano de obra que puede contratarse es igual al costo total de la empresa dividido entre el salario mensual, o CT/s. La pendiente de cualquier línea de isocosto de la figura 13 puede calcularse considerando un desplazamiento de la intersección vertical a la intersección horizontal. Es decir, dividimos el cambio vertical ($-CT/r$) entre el cambio horizontal (CT/s), como se indica:

$$\text{Pendiente de línea de isocosto} = -\frac{CT/r}{CT/s} = -\frac{s}{r}$$

La pendiente de la línea de isocosto es igual al negativo del precio de la mano de obra dividido entre el precio del capital o $-s/r$, lo cual indica los precios relativos de los insumos. En el ejemplo, el valor absoluto de la pendiente de la línea de isocosto es igual a s/r, o

$$|\text{Pendiente de línea de isocosto}| = s/r$$
$$= \$1\,500/\$2\,500$$
$$= 0.6$$

El sueldo mensual es de 0.6 o bien, 6 décimos del costo mensual de 1 unidad de capital, de modo que el hecho de contratar 1 unidad más de mano de obra, sin incurrir en ningún costo adicional, implica que la empresa debe emplear 0.6 menos unidades de capital.

Una empresa no se encuentra circunscrita a una línea de isocosto determinada. Ésta es la razón por la que la figura 13 incluye tres de ellas, cada una de las cuales corresponde a un presupuesto total diferente. *Estas líneas de isocosto son paralelas porque cada una refleja el mismo precio de recurso relativo.* En nuestro ejemplo se asume que los precios de los recursos son constantes, independientemente de la cantidad de cada recurso que la compañía emplee.

ELECCIÓN DE COMBINACIONES DE INSUMOS

En la figura 14 agrupamos las líneas de isocuantas y de isocosto. Suponga que la empresa ha decidido generar 415 unidades de producción y desea minimizar el costo. La empresa podría elegir el punto *f*, donde 6 unidades de capital se combinan con 4 unidades de mano de obra para producir 415 unidades. Sin embargo, esta combinación podría costar $21 000 bajo el rango de los precios actuales. Debido a que la empresa que busca maximizar sus ganancias quiere lograr su nivel elegido de producción al mínimo costo, trata de encontrar la línea de isocosto más cercana al origen y que además continúe en contacto con la isocuanta. Desde un punto tangencial, cualquier movimiento en cualquiera de las dos direcciones a lo largo de una isocuanta resulta tener un costo más elevado. *De manera que el punto de la tangencia ubicado entre la línea de isocosto y la isocuanta muestra el costo mínimo necesario para generar una producción dada.*

Considere lo que sucede en el punto de tangencia. En el punto *e* de la figura 14, la isocuanta y la línea de isocosto tienen la misma pendiente. Como ya se mencionó, el valor absoluto de la pendiente de una isocuanta es igual a la *tasa marginal de la sustitución técnica* entre mano de obra y capital, y el valor absoluto de la pendiente de la línea de isocosto es igual a la *razón de los precios de insumo*. De modo que cuando una empresa consigue producir de la manera más económica, la tasa marginal de sustitución técnica debe igualar la razón de los precios de los recursos, es decir,

$$\text{TMST} = s/r = 1\,500/2\,500 = 0.6$$

Esta igualdad muestra que la empresa ajusta el uso de los recursos de modo que la tasa a la cual puede sustituirse un insumo por otro en la producción, esto es, la tasa marginal de sustitución técnica, es igual a la tasa a la cual un recurso puede intercambiarse por otro en los mercados de recursos, o sea, s/r. Si esta igualdad no se mantiene, significa que la empresa podría ajustar su combinación de insumos para generar la misma producción a un costo menor.

TRAYECTORIA DE EXPANSIÓN

Imagine un conjunto de isocuantas, cada una de las cuales representa un posible nivel de producción. Dado el costo relativo de los recursos, podríamos entonces trazar líneas de isocostos para determinar la combinación óptima de recursos para generar cada nivel de producción. Los puntos de tangencia que se indican en la figura 15 muestran las combinaciones de insumos de menor costo para lograr varios niveles de producción. Por ejemplo, el nivel de producción Q_2

FIGURA 14

Combinaciones óptimas de insumos

En el punto *e*, la isocuanta Q_2 es tangente a la línea de isocosto. La combinación óptima de insumos es de 6 unidades de mano de obra y 4 unidades de capital. La máxima producción que se puede generar con $19 000 es igual a 415 unidades. De manera alternativa, el punto *e* determina la forma de menor costo para producir 415 unidades de producción.

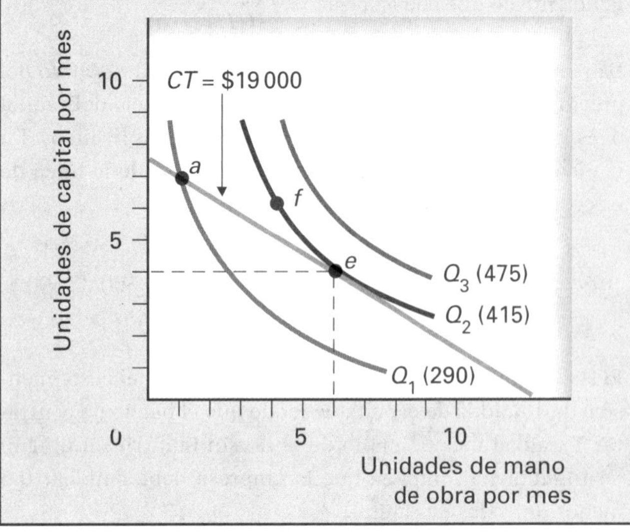

FIGURA 15

Trayectoria de expansión a largo plazo

Cada uno de los puntos de tangencia entre isocuantas y líneas de isocosto muestran la manera más económica de producir un nivel específico de producción. Al unir estos puntos de tangencia se obtiene la trayectoria de expansión de la empresa.

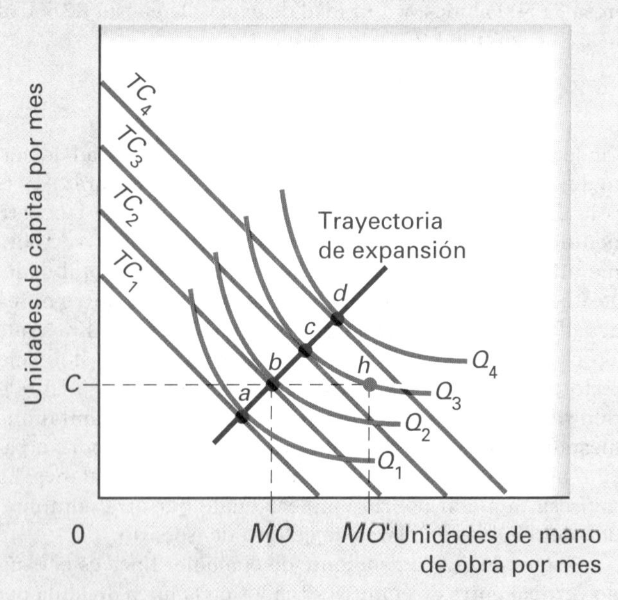

puede alcanzarse de manera más económica utilizando C unidades de capital y MO unidades de mano de obra. La línea que se forma al conectar estos puntos tangenciales constituye la **trayectoria de expansión** de la empresa. La trayectoria de expansión no necesita ser una línea recta, aunque generalmente mostrará una pendiente ascendente, lo cual implica que las empresas incrementaran el uso de ambos recursos a largo plazo a medida que la producción crezca. Observe que hemos supuesto que los precios de los insumos se mantienen constantes a medida que la empresa hace variar su producción a lo largo de la trayectoria de expansión, de modo que las líneas de isocosto en los puntos tangenciales son paralelas, es decir, que tienen la misma pendiente.

La trayectoria de expansión indica el costo total a largo plazo más bajo para cada nivel de producción. Por ejemplo, la empresa puede generar un nivel de producción Q_2 para CT_2, un nivel de producción Q_3 para CT_3, y así sucesivamente. De manera similar, la curva de costo promedio a largo plazo de la empresa representa, a cada nivel de producción, el costo total dividido entre el nivel de producción. La trayectoria de expansión y la curva de costo promedio a largo plazo de la empresa son otras formas de representar los costos a largo plazo, tomando en cuenta los precios de los recursos y la tecnología vigentes.

Podemos utilizar la figura 15 para establecer la diferencia entre los ajustes a corto plazo en la producción y los ajustes a largo plazo. Empecemos por considerar que la empresa produce Q_2 en el punto b, para lo cual se requieren C unidades de capital y MO unidades de mano de obra. Ahora suponga que a corto plazo, la empresa quiere aumentar la producción a Q_3. Puesto que el capital es fijo a corto plazo, la única manera de aumentar la producción a Q_3 es aumentar la cantidad de mano de obra empleada a MO', para lo cual es necesario desplazarse al punto e en la figura 15. El punto e no es la manera más económica de producir Q_3 a largo plazo, dado que no es un punto tangencial. A largo plazo, el uso de capital es variable, y si la empresa desea generar Q_3, deberá ajustar el capital y pasar del punto e al punto c, minimizando así el costo total de producir Q_3.

Finalmente, si los precios relativos de los recursos cambian, la combinación de menor costo de tales recursos también cambiará y, por consiguiente, sucederá lo mismo con la trayectoria de expansión de la empresa. Por ejemplo, si el precio de la mano de obra aumenta, el capital se vuelve más barato en relación con ésta. La generación eficiente de cualquier nivel dado de producción demandará, por tanto, menos mano de obra y más capital. Con un costo de mano de obra más alto, aumenta el costo total de la empresa para cada nivel de producción. Un incremento así en el costo también se reflejará por un desplazamiento ascendente de la curva de costo total promedio.

PREGUNTAS DEL APÉNDICE

1. *Elección de combinaciones de insumos* Suponga que el costo de mano de obra de una empresa es de $10 por unidad y que su costo de capital es de $40 por unidad.
   (a) Trace una línea de isocosto de modo que el costo total se conserve en $200.
   (b) Si esta empresa está produciendo con eficiencia, ¿cuál será la tasa marginal de sustitución técnica entre mano de obra y capital?
   (c) Demuestre su respuesta al inciso anterior utilizando líneas de isocosto y curvas isocuantas.
   (d) ¿Cómo se relacionan la trayectoria de expansión y la curva de costo promedio a largo plazo?
2. *Trayectoria de expansión* ¿De qué manera se relacionan la trayectoria de expansión y la curva de costo promedio a largo plazo?

Competencia perfecta

CAPÍTULO

8

¿Qué tienen en común un bushel de trigo y una onza de oro? ¿Por qué una empresa podría seguir operando aunque estuviera perdiendo dinero? ¿Por qué algunas compañías no logran obtener una ganancia económica? ¿En qué sentido puede decirse que cuanto más competitiva sea una industria, menos empresas competirán entre sí? ¿Qué es lo "perfecto" en la competencia perfecta? Para responder a estas preguntas examinaremos nuestra primera estructura de mercado: la competencia perfecta.

En el capítulo anterior desarrollamos las curvas de costo de una empresa, tanto en el corto como en el largo plazo. A la luz de estos costos, ¿cuánto debería producir una empresa y qué precio debería cobrar? Para descubrir la producción y el precio con que la empresa maximiza sus ganancias, retomaremos un tema ya conocido: la demanda. La demanda y los costos de producción u oferta, sirven en conjunto para orientar a la empresa hacia la ganancia económica máxima. En los siguientes capítulos examinaremos la manera en la que las empresas responden a sus entornos económicos cuando deciden qué ofrecer, en qué cantidades y a qué precio. Al margen de la estructura del mercado, suponemos que las empresas tratan de maximizar las ganancias. Entre los temas que se abordan en este capítulo se encuentran los siguientes:

- Estructura de mercado
- Tomadores de precios
- Ingreso marginal
- La regla de oro de la maximización de ganancias
- Minimización de pérdidas
- Curvas de oferta de corto plazo de la empresa y la industria
- Curva de oferta de largo plazo de la industria
- Competencia y eficiencia
- Excedente del productor
- Ganancias del intercambio

INTRODUCCIÓN A LA COMPETENCIA PERFECTA

En primer lugar, expliquemos brevemente la terminología. Una industria consiste en todas las empresas que suministran producción a un determinado mercado, como el automotriz, el del calzado o el del trigo. Los términos *industria* y *mercado* se usan indistintamente en este capítulo. Muchas de las decisiones de una empresa dependen de la estructura de mercado en que opera. La **estructura de mercado** describe las características importantes de un mercado, como la cantidad de proveedores (¿hay muchos o pocos?), el grado de uniformidad del producto (¿las empresas en el mercado suministran productos idénticos o hay diferencias entre ellas?), la facilidad de entrada al mercado (¿ingresan fácilmente empresas nuevas o se ven bloqueadas por barreras naturales o artificiales?), y las formas de competencia entre las empresas (¿compiten exclusivamente por precios o también son comunes las diferencias en cuanto a publicidad y producto?). Las diversas características se aclararán conforme examinemos cada tipo de estructura de mercado en los siguientes capítulos.

Estructura de mercado Características importantes de un mercado, como la cantidad de empresas que lo integran, la uniformidad del producto entre las empresas, la facilidad de entrada y salida de las empresas, y las formas de competencia.

Estructura de mercado perfectamente competitivo

Empecemos por la **competencia perfecta**, que en ciertos aspectos es la estructura de mercado más elemental. Un mercado *perfectamente competitivo* se caracteriza por: (1) numerosos compradores y vendedores, tantos que cada uno compra o vende sólo una pequeña fracción de la cantidad total que se intercambia en el mercado; (2) empresas que producen un producto estandarizado u *homogéneo*, como bushels de trigo u onzas de oro; (3) compradores y vendedores informados cabalmente sobre el precio y la disponibilidad de todos los recursos y productos; y (4) empresas y recursos que se mueven con libertad, lo que significa que en el tiempo pueden entrar o salir fácilmente de la industria sin tener que enfrentar obstáculos como patentes, licencias, costos de capital elevados o desconocimiento de la tecnología disponible.

Competencia perfecta Estructura de mercado en la cual existen numerosos compradores y vendedores plenamente informados respecto a un producto homogéneo y sin ningún obstáculo a la entrada o salida de las empresas en el largo plazo.

Si estas condiciones están presentes en un mercado, los participantes no tienen control alguno sobre el precio; éste lo determina la oferta y la demanda del mercado. A una empresa perfectamente competitiva se le llama **empresa tomadora de precios** dado que tiene que "tomar" o aceptar el precio de mercado, como en el caso del "tómalo o déjalo". Una vez que el mercado establece el precio, cada empresa está en libertad de producir cualquier cantidad que maximice sus ganancias. *Una empresa perfectamente competitiva es tan pequeña en relación con el tamaño del mercado que la elección que haga en cuanto a la cantidad que producirá no ejerce un efecto perceptible en el precio de mercado.*

Empresa tomadora de precios o precio aceptante Empresa que enfrenta un determinado precio de mercado y cuyas acciones no ejercen efecto alguno en tal precio.

Entre los ejemplos de mercados perfectamente competitivos se encuentran casi todos aquellos en los que se generan productos agrícolas y ganaderos, como el trigo, el maíz y el ganado; mercados de materias primas, como el oro, la plata y el cobre; y algunos mercados de divisas, como los del yen, el euro y el peso. Una vez más, hay tantos compradores y vendedores que las acciones de ninguno de ellos influyen en el precio de mercado. Por ejemplo, alrededor de 150 000 granjeros en Estados Unidos crían cerdos, y decenas de millones de hogares en este país adquieren productos derivados del puerco.

El modelo de la competencia perfecta nos permite hacer diversos pronósticos que pueden sustentarse adecuadamente cuando se les compara con el mundo real. La competencia perfecta también es un importante parámetro para evaluar la eficiencia de otro tipo de mercados. Consideremos la demanda en condiciones de competencia perfecta.

La demanda en condiciones de competencia perfecta

Suponga que el mercado en cuestión es el mercado mundial de trigo y que la empresa de que se trata es una granja productora de trigo. En el mercado mundial de trigo hay decenas de miles de granjas, de modo que cualquiera suministra apenas una pequeña fracción de la producción de mercado. Por ejemplo, los miles de productores de trigo de Kansas producen en conjunto menos del 3% de la oferta mundial de trigo. En la figura 1, el precio de mercado del trigo de $5 por bushel está determinado por la intersección de la curva de demanda de mercado *D* y la curva de oferta de mercado *O* en el panel (a). Una vez establecido el precio de mercado, cualquier granjero puede vender lo que quiera a ese precio de mercado.

Cada granja es tan pequeña en relación con el mercado que ninguna influye en el precio de mercado; cada granjero es un *tomador de precios*. Como todos los granjeros generan un producto idéntico, bushels de trigo en este caso, cualquiera que cobre un precio más elevado que el del mercado no podrá vender su producción. Por ejemplo, si un agricultor cobrara $5.25 por bushel, los compradores sencillamente recurrirían a otros proveedores. Por supuesto, cualquier granjero está en libertad de cobrar un precio

FIGURA 1

Equilibrio de mercado y curva de demanda de una empresa en competencia perfecta

En el panel (a), el precio de mercado de $5 lo determina la intersección de las curvas de demanda y oferta. La empresa perfectamente competitiva puede vender cualquier cantidad a ese precio. La curva de demanda que enfrenta la empresa perfectamente competitiva es horizontal al precio de mercado, como lo muestra la curva de demanda *d* en el panel (b).

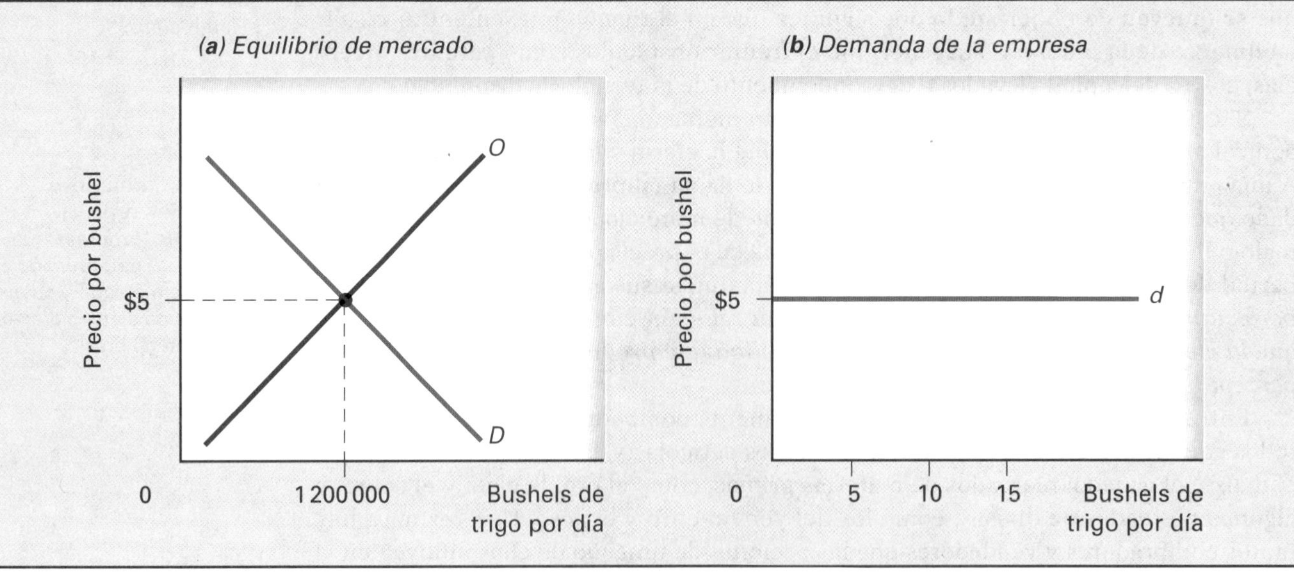

inferior al del mercado, pero, ¿para qué hacerlo cuando todo el trigo puede venderse al precio de mercado? Los agricultores no son ingenuos (y si lo son, no subsisten por mucho tiempo). *La curva de demanda que enfrenta un granjero es, por tanto, una línea horizontal trazada en el precio de mercado.* En nuestro ejemplo, la curva de demanda que enfrenta un granjero, identificada como *d* en el panel (b), se traza en el precio de mercado de $5 por bushel. En consecuencia, cada agricultor enfrenta una curva de demanda horizontal o *perfectamente elástica*.

Se ha dicho que: "En una competencia perfecta no hay competencia". Irónicamente, dos agricultores vecinos en condiciones de competencia perfecta en realidad no son rivales; ambos pueden vender tanto trigo como deseen al precio de mercado. La cantidad que uno de ellos venda no tiene efecto en el precio de mercado o en la cantidad que el otro pueda vender.

MAXIMIZACIÓN DE LAS GANANCIAS EN EL CORTO PLAZO

Cada empresa trata de maximizar su ganancia económica. Las compañías que ignoran esta estrategia no sobreviven. La ganancia económica es igual al ingreso total menos el costo de oportunidad total, lo que incluye los costos tanto explícito como implícito. El costo implícito, como recordará, es el costo de oportunidad de los recursos que posee la empresa y comprende una ganancia normal; la ganancia económica es cualquier ganancia por encima de la ganancia normal. ¿Cómo maximizan las empresas su ganancia? Como ya vimos, la empresa perfectamente competitiva no ejerce control alguno sobre el precio. Lo que controla es la cantidad producida, la tasa de producción. La pregunta que se hacen los productores de trigo se reduce a: *¿cuánto tengo que producir para obtener la mayor ganancia?*

Ingreso total menos costo total

La empresa maximiza sus ganancias económicas cuando encuentra la tasa de producción en la cual el ingreso total rebasa el costo total en el monto mayor. El ingreso total de la empresa es sencillamente su producto multiplicado por el precio por unidad. En la columna (1) de la figura 2 se aprecia las posibilidades de producción de un granjero medidas en bushels de trigo por día. En la columna (2) aparece el precio de mercado por bushel de $5, el cual no varía conforme cambia la producción de ese agricultor. En la columna (3) aparece el ingreso total, que es la producción multiplicada por el precio, o la columna (1) por la columna (2). En la columna (4) se muestra el costo total de producción. El costo total ya incluye una ganancia normal, de modo que dicho costo comprende todos los costos de oportunidad. Aunque en la figura 2 no se distingue entre costos fijos y variables, el costo fijo debe ser igual a $15 diarios, ya que el costo total es de $15 cuando la producción es de cero. El hecho de que este agricultor incurra en un costo fijo indica que al menos un recurso debe estar fijo, de manera que la granja tiene que operar en el corto plazo.

El ingreso total en la columna (3) menos el costo total en la columna (4) genera la ganancia o pérdida económica del agricultor en la columna (7). Como puede observar, el ingreso total sobrepasa al costo total cuando se producen diariamente entre 7 y 14 bushels, así que la granja obtiene una *ganancia económica* a esos niveles de producción. La ganancia económica se maximiza a $12 por día cuando la empresa produce diariamente 12 bushels de trigo (la combinación de $12 y 12 bushels es sólo una coincidencia).

Comparar el ingreso total y el costo total es una forma de encontrar la producción que maximiza las ganancias. Con tasas de producción inferiores a 7 bushels y superiores a 14, el costo total excede al ingreso total, lo cual propicia una pérdida económica, que se mide por la distancia vertical entre las dos curvas. El ingreso total rebasa el costo total entre los 7 y 14 bushels por día, de modo que el agricultor obtiene una ganancia económica. *La ganancia se maximiza en el nivel de producción en*

Costos e ingresos en el corto plazo de una empresa perfectamente competitiva

(1) Bushels de trigo por día (q)	(2) Ingreso marginal (precio) (p)	(3) Ingreso total ($IT = q \times p$)	(4) Costo total (CT)	(5) Costo marginal $\left(CM = \frac{\Delta CT}{\Delta q}\right)$	(6) Costo total promedio $\left(CTP = \frac{CT}{q}\right)$	(7) Ganancia o pérdida económica = $IT - CT$
0	—	$ 0	$15.00	—	∞	−$15.00
1	$5	5	19.75	$4.75	$19.75	−14.75
2	5	10	23.50	3.75	11.75	−13.50
3	5	15	26.50	3.00	8.83	−11.50
4	5	20	29.00	2.50	7.25	−9.00
5	5	25	31.00	2.00	6.20	−6.00
6	5	30	32.50	1.50	5.42	−2.50
7	5	35	33.75	1.25	4.82	1.25
8	5	40	35.25	1.50	4.41	4.75
9	5	45	37.25	2.00	4.14	7.75
10	5	50	40.00	2.75	4.00	10.00
11	5	55	43.25	3.25	3.93	11.75
12	**5**	**60**	**48.00**	**4.75**	**4.00**	**12.00**
13	5	65	54.50	6.50	4.19	10.50
14	5	70	64.00	9.50	4.57	6.00
15	5	75	77.50	13.50	5.17	−2.50
16	5	80	96.00	18.50	6.00	−16.00

que el ingreso total excede al costo total por el monto mayor. Ya sabemos que la ganancia es superior cuando se producen 12 bushels diariamente.

Ingreso marginal igual a costo marginal en equilibrio

Ingreso marginal Cambio en el ingreso total derivado de la venta de una unidad adicional. En competencia perfecta, el ingreso marginal es el precio de mercado.

Otra forma de encontrar la tasa de maximización de ganancias de la de producción consiste en enfocarse al ingreso y costo marginales. El **ingreso marginal**, o *IM*, es el cambio en el ingreso total por la venta de otra unidad de producción. En condiciones de competencia perfecta, cada empresa es un tomador de precios, así que vender una unidad más incrementa el ingreso por el precio de mercado. En consecuencia, *en condiciones de competencia perfecta, el ingreso marginal es el precio de mercado*. En este ejemplo, el ingreso marginal, es decir, el ingreso por la venta de un bushel más de trigo, es de $5. Las dos primeras columnas de la figura 2 representan el ingreso marginal de la granja en el caso de cada bushel de trigo. En el capítulo anterior establecimos que el *costo marginal* es el cambio en el costo total derivado de generar otra unidad de producción. La columna (5) de la figura 2 presenta el costo marginal de la granja en cuanto a cada bushel de trigo. El costo marginal disminuye primero, lo que refleja rendimientos marginales crecientes en el corto plazo conforme se emplea una mayor cantidad del recurso variable. El costo marginal posteriormente aumenta y muestra rendimientos marginales decrecientes del recurso variable.

La empresa aumentará la cantidad que ofrece mientras cada unidad adicional contribuya más al ingreso total que al costo total, es decir, mientras el ingreso marginal exceda al costo marginal. Si comparamos las columnas (2) y (5) de la figura 2, vemos que el ingreso marginal rebasa el costo marginal en cada uno de los primeros 12 bushels de trigo. Sin embargo, el costo marginal del bushel número 13 es de $6.50 en comparación con su ingreso marginal de $5. Por tanto, producir el bushel 13 redu-

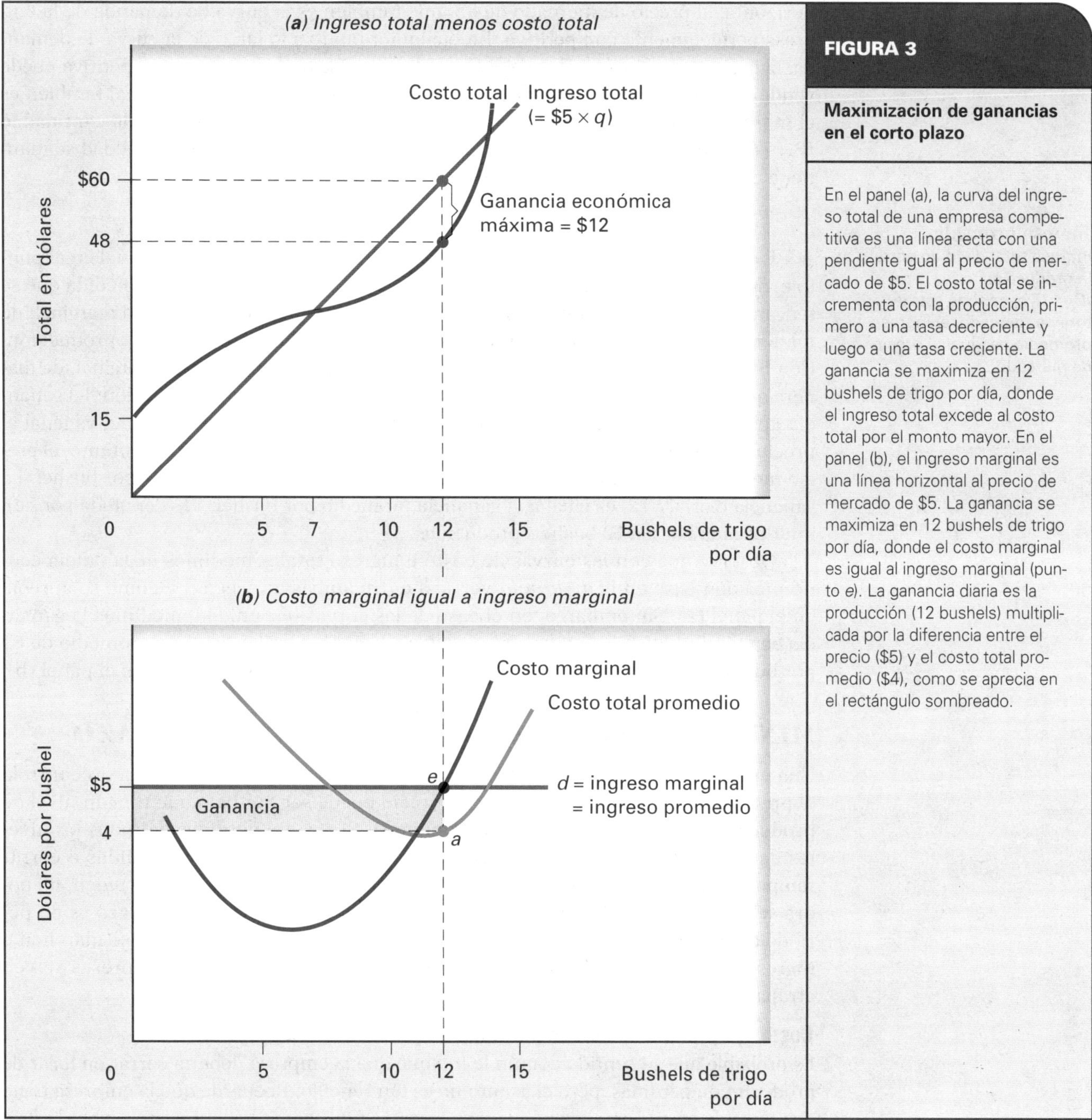

FIGURA 3

Maximización de ganancias en el corto plazo

En el panel (a), la curva del ingreso total de una empresa competitiva es una línea recta con una pendiente igual al precio de mercado de $5. El costo total se incrementa con la producción, primero a una tasa decreciente y luego a una tasa creciente. La ganancia se maximiza en 12 bushels de trigo por día, donde el ingreso total excede al costo total por el monto mayor. En el panel (b), el ingreso marginal es una línea horizontal al precio de mercado de $5. La ganancia se maximiza en 12 bushels de trigo por día, donde el costo marginal es igual al ingreso marginal (punto *e*). La ganancia diaria es la producción (12 bushels) multiplicada por la diferencia entre el precio ($5) y el costo total promedio ($4), como se aprecia en el rectángulo sombreado.

ciría la ganancia económica en $1.50. El agricultor, que pretende maximizar sus ganancias, limitará la producción a 12 bushels diarios. Dicho de manera más general, una empresa aumentará su producción mientras el ingreso marginal exceda al costo marginal, y dejará de crecer después de que el costo marginal rebase el ingreso marginal. Una expresión que sintetiza este modelo es la **regla de oro de la maximización de ganancias**, la cual establece que la empresa que pretende maximizar sus ganancias produce cuando *el ingreso marginal es igual al costo marginal*.

Regla de oro de la maximización de ganancias Para maximizar las ganancias o minimizar las pérdidas, una empresa debe producir la cantidad a la cual el ingreso marginal es igual al costo marginal; esta regla se aplica a todas las estructuras de mercado.

Ganancia económica en el corto plazo

Los datos sobre el ingreso y el costo por unidad de la figura 2 están graficados en el panel (b) de la figura 3. En virtud de que el ingreso marginal en condiciones de competencia perfecta es igual al precio de mercado, la curva del ingreso marginal es una curva

horizontal al precio de mercado de $5, que también es la curva de demanda de la empresa perfectamente competitiva. En cualquier punto a lo largo de la curva de demanda, el ingreso marginal es el precio. Como la empresa perfectamente competitiva puede vender cualquier cantidad al mismo precio por unidad, el ingreso marginal también es el **ingreso promedio**, o *IP*, el cual es igual al ingreso total dividido entre la cantidad, o $IP = IT/q$. Por tanto, al margen de la tasa de producción, la siguiente igualdad se mantiene en toda la curva de demanda de la empresa perfectamente competitiva.

Precio de mercado = ingreso marginal = ingreso promedio

Ingreso promedio
Ingreso total dividido entre la producción, o $IP = IT/q$; en toda estructura de mercado, el ingreso promedio es igual al precio de mercado.

La curva de costo marginal se interseca con la curva de ingreso marginal en el punto *e*, donde la producción es de 12 bushels por día aproximadamente. A medida que se tengan tasas de producción más bajas, el ingreso marginal excede al costo marginal, de manera que la empresa podría incrementar su ganancia aumentando la producción. Con tasas de producción más altas, el costo marginal rebasa el ingreso marginal, de manera que la empresa podría incrementar su ganancia al reducir la producción. La ganancia aparece en el rectángulo sombreado. La altura de este rectángulo, *ae*, es igual al precio (o ingreso promedio) de $5 menos el costo total promedio de $4. Por tanto, el precio menos el costo total promedio genera una ganancia promedio de $1 por bushel. La ganancia diaria, $12, es igual a la ganancia promedio por bushel, $1 (denotada por *ae*), multiplicada por los 12 bushels producidos.

Observe que con las curvas de costo e ingreso totales medimos la ganancia económica con base en la *distancia* vertical entre ambas curvas, tal y como se aprecia en el panel (a). Sin embargo, en el caso de las curvas por unidad, medimos la ganancia económica con base en un *área*, es decir, con base en la ganancia promedio de $1 por bushel multiplicado por los 12 bushels vendidos, como se muestra en el panel (b).

MINIMIZACIÓN DE PÉRDIDAS EN EL CORTO PLAZO

Una empresa que se encuentra en condiciones de competencia perfecta no controla el precio de mercado. En ocasiones, el precio puede ser tan bajo que ningún nivel de producción generará una ganancia económica. Si afronta pérdidas en todos los niveles de producción, la empresa puede continuar produciendo con pérdidas o cerrar temporalmente. Sin embargo, aun cuando la empresa cierre, *en el corto plazo*, no podrá salir de la industria o producir algo más. Por definición, el corto plazo es un periodo demasiado breve como para permitir que las empresas existentes se marchen o ingresen nuevas empresas a esta industria. En cierto sentido, las empresas se ven atrapadas en el corto plazo.

Costo fijo y minimización de pérdidas

Es probable que su sentido común le indique que la empresa debería cerrar en lugar de producir con pérdidas, pero el asunto no es tan sencillo. Recuerde que la empresa tiene dos tipos de costos en el corto plazo: los costos fijos, como los impuestos sobre la propiedad y las pólizas de seguro contra incendios, las cuales deben cubrirse en el corto plazo aun cuando la empresa no produzca nada, y los costos variables, como la mano de obra, la cual depende de la tasa de producción. Una empresa que cierra en el corto plazo aún debe pagar sus costos fijos. Pero, al producir, el ingreso de una empresa puede ser capaz de liquidar, con suficiente holgura, los costos variables. *Una empresa producirá si el ingreso generado excede al costo variable de producción*; después de todo, el ingreso en exceso de costos variables paga una parte de los costos fijos.

Considere los mismos datos sobre costos de la figura 2, pero ahora suponga que el precio de mercado ha caído de $5 a $3 por bushel de trigo. Esta nueva situación se presenta en la figura 4. Debido a que ahora el precio es menor, el ingreso total es inferior en todas las tasas de producción y la ganancia económica ha desaparecido. La columna (8) indica que cada cantidad genera una pérdida. Si la empresa no produce nada, su pérdida es el costo fijo de $15 por día; pero si produce entre 6 y 12 bushels al día, la

FIGURA 4

Minimización de pérdidas en el corto plazo

(1) Bushels de trigo por día (*q*)	(2) Ingreso marginal (precio) (*p*)	(3) Ingreso total ($IT = q \times p$)	(4) Costo total (*CT*)	(5) Costo marginal $\left(CM = \frac{\Delta CT}{\Delta q}\right)$	(6) Costo total promedio $\left(CTP = \frac{CT}{q}\right)$	(7) Costo total variable $\left(CTV = \frac{CV}{q}\right)$	(8) Ganancia o pérdida económica = $IT - CT$
0	___	$ 0	$15.00	___	∞	___	−$15.00
1	$3	3	19.75	$4.75	$19.75	$4.75	−16.75
2	3	6	23.50	3.75	11.75	4.25	−17.50
3	3	9	26.50	3.00	8.83	3.83	−17.50
4	3	12	29.00	2.50	7.25	3.50	−17.00
5	3	15	31.00	2.00	6.20	3.20	−16.00
6	3	18	32.50	1.50	5.42	2.92	−14.50
7	3	21	33.75	1.25	4.82	2.68	−12.75
8	3	24	35.25	1.50	4.41	2.53	−11.25
9	3	27	37.25	2.00	4.14	2.47	−10.25
10	**3**	**30**	**40.00**	**2.75**	**4.00**	**2.50**	**−10.00**
11	3	33	43.25	3.25	3.93	2.57	−10.25
12	3	36	48.00	4.75	4.00	2.75	−12.00
13	3	39	54.50	6.50	4.19	3.04	−15.50
14	3	42	64.00	9.50	4.57	3.50	−22.00
15	3	45	77.50	13.50	5.17	4.17	−32.50
16	3	48	96.00	18.50	6.00	5.06	−48.00

empresa reduce su pérdida en menos de $15 por día. Con base en la columna (8), puede observar que la pérdida de la empresa se minimiza en $10 diarios cuando se producen 10 bushels. En comparación con una producción nula, producir 10 bushels aumenta el costo total en sólo $25, pero incrementa el ingreso total en $30. La ganancia neta de $5 puede cubrir una parte del costo fijo de la empresa.

El panel (a) de la figura 5 presenta las curvas de costo total e ingreso total de la empresa, a partir de los datos de la figura 4. La curva de costo total permanece igual que en la figura 3. La caída en el precio de $5 a $3 por unidad cambia la pendiente de la curva de ingreso total de 5 a 3, de modo que la curva es ahora más plana que en la figura 3. Note que la curva de ingreso total ahora está por debajo de la curva de costo total en todas las tasas de producción. La distancia vertical entre las dos curvas mide

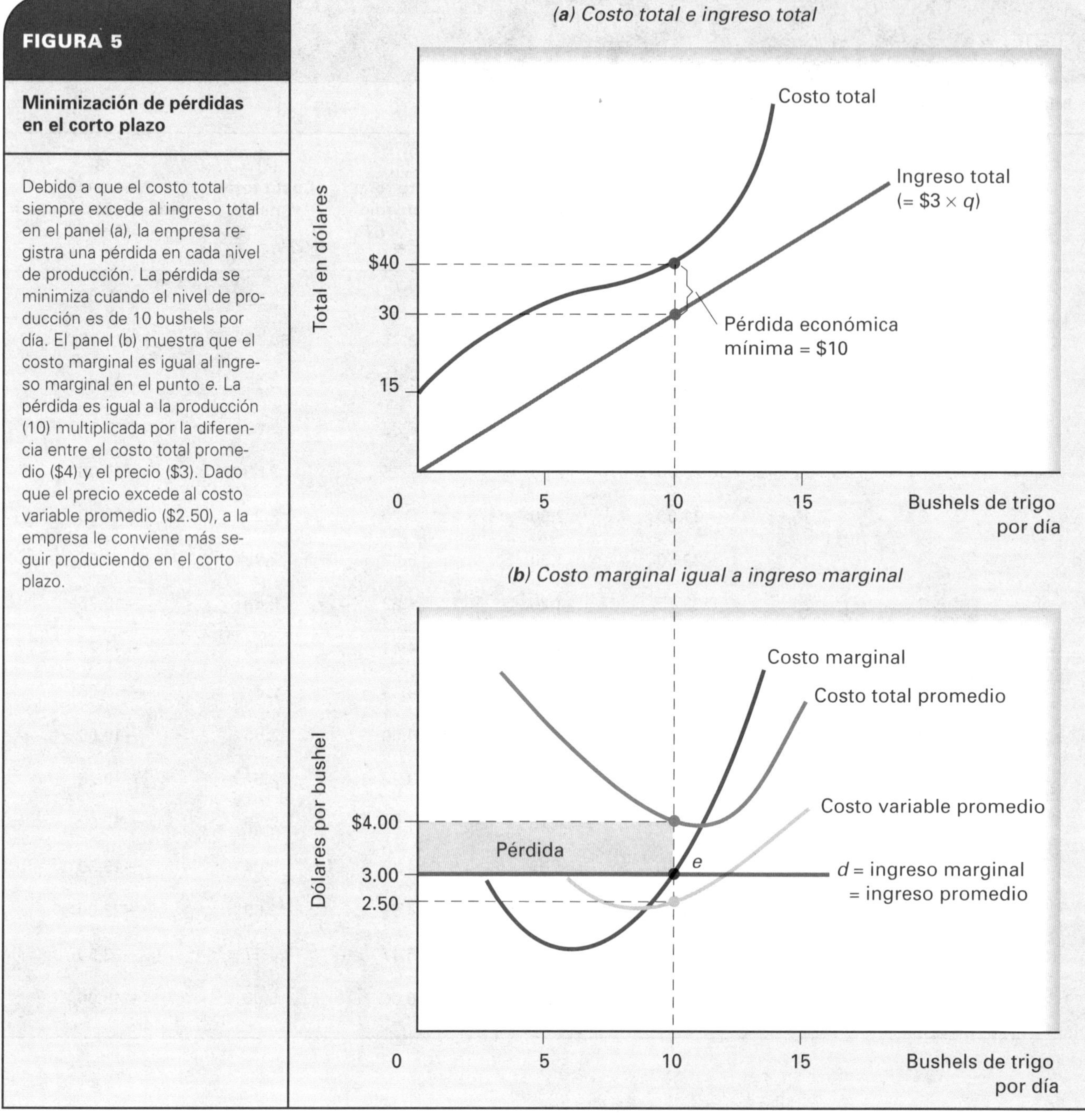

FIGURA 5

Minimización de pérdidas en el corto plazo

Debido a que el costo total siempre excede al ingreso total en el panel (a), la empresa registra una pérdida en cada nivel de producción. La pérdida se minimiza cuando el nivel de producción es de 10 bushels por día. El panel (b) muestra que el costo marginal es igual al ingreso marginal en el punto *e*. La pérdida es igual a la producción (10) multiplicada por la diferencia entre el costo total promedio ($4) y el precio ($3). Dado que el precio excede al costo variable promedio ($2.50), a la empresa le conviene más seguir produciendo en el corto plazo.

la pérdida en cada nivel de producción. Si el agricultor no produce nada, la pérdida es el costo fijo de $15 al día. La distancia vertical entre las dos curvas se minimiza en el nivel de producción de 10 bushels aproximadamente, donde la pérdida es de $10 diarios.

Ingreso marginal igual a costo marginal

Podemos obtener el mismo resultado si recurrimos al análisis marginal. Los datos por unidad de la figura 4 se presentan en el panel (b) de la figura 5. *La empresa producirá en vez de cerrar si el ingreso marginal es igual al costo marginal en un nivel de producción donde el precio iguale o rebase el costo variable promedio*. Las curvas de ingreso y costo marginales se intersecan en el punto *e*, donde el nivel de producción es de 10 bushels por día aproximadamente y el precio de $3 excede al costo variable promedio por bushel de $2.50.

Debido a que el precio de $3 por bushel excede al costo variable promedio, el agricultor está en condiciones de cubrir el costo variable y una parte del costo fijo. En concreto, $2.50 del precio paga el costo variable promedio, y $0.50 cubre una parte del costo fijo promedio de $1.50 (el costo fijo promedio es el costo total promedio de $4.00 menos el costo variable promedio de $2.50). Esto aún deja una pérdida de $1 por bushel, el cual cuando se multiplica por 10 bushels genera una pérdida económica de $10 diarios, identificados en el panel (b) por el rectángulo sombreado. ¿Por qué al agricultor en el corto plazo le conviene más operar con una pérdida que cerrar?

Cierre de corto plazo

Mientras la pérdida que resulte de producir sea menor que la pérdida por cerrar, el agricultor seguirá haciendo negocios en el corto plazo. Es probable que haya leído o escuchado acerca de empresas que declaran pérdidas; la mayor parte de éstas continúan operando. De hecho, muchas empresas nuevas pierden dinero durante los primeros años (por ejemplo, la red de televisión advenediza UPN perdió mil millones de dólares durante sus primeros cinco años de transmisión[1]). Pero *si el costo variable promedio de producción excede el precio en cualquier nivel de producción, la empresa tendrá que cerrar*. Después de todo, ¿para qué producir si hacerlo sólo incrementa la pérdida en el corto plazo? Por ejemplo, suponga que el precio del trigo disminuye a $2 por bushel. Como puede ver en la columna (7) de la figura 4, el costo variable promedio excede los $2 en todos los niveles de producción. Al cerrar, el agricultor sólo paga el costo fijo, no el costo fijo más una parte del costo variable.

¿Cuál es la importancia de la siguiente declaración en The Wall Street Journal*?: "Webvan Group Inc., suspendió operaciones en todos los mercados debido a una disminución en los pedidos durante el segundo trimestre. Asimismo, reiteró que presentará una solicitud de protección bajo el amparo del capítulo 11 del Código de Bancarrota de Estados Unidos".*

En la columna (7) de la figura 4, también puede observar que el precio más bajo al cual el agricultor estaría en condiciones de cubrir su costo variable promedio es de $2.47 por bushel, que es el costo variable promedio cuando la producción es de 9 bushels diarios. A este precio, al agricultor le resultará indistinto producir o cerrar, pues de cualquier manera la pérdida será el costo fijo de $15 por día. Cualquier precio por encima de $2.47 permitirá que el agricultor, al producir, cubra parte del costo fijo.

Note que cerrar no es lo mismo que salir de la industria. En el corto plazo, hasta una empresa que cierra mantiene intacta su capacidad productiva: paga la renta, su póliza contra incendios y sus impuestos sobre la propiedad, evita que el agua de las tuberías se congele durante el invierno, etc. Por ejemplo, Dairy Queen cierra durante el invierno, una empresa que atiende a la comunidad universitaria cierra cuando la escuela está de vacaciones o una planta automotriz responde a una disminución en la demanda interrumpiendo temporalmente la producción (como se expresa en el siguiente titular: "Daimler Chrysler dejará sin trabajo a tres plantas en América del Norte debido a la acumulación de existencias"[2]). Estas empresas no escapan al costo fijo cerrando, ya que el costo fijo, por definición, no se ve afectado por los cambios en la producción. Si la demanda aumenta lo suficiente, la empresa reanuda sus operaciones. Si las condiciones del mercado son poco alentadoras y sin esperanzas de mejoría, la empresa puede optar por abandonar el mercado, pero eso es una decisión de largo plazo. El corto plazo se define como un periodo durante el cual algunos recursos y algunos costos están fijos, de modo que una empresa no puede escapar a tales costos en el corto plazo, sin importar lo que haga. *El costo fijo es un costo perdido en el corto plazo, sin importar la decisión que tome la empresa.*

[1] Joe Flint, "Will Viacom's Big Bet on 'Buffy' Become UPN's Savior or Slayer", *The Wall Street Journal*, 12 de julio 2001.
[2] *The Wall Street Journal*, 22 de noviembre 2000.

CURVAS DE OFERTA EN EL CORTO PLAZO DE LA EMPRESA Y LA INDUSTRIA

Si el costo variable promedio rebasa el precio en todos los niveles de producción, la empresa cerrará en el corto plazo, pero si el precio excede al costo variable promedio, la empresa producirá la cantidad en la cual el ingreso marginal es igual al costo marginal. Como veremos, una empresa variará su producción conforme cambie el precio del mercado. Los efectos de los diversos precios en la decisión de producir de la empresa se resumen en la figura 6. Los puntos 1, 2, 3, 4 y 5 identifican las intersecciones de la curva de costo marginal con diferentes curvas de ingreso marginal o demanda.

A un precio tan bajo como p_1, la empresa cerrará en lugar de producir en el punto 1, dado que ese precio está por debajo del costo variable promedio en todos los niveles de producción; de manera que el nivel de producción que minimiza las pérdidas en el precio de p_1 es cero, como se identifica por q_1. Al precio de p_2, a la empresa le será indistinto producir q_2 o cerrar; de cualquier manera la pérdida será igual al costo fijo, pues el precio apenas cubre el costo variable promedio. El punto 2 se denomina *punto de cierre*. Si el precio es p_3, la empresa producirá q_3 a fin de minimizar su pérdida (vea si puede identificar la pérdida en el diagrama cuando el precio es p_3). A p_4, la empresa producirá q_4 para obtener apenas una ganancia normal, dado que el precio es igual al costo total promedio. El punto 4 se conoce como *punto de equilibrio*. Si el precio aumenta a p_5, la empresa obtendrá una ganancia económica de corto plazo al producir q_5 (vea si puede identificar la ganancia económica en el diagrama cuando el precio es de p_5).

FIGURA 6

Síntesis de decisiones de producción de corto plazo

Al precio p_1, la empresa no produce nada debido a que p_1 es inferior al costo variable promedio de la empresa. Con un precio p_2, a la empresa le da lo mismo cerrar que generar q_2 unidades de producción porque de cualquier forma la empresa registraría una pérdida igual a su costo fijo. A un precio de p_3, la empresa produce q_3 unidades y sufre una pérdida inferior a su costo fijo. A p_4, la empresa produce q_4 y casi alcanza un punto de equilibrio, ya que p_4 es igual al costo total promedio. Finalmente, a p_5, la empresa produce q_5 y obtiene una ganancia económica. La curva de oferta de corto plazo de la empresa es la parte de su curva de costo marginal que se ubica en o se eleva por encima del punto mínimo del costo variable promedio (punto 2).

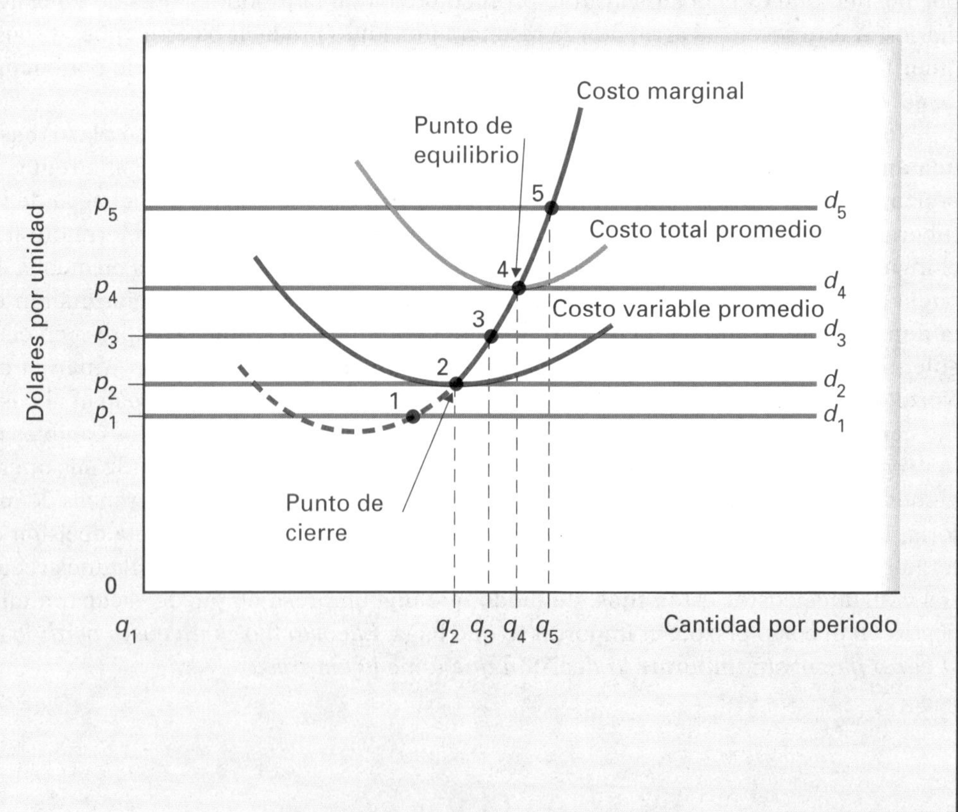

Curva de oferta de corto plazo de la empresa

Mientras el precio cubra el costo variable promedio, la empresa suministrará la cantidad que resulta de la intersección de su curva de costo marginal con pendiente ascendente y su curva de ingreso marginal o demanda. Por tanto, esa parte de la curva de costo marginal de la empresa que se interseca y se eleva por encima del punto inferior en su curva de costo variable promedio se convierte en la **curva de oferta de corto plazo de la empresa**. En la figura 6, la curva de oferta de corto plazo es la parte con pendiente ascendente de la curva de costo marginal, que empieza en el punto 2, es decir, el punto de cierre. La parte sólida de la curva de oferta de corto plazo indica la cantidad que la empresa está dispuesta y en posibilidades de suministrar en el corto plazo a cada precio opcional. La cantidad suministrada cuando el precio es p_2, o superior, es determinada por la intersección de la curva de costo marginal de la empresa y su curva de demanda, o ingreso marginal. A precios inferiores a p_2, la empresa cierra en el corto plazo.

Curva de oferta de corto plazo de la empresa
Curva que indica la cantidad que una empresa suministra a cada precio en el corto plazo. En condiciones de competencia perfecta, es la parte de la curva de costo marginal de una empresa que se interseca y se eleva por encima del punto más bajo de su curva de costo variable promedio.

Curva de oferta de corto plazo de la industria

En la figura 7 se presentan ejemplos de cómo las curvas de oferta de tres empresas con idénticas curvas de costo marginal pueden sumarse *horizontalmente* y formar la curva de oferta de corto plazo de la industria (en mercados perfectamente competitivos, habrá mucho más empresas). La **curva de oferta de corto plazo de la industria** es la suma horizontal de las curvas de oferta de corto plazo de todas las empresas. A un precio inferior a p, no se genera ninguna producción. A un precio p, cada una de las tres empresas suministra 10 unidades para una oferta de mercado de 30 unidades. A p', que es un precio por encima de p, cada empresa ofrece 20 unidades, de modo que la oferta de mercado es de 60 unidades.

Curva de oferta de corto plazo de la industria
Curva que indica la cantidad suministrada por las empresas de la industria a cada precio en el corto plazo. En condiciones de competencia perfecta, representa la suma horizontal de la curva de oferta de corto plazo de cada empresa.

Oferta de la empresa y equilibrio de la industria

La figura 8 muestra la relación entre la producción que maximiza ganancias en el corto plazo de la empresa y el precio de equilibrio y la cantidad del mercado. Suponemos que

FIGURA 7

Suma de la oferta individual para formar la oferta de mercado

Al precio p, cada empresa suministra 10 unidades de producción. La oferta total de mercado es de 30 unidades. En general, la curva de oferta de mercado en el panel (d) es la suma horizontal de las curvas de oferta de las empresas O_A, O_B, y O_C.

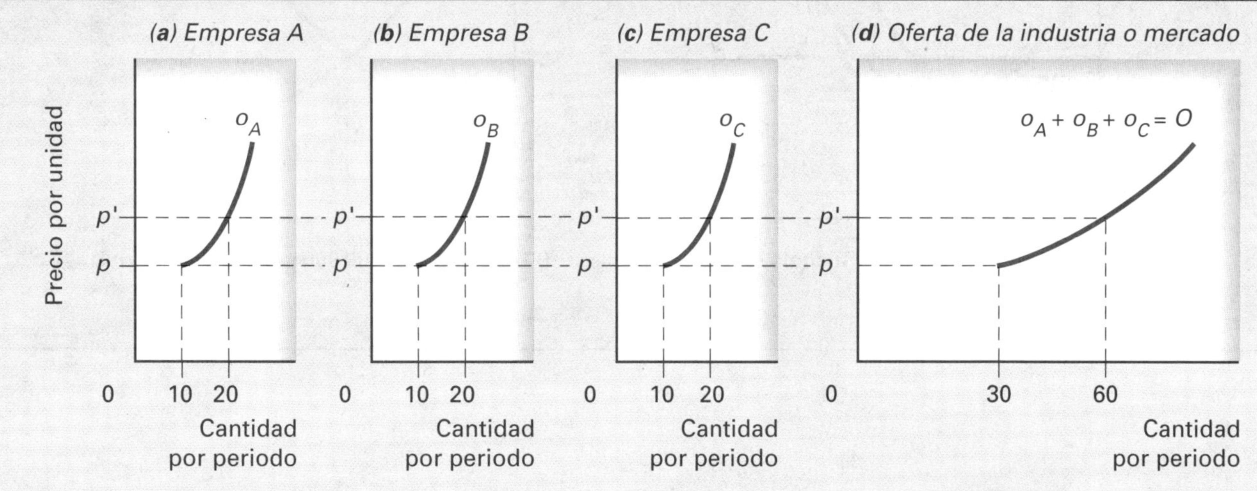

hay 100 000 granjas productoras de trigo idénticas en esta industria. Sus curvas de oferta individuales (representadas por las partes de la curva de costo marginal en o por encima del costo variable promedio) se suman horizontalmente para obtener la curva de oferta del mercado, o de la industria. La curva de oferta de mercado aparece en el panel (b), en el cual se determina el precio de mercado de $5 por bushel. A ese precio de mercado, cada granjero produce 12 bushels diarios, como se aprecia en el panel (a), para una cantidad total ofrecida de 1 200 000 bushels diarios, como se ve en el panel (b). Cada granjero en el corto plazo obtiene una ganancia económica de $12 por día, la cual se representa por el rectángulo sombreado en el panel (a).

En resumen, *una empresa perfectamente competitiva elige la tasa de producción de corto plazo que maximice las ganancias y minimice las pérdidas. Al registrar una pérdida, una empresa optará por generar una producción que minimice esa pérdida o cerrar temporalmente.*

Dadas las condiciones de la competencia perfecta, el mercado convergerá en el precio y la cantidad de equilibrio. Pero, ¿cómo se logra realmente tal equilibrio? En el mundo real, los mercados operan con base en costumbres y convenciones, las cuales varían de un mercado a otro. Por ejemplo, las reglas que se aceptan en el Mercado de Valores de Nueva York no son las mismas que las que se siguen en el mercado de pescado fresco. En el siguiente caso de estudio se expone uno de los mecanismos para alcanzar el equilibrio: una subasta.

FIGURA 8

Relación entre la maximización de ganancias en el corto plazo y equilibrio de mercado

La curva de oferta de mercado, *O*, en el panel (b) es la suma horizontal de las curvas de oferta de todas las empresas en la industria. La intersección de *O* con la curva de demanda de mercado, *D*, determina el precio de mercado, $5. Ese precio, a su vez, determina la altura de la curva de demanda perfectamente elástica que enfrenta la empresa del panel (a). Esa empresa produce 12 bushels por día (donde el costo marginal es igual al ingreso marginal de $5) y obtiene una ganancia económica de $1 por bushel, o $12 en total por día.

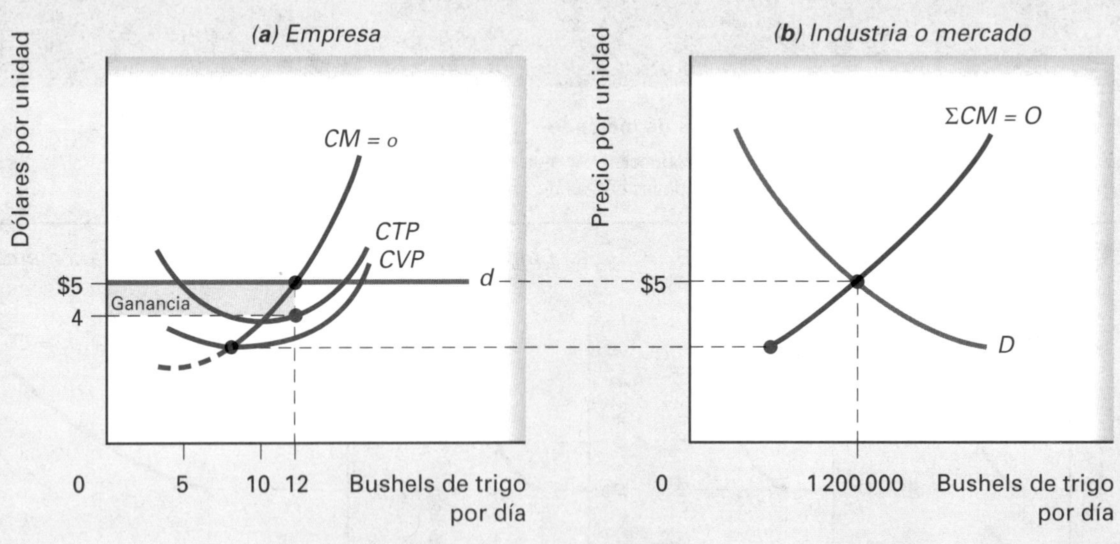

MERCADOS DE SUBASTAS

Cinco días a la semana, en un enorme edificio situado a 16 kilómetros de Amsterdam, se reúnen unos 2 500 compradores para participar en la Subasta de Flores de Holanda, la más grande de su tipo en el mundo. Cada día se subastan alrededor de 14 millones de flores, provenientes de 5 600 viveros de todo el planeta, en el complejo comercial más grande del orbe, el cual cubre un área equivalente a 100 campos de fútbol. Las flores se agrupan y se rematan por tipo: rosas de tallo largo, tulipanes, etc. Cientos de compradores ocupan las butacas de un auditorio y permanecen a la espera con los dedos preparados para oprimir un botón. Una vez que se presentan las flores, un instrumento parecido a un reloj empieza a marcar el descenso de los precios hasta que un comprador lo detiene pulsando un botón. El mejor postor tiene derecho a elegir qué cantidad y qué ejemplares llevarse. Luego, el reloj empieza de nuevo hasta que otro comprador lo detiene, y así continúa el proceso hasta que las flores se venden. Los compradores también pueden hacer ofertas desde lugares remotos. Las subastas de flores se llevan a cabo con gran rapidez, en promedio ocurre una transacción cada cuatro segundos.

Éste es un ejemplo de *subasta holandesa* o subasta a la baja, pues se inicia a un precio elevado que va descendiendo. Las subastas holandesas son más comunes cuando se venden diversos lotes de artículos similares aunque no idénticos, como las flores en Amsterdam, el tabaco en Canadá y el pescado en puertos marítimos de todo el mundo. Debido a que hay algunas diferencias entre los productos a la venta en un determinado mercado —por ejemplo, algunos lotes de flores están en mejores condiciones que otros—, no es una competencia muy perfecta, ya que los mercados perfectamente competitivos venden productos idénticos.

Una subasta más común que la holandesa es la *subasta inglesa a grito abierto*, donde el remate abre a un precio bajo que va incrementándose hasta que sólo queda un comprador. Entre los productos que se venden de esta manera figuran valores, bonos, vinos, obras de arte, antigüedades y ganado. Por ejemplo, en los mercados de materias primas, como el Consejo de Comercio de Chicago, los precios de mercado de materias homogéneas como trigo, oro y granos de café se determinan continuamente en el piso de remates mediante variantes de la subasta inglesa.

La aparición de internet ha infundido vida nueva a las subastas. Sitios en la red como eBay, Ubid, Yahoo! y cientos más sostienen subastas en línea de mapas antiguos, computadoras usadas, vinos, pasajes de avión, antigüedades, objetos de interés militar, libros de historietas, pisapapeles, todo lo que usted quiera. El sitio de subastas más grande en línea, eBay, ofrece 2 000 categorías en un foro que imita una subasta en vivo. Una lista en eBay está expuesta a un auditorio potencial de más de 20 millones de personas en al menos 100 países. Las subastas por internet permiten que vendedores especializados lleguen a un mundo entero de clientes.

Actualmente, las computadoras controlan los mercados de diversas maneras. En Nueva York, Chicago, Filadelfia, Londres y Frankfurt, el comercio electrónico ha reemplazado gradualmente a los comerciantes que agitan las manos. El Nasdaq fue el primer mercado de valores virtual del mundo, aunque no exista nada que se compare con las instalaciones de la Casa de Bolsa de Nueva York. En el Matif, casa de bolsa de origen francés, el comercio electrónico tuvo un gran impacto en cuestión de meses una vez que este recurso se introdujo dentro del sistema inglés del comercio electrónico. Las computadoras reducen los costos de transacción de llegar a un precio mutuamente agradable.

Fuentes: Steve Frank, "Ebay's Stock Charges Ahead", *The Wall Street Journal*, 8 de Julio 2001; Michelle Slatalla, "At a Virtual Garage Sale, It Frequently Pays to Wait", *The New York Times*, 2 de noviembre 2000; "The Heyday of the Auction", *The Economist*, 24 de julio 1999. La dirección electrónica de la Subasta de Flores de Holanda es http://www.bvh.nl/html/en/home.htm/; la de eBay es http://www.ebay.com/; la de Nasdaq es http://nasdaq.com/; y el mercado de valores francés , Matif, cuenta con un sitio en internet en http://www.matif.fr/.

Caso de **estudio**

El mundo de los negocios

*e*Actividad

¿Se considera lo suficientemente rápido como para competir en una simulación de la Subasta de Flores de Holanda? Haga la prueba en una simulación basada en Java en **http://www.batky-howell.com/~jb/auction/**. ¿Qué tan a menudo apareció una oferta ganadora antes de que el precio bajara a tal punto que pudiera obtener una ganancia? ¿Perdió alguna oportunidad redituable? ¿Trató de ofrecer con mayor rapidez y a un precio más elevado para terminar perdiendo algunos minutos? De ser así, puede volver a la página de inicio y elegir una velocidad de reloj más lenta. Si considera que puede ir más rápido, trate de aumentar la velocidad.

En los sitios de búsqueda más populares puede encontrar diversos vínculos que lo llevarán rápidamente a participar en miles de subastas en línea. Lycos ofrece una lista de subastas particulares en línea en http://www.lycos.com/auctions/. Asimismo, el sitio Yahoo! presenta en htttp://auctions.yahoo.com/ una serie de subastas altamente recomendables. ¿De qué tipo de bienes se dispone a través de las subastas en línea que se listan con mayor frecuencia? ¿Es la clase de bienes que esperaría que se ofrecieran en un mercado perfectamente competitivo? ¿Puede distinguir los bienes que son modas pasajeras? Algunos de los sitios de búsqueda lo llevarán directamente a subastas de determinados bienes, pero ¿son ellos quienes dirigen la subasta? ¿Quién "hace funcionar" el proceso de subasta? ¿Considera que el negocio de las subastas parece ser perfectamente competitivo?

COMPETENCIA PERFECTA EN EL LARGO PLAZO

En el corto plazo, la cantidad de recursos variables puede cambiar, pero otros recursos, que determinan sobre todo el tamaño de la empresa, son fijos. No obstante, en el largo plazo, las empresas disponen del tiempo para entrar o salir y para ajustar su tamaño, es decir, para ajustar la escala de sus operaciones. En el largo plazo, no hay diferencia entre costos fijos y variables, dado que todos los recursos que controla la empresa son variables.

A la larga, las ganancias económicas de corto plazo alentarán a nuevas empresas a ingresar al mercado y tal vez estimulen a las compañías existentes a ampliar la escala de sus operaciones. Las ganancias económicas atraerán recursos de industrias en las que las empresas sólo obtienen ganancias normales o incluso registran pérdidas. Esta expansión en la cantidad y tamaño de las empresas desplazará hacia la derecha la curva de la oferta de la industria en el largo plazo, lo cual provoca una reducción en el precio. Nuevas empresas continuarán incorporándose a una industria redituable y las compañías existentes seguirán incrementando sus dimensiones en tanto la ganancia económica sea mayor que cero. El ingreso y la expansión solamente se detendrán cuando el incremento resultante en la oferta reduzca el precio en donde desaparece la ganancia económica. *La ganancia económica de corto plazo atraerá a nuevas empresas al largo plazo y puede provocar que las compañías existentes crezcan. Por tanto, la oferta de mercado aumenta, lo que reduce el precio de mercado hasta que se elimina la ganancia económica.*

Por otra parte, una pérdida de corto plazo obligará, al largo plazo, a algunas empresas a abandonar la industria o a reducir la escala de sus operaciones. En el largo plazo, las salidas y reducciones en escala desplazarán hacia la izquierda la oferta de mercado, lo cual incrementa el precio de mercado hasta que las empresas restantes alcancen el punto de equilibrio, es decir, hasta que obtengan sólo una ganancia normal.

Ganancia económica de cero en el largo plazo

En el largo plazo, las empresas en condición de competencia perfecta obtienen sólo una ganancia normal, lo que significa ganancia económica de cero. En la figura 9 se aprecia una empresa y el mercado en equilibrio de largo plazo. En el largo plazo, la oferta de mercado se ajusta conforme las empresas entran o salen o cambian su tamaño; *este proceso continúa hasta que la curva de oferta de mercado se interseca con la curva de demanda de mercado a un precio que corresponde con el punto más bajo en la curva de costo medio o promedio de largo plazo de cada empresa, o curva de CPLP.* Un precio más alto generaría ganancia económica en el corto plazo y, por tanto, atraería a nuevos participantes en el largo plazo. En el caso del cultivo de trigo, la ganancia económica atrae a nuevos productores de este cereal, y puede alentar a los existentes a que amplíen la escala de sus operaciones. Un precio más bajo provocaría una pérdida en el corto plazo y obligaría a que algunos agricultores redujeran su producción de trigo en el largo plazo o bien a que renunciaran completamente al cultivo de trigo.

En el largo plazo, la competencia perfecta reduce la ganancia económica a cero. Dado que el largo plazo es un periodo durante el cual todos los recursos que controla la empresa pueden variar y en vista de que la empresa trata de maximizar su ganancia, una *empresa en el largo plazo ajustará la escala de sus operaciones hasta que se minimice su costo promedio de producción*. Las empresas que no logran minimizar sus costos no sobreviven en el largo plazo. En el punto e del panel (a) en la figura 9, la empresa está en equilibrio, produciendo q unidades y obteniendo sólo una ganancia normal. En el punto e, el precio, el costo marginal, el costo total promedio de corto plazo y el costo promedio de largo plazo son iguales. Ninguna empresa en el mercado tiene razón para modificar su nivel de producción y ninguna empresa externa tiene un incentivo para ingresar en esa industria porque las empresas en el mercado están obteniendo una ganancia normal, pero no económica.

FIGURA 9

Equilibrio de largo plazo de una empresa y la industria

En equilibrio de largo plazo, la empresa genera *q* unidades de producción por periodo y obtiene una ganancia normal. En el punto *e*, el precio, el costo marginal, el costo total promedio de corto plazo y el costo promedio de largo plazo son iguales. No hay motivo para que nuevas empresas entren en el mercado o para que las existentes lo abandonen. Por tanto, la curva de oferta de mercado, *O*, en el panel (b) no cambia. Mientras la demanda de mercado, *D*, sea estable, la industria seguirá generando un total de *Q* unidades de producción al precio *p*.

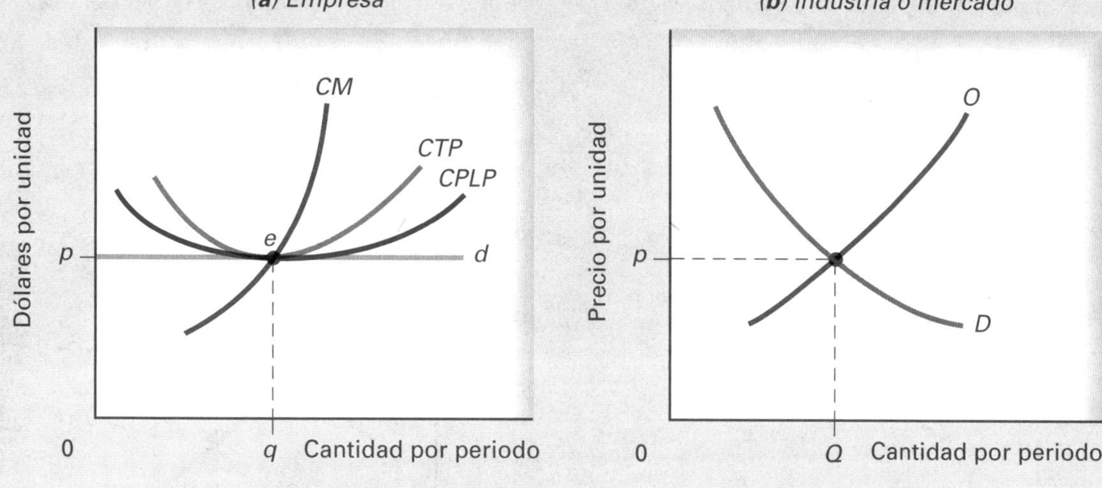

Ajuste de largo plazo a un cambio en la demanda

Para explorar el proceso de ajuste de largo plazo, consideremos la manera en la que una empresa y una industria responden a un incremento en la demanda de mercado. Supongamos que los costos que enfrenta cada empresa no dependen de la cantidad de empresas que hay dentro de la industria (esta premisa se explicará más adelante).

Efectos de un incremento en la demanda. En la figura 10 aparece una empresa perfectamente competitiva y una industria en equilibrio de largo plazo, ya que la curva de la oferta de mercado interseca la curva de demanda de mercado en el punto a del panel (b). El precio de compensación de mercado es p y la cantidad de mercado es Q_a. La empresa, que se aprecia en el panel (a), suministra q unidades a ese precio de mercado, obteniendo una ganancia normal en equilibrio de largo plazo. Esta empresa representativa produce a un nivel en el que el precio, o ingreso marginal, es igual al costo marginal, el costo total promedio de corto plazo y el costo promedio de largo plazo. (Recuerde, una ganancia normal se incluye en la curva de costo total promedio de la empresa.)

Ahora suponga que la demanda de mercado se incrementa, como lo refleja un desplazamiento hacia la derecha en la curva de demanda de mercado, de D a D', lo que hace que el precio de mercado se incremente en el corto plazo a p'. Cada empresa responde al incremento en el precio aumentando su producción a lo largo de su curva de oferta, o costo marginal, de corto plazo, hasta que la cantidad ofrecida se incrementa a q', lo que se aprecia en el panel (a) de la figura 10. A esa tasa de producción, la curva de costo marginal de la empresa se interseca con la nueva curva de ingreso marginal, que también es la nueva curva de demanda de la empresa, d'. Dado que todas las empresas aumentan la producción, la producción de la industria aumenta a Q_b, donde el cambio en la producción de la industria es la suma de los cambios en todas las empresas de esa industria. Observe que, en el corto plazo, cada empresa obtiene una ganancia económica, la cual aparece en el rectángulo sombreado.

FIGURA 10

Ajuste de largo plazo ante un incremento en la demanda

Un incremento en la demanda de mercado de *D* a *D'* en el panel (b) desplaza el punto de equilibrio de corto plazo de *a* a *b*. La producción aumenta a Q_b y el precio se incrementa a *p'*. El incremento en el precio de mercado hace que la curva de demanda que enfrenta la empresa se eleve de *d* a *d'* en el panel (a). La empresa responde incrementando la producción a *q'* y obtiene una ganancia económica, identificada por el rectángulo sombreado. Como las empresas existentes obtienen una ganancia económica, nuevas empresas ingresan a la industria en el largo plazo. La oferta de mercado se desplaza hacia la derecha a *O'* en el panel (b). La producción aumenta aún más, a Q_c, y el precio vuelve a ubicarse en *p*. En el panel (a), la curva de demanda de la empresa se desplaza de nueva cuenta hacia *d*, lo que elimina las ganancias económicas. El ajuste de corto plazo es del punto *a* al punto *b* en el panel (b), pero el ajuste de largo plazo es del punto *a* al punto *c*.

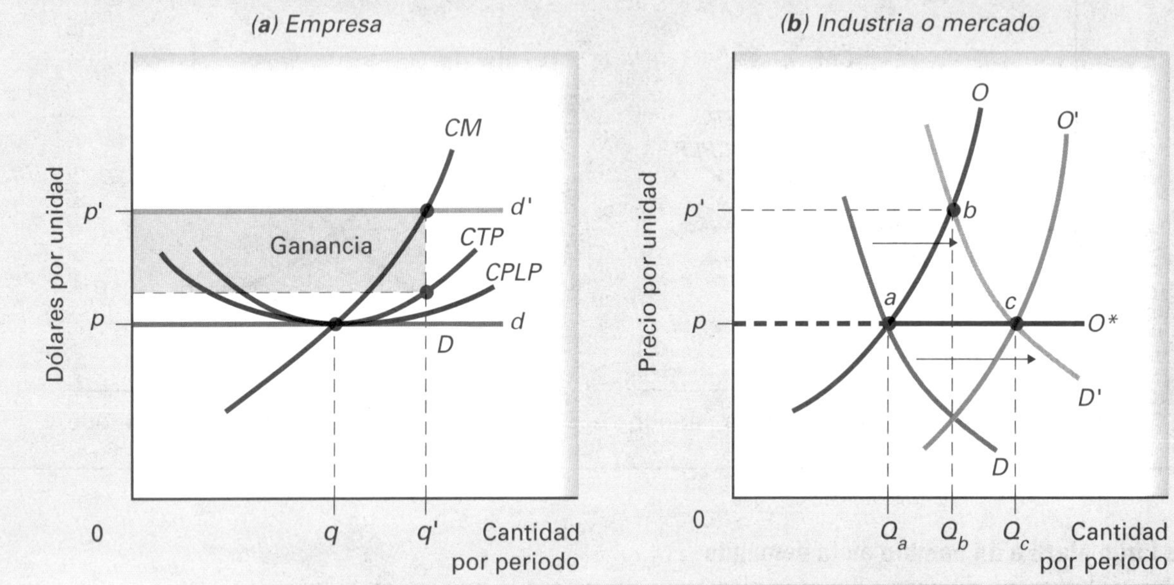

En el largo plazo, la ganancia económica atrae a nuevas empresas. Su ingreso incorpora oferta adicional al mercado y hace que la curva de oferta de éste se desplace hacia la derecha, lo cual reduce el precio de mercado. Las empresas continúan ingresando en tanto puedan obtener una ganancia económica. La curva de oferta del mercado termina por desplazarse a *O'*, donde se interseca con *D'* en el punto *c* y hace que el precio recupere su nivel de equilibrio inicial, *p*. La disminución en el precio de mercado ha reducido la curva de demanda a que se enfrenta la empresa de *d'* nuevamente a *d*. Como consecuencia, cada empresa reduce la producción de *q'* de vuelta a *q*, y una vez más, cada una sólo percibe una ganancia normal. Advierta que aunque la producción de la industria se incrementa de Q_a a Q_c, la producción de cada empresa vuelve a situarse en *q*. En este caso, la producción adicional proviene de las nuevas empresas atraídas a la industria y no de una mayor producción de las existentes, pues una empresa existente no podría crecer sin incrementar sus costos promedio en el largo plazo.

Las nuevas empresas se sienten atraídas a la industria por las ganancias económicas de corto plazo que se derivan del incremento en la demanda. Sin embargo, el aumento resultante en la oferta de mercado obliga a que el precio disminuya hasta que la ganancia económica desaparece. En el panel (b) de la figura 10, el ajuste de corto plazo en respuesta al incremento en la demanda abarca del punto *a* al punto *b*; el ajuste de largo plazo se desplaza hacia el punto *c*.

Efectos de una disminución en la demanda. Ahora consideraremos el efecto de una disminución en la demanda en el proceso de ajuste del mercado en el largo plazo. La situación inicial de equilibrio de largo plazo en la figura 11 es la misma que en la figura 10. Las curvas de la demanda y la oferta de mercado se intersecan en el punto *a* del panel (b), lo que genera un precio de equilibrio *p* y una cantidad de equilibrio Q_a. Como se aprecia en el panel (a), la empresa obtiene una ganancia normal en el largo plazo al generar un nivel de producción q, donde el precio, o ingreso marginal, es igual al costo marginal, al costo total promedio de corto plazo y al costo promedio de largo plazo.

Ahora suponga que la demanda de este producto disminuye, como lo refleja el desplazamiento hacia la izquierda en la curva de demanda de mercado, de D nuevamente a D''. En el corto plazo, este decremento en la demanda reduce el precio de mercado a p''. En consecuencia, la curva de demanda que enfrenta cada empresa sufre una caída de d a d''. Cada empresa responde en el corto plazo reduciendo su producción a q'', donde el costo marginal es igual al ahora más bajo ingreso marginal, o precio. La producción de mercado cae a Q_f. Como la reducción en el precio de mercado está por debajo del costo total promedio de corto plazo, cada empresa opera con pérdida. Esta pérdida está representada por el rectángulo sombreado (aquí, el precio aún debe estar por encima del costo variable promedio porque la curva de oferta de corto plazo de la empresa, *CM*, se define como la parte de la curva de costo marginal que se encuentra en o por encima de su curva de costo variable promedio).

Al largo plazo, una pérdida continua de corto plazo obligará a algunas empresas a salir del negocio. Conforme salen, la oferta de mercado disminuye, de manera que el precio aumenta. Las empresas continúan saliendo hasta que la curva de la oferta de mercado disminuye a O'', donde se interseca con D'' en el punto g. La producción del mercado ha caído a Q_g, y el precio ha vuelto a ubicarse en p. Con el precio nuevamente a este nivel, las empresas restantes obtienen una vez más una ganancia normal. Cuando pasa la tormenta, cada empresa que queda produce q, la cantidad inicial de equilibrio, pero en vista de que algunas empresas han abandonado la industria, la producción del mercado ha caído de Q_a a Q_g. Observe nuevamente que el ajuste supone la salida de empresas de la industria, en lugar de una reducción en la escala de las com-

FIGURA 11

Ajuste de largo plazo ante una disminución en la demanda

Una disminución en la demanda a D'', en el panel (b), altera el equilibrio de largo plazo en el punto *a*. El precio registra un decremento a p'' en el corto plazo; la producción cae a Q_f. En el panel (a), la curva de demanda de la empresa se desplaza en forma descendente hasta d''. Cada empresa disminuye su producción a q'' y sufre una pérdida. Conforme las empresas abandonan la industria en el largo plazo, la curva de oferta de mercado se desplaza hacia la izquierda, a O''. El precio de mercado se incrementa a p mientras la producción decrece todavía más, hasta llegar a Q_g. Al precio p, las empresas restantes obtienen una vez más una ganancia económica de cero. Por tanto, el ajuste de corto plazo es del punto *a* al punto *f* en el panel (b); el ajuste de largo plazo es del punto *a* al punto *g*.

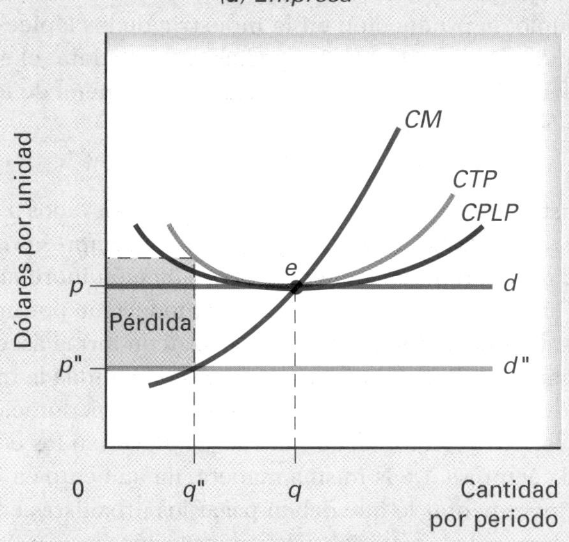

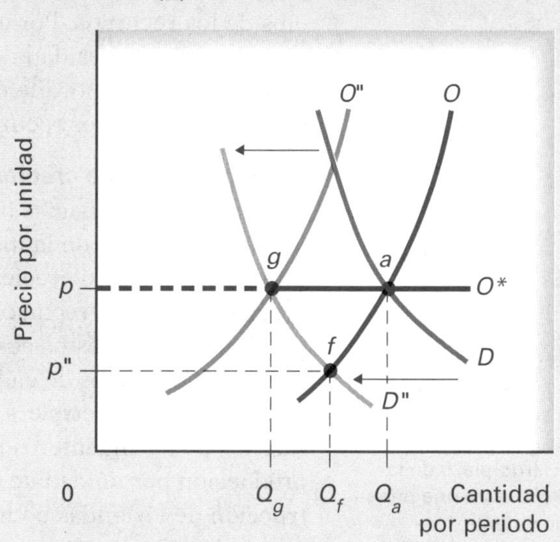

pañías, ya que una reducción en escala habría incrementado el costo promedio de largo plazo de cada empresa.

CURVA DE OFERTA DE LARGO PLAZO DE LA INDUSTRIA

Hasta ahora, hemos considerado la respuesta de una empresa y de una industria a los cambios en la demanda por medio de la distinción entre un ajuste de corto plazo y un ajuste de largo plazo. En el corto plazo, una empresa modifica la cantidad de su oferta desplazando de manera ascendente o descendente sus curvas de costo marginal (la parte que se encuentra en o por encima del costo variable promedio) hasta que el costo marginal es igual al ingreso marginal, o precio. Si el precio es demasiado bajo como para cubrir el costo variable promedio mínimo, una empresa cierra en el corto plazo. Una ganancia o pérdida económica alentará, en el largo plazo, a algunas empresas a entrar o abandonar la industria o a ajustar el tamaño de la empresa hasta que el precio de equilibrio resultante proporcione a las empresas restantes una ganancia normal.

En las figuras 10 y 11 empezamos con un punto de equilibrio de largo plazo inicial; luego, en respuesta a un cambio de la demanda, encontramos dos puntos de equilibrio de largo plazo adicionales. En cada caso, el precio permaneció inmutable en el largo plazo, pero la producción de la industria aumentó en la figura 10 y disminuyó en la figura 11. Al conectar estos puntos de equilibrio de largo plazo obtenemos la *curva de oferta de largo plazo de la industria*, identificada como O^* en las figuras 10 y 11. La **curva de oferta de largo plazo de la industria** muestra la relación entre el precio y la cantidad de oferta, una vez que las empresas se han ajustado plenamente a cualquier ganancia o pérdida económica de corto plazo derivada de un desplazamiento en la demanda.

Curva de oferta de largo plazo de la industria Curva que muestra la relación entre el precio y la cantidad de oferta de la industria una vez que las empresas se ajustan completamente a cualquier cambio en la demanda de mercado.

Industrias de costo constante

El tipo de industria que hemos estudiado hasta ahora se denomina **industria de costo constante**, debido a que la curva de costo promedio de largo plazo de cada empresa no se desplaza de manera ascendente o descendente conforme se modifica la producción de la industria. Los precios de los recursos y otros costos de producción permanecen constantes en el largo plazo mientras la producción de la industria aumenta o disminuye. En una industria de costo constante, los costos de producción por unidad de cada empresa son independientes de la cantidad de empresas en la industria, por lo que la curva de costo promedio de largo plazo de cada empresa se mantiene constante a la larga conforme las empresas entran y salen de la industria. *La curva de oferta de largo plazo de una industria de costo constante es horizontal*, como se ilustra en las figuras 10 y 11.

Industria de costo constante Industria que puede expandirse o contraerse sin afectar el costo de producción por unidad de largo plazo. La curva de oferta de largo plazo de la industria es horizontal.

Una industria de costo constante utiliza una parte tan pequeña de los recursos disponibles que un aumento en la producción de la industria no incrementa los precios de los recursos. Por ejemplo, la producción en la industria de los lápices puede aumentar sin necesidad de que se incrementen los precios de la madera, el grafito y el hule sintético, porque dicha industria utiliza una parte muy pequeña de la oferta de mercado de estos recursos.

Industrias de costo creciente

Las empresas en algunas industrias enfrentan costos promedio más elevados a medida que la producción de la industria se expande en el largo plazo. Las empresas en estas **industrias de costo creciente** descubren que aumentar la producción incrementa los precios de algunos recursos o si no, incrementa los costos de producción por unidad y, en consecuencia, estos costos de producción mayores desplazan en forma ascendente las curvas de costos de cada empresa. Por ejemplo, una expansión en toda la industria de la producción petrolera podría incrementar el precio del equipo de perforación y los salarios de los ingenieros petroleros y geólogos, con lo cual se elevarían los costos de producción por unidad de cada empresa. De la misma manera, un aumento en la construcción de viviendas podría incrementar lo que deben pagar los urbanistas en términos de carpinteros, tierra, madera y otros materiales de construcción.

Industria de costo creciente Industria que enfrenta costos de producción más altos por unidad a medida que la producción de la industria se expande en el largo plazo; la curva de oferta de largo plazo de la industria presenta una pendiente ascendente.

Para ilustrar el proceso de ajuste de equilibrio de una industria de costo creciente, empezaremos de nuevo en el equilibrio de largo plazo que aparece en la figura 12, donde la empresa aparece en el panel (a) y la industria en el panel (b). La curva de demanda de mercado, D, se interseca con la curva de oferta de mercado de corto plazo, O, en el punto de equilibrio a, lo que genera el precio de mercado p_a y la cantidad de mercado Q_a. Cuando el precio es p_a, la curva de demanda (y de ingreso marginal) de cada empresa es d_a. La empresa produce a la tasa de producción en la cual el ingreso marginal es igual al costo marginal, que se aprecia por el punto de intersección a. En el nivel de producción de equilibrio de la empresa, q, el costo total promedio está en su punto mínimo, de modo que el costo total promedio es igual al precio y la empresa no obtiene ganancia económica en este equilibrio de largo plazo.

Suponga que un incremento en la demanda de este producto desplaza la curva de demanda de mercado hacia la derecha, de D a D'. La nueva curva de demanda se interseca con la curva de oferta de mercado de corto plazo, O, en el punto b, generando con ello el precio de equilibrio de corto plazo p_b y la cantidad de mercado Q_b. Con un incremento en el precio de equilibrio, la curva de demanda de cada empresa se desplaza de d_a a d_b. El nuevo equilibrio de corto plazo ocurre en el punto b del panel (a), donde la curva de costo marginal se interseca con la nueva curva de demanda, la cual también es la curva de ingreso marginal. Cada empresa genera una producción q_b. En el corto plazo, cada empresa obtiene una ganancia económica igual a q_b por la diferencia entre el precio p_b y el costo total promedio a esa tasa de producción. Hasta aquí, esta secuencia de sucesos es la misma que en el caso de una industria de costo constante.

FIGURA 12

Industria de costo creciente

Un incremento en la demanda a D' en el panel (b) altera el equilibrio inicial en el punto a. Un equilibrio de corto plazo se establece en el punto b, donde D' se interseca con la curva de oferta de mercado de corto plazo, O. A un precio más elevado p_b, la curva de demanda de la empresa se desplaza en forma ascendente a d_b, y su producción se incrementa a q_b en el panel (a). En el punto b, la empresa obtiene una ganancia económica. Nuevas empresas entran para tratar de captar parte de las ganancias, y, al hacerlo, los precios de los insumos se incrementan, de modo que se elevan las curvas de costo promedio y marginal de cada empresa. La intersección de la nueva curva de oferta de mercado, O', con D' determina el precio de mercado, p_c. En p_c, las empresas no obtienen ninguna ganancia económica. El punto c es un punto de equilibrio de largo plazo. Al conectar los puntos de equilibrio de largo plazo a y c en el panel (b), obtenemos la curva de oferta de mercado de largo plazo con pendiente ascendente O^* de esta industria de costo creciente.

(a) *Empresa*

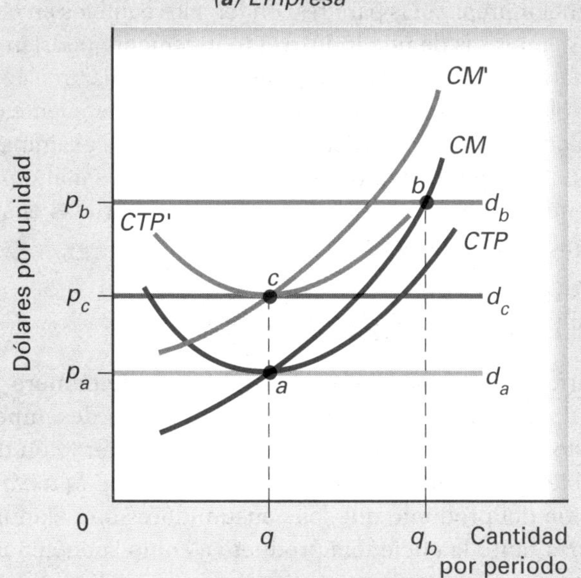

(b) *Industria o mercado*

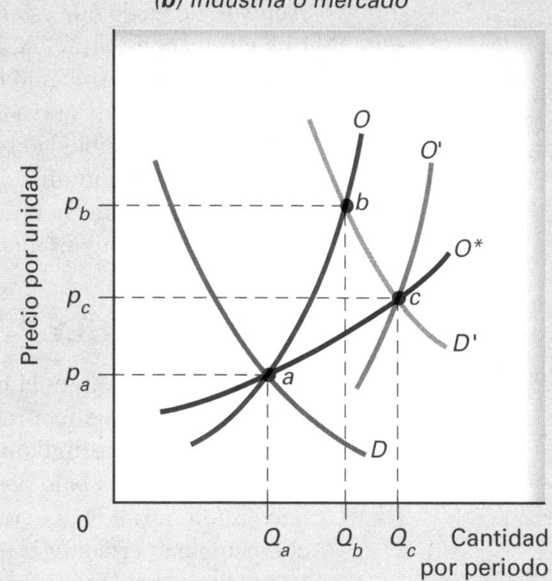

La ganancia económica atrae a nuevos participantes como abejas al panal. Como se trata de una industria de costo creciente, el ingreso de nuevas empresas incrementa la demanda de recursos, lo que aumenta el costo de producción y eleva las curvas de costo promedio y marginal de cada empresa. En el panel (a) de la figura 12, *CM* y *CTP* suben hasta *CM*' y *CTP*'. (Para simplificar el ejemplo, suponemos que las nuevas curvas de costo promedio son desplazamientos verticales de las primeras, de modo que el tamaño de planta eficiente mínimo sigue siendo el mismo.)

El ingreso de nuevas empresas también desplaza hacia la derecha la curva de oferta de corto plazo de la industria en el panel (b), reduciendo así el precio de mercado. *Nuevas empresas entran en la industria hasta que la combinación de un costo de producción más alto y un precio más bajo reducen la ganancia económica a cero*. Este equilibrio de largo plazo ocurre cuando la entrada de nuevas empresas ha desplazado a la curva de oferta de corto plazo de la industria hacia *O*', lo que reduce el precio hasta que coincide con el mínimo en la nueva curva de costo total promedio de cada empresa. El precio de mercado no disminuye al nivel de equilibrio inicial debido a que la curva de costo total promedio de cada empresa se ha desplazado de manera ascendente con la expansión de la producción de la industria. La intersección de la nueva curva de oferta de mercado de corto plazo, *O*', y la nueva curva de demanda de mercado, *D*', determinan el nuevo punto de equilibrio del mercado en el largo plazo, c. Los puntos *a* y c en el panel (b) se encuentran en la curva de oferta de largo plazo con *pendiente ascendente*, *O**, de esta industria de costo creciente.

En el caso de industrias de costo constante, los costos de cada empresa dependen sencillamente de la escala de su planta y de su nivel de producción. En cuanto a las industrias de costo creciente, los costos dependen también de la cantidad de empresas que haya en el mercado. Al incrementarse el precio de los recursos, la expansión de largo plazo en una industria de costo creciente incrementa los costos marginal y promedio de cada empresa. La curva de oferta de largo plazo presenta una pendiente ascendente, como *O** en la figura 12.

En síntesis, las empresas en condiciones de competencia perfecta obtienen una ganancia económica, una ganancia normal o una pérdida económica en el corto plazo. Sin embargo, al largo plazo, la entrada o salida de empresas, y los ajustes en la escala de las compañías lleva la ganancia económica a cero, de manera que las empresas sólo obtienen una ganancia normal. Esto se aplica ya sea que la industria de que se trate manifieste costos constantes o crecientes en el largo plazo. Observe que, independientemente de la naturaleza de los costos en la industria, la curva de oferta de mercado es menos elástica en el corto que en el largo plazo. Al largo plazo, las empresas pueden ajustar todos sus recursos, de modo que están mejor preparadas para responder a los cambios en el precio. Una última consideración, las empresas de una industria teóricamente podrían experimentar un costo promedio inferior conforme crece la producción en el largo plazo y, por tanto, presentar una curva de oferta de largo plazo en la industria con pendiente descendente. Pero tal posibilidad se considera tan infrecuente que por eso no la examinamos.

En un principio mencionamos que la competencia perfecta sirve como parámetro útil para evaluar la eficiencia de los mercados. Examinemos ahora las cualidades de la competencia perfecta que la hacen tan útil.

COMPETENCIA PERFECTA Y EFICIENCIA

¿Por qué la competencia perfecta sirve para asignar los recursos de manera tan eficiente? Hay dos conceptos de eficiencia que se aplican al juzgar el desempeño del mercado. El primero, llamado *eficiencia productiva*, alude a la generación del producto al costo más bajo posible. El segundo, denominado *eficiencia en la asignación*, hace referencia a la generación del producto que los consumidores aprecian más. La competencia perfecta garantiza tanto la eficiencia productiva como la eficiencia en la asignación en el largo plazo.

Eficiencia productiva: producir las cosas correctamente

La **eficiencia productiva** ocurre cuando la empresa produce en el punto mínimo de su curva de costo promedio de largo plazo, de modo que el precio de mercado es igual al costo total promedio mínimo. La entrada y salida de empresas y cualquier ajuste en la escala de cada empresa garantizan que cada una produzca en el punto mínimo de su curva de costo promedio de largo plazo. Las empresas que no logran el costo promedio de largo plazo mínimo deben, para evitar pérdidas continuas, ajustar su tamaño o abandonar la industria. Por tanto, *la competencia perfecta genera al mínimo costo posible por unidad en el largo plazo*.

Eficiencia productiva Condición que existe cuando la producción de mercado se genera mediante la combinación de insumos al menor costo posible, con base en el nivel de la tecnología.

Eficiencia en la asignación: producir las cosas correctas

El hecho de que la *producción* ocurra al menor costo posible no significa que la *asignación* de los recursos tenga que ser la más eficiente posible. Puede ser que los bienes que se están produciendo no sean los que más prefieran los consumidores. Esta situación es semejante a la del piloto que informa a los pasajeros que hay noticias buenas y malas: "Las buenas son que hemos establecido un tiempo récord en el recorrido; y las malas, ¡que estamos perdidos!" De igual manera, las empresas probablemente produzcan los bienes en forma eficiente, pero quizás se trate de los bienes equivocados, es decir, producir las cosas correctamente, pero producir las que son inapropiadas.

La **eficiencia en la asignación** ocurre cuando las empresas generan la producción que los consumidores aprecian más; pero, ¿cómo sabemos que la competencia perfecta garantiza la asignación eficiente? La respuesta se encuentra en las curvas de la demanda y la oferta. Como recordará, la curva de demanda refleja el valor marginal que los consumidores asignan a cada unidad, de modo que el precio de mercado es la cantidad de dinero que la gente puede y está dispuesta a pagar por la unidad final que consume. También sabemos que, tanto en el corto como en el largo plazo, el precio de equilibrio en la competencia perfecta es igual al costo marginal de ofrecer la última unidad vendida. El costo marginal mide el costo de oportunidad de todos los recursos empleados por la empresa para producir esa última unidad vendida. Por tanto, las curvas de la oferta y la demanda se intersecan en la combinación de precio y cantidad en la cual *el valor marginal, o beneficio marginal, que los consumidores asignan a la última unidad producida es igual al costo de oportunidad de los recursos empleados para generar esa unidad*.

Eficiencia en la asignación Condición que existe cuando las empresas generan la producción que más prefieren los consumidores; el beneficio marginal es igual al costo marginal.

Mientras el beneficio marginal sea igual al costo marginal, la última unidad producida se valora tanto, o más, que cualquier otro bien que pudiera haberse producido utilizando esos mismos recursos. No hay manera de reasignar los recursos para incrementar el valor total de la producción. En consecuencia, no hay manera de reasignar los recursos para incrementar la utilidad total o el beneficio total que los consumidores reciben de la producción. *Cuando el beneficio marginal que los consumidores derivan de un bien es igual al costo marginal de producir ese bien, se dice que ese mercado es eficiente en la asignación.* Las empresas no sólo hacen las cosas correctamente, sino que hacen las cosas correctas.

¿Qué hay de "perfecto" en la competencia perfecta?

Si para las empresas el costo marginal de ofrecer un bien es igual al beneficio marginal que obtienen los consumidores, ¿significa esto que el intercambio de mercado no aporta beneficios netos a los participantes? ¡En lo absoluto! El intercambio de mercado suele beneficiar a consumidores y productores. Recuerde que los consumidores disfrutan de un excedente del intercambio de mercado, dado que la máxima cantidad que estarían dispuestos a pagar por cada unidad del bien excede el monto que en realidad pagan. En la figura 13 se presenta un mercado en equilibrio de corto plazo. El *excedente del consumidor* en esta figura está representado por el área sombreada en color azul claro, que es el área que está por debajo de la curva de demanda, pero por encima del precio compensatorio del mercado de $10.

Al corto plazo, los productores casi siempre obtienen un beneficio neto, o excedente, del intercambio de mercado, dado que la cantidad que reciben por su produc-

FIGURA 13

Excedente del consumidor y excedente del productor para un mercado competitivo en el corto plazo

El excedente del consumidor se representa en el área ubicada por encima del precio de compensación del mercado de $10 por unidad y por debajo de la curva de demanda, el cual aparece como un triángulo azul claro. El excedente del productor se representa en el área localizada por encima de la curva de oferta de mercado de corto plazo y por debajo del precio de compensación del mercado de $10 por unidad, el cual aparece con el sombreado rosa. A un precio de $5 por unidad, no hay excedente del productor. A un precio de $6 por unidad, el excedente del productor es el área ubicada entre $5 y $6.

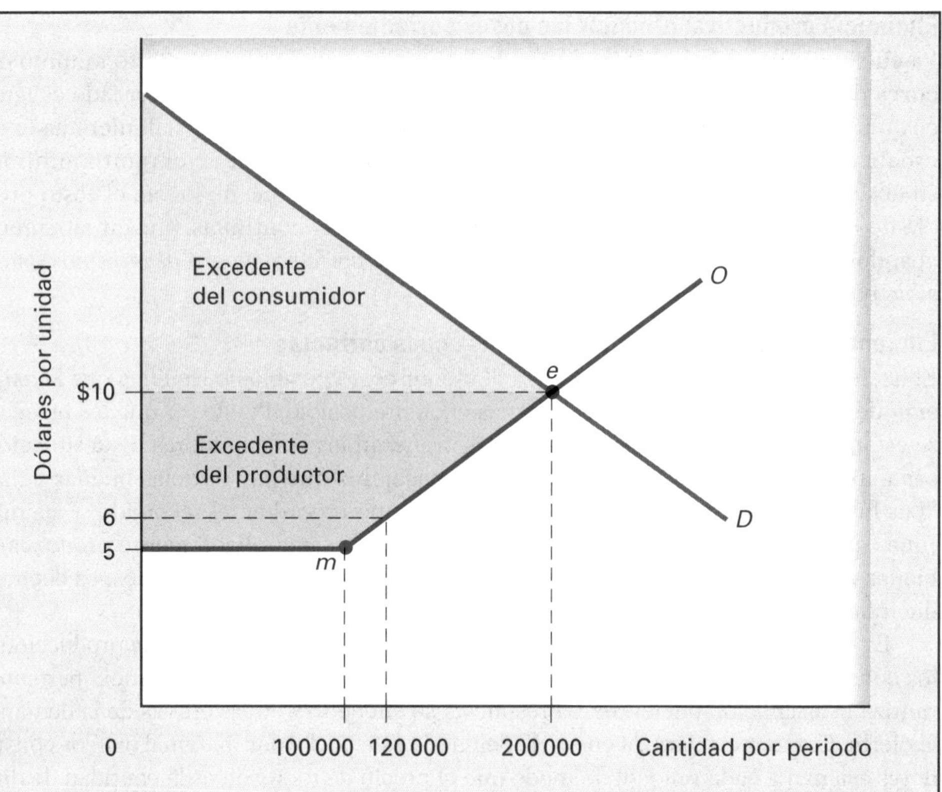

to rebasa el monto mínimo que necesitan para ofrecer esa cantidad en el corto plazo. Recuerde que la curva de oferta de mercado de corto plazo es la suma de esa parte de la curva de costo marginal de cada empresa en o por encima del punto mínimo de su curva de costo variable promedio. El punto *m* en la figura 13 es el punto mínimo en la curva de oferta de mercado, éste indica que a un precio de $5, las empresas están dispuestas a suministrar 100 000 unidades. A precios por debajo de $5, la cantidad de oferta es cero debido a que las empresas no podrían cubrir los costos variables y tendrían que cerrar. En el punto *m*, las empresas de esta industria no obtienen ningún beneficio neto de la producción en el corto plazo, ya que el ingreso total de la industria obtenido de la venta de 100 000 unidades a $5 cada una cubre justamente el costo variable de producir esa cantidad.

Si el precio aumenta a $6, las empresas incrementan su cantidad de oferta hasta que su costo marginal sea igual a $6. La producción del mercado aumenta de 100 000 a 120 000 unidades y el ingreso total se incrementa de $500 000 a $720 000. Parte de este incremento en el ingreso cubre el mayor costo marginal de producción. Sin embargo, el saldo del mayor ingreso constituye una compensación para los productores, quienes habrían estado dispuestos a suministrar las primeras 100 000 unidades por sólo $5 cada una. Cuando el precio es de $6, logran vender estas 100 000 unidades a $6 cada una en lugar de $5. El excedente del productor a un precio de $6 es el área ubicada entre $5 y $6.

Excedente del productor Bonificación para los productores en el corto plazo; monto por el cual el ingreso total de la producción excede al costo variable.

En el corto plazo, el **excedente del productor** es el ingreso total que se paga a los productores menos su costo variable de producción. En la figura 13, el precio compensatorio del mercado es de $10 por unidad, y el excedente del productor se representa por el área ubicada por debajo del precio de mercado, pero por encima de la curva de oferta de mercado. Esa área representa el precio de mercado menos el costo marginal de cada unidad producida.

La combinación de excedente del consumidor y excedente del productor muestra los beneficios del intercambio voluntario. La eficiencia productiva y la asignación en el corto plazo ocurre en el punto de equilibrio *e*, que también es la combinación de precio y cantidad que maximiza la suma del excedente del consumidor y el excedente del productor. Aunque el costo marginal es igual al beneficio marginal en equilibrio, tanto consumidores como productores suelen derivar un excedente, o bonificación, del intercambio de mercado.

Observe que el excedente del productor no es lo mismo que la ganancia económica. Cualquier precio que exceda el costo variable promedio generará un excedente del productor en el corto plazo, aun cuando ese precio pudiera producir una pérdida económica de corto plazo. La definición de excedente del productor omite el costo fijo, debido a que éste es irrelevante para la empresa en cuanto a la producción que decida generar en el corto plazo. Los costos fijos no son *recurrentes* en el corto plazo, dado que la empresa debe cubrirlos ocurra o no la producción. Sólo el costo variable importa. Para cada empresa, el costo marginal es el incremento en el costo variable a medida que aumenta la producción, y la suma de los costos marginales de todas las unidades es el costo variable.

Los beneficios del intercambio de mercado se han examinado en un escenario experimental, tal y como se expone en el siguiente caso de estudio.

ECONOMÍA EXPERIMENTAL

Los economistas tienen oportunidades limitadas para realizar la clase de experimentos controlados de que se dispone en las ciencias físicas y biológicas. Sin embargo, desde hace cuatro décadas, el profesor Vernon Smith, quien actualmente trabaja en la Universidad de Arizona, inició algunos experimentos para saber con qué rapidez y eficiencia un grupo de sujetos de prueba podían lograr el equilibrio de mercado. En su experimento original participaron 22 estudiantes, 11 de los cuales se designaron como "compradores" y 11 como "vendedores". A cada comprador se le dio una tarjeta en la cual se indicaba el valor de adquirir la unidad de una mercancía hipotética; estos valores oscilaban entre $3.25 y $0.75, lo que forma una curva de demanda con pendiente descendente. A cada vendedor se le dio una tarjeta en la que se indicaba el costo de suministrar una unidad de esa mercancía; estos costos oscilaron entre $0.75 y $3.25, lo que forma una curva de oferta con pendiente ascendente. Cada comprador y vendedor sabía únicamente lo que estaba inscrito en su respectiva tarjeta.

Para ofrecer incentivos de mercado, a los participantes se les dijo que recibirían una bonificación en efectivo al final del experimento con base en la diferencia entre su valor (para los compradores) o su costo (para los vendedores) y el precio que hubieran negociado en el mercado. A manera de negociación, Smith empleó un sistema en el que cualquier comprador o vendedor anunciaba una oferta a todo el grupo —sistema denominado *doble subasta continua*— con base en reglas similares a las que rigen en los mercados de valores y los de intercambio de mercancías. Una transacción ocurría en el momento en que cualquier comprador aceptaba una oferta para vender o cuando cualquier vendedor aceptaba una oferta de comprar. *Smith descubrió que el precio pronto convergió en el nivel compensatorio del mercado*, que en su experimento era $2.00.

Desde entonces, los economistas han realizado miles de experimentos para probar las propiedades de los mercados. Estos experimentos demostraron que en la mayor parte de las circunstancias, los mercados son sumamente eficientes para desplazar los bienes de los productores a los más bajos costos al alcance de los consumidores que asignan el valor más alto a los bienes. Este movimiento maximiza la suma de los excedentes del consumidor y del productor y, en consecuencia, maximiza el bienestar social. Un hallazgo sorprendente es la reducida cantidad de participantes que se necesitan para establecer un precio de mercado. En los experimentos de mercado en ocasiones sólo se

Caso de **estudio**

Economía de la información

*e*Actividad

El sitio Market.Econ ofrece el servicio denominado "La economía experimental para internet" en http://market.econ.arizona.edu/. Si usted proporciona su dirección de correo electrónico, recibirá una contraseña y podrá divertirse con uno de sus juegos en línea que aparecen en ese sitio. Asegúrese de leer cuidadosamente las reglas. Estos reglamentos y las respuestas a otros juegos están disponibles en http://eeps.caltech.edu/ del Laboratorio de Economía Experimental y Ciencias Políticas de Caltech. El director es el profesor Charles Plott, uno de los primeros innovadores de la economía experimental. Asegúrese de revisar la animación Jaws, que es una presentación en video para QuickTime sobre modificación de precios de equilibrio. Charles Holt, de la Universidad de Virginia e innovador en el uso de juegos en el salón de clases, cuenta con un sitio en internet con instrucciones y hojas de cálculo a manera de juego para hacer algunos experimentos en http://theweb.badm.sc.edu/laury/games.html.

utilizan cuatro compradores y cuatro vendedores, cada uno de los cuales es capaz de intercambiar varias unidades. Algunos experimentos sólo recurren a dos vendedores, aunque el modelo de equilibrio competitivo se desempeña bastante bien en función de las reglas de doble subasta continua.

A propósito, casi todos los mercados al menudeo en Estados Unidos, como supermercados y tiendas departamentales, utilizan la *asignación de precio de lista*, es decir, que el precio se fija en vez de negociarse. Los experimentos demuestran que el precio de lista no se ajusta a las condiciones cambiantes del mercado con la misma rapidez que una doble subasta continua. Pese a sus lentos tiempos de respuesta, los precios de lista tal vez sean la opción para mercados grandes relativamente estables, debido a que los precios de lista suponen bajos costos de transacción, es decir, que el comprador y el vendedor no tienen que regatear el precio cada vez que ocurre una transacción. Por el contrario, los precios de la doble subasta continua conllevan costos de transacción elevados y, en el caso de los mercados de valores y de materias primas, exigen miles de personas en negociaciones de tiempo completo a fin de mantener los precios en sus niveles de equilibrio (aunque, como expusimos en el caso de estudio anterior, internet ha reducido los costos de transacción de establecer precios mediante dobles subastas continuas).

Los experimentos han proporcionado un sustento empírico a la teoría económica y han arrojado luces sobre la influencia que las reglas del mercado ejercen en los resultados de éste. Asimismo, han ayudado a moldear mercados que no existían, como el mercado de derechos a la contaminación o los derechos sobre el espectro de transmisiones (mercados que abordaremos en capítulos posteriores). Los experimentos también constituyen una forma segura y económica para quienes participan en economías de mercado emergentes para que así aprendan el funcionamiento de los mercados. Lo que es más, el rápido desarrollo de las subastas en línea ha abierto un mundo de datos para los estudiosos que realizan experimentos.

La economía experimental es un ámbito de gran actualidad para la investigación y la industria. Por ejemplo, la cantidad de estudios publicados en el campo ascendió de unos cuantos a la cantidad de 20 por año durante la década de los setenta, y de ahí, hasta 232 en 1999. Casi todas las facultades de administración en Estados Unidos han contratado a economistas experimentales. Algunas de las principales corporaciones, como Hewlett-Packard e IBM, han abierto laboratorios de economía experimental.

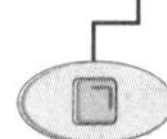

Fuentes: Vernon Smith, "Experimental Methods in Economics", *The New Palgrave Dictionary of Economics*, vol. 2, editado por J. Eatwell, *et al.* Hampshire, Inglaterra, Stockton Press, 1987, pp. 241-249. T. C. Bergstrom y J. H. Miller, *Experiments with Economic Principles*. Nueva York, McGraw-Hill, 1997; y Joel Rosenblatt, "Moving Past Rats: More Economists Study Behavior in Online Experiments", *The Wall Street Journal*, 2 de octubre 2000. La dirección en internet del laboratorio de ciencias económicas de la Universidad de Arizona es http://www.econlab.arizona.edu/.

CONCLUSIONES

Repasemos las premisas de un mercado perfectamente competitivo y veamos cómo se relaciona cada una con las ideas desarrolladas en este capítulo. *En primer lugar*, hay muchos compradores y muchos vendedores. Esta premisa asegura que ningún comprador o vendedor puede influir en el precio (aunque experimentos recientes demuestran que la premisa del gran número posiblemente sea más fuerte de lo necesario). *En segundo lugar*, las empresas generan un producto homogéneo. Si los consumidores pudieran distinguir entre los productos de diferentes proveedores, tal vez preferirían el producto de una empresa incluso a un precio mayor, de modo que distintos productores podrían vender a precios diferentes. En ese caso, no todas las empresas serían precio aceptantes, es decir, la curva de demanda de cada empresa dejaría de ser horizontal. *En tercer lugar*, todos los participantes del mercado cuentan con información completa sobre todos los precios y todos los procesos de producción. De lo contrario, algunos productores podrían cobrar un precio superior al del mercado y algunos consumidores desinformados pagarían ese precio más alto. Asimismo, por ignorancia, algunas empresas podrían elegir tecnología atrasada o no reconocer oportunidades para obtener ganancias económicas en el corto plazo. *En cuarto lugar*, todos los recursos son movibles en el largo plazo y sin obstáculos que impidan a nuevas empresas ingresar a mercados rentables. De lo contrario, algunas empresas podrían obtener ganancias económicas en el largo plazo.

La competencia perfecta no es la estructura de mercado que se observa más comúnmente en el mundo real. Sin embargo, los mercados de productos agrícolas, materias primas como oro, plata y divisas se acercan mucho a la perfección. Pero aun cuando no se pudiera encontrar un solo ejemplo de competencia perfecta, el modelo seguiría sirviendo como instrumento útil para analizar el comportamiento del mercado. Como verá en los dos capítulos siguientes, la competencia perfecta constituye un parámetro valioso para evaluar la eficiencia de otras estructuras de mercado.

RESUMEN

1. Las estructuras de mercado describen características importantes del entorno económico en el que operan las empresas. Entre esas características están la cantidad de compradores y vendedores en el mercado, la facilidad o dificultad para ingresar al mercado, las diferencias en el producto de una empresa a otra, y las formas de competencia entre las compañías. En este capítulo se examinó la competencia perfecta.
2. Los mercados perfectamente competitivos se caracterizan por: (1) una gran cantidad de compradores y vendedores, cada uno de los cuales es demasiado pequeño para influir en los precios de mercado; (2) un producto homogéneo; (3) información completa acerca de la disponibilidad y el precio de todos los recursos, bienes y tecnologías; y (4) libre movilidad de empresas y recursos en el largo plazo. Se dice que las empresas en tales mercados son tomadores de precio o precio aceptantes, ya que ninguna empresa, por sí sola, puede influir en el precio de mercado. Cada empresa puede variar sólo la cantidad que elige ofrecer a ese precio.
3. La intersección de las curvas de demanda y oferta del mercado determina el precio de mercado en la competencia perfecta. Cada empresa entonces enfrenta una curva de demanda que aparece como una línea horizontal trazada al precio del mercado. La curva de demanda de la empresa también muestra el ingreso marginal y el ingreso promedio que recibe la empresa en cada nivel de producción.
4. La parte de la curva de costo marginal situada en o por encima de la curva de costo variable promedio es la curva de oferta de corto plazo de la empresa perfectamente competitiva. La suma horizontal de las curvas de oferta de todas las empresas conforma la curva de oferta de mercado. Cada empresa perfectamente competitiva maximiza sus ganancias o minimiza sus pérdidas al producir en el punto en que el ingreso marginal es igual al costo marginal.
5. Debido a que las empresas no tienen libertad para ingresar o salir del mercado en el corto plazo, es posible que haya una ganancia o una pérdida económica. Sin embargo, en el largo plazo, algunas empresas ajustan su escala de operaciones y otras ingresan o salen del mercado hasta que se elimine cualquier ganancia o pérdida económica.
6. En el largo plazo, cada empresa producirá en el punto más bajo de su curva de costo promedio de largo plazo. En este nivel de producción, el costo marginal, el ingreso marginal, el precio y el costo promedio son iguales. Las empresas que no logran producir en esta combinación de menor costo no sobreviven en el largo plazo.
7. En el corto plazo, una empresa modifica la cantidad de su oferta en respuesta a un cambio en la demanda de mercado desplazando de manera ascendente o descendente su curva de costo marginal, o de oferta. El ajuste de largo plazo ante un cambio en la demanda de mercado supone que las empresas entren o salgan del mercado y que las empresas que permanecen modifiquen la escala de sus operaciones hasta que las compañías que aún permanecen en la industria obtengan una ganancia normal. Conforme la industria se expande o contrae en el largo plazo, la curva de oferta de largo plazo de la industria adquiere una forma que refleja costos constantes o costos crecientes.
8. Los mercados perfectamente competitivos muestran eficiencia productiva (dado que la producción se genera utilizando la combinación más eficaz de recursos disponibles) y eficiencia en la asignación (debido a que los bienes producidos son los que más aprecian los consumidores). En condición de equilibrio, un mercado perfectamente competitivo asigna los bienes de modo que el costo marginal de la última unidad producida sea igual al valor marginal que los consumidores atribuyen a esa última unidad. El intercambio voluntario en los mercados competitivos maximiza la suma de los excedentes del consumidor y del productor.

PREGUNTAS DE REPASO

1. *Estructura de mercado* Defina estructura de mercado. ¿Qué factores se consideran para determinar la estructura de mercado de una determinada industria?
2. *Demanda en condiciones de competencia perfecta* ¿Qué tipo de curva de demanda enfrenta una empresa perfectamente competitiva? ¿Por qué?
3. *Ingreso total* Con base en el panel (a) de la figura 3 de este capítulo, explique por qué la curva de ingreso total es una línea recta a partir del origen, mientras que la pendiente de la curva de costo total cambia.

4. *Ganancia en el corto plazo* Considere el panel (b) de la figura 3 de este capítulo. ¿Por qué la empresa no elige la producción que maximiza la ganancia promedio, es decir, la producción cuyo costo promedio es el más bajo?

5. *Curva de la oferta de corto plazo de la empresa* La curva de oferta de corto plazo de una empresa competitiva es la parte de su curva de costo marginal que es igual o se eleva por encima del costo variable promedio. Explique esta afirmación.

6. *Caso de* **estudio:** *Mercados de subastas* ¿Cuáles de las características de la estructura de mercado perfectamente competitiva se encuentran en el Mercado de Flores de Holanda?

7. *Oferta de largo plazo de la industria* ¿Por qué la curva de oferta de largo plazo de la industria en el caso de una industria de costo creciente presenta una pendiente ascendente? ¿Qué genera el incremento de costos en una industria de costo creciente?

8. *Competencia perfecta y eficiencia* Defina eficiencia productiva y eficiencia en la asignación. ¿Qué condiciones deben cumplirse para alcanzarlas?

9. *Caso de* **estudio:** *Economía experimental* En el experimento del profesor Vernon Smith, ¿qué "compradores" terminaron con un excedente en el precio de compensación de mercado de $2? ¿Qué "vendedores" tuvieron un excedente? ¿Qué "compradores" o "vendedores" no participaron en las transacciones?

PROBLEMAS Y EJERCICIOS

10. *Maximización de ganancias en el corto plazo* Una empresa perfectamente competitiva tiene los siguientes costos fijos y variables en el corto plazo. El precio de mercado para el producto de la empresa es de $150.

Producción	CF	CV	CT	IT	Pérdida/ Ganancia
0	$100	$ 0	___	___	___
1	100	100	___	___	___
2	100	180	___	___	___
3	100	300	___	___	___
4	100	440	___	___	___
5	100	600	___	___	___
6	100	780	___	___	___

(a) Complete la tabla.
(b) ¿En qué nivel de producción la empresa maximiza su ganancia o minimiza su pérdida?
(c) ¿Cuál es el ingreso marginal de la empresa en cada nivel positivo de producción? ¿Cuál su ingreso promedio?
(d) ¿Qué puede decir sobre la relación entre el ingreso marginal y el costo marginal en el caso de niveles de producción ubicados por debajo del nivel de maximización de gananacias (o minimización de pérdidas)? ¿Y respecto a los niveles situados por encima del nivel de maximización de ganancias (o minimización de pérdidas)?

11. *Curva de oferta de corto plazo de la empresa* Responda las siguientes preguntas con base en los siguientes datos:

Q	CV	CM	CVP
1	$10	___	___
2	16	___	___
3	20	___	___
4	25	___	___
5	31	___	___
6	38	___	___
7	46	___	___
8	55	___	___
9	65	___	___

(a) Calcule el costo marginal y el costo variable promedio de cada nivel de producción.
(b) ¿Cuánto produciría la empresa si pudiera vender su producto en $5, $7 o $10?
(c) Explique sus respuestas.
(d) Suponiendo que su costo fijo fuera de $3, calcule la ganancia de la empresa en cada uno de los niveles de producción determinados en el inciso (b).

12. *Curva de oferta de corto plazo de la empresa* Una empresa podría enfrentar en el corto plazo cada una de las siguientes situaciones. En cada caso, indique si la empresa debería producir o cerrar en el corto plazo o si se necesita información adicional para determinar lo que debería hacerse en el corto plazo.

(a) El costo total excede el ingreso total en todos los niveles de producción.
(b) El costo variable total excede al ingreso total en todos los niveles de producción.

(c) El ingreso total excede al costo fijo total en todos los niveles de producción.
(d) El ingreso marginal excede al costo marginal en el nivel actual de producción.
(e) El precio excede al costo promedio total en todos los niveles de producción.
(f) El costo variable promedio rebasa el precio en todos los niveles de producción.
(g) El costo promedio total rebasa el precio en todos los niveles de producción.

13. *Competencia perfecta en el largo plazo* Trace las curvas de costo de corto y largo plazo de una empresa competitiva en equilibrio de largo plazo. Indique el precio y la cantidad de equilibrio de largo plazo.

(a) Comente la respuesta de corto plazo que daría la empresa ante una reducción en el precio de un recurso variable.
(b) Suponiendo que se trata de una industria de costo constante, describa el proceso mediante el cual la industria vuelve a ubicarse en un equilibrio de largo plazo después de un cambio en la demanda de mercado.

14. *Curva de oferta de largo plazo de la industria* Un bien normal se produce en una industria de costo constante y perfectamente competitiva. Inicialmente, cada empresa se encuentra en un equilibrio de largo plazo.

(a) Ilustre gráficamente y explique los ajustes de corto plazo del mercado y la empresa ante una disminución en los ingresos del consumidor. Asegúrese de comentar cualquier cambio en los niveles de producción, los precios, las ganancias y la cantidad de empresas.
(b) Después, muestre y explique en su gráfica el ajuste de largo plazo ante el cambio en el ingreso. Asegúrese de comentar cualquier cambio en los niveles de producción, los precios, las ganancias y la cantidad de empresas.

15. *Curva de oferta de largo plazo de la industria* El siguiente gráfico muestra las posibles curvas de oferta de mercado en el largo plazo de una industria perfectamente competitiva. Determine cuál es la curva de oferta que corresponde a una industria de costo constante y cuál a una de costo creciente.

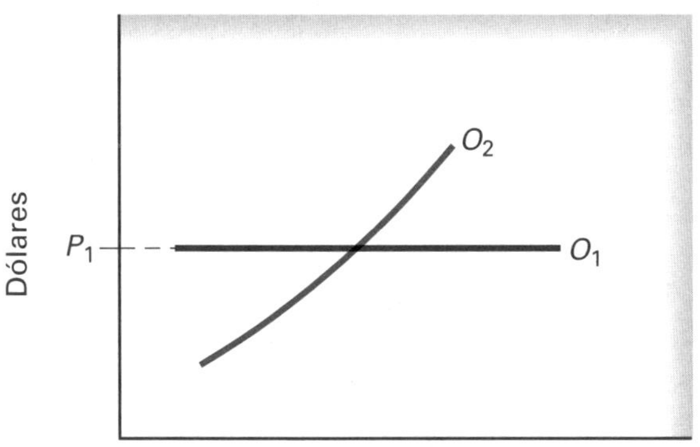

(a) Explique la diferencia entre una industria de costo constante y una industria de costo creciente.
(b) Distinga entre el impacto de largo plazo de un incremento en la demanda de mercado en una industria de costo constante y el impacto en una industria de costo creciente.

16. *¿Qué es tan "perfecto" en la competencia perfecta?* Con base en los siguientes datos responda estas preguntas:

Cantidad	Costo marginal	Valuación marginal
0	—	—
1	$ 2	$10
2	3	9
3	4	8
4	5	7
5	6	6
6	8	5
7	10	4
8	12	3

(a) Suponga, en el caso del producto del ejemplo, que el punto mínimo de la curva de costo variable promedio de cada empresa se sitúa en $2. Elabore un diagrama de oferta y demanda para el producto e indique el precio y la cantidad de equilibrio.
(b) En el gráfico identifique el área de excedente del consumidor como *f* y el área de excedente del productor como *g*.
(c) Si el precio de equilibrio fuera de $2, ¿cuál sería el monto del excedente de productor?

CASOS PRÁCTICOS

17. Consulte la red EconEdLink del Consejo Nacional de Educación Económica (The National Council of Economic Education) en http://www.econedlink.org/lessons/index.cfm?lesson=NN10 y revise los materiales que ahí se ofrecen. Puede tener acceso al video si dispone del software necesario para correr ese programa. ¿Considera usted que el servicio de proveer el acceso a internet constituye una industria competitiva? ¿Cómo utilizaría los instrumentos de la oferta y la demanda para modelar desarrollos recientes en el establecimiento de precios en internet?

18. *Caso de* **estudio:** *Mercados de subastas* Rente la película De mendigo a millonario (1983) protagonizada por Eddie Murphy y Dan Ackroyd. Disfrute la cinta y preste especial atención a la escena, casi al final de la historia, en la que Billy Ray y Louis participan en una subasta de acciones de jugo de naranja. ¿En qué influye la llegada de nueva información en el precio de esos contratos futuros? Trate de modelar la situación utilizando para ello curvas de oferta y demanda.

Monopolio

CAPÍTULO

9

¿De qué manera una empresa monopoliza un mercado? ¿Por qué la mayor parte de los mercados no está monopolizada? ¿Por qué la mayoría de los monopolios no perdura? ¿Por qué los monopolios no cobran el precio más alto posible? ¿Por qué algunas empresas ofrecen descuentos a estudiantes, personas de la tercera edad y otros grupos? ¿Por qué las aerolíneas cobran menos si uno prolonga su estancia de viaje hasta el sábado por la noche? En este capítulo responderemos a éstas y otras preguntas y examinaremos lo que es un monopolio.

El término *monopolio* proviene del griego y significa "un solo vendedor". En algunas partes de Estados Unidos los monopolios venden energía eléctrica, servicio de televisión por cable y servicio telefónico local. Los monopolios también venden estampillas postales, hot dogs en los estadios deportivos, algunos productos patentados, y otros bienes y servicios para los que no hay sustitutos aproximados.

NetBookmark

Para obtener mayor información sobre patentes, su objetivo, los productos que pueden patentarse, cómo se tramitan, qué derechos se incluyen, etc., consulte la página de información general sobre patentes de la Oficina de Patentes y Marcas de Estados Unidos (*U.S. Patent and Trademark Office*) en http://www.uspto.gov/web/offices/pac/doc/general/. ¿De qué manera trata la Oficina de Patentes la información que se le proporciona sobre un nuevo invento? ¿Por qué considera que algunas empresas prefieren no buscar la protección de patentes para nuevos inventos? ¿Qué clase de propiedad intelectual, además de máquinas y nuevos procesos pueden protegerse mediante patentes?

Probablemente haya oído hablar de los aspectos más negativos de un monopolio. Incluso, tal vez haya practicado el juego de mesa *Monopolio* en un día lluvioso. Es momento de separar los hechos de la ficción.

El monopolio puro, al igual que la competencia perfecta, no es tan común como otras estructuras de mercado. Sin embargo, si entiende lo que es un monopolio, se familiarizará más con las estructuras de mercado que se ubican entre ambos extremos: la competencia perfecta y el monopolio puro. En el presente capítulo examinaremos las fuentes del poder del monopolio, la manera en la que éste maximiza sus ganancias, las diferencias en cuanto a eficiencia entre el monopolio y la competencia perfecta y por qué un monopolio suele cobrar precios diferentes por el mismo producto. Entre los temas que se abordan en este capítulo se encuentran:

- Barreras a la entrada
- Elasticidad precio e ingreso marginal
- Maximización de ganancias en el corto y el largo plazo
- Monopolio y asignación de recursos
- Costo del monopolio en el bienestar social
- Discriminación de precios
- El ideal del monopolio

BARRERAS A LA ENTRADA

Como apuntamos en el capítulo 4, un *monopolio* es el único proveedor de un producto para el que no hay sustitutos aproximados. ¿Por qué un solo proveedor llega a dominar algunos mercados? Tal vez la razón más importante sea que un mercado monopolizado se caracteriza por tener *barreras a la entrada*; las nuevas empresas no pueden ingresar al mercado de manera rentable. Las **barreras a la entrada** son restricciones a la incorporación de nuevas empresas a un sector de la industria. Examinemos tres tipos de barreras: restricciones legales, economías de escala y control monopolístico de un recurso esencial.

Barrera a la entrada Cualquier impedimento que evita que nuevas empresas compitan en igualdad de circunstancias con las ya existentes en un sector de la industria.

Restricciones legales

Una forma de impedir que nuevas empresas se incorporen a un mercado existente consiste en hacer que el ingreso resulte ilegal. Las patentes, las licencias y otras restricciones legales que impone el gobierno otorgan a algunos productores protección legal en contra de la competencia.

Patentes e incentivos a la invención. En Estados Unidos, una **patente** otorga a los inventores el derecho exclusivo de producir un bien o un servicio durante 20 años. Las leyes sobre derechos de patente, promulgadas originalmente en 1790, estimulan a los inventores a que inviertan el tiempo y dinero necesarios para descubrir y desarrollar nuevos productos y procesos. Si otros pudieran copiar simplemente los productos exitosos, los inventores estarían menos dispuestos a incurrir en los costos iniciales de la invención. Las patentes también sirven de estímulo para convertir los inventos en productos comercializables, proceso que se conoce como **innovación**.

Patente Barrera legal a la entrada que confiere a su propietario el derecho exclusivo de vender un producto durante 20 años.

Innovación Proceso que consiste en convertir un invento en un producto comercializable.

Licencias y otras restricciones de entrada. Los gobiernos suelen conferir la condición de monopolio al conceder a una sola empresa el derecho exclusivo de ofrecer un determinado bien o servicio. Las licencias federales le otorgan a ciertas compañías el derecho de transmisión de señales de radio y televisión. Para prestar servicios como asistencia médica, cortes de cabello y asesoría legal se necesitan licencias estatales. Una licencia en sí no constituye un monopolio, pero con frecuencia confiere la capacidad de cobrar un precio por encima del nivel competitivo; por tanto, una licencia puede servir como barrera efectiva a nuevas empresas. Los gobiernos otorgan derechos monopólicos para vender hot dogs en auditorios, recolectar basura, ofrecer el servicio de transporte en autobuses y taxis, y prestar servicios que van desde la energía eléctrica hasta la televisión por cable. El gobierno mismo puede reclamar el derecho a proporcionar ciertos productos al proscribir la competencia. Por ejemplo, muchos estados ostentan el monopolio de la venta de licores y billetes de lotería, y el Servicio Postal estadounidense tiene el derecho exclusivo sobre la entrega del correo de primera clase.

Economías de escala

En ocasiones, un monopolio surge de manera natural cuando una empresa experimenta *economías de escala*, tal y como lo refleja la curva de costo promedio de largo plazo con pendiente decreciente, la cual se puede apreciar en la figura 1. En ocasiones, una sola empresa puede satisfacer la demanda de mercado a un costo promedio inferior por unidad del que podrían ofrecer dos o más empresas que operan en niveles inferiores de producción. Dicho de otro modo, la demanda de mercado no es lo bastante grande como para que más de una empresa logre economías de escala suficientemente largas. Por tanto, una sola empresa surgirá del proceso competitivo como la única vendedora de un bien o servicio en el mercado. Por ejemplo, aun cuando la producción de energía eléctrica se ha vuelto más competitiva, la *transmisión* de electricidad aún muestra economías de escala. Una vez que se han colocado tendidos eléctricos por toda una comunidad, el costo marginal de enlazar a otros hogares a la red de energía es relativamente bajo. En consecuencia, el costo promedio disminuye conforme aumenta la cantidad de hogares enlazados al sistema.

A un monopolio que surge a partir de la naturaleza de los costos se le denomina *monopolio natural*, esto con el objeto de distinguirlo de los monopolios artificiales creados con base en patentes, licencias y otras barreras legales a la entrada que impone el gobierno. Una empresa de reciente ingreso no puede vender la producción suficiente que le permita experimentar las economías de escala de que disfruta un monopolio establecido de manera natural, de modo que el ingreso al mercado está bloqueado en forma natural. En un capítulo posterior, ahondaremos sobre la regulación de los monopolios naturales cuando examinemos la regulación gubernamental de mercados.

Control de recursos esenciales

En ocasiones, el poder monopolístico se deriva del control que una empresa ejerce sobre cierto recurso natural no renovable y que es, además, esencial para la producción. Veamos cuatro ejemplos: las ligas de deportes profesionales intentan bloquear la creación de nuevas ligas competidoras al hacer que los mejores atletas firmen contratos con ellas por periodos prolongados, y al buscar el uso exclusivo de los estadios y arenas deportivos. Alcoa fue el único productor estadounidense de aluminio desde finales

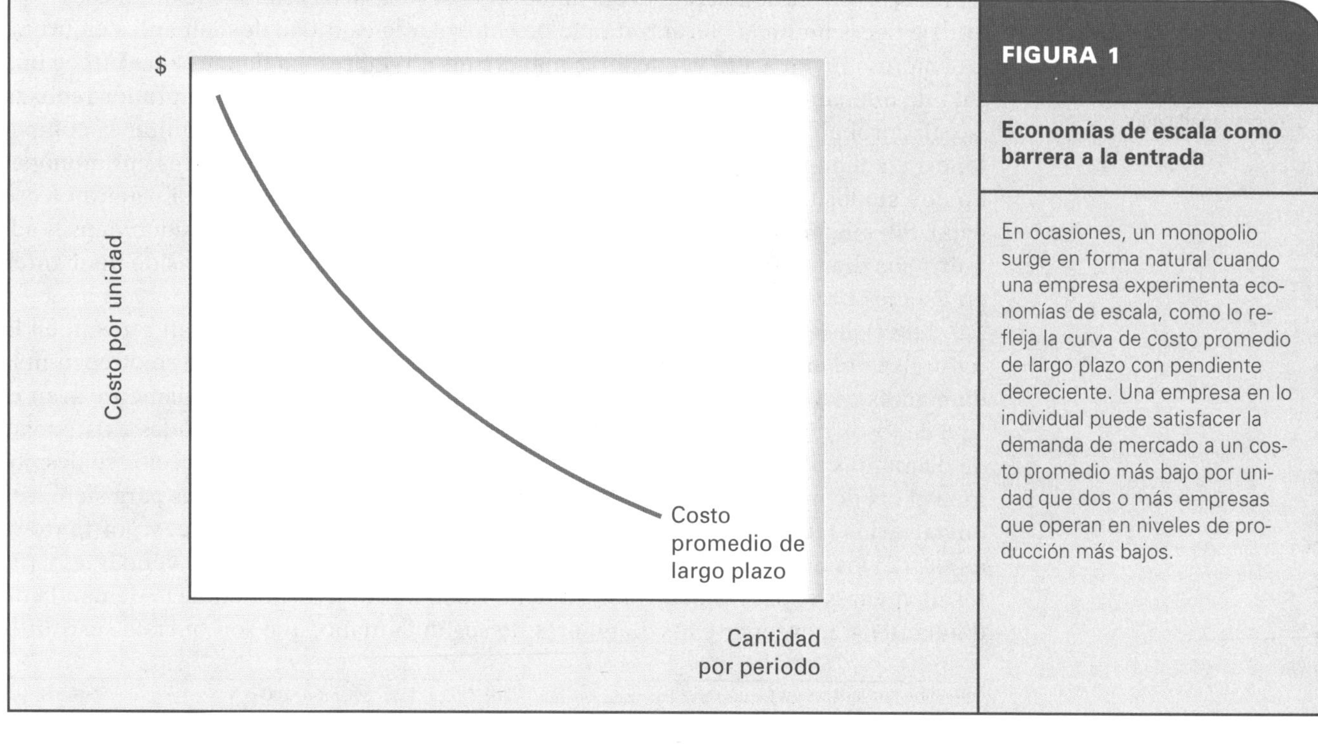

FIGURA 1

Economías de escala como barrera a la entrada

En ocasiones, un monopolio surge en forma natural cuando una empresa experimenta economías de escala, como lo refleja la curva de costo promedio de largo plazo con pendiente decreciente. Una empresa en lo individual puede satisfacer la demanda de mercado a un costo promedio más bajo por unidad que dos o más empresas que operan en niveles de producción más bajos.

del siglo XIX hasta la Segunda Guerra Mundial; su poder monopolístico se derivó inicialmente de la producción de patentes que expiraron en 1909, pero durante las tres décadas siguientes, controló la oferta de bauxita, materia prima clave. China es un proveedor monopólico de osos pandas para los zoológicos de todo el mundo. El zoológico de Washington, D.C., por ejemplo, renta su pareja de pandas a China por $1 millón al año. Para controlar la oferta de pandas, China estipula que cualquier cría de la pareja de Washington se convierte en propiedad de China.[1] Por último, desde 1930, el comercio de diamantes en todo el mundo ha sido controlado principalmente por De Beers Consolidated Mines, consorcio que extrae y vende la mayor parte de la oferta mundial de diamantes en bruto, como se analiza en el siguiente caso de estudio.

Caso de **estudio**

El mundo de los negocios

¿UN DIAMANTE ES PARA SIEMPRE?

En 1866, un niño que caminaba por la orilla del río Orange, en Sudáfrica, recogió una piedra de aspecto interesante que resultó ser un diamante de 21 quilates. Ese descubrimiento en una granja propiedad de Johannes De Beers fue la chispa que desencadenó la explotación de la mayor mina de diamantes de la historia. Con el paso del tiempo, De Beers Consolidated Mines pasaría de la actividad minera a la compra de diamantes en bruto extraídos en otras partes del mundo. Desde que la Gran Depresión ocasionó una caída en los precios de los diamantes, De Beers ha tratado de mantener un monopolio mundial controlando para ello la oferta de diamantes en bruto de todo el mundo.

La compañía ha mantenido los precios elevados limitando cuidadosamente la oferta y promoviendo la demanda de mercado mediante publicidad. De Beers gasta $170 millones al año en convencer a la gente de que los diamantes son escasos, valiosos y un perfecto reflejo del amor. Uno de sus golpes promocionales más exitosos consistió en convencer a los productores del programa de televisión *Baywatch* de que dedicaran todo un episodio a la historia de un anillo de compromiso de diamantes. La historia hacía una exagerada alusión al precio del anillo, el cual rebasaba el salario de dos meses.

De Beers limita la oferta tratando de controlar la cantidad de diamantes en bruto. La empresa invita a 125 vendedores mayoristas a Londres, en donde se les ofrece una caja de diamantes sin tallar a un precio fijo no negociable. Si el comprador rechaza la caja, probablemente no se le invite de nuevo la próxima vez. Al limitar la competencia en el mercado de diamantes en bruto, De Beers infringe las leyes antimonopolio de Estados Unidos (a los ejecutivos de De Beers se les arrestaría si viajaran a ese país). Sin embargo, no hay leyes que prohíban a los compradores estadounidenses adquirir sus diamantes directamente con ellos, irónicamente, las ventas de diamantes en Estados Unidos representan casi la mitad del total mundial.

Tal vez le sorprenda saber que los diamantes no son unas joyas tan raras ni en la naturaleza ni en las joyerías. En casi todos los negocios de esta clase se ofrecen más diamantes que cualquier otra piedra preciosa. Los diamantes probablemente sean el tipo de joyas más comunes. Los joyeros están dispuestos a tener grandes existencias de diamantes porque confían en que De Beers no permitirá que los precios se desplomen el día de mañana. El lema acuñado por De Beers "Un diamante es para siempre" envía varios mensajes, entre otros: (1) un diamante es para siempre, y por tanto el amor; (2) los diamantes deben permanecer dentro de la familia y no venderse; y (3) los diamantes conservan su valor. El lema tiene por objeto aumentar la demanda de diamantes y mantener a los diamantes de segunda mano, que son buenos sustitutos

eActividad

En el sitio http://www.adiamondisforever.com, puede aprender mucho sobre la compra de diamantes, pero nada sobre la empresa patrocinadora: De Beers. Para obtener mayor información sobre esta empresa consulte el sitio http://www.debeersgroup.com. ¿Cuáles son las perspectivas de control actuales que De Beers tiene sobre el mercado de diamantes? De Beers no se queda con los brazos cruzados mientras los diamantes canadienses ingresan al mercado; de hecho ha establecido operaciones en esa región. ¿Qué ha logrado conseguir en ese país? Averígüelo en el sitio que De Beers Canada tiene en http://www.debeerscanada.com.

[1] Francis Clines, "Capital Exults Over Pandas", *The New York Times*, 7 de diciembre 2000.

de los diamantes recién tallados, fuera del mercado, donde, de lo contrario, podrían aumentar la oferta y hacer que los precios bajaran.

No obstante, De Beers ha perdido recientemente el control sobre algunos proveedores de diamantes en bruto. Al parecer, los mineros rusos han estado vendiendo la mitad de sus diamantes a compradores independientes. La mina Argyle de Australia, la más grande del mundo, dejó de vender sus diamantes a De Beers en 1996. Una gigantesca mina canadiense inició operaciones en 1998, pero De Beers sólo tiene garantizada cerca de una tercera parte de su producción. Como resultado de todo este menoscabo, el control que De Beers ejercía sobre la oferta mundial de diamantes en bruto disminuyó de aproximadamente 90% a mediados de 1980 a 63% en el 2000. Peor aún, en los últimos días han empezado a aparecer en el mercado diamantes sintéticos que tienen la misma estructura atómica que los diamantes naturales.

Un monopolio que depende del control de un recurso clave, como De Beers, pierde su poder una vez que desaparece dicho control. Como parte de una política completamente diferente, De Beers ahora afirma que abandonará sus esfuerzos por controlar la oferta mundial de diamantes y, en cambio, se convertirá en el "proveedor de elección" promoviendo la marca de diamantes De Beers. En un esfuerzo por distinguir entre sus diamantes y los de otros productores, De Beers prueba diamantes que llevan grabado el nombre de la empresa y un número de seguridad individual. Falta por ver si este esfuerzo de promoción de marca funcionará.

Fuentes: Neil Behrmann y Robert Block, "De Beers Said It Will Abandon Its Monopoly of Diamond Supply", *The Wall Street Journal*, 13 de julio 2000; Paul Meller, "De Beers Wins and Loses Before Regulators in Europe", *The New York Times*, 26 de julio 2001; "The New Enforcers", *The Economist*, 7 de octubre 2000; Joel Bagole, "Canada's Yellowknife Becomes a Diamond Town in the Rough", *The Wall Street Journal*, 5 de julio 2001; Vito Racanelli, "Diamonds.com?", *Barrons*, 7 de febrero 2000; y la página electrónica de la empresa De Beers en http://www.adiamondisforever.com/.

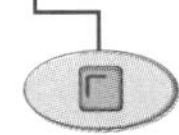

Los monopolios locales son más comunes que los monopolios nacionales o internacionales. En las zonas rurales, los monopolios consisten en una sola tienda de abarrotes, una sola sala de cine o un solo restaurante en varios kilómetros a la redonda. Se trata de monopolios naturales de productos que se venden en mercados locales. Sin embargo, son poco comunes los monopolios que perduran durante mucho tiempo, ya que, como veremos, un monopolio rentable atrae la competencia. Asimismo, al paso del tiempo, los cambios tecnológicos suelen echar por tierra las barreras a la entrada. Por ejemplo, el desarrollo de la transmisión inalámbrica en las llamadas telefónicas de larga distancia le generó competidores a AT&T. La transmisión inalámbrica pronto borrará el monopolio que tienen los proveedores de televisión por cable e incluso los prestadores de servicios telefónicos locales. De manera similar, los aparatos de fax, el correo electrónico, internet, y empresas como Federal Express ahora compiten con el monopolio del Servicio Postal estadounidense en cuanto a correo de primera clase, tal y como lo comprobaremos en un caso de estudio posterior.

INGRESOS DEL MONOPOLIO

En virtud de que el monopolio, por definición, abastece a todo el mercado, la demanda de bienes o servicios que produce es también la demanda de mercado. Por tanto, la curva de demanda de la producción del monopolio presenta una pendiente descendente, lo que refleja la ley de la demanda: el precio y la cantidad demandada se relacionan inversamente. Consideremos la demanda y el ingreso marginal.

Demanda, ingreso promedio e ingreso marginal

Suponga que De Beers controla todo el mercado de diamantes. En la figura 2 se aprecia la curva de demanda de los diamantes de un quilate. De Beers, por ejemplo, vende tres diamantes diariamente a $7 000 cada uno. Esta combinación de precio y cantidad genera un ingreso total de $21 000 = (3 × $7 000). El ingreso total dividido entre la cantidad es el *ingreso promedio por diamante*, que también es $7 000. Por tanto, el precio del monopolio equivale al ingreso promedio por unidad. Para vender un cuarto de dia-

FIGURA 2

Ganancia y pérdida de un monopolio en ingreso total a partir de la venta de una unidad adicional

Si De Beers incrementa la producción de 3 a 4 diamantes diarios, la ganancia en ingreso por el cuarto diamante es de $6 750. Sin embargo, el monopolio pierde $750 al vender los tres primeros diamantes en $6 750 cada uno en lugar de hacerlo en $7 000. El ingreso marginal de los cuatro diamantes es igual a la ganancia menos la pérdida, o $6 750 – $750 = $6 000. Por tanto, el ingreso marginal de $6 000 es inferior al precio de $6 750.

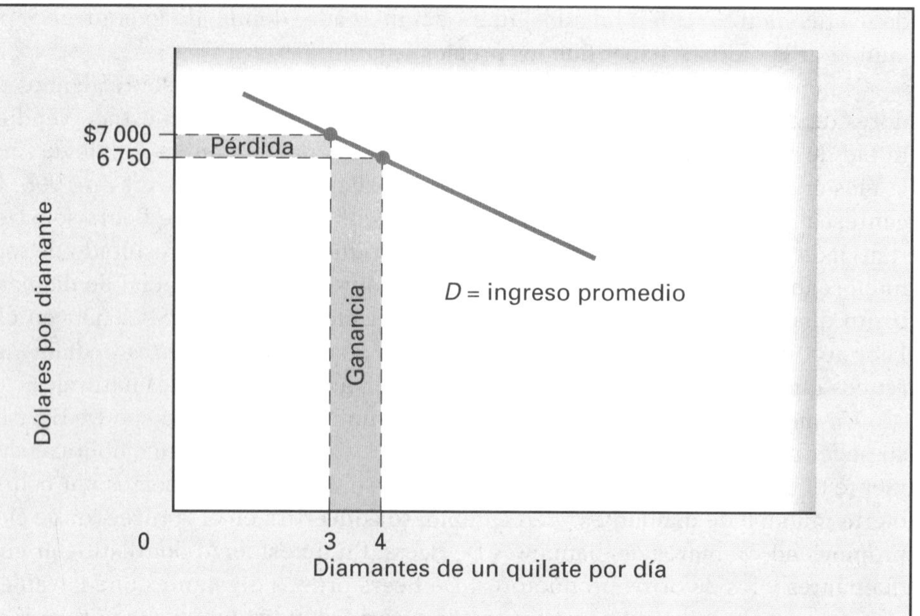

mante, De Beers debe reducir el precio a $6 750. El ingreso total del cuarto diamante es de $27 000 = (4 × $6 750) y el ingreso promedio es de $6 750. En toda la curva de la demanda, el precio es igual al ingreso promedio. Por consiguiente, *la curva de la demanda es también la curva del ingreso promedio del monopolio*, de la misma manera que la curva de la demanda de la empresa perfectamente competitiva es la curva del ingreso promedio de dicha compañía.

¿Cuál es el ingreso marginal del monopolio por la venta de un cuarto diamante? Cuando De Beers disminuye el precio de $7 000 a $6 750, el ingreso total pasa de $21 000 a $27 000. Por tanto, el *ingreso marginal*, es decir, el cambio en el ingreso total por la venta de un diamante adicional, es de $6 000, el cual es inferior al precio, o ingreso promedio, de $6 750. *Para un monopolio, el ingreso marginal es inferior al precio, o ingreso promedio*. Recuerde que para una empresa perfectamente competitiva, el ingreso marginal equivale al precio, o ingreso promedio, ya que esa empresa puede vender todo lo que desee al precio de mercado.

Ganancias y pérdidas por la venta de una unidad adicional

Si examinamos detalladamente la figura 2 veremos por qué el ingreso marginal de un monopolio es inferior al precio. Al vender otro diamante, De Beers obtiene el ingreso de esa venta. Por ejemplo, De Beers obtiene $6 750 del cuarto diamante, como se aprecia en el rectángulo vertical de "Ganancia". Sin embargo, para vender esa cuarta unidad, De Beers debe vender los cuatro diamantes en $6 750 cada uno. Por tanto, para vender un cuarto diamante, De Beers debe sacrificar $250 en cada uno de los primeros tres diamantes, que podrían venderse en $7 000 cada uno. Esta pérdida en el ingreso a partir de las primeras tres unidades hace un total de $750 = (3 × $250) y se identifica en la figura 2 mediante el rectángulo horizontal de "Pérdida". El cambio neto en el ingreso total por la venta del cuarto diamante, es decir, el ingreso marginal del cuarto diamante, es igual a la *ganancia* menos la *pérdida*, que equivale a $6 750 menos $750 o $6 000. En consecuencia, el ingreso marginal es igual a la ganancia menos la pérdida, o el precio menos el ingreso perdido por la venta de todas las unidades a un precio más bajo. Como el ingreso marginal de un monopolio es igual al precio menos la pérdida, puede ver por qué el precio rebasa al ingreso marginal.

Por cierto, en este análisis se supone que todas las unidades del bien se venden a precio de mercado; por ejemplo, cuando el precio es de $6 750, cada uno de los cuatro diamantes se vende en ese precio. Si bien esto suele ser así, más adelante verá cómo algunos monopolios cobran a distintos clientes precios diferentes.

Escalas de ingresos

Desarrollemos de manera más amplia las escalas de ingresos que hay tras la curva de la demanda que aparece en la figura 2. En la columna (1) de la figura 3 se aprecia una lista con la demanda de diamantes por día, y en la columna (2) el precio correspondiente, o ingreso promedio. Las dos columnas juntas representan la escala de demanda que enfrenta De Beers por los diamantes de un quilate. El *ingreso total* del monopolio, que es igual al precio multiplicado por la cantidad, aparece en la columna (3). Cuando De Beers amplía la producción, su ingreso total se incrementa hasta que la cantidad alcanza los 15 diamantes, es decir, el momento en que el ingreso total llega a su punto máximo.

El *ingreso marginal*, es decir, el cambio en el ingreso total por la venta de un diamante adicional, aparece en la columna 4. Observe que en todas las unidades de producción, salvo la primera, el ingreso marginal es inferior al precio, y la diferencia entre ambos se amplía cuando el precio disminuye. Al reducirse el precio, la diferencia entre el precio y el ingreso marginal crece, debido a que la *pérdida* por vender todos los diamantes a ese precio inferior aumenta puesto que la cantidad crece.

Curvas de ingreso

Los datos de la figura 3 se han graficado en la figura 4 y ésta muestra las curvas de demanda e ingreso marginal en el panel (a) y la curva de ingreso total en el panel (b).

FIGURA 3

Ingreso del monopolio De Beers

(1) Diamantes de un quilate por día (Q)	(2) Precio (ingreso promedio) (p)	(3) Ingreso total ($IT = Q \times p$)	(4) Ingreso marginal ($IM = \Delta IT/\Delta Q$)
0	$7 750	0	___
1	7 500	$ 7 500	$7 500
2	7 250	14 500	7 000
3	7 000	21 000	6 500
4	6 750	27 000	6 000
5	6 500	32 500	5 500
6	6 250	37 500	5 000
7	6 000	42 000	4 500
8	5 750	46 000	4 000
9	5 500	49 500	3 500
10	5 250	52 500	3 000
11	5 000	55 000	2 500
12	4 750	57 000	2 000
13	4 500	58 500	1 500
14	4 250	59 500	1 000
15	4 000	60 000	500
16	3 750	60 000	0
17	3 500	59 500	−500

Recuerde que el ingreso total es igual al precio multiplicado por la cantidad. Observe que la curva de ingreso marginal está por debajo de la curva de la demanda y que el ingreso total está en su punto máximo cuando el ingreso marginal llega a cero. Tome unos momentos para estudiar estas relaciones ya que son importantes.

Reiteramos que, en cualquier nivel de ventas, el precio equivale al ingreso promedio, de manera que la curva de la demanda también es la curva del ingreso promedio del monopolio. En el capítulo 5 establecimos que la elasticidad de precio en el caso de una curva de demanda en línea recta disminuye conforme la curva desciende. Cuando la demanda es elástica, es decir, cuando el incremento porcentual en la cantidad demandada compensa por mucho el decremento porcentual en el precio, un decremento en el precio incrementa el ingreso total. Por tanto, *cuando la demanda es elástica, el ingreso marginal*

FIGURA 4

Demanda e ingreso total marginal de un monopolio

Cuando la demanda es elástica en cuanto al precio, el ingreso marginal es positivo, de modo que el ingreso total aumenta conforme disminuye el precio. Cuando la demanda es inelástica en cuanto al precio, el ingreso marginal es negativo, de modo que el ingreso total decrece conforme disminuye el precio. Cuando la demanda es unitaria, el ingreso marginal es de cero, así que el ingreso total se encuentra en su punto máximo, sin aumentar ni disminuir.

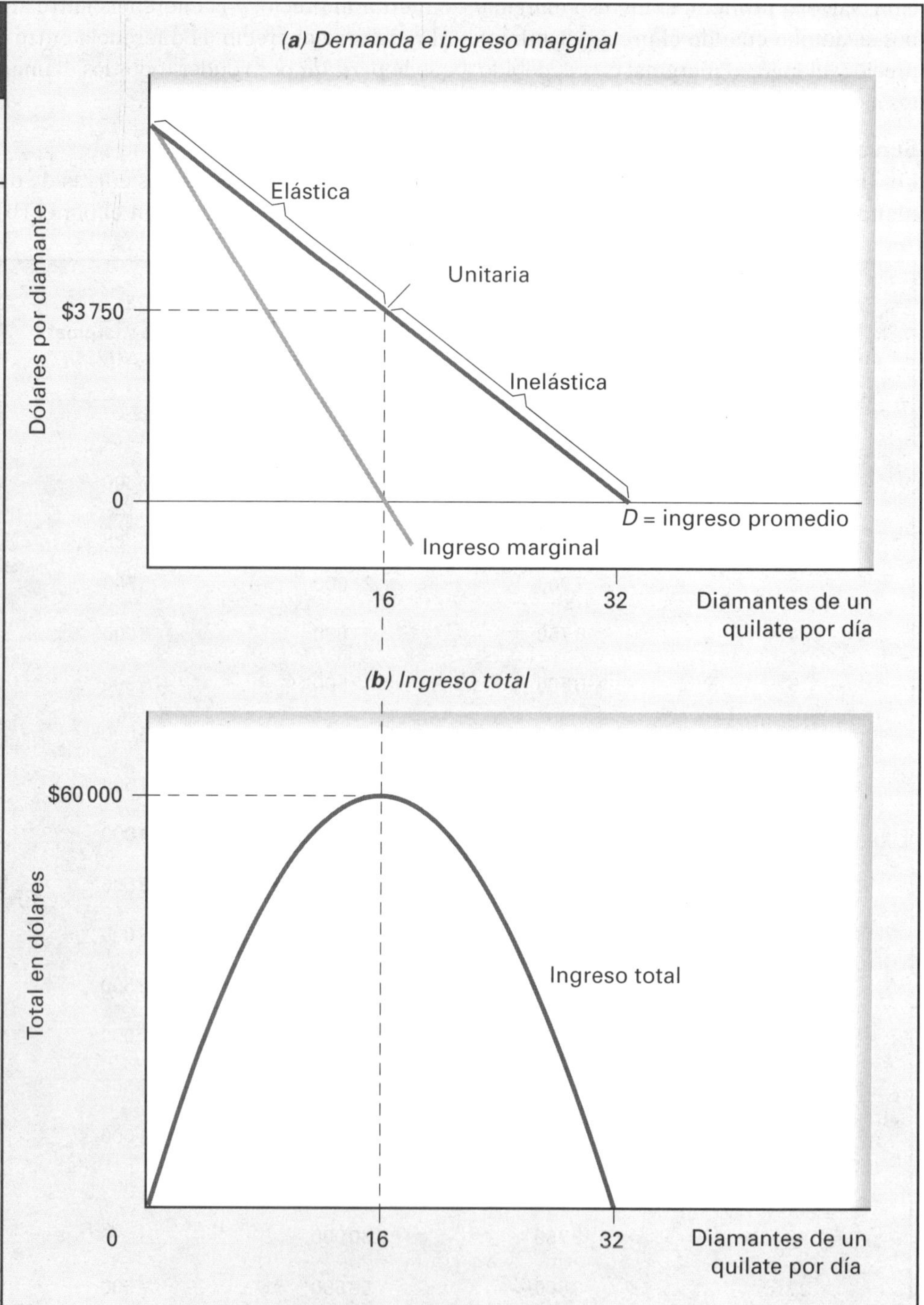

es positivo y el ingreso total se incrementa al disminuir el precio. Por otra parte, cuando la demanda es inelástica, es decir, cuando el incremento porcentual en la cantidad demandada es inferior al decremento porcentual en el precio, una disminución en el precio reduce el ingreso total. En otras palabras, la pérdida en ingresos por la venta de todos los diamantes al precio inferior reduce el ingreso por vender más diamantes. En consecuencia, *cuando la demanda es inelástica, el ingreso marginal es negativo y el ingreso total disminuye al reducirse el precio*.

En la figura 4 puede apreciar que el ingreso marginal resulta negativo si el precio disminuye por debajo de $3 750, lo que indica una demanda inelástica por debajo de ese precio. Un monopolio que pretende maximizar sus ganancias nunca estaría dispuesto a ampliar su producción a un nivel en el que la demanda resultara inelástica, ya que al hacerlo reduciría su ingreso total. Note también que la demanda es unitaria al precio de $3 750. A ese precio, el ingreso marginal es de cero y el ingreso total alcanza su punto máximo.

COSTOS Y MAXIMIZACIÓN DE GANANCIAS DE UNA EMPRESA

En el caso de la competencia perfecta, la elección de cada empresa se limita a la *cantidad*, pues el mercado ya determina el precio. El competidor perfecto es un *tomador de precios*. Sin embargo, el monopolio puede escoger ya sea el precio o la cantidad, aunque el optar por uno de éstos, determina el otro. Como el monopolio puede elegir el precio que maximice sus ganancias, decimos que el monopolio es un *fijador de precios*. En términos más generales, cualquier empresa que ejerce cierto control sobre el precio que cobra es un **fijador de precios**.

Fijador de precios Empresa que debe encontrar el precio que maximice las ganancias cuando la curva de la demanda de su producto presenta una pendiente descendente.

Maximización de ganancias

En la figura 5 se repiten los datos sobre el ingreso, los cuales se presentaron en las figuras 3 y 4; también se incluyen los datos sobre el costo en el corto plazo, los cuales reflejan costos similares a los que presentamos en los dos capítulos anteriores. Tome unos minutos para familiarizarse con esta tabla. Luego, pregúntese ¿qué combinación de precio y cantidad debe elegir De Beers para maximizar sus ganancias? Como sucedió en el caso de la competencia perfecta, el monopolio puede abordar la maximización de ganancias de dos maneras: por medio del método total y mediante el método marginal.

Ingreso total menos costo total. El monopolio que pretende maximizar sus ganancias aplica la misma regla de decisión que la empresa competitiva. *El monopolio produce la cantidad en la cual el ingreso total rebasa al costo total por el monto mayor.* La ganancia económica aparece en la columna (8) de la figura 5. Como puede ver, la ganancia máxima es $12 500 diarios, la cual se da cuando el producto es de 10 diamantes al día y el precio es de $5 250 por diamante. A ese nivel de producción, el ingreso total es de $52 500 y el costo total es de $40 000.

El ingreso marginal es igual al costo marginal. De Beers, como monopolio que pretende maximizar sus ganancias, incrementa su producción y al vender más diamantes contribuye a incrementar más su ingreso total que su costo total. De este modo, De Beers amplía su producción cuando el ingreso marginal, que aparece en la columna (4) de la figura 5, rebasa el costo marginal, el cual se aprecia en la columna (6). Sin embargo, De Beers deberá detenerla antes de que el costo marginal exceda al ingreso marginal. De nuevo, la ganancia se maximiza en $12 500 cuando la producción es de 10 diamantes al día. El ingreso marginal correspondiente al décimo diamante es de $3 000 y el costo marginal es de $2 750. Como puede observar, si la producción rebasa los 10 diamantes diarios, el costo marginal supera al ingreso marginal. Cuando la producción es de 11 diamantes, el costo marginal de $3250 rebasa su ingreso marginal de $2 500. En términos más sencillos, decimos que *la producción que maximiza las ganancias ocurre cuando el*

FIGURA 5

Costos e ingreso de corto plazo de un monopolio

(1) Diamantes por día (*Q*)	(2) Precio (*p*)	(3) Ingreso total (*IT* = *Q* × *p*)	(4) Ingreso marginal (*IM* = Δ*IT*/Δ*Q*)	(5) Costo total (*CT*)	(6) Costo marginal (*CM* = Δ*CT*/Δ*Q*)	(7) Costo total promedio (*CTP* = *CT*/*Q*)	(8) Ganancia o pérdida total = *IT* − *CT*
0	$7750	0	—	$15000	—	—	−$15000
1	7500	$7500	$7500	19750	$4750	$19750	−12250
2	7250	14500	7000	23500	3750	11750	−9000
3	7000	21000	6500	26500	3000	8830	−5500
4	6750	27000	6000	29000	2500	7750	−2000
5	6500	32500	5500	31000	2000	6200	1500
6	6250	37500	5000	32500	1500	5420	5000
7	6000	42000	4500	33750	1250	4820	8250
8	5750	46000	4000	35250	1500	4410	10750
9	5500	49500	3500	37250	2000	4140	12250
10	**5250**	**52500**	**3000**	**40000**	**2750**	**4000**	**12500**
11	5000	55000	2500	43250	3250	3930	11750
12	4750	57000	2000	48000	4750	4000	9000
13	4500	58500	1500	54500	6500	4190	4000
14	4250	59500	1000	64000	9500	4570	−4500
15	4000	60000	500	77500	13500	5170	−17500
16	3750	60000	0	96000	18500	6000	−36000
17	3500	59500	−500	121000	25000	7120	−61500

ingreso marginal es igual al costo marginal, lo cual, como recordará, es la regla de oro de la maximización de ganancias.

Solución gráfica. Los datos sobre costo e ingreso de la figura 5 se graficaron en la figura 6 con las curvas de costo e ingreso por unidad en el panel (a) y las curvas de costo e ingreso total en el panel (b). La intersección de las dos curvas marginales en el punto *e* del panel (a) indica que la ganancia se maximiza cuando se venden 10 diamantes. Con ese nivel de producción, nos desplazamos a la curva de la demanda para encontrar el precio que maximiza las ganancias de $5 250. El costo total promedio de $4 000 se identifica por medio del punto *b*. La ganancia promedio por diamante es igual al precio de $5250 menos el costo total promedio de $4 000. La ganancia económica es la ganancia promedio por unidad de $1 250 multiplicada por las 10 unidades vendidas para un ingreso total de $12 500 diarios, tal y como se representa en el rectángulo azul claro. Por tanto, *el nivel de producción que maximiza las ganancias se encuentra en el punto donde la curva del costo marginal creciente interseca la curva del ingreso marginal.*

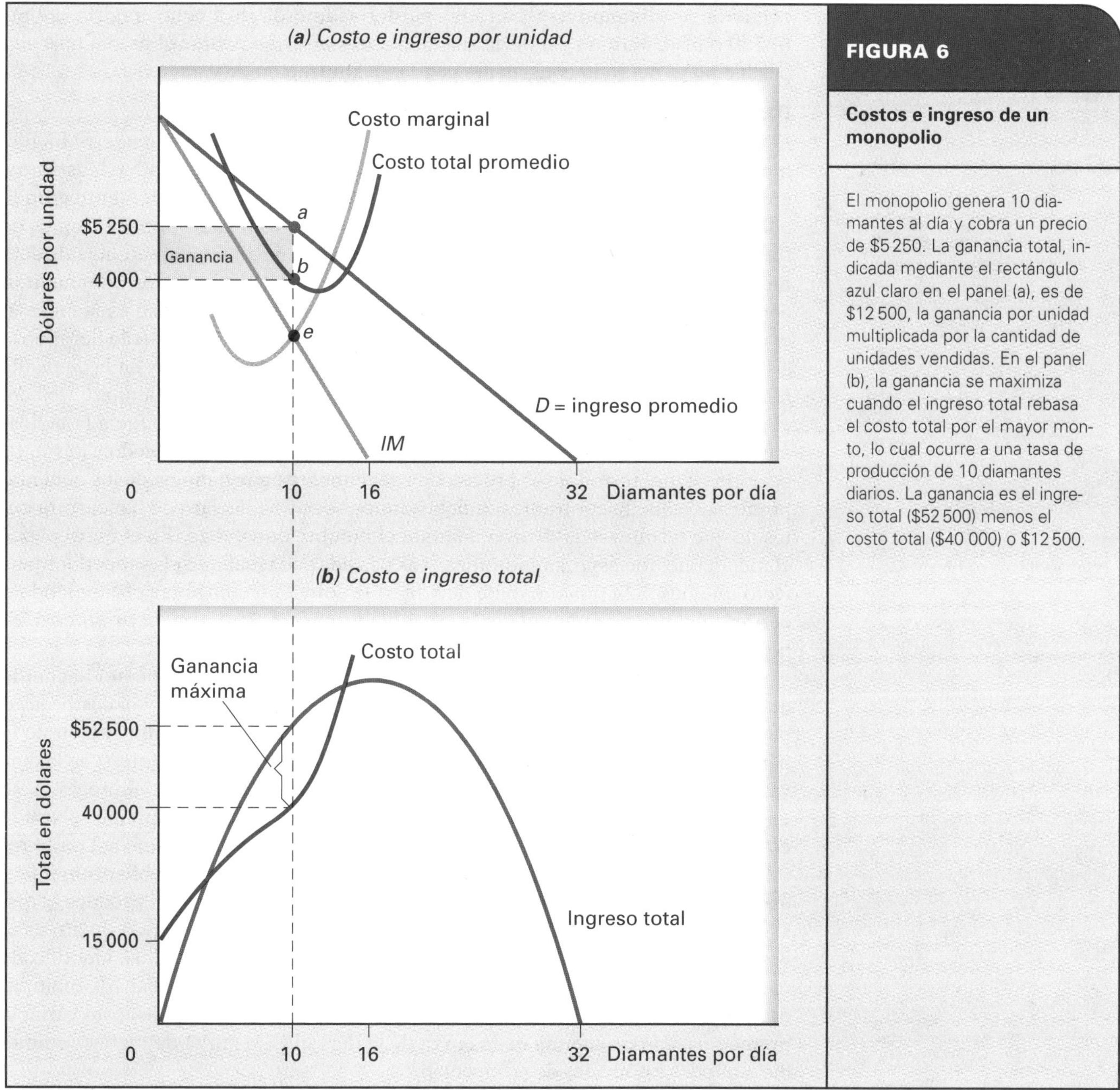

FIGURA 6

Costos e ingreso de un monopolio

El monopolio genera 10 diamantes al día y cobra un precio de $5 250. La ganancia total, indicada mediante el rectángulo azul claro en el panel (a), es de $12 500, la ganancia por unidad multiplicada por la cantidad de unidades vendidas. En el panel (b), la ganancia se maximiza cuando el ingreso total rebasa el costo total por el mayor monto, lo cual ocurre a una tasa de producción de 10 diamantes diarios. La ganancia es el ingreso total ($52 500) menos el costo total ($40 000) o $12 500.

En el panel (b), la ganancia o pérdida de la empresa se mide por la distancia vertical que existe entre las curvas de ingreso y costo totales. De Beers ampliará su producción mientras el incremento en el ingreso total que resulta de la venta de un diamante más supere al incremento en el costo total. *La empresa que busca maximizar sus ganancias producirá el nivel de producción que provoque que el ingreso total rebase el costo total por el monto mayor*. Una vez más, el ingreso se maximiza en el punto en el que De Beers produce 10 diamantes al día. Observe, nuevamente, que en el panel (b) el ingreso total se mide mediante la *distancia vertical* entre las dos curvas totales, y en el panel (a), la ganancia total se mide mediante el *área* azul clara que se forma al multiplicar el ingreso promedio por unidad por la cantidad de unidades.

Un mito muy difundido sobre los monopolios es que éstos cobrarán el precio más alto que les sea posible. Sin embargo, lo que realmente le interesa al monopolio es maximizar sus ganancias, no el precio. La demanda del consumidor es la que determina el precio del monopolio. De Beers, por ejemplo, podría cobrar $7 500, pero sólo vendería un diamante, y con ello perdería dinero. De hecho, podría cobrar $7 750 o más, pero no vendería sus diamantes. Así que cobrar el precio más alto posible no es del todo congruente con la maximización de ganancias.

Pérdidas en el corto plazo y la decisión de cerrar

El hecho de ser un monopolio no garantiza la obtención de ganancias. Si bien el monopolio es el productor exclusivo de un bien para el que no hay sustitutos aproximados, la demanda de ese bien tal vez no sea lo suficientemente grande como para generar ganancias económicas en el corto o largo plazo. Después de todo, muchos productos nuevos están protegidos contra la competencia directa mediante patentes. No obstante, la mayor parte de los productos que cuentan con ésta no logran atraer suficientes compradores para asegurar su existencia en el mercado. Incluso un monopolio, que al principio es rentable, puede llegar a registrar pérdidas debido a incrementos en los costos, a decrementos en la demanda o bien, a la entrada en el mercado de productos similares. Por ejemplo, Coleco, el productor en serie original de las muñecas Cabbage Patch, se fue a la bancarrota cuando la fiebre por esos juguetes se extinguió. Del mismo modo, Cuisinart, la empresa que introdujo el procesador de alimentos a principios de los ochenta, pronto tuvo que hacer frente a muchos imitadores y se declaró en bancarrota antes de que terminara la década, aunque el nombre aún existe. En el corto plazo, el monopolio que aspira a minimizar sus pérdidas, al igual que el competidor perfecto que busca lo mismo, debe decidir si le conviene continuar produciendo o cerrar. *Si el precio cubre el costo variable promedio, la empresa producirá. Si no, la empresa tendrá que cerrar, al menos temporalmente.*

La figura 7 trae a colación nuevamente el costo variable promedio. Recuerde que en el capítulo 7 establecimos que el costo variable promedio y el costo variable fijo se suman al costo total promedio. En la figura 7, la minimización de la pérdida ocurre en el punto *e*, donde la curva del ingreso marginal interseca la curva del costo marginal. En el nivel de producción de equilibrio, *Q*, el precio, *p*, se encuentra en el punto *b* dentro de la curva de la demanda. Ese precio rebasa el costo variable promedio en el punto c, pero se encuentra por debajo del costo total promedio en el punto *a*. Como el precio cubre el costo variable promedio y aporta algo al costo fijo promedio, este monopolio pierde menos si produce *Q* que si decide cerrar. La pérdida promedio por unidad, medida a través de *ab*, es el costo total promedio menos el ingreso promedio, o precio. La pérdida, identificada mediante el rectángulo azul claro, es la pérdida promedio por unidad, *ab*, multiplicada por la cantidad vendida, *Q*. La empresa cerrará si la curva de costo variable promedio está por encima de la curva de la demanda, o curva de ingreso promedio, en todos los niveles de producción.

Recuerde que la curva de oferta de una empresa perfectamente competitiva es la parte de la curva del costo marginal que se ubica en o por encima de la curva del costo variable promedio. La intersección de las curvas de ingreso marginal y de costo marginal de un monopolio identifica la cantidad que maximiza las ganancias (o minimiza las pérdidas), pero el precio se encuentra en la parte superior de la curva de la demanda. Debido a que la cantidad de equilibrio puede encontrarse a lo largo de la curva de costo marginal de un monopolio, pero el precio de equilibrio aparece en la curva de la demanda, no hay curva que muestre tanto el precio como la cantidad ofrecida. En virtud de que no hay curva que refleje las combinaciones de precio y cantidad ofrecidas, *no hay curva de oferta del monopolio.*

Maximización de las ganancias en el largo plazo

En el caso de las empresas perfectamente competitivas, la distinción entre el corto y el largo plazo es importante, ya que el ingreso y la salida de empresas puede ocurrir en el largo plazo, con lo cual se elimina cualquier ganancia o pérdida económica. Para el monopolio, la distinción resulta menos importante. *Si un mono-*

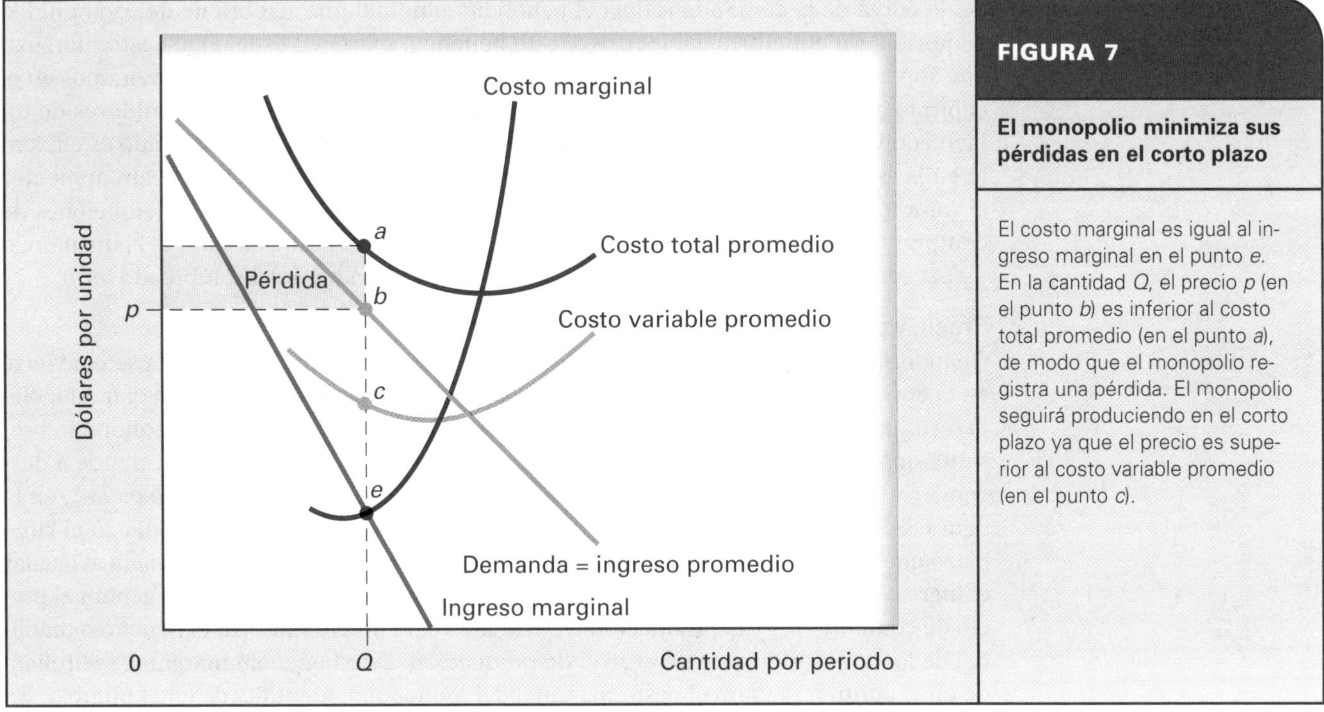

FIGURA 7

El monopolio minimiza sus pérdidas en el corto plazo

El costo marginal es igual al ingreso marginal en el punto *e*. En la cantidad *Q*, el precio *p* (en el punto *b*) es inferior al costo total promedio (en el punto *a*), de modo que el monopolio registra una pérdida. El monopolio seguirá produciendo en el corto plazo ya que el precio es superior al costo variable promedio (en el punto *c*).

polio está aislado de la competencia por fuertes barreras que impiden el ingreso de nuevas empresas, la ganancia económica puede mantenerse en el largo plazo.

Sin embargo, la ganancia en el corto plazo no garantiza ganancia al largo plazo. Por ejemplo, suponga que el poder del monopolio descansa en una patente. Las patentes tienen una vigencia determinada, incluso cuando un producto está protegido por una de ellas, el monopolio a menudo tiene que defenderla ante los tribunales. De hecho, el litigio en materia de patentes ha aumentado en más de 50% en los últimos diez años. Un monopolio que obtiene una ganancia económica en el corto plazo puede descubrir que las ganancias pueden incrementarse al largo plazo con sólo ajustar la escala de la empresa. Un monopolio que registra una pérdida de corto plazo podría estar en condiciones de eliminar tal pérdida en el largo plazo si se ajusta a un tamaño más eficaz o bien, si incrementa la demanda a través de la publicidad (la mayor parte de las empresas que empiezan pierden dinero al principio). Un monopolio que no está en posibilidades de eliminar una pérdida en el largo plazo tendrá que abandonar el mercado.

MONOPOLIO Y ASIGNACIÓN DE RECURSOS

Si los monopolios no son más codiciosos que los competidores perfectos, ya que ambos maximizan sus ganancias, no cobran el precio más alto posible, y no tienen garantizadas sus ganancias, entonces ¿cuál es el problema con el monopolio? Para averiguar el secreto de esta interrogante, comparemos al monopolio con el parámetro que establecimos en el capítulo anterior: la competencia perfecta.

Precio y producción en condiciones de competencia perfecta

Comencemos con el precio y la producción de equilibrio en el largo plazo de un mercado perfectamente competitivo. Suponga que la curva de la oferta de largo plazo en competencia perfecta es horizontal, como se representa mediante O_c en la figura 8. Puesto que se trata de un sector de la industria que tiene costos constantes, la curva de la oferta de largo plazo horizontal también muestra el costo marginal y el costo total promedio en cada nivel de producción. El equilibrio ocurre en el punto c, donde tanto la demanda como la oferta de mercado se intersecan generando el precio p_c y la cantidad Q_c. Recuerde: la curva de la demanda refleja el beneficio marginal que se obtiene de cada unidad adquirida. En equilibrio competitivo, este beneficio marginal es igual al costo marginal que supone para la sociedad producir la última unidad vendida. Como apuntamos en el capítulo anterior, cuando el beneficio marginal que obtienen los consumidores de un bien equivale al costo marginal de producir ese bien, se dice que ese mercado es eficiente en la asignación de recursos. No hay manera de reasignar los recursos para aumentar el valor total de la producción. Debido a que los consumidores están en condiciones de comprar Q_c unidades al precio p_c, disfrutan un beneficio neto derivado del consumo, o un excedente del consumidor, el cual se mide con el área total del sombreado amp_c.

Precio y producción en condiciones de monopolio

Cuando sólo hay una empresa en el sector, la curva de la demanda de ésta se convierte en la curva de la demanda del monopolio, de modo que el precio que cobra el monopolio determina la cantidad que se vende. Como la curva de la demanda del monopolio presenta una pendiente descendente, la curva del ingreso marginal también tiende a descender y se encuentra por debajo de la curva de la demanda, como lo indica IM_m en la figura 8. Suponga que el monopolio puede producir al mismo costo promedio en el largo plazo que lo hace la industria competitiva. El monopolio maximiza la ganancia al igualar el ingreso marginal con el costo marginal, que ocurre en el punto b, lo que genera el precio de equilibrio p_m y la producción Q_m. De nuevo, el precio muestra el beneficio marginal de los consumidores en ese nivel de producción. Este beneficio marginal, identificado en el punto m, rebasa el costo marginal del monopolio, identificado en el punto b. En virtud de que el beneficio marginal que los consumidores ligan a las unidades adicionales rebasa al costo marginal que supone producir esas unidades suplementarias, la sociedad estaría en mejor situación si la producción se ampliara más allá de Q_m. El monopolio limita la producción por debajo del nivel en que se maximiza el bienestar social. Sin embargo, los consumidores aún obtienen un beneficio, aunque el monopolio limite la producción; el excedente del consumidor aparece en el pequeño triángulo amp_m.

Efectos de asignación y distribución

Considere los efectos de asignación y distribución de un monopolio en comparación con la competencia perfecta. En la figura 8, el excedente del consumidor en una competencia perfecta fue el triángulo más grande, acp_c; sin embargo, en condiciones de monopolio se redujo al triángulo más pequeño amp_m, el cual en este ejemplo constituye sólo una cuarta parte del tamaño. El monopolio obtiene ganancias económicas

FIGURA 8

Competición perfecta y monopolio

Una industria perfectamente competitiva generaría una producción de Q_c, la cual se determina en la intersección de la curva de demanda de mercado D y la curva de oferta O_c. El precio sería p_c. Un monopolio que pudiera generar una producción al mismo costo promedio mínimo generaría una producción Q_m, la cual está determinada en el punto b, donde el costo marginal y el ingreso marginal se intersecan. Cobraría un precio p_m. Por consiguiente, la producción es más baja y el precio más alto en un monopolio que en condiciones de competencia perfecta.

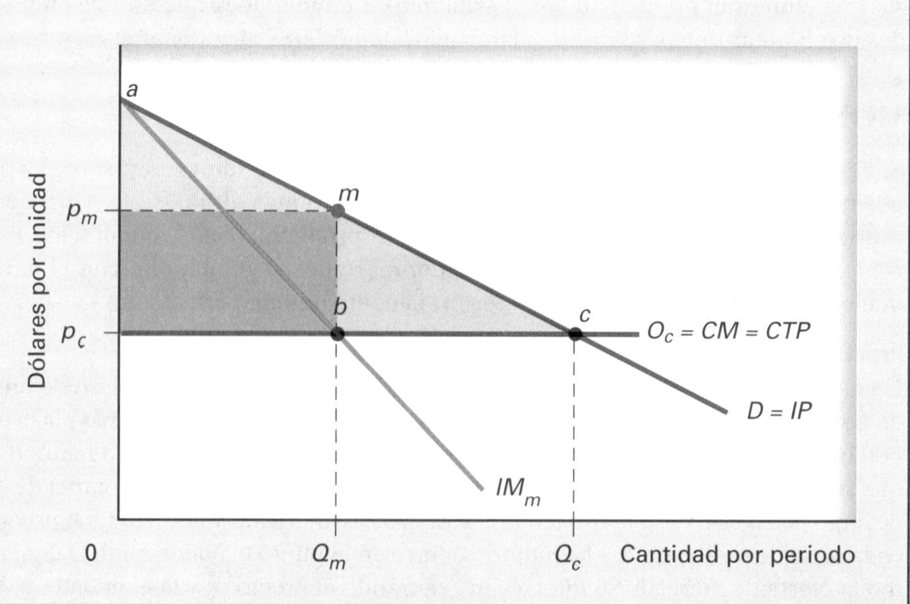

equivalentes al rectángulo color rosa. Al comparar la situación existente en condiciones de monopolio con la que rige en una competencia perfecta, se observa que la ganancia del monopolio proviene totalmente de lo que era el excedente del consumidor en condiciones de competencia perfecta. Dado que el rectángulo de ganancia refleja una transferencia del excedente del consumidor al ingreso del monopolio, esta cantidad la pierde la sociedad y, por tanto, se considera una pérdida en bienestar ocasionada por el monopolio.

No obstante, observe que el excedente del consumidor se ha reducido más que el rectángulo de ganancia. Los consumidores también han perdido el triángulo *mcb*, que era parte del excedente del consumidor en condiciones de competencia perfecta. El triángulo *mcb* se denomina **pérdida de peso muerto del monopolio**, dado que es una pérdida para los consumidores sin que represente una ganancia para nadie. Esta pérdida se deriva de la *ineficiencia en la asignación de los recursos que surge de un precio más alto y el decremento en la producción del monopolio*. Una vez más, la sociedad estaría en mejor situación si la producción rebasara el nivel de maximización de ganancias del monopolio, ya que el beneficio marginal de la producción adicional excede su costo marginal. En condiciones de monopolio, el precio, o beneficio marginal, siempre rebasa el costo marginal. Las estimaciones empíricas sobre la pérdida de peso muerto de monopolio en Estados Unidos oscilan entre 1 y 5% aproximadamente del ingreso nacional. Estas estimaciones, aplicadas a los datos sobre el ingreso nacional del 2000, suponen una pérdida de peso muerto de aproximadamente $320 a $1 600 *per cápita*.

Pérdida de peso muerto del monopolio Pérdida neta para la sociedad cuando una empresa se sirve de su poder de mercado para limitar la producción y aumentar el precio.

PROBLEMAS PARA ESTIMAR EL COSTO DEL MONOPOLIO EN EL BIENESTAR SOCIAL

El costo real del monopolio podría diferir de la pérdida en bienestar social que describimos en la sección anterior.

Por qué podría ser menor la pérdida del monopolio en el bienestar social

Si las economías de escala son lo suficientemente amplias, un monopolio puede estar en condiciones de generar producción a un costo más bajo por unidad del que podrían lograr las empresas competitivas. Por tanto, el precio, o al menos el costo de producción, podría ser más bajo en condiciones de monopolio que de competencia. La pérdida en bienestar social que se aprecia en la figura 8 quizás también sobrestime el verdadero costo de los monopolios, dado que éstos —en respuesta al escrutinio público y las presiones políticas— podrían mantener los precios por debajo de lo que el mercado podría soportar. Si bien a los monopolios les gustaría obtener la mayor ganancia económica posible, están conscientes de que si la gente protesta por los altos precios y las excesivas ganancias crecen desmedidamente, cierto tipo de intervención gubernamental podría reducir o incluso eliminar sus ganancias. Por ejemplo, los precios y las ganancias de las compañías farmacéuticas, que en lo individual funcionan como productores monopólicos de fármacos con patente, se han visto bajo el escrutinio de los legisladores federales ya que éstos desean regular los precios de los medicamentos. Las empresas farmacéuticas podrían evitar este tipo de situaciones si mantuvieran los precios por debajo del nivel que les haría maximizar sus ganancias. Por último, un monopolio podría mantener el precio por debajo del nivel de maximización de ganancias para evitar que nuevos competidores invadan su mercado. Por ejemplo, algunos observadores afirman que Alcoa, cuando era el único productor de aluminio en Estados Unidos, mantuvo los precios en un nivel tan bajo que desalentó por completo el ingreso de otras empresas en su sector.

Por qué podría ser mayor la pérdida del monopolio en el bienestar social

Otra corriente de pensamiento señala que la pérdida del monopolio en el bienestar social podría ser mayor en realidad que la que presentamos en nuestro diagrama simple. *Si los recursos deben dedicarse a asegurar y mantener una posición monopo-*

lística, los monopolios pueden conllevar a una pérdida en el bienestar social mayor que la que señalan los modelos simples. Por ejemplo, los derechos de transmisión de señales de radio y televisión confieren al titular el derecho exclusivo a utilizar una determinada banda del reducido espectro de emisiones. En otros tiempos, tales derechos habían sido otorgados por organismos gubernamentales a los solicitantes que a su juicio fueran los más adecuados. En vista de que estos derechos son tan valiosos, numerosos solicitantes gastan cuantiosas sumas en honorarios de abogados, en gastos de grupos de cabildeo legislativo y otros costos asociados con la tarea de hacerse aparecer como los candidatos más viables. Los esfuerzos que se destinan a asegurar y mantener una posición monopolística representan, en gran medida, un desperdicio social, ya que agotan recursos escasos y no agregan una sola unidad a la producción. Las actividades que las personas o las empresas emprenden para influir en la política pública de tal manera que pueda redistribuirles directa o indirectamente el ingreso se conoce como **búsqueda de rentas**.

Búsqueda de rentas Actividades que emprenden individuos o empresas para influir en la política pública de tal manera que les redistribuya el ingreso directa o indirectamente.

El monopolio, aislado de los rigores de la competencia en el mercado, también puede volverse obeso, perezoso e ineficiente. En virtud de que algunos monopolios podrían seguir obteniendo una ganancia económica, aunque la producción no se generara al mínimo costo posible, los ejecutivos de las corporaciones podrían malgastar recursos procurándose una vida más confortable. Los prolongados almuerzos, las tardes de golf, las oficinas lujosas, los aviones corporativos y las grandes prestaciones a los empleados podrían hacer que la vida en la compañía resulte más agradable, pero estos gastos adicionales también incrementan el costo promedio de producción.

En las críticas también se ha señalado que los monopolios adoptan con lentitud las técnicas de producción más modernas, se muestran renuentes a crear nuevos productos y, en general, carecen de un espíritu de innovación. Como los monopolios se mantienen en gran medida al margen de los rigores de la competencia, no se inquietan demasiado. Se ha dicho que: “La mejor ganancia que puede obtener todo monopolio es una vida tranquila”.

En el siguiente caso de estudio se analiza el desempeño de uno de los monopolios más antiguos en Estados Unidos, el Servicio Postal.

MONOPOLIO POSTAL

En 1775, la Oficina Postal de Estados Unidos recibió la condición de monopolio, desde esa fecha ha operado bajo la protección federal. En 1971, el Congreso convirtió al Departamento de la Oficina Postal en un organismo semindependiente denominado Servicio Postal de Estados Unidos (*U.S. Postal Service* o USPS), cuyos ingresos rebasaron los $65 mil millones en el 2000. USPS no paga impuestos y está exento de las leyes de zonificación locales. Legalmente goza del monopolio en la entrega de cartas regulares enviadas bajo el servicio de primera clase; asimismo, tiene el derecho exclusivo de utilizar el espacio de los buzones internos. Aproximadamente 800 000 empleados de USPS manejan más de medio millón de piezas de correo diariamente, alrededor de 40% del total en todo el mundo.

En años recientes, el monopolio de USPS se ha visto afectado por incrementos en los costos y por la competencia derivada de las nuevas tecnologías. El precio de una estampilla de primera clase aumentó de 6 centavos en 1970 a 34 centavos en el 2001, un incremento en el precio que duplica la tasa promedio de inflación y cuadruplica el incremento en las tarifas telefónicas, que constituyen un posible sustituto del correo de primera clase. United Parcel Service (UPS) es una empresa que está más mecanizada y tiene mejor equipo para distribuir paquetes que USPS y, por ende,

*e*Actividad

¿De qué manera ha enfrentado el Servicio Postal la competencia y el cambio? En el sitio http://www.usps.gov/history/his3_5.htm# CHANGE, se describen las reformas realizadas en los ochenta para competir con las empresas con fines lucrativos y con el correo electrónico. ¿Cómo establece el Servicio Postal las tarifas ahora que ya no es un monopolio? El pro-

cuenta con menores costos y menos daños. USPS ha tratado de emular a UPS, pero sus resultados han sido mínimos. Los empleados postales ganan más en promedio que los empleados de UPS o de otras empresas del sector privado que ofrecen el servicio de entrega de paquetes, como FedEx. Las nuevas tecnologías, como máquinas de fax y correo electrónico, también compiten con USPS (los mensajes por correo electrónico ahora superan en número a las cartas de primera clase).

En virtud de que el monopolio de USPS sólo aplica al correo de primera clase, ha perdido porciones considerables de otro tipo de negocios en favor de las empresas privadas que ofrecen tarifas más bajas y mejor servicio. Por ejemplo, UPS y otras empresas han absorbido el 95% del correo de cuarta clase, es decir, el negocio del envío de paquetería. Cuando el Postal Service incrementó recientemente las tarifas de tercera clase (la "propaganda" que se recibe por correo), los usuarios de este servicio optaron por otros medios de publicidad, entre los que se hallan la televisión por cable y el *telemarketing*. Incluso el monopolio que tiene USPS sobre el correo de primera clase se ha visto amenazado, pues FedEx y otras empresas han logrado captar el 90% del negocio del correo nocturno. Por tanto, USPS está perdiendo negocios en razón de la competencia del correo nocturno y de las nuevas tecnologías. En el 2001, USPS perdió más de $2 mil millones, lo cual se agravó por el pánico del virus ántrax, el cual se ha expandido de manera alarmante entre los usuarios más frecuentes del correo.

Sin embargo, USPS se defiende con estrategias más poderosas: impone su poder monopólico y al mismo tiempo busca una perfecta eficiencia. En el frente electrónico, USPS ofrece ahora compras de franqueo por internet, servicio de pago de cuentas en línea y servicio de transmisión de documentos en línea garantizado. En el 2001, USPS contrató a FedEx para transportar por vía aérea correo prioritario, correo exprés y correo de primera clase. USPS, a su vez, ha empezado a prestar servicio de entrega local —el llamado servicio de "última milla"— para varios transportistas importantes, entre los que se cuentan DHL, Emery y FedEx. Además, USPS está vendiendo espacio publicitario en sus camiones, edificios y otros espacios disponibles. Por ejemplo, Visa adquirió un espacio publicitario en 20 millones de sobres de correo prioritario. Pese a estos esfuerzos, los cambios tecnológicos y la competencia están minando el monopolio concedido por el gobierno a USPS.

Fuentes: Greg Schneider, "Post Office Hires FedEx to Fly Mail", *Washington Post*, 11 de enero 2001; Stuart Elliott, "The Postal Service Puts Ads Everywhere", *The New York Times*, 6 de febrero 2000; "Under Fire from Computer Industry, Postal Service Appeals to Lawmakers", *The Wall Street Journal*, 17 de noviembre 2000; Rick Brooks, "Postal Service Seeks to Hand Over Some Bias Disputes to Third Party", *The Wall Street Journal*, 27 de julio 2001; y la página principal de USPS en http://www.usps.com.

ceso se describe en **http://www.usps.gov/ratecase/how_rates.htm**. ¿Qué papel desempeñan las fuerzas de la competencia en el establecimiento de tarifas? Tanto en el sitio del USPS en **http://postcalc.usps.gov/** como en el de UPS (United Parcel Service) en **http://wwwapps.ups.com/servlet/QCCServlet**. se presentan calculadoras de costos en línea. Trate de encontrar el costo que tiene enviar una carta a Uruguay. ¿Cuál es más barato? ¿Por qué?

No todos los economistas consideran que los monopolios, sobre todo los que pertenecen al sector privado, administran sus recursos con menor grado de atención que los competidores perfectos. Algunos sostienen que debido a que los monopolios están protegidos contra los competidores, se encuentran en una posición ventajosa para recoger los frutos de cualquier innovación y, por tanto, serán más innovadores que las empresas competitivas. Otros consideran que si un monopolio privado se aparta del camino de la maximización de ganancias, el valor de las acciones de la empresa disminuirá. Esta reducción en el precio de las acciones ofrece un incentivo para que alguien compre una parte dominante de las acciones de la empresa, moldee la operación y observe el crecimiento de las ganancias, lo mismo que el valor de las acciones de la empresa. Se dice que este mercado, por el control corporativo, dirige a los monopolios por el camino de la producción eficiente.

DISCRIMINACIÓN DE PRECIOS

En el modelo expuesto hasta este punto, un monopolio debe reducir el precio de toda la producción vendida para así vender más. De hecho, un monopolio puede en ocasiones incrementar su ganancia económica si cobra precios más elevados a los consumidores que más valoran el producto. Esta práctica de cobrar precios diferentes a distintos consumidores cuando las diferencias de precio no se justifican por diferencias en el costo se denomina **discriminación de precios**. Por ejemplo, los niños, los estudiantes y las personas de edad avanzada suelen pagar menos por los boletos de entrada a los juegos de fútbol, los cines y otros espectáculos. Las empresas ofrecen a ciertos grupos precios reducidos debido a que se asegura una mejoría en las ganancias. Veamos cómo y por qué.

Discriminación de precios Incrementar las ventas vendiendo un producto a precios diferentes a distintos grupos de consumidores cuando las diferencias en los precios no se justifican por diferencias en los costos de producción.

Condiciones para la discriminación de precios

Para aplicar la discriminación de precios, una empresa debe cumplir ciertas condiciones. En primer lugar, la curva de demanda del producto de la empresa debe mostrar una pendiente descendente, indicio de que la empresa es un fijador de precios, el productor tiene cierto poder de mercado, cierto control sobre el precio. En segundo lugar, debe haber al menos dos grupos de consumidores del producto, cada uno con una elasticidad precio en la demanda diferente. En tercer lugar, el productor debe estar en posibilidades, a un costo bajo, de cobrar distintos precios a cada grupo por el mismo producto. Finalmente, el productor debe estar en condiciones de evitar que quienes pagan un precio más bajo revendan el producto a quienes pagan el precio más alto.

Modelo de discriminación de precios

En la figura 9 se aprecian los efectos de la discriminación de precios. Los consumidores se encuentran divididos en dos grupos con demandas diferentes. *A un determinado nivel de precios*, la elasticidad de precio en la demanda en el panel (b) es mayor que en el panel (a). Considere el panel (b) como reflejo de la demanda por parte de estudiantes universitarios, personas de edad avanzada o algún otro grupo más sensible al precio. En términos más simples, supongamos que la empresa produce a un costo promedio y marginal constante en el largo plazo de $1. *Esta empresa maximiza las ganancias buscando el precio en cada mercado que iguale el ingreso margi-*

FIGURA 9

Discriminación de precios con dos grupos de consumidores

Un monopolio que se enfrenta a dos grupos de consumidores con diferentes elasticidades de demanda puede estar en condiciones de aplicar la discriminación de precios. Como el costo marginal es el mismo en ambos mercados, la empresa vende 400 unidades a los consumidores que presentan el valor marginal elevado en el panel (a) y les cobra un precio de $3 por unidad. Vende 500 unidades a los consumidores con el valor marginal bajo en el panel (b) y les cobra un precio de $1.50.

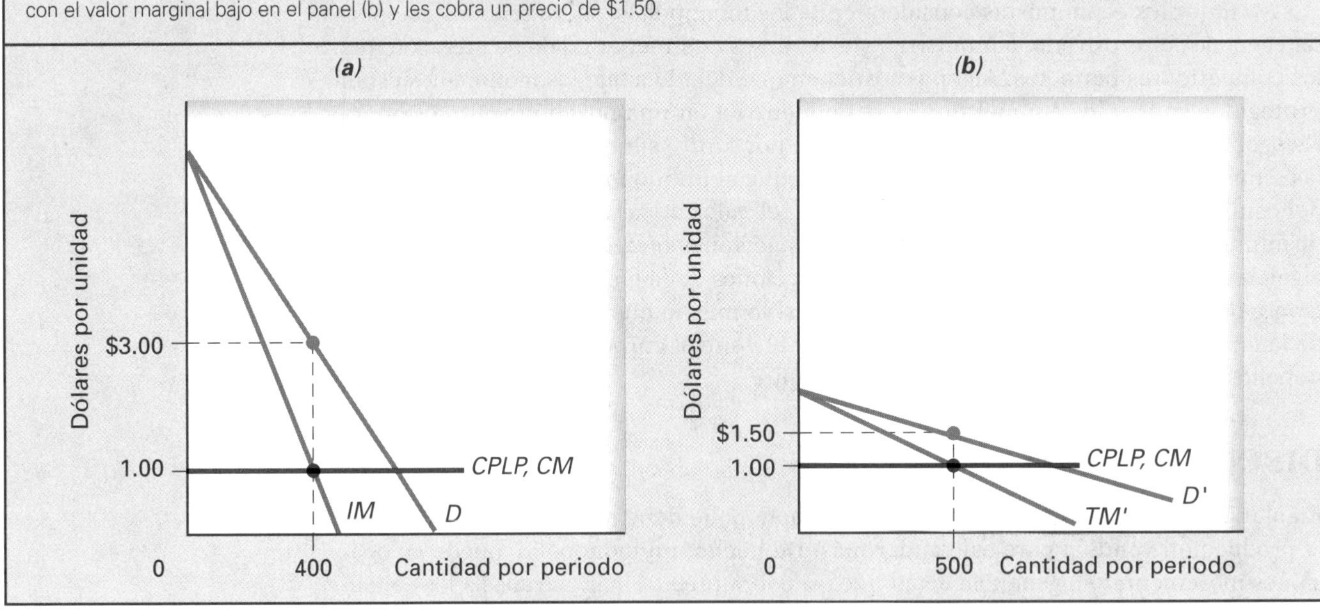

nal con el costo marginal. Como resultado, los consumidores con una elasticidad de precio menor pagan $3 y los que tienen una elasticidad de precio mayor pagan $1.50. La maximización de las ganancias resulta al cobrar un precio más bajo al grupo que tiene una demanda más elástica. Pese a la diferencia de precios, la empresa recauda el mismo ingreso marginal de la última unidad vendida a cada grupo. La empresa aumenta sus ganancias al cobrar precios diferentes a los dos grupos.

Observe que cobrar a ambos grupos la cantidad de $3 eliminaría cualquier ganancia del grupo de consumidores de la derecha, a quienes les resultaría más costoso. Cobrar a los dos grupos $1.50 generaría un ingreso marginal negativo del grupo de la izquierda, ingreso que reduciría las ganancias. Ningún precio único podría generar la ganancia que se consigue a merced de la discriminación de precios.

Ejemplos de discriminación de precios

Consideremos algunos ejemplos de discriminación de precios. Debido a que los ejecutivos enfrentan una demanda impredecible, aunque urgente, de viajes y comunicaciones, y dado que sus empleados pagan tales gastos, los grandes ejecutivos son menos sensibles al precio que las familias. En otras palabras, como éstos tienen una demanda menos elástica de viajes de negocios y de uso del teléfono para llamadas de larga distancia que los hogares, las líneas aéreas y los servicios telefónicos tratan de maximizar sus ganancias cobrando a los clientes ejecutivos tarifas más elevadas que a los clientes normales o residenciales.

No obstante, ¿cómo es que las empresas distinguen a los distintos grupos de clientes? Las compañías telefónicas pueden clasificar a sus clientes mediante el cobro de distintas tarifas según la hora del día. Las tarifas de larga distancia suelen ser más elevadas durante las horas normales de *trabajo* que por la noche y durante los fines de semana, cuando las familias, que tienen una elasticidad de precio de demanda más alta, realizan sus llamadas sociales. Las aerolíneas distinguen entre sus clientes ejecutivos y las familias con base en los términos en que se adquieren los boletos. Las familias planean sus viajes con mucha anticipación y a menudo se quedan durante todo el fin de semana. Sin embargo, los viajes de negocios son más impredecibles, más urgentes y pocas veces abarcan una estancia de fin de semana. Las aerolíneas clasifican a ambos grupos limitando las tarifas de descuento a los viajeros que adquieran sus boletos con mucha anticipación y que permanecen hasta el sábado por la noche. Las aerolíneas también cobran más a quienes vuelan en la clase de negocios y no en la clase turista.

Veamos otro ejemplo de discriminación de precios: IBM buscaba cobrar una tarifa mayor por el uso de su impresora láser a los usuarios empresariales que a los usuarios residenciales. Para distinguir entre los dos grupos, IBM decidió reducir la velocidad de la impresora casera a cinco páginas por minuto, en comparación con las 10 del modelo empresarial. Para lograr este objetivo, la empresa agregó un chip que introducía pausas entre las páginas.[2] Por tanto, IBM podía vender el modelo para el hogar en menos que el modelo empresarial sin reducir las ventas de este último modelo.

Veamos un último ejemplo. Los principales parques de diversiones, como Disney World y los Estudios Universal, distinguen entre residentes locales y visitantes extranjeros cuando llega el momento de adquirir las entradas. Los visitantes de otros países casi siempre gastan una cantidad considerable en pasajes de avión y alojamiento simplemente para transportarse al lugar, así que son menos sensibles al precio de admisión que los residentes locales. El problema consiste en cómo cobrar un precio más bajo a los residentes locales. Para resolverlo, los parques expiden cupones de descuento que se ofrecen como promociones en comercios locales, como tintorerías, los cuales son muy pocas veces visitados por los turistas extranjeros.

---

[2] Carl Shapiro y Hal Varian, *Information Rules: A Strategic Guide to the Network Economy*. Boston, Harvard Business School Press, 1999, p. 59.

Discriminación de precios perfecta: el ideal de todo monopolio

La curva de la demanda muestra el valor marginal de cada unidad consumida, la cual es también la cantidad máxima que los consumidores pagarían por cada unidad. Si el monopolio pudiera cobrar un precio diferente por cada unidad vendida, precio que se refleja en la elevación de la curva de la demanda, el ingreso marginal de la empresa derivado de la venta de una unidad más igualaría al precio de esa unidad. Por consiguiente, la curva de la demanda se convertiría en la curva del ingreso marginal de la empresa. El **monopolio discriminador perfecto** cobra un precio diferente por cada unidad del bien.

Monopolio discriminador perfecto Monopolio que cobra un precio distinto por cada unidad de un bien; también conocido como el ideal del monopolio.

En la figura 10 suponemos que el monopolio produce a un costo promedio y marginal constante en el largo plazo. Un monopolio discriminador perfecto, como cualquier productor, maximizaría sus ganancias produciendo la cantidad en que el ingreso marginal es igual al costo marginal. Como la curva de la demanda es ahora la curva del ingreso marginal, la producción que maximiza las ganancias ocurre en el punto en que la curva de la demanda, o del ingreso marginal, se interseca con la curva del costo marginal, identificada en el punto *e* en la figura 10. La discriminación de precios es un recurso que sirve para incrementar las ganancias. El área del triángulo *aec* define la ganancia económica del monopolio discriminador perfecto.

WALL STREET JOURNAL
La interpretación correcta

¿Cuál es la importancia de la siguiente declaración en The Wall Street Journal*?: "A cualquier comerciante le encantaría vender un producto al precio más elevado que cada cliente pudiera pagar".*

Al cobrar un precio diferente por cada unidad de producción, el monopolio discriminador perfecto puede convertir cada dólar del excedente del consumidor en una ganancia económica. Aunque esto podría parecer injusto para los consumidores, la discriminación perfecta en los precios obtiene puntos muy favorables con base en la eficiencia en la asignación. Debido a que ese monopolio no tiene que disminuir el precio a todos los consumidores cuando se amplía la producción, no hay razón para limitarla. De hecho, como se trata de un sector que tiene costos constantes, *Q* es la misma cantidad producida en condiciones de competencia perfecta, aunque en tales circunstancias, el triángulo *aec* sería el excedente del consumidor y no la ganancia económica. Tal y como sucede en los resultados perfectamente competitivos, el beneficio marginal de la última unidad de producción generada es exactamente igual al costo marginal. Y aunque la discriminación de precios perfecta no genera excedente del consumidor, los beneficios totales que los consumidores obtienen son iguales a la cantidad total que pagan por el bien. Observe, asimismo, que como el monopolio no limita la producción, no hay triángulo de pérdida de peso muerto. Por tanto, la discriminación de precios perfecta incrementa el bienestar social cuando se compara con la

FIGURA 10

Discriminación de precios perfecta

Si un monopolio puede cobrar un precio diferente por cada unidad vendida, está en condiciones de aplicar una discriminación de precios perfecta. Al determinar el precio de cada unidad igual al monto máximo que los consumidores están dispuestos a pagar por esa unidad, representado por la elevación de la curva de demanda, el monopolio puede obtener una ganancia igual al área del triángulo sombreado. El excedente del consumidor es cero.

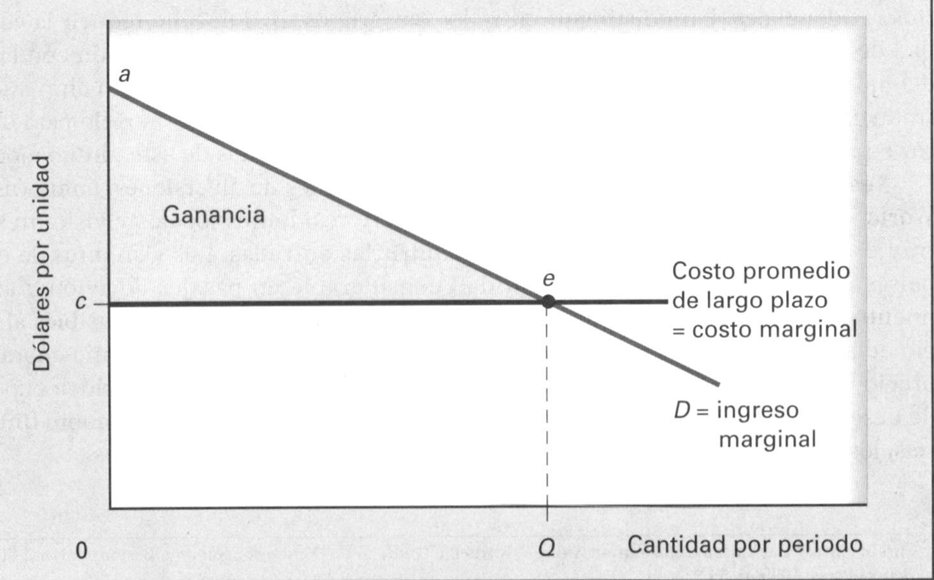

producción del monopolio en ausencia de discriminación de precios. Sin embargo, el monopolio capta todas las ganancias netas de la producción, mientras que los consumidores apenas salen a mano con el trato porque su costo total es igual a su beneficio total.

CONCLUSIONES

El monopolio puro, como la competencia perfecta, no es tan común. Quizá los mejores ejemplos sean las empresas que producen artículos patentados con características exclusivas, como sucede en el caso de ciertos medicamentos cuyo consumo exige receta médica. Si bien algunas empresas probablemente tengan un poder monopolístico en el corto plazo, el atractivo de obtener ganancias económicas estimula a los competidores a incluso superar las barreras a la entrada aparentemente infranqueables. Los cambios tecnológicos también operan en contra de un monopolio en el largo plazo. El sistema interestatal de carreteras disolvió al monopolio de los ferrocarriles. El monopolio de AT&T en el servicio telefónico de larga distancia se derrumbó cuando la tecnología de microondas sustituyó al cable de cobre. Los sistemas de entrega nocturna, las máquinas de fax y el correo electrónico están minando al monopolio del Servicio Postal estadounidense. La televisión por cable quizás pronto pierda su condición de monopolio local ante los embates de la tecnología de fibra óptica, las comunicaciones inalámbricas e internet.

Si bien la competencia perfecta y el monopolio puro son relativamente infrecuentes, el análisis que hemos hecho de éstos proporciona un marco que podrá ayudarnos a examinar las estructuras de mercado que se encuentran entre ambos extremos. Como veremos, muchas empresas tienen cierto grado de poder monopolístico, es decir, enfrentan curvas de demanda con pendiente descendente. En el siguiente capítulo consideraremos dos estructuras de mercado que se encuentran en la región intermedia entre la competencia perfecta y el monopolio.

RESUMEN

1. Un monopolio vende un producto para el cual no hay sustitutos aproximados. Las ganancias económicas de corto plazo que obtiene un monopolio pueden perdurar en el largo plazo sólo si se bloquea el ingreso de nuevas empresas. Las barreras a la entrada son tres: (1) las restricciones legales, como patentes y licencias de operación; (2) las economías de escala sobre un rango de producción amplio; y (3) el control de un recurso clave.

2. Como un monopolio es el proveedor exclusivo de un producto para el que no hay sustitutos aproximados, su curva de demanda es también la curva de demanda del mercado. Debido a que el monopolio que no discrimina el precio puede vender más sólo si el precio baja para todas las unidades vendidas, el ingreso marginal es inferior al precio. Cuando la demanda es elástica en cuanto a precio, el ingreso marginal es positivo y el ingreso total aumenta al disminuir el precio. Cuando la demanda es inelástica en cuanto al precio, el ingreso marginal es negativo y el ingreso total disminuye al bajar el precio. Un monopolio nunca producirá voluntariamente cuando la demanda sea inelástica.

3. Si el monopolio puede cubrir al menos el costo variable, la ganancia se maximiza o la pérdida se minimiza en el corto plazo al encontrar el nivel de producción que iguale el ingreso marginal con el costo marginal. El precio se lee en la curva de la demanda en el nivel de producción en el que hay una maximización de las ganancias.

4. En el corto plazo, el monopolio, al igual que el competidor perfecto, puede obtener una ganancia económica, pero tendrá que cerrar a menos que el precio cubra el costo variable promedio. En el largo plazo, el monopolio, a diferencia del competidor perfecto, puede seguir obteniendo una ganancia económica mientras el ingreso de nuevas empresas esté bloqueado.

5. Los recursos no se asignan de manera tan eficaz en condiciones de monopolio como de competencia perfecta. Si los costos son similares, el monopolio cobrará un precio más elevado y generará una menor producción que en un sector perfectamente competitivo. El monopolio casi siempre genera una pérdida de peso muerto si se le compara con la competencia perfecta porque la pérdida en el excedente del consumidor en condiciones de monopolio rebasa la ganancia en utilidades del monopolio.

6. Para incrementar la ganancia mediante la discriminación de precios, el monopolio debe contar al menos con dos grupos de clientes identificables, con diferentes elasticidades de precio, y debe estar en condiciones de evitar que los clientes a quienes se cobró el precio más bajo revendan a quienes se cobró el precio más alto.

7. Un discriminador de precios perfecto cobra un precio distinto por cada unidad del bien, con lo cual convierte todo el excedente del consumidor en ganancia económica. Aunque la discriminación de precios perfecta parece injusta en virtud de que el monopolio "se lleva todo", este método es tan eficaz como la competencia perfecta debido a que el beneficio marginal es igual al costo marginal.

PREGUNTAS DE REPASO

1. *Barreras a la entrada* Complete cada uno de los enunciados siguientes:
   (a) Las patentes y las licencias son ejemplos de ________ ________ impuestos por el gobierno que impiden la entrada a la industria.
   (b) Una ________________ estadounidense otorga a los inventores el derecho exclusivo de producción durante 20 años.
   (c) Cuando las economías de escala permiten que una sola empresa satisfaga la demanda de mercado a un costo más bajo por unidad que lo que podrían lograr dos o más empresas, a esa sola empresa se le considera ______________.
   (d) Una barrera potencial a la entrada es el control que ejerce una empresa sobre un recurso ___________ decisivo en la producción de la industria.

2. *Barreras a la entrada* Explique cómo pueden constituir las economías de escala una barrera a la entrada.

3. *Caso de* **estudio:** *¿Un diamante es para siempre?* ¿Cómo logra el monopolio De Beers mantener el control de los precios en el mercado de diamantes? ¿Cómo podría verse amenazado este control?

4. *Ingresos para el monopolio* ¿En qué difiere la curva de la demanda que enfrenta un monopolio de la curva de la demanda que enfrenta una empresa perfectamente competitiva?

5. *Ingresos para el monopolio* ¿Por qué resulta imposible que un monopolio que pretende maximizar sus ganancias pueda elegir cualquier precio *y* cualquier cantidad que desee?

6. *Escalas de ingresos* Explique por qué la curva de ingreso marginal de un monopolio se encuentra por debajo de su curva de demanda en lugar de coincidir con ésta, tal y como sucede con una empresa perfectamente competitiva. ¿Sería posible que la curva de ingreso marginal de un monopolio coincidiera con su curva de demanda?

7. *Curvas de ingreso* ¿Por qué una empresa monopolística nunca produciría deliberadamente en la parte inelástica de su curva de demanda?

8. *Maximización de ingresos* Revise el siguiente gráfico en el que se aprecia la situación que enfrenta un monopolio en el corto plazo. ¿Qué nivel de producción elige la empresa en el corto plazo? ¿Por qué?

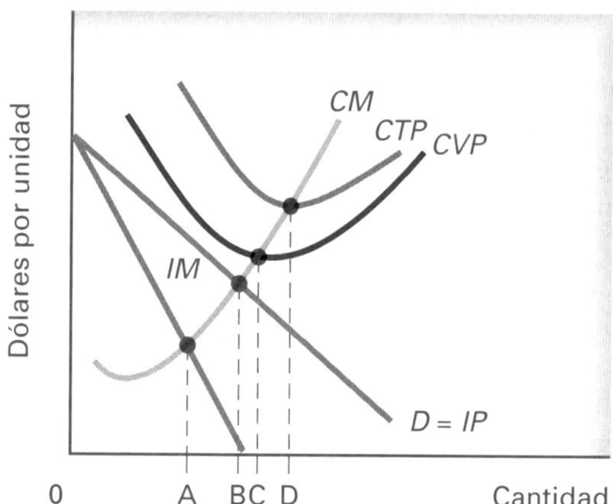

9. *Efectos de asignación y distribución* ¿Por qué la sociedad se encuentra en una situación más desfavorable en condiciones de monopolio que de competencia perfecta aun cuando ambas estructuras de mercado enfrenten la misma curva de costo promedio constante en el largo plazo?

10. *Costo del monopolio en el bienestar social* Explique por qué la pérdida en bienestar social de un monopolio puede ser menor o mayor que la pérdida que se aprecia en la figura 8 de este capítulo.

11. *Caso de* **estudio:** *Monopolio postal* ¿El Servicio Postal de Estados Unidos puede considerarse un monopolio en el correo de primera clase? ¿Por qué sí o por qué no? ¿Qué le ha sucedido a la elasticidad de precio en la demanda del correo de primera clase en los últimos años?

12. *Condiciones de la discriminación de precios* ¿Qué condiciones deben cumplirse para que un monopolio efectúe con éxito una discriminación de precios?

13. *Discriminación de precios* Explique por qué podría ser redituable para los fabricantes coreanos vender automóviles nuevos a un precio más bajo en Estados Unidos que en Corea del Sur, inclusive considerando los costos de embarque.

14. *Discriminación de precios perfecta* ¿Por qué la curva de ingreso marginal del monopolio discriminador perfecto es idéntica a la curva de la demanda que enfrenta?

PROBLEMAS Y EJERCICIOS

15. *Maximización de ganancias en el corto plazo* Responda a las siguientes preguntas con base en la situación del monopolio que se ilustra en el siguiente gráfico.
    (a) ¿A qué nivel de producción y precio operará el monopolio?
    (b) En equilibrio, ¿cuál será el costo total y el ingreso total de la empresa?
    (c) ¿Cuál será la ganancia o pérdida de la empresa en condición de equilibrio?

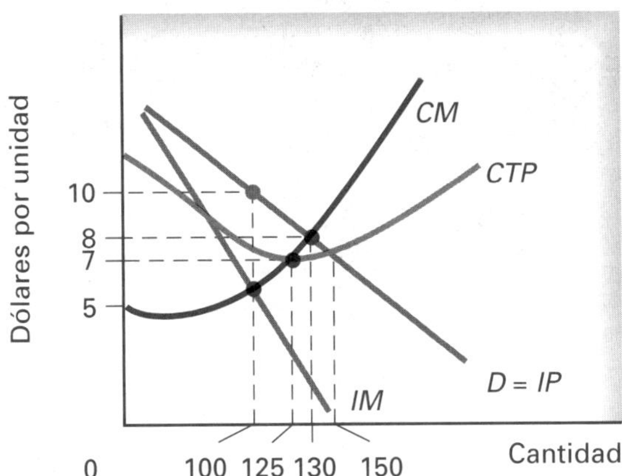

16. *Monopolio* Suponga que cierto fabricante posee el monopolio del negocio de los anillos para asociaciones femeninas estudiantiles y de fraternidad, un sector que tiene costos constantes, pues ha convencido a los "griegos" de que le otorguen derechos exclusivos para reproducir su emblema.
    (a) Trace un diagrama con curvas de demanda y costo en el cual se represente el precio y el nivel de producción con que la empresa puede maximizar sus ganancias.
    (b) ¿Por qué el ingreso marginal es inferior al precio en el caso de esta compañía?
    (c) En su diagrama muestre la pérdida de peso muerto que ocurre debido a que el nivel de producción lo determina el monopolio y no un mercado competitivo.
    (d) ¿Qué sucedería si los griegos decidieran cobrar al fabricante una cuota de regalía de $3 por anillo?

CASOS PRÁCTICOS

17. *Costo del monopolio en el bienestar social* En muchas ciudades de Estados Unidos los dueños de franquicias deportivas monopólicas han estado cabildeando con los gobiernos locales para que se les concedan nuevos estadios deportivos financiados con ingresos públicos. Consulte la página Heartland Institute's Sports Stadium Madness en http://www.heartland.org/studies/sports/madness–ps.htm y examine uno de los documentos que ahí se incluyen. ¿Hay pruebas convincentes de búsqueda de rentas? De ser así, ¿cómo se relaciona eso con el costo del monopolio en el bienestar social ?

18. *Discriminación de precios* La ley Robinson Patman es un estatuto federal que restringe ciertos tipos de discriminación de precios. Consulte los puntos principales de esta ley en el sitio http://www.lawmall.com/rpa/, el cual se encuentra bajo la supervisión de RPAMall. Después visite uno de los supermercados más cercanos a su comunidad y busque algunas evidencias de la discriminación de precios. ¿Encontró algunas de las condiciones de discriminación de precios que aquí se estudiaron? ¿Cree que las distintas formas de discriminación que encontró son legales de acuerdo con la ley Robinson-Patman?

Competencia monopolística y oligopolio

CAPÍTULO

10

¿Por qué algunas pantimedias se venden en cajas de cartón en forma de cascarón de huevo? ¿Por qué algunos champúes sólo se venden en salones de belleza? ¿Por qué algunas pizzerías tienen el servicio de entrega a domicilio? ¿Por qué las aerolíneas en ocasiones establecen guerras de precios por los boletos de avión? ¿Por qué se creó el cártel petrolero OPEP, y por qué sus resultados han sido irregulares? ¿Por qué hay un programa de protección de testigos? Para responder a estas preguntas, en este capítulo nos centraremos en la vasta zona gris que se encuentra entre la competencia perfecta y el monopolio.

La competencia perfecta y el monopolio puro son estructuras de mercado extremas. En condiciones de competencia perfecta, diversos proveedores ofrecen productos idénticos a un mercado en el que las empresas pueden entrar y salir con facilidad en el largo plazo. Un monopolio vende un producto para el que no hay sustitutos aproximados en un mercado en el que las barreras naturales y artificiales mantienen fuera a posibles competidores. Estas estructuras polarizadas de mercado resultan atractivas lógicamente y permiten hacer una descripción útil de algunas de las industrias que observamos en la economía.

Sin embargo, algunas empresas operan en mercados que ningún modelo describe debidamente. Algunas compañías se encuentran en mercados en los cuales hay muchos vendedores que producen bienes con ligeras variantes, como las diversas estaciones de radio que compiten por atraer la atención de la audiencia o los minisupers que tanto abundan. Otras empresas están en mercados constituidos por una cantidad reducida de vendedores que en algunos casos producen bienes homogéneos (como los mercados del petróleo, el acero y el aluminio) y, en otros, generan productos diferentes (como los mercados de automóviles, cereales y cigarros). En este capítulo examinaremos dos estructuras de mercado adicionales que en conjunto conforman la mayor parte de las empresas de la economía. Entre los temas analizados en el capítulo se encuentran:

- Competencia monopolística
- Diferenciación del producto
- Excedente de capacidad
- Oligopolio
- Colusión
- Dilema del prisionero

COMPETENCIA MONOPOLÍSTICA

Durante los veinte y treinta, los economistas empezaron a formular modelos que encajaran entre la competencia perfecta y el monopolio puro. Fue así como se crearon de manera independiente dos modelos de *competencia monopolística*. En 1933, Edward Chamberlin, de la Universidad de Harvard, publicó *The Theory of Monopolistic Competition*. Ese mismo año, al otro lado del Atlántico, Joan Robinson, de la Universidad de Cambridge, publicó *The Economics of Imperfect Competition*. Si bien las teorías diferían, sus principios básicos eran similares. Veamos el modelo de Chamberlin.

Características de la competencia monopolística

La **competencia monopolística**, es una estructura de mercado que posee elementos tanto del monopolio como de la competencia. Chamberlin empleó el término para describir un mercado en el que muchas empresas ofrecen productos que son sustitutos aproximados, pero que los consumidores no consideran idénticos. Como los productos de diferentes proveedores varían ligeramente, por ejemplo, algunos minisupers se encuentran más cerca de usted que otros, la curva de demanda de cada uno no es horizontal, sino que presenta más bien una pendiente descendente. Cada proveedor tiene cierto poder sobre el precio que cobra. Por tanto, las empresas que forman este mercado no son *tomadores de precio* o *precio aceptantes*, como lo serían en una competencia perfecta, sino *fijadores de precios*.

Competencia monopolística Estructura de mercado que cuenta con una gran cantidad de empresas, las cuales venden productos que son sustitutos aproximados, pero lo suficientemente diferentes como para que la curva de demanda de cada empresa tenga una pendiente descendente.

Como las barreras a la entrada son menores, las empresas en condiciones de competencia monopolística pueden ingresar o salir del mercado con facilidad en el largo plazo. En consecuencia, hay tantos vendedores que todos éstos deben comportarse de manera competitiva. También hay tantos vendedores que cada uno tiende a perderse entre la multitud. Por ejemplo, en una zona metropolitana, un restaurante, una gasolinería, una farmacia, una tienda de renta de videos, una tintorería o un minisuper suelen actuar de manera *independiente*. En otras estructuras de mercado hay dos o tres vendedores en cada mercado, de modo que se supervisan unos a otros y, por tanto, actúan en forma *interdependiente*. Más adelante entenderá el significado de esta distinción.

Diferenciación del producto

En una competencia perfecta, el producto es homogéneo, como sucede con un bushel de trigo o una onza de oro. En cambio, en una competencia monopolística, el producto difiere entre los distintos vendedores, como en el caso de una Big Mac y una Whopper, o entre una estación de radio que toca *rock* y otra que toca música cubana. Los vendedores diferencian sus productos de cuatro maneras básicas.

NetBookmark

Para que los productos se diferencien debe asignárseles un nombre de marca que los distinga. Para proteger el valor del nombre, el productor debe tramitar una marca. ¿Quién ha registrado qué nombres como marcas? Para averiguarlo, utilice el motor de búsqueda de la Oficina de Patentes y Marcas de Estados Unidos (*U.S. Patent and Trademark Office*) en http://www. uspto.gov/. Haga la prueba con los nombres de algunos de sus productos y marcas favoritas. ¿Cuántas marcas registradas tiene Aerosmith? ¿Qué producto protege cada una?

Diferencias físicas. La diferencia más obvia entre los productos es su aspecto físico y sus cualidades. La diferenciación de los productos al parecer es interminable: tamaño, peso, color, sabor, textura, etc. Los champúes, por ejemplo, difieren en cuanto a color, esencia, cuerpo, capacidad de hacer espuma y diseño del envase. Hay marcas específicas que se dirigen a consumidores con caspa y a quienes tienen cabello normal, seco o graso. El envase también se diseña para que un producto destaque en un campo saturado, como sucede en el caso de las pantimedias que vienen empaquetadas en una cáscara de huevo de plástico (L'Eggs®) y la sopa instantánea (Coup O' Soup®).

Ubicación. La cantidad y diversidad de lugares donde se dispone de un producto constituyen otros medios de diferenciación. Algunos productos se consiguen en cualquier parte, incluso la internet; en tanto que para dar con otros es necesario hacer cierta búsqueda y desplazarse. Si vive en una zona metropolitana, sin duda está acostumbrado a la gran cantidad de minisupers que abundan en la región. Cada uno de estos establecimientos desea estar lo más cerca de usted cuando necesita ese litro de leche o esa bolsa de Doritos, de ahí la proliferación de estas tiendas. En sí, estos minisupers le venden *comodidad*. Sus precios son más elevados y su surtido más limitado que en las tiendas de comestibles más grandes, pero probablemente se ubiquen más cerca de los clientes, no tienen largas filas y permanecen abiertas hasta tarde.

Servicios. Los productos también difieren en términos de los servicios que los acompañan. Por ejemplo, algunas pizzerías, como Domino's, y algunas librerías, como Amazon.com, hacen entregas a domicilio, otras no. Algunas tiendas al menudeo ofrecen demostraciones de productos a cargo de personal bien capacitado; otras son en su mayoría de autoservicio. Algunos productos incluyen servicio en línea o números de atención telefónica gratuita; otros proporcionan ayuda. Algunos ofrecen en garantía la devolución de su dinero; otros advierten claramente que "no se hacen devoluciones".

Imagen del producto. Una última diferencia entre los productos es la imagen que el productor trata de imprimir en la mente del consumidor. Por ejemplo, los proveedores de calzado, ropa, relojes y cosméticos suelen pagar promociones en las que figuran deportistas, modelos y otras celebridades. Algunos productores tratan de demostrar la gran calidad de sus productos con base en el lugar en que los venden, como el champú que sólo se vende en salones de belleza. Algunos productos promueven sus ingredientes 100% naturales, como el helado Ben & Jerry y la pasta de dientes Tom of Maine o bien, recurren a preocupaciones ambientales al enfocarse en envases reciclados, como la funda aislante del café de Starbucks "hecha en un 60% de fibra reciclada después del consumo".

Maximización de ganancias o minimización de pérdidas en el corto plazo

Dado que cada competidor monopolístico ofrece un producto que difiere ligeramente del que ofrecen otros, cada uno ejerce cierto control sobre el precio. Este *poder de mercado* significa que la curva de demanda de cada empresa presenta una pendiente descendente. Como muchas compañías venden sustitutos aproximados, cabe esperar que cualquiera de ellas, si incrementa sus precios, pierda algunos clientes, mas no a todos, ante los competidores. A manera de comparación, un aumento en los precios le costaría al monopolio algunos clientes, pero a un competidor perfecto le representaría la pérdida de *todos* sus clientes. Por tanto, un competidor monopolístico enfrenta una curva de demanda que suele ser más elástica que la del monopolio, pero menos elástica que la de un competidor perfecto.

Recuerde que la disponibilidad de sustitutos de un determinado producto influye en su elasticidad precio de la demanda. La elasticidad precio de la demanda del competidor monopolístico dependa de: (1) la cantidad de empresas competidoras que elaboren productos similares; y (2) la capacidad de la empresa para diferenciar su producto de los de sus competidores. *La curva de demanda de una empresa será más elástica cuanto mayor sea la cantidad de compañías competidoras que haya y en cuanto menos diferenciado esté su producto.*

Costo marginal igual a ingreso marginal. De nuestro estudio del monopolio sabemos que la curva de demanda con pendiente descendente significa que la curva de ingreso marginal también presenta una pendiente descendente y que se ubica por debajo de la curva de demanda. En la figura 1 se presentan las curvas de demanda e ingreso marginal de un competidor monopolístico. La figura también muestra las curvas de costo por unidad. En el corto plazo, una empresa que puede cubrir al menos su costo variable incrementará su producción mientras el ingreso marginal exceda al costo marginal. Un competidor monopolístico maximiza sus ganancias en el corto plazo tal y como lo hace un monopolio: *la cantidad de producción que maximiza las ganancias ocurre cuando el ingreso marginal es igual al costo marginal; el precio que maximiza las ganancias en el caso de esa cantidad se encuentra en la curva de demanda*. En la figura 1 se aprecian las combinaciones de precio y producción que, en el panel (a), maximizan la ganancia de corto plazo y, en el panel (b), minimizan la pérdida de corto plazo. En cada panel, las curvas de costo marginal y de ingreso marginal se intersecan en el punto *e*, lo cual genera una producción en equilibrio, *q*, un precio en equilibrio, *p*, y un costo total promedio, *c*. La demanda y el ingreso marginal son iguales en ambos paneles, pero el costo promedio es más elevado en el panel derecho.

Maximización de ganancia o minimización de pérdida en el corto plazo. Recuerde que el corto plazo es un periodo demasiado breve como para que las empresas entren o salgan del mercado. Las condiciones de demanda y costo que aparecen en el panel (a) de la figura 1 indican que esta empresa obtendrá una ganancia económica en el corto plazo. En la cantidad de producción que maximiza la ganancia de la empresa, el costo total promedio, medido como *c* sobre el eje vertical, está por debajo del precio, *p*. El precio menos el costo total promedio es la ganancia por unidad de la empresa, que, cuando se multiplica por la cantidad de producción, constituye la ganancia económi-

FIGURA 1

La empresa en competencia monopolística en el corto plazo

La empresa en competencia monopolística genera el nivel de producción en el cual el costo marginal es igual al ingreso marginal (punto e) y cobra el precio indicado por el punto *b* en la curva de demanda con pendiente descendente. En el panel (a), la empresa produce *q* unidades, las vende al precio *p* y obtiene una ganancia de corto plazo igual a (*p* − *c*) multiplicada por *q*, lo cual se representa mediante el rectángulo azul claro. En el panel (b), el costo total promedio excede al precio en el nivel de producción óptimo. Por tanto, la empresa registra una pérdida de corto plazo igual a (*c* − *p*) multiplicada por *q*, representada por el rectángulo rosa.

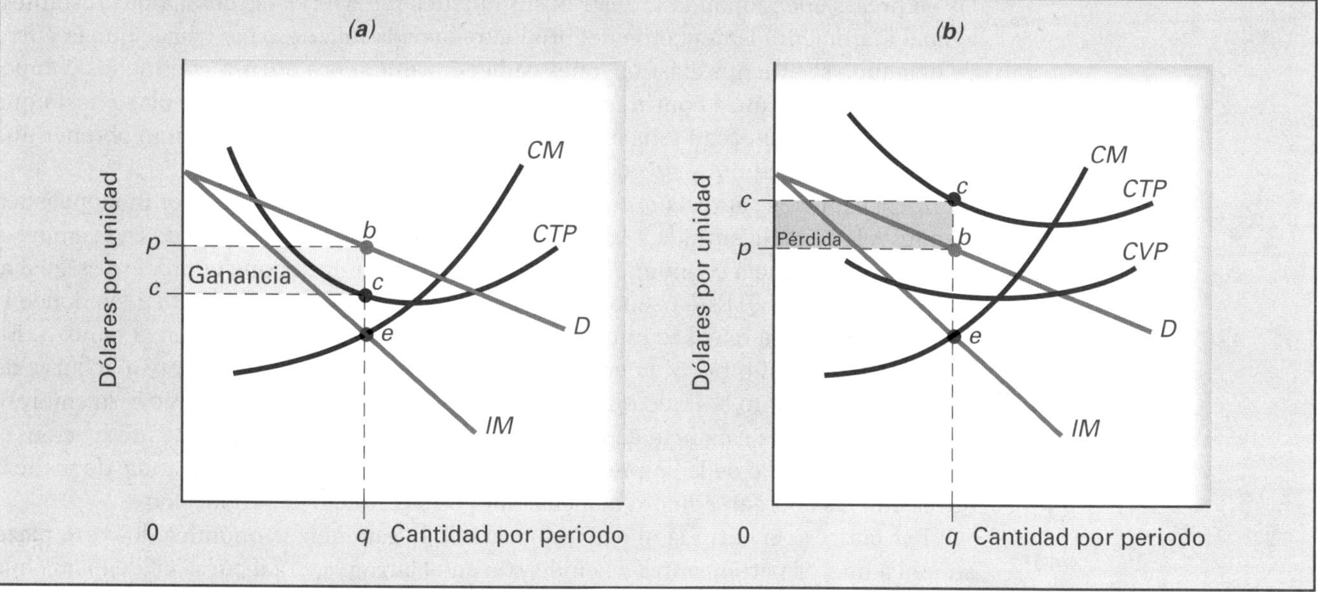

ca, que se muestra mediante el rectángulo sombreado en color azul claro. Le recordamos que la cantidad de producción que maximiza la ganancia se encuentra cuando el ingreso marginal es igual al costo marginal; el precio se encuentra en la parte superior de la curva de demanda en esa cantidad. Por tanto, un competidor monopolístico, al igual que un monopolio, no cuenta con una curva de oferta, es decir, *no hay curva que se relacione exclusivamente con el precio y la cantidad de oferta*.

El competidor monopolístico, al igual que otras empresas, no tiene garantía de obtener una ganancia económica. La curva de demanda de la empresa es igual en ambos paneles, pero la curva de costo total promedio es más elevada en el panel (b). Como la curva de costo total promedio de la empresa se encuentra completamente por encima de la curva de demanda, todas las cantidades generan pérdidas. En tal situación, la empresa debe decidir si debe cerrar o no temporalmente. La regla en este caso es la misma que se aplica dentro de la competencia perfecta y el monopolio: mientras el precio cubra el costo variable promedio, la empresa debe producir en el corto plazo. Si el precio no alcanza a cubrir el costo variable promedio, la empresa debe detener la producción. Recuerde que detener la producción no es lo mismo que salir del negocio; la suspensión de la producción puede ser sólo temporal. Sin embargo, las empresas que esperan pérdidas económicas continuas, a la larga terminan por abandonar la industria.

La maximización de ganancias en el corto plazo en condiciones de competencia monopolística es muy similar a la que hay en un monopolio. Sin embargo, las historias difieren en el largo plazo, tal y como lo comprobaremos a continuación.

Ganancia económica de cero en el largo plazo

Las barreras a la entrada superables en la competencia monopolística significan que la ganancia económica de corto plazo atraerá a la larga a nuevos participantes. Éstos ofrecen productos similares a los de las empresas existentes, de modo que alejan a algunos clientes de las empresas ya establecidas, reduciendo con ello la demanda que enfrenta cada empresa. Además, la curva de demanda de cada compañía se vuelve más elástica, debido a que ahora hay más sustitutos del producto de cada empresa. El ingreso continuará en el largo plazo hasta que la demanda que enfrente cada compañía disminuya a tal grado que la ganancia económica desaparezca. *En virtud de la facilidad para entrar, las empresas en competencia monopolística no obtendrán una ganancia económica en el largo plazo*.

Si algunos competidores monopolísticos continúan incurriendo en pérdidas de corto plazo, abandonarán la industria a la larga, reorientando sus recursos hacia actividades de las que esperen obtener cuando menos una ganancia normal. Conforme las empresas abandonan la industria, sus clientes recurren a las compañías restantes, lo cual incrementa la demanda del producto de cada una de éstas y hace que la curva de demanda sea menos elástica, pues cada empresa ahora cuenta con menos competidores. Las compañías continuarán saliendo del mercado en el largo plazo hasta que las que aún permanezcan tengan los clientes suficientes que les permitan obtener una ganancia normal, aunque no económica.

En la figura 2 se aprecia el equilibrio de largo plazo de un competidor monopolístico común. A la larga, la entrada y la salida alterarán la curva de demanda de cada empresa hasta que la ganancia económica desaparezca, es decir, hasta que el precio sea igual al costo total promedio. Este resultado en el largo plazo aparece en la figura 2, en donde la curva de ingreso marginal se interseca con la curva de costo marginal en el punto a. En la cantidad de equilibrio, q, la curva de costo total promedio es tangente a la curva de demanda en el punto b. Dado que el costo total promedio es igual al precio, la empresa no obtiene ninguna ganancia económica. En todos los demás niveles de producción, el costo total promedio de la empresa está por encima de la curva de demanda, de manera que la empresa perdería dinero con cualquier otra cantidad de producción.

Por tanto, si la entrada al mercado es fácil, la ganancia económica de corto plazo atraerá a nuevos participantes a la industria en el largo plazo. La curva de demanda que

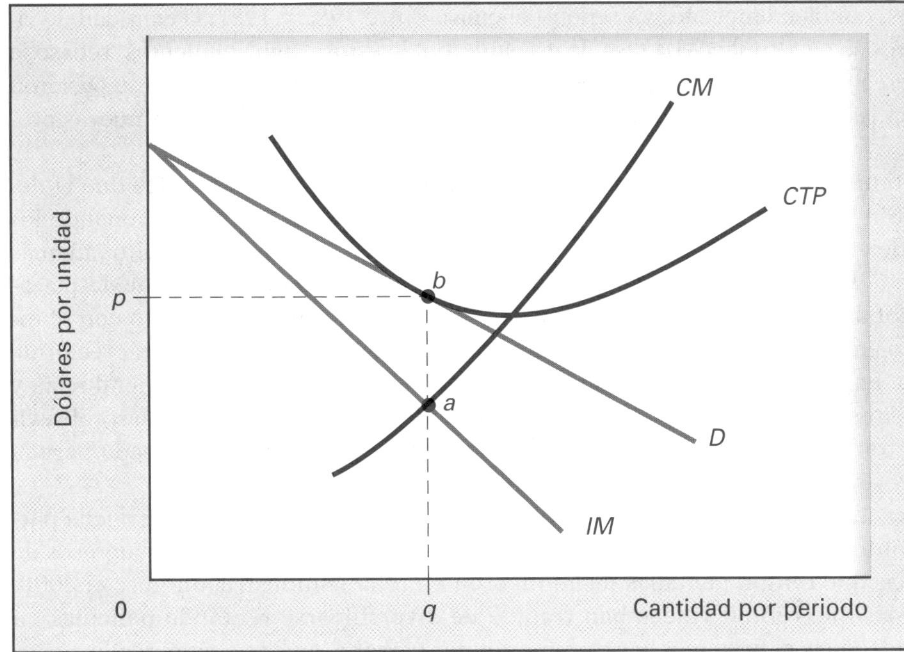

FIGURA 2

Equilibrio de largo plazo en condiciones de competencia monopolística

Si las empresas existentes están obteniendo ganancias económicas, nuevas empresas ingresarán en la industria. El ingreso de tales empresas reduce la demanda que enfrenta cada empresa. En el largo plazo, la demanda se reduce hasta que el ingreso marginal es igual al costo marginal (punto *a*) y la curva de demanda es tangente a la curva de costo total promedio (punto *b*). La ganancia es de cero en el nivel de producción *q*. Cuando la ganancia económica es de cero, no hay nuevas empresas que entren en la industria, de modo que ésta se ubica en un equilibrio de largo plazo.

enfrenta cada competidor monopolístico se desplaza hacia la izquierda y se vuelve más elástica hasta que la ganancia económica desaparece y las empresas sólo obtienen una ganancia normal. Una pérdida económica de corto plazo obligará a algunas empresas a dejar la industria en el largo plazo. La curva de demanda que enfrenta cada empresa restante se desplaza hacia la derecha y se vuelve menos elástica hasta que la pérdida desaparece y las empresas que quedan obtienen sólo una ganancia normal.

En síntesis, *la competencia monopolística es como el monopolio puro en cuanto a que ambos tipos de empresas deciden el precio o son fijadores de precios, es decir, enfrentan curvas de demanda con pendiente descendente. La competencia monopolística es como la competencia perfecta en cuanto a que la facilidad para entrar o salir elimina las ganancias o pérdidas económicas en el largo plazo.*

Una manera de entender la forma en que la entrada de nuevas empresas elimina la ganancia económica de largo plazo es considerar la evolución de una industria, tal y como se expone en el siguiente caso de estudio.

FAST FORWARD

Las videograbadoras se han convertido en equipo de uso común en los hogares estadounidenses, ya que nueve de cada 10 cuentan al menos con uno de estos aparatos. La introducción de las videograbadoras propició una gran demanda en la renta de películas en video. La oleada inicial en la demanda la promovió la renta de viejas películas que los consumidores habían olvidado ver en las salas de cine. Los primeros establecimientos cobraban alrededor de $5 diarios, exigían depósitos de seguridad e imponían cuotas por concepto de membresía de hasta $100. A finales de los setenta y principios de los ochenta, la mayor parte de las tiendas que rentaban las películas no enfrentaban competencia alguna y casi todas obtenían ganancias económicas de corto plazo.

Sin embargo, estas ganancias atrajeron competidores. En virtud de que la entrada era relativamente sencilla, muchas tiendas de renta de películas ingresaron al mercado. Otro tipo de establecimientos, como supers, tiendas de abarrotes, librerías e incluso

Caso de **estudio**

El mundo de los negocios

*e*Actividad

En la página de Blockbuster Video usted puede encontrar una breve reseña de su historia. Consulte esta información en **http://www.blockbuster.com/bb/about/timeline**. Un perfil hecho por la revista *Fortune* sobre Bill Fields, la persona elegida como director general de Blockbuster en 1996, aparece en http://www.businessweek.com/1997/30/b3537117.htm. Procure leer ambos textos para que se haga una idea de lo que la empresa ha desarrollado. ¿Cuándo llegó a un punto muerto el rápido crecimiento de Blockbuster? ¿Cuáles eran los planes de Fields para revivir a la empresa? ¿Cuánto tiempo permaneció como director general? ¿Qué cambio de orientación podría discernir a partir de la contratación de John Antioco como director general?

farmacias, también empezaron a rentar películas. Entre 1982 y 1987, la cantidad de videocentros se cuadruplicó. La tasa de crecimiento de estos establecimientos rebasó la tasa de crecimiento de las videograbadoras. Una vez que los consumidores se pusieron al día con las viejas películas, la demanda se enfocó principalmente en las nuevas producciones.

Por tanto, la oferta en la renta de películas creció con mayor rapidez que la demanda. Sin embargo, los videocentros aún no enfrentaban la peor parte: cuando los cientos de canales de televisión por cable y las opciones de pago por evento, además de la venta directa de videocintas a los consumidores, la renta de videos fue desplazada casi totalmente. El aumento en la oferta de renta de videocintas junto con el incremento en la disponibilidad de sustitutos tuvo el efecto predecible en los precios de mercado. Las tarifas de renta disminuyeron hasta $0.99 y las cuotas de membresía y los depósitos por cinta desaparecieron. Los establecimientos que no podían sobrevivir cerraron sus puertas. De hecho, cerraron tantos que surgió un mercado para la compra y reventa de existencias de películas.

El negocio de la renta de videos tuvo un crecimiento marginal durante buena parte de la última década. La "conmoción" en la industria aún se siente, los ingresos de las tiendas que rentan películas disminuyeron en toda la industria durante el 2000. Las tiendas que rentan videos han tratado de diversificarse rentando películas en DVD y videojuegos, pero muchas terminarán por cerrar. Conforme el mercado evoluciona, una empresa de gran tamaño, Blockbuster, ha incrementado su participación en más de 5 000 tiendas en Estados Unidos, lo que representó el 35% del mercado estadounidense en el 2000, cuatro veces la participación Hollywood Video, que se halla en el segundo lugar. Blockbuster está transformando la industria de la renta de cintas de una competencia monopolística a un *oligopolio*, estructura de mercado que examinaremos más adelante. Sin embargo, Blockbuster enfrenta sus propios dolores de crecimiento, lo cual comprende el "exceso de existencias" de cintas y un esfuerzo fallido por vender libros, revistas y bocadillos en sus establecimientos.

Las videocaseteras, e incluso los reproductores de DVD, podrían seguir el destino de los reproductores de ocho canales y las grabadoras si es que se llegan a imponer nuevas tecnologías como las películas por demanda que ofrece la televisión por cable de banda ancha. Con un control remoto y una caja de cable digital, los clientes pueden rentar, rebobinar, detener y repetir nuevas producciones de películas, sin tener que abandonar su sofá. Blockbuster trata de entrar en el negocio de banda ancha, pero tener éxito ahí podría hacer que las videocintas y los DVD sean obsoletos. Con existencias de cerca de 12 000 cintas y DVD por tienda, Blockbuster sufriría una saturación de más de 60 millones a nivel nacional. Para sobrevivir a los nuevos tiempos, Blockbuster también colabora con Radio Shack y vende aparatos electrónicos de consumo en algunas de sus tiendas. Así es la naturaleza dinámica de la evolución del mercado: "adiós a lo viejo y adelante a lo nuevo", en un proceso competitivo al que han denominado con bastante acierto como la "destrucción creativa".

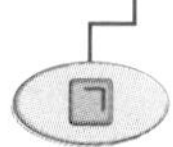

Fuentes: Chris Gaither, "DVDs Shine Despite Tough Market for Electronics", *The New York Times*, 23 de julio 2001; Martin Peers, "Blockbuster Tests Postvideo Future, Looks to Consumer-Electronics Sales", *The Wall Street Journal*, 18 de junio 2001; y Sue Zeidler, "Universal Signs Video-On-Demand Deal", Reuters, 20 de julio 2001. La página principal de Blockbuster es http://www.blockbuster.com/.

Competencia monopolística y competencia perfecta

¿Cuál es la relación que guardan la competencia monopolística y la competencia perfecta en términos de eficiencia? Si en el largo plazo ninguna puede obtener ganancias económicas, ¿cuál es entonces la diferencia? La diferencia surge a raíz de las distintas curvas de demanda que enfrentan las empresas en lo individual en cada una de las dos estructuras de mercado. En la figura 3 aparece el precio y la cantidad en equilibrio de largo plazo de una empresa característica de cada estructura de mercado, suponiendo que cada una tiene curvas de costo idénticas. En cada caso, la curva de

FIGURA 3

Comparación entre competencia monopolística y competencia perfecta

La empresa perfectamente competitiva del panel (a) enfrenta una curva de demanda horizontal al precio de mercado *p*. El equilibrio de largo plazo ocurre en la producción *q*, donde la curva de la demanda es tangente a la curva de costo total promedio en su punto más bajo. La empresa en condiciones de competencia monopolística del panel (b) está en equilibrio de largo plazo en la producción *q*', donde la demanda es tangente al costo total promedio. Sin embargo, puesto que la curva de la demanda tiene una pendiente descendente, la tangencia no ocurre en el punto mínimo del costo total promedio. Por tanto, la empresa en condiciones de competencia monopolística genera menos producción a un precio más elevado que la empresa perfectamente competitiva que enfrenta las mismas condiciones de costos.

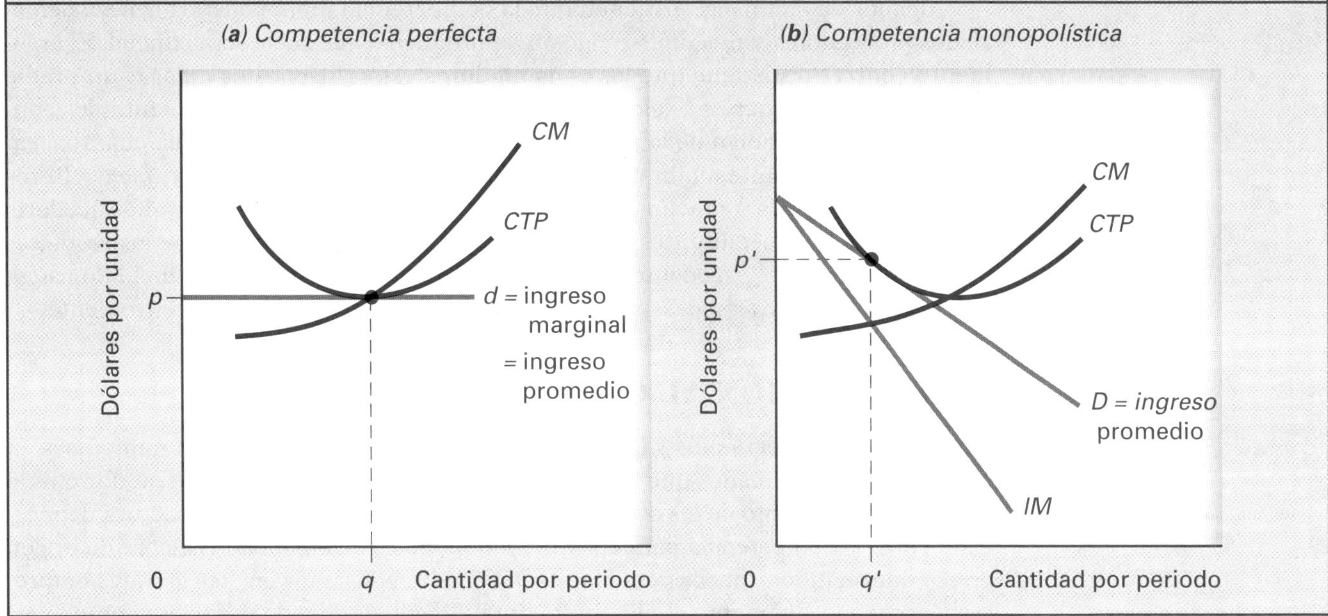

costo marginal se interseca con la curva de ingreso marginal en la cantidad en que la curva de costo total promedio es tangente a la curva de demanda de la empresa.

La curva de demanda de un competidor perfecto es una línea horizontal que se traza al precio de mercado, como se ve en el panel (a). Esta curva de demanda es tangente al punto más bajo de la curva de costo total promedio de largo plazo. Por tanto, un competidor perfecto produce al costo promedio más bajo posible en el largo plazo. En el panel (b), un competidor monopolístico enfrenta una curva de demanda con pendiente descendente, debido a que su producto difiere ligeramente de los de otros productores. A la larga, el competidor monopolístico no alcanza el costo promedio más bajo posible. En consecuencia, el precio y el costo promedio en condiciones de competencia monopolística, identificado como *p*' en el panel (b), excede al precio y al costo promedio en condiciones de competencia perfecta, identificados como *p* en el panel (a). *Si las empresas tienen las mismas curvas de costo, el competidor monopolístico produce menos y cobra más que el competidor perfecto.*

Se dice que las empresas en condiciones de competencia monopolística tienen un **excedente de capacidad**, dado que la producción no alcanza el nivel al que podrían llegar en el costo promedio más bajo. El excedente de capacidad significa que cada productor genera fácilmente más y, en el proceso, disminuye el costo promedio de producción. *El valor marginal de incrementar la producción rebasaría su costo marginal, de modo que una mayor producción incrementaría el bienestar económico.* Este excedente de capacidad existe en gasolinerías, farmacias, minisupers, restaurantes, moteles, librerías, florerías y empresas de otras industrias en condiciones de competencia monopolística. Un buen ejemplo lo constituyen las funerarias. Los analistas de la industria afirman que los 22 000 directores de funerarias que existen en Estados Unidos podrían

Excedente de capacidad Diferencia entre el nivel de producción al costo promedio mínimo de una empresa y el nivel de producción que maximiza las ganancias.

ocuparse eficazmente de 4 millones de funerales al año, pero sólo fallecen 2.3 millones de personas. De manera que la industria opera a menos del 60% de su capacidad, lo que genera un costo promedio más elevado por servicio luctuoso, pues una variedad de recursos valiosos permanecen sin utilizarse buena parte del tiempo.

Existe otra diferencia entre competencia perfecta y monopolística, la cual no se aprecia en la figura 3. Aunque las curvas de costo que se han trazado en cada panel de la figura son idénticas, las empresas en condiciones de competencia monopolística gastan en realidad más en publicidad y otros gastos de promoción para diferenciar sus productos que las empresas en condiciones de competencia perfecta. Estos costos más elevados desplazan en forma ascendente sus curvas de costo promedio.

Algunos economistas sostienen que la competencia monopolística genera demasiados proveedores y una diferenciación de productos que suele ser artificial. El argumento contrario sostiene que los consumidores están dispuestos a pagar un precio más elevado por tener una selección más amplia. Según este planteamiento, los consumidores se benefician de la mayor diversidad de opciones que hay en cuanto a gasolinerías, restaurantes, minisuper, tiendas de ropa, videocentros, farmacias, libros de texto, borceguíes y muchos otros bienes y servicios. Por ejemplo, ¿qué sucedería si la mitad de los restaurantes de su zona tuvieran que cerrar para que los restantes pudieran eliminar el excedente de capacidad? Algunos consumidores, incluido usted, se sentirían frustrados si desapareciera su restaurante favorito o más conveniente.

INTRODUCCIÓN AL OLIGOPOLIO

Los competidores perfectos y los competidores monopolísticos son tan numerosos en sus respectivos mercados que la acción de uno de ellos tiene un efecto menor o nulo en el comportamiento de los otros en el mercado. Otra importante estructura de mercado entre la competencia perfecta y el monopolio es el *oligopolio* (palabra de origen griego que significa "pocos vendedores"). Cuando pensamos en "las grandes empresas", nos viene a la mente el **oligopolio**, un mercado dominado por pocas compañías. Probablemente tres o cuatro de éstas representen más de la mitad de la producción de mercado. Muchas industrias, entre las que se hallan la siderúrgica, la automotriz, la petrolera, la de cereales para el desayuno y la tabacalera, son *oligopólicas*. En virtud de que un oligopolio sólo cuenta con unas cuantas empresas, cada una debe considerar el efecto que tienen sus propias acciones en el comportamiento de los competidores. Los oligopolios son, por tanto, *interdependientes*.

Oligopolio Estructura de mercado que se caracteriza por una cantidad reducida de empresas cuyo comportamiento es interdependiente.

Variedades de oligopolio

En algunas industrias oligopólicas, como la siderúrgica y la petrolera, el producto es homogéneo entre los productores, un lingote de acero o un barril de petróleo. En otras industrias, como la automotriz y la de cereales para el desayuno, el producto se diferencia de un productor a otro: Ford en comparación con Toyota, o Wheaties de General Food en comparación con Corn Flakes de Kellogg's. Cuanto más homogéneos son los productos, mayor es la interdependencia de las pocas empresas que predominan en la industria. Por ejemplo, como los lingotes de acero son esencialmente idénticos, los productores de este metal son muy sensibles a las políticas de precios que cada uno adopte. Un pequeño incremento en el precio de un productor mandaría a los clientes directamente con la competencia. Sin embargo, en los mercados donde se diferencia el producto, como en la industria automotriz, los productores no se muestran tan sensibles a las políticas que adoptan los demás. Como sucede con los competidores monopolísticos, los oligopolios diferencian sus productos mediante: (1) cualidades físicas, (2) sitios de venta, (3) servicios prestados junto con el producto, y (4) imagen del producto establecida en la mente del consumidor.

En razón de la interdependencia que hay entre las empresas de una industria, resulta difícil analizar el comportamiento de una compañía en particular. *Cada empre-*

sa sabe que cualquier cambio en su calidad, precio, producción o política publicitaria puede desencadenar una reacción por parte de sus competidores. Cada empresa puede reaccionar si otra altera cualquiera de estas características. La competencia monopolística es como un torneo de golf, en el cual cada jugador lucha por lograr su mejor marca personal; el oligopolio se parece más a un partido de tenis, en el cual las acciones de cada jugador dependen de cómo y dónde lance la pelota el contrincante.

¿Por qué algunas industrias se han convertido en una estructura de mercado oligopólica, dominada por unas cuantas empresas, y en otras industrias, en cambio, no ha sucedido así? Aunque las razones no siempre son claras, *un oligopolio suele derivarse de cierta forma de barrera a la entrada, como economías de escala, restricciones legales, nombres de marca consolidados tras varios años de publicidad o control sobre algún recurso esencial*. En el capítulo anterior examinamos las barreras a la entrada en cuanto al monopolio. Los mismos principios se aplican al oligopolio. En el siguiente caso de estudio consideraremos algunas barreras a la entrada que hay en la industria de las aerolíneas.

CIELOS INHÓSPITOS

Hace mucho tiempo, las rutas de las aerolíneas eran líneas rectas que corrían de una ciudad a otra. En la actualidad, irradian como los rayos de una rueda de carreta desde una ciudad "central". Desde 29 aeropuertos centrales en todo el país, las aerolíneas envían aviones a través de estos rayos a cerca de 400 aeropuertos comerciales, y luego los llevan de vuelta rápidamente a las sedes centrales. Las principales aerolíneas dominan los aeropuertos centrales. Por ejemplo, United Airlines transporta a la mitad de los pasajeros del aeropuerto de Dallas-Fort Worth. Una nueva aerolínea que trata de ingresar en la industria debe asegurar un aeropuerto central, así como los derechos de aterrizaje en aeropuertos saturados en todo el país, tarea nada fácil dado que todos los aeropuertos centrales viables ya están concesionados y los espacios de aterrizaje son escasos. Los aeropuertos centrales y los espacios de aterrizaje constituyen la primera barrera a la entrada en la industria de las aerolíneas. Las investigaciones demuestran que los precios de los pasajes en los aeropuertos dominados por una sola aerolínea son más elevados que en los aeropuertos más competitivos. Una segunda barrera a la entrada son los programas de acumulación de kilómetros para viajeros frecuentes. Las aerolíneas más grandes cubren más rutas nacionales e internacionales, de modo que ofrecen más oportunidades tanto para acumular kilómetros para viajeros frecuentes como para usar los kilómetros acumulados en vuelos gratuitos. Por tanto, las aerolíneas más importantes cuentan con los programas más atractivos. Hasta hace poco, otra barrera a la entrada la constituían los sistemas computarizados de reservaciones que utilizan las agencias de viajes, pero tales sistemas ahora están disponibles para todas las aerolíneas. Los sitios en internet permiten que los individuos adquieran sus pasajes en línea. Orbitz, un sitio integrado por las principales aerolíneas, afirma contar con las tarifas más bajas y la selección más amplia. "Explore más de dos mil millones de posibilidades", reza el eslogan.

Son siete las aerolíneas que dominan el mercado estadounidense, el cual es el más grande del mundo: United, American, Delta, Northwest, Southwest, Continental y US Airways manejan en conjunto cerca de cuatro quintas partes de todo el servicio de pasajeros. Las regulaciones federales refuerzan el predominio de las empresas de transporte estadounidenses, pues impiden que los extranjeros posean aerolíneas es-

Caso de **estudio**

El mundo de los negocios

*e***Actividad**

La Oficina de Contabilidad del Gobierno (*Government Accounting Office*, GAO) prepara informes sobre la competencia en la industria nacional de las aerolíneas. Por ejemplo, lea el artículo "Barriers to Entry Continue to Limit Benefits of Airline Deregulation" en **http://ntl.bts.gov/data/rc97120t.pdf**. Este informe incluye datos sobre la concentración de la propiedad de espacios de aterrizaje en los principales aeropuertos de Estados Unidos. ¿Qué barreras a la entrada en particular menciona la GAO? En los informes anuales de la Asociación de Transporte Aéreo (*Air Transport Association*) se dispone de estadísticas recientes sobre los viajes aéreos. Estos artículos se pueden encontrar en el sitio **http://www.air-transport.org/**. Haga la prueba haciendo clic en la serie de gráficos que muestran las tendencias recientes en la industria de las aerolíneas. ¿Qué tendencias encuentra en cuanto a precios, cantidad de pasajeros y porcentaje de estadounidenses que nunca han volado?

tadounidenses y que las aerolíneas extranjeras ofrezcan servicios de conexión entre ciudades de Estados Unidos. Por tanto, la escasez de aeropuertos centrales y pistas de aterrizaje, los programas para viajeros frecuentes, y las regulaciones en contra de la competencia extranjera constituyen las barreras a la entrada en la industria de las aerolíneas.

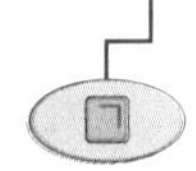

Fuentes: Martha Brannigan, "Congress's Removal of 'Slots' Opens a Flood of New York Airports Gates", *The Wall Street Journal*, 4 de diciembre 2000; "Air Travel, Air Trouble", *The Economist*, 7 de julio 2001; Rafer Guzmán y Jane Costello, "Weather, La Guardia Flight Reductions Lift Airlines' On-Time Arrival Records", *The Wall Street Journal*, 20 de julio 2001; y Steven Morrison y Clifford Winston, *The Evolution of the Airline Industry*. Washington, D.C.,Brookings Institution, 1995. El sitio de viajes en donde desfilan las principales aerolíneas del mundo es http://www.orbitz.com/.

Economías de escala

Quizás la barrera a la entrada más significativa la representen las economías de escala. Recuerde que la escala mínima eficiente es la tasa de producción más baja con la que la empresa aprovecha plenamente las economías de escala. Si la escala mínima eficiente de una empresa es relativamente grande en comparación con la producción de la industria, entonces sólo se necesitan una o unas cuantas empresas para generar la producción total que demanda el mercado. Por ejemplo, las investigaciones demuestran que una planta automotriz con una escala mínima eficiente podría producir el suficiente número de automóviles para suministrar casi 10% de la demanda del mercado estadounidense. Si hubiera 100 plantas automotrices, cada una suministraría una parte tan insignificante de la oferta del mercado que el costo promedio por automóvil sería más elevado que si sólo 10 plantas fabricaran automóviles. En la industria automotriz, las economías de escala constituyen una barrera a la entrada. Para competir con los productores existentes, un nuevo participante debe vender los automóviles suficientes para lograr una escala de operación competitiva. En la figura 4 se presenta la curva de costo promedio de largo plazo de una empresa característica de la industria. Si un nuevo participante vende sólo S automóviles, el costo promedio por unidad, c_a, excede con mucho el costo promedio, c_b, de un fabricante que vende los automóviles suficientes para lograr el tamaño de eficiencia mínima, M. Si los automóviles se venden en un precio menor a c_a, cabría esperar que un nuevo participante perdiera dinero, y esta perspectiva desalentaría la entrada. Por ejemplo, John Delorean trató de ingresar en la industria automotriz, a principios de los ochenta, con un modelo de automóvil más moderno al que aparecía en la película *Volver al futuro* (1985), pero su planta sólo construyó 8 583 Deloreans antes de que la compañía cerrara.

FIGURA 4

Economías de escala como barrera a la entrada

En el punto *b*, una empresa existente puede producir *M* automóviles a un costo promedio de c_b. Un nuevo participante que pretenda vender sólo *S* automóviles incurrirá en un costo promedio mucho más elevado de c_a en el punto *a*. Si los automóviles se venden en menos que c_a, el nuevo participante registrará una pérdida. En ese caso, las economías de escala actúan como barrera a la entrada, protegiendo a las empresas existentes de los nuevos competidores.

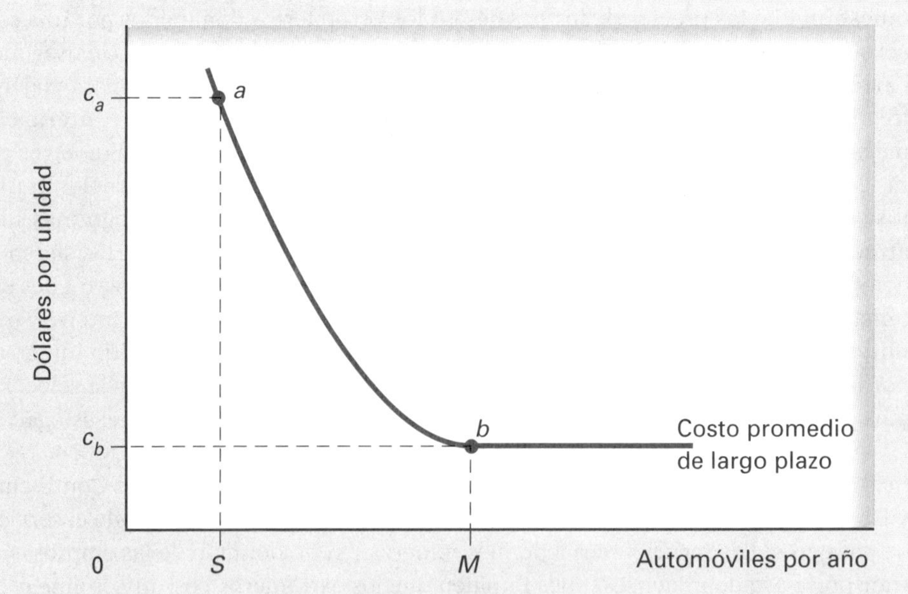

El elevado costo de la entrada

Los participantes que desean ingresar a las industrias oligopólicas pueden enfrentar otro problema. La inversión total necesaria para lograr el tamaño mínimo suele ser gigantesco. Por ejemplo, el costo de construir una nueva planta automotriz o una de semiconductores puede ser de aproximadamente mil millones de dólares. El costo promedio de desarrollar y probar un nuevo medicamento rebasa los $300 millones. Promover un producto nuevo lo suficientemente atractivo como para competir con las marcas establecidas también exige desembolsos enormes.

Los elevados costos iniciales y las marcas establecidos pueden constituir barreras a la entrada considerables, sobre todo porque la suerte de un nuevo producto es muy incierta. De hecho, 8 de cada 10 nuevos productos de consumo no sobreviven. Un intento infructuoso por asegurar un lugar en el mercado podría ocasionar pérdidas debilitantes para las empresas recién formadas. La perspectiva de tales pérdidas desalienta a muchos posibles participantes. La mayor parte de los nuevos productos proviene de las empresas existentes, que pueden resistir mejor las pérdidas potenciales. Por ejemplo, Colgate-Palmolive gastó $100 millones en la introducción de su pasta dentral Total, tal y como lo hiciera McDonald's en su intento fallido por vender la Arch Deluxe. La empresa Unliver perdió $160 millones ya que su nuevo detergente, Power, no logró imponerse en el mercado.

En condiciones de competencia perfecta, todas las empresas venden productos idénticos. No hay incentivos para promover o hacer publicidad a un producto en particular, puesto que los consumidores saben que todos los productos son iguales. Además, como los productores pueden vender todo cuanto quieran al precio vigente en el mercado, ¿para qué hacer publicidad? Sin embargo, en condiciones de oligopolio, las empresas suelen gastar millones y, a veces, miles de millones tratando de diferenciar sus productos. Algunos de estos desembolsos tienen la ventaja de que proporcionan a los consumidores información valiosa y una gama más amplia de productos. Sin embargo, ciertas formas de diferenciación de producto son de poco valor. Lemas como "La siguiente generación" o "Siempre Coca-Cola" transmiten poca información, a pesar de que Pepsi y Coca-Cola desembolsan sumas gigantescas en estos mensajes. (Coca-Cola gastó cerca de $2 mil millones en publicidad en el 2000.)

Los gastos en diferenciación de producto constituyen barreras a la entrada. Los oligopolios compiten con las empresas existentes y tratan de bloquear el ingreso de otras ofreciendo para ello diversos modelos o productos. Por ejemplo, unos cuantos fabricantes de cereales ofrecen cada uno una docena de productos, y siete de los cereales que más se venden son de Kellogg.[1] Diversos productos de la misma marca dominan en los anaqueles y desplazan a los nuevos participantes. Peor aún, los supermercados cobran una "cuota por existencias" en términos de espacio en los anaqueles para darle una oportunidad a un nuevo producto. Con la proliferación de productos del mismo reducido grupo de productores, el espacio en los anaqueles se vuelve cada vez más escaso, lo cual bloquea a los nuevos participantes y actúa como otra barrera más a la entrada. Los productores consolidados suelen inundar el mercado con nuevos productos en parte para desplazar a cualquier nuevo participante. En un estudio sobre 25 500 nuevos productos introducidos en un año, se descubrió que sólo 7% ofrecían beneficios nuevos o agregados.[2]

MODELOS DE OLIGOPOLIO

Dado que los oligopolios son interdependientes, analizar su comportamiento es una tarea compleja. Por tanto, no es posible esperar que un sólo modelo explique del todo el comportamiento de los oligopolios. Por un lado, las empresas en la industria pueden

[1] Las clasificaciones hechas están basadas en las ventas de 1997, de acuerdo con el Centro de Política de Comercialización de Alimentos (*Food Marketing Policy Center*) de la Universidad de Connecticut.

[2] El estudio fue realizado por el Servicio Mercadológico de Inteligencia (*Market Intelligence Service*) y se reportó en la sección "Market Makers" del diario *The Economist* el 14 de marzo de 1998.

tratar de coordinar su comportamiento y, así, actuar colectivamente como un monopolio, formando un cártel, como la Organización de Países Exportadores de Petróleo (OPEP). Por otro lado, los oligopolios pueden llegar a competir de manera tan feroz que esto provoque guerras de precios, como las que ocurren entre las aerolíneas, los cigarros, los chips de computadoras y el servicio telefónico de larga distancia.

Para explicar el comportamiento oligopólico, se han formulado muchas teorías. Estudiaremos tres de los modelos más conocidos: la colusión, el liderazgo de precios y la teoría de juegos. Como verá, cada modelo tiene cierta importancia en la explicación del comportamiento observado, aunque ninguno resulta completamente satisfactorio como teoría general del oligopolio. Por tanto, *no hay una teoría general del oligopolio, sino un conjunto de teorías, cada uno de los cuales se basa en la diversidad de comportamientos que se observan en un mercado interdependiente.*

Colusión y cárteles

En un mercado oligopólico hay pocas empresas y, por tanto, éstas puedan tratar de *coludirse*, o acordar un precio para disminuir la competencia e incrementar las ganancias. Una **colusión** es un acuerdo entre las empresas de una industria para dividirse el mercado y fijar el precio. Un **cártel** es un grupo de empresas que acuerdan coludirse y poder actuar así como un monopolio y obtener ganancias monopolísticas. Las empresas que se coluden, en comparación con las compañías que compiten, suelen producir menos, cobrar precios más elevados y bloquear la entrada de nuevas empresas. Un cártel aporta beneficios a las empresas que lo constituyen: mayor certeza respecto al comportamiento de los "competidores" y un esfuerzo organizado por bloquear el acceso de nuevas empresas, lo cual genera mayores ganancias. Los consumidores sufren los precios elevados y los nuevos participantes padecen el hecho de que se les niegue la oportunidad de competir.

Colusión Acuerdo entre empresas para dividirse el mercado o bien, para fijar el precio de mercado a fin de maximizar la ganancia económica.

Cártel Grupo de empresas que acuerdan coordinar sus decisiones en cuanto a producción y establecimiento de precios para maximizar las ganancias del grupo, comportándose así como un monopolio.

La colusión y los cárteles son considerados ilegales en Estados Unidos, pero en otros países se les tiene mayor tolerancia. Algunas naciones incluso los promueven, como sucede en el caso de los 11 integrantes de la OPEP. Sin embargo, si la OPEP se reuniera alguna vez en Estados Unidos, sus miembros serían arrestados por fijación de precios. Los cárteles pueden operar en todo el mundo (aunque están prohibidos en algunas naciones) pues no hay leyes internacionales en contra de ellos. Además, las ganancias monopolísticas resultan tan tentadoras que algunas empresas estadounidenses llegan a infringir la ley. Por ejemplo, los altos ejecutivos de Archer Daniels Midland

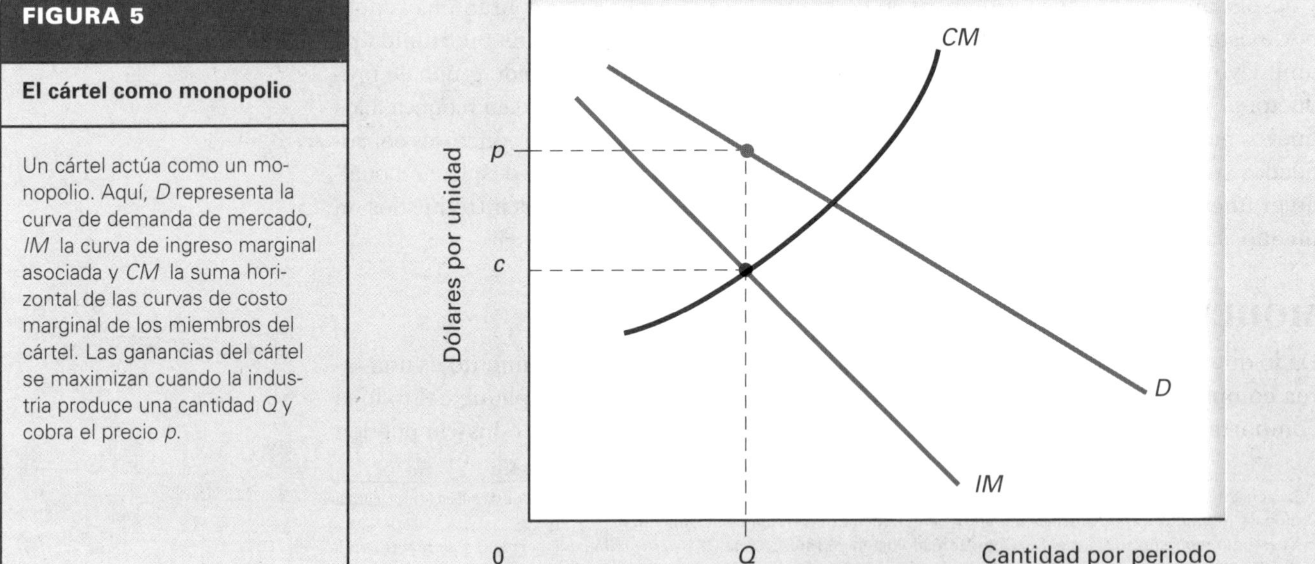

FIGURA 5

El cártel como monopolio

Un cártel actúa como un monopolio. Aquí, *D* representa la curva de demanda de mercado, *IM* la curva de ingreso marginal asociada y *CM* la suma horizontal de las curvas de costo marginal de los miembros del cártel. Las ganancias del cártel se maximizan cuando la industria produce una cantidad *Q* y cobra el precio *p*.

fueron acusados en 1998 de conspiración, junto con cuatro competidores asiáticos, por amañar el mercado mundial (de $650 millones) de lisina, un aminoácido que se utiliza en la alimentación de animales.

Suponga que todas las empresas de una industria establecen un cártel. La curva de demanda de mercado, D, aparece en la figura 5. ¿Qué precio maximizará las ganancias del cártel y cómo se dividirá la producción entre las empresas que lo integran? La primera tarea del cártel consiste en determinar el costo marginal de producción. En vista de que el cártel actúa como si fuera un monopolio que opera diversas plantas, la curva de costo marginal en la figura 5 es la suma horizontal de las curvas de costo marginal de todas las empresas que integran el cártel. La curva de costo marginal del cártel se interseca con la curva de ingreso marginal del mercado para determinar el precio y la producción que maximizan las ganancias del cártel. Esta intersección genera el precio p, la producción de la industria Q y el costo marginal de producción c. Una vez más, la cantidad que maximiza las ganancias se halla donde el ingreso marginal es igual al costo marginal; el precio se encuentra en la curva de demanda en esa cantidad. Por tanto, las empresas de este oligopolio, como en el caso de un monopolio y de los competidores monopolísticos, no tiene curva de oferta, es decir, *no hay curva que relacione exclusivamente el precio y la cantidad de oferta*.

Hasta ahora, todo parece correcto. Para maximizar la ganancia de un cártel, la producción Q debe dividirse entre sus integrantes de modo que el costo marginal de cada empresa sea igual a c. Cualquier otra división de la producción disminuiría la ganancia del cártel. Por tanto, *para que se maximice la ganancia del cártel, la producción tiene que dividirse de manera que el costo marginal de la última unidad producida por cada empresa sea idéntico*. Veamos por qué esto es más fácil de decir que de hacer.

Diferencias en costo. Si todas las empresas tienen curvas de costo idénticas, la producción y las ganancias se distribuyen fácilmente entre las compañías (cada una produce la misma cantidad), pero si los costos difieren, como suele suceder, entonces surgen los problemas. Cuanto mayores sean las diferencias en las curvas de costo promedio entre las empresas, mayores serán las diferencias en las ganancias económicas entre las compañías. Si los miembros del cártel tratan de igualar las ganancias totales de cada empresa, una con costo elevado tendría que vender más que una con costo bajo. Sin embargo, este esquema de asignación infringe la condición de maximización de ganancias del cártel en el sentido de hallar la producción de cada empresa que genere costos marginales idénticos entre las compañías. Por tanto, *si las curvas de costo promedio difieren entre las empresas, la división de la producción que maximiza las ganancias del cártel generará ganancias desiguales entre los integrantes*. Si el cártel asigna a las empresas menos producción que la que desean con costos elevados, dichas empresas podrían salirse del cártel y con ello debilitarlo. Por lo regular, la asignación de producción es consecuencia de una labor de negociación entre los miembros del cártel. Las empresas que tienen mayor influencia, o son más hábiles para negociar, obtienen una mayor participación de producción. Los esquemas de asignación en ocasiones se basan en las condiciones geográficas o en la división histórica de la producción entre las empresas. La OPEP, por ejemplo, divide la producción entre los países que la integran en proporción a las reservas estimadas de petróleo que tengan.

Cantidad de empresas en el cártel. Cuantas más empresas haya en la industria, más difícil será negociar una asignación de producción aceptable entre ellas. Lograr el consenso se dificulta más cuando crece la cantidad de empresas. Cuantas más empresas haya en la industria, mayores serán las probabilidades de que una o más no queden satisfechas con el cártel y entonces decidan romper con el acuerdo.

El nuevo ingreso en la industria. Si un cártel no bloquea la entrada de nuevas empresas en la industria, éstas terminarán por hacer que disminuyan los precios, lo que reduce las ganancias económicas y mina al cártel. Las ganancias del cártel atraen la entrada de nuevos participantes, ésta incrementa la oferta de mercado y dicho incremento obliga a disminuir los precios. Por tanto, el éxito continuo de un cártel depende de las barreras que bloqueen la entrada de nuevas empresas.

WALL STREET JOURNAL
La interpretación correcta

¿Cuál es la importancia de la siguiente declaración en The Wall Street Journal*?:* "Además de Arabia Saudita, pocos miembros de la OPEP han logrado una sobreproducción significativa. En términos reales esto quiere decir que la protección para la unidad de la OPEP ha sido mínima".

Fraude. Quizá el mayor obstáculo para que un cártel opere sin problemas sea la fuerte tentación de defraudar el acuerdo. Al ofrecer un precio ligeramente inferior al establecido, una empresa generalmente puede incrementar sus ventas y ganancias económicas. Dado que los oligopolios suelen operar con excedente de capacidad, algunos defraudan a sus socios no en términos de modificación de precios, sino en otros aspectos. Así, por ejemplo, aunque los integrantes del cártel se mantienen atentos al precio de cada empresa, una de éstas puede aumentar sus ventas ofreciendo servicios adicionales, rebajas secretas u otras concesiones. El incentivo de reducir los precios es particularmente fuerte cuando las ventas de la industria sufren una caída repentina. Casi siempre, cuando la producción es baja, también lo es el costo marginal de generar más producción. Los cárteles se desmoronan cuando el fraude se generaliza.

En resumen, *establecer y mantener un cártel efectivo será más difícil si: (1) el producto es diferente entre las empresas; (2) los costos difieren entre las empresas; (3) hay muchos proveedores en la industria, (4) las barreras a la entrada son superables; o (5) se generaliza el fraude al acuerdo*. El problema de establecer y mantener un cártel lo refleja la accidentada historia de la OPEP. En 1985, el precio promedio del petróleo llegó a los $34 por barril. Después de estar por debajo de ese nivel durante 15 años, el precio alcanzó de nuevo ese nivel brevemente en el 2000. Muchos de los países miembros de la OPEP son pobres y dependen del petróleo como una de sus principales fuentes de ingresos, de manera que sus integrantes discutieron el precio y su participación de mercado. Con todo, los miembros de la OPEP también defraudan al cártel.

Al igual que otros cárteles, la OPEP también ha experimentado dificultades con los nuevos participantes. Los elevados precios derivados del éxito alcanzado por la OPEP en los años setenta atrajeron a nuevos proveedores de petróleo del Mar del Norte, a México y a otros países. Sin embargo, 60% de la oferta mundial de petróleo proviene ahora de países no asociados a la OPEP. La mayoría de los observadores dudan que la OPEP recupere alguna vez el poderío que alguna vez tuvo. Los esfuerzos por "cartelizar" la oferta mundial de varios productos, entre los que se hallan la bauxita, el cobre y el café, hasta ahora han fracasado.

Liderazgo en los precios

Líder de precios Empresa cuyo precio adopta el resto de la industria.

Una modalidad de colusión informal, o **tácita**, tiene lugar en industrias en las que hay **líderes de precios**, los cuales establecen el precio para el resto de la industria. Una empresa dominante o varias de ellas establecen el precio de mercado, y las demás compañías de la industria lo acatan, con lo cual evitan la competencia de precios. El líder de precios también inicia los cambios en los precios, y los demás lo siguen.

La industria siderúrgica era un ejemplo de liderazgo de precios por oligopolio. En general, U.S. Steel, la empresa más grande de la industria, establecía el precio de diversos productos, y las otras compañías respetaban esa decisión. La presión pública sobre la U.S. Steel para que no incrementara los precios hizo que su función de liderazgo en los precios pasara a productores más pequeños, lo que provocó una rotación del liderazgo entre las empresas. Si bien este cambio en el liderazgo redujo el acatamiento de los precios entre las empresas de la industria, sobre todo durante los setenta, los precios seguían siendo más elevados de lo que hubieran sido sin liderazgo de precios.

Como sucede en otras modalidades de colusión, el liderazgo de precios está expuesto a diversos obstáculos. En primer lugar, su práctica suele infringir las leyes antimonopolio de Estados Unidos. En segundo, cuanto mayor es la diferenciación entre los vendedores, menos eficaz es el liderazgo de precios como forma de colusión. En tercero, no hay garantía de que otras empresas respeten lo dispuesto por el líder. Si otras compañías en la industria no secundan un incremento de precios, la compañía líder se verá obligada a reducir sus precios o correrá el riesgo de perder ventas ante los competidores que ofrecen precios más bajos. En cuarto lugar, como sucede con los cárteles formales, algunas empresas tratarán de defraudar el acuerdo reduciendo el precio para incrementar sus ventas y ganancias. Finalmente, a menos de que se establezcan barreras a la entrada, un precio redituable atraerá a nuevos participantes al mercado, lo que podría desestabilizar el acuerdo de liderazgo de precios.

Teoría de juegos

¿Cómo actúan las empresas cuando reconocen su interdependencia pero no pueden o no están en condiciones de coludirse? Dado que el oligopolio supone una interdependencia entre unas cuantas empresas, podemos considerar a las empresas que interactúan como participantes en un juego. La **teoría de juegos** examina el comportamiento oligopólico como una serie de movimientos y contramovimientos estratégicos entre empresas competidoras, analiza el comportamiento de quienes toman las decisiones, o participantes del juego, cuyas elecciones influyen en unos y otros. La teoría de juegos no es un modelo realmente separado del oligopolio, sino un método general, el cual se centra en los incentivos para cooperar o no de cada participante en el juego.

Teoría de juegos Modelo que analiza el comportamiento oligopólico como una serie de movimientos y contramovimientos estratégicos por parte de empresas competidoras.

El dilema del prisionero Juego que demuestra por qué los participantes tienen dificultades para cooperar a pesar de que ambos podrían beneficiarse si se ayudaran entre sí.

Para hacernos una idea de la teoría de juegos, veamos el **dilema del prisionero**, el juego que se ha examinado más ampliamente. El juego originalmente consideraba una situación en la que a dos ladrones, llamémoslos Ben y Jerry, los atrapaban cerca de la escena del crimen y eran llevados al ministerio público, donde se les interrogaba en habitaciones separadas. La policía consideraba que los dos eran culpables, pero no podía demostrarlo, así que necesitaba una confesión. Cada ladrón enfrenta la opción de confesar, "delatando" al otro, o "callar", negando con ello cualquier conocimiento del crimen. Si Ben confiesa, con lo que consigue una condena más breve, entonces se le garantiza inmunidad, eximiéndosele del proceso judicial, y queda libre, en tanto que a Jerry se le condena a 10 años de prisión. Si ambos callan, cada uno obtiene una sentencia de un año por tecnicismos jurídicos. Si ambos confiesan, cada uno recibe 5 años de sentencia.

¿Qué hacen Ben y Jerry? La respuesta depende de las premisas que se hagan sobre su comportamiento, es decir, qué *estrategia* siga cada uno. Una **estrategia** refleja el plan de juego del participante. En este juego cada participante trata de salvar el propio pellejo: cada uno busca minimizar su tiempo en la cárcel, al margen de lo que suceda con el otro (no hay honor entre los ladrones). En la figura 6 se muestra la *matriz de retribuciones* del juego. Una **matriz de retribuciones** es una tabla en la cual se listan las recompensas (o, en este caso, condenas) que Ben y Jerry pueden esperar con base en la estrategia que cada uno adopte.

Estrategia En la teoría de juegos, se refiere a un plan operativo que adopta uno de los jugadores.

Matriz de retribuciones En teoría de juegos, se refiere a la tabla en la que se listan las retribuciones que cada jugador puede esperar con base en la estrategia que cada jugador adopte.

Cada prisionero adopta una de las dos estrategias: confesar o callar. Las estrategias de Ben aparecen sobre el eje vertical izquierdo, y las de Jerry sobre el eje horizontal superior. Las cifras de la matriz indican la sentencia en años de prisión de ca-

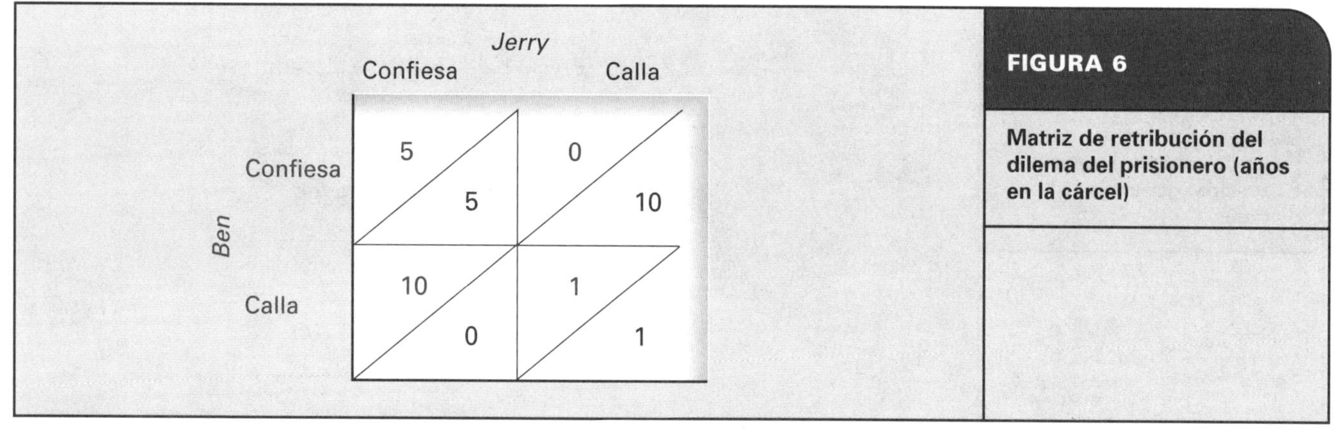

FIGURA 6

Matriz de retribución del dilema del prisionero (años en la cárcel)

da uno sobre la base de sus estrategias correspondientes. La cifra que aparece en color vino muestra la sentencia en años de Ben, y la cifra en color azul la de Jerry. Ahora examine por unos instantes el funcionamiento de la matriz. Asegúrese de observar que la sentencia que recibe cada jugador depende de la estrategia que elija, *pero* también de la estrategia que adopte el otro jugador.

¿Qué estrategias son racionales suponiendo que cada jugador trata de minimizar su tiempo en prisión? Póngase en el lugar de Jerry. Usted sabe que Jerry, a quien se ha interrogado en otra habitación, confesará o callará. Suponga que Jerry confiesa; la columna de la izquierda de la figura 6 muestra las condenas. Si usted también confiesa, ambos recibirán 5 años de prisión, pero si usted niega su participación en el crimen, recibe 10 años, y Jerry "sale libre". Por tanto, si considera que Jerry confesará, usted también debería hacerlo.

La columna de la derecha muestra los dos posibles resultados si Jerry calla. Si usted confiesa, no durará, pero tampoco si calla, ambos reciben un año en prisión. Por tanto, si considera que Jerry callará, le conviene más confesar. En suma, cualquier cosa que haga Jerry, a Ben le convine más confesar. Los mismos incentivos se aplican en el caso de Jerry. Le conviene más confesar, independientemente de lo que haga Ben. De modo que cada uno tiene un incentivo para confesar y ambos reciben 5 años de prisión. A esto se le llama **equilibrio de la estrategia dominante** del juego, ya que la estrategia de un jugador no depende de lo que haga el otro.

Equilibrio de la estrategia dominante En la teoría de juegos, se refiere al resultado conseguido cuando la elección de un jugador no depende de lo que haga el otro.

Sin embargo, note que si cada ladrón se mantuviera firme y callara, a ambos les iría mejor. Después de todo, si los dos confiesan, cada uno recibe 5 años, pero si ambos callan, la policía no puede probar nada, de modo que cada un recibe sólo un año de prisión. Si cada uno pudiera confiar en que el otro callará, a ambos les iría mejor. Sin embargo, no hay manera de que los dos se comuniquen o coordinen sus acciones. Esta es la razón por la que el crimen organizado desalienta con amenazas de muerte a los "soplones", por ello, el gobierno creó el programa de protección de testigos.

Juego del establecimiento de precios. El dilema del prisionero se aplica a diversos fenómenos económicos como la política de precios y la estrategia publicitaria. Por ejemplo, considere el mercado de la gasolina en una comunidad rural que sólo cuenta con dos gasolinerías: Texaco y Exxon. En este caso, nos centramos en un oligopolio que consta de dos vendedores, o **duopolio**. Suponga que para los clientes es indistinto optar por una u otra marca y únicamente consideran el precio. Cada gasolinería establece diariamente su precio muy temprano por la mañana antes de conocer el precio que establece la otra. En términos más simples, suponga que sólo dos precios son posibles: uno elevado y otro bajo. Si ambas gasolinerías cobran el precio bajo, dividen el mercado y cada una obtiene una ganancia de $500 diarios. Si las dos cobran el precio elevado, también dividen el mercado, pero la ganancia aumenta a $700 para cada una. Si una de ellas cobra el precio elevado, pero la otra el precio bajo, la que cobre el precio menor se lleva

Duopolio Mercado con tan sólo dos productores. Tipo de estructura de mercado oligopólico.

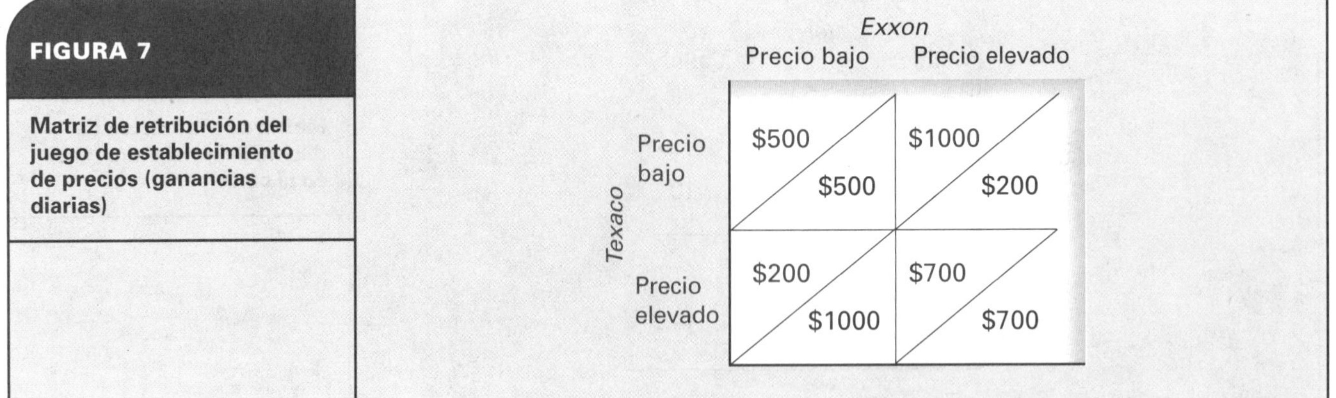

FIGURA 7

Matriz de retribución del juego de establecimiento de precios (ganancias diarias)

la mayor parte del negocio, obteniendo así una ganancia de $1 000 diarios, lo que deja a la gasolinería que cobra el precio elevado con sólo $200.

En la figura 7 aparece la matriz de estas retribuciones, en la cual la estrategia de Texaco figura sobre el eje vertical izquierdo y la de Exxon sobre el eje horizontal superior. La ganancia de Texaco aparece en color vino, y la de Exxon en azul. Con base en esta matriz de retribuciones, ¿qué precio debería cobrar cada una para maximizar sus ganancias? Suponga que usted dirige la gasolinería de Texaco y trata de decidir qué precio cobrar. Si Exxon cobra el precio bajo, usted obtiene $1 500 por cobrar el precio bajo, pero sólo $200 por cobrar el precio elevado. Por tanto, su retribución es mayor si cobra el precio bajo. Si, en cambio, Exxon cobra el precio elevado, usted obtiene $1 000 por cobrar el precio bajo y $700 por el precio elevado. Una vez más, usted obtiene más al cobrar el precio bajo. Exxon enfrenta los mismos incentivos. En consecuencia, cada una cobra el precio bajo, independientemente de lo que haga la otra, de modo que cada una obtiene $500 diarios.

En este dilema del prisionero, cada gasolinería cobra el precio bajo, con lo que gana $500 diarios, aunque podría obtener $700 si cobrara el precio elevado. Imagine que forma parte del cártel petrolero que ya analizamos, donde el cártel determina el precio y establece cuotas de producción para cada integrante. Si considera que las otras empresas del cártel se apegarán a sus cuotas, puede aumentar sus ganancias reduciendo su precio y aumentando la cantidad de producción. Si considera que las otras empresas defraudarán el acuerdo y producirán en exceso, entonces usted debería hacer lo mismo, de lo contrario, le comerán el mandado esos truhanes. De cualquier modo, el incentivo que usted tiene como integrante del cártel es defraudar el acuerdo de cuotas. Todos los integrantes tienen el mismo incentivo, aunque todos obtendrían más si se apegaran al acuerdo que maximiza las ganancias conjuntas.

Este incentivo de reducir los precios señala por qué en ocasiones estallan las guerras de precios entre los oligopolios. Por ejemplo, en el verano de 1997, los fabricantes de automóviles igualaron y rebasaron agresivamente las reducciones de precios unos de otros, lo que permitió que los autos resultaran más asequibles para el ingreso promedio de los consumidores de lo que habían sido en la última década.[3] Justo antes del fin de semana de Acción de Gracias, surgió una guerra de precios en las tarifas aéreas. American Airlines anunció primero descuentos vacacionales. Delta respondió con reducciones de hasta 50%. En cuestión de horas, American, United y otras empresas de transporte aéreo informaron que igualarían las reducciones de Delta. Así, siguieron guerras de precios esporádicas.

El juego de la guerra de las colas. Como último ejemplo del dilema del prisionero, considere las estrategias de marketing de Coca-Cola y Pepsi. Suponga que cada una reúne su

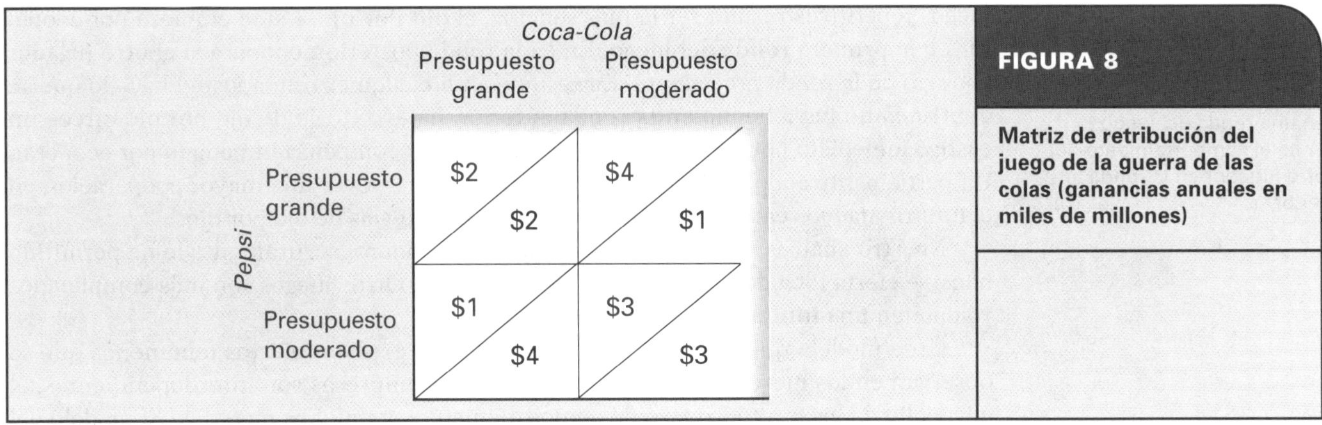

FIGURA 8

Matriz de retribución del juego de la guerra de las colas (ganancias anuales en miles de millones)

[3] Keith Bradsher, "Price War Leaves Cars Positively Affordable", *The New York Times,* 3 de julio 1997.

presupuesto promocional, sin conocer los planes de la otra. La opción se reduce a adoptar un presupuesto promocional moderado o uno grande que comprende diversos anuncios en el Gran Tazón, exhibidores vistosos en las tiendas y otros esfuerzos encaminados en su mayoría a atraer a los clientes de la otra marca. Si cada una adopta un presupuesto grande, los costosos esfuerzos de cada una anularían en buena medida los de la otra y mantendrían la ganancia de cada empresa en $2 mil millones al año. Si cada una adopta un presupuesto promocional moderado, el dinero ahorrado incrementará las ganancias de las dos a $3 mil millones al año. Si una adopta un presupuesto grande, pero la otra no, el promotor que más invirtiera captaría una mayor participación de mercado y obtendría $4 mil millones, en tanto que la otra perdería participación de mercado y sólo obtendría mil millones de dólares. ¿Qué hacer, qué hacer?

En la figura 8 aparece la matriz de retribución de las dos estrategias, de las cuales las opciones presupuestarias de Pepsi figuran en el eje vertical izquierdo, y las de Coca-Cola en el eje horizontal superior. En cada celda de la matriz, la ganancia de Pepsi aparece en color vino, y la de Coca-Cola en azul. Consideremos la decisión de Pepsi. Si Coca-Cola adopta un presupuesto promocional grande, Pepsi obtiene $2 mil millones al hacer lo mismo, pero sólo mil millones de dólares si adopta un presupuesto moderado. Por tanto, si Coca-Cola adopta un presupuesto grande, Pepsi debe seguir la misma estrategia. Si Coca-Cola adopta un presupuesto moderado, Pepsi obtiene $4 mil millones con un presupuesto grande y $3 mil millones con uno moderado. Una vez más, Pepsi obtiene más con un presupuesto grande. Coca-Cola enfrenta los mismos incentivos, así que ambas adoptan presupuestos grandes, con lo cual cada una obtiene $2 mil millones en ganancias, aun cuando las dos hubiesen ganado $3 mil millones con un presupuesto moderado.

Juego excepcional o juego repetitivo. El resultado de un juego a menudo depende de si se trata de un *juego excepcional* o de un *juego repetitivo*. El dilema clásico del prisionero es el juego excepcional. Si el juego se realizara una sola vez, la estrategia de confesar lo ubica a usted en mejor posición, independientemente de lo que haga el otro jugador. Si el juego se realiza una sola vez, la elección que usted hiciera no influiría en el comportamiento del otro jugador.

Sin embargo, si los mismos jugadores repiten el dilema del prisionero, como sucedería probablemente en el juego del establecimiento de precios, el juego de la guerra de las colas o en el del cártel de la OPEP, se abrirían otras posibilidades. En un escenario de juego repetitivo, cada participante tiene una oportunidad de establecer una reputación de cooperación y así animar al otro participante a que haga lo mismo. Después de todo, la solución cooperativa, sea callar, mantener un precio elevado o adoptar un presupuesto promocional moderado, hace que ambos participantes estén en mejor condición que si no cooperan.

Ojo por ojo En la teoría de juegos, se refiere a la estrategia en juegos repetitivos en la cual un jugador en una ronda del juego imita el comportamiento del otro jugador en la ronda anterior.

Las pruebas han demostrado que la estrategia con mayores retribuciones en los juegos repetitivos resulta ser la más sencilla, el **ojo por ojo**. Usted empieza por cooperar en la primera ronda del juego. En cada ronda posterior, coopera si el otro jugador cooperó en la ronda precedente. En resumen, en cualquier ronda, usted hace lo que su contrincante haya hecho en la ronda anterior. La estrategia de ojo por ojo ofrece un castigo inmediato por defraudar un acuerdo y una recompensa inmediata por cooperar. Un participante coopera con el cártel ahora para promover una mayor cooperación en el futuro. Algunos cárteles al parecer emplean estrategias de ojo por ojo.

Nuestro análisis, basado en el dilema del prisionero, seguramente le ha permitido hacerse cierta idea de lo que es la teoría de juegos. Otros juegos son más complicados y suponen una interacción más estratégica.

Cada modelo que hemos considerado ayuda a explicar ciertos fenómenos que se observan en los mercados oligopólicos. Como las empresas son interdependientes, el oligopolio da lugar a toda clase de comportamientos y muchos métodos. El modelo del *cártel*, o *colusión*, muestra por qué los oligopolios podrían desear cooperar con el fin de determinar el precio de mercado y la producción; asimismo, este modelo explica por qué es difícil establecer y mantener cárteles. El modelo del *liderazgo de precios* explica por qué y cómo las empresas pueden llegar actuar al unísono en el establecimiento de precios sin llegar a constituir en realidad un cártel formal. Por último, la *teoría de juegos*, expresada aquí mediante el dilema del prisionero, muestra lo difícil que podría ser una solución cooperativa aun cuando los participantes se beneficien de la cooperación. La teoría de juegos es más un método que un modelo diferenciado.

Comparación entre oligopolio y competencia perfecta

Como hemos visto, cada modelo de oligopolio explica una parte del rompecabezas del oligopolio. Sin embargo, cada uno de ellos tiene limitaciones y ninguno ofrece una exposición completa del comportamiento oligopólico. Como no hay un modelo de oligopolio característico, o representativo, "el" modelo del oligopolio no puede compararse con el modelo competitivo. Sin embargo, podríamos imaginarnos un experimento en el cual tomáramos a las diversas empresas que abundan en una industria competitiva y, mediante fusiones gigantescas, combinarlas para formar, digamos, cuatro empresas. De esta manera, transformaríamos la condición de competencia perfecta de una industria en un oligopolio. ¿En qué diferiría el comportamiento de las empresas en esta industria antes y después de la gigantesca fusión?

El precio suele ser más alto en condiciones de oligopolio. Con pocos competidores después de la fusión, las empresas restantes se volverían más interdependientes. Los modelos de oligopolio planteados en este capítulo señalan que las empresas pueden tratar de coordinar sus políticas de precios. *Si los oligopolios intervienen en algún tipo de colusión implícita o explícita, la producción de la industria sería menor y el precio más alto que en condiciones de competencia perfecta.* Aun cuando los oligopolios no se coludieran, sino que operaran simplemente con un excedente de capacidad, el precio sería mayor y la cantidad de producción menor con el oligopolio que con la competencia perfecta. El precio sería más bajo temporalmente en un oligopolio en comparación con la competencia perfecta sólo si estallara una guerra de precios entre los oligopolios. En general, el comportamiento de los oligopolios dependerá de si hay barreras a la entrada. Cuanto menores sean las barreras a la entrada en el oligopolio, más oligopolios actuarán como competidores perfectos.

Mayores ganancias en condiciones de oligopolio. Al largo plazo, la facilidad de acceso evita que los competidores perfectos obtengan más que una ganancia normal. Sin embargo, con el oligopolio puede haber barreras a la entrada, como economías de escala o nombres de marca, las cuales permiten a las empresas en la industria obtener ganancias económicas de largo plazo. Tales barreras podrían ser insuperables para un nuevo participante. Por tanto, *si hay barreras a la entrada en el oligopolio, cabe esperar que las ganancias en el largo plazo fueran mayores en condiciones de oligopolio que en condiciones de competencia perfecta*. De hecho, las tasas de ganancia parecen ser mayores en las industrias en las que unas cuantas empresas representan una proporción elevada de las ventas de la industria. Algunos economistas consideran que estas mayores tasas de ganancia son inquietantes evidencias de poder de mercado. Sin embargo, no todos los economistas comparten este punto de vista. Algunos afirman que las empresas más grandes en las industrias oligopólicas suelen obtener la tasa de ganancia más elevada. En consecuencia, las tasas de ganancia más elevadas que se observan en industrias oligopólicas no por fuerza se derivan del poder de mercado en sí, sino más bien de la mayor eficiencia que generan las economías de escala en esas grandes empresas.[4] Muchos de estos aspectos se examinarán más adelante, cuando exploremos la función del gobierno en la reglamentación de los mercados.

[4] Harold Demsetz, "Industry Structure, Market Rivalry and Public Policy", *Journal of Law and Economics*, núm. 16 de abril 1973, pp. 1-10.

CONCLUSIONES

Este capítulo nos ha llevado de los extremos de la competencia perfecta y el monopolio puro a esa zona gris en que habita la mayoría de las empresas. Las compañías en condiciones de competencia monopolística y oligopolio enfrentan una curva de demanda con pendiente descendente en sus productos. Al elegir la combinación de precio-producción que maximiza las ganancias, la empresa en competencia monopolística no presta mucha atención a los efectos de esa elección en el comportamiento de sus competidores. Hay tantas empresas en el mercado que cada una tiende a perderse en la multitud. Sin embargo, las empresas oligopólicas son interdependientes, así que deben considerar los efectos que sus decisiones en cuanto a establecimiento de precios y producción tendrán en las demás empresas. Esta interdependencia complica el análisis del oligopolio, lo que sustenta varios posibles modelos, tres de los cuales expusimos en este capítulo.

Los resultados analíticos obtenidos en este capítulo no son tan nítidos como los que se derivaron de los casos polarizados de la competencia perfecta y el monopolio puro, pero aún así podemos apuntar hacia conclusiones generales si utilizamos la competencia perfecta como parámetro. A la larga, los competidores perfectos operan al costo promedio mínimo, mientras que los otros tipos de empresas suelen operar con cierto excedente de capacidad. Por tanto, suponiendo curvas de costo idénticas, los competidores monopolísticos y oligopólicos suelen cobrar precios más elevados que los competidores perfectos, sobre todo en el largo plazo. A la larga, los competidores monopolísticos, lo mismo que los competidores perfectos, sólo obtienen una ganancia normal, pues las barreras a la entrada son fácilmente superables. Sin embargo, los oligopolios pueden obtener una ganancia económica en el largo plazo si se restringe de alguna manera el acceso a nuevas empresas. En un capítulo posterior examinaremos las políticas gubernamentales ideadas para hacer que las empresas sean más competitivas. *Sin embargo, independientemente de la estructura de mercado, la maximización de ganancias alienta a las empresas a generar el nivel de producción en el cual el ingreso marginal es igual al costo marginal.*

RESUMEN

1. Si bien un monopolio puro genera un producto para el que no hay sustitutos aproximados, un competidor monopolístico debe enfrentar a muchos competidores que ofrecen sustitutos aproximados. Dadas las diferencias entre los productos que ofrecen las distintas empresas, cada competidor monopolístico enfrenta una curva de demanda con pendiente descendente.

2. Los vendedores en una competencia monopolística diferencian sus productos mediante: (1) cualidades físicas, (2) puntos de venta, (3) servicios que se ofrecen junto con el producto y (4) imagen del producto establecida en la mente del consumidor.

3. En el corto plazo, los competidores monopolísticos que cubren al menos sus costos variables promedio, maximizan las ganancias o minimizan las pérdidas cuando producen en el punto en que el ingreso marginal sea igual al costo marginal. A la larga, la libre entrada y salida de las empresas asegura que los competidores monopolísticos obtengan sólo una ganancia normal, lo cual ocurre cuando la curva de costo total promedio es tangente a la curva de demanda con pendiente descendente de la empresa.

4. Un oligopolio es una industria dominada por unos cuantos vendedores, algunos de los cuales son lo suficientemente grandes en relación con el mercado que influyen en los precios. En algunas industrias oligopólicas, como la siderúrgica o la petrolera, el producto es homogéneo; en otras, como la automotriz o la de cereales para el desayuno, el producto es diferente.

5. Dado que un oligopolio consiste en unas cuantas empresas, cada una puede reaccionar ante los cambios que realice otra en términos de cantidad, precio, producción, servicios o política publicitaria. En virtud de esta interdependencia, es difícil analizar el comportamiento de los oligopolios. No hay un solo modelo que caracterice a los mercados oligopólicos.

6. En este capítulo consideramos tres modelos de comportamiento oligopólico: (1) la colusión, en la cual las empresas forman un cártel y se comportan como un monopolio; (2) el liderazgo de precios, en el cual una o unas cuantas empresas establecen los precios para toda la industria y las demás compañías acatan lo dispuesto por los líderes; y (3) la teoría de juegos, la cual analiza el comportamiento oligopólico como una serie de movimientos estratégicos que realizan las empresas competidoras.

PREGUNTAS DE REPASO

1. *Características de la competencia monopolística* ¿Por qué la curva de demanda que enfrenta una empresa en competencia monopolística presenta una pendiente descendente en el largo plazo, aun después de la entrada de nuevas empresas?

2. *Diferenciación del producto* ¿Cuáles son las cuatro formas en que una empresa puede diferenciar su producto? ¿Qué función desempeña la publicidad en la diferenciación de un producto? ¿Cómo puede convertirse la publicidad en una barrera a la entrada?

3. *Ganancia económica de cero en el largo plazo* A la larga, una empresa en competencia monopolística obtiene una ganancia económica de cero, que es exactamente lo que ocurriría si la industria fuera perfectamente competitiva. Suponiendo que las curvas de costo de cada empresa son iguales cuando la industria se encuentra en condiciones de competencia perfecta o monopolística, responda a las siguientes preguntas:

   (a) ¿Por qué las industrias en condiciones de competencia perfecta y monopolística no generan la misma cantidad de producción de equilibrio en el largo plazo?
   (b) ¿Por qué se dice que una industria en competencia monopolística es ineficiente en términos económicos?
   (c) ¿Qué beneficios podrían inducirnos a preferir el resultado de competencia monopolística por encima del resultado perfectamente competitivo?

4. *Variedades de oligopolio* ¿Las empresas en un oligopolio actúan en forma independiente o interdependiente? Explique su respuesta.

5. ***Caso de* estudio:** *Cielos inhóspitos* Una constante queja en relación con las tarifas aéreas es que tomar un avión en el aeropuerto central de una ciudad resulta más costoso que hacerlo desde una ciudad cercana que no cuenta con una terminal aérea central. ¿Cómo reflejaría esto un grado de competencia diferente en los aeropuertos centrales?

6. *Colusión y cárteles* ¿Por qué cada una de las siguientes condiciones induciría a algunos integrantes de la OPEP a defraudar sus acuerdos con el cártel?

   (a) Entre los miembros del cártel se hallan países menos desarrollados.
   (b) La cantidad de integrantes del cártel se duplica de 10 a 20.
   (c) Las deudas externas de algunos integrantes crecen.
   (d) Aumenten las expectativas de que algunos de los integrantes defrauden los acuerdos.

7. *Liderazgo de precios* ¿Por qué un modelo oligopólico de liderazgo de precios no podría ser un medio de colusión eficaz en un oligopolio?

8. *Estructuras de mercado* Determine si cada una de las siguientes características representa una competencia perfecta, una competencia monopolística, un oligopolio y/o un monopolio:

   (a) Una gran cantidad de vendedores.
   (b) Un producto homogéneo.
   (c) Publicidad por parte de las empresas.
   (d) Barreras a la entrada.
   (e) Empresas fijadoras de precios.

PROBLEMAS Y EJERCICIOS

9. *Maximización de ganancias en el corto plazo* Una empresa en competencia monopolística tiene la siguiente estructura de demanda y costo en el corto plazo:

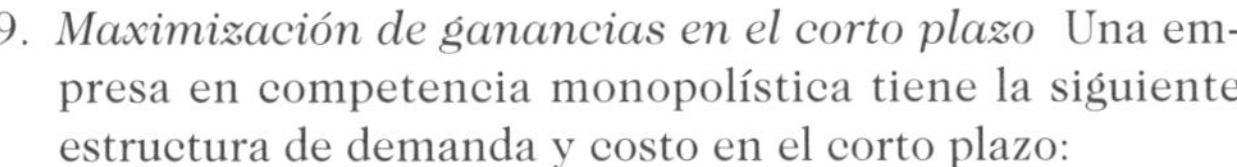

Producción	Precio	CF	CV	CT	IT	Ganancia/ Pérdida
0	$100	$100	$ 0	___	___	___
1	90	___	50	___	___	___
2	80	___	90	___	___	___
3	70	___	150	___	___	___
4	60	___	230	___	___	___
5	50	___	330	___	___	___
6	40	___	450	___	___	___
7	30	___	590	___	___	___

   (a) Complete la tabla.
   (b) ¿Cuál es la mejor ganancia o pérdida que puede obtener la empresa?
   (c) ¿La empresa debe operar o cerrar en el corto plazo? ¿Por qué?
   (d) ¿Cuál es la relación entre ingreso marginal y costo marginal conforme la empresa incrementa su producción?

10. ***Caso de* estudio:** *Fast Forward* Utilice un gráfico de costo e ingreso para ilustrar y explicar las ganancias de corto plazo que se obtienen en el negocio de renta de películas en video. Luego, sírvase de un segundo gráfico para ilustrar la situación en el largo plazo. Explique con detalle.

11. *Comparación entre la competencia monopolística y la competencia perfecta* A continuación se ilustran las curvas de costo marginal y costo total promedio de largo plazo de una empresa pequeña.

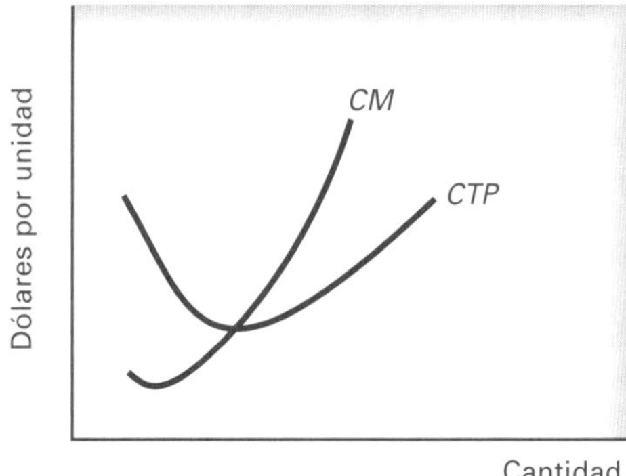

(a) Localice el precio y la cantidad en equilibrio de largo plazo si la empresa es perfectamente competitiva.
(b) Identifique el precio y la cantidad como P_1 y Q_1.
(c) Trace una curva de demanda e ingreso marginal para ilustrar el equilibrio de largo plazo si la empresa está en competencia monopolística. Identifique el precio y la cantidad como P_2 y Q_2.
(d) ¿Cómo se comparan el precio y la producción de la empresa en competencia monopolística con la de una empresa perfectamente competitiva?
(e) ¿Cómo se comparan las ganancias de largo plazo de los dos tipos de empresas?

12. *Colusión y cárteles* Utilice curvas de ingreso y costo para ilustrar y explicar el sentido en que un cártel se comporta como monopolio.

13. *Teoría de juegos* Suponga que sólo hay dos empresas automotrices, Ford y Chevrolet. Ford considera que Chevrolet se ajustará a cualquier precio que fije. Utilice los siguientes datos de precio y ganancias para responder a las siguientes preguntas:

Precio de venta de Ford	Precio de venta de Chevrolet	Ganancias de Ford (en millones)	Ganancias de Chevrolet (en millones)
$ 4 000	$ 4 000	$ 8	$ 8
4 000	8 000	12	6
4 000	12 000	14	2
8 000	4 000	6	12
8 000	8 000	10	10
8 000	12 000	12	6
12 000	4 000	2	14
12 000	8 000	6	12
12 000	12 000	7	7

(a) ¿Qué precio cobrará Ford?
(b) ¿Qué precio cobrará Chevrolet?
(c) ¿Cuál es la ganancia de Ford tras la respuesta de Chevrolet?
(d) Si ambas empresas colaboraran para maximizar ganancias conjuntas, ¿qué precios fijarían?
(e) Con base en la respuesta que haya dado en el inciso (d), ¿cómo podría un engaño inadvertido en el precio hacer que aumentara la ganancia de la empresa que defraudó el acuerdo?

14. *Teoría de juegos* Mientras califica un examen final, una profesora de economía descubre que dos estudiantes tienen respuestas prácticamente idénticas. Está convencida de que ambos hicieron trampa pero no puede demostrarlo. La profesora habla con cada estudiante por separado y ofrece el siguiente trato: firma una declaración en la que aceptas que hiciste trampa. Si ambos estudiantes firman la declaración, cada uno recibirá una "F" en el curso. Si sólo uno la firma, se le permitirá continuar en el curso mientras que al otro se le expulsará. Si ninguno la firma, ambos reciben una "C" ya que la profesora no cuenta con las evidencias suficientes para demostrar la trampa.

(a) Trace la matriz de retribución.
(b) ¿Qué resultado espera usted? ¿Por qué?

CASOS PRÁCTICOS

15. *Diferenciación de producto* Una forma importante de diferenciación de producto que los competidores monopolístico emplean es la ubicación. Consulte el artículo escrito por John Campbell denominado "Time to Shop: The Geography of Retailing", el cual se incluye en la revista *Regional Review* del Banco de la Reserva Federal de Boston y cuyo sitio electrónico es http://www.bos.frb.org/economic/nerr/rr1996/summer/rgrv96_3.htm. ¿Qué estrategias de ubicación utilizan los minoristas? ¿Qué pronostica la teoría de la competencia monopolística sobre el éxito de tales estrategias en el corto y el largo plazo?

16. *OPEP* La OPEP es el cártel de estudio preferido de los economistas. Esto se debe en parte a que tuvo un éxito muy espectacular de corto plazo y que, además, la teoría del oligopolio podría utilizarse para pronosticar la evolución real de la política de establecimiento de precios de la OPEP. Revise el folleto sobre la OPEP del Departamento de Energía de Estados Unidos en http://www. eia. doe.gov/emeu/cabs/opec.html. ¿Cuáles son algunos de los hechos recientes en el establecimiento de precios del petróleo? ¿Qué tan importantes son los factores que presentamos en este capítulo en lo que se refiere a la dificultad para mantener un cártel?

Mercados de factores

CAPÍTULO

11

¿Por qué los cirujanos ganan el doble que los médicos generales? ¿Por qué los conductores de camiones en Estados Unidos ganan por lo menos 20 veces más que los conductores de calesas en la India? ¿Por qué los anuncios publicitarios del Super Tazón cuestan 15 veces más que el promedio de las horas de máxima audiencia en la televisión? ¿Por qué cuesta más una tierra de primera para el cultivo del maíz en Iowa que una parcela de matorrales en la zona limítrofe con Texas? ¿Por qué los edificios del centro de Chicago son más altos que los de los suburbios? Para responder a estas preguntas, consideraremos la demanda y oferta de factores.

Es muy probable que piense que este tema ya fue expuesto y está claramente entendido; sin embargo, en este capítulo nos centraremos en el mercado de factores, es decir, el mercado de productos y servicios finales. Por otro lado, debemos tomar en cuenta que para la producción de los bienes y servicios

*En este capítulo se utilizarán indistintamente los términos factores, recursos e insumos, ya que todos conservan el mismo significado. N. del E.

se necesitan los factores de producción: mano de obra, capital, tierra y destreza empresarial. La oferta y la demanda en los mercados de estos factores* determinan el precio y la cantidad de los recursos. La distribución de la propiedad de los factores determina la distribución del ingreso en toda la economía.

Dado que sus ganancias dependen del valor de mercado de los recursos que usted posee, descubrirá que los mercados de factores son particularmente importantes. Indudablemente uno de los elementos en su elección profesional será el ingreso que espere obtener en relación con las distintas profesiones. En los tres siguientes capítulos examinaremos cómo interactúan la oferta y la demanda en el establecimiento de los precios de mercado de diversos factores. Entre los temas que se abordan en este capítulo se encuentran:

- Demanda y oferta de los factores de producción
- Costo de oportunidad y renta económica
- Ingreso marginal generado por el factor de producción
- Costo marginal del factor de producción
- Cambios en la demanda de los factores de producción

NetBookmark

¿Qué hace atractivo a un trabajo? El hecho de trabajar para un buen empleador sería uno de los principales factores. Cada año, la revista *Fortune* presenta una lista de los 100 mejores empleadores. Consulte estos datos en el sitio http://www.fortune. com/ fortune/ bestcompanies/ intro.html. ¿Qué otros elementos además de la compensación económica se mencionan en el informe como elementos que coadyuvan a la creación de un entorno de trabajo favorable? ¿Cuáles son los mejores y los peores trabajos? Busque en internet las noticias y revisiones del Almanaque de clasificación de trabajos de la *National Business Employment Weekly*; esta publicación clasifica 250 trabajos. En 1999, ser gerente de un sitio web obtuvo la clasificación más elevada. La pesca recibió el lugar 248, aunque la mayor parte de las zonas están agotadas. ¿Por qué tanta gente desea pescar para ganarse la vida cuando hay quienes consideran que éste es uno de los peores trabajos?

REPASO

Sólo para comprobar que ya sabe más sobre los mercados factoriales de lo que se imagina, trate de responder a las preguntas que aparecen en los siguientes ejemplos de la demanda y la oferta de factores.

Demanda de factores de producción

Empecemos por la demanda de mano de obra. El gerente de Wal-Mart estima que contratar a otro empleado de ventas incrementaría el costo total en $400 a la semana, pero aumentaría al mismo tiempo el ingreso total en $500 semanales. ¿Debería contratarse al empleado adicional? Por supuesto, ya que la ganancia de Wal-Mart se incrementaría en $100 a la semana. *Mientras el ingreso adicional derivado de emplear a otro trabajador rebase el costo adicional, la empresa debe contratar a ese trabajador.*

¿Qué sucede con el capital? Suponga que opera un servicio de jardinería durante el verano, del cual obtiene en promedio $40 por jardín. Usted poda alrededor de 15 jardines a la semana para obtener un ingreso total de $600. Asimismo, contempla la posibilidad de cambiar su podadora por una más grande y rápida a la que llaman "Devoradora", la cual le costaría $400 extra a la semana. La podadora más grande reduciría en un 50% su tiempo por jardín y le permitirá ocuparse de 30 jardines más a la semana, de modo que su ingreso total se elevaría a $1 200. ¿Estaría dispuesto al cambio? En vista de que el ingreso adicional de $600 rebasa el costo adicional de $400, usted debe optar por la "Devoradora".

¿Qué sucede con la tierra? Supongamos que un vecino le ofrece a un campesino, en este ejemplo, llamado Jones la oportunidad de sembrar 100 acres de su tierra. Jones calcula que esta extensión extra de tierra le costará $70 por acre, pero obtendrá una ganancia adicional de $60 por cada una. ¿Considera que Jones debe aceptar? Dado que el costo adicional de sembrar esa tierra excede a la ganancia adicional, la respuesta es no.

Estos ejemplos demuestran que *un productor demanda una unidad adicional de un recurso mientras su ingreso marginal sea mayor que su costo marginal.*

Oferta de factores de producción

Probablemente también entienda la lógica económica que existe detrás de la oferta de factores. Suponga que trata de elegir entre dos empleos idénticos salvo que en uno pagan más que en otro. ¿Tiene alguna duda sobre cuál empleo elegir? Si las condiciones de trabajo son igualmente atractivas, usted optaría por el empleo que ofrezca un mayor sueldo. Ahora considere la posibilidad de elegir entre dos trabajos que pagan lo mismo; con la diferencia de que uno tiene el horario normal de 9.00 a.m. a 5.00 p.m, y el otro empieza a las 5:00 a.m.¿Cuál elegiría? Obviamente escogería el empleo que mejor concordara con los ritmos naturales de su cuerpo.

Los propietarios de los factores de producción suministrarán sus recursos a la opción que ofrezca el pago más elevado, suponiendo que otros elementos permanecen constantes. Dado que éstos no siempre permanecen inmutables, a los propietarios de los factores a menudo debe pagárseles más para que suministren sus recursos para determinados usos. En el caso de la mano de obra, la utilidad del trabajador depende de los aspectos monetarios y no monetarios del trabajo. A la gente debería pagársele más por realizar trabajos sucios, peligrosos, tediosos, exhaustivos, ilegales, de baja calidad, sin futuro y que además deben realizarse en horarios inconvenientes; no así a los que realizan trabajos limpios, seguros, interesantes, motivadores, legales, de alto reconocimiento, con perspectivas brillantes y que sobre todo se llevan a cabo en horarios convenientes.

DEMANDA Y OFERTA DE LOS FACTORES DE PRODUCCIÓN

En el mercado de bienes y servicios, es decir, en el mercado de productos, los hogares representan la parte de la demanda y las empresas la parte de la oferta. Los hogares demandan los bienes y servicios que maximizan su utilidad, y las empresas suministran los bienes y servicios que maximizan su ganancia. En el mercado de recursos, los papeles se invierten: las empresas son la parte de la demanda y los hogares la parte de la oferta. Las empresas demandan los factores que maximizan sus ganancias y los hogares ofrecen los factores que maximizan su utilidad. *Cualquier diferencia entre los objetivos de maximizar la ganancia de las empresas y los objetivos de maximizar la utilidad de los hogares se reconcilian mediante el intercambio voluntario en los mercados.*

En la figura 1 se presenta el mercado de un determinado recurso, en este caso, carpinteros. Como puede observar, la curva de la demanda presenta una pendiente descendente y la curva de la oferta una pendiente ascendente. *Como sucede con la oferta y demanda de bienes y servicios finales, la oferta y demanda de factores depende de la disposición y capacidad de los compradores y vendedores para participar en el intercambio de mercado.* Este mercado convergirá en la tasa salarial de equilibrio, o precio de mercado, de este tipo de mano de obra.

Demanda de factores del mercado

¿Por qué las empresas emplean factores de producción? Los factores se utilizan para producir bienes y servicios, los cuales las empresas tratan de vender para obtener una ganancia. La empresa no valora el recurso en sí, sino la capacidad que éste tiene para producir bienes y servicios. Dado que el valor de cualquier factor depende del valor de lo que produzca, se dice que la demanda de un factor es una **demanda derivada**, la cual se des-

Demanda derivada Demanda de un factor que se deriva de la demanda que del producto genera el recurso.

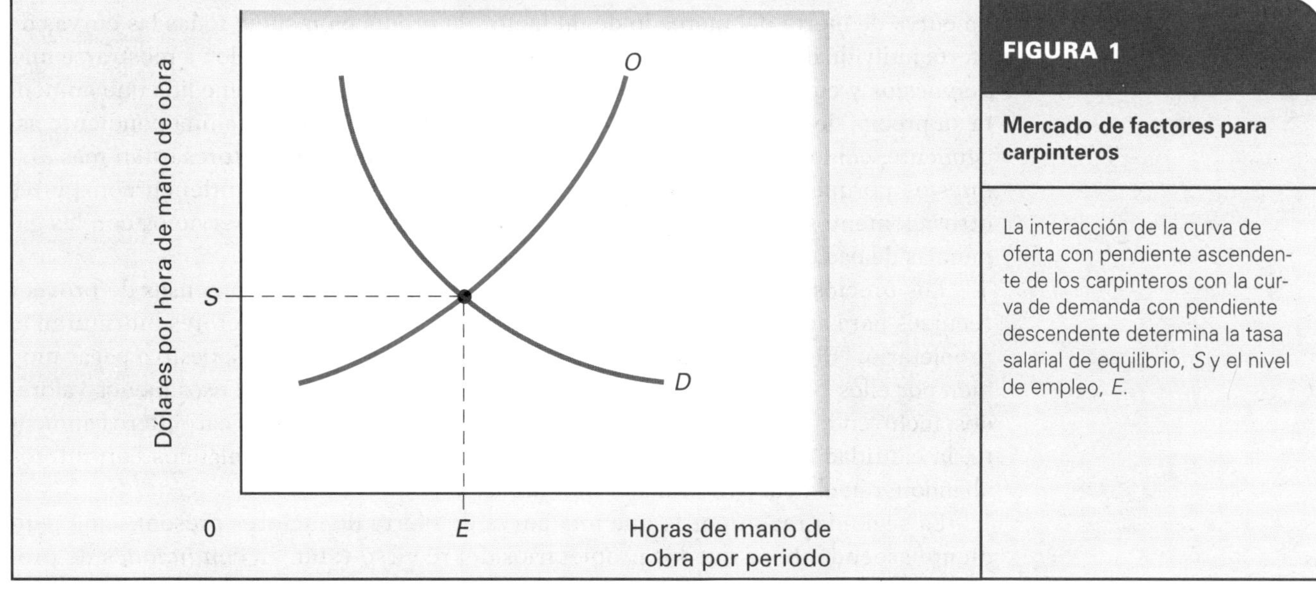

FIGURA 1

Mercado de factores para carpinteros

La interacción de la curva de oferta con pendiente ascendente de los carpinteros con la curva de demanda con pendiente descendente determina la tasa salarial de equilibrio, *S* y el nivel de empleo, *E*.

prende de la demanda del producto final. Por ejemplo, la paga de un carpintero se deriva de la demanda del producto del carpintero, como un armario o un piso nuevo; la paga de un beisbolista profesional se deriva de la demanda de juegos de este deporte; la paga de un conductor de camión se deriva de la demanda de transporte de bienes. El carácter derivado de la demanda de factores ayuda a explicar por qué los beisbolistas profesionales suelen ganar más que los jugadores profesionales de hockey, por qué los neurocirujanos ganan más que los arboricultores, por qué los conductores de grandes camiones ganan más que los de las camionetas de reparto y por qué un anuncio televisivo de 30 segundos durante el Super Tazón cuesta más que uno durante un juego común.

La demanda de mercado de un determinado insumo es la suma de las demandas de ese recurso en sus diferentes usos. Por ejemplo, la demanda de mercado de carpinteros suma las demandas de este tipo de mano de obra en la construcción residencial y comercial, remodelaciones, fabricación de muebles, etc. De manera similar, la demanda de mercado del factor, es decir, la madera, suma la demanda de troncos como madera, durmientes para vías férreas, madera para chimeneas, muebles, lápices, palillos para dientes, productos de papel, etc. La curva de demanda de un factor, al igual que las curvas de demanda de los bienes producidos mediante ese recurso, presentan pendientes descendentes, tal y como se ilustra en la figura 1.

A medida que el precio de un factor disminuye, los productores están más dispuestos y en mejores condiciones de emplear tal recurso. Considere primero la mayor *disponibilidad* de parte del productor a contratar recursos conforme desciende el precio del factor. Al trazar la curva de demanda de un determinado factor, suponemos que se mantienen constantes los precios de otros recursos. De modo que si el precio de un factor específico desciende, se vuelve relativamente más barato en comparación con los otros recursos que la empresa utiliza para generar la misma producción. Por tanto, las empresas muestran una mayor disposición a contratar ese factor en lugar de otros, ahora relativamente más costosos. De ahí que observemos lo que se conoce como *sustitutos en la producción:* carpinteros por albañiles, carbón por petróleo, alarmas de seguridad por guardias y excavadoras por retroexcavadoras, a medida que los precios relativos de los carpinteros, el carbón, las alarmas de seguridad y las excavadoras disminuyen.

El precio más bajo de un insumo también incrementa la *capacidad* del productor para contratar ese recurso. Por ejemplo, si la paga de los carpinteros disminuye, las constructoras pueden contratar a más carpinteros por el mismo costo total. El precio más bajo de un factor significa que la empresa está en *mejores condiciones* de comprarlo.

Oferta de mercado de los factores

La curva de oferta del mercado de un factor de producción suma todas las curvas de oferta individuales de ese factor. Los proveedores de factores tienden a mostrarse más *dispuestos* y en mejores *condiciones* de suministrar el recurso a medida que aumenta su precio, de modo que la curva de oferta de mercado presenta una pendiente ascendente, como se aprecia en la figura 1. Los proveedores de factores están más *dispuestos* porque un precio más elevado por el recurso, si se mantienen constantes otros elementos, significa que pueden adquirirse más bienes y servicios con las ganancias de cada unidad del recurso suministrado.

Los precios de los factores son señales que divisan las recompensas de proveer recursos para actividades alternativas. Los altos precios en los factores murmuran al propietario: "El mercado realmente aprecia tus recursos y está dispuesto a pagar muy bien por ellos". Los precios más altos atraerán a otros insumos de usos menos valorados, incluyendo el ocio. Por ejemplo, a medida que el salario de los carpinteros aumente, la cantidad de trabajo ofrecida también crecerá; de hecho, algunos carpinteros abandonarán el ocio para trabajar más horas.

La segunda razón por la que una curva de oferta de factores presenta una pendiente ascendente es que los propietarios del recurso están en *condiciones* de proveer una mayor cantidad del factor a un precio más elevado. Por ejemplo, el aumento en la paga de un carpintero significa que más aprendices pueden realizar una capacitación exhaustiva para convertirse en carpinteros. El aumento en la paga *permite* que los proveedores del factor aumenten la cantidad que ofrecen. De igual modo, un precio mayor por la madera en bruto permite que los leñadores corten árboles en regiones más remotas, y un precio del petróleo más elevado permite que las empresas que realizan perforaciones exploren en otras partes del mundo.

Diferencias temporales y permanentes en los precios de los factores

A los propietarios de los factores les interesa mucho vender sus recursos donde más los aprecian. *Los recursos suelen fluir hacia el uso en que más se valoran*. Por ejemplo, si los carpinteros pueden ganar más construyendo viviendas que fabricando muebles, optarán por dedicarse a la construcción de casas hasta que los salarios que se perciban en ambas actividades sean iguales. Dado que los propietarios de los factores buscan obtener la remuneración más elevada, *si se mantienen constantes otros elementos*, los precios que se pagan por recursos idénticos deberán tender hacia la uniformidad.

Por ejemplo, suponga que a los carpinteros que construyen viviendas se les paga $25 la hora, lo cual representa $5 más de lo que ganan los carpinteros que fabrican muebles. Esta diferencia se aprecia en la figura 2 con un salario inicial de $25 por hora en el panel

FIGURA 2

Mercado para carpinteros en usos opcionales: construcción de viviendas y fabricación de muebles

Suponga que el salario que se ofrece a los carpinteros es de $25 la hora en la construcción de viviendas, pero sólo de $20 la hora en la fabricación de muebles. Como resultado de la diferencia salarial, algunos carpinteros pasarán de la fabricación de muebles a la construcción de viviendas, y esto continuará hasta que el salario que se ofrezca a los carpinteros sea idéntico en ambas actividades. En el panel (b), la reducción en la oferta de carpinteros para la fabricación de muebles incrementa el salario de equilibrio de $20 a $24 la hora. En el panel (a), el aumento en la oferta de carpinteros para la construcción de viviendas disminuye el salario de equilibrio de $25 a $24 la hora. Un total de 2 000 horas de carpintero por semana pasan de la fabricación de muebles a la construcción de viviendas.

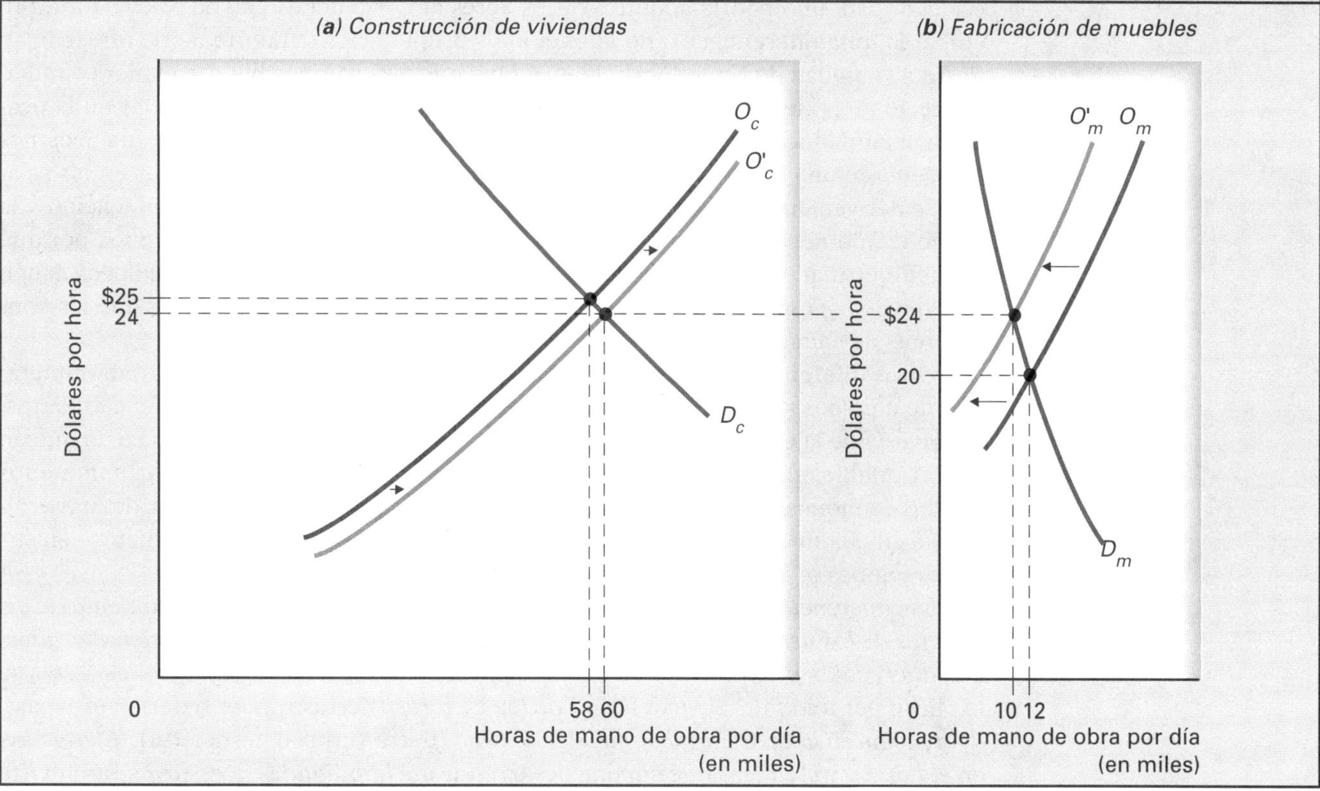

(a) y uno de $20 la hora en el panel (b). Esta diferencia alentará a algunos carpinteros a pasar de la fabricación de muebles a la construcción de viviendas, haciendo que disminuya con ello el salario en la construcción de viviendas y aumente en la fabricación de muebles. Los carpinteros pasarán a la construcción de viviendas hasta que los salarios se equilibren. En la figura 2, la oferta se desplaza hacia la izquierda de la fabricación de muebles y hacia la derecha de la construcción de viviendas hasta que el salario se ubica en $24 en ambos mercados. Observe que 2 000 horas de mano de obra por día pasaron de la fabricación de muebles a la construcción de viviendas. *Mientras los beneficios no monetarios derivados de suministrar factores de producción para usos opcionales sean idénticos, y mientras los factores puedan desplazarse libremente, éstos se ajustarán a los diferentes usos hasta que se les pague la misma tasa.*

En ocasiones, las ganancias parecen diferir entre recursos aparentemente similares. Por ejemplo, los economistas corporativos ganan más en promedio que los economistas académicos, y los terrenos cuestan más en las ciudades que en el campo. Como verá a continuación, estas diferencias reflejan también el funcionamiento de la oferta y la demanda.

Diferencias temporales en los precios de los factores. En ocasiones, los precios de los factores difieren temporalmente en los diversos mercados pues el ajuste toma tiempo. Por ejemplo, a veces las diferencias salariales se dan entre trabajadores que al parecer están igualmente calificados. Sin embargo, como habrá observado, una diferencia entre los precios de los recursos similares insta a los propietarios de los insumos y a las empresas a realizar ajustes que lleven los precios de los factores a un nivel equitativo, como en el caso de los carpinteros en la figura 2. El proceso puede durar años, pero cuando los mercados de factores tienen libertad para ajustarse, las diferencias en los precios desencadenan la reasignación de los recursos, lo que uniforma los pagos de factores similares.

Diferencias permanentes en los precios de los factores. No todas las diferencias en los precios de los factores generan una reasignación de éstos. Por ejemplo, un terreno en la Quinta Avenida de Nueva York se vende hasta en $36 000 ¡*el metro cuadrado*! Por esa cantidad, uno podría adquirir varios acres al norte del estado de Nueva York. Sin embargo, una diferencia así no alienta a los propietarios del norte a que ofrezcan su tierra a la ciudad de Nueva York, lo cual obviamente es imposible. De manera similar, el precio de la tierra de cultivo varía mucho, lo cual refleja las diferencias en la productividad y ubicación de la tierra. Este tipo de diferencias no desencadena acciones que generen una igualdad de precios. De igual modo, ciertos diferenciales en los salarios se derivan en parte de los diferentes costos que supone adquirir la educación y la capacitación necesarias para realizar ciertas tareas. Esta diferencia explica por qué los neurocirujanos ganan más que los arboricultores, por qué los oftalmólogos ganan más que los optometristas y por qué los pilotos de aerolíneas ganan más que los conductores de camiones.

Otros diferenciales en las ganancias reflejan diferencias en aspectos no monetarios de empleos similares. Por ejemplo, si se mantienen constantes otros elementos, la mayoría de la gente exige un sueldo mayor por trabajar en una fábrica sucia que en una agradable oficina. De manera similar, los economistas académicos ganan menos que los economistas corporativos en parte porque aquellos suelen gozar de mayor libertad en cuanto a horarios, ropa, elección de temas de investigación e incluso en sus declaraciones públicas.

Las diferencias son temporales en los precios porque activan el movimiento de los factores de los usos con una menor remuneración hacia los usos mejor remunerados. Las diferencias permanentes en los precios no generan esas reasignaciones. Éstas se explican por *una falta de movilidad de los factores* (tierras rurales o tierras urbanas), *diferencias en la calidad inherente del recurso* (tierra yerma o tierra fértil), *diferencias en el tiempo y el dinero que supone desarrollar las habilidades necesarias* (archivista o contador público certificado) *y diferencias en aspectos no monetarios del trabajo* (celador en la prisión de San Quintín o salvavidas en la playa de Malibú).

Costo de oportunidad y renta económica

El mundo entero supo que Shaquille O'Neal ganó $35 millones en el 2000, casi la mitad proveniente de anunciar productos. Pero probablemente hubiera estado dispuesto a jugar baloncesto y anunciar productos por menos. La pregunta es ¿por cuánto menos? ¿Cuál es su mejor opción? Supongamos que su mejor opción sea dedicar su energía de tiempo completo a convertirse en artista de rap, algo que ahora realiza en su tiempo libre. Supongamos que como artista de rap de tiempo completo pudiera ganar $1 millón al año, incluyendo los anuncios. Del mismo modo, supongamos que, aparte de la diferencia en lo que percibe, le es indistinto dedicarse al rap o al baloncesto, de modo que los aspectos no monetarios de las dos ocupaciones se compensan. Por tanto, debe pagársele al menos $1 millón para que siga siendo basquetbolista. Esta cantidad representa su costo de oportunidad. *El costo de oportunidad es lo que ese recurso podría ganar en su mejor uso opcional.*

El monto que O'Neal gana por encima de su costo de oportunidad se denomina *renta económica*. La **renta económica** es la parte de las ganancias totales de un factor que no es necesaria para mantener el uso actual del recurso; es decir, como diría el dicho: "El puro jugo." En el caso de O'Neal, la renta económica es de $35 millones menos $1 millón, o sea $34 millones. La renta económica es una especie de excedente del productor que los proveedores de factores obtienen. La *división* de ganancias entre el costo de oportunidad y la renta económica depende de la elasticidad de oferta del propietario del factor. *En general, cuanto menos elástica sea la oferta del factor, mayor será la renta económica en proporción a las ganancias totales.* Para hacernos una idea de la diferencia entre costo de oportunidad y renta económica, consideremos tres casos.

Renta económica Parte de las ganancias totales de un factor por encima de su costo de oportunidad; ganancias por encima de la cantidad necesaria para mantener el uso actual del factor.

Caso A: Todas las ganancias constituyen una renta económica. Si la oferta de un factor a un determinado mercado es perfectamente inelástica, ese factor no tiene un uso alterno. Por tanto, no hay costo de oportunidad y todas las ganancias constituyen una renta económica. Por ejemplo, las tierras yermas de las planicies de Montana no sirven más que para alimentar ganado. La oferta de esta tierra de pastura se representa mediante la línea vertical de color vino en el panel (a) de la figura 3, la cual indica que los 10 millones de acres no tienen uso opcional. Como la oferta está fija, la cantidad que se paga por arrendar esta tierra de pastura no ejerce efecto alguno en la cantidad de oferta. El costo de oportunidad es de cero, de modo que todas las ganancias constituyen una renta económica, la cual se muestra mediante el área sombreada en color azul. En este caso, *la oferta fija determina la cantidad en equilibrio del recurso, pero la demanda determina el precio de equilibrio.*

Caso B: Todas las ganancias constituyen costos de oportunidad. En el extremo opuesto se encuentra el caso en que un factor puede ganar lo mismo en su mejor uso opcional que en su uso actual. Esta situación la ilustra la curva de oferta perfectamente elástica del panel (b) en la figura 3, la cual representa el mercado para los conserjes en el sistema educativo local. En este caso, los conserjes ganan $10 la hora de oferta de 1 000 horas de trabajo al día. Si el sistema educativo pagara menos de $10 la hora, los conserjes se buscarían un empleo en otra parte, tal vez en las fábricas localizadas en los alrededores, donde la paga es de $10 la hora. Así, los conserjes obtienen sus costos de oportunidad. En este caso, *la curva de la oferta horizontal determina el salario de equilibrio, pero la demanda determina la cantidad de equilibrio.*

Caso C: Las ganancias incluyen tanto la renta económica como los costos de oportunidad. Si la curva de la oferta presenta una pendiente ascendente, la mayoría de los propietarios de los factores obtienen una renta económica además de su costo de oportunidad. Por ejemplo, si el salario de mercado del trabajo no calificado en su comunidad universitaria se incrementa de $5 a $10 por hora, la cantidad de oferta de mano de obra aumentaría, lo mismo que la renta económica que obtienen los proveedores de los factores. Esta situación ocurre en el panel (c) de la figura 3, donde el área sombreada en color rosa identifica los costos de oportunidad y el área sombreada en color azul, la renta económica. Si el salario aumenta de $5 a $10 la hora, la cantidad de oferta por día se incrementará en 5 000 horas. Para los proveedores de factores que habían estado ofreciendo sus servicios

FIGURA 3

Costo de oportunidad y renta económica

En el panel (a), la curva de oferta del factor es vertical, lo que indica que el factor no tiene ningún uso opcional. El precio lo determina la demanda y todas las ganancias están en forma de renta económica. En el panel (b), la curva de oferta es horizontal, lo que indica que el factor también puede obtener $10 en su mejor uso opcional. El empleo lo determina la demanda y todas las ganancias son costos de oportunidad. El lpanel (c) muestra una curva de oferta con pendiente ascendente. En el salario en equilibrio de $10, las ganancias del factor son en parte costos de oportunidad y en parte renta económica. Tanto la oferta como la demanda determinan el precio y la cantidad en equilibrio.

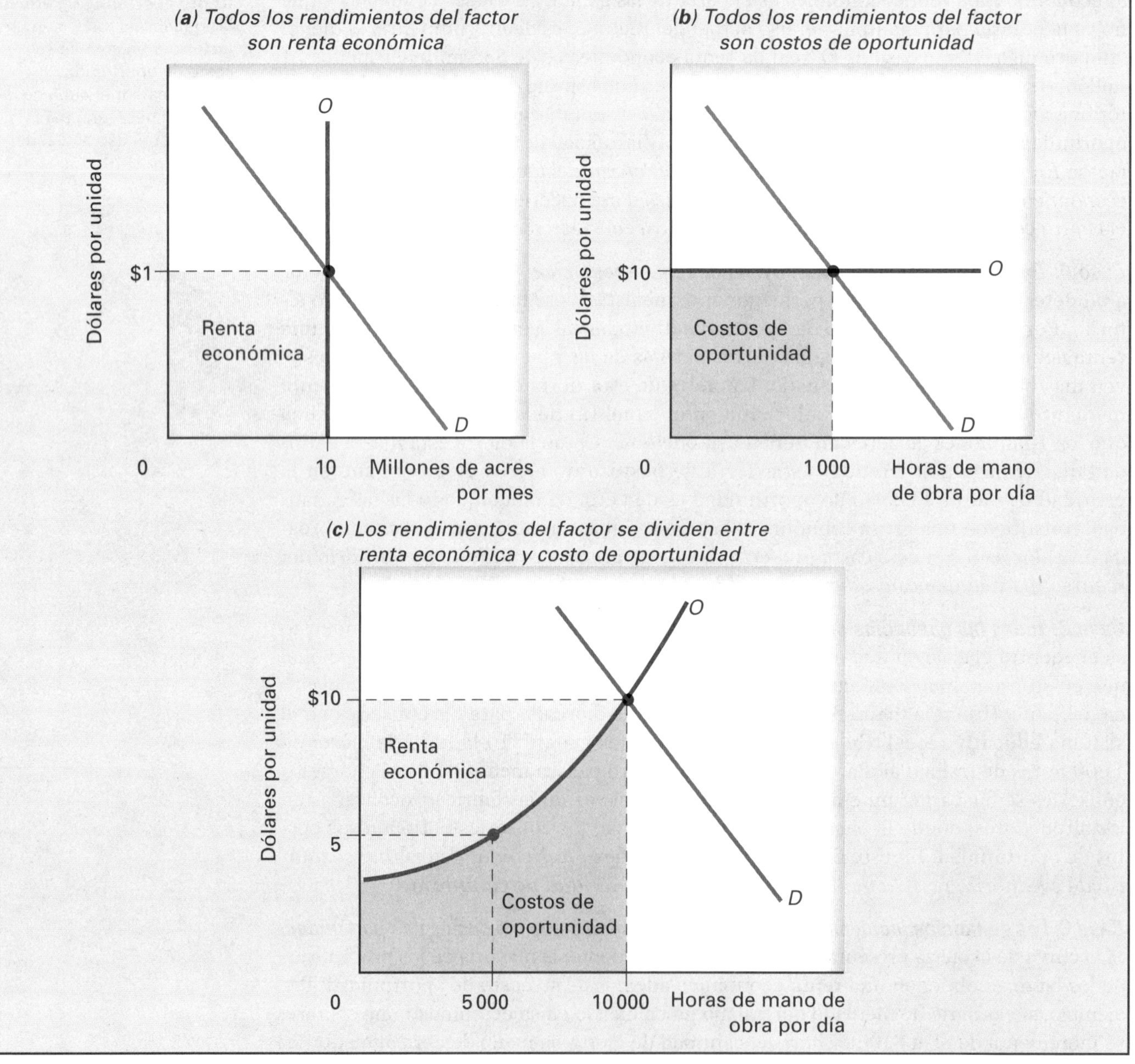

a un salario de $5 la hora, la diferencia entre $5 y $10 constituye la renta económica. Estos trabajadores no exigieron el salario más elevado por la oferta de sus servicios, pero desde luego no van a despreciarlo. *En el caso de una curva de oferta con pendiente ascendente y una curva de demanda con pendiente descendente, tanto la demanda como la oferta determinan el precio y la cantidad en equilibrio.*

Observe que los factores de producción especializados tienden a obtener una proporción mayor de renta económica que los factores que tienen muchos usos opcionales. Por tanto, Shaquille O'Neal percibe una *proporción* mayor de su ingreso como renta económica que el conserje que asea los vestidores de los Lakers de Los Ángeles. O'Neal tendría una reducción enorme en su sueldo si no jugara profesionalmente al baloncesto, pero el conserje de los Lakers probablemente encontraría otro trabajo semiespecializado en el que le pagarían casi lo mismo.

En resumen, con base en una curva de demanda de factores que presenta una pendiente descendente, cuando la curva de oferta de factores es vertical (perfectamente inelástica), todas las ganancias son renta económica; cuando la curva de oferta es horizontal (perfectamente elástica), todas las ganancias constituyen un costo de oportunidad; y cuando la curva de oferta presenta una pendiente ascendente (una elasticidad mayor que cero, pero menos que infinito), las ganancias se dividen entre la renta económica y el costo de oportunidad. Recuerde, *el costo de oportunidad de un factor es lo que éste podría ganar en su mejor uso opcional. La renta económica representa las ganancias que rebasan el costo de oportunidad.*

Esto completa nuestra introducción a la oferta de factores. En el resto de este capítulo, examinaremos más detenidamente la demanda de factores. Los determinantes de la demanda de un recurso son en gran medida los mismos ya sea que hablemos de mano de obra, capital o tierra. Sin embargo, la oferta de diferentes factores tiene ciertas peculiaridades dependiendo del recurso, de modo que volveremos a abordar la oferta factorial en los siguientes dos capítulos.

UN ANÁLISIS MÁS PROFUNDO DE LA DEMANDA DE LOS FACTORES DE PRODUCCIÓN

Aunque en la producción intervienen por lo general muchos recursos, reduzcamos el alcance del análisis y concentrémonos en un solo factor, suponiendo que permanecen constantes las cantidades de los demás recursos empleados. Como siempre, daremos por hecho que las empresas tratan de maximizar sus ganancias y los hogares su utilidad.

Demanda de un factor por parte de la empresa

Como recordará, cuando hablamos por primera vez del tema de los costos de las empresas, consideramos una compañía de mudanzas, en la cual la mano de obra era el único factor variable en el corto plazo. Al variar la cantidad de mano de obra empleada, examinamos la relación entre la cantidad de mano de obra y la cantidad de mobiliario desplazado por día. Utilizamos el mismo método en la figura 4, donde todos los insumos de la empresa, excepto uno, permanecen constantes. En la columna (1) de la tabla aparece una lista de los posibles niveles de empleo del factor variable, en este caso medido como trabajadores por día. En la columna (2) aparece una lista de la producción total, o producto total, y en la columna (3) figura el producto marginal. El *producto marginal* de la mano de obra constituye el cambio en el producto total derivado de emplear una unidad adicional de mano de obra.

Cuando se emplea a un trabajador, el producto total es de 10 unidades y lo mismo sucede con el producto marginal. El producto marginal derivado de agregar al segundo trabajador es de nueve unidades. Conforme la empresa contrata a más trabajadores, el producto marginal de la mano de obra disminuye, lo que refleja la ley de los rendimientos marginales decrecientes. Note en este ejemplo, que los rendimientos marginales decrecientes se presentan de inmediato, es decir, justo después de que se emplea al primer trabajador.

FIGURA 4

Producto del ingreso marginal cuando una empresa es tomador de precios

(1) Trabajadores por día	(2) Producto total	(3) Producto marginal	(4) Precio del producto	(5) Ingreso total (5) = (2) × (4)	(6) Producto del ingreso marginal (6) = (3) × (4)
0	0	—	$20	$ 0	—
1	10	10	20	200	$200
2	19	9	20	380	180
3	27	8	20	540	160
4	34	7	20	680	140
5	40	6	20	800	120
6	45	5	20	900	100
7	49	4	20	980	80
8	52	3	20	1 040	60
9	54	2	20	1 080	40
10	55	1	20	1 100	20
11	55	0	20	1 100	0
12	53	−2	20	1 060	−40

Aunque en este caso la mano de obra es el factor variable, podríamos examinar el producto marginal de cualquier factor. Por ejemplo, podríamos considerar cuántos jardines podrían podarse por semana al variar la cantidad de capital empleado. Podríamos iniciar con muy poco capital, imagínese cortar el pasto con tijeras, y luego pasar a una podadora mecánica, después a una podadora motorizada, hasta llegar finalmente a la "Devoradora". Al mantener constante la mano de obra y variar la cantidad de capital empleado, podríamos calcular el producto marginal del capital. Del mismo modo, podríamos calcular el producto marginal de la tierra, examinando la producción por cosecha de diversas extensiones de tierra, si se mantienen constantes otros insumos.

Ingreso marginal generado por un factor

La pregunta importante es ¿qué sucede con el *ingreso* de la empresa cuando se contrata a trabajadores adicionales? Las primeras tres columnas de la figura 4 muestran la producción cuando la empresa contrata a más trabajadores. El *ingreso marginal por incrementos del trabajo* indica la manera en la que el ingreso total cambia a medida que se emplea más mano de obra, si permanecen constantes otros factores. El **ingreso marginal generado por un factor** es el cambio en el ingreso total de la empresa que resulta de emplear una unidad adicional del factor, si se mantienen constantes otros elementos. Podría concebirse al ingreso marginal como el "beneficio marginal" que obtiene la empresa al contratar una unidad más del factor. El ingreso marginal generado por un factor depende de qué tanta producción adicional genera ese factor, y el precio al que se venda dicha producción.

Ingreso marginal generado por un factor Cambio en el ingreso total cuando se contrata una unidad adicional de un factor, si se mantienen constantes otros elementos.

Cuando una empresa competitiva vende su producción. El cálculo del ingreso marginal generado por un factor es simplemente la venta del producto en un mercado perfectamente competitivo, que es la premisa en que se basa la figura 4. Una empresa en condiciones de competencia perfecta puede vender tanto como desee al precio del mercado,

una empresa perfectamente competitiva es un *tomador de precios*. Esta empresa debe aceptar, o "adoptar", el precio de mercado por su producto. El ingreso marginal generado por un factor, que aparece en la lista de la columna (6), es el cambio en el ingreso total que resulta de cambiar el uso del insumo en una unidad. En el caso de la empresa perfectamente competitiva, el ingreso marginal generado por un factor es simplemente el producto marginal del insumo multiplicado por el precio del producto de $20. Observe que debido a los rendimientos decrecientes, el ingreso marginal generado por un factor decrece uniformemente cuando la empresa emplea unidades adicionales del insumo en cuestión.

Cuando una empresa fijadora de precios vende su producción. Si la empresa tiene cierto poder de mercado donde se intercambia el producto, es decir, cierta capacidad para determinar el precio, la curva de demanda para la producción de esa empresa presentará una pendiente descendente. Para vender más producción, la empresa debe reducir su precio; en consecuencia, debe buscar el precio que maximice sus ganancias. A tal empresa se le denomina *fijadora de precios*. En la figura 5 se reproducen las dos primeras columnas de la figura 4. En la columna (3) aparece el precio al que la producción total puede venderse. La producción total multiplicada por el precio genera el ingreso total de la empresa, el cual aparece en la columna (4).

El ingreso marginal generado por el trabajo es el cambio en el ingreso total resultado de un cambio de 1 unidad en la cantidad de mano de obra empleada, aparece en la columna (5). Por ejemplo, el primer trabajador produjo 10 unidades por día, las cuales se venden a $40 cada una, lo que genera un ingreso total de $400. Contratar al segundo trabajador agrega 9 unidades más al producto total, pero para poder vender 9 unidades más, la empresa debe reducir el precio de todas las unidades de $40 a $35.20. El ingreso total aumenta entonces a $668.80, lo que significa que el ingreso marginal derivado de contratar a un segundo trabajador es $268.80.

Una vez más, *el ingreso marginal generado por un factor es el ingreso adicional que resulta de emplear a cada trabajador adicional.* La empresa que busca maximizar sus ga-

FIGURA 5

El ingreso marginal generado por un factor cuando una empresa fija los precios

(1) Trabajadores por día	(2) Producto total	(3) Precio del producto	(4) Ingreso total (4) = (2) × (3)	(5) Ingreso marginal generado por el trabajo
0	0	—	—	—
1	10	$40.00	$400.00	$400.00
2	19	35.20	668.80	268.80
3	27	31.40	847.80	179.00
4	34	27.80	945.20	97.40
5	40	25.00	1000.00	54.80
6	45	22.50	1012.50	12.50
7	49	20.50	1004.50	−8.00
8	52	19.00	988.00	−16.50
9	54	18.00	972.00	−16.00
10	55	17.50	962.50	−9.50
11	55	17.50	962.50	0.00

nancias deberá estar dispuesta y en condiciones de pagar el equivalente al ingreso marginal por una unidad adicional del factor; por tanto, *la curva del ingreso marginal generado por un factor puede concebirse como la curva de demanda de la empresa para ese factor de producción*. Podría considerar la curva del ingreso marginal generado por un factor como el beneficio marginal para la empresa de contratar cada unidad adicional del recurso.

En síntesis, ya se trate de una empresa que acepta o impone el precio, el ingreso marginal generado por un factor es el cambio en el ingreso total que resulta de un cambio de una unidad en tal factor de producción, si se mantienen constantes otros elementos. La curva del ingreso marginal generado por un factor es la curva de demanda de ese factor: muestra la cantidad máxima que una empresa puede y está dispuesta a pagar por cada unidad sucesiva del insumo. *En el caso de una empresa que es tomador de precios, la curva del ingreso marginal generado por un fator presenta una pendiente descendente sólo por los rendimientos marginales decrecientes. En el caso de una empresa fijadora de precios, la curva del ingreso marginal generado por un factor presenta una pendiente descendente tanto por los rendimientos marginales decrecientes como porque la producción adicional puede venderse sólo si el precio disminuye.* Para ambos tipos de empresas, el ingreso marginal generado por un factor es el cambio en el ingreso total derivado de contratar una unidad adicional de ese factor.

Costo marginal del factor de producción

Costo marginal del factor de producción Cambio en el costo total cuando se contrata una unidad adicional de un factor si se mantienen constantes otros elementos.

Sobre la base del ingreso marginal generado por un factor de la empresa, ¿podríamos determinar qué cantidad de mano de obra debería emplear la empresa para maximizar sus ganancias? Aún no, pues todavía debemos saber cuánto le cuesta a la empresa la mano de obra. En concreto, ¿cuál es el **costo marginal del factor de producción**?, es decir, ¿cuál es el costo adicional para la empresa de emplear una unidad más de mano de obra? La empresa común contrata una fracción tan pequeña del recurso disponible que la decisión que toma en cuanto al empleo del factor no ejerce efecto alguno en el precio de mercado de tal insumo. Por tanto, cada empresa suele enfrentar un determinado precio de mercado por el factor y sólo decide el monto que contrata a ese precio.

Por ejemplo, el panel (a) de la figura 6 muestra el mercado de trabajadores industriales, medido como trabajadores por día. La intersección de la demanda y la oferta de mercado determina el salario de mercado de $100 diarios. El panel (b) muestra la situación de la empresa. El salario de mercado se convierte en el costo marginal del insumo por concepto de mano de obra, independientemente de la cantidad de trabajadores que la empresa emplee. La curva de *costo marginal* del factor se muestra mediante la línea horizontal trazada en el nivel de $100 en el panel (b); se trata de la curva de oferta de mano de obra para la empresa. El panel (b) también muestra la curva del ingreso marginal generado por un factor, o curva de demanda del insumo, basada en el programa presentado en la figura 4, en donde la empresa es un precio aceptante. La curva del ingreso marginal generado por un factor indica el ingreso adicional que la empresa recibe como resultado de emplear cada unidad adicional de mano de obra.

Dado un costo marginal del factor de $100 por trabajador al día, ¿qué cantidad de mano de obra empleará la empresa para maximizar sus ganancias? *La empresa contratará más mano de obra mientras esto le aporte más al ingreso que al costo, es decir, mientras el ingreso marginal generado por un factor exceda al costo marginal del factor. La empresa dejará de contratar mano de obra sólo cuando ambos sean iguales.* Si el costo marginal del factor es una constante de $100 por trabajador, la empresa contratará a seis trabajadores por día, dado que el ingreso marginal por contratar a un sexto trabajador es igual a $100. Por tanto, la empresa contrata recursos adicionales hasta el nivel en que

El ingreso marginal del factor (IMF) = costo marginal del factor (CMF)

Esta igualdad se aplica a todos los recursos empleados, sea que la empresa venda su producción como tomador de precios o como fijador de precios. La maximización de

FIGURA 6

Equilibrio de mercado de un factor y la decisión de empleo de la empresa

La demanda y la oferta de mercado determinan el precio y la cantidad de equilibrio. Sobre la base del precio de mercado del factor, la empresa emplea tanto como desea a ese precio, de manera que el precio de mercado es el costo marginal del factor para la empresa. La curva de la demanda de la empresa por el factor se basa en el ingreso marginal generado por un factor. La empresa maximiza sus ganancias al contratar hasta el punto en que el ingreso marginal generado por un factor es igual al costo marginal del factor.

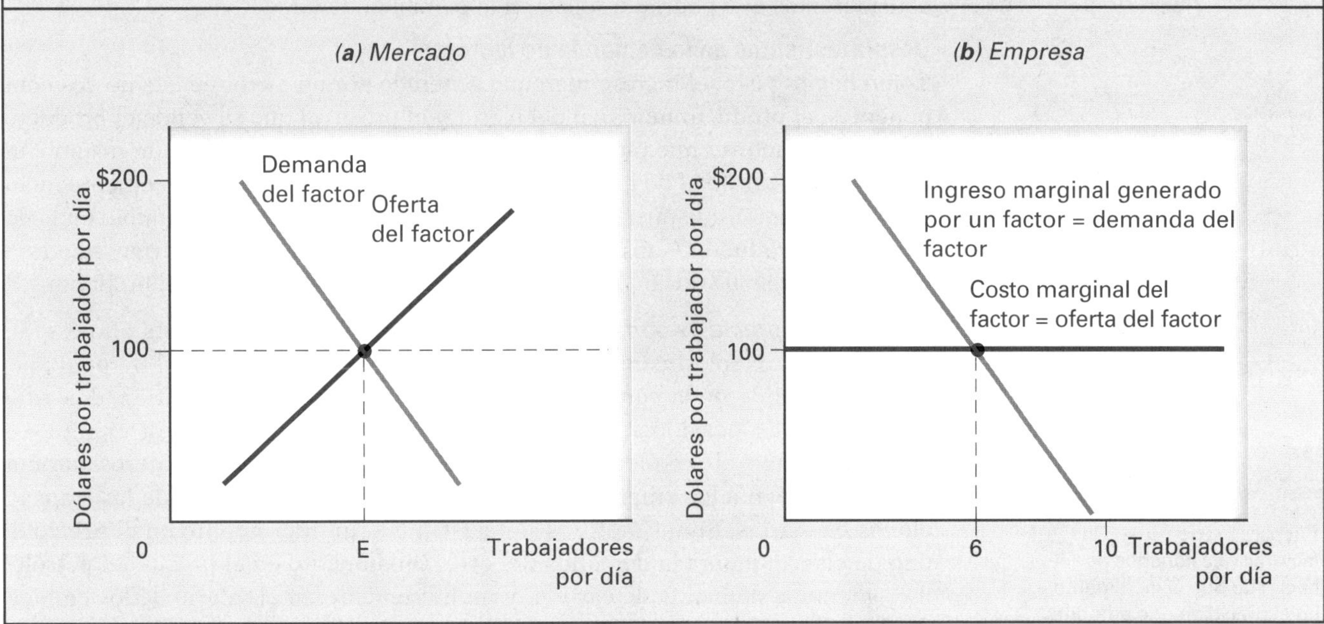

las ganancias ocurre donde el ingreso marginal generado por la mano de obra es igual al salario de mercado (suponiendo que la oferta de mano de obra para la empresa sea perfectamente elástica). Con base en los datos presentados hasta ahora, aún no podemos determinar la ganancia real de la empresa, pues todavía desconocemos los otros costos de la empresa. Sin embargo, por la figura 6, sabemos que la incorporación de un séptimo trabajador agrega $100 al costo, pero añadiría menos que eso al ingreso, de modo que contratar a un séptimo elemento reduciría las ganancias de la empresa (o incrementaría sus pérdidas).

Si la empresa vende su producción como un precio aceptante o como un fijador de precios, el nivel de empleo que maximiza las ganancias ocurre cuando el ingreso marginal generado por la mano de obra es igual al costo marginal del factor. De manera similar, el empleo de otros factores que permiten maximizar las ganancias, como tierra y capital, ocurre cuando sus respectivos ingresos marginales generados equivalen a sus costos marginales. Cada recurso debe "cargar con su propio peso", es decir, debe generar un ingreso adicional que al menos sea igual al costo adicional.

En un capítulo anterior, presentamos una regla para determinar el nivel de producción con el cual se maximizan las ganancias. La ganancia máxima (o pérdida mínima) ocurre en el punto en que el ingreso marginal de la *producción* es igual al costo marginal. Del mismo modo, la ganancia máxima (o pérdida mínima) ocurre en el nivel del factor en que el ingreso marginal de un *insumo* es igual al costo marginal del factor. Aunque la primera regla se centra en la producción y la segunda en el insumo, los dos métodos son formas equivalentes para derivar el mismo principio de maximización de ganancias. Por ejemplo, en la figura 6, la empresa maximiza sus ganancias contratando a seis trabajadores cuando el salario es de $100 por día. Los detalles de producción que aparecen en la figura 4 indican que un sexto trabajador produce cinco unidades adicionales de producción, las cuales se venden a $20 cada una, lo que incrementa el ingreso marginal generado por la mano de obra a $100. El ingreso marginal de esa producción es el cambio en el ingreso total de vender otra unidad de producción, que es de $20. El costo marginal de esa producción es el cambio en el costo total, $100, dividido entre el cambio en la producción, 5 unidades; de modo que el costo marginal de producción es de $100/5, o $20. Por tanto, *en equilibrio, el ingreso marginal de la producción es igual a su costo marginal*.

Ahora que ya tiene cierta idea de cómo derivar la demanda de un recurso, consideremos qué podría desplazar a la demanda de un factor.

Desplazamientos en la demanda de factores

Como hemos visto, el ingreso marginal generado por un factor consta de dos componentes: el producto marginal del factor y el precio al que se vende el producto. Existen dos factores que pueden modificar el producto marginal de un insumo: un cambio en la cantidad de los otros factores empleados y un cambio en la tecnología. Hay un factor que puede modificar el precio del producto: un cambio en la demanda del producto. Consideremos primero los cambios que podrían afectar al producto marginal y luego, los que podrían influir en la demanda del producto.

Cambio en el precio de otros factores. Aunque nuestro análisis hasta ahora se ha centrado en un solo insumo, en la práctica el producto marginal de cualquier insumo depende de la cantidad y calidad de los otros factores utilizados en la producción. En ocasiones, los factores son *sustitutos* entre sí. Por ejemplo, el carbón sustituye al petróleo en la generación de electricidad, los cajeros automáticos sustituyen a los empleados bancarios de caja en el manejo de las transacciones bancarias. Si dos factores son **sustitutos**, un incremento en el precio de uno de ellos aumenta la demanda del otro. Un aumento en el precio del petróleo incrementa la demanda de carbón, y un incremento en el salario de los empleados bancarios de ventanilla aumenta la demanda de cajeros automáticos.

Factores sustitutos Dos factores relacionados por el hecho de que el incremento en el precio de uno aumenta la demanda del otro.

Factores complementarios Dos factores relacionados por el hecho de que una disminución en el precio de uno genera un incremento en la demanda del otro.

En ocasiones, los factores son *complementarios*, por ejemplo, camiones y conductores de camiones. Si ambos factores son **complementarios**, una disminución en el precio de uno genera un incremento en la demanda del otro. Si el precio de los camiones de remolque disminuye, la cantidad demandada aumenta, lo cual deriva en un aumento en la demanda de conductores de camiones. De manera más general, cualquier incremento en la cantidad y calidad de un factor complementario, como camiones, fomenta la productividad marginal del insumo de que se trate, como conductores de camiones, y también la demanda de tal insumo aumenta. Un camión más grande y más rápido hace que el conductor sea más productivo. Una razón por la que un conductor de camiones en Estados Unidos gana mucho más que un conductor de calesas en la India es precisamente el camión.

Cambios tecnológicos. *Los avances tecnológicos pueden incrementar la productividad de algunos insumos, pero pueden hacer que otros resulten obsoletos.* El desarrollo de máquinas controladas por computadora incrementó la demanda de operadores capacitados en el uso de las computadoras, pero hizo que disminuyera la demanda de operadores sin habilidades de cómputo. El desarrollo de fibras sintéticas, como el rayón y el orlon, aumentó la demanda de acrílico y poliéster, pero redujo la demanda de fibras naturales, como el algodón y la lana. Los progresos en el desarrollo de fibras ópticas y las comunicaciones vía satélite incrementaron la demanda de fibra de vidrio y satélites, pero redujeron la demanda de alambre de cobre.

Los programas de cómputo están modificando las perspectivas laborales en campos como las leyes, la medicina, la contabilidad y la programación de computadoras. Por ejemplo, el software Will-Maker ha escrito más testamentos que cualquier abogado. En la medicina, el software llamado Iliad puede ayudar, en respuesta a una serie de preguntas, a diagnosticar 1 200 enfermedades y 5 600 manifestaciones patológicas. En la contabilidad, los programas como TurboTax y Quicken reducen la demanda de contadores públicos calificados. En la programación de computadoras, la construcción de páginas web es ahora tan sencilla como otras formas de edición de escritorio con programas como Fusion, Texture y FrontPage. Conforme el software y el hardware se vuelvan más baratos, mejores y más accesibles, la demanda de algunas habilidades profesionales disminuirá.

Cambios en la demanda del producto final. Dado que la demanda de un recurso *se deriva* de la demanda de la producción final, cualquier cambio en la demanda de la producción influye en la demanda del recurso. Por ejemplo, un incremento en la demanda de automóviles aumenta el precio de mercado y, por tanto, el ingreso marginal generado por los trabajadores de la industria automotriz. Examinemos la demanda derivada de arquitectos en el siguiente caso de estudio.

DEMANDA DERIVADA DE ARQUITECTOS

Caso de **estudio**

El mundo de los negocios

*e*Actividad

¿Cuál es la demanda actual de arquitectos? El Instituto Estadounidense de Arquitectos (*The American Institute of Architects*) tiene un centro profesional que cuenta con un consejo laboral en el sitio **http://www.e-architect.com/career/jobboard/job_SearchP.asp**. ¿Cuáles son las perspectivas de empleo para los futuros arquitectos profesionales? En el *Occupational Outlook Handbook* de la Oficina de Estadísticas del Trabajo (*Bureau of Labor Statistics*) aparecen análisis y pronósticos sobre las futuras tendencias en el empleo. La perspectiva para los arquitectos se encuentra en el sitio **http://www.bls.gov/oco/ocos038.htm**. ¿Cuál es el tamaño característico de una empresa que contrata arquitectos? ¿Qué le indica esto sobre los costos de búsqueda para quienes buscan empleo y para quienes ofrecen empleo?

La gran caída en los precios de los bienes raíces, sobre todo de los edificios comerciales, que ocurrió a finales de los ochenta y principios de los noventa, redujo la demanda de construcciones nuevas y esto, a su vez, redujo la demanda de los recursos que se utilizan en este ramo, como constructores y arquitectos. Considere lo que aconteció con la demanda de arquitectos. En la ciudad de Nueva York, la cantidad de anuncios clasificados para puestos de arquitecto se redujo de 5 000 en 1987 a 500 en 1991. Descensos similares se observaron en otras ciudades importantes. El empleo en una empresa nacional de arquitectos se redujo de 1 600 a 700 entre 1988 y 1992.

Entre los arquitectos que se iniciaban en su profesión, la pérdida de empleos se complica debido a los progresos que ha habido en la tecnología. Durante mucho tiempo, los puestos de dibujante constituyeron los peldaños iniciales para los nuevos arquitectos, pero el software de diseño asistido por computadora (CAD) y el desarrollo de computadoras más económicas y poderosas redujeron la demanda de nuevos arquitectos. Programas como Auto-Architect y 3D Manager ayudan a configurar todos los aspectos de una estructura y generan planos que pueden manejarse en un espacio tridimensional, algo imposible con los dibujos tradicionales. Programas de diseño como Home Design 3D y 3D Home Architect ayudan tanto a aficionados como a profesionales, y ofrecen sitios en internet así como soporte en línea complementarios. Mientras los planos arquitectónicos dibujados por un arquitecto cuestan alrededor de $550 la serie, los CD de la serie "Hágalo usted mismo" se venden entre $40 y $70. Por tanto, el software sustituye los puestos de arquitectos que se inician en su profesión.

La disminución en la demanda de arquitectos tuvo un impacto predecible en la demanda de educación superior, que en sí es una demanda derivada. La matrícula en las cátedras universitarias de arquitectura a nivel licenciatura disminuyó al momento en que los puestos para profesionales recién egresados desaparecieron. Al parecer, muchos arquitectos desempleados decidieron realizar estudios de posgrado, ya que el desalentador mercado de empleos redujo su costo de oportunidad temporal.

La excepción que confirma la regla de la demanda derivada es que las empresas de arquitectos que se especializan en la industria de cuidados de la salud florecieron cuando la atención médica se convirtió en el sector de más rápido crecimiento de la economía.

Fuentes: Tracie Rozhou, "At Hospitals, Construction Is Ragaining Its Health" *The New York Times*, 7 de julio 1997; D. W. Dunlap, "Recession Is Ravaging Architects' Firms", *The New York Times*, 17 de mayo 1992; Leslie Miller, "Net Might Free Architects from Reality", *USA Today*, 23 de noviembre 1999; Steven Ross, "Will Amateur CAD Put Residential Architects Out of Business?", *Architectural Record*, abril 1994; y el sitio en internet http://www3.autodesk.com/. La perspectiva de empleo para arquitectos puede hallarse en http://stats.bls.gov/oco/ocos038.htm.

En síntesis, la demanda de un insumo depende del ingreso marginal generado por un factor, que es el cambio en el ingreso total que se deriva de emplear una unidad más del insumo. Cualquier cambio que incremente el ingreso marginal generado por un factor, aumentará la demanda de éste.

Empleo óptimo de más de un recurso

Mientras el ingreso marginal generado por un factor exceda al costo marginal de ese factor, la empresa puede incrementar sus ganancias o reducir una pérdida empleando más de un factor. Una vez más, la empresa aumentará el uso del insumo hasta que el ingreso marginal generado sea exactamente igual al costo marginal del insumo. Esto se aplica a cada insumo empleado. Los empleadores que buscan maximizar sus ganancias contratarán cualquier factor hasta el punto en que la última unidad contratada contribuya al ingreso en la misma medida en que lo haga al costo.

Al inicio de este capítulo preguntamos por qué los edificios en el centro de Chicago son más altos que los ubicados en sitios más distantes. El terreno y el capital sustituyen, en gran medida, la generación de espacio de construcción. Dado que el terreno es más caro en el centro de la ciudad, los constructores ahí sustituyen el capital adicional por terreno, construyendo hacia arriba y no hacia los lados. Por consiguiente, los edificios son más altos cuando están próximos del centro de la ciudad y son más altos en las urbes donde el terreno es más costoso. Por ejemplo, los edificios de Chicago y Nueva York son más altos que los de Salt Lake City y Tucson.

El elevado precio del terreno en las zonas metropolitanas tiene otras repercusiones en el empleo eficaz de los recursos. Por ejemplo, en las aceras de la ciudad de Nueva York, igual que en muchas otras ciudades grandes, los carritos expendedores se especializan en vender todo tipo de comestibles, desde perros calientes hasta helados. ¿Por qué hay alrededor de 4 100 carritos con licencia en la ciudad de los rascacielos? Considere los recursos que se utilizan para ofrecer perros calientes: terreno, mano de obra, capital, destreza empresarial, más bienes intermedios como salchichas, pan y demás ingredientes. ¿Cuál de éstos considera que es más costoso en la ciudad de Nueva York? El espacio al menudeo en la Avenida Madison se renta a un precio promedio de $550 anuales por pie cuadrado. Dado que operar un carrito de perros calientes exige aproximadamente tres pies cuadrados, podría costar hasta $20 000 al año rentar el espacio comercial necesario. Sin embargo, además de los permisos públicos necesarios, el espacio en la acera pública es gratuito para los vendedores. Los vendedores de la calle que buscan maximizar sus ganancias sustituyen el costoso espacio comercial por el espacio de la acera pública, el cual es gratuito para ellos.

La política gubernamental puede influir en la asignación de recursos de otras maneras, como se expone en el siguiente caso de estudio.

Caso de **estudio**

Política pública

*e*Actividad

El Departamento del Trabajo de Estados Unidos (*U.S. Department of Labor*) cuenta con una página sobre el salario mínimo en http://www.dol.gov/dol/esa/public/minwage/main.htm. Este sitio cuenta con una sección de preguntas y respuestas sobre los aspectos legales y la historia del salario mínimo.

SALARIO MÍNIMO

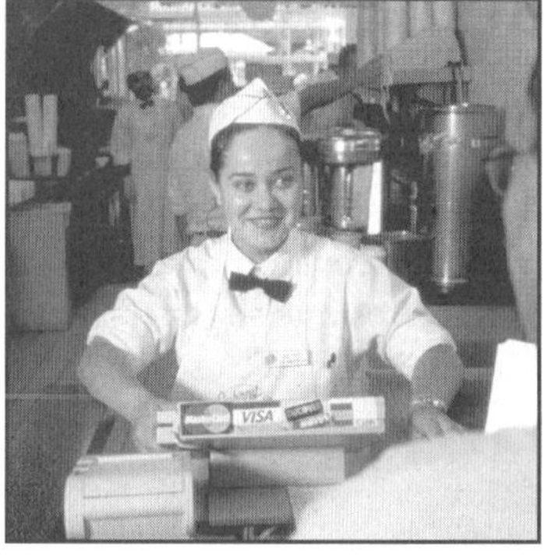

En marzo del 2000, el Congreso envió al presidente una iniciativa de aumento al salario mínimo de $1.00 a $6.15 en el transcurso de dos años; la legislación se vetó porque estaba ligada a una reducción de impuestos a las empresas. Desde el día en que se estableció el salario mínimo federal de 25 centavos de dólar en 1938, los economistas han debatido sobre los beneficios y costos de esta ley. En un principio, la ley federal abarcaba sólo el 43% de la fuerza laboral, sobre todo a los trabajadores de grandes empresas que participaban en el comercio interestatal. Con el paso del tiempo, el salario mínimo se ha incrementado y la cobertura ha crecido. Para el 2000, la cobertura se duplicó a cerca de 86% de la fuerza laboral (entre los grupos que aún no ampara esta ley figuran las trabajadoras domésticas y los empleados de establecimientos al menudeo y pequeños restaurantes).

Cuando se vetó la legislación del 2000, cerca de 7% de la fuerza laboral ganaba entre $5.15 y $6.15 la hora y, por tanto, en este porcentaje de personas pudo haber recibido un aumento. Este grupo consistía, en su mayoría, en trabajadores jóvenes, de los cuales casi todos laboraban de tiempo parcial, sobre todo en funciones de servicio y ventas. Por ejemplo, mientras ocho de cada 10 jóvenes trabajadores obtenían menos de $1 por encima del salario mínimo, menos de uno de cada 10 trabajadores de 45 años aproximadamente ganaban esa misma cantidad. Diez estados y el Distrito de Columbia contaban con un salario mínimo más elevado que el nivel federal. Del mismo modo, alrededor de 60 municipios en todo el país habían adoptado las llamadas leyes de salario de vida que rebasaban los mínimos federal y estatal. Por ejemplo, el salario de vida en Santa Mónica, California excede los $10 por hora. (A manera de comparación, el salario mínimo en México es de menos de $5 *al día*.)

Los partidarios de la legislación sobre el salario mínimo argumentan que un salario mínimo debidamente aplicado puede incrementar el ingreso de los trabajadores más pobres con un costo mínimo o nulo para el empleo general. Los detractores sostienen que un salario mínimo por encima del nivel de compensación de mercado hace que los patrones supriman las compensaciones no salariales o reduzcan la contratación.

Desde 1970 se han publicado en Estados Unidos más de 40 estudios en los que se examinan los efectos que los cambios en el salario mínimo ejercen en el empleo. En unos cuantos se encontró un efecto positivo del salario mínimo en el empleo, pero en casi todos se descubrió que el efecto podría ser nulo o negativo, sobre todo en el caso de los trabajadores más jóvenes. Una de las razones por las cuales un incremento en el salario mínimo tal vez no siempre tenga el efecto negativo esperado en el empleo a nivel general es que los empleadores suelen reaccionar al incremento salarial sustituyendo trabajos de tiempo parcial por empleos de tiempo completo, sustituyendo a trabajadores de salario mínimo más calificados (estudiantes universitarios) por trabajadores menos calificados (personas que no terminaron la preparatoria), y ajustando ciertas características del trabajo que no tienen relación con el salario para reducir costos o incrementar la productividad del trabajador.

Veamos algunos de los componentes del trabajo no relacionados con el salario que un empleador podría alterar en respuesta a un salario mínimo más elevado: la conveniencia del horario laboral, el esfuerzo de trabajo esperado, la capacitación en el trabajo, el periodo para comer y para descansar, las primas salariales por turnos nocturnos y por fines de semana, los días de vacaciones, los días feriados pagados, los permisos por enfermedad, las prestaciones médicas, la tolerancia por retardos, el espacio en el estacionamiento, el aire acondicionado, el código de vestimenta, etc. Por ejemplo, William Alpert, de la Universidad de Connecticut, descubrió que los restaurantes respondían a un aumento en el salario mínimo reduciendo los gastos en incentivos adicionales, sobre todo el periodo vacacional y las primas por turnos.

Uno de los aspectos que más preocupan a los economistas es la posible reducción en la capacitación en el trabajo a los elementos jóvenes, sobre todo a quienes tienen un nivel educativo bajo. Un salario mínimo más elevado también incrementa el costo de oportunidad de permanecer en la escuela. Según un estudio, un aumento del salario mínimo motivó a algunos jóvenes de entre 16 y 19 años a abandonar la escuela y buscar trabajo, aunque muchos no lograron encontrar uno. Sin embargo, aquellos que ya habían dejado la escuela tenían más probabilidades de quedar desempleados debido al aumento en el salario mínimo. Por consiguiente, un incremento en el salario mínimo puede reducir, como consecuencia inesperada, la matrícula escolar.

Robert Whaples, de la Universidad Wake Forest, entrevistó a 193 economistas especializados en el área laboral y descubrió que un 87% consideraba que "un salario mínimo aumenta el desempleo entre los jóvenes y los trabajadores no calificados". Sin embargo, los incrementos al salario mínimo cuentan con un amplio apoyo de parte del

Asegúrese de consultar el gráfico en que aparece el valor real del salario mínimo. ¿En qué año fue más elevado? El Instituto de Políticas de Empleo (*Employment Policies Institute*) tiene un vínculo de preguntas y respuestas sobre el impacto económico del salario mínimo en **http://www.epionline.org/minimumwage/index.html**. También hay vínculos con diversos informes de investigación sobre los impactos de las leyes del salario mínimo. El punto de vista liberal puede encontrarse en la página en internet del Instituto de Política Económica (*Economic Policy Institute*) sobre mercados laborales en **http://epinet.org/subjectpages/labor.html**.

¿Cuál es la importancia de la siguiente declaración en The Wall Street Journal*?: "'Temo que desemplees a más personas', Sen. Don Nickles, R-Okla., dijo lo que sucedería si se incluye un aumento al salario mínimo".*

público. Según una encuesta reciente, el respaldo más elevado, 81%, proviene de quienes tienen entre 18 y 29 años de edad, el grupo con más probabilidades de verse favorecido por un aumento en el salario mínimo. El estudiante universitario promedio suele tener un empleo de tiempo parcial por el cual obtiene un salario mínimo o algo cercano a éste. Un aumento en el salario mínimo beneficiaría a los estudiantes universitarios más que a quienes abandonan la preparatoria. La tasa de desempleo suele ser comúnmente dos veces más elevada en el caso de estos últimos que en el de los estudiantes universitarios.

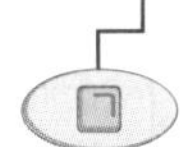

Fuentes: Michael Wartzman, "How the Minimum Wage Lost Its Status as a Tool of Social Progress in the U.S.", *The Wall Street Journal*, 19 de julio 2001; Robert Whaples, "Is There Consensus Among American Labor Economists? Survey Results of Forty Propositions", *Journal of Labor Research* núm. 27, otoño 1996, pp. 725-734; "Review Symposium: Myth and Measurement: The New Economics of the Minimum Wage", Industrial and Labor Relations Review núm. 48, julio 1995, pp. 827-849; William Alpert, *The Minimum Wage in the Restaurant Industry.*Nueva York, Praeger, 1986; y William Carrington y Bruce Fallick, "Do Some Workers Have Minimum Wage Careers?", *Monthly Labor Review*, mayo 2001, pp. 7-26, el cual también puede consultarse en el sitio http://www.bls.gov/opub/mlr/mlrhome.htm.

CONCLUSIÓN

El marco de referencia que hemos presentado se centra en el análisis marginal del uso de recursos para determinar el precio y la cantidad de equilibrio. La empresa emplea cada factor hasta que el ingreso marginal generado por ese factor es igual a su costo marginal. El objetivo de la maximización de ganancias garantiza que para producir cualquier nivel de producción, las empresas emplearán la combinación de costo mínimo de recursos y, por tanto, utilizarán los recursos de la economía en la forma más eficiente. Aunque nuestro enfoque se orienta a la productividad marginal de cada insumo, hay que tener presente que los factores se combinan para generar la producción, de manera que la productividad marginal de un determinado factor depende en parte de qué otros insumos se empleen.

RESUMEN

1. Las empresas demandan insumos para maximizar sus ganancias. Los hogares proveen insumos para maximizar la utilidad. Los objetivos de la maximización de ganancias de las empresas y los de maximización de utilidad de los hogares se reconcilian mediante un intercambio voluntario en los mercados de insumos.
2. Dado que el valor de cualquier factor depende de lo que éste produzca, la demanda de un factor constituye una demanda derivada, es decir, derivada de la demanda del producto final. Las curvas de la demanda presentan una pendiente descendente debido a que las empresas están más dispuestas y en condiciones de incrementar la cantidad de demanda conforme disminuye el precio de un factor. Las curvas de oferta de los factores presentan una pendiente ascendente porque los propietarios de los factores están más dispuestos y en condiciones de incrementar la cantidad que aportan conforme aumenta la retribución que obtienen por hacerlo.
3. Algunas diferencias en los precios de mercado de factores similares desencadenan la reasignación de factores que uniforma tales precios. Otras diferencias de precios no generan un cambio en los usos que se da a los factores debido a una falta de movilidad de éstos, a diferencias en la calidad inherente de los factores, a diferencias en el tiempo y el dinero que supone desarrollar las habilidades necesarias y a diferencias en los aspectos no monetarios del trabajo.
4. Las ganancias de los factores de producción se dividen entre: (1) ganancias que reflejan el costo de oportunidad del factor; y (2) la renta económica, la porción de las ganancias de un factor que excede su costo de oportunidad. Si un insumo carece de un uso opcional, las ganancias consisten totalmente en una renta económica; si un insumo tiene otros usos que también se aprecian, las ganancias consisten completamente en el costo de oportunidad.
5. La curva de demanda de un factor de producción por parte de una empresa es la curva del ingreso marginal generado por un factor, la cual muestra el cambio en el ingreso total derivado de emplear una unidad más del factor, si se mantienen constantes otros elementos. Si una empresa vende su producción en un mercado perfectamente competitivo, la curva del ingreso marginal generado por un factor presenta una pendiente descendente debido a los rendimientos marginales decrecientes. Si una empresa tiene cierto poder en el mercado del producto, la curva del ingreso marginal generado por un factor presenta una pendiente descendente debido a los rendimientos marginales decrecientes y a que el precio del factor debe reducirse para vender más producción.

6. La curva de demanda de un factor de producción se desplazará hacia la derecha si hay un incremento en su productividad marginal o en el precio de la producción. La demanda de un factor aumenta si hay un incremento en el precio de un factor sustituto o una disminución en el precio de un factor complementario.

7. El costo marginal del factor es el cambio en el costo total que resulta de emplear una unidad más de un factor, si se mantienen constantes otros elementos. Una empresa maximiza sus ganancias empleando cada factor hasta el punto donde el ingreso marginal generado por un factor es igual al costo marginal del factor.

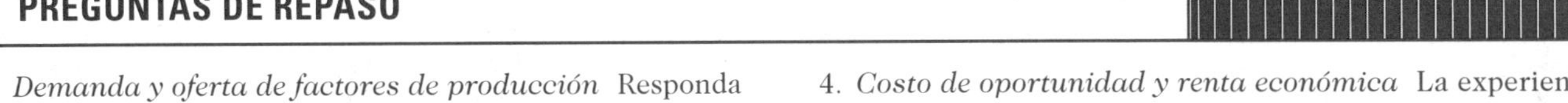

PREGUNTAS DE REPASO

1. *Demanda y oferta de factores de producción* Responda a cada una de las siguientes preguntas acerca del mercado de mano de obra:
   (a) ¿Cuáles son los protagonistas económicos que determinan la demanda de mano de obra? ¿Qué objetivo persiguen y qué criterios de decisión utilizan para alcanzar ese objetivo?
   (b) ¿Cuáles son los protagonistas económicos que determinan la oferta de mano de obra? ¿Qué objetivo persiguen y qué criterios de decisión utilizan para alcanzar ese objetivo?
   (c) ¿En qué sentido la demanda de mano de obra es una demanda derivada?
2. *Oferta de mercado de los factores* Explique por qué la curva de oferta de mercado de un factor presenta una pendiente ascendente.
3. *Diferencias de precio de los factores* Distinga entre la reacción del mercado a una diferencia temporal en los precios por el mismo factor y la reacción del mercado a una diferencia permanente. ¿Por qué difieren las reacciones?
4. *Costo de oportunidad y renta económica* La experiencia laboral suele aumentar la productividad de una persona en un determinado empleo. Si el salario que la persona percibe se incrementa como reflejo de mayor experiencia, pero la experiencia adicional no tiene importancia para otros empleos, ¿este salario más elevado refleja un incremento en el costo de oportunidad o en la renta económica?
5. *Demanda de un factor por parte de la empresa* ¿En qué influye la ley de la productividad marginal decreciente en la demanda de mano de obra de una empresa?
6. *Desplazamientos en la demanda de factores* Muchos países son predominantemente agrarios. ¿Cómo influirían los cambios en la oferta de fertilizantes en el producto marginal y, por tanto, en el ingreso de los agricultores en tales países?
7. *Empleo óptimo de más de un recurso* Explique la regla para determinar el uso óptimo de los recursos cuando una empresa emplea más de uno.

PROBLEMAS Y EJERCICIOS

8. *Costo de oportunidad y renta económica* Defina el término renta económica. En el siguiente gráfico suponga que la curva de demanda de mercado de mano de obra es inicialmente D_1.

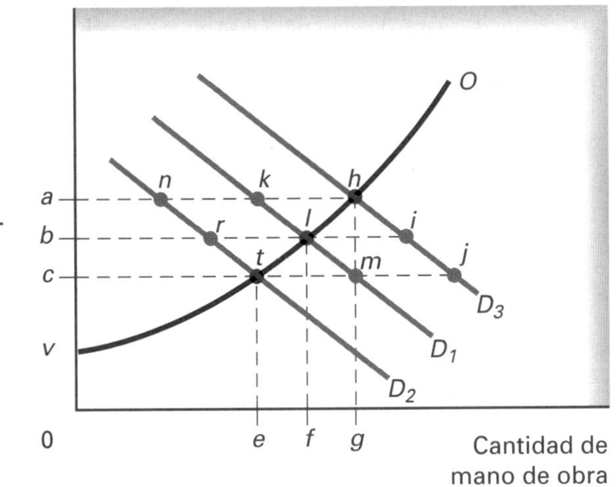

   (a) ¿Cuál es la tasa salarial de equilibrio y el nivel de empleo? ¿A cuánto asciende la renta económica?
   (b) Ahora suponga que el precio de un factor sustituto se incrementa, si permanecen constantes otros factores. ¿Qué sucede con la demanda de mano de obra? ¿Cuál es la nueva tasa salarial de equilibrio y el nivel de empleo? ¿Qué sucede con el monto de la renta económica?
   (c) Suponga ahora que la demanda del producto final disminuye, si se mantienen constantes otros factores. Con ayuda de la curva de demanda D_1 como su punto inicial, ¿qué sucede con la demanda de la mano de obra? ¿Cuál es la nueva tasa salarial de equilibrio y el nivel de empleo? ¿Se modifica el monto de la renta económica?
9. *Demanda de un factor por parte de la empresa* Utilice los siguientes datos para responder a las preguntas. Suponga un mercado de producción perfectamente competitivo.

Unidades de mano de obra	Unidades de producción
0	0
1	7
2	13
3	18
4	22
5	25

(a) Calcule el ingreso marginal generado por una unidad adicional de mano de obra si la producción se vende a $3 por unidad.
(b) Trace la curva de demanda de mano de obra con base en los datos anteriores y el precio de $3 por unidad de producción.
(c) Si la tasa salarial es de $15 la hora, ¿qué cantidad de mano de obra se contratará?
(d) A partir de la respuesta que dio en el inciso (c), compare el ingreso total de la empresa con el monto total pagado por mano de obra. ¿Quién se queda con la diferencia?
(e) ¿Qué sucedería con sus respuestas a los incisos (b) y (c) si el precio de la producción se incrementara a $5 por unidad, si se mantienen constantes otros factores?

10. *Cuando una empresa tomador de precios o precio aceptante vende su producción* Si una empresa competitiva contrata a otro trabajador de tiempo completo, la producción total se incrementará de 100 a 110 unidades por semana. Suponga que el precio marginal de producción es de $25 por unidad. ¿Cuál es el salario máximo semanal al que la empresa contrataría a ese trabajador adicional?

11. *Cambios en la demanda de factores* Una pizzería de la localidad contrata a estudiantes universitarios para preparar pizzas, atender las mesas, tomar órdenes por teléfono y entregar pizzas. En cada una de las actividades descritas determine si la demanda de empleados estudiantes por parte del restaurante se incrementaría, disminuiría o permanecería sin cambios. Explique cada respuesta.
(a) La demanda de pizzas aumenta.
(b) Se abre otra pizzería justo al lado.
(c) Un incremento en el salario mínimo eleva el costo de contratar a empleados estudiantes.
(d) El restaurante adquiere un sistema de cómputo para tomar pedidos por teléfono.

12. ***Caso de estudio:*** *Demanda derivada de arquitectos* Utilice un diagrama de oferta y demanda para ilustrar el cambio en el mercado para los arquitectos recién egresados como se describió en el caso de estudio. Explique sus conclusiones.

CASOS PRÁCTICOS

13. *Demanda de factores* El *Occupational Outlook Handbook,* OOH es una publicación del Departamento del Trabajo de Estados Unidos (*U.S. Department of Labor*) que proyecta las tendencias en el empleo. Con ayuda de la herramienta de búsqueda disponible en el sitio en internet del OOH en http://www.bls.gov/oco/ busque varias ocupaciones. ¿Qué elementos parecen influir en las perspectivas de empleo en esos campos? ¿Qué función desempeña la demanda derivada? ¿Qué sucede con el cambio tecnológico?

14. ***Caso de estudio:*** *Salario mínimo* En ausencia de cambios legislativos, el salario mínimo federal disminuye en términos reales cuando la economía experimenta inflación. Consulte la página en internet del salario mínimo del Departamento del Trabajo en http://www.dol.gov/dol/esa/public/minwage/chart2.htm. Observe el diagrama 2. ¿Cuál es la influencia que estos cambios en el salario mínimo ajustado a la inflación ejercen en el mercado de trabajadores semiespecializados? Utilice un diagrama de oferta y demanda de mano de obra para ilustrar sus conclusiones.

Mercados de trabajo y sindicatos

CAPÍTULO

12

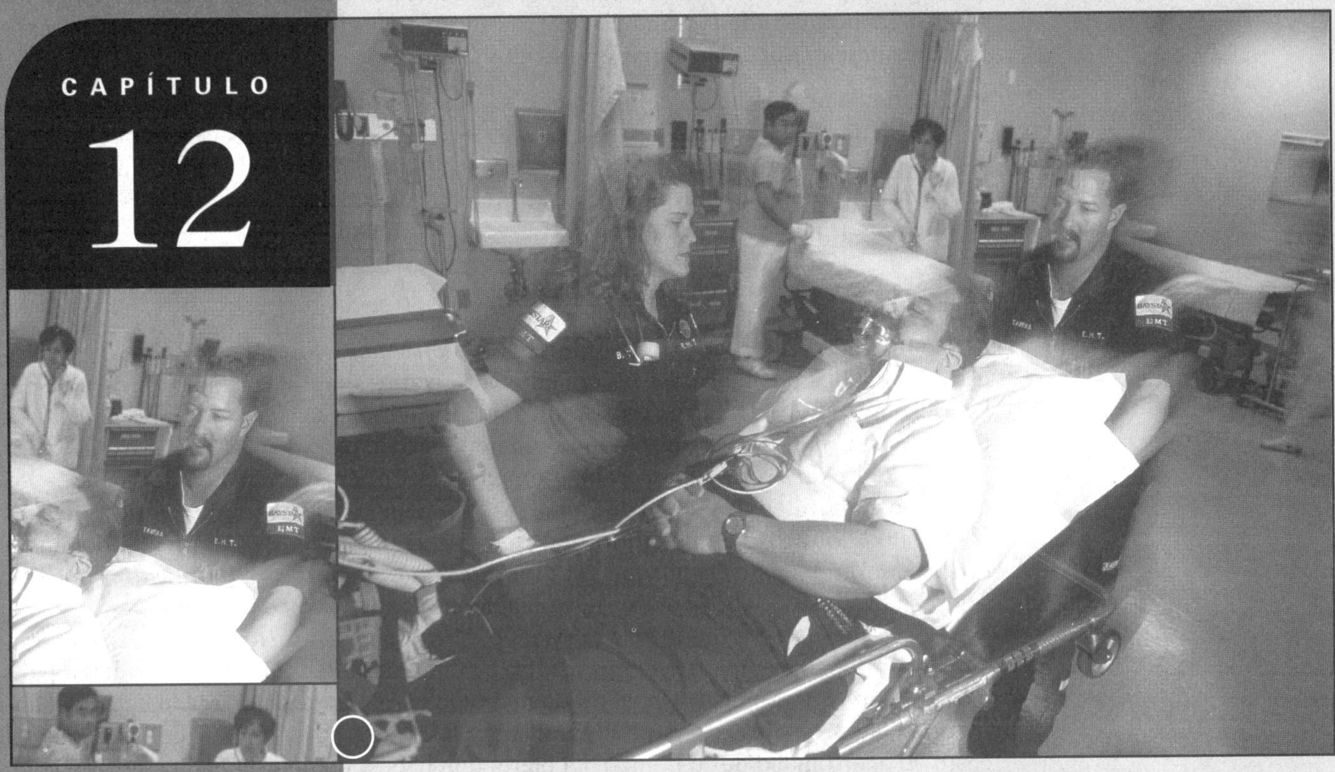

¿Cómo reparte su tiempo entre el trabajo y el ocio? ¿Por qué algunos trabajan *menos* cuando hay un aumento salarial? Por ejemplo, ¿por qué los grupos de *rock* desconocidos invierten muchas horas en tocar a cambio de una bicoca, mientras que las bandas famosas tocan mucho menos por mucho más? ¿Qué factores, además del salario, influyen en su oferta de trabajo? ¿Qué determina la estructura de los salarios en la economía? Usted no necesita tomar un curso de economía para averiguar por qué los presidentes de las corporaciones ganan más que los archivistas o por qué los cirujanos especializados en el corazón obtienen mayores remuneraciones que las enfermeras certificadas. Pero, ¿por qué los abogados ganan más que los contadores y los maestros de escuela más que los choferes de camión? De algo puede estar seguro: la oferta y la demanda desempeñan una función crucial en la estructura salarial. En este capítulo investigaremos más a fondo cómo se establecen los salarios.

Ya hemos examinado la demanda de recursos. La demanda depende de la productividad marginal de los recursos. En la primera mitad de este capítulo nos concentraremos en la oferta de mano de obra y luego juntaremos la oferta y la demanda para llegar al salario de mercado. En la última parte de este estudio consideraremos la función que desempeñan los sindicatos en los mercados de trabajo. Examinaremos los efectos económicos de los sindicatos y revisaremos las tendencias recientes en la afiliación sindical. Entre los temas que se analizan en este capítulo se encuentran:

- Teoría de la asignación del tiempo
- Curva de oferta atípica de mano de obra
- Factores complementarios al salario en la oferta de mano de obra
- Por qué difieren los salarios
- Sindicatos y negociaciones colectivas
- Salarios sindicales y empleo
- Tendencias recientes en la afiliación sindical

OFERTA DE MANO DE OBRA

Como proveedor de recursos, usted tiene una curva de oferta de mano de obra para cada uno de los posibles usos que puede darle a su trabajo. En algunos mercados, la cantidad que ofrece es de cero en el rango de los salarios realistas. Se agrega el calificativo "realista" porque por un salario lo suficientemente elevado (digamos $1 millón por hora) usted podría ofrecer su trabajo en casi *cualquier* actividad. En casi todos los mercados laborales, la cantidad que ofrezca puede ser de cero, ya sea porque está *dispuesto* aunque no en *posibilidades* de realizar el trabajo (piloto aviador, golfista profesional, novelista) o porque está en *condiciones* pero *no dispuesto* a hacerlo (mercenario, celador, instructor de educación física).

Por tanto, usted tiene tantas curvas de oferta como mercados laborales existan, de la misma manera que tiene tantas curvas de demanda como mercados haya para bienes y servicios. Su curva de oferta de mano de obra para cada mercado depende, entre otros factores, de sus capacidades, el gusto que tenga por el trabajo en cuestión y el costo de oportunidad de su tiempo. La oferta que hace a un determinado mercado laboral supone que los salarios en otros mercados son constantes, del mismo modo que la demanda que hace de un producto específico supone que otros precios son constantes.

Oferta de mano de obra y maximización de utilidades

Recuerde la definición que hicimos de economía: *estudio del uso que la gente hace de sus recursos escasos en un esfuerzo por satisfacer sus necesidades ilimitadas.* Esto significa que los individuos tratan de emplear sus recursos limitados para maximizar su utilidad. En este capítulo hay dos fuentes de utilidad que son de interés especial para nosotros: el consumo de bienes y servicios y el goce del tiempo libre. La utilidad derivada del consumo de bienes y servicios resulta obvia y sirve como base para la demanda del consumidor. Otra fuente de utilidad valiosa es el ocio, es decir, el tiempo que uno destina a relajarse, dormir, comer y a realizar actividades recreativas. El ocio es un bien normal que, como otros, está sujeto a la ley de la utilidad marginal decreciente. En consecuencia, cuanto más tiempo de ocio tenga usted, menos valorará una hora adicional de éste. En ocasiones tal vez disponga de tanto tiempo de ocio que "tenga el tiempo en sus manos" y sólo "esté matando el tiempo". Como dijera alguna vez en tono de lamento ese sabio de las tiras cómicas, el gato Garfield: "El tiempo libre sería más divertido si yo no tuviera que perder tanto de ese tiempo". O como escribió Shakespeare: "Si todo el año fueran vacaciones, divertirse sería tan tedioso como trabajar". La utilidad marginal decreciente del ocio explica por qué algunos de los llamados "ricos ociosos" se mueren de aburrimiento en su inactividad.

Tres usos del tiempo. Algunos de ustedes se encuentran en un momento de su carrera en el que sólo poseen unos cuantos recursos además del tiempo. Éste es la materia prima de la vida. Usted puede usar su tiempo de tres maneras. En primer lugar, puede realizar **trabajo en el mercado laboral**, vender su tiempo en el mercado de trabajo a cambio de un ingreso. Cuando ofrece mano de obra, en general cede el control de su tiempo a su empleador a cambio de un salario. En segundo lugar, puede realizar **trabajo**

Trabajo en el mercado laboral Tiempo que se vende como mano de obra a cambio de un salario en dinero.

independiente del mercado, utilizar el tiempo para producir sus propios bienes y servicios. Esta modalidad de trabajo incluye el tiempo que dedica a lavar su ropa, preparar un sándwich o arreglarse. También abarca el tiempo que invierte en adquirir habilidades e instrucción para mejorar su productividad. Aunque estudiar y asistir a clases no le brinde rendimientos inmediatos, no dude que el conocimiento y la visión adquiridas habrán de ser sus recompensas en el futuro. En tercer lugar, puede convertir el tiempo directamente en **ocio**, es decir, darle a su tiempo usos ajenos al trabajo.

Trabajo independiente del mercado Tiempo que se invierte para producir bienes y servicios en el hogar o para recibir algún tipo de instrucción.

Ocio Tiempo que se dedica a actividades ajenas al trabajo.

Trabajo y utilidad. A menos que sea uno de los pocos afortunados, el trabajo no es una fuente exclusiva de utilidad, ya que suele generar cierto aburrimiento, incomodidad y fastidio. En concreto, el tiempo que se dedica al trabajo puede ser un "auténtico sufrimiento", una fuente de *desutilidad,* lo contrario de utilidad. El trabajo está sujeto a una desutilidad cada vez mayor, cuanto más trabaja, mayor es la desutilidad marginal de trabajar otra hora. Sin embargo, usted trabaja porque sus ganancias le permiten adquirir bienes y servicios; y de éstos espera obtener una utilidad para poder hacer algo más que compensar la desutilidad de su trabajo. Por consiguiente, la *utilidad neta del trabajo*, es decir, la utilidad del consumo que es posible mediante la remuneración del trabajo menos la desutilidad del trabajo en sí, suele hacer que cierta cantidad de trabajo represente un uso atractivo del tiempo. En cuanto al trabajo en el mercado laboral, su ingreso le permite comprar bienes y servicios. En cuanto al trabajo independiente del mercado, puede producir directamente bienes y servicios, como cuando se prepara un sándwich de atún, o invertir su tiempo en instruirse con la esperanza de obtener mayores ingresos y aumentar su consumo futuro. La utilidad adicional que espera obtener del emparedado de atún y de las posibilidades de un mayor consumo futuro que resultan de la instrucción son los beneficios marginales del trabajo independiente del mercado.

Maximización de la utilidad. En los límites de un día de 24 horas, siete días a la semana, usted distribuye su tiempo entre el trabajo en el mercado laboral, el trabajo independiente del mercado y el ocio a fin de maximizar la utilidad. Como consumidor sensato, trata de *maximizar la utilidad asignando su tiempo de modo que la utilidad marginal esperada de la última unidad de tiempo que invierte en cada actividad sea idéntica.* Por tanto, en el curso de una semana o un mes, la utilidad marginal de la última hora de ocio es igual a la utilidad marginal neta de la última hora de trabajo en el mercado laboral, lo cual equivale a la utilidad marginal neta esperada de la última hora de trabajo independiente del mercado. En el caso del tiempo que dedica a la adquisición de más capital humano, debe considerar la utilidad marginal que espera obtener del futuro incremento en sus ganancias que se derivarán del aumento en su productividad.

Es probable que en este momento usted piense: "¡Oiga! No sé de qué habla. Yo no asigno mi tiempo de esa manera. Sólo avanzo tanto como puedo y hago lo que me gusta." Los economistas no afirman que usted sea consciente siquiera de que hace estos cálculos marginales. Sin embargo, como persona que acostumbra tomar decisiones racionalmente, asigna su escaso tiempo a tratar de satisfacer sus necesidades ilimitadas, o maximizar la utilidad. La maximización de la utilidad, o "hacer lo que le gusta", supone que usted actúa como si asignara su tiempo a obtener la misma utilidad marginal neta esperada a partir de la última unidad de tiempo invertida en cada uso opcional.

Probablemente se haya acostumbrado a seguir un plan aproximado de comidas, trabajo, diversión, estudio, sueño, etc., plan que coincide con sus objetivos generales y parece razonable. Quizá este plan siga un flujo constante ya que realiza las adecuaciones esperadas e inesperadas en el uso de su tiempo. Por ejemplo, el fin de semana pasado quizás no haya podido abrir un libro, pese a sus mejores intenciones. Esta mañana tal vez durmió más tiempo del planeado porque ayer se desveló. Sin embargo, al cabo de una semana, o un mes, el uso de su tiempo coincidirá aproximadamente con una asignación que maximice la utilidad tal como la concibe. Dicho de otra manera, si pudiera modificar el empleo que hace de su tiempo para incrementar su utilidad, lo haría. ¡No hay nadie que se lo impida! Probablemente haga hincapié en una satisfacción inmediata sobre las metas de largo plazo, pero se tratará de su elección y afrontará las consecuencias. *Este proceso de asignación del tiempo garantiza que al margen, las utilidades netas esperadas de la última unidad de tiempo invertida en cada actividad sean iguales.*

En virtud de que la información es costosa y el futuro incierto, a veces usted comete errores, y no siempre obtiene lo que espera. Algunos errores son menores, como ir a ver una película que resulta ser una pérdida de tiempo. Pero hay otros que pueden ser costosos. Por ejemplo, tal vez ahora estudie una profesión que estará saturada para cuando se gradúe, o tal vez esté adquiriendo habilidades técnicas que resultarán obsoletas cuando aparezca un nuevo software.

Repercusiones. La teoría de la asignación del tiempo que hemos descrito hasta aquí repercute de diversas maneras en las elecciones de los individuos. En primer lugar, considere las opciones del mercado de trabajo, el trabajo independiente del mercado y el ocio. Cuanto mayor sea su salario de mercado, si se mantienen constantes otros factores, mayor será el costo de oportunidad del ocio y del trabajo independiente del mercado. Por ejemplo, los individuos que tienen un salario de mercado elevado invertirán menos tiempo en realizar actividades independientes del mercado, si se mantienen constantes otros factores. Es menos probable que los cirujanos poden el césped de su casa que los carniceros. Entre las personas que perciben el mismo salario de mercado, las que tienen habilidades para hacer arreglos caseros y para cocinar al estilo de Martha Stewart realizarán más cosas por su cuenta. Por el contrario, quienes no son muy hábiles para el mantenimiento de la casa y tienen problemas incluso para hervir el agua, contratarán servicios domésticos y comerán en restaurantes con mayor frecuencia.

Siguiendo la misma lógica, cuanto más elevadas sean las ganancias esperadas al salir de la preparatoria, si se mantienen constantes otros factores, mayor será el costo de oportunidad de asistir a la universidad. La mayoría de las jóvenes estrellas cinematográficas no van a la universidad. Algunas, como Tom Cruise, son de las que no concluyeron los estudios de preparatoria. Los atletas más prometedores "se vuelven profesionales" poco después de la preparatoria o antes de terminar la universidad. Entre los jugadores importantes que nunca asistieron a la universidad se hallan Ken Griffey, hijo, y Mark McGwire en el béisbol; Kobe Bryant y Kevin Garnett en el baloncesto; Mario Lemieux y Wayne Gretzky en hockey; lo mismo sucede con la mayoría de los jugadores de tenis más famosos. Sin embargo, casi toda la gente, incluidas las estrellas del baloncesto femeninas, no enfrentan el costo de oportunidad de la educación superior. Como explicara un pobre diablo: "Mi esposa me abandonó, mis hijos se unieron a una secta, mi trabajo quedó en la historia y mi perro murió, así que creo que ahora podría ser un buen momento para regresar a la universidad y hacer mi maestría".

Salarios y oferta individual de mano de obra

Para infundir vida al problema de la asignación del tiempo, considere las opciones que tiene para el verano. Si está dentro de sus posibilidades, podrá disponer de todo el verano y dedicarlo completamente al ocio, tal vez como recompensa justa por un año académico arduo. O bien, puede ofrecer su tiempo al mercado laboral o emprender un trabajo independiente del mercado, digamos, limpiando la cochera o asistiendo a cursos de verano. Como persona que toma decisiones sensatas, optará por una combinación de ocio, trabajo en el mercado laboral y trabajo independiente del mercado, con la cual espera maximizar su utilidad. Además, es probable que la combinación óptima conlleve asignar cierto tiempo a cada actividad. Por ejemplo, aunque trabaje durante el verano, también podría considerar la posibilidad de tomar uno o dos cursos en ese periodo.

Suponga que el único empleo de verano disponible es cierto tipo de labor no especializada, como trabajar en un restaurante de comida rápida o para el departamento de parques de la ciudad. En términos más simples, supongamos que todos los empleos disponibles le parecen igualmente atractivos (o poco estimulantes) en términos de aspectos no monetarios, como condiciones de trabajo, horario, etc. En la siguiente sección, comentaremos dichos aspectos. Si no hay diferencia entre estos trabajos no calificados, la pregunta más importante que se planteará para decidir la cantidad de trabajo que ofrecerá al mercado es: ¿Cuál es el salario de mercado?

Imagine que el salario es de $6 la hora. En lugar de trabajar por un salario tan bajo, tal vez decida realizar labores caseras, asistir de tiempo completo a la escuela de verano, tomar largas siestas, viajar por todo el país o quizás hacer una combinación de todo lo anterior. En cualquier caso, no ofrecerá su trabajo al mercado a un salario tan bajo. El salario de mercado debe elevarse a $7 para que usted proporcione su mano de obra. Suponga que, con un salario de $7, usted ofrece 20 horas por semana, quizá asistiendo a menos cursos de verano y tomando siestas más breves.

A medida que el salario se incrementa, el costo de oportunidad del tiempo que invierte en otras actividades aumenta, de modo que sustituye el trabajo en el mercado laboral por otros usos del tiempo. Decide laborar 30 horas a la semana a cambio de un salario de $8 la hora, 40 horas a $9 por hora, 48 horas a $10 la hora y 55 horas a $11 la hora. Cuando el salario se ubica en $12 la hora, usted labora 60 horas a la semana, y empieza a ganar una suma respetable de $720 a la semana.

Si el salario llega a $13 por hora, decide entonces reducir su periodo de trabajo a 58 horas a la semana. Pese a la reducción, su paga se eleva a $754 semanales, lo cual es más de lo que percibía cuando el salario era de $12 la hora. Por último, si el salario llega a $14 la hora, usted reduce su periodo laboral a 55 horas por semana y gana $770. Para explicar por qué usted reduce finalmente su oferta de mano de obra, consideremos el impacto que ejercen los incrementos salariales en la asignación del tiempo.

Efectos sustitución e ingreso. Un incremento en el salario influye en dos sentidos en la elección que haga entre trabajar en el mercado laboral y utilizar su tiempo de otra forma. En primer lugar, un salario más elevado le ofrece un incentivo para trabajar más, puesto que cada hora de trabajo ahora le permite comprar más bienes y servicios. Conforme aumenta el salario, se incrementa también el costo de oportunidad de otros usos de su tiempo, como el ocio. Por tanto, a medida que el salario aumenta, usted sustituye su trabajo en el mercado laboral por otras actividades; se trata del **efecto sustitución por un incremento salarial**. Sin embargo, un salario más elevado significa un ingreso mayor por la misma cantidad de horas, y un salario mayor quiere decir que usted demanda mayor cantidad de todos los bienes normales. Puesto que el ocio es un bien normal, un mayor incremento en el ingreso hace que aumente su demanda de tiempo de ocio, con lo cual se reduce la asignación de tiempo que hace al trabajo en el mercado laboral. Este **efecto ingreso por un incremento salarial** suele reducir la cantidad de mano de obra que se ofrece al mercado.

Efecto sustitución por un incremento salarial Cuando la tasa salarial aumenta, el trabajador sustituye el trabajo que ofrece al mercado laboral por otras actividades, las cuales ahora cuentan con un mayor costo de oportunidad.

Efecto ingreso por un incremento salarial Una tasa salarial más elevada aumenta el ingreso del trabajador, con lo que aumenta la demanda de todos los bienes normales, incluido el ocio, de manera que disminuye la cantidad de mano de obra proporcionada al mercado laboral.

Conforme se incrementa el salario, el efecto sustitución hace que usted asigne más tiempo al trabajo en el mercado laboral, pero el efecto de ingreso hace que demande más tiempo de ocio y, por consiguiente, asigne menos tiempo al trabajo en el mercado laboral. En nuestro ejemplo, el efecto sustitución rebasa al efecto ingreso en el caso de las tasas salariales de hasta $12 la hora, lo cual genera una mayor cantidad de oferta de mano de obra al mercado laboral conforme aumenta el salario. Sin embargo, cuando el salario alcanza los $13 por hora, el efecto ingreso rebasa al efecto sustitución, lo cual propicia una reducción neta en la cantidad de mano de obra que se ofrece al mercado laboral.

Curva de oferta atípica de mano de obra. La curva de oferta de mano de obra que acabamos de describir aparece en la figura 1. Como puede ver, esta curva en particular tiene una pendiente ascendente hasta que se alcanza un salario de $12 la hora; luego empieza a doblarse hacia atrás o de manera atípica. La **curva de oferta atípica de mano de obra** adquiere su forma debido a que el efecto ingreso de un mayor salario finalmente domina al efecto sustitución, reduciendo la cantidad de mano de obra ofrecida conforme aumenta el salario. Vemos pruebas de una curva de oferta atípica sobre todo entre los individuos que perciben salarios elevados, quienes reducen su trabajo y consumen mayor cantidad de tiempo de ocio conforme se incrementa su salario. Por ejemplo, los artistas del espectáculo suelen tener una menor actividad a medida que aumenta su éxito. Los músicos desconocidos tocan durante varias horas prácticamente por nada; en cambio, los músicos famosos tocan menos, pero se les paga mucho más. El efecto ingreso al elevar los salarios reales ayuda a explicar la dismi-

Curva de oferta atípica de mano de obra Fenómeno que ocurre cuando el efecto ingreso domina el efecto sustitución de un salario mayor.

FIGURA 1

Curva de oferta de mano de obra individual del mercado laboral

Cuando el efecto sustitución de un incremento salarial rebasa el efecto ingreso, la cantidad de oferta de mano de obra se incrementa con la tasa salarial. Por encima de cierto salario (aquí, $12 por hora), domina el efecto ingreso. Por encima de ese salario, la curva de oferta se dobla hacia atrás; los incrementos adicionales en la tasa salarial reducen la cantidad de oferta de mano de obra.

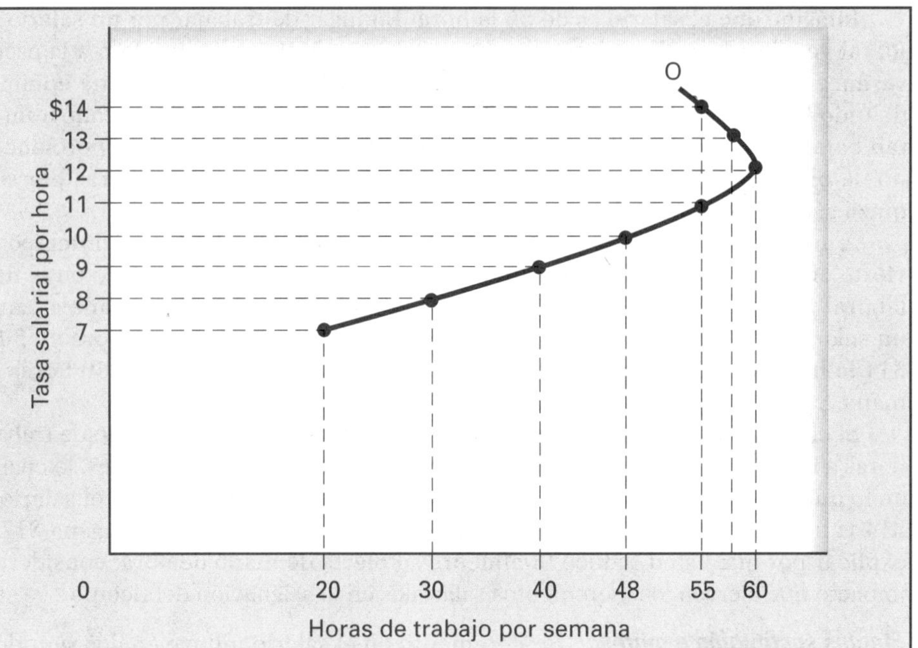

nución en la semana laboral de Estados Unidos del promedio de 60 horas que prevalecía en 1900 a las menos de 40 horas que se acostumbran en la actualidad.

Flexibilidad en las horas laboradas. El modelo que hemos descrito supone que los trabajadores ejercen cierto control sobre la cantidad de horas que laboran. Las oportunidades de realizar un trabajo de tiempo parcial y de horas extras permiten que los trabajadores organicen la cantidad de horas que más prefieran (por ejemplo, trabajar 20 horas a la semana en Subway y 15 horas en la librería de la universidad). Los trabajadores también tienen cierto control sobre la periodicidad y duración de sus vacaciones. En términos más generales, los individuos pueden controlar la cantidad de tiempo que permanecen en la escuela, cuándo y en qué medida ingresan a la fuerza de trabajo y cuándo se jubilan. Por tanto, tienen en realidad más control sobre la cantidad de horas laborales de lo que podría imaginar si se centrara sólo en la semana laboral estándar, o sea, la de 40 horas.

Determinantes de la oferta de mano de obra ajenos al salario

La oferta de mano de obra que se hace a un determinado mercado depende de diversos factores distintos del salario, de la misma manera que la demanda de un determinado bien depende de factores distintos del precio. Como ya vimos, la oferta de mano de obra a cierto mercado depende de los salarios que existen en otros mercados laborales. Por tanto, ¿cuáles son los factores ajenos al salario que determinan la oferta de mano de obra de los estudiantes universitarios durante el verano?

Otras fuentes de ingreso. Aunque algunos trabajos se remuneran de diversas formas no monetarias, la razón fundamental por la que las personas trabajan es ganar dinero para adquirir bienes y servicios. En consecuencia, la disposición a ofrecer tiempo al mercado laboral depende del ingreso proveniente de otras fuentes, lo que incluye ahorros, préstamos, apoyo familiar y becas escolares. Por ejemplo, un estudiante que obtiene una beca generosa, probablemente se sienta menos presionado a conseguir un ingreso adicional en el verano. De hecho, se concluye que las personas adineradas tienen menos incentivos para trabajar. Por ejemplo, probablemente quien se gane la lotería renuncie a su empleo luego de llevarse el "premio mayor".

Factores no monetarios. La mano de obra es un recurso especial. A diferencia del capital y la tierra, que se ofrecen independientemente del lugar en donde se ubiquen los propietarios de los recursos, quien ofrece su mano de obra debe estar en el mismo sitio en que se realiza el trabajo. En vista de que la persona debe encontrarse físicamente presente para ofrecer su mano de obra, *factores no monetarios* como la dificultad del trabajo, la calidad del ambiente laboral y el estatus del puesto ejercen efectos importantes en la oferta de mano de obra. Por ejemplo, los marineros de cubierta que trabajan abordo de buques pesqueros en las aguas invernales del mar de Bering, frente a Alaska, ganan alrededor de $3 000 por cinco días de trabajo, pero la temperatura pocas veces sube de cero grados y las jornadas diarias sólo permiten 3 horas para dormir.

Considere las diferentes condiciones de trabajo que podría encontrarse. Si es estudiante universitario, un empleo en la biblioteca que le permita estudiar la mayor parte del tiempo es una ocupación más atractiva que un empleo en el cual no haya oportunidad de hacerlo. Algunos trabajos tienen horarios flexibles, otros imponen jornadas laborales rígidas. ¿Su oficina cuenta con aire acondicionado o se ve obligado a sudar excesivamente? Cuanto más atractivas sean las condiciones de trabajo, mayor será la oferta de mano de obra que haga a ese mercado en particular, si se mantienen constantes otros factores. Por último, algunos empleos confieren un mayor estatus que otros. Por ejemplo, el presidente de Estados Unidos gana aproximadamente una décima parte de lo que obtienen los directores de las corporaciones, pero no hay escasez de candidatos. Del mismo modo, quienes son nombrados para ocupar un cargo en la Suprema Corte de Justicia de Estados Unidos aceptan una reducción salarial enorme con tal de recibir el puesto.

El valor de la experiencia laboral. Si todo lo demás permanece sin cambio, usted preferirá aceptar un empleo que le proporcione una valiosa experiencia. Tener el puesto de tesorero asistente en un negocio local aporta una experiencia laboral más valiosa y luce mejor en su currículum que trabajar como mesero en la cafetería de la universidad. Algunos están dispuestos a aceptar salarios relativamente bajos al momento de ser contratados ante la promesa de percibir en el futuro remuneraciones más atractivas. Por ejemplo, los abogados recién egresados anhelan trabajar como oficinistas al servicio de jueces, aun cuando la paga sea baja y las jornadas prolongadas, ya que estos puestos proporcionan experiencia y contactos valiosos para su futura búsqueda de empleo. Del mismo modo, los deportistas que juegan en las ligas menores lo hacen porque confían en que la experiencia que adquieran los hará ascender a las grandes ligas. Por consiguiente, *cuanto mayores sean las posibilidades de ingreso futuras que ofrezca un puesto, mayor será la oferta de trabajo para esa ocupación, si se mantienen constantes otros factores*. En virtud de que la oferta de trabajo para tales puestos es mayor, si se mantienen constantes otros factores, la paga suele ser más baja que para empleos similares que proporcionan menos experiencia valiosa.

Gusto por el trabajo. De la misma manera en que difieren los gustos por los bienes y servicios entre los consumidores, también difieren los gustos por el trabajo entre quienes ofrecen su mano de obra. Algunos prefieren el trabajo físico y odiarían el hecho de realizar labores burocráticas. Hay quienes se gradúan como cirujanos, mientras que otros no soportan ver la sangre. Algunos se convierten en pilotos, a otros les aterra volar. Muchos escritores, artistas, actores y bailarines obstinados podrían ganar más dinero si realizaran alguna otra actividad, pero al parecer la satisfacción que les proporciona el proceso creativo y la posibilidad, aunque escasa, de llegar lejos compensa con creces los bajos ingresos que esperan recibir (por ejemplo, los miembros del Screen Actors Guild ganan menos de $15 000 al año en promedio). Algunos tienen preferencias tan marcadas por ciertos empleos que trabajan en forma gratuita, como los oficiales auxiliares de la policía o los bomberos voluntarios. Al parecer los adolescentes prefieren a cierto tipo de empleadores. Empleos en Starbucks y Gap, por ejemplo, se ubican por encima de McDonald's y Burger King.[1]

Como en el caso del gusto por los bienes y servicios, los economistas no pretenden explicar el origen del gusto por el trabajo. Simplemente afirman que la cantidad de trabajo que usted aporte será mayor en los empleos que estén más cercanos a sus propios gustos. La clasificación voluntaria basada en los gustos asigna a los trabajadores entre

[1] Dirk Johnson, "For Teenagers, Fast Food Is a Snack, Not a Job", *The New York Times*, 8 de enero 2001.

distintos empleos de tal manera que tiende a minimizar la desutilidad del trabajo. Esto no quiere decir que todos terminen en su ocupación predilecta. Los costos de transacción de adquirir información laboral y de cambiar de trabajo pueden impedir que se lleven a cabo algunos ajustes que de otra manera podrían haber sido deseables. Pero a la larga, la gente suele encontrar los empleos que más le agradan. No es factible que encontremos gerentes de agencias de viajes que aborrezcan viajar, encargados de zoológicos alérgicos a los animales o mecánicos que odien tener las manos sucias.

Oferta de mercado de mano de obra

En la sección anterior, consideramos los factores monetarios y no monetarios que influyen en la oferta de mano de obra individual. *La oferta de mano de obra en un determinado mercado es la suma horizontal de todas las curvas de oferta individuales.* Dicha suma se obtiene al sumar las cantidades ofrecidas por cada trabajador en cada nivel salarial específico. Si la curva de oferta individual de mano de obra se dobla hacia atrás, ¿esto significa que la curva de oferta laboral total también se dobla en ese sentido? No necesariamente. Dado que diferentes individuos tienen distintos costos de oportunidad y diversos gustos por el trabajo, el giro en la curva de oferta ocurre a diferentes salarios en el caso de distintos individuos. En ciertas personas, la curva de oferta de mano de obra tal vez no se doble hacia atrás en el rango de salarios realistas. En la figura 2 se aprecia cómo se suman tres curvas de oferta de mano de obra individuales y cómo generan una curva de oferta de mercado con pendiente ascendente.

Por qué difieren los salarios

Así como las dos hojas de unas tijeras contribuyen de la misma manera a cortar tela, la oferta y la demanda determinan el salario del mercado. Por tanto, las diferencias salariales entre los mercados pueden atribuirse a las diferencias en la demanda de mano de obra, en la oferta de ésta o en ambas. En el capítulo anterior expusimos los elementos que influyen en la demanda de recursos y examinamos en particular la mano de obra. En síntesis, *una empresa que busca maximizar sus ganancias contratará mano de obra hasta que el valor del producto marginal de mano de obra sea igual al costo marginal del recurso,* es decir, donde la última unidad empleada le proporcione a la empresa el ingreso suficiente para cubrir su costo (PIM = CMR). Dado que ya discutimos el elemento que influye en la demanda de mano de obra, el ingreso adicional generado por el producto marginal de mano de obra, enfoquémonos ahora en la oferta de mano de obra.

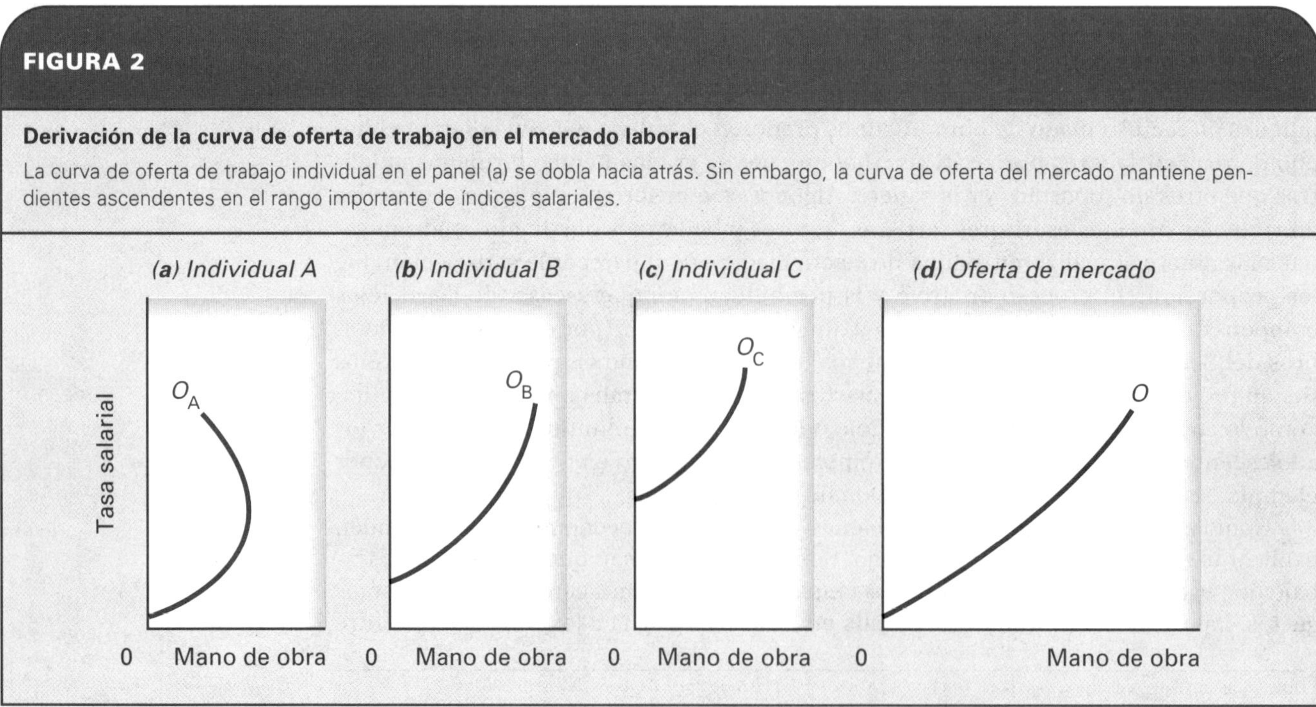

Derivación de la curva de oferta de trabajo en el mercado laboral

La curva de oferta de trabajo individual en el panel (a) se dobla hacia atrás. Sin embargo, la curva de oferta del mercado mantiene pendientes ascendentes en el rango importante de índices salariales.

Diferencias en cuanto a capacitación, instrucción y experiencia. Algunos empleos están mejor pagados porque exigen un periodo de capacitación prolongado y costoso. La capacitación costosa reduce la oferta de mercado ya que son menos los individuos dispuestos a invertir el tiempo e incurrir en los gastos necesarios. Sin embargo, la capacitación exhaustiva aumenta la productividad de la mano de obra, lo que incrementa la demanda de las habilidades. Una reducción en la oferta y un incremento en la demanda tienen un efecto positivo en el salario de mercado. Los contadores públicos certificados ganan más que los archivistas porque la formación exhaustiva de aquellos limita la oferta en ese campo y porque este tipo de capacitación incrementa la productividad de los contadores, en comparación con los archivistas.

En la figura 3 se aprecia la influencia que la educación y la experiencia ejercen en los ingresos con base en la educación y la edad. Los grupos de edad aparecen en el eje horizontal y los ingresos promedio anuales en el eje vertical. Las cifras, redondeadas en años y durante 1999, son de trabajadores de tiempo completo de sexo masculino. Las líneas están clasificadas de manera que reflejen el nivel educativo más elevado alcanzado, el cual va de "Menos de noveno grado" (línea inferior) a "Título de doctor" (línea superior). La relación entre ingreso y educación es clara. A cualquier edad, quienes tienen más instrucción ganan más. Por ejemplo, en el grupo de edad de 45 a 54 años, quienes tienen doctorado ganan cuatro veces más en promedio que aquellos que tienen una instrucción de menos de noveno grado. Los ingresos suelen

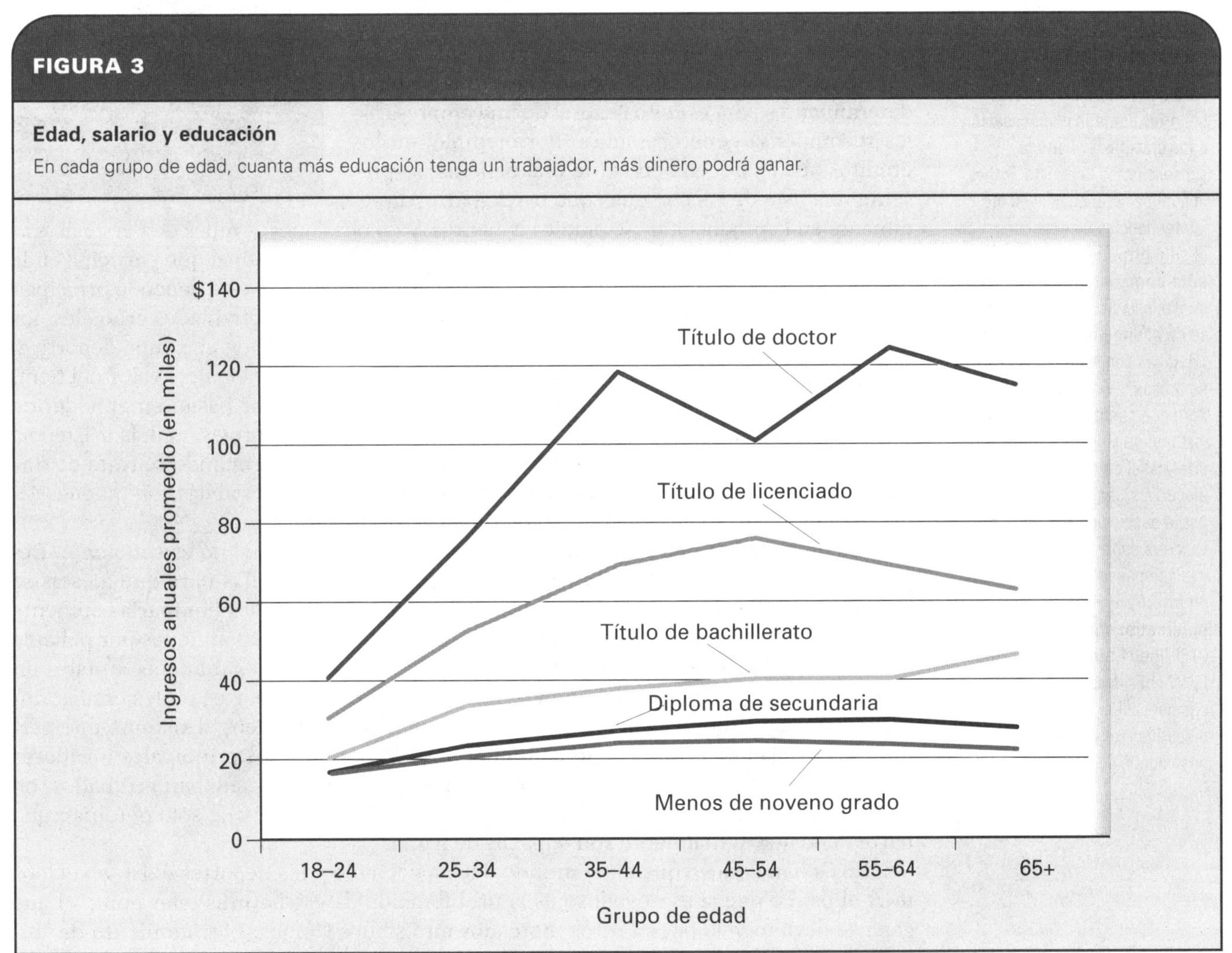

Fuente: Oficina del Censo de Estados Unidos, *Money Income in the United States 1999.* Informe de población actual P60–209, septiembre 2000, tabla 9, en http://www.census.gov/hhes/www/income.html. Nota: Ingresos anuales promedio para trabajadores varones de tiempo completo.

aumentar a medida que los trabajadores adquieren más experiencia laboral y logran obtener ascensos. El incentivo de la paga con la experiencia es mayor para los trabajadores con más instrucción. Las diferencias en los ingresos reflejan el funcionamiento normal de los mercados de recursos, razón por la cual a los trabajadores se les recompensa en función de su productividad marginal.

Diferencias en cuanto a capacidad. Algunas personas son más capaces y talentosas, lo cual les permite ganar más que aquellas que tienen un grado idéntico de educación y capacitación. Por ejemplo, dos abogados pueden tener una instrucción idéntica, pero uno gana más debido a diferencias de capacidad subyacentes. La mayoría de los ejecutivos cuenta con una capacitación y experiencia comercial amplias, pero sólo unos cuantos llegan a ser presidentes de grandes corporaciones. En el béisbol de las grandes ligas hay jugadores que ganan hasta 60 veces más que otros. Desde abogados hasta ejecutivos y deportistas profesionales, las diferencias salariales reflejan diferencias de capacidades. En el siguiente caso de estudio descubriremos por qué la gran habilidad de las luminarias ha crecido en los últimos 20 años.

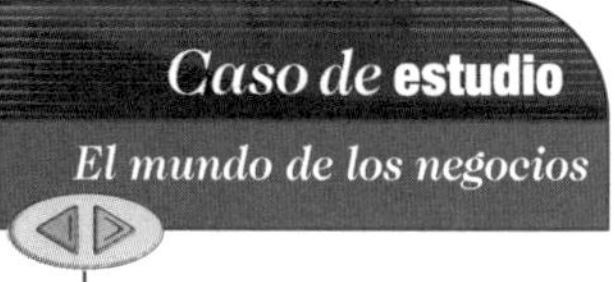

*e*Actividad

Para que conozca las nuevas historias sobre la compensación a los ejecutivos, visite la subsección de la revista *Forbes*, la cual hace un análisis sobre las tendencias en este campo en el sitio **http://www.forbes.com/compensation/**. ¿Cuál es la explicación más reciente que se da al diferencial de sueldos? ¿Quiénes son los directores de empresas mejor remunerados? Para que conozca el punto de vista de un sindicato sobre el diferencial de sueldos de los ejecutivos, lea el artículo creado por la asociación United Auto Workers sobre la sindicalización y la compensación a ejecutivos en **http://www.uaw.org/publications/jobs_pay/00/0700/jpe04.html**. ¿Por qué el UAW considera que la compensación en acciones a los ejecutivos tal vez no mejore el desempeño de éstos?

EL GANADOR SE LLEVA TODO EL MERCADO DE TRABAJO

Cada año, la revista *Forbes* informa los ingresos multimillonarios de las principales estrellas del espectáculo y los deportes profesionales. Se ha dicho que en estos dos campos el ganador se lleva todo el mercado de trabajo, pues a unas cuantas personas clave, que resultan determinantes para el éxito general de una empresa, se les recompensa generosamente. Por ejemplo, en los créditos que aparecen al final de una película, se presenta una lista de las personas que participaron directamente en la producción. Se emplea a cientos, y en ocasiones, a miles de personas tras bambalinas. Sin embargo, a pesar del enorme reparto y del personal que participa en la producción, la diferencia entre el éxito y el fracaso financiero de ésta depende principalmente del desempeño de un puñado de artistas que realizan actividades cruciales: los actores principales, el director y el guionista. Lo mismo sucede en el campo deportivo. Aunque cada año miles de jugadores compiten en el tenis profesional, el valor del tiempo en la televisión, las ventas de entradas y las promociones se basan en el poder de atracción que tienen los jugadores más importantes. En el golf profesional, la asistencia y los índices de audiencia son significativamente más elevados cuando se trata de torneos en los que compite Tiger Woods. Es claro que las grandes estrellas son quienes generan mayor ingreso por el producto marginal de su trabajo.

Sin embargo, el mero aumento en la productividad marginal no es suficiente. Debe haber una competencia abierta de talentos entre las estrellas para que a éstas se les pague el valor de su producto marginal. La competencia de las luminarias aumenta su ingreso a niveles sumamente altos, como por ejemplo, los $20 millones por película que generan las principales estrellas, más de 1 000 veces las ganancias anuales en promedio de los miembros del Screen Actors Guild. En los deportes profesionales, antes de que se introdujera la fórmula de la agencia libre, es decir, el sistema que permite a los jugadores contratarse con quien les ofrezca más, los principales jugadores no podían cambiarse libremente de un equipo a otro. Éstos quedaban atrapados, en cierto sentido, en el equipo que los contrataba y, en consecuencia, sólo obtenían una parte de lo que actualmente son capaces de ganar.

No es nada nuevo que en el mundo del espectáculo y los deportes existan sueldos muy altos. Lo que sí es novedoso es la proliferación de estructuras tales como el que gana se lleva toda la paga a otros mercados en Estados Unidos. El tratamiento de "estrella" se ha difundido a campos como la administración, las leyes, la banca, las finanzas e incluso, las áreas académicas. Considere, por ejemplo, lo que sucedió con el sueldo de los altos ejecutivos en Estados Unidos durante el último cuarto de siglo. En

1974, los directores generales (DG) de las 200 corporaciones más grandes de Estados Unidos ganaban en promedio alrededor de 35 veces más que lo que obtenía un trabajador estadounidense promedio. Para 1999, el sueldo promedio de este grupo selecto se incrementó aproximadamente 150 veces en relación con el sueldo del trabajador de producción promedio. Los múltiplos comparables durante ese año fueron sólo 13 en Alemania y 11 en Japón. ¿A qué se debe este enorme salto?

Robert Frank y Philip Cook sostienen, en su libro *The Winner-Take-All Society*, que el sueldo relativamente más elevado de los personajes clave estadounidenses se derivó de tres desarrollos. En primer lugar, los grandes avances en las comunicaciones, la producción y el transporte permitieron que personas con talento sirvieran a mercados más amplios, mejorando con ello su producto marginal. Por ejemplo, una compañía estadounidense debidamente dirigida que ofrece un producto valioso ahora puede vender dicho producto en todo el mundo. En segundo lugar, el aumento en la libertad de mercado ha mejorado la competencia de los participantes principales, de modo que estas personas ganan una cantidad más cercana a su productividad marginal. Por ejemplo, en los setenta, las empresas estadounidenses solían elegir a sus directores generales de entre las filas de la compañía, lo que constituía un ascenso principalmente desde adentro, práctica que aún se aplica en Alemania y Japón. Como otras empresas no hacían ofertas para atraer a los ejecutivos más talentosos, las compañías podían retenerlos por una fracción del sueldo que ahora prevalece en un mercado más competitivo. En la actualidad, a los principales ejecutivos los atraen desde fuera de la empresa, incluso desde otro sector y país. Esta ardua competencia por la gente más importante ha alcanzado el sueldo tope. Una última razón que mencionan Frank y Cook es que los grandes salarios se han vuelto más aceptables socialmente en Estados Unidos de lo que eran antes. Con todo, en algunos países los salarios elevados aún están contraídos.

Fuentes: Stefan Fatsis, "Thanks to Tiger's Roar, PGA Tour Signs Record TV Deal Through 2007", *The Wall Street Journal*, 17 de julio 2001; "Executive Pay", *The Economist*, 30 de septiembre 2000; Robert H. Frank y Philip J. Cook, *The Winner-Take-All Society*. Nueva York, Free Press, 1995; Barbara Whitaker, "Producers and Actors Reach Accord", *The New York Times*, 5 de julio 2001; y *Economic Report of the President*, enero 2001, cuyo sitio es http://w3.access.gpo.gov/eop/.

Diferencias en cuanto a riesgos. Las pruebas señalan que los trabajos en los que hay un mayor riesgo de sufrir lesiones o morir, como las minas de carbón, ofrecen sueldos mayores, si se mantienen constantes otros factores. Otro ejemplo sería el de los trabajadores rusos que laboran en la planta de energía nuclear parcialmente inutilizada de Chernobyl. Estos empleados obtuvieron en el 2000 un salario 10 veces más que el que registra el promedio nacional.[2] Los trabajadores también ganan más, en trabajos de temporada como la construcción, donde los riesgos de desempleo son mayores si otras variables no cambian.

Diferencias geográficas. La gente tiene un fuerte incentivo para vender sus recursos en el mercado en que pueda ganar más, si permanecen constante otros factores. Por ejemplo, los más famosos pateadores provenientes de todas partes del mundo llegan a Estados Unidos en busca de los altos salarios que se pagan en la Liga Nacional de Fútbol (NFL). Del mismo modo, como los médicos ganan más en Estados Unidos que en cualquier otra parte del planeta, miles de médicos que estudiaron en el extranjero emigran cada año a ese país. El flujo de mano de obra no camina en un solo sentido: algunos estadounidenses buscan fortuna en el extranjero, como los basquetbolistas que se van a Europa y los beisbolistas que optan por marcharse a Japón. Los trabajadores, en cambio, suelen enfrentar obstáculos migratorios cuando buscan un mejor sueldo en otro país. Cualquier reducción a estos obstáculos reduciría las diferencias salariales entre los diversos países.

Discriminación en el trabajo. En ocasiones, los individuos obtienen diferentes sueldos debido a la discriminación racial o sexual que se presenta en el mercado laboral. Si bien este tipo de discriminación es ilegal, la historia muestra que ciertos grupos, incluidos los individuos de raza negra, de origen hispano y las mujeres, han obtenido menores ganancias que aquellos que en apariencia tienen la misma capacidad.

[2] Matthew Brzezinski, "The Silver Lining in Chernobyl's Cloud", *The New York Times*, 3 de septiembre 2000.

Filiación sindical. Si se mantienen constantes otros factores, los afiliados a los sindicatos suelen ganar más que los no afiliados. En lo que resta del capítulo abordaremos los efectos que ejercen los sindicatos en el mercado de mano de obra.

SINDICATOS Y CONTRATO COLECTIVO

Pocos son los aspectos del mercado laboral que logran hacer noticia en comparación con las actividades de los sindicatos. Negociaciones laborales, huelgas, operativos de vigilancia a la entrada de una fábrica, confrontaciones entre obreros y empleadores, todo esto encaja perfectamente en el formato televisivo de las "noticias de acción". Pese a la constante vigilancia de los medios de comunicación, sólo cerca de uno de cada siete trabajadores estadounidenses está afiliado a un sindicato y lo que es más, los acuerdos sindicales llegan a un buen fin sin necesidad de recurrir a la huelga. A continuación examinaremos los instrumentos que los sindicatos emplean cuando buscan obtener un salario más elevado para sus afiliados.

Tipos de sindicatos

Sindicato de trabajadores Grupo de empleados que se unen para mejorar sus condiciones de empleo.

Sindicato gremial Sindicato cuyos miembros poseen una determinada habilidad o trabajaban en un oficio específico, como los plomeros o los carpinteros.

Un **sindicato de trabajadores** es un grupo de empleados que se unen con el fin de mejorar sus condiciones de empleo. Los primeros sindicatos laborales en Estados Unidos se remontan a los albores de la independencia nacional, cuando los empleados de distintos oficios, como carpinteros, zapateros e impresores, integraron grupos locales en busca de mejores salarios y jornadas de trabajo menos extensas. La afiliación a un **sindicato gremial** se otorgaba a personas que tenían una determinada habilidad u oficio. Los sindicatos de agremiados formaron finalmente su propia organización nacional, *la Federación Estadounidense del Trabajo* (*American Federation of Labor, AFL*). La AFL, fundada en 1886 bajo la dirección de Samuel Gompers, no era propiamente un sindicato, sino una organización de sindicatos nacionales, cada uno de los cuales conservaba su propia autonomía.

A principios de la Primera Guerra Mundial, se consideraba que la AFL, aún bajo la dirección de Gompers, era la vocera del sector laboral. La Ley Clayton de 1914 eximía a los sindicatos de trabajadores de las leyes antimonopolio, lo cual significaba que *los sindicatos de las compañías que competían podían unir legalmente sus fuerzas en un intento por incrementar sus salarios*. Los sindicatos también estaban exentos del pago de impuestos. La afiliación sindical aumentó durante la Primera Guerra Mundial, pero luego disminuyó considerablemente entre 1920 y 1933, cuando el gobierno retiró el apoyo que había brindado a los esfuerzos sindicales.

El Congreso de Organizaciones Industriales (*Congress of Industrial Organizations, CIO*) se formó en 1935 para fungir como una organización nacional de sindicatos de los sectores de producción en masa, como el automotriz y el siderúrgico. Mientras la AFL organizaba a los trabajadores por oficios específicos, como plomeros y carpinteros, el CIO constaba de sindicatos cuya filiación abarcaba a todos los trabajadores de un determinado sector de la industria. Estos **sindicatos industriales** incluían a trabajadores no especializados, semiespecializados y especializados en un sector, como el de la producción de autos y el del acero.

Sindicato industrial Sindicato integrado por obreros calificados y no calificados de un determinado sector de la industria, como son los obreros automotrices o del acero.

Contrato colectivo

Contrato colectivo Proceso mediante el cual el sindicato y el cuerpo directivo de una empresa negocian un acuerdo laboral.

El **contrato colectivo** es el proceso mediante el cual los representantes del sindicato y el cuerpo directivo de la empresa negocian un contrato en donde ambas partes están de acuerdo, y en el que se especifican los salarios, las prestaciones y las condiciones laborales del empleado. Al llegar a un acuerdo tentativo, los representantes sindicales deben presentarlo ante sus afiliados para someterlo a votación. Si el acuerdo se rechaza, el sindicato puede emplazar una huelga o bien, continuar con las negociaciones.

Mediador Observador imparcial que ayuda a resolver diferencias entre el sindicato y la dirección de una empresa.

Mediación y arbitraje. Si las negociaciones se estancan y con ello el interés público se ve afectado, los funcionarios gubernamentales pueden solicitar que un mediador independiente intervenga en el conflicto. Un **mediador** es un observador imparcial que escucha a ambas partes por separado y luego sugiere cómo se podría adecuar cada una las posturas para así resolver las diferencias. Si es posible llegar a una solución, el mediador reúne a las partes para elaborar un contrato. El mediador no tiene facultades para imponer un acuerdo.

En ciertos sectores fundamentales, como las fuerzas policíacas y los bomberos, en los cuales una huelga podría afectar el interés público, los estancamientos en las negociaciones suelen solucionarse con un **arbitraje obligatorio**, mediante el cual una tercera parte, neutral, evalúa las dos partes de la disputa y emite una resolución que éstas deben acatar. Algunas controversias omiten el proceso de mediación y arbitraje y pasan directamente al estancamiento de la huelga.

Arbitraje obligatorio Negociación en la cual el sindicato y la dirección acceden a aceptar la resolución a la disputa por parte de un observador imparcial.

La huelga

Una fuente importante de poder sindical en la negociación es la amenaza de **huelga**, que consiste en una tentativa por parte del sindicato de suspender las actividades laborales en la empresa. El propósito de una huelga es detener la producción, con lo cual la empresa se ve obligada a aceptar las condiciones del sindicato. Sin embargo, las huelgas también pueden imponer costos considerables a los miembros de un sindicato, ya que éstos renuncian a su sueldo y prestaciones durante el periodo en el que esta suspensión de actividades se impone y, lo que es peor, corren el riesgo de perder su trabajo. Los fondos sindicales y otras fuentes, como las compensaciones por desempleo en algunos estados, pueden proporcionar apoyo durante una huelga, pero el ingreso común del huelguista disminuye considerablemente. La amenaza de huelga depende de las negociaciones laborales y a su vez, puede promover un acuerdo. *Aunque ninguna de las partes desea la huelga, ambas, en lugar de conceder ciertos puntos clave, casi siempre actúan como si pudieran y quisieran sostenerla.*

Huelga Esfuerzo sindical por suspender el trabajo en una empresa.

Generalmente, los sindicatos establecen piquetes o cercos de huelguistas en torno al empleador para disuadir o evitar que los llamados rompehuelgas o "esquiroles" crucen tales cercos y se presenten a trabajar. Sin embargo, la empresa en ocasiones puede continuar con la producción si es capaz de contratar a elementos temporales y trabajadores comprometidos a no participar en la huelga.

UNIONES SINDICALES Y EMPLEO

Los miembros de los sindicatos, como todos, tienen necesidades ilimitadas, pero ningún sindicato puede conseguir regularmente todo lo que desea. Como los recursos son escasos, deben hacerse ciertas elecciones. En una lista de las pretensiones de un sindicato se hallarían salarios más elevados, más prestaciones, mayor seguridad en el empleo, mejores condiciones laborales, entre otras más. Para que el análisis siga siendo manejable, concentrémonos en un solo objetivo: salarios más elevados, y consideremos tres recursos de los que podrían valerse los sindicatos para que aumentaran los salarios: (1) formar un sindicato inclusivo, o industrial; (2) formar un sindicato exclusivo, o gremial; y (3) incrementar la demanda de mano de obra sindicalizada.

NetBookmark

¿El hecho de que su lugar de trabajo esté o no sindicalizado marca alguna diferencia en la calidad del trabajo que desempeña? La AFL-CIO, organización que aglutina a la mayor parte de los sindicatos de Estados Unidos, considera que efectivamente marca una diferencia. http://www.aflcio.org/uniondifference/index.html es un sitio en el que se plantea el argumento de que los trabajadores sindicalizados obtienen un mejor sueldo, prestaciones y estabilidad.
En http://www.dol.gov/opa/aboutdol/laborday.htm, sitio que mantiene el Departamento del Trabajo de Estados Unidos (*U.S. Department of Labor*), se dispone de una historia sobre la fundación del Día del Trabajo.

Sindicatos inclusivos o industriales

Con el modelo *inclusivo*, o *industrial*, el sindicato trata de negociar un salario que se aplique a toda la industria y que, además, esté enfocado a cada tipo de trabajo. En el panel (a) de la figura 4, la oferta y demanda de mercado de un tipo específico de mano de obra se clasifica como D y O, respectivamente. En ausencia de un sindicato, el salario de equilibrio es S y el nivel de empleo de equilibrio es E. En el salario de mercado, cada empleador, en lo individual, enfrenta una oferta de mano de obra horizontal, o perfectamente elástica, como se aprecia en el panel (b) de la figura 4. Por tanto, cada empresa puede contratar tanta mano de obra como desee al salario de mercado S. La empresa contrata hasta que el valor del producto marginal de la mano de obra equivale al costo marginal del recurso, lo que genera una cantidad e en el panel (b). Como ya vimos, en equilibrio, a cada trabajador se le paga un salario equivalente al valor del producto marginal.

Ahora suponga que el sindicato negocia un salario superior al salario de compensación del mercado. En concreto, imagine que el salario negociado es S' en el panel (a) de la figura 4, lo que significa que no se ofrecerá mano de obra a un salario más bajo, pero cualquier cantidad demandada hasta la cantidad identificada en el punto a se ofrecerá al salario base. En efecto, la oferta de mano de obra sindicalizada es per-

FIGURA 4

Efecto del piso salarial de un sindicato

En el panel (a), la tasa salarial de equilibrio en ausencia de sindicato es *S*. Bajo ese salario, la empresa del panel (b) contrata mano de obra hasta el punto en que el valor del producto marginal equivale a *S*. Cada empresa contrata la cantidad *e*; el empleo total es *E*. Si un sindicato puede negociar un salario *S'* por encima del nivel de equilibrio, la curva de oferta que enfrenta la empresa se desplazará hacia *o'*. La empresa contrata menos trabajadores, *e'*, y el empleo total disminuye a *E'*. En el salario *S'* hay un exceso de oferta de mano de obra igual a *E"* – *E'*.

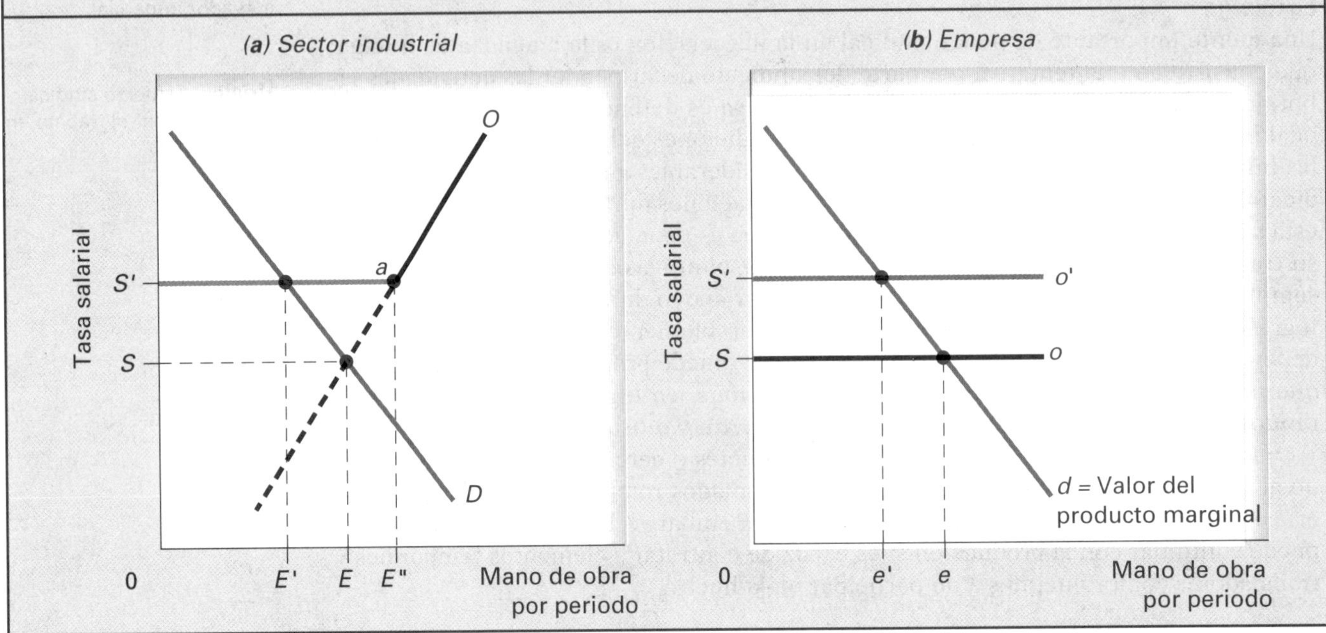

fectamente elástica en el salario sindical hasta el punto *a*. Sin embargo, si la demanda de los trabajadores excede de *E"*, el piso salarial deja de aplicarse; la parte sobresaliente de la curva de oferta de mano de obra se convierte en la parte con pendiente ascendente, *aO*. En el caso de un sector de la industria que enfrenta un piso salarial de *S'*, toda la curva de oferta de mano de obra es *S'aO*, la cual presenta una discontinuidad cuando el piso salarial se encuentra con la parte que tiene una pendiente ascendente en la curva de oferta original.

Una vez establecido este piso salarial, cada empresa enfrenta una curva de oferta horizontal de mano de obra en el salario negociado colectivamente, *S'*. Como ahora el salario es mayor, la cantidad de demanda de mano de obra por cada empleador disminuye, como lo refleja la reducción en el empleo de *e* a *e'* en el panel (b). En consecuencia, el incremento en el salario genera una reducción en el nivel total de empleo; la cantidad demandada por la industria disminuye de *E* a *E'* en el panel (a).

En el salario *S'*, la cantidad de mano de obra que los trabajadores podrían ofrecer, *E"*, rebasa la cantidad demandada, *E'*. En caso de no haber un sindicato, este exceso en la oferta de mano de obra haría que los trabajadores desempleados redujeran el nivel salarial que solicitan. Sin embargo, los miembros sindicalizados acuerdan *colectivamente* un salario, de modo que los trabajadores en lo individual no pueden ofrecerse a trabajar por menos, ni tampoco los patrones ofrecen contratarlos a un menor salario. En virtud de que la cantidad de trabajadores sindicalizados dispuestos y en posibilidades de trabajar excede el número de empleos disponibles, el sindicato debe racionar de algún modo los puestos disponibles, por ejemplo, asignarlos con base en los años de experiencia del trabajador, o bien de acuerdo con sus relaciones dentro del sindicato. *En el caso del sindicato inclusivo, o industrial, el cual negocia con toda la industria, la tasa salarial es más elevada y el índice total de empleo más bajo de lo que serían ante la ausencia de un sindicato.*

Quienes no pueden encontrar un empleo sindicalizado buscarán trabajo en el sector no sindicalizado. *Este incremento en la oferta de mano de obra en el sector no sindicalizado hace que el salario no sindicalizado disminuya.* Por tanto, los salarios son relativamente más altos en el sector sindicalizado; en primer lugar, porque los sindicatos negocian un salario que rebasa el salario de compensación del mercado, y en segundo, porque quienes no pueden encontrar empleo en el sector sindicalizado saturan el sector no sindicalizado. Luego de revisar más de 200 estudios, se llegó a la conclusión de que los sindicatos incrementaban los salarios de sus afiliados alrededor de 15% en promedio por encima de los salarios de los trabajadores no sindicalizados con el mismo nivel de habilidad.[3] Los sindicatos logran aumentar los salarios en los sectores menos competitivos. Por ejemplo, ejercen un impacto menor en los salarios que se pagan en los sectores de la confección y los textiles, los cuales son bastante competitivos. Sin embargo, tienen un impacto mayor en los salarios de los sectores automotriz, siderúrgico, minero y de transporte, los cuales históricamente han sido menos competitivos. Las empresas competitivas no pueden transferir el costo de un aumento en los salarios sindicales a los precios de los productos. Las nuevas empresas pueden ingresar a un sector competitivo, pagar salarios no sindicalizados y vender el producto a menor precio.

Sindicatos exclusivos o gremiales

Una forma de incrementar los salarios y al mismo tiempo evitar un exceso de oferta de mano de obra consiste en que el sindicato, de alguna manera, reduzca la oferta de mano de obra, como se aprecia en el desplazamiento hacia la izquierda en el panel (a) de la figura 5. Para que las restricciones a la oferta tengan éxito es necesario, en primer lugar, que el sindicato limite el ingreso de sus afiliados y, en segundo, que obligue a todos los patrones del sector a contratar exclusivamente a miembros sindicalizados. El sindicato puede restringir la afiliación por medio de cuotas de iniciación más elevadas, largos periodos de aprendizaje, exámenes de determinación de habilidades y competencia muy elaborados, requisitos restrictivos en cuanto a la concesión de licencias y otras estrategias ideadas para demorar o desalentar las nuevas afiliaciones. Sin embargo, aunque los sindicatos logren limitar la afiliación, les resulta difícil exigir que todas las empresas en la industria contraten exclusivamente a trabajadores sindicalizados.

Si bien la fijación de salarios es más característica de los sindicatos industriales, la restricción de la oferta suele ser más común en sindicatos gremiales, como los de carpinteros, plomeros y albañiles. Los grupos de profesionales, por ejemplo, médicos, abogados y contadores, también imponen restricciones al ingreso mediante estándares de educación y evaluación. Tales restricciones, por lo general defendidas sobre la base de que protegen al público, a menudo no son más que intentos amañados por incrementar los salarios al limitar la oferta de trabajo.

Incremento en la demanda de mano de obra sindicalizada

Una tercera forma de aumentar el salario consiste en incrementar la demanda de mano de obra sindicalizada, haciendo de alguna forma que la curva de la demanda de mano de obra se desplace hacia afuera, de D a D'', tal y como se observa en el panel (b) de la figura 5. Este método constituye una opción atractiva *dado que tanto la tasa salarial como el empleo se incrementan*, de modo que no hay necesidad de racionar los empleos entre los afiliados al sindicato. Veamos algunos de los recursos de que se sirven los sindicatos para tratar de incrementar la demanda de mano de obra sindicalizada.

Incrementar la demanda de bienes elaborados por trabajadores sindicalizados. La demanda de mano de obra sindicalizada se puede incrementar si se exhorta directamente a los consumidores a que adquieran únicamente productos fabricados por trabajadores sindicalizados. Como la demanda de mano de obra es una demanda derivada, incrementar la demanda de productos elaborados por trabajadores sindicalizados aumenta la demanda de mano de obra sindicalizada.

¿Cuál es la importancia de la siguiente declaración en The Wall Street Journal*?: "El Sindicato de Trabajadores Automotrices Unidos perdió en su intento por representar a 4800 trabajadores en la fábrica de automóviles Nissan Motor Co., en Smyrna, Tenn. . . . el más reciente en una serie de esfuerzos fallidos".*

[3] H. Gregg Lewis, *Union Relative Wage Effects: A Survey*. Chicago, University of Chicago Press, 1986.

FIGURA 5

Efecto de reducir la oferta o incrementar la demanda de mano de obra

Si un sindicato puede restringir la mano de obra a un sector de la industria, la curva de oferta se desplaza hacia la izquierda de *O* a *O'*, como se muestra en el panel (a). La tasa salarial se incrementa de *S* a *S'*, pero a costa de una reducción en el empleo de *E* a *E'*. En el panel (b), un incremento en la demanda de mano de obra de *D* a *D"* eleva tanto el salario como el nivel de empleo.

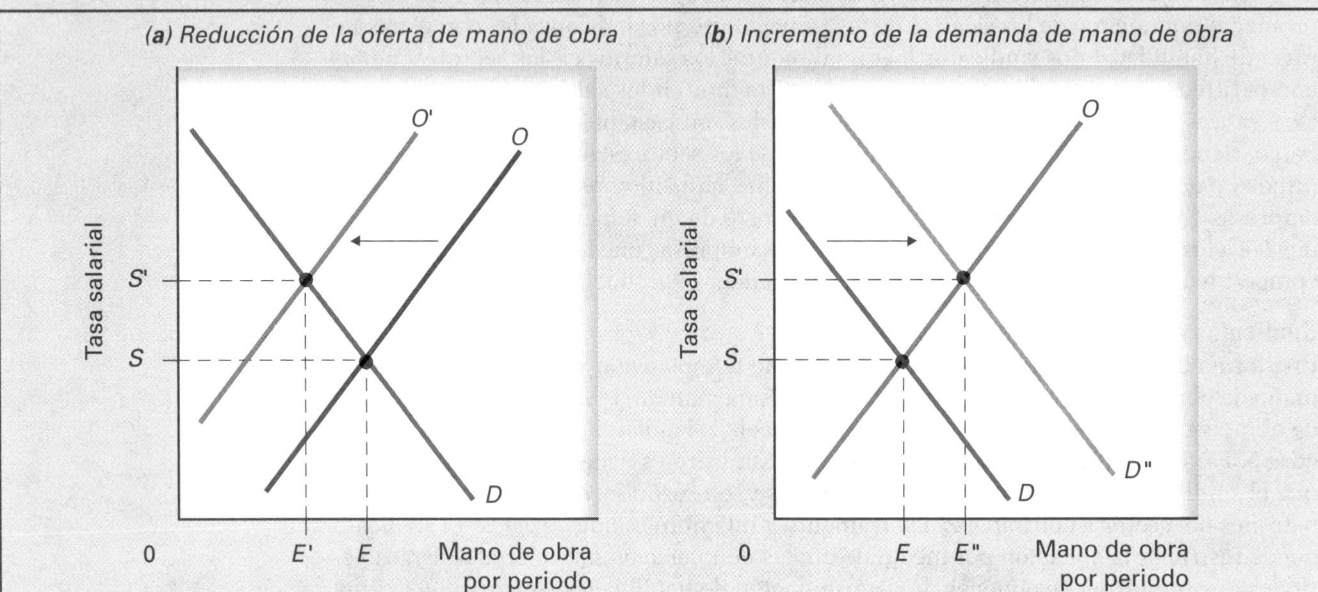

Restringir la oferta de bienes elaborados por trabajadores no sindicalizados. Otra forma de incrementar la demanda de mano de obra sindicalizada consiste en restringir la oferta de productos que compiten con los productos elaborados por obreros sindicalizados. Una vez más, este método se basa en la naturaleza derivada de la demanda de mano de obra. Por ejemplo, el Sindicato de Trabajadores Automotrices Unidos (*United Auto Workers*, UAW) apoya las restricciones que se imponen a los automóviles importados. Una cantidad menor de vehículos importados significa una mayor demanda de automóviles producidos por trabajadores estadounidenses, quienes en su mayoría son miembros sindicalizados.

Incrementar la productividad de la mano de obra sindicalizada. Algunos observadores afirman que la eficiencia con que los sindicatos estructuran y supervisan la relación obrero-patronal contribuye a incrementar la demanda de mano de obra sindicalizada. Según esta teoría, los sindicatos incrementan la productividad del trabajador porque reducen al mínimo los conflictos, resuelven las diferencias y, en ocasiones, corrigen a los trabajadores que no son productivos. En ausencia de un sindicato, el obrero inconforme tal vez sólo busque otro trabajo, lo que genera rotación de personal. La rotación es costosa para la empresa pues el trabajador que abandona su empleo se lleva consigo una capacitación específica de la empresa. Sin embargo, cuando hay un sindicato, los obreros en general pueden interponer sus quejas a través de los canales de conciliación y arbitraje, y las respuestas que reciben pueden disminuir su apremio por abandonar la empresa. De hecho, los índices de renuncia son significativamente más bajos entre los trabajadores sindicalizados, aunque esto podría deberse a que perciben un mayor sueldo. Si los sindicatos incrementan de esta forma la productividad de los trabajadores, la demanda de mano de obra sindicalizada aumentará.

Imposición de trabajadores Esfuerzos que realizan los sindicatos para obligar a los empleadores a contratar más trabajadores de los que necesitan para una determinada tarea.

Imposición de trabajadores. Otro recurso más del que los sindicatos se valen para tratar de incrementar la demanda de mano de obra sindicalizada consiste en la **imposición de trabajadores**, lo cual es un intento por asegurar que los productores contraten una mayor cantidad de mano de obra de la que realmente les gustaría. Por ejemplo, las reglas sindicales exigen que cada teatro de Broadway debe contar permanentemente con un carpintero, un electricista y un jefe de utilería. Una vez que la temporada inicia, estos trabajadores aparecen solamente el día de pago. Cambiar un foco para la obra *The Iceman Cometh* exigió una cuadrilla de tres personas, cada una de las cuales ganó $43.36 por hora.[4] La taquilla debe contar con un total de tres personas. El sindicato de músicos exige que se emplee de nueve a 22 músicos en cada teatro en el que se represente un musical, aun cuando el espectáculo sólo requiera un pianista.

La imposición de trabajadores no genera un verdadero incremento en la demanda, en el sentido de desplazar la curva de la demanda hacia la derecha. Por el contrario, obliga a las empresas a que contraten más mano de obra de la que en realidad necesitan, lo cual desplaza a la empresa a un punto hacia la derecha de su verdadera curva de demanda de mano de obra. El sindicato busca orillar a la empresa a una elección de todo o nada: contratar la cantidad de trabajadores que exige el sindicato o una huelga que detiene la producción. Por tanto, con la imposición de trabajadores, *el sindicato intenta determinar no sólo el salario sino también la cantidad que debe contratarse a ese salario, con lo cual desplaza a los patrones hacia la derecha de su curva de demanda de mano de obra.*

En síntesis, hemos examinado tres recursos de los que se valen los sindicatos para tratar de incrementar los salarios de sus afiliados: (1) negociar un piso salarial por encima del salario de equilibrio del sector y racionar de alguna manera los limitados empleos entre los afiliados al sindicato; (2) limitar la oferta de mano de obra sindicalizada; y (3) incrementar la demanda de mano de obra sindicalizada. Los sindicatos buscan aumentar la demanda de mano de obra sindicalizada de diversas maneras: (1) mediante una solicitud directa al público para que adquiera sólo productos elaborados por los trabajadores sindicalizados; (2) restringiendo la oferta de productos elaborados por trabajadores no sindicalizados; (3) reduciendo la rotación de personal y, por tanto, aumentando la productividad marginal; y (4) a través de la imposición de trabajadores, la cual obliga a los empleadores a contratar a más trabajadores sindicalizados de los que preferirían.

Tendencias recientes en la afiliación sindical

En 1955, aproximadamente una tercera parte de los trabajadores que percibían sueldos y salarios en Estados Unidos pertenecía a un sindicato. Desde entonces la afiliación sindical como fracción de la fuerza de trabajo ha disminuido; en la actualidad, sólo uno de cada siete trabajadores forma parte de un sindicato. Los trabajadores del sector público, quienes representan uno de cada seis trabajadores estadounidenses, conforman cerca de la mitad de todos los miembros sindicalizados. Un maestro de escuela es el ejemplo característico de la afiliación sindical. En comparación con otras naciones industrializadas, Estados Unidos tiene un rango relativamente bajo de sindicalización, aunque las tasas en el extranjero también están en periodo de disminución.

En la gráfica de barras de la figura 6 aparecen los índices de afiliación sindical en Estados Unidos por edad y género en el 2000. Los índices que corresponden a los hombres, identificados mediante las barras de color verde, son más elevados que los índices de las mujeres, en parte debido a que a los varones se les emplea más en la manufactura y a las mujeres más en el sector de servicios, donde históricamente la afiliación sindical ha sido menor. Los índices más elevados de afiliación corresponden a los varones de mediana edad. Aunque en la figura no se aprecia, los individuos de raza negra tienen un índice de afiliación sindical superior al de los blancos (17% contra 13%), lo que obedece en parte a que los individuos de raza negra son empleados con mayor frecuencia por el gobierno y por industrias pesadas como el sector automotriz y el siderúrgico, donde la representación sindical es muy elevada. La afiliación sindical entre los individuos de origen hispano, que incluye cualquier raza, promediaron sólo 11%.

Los índices de afiliación sindical también varían considerablemente entre los diversos estados del país. Los índices en el 2000 fueron 16% o más en los estados indus-

[4] Jesse McKinley, "$100 a Ticket? Here's Why", *The New York Times*, 8 de abril 1999.

FIGURA 6

Índices de afiliación sindical

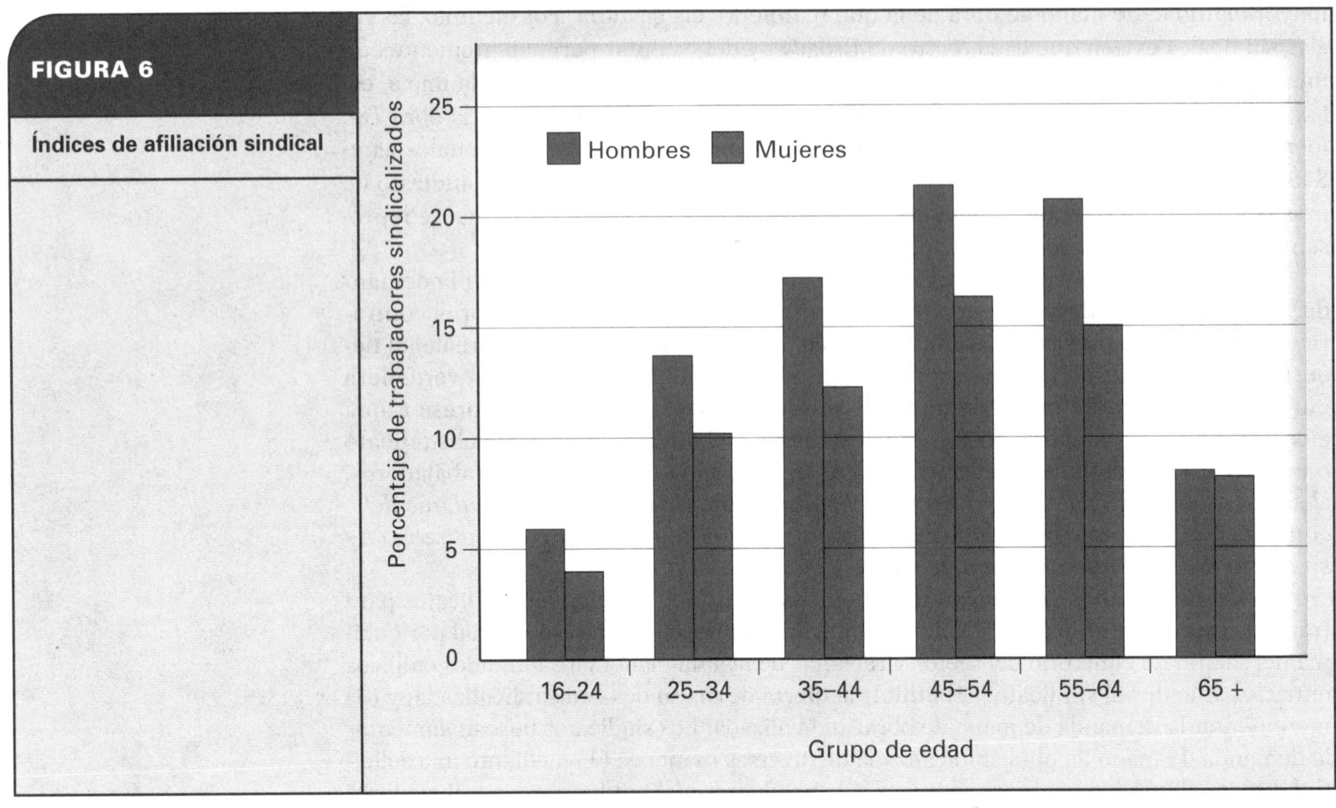

Fuente: Oficina de Estadísticas del Trabajo de Estados Unidos, "Union Members in 2000", 18 de enero 2001. Para conocer las cifras más recientes consulte el sitio http://www.stats.bls.gov/newsrels.htm. Nota: Cifras basadas en la afiliación sindical como porcentaje del salario y los trabajadores asalariados de Estados Unidos.

triales del Norte y 8% o menos en los del Sur. Nueva York tuvo el índice más elevado, 26%, en el 2000; Carolina del Norte tuvo el índice más bajo, 4%.

La disminución en la afiliación sindical se debe en parte a los cambios estructurales que ha sufrido la economía de Estados Unidos. Desde hace mucho, los sindicatos han sido más importantes en el sector industrial que en el de servicios. Sin embargo, el empleo en el sector industrial, que incluye manufactura, minería y construcción, se ha reducido en las últimas décadas como parte de todos los empleos. Otro factor en la disminución del movimiento sindical es el crecimiento que se ha dado en la competencia de mercado, sobre todo de las importaciones. El aumento en la competencia de parte de empleadores no sindicalizados, tanto externos como internos, ha reducido las posibilidades de las empresas sindicalizadas de transferir los costos de mano de obra a precios más elevados en los productos. Una menor cantidad de trabajadores sindicalizados significa menos votantes pertenecientes a los sindicatos, así que los sindicatos pierden influencia política.

Por último, la desaparición práctica de la huelga también ha reducido el poder de los sindicatos. Durante los setenta, se registraron 300 huelgas al año tan sólo en Estados Unidos, en las cuales participaron más de 1 000 trabajadores. Sin embargo, durante los noventa, sólo se tuvo un registro de 36 huelgas al año. Por otro lado, muchas de las huelgas que se han presentado recientemente terminaron mal para los trabajadores sindicalizados; empresas como Caterpillar, Phelps Dodge Copper, Continental Airlines y Hormel Foods contrataron trabajadores de reemplazo. Los afiliados a los sindicatos se inclinan cada vez menos a estallar huelgas debido a la disposición cada vez mayor de los patrones a contratar rompehuelgas y a que los trabajadores, sindicalizados y no sindicalizados, cada vez estén más dispuestos a cruzar los piquetes o líneas de huelguistas. Las huelgas también reducen las utilidades de las empresas, lo que perjudica a los trabajadores que tienen una participación de utilidades y desalienta la huelga. Por ejemplo, una huelga en contra de General Motors en 1998 redujo la participación de utilidades promedio de los trabajadores en ese año a sólo $200 en comparación con los más de $6 000 que habían recibido el año anterior. Como la huelga y la amenaza de ésta ha perdido importancia, el poder de los sindicatos se ha reducido.

En el último caso de estudio de este capítulo examinaremos las razones por las que los sindicatos sólo han conseguido un éxito limitado en la organización del sector laboral de mayor crecimiento: el de los trabajadores de la tecnología de la información.

SINDICALIZACIÓN DE LOS TRABAJADORES DE LA TECNOLOGÍA DE LA INFORMACIÓN

Caso de **estudio**

Economía de la información

Pese a la desaparición de muchas empresas que operaban a través de internet, los trabajadores de la tecnología de la información (TI) aún constituyen el sector con el mayor y más rápido crecimiento. La Oficina de Estadísticas del Trabajo de Estados Unidos (*The U.S. Bureau of Labor Statistics*) pronostica que el crecimiento laboral en la informática y el procesamiento de datos superará al resto de los sectores de la industria en la década que vivimos. Si los sindicatos quieren crecer, ¿por qué no se enfocan en el sector que presenta el crecimiento más rápido? Bueno, pues resulta que los sindicatos han tratado de organizar a los trabajadores tecnológicos, pero este grupo plantea algunos desafíos especiales. Para que un sindicato tenga éxito, debe convencer a los trabajadores de que una organización sindical puede marcar la diferencia en sus condiciones laborales. Sin embargo, casi todos los empleadores en el sector de la TI hacen cualquier esfuerzo por contratar y retener a sus trabajadores, lo cual incluye bonos de contratación, seguro de gastos médicos, planes de jubilación atractivos, opciones accionarias, servicio telefónico inalámbrico gratuito, *laptops*, horarios flexibles y un entorno de trabajo más libre. Tales condiciones de trabajo no ofrecen tierra fértil a los sindicatos.

Otro problema para los sindicatos es que, en comparación con los empleados sindicalizados tradicionales —como obreros y empleados públicos—, los trabajadores de la TI suelen ser más jóvenes y constituyen un conjunto heterogéneo de trabajadores regulares, a distancia, de tiempo parcial, temporales, por honorarios, y una enorme cantidad de extranjeros con visas de trabajo de corto plazo. A los sindicatos se les dificulta incluso comunicarse con ese conjunto independiente y fragmentario.

Por último, las empresas tecnológicas son más dinámicas que los bastiones laborales tradicionales, como los sectores automotriz, siderúrgico y el sistema de escuelas públicas. Para cuando un sindicato se impone como meta organizar a una empresa tecnológica, ésta probablemente ya se haya desplazado a otra parte, fusionado con otra empresa o en el peor de los casos, cerrado.

El único sindicato que tiene una presencia significativa entre los trabajadores de la TI es el denominado Trabajadores Estadounidenses de Comunicaciones (*Communications Workers of America*, CWA), el cual inició hace décadas con el entonces sólido monopolio telefónico, AT&T. La división de ese monopolio a principios de los ochenta, aunada a grandes avances como la transmisión por cable e inalámbrica, convirtió a las telecomunicaciones en un sector de alta tecnología muy dinámico. Por tanto, el CWA estaba en el lugar correcto en el momento oportuno. Sin embargo, se le ha dificultado ingresar en otros sectores tecnológicos. Por ejemplo, desde 1996 ha tratado de organizar a los 40 000 trabajadores de Microsoft, pero sólo ha sindicalizado a unos 250, en su mayoría trabajadores temporales. En empresas del Silicon Valley como Intel y Hewlett-Packard, los sindicatos han organizado exitosamente a los conserjes, pero no a los trabajadores de alta tecnología. Peor aún para el CWA, los sistemas telefónicos tradicionales se están sustituyendo gradualmente con redes que emplean tecnología basada en internet que venden empresas cuyos empleados no están sindicalizados, como Cisco. Para no quedarse atrás, el CWA ha contratado incluso a Cisco para que le ayude a capacitar nuevamente a algunos integrantes del CWA.

eActividad

¿Qué tan exitoso ha sido el sindicato de Trabajadores Estadounidenses de Comunicaciones (*Communications Workers of America,* CWA) para organizar a los trabajadores del sector de la tecnología de la información? Revise la lista del sindicato sobre nuevos lugares de trabajo de la CWA en el **http://www.cwa-union.org/news/articles.asp?category=New+CWA+Workplaces** para que conozca sus éxitos más recientes. ¿Cuántas de las victorias en organización sindical más recientes tienen que ver con empresas de la tecnología de la información? Si desea obtener mayor información sobre el progreso del movimiento sindical en el sector de la TI consulte el sitio **http://www.industryweek.com/** y realice una búsqueda de noticias sobre la organización sindical.

En concreto, los salarios atractivos, las buenas prestaciones y las brillantes perspectivas de trabajo, por no mencionar la tendencia independiente, hacen que tratar de organizar a los trabajadores tecnológicos sea como tratar de arrear gatos.

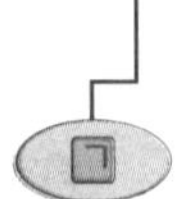

Fuentes: John Miano, "Do High-Tech Firms Really Need Imported Workers?", *USA Today*, 21 de septiembre 2000; Scott Thurm, "Cisco Systems Helps to Train Union Workers in Web's Ways", *The Wall Street Journal*, 3 de julio 2001; Mark Boslet, "Lighting the Labor Fuse", *The Standard.com*, 20 de agosto 2000; Steven Greenhouse, "Amazon Fights Union Activity", *The New York Times*, 29 de noviembre 2000; Keith Ervin, "Microsoft Temps Group Joins Union", *Seattle Times*, 4 de junio 1999; y el sitio del CWA en internet en http://www.cwa-union.org/.

Por último, algunos observadores sostienen que los sindicatos han reducido su alcance debido a que los empleadores ya no impulsan los esfuerzos de las organizaciones sindicales. Aunque la ley federal prohíbe que los patrones despidan o castiguen a los trabajadores por apoyar a un sindicato, en un estudio federal se estima que los empleadores castigaron o despidieron a aproximadamente 125 000 trabajadores entre 1992 y 1997 por tratar de establecer un sindicato.[5] Esto parece demasiado, pero en realidad sólo constituye uno de cada mil trabajadores durante el periodo de los seis años mencionado. Otros afirman que los sindicatos no han logrado crecer no tanto por lo que hacen los empleadores, sino por las fuerzas que operan en la economía y que hemos expuesto en el capítulo: el crecimiento de la competencia mundial, la evolución de la producción manual a la oferta de servicios, la renuencia cada vez mayor a las huelgas y finalmente, el crecimiento del sector de la alta tecnología. El movimiento sindical recibió un pequeño impulso en noviembre del 2000 cuando un organismo federal reconoció el derecho que tenían los asistentes graduados y de investigación de la Universidad de Nueva York a sindicalizarse. Esto podría abrir la puerta a una oferta fresca de afiliación sindical.

CONCLUSIÓN

En la primera mitad de este capítulo nos concentramos en la oferta de mano de obra y explicamos por qué los salarios difieren entre las distintas ocupaciones y entre los individuos dentro de éstas. La interacción de la oferta y la demanda de mano de obra determina las tasas salariales y el nivel de empleo. En la segunda mitad de este estudio exploramos el efecto que ejercen los sindicatos en el mercado laboral. Otrora, los sindicatos dominaban algunos sectores clave. Sin embargo, conforme la competencia global se intensifica, a los patrones se les dificulta cada vez más transferir los costos de mano de obra sindicalizada a los consumidores. Tanto en Estados Unidos como en otras economías industriales, los trabajadores sindicalizados representan un segmento de la fuerza laboral en franco declive.

RESUMEN

1. La demanda de mano de obra es la relación entre la tasa salarial y la cantidad de mano de obra que los productores están dispuestos y en posibilidades de contratar, si se mantienen constantes otros factores. La oferta de mano de obra es la relación entre la tasa salarial y la cantidad de mano de obra que los trabajadores están dispuestos y en posibilidades de ofrecer, si se mantienen constantes otros factores. La intersección de las curvas de oferta y demanda determina el salario de mercado.
2. La gente asigna su tiempo con la intención de maximizar la utilidad. Son tres los usos que se le dan al tiempo: trabajo en el mercado laboral, trabajo independiente del mercado y ocio. Una persona trata de maximizar la utilidad asignando el tiempo de manera que el valor de la utilidad marginal de la última unidad de tiempo invertida en cada actividad sea idéntica.
3. Cuanto más elevada es la tasa salarial, si se mantienen constantes otros factores, mayor es la cantidad de bienes y servicios que pueden adquirirse con ese salario, de modo que un salario más alto alienta a quienes ofrecen su mano de obra a sustituir el trabajo en el mercado laboral por otros usos del tiempo. Sin embargo, una tasa salarial más

[5] El estudio realizado por el Consejo Nacional de Relaciones Laborales (The National Labor Relations Board) se discute en el artículo escrito por Steven Greenhouse denominado "Report Faults Laws for Slowing Growth of Unions", *The New York Times*, 24 de octubre 2000.

elevada promueve el ingreso, lo cual aumenta la demanda de todos los bienes normales, incluido el ocio. El efecto neto de un salario más alto en la cantidad de mano de obra que un individuo ofrece al mercado depende tanto del efecto sustitución como del efecto ingreso.

4. La oferta de mano de obra depende de otros factores ajenos al salario, entre los que se encuentran: (1) otras fuentes de ingresos; (2) los servicios del trabajo; (3) el valor de la experiencia laboral; y (4) los gustos del trabajador.

5. Los salarios de mercado varían debido a: (1) diferencias en cuanto a capacitación y educación; (2) diferencias en cuanto a capacidad y habilidad de los trabajadores; (3) diferencias en cuanto a riesgo, tanto en términos de la seguridad del trabajador como de las probabilidades de ser despedido; (4) diferencias geográficas; (5) discriminación racial y de género; y (6) afiliación sindical.

6. Los sindicatos y los empleadores suelen negociar contratos de mutuo acuerdo mediante contratos colectivos de trabajo. Una fuente importante de poder sindical ha sido la amenaza de huelga, que consiste en el esfuerzo por parte del sindicato de suspender el trabajo en la empresa.

7. Los sindicatos inclusivos, o industriales, buscan establecer un piso salarial que rebase el salario competitivo. Sin embargo, un salario por encima del nivel de compensación de mercado genera una cantidad excesiva de oferta de mano de obra, de suerte que el sindicato debe racionar de alguna manera los empleos entre sus afiliados. Los sindicatos exclusivos, o gremiales, buscan elevar el salario restringiendo la oferta de mano de obra. Otra forma de elevar los salarios sindicales consiste en incrementar la demanda de mano de obra sindicalizada.

8. La afiliación sindical como porcentaje de la fuerza laboral ha disminuido desde hace décadas. En la actualidad, sólo está sindicalizada una séptima parte de los trabajadores, en comparación con el tercio que lo estaba en 1955. Entre las razones de la disminución en la afiliación sindical se encuentran la intensificación en la competencia global, el desplazamiento que ha habido del empleo de la manufactura a los servicios, la disposición de parte de los empleadores a contratar a sustitutos de los trabajadores huelguistas, la voluntad de los afiliados sindicales y otros a cruzar los piquetes o líneas de huelguistas, la disminución en el apoyo político al movimiento sindical y finalmente, la dificultad de afiliar a los trabajadores del sector de alta tecnología.

PREGUNTAS DE REPASO

1. *Usos del tiempo* Describa los tres posibles usos del tiempo de un individuo y mencione ejemplos de cada uno.

2. *Trabajo y utilidad* Explique el concepto de la "utilidad neta del trabajo". ¿Qué utilidad tiene éste para desarrollar la curva de oferta de mano de obra?

3. *Maximización de la utilidad* ¿Cómo asigna su tiempo un consumidor sensato entre los distintos usos que puede darle y que compiten entre sí?

4. *Efectos sustitución e ingreso* Suponga que el efecto sustitución de un incremento en la tasa salarial compensa exactamente el efecto ingreso cuando aumenta el salario de $12 a $13 por hora. ¿Cómo sería la curva de oferta de mano de obra bajo este rango de salarios? ¿Por qué?

5. *Efectos sustitución e ingreso* Suponga que el costo de la vida incrementa y, por tanto, el poder adquisitivo de su ingreso disminuye. Si su salario en efectivo no se incrementa, es probable que deba trabajar *más* horas en razón de este incremento en el costo de la vida. ¿Se trata de una respuesta ante un efecto ingreso o sustitución? Explique su respuesta.

6. *Determinantes ajenos al salario de la oferta de mano de obra* Suponga que dos empleos son exactamente iguales salvo que uno se realiza en un lugar donde hay aire acondicionado. ¿Cómo podría medir el valor que los trabajadores asignan a tal servicio?

7. *Por qué los salarios difieren* ¿Por qué podrían ocurrir diferencias permanentes en los salarios entre diferentes mercados de trabajo o dentro de un mismo mercado?

8. *Mediación y arbitraje* Distinga entre mediación y arbitraje obligatorio. ¿En qué circunstancias recurren las empresas y los sindicatos a estas instancias? ¿Cuál es el papel de las huelgas en el proceso de negociación?

9. *La huelga* ¿Por qué las empresas de sectores con costos fijos elevados se inclinan a impedir que estallen las huelgas o a terminarlas lo más rápido posible?

10. *Sindicatos industriales* ¿Por qué los sindicatos son más eficaces en los sectores oligopólicos que en los competitivos?

11. *Sindicatos gremiales* Tanto los sindicatos industriales como los gremiales buscan elevar los salarios de sus afiliados, pero cada uno procede de manera diferente. Explique la diferencia en cuanto a los métodos y describa el impacto que estas diferencias tienen en el exceso de oferta de mano de obra.

12. *Caso de* **estudio:** *Sindicalización de los trabajadores de la tecnología de la información* ¿Por qué los sindicatos no han logrado sindicalizar a más trabajadores del sector tecnológico? Hace poco, a los asistentes graduados y de investigación de la Universidad de Nueva York se les concedió el derecho a sindicalizarse. ¿Considera que los sindicatos correrán con mayor fortuna en el caso de la organización de este grupo que en el de los trabajadores de la TI? ¿Por qué sí o por qué no?

PROBLEMAS Y EJERCICIOS

13. *Oferta de mano de obra* En la siguiente tabla se aprecia la cantidad de horas por semana que aportan tres individuos a un determinado mercado a diversas tasas salariales. Calcule el total de horas por semana (Q_T) que se suministran al mercado.

Salario por hora	Horas por semana Q_1	Q_2	Q_3	Q_T
$ 5	20	0	0	____
$ 6	25	0	0	____
$ 7	35	10	0	____
$ 8	45	25	10	____
$ 9	42	40	30	____
$10	38	37	45	____

¿Qué personas, si las hay, tienen curvas de oferta atípicas en el rango salarial que se muestra? ¿La curva de oferta de mercado se dobla hacia atrás en este rango salarial?

14. *Sindicatos industriales* Revise la lógica en que se basa la figura 4. Luego, determine el efecto, en el sector y una empresa común, de un incremento en la demanda de producción industrial. Exponga sus conclusiones en un gráfico. ¿La magnitud del incremento en la demanda marca alguna diferencia?

CASOS PRÁCTICOS

15. *Salarios y oferta de mano de obra* Entreviste a cinco de sus compañeros de clase para determinar la naturaleza de sus curvas de oferta de mano de obra en un trabajo de verano. Pregunte a cada uno de ellos cuántas horas de trabajo estarían dispuestos a ofrecer a tasas salariales de $10, $15, $20, $25 y $30 por hora. Trace los resultados en un diagrama de oferta de mano de obra. ¿Alguno de estos individuos muestra una curva de oferta de mano de obra que se doble hacia atrás? ¿Se dobla hacia atrás la curva de oferta de mercado en el caso de estos cinco individuos?

16. *Caso de* **estudio:** *El ganador se lleva todo* el mercado de trabajo El artículo de Robert Frank, "Talent and the Winner-Take-All-Society", apareció en *The American Prospect* el día 21 de marzo de 1994 en el sitio http://www.prospect.org/print/V5/17/frank-r.html. Lea el contenido de este artículo. ¿Cuáles son algunos de los problemas que identifica Frank?

17. *Sindicatos y negociación colectiva* Visite la página del AFL-CIO Executive Council Actions en http://www.afl-cio.org/publ/estatements/index.htm y considere algunas de las acciones recientes. Elija una y exponga los efectos que ésta pretende, utilizando para ello los modelos desarrollados en este capítulo.

Capital, interés y financiamiento de las corporaciones

CAPÍTULO

13

¿Por qué hay cines en Estados Unidos que cobran más por proyectar las películas de estreno? ¿Por qué se quema la boca cuando come pizza? ¿Qué es el capital inicial, y por qué el granjero Jones no puede cultivar nada sin dicho capital? ¿Por qué el monto de la lotería estatal vale mucho menos que los millones que difunde? ¿Cuáles son las repercusiones del software pirata? En este capítulo, sobre capital e inversión, responderemos a éstas y otras preguntas.

Hasta ahora, nuestro análisis de los recursos se ha centrado principalmente en los mercados de recursos. Este énfasis es apropiado porque la mano de obra reclama la mayor parte del ingreso de los recursos, más de dos terceras partes del total. Sin embargo, las retribuciones de la mano de obra dependen en parte de la cantidad y calidad de los demás recursos utilizados, sobre todo el capital. El granjero que labra un campo con un tractor es más productivo que el que lo hace con un azadón. En este capítulo analizaremos la función del capital en la producción, su costo y su rendimiento esperado, así como el empleo óptimo del capital y la forma en que las empresas financian sus inversiones.

Antes que nada, debemos hacer una advertencia. Ya hemos señalado la diferencia que hay entre costo de oportunidad (pago necesario para atraer a un recurso a un determinado uso) y renta económica (pago que rebasa el costo de oportunidad). Los economistas suelen referirse al rendimiento derivado de la tierra como renta, pues normalmente se considera que la tierra es una oferta fija, y el rendimiento que se obtiene de un recurso cuya oferta es fija consta totalmente de renta económica. Describir las ganancias que se perciben de la tierra como renta es bastante adecuado, pero la tierra, como recurso, no recibirá un tratamiento especial en este libro. Entre los temas que abordamos en este capítulo se encuentran:

- Producción, ahorro y tiempo
- Consumo, ahorro y tiempo
- Inversión óptima
- Mercados de fondos prestables
- Valor presente y descuentos
- Finanzas corporativas
- Valores, bonos y ganancias retenidas

LA FUNCIÓN DEL TIEMPO EN LA PRODUCCIÓN Y EL CONSUMO

El tiempo desempeña una función importante en la producción y el consumo. En esta sección consideraremos en primer lugar el efecto que el tiempo ejerce en las decisiones de producción y demostraremos por qué las empresas están dispuestas a pagar por pedir prestados los ahorros de los hogares. Luego, consideraremos el tiempo en las decisiones de consumo y veremos por qué los hogares deben ser retribuidos por ahorrar o diferir su consumo actual. Después, al reunir los deseos de prestatarios y ahorradores, obtendremos la tasa de interés de mercado.

Producción, ahorro y tiempo

Suponga que Jones es un agricultor rudimentario dentro de una economía simple. Este individuo está totalmente lejos de sus vecinos y los mercados; literalmente extrae su sustento de una parcela de tierra y tiene como herramientas unos simples azadones. Aunque el cultivo crece, no hay parte de éste disponible para su consumo actual. Dado que la producción toma tiempo, Jones depende de las reservas de alimento que acumuló a partir de la producción anterior mientras la nueva cosecha crece. Cuanto más prolongada sea la temporada de crecimiento, Jones debe ahorrar más reservas. Por tanto, incluso en este ejemplo sencillo, es evidente que *la producción no puede ocurrir si no hay un ahorro previo*.

Suponga que con sus recursos actuales, los cuales consisten en tierra, mano de obra, maíz para siembra, fertilizante y algunos azadones, Jones cultiva alrededor de 200 bushels de maíz por año. Sin embargo, pronto se da cuenta de que si tuviera un arado, es decir, un bien de inversión, o capital, su productividad aumentaría. Pero, el construir un arado en un entorno tan rudimentario constituiría un consumo de tiempo y lo mantendría lejos del campo durante un año. En consecuencia, el arado tiene un costo de oportunidad de 200 bushels de maíz. Jones no podría sustentar esta disminución temporal en la producción a menos que hubiera ahorrado lo suficiente de las cosechas anteriores.

La pregunta es: ¿debería invertir su tiempo en el arado? La respuesta depende de los costos y beneficios de tal instrumento. Ya sabemos que su costo de oportunidad es de 200 bushels, o sea, la producción a la que se renuncia. El beneficio depende del incremento que el arado tenga en la producción de la cosecha y cuánto dure ésta. Jones se imagina que el arado aumentaría la producción en 50 bushels y la duración del utensilio sería de por vida. Al tomar la decisión de invertir, compara los costos actuales con los beneficios futuros. Suponga que decide que agregar 50 bushels al año supera el anterior costo de 200 bushels sacrificados para hacer el arado.

Al fabricar el arado, Jones incurre en una *producción indirecta*. En lugar de labrar la tierra con sus azadones rudimentarios, el agricultor genera capital para incrementar su productividad a futuro. En el campo de la economía, un aumento en la cantidad de producción indirecta significa la acumulación de más capital, de manera que pueden producirse más bienes en el futuro. Las avanzadas economías industrializadas se caracterizan por tener más producción indirecta y, por tanto, una abundante acumulación de capital.

Tal y como lo comprobará, la inversión no puede realizarse si no hay un ahorro previo. *La producción de bienes de capital exige ahorro pues ésta, tanto en su modalidad directa como indirecta, necesita tiempo. Tiempo durante el cual no se dispone de los bienes y servicios de la producción actual*. Ahora modernicemos el ejemplo, introduciendo la capacidad para solicitar dinero prestado. Cada primavera, muchos agricultores acuden a los bancos para solicitar, en préstamo, el "capital inicial" suficiente para financiar su producción mientras la cosecha crece. De manera similar, otros negocios suelen pedir prestada al menos una parte de los fondos iniciales que necesitan para seguir operando. Por tanto, en una economía moderna, los productores no tienen que depender exclusivamente de los ahorros que hayan acumulado previamente. Los bancos y otras instituciones financieras fungen como *intermediarios* entre ahorradores y prestatarios. Como verá hacia el final del capítulo, los mercados financieros que venden valores y bonos también ayudan a canalizar los ahorros hacia los productores. Consideremos ahora los incentivos para ahorrar.

Consumo, ahorro y tiempo

¿Alguna vez se ha quemado el paladar al morder una rebanada de pizza que no se había enfriado lo suficiente? ¿Le ha sucedido esto más de una vez? ¿Por qué persiste en esta automutilación? Lo hace porque ese bocado de pizza vale más para usted en ese momento que luego de dos minutos. De hecho, está dispuesto a correr el riesgo de quemarse la boca en lugar de esperar hasta que la pizza se haya enfriado. De cierta manera, este fenómeno refleja el hecho de que usted y otros consumidores valoran el consumo *presente* más que el consumo *futuro*. Se dice entonces que usted y otros consumidores tienen una **tasa positiva de preferencia temporal.**

Tasa positiva de preferencia temporal Valor que los consumidores otorgan al consumo presente por encima del consumo futuro.

Como usted valora el consumo presente por encima del consumo futuro, está dispuesto a pagar más por consumir ahora que por esperar y hacerlo más tarde. Los precios suelen reflejar esta mayor disposición a pagar. Considere el caso del cine. Usted paga más por la entrada a una sala que exhibe una película de estreno que en otra donde no hay ninguna novedad. Si usted es paciente, puede esperar hasta que la cinta salga en video. Lo mismo se aplica a los libros. Si espera a que a que salga la edición de bolsillo de un nuevo libro, podrá ahorrarse más de la mitad del precio de la versión en pasta dura. Los establecimientos de revelado, las tintorerías, los restaurantes de comida rápida, los minisupermercados, las redes noticiosas de televisión por cable y otros proveedores venden la velocidad de los servicios que ofrecen, a sabiendas de que los consumidores prefieren la disponibilidad inmediata.

Entonces, la *impaciencia* es una de las razones que explican una tasa positiva de preferencia temporal; otra es la *incertidumbre*. Si usted espera, algo podría impedir que consumiera el bien. Existe un eslogan publicitario de una marca de camisetas que capta adecuadamente este aspecto: "Ya que la vida es incierta, come primero el postre".

En virtud de que el consumo presente se valora más que el consumo futuro, los hogares deben recibir una retribución por posponerlo, el ahorro debe recompensarse. El ahorro es igual al ingreso menos el consumo. Cuando los hogares ahorran una parte de sus ingresos en instituciones financieras como los bancos, renuncian al consumo actual para tener una mayor capacidad de consumo en el futuro. El interés es la recompensa que se ofrece a los hogares por renunciar a su consumo presente. La **tasa de interés** es el interés anual que se obtiene como porcentaje de la cantidad ahorrada. Por ejemplo, si la tasa de interés es de 5%, el interés pagado es de $5 al año por

Tasa de interés Cantidad que se paga anualmente a los ahorradores como porcentaje de la cantidad ahorrada y que se cobra a los prestatarios como porcentaje del monto prestado.

cada $100 ahorrados. Cuanto más elevada sea la tasa de interés, si se mantienen constantes otros factores, mayor será la retribución para los consumidores por ahorrar, de modo que mayor será su disposición al ahorro.

Inversión óptima

En una economía de mercado que se caracteriza por la especialización y el intercambio, el agricultor Jones ya no necesita producir su propio capital ni tampoco depender de sus ahorros. Puede adquirir capital si utiliza fondos prestables. Suponga que le interesa comprar cierto equipo agrícola y que estima su productividad esperada. En la columna (1) del panel (a) de la figura 1 se identifican seis piezas de maquinaria agrícola que Jones ha clasificado en términos de mayor a menor productividad. El producto total del equipo agrícola aparece en la lista de la columna (2) y el producto marginal de cada pieza figura en la lista de la columna (3). Observe que se supone que los demás recursos permanecen constantes, en este caso, la mano de obra del agricultor, la tierra, las semillas y el fertilizante.

FIGURA 1

Tasa marginal de rendimiento sobre la inversión en equipo agrícola

La tasa marginal de rendimiento que aparece en la última columna es igual al ingreso marginal generado por cada pieza adicional de equipo agrícola dividido entre el costo marginal de cada pieza. La curva de la tasa marginal de rendimiento en la parte inferior de la figura consiste en segmentos lineales que muestran la relación entre la tasa de interés del mercado y la cantidad invertida en el equipo agrícola. Esta curva es la demanda de inversión.

(a)

(1) Equipo agrícola	(2) Producto total (bushels)	(3) Producto marginal (bushels)	(4) Ingreso marginal generado por el equipo (4) = (3) × $4	(5) Costo marginal del equipo	(6) Tasa marginal de rendimiento (6) = (4)/(5)
Ausencia de equipo	200	—	—	—	—
Tractor	1 200	1 000	$4 000	$10 000	40%
Cosechadora	2 000	800	3 200	10 000	32
Irrigadora	2 600	600	2 400	10 000	24
Rastrilladora	3 000	400	1 600	10 000	16
Fumigadora	3 200	200	800	10 000	8
Excavadora	3 200	0	0	10 000	0

(b)

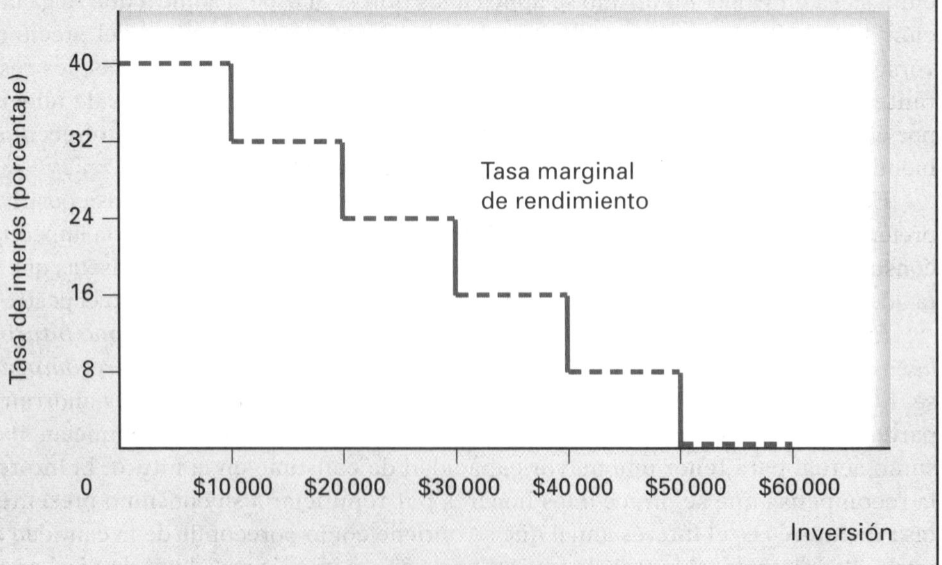

Con los rudimentarios azadones, Jones cultiva 200 bushels de maíz al año. Sin embargo, considera que un tractor aumentaría la producción a 1 200 bushels. Por tanto, el tractor generaría un producto marginal de 1 000 bushels anuales. Agregar una cosechadora incrementaría la producción total a 2 000 bushels, con lo que se generaría un producto marginal de 800 bushels. Note que en este ejemplo los rendimientos marginales decrecientes al capital se presentan de inmediato. El producto marginal sigue disminuyendo conforme se agrega más capital, hasta llegar a cero en el caso de la excavadora, a la cual Jones no puede darle uso alguno.

Suponga que Jones vende maíz en un mercado perfectamente competitivo, de modo que puede comercializar todo cuanto quiera al precio de mercado de $4 por bushel. Este precio se multiplica por el producto marginal de la columna (3) y se obtiene el *producto del ingreso marginal*, el cual aparece en la lista de la columna (4). Como Jones es un precio aceptante, el ingreso marginal generado por la maquinaria es su producto marginal multiplicado por el precio, o el cambio en el ingreso total derivado de agregar otra pieza de equipo agrícola.

Para sintetizar nuestro análisis, digamos que cada pieza de equipo agrícola cuesta $10 000. Por tanto, el costo marginal del recurso es de $10 000, tal y como se aprecia en la lista de la columna (5). Suponga también que el equipo está construido de tal manera que puede durar indefinidamente, que los gastos de operación son insignificantes y que cabe esperar que el precio del maíz se mantenga en $4 por bushel en el futuro. Este equipo agrícola aumentará las ganancias no sólo en el primer año, sino cada año en el futuro. La solución de inversión óptima exige que Jones tome en cuenta el *tiempo*. Simplemente no puede equiparar el costo marginal del recurso con el del ingreso marginal generado, ya que el costo marginal constituye un desembolso este año, mientras que el producto marginal es una cantidad anual este año y también cada año por venir. Como veremos, *los mercados salvan los espacios temporales con la tasa de interés*.

Jones debe decidir cuánto invertir. Para ello, lo primero que tiene que hacer es calcular la *tasa marginal de rendimiento* que obtendría cada año invirtiendo en maquinaria agrícola. La **tasa marginal de rendimiento sobre la inversión** es el ingreso marginal generado como porcentaje del costo marginal del recurso. Por ejemplo, el tractor genera un ingreso marginal de $4 000 por año y tiene un costo marginal de $10 000. La tasa de rendimiento que Jones podría obtener sobre su inversión es de $4 000/$10 000, o 40% anual. Así, esta inversión genera una *tasa marginal de rendimiento* de 40% anual, como se aprecia en la columna (6). La cosechadora genera un ingreso marginal de $3 200 por año y tiene un costo marginal de $10 000, de modo que su tasa marginal de rendimiento es igual a $3 200/$10 000, o 32% al año. Al dividir el ingreso marginal proveniente del capital en la columna (4) entre el costo marginal de ese capital en la columna (5), obtenemos la tasa marginal de rendimiento que aparece en la columna (6) por cada pieza de equipo.

Tasa marginal de rendimiento sobre la inversión Ingreso marginal proveniente del capital expresado como porcentaje de su costo marginal.

Dada la tasa marginal de rendimiento, ¿cuánto debería invertir Jones para maximizar su ganancia? Suponga que consigue un préstamo, el cual pagará a la *tasa de interés de mercado*. Jones comprará más capital mientras su tasa de rendimiento marginal rebase la tasa de interés de mercado. Dejará de hacerlo antes de que la tasa marginal de rendimiento del capital descienda por debajo de la tasa de interés de mercado. Por ejemplo, si la tasa de interés de mercado es de 20%, Jones invertirá $30 000 en las tres piezas de equipo. La tasa marginal de rendimiento sobre el último elemento adquirido, una irrigadora, es de 24%. Invertir otros $10 000 para adquirir una rastrilladora generaría un ingreso marginal de sólo 16%, lo que constituye una tasa por debajo del costo de su préstamo. A una tasa de interés de mercado de 10%, Jones invertiría también en la rastrilladora. Una tasa de interés de 6% permitiría que Jones también invirtiera en la fumigadora.

El agricultor debe incrementar su inversión mientras la tasa marginal de rendimiento sobre esa inversión exceda a la tasa de interés de mercado. La tasa marginal de rendimiento es el beneficio marginal de la inversión, y la tasa de interés de mercado es el costo marginal, así que Jones sencillamente está maximizando su ganancia (o minimizando su pérdida) al invertir hasta que el beneficio marginal es igual al costo marginal. Los datos de la columna (6) se representan en el panel (b) de la figura 1 como una curva escalonada, donde las líneas continuas reflejan la cantidad que invertirá Jones a cada tasa de interés. Por ejemplo, si la tasa de interés de mercado se halla entre 32 y 40%, Jones debe invertir en el tractor. Dado que la tasa marginal de rendimiento muestra cuánto debe invertirse a cada tasa de interés, esta curva escalonada representa la *demanda de inversión* del agricultor. Se trata de una demanda derivada, basada en la productividad marginal de cada pieza de equipo. La curva presenta una pendiente descendente que refleja la productividad marginal decreciente del capital.

¿Usted cree que la situación cambiaría si Jones no necesitara pedir prestado? No mientras pueda ahorrar a la tasa de interés de mercado. Por ejemplo, suponga que Jones ahorró $50 000 a una tasa de interés de 10% anual. En tal caso, debería invertir $40 000 en capital, con la última pieza que adquirió, la rastrilladora, obteniendo con ello una tasa marginal de rendimiento de 16%. El 10% de interés que obtiene Jones sobre sus ahorros restantes de $10 000 rebasa el 8% que podría obtener invirtiendo esa cantidad en la fumigadora. Por tanto, mientras pueda pedir prestado y ahorrar a la misma tasa de interés, Jones acabará comprando el mismo equipo ya sea por medio de un préstamo o bien, por medio de sus ahorros. En cualquier caso, *la tasa de interés de mercado representa su costo de oportunidad de inversión*.

Repasemos las etapas que siguió Jones para determinar la cantidad óptima de inversión. En primer lugar, calculó el ingreso marginal proveniente del capital. Luego dividió ese ingreso marginal entre el costo marginal del recurso para determinar la tasa marginal de rendimiento. La curva de la tasa marginal de rendimiento se convirtió en la curva de demanda de la inversión de una empresa, es decir, mostró la cantidad que una empresa está dispuesta y en condiciones de invertir a cada tasa de interés. La tasa de interés de mercado constituye el costo de oportunidad de invertir ya sea fondos obtenidos en préstamo o ahorros, y puede considerarse como una oferta de fondos de inversión para la empresa. Una compañía debe invertir más mientras la tasa marginal de rendimiento sobre el capital rebase la tasa de interés de mercado.

Ya hemos analizado la inversión en capital físico. Ahora abordemos la forma menos tangible del capital, la propiedad intelectual, en el siguiente caso de estudio.

EL VALOR DE UNA BUENA IDEA: PROPIEDAD INTELECTUAL

Un activo de capital potencialmente valioso es la información, también llamada *propiedad intelectual*. Sin embargo, el mercado de la información es inusual. Por el lado de la demanda, los consumidores no están seguros del valor de la información hasta que la adquieren; pero no pueden adquirirla hasta que pagan por ella. Por tanto, hay un problema circular. También hay un problema por el lado de la oferta. El producir la información resulta muy caro, pero puede transmitirse a bajo costo. Por ejemplo, generar la primera copia de un nuevo programa de software puede costar millones, pero cada copia adicional que se transmite a través de internet cuesta prácticamente nada.

En virtud de estos problemas de demanda y oferta, los productores de información pueden enfrentar serios problemas para que sean remunerados por su producto. Tan pronto como el productor vende la información, el primer consumidor se convierte en un posible proveedor de esa información. (¿Utiliza algún software pirata?) Así, el productor original tiene dificultades para controlar la distribución del producto.

*e*Actividad

Para que conozca un recurso completo sobre las leyes en materia de tecnología y marcas, así como los aspectos legales relacionados con internet, visite el sitio **http://www.bitlaw.com/**. La noticias del portal Wired cubren los sucesos más recientes ocurridos en las áreas de negocios y tecnología, consúltelo en **http://www.wired.com/**. En este sitio encontrará muchos reportajes basados en los conflictos relacionados con los derechos

Para resolver estos problemas, las leyes conceden derechos sobre la propiedad a los creadores de ideas e inventos nuevos. Por ello, los autores están en mejores posibilidades de apropiarse del valor de sus creaciones. El *sistema de patentes* establece derechos de propiedad sobre inventos y otras ventajas técnicas. El *sistema de derechos reservados* confiere los derechos de propiedad a las expresiones originales de un autor, artista, compositor o programador. El *sistema de marcas* establece los derechos de propiedad sobre marcas comerciales y símbolos singulares, como los arcos de McDonald's y la palomita de Nike.

Ceder los derechos de propiedad es una cosa, hacer que se cumplan es otra muy distinta. Buena parte del software, la música en discos compactos y los videos de películas que se venden en todo el mundo, sobre todo en China, son ediciones piratas de productos desarrollados en Estados Unidos. De hecho, algunas películas están disponibles en el mercado negro como videos antes de que aparezcan en los cines de Estados Unidos. Las compañías estadounidenses gastan la mitad de su presupuesto total en campañas para combatir en China las falsificaciones y en tratar de detener las infracciones a la ley. Hacer respetar los derechos de propiedad intelectual resulta oneroso, lo cual disminuye el incentivo para crear productos e ideas nuevos.

Cada nueva generación de tecnología ofrece nuevas formas de comunicar ideas y, por ende, exige nuevas formas de ayudar a protegerlas. Por ejemplo, las leyes de derechos reservados originalmente se aplicaban sólo a los materiales escritos, pero ahora se han ampliado también a imágenes, software de cómputo y una nutrida lista de artículos, entre los que se encuentran el diseño de circuitos de chips de computadora. Sin embargo, internet es probablemente el desafío más grande incluso para la protección de derechos reservados, ya que alguien puede bajar los contenidos de un sitio y obtener beneficios comerciales de ese material. Por ejemplo, sitios en internet como Napster facilitan el intercambio en línea de archivos de música digital. La capacidad para intercambiar archivos en línea ahora se extiende a las películas y otras formas de propiedad intelectual. Algunos expertos en la tecnología digital afirman que la facilidad para duplicar datos en internet condena al fracaso la protección de derechos reservados. Señalan que cualquier cosa que pueda reducirse a bits puede copiarse. Actualmente, los tribunales están tratando de imponer un orden en estos asuntos.

Internet ha ejercido presión para que aparezcan nuevas formas de vender la propiedad intelectual. Por ejemplo, el escritor de libros de terror Stephen King empezó a publicar una novela por entregas en internet en junio del 2000. Según un sistema basado en el honor, el autor pedía a sus lectores que le pagaran voluntariamente $1 por cada capítulo que obtuvieran de la red. King accedía a añadir más capítulos siempre y cuando al menos el 75% de los lectores cumpliera con el pago: "Si pagas, la historia continúa, si no, se interrumpe". La empresa-aventura empezó siendo prometedora, pero cinco meses más tarde, la producción de nuevos capítulos disminuyó a una tercera parte de su nivel inicial, y el porcentaje de lectores que pagaban se redujo a menos de la mitad. King anunció en noviembre del 2000 que suspendería la entrega de más capítulos.

La propiedad intelectual es un activo de capital que estimula a la economía de la información. La forma en que la sociedad alimente con incentivos la creación de ideas e inventos nuevos influirá en la acumulación de capital y en el crecimiento económico en todo el planeta.

Fuentes: Amy Harmon y Jennifer Lee, "Arrest Raises Stakes in Battle Over Copyright", *The New York Times*, 23 de julio 2001; "Appeals Court Rules that Napster Can Go Back Online", *The Wall Street Journal*, 19 de julio 2001; Matt Ritchel, "With Napster Down, Its Audience Fans Out", *The New York Times*, 20 de julio 2001; "Business Adjusts to the Net", *International Herald Tribune*, 13 de septiembre 2000; y la Organización Mundial de la Propiedad Intelectual en http://www.wipo.int/.

reservados. ¿Cuáles s… de los problemas que con … frecuencia se presentan para proteger los derechos sobre el capital intelectual según la información que aparece en los titulares? ¿Qué puede aprender de la protección de derechos reservados en materia de música en contra de la distribución no autorizada en internet?

¿Cuál es la importancia de la siguiente declaración en The Wall Street Journal*?: "El código fuente, considerado como las joyas de la corona de la propiedad intelectual de Microsoft, son las instrucciones empleadas para producir productos de software. Microsoft, históricamente, ha protegido muy celosamente el acceso a este código".*

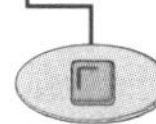

Mercado de fondos prestables

Ya vimos por qué los productores están dispuestos a pagar intereses por el dinero que solicitan en préstamo: *el dinero ofrece control sobre los recursos, lo que posibilita la producción indirecta*. Los principios elementales desarrollados en el caso del granjero Jones pueden generalizarse a otros productores. Las empresas son los principales solicitantes de

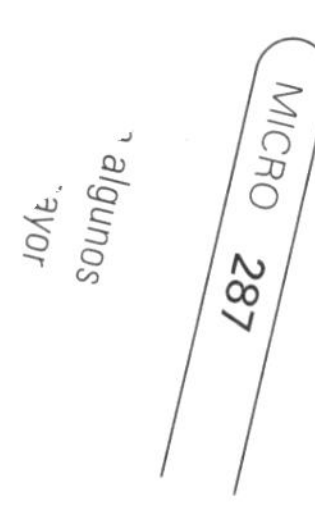

préstamos y los piden para invertir en bienes de capital, como maquinaria, camiones y edificios, lo mismo que en capital intelectual, como patentes, derechos reservados y marcas registradas. En cualquier momento, las empresas tienen diversas oportunidades de inversión. Clasifican sus oportunidades en orden de prioridades, con base en las tasas de rendimiento marginal que esperan de sus inversiones. Las empresas incrementarán sus inversiones hasta que la tasa marginal de rendimiento esperada coincida exactamente con la tasa de interés de mercado. Si se mantienen constantes otros factores, como sucedió en el caso de la granja, la curva de la demanda de inversión presentará una pendiente descendente.

Sin embargo, las empresas no son las únicas solicitantes de préstamos. Como ya vimos, los hogares valoran el consumo presente en mayor grado que el consumo futuro; a menudo están dispuestos a pagar un monto extra con tal de consumir en este momento y no después. Una forma de garantizar que se disponga ahora de los bienes y servicios consiste en obtener dinero en préstamo para el consumo presente. Algunas personas también piden prestado para invertir en su capital humano. Las hipotecas, los préstamos para la compra de autos, las compras mediante tarjeta de crédito y el financiamiento de estudios universitarios son ejemplos de préstamos que los hogares solicitan. La curva de demanda de fondos de un hogar, igual que la de una empresa, presenta una pendiente descendente, lo cual refleja la mayor disposición y capacidad de los consumidores para pedir dinero en préstamo a tasas de interés más bajas, si permanecen constantes otros factores. El sector gubernamental y el resto del mundo también son solicitantes de préstamos.

Mercado de fondos prestables Mercado en el que los ahorradores (proveedores de fondos) y los prestatarios (solicitantes de fondos) coinciden a fin de determinar la tasa de interés del mercado.

Oferta de fondos prestables Relación entre la tasa de interés de mercado y la cantidad de fondos prestables ofrecidos, si se mantienen constantes otros factores.

Los bancos están dispuestos a pagar intereses por los ahorros de los consumidores, ya que así pueden prestar, a su vez, tales ahorros a quienes necesitan crédito, como los agricultores, a quienes compran casa, a los estudiantes universitarios y a los emprendedores que buscan iniciar un negocio. Los bancos desempeñan la función de *intermediarios financieros* en lo que se conoce como mercado de fondos prestables. El **mercado de fondos prestables** reúne a ahorradores (o proveedores de fondos) y prestatarios (o solicitantes de fondos) para determinar la tasa de interés de mercado.

Cuanto más elevada es la tasa de interés, si se mantienen constantes otros factores, mayor es la recompensa por ahorrar. Conforme la gente ahorra más, aumenta la cantidad de fondos prestables. La curva de la **oferta de fondos prestables** muestra una relación positiva entre la tasa de interés de mercado y la cantidad de ahorros ofrecida, si se mantienen constantes otros factores, como lo refleja la curva de la oferta con pendiente ascendente que se aprecia como *O* en la figura 2.

FIGURA 2

Mercado de fondos prestables

Dada la tasa de rendimiento marginal decreciente sobre el capital, la cantidad de fondos prestables solicitada se relaciona inversamente con la tasa de interés. La tasa de interés de equilibrio, 8%, se determina en la intersección de las curvas de oferta y demanda de préstamos. Un incremento en la demanda de préstamos de *D* a *D'* genera un aumento en la tasa de interés de equilibrio de 8 a 9%.

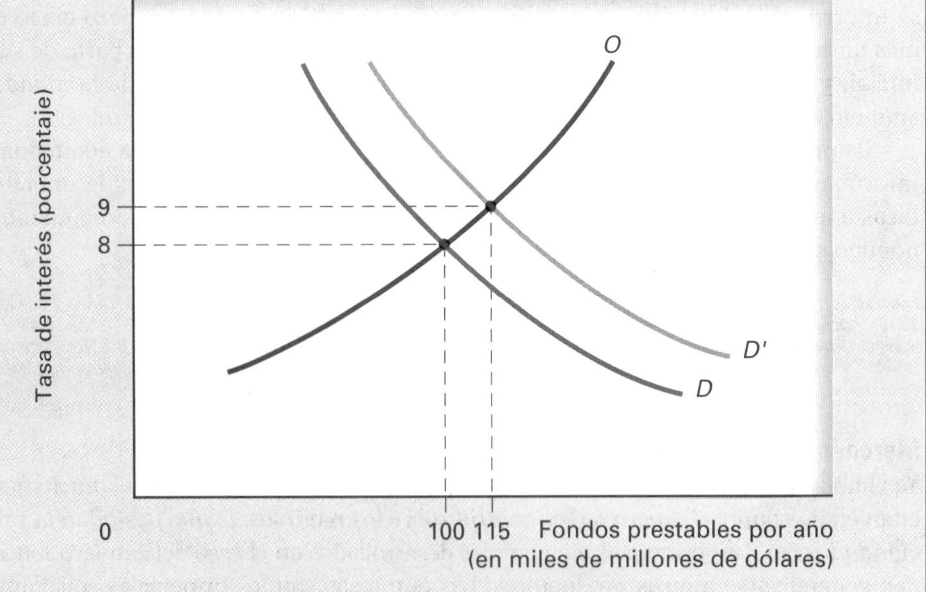

En el conjunto de la economía, si el monto de otros recursos y el nivel tecnológico se mantienen fijos, la productividad marginal decreciente hace que la curva de la tasa de rendimiento marginal, que es la curva de demanda de inversión, presente una pendiente descendente. La curva de la **demanda de fondos prestables** se basa en la tasa marginal de rendimiento que se espera que generen estos fondos en préstamo cuando se inviertan en capital. Cada empresa presenta una curva de demanda de fondos prestables con pendiente descendente, lo que refleja una tasa marginal de rendimiento decreciente sobre la inversión. Salvo contados casos, la demanda de fondos prestables de cada empresa puede sumarse horizontalmente para obtener la demanda de este tipo de fondos por parte de todas las empresas, que se aprecian como *D* en la figura 2. Entre los factores que se suponen constantes a lo largo de esta curva de demanda se encuentran los precios de los demás recursos, el nivel tecnológico y las leyes fiscales.

Demanda de fondos prestables Relación entre la tasa de interés de mercado y la cantidad de fondos prestables solicitada, si se mantienen constantes otros factores.

La coincidencia de la oferta y la demanda de fondos prestables, como en la figura 2, determina la tasa de interés de mercado. En este caso, la tasa de interés de equilibrio de 8% es la única que corresponde exactamente a los deseos de prestatarios y ahorradores. La cantidad de equilibrio de los fondos prestables es de $100 mil millones por año. Cualquier cambio en la oferta o demanda de fondos prestables modificará la tasa de interés de mercado. Por ejemplo, un avance tecnológico importante que logre incrementar la productividad del capital, aumentará su tasa marginal de rendimiento y desplazará hacia la derecha la curva de la demanda de fondos prestables, como se aprecia en el movimiento de *D* a *D'*. Un incremento así en la demanda de fondos prestables elevaría la tasa de interés de equilibrio a 9% e incrementaría la cantidad de fondos prestables a $115 mil millones al año.

Por qué difieren las tasas de interés

Hasta este punto nos hemos referido a la tasa de interés de mercado, suponiendo que únicamente prevalece una tasa de interés en el mercado de fondos prestables. Sin embargo, en todo momento, coexisten en la economía diversas tasas de interés. Por ejemplo, hay distintas tasas sobre hipotecas inmobiliarias, préstamos para autos, préstamos para estudiantes y tarjetas de crédito, así como la llamada *tasa preferencial*, la cual se ofrece a los prestatarios más confiables. Veamos por qué difieren las tasas de interés.

Riesgo. Algunos prestatarios tienen más probabilidades que otros de pagar sus préstamos. Las diferencias en función del riesgo asociado con los diversos prestatarios se reflejan en las diferentes tasas de interés. Los prestamistas se muestran más renuentes a prestar a quienes representan un mayor riesgo, de manera que la tasa de interés que cobran sobre estos préstamos aumenta. Por ejemplo, la tasa de interés que se cobra sobre un préstamo para adquirir un automóvil es más elevada que la que se aplica a una hipoteca inmobiliaria, ya que éste ofrece menos garantía que una casa. Un auto se deprecia con más rapidez y puede sufrir daños si tiene un accidente.

Duración del préstamo. El futuro es incierto y cuanto más se prolongue el pago de un préstamo en el futuro, más incierta resultará su liquidación. Por tanto, conforme la duración de un préstamo aumenta, los prestamistas se muestran menos dispuestos a suministrar fondos y exigen una tasa de interés más elevada para compensar ese riesgo mayor. La **estructura a plazos de las tasas de interés** es la relación que existe entre la duración de un préstamo y la tasa de interés que se cobra. La tasa de interés suele incrementarse si la duración del préstamo aumenta.

Estructura a plazos de las tasas de interés Relación entre la duración de un préstamo y la tasa de interés que se cobra; las tasas de interés suelen incrementarse si la duración del préstamo aumenta.

Costos administrativos. Los costos de ejecución del acuerdo del préstamo, supervisión de éste y cobro de los pagos se denominan *costos administrativos* del préstamo. Tales costos, como proporción del monto total del préstamo, disminuyen conforme aumenta el tamaño del préstamo. Por ejemplo, el costo de administrar un préstamo de $100 000 será 10 veces menor que el de administrar uno de $10 000. En consecuencia, la parte del cobro de intereses que refleja el costo de administración del préstamo disminuye conforme aumenta el tamaño del préstamo, lo cual reduce la tasa de interés para préstamos más grandes.

Tratamiento fiscal. Las diferencias en el tratamiento fiscal de los diferentes tipos de préstamos también influirán en la tasa de interés que se cobre. Por ejemplo, el interés percibido en los préstamos a los gobiernos estatales y locales no está sujeto al impuesto federal sobre la renta. Como los prestamistas se centran en su tasa de interés después de impuestos, los gobiernos estatales y locales pagan una tasa de interés más baja que otros prestatarios.

VALOR PRESENTE Y DESCUENTOS

Valor presente Valor actual del ingreso o flujo de ingreso que se recibirá en el futuro.

En vista de que el consumo presente se valora en mayor grado que el consumo futuro, no pueden compararse directamente. Una forma de estandarizar el análisis consiste en medir todo el consumo en términos de su valor presente. El **valor presente** es el valor actual de uno o más pagos que habrán de recibirse en el futuro. Por ejemplo, ¿cuánto pagaría en este momento por el derecho a recibir $100 dentro de un año? Dicho de otro modo, ¿cuál es, para usted, el *valor presente* de recibir $100 al cabo de un año?

Valor presente de un pago al cabo de un año

Suponga que la tasa de interés de mercado es de 10%, de manera que puede prestar o solicitar en préstamo a esa tasa. Una forma de determinar cuánto pagaría por la oportunidad de recibir $100 dentro de un año consiste en preguntarse cuánto tendría que ahorrar ahora, a la tasa de interés de mercado, para recibir $100 al cabo de un año. He aquí el problema que tratamos de resolver: ¿qué cantidad de dinero, si se ahorra a una tasa de 10%, se acumulará a $100 dentro de un año a partir de este momento? Podemos calcular la respuesta mediante una fórmula sencilla. Decimos:

$$\text{Valor presente} \times 1.10 = \$100$$

o

$$\text{Valor presente} = \frac{\$100}{1.10} = \$90.91$$

Por tanto, si la tasa de interés es de 10%, $90.91 es el valor presente de recibir $100 de aquí a un año, que es lo máximo que estaría dispuesto a pagar hoy por obtener $100 dentro de un año. En lugar de pagar más de $90.91, simplemente depositaría sus $90.91 a la tasa de interés de mercado y, transcurrido un año, tendrá $100 (sin contar impuestos). El procedimiento de dividir el pago futuro entre uno, más la tasa de interés prevaleciente para expresarla en valor monetario actual, se conoce como **descuento**.

Descuento Conversión del ingreso que habrá de recibirse a futuro en valor presente.

El valor presente de $100 que se recibirán al cabo de un año depende de la tasa de interés. Cuanto más se prefiera el consumo presente al consumo futuro, más elevada será la tasa de interés que se ofrezca a los ahorradores para que pospongan su consumo. *Cuanto mayor sea la tasa de interés, más se descontará el pago futuro y menor será su valor presente*. Dicho de otro modo, cuanto mayor sea la tasa de interés, menos necesitará usted ahorrar en este momento para generar una cantidad determinada en el futuro. Por ejemplo, si la tasa de interés es de 15%, el valor presente de recibir $100 de aquí a un año es de $100/1.15, o sea $86.96.

Por el contrario, cuanto menos se prefiera el consumo presente al consumo futuro, los ahorradores necesitan pagar menos para posponer el consumo y así, la tasa de interés es más baja. Cuanto más baja sea la tasa de interés, menor será el descuento que se haga al ingreso futuro y mayor su valor presente. Una tasa de interés menor significa que usted debe ahorrar más en este momento para generar una cantidad determinada en el futuro. Como regla general, el valor presente de recibir una cantidad dentro de un año es:

$$\text{Valor presente} = \frac{\text{Cantidad recibida dentro de un año}}{1 + \text{tasa de interés}}$$

Por ejemplo, cuando la tasa de interés es de 5%, el valor presente de recibir $100 al cabo de un año es:

$$\text{Valor presente} = \frac{\$100}{1 + 0.05} = \frac{\$100}{1.05} = \$95.24$$

Valor presente para pagos en años posteriores

Ahora considere el valor presente de recibir $100 dentro de dos años. ¿Qué cantidad de dinero, si la deposita a la tasa de interés de mercado de 5%, generarían $100 dentro de dos años? Al final del primer año, el valor sería el valor presente multiplicado por 1.05, que obtendría entonces la tasa de interés de mercado durante el segundo año. Al final del segundo año, el depósito se habría acumulado al valor presente multiplicado por 1.05. Por tanto, tenemos la ecuación:

$$\text{Valor presente} \times 1.05 \times 1.05 = \text{Valor presente} \times (1.05)^2 = \$100$$

Resolver al valor presente genera:

$$\text{Valor presente} = \frac{\$100}{(1.05)^2} = \frac{\$100}{1.1025} = \$90.70$$

Si los $100 se recibieran dentro de tres años, descontaríamos el pago durante tres años:

$$\text{Valor presente} = \frac{\$100}{(1.05)^3} = \$86.38$$

Si la tasa de interés es i, la fórmula del valor presente de un pago de M dólares t años a partir de ahora es:

$$\text{Valor presente} = \frac{M}{(1 + i)^t}$$

Dado que $(1 + i)$ es mayor que 1, cuantas más veces se multiplique por sí misma (según lo determine t), mayor será el denominador y menor el valor presente. Por tanto, *el valor presente de un determinado pago disminuirá cuanto más tiempo transcurra para la obtención del pago en el futuro*.

Valor presente de un flujo de ingreso

El método anterior se utiliza para calcular el valor presente de una sola suma que habrá de pagarse en algún momento del futuro. Sin embargo, la mayor parte de las inversiones generan un flujo de ingreso en el tiempo. En los casos en que el ingreso se recibe en un periodo de años, el valor presente de cada entrada puede calcularse de manera individual y los resultados sumarse para obtener el valor presente del flujo de ingreso completo. Por ejemplo, el valor presente de recibir $100 el año entrante y $150 al año siguiente es simplemente el valor presente de la entrada del primer año más el valor presente de la entrada del segundo año. Si la tasa de interés es de 5%:

$$\text{Valor presente} = \frac{\$100}{1.05} + \frac{\$150}{(1.05)^2} = \$231.29$$

Valor presente de una anualidad

A una suma determinada de dinero que se recibe cada año durante una cantidad específica de años se le llama **anualidad**. A este flujo de ingreso se le denomina *perpetuidad* si continúa indefinidamente en el futuro, como sucedería en nuestro ejemplo anterior de la ganancia en productividad derivada de la adquisición de maquinaria agrícola indestructible. El valor presente de recibir cierta cantidad en forma permanente en realidad parece ser una suma muy cuantiosa. Pero como el ingreso a futuro

Anualidad Suma determinada de dinero que se recibe cada año durante una cantidad específica de años.

se valora menos cuanto más lejano en el tiempo vaya a recibirse, el valor presente de recibir una cantidad determinada de manera indefinida no representa mucho más que recibirla durante, digamos, 20 años.

Para determinar el valor presente de recibir $100 cada año de por vida, sólo necesitamos preguntarnos cuánto dinero debe depositarse en una cuenta de ahorros para generar $100 de interés al año. Cuando la tasa de interés es de 10%, un depósito de $1 000 proporcionará ganancias anuales de $100. Por tanto, el valor presente de recibir $100 al año indefinidamente cuando la tasa de interés equivale a 10% es de $1 000. En términos más generales, el valor presente de recibir una suma de por vida es igual a la cantidad que se recibe cada año dividida entre la tasa de interés.

El concepto de valor presente es útil al tomar decisiones relacionadas con la inversión. El agricultor Jones, al invertir $10 000 en la fumigadora, esperaba ganar $800 más por año. Por tanto, su tasa marginal de rendimiento era de 8%. A una tasa interés de mercado de 8%, el valor presente de un flujo de efectivo de $800 anuales descontado a dicha tasa sería de $800/0.08, o sea, $10 000. En consecuencia, *Jones estaba dispuesto a invertir en capital hasta que, en el margen, su inversión generara un flujo de efectivo con un valor presente exactamente igual al costo marginal de la inversión.*

¿Qué sucede con la decisión de invertir en su capital humano, digamos, ir a la universidad? En un diagrama del capítulo anterior demostramos que quienes tienen por lo menos un título universitario ganan más del doble que quienes sólo han terminado la preparatoria. Podríamos calcular el valor presente de cada nivel educativo con sólo descontar las ganancias sobre la base de ese nivel educativo y luego sumar las ganancias totales durante su vida laboral. Incluso sin realizar tales cálculos, podemos decir con razonable certeza que el valor presente de tener por lo menos una educación universitaria será más del doble que sólo contar con una educación media. En el capítulo 1 también vimos que en algunas profesiones se gana más que en otras. Por ejemplo, con base en una encuesta realizada a personas de entre 35 y 44 años de edad que contaban con un título universitario como máximo grado académico, los hombres que habían estudiado economía tenían ingresos 55% más elevados que los que habían estudiado filosofía. Entre las mujeres, esa ventaja era de 91% en el caso de las mismas carreras. Si tal ventaja prevaleciera durante todos los años laborales, el valor presente de un título en economía sería 55% más elevado que el valor presente de un título en filosofía para los varones y 91% más elevado para las mujeres.

Para apreciar el valor presente y el descuento en términos más prácticos, evalúe la compensación de las loterías estatales.

eActividad

Los ganadores de la Lotería de Virginia pueden recibir una serie de pagos anuales durante 25 años o un pago único en efectivo (opción de efectivo). Para que conozca los pormenores de este juego, consulte la página **http://www.valottery.com/cashopt.htm**. ¿Cómo determina la Lotería de Virginia el valor del monto? ¿Qué tasas de interés aplica?

¿LA LOTERÍA DEL MILLÓN DE DÓLARES?

Desde 1963, cuando Nueva Hampshire introdujo la primera lotería moderna administrada por el estado, 37 entidades de Estados Unidos y el distrito de Columbia han seguido el ejemplo, lo que ha generado ganancias de cerca de $12 mil millones anuales. Las fotografías publicitarias suelen mostrar al ganador recibiendo un cheque descomunal. Sin embargo, a los ganadores suele pagárseles en parcialidades anuales, razón por la que el valor presente del premio es mucho menor que los millones que tanto se promocionan. Por ejemplo, un ganador del premio de un millón de dólares obtiene por lo común $50 000 anuales durante 20 años. En perspectiva, recuerde que a una tasa de interés de 10%, los $50 000 que se obtienen en el vigésimo año tienen un valor presente de sólo $7 432. Si hoy depositara $7 432 en una cuenta que produjera 10% de interés, acabaría teniendo $50 000 al cabo de 20 años (si dejamos de lado los impuestos).

Si la tasa de interés es de 10%, el valor presente de una anualidad de $50 000 durante los siguientes 20 años es de $425 700. Por tanto, el valor presente de los pagos reales es menos de la mitad del millón prometido, razón por la cual los administradores de la lotería pagan el premio en parcialidades (la lotería interestatal Powerball paga durante 25 años, de modo que vale mucho menos). Por cierto, podríamos considerar el valor presente de recibir $50 000 por año de manera indefinida. Con ayuda de la fórmula para la anualidad que ya expusimos, el valor presente con una tasa de interés de 10% es $50 000/0.10 = $500 000. Dado que el valor presente de recibir $50 000 durante 20 años es de $425 700, proseguir *indefinidamente* con el pago anual de $50 000 sólo agrega $74 300 al valor presente. Esto muestra el dramático efecto del descuento.

En algunos estados, a los ganadores de la lotería se les permite vender el monto. En general, los ganadores sólo reciben 40 centavos de cada dólar por las veinte anualidades. De manera que si el ganador vendiera su premio de un millón sólo obtendría $400 000. A las tasas fiscales vigentes en el 2001, el impuesto sobre la renta federal sobre los $400 000 en el caso de un solo contribuyente ascienden cuando menos a $140 000. Los impuestos sobre la renta estatal y local podrían restar $40 000 más. En síntesis, en virtud del tiempo y los impuestos, el multimencionado millón podría reducirse a unos $220 000 en ingreso después de impuestos, sólo una fracción del tan alardeado millón.

Entre todas las formas de juegos de apuesta legales, la compensación más baja es la de las loterías estatales, sólo $0.55 en promedio por cada dólar apostado. Sin embargo, las loterías al parecer resultan atractivas, sobre todo para el 5% de la población que compra la mitad de los billetes de lotería que se venden.

Fuentes: Nicholas Thompson, "Snake Eyes: Even Education Cannot Save State Lotteries", *Washington Monthly*, diciembre 1999; Adam Wolfson, "Life Is a Gamble", *The Wall Street Journal*, 14 de agosto 1998; "S.C. Legislature Approves Bill to Create State Lottery", *USA Today*, 20 de junio 2001. Puede encontrar un índice de sitios relacionados con la lotería en http://www.state.wv.us/lottery/links.htm.

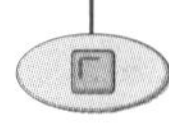

Con este análisis del valor presente y el descuento concluye nuestra exposición del capital y el interés. Ahora ya contamos con los instrumentos para examinar cómo se financian las empresas, sobre todo las corporaciones.

NetBookmark

Desde 1970, Louis Rukeyser presenta cada semana su programa de televisión *Wall Street Week*, también ha escrito varios libros sobre economía y finanzas. Asimismo, presenta mensualmente un boletín al que se puede tener acceso por medio del sito en internet de su programa televisivo, http://www.pbs.org/mpt/ rukeyser/index.html. En este sitio también puede leer su comentario de apertura más reciente y experimentar la agudeza crítica de este autor. David Gardner, ex colaborador de Rukeyser, descubrió uno de los sitios más populares e ingenioso en internet dedicado a noticias e información sobre inversión y economía, Motley Fool. Consúltelo en http://www. fool.com/. Allí podrá encontrar la filosofía de inversión y sugerencias de Fool. Busque el CEO Wealth Meter para que com-

FINANCIAMIENTO DE LAS CORPORACIONES

Durante la Revolución Industrial, la maquinaria permitió realizar ahorros en mano de obra e hizo que la producción a gran escala resultara más redituable, pero la construcción de enormes fábricas llenas de maquinaria pesada exigía inversiones considerables. La estructura corporativa se convirtió en la forma más sencilla de financiar tales inversiones, y para 1920, las corporaciones daban cuenta de la mayor parte del empleo y la producción en la economía estadounidense.

En el capítulo 4 examinamos los pros y contras de la forma corporativa de la organización comercial, pero hasta ahora hemos dicho muy poco sobre el financiamiento de las corporaciones. Como ya señalamos, una corporación es una entidad legal e independiente de sus accionistas. La corporación puede tener propiedad, obtener ganancias, demandar o ser demandada y contraer deudas. Los accionistas, propietarios de la corporación, son responsables sólo en la medida de su inversión en la empresa. El uso de la abreviatura "Inc." o "Corp." en el nombre de las compañías sirve como advertencia para posibles acreedores de que los accionistas no aceptarán una responsabilidad personal en relación con las deudas en que incurra la empresa.

Acciones corporativas y ganancias retenidas

Las corporaciones adquieren fondos para inversión de tres maneras: emitiendo acciones, reteniendo algunas de sus utilidades y mediante préstamos. Las corporaciones *emiten* y *venden acciones* a fin de reunir el dinero necesario para las operaciones y para la compra de nuevas plantas y equipo. Suponga que ha inventado la receta de una salsa condimentada y picante, y sus amigos lo han convencido de que podría ser un

pruebe el valor que otorgan los principales ejecutivos estadounidenses a las acciones de sus propias empresas.

auténtico éxito comercial. Así pues, usted inicia una corporación llamada Six-Alarm Chili. Como fundador, usted es el emprendedor de esa compañía. Un **emprendedor** es un empresario que, en su búsqueda por obtener ganancias, organiza una empresa asumiendo el riesgo de la operación. El emprendedor retribuye a los propietarios de los recursos por haberle dado la oportunidad de utilizarlos en la empresa. El emprendedor no tiene que administrar realmente los recursos de la compañía mientras tenga la facultad para contratar y despedir a quien la dirige, es decir, siempre que controle al director.

Emprendedor Empresario que en su búsqueda de obtener ganancias organiza una empresa asumiendo el riesgo de la operación.

En muy poco tiempo su empresa comienza a tener éxito; sin embargo, se da cuenta que para ser competitivo necesita crecer. Para obtener los fondos necesarios, hace de su empresa una corporación, la cual emite 1 000 000 de acciones, y usted toma 100 000 de ellas como *propiedad del capital* de la corporación. El resto de las acciones se venden al público a un precio de $10 cada una, lo cual inyecta a la empresa un total de $9 millones. Usted, en efecto, pagó por sus acciones con el "capital necesario" para fundar la compañía y mantenerla en marcha. La venta inicial de acciones al público se conoce como **oferta pública inicial**, u **OPI**. Las **acciones corporativas** representan un aumento en el ingreso neto y en los bienes de una corporación, así como el derecho a votar por los directores que manejan el negocio y la oportunidad de tomar decisiones de diversa índole. Una persona que compra 1% del millón de acciones emitidas, obtiene en realidad 1% de la corporación, y por tanto, tiene derecho al 1% de las ganancias y la capacidad de emitir el 1% de las votaciones.

Oferta pública inicial (OPI) Venta inicial de acciones corporativas al público.

Acción corporativa Certificado que refleja parte de la propiedad de una corporación.

Las corporaciones deben pagar el impuesto sobre sociedades por cualquier ganancia que tengan. Las ganancias, después de impuestos, se pagan como **dividendos** a los accionistas o se reinvierten en la corporación. Las ganancias que se reinvierten, o **ganancias retenidas**, permiten que la empresa pueda financiar su expansión. Los accionistas esperan obtener dividendos, pero la corporación no está obligada a pagarlos. Una vez que se emiten las acciones, su precio suele fluctuar en relación directa con las perspectivas de ganancias de la empresa. La gente adquiere acciones por los dividendos que generan y porque espera que el valor de la acción se aprecie, o aumente, en el futuro.

Dividendos Ganancias corporativas, después de impuestos, que la empresa paga a los accionistas en lugar de retenerlas y reinvertirlas.

Ganancias retenidas Ganancias corporativas, después de impuestos, que la empresa reinvierte en lugar de pagarlas a los accionistas como dividendos.

Bonos corporativos

Una vez más, la corporación que usted formó puede adquirir fondos mediante la emisión de acciones, la retención de ganancias o bien, por medio de un préstamo. Para pedir prestado, la corporación puede acudir a un banco o emitir y vender bonos. Un **bono** es la promesa por parte de la corporación de pagar al tenedor una suma fija de dinero en la *fecha de vencimiento* designada además de pagos por intereses hasta dicha fecha. Por ejemplo, una corporación podría vender en $1 000 un bono por el que promete un pago de interés anual de, digamos, $100 y devolver los $1 000 al cabo de 20 años.

Bono Certificado que refleja la promesa por parte de la empresa de pagar a su tenedor un pago periódico de interés hasta la fecha de vencimiento.

El flujo de pago por concepto de bonos es más predecible que el de las acciones. A menos que la corporación quiebre, ésta tiene la obligación de pagar a los tenedores de bonos las cantidades prometidas. En cambio, los accionistas son los últimos en la línea en el momento de pagar a los tenedores de recursos, de modo que a los tenedores de bonos se les paga antes que a los accionistas. Los inversionistas suelen considerar también ciertos riesgos.

Mercados de valores y cambios

Una vez que las acciones y los bonos se han emitido y vendido, los propietarios de estos valores están en libertad de revenderlos en los *mercados de valores y cambios*. En Estados Unidos existen siete de estos mercados registrados en la *Comisión de Valores y Cambios* (*Securities and Exchange Commission*, SEC), organismo federal que regula los mercados de valores. Los más grandes son el Mercado de Valores de Nueva York, el cual se ocupa de negociar los valores de aproximadamente 3300 compañías importantes, y el Nasdaq, que intercambia los valores de cerca de 4600 empresas, muchas de las cuales son compañías tecnológicas. Casi todos los valores negociados diariamente son *valores de segunda mano*, en el sentido de que ya han sido vendidos por la compañía que los expidió. Así que la mayor parte de los intercambios cotidianos no financian a las empresas que necesitan fondos de inversión. La mayor parte del dinero pasa de un vendedor a un comprador de valores. Los *inversionistas institucionales*, como bancos, compañías aseguradoras y fondos mutualistas, representan la mitad del volumen de los principales intercambios. Al proporcionar un *mercado secundario* para los valores, los mercados de cambios mejoran la *liquidez* de estos valores, lo que significa que dichos mercados contribuyen a que los valores pueden intercambiarse más fácilmente por dinero en efectivo y, por tanto, son más atractivos para los inversionistas.

Los mercados de valores secundarios también determinan el valor de mercado actual de una corporación. En cualquier momento se puede calcular el valor de mercado de una empresa si se multiplica el precio de la acción por la cantidad de sus acciones en circulación. Sólo para que tenga una idea, General Electric, la empresa estadounidense más valorada, tenía un valor de mercado de $370 mil millones en octubre del 2001. El valor de mercado de todas las empresas en los mercados de valores estadounidenses ascendió a un total de $15 billones.

Los precios de los valores proporcionan al cuerpo administrativo de la empresa cierto indicio sobre la conveniencia, o inconveniencia, de aumentar los fondos de inversión mediante ganancias retenidas, nuevas emisiones de acciones o de bonos. Cuanto mayores sean las ganancias esperadas de una corporación, si se mantienen constantes otros factores, mayor será el valor de las acciones en el mercado de valores y menor será la tasa de interés que haya que pagar por la emisión de nuevos bonos. *Por tanto, los mercados de valores asignan fondos más fácilmente a las empresas exitosas que a las compañías que tienen problemas financieros*. Algunas empresas probablemente se encuentren en una situación financiera tan precaria que no puedan vender nuevos valores. Los mercados de valores generalmente promueven la supervivencia de los más aptos, pues asignan los fondos de inversión a las empresas que parecen estar en condiciones de hacer el uso más redituable de tales fondos.

CONCLUSIONES

Este capítulo constituyó una introducción al capital, el interés y el financiamiento de las corporaciones. El capital es un recurso mucho más complejo de lo que se expuso. Por ejemplo, la curva de demanda de inversión es un blanco móvil y no una relación estable como la que presentamos en la figura 1. Para una descripción exacta de la curva de demanda de inversión se necesita conocer el producto marginal del capital y el precio de la producción en el futuro. Sin embargo, la productividad marginal del capital se modifica a la par de los avances tecnológicos y de los cambios en el empleo de otros recursos. Además, el precio futuro del producto puede variar ampliamente. Considere, por ejemplo, el dilema que tuvo una empresa que buscaba invertir en pozos petroleros cuando los precios del crudo fluctuaban entre $10 y $36, como actualmente sucede desde 1998.

Una última consideración, cuando los economistas hablan de inversión, lo que tienen en mente son las compras de capital nuevo, como máquinas y edificios. Cuando los medios de comunicación se refieren a la inversión, suelen entender la adquisición de acciones y bonos. Para un economista, el granjero Jones sólo invierte cuando compra maquinaria agrícola nueva, no cuando adquiere acciones y bonos.

RESUMEN

1. La producción no puede llevarse a cabo sin ahorros, dado que tanto la producción directa como la indirecta exigen tiempo, tiempo durante el cual los recursos necesarios para la producción deben pagarse. En virtud de que el consumo presente se valora más que el consumo futuro, se debe recompensar a los consumidores por postergar el consumo. El interés es la recompensa que se paga a los ahorradores por renunciar al consumo actual y es el costo que pagan los prestatarios por incrementar su consumo actual.

2. Elegir un nivel de capital que permita maximizar las ganancias es algo complejo porque el capital que se adquiere hoy genera un flujo de beneficios durante muchos años en el futuro. En equilibrio, la tasa marginal de rendimiento sobre una inversión de capital es igual al ingreso marginal generado por el capital como porcentaje del costo marginal del capital. La empresa que aspira a maximizar sus ganancias invierte hasta el punto en que la tasa marginal de rendimiento sobre el capital es igual a la tasa de interés de mercado, que es el costo de oportunidad de invertir los ahorros o los fondos prestables.

3. La demanda y oferta de fondos prestables determinan la tasa de interés de mercado. En cualquier momento, las tasas de interés pueden diferir debido a las diferencias existentes en materia de riesgo, vencimiento, costos administrativos y tratamiento fiscal.

4. Las corporaciones aseguran su financiamiento de inversión a partir de tres fuentes: emisión de nuevas acciones, ganancias retenidas y préstamos (obtenidos ya sea directamente de un prestamista o bien, por la emisión de bonos). Una vez que se emiten nuevas acciones y bonos, estos valores se compran y venden en los mercados de cambios. El precio de los valores suele variar en proporción directa con la rentabilidad esperada de la empresa.

PREGUNTAS DE REPASO

1. *Función del tiempo* Complete los siguientes enunciados:
   (a) Si Bryan valora más el consumo actual que el consumo futuro, entonces tiene una __________.
   (b) La recompensa para los hogares por renunciar al consumo actual es ________.
   (c) Producir bienes de capital en lugar de bienes finales se conoce como ___________.

2. *Consumo, ahorro y tiempo* Explique por qué la curva de oferta de fondos prestables presenta una pendiente hacia la derecha.

3. *Por qué las tasas de interés difieren* En cualquier momento, diversas tasas de interés prevalecen en la economía. ¿Cuáles son algunos de los factores que contribuyen a las diferencias entre las tasas de interés?

4. *Valor presente de una anualidad* ¿Por qué $10 000 constituye una aproximación al precio de una anualidad que paga $1 000 cada año durante 30 años a un interés anual de 10%?

5. *Valor presente de una anualidad* Suponga que el gobierno de su estado lo ha contratado para determinar la rentabilidad de una lotería que ofrece un premio mayor de $10 millones pagaderos en parcialidades iguales durante 20 años. Muestre cómo calcularía el costo que representaría para el estado pagar dicho premio. Suponga que los pagos se realizan al final de cada año.

6. *Caso de* **estudio:** *¿La lotería del millón de dólares?* En muchos estados que cuentan con loterías, el ganador puede recibir su premio en una sola emisión ya sea con descuentos o mediante una serie de pagos anuales durante 20 años. ¿Qué factores debe considerar un ganador para determinar cómo aceptar el pago de su premio?

7. *Financiamiento de las corporaciones* Describa las tres maneras en las que las corporaciones adquieren fondos para inversión.

8. *Intercambio de valores* ¿Qué función desempeñan los intercambios de valores en el financiamiento de las corporaciones?

PROBLEMAS Y EJERCICIOS

9. *Inversión óptima* Considere la figura 1 de este capítulo. Si el costo marginal del recurso aumentara a $24 000, ¿cuál sería la inversión óptima a una tasa de interés de mercado de 10%? Si la tasa de interés aumentara entonces a 16.6%, ¿cuál sería el nivel óptimo de inversión?

10. *Mercado de fondos prestables* Con base en un diagrama de oferta y demanda de fondos prestables, muestre el efecto que tiene cada una de las siguientes situaciones en la tasa de interés de mercado:

    (a) Un incremento en el costo marginal del recurso del capital
    (b) Un incremento en la productividad marginal del capital
    (c) Un desplazamiento en la preferencia hacia el consumo presente y un distanciamiento del consumo futuro

11. *Valor presente* Calcule el valor presente de cada uno de los siguientes pagos futuros. (Para algunos de estos problemas tal vez desee utilizar la calculadora en línea disponible en http://www.datachimp.com/articles/finworks/ fmpresval. htm.)

    (a) Una sola cantidad de $10 000 que se recibe dentro de un año a partir de ahora si la tasa de interés de mercado es de 8%.
    (b) Una sola cantidad de $10 000 que se recibe dentro de dos años a partir de ahora si la tasa de interés de mercado es de 10%.
    (c) Una sola cantidad de $1 000 que se recibe dentro de tres años a partir de ahora si la tasa de interés de mercado es de 5%.
    (d) Una sola cantidad de $25 000 que se recibe dentro de un año a partir de ahora si la tasa de interés de mercado es de 12%.
    (e) Una sola cantidad de $25 000 que se recibe dentro de un año a partir de ahora si la tasa de interés de mercado es de 10%.
    (f) Una perpetuidad de $500 anuales si la tasa de interés de mercado es de 6%.

12. *Valor presente de un flujo de ingreso* Suponga que la tasa de interés del mercado es de 10%. ¿Estaría dispuesto a prestar $10 000 si se le garantizara recibir $1 000 al final de cada uno de los próximos 12 años más un pago de $5 000 dentro de 15 años? Por qué sí o por qué no?

CASOS PRÁCTICOS

13. *Caso de* **estudio:** *El valor de una buena idea: propiedad intelectual* Michael Kremer, de la empresa MIT, ha propuesto una forma interesante de promover la innovación en el desarrollo de medicamentos. La idea básica se explica en un artículo publicado el 15 de junio de 1996 en el diario *The Economist*. Usted puede encontrar este novedoso reportaje en http://rider.wharton.upenn.edu/ ~faulhabe/790/patent_cure-all.html. Lea el contenido de este artículo y determine cómo es que Kremer valora la innovación.

14. *Financiamiento de las corporaciones* Lea el artículo denominado "Who Should Be in Charge" escrito por Jane Katz de la revista *Regional Review* del Banco de la Reserva Federal de Boston en http://www.std.com/frbbos/economic/nerr/rr1997/ fall/katz97_4.htm. ¿Cuáles son algunos de los aspectos más recientes que destaca Katz en cuanto al financiamiento de las corporaciones?

Costos de transacción, información imperfecta y comportamiento del mercado

CAPÍTULO

14

Si General Motors ofrece préstamos para autos y emite tarjetas de crédito, ¿por qué algunos bancos no fabrican automóviles? ¿Por qué algunas empresas, como Domino's Pizza, se especializan en un solo producto, en tanto que otras, como General Electric, producen cientos de productos distintos? ¿Por qué su producción se detiene en cientos, por qué no en miles? De hecho, ¿por qué no hay una empresa gigantesca que produzca de todo? ¿Por qué es importante que su *currículum vitae* esté escrito con una excelente ortografía? ¿Por qué comprar un auto usado es tan arriesgado? ¿Por qué algunos ganadores de subastas en línea terminan siendo perdedores? En este capítulo, que profundiza en algunos supuestos sobre las empresas, los hogares y la disponibilidad de información de mercado, se abordan las respuestas a éstas y otras preguntas.

En la primera mitad de este capítulo veremos la empresa desde el interior, consideraremos de nuevo algunas premisas sobre su funcionamiento y nos preguntaremos por qué existen las empresas, cómo deciden lo que deben producir y qué insumos comprar de otras compañías, por qué algunas producen una amplia gama de productos. Estos pasos hacia el realismo nos llevarán más allá de la simple descripción de la empresa que habíamos hecho hasta ahora. En la segunda mitad del capítulo pondremos en entredicho algunas premisas simplificadoras sobre la información de que disponen los participantes del mercado y nos preguntaremos qué influencia tiene la falta de información en el comportamiento de los participantes de mercado y cómo este desconocimiento moldea los resultados mercantiles. En general, el capítulo le ayudará a hacerse una idea más real del comportamiento del mercado. Entre los temas que se abordan en este capítulo se encuentran:

- Costos de transacción
- Integración vertical
- Economías de alcance
- Búsqueda óptima
- La maldición del ganador
- Información asimétrica
- Selección adversa
- Problemas entre agente y principal
- Daño moral
- Señalización y selección

RAZÓN DE SER DE LA EMPRESA Y ALCANCE DE SUS OPERACIONES

El modelo competitivo supone que todos los participantes del mercado están plenamente informados acerca del precio y la disponibilidad de todos los insumos, productos y procesos de producción. La competencia perfecta supone que quien dirige la empresa es alguien que toma decisiones brillantes y que tiene una capacidad parecida a la de una computadora para calcular todas las productividades marginales. Este individuo sabe todo cuanto es necesario para resolver los complejos problemas de producción y asignación de precios.

La ironía es que si los productos marginales de todos los insumos pudieran medirse fácilmente y si los precios de todos los insumos pudieran determinarse sin costos, muy pocos serían entonces los motivos para que la producción se llevara a cabo en las empresas. En un mundo en el que imperara la competencia perfecta, la información perfecta, los rendimientos constantes a escala y un intercambio sin fricciones, el consumidor podría pasar por alto a la empresa, tratar directamente con los proveedores de los recursos y adquirir los insumos en las cantidades apropiadas. Alguien que deseara una mesa podría adquirir la madera, llevarla a pulir, contratar a un carpintero, luego a un pintor y finalmente tener un producto terminado. El consumidor podría realizar las transacciones directamente con cada proveedor de recursos.

La empresa reduce los costos de transacción

¿Por qué la producción se realiza dentro de las empresas? Hace más de 60 años, en un artículo clásico titulado "The Nature of the Firm", escrito por Ronald Coase, ganador del premio Nobel, planteó la pregunta fundamental: "¿Por qué existen las empresas?"[1] ¿Por qué la gente se organiza en función de la estructura jerárquica de la empresa y coordina sus decisiones a través de un director en lugar de basarse simplemente en el intercambio de mercado? La respuesta de Coase no sorprendería a los estudiantes de economía actuales: *Organizar las actividades en función de la jerarquía de la empresa suele ser más eficaz que el intercambio de mercado, pues la producción exige la coordinación de muchas transacciones entre muchos propietarios de recursos. La empresa es el medio de producción favorecido cuando los costos de transacción asociados con el uso del sistema de precios rebasan los costos que supone organizar esas mismas actividades a través de los controles directos de la gerencia dentro de una organización.*

[1] *Economica* 4, noviembre 1937, pp. 386-405.

Considere de nuevo el ejemplo de comprar una mesa contratando para ello directamente a cada uno de los diferentes proveedores de recursos, desde quien cultiva los árboles hasta el pintor que aplica el barniz. El uso directo de los mercados de recursos supone: (1) el costo de determinar qué insumos se necesitan y cómo van a combinarse; y (2) el costo de negociar un acuerdo con cada propietario de los recursos para cada contribución específica a la producción *por encima y por debajo* de los costos directos de la madera, los clavos, la maquinaria, la pintura y la mano de obra necesarios para construir la mesa. Cuando es fácil identificar, medir, asignar precios y contratar los insumos, la producción puede llevarse a cabo mediante un modelo de "hágalo usted mismo" orientado hacia el precio sirviéndose del mercado. Por ejemplo, hacer que le pinten su casa es una tarea relativamente sencilla: usted simplemente compra pintura y brochas, y contrata a algunos pintores. En este caso, usted se convierte en su propio contratista de pintura, adquiere insumos en el mercado y los combina para realizar el trabajo.

Cuando los costos de identificar los insumos adecuados y negociar cada aportación específica son elevados, el consumidor minimiza los costos de transacción al adquirir el producto terminado de una empresa. Por ejemplo, aunque hay quienes hacen las veces de su propio contratista cuando se trata de pintar su casa, pocos proceden así cuando se trata de construir una vivienda, la mayoría contrata a un arquitecto. *Cuanto más complicada es la tarea, mayor será la capacidad para economizar en los costos de transacción mediante la especialización y el control centralizado*. Por ejemplo, tratar de adquirir un automóvil contratando a los cientos de proveedores de recursos necesarios para ensamblar uno resultaría una operación larga, costosa e imposible para la mayoría. ¿Qué tipo de mano de obra calificada debería contratarse y a qué salarios? ¿Qué cantidad de acero, aluminio, plástico, vidrio, pintura y otros materiales deberían comprarse? ¿Cómo deberían combinarse los recursos y en qué proporciones? Nadie que no tuviese conocimientos detallados sobre la producción de autos podría hacerlo. Ésta es la razón por la que los consumidores adquieren automóviles ensamblados en lugar de contratar por separado a cada proveedor de recursos.

Salvo en ciertos casos, habrá algunas actividades que puedan realizarse de una u otra forma, en las cuales algunos consumidores recurrirán a las empresas y otros contratarán los recursos directamente en los mercados. La elección dependerá de la capacidad y el costo de oportunidad de tiempo de cada consumidor. Por ejemplo, tal vez algunas personas no quieran tomarse la molestia de contratar todos los insumos para hacer que les pinten su casa, y en lugar de ello contraten simplemente a una empresa para que haga todo el trabajo a un precio acordado: recurrirán a un contratista de pintura. Sin embargo, como veremos más adelante, recurrir a un contratista puede generar otros problemas de control de calidad.

Los límites de la empresa

Hasta ahora, se ha explicado la razón por la que existen las empresas: *las empresas minimizan tanto los costos de transacción como los costos de producción de la actividad económica*. La siguiente pregunta es: ¿cuáles son los límites en la eficiencia de la empresa? La teoría sobre las empresas que describimos en capítulos anteriores en buena medida no da respuesta a las interrogantes relacionadas con los límites de la empresa, es decir, al grado apropiado de integración vertical. La **integración vertical** es la expansión de la empresa en etapas de producción anteriores o posteriores a aquellas en que se ha especializado. Por ejemplo, una compañía siderúrgica puede optar por: (1) hacer una integración hacia atrás explotando su propio mineral de hierro o extrayendo el carbón que se utiliza para fundir dicho mineral (por ejemplo, U.S. Steel posee minas de carbón); o (2) hacer una integración hacia adelante convirtiendo el acero en bruto en diversos componentes. Una gran fábrica recurre a una variedad sorprendente de procesos de producción, pero en promedio la mitad del costo de producción se destina a la compra de insumos de otras empresas. Por ejemplo, General Motors y Ford gastan, ca-

Integración vertical Expansión de una empresa en etapas de producción previas o posteriores a aquellas en que se ha especializado, por ejemplo, un productor de acero que opera en la extracción de hierro.

da una, alrededor de $80 mil millones al año en partes, materiales y servicios que obtienen de cerca de 30 000 proveedores. La combinación total rebasa la producción anual de la mayor parte de los países del mundo.

¿Cómo determina la empresa qué actividades emprenderá y cuáles comprará a otras compañías? ¿IBM debería fabricar sus propios chips de computadora o adquirirlos en otra empresa? La respuesta depende de lo que se infiera al comparar los costos y beneficios de la producción interna con las compras en el mercado. Conviene reiterarlo: *la producción interna y los mercados son formas alternas de organizar las transacciones*. La elección dependerá de qué tipo de organización resulte más eficaz para llevar a cabo la transacción que se pretende. Recuerde que los precios de mercado coordinan las transacciones *entre* las empresas, en tanto que los gerentes coordinan las actividades *dentro* de las empresas. El mercado coordina los recursos armonizando los planes independientes que concibe por separado cada responsable de la toma de decisiones, pero una empresa coordina los recursos gracias a la dirección cuidadosa del gerente.

La premisa común es que las transacciones se organizarán mediante el intercambio de mercado, a menos que los mercados planteen problemas. El intercambio de mercado permite que cada empresa se beneficie de la especialización y la ventaja comparativa. Por ejemplo, IBM puede especializarse en la fabricación de computadoras y comprar a los fabricantes de chips lo que éstos producen. Sin embargo, en ocasiones el insumo no está estandarizado o resulta difícil especificar los requisitos de desempeño exactos. Por ejemplo, suponga que una empresa desea que otra le preste servicios de investigación y desarrollo. La incertidumbre que supone un servicio tan poco específico dificulta redactar, realizar y cumplir con un acuerdo de compra que abarque todas las posibles contingencias que pudieran surgir. ¿Qué pasaría si quien ofrece la investigación y el desarrollo, en el proceso de cumplir con el acuerdo, realiza un descubrimiento valioso para una aplicación en un campo distinto? ¿Quién tiene el derecho a esa nueva aplicación: la empresa que pagó por el servicio de investigación y desarrollo o la que lo prestó? ¿Quién determina si se trata de un campo diferente? Debido a que los contratos incompletos generan situaciones potencialmente problemáticas, realizar la investigación y el desarrollo *dentro de la empresa* supone a menudo un costo de transacción más bajo que adquirirlo en el mercado.

Hasta ahora, sería útil analizar los criterios específicos que la empresa considera al decidir si debe comprar un determinado insumo en el mercado, beneficiándose con ello de la ventaja comparativa de otro productor, o producirlo internamente.

Racionalidad acotada del gerente. Para dirigir y coordinar de manera consciente las actividades en la empresa, el gerente debe entender cómo encajan unas con otras todas las piezas del rompecabezas. Sin embargo, conforme la empresa realiza cada vez más actividades, el gerente empieza a perder la secuencia de los hechos y, por tanto, la calidad de sus decisiones se ve afectada. Cuantas más tareas asuma la empresa, más grandes serán las líneas de comunicación entre el gerente y los trabajadores de producción que deben instrumentar la decisión. Una limitación en la integración vertical es la **racionalidad acotada** del gerente, la cual limita la cantidad de información que éste debe abarcar respecto a las operaciones de la empresa. Cuando la empresa asume funciones adicionales, la coordinación y la comunicación se hacen más difíciles. La empresa puede experimentar deseconomías similares a las que sufre cuando crece más allá de la escala de producción eficiente. La solución consiste en que la empresa se limite a las funciones que mejor realiza. Este tipo de reducciones ocurrieron cuando los fabricantes de automóviles aumentaron la proporción de partes que compraban de otras empresas.

Racionalidad acotada
Noción según la cual hay un límite en cuanto a la cantidad de información que puede abarcar el gerente de una empresa.

Escala de eficiencia mínima. Como señalamos cuando analizamos por primera vez los costos de la empresa, la *escala de eficiencia mínima* es el nivel de producción mínimo al que las economías de escala han sido plenamente explotadas. Por ejemplo, suponga que la escala de eficiencia mínima en la producción de computadoras personales se alcanza cuando la producción llega a un millón al año, como se aprecia en la curva de costo promedio de largo plazo en el panel (a) de la figura 1. Suponga que esta tasa de producción resulta ser la cantidad que la empresa necesita producir para maximizar su ganancia. Dado que el chip es un componente importante de las computadoras personales, ¿el fabricante de PC debería integrarse a la producción de chips?, ¿qué pasaría si la escala de eficiencia mínima en la producción de chips no se logra sino hasta que la producción alcanza 5 millones de chips por año? Un fabricante de

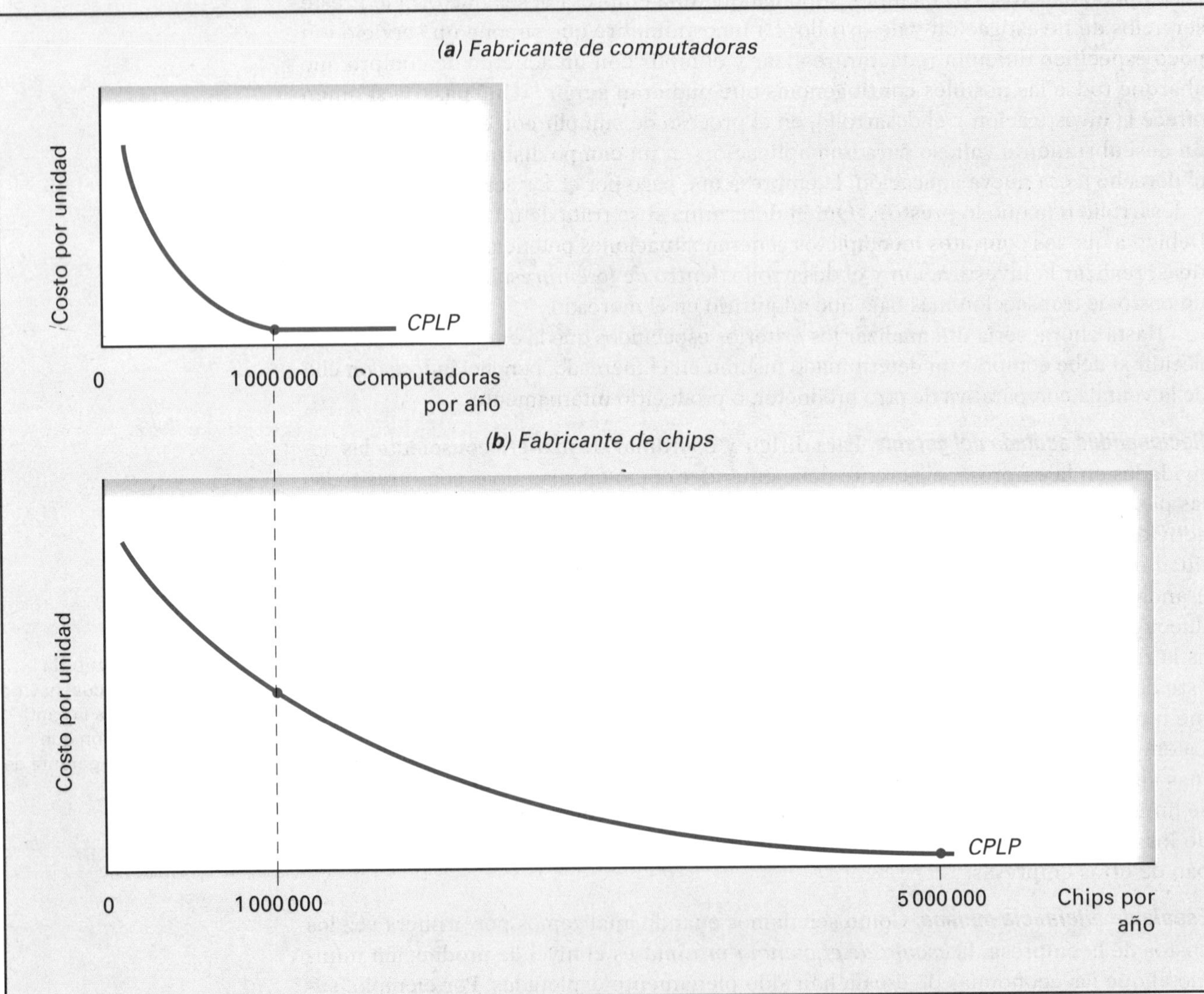

FIGURA 1

Escala de eficiencia mínima e integración vertical

El fabricante de computadoras del panel (a) produce a la escala de eficiencia mínima de 1 000 000 de unidades por periodo. Ese nivel de producción exige 1 000 000 de chips de computadora. Si el fabricante produjera sus propios chips, el costo sería mucho más elevado que si los adquiriera de un fabricante que operara a una escala mucho mayor. Como se aprecia en el panel (b), en 1 000 000 de chips, las economías de escala en la producción de chips distan mucho de agotarse.

PC que utiliza un chip por computadora, sólo requiere de un 20% de los chips producidos a la escala de eficiencia mínima. Como puede observar en el panel (b) de la figura 1, si sólo se produjera un millón de chips, el costo por chip sería elevado en relación con el costo que se alcanzaría a la escala de eficiencia mínima en la producción de chips. Por tanto, el fabricante de PC minimiza los costos de producción adquiriendo chips de un fabricante de dimensiones óptimas. En términos más generales, *si se mantienen constantes otros factores, una empresa debe comprar un insumo si el precio de mercado se encuentra por debajo de lo que costaría a la empresa elaborarlo.*

Calidad fácilmente observable. Si se define adecuadamente un insumo y se determina fácilmente su calidad en el momento de adquirirlo, es más probable que tal insumo se compre en el mercado a que se produzca internamente, si se mantienen constantes otros factores. Por ejemplo, un molino de harina por lo general adquirirá el trigo en el mercado en lugar de cultivarlo por su cuenta, ya que la calidad de ese producto puede evaluarse fácilmente con la debida inspección. En comparación, la calidad de determinados insumos únicamente puede determinarse mientras se producen. Las empresas cuyo prestigio depende de la operación de un componente clave probablemente produzca el componente, sobre todo si la calidad de éste varía mucho en el tiempo entre los diversos productores y no puede observarse fácilmente por medio de una inspección. Por ejemplo, suponga que el fabricante de un instrumento de medición preciso exige un indicador primordial, cuya calidad sólo puede observarse cuando se ensambla ese aditamento. Si la empresa produce el indicador por su cuenta, será capaz de supervisar rigurosamente la calidad.

En ocasiones los productores recurren a la integración hacia atrás para poder ofrecer una garantía sobre la calidad de los componentes o ingredientes en un producto. Por ejemplo, Frank Perdue puede argumentar sobre la alta calidad y lo saludable de los pollos que vende ya que esta empresa se ocupa de criarlos. Sin embargo, Kentucky Fried Chicken no puede hacer alarde de los antecedentes de sus pollos, pues la compañía asegura no dedicarse a la crianza de estos animales. No obstante, los anuncios de KFC se enfocan en los ingredientes secretos que utiliza para freírlos y al hecho de que, al especializarse en éstos, la compañía tiene un mejor desempeño que otras franquicias de comida rápida que venden muchos productos diferentes.

Cantidad de proveedores. Lo que una empresa desea es tener una fuente ininterrumpida de componentes. Cuando hay muchos proveedores intercambiables de un determinado insumo, es más probable que la empresa adquiera el insumo en el mercado a que lo produzca internamente, si se mantienen constantes otros factores. La existencia de muchos proveedores no sólo garantiza una fuente confiable de componentes, sino que la competencia entre estos proveedores permite que los precios se mantengan bajos. Sin embargo, si el mercado de recursos es tan inestable que la empresa no puede confiar en una oferta constante de componentes, la empresa puede producir el artículo para aislarse de los caprichos del mercado.

En concreto, si una empresa se basa en la adquisición de insumos en el mercado y no en la integración vertical, puede beneficiarse de la especialización y de la ventaja competitiva de los proveedores en lo individual. Si se mantienen constantes otros factores, hay más probabilidades de que la empresa adquiera un componente en lugar de producirlo siempre y cuando: (1) el artículo pueda adquirirse por menos de lo que le costaría fabricarlo a la empresa; (2) el artículo esté bien definido y su calidad sea fácilmente observable; y (3) haya muchos proveedores. En el siguiente caso de estudio abordaremos estos aspectos.

Caso de estudio

Economía de la información

*e*Actividad

¿Desea saber más sobre la contratación externa? Visite el sitio Outsourcing FAQ en http://www.outsourcing-faq.com/. ¿Las empresas deben contratar a un consultor externo para ayudarse en la gestión de su contratación externa? En la actualidad, hay empresas especializadas en ayudar a otras compañías en este ámbito. Por ejemplo, Everest presta servicios de gestión en contratación externa. Visite su sitio en http://www.outsourcing-consulting.com/. Busque en la sección de *Research* y revise algunos de sus informes tales como "How to Avoid a Multi-Million Dollar Mistake". El Outsourcing Institute ofrece un lugar de encuentro de negocio a negocio en internet para los administradores, consultores y otras personas interesadas en la contratación externa. Para averiguar hacia dónde se dirige ahora este campo, visite la página http://www.outsourcing.com/News.jsp. ¿En qué ámbitos parece que está creciendo con mayor rapidez la contratación externa?

Contratación externa
Fenómeno que consiste en que una empresa se apega a su competencia fundamental y al mismo tiempo adquiere los insumos de proveedores externos.

TENDENCIA A LA CONTRATACIÓN EXTERNA

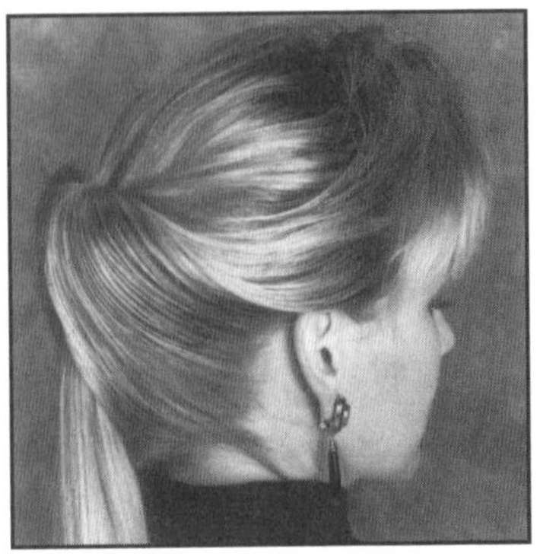

La **contratación externa** ocurre cuando una empresa adquiere productos, como autopartes, servicios o procesamiento de datos, de proveedores externos. La empresa se basa en la división del trabajo y en la ley de la ventaja comparativa para centrarse en lo que mejor hace, aunque depende de otras empresas para proporcionar componentes, servicios de nómina, procesamiento de datos, sitios en internet, sistemas de seguridad en las instalaciones y otros insumos que están más allá de la "competencia central" de esa empresa. Las empresas, sobre todo las que se dedican a la manufactura, desde hace tiempo han adquirido algunos componentes de otras empresas, pero el movimiento en favor de la contratación externa amplió estas adquisiciones a una gama más extensa de productos y actividades que por lo general se producían internamente. Las empresas japonesas fueron las que introdujeron la idea de la contratación externa a fin de reducir los costos de producción y mejorar la calidad. En Estados Unidos, la contratación externa tuvo gran auge en la manufactura durante los ochenta y se extendió prácticamente a toda la industria.

Por ejemplo, al enfrentar el problema del hardware y el software que resultaban obsoletos, los ejecutivos de Bethlehem Steel se dieron cuenta de que ya no podían seguir contratando y manteniendo al personal especializado en tecnología de la información (TI) para estar a la vanguardia en tan dinámico campo. Por esta razón, Bethlehem Steel contrató externamente su sistema de TI. De hecho, Microsoft contrata por fuera algunos servicios de desarrollo de software. DuPont, empresa que produce cientos de artículos, desde sustancias químicas hasta alfombras, delegó a agentes externos la responsabilidad de los embarques de todas sus exportaciones e importaciones. Dell Computer, el proveedor de PC más grande del mundo y que surte pedidos por correo, teléfono y en línea, delegó los envíos de sus mercancías a una empresa externa. Asimismo, una cantidad cada vez mayor de fabricantes de computadoras contratan por fuera el ensamble de sus computadoras. La dirección de Handspring nunca ha visitado su planta en México, la cual fabrica su organizador de bolsillo, señalando que "nuestro valor agregado está en el diseño, desarrollo, marketing y denominación de marca de nuestros productos".

Alcatel, fabricante de equipos telefónicos, proyecta vender más de 100 de sus 120 plantas manufactureras. La medida permite que Alcatel adecue la producción de manera ascendente o descendente con mayor rapidez sin tener que preocuparse por la contratación o despido de trabajadores. La contratación externa, en realidad, convierte ciertos costos fijos en variables.

Probablemente el ejemplo más notable de contratación externa sea TopsyTail. Casi todo lo que la empresa hace: diseño, producción, marketing, pronósticos, embalaje y distribución, lo delega a subcontratistas. Con un puñado de empleados, la empresa ha tenido entradas brutas de $100 millones hasta ahora vendiendo sus sencillos aparatos para peluquería. El fundador afirma que la compañía tal vez no habría podido crecer tan rápido de otra manera.

El auge de la contratación externa ha beneficiado a empresas que ofrecen lo que otras compañías ya no hacen por su cuenta. Los principales negocios de IBM han pasado de la venta de hardware y software a la prestación de servicios a empresas que contratan externamente sus necesidades de tecnología de información. En la India han surgido empresas que prestan servicios de TI a las principales corporaciones estadounidenses, ofreciéndolos a menudo a través de internet. Muchas corporaciones estadounidenses también han subcontratado sus centros telefónicos de atención al cliente a empresas en la India.

¿Cuáles son los límites de la contratación externa? Uno de los costos de la contratación externa puede ser la pérdida del control. Por ejemplo, cuando Compaq

Computer decidió subcontratar cierta parte de la producción de sus laptops a un fabricante japonés, surgieron problemas en cuanto a diseño, costo y calidad. Compaq cuenta ahora con un grupo administrativo que supervisa las actividades que son subcontratadas. Algunas empresas temen que la contratación externa debilite los lazos con sus clientes. Por ejemplo, varios fabricantes de automóviles tuvieron que retirar 8 millones de vehículos debido a que los cinturones de seguridad que había entregado un proveedor japonés estaban en malas condiciones. Los clientes culparon de esto a las compañías automotrices, no al subcontratista.

Recientemente se ha observado una modesta regresión a la producción "en casa". Por ejemplo, en virtud de que ahora existe mejor software y computadoras más baratas, algunas compañías están desarrollando internamente muchas de las actividades de procesamiento de datos que antes otras empresas les ofrecían. Este tipo de regreso a la contratación interna reduce la cantidad de veces que deben manejarse los registros, mejorarse la calidad de los datos y reducirse los errores. Daimler-Chrysler consideró la posibilidad de subcontratar su procesamiento de datos, pero su propia división representaba el costo más bajo. Dado que el software de cómputo ha convertido a Harley-Davidson en una empresa más eficiente, la compañía fabrica ahora muchas más de las partes de sus motocicletas. Al retomar o mantener internamente las etapas de producción medulares, algunos gerentes consideran que pueden responder de manera más flexible a los pedidos de sus clientes y a las cambiantes condiciones del mercado.

Fuentes: Lisa DiCarlo, "IBM for Hire", *Forbes*, 31 de octubre 2000; Julia King, "Farming Out Everything: TopsyTail Focus", *Computerworld*, 23 de marzo 1998; Kevin Delaney, "Alcatel Plans to Shed the Bulk of Its Manufacturing Operations", *The Wall Street Journal*, 27 de junio 2001; Beth Duff-Brown, "Services–By Way of Bangalore", *Hartford Courant*, 12 de julio 2001; "Sri Lankan Software Firm Wins Microsoft Deal", Reuters, 18 de octubre 2000; Beth Ellyn Rosenthal, "Fast Growth in Hard Times", *Outsourcing Journal*, julio 2001, en http://www.outsourcing-journal.com/issues/jul2001/headlines.html; y el Outsourcing Institute en http://www.outsourcing.com.

¿Cuál es la importancia de la siguiente declaración en The Wall Street Journal*?: "En contraste directo con el desplome de las fortunas de gran parte de la industria punto.com, el negocio de la contratación externa de servicios de internet y de tecnología de la información obtiene miles de millones de dólares y crea miles de empleos".*

Economías de alcance

Hasta ahora hemos considerado aspectos que influyen en el grado óptimo de integración vertical de la generación de un determinado producto. Incluso con la contratación externa, la atención se centra en la mejor manera de fabricar un producto específico, como un automóvil o una computadora. Sin embargo, algunas empresas se ramifican en líneas de productos que no guardan una relación vertical. Las **economías de alcance** surgen cuando resulta más económico combinar dos o más líneas de producto en una empresa que producirlas por separado. Por ejemplo, General Electric genera cientos de productos diferentes que van desde bombillas a motores para la NBC-TV. Al repartir los desembolsos para investigación y desarrollo y marketing ("Damos vida a cosas buenas"), GE puede minimizar estos costos. Ford Motor Company es dueña de Hertz Rent-A-Car. Travelers Insurance y Citibank se fusionaron para ofrecer a los consumidores un menú más amplio de servicios financieros. O bien, considere las economías de alcance agrícolas. Un granjero suele sembrar diversos cultivos y criar diferentes animales de granja, animales que reciclan las cosechas dañadas y los desperdicios de alimentos convirtiéndolos en útiles fertilizantes. Con las economías de *escala*, el costo promedio de producción por unidad disminuye conforme la *escala* de la empresa aumenta; *con las economías de alcance, los costos promedio por unidad disminuyen conforme aumenta el alcance de la empresa, es decir, a medida que la empresa genera más tipos de productos*. El costo de algunos recursos fijos, como el conocimiento especializado, puede repartirse entre las líneas de productos.

Economías de alcance
Fuerzas que hacen que resulte más económico para una empresa generar diferentes productos que uno solamente.

Algunas combinaciones no funcionan. Por ejemplo, en 1994, Quaker Oats pagó $1.7 mil millones por la empresa de refrescos Snapple. Después de que cayeron las ventas de esta adquisición, Quaker la vendió en 1997 por $300 millones, es decir, menos de una quinta parte del precio de compra. De igual modo, AT&T adquirió NCR, empresa que proporciona hardware y software para transacciones de consumo, en $7.5 mil millones en 1991, y luego de gastar otros $2 mil millones en tratar de hacer que funcionara, la vendió en 1997 por una cantidad de $3.4 mil millones, una verdadera pérdida de $6.1 mil millones. Algunas fusiones de empresas que pertenecen a distintas líneas de negocios no generan las economías de alcance esperadas.

Hasta este punto nos hemos enfocado en las cuestiones de por qué existen las empresas, por qué suelen integrarse verticalmente, por qué recurren a la contratación externa y por qué en ocasiones fabrican una amplia gama de productos. Estos pasos hacia una realidad más próxima nos hacen ir más allá de la simple imagen de la empresa que creamos con anterioridad. El resto del capítulo pone en entredicho algunas premisas simplificadoras sobre la cantidad de información de que disponen los participantes en el mercado.

NetBookmark

Para la mayoría de los hogares estadounidenses, una casa constituye la inversión más grande. Cuanto más grande sea la inversión, más vale la pena recabar información. El proceso de búsqueda se facilitó mucho con el sitio http://www.realtor.com, el cual es además la dirección electrónica oficial de la Asociación Nacional de Agentes Inmobiliarios (*National Association of Realtors®*). ¿Qué clase de información se ofrece en la página introductoria del sitio? A partir de ahí, puede buscar casas en venta en cualquier parte del país, filtrando la selección según su criterio. Trate de buscar la casa que le gustaría tener. Note que las listas no incluyen la dirección de la casa. ¿Por qué supone que esta información tan importante no se ofrece? En internet también es abundante la información sobre cómo adquirir un casa. Por ejemplo, Microsoft ofrece tres consejos fundamentales para adquirir una casa en el sitio http://homeadvisor.msn.com/.

COMPORTAMIENTO DEL MERCADO CON INFORMACIÓN IMPERFECTA

En su mayor parte, nuestro análisis del comportamiento del mercado ha supuesto que quienes participan en él tienen información completa sobre los productos y los recursos. En el caso de los consumidores, información completa supone un conocimiento del precio, la calidad y la disponibilidad de un producto. En el caso de las empresas, la información completa consiste en conocer la productividad marginal de diversos recursos, la tecnología adecuada para combinarlos y la demanda que tiene el producto de la empresa. En realidad, *la información confiable resulta costosa tanto para los consumidores como para los productores*. Lo que es más, en determinados mercados, una de las partes de la transacción tiene más información que la otra. En esta sección, examinaremos el impacto que la información ejerce en el comportamiento del mercado cuando no es tan perfecta.

Búsqueda óptima cuando se tiene información imperfecta

Suponga que desea comprar una nueva computadora. Para este objetivo, necesita información sobre la calidad y las características de cada modelo y sobre todo, debe conocer los precios que ofrecen tanto las tiendas al menudeo como las empresas que realizan ventas por correo y por internet. Para saber más sobre sus opciones, probablemente consulte a expertos, lea folletos promocionales y publicaciones sobre computadoras y visite los sitios electrónicos. Una vez que limita su selección a uno o dos modelos, quizás compare los precios entre una tienda y otra o bien, consulte la *Sección Amarilla*, los catálogos de computadoras, los motores de búsqueda en internet, los anuncios en los periódicos, etc. La búsqueda del precio más bajo de un determinado modelo supone un costo, sobre todo el costo de oportunidad de su tiempo. Este costo obviamente variará de un individuo a otro y de un artículo a otro. Hay quienes realmente disfrutan salir de compras, pero esta actitud de "ir de tienda en tienda hasta caer rendido" no se aplica a todos los productos. *Para la mayoría de nosotros, el proceso de recopilar información de consumo puede considerarse como una labor independiente del mercado.*

Costo marginal de la búsqueda. En su búsqueda de información sobre el producto, primero recaba la información más sencilla y obvia. Probablemente revise el precio y la disponibilidad en unas cuantas tiendas de cómputo en un centro comercial. Sin embargo, conforme se amplía su búsqueda, se incrementa el *costo marginal* de adquirir información adicional porque quizá tenga que recorrer mayores distancias para comprobar precios y servicios, y porque el costo de oportunidad de su tiempo aumenta al dedicar más tiempo adquiriendo información. En consecuencia, la curva de costo marginal de la información adicional presenta una pendiente ascendente, como se aprecia en la figura 2. Observe que cierta cantidad de información, I_f, constituye conocimientos generales y se dispone de ella sin costo alguno.

Beneficio marginal de la búsqueda. El *beneficio marginal* de adquirir información adicional es una mejor calidad de un precio determinado o un precio más reducido de una calidad determinada. El beneficio marginal es relativamente grande al principio, pero conforme recaba más información y se familiariza más con el mercado, la información extra genera

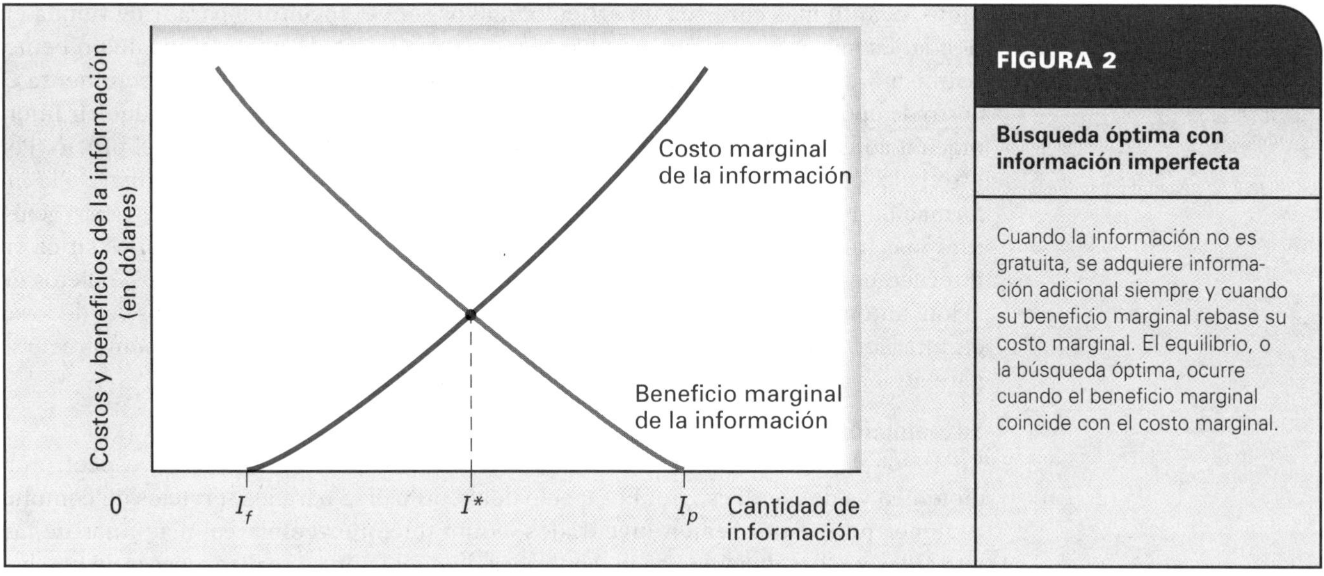

FIGURA 2

Búsqueda óptima con información imperfecta

Cuando la información no es gratuita, se adquiere información adicional siempre y cuando su beneficio marginal rebase su costo marginal. El equilibrio, o la búsqueda óptima, ocurre cuando el beneficio marginal coincide con el costo marginal.

un beneficio adicional cada vez menor. Por ejemplo, la probabilidad de descubrir información valiosa, como sería una característica atractiva o un precio más bajo en el segundo establecimiento visitado es mayor que la probabilidad de descubrir esta información en la vigésima tienda visitada. Por tanto, la curva de beneficio marginal de la información adicional presenta una pendiente descendente, como se aprecia en la figura 2.

Búsqueda óptima. Los participantes del mercado seguirán recabando información mientras el beneficio marginal de la información adicional exceda a su costo marginal. *La búsqueda óptima ocurre cuando el beneficio marginal coincide exactamente con el costo marginal*, lo cual sucede en la figura 2 donde se intersecan las dos curvas marginales. Note que en niveles de búsqueda que rebasan la cantidad de equilibrio, el beneficio marginal de la información adicional sigue siendo positivo, aunque se ubica por debajo del costo marginal. Observe también que, en algún punto, el valor de la información adicional llega a cero, como se identifica por I_p en el eje horizontal. Este nivel de información podría identificarse como *información perfecta*. Sin embargo, el elevado costo marginal de adquirir I_p, hace que no sea práctico informarse perfectamente. Así, las empresas y los consumidores, al obtener la cantidad óptima de información, I^*, tienen una información menos que perfecta sobre el precio, la disponibilidad y la calidad de los productos y recursos.

Repercusiones. El modelo de búsqueda que hemos descrito lo creó George Stigler, ganador del premio Nobel en 1982. Hace cuatro décadas, este autor demostró que el precio de un producto puede diferir entre los vendedores debido a que algunos consumidores desconocen los precios más bajos que ofrecen otros vendedores.[2] Por tanto, *los costos de la búsqueda generan una dispersión del precio, o distintos precios, para el mismo producto*. Algunos vendedores llaman la atención hacia las dispersiones de precio afirmando que tienen los precios más bajos del rumbo y prometiendo que igualarán cualquier precio de la competencia (Gateway Computers lo hace). *Los costos de búsqueda también conducen a diferencias en calidad entre los vendedores, incluso en productos cuyo precio es idéntico, pues a los consumidores les resulta demasiado costoso aspirar al producto de mayor calidad*.

Hay otras repercusiones en el modelo de búsqueda de Stigler. Cuanto más costoso es el bien, mayor será la dispersión del precio en términos de valor monetario. Por

[2] George Stigler, "The Economics of Information", *Journal of Political Economy*, junio 1961, pp. 213-225.

tanto, cuanto más caro sea un artículo, mayor será el incentivo para ir de tienda en tienda. Es más probable que compare precios en el caso de un auto que de un peine. Asimismo, conforme aumenta el salario del consumidor, también se incrementa el costo de oportunidad del tiempo. Esto incrementa el costo marginal de adquirir información adicional, lo que genera menor búsqueda y mayor dispersión del precio. Por otro lado, cualquier cambio en la tecnología que reduzca el costo marginal de la información hará disminuir el costo marginal de la información adicional, y esto generará más información y menos dispersión del precio. Por ejemplo, algunos sitios en internet, como mySimon.com, identifican los precios más bajos en libros, boletos de avión, automóviles, computadoras y docenas de otros productos. Algunos vendedores en internet, como buy.com, mantienen los precios más bajos en la red como recurso para atraer a los clientes que realizan tales búsquedas.

La maldición del ganador

En 1996, el gobierno federal licitó concesiones de espacio valioso en el espectro radiofónico ya de por sí escaso. El espacio debía utilizarse para los servicios de comunicaciones personales recién inventados, como teléfonos celulares, máquinas de fax portátiles y redes de cómputo inalámbricas. La licitación se realizó a pesar de que había una gran incertidumbre respecto a la futura competencia en la industria, el posible tamaño del mercado y los cambios tecnológicos por venir. Por tanto, los postores tenían poca experiencia en cuanto al probable valor de este tipo de concesiones. En aquel entonces, 89 compañías hicieron ofertas cuantiosas por un total de $10.2 mil millones para operar 493 concesiones. Sin embargo, para 1998, fue claro que muchas de las ofertas no podrían pagarse, y docenas de licencias terminaron en procedimientos de quiebra.[3] La licitación finalmente recaudó sólo la mitad del monto de las ofertas. ¿Por qué muchos "ganadores" terminan perdiendo en las licitaciones de productos de valor incierto, como las licencias para comunicaciones inalámbricas y los derechos de perforación en el Golfo de México?

Como el valor real del espacio en el espectro radiofónico era desconocido, sólo podía hacer un cálculo aproximado. Por ejemplo, suponga que la oferta promedio era de $10 millones (unas empresas ofrecían más y otras menos que esa cantidad). Suponga también que la oferta ganadora fue de $20 millones. Esta oferta no fue la oferta promedio, la cual debió haber sido la estimación más confiable del verdadero valor, sino la oferta más elevada, que fue la estimación más optimista. Se dice que quienes ganan en este tipo de licitaciones experimentan la **maldición del ganador**, ya que suelen perder dinero tras ganar la licitación. Es el precio que se paga por ser excesivamente optimista.

Maldición del ganador Situación difícil que enfrenta el mejor postor por un activo de valor incierto que ha sobrestimado.

La maldición del ganador se aplica a todos los casos de licitación en los cuales el verdadero valor es al principio incierto. Por ejemplo, las compañías cinematográficas suelen sobrestimar el precio de los libretos en lo que a juicio de muchos se ubica en niveles poco realistas. De manera similar, los editores entablan guerras de ofertas por manuscritos de libros e incluso por propuestas editoriales que son poco más que meros títulos. Los propietarios de equipos deportivos negocian con agentes independientes y a menudo pagan en exceso. La CBS perdió mucho dinero en las Olimpiadas de Invierno de 1998. Asimismo, es muy probable que la NBC se haya excedido en su oferta de $2.3 mil millones por los derechos de transmisión de los Juegos Olímpicos en los años 2002, 2006 y 2010. Lo que es peor, cuando se llevó a cabo la subasta, aún no se habían seleccionado siquiera las ciudades donde se celebrarían estos juegos. Las subastas en línea, como las de eBay, suelen vender artículos de valor incierto. Si los posibles compradores contaran con información perfecta sobre el valor de mercado de un recurso, nunca ofrecerían cantidades superiores a éste. Sin embargo, cuando las licitaciones o subastas competitivas se combinan con información imperfecta, el mejor postor suele terminar perdiendo.

[3] Scott Ritter, "FCC Says Several Bidders to Return Wireless Licenses", *The Wall Street Journal,* 18 de junio 1998.

INFORMACIÓN ASIMÉTRICA EN LOS MERCADOS DE PRODUCTOS

Si bien hemos considerado los efectos de la información costosa y limitada en el comportamiento del mercado, la situación se complica más cuando una de las partes del mercado dispone de información más confiable que la otra parte, situación en la que existe una **información asimétrica**. En esta sección, examinamos ejemplos de información asimétrica en el mercado de productos y el efecto de la eficiencia de mercado.

Información asimétrica Situación en la cual una de las partes del mercado cuenta con información más confiable que la otra.

Hay dos tipos de información con los que un participante de mercado probablemente desee contar, pero de los cuales carece. En primer lugar, una de las partes del mercado tal vez sepa más acerca de las *características* del producto en venta que la otra parte. Por ejemplo, el vendedor de un automóvil usado sabe más sobre el registro de confiabilidad del vehículo que el comprador. Del mismo modo, el comprador de una póliza de seguro médico sabe más acerca de su estado general de salud que la compañía aseguradora. Cuando una de las partes del mercado sabe más sobre las características importantes del producto que la otra, el problema de la información asimétrica conlleva a **vicios ocultos**.

Vicios ocultos Problema de información asimétrica en el cual una de las partes del mercado sabe más que la otra parte sobre características importantes del producto.

Un segundo problema ocurre cuando una de las partes en una transacción puede iniciar una *acción* que afecta a la otra parte, pero que ésta no es capaz de ver. Por ejemplo, el mecánico que usted contrata para que revise ese ruido extraño en el motor puede realizar reparaciones innecesarias y cobrarle el equivalente a tres horas de trabajo por un trabajo que pudo haber realizado en sólo 10 minutos. Siempre que una de las partes en una relación económica emprende una medida determinante que la otra parte no observa, se dice que la medida conlleva **acciones ocultas**.

Acciones ocultas Problema de información asimétrica en el cual una de las partes en una relación económica emprende una medida determinante que la otra parte no observa.

Vicios ocultos: selección adversa

Un tipo de problema en el que pueden observarse vicios ocultos es cuando el vendedor sabe más sobre la calidad del producto que el comprador, como en el caso del mercado de autos usados. El vendedor de un vehículo usado normalmente tiene una vasta experiencia personal relacionada con las *características* importantes del automóvil: accidentes, descomposturas, rendimiento de combustible, mantenimiento, calidad de respuesta en los climas adversos, etc. El posible comprador sólo puede suponer esas características con base en el aspecto del vehículo y quizás manejándolo un par de cuadras a manera de prueba. En realidad el comprador no puede saber qué tan bueno es el automóvil sino hasta que lo haya manejado durante varios meses en diversas condiciones de tránsito y clima.

Para simplificar el problema, suponga que sólo hay dos tipos de automóviles usados en venta: buenos y malos, o "chatarra". Suponga que un comprador seguro del tipo de automóvil que quiere comprar estaría dispuesto a pagar $10 000 por un buen auto usado, pero sólo $4 000 por una "chatarra". Una vez más, solamente el vendedor sabe cuál de los dos tipos de auto está en venta. Un comprador que considera que la mitad de los automóviles usados en el mercado son buenos y la mitad "chatarras" estaría dispuesto a pagar, digamos, $7 000 por un vehículo de tipo desconocido (el valor promedio percibido de los automóviles en el mercado). ¿Acaso $7 000 sería el precio de equilibrio de los autos usados?

Hasta ahora, en este análisis hemos ignorado las acciones de los posibles vendedores, quienes saben qué tipo de automóvil tienen. Dado que los vendedores de vehículos buenos pueden obtener sólo $7 000 por autos cuyo valor saben que es de $10 000 en promedio, muchos optarán por no vender sus automóviles o se los venderán a amigos o familiares. Sin embargo, a los vendedores de "chatarras" $7 000 les resultará un precio atractivo en vista de que saben que sus vehículos sólo valen $4 000 en promedio. En consecuencia, la proporción de automóviles buenos en el mercado disminuirá y la proporción de chatarras aumentará, lo cual reducirá el valor promedio de los automóviles usados en el mercado.

En la medida en que los compradores se dan cuenta de que la combinación se ha desplazado hacia las "chatarras", reducirán lo que están dispuestos a pagar por autos de calidad dudosa. Conforme disminuye el precio de mercado de los vehículos usados, los posibles vendedores de automóviles buenos se muestran aún más renuentes a vender a un precio tan bajo, de modo que se incrementa la proporción de "chatarras" y esto genera precios todavía más bajos. El proceso podría continuar hasta que hubiera muy pocos automóviles buenos a la venta en el mercado abierto. En términos más generales, *cuando los vendedores tienen mejor información acerca de la calidad de un producto que los compradores, los productos de menor calidad tienden a dominar el mercado.*

Selección adversa Situación en la cual quienes se encuentran en la parte informada del mercado hacen una selección que perjudica a la parte desinformada del mercado.

Cuando quienes se encuentran en la parte informada del mercado hacen una selección que perjudica a la parte desinformada del mercado, se genera un problema de **selección adversa**. En nuestro ejemplo, los vendedores de autos, la parte informada, seleccionan, es decir, deciden ofrecer o no sus autos para venta, de una manera que el porcentaje de chatarras en venta aumenta. Por razones de la selección adversa, los compradores de autos, la parte desinformada del mercado, terminan tratando principalmente con dueños de chatarras, exactamente el grupo con el que los compradores no desean negociar.

Acciones ocultas: el problema entre agente y principal

En estos tiempos de especialización hay muchas tareas que no hacemos por nosotros mismos, pues otros las realizan mejor y tienen un menor costo de oportunidad de tiempo. Suponga que su objetivo es reparar su automóvil, pero usted no puede hacerlo. Es probable que el mecánico que contrate tenga otros objetivos, como maximizar el tiempo de ocio en el trabajo o los ingresos del taller. Sin embargo, usted desconoce las acciones del mecánico. Aunque su auto tal vez sólo tenga un cable suelto, el mecánico podría inflar la cuenta cobrándole "reparaciones" que en realidad eran innecesarias o que no se realizaron. Este problema de información asimétrica ocurre porque una de las partes en una transacción puede emprender *acciones ocultas* que afectan a la otra parte. Cuando los compradores no pueden supervisar y evaluar la calidad de los bienes y servicios que adquieren, es probable que algunos proveedores sustituyan recursos de mala calidad o ejerzan una menor diligencia en la prestación del servicio.

Problema entre agente y principal Situación en la cual los objetivos del agente difieren de los del principal, y el agente puede iniciar acciones ocultas.

Principal Persona que contrata a un agente con la esperanza de que éste actúe en su favor.

Agente Persona que realiza un trabajo o presta un servicio en favor de otra persona, específicamente, el principal.

El problema que surge de las acciones ocultas se denomina **problema entre agente y principal**, y describe una relación en la cual una de las partes, llamada **principal**, establece un acuerdo contractual con otra parte, designada como el **agente**, con la esperanza de que el agente actúe en favor del principal. *El problema surge cuando los objetivos del agente son incompatibles con los del principal y cuando el agente emprende acciones ocultas.* Usted podría enfrentar un problema entre agente y principal cuando trata con un médico, abogado, mecánico automotriz o asesor financiero, por mencionar sólo algunos. Cualquier relación entre empleador y empleado podría ser potencialmente una fuente de problema entre agente y principal. De nuevo, el problema surge debido a que los objetivos del agente no concuerdan con los del principal *y* porque las acciones del agente son ocultas. No todas las relaciones entre agente y principal plantean un problema. Por ejemplo, cuando usted contrata a alguien para que le corte el césped o el cabello, no hay acciones ocultas y usted puede juzgar los resultados.

Información asimétrica en los mercados de seguros

La información asimétrica también genera problemas en los mercados de seguros. Por ejemplo, desde el punto de vista de una aseguradora, los candidatos ideales para pólizas de gastos médicos son quienes tienen una vida larga y saludable, y luego mueren apaciblemente mientras duermen. Sin embargo, muchas personas representan grandes riesgos para estas empresas por los vicios ocultos (genes deficientes) o acciones encubiertas (fumar y beber en exceso, hacer ejercicio sólo para ir al refrigerador y pensar que una comida de siete platillos consta de carne de res y seis cervezas). En el mercado de los seguros, son los compradores, no los vendedores, quienes tienen más información sobre las características y acciones que anticipan su necesidad probable de asegurarse en el futuro.

Si la aseguradora no tiene manera de distinguir entre los solicitantes, debe cobrar lo mismo a quienes representan grandes riesgos de salud que a quienes no los representan. Este precio les resulta atractivo a aquellos, pero demasiado elevado a quienes son buenos prospectos en términos de salud, algunos de los cuales optarán por no asegurarse. Conforme la cantidad de personas saludables que no se aseguran aumenta, el grupo asegurado se vuelve menos saludable en promedio, de modo que las tasas se elevan, lo que hace que los seguros resulten aún menos atractivos para las personas saludables. Debido a la selección adversa, quienes compren seguros suelen ser menos saludables que la población en su conjunto. La selección adversa se ha empleado como argumento en favor del seguro nacional de salud.

El problema de los seguros se complica por el hecho que una vez que las personas se aseguran, su comportamiento puede modificarse de tal manera que las probabilidades de reclamo aumentan. Por ejemplo, quienes tienen un seguro de gastos médicos tal vez cuiden menos de su salud y quienes tienen seguro contra robo tal vez cuiden menos de sus valores asegurados. Este problema de incentivo se conoce como *daño moral*. El **daño moral** ocurre cuando el comportamiento de una persona cambia de manera tal que la probabilidad de un resultado desfavorable incrementa.

Daño moral Situación en la cual una de las partes que celebran un contrato tiene un incentivo para alterar su comportamiento de tal manera que perjudica a la otra parte del contrato.

En términos más generales, *el daño moral es un problema entre agente y principal que ocurre cuando quienes integran una de las partes en la transacción tienen un incentivo para rehuir sus responsabilidades debido a que la otra parte no está en posibilidad de observarlos*. La responsabilidad podría ser reparar un automóvil, mantener la salud o resguardar objetos de valor. Tanto el mecánico como el comprador de la póliza pueden obtener ventaja de la parte desinformada. En el ejemplo de la reparación del vehículo, el mecánico es el agente; en el ejemplo de la aseguradora, quien adquiere la póliza es el principal. Por tanto, el daño moral surge cuando alguien puede emprender una acción oculta; puede ser el agente o el principal, dependiendo de las circunstancias.

Cómo afrontar la información asimétrica

Existen diversas formas de reducir las consecuencias de la información asimétrica. Se puede crear una estructura de incentivos o un sistema de información abierta para reducir los problemas relacionados con la desigual disponibilidad a la información. Por ejemplo, en algunas entidades de Estados Unidos se han aprobado "leyes para automóviles chatarra", las cuales ofrecen una compensación a los compradores de vehículos nuevos y usados que resultan ser "chatarra". Por lo general, los distribuidores de automóviles usados suelen ofrecer garantías para reducir el riesgo de que el comprador termine adquiriendo una "chatarra". La mayor parte de los talleres de reparación automotriz presentan estimaciones por escrito antes de realizar el trabajo y algunos devuelven las partes defectuosas al cliente como prueba de que la reparación era necesaria y que se realizó en su totalidad. Los clientes suelen obtener varias estimaciones cuando se trata de desembolsos cuantiosos.

Las aseguradoras enfrentan la selección adversa y el daño moral de diversas maneras. La mayoría exige que los solicitantes se sometan a un examen físico y respondan a varias preguntas relacionadas con su historial médico. Las aseguradoras suelen cubrir a todos los integrantes de un grupo, (digamos, los empleados de una compañía) y no sólo a quienes de otra manera harían la elección por cuenta propia, evitando así el problema de la selección adversa. Las aseguradoras reducen el riesgo moral al hacer que el asegurado pague, digamos, los primeros $250 de un reclamo a manera de "deducible" o pidiéndole que pague cierto porcentaje de la reclamación como coaseguro. Asimismo, si se presentan más reclamaciones en una póliza, la prima asciende y la póliza tal vez se cancele.

INFORMACIÓN ASIMÉTRICA EN LOS MERCADOS LABORALES

En nuestro análisis del mercado de ciertas clases de mano de obra hemos supuesto que todos los trabajadores son idénticos. En condiciones de equilibrio, cada trabajador, en un determinado mercado de mano de obra, se supone recibe el mismo salario, el cual es igual al ingreso marginal generado por la última unidad de mano de obra contratada. Pero, ¿qué sucede si la capacidad difiere entre los trabajadores? Las diferencias en cuanto a la capacidad no plantean un problema en particular siempre y cuando el empleador pueda observar fácilmente tales diferencias. Si la productividad de cada trabajador puede cuantificarse con facilidad con una medida como la cantidad de naranjas recolectadas, la cantidad de prendas de ropa cosidas o la cantidad de autos vendidos, la medida en sí puede servir, y de hecho lo hace, como base para el salario. Tales incentivos por unidad al parecer influyen en el producto. Por ejemplo, cuando el Servicio Nacional Británico de Salud (*The British National Health Service*) estableció que a los dentistas se les pagaría por el número de muelas que taparan en lugar de las "horas de contacto" por paciente, los médicos se dedicaron a tapar y tapar muelas picadas, lo cual les llevó sólo una tercera parte del tiempo que ocupaban según el esquema de horas de contacto.[4]

Sin embargo, como la producción tiene lugar mediante los esfuerzos coordinados de varios trabajadores, el empleador probablemente no pueda atribuir resultados específicos de producción a cada trabajador en particular. Dado que resulta difícil obtener la información acerca de la productividad marginal de cada trabajador, los empleadores suelen pagar a sus obreros por hora en lugar de tratar de dar seguimiento a la contribución de cada trabajador a la producción total. En ocasiones, el sueldo es una combinación de tasa por hora y pago de incentivos relacionado con algún indicador de productividad. Por ejemplo, un representante de ventas por lo general recibe un salario base más una comisión que depende de la cantidad de productos que venda. En ocasiones, la tarea de evaluar el desempeño queda en manos del consumidor y no de la empresa. Empleados que prestan servicios personales, como meseros y camareras, peluqueros y estilistas, repartidores de pizzas y botones, obtienen buena parte de su salario por las propinas que reciben. Como estos servicios son, por definición, "personales", los clientes están en una mejor posición para juzgar la calidad y lo oportuno del servicio y, con base en ello, extender la propina.

Selección adversa en los mercados laborales

La selección adversa ocurre en el mercado laboral cuando los proveedores de mano de obra están mejor informados en relación con su productividad que los patrones, dado que la capacidad de los trabajadores no se observa fácilmente antes de la contratación. Antes de contratar a una persona, se considera que las verdaderas capacidades del trabajador, tales como motivación, hábitos de trabajo, habilidades, capacidad para llevarse bien con los demás, etc., son, en gran medida, *vicios ocultos*.

Suponga que un empleador desea contratar a un coordinador para el programa del nuevo proyecto. Este puesto exige imaginación, habilidades de organización y la capacidad para trabajar de manera independiente. Al empleador le gustaría atraer a la persona más calificada en el mercado, pero las cualidades que se piden no pueden observarse directamente. El empleador ofrece un salario de mercado para tal puesto. Los empleados en lo individual pueden evaluar este salario a la luz de sus propias capacidades y oportunidades. A la gente con talento le resultará que el salario está por debajo su productividad marginal y se sentirá menos interesada en solicitar el puesto. Sin embargo, a los individuos con menor talento les resultará que el salario que se ofrece excede su productividad marginal, así que muy probablemente busquen el puesto. Debido a la selección adversa, el empleador termina con una reserva de solicitantes cuya capacidad se ubica por abajo del promedio.

En un mercado laboral con vicios ocultos, los empleadores podrían estar en mejor situación si ofrecieran un salario más elevado. Cuanto más alto sea el salario, más atractivo será el puesto para los elementos más calificados. Pagar un salario más elevado también alienta a los trabajadores a no holgazanear o, por lo menos, a no hacer nada que pudiera poner en riesgo su trabajo. Por tanto, pagar un salario alto ataca el problema de las acciones ocultas de los trabajadores. Pagar un salario elevado para atraer y retener a los empleados más productivos se denomina **eficiencia salarial**.

Eficiencia salarial Idea según la cual ofrecer salarios elevados atrae a una reserva de mano de obra más capacitada, lo que facilita a las empresas la contratación de trabajadores más productivos; asimismo, refiere a la idea según la cual un salario elevado alienta a los trabajadores a realizar una buena labor.

Señalización y selección

La persona en el lado del mercado que presenta características y acciones ocultas tiene el incentivo de decir lo correcto. Por ejemplo, el aspirante a un empleo podría afir-

[4] John Pencavel, "Piecework and On-the-Job Screening", Working Paper, Universidad de Stanford, junio 1975.

mar: "Contráteme porque soy muy trabajador, confiable, puntual, motivado y un empleado como no hay dos". Por otro lado, un productor podría decir: "En Ford, la calidad es el objetivo primordial". Sin embargo, estas afirmaciones tan onerosas parecen más bien atender a intereses personales y, por ende, no necesariamente creíbles. Para abrirse camino en esta niebla, ambas partes del mercado tienen el incentivo de encontrar formas verosímiles de comunicar una información confiable.

Por tanto, la selección adversa puede dar origen a la **señalización**, que es la tentativa de la parte informada del mercado de comunicar información que puede resultar valiosa para la otra parte. Considere la señalización en el mercado laboral. Dado que los requisitos verdaderos de muchos empleos son cualidades que no pueden observarse en un *currículum vitae* o en una entrevista, el aspirante al puesto ofrece pruebas de las características no observables basándose en variables sustitutivas, como son los años de instrucción, los títulos universitarios y las cartas de recomendación. Se dice que una variable sustitutiva es una *señal* pues constituye un indicador observable de vicios ocultos. La parte informada del mercado envía una señal a la parte desinformada y ésta sirve como medio útil para seleccionar a los solicitantes, en cambio, a los aspirantes menos calificados se les dificulta enviar dicha señal.

Señalización Utilizar una variable sustitutiva para comunicar información sobre características no observables. La señal es más eficaz cuando a los trabajadores productivos les resulta más fácil transmitirla que a los trabajadores menos productivos.

Para identificar a los mejores elementos, los patrones tratan de *seleccionar* a los solicitantes. La **selección** es el esfuerzo que hace la parte desinformada del mercado por descubrir las características relevantes, pero ocultas de la parte informada. Un proceso inicial de selección consistiría en revisar cada *currículum vitae* en busca de errores ortográficos y mecanográficos. Si bien estos errores no son importantes, demuestran una falta de atención a los detalles, atención que podría resultar importante en el puesto. La parte desinformada debe detectar señales que a los candidatos menos productivos se les dificulta más transmitir. Una señal que todos los trabajadores pueden enviar con el mismo grado de facilidad o dificultad, independientemente de su productividad, no constituye un medio útil de selección de solicitantes. Pero si, por ejemplo, a los elementos más productivos les resulta más fácil terminar la universidad que a los elementos menos productivos, un título universitario es un indicador que vale la pena emplear para seleccionar empleados. En este caso, la instrucción puede ser valiosa, no tanto por los efectos que pueda tener en la productividad en sí de un empleado, sino sencillamente porque permite que los empleadores distingan entre los distintos tipos de empleados. De hecho, hay pruebas empíricas de que el incremento en el sueldo real, el sueldo marginal, derivado de un cuarto año de estudios universitarios que genera un título universitario es varias veces mayor que el de un tercer año de estudios superiores, hallazgo que es congruente con la teoría de la selección en la educación.

Selección Proceso que utilizan los empleadores para seleccionar a los empleados más calificados sobre la base de características fácilmente observables, como nivel el educativo.

En síntesis, dado que la posible productividad de los aspirantes a un puesto no puede medirse en forma directa, el empleador debe basarse en alguna variable para seleccionar a los solicitantes. La variable más valiosa es la que refleja mejor la productividad futura. En el siguiente caso de estudio sobre la elección de franquiciatarios de McDonald's se abordan los problemas de selección adversa, señalización y selección.

Caso de **estudio**

El mundo de los negocios

EL PRESTIGIO DE UNA BIG MAC

McDonald's cuenta con cerca de 15 000 restaurantes localizados en más de 115 países, y cada año abre aproximadamente otros 500 más. El secreto de su éxito radica en que los más de 40 millones de clientes atendidos diariamente en todo el mundo pueden confiar en la calidad del producto, ya sea que compren una Big Mac en Ankara, Moscú o en Singapur. McDonald's ha crecido gracias a que ha atraído a un franquiciatario competente y confiable, y les ha pro-

eActividad

McDonald's cuenta con un sitio en internet dedicado a dar información sobre cómo obtener una franquicia. Consúltelo en **http://www.mcdonalds.com/corporate/franchise/index.html**. y revise el archivo FAQ. ¿Cuánto efectivo necesita actualmente un posible franquiciatario para tener derecho a la franquicia? ¿Cuántos socios pueden participar en una franquicia? ¿Quién elige los sitios y quién construye el edificio?

porcionado a éstos los incentivos y las limitaciones necesarias para ofrecer un producto de calidad.

Para evitar la selección adversa, McDonald's pocas veces promueve la concesión de franquicias. Aún así, tiene más de 10 solicitudes en promedio por cada nuevo restaurante. Incluso para tener el derecho a una entrevista, los solicitantes deben demostrar una solvencia financiera sustancial y una adecuada experiencia en los negocios. Quienes pasan la selección inicial deben efectuar un depósito en garantía y realizar un programa de capacitación cuya duración es de 12 a 18 meses. La McDonald's Hamburger University capacita a miles de personas cada año (ofreciéndoles traducciones simultáneas en más de 27 idiomas). Durante el periodo de capacitación, al aspirante no se le paga nada, ni siquiera sus gastos personales. Incluso a algunos de los que concluyen la capacitación se les niega la concesión de la franquicia. Una vez que el restaurante abre, el franquiciatario debe trabajar de tiempo completo en las operaciones cotidianas del negocio.

Los franquiciatarios hacen una enorme inversión de tiempo y dinero. El 40% del costo de una nueva franquicia, que se ubica entre $400 000 y $675 000, debe provenir de los propios ahorros del franquiciatario y no de fondos obtenidos en préstamo. Por tanto, el franquiciatario tiene una participación clara en el éxito de la operación. El hecho de que el posible franquiciatario haya ahorrado tanto señala un nivel de competencia financiera. Como cada franquiciatario obtiene una participación importante de las ganancias del restaurante, el incentivo para trabajar con eficiencia es muy alto. Como recompensa adicional, los propietarios exitosos pueden solicitar franquicias para obtener más restaurantes.

Si todo resulta bien, la franquicia tendrá una vigencia de 20 años y podrá renovarse después de ese periodo, aunque puede cancelarse *en cualquier momento* si el restaurante no cumple con las normas de la empresa en cuanto a calidad, precio, limpieza, horario de operación, etc. Por tanto, el franquiciatario está atado a la compañía por inversiones sumamente específicas de dinero y tiempo, como el tiempo necesario para aprender el sistema de operación de McDonald's. La pérdida de una franquicia podría representar una enorme pérdida financiera. Al seleccionar y supervisar las franquicias, McDonald's ha logrado resolver eficazmente los problemas que se derivan de las características y las acciones ocultas.

A merced de sus políticas de concesión de franquicias, McDonald's trata de proteger su activo más importante: la reputación de su nombre de marca. Para apalancar esa marca en todo el mundo, la empresa experimenta con otros productos como la salsa cátsup McDonald's en Alemania, los hoteles Golden Arch en Suiza y los cafés-bar McCafé en Portugal, Austria y Hong Kong.

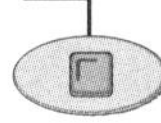

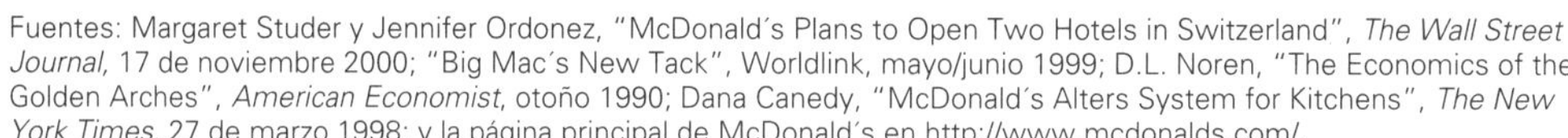

Fuentes: Margaret Studer y Jennifer Ordonez, "McDonald's Plans to Open Two Hotels in Switzerland", *The Wall Street Journal*, 17 de noviembre 2000; "Big Mac's New Tack", Worldlink, mayo/junio 1999; D.L. Noren, "The Economics of the Golden Arches", *American Economist*, otoño 1990; Dana Canedy, "McDonald's Alters System for Kitchens", *The New York Times*, 27 de marzo 1998; y la página principal de McDonald's en http://www.mcdonalds.com/.

CONCLUSIONES

La empresa ha evolucionado a través de un proceso de selección natural como la forma de organización que minimiza los costos de transacción y producción. Según este tipo de selección natural, las modalidades de organización que resulten más eficaces serán seleccionadas por el sistema económico y sobrevivirán. Los atributos que generan una ganancia económica prosperarán y los que no, sucumbirán. La forma de organización elegida tal vez no sea la óptima en el sentido de que no puede mejorarse, pero será la más eficaz de las que lo hayan intentado. Si hay una manera de organizar la producción para que sea más eficiente que la de la empresa tradicional, algún emprendedor la encontrará algún día y será recompensado con mayores ganancias. Por consiguiente, la mejora puede no ser resultado de un diseño consciente. Una vez que se descubre una forma más eficaz de organizar la producción, los demás la imitarán.

Los problemas generados por la información asimétrica no se reflejan en la simple exposición del funcionamiento de los mercados. En el análisis convencional de la oferta y la demanda, los negocios se llevan a cabo en mercados impersonales y el comprador no tiene un interés especial en quien esté del lado de la venta. Sin embargo, con la información asimétrica, la combinación y características de la otra parte del mercado cobran importancia. Cuando el problema de la selección adversa es lo suficientemente grave, algunos mercados pueden dejar de funcionar. Los participantes en el mercado tratan de superar las limitaciones de la información asimétrica recurriendo a la señalización, la selección y buscando ser sumamente explícitos y transparentes en cuanto a los términos de la transacción.

RESUMEN

1. Según Ronald Coase, las empresas existen porque la producción suele lograrse de manera más eficaz a través de la jerarquía de la empresa que mediante una serie de transacciones mercantiles. Como la producción exige la amplia coordinación de transacciones entre muchos propietarios de recursos, toda esta actividad suele realizarse de manera más eficiente bajo la dirección de un gerente en una empresa que por medio de contratos celebrados entre consumidores y varios proveedores independientes, en los cuales se especifique el desempeño.
2. El grado de integración vertical de una empresa dependerá de los costos de transacción y producción de la actividad económica. Si se mantienen constantes otros factores, es más probable que la empresa adquiera un componente en lugar de producirlo si: (1) el artículo puede comprarse por menos de lo que le costaría a la empresa producirlo; (2) el artículo está bien definido y su calidad es fácilmente observable; y (3) hay muchos proveedores del artículo. Las economías de alcance existen cuando es más barato producir dos o más clases de productos en una empresa que producirlos en empresas separadas.
3. Un comprador busca información adicional mientras el beneficio marginal rebase el costo marginal. Como la información resulta costosa, los diversos vendedores probablemente ofrezcan el mismo bien a precios diferentes.
4. La información asimétrica ocurre cuando una de las partes del mercado está mejor informada sobre la calidad de un producto que la otra parte. La parte desinformada tal vez desconozca los vicios ocultos o acciones ocultas. Debido a la selección adversa, quienes se encuentran en la parte desinformada del mercado pueden descubrir que están tratando precisamente con las personas equivocadas.
5. Cuando la productividad de los probables empleados no es directamente observable, los empleadores en ocasiones tratan de seleccionar a los empleados con base en alguna señal que los trabajadores más productivos pueden transmitir con mayor facilidad que los trabajadores menos productivos.

PREGUNTAS DE REPASO

1. *Razón de ser de la empresa* Explique la teoría de Ronald Coase sobre por qué existen las empresas. ¿Por qué no toda la producción se consolida en una enorme empresa?
2. *Vínculos de la empresa* Defina la integración vertical. ¿Qué factores debe considerar una empresa al determinar el grado de integración vertical que debe emprender?
3. *Vínculos de la empresa* Ashland Oil compra petróleo crudo en el mercado. Las compañías petroleras más grandes, como Texaco, cuentan con sus propias instalaciones de producción de petróleo crudo. ¿Por qué algunas compañías petroleras extraen su propio petróleo crudo y otras lo compran en el mercado?
4. *Caso de* **estudio:** *Tendencia a la contratación externa* En el movimiento en favor de reducir las dimensiones del gobierno, quienes defienden la contratación externa suelen recomendar que ciertos servicios gubernamentales se dejen en manos de empresas privadas contratadas por el gobierno. ¿Cuáles son los posibles beneficios y costos de este tipo de contratación externa? Prepare su respuesta revisando las "10 razones por las que las empresas recurren a la contratación externa" del Outsourcing Institute, cuyo sitio es http://www.outsourcing.com/howandwhy/top10.
5. *Economías de alcance* Distinga entre economías de escala y economías de alcance. ¿Por qué algunas empresas generan diversos productos y otras, en cambio, sólo producen uno?
6. *Búsqueda con información imperfecta* Hace cincuenta años, la gente compraba por catálogo a grandes empresas que surtían pedidos por correo. En los últimos años, las ventas por catálogo se han convertido de nuevo en un

método de compra muy generalizado. ¿Qué razones podría señalar en relación con el crecimiento de estas formas de compra?

7. *Información asimétrica* Defina el significado de información asimétrica. Distinga entre vicios ocultos y acciones ocultas. ¿Qué tipo de información asimétrica contribuye al problema entre agente y principal?

8. *Problema entre agente y principal* Exponga la naturaleza del problema entre agente y principal. Indique quién es el principal y quién el agente en cada una de las siguientes relaciones.

   (a) Una empresa que produce bienes para exportación y la compañía exportadora que ayuda a aquélla a comercializar sus bienes.
   (b) La administración de una empresa y sus accionistas.
   (c) El propietario de una casa y el plomero contratado para hacer reparaciones.
   (d) Un dentista y un paciente.
   (e) Una empresa encargada de administrar fondos de pensión de empleados y la compañía que recurre a sus servicios.

9. *Selección adversa y daño moral* Describa los problemas que enfrentan las compañías aseguradoras en el ámbito de gastos médicos como consecuencia de la selección adversa y el daño moral. ¿Cómo podrían tratar de reducir estos problemas?

10. *Señalización* Mencione un ejemplo de señalización en cada una de las siguientes situaciones.

    (a) Elegir a un médico.
    (b) Solicitar un puesto en una escuela universitaria de graduados.
    (c) Llenar un formulario para un servicio de contacto matrimonial.

11. *Señalización y selección* ¿Qué funciones desempeñan la señalización y la selección en el mercado laboral con información asimétrica?

12. *Caso de* **estudio:** *El prestigio de una Big Mac* Explique la relación que guardan las exigencias de tiempo y dinero que supone obtener una franquicia de McDonald's con el problema de los vicios ocultos. ¿Por qué a cada franquiciatario le interesaría que prevalecieran las rigurosas normas de solicitud para nuevos propietarios de franquicias?

PROBLEMAS Y EJERCICIOS

13. *Búsqueda con información imperfecta* Las siguientes preguntas se relacionan con la gráfica que las acompañan:

    (a) Identifique las dos curvas que aparecen en la gráfica y explique sus pendientes, ya sean ascendentes o descendentes.
    (b) ¿Por qué la curva A se interseca con el eje horizontal?
    (c) ¿Cuál es el significado de la cantidad *d*?
    (d) ¿Qué representa el punto *e*?
    (e) ¿Cómo cambiaría la cantidad óptima de información si aumentara el beneficio marginal de la información, es decir, si la curva de beneficio marginal se desplazara en forma ascendente?

14. *Búsqueda con información imperfecta* Determine el efecto de cada uno de los siguientes enunciados en el nivel de búsqueda óptimo.

    (a) El ingreso del consumidor aumenta.
    (b) Uno de los vendedores le garantiza que ofrece el precio más bajo en el mercado.
    (c) La tecnología que sirve para recabar y transmitir la información mejora.

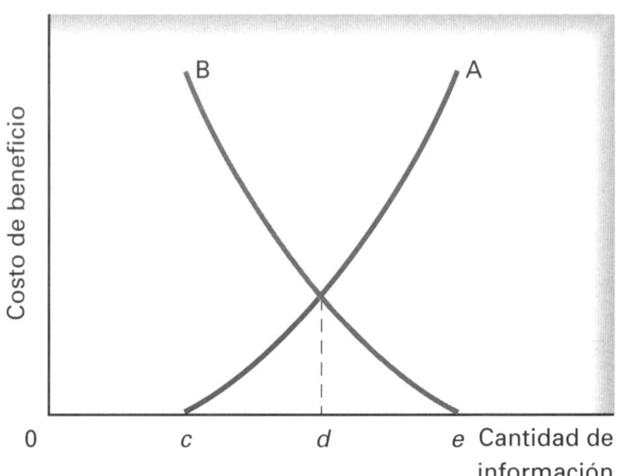

CASOS PRÁCTICOS

15. *Comportamiento del mercado con información imperfecta* Kenneth Arrow, ganador del Premio Nobel, ha aportado muchas ideas importantes a la economía de la información. Lea la entrevista que se le realizó a Arrow en *The Region*, cuyo sitio en internet es http://woodrow.mpls.frb.fed.us/pubs/region/95-12/int9512.html. ¿Cuáles considera este autor que son las repercusiones políticas derivadas de la información imperfecta?

16. *Selección adversa* La selección adversa es un problema grave para las aseguradoras en el ámbito de la salud. A manera de ejemplo, lea el breve análisis en "Medical Savings Accounts for Medicare" en la página http://www.ncpa.org/ba/ba183.html. ¿Cuál es el mecanismo mediante el cual la selección adversa puede hacer que la oferta de seguros de gastos médicos resulte poco redituable para las aseguradoras privadas?

CAPÍTULO

15

Regulación económica y actividad antimonopolio

Si la "mano invisible" de la competencia genera resultados deseables para la economía, ¿por qué el gobierno necesita regular la actividad mercantil? ¿Cuándo le es favorable a la economía un monopolio y cuándo le resulta perjudicial? ¿Quién se beneficia más cuando el gobierno regula a un monopolio? ¿Por qué el gobierno llevó a Microsoft ante los tribunales? ¿Considera que la economía de Estados Unidos es ahora más competitiva de lo que era antes? En este capítulo responderemos a éstas y otras preguntas, asimismo, analizaremos la regulación gubernamental de las empresas.

Se ha dicho que a los empresarios les gusta la competencia, pero que adoran más al monopolio. Aprecian la competencia porque ésta aprovecha los objetivos diversos, y a menudo opuestos, de los participantes del mercado y los canaliza hacia la producción eficaz de bienes y servicios. La competencia lo hace como si se tratara de "una mano invisible" que mueve los hilos. Los empresarios adoran el monopolio porque éste constituye el camino más seguro hacia la ganancia económica en el largo plazo y, después de todo, ganar es el nombre del juego. Los frutos del monopolio resultan tan tentadores que una empresa en ocasiones se esfuerza por eliminar a los competidores o conspira contra ellos. Tal y como destacara Adam Smith hace más de 200 años: "Individuos del mismo gremio pocas veces se reúnen, ni siquiera por diversión, pero cuando lo hacen, sus conversaciones terminan en una conspiración contra el público o en algún tipo de artimaña para elevar los precios".

La tendencia de las empresas a buscar ventajas monopólicas es comprensible, pero el monopolio suele perjudicar a la economía. La política pública desempeña una función importante en esto, ya que promueve la competencia en los mercados en los que ésta parece deseable y reduce las consecuencias nocivas del monopolio en aquellos donde la producción puede generarse de manera más eficaz mediante la intervención de una o varias empresas. Entre los temas que abordamos en este capítulo se encuentran:

- Regulación de monopolios naturales
- Teorías de la regulación económica
- Desregulación
- Actividad antimonopolio
- Ilegalidad *per se*
- Regla de la razón
- Movimientos de fusión
- Tendencias competitivas

COMPORTAMIENTO COMERCIAL, POLÍTICA PÚBLICA Y REGULACIÓN GUBERNAMENTAL

Como recordará, un monopolio ofrece un producto para el que no hay sustitutos aproximados y, en consecuencia, cobra un precio más elevado del que prevalecería si hubiera más competencia. Cuando unas cuantas empresas representan la mayor parte de las ventas en un mercado, en ocasiones suelen coordinar sus acciones, ya sea de manera explícita o implícita, y así actuar como un monopolio. La capacidad que tiene una empresa para elevar sus precios sin perder ventas en favor de los competidores se denomina **poder de mercado**. Cualquier compañía que enfrenta una curva de demanda con pendiente descendente tiene cierto control sobre los precios y, por ende, cierto poder de mercado. La premisa es que un monopolio, o un grupo de empresas que actúan como monopolio, limita la producción para cobrar un precio más elevado del que cobrarían las empresas en condiciones de competencia. Cuando la producción se restringe, el beneficio marginal de la última unidad producida rebasa su costo marginal, de manera que si la producción aumenta, el bienestar social se incrementa. Cuando la producción no aumenta hasta el punto en que el beneficio marginal es igual al costo marginal, las empresas con poder de mercado producen mucho menos del bien de lo que sería óptimo socialmente.

Poder de mercado Capacidad de una empresa para elevar sus precios sin perder a sus clientes a manos de los competidores.

Hay otras distorsiones que también se han asociado con los monopolios. Por ejemplo, algunos críticos sostienen que como el monopolio está aislado de la competencia, no es tan innovador como sería si hubiera competidores dinámicos. Peor aún, por su tamaño e importancia económica, los monopolios pueden ejercer una influencia desproporcionada en el sistema político, del que se sirven para proteger y reforzar su poder monopólico.

Existen tres clases de políticas gubernamentales ideadas para modificar o controlar el comportamiento de las empresas: la regulación social, la regulación económica y la actividad antimonopolio. La **regulación social** consiste en medidas gubernamentales diseñadas para mejorar la seguridad y la salud, como sería el control de condiciones laborales peligrosas y productos nocivos. Este tipo de regulación puede tener consecuencias económicas. Sin embargo, no analizaremos este tema en el presente capítulo. La **regulación económica** controla los precios, la producción, la entrada al mercado de nuevas empresas y la calidad de los *servicios en industrias donde el monopolio parece ser inevitable o incluso deseable*. La regulación de los *monopolios naturales*, como serían la transmisión de electricidad y el servicio telefónico a nivel local o bien, el sistema de trenes subterráneos de una ciudad, constituye un ejemplo de este tipo de regulación. Otras industrias, como las de transporte terrestre y aéreo, también se han regulado. La regulación económica es realizada por diversos organismos federales, estatales y municipales.

Regulación social Medidas gubernamentales que tienen por objeto mejorar la salud y la seguridad.

Regulación económica Disposiciones gubernamentales que tienen por objeto controlar los precios, la producción, la entrada y salida del mercado, y la calidad del producto en situaciones en las cuales, debido a economías de escala, los costos de producción promedio son más bajos que cuando sólo una o unas cuantas empresas abastecen el mercado.

La **actividad antimonopolio** busca prohibir el comportamiento de empresas que pretenden monopolizar, o imprimir un carácter de cártel, a los mercados donde la competencia es deseable. La actividad antimonopolio es demandada por la fiscalía gubernamental ante los tribunales; asimismo, las empresas también pueden demandar a otras compañías por infringir las leyes antimonopolio.

Actividad antimonopolio Medidas gubernamentales que tienen por objeto impedir la formación de monopolios y promover la competencia en mercados en donde ésta es deseable.

En este capítulo examinaremos tanto la regulación económica como la actividad antimonopolio. Veamos primero la regulación económica, sobre todo, la regulación de los monopolios naturales.

REGULACIÓN DE MONOPOLIOS NATURALES

Por razones de economías de escala, los monopolios naturales tienen una curva de costo promedio de largo plazo con pendiente descendente en toda la gama de demanda del mercado. Esto significa que el costo promedio más bajo se logra cuando una empresa atiende a todo el mercado. Un sistema de trenes subterráneos constituye un monopolio natural. Si dos sistemas de metro en condiciones de competencia excavaran rutas paralelas a través de una ciudad, el costo promedio por viaje sería más elevado que si el servicio lo prestara un solo sistema.

Maximización de ganancias no reguladas

En la figura 1 se aprecian las condiciones de demanda y costo de un monopolio natural, en este caso, un sistema metropolitano de trenes subterráneos. Por lo general, un monopolio natural enfrenta grandes costos de capital, como la excavación de un sistema subterráneo, el tendido de vías férreas, la puesta en órbita de un satélite, la construcción de un gasoducto o el tendido de cables para transmitir electricidad, el servicio de telefonía o de señales de televisión por cable. En vista de los considerables desembolsos de capital, el costo promedio disminuye conforme la producción se incrementa, de modo que la curva de costo promedio muestra una pendiente descendente en un amplio rango de la producción. En esta situación, el costo promedio es más bajo cuando una sola empresa es la que proporciona la oferta a todo el mercado.

Si un monopolio no tiene regulación, éste optará por la combinación precio-cantidad que le permita maximizar sus ganancias. En la figura 1, el monopolio, en este caso, el operador de un sistema de metro, maximiza las ganancias al producir en el punto en que el ingreso marginal coincide con el costo marginal, el cual ocurre cuando 50 millones de usuarios pagan mensualmente $4 por viaje. El monopolio cosechará la ganancia identificada en el rectángulo sombreado en color azul. El triángulo *abc*, que está por debajo de la curva de demanda y por encima del precio de $4, mide el excedente del consumidor. El problema al dejar que el monopolio maximice sus ganancias es que la combinación precio-producción resultante es ineficaz en términos de bienestar social. Los consumidores pagan un precio que rebasa por mucho el costo marginal de la prestación del servicio. Si la producción se ampliara, el valor marginal de la producción adicional rebasaría su costo marginal y así, el bienestar económico aumentaría.

Reiterémoslo, un monopolio no regulado maximizará sus ganancias. Incluso un monopolio administrado por el gobierno puede elegir maximizar sus ganancias, como sucede con las loterías, las vinaterías o los módulos concesionados por el estado en los centros cívicos. Por tanto, una de las opciones del gobierno es permitir que el monopolio maximice sus ganancias. Sin embargo, el gobierno puede mejorar el bienestar social obligando al monopolio a ampliar la producción y reducir el precio. Para ello, puede operar al monopolio, como en el caso de la mayor parte de los sistemas de transporte urbanos, o regular a un monopolio privado, como sucede con algunos sistemas de transporte en las ciudades, los sistemas telefónicos locales y la transmisión de la energía eléctrica. Los monopolios que son propiedad del gobierno, o que éste regula, se denominan *servicios públicos*. En este caso, la atención se centra en la regulación gubernamental, aunque los aspectos que se analizan son similares cuando el gobierno elige poseer y operar el monopolio.

FIGURA 1

Regulación de un monopolio natural

En un monopolio natural, la curva de costo promedio de largo plazo presenta una pendiente descendente en el punto en que se interseca con la curva de demanda. La empresa no sujeta a regulación genera producción cuando el ingreso marginal es igual al costo marginal, en este caso, 50 millones de viajes al mes a un precio de $4.00 por viaje. Este resultado es ineficaz debido a que el precio, o beneficio marginal, rebasa el costo marginal. Para lograr el nivel de producción eficiente, el gobierno podría regular el precio del monopolio. A $0.50 por viaje, el metro vendería 105 millones de viajes al mes, lo cual sería un resultado eficiente. Pero a ese precio, el metro perdería dinero y necesitaría de un subsidio para seguir operando. Como alternativa, los reguladores podrían exigir que el metro cobrara $1.50 por viaje. El metro vendería 90 millones de viajes al mes y quedaría en el punto de equilibrio (ya que el precio equivale al costo promedio). Aunque el metro obtendría una ganancia normal, el bienestar social podría mejorar aún más si se ampliara la producción siempre y cuando el precio, o beneficio marginal, rebasara el costo marginal.

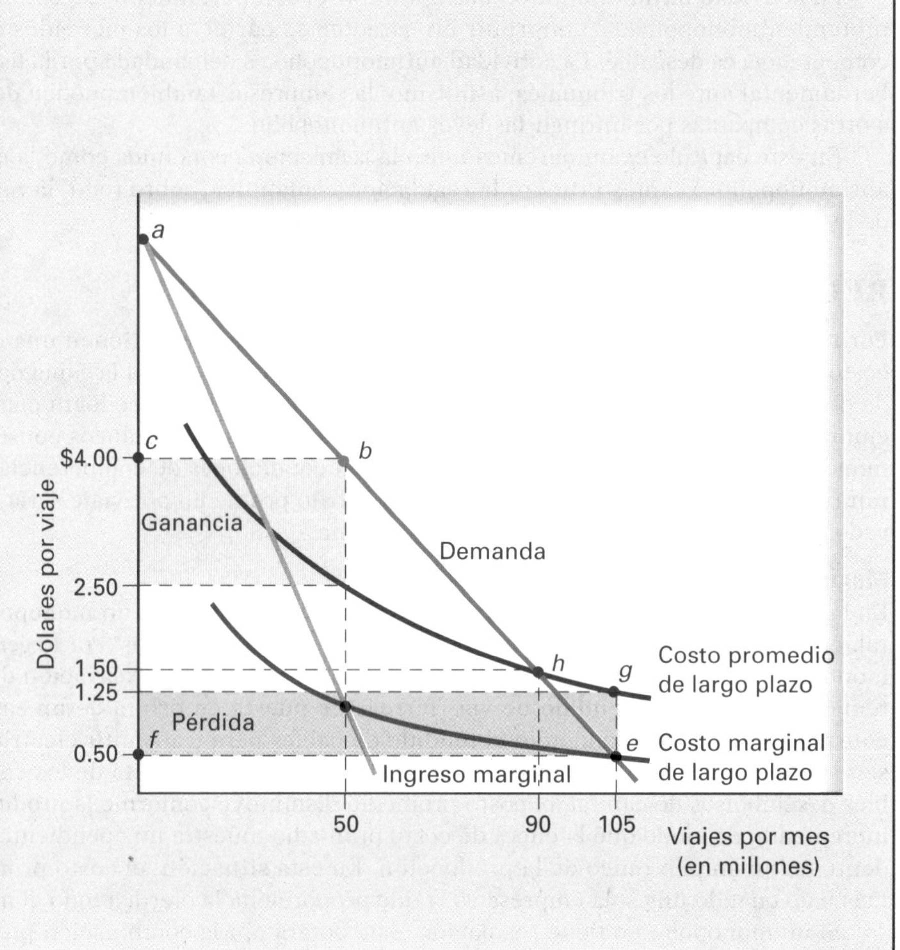

Fijación de un precio igual al costo marginal

Muchas de las facetas del monopolio natural se han regulado, pero la combinación precio-producción capta casi toda la atención. Suponga que las autoridades reguladoras le exigen al monopolio que genere su producción a un nivel en el que su producto sea eficientemente asignable, es decir, a un nivel en el que el precio, que es el beneficio marginal de los consumidores, sea igual al costo marginal. Tal combinación de precio y producción aparece en el punto *e* de la figura 1, donde la curva de demanda, o curva de beneficio marginal, se interseca con la curva de costo marginal, lo que genera un precio de $0.50 por viaje y una cantidad de 105 millones de viajes al mes. Como este precio es mucho más bajo que los $4 que se cobraban en condiciones de maximización de ganancias, los consumidores preferirán claramente este precio que el derivado de la maximización de ganancias. El excedente del consumidor, un indicador de la ganancia neta de los consumidores por viajar en el metro, se incrementa del triángulo *abc* de maximización de las ganancias al triángulo *aef* de regulación de la eficiencia.

Sin embargo, observe que el monopolio ahora tiene un problema. El costo promedio de ofrecer 105 millones de viajes al mes es de $1.25, identificado como el punto *e* de la curva de costo promedio. Se trata de un precio más del doble que el regulado de $0.50. En lugar de obtener una ganancia, el monopolio sufre una pérdida, en este caso, $0.75 por usuario, lo cual se traduce en una pérdida total de cerca de $80 millones al mes, identificada mediante el rectángulo sombreado en color rosa. *Obligar a un monopolio natural a producir en el punto en el cual el precio, o beneficio marginal, es igual al costo marginal puede generar una pérdida económica.* A la larga, el monopolio se vería obligado a salir del mercado en lugar de seguir sufriendo una pérdida de esta naturaleza.

Subsidio al monopolio natural

¿Qué medidas toman los organismos reguladores para alentar y convencer a un monopolio a que permanezca en el mercado y, no obstante, produzca a un nivel en el que el precio sea igual al costo marginal? Una forma en la que el gobierno puede compensar al monopolio por sus pérdidas es por medio del *subsidio* a la empresa para que así ésta perciba sus ganancias normales. Por lo general, las tarifas de autobuses y metro se fijan por debajo del costo promedio que supone la prestación del servicio, la diferencia se cubre mediante un subsidio gubernamental. Por ejemplo, el sistema de metro de la ciudad de Washington, D.C., recibe más de $200 millones al año en subsidios federales; Amtrak también obtiene considerables subsidios de la federación para cubrir sus pérdidas Esta empresa perdió cerca de mil millones de dólares en el 2000. Un problema que se presenta a la par de la solución del subsidio radica en que, para poder proporcionarlo, el gobierno debe incrementar los impuestos o eliminar parte del gasto público en algún otro rubro. Por esta razón, el subsidio tiene un costo de oportunidad.

Fijación del precio en el nivel de costo promedio

Si bien algunos servicios públicos reciben un subsidio, en la mayoría de los casos no sucede así. Lo que hacen los organismos reguladores es tratar de establecer un precio que le proporcione al monopolio un "rendimiento justo". Recuerde que la curva de costo promedio incluye una ganancia normal. Por tanto, *fijar un precio igual al costo total promedio* genera una ganancia normal, o "justa", para el monopolio. En la figura 1, la curva de demanda se interseca con la curva de costo promedio en el punto h, lo cual genera un precio de $1.50 y una cantidad de 90 millones de viajes al mes. Esta combinación precio-producción permitirá que el monopolio permanezca en el mercado sin necesidad de que reciba un subsidio.

Establecer un precio igual al costo promedio total mejora el bienestar económico en comparación con la situación desregulada, aunque el monopolio preferiría obtener una ganancia económica. Sin embargo, si no se le presenta ninguna otra opción, el monopolio continuará operando con una ganancia normal, dado que eso es lo que podría ganarse si los recursos del monopolio se reasignaran a la opción más redituable. No obstante, note que el beneficio marginal de los consumidores del viaje número 90 millones rebasa el costo marginal. Por tanto, reducir el precio para ampliar la producción más allá de los 90 millones de viajes al mes mejoraría el bienestar social.

Dilema de la regulación

Fijar el precio en el nivel de costo marginal genera la asignación *socialmente óptima* de los recursos ya que *el beneficio marginal para los consumidores por la última unidad vendida equivale al costo de producir esa última unidad.* En nuestro ejemplo, fijar el precio por viaje en $0.50 equipara el beneficio marginal y el costo marginal, pero el monopolio enfrentará pérdidas recurrentes a menos que se le proporcione un subsidio. Estas pérdidas desaparecen si el precio se establece en un nivel igual al costo promedio, que en nuestro ejemplo es de $1.50. El precio más elevado asegura una ganancia normal, pero la producción de 90 millones de viajes al mes se ubica 15 millones por debajo del nivel socialmente óptimo. Por tanto, el dilema que enfrenta el organismo regulador es saber si debe fijar el precio en un nivel igual al costo marginal, que sería socialmente óptimo, pero que exigiría un subsidio, o bien, fijar un precio de equilibrio aun cuando la producción se ubique por debajo del nivel socialmente óptimo. No existe una respuesta correcta a este dilema. En comparación con el precio de $4 que maximiza las ganancias, cualquiera de las dos opciones regulatorias reduce el precio, incrementa la producción, aumenta el excedente del consumidor, elimina la ganancia económica y aumenta el bienestar social.

Aunque en la figura 1 se exponen con nitidez las opciones, los organismos reguladores generalmente enfrentan un panorama mucho menos claro. Las curvas de demanda y costos sólo pueden estimarse, y la empresa sujeta a regulación no siempre recibe de buena gana esta información. Por ejemplo, un servicio público podría sobreestimar sus costos para poder cobrar un precio más elevado y obtener más que una ganancia normal.

OTRAS TEORÍAS DE LA REGULACIÓN ECONÓMICA

¿Por qué los gobiernos regulan ciertos mercados? ¿Por qué no dejar que las fuerzas del mercado sean las que asignen los recursos? Hay dos planteamientos sobre la regulación gubernamental. El primero ha quedado implícito en la exposición que hemos hecho hasta ahora, a saber, la regulación económica actúa en favor del *interés público*. La regulación económica promueve el bienestar social ya que controla el precio y la producción cuando una o varias empresas atienden a todo un mercado. Existe un segundo planteamiento, según el cual la regulación económica no atiende al interés público, sino al *interés especial* de los productores. Según esta idea, *los grupos de productores bien organizados esperan beneficiarse de la regulación económica y pueden persuadir a los funcionarios públicos para que impongan restricciones que a los productores existentes les parezcan atractivas, como limitar el ingreso en la industria o impedir la competencia entre las empresas existentes*. Los productores tienen mucho más que ganar o que perder de la regulación que los consumidores. Además, los productores están mejor organizados y enfocados que los consumidores y, por tanto, en mejores condiciones de promover regulaciones que les favorezcan.

Interés especial de los productores en la regulación económica

Para entender cómo y por qué los intereses de los productores podrían influir en la regulación pública, piense en la última vez que fue a cortarse el cabello. En casi todas las entidades de Estados Unidos se regula la capacitación y expedición de licencias de estilistas profesionales. Si se propusiera una nueva regulación que influyera en esta profesión, como exigir una mayor capacitación para ejercer, ¿quién supone que tendría más interés en los resultados de tal legislación, usted o quienes se ganan la vida cortando el cabello? *Los productores tienen un gran interés en los asuntos que influyen en su fuente de ingresos, de modo que realizan una enorme labor para influir en las legislaciones de este tipo*. Si se celebraran audiencias públicas para determinar las regulaciones concernientes al trabajo de los estilistas, este sector ofrecería testimonios que lo favorecieran y los consumidores, entre tanto, ignorarían todo lo concerniente a tales procedimientos.

Como consumidor, usted no se especializa en hacer cortes de cabello. Simplemente paga por ellos, como también lo hace cuando compra una computadora, bebidas refrescantes, programas de computación, ropa interior, y miles de otros bienes y servicios. Usted no tiene un *interés especial* en la legislación en materia de cortes de cabello. Algunos críticos sostienen que por esta asimetría entre los intereses de los productores y los consumidores, las regulaciones comerciales suelen favorecer a los productores y no a los consumidores. Los grupos de productores bien organizados, cual chirriantes engranes en la maquinaria legislativa, reciben la mayor cantidad de grasa a manera de regulaciones favorables.

La legislación que favorece a los grupos de productores suele introducirse bajo el disfraz de defensa de los intereses del consumidor. Los grupos de productores podrían argumentar que una competencia desenfrenada en su industria perjudicaría a los consumidores. Por ejemplo, el supuesto problema de la competencia "salvaje" entre taxistas ha generado regulaciones que eliminan la competencia de precios y limitan la cantidad de taxis en casi todas las grandes zonas metropolitanas. Como resultado, los taxis son más costosos y difíciles de encontrar. O bien, la regulación puede aparecer bajo el disfraz de control de calidad, como sucede cuando a los "curanderos" se les niega la licencia para ejercer en ciertas profesiones. Sin embargo, estas restricciones a la oferta reducen en su mayoría la competencia en la profesión e incrementan el precio.

La teoría del interés especial puede ser válida incluso cuando el propósito inicial de la legislación sea en favor del consumidor. Con el tiempo, la maquinaria reguladora puede empezar a operar más en función de los intereses especiales de los productores, ya que su poder político y marcado interés en los resultados de la regulación los llevan, en realidad, a "apoderarse" del organismo regulador y a convencerlo de que atienda los fines de los productores. Quien explicó mejor esta **teoría de la captura de la regulación** fue el ganador del premio Nobel, George Stigler, a quien mencio-

Teoría de la captura de la regulación Idea según la cual el poder político de los productores y su marcado interés en los resultados de la regulación los llevan, en realidad, a "apoderarse" del organismo regulador y a convencerlo de que atienda a los fines de los productores.

namos en el capítulo anterior, el cual argumentaba que "por regla general, la industria se apodera de la regulación diseñándola y operándola en su beneficio".[1]

En este momento quizá sea útil analizar con cierto detalle la dirección que ha tomado la regulación económica, y más recientemente, la desregulación en una industria en particular: la de las aerolíneas.

REGULACIÓN Y DESREGULACIÓN DE LAS AEROLÍNEAS

Hace tiempo, el Consejo de Aeronáutica Civil (*Civil Aeronautics Board*, CAB), creado en 1938, regulaba estrictamente a las aerolíneas interestatales. Cualquier aspirante a ingresar a la industria y que además estuviera interesado en ofrecer una ruta interestatal, tenía que persuadir al CAB de que la ruta necesitaba contar con otra aerolínea, tarea que resultaba imposible. Durante los 40 años anteriores a la desregulación, quienes aspiraban a ingresar a este mercado presentaban más de 150 solicitudes para rutas de larga distancia, *pero a ninguna nueva aerolínea interestatal se le permitió el acceso*. El CAB también obligaba a respetar estrictamente los precios regulados. Cuando una aerolínea presentaba una solicitud de disminución de precios en cualquier ruta, se solía generar toda una serie de diligencias relacionadas con las tarifas, durante las cuales tanto el CAB como las empresas competidoras analizaban escrupulosamente la solicitud. En efecto, el CAB había creado un cártel entre las 10 principales aerolíneas existentes y bloqueaba la entrada de nuevos participantes en el mercado. Éste es un ejemplo que ilustra perfectamente la teoría de la captura de la regulación.

Aunque el CAB prohibía la competencia de precios en la industria, *otro tipo de competencia floreció*. Las aerolíneas competían en los campos de frecuencia de vuelos, calidad de alimentos, amplitud de asientos e incluso, en la amabilidad de la tripulación. Por ejemplo, American Airlines instaló pianos en las salas de espera de sus jets jumbo. United Airlines contaba con catadores de vinos y guitarristas. Este tipo de competencia incrementó los costos de operación hasta que las empresas obtuvieron sólo una tasa de rendimiento normal. Por tanto, *las tarifas aéreas fijadas por encima de los niveles competitivos, aunadas a las restricciones a la entrada, no garantizaban la obtención de ganancias económicas mientras las aerolíneas estuvieran en libertad de competir de otras formas, como en frecuencia de vuelos*.

El CAB no tenía facultades regulatorias sobre las aerolíneas que sólo cubrían rutas *intraestatales*, por ejemplo, los vuelos entre Los Ángeles y San Francisco. Las cifras demuestran que las tarifas de las aerolíneas intraestatales equivalían sólo a la mitad de las tarifas que cobraban las aerolíneas reguladas en rutas idénticas. De modo que las tarifas en las aerolíneas reguladas resultaban más costosas a los consumidores.

Desregulación de las aerolíneas. En 1978, pese a la oposición de las aerolíneas y los sindicatos, el Congreso aprobó la ley de Desregulación de Aerolíneas, la cual permitió la competencia en precios y el ingreso de nuevas empresas a la industria. Para el 2000, las tarifas aéreas en dólares ajustados a la inflación promediaron 27% por debajo de los precios regulados. Las aerolíneas pudieron darse el lujo de reducir las tarifas pues se volvieron más productivas al llenar un mayor porcentaje de asientos. El recorrido en millas por pasajero casi se triplicó. Los beneficios netos de la desregulación ahora rebasan los $20 mil millones anuales, o cerca de $75 por residente estadounidense. El sistema de conexiones, a partir de un aeropuerto central, surgido durante la desregulación también permitió que las líneas aéreas trazaran con mayor eficiencia sus rutas. Las rutas aéreas solían ser líneas rectas de una ciudad a otra. Ahora irradian como los rayos de una rue-

Caso de **estudio**

Política pública

e**Actividad**

En internet se dispone de una revisión histórica de la desregulación de las líneas aéreas desde un punto de vista conservador en la revista de la Fundación Heritage en **http://www.heritage.org/library/backgrounder/bg1173es.html**. ¿Qué medidas contemplaba el Departamento de Transporte de Estados Unidos en el momento en que se escribió esta revisión? ¿Qué opciones no regulatorias propone el autor? Las inquietudes de los pilotos de aeronaves sobre la seguridad en el empleo y la obtención de lo que perciben como su participación justa en las ganancias de la industria, se presentan en el sitio en internet de la Asociación de Pilotos Aéreos en **http://www.alpa.org/**. ¿Qué asuntos en particular relacionados con la estructura de la industria son de interés actual para los pilotos?

[1] George Stigler, "The Theory of Economic Regulation", *Bell Journal of Economics and Management Science*, primavera 1971, p. 3.

da de carreta desde una ciudad "central". De los 29 aeropuertos centrales que hay en Estados Unidos, las aerolíneas envían sus aviones a lo largo de las conexiones de 400 aeropuertos comerciales, y luego los llevan rápidamente de vuelta a los aeropuertos centrales.

La regulación había aislado a la industria de la competencia de precios, lo que permitió que los sindicatos pidieran y obtuvieran salarios más elevados de los que hubiesen conseguido en un entorno más competitivo. La Asociación de Pilotos de Líneas Aéreas, sindicato que representaba a los pilotos de las principales aerolíneas antes de la desregulación, había logrado negociar salarios sumamente atractivos para sus agremiados, los cuales promediaban los seis dígitos anualmente por trabajar menos de dos semanas al mes (muchos pilotos tenían tanto tiempo libre que estudiaban una segunda profesión). Después de la desregulación quedó de manifiesto lo atractivo que había sido el puesto de piloto. America West, una aerolínea no sindicalizada que surgió a partir de la desregulación, le pagaba a sus pilotos sólo $32 000 al año y exigía que trabajaran 40 horas a la semana realizando otras labores cuando no volaban. Con todo, la empresa recibía más de 4 000 solicitudes de empleo para sus 29 plazas vacantes de piloto.

A los críticos de la desregulación les preocupaba que el gobierno pudiera perder el control de la calidad y la seguridad del servicio de las aerolíneas. Sin embargo, pese a la desaparición del CAB, la Dirección Federal de Aviación (*Federal Aviation Administration*, FAA) continúa regulando la seguridad y la calidad del servicio aéreo. El Departamento de Transporte tiene la facultad para detener cualquier práctica mercantil injusta. Las investigaciones señalan que entre 1979 y 1990, los índices de accidentes disminuyeron entre 10 y 45%, obviamente estos porcentajes dependen del indicador que se utilizó para realizar esta estimación. Asimismo, la reducción en las tarifas alentó a que muchas personas tomaran un avión en lugar de usar su automóvil, lo cual salvaguardó la vida de miles de individuos que, de otra manera, se habría perdido en accidentes automotrices (en términos de pasajeros por milla, volar es aproximadamente 20 veces más seguro que manejar).

Otra preocupación generada a partir de la desregulación la constituían las pequeñas comunidades que ya no serían atendidas por la industria. Esto no ha representado un problema, pues las aerolíneas regionales han sustituido a las grandes aerolíneas en el servicio a poblaciones pequeñas. Gracias al sistema de conexiones a partir de un aeropuerto central, la cantidad de salidas programadas de ciudades pequeñas y comunidades rurales en realidad se ha incrementado en una tercera parte. El desarrollo más reciente en los viajes aéreos es el jet regional, el cual circunvala el sistema de aeropuertos centrales y transporta entre 40 y 70 pasajeros de, digamos, Hartford, Connecticut a Rochester, Nueva York. La demanda de viajes aéreos ha aumentado a tal grado que este servicio se ha vuelto altamente rentable. La nueva oleada de viajes aéreos promete conectar a cientos de pares de ciudades, pero impondrá una mayor presión en la capacidad aeroportuaria, el talón de Aquiles de la desregulación.

La capacidad aeroportuaria ha restringido la competencia. A pesar del éxito general de la desregulación, las tendencias competitivas que se han observado en los últimos años en la industria de las aerolíneas plantean ciertas preguntas inquietantes. Aunque la frecuencia de vuelos casi se ha duplicado desde la desregulación, el sistema de control de tráfico aéreo no ha crecido y sólo se ha abierto una nueva terminal aérea, la cual se localiza en Denver. Los aeropuertos y el sistema de control del tráfico aéreo son propiedad del estado y son operados por organismos gubernamentales. El Congreso financia a estos organismos, pero el sistema en su totalidad no responde con facilidad al aumento en la demanda, el ingreso por razones de impuestos sobre pasajes aéreos se destina a otros rubros. *El gobierno no ha seguido la desregulación de una expansión de la capacidad aeroportuaria*. Las puertas de embarque, los derechos de aterrizaje y los aeropuertos centrales se volvieron recursos escasos en la industria, y algunas aerolíneas incapaces de asegurar tales instalaciones en los principales aeropuertos se han visto obligadas a abandonar el sector.

Hay quienes afirman que las principales aerolíneas no han ejercido la suficiente presión para generar una expansión de las instalaciones aeroportuarias, ya que esa capacidad adicional promovería el ingreso de nuevas empresas y una mayor competencia. La participación de mercado de las cinco aerolíneas más grandes aumentó de 63%, antes de la desregulación, a cerca de 70% en el 2000, y la mayor parte de los aeropuertos clave están dominados por una o dos aerolíneas. Por ejemplo, United Airlines y American Airlines controlan 82% de los espacios de aterrizaje del aeropuerto O'Hare de Chicago, lo que ha significado un incremento en comparación con 66% que tenían en 1986. American Airlines y Delta Airlines controlan 83% de los espacios en el aeropuerto Kennedy de Nueva York, por encima del 43% que tenían en 1986. La concentración cada vez mayor en ciertos aeropuertos centrales brinda a las aerolíneas un poder de mercado tan grande, que les permite elevar los precios. De hecho, los precios de los pasajes son más elevados para viajes que tienen conexiones con aeropuertos centrales que los precios en aeropuertos más competitivos.

Algo positivo que sucedió en los últimos años es que los organismos reguladores federales han bloqueado fusiones que a su parecer perjudican la competencia. Por ejemplo, se negó la propuesta de fusión entre United Airlines y US Airways (las dos aerolíneas transportaban a más de la mitad de los pasajeros en 20 de las rutas con mayor movimiento de la nación). Otro punto brillante en la arena competitiva ha sido el éxito obtenido por las aerolíneas que operan con bajos costos y sin servicios suplementarios, como Southwest Airlines, las cuales ejercen una presión a la baja en las tarifas de los destinos a los que vuelan.

Pese a las preocupaciones por las tendencias anticompetitivas recientes en la industria, la desregulación ha resultado en general bastante benéfica para los consumidores. Por tanto, pocos son los que piden una nueva regulación de la industria.

Fuentes: Steven Morrison y Clifford Winston, *The Evolution of the Airline Industry*, Washington, D.C., Brookins Institution, 1995; "The Airline Industry: Grounded Again", *The Economist*, 7 de julio 2001; Scott McCartney *et al.*, "UAL American Plan Asset Swap, Raising Consolidation Worries", *The Wall Street Journal*, 9 de enero 2001; Laurence Zuckerman, "White House to Press Airlines on Consolidation", *The New York Times*, 16 de enero 2001; y el sitio http://flyaow.com/, el cual ofrece vínculos con casi 500 aerolíneas en todo el mundo.

El curso de la regulación y la desregulación plantea algunas interrogantes interesantes sobre el verdadero objetivo de la regulación. Recuerde los planteamientos opuestos acerca de la regulación: uno sostiene que ésta favorece el interés público, o del consumidor; el otro afirma que la regulación atiende a intereses particulares, o del productor. En la industria de las aerolíneas, la regulación parecía estar más acorde con los intereses de los productores, y los grupos de productores combatían la desregulación, lo cual beneficiaba a los consumidores.

Con esto concluye nuestra exposición de la regulación económica, la cual busca reducir las consecuencias perjudiciales del comportamiento monopolístico en los mercados donde la producción la generan de manera más eficaz una o unas cuantas empresas. Ahora nos concentraremos en la actividad antimonopolio, la cual trata de promover la competencia en los mercados donde parece ser que ésta resulta ser más favorable.

NetBookmark

Un sitio en internet especializado en asuntos antimonopólicos es http://www.antitrust.org/, el cual está bajo la supervisión de la Escuela de Graduados en Administración de la Universidad Venderbilt. Su misión consiste en exponer a los abogados las investigaciones económicas pertinentes, presentar a los economistas los aspectos legales que surgen en los casos antimonopolio y enseñar a los estudiantes lo que representa la actividad antimonopolio. Cada tema contiene vínculos que conducen a las investigaciones económicas más relevantes. Conozca la función de la economía en los juicios antimonopólicos participando en algunas de las fusiones simuladas que se presentan en este sitio.

LEYES ANTIMONOPOLIO Y APLICACIÓN LEGAL

Aunque la competencia suele asegurar el uso más eficaz de los recursos de la nación, una empresa en lo individual preferiría operar en condiciones de monopolio. Si a una compañía se le diera la libertad de hacerlo, probablemente buscaría crear un ambiente monopolístico y sacaría del mercado a los competidores, fusionándose o coludiéndose con éstos. En Estados Unidos, la *política antimonopolio* es un intento por frenar estas tendencias anticompetitivas en virtud de que: (1) promueve la clase de estructura de mercado que genera un mayor grado de competencia; y (2) reduce el comportamiento anticompetitivo. *Las leyes antimonopolio buscan promover un comportamiento de mercado socialmente deseable.*

Orígenes de la política antimonopolio

Los desarrollos económicos ocurridos en la última mitad del siglo XIX generaron un clima político propicio para una legislación antimonopolio. Posiblemente los dos acontecimientos más importantes fueron: (1) los avances tecnológicos que favorecieron un uso más amplio del capital y un tamaño óptimo mayor de las plantas manufactureras; y (2) la reducción en los costos de transporte que se derivó del crecimiento en la longitud de las vías férreas, de 9 000 millas en 1850 a 167 000 millas en 1890. *Las economías de escala y la reducción en los costos de transporte ampliaron el tamaño geográfico de los mercados*. Por tanto, las empresas crecieron y abarcaron mercados en una región geográfica más vasta.

Sin embargo, la disminución en la actividad económica nacional ocurrida en 1873 y en 1883 provocó pánico entre estas grandes fábricas, las cuales, en razón de sus costos fijos considerables, requerían una producción a gran escala. Su reacción defensiva consistió en reducir los precios en un esfuerzo por estimular las ventas. Entonces estallaron las guerras de precios entre las empresas, lo que generó un caos económico. Las empresas buscaron desesperadamente formas de estabilizar sus mercados. Una de las soluciones para las empresas competidoras consistió en formar un consorcio, o *trust*, transfiriendo así sus títulos con derecho a voto a un solo consejo de administración fiduciario, el cual votaría en favor de los intereses del grupo industrial en su conjunto. Los primeros consorcios se formaron en las industrias azucarera, tabacalera y petrolera. Aunque el impacto de estos primeros consorcios sigue siendo un tema de debate en la actualidad, al parecer siguieron prácticas anticompetitivas para desarrollar y mantener una ventaja monopolística. Poco a poco, la palabra *trust* llegó a representar a cualquier empresa, o grupo de compañías, que trataba de monopolizar el mercado.

Estas prácticas provocaron críticas generalizadas y les heredó a los creadores de los consorcios el irónico mote de "capitalistas sin escrúpulos". El sentimiento público se hallaba del lado de los pequeños competidores. Los agricultores, sobre todo, resintieron el incremento en los precios de los bienes manufacturados derivado de la actividad de los consorcios, particularmente porque los precios agrícolas habían disminuido durante la segunda parte del siglo XIX debido al desarrollo de técnicas agrícolas más eficaces. En esa época, la agricultura representaba el 40% de la fuerza laboral de Estados Unidos y, por tanto, tenía una gran influencia política. Dieciocho estados, esencialmente agrícolas, promulgaron leyes *antimonopolio* en 1880, las cuales prohibían la formación de consorcios. Sin embargo, estas leyes eran, en buena medida, ineficaces pues los consorcios sencillamente se cambiaban de un estado a otro para evadirlas.

Ley Sherman antimonopolio de 1890 Primera legislación nacional en el mundo contra los monopolios. Esta ley prohibía los consorcios, limitaba el comercio y la monopolización; sin embargo, el lenguaje era confuso y se prestaba a malas interpretaciones.

Ley Clayton de 1914 Ley que sancionaba ciertas prácticas que no prohibía la Ley Sherman, entre las que se hallaban la discriminación de precios, los contratos de suministro obligatorio, los contratos de exclusividad de compras, la dirección entrelazada y la compra de acciones de un competidor. Esta ley daba sustento a la Ley Sherman.

Contrato de suministro obligatorio Acuerdo mediante el cual el vendedor de un bien exige que los compradores adquieran también otros bienes.

Contrato de exclusividad de compras Situación que se presenta cuando un productor le prohíbe a sus clientes comprar a otros vendedores.

Dirección entrelazada Acuerdo mediante el cual una misma persona ocupa un cargo en el consejo de administración de empresas competidoras.

Ley Sherman antimonopolio de 1890. En la elección presidencial de 1888, los partidos políticos más importantes incluyeron programas antimonopolio en sus plataformas. Este consenso culminó con la aprobación de la **Ley Sherman antimonopolio de 1890**, la primera legislación nacional en el mundo creada para evitar los monopolios. La ley prohibía la creación de consorcios, limitaba el comercio y la monopolización, aunque no definía claramente lo que constituían tales actividades. Por esta razón, el lenguaje ambiguo con el que estaba escrita esta ley dificultaba su aplicación.

Ley Clayton de 1914. El lenguaje ambiguo del cual estaba formada la ley Sherman permitió que diversas actividades anticompetitivas se filtraran. La **Ley Clayton de 1914** se aprobó para sancionar ciertas prácticas que la ley Sherman no prohibía, y sobre todo, para ayudar al gobierno a detener a un monopolio antes de que éste se formara. Por ejemplo, la Ley Clayton prohíbe la discriminación de precios cuando esta práctica tiende a crear un monopolio. Como recordará, la *discriminación de precios* consiste en cobrar a diferentes clientes precios distintos por el mismo bien. La ley también proscribe los *contratos de suministro obligatorio* y los contratos de exclusividad de compras, si éstos son capaces de menguar considerablemente la competencia. Los **contratos de suministro obligatorio** exigen que el comprador de un bien adquiera también otro bien. Por ejemplo, el vendedor de una máquina patentada podría exigir a sus clientes que adquirieran otros suministros del mismo vendedor como parte del trato. Los **contratos de exclusividad de compras** ocurren cuando un productor vende un producto sólo si el comprador accede a no comprar el mismo tipo de artículo a otros fabricantes. Por ejemplo, un fabricante podría venderle chips de computadora a un fabricante de computadoras sólo si éste accede a no adquirir el producto en otra parte. Otra prohibición de la ley es la **dirección entrelazada**, la cual refiere a un acuerdo mediante el cual una misma persona ocupa un cargo en el consejo de administración de empresas competidoras. Finalmente, se sancionan las fusiones por adquisición de acciones de una empresa competidora si dichas fusiones menguan considerablemente la competencia. Posteriormente haremos un análisis más a fondo de lo que significan las fusiones.

Ley de la Comisión Federal de Comercio de 1914. La **Ley de la Comisión Federal de Comercio de 1914** (*Federal Trade Commission*, FTC) creó un organismo federal para que coadyuvara en la aplicación de las leyes antimonopolio. La comisión está formada por cinco inspectores de tiempo completo, los cuales son designados por el presidente para cumplir un periodo de siete años y cuentan, además, con el apoyo de un equipo formado, casi en su totalidad, por economistas y abogados.

Ley de la Comisión Federal de Comercio de 1914 Legislación mediante la cual se estableció un organismo federal que coadyuvara a hacer cumplir las leyes antimonopolio; la comisión está dirigida por inspectores asistidos por un cuerpo de economistas y abogados.

Las leyes Sherman, Clayton y FTC constituyeron el marco de referencia antimonopolio, marco que se ha esclarecido y complementado con enmiendas y fallos por parte de los tribunales. Una laguna jurídica de la ley Clayton se subsanó en 1950 con la aprobación de la *Ley Celler-Kefauver antifusiones*, la cual impide que una empresa compre los *activos* de otra si con ello busca reducir la competencia. Esta ley bloquea las **fusiones horizontales**, o fusión de empresas que producen el mismo tipo de productos, como serían las fusiones de Coca-Cola y Pepsi, y las **fusiones verticales**, o fusión de empresas en la cual una suministra insumos a la otra o bien, solicita la producción de la otra, como serían las fusiones de Microsoft y Dell.

Fusión horizontal Fusión en la cual una empresa se une a otra que produce el mismo tipo de productos.

Fusión vertical Fusión en la cual una empresa se une a otra a la que le compra sus insumos o a la que le vende su producción.

Aplicación de las leyes antimonopolio

La eficacia de cualquier ley depende del vigor y la vigilancia que se ejerzan en su aplicación. El esquema de sanción de las leyes antimonopolio sigue más o menos el siguiente curso. Ya sea la División Antimonopolios del Departamento de Justicia (*Antitrust Division of the U.S. Justice Department*) o la Comisión Federal de Comercio de Estados Unidos (*The Federal Trade Comisión, FTC*) pueden acusar a una o a varias empresas de infringir la ley. Estos organismos federales suelen proceder a partir de la queja presentada por un cliente o una empresa competidora. En ese momento, quienes han sido acusados de proceder indebidamente están en posibilidades, sin que tengan que reconocer su culpabilidad, de iniciar una **avenencia sujeta a aprobación del tribunal**, mediante la cual acceden a no continuar haciendo aquello de lo que se les acusa. Si el acusado refuta los cargos, se presentan las evidencias de ambas partes en un juicio ante los tribunales y un juez pronuncia su fallo. Ciertos fallos pueden apelarse siguiendo todas las instancias legales hasta la Suprema Corte, y en tales casos, ese tribunal puede ofrecer nuevas interpretaciones de las leyes vigentes.

Avenencia sujeta a aprobación del tribunal Acuerdo legal mediante el cual la parte acusada, sin reconocer su culpabilidad, accede a abstenerse en el futuro de realizar la actividad presuntamente ilegal si el gobierno desecha los cargos.

Ilegalidad *per se* y la regla de la razón

Los tribunales han interpretado las leyes antimonopolio de dos maneras. A un conjunto de prácticas se les ha declarado **ilegalidad *per se***, es decir, ilegales independientemente de su razón económica o sus consecuencias. Por ejemplo, según la Ley Sherman, todos los acuerdos formales entre empresas competidoras para fijar precios, restringir la producción o bien, para limitar a la competencia se consideran ilegalidades *per se*. Así, según una regla *per se*, para que un acusado pueda ser declarado culpable, el gobierno sólo necesita demostrar que el acusado incurrió en la práctica considerada como agravante; por tanto, el gobierno sólo tiene que examinar el *comportamiento* de la empresa.

Ilegalidad *per se* Categoría de ilegalidad en la ley antimonopolio que se aplica a las prácticas comerciales que se consideran ilegales independientemente de su razón económica o sus consecuencias.

Hay otro conjunto de prácticas que entran en el ámbito de la **regla de la razón**. En este caso, los tribunales realizan una investigación más amplia de los hechos ocurridos en torno a un determinado agravio, a saber, las razones por las que se adoptaron prácticas perjudiciales y el efecto que éstas tienen en la competencia. La regla de la razón se presentó por primera vez en 1911, cuando la Suprema Corte de Justicia sostuvo que la empresa Standard Oil había monopolizado ilegalmente la industria de la refinación de petróleo. La Standard Oil supuestamente dominaba 90% del mercado ya que había adquirido más de 120 empresas competidoras y además, practicaba tácticas de **fijación de precios desleales** para así eliminar del mercado a los competidores. Por ejemplo, vendía temporalmente sus productos por debajo del costo marginal o bien, reducía el precio sólo en ciertos mercados. Para declarar culpable a esta com-

Regla de la razón Principio que se aplica en los tribunales para examinar las razones de ciertas prácticas comerciales y sus efectos en la competencia antes de dictaminar su legalidad.

Fijación de precios desleales Tácticas de fijación de precios, como vender temporalmente por debajo del costo marginal o reducir el precio sólo en ciertos mercados, empleadas por una empresa dominante para sacar del mercado a los competidores.

pañía, la Suprema Corte se centró tanto en el *comportamiento* de la empresa como en su *estructura de mercado* derivada de tal comportamiento. Con base en esta aproximación, la Suprema Corte descubrió que la compañía se había comportado de manera *irracional* y determinó que ese monopolio debía dividirse.

Sin embargo, recurriendo a la regla de la razón, la Suprema Corte determinó en 1920 que la empresa U.S. Steel no era culpable de monopolización. En ese caso, el Tribunal Supremo dictaminó que no todo contrato o combinación que limitara el comercio era ilegal. Sólo los que limitaban el comercio en forma "irracional" infringían las leyes antimonopolio. Asimismo, la Suprema Corte argumentó que las simples *dimensiones no se consideraban agravantes*. Si bien era evidente que U.S. Steel tenía un amplio poder de mercado, la compañía no infringía las leyes antimonopolio dado que, desde la óptica de la Suprema Corte, la empresa no se había servido irracionalmente de ese poder. En 1945, la Suprema Corte modificó su postura al determinar que aunque el comportamiento de la compañía Alcoa fuera razonable y legal, sus posesiones infringían las leyes antimonopolio. Alcoa controlaba 90% del mercado de lingotes de aluminio. En este caso, la Suprema Corte se basó en la *estructura de mercado* y no en el *comportamiento* de la empresa como prueba de legalidad.

Fusiones y política pública

Algunas empresas han buscado un crecimiento rápido por medio de la fusión con otras compañías. Buena parte de lo que realiza la División Antimonopolio del Departamento de Justicia y la Oficina de Competencia de la Comisión Federal de Comercio es aprobar o rechazar propuestas de fusión o adquisición. Cuando se determinan los posibles efectos negativos que una fusión podría tener en la competencia, una consideración importante es el efecto que puede tener la fusión en la participación de ventas que tienen las empresas más grandes en la industria. Si un puñado de compañías dan cuenta de una participación de ventas relativamente grande, se dice que la industria está *concentrada*. Como indicador de concentración de ventas, el Departamento de Justicia usa el **índice de Herfindahl**, el cual se calcula elevando al cuadrado el porcentaje de participación de mercado de cada empresa y luego sumando tales cuadrados. Por ejemplo, si la industria está integrada por 100 empresas del mismo tamaño, el índice Herfindahl es de 100 [= 100 × (1)^2]. Si la industria es un monopolio puro, el índice es de 10 000 [= (100)^2], el valor más elevado posible. Cuantas más empresas conformen la industria, y mientras más parecido sea su tamaño, menor será el índice Herfindahl. Este índice concede más peso a las empresas que tienen participaciones de mercado mayores, como puede apreciarse en los tres ejemplos que aparecen en la figura 2. Cada industria

Índice de Herfindahl Indicador del grado de concentración de mercado en una industria; suma de los porcentajes al cuadrado de la participación de mercado de todas las empresas en una industria.

FIGURA 2

Cálculo del índice de Herfindahl basado en la participación de mercado en tres industrias

	Industria I		Industria II		Industria III	
Empresa	Participación de mercado (porcentaje)	Participación de mercado al cuadrado	Participación de mercado (porcentaje)	Participación de mercado al cuadrado	Participación de mercado (porcentaje)	Participación de mercado al cuadrado
A	23	529	15	225	57	3249
B	18	324	15	225	1	1
C	13	169	15	225	1	1
D	6	36	15	225	1	1
40 empresas restantes (a 1% cada una)	1 cada una	40	1 cada una	40	1 cada una	40
Índice de Herfindahl		1098		940		3292

cuenta con 44 empresas, pero por facilidades de exposición sólo la participación de mercado de las cuatro principales compañías difiere de una industria a otra. Note que el índice de la industria III es casi tres veces mayor que el de cada una de las otras dos industrias. Ahora dedique unos instantes a familiarizarse con la lógica de la figura.

Los lineamientos del Departamento de Justicia también clasifican toda fusión en dos categorías: *fusiones horizontales*, que abarcan a empresas del mismo mercado; y *fusiones no horizontales*, que constan de todas las otras modalidades de fusión. En el caso de las actividades antimonopolio, las fusiones horizontales resultan de mayor interés, como las que se presentan entre las compañías petroleras competidoras, digamos, como si Mobil y Exxon pretendieran fusionarse. Por lo general, el Departamento de Justicia exige a cualquier fusión que cumpla con dos condiciones: (1) que el índice Herfindahl posterior a la fusión sea superior a los 1 800 puntos; y (2) que la unión incremente el índice en más de 100 puntos. Las exigencias a las fusiones que alcanzan menos de 1 000 puntos en el índice después de la negociación, pocas veces son demasiado estrictas. Otros factores, como la facilidad de entrada al mercado y los incrementos en la eficiencia, se consideran en los casos intermedios.

Oleadas de fusión

Durante el siglo pasado, se observaron cuatro grandes oleadas de fusión en Estados Unidos, tal y como se aprecia en la figura 3. Entre 1887 y 1904, se formaron algunas de las empresas más grandes de la actualidad, incluidas U.S. Steel y Standard Oil. Durante esta primera oleada, las fusiones solían ser horizontales. Por ejemplo, la empresa que ahora es U.S. Steel se creó en 1901 mediante una fusión de mil millones de dólares que abarcó a docenas de empresas siderúrgicas y dos terceras partes de la capacidad productiva de la industria. Esta oleada de fusiones provocó una fuerte reacción en el progreso tecnológico dentro del campo del transporte, las comunicaciones y la manufactura. Dicho llanamente, se volvió más fácil y económico dirigir a una corporación que cubría toda la nación. Por tanto, las empresas se fusionaron para adquirir una dimensión nacional. La oleada de fusiones se enfrió con la grave recesión nacional de 1904 y con los primeros indicios de leyes antimonopolio. Durante esta primera oleada, ocurrieron tendencias de fusión similares en los países de Canadá y Gran Bretaña, entre otros, lo que creó empresas dominantes, algunas de las cuales aún existen.

Como las leyes antimonopolio comenzaron a limitar las fusiones horizontales, las fusiones verticales se hicieron más comunes durante la segunda oleada de este tipo de uniones, lo cual ocurrió entre 1916 y 1929. Una fusión vertical es la unión de una empresa con otra, la cual le suministra los insumos o bien, demanda su producción. También refiere a la fusión de empresas que se encuentran en etapas diferentes del proceso de producción. Un ejemplo de esta situación sería que una refinería de cobre se fusionara con un fabricante de cobre. El auge del mercado de valores de los veinte alimentó esta segunda oleada, pero se detuvo en seco en 1929.

FIGURA 3

Oleadas de fusión durante el siglo XX

Oleada	Años	Tipo de fusión predominante	Ejemplos	Estímulo
Primera	1887-1904	Horizontal	U.S. Steel, Standard Oil	Abarcar los mercados nacionales
Segunda	1916-1929	Vertical	Refinerías de cobre con fabricantes	Auge del mercado de valores
Tercera	1948-1969	Conglomerado	Litton Industries	Diversificación
Cuarta	1982- a la fecha	Horizontal y vertical	Banca, telecomunicaciones, servicios de salud, aseguradoras	Abarcar los mercados nacionales y mundiales, auge del mercado de valores

Fusión de conglomerado Fusión que supone la combinación de varias empresas pertenecientes a diferentes industrias.

La Gran Depresión y la Segunda Guerra Mundial postergaron la actividad de fusiones durante dos décadas, pero la tercera oleada entró en acción después de que el conflicto bélico terminó. Más de 200 de las 1 000 grandes empresas en 1950 habían desaparecido para principios de los sesenta como consecuencia de la tercera oleada de fusiones, la cual ocurrió entre 1948 y 1969. Durante ese periodo, muchas empresas fueron absorbidas por las más fuertes. Esta tercera oleada de fusiones culminó su actividad al llegar a su punto máximo entre 1964 y 1969, cuando las **fusiones de conglomerados**, en las cuales se unen empresas de diferentes industrias, representaron cuatro quintas partes de todas las fusiones registradas. Por ejemplo, la compañía Litton Industries combinó empresas que fabricaban calculadoras, aparatos electrodomésticos, equipo electrónico y herramientas. La fusión de estas compañías buscaba diversificar su combinación de productos y tal vez lograr ciertas *economías de alcance*, lo que significa reducir los costos promedio produciendo diversos bienes.

La cuarta oleada de fusiones, que aún está en proceso, empezó en 1982, periodo que se conoce como el inicio de la "década de las operaciones". Esta oleada consta de fusiones horizontales y verticales. Algunas fusiones de grandes conglomerados de los sesenta se disolvieron en los ochenta cuando las empresas centrales desecharon todo tipo de operaciones que no guardaban relación con su actividad principal. Cerca de una tercera parte de las fusiones en los ochenta se derivó de *adquisiciones hostiles*, en las que una empresa adquiere el control de otra en contra de los deseos de la dirección de la empresa objetivo. Las adquisiciones hostiles se redujeron a menos de una décima parte de las fusiones durante los noventa.

La actividad de las fusiones cobró velocidad durante la segunda mitad de los noventa, ya que el valor monetario de cada nueva fusión superó la marca anterior. Casi todas las fusiones durante este periodo se financiaron por medio del intercambio de acciones corporativas y se vieron estimuladas por un mercado de valores en auge, como las fusiones de los veinte. El vigor del mercado de valores redujo el costo de financiamiento de las fusiones debido al intercambio de valores, ya que una compañía intercambiaba sus acciones por acciones de la otra empresa. El final de la Guerra Fría, los mercados mundiales se estabilizaron y el capitalismo se extendió por todo el planeta. Las compañías se fusionaron para lograr una posición de mercado más sólida en los mercados mundiales. A finales de los noventa, las fusiones más grandes en la historia se propusieron, la acción más intensa se llevó a cabo en la banca y la televisión, los seguros, las telecomunicaciones y los servicios de salud. Por ejemplo, uno de los grandes acuerdos lo constituyó la fusión entre AOL y Time Warner, la cual estaba valuada en 103 mil millones de dólares en el 2001.

En los últimos años, los académicos y los funcionarios reguladores han impuesto pocas exigencias en las fusiones establecidas sobre bases antimonopólicas. El gobierno pasó de la aplicación estricta de reglas que restringían las grandes fusiones a una aproximación más flexible que permite la fusión de grandes empresas. Por ejemplo, el gobierno aprobó la adquisición que hiciera Boeing por $15 mil millones de McDonnell Douglas, fabricante de aviones comerciales, pues las aerolíneas señalaron que no había diferencia para ellas si se unían o no ambas empresas. Boeing aún compite con Airbus, su principal competidor europeo, en el mercado mundial de aviones. Tal y como señalara un funcionario del Departamento de Justicia: "Tenemos lineamientos muy flexibles. La magnitud en sí no me dice nada. Lo que me interesa juzgar es cuál es el mercado, quiénes son los participantes y qué competencia existe".[2] El presidente de la Comisión Federal de Comercio comentó: "Las fusiones que vemos en la actualidad tienen más sentido que las antiguas fusiones".[3] Posteriormente agregó: "No creo que solamente el tamaño sea un fundamento para recusar una transacción de fusión".[4] Los reguladores, en última instancia, sólo recusaron 2% de todas las propuestas de fusión durante los noven-

[2] Según cita Leslie Wayne en "Wave of Mergers Recasts the Face of Business", *The New York Times,* 19 de enero 1998.

[3] Según cita John R. Wilke en "Greenspan Questions Governments Antitrust-Enforcement Campaigns", *The Wall Street Journal,* 17 de junio 1998.

[4] Según cita Leslie Wayne *op. cit.*

ta, aunque la sola amenaza de recusación bastó para disuadir innumerables fusiones y adquisiciones potencialmente anticompetitivas.

Al parecer, una industria en la que las fusiones están reduciendo la competencia es la del servicio de telefonía local. En 1996, el Congreso aprobó una ley diseñada para reducir el poder monopólico de las compañías de telefonía local ya que permitió que las empresas de larga distancia, los operadores de televisión por cable y otros proveedores de telecomunicaciones ingresaran al mercado local. Sin embargo, en lugar de fortalecer la competencia, la ley de 1996 produjo una oleada de fusiones entre los proveedores locales, ya que éstas entraron en una competencia por abarcar todo el país. Éste parece ser un ámbito en el que los esfuerzos por introducir una mayor competencia resultaron infructuosos.

TENDENCIAS COMPETITIVAS EN LA ECONOMÍA ESTADOUNIDENSE

Durante años, el tamaño de algunas empresas ha sido motivo de preocupación, debido al poder real o potencial que éstas podrían ejercer tanto en el ámbito económico como en el político. Una forma de medir el poder de las corporaciones más grandes consiste en calcular la participación de los activos corporativos de la nación, los cuales están bajo el control de las 100 empresas más grandes. Éstas controlan en la actualidad alrededor de la mitad de los activos de fabricación en Estados Unidos, un aumento en relación con el 40% de participación que tenían después de la Segunda Guerra Mundial. Sin embargo, debemos reconocer que el tamaño en sí no es sinónimo de poder de mercado. Una empresa de muy grandes dimensiones, como sería una compañía petrolera, puede enfrentar una fuerte competencia por parte de otras grandes empresas petroleras tanto externas como locales. En el caso opuesto, en una comunidad que sólo cuenta con una sala de cine, ésta puede elevar sus precios pues no tiene competencia que se lo impida.

Competencia de mercado en el tiempo

Algo más importante que las dimensiones de las grandes empresas de la nación es la estructura de mercado en cada industria. En varios estudios se ha examinado el grado de competencia y los cambios en ésta a lo largo del tiempo. En todos se ha utilizado como punto de partida algún indicador de participación de mercado, como el índice Herfindahl. En ocasiones, estos indicadores se complementan con los datos correspondientes a cada industria. Entre los estudios más completos está la investigación realizada por William Shepherd, de la Universidad de Massachusetts, quien se basó en varias fuentes para determinar la competitividad de cada industria en la economía estadounidense.[5]

Shepherd clasificó las industrias en cuatro grupos: (1) el monopolio puro, en el cual una sola empresa controlaba todo el mercado y podía bloquear el acceso; (2) la empresa dominante, donde una sola compañía tenía más de la mitad de la participación de mercado y no contaba con ningún competidor que se le aproximara; (3) el oligopolio cerrado, en el cual las cuatro principales empresas abastecían más del 60% de la producción del mercado, con participaciones estables de mercado y evidencia de cooperación; y (4) la competencia efectiva, en la cual las empresas en la industria manifestaban un nivel bajo de concentración, barreras a la entrada fácilmente superables y poca, o nula, colusión.

En la figura 4 se presenta el desglose que hiciera Shepherd de todas las industrias estadounidenses en las cuatro categorías para 1939, 1958 y 1988. En la tabla se aprecia una tendencia modesta hacia una mayor competencia entre 1939 y 1958, donde la participación de las industrias clasificadas como "eficazmente competitivas" aumentó de 52 a 56% en todas las industrias. Sin embargo, entre 1958 y 1988, hubo un

[5] William G. Shepherd, "Causes of Increased Competition in the U.S. Economy, 1939-1980", *Review of Economics and Statistics*, núm. 64, noviembre 1982; y William G. Shepherd, *The Economics of Industrial Organization*, 3a. ed. Englewood Cliffs, NJ, Prentice Hall, 1990, p. 15.

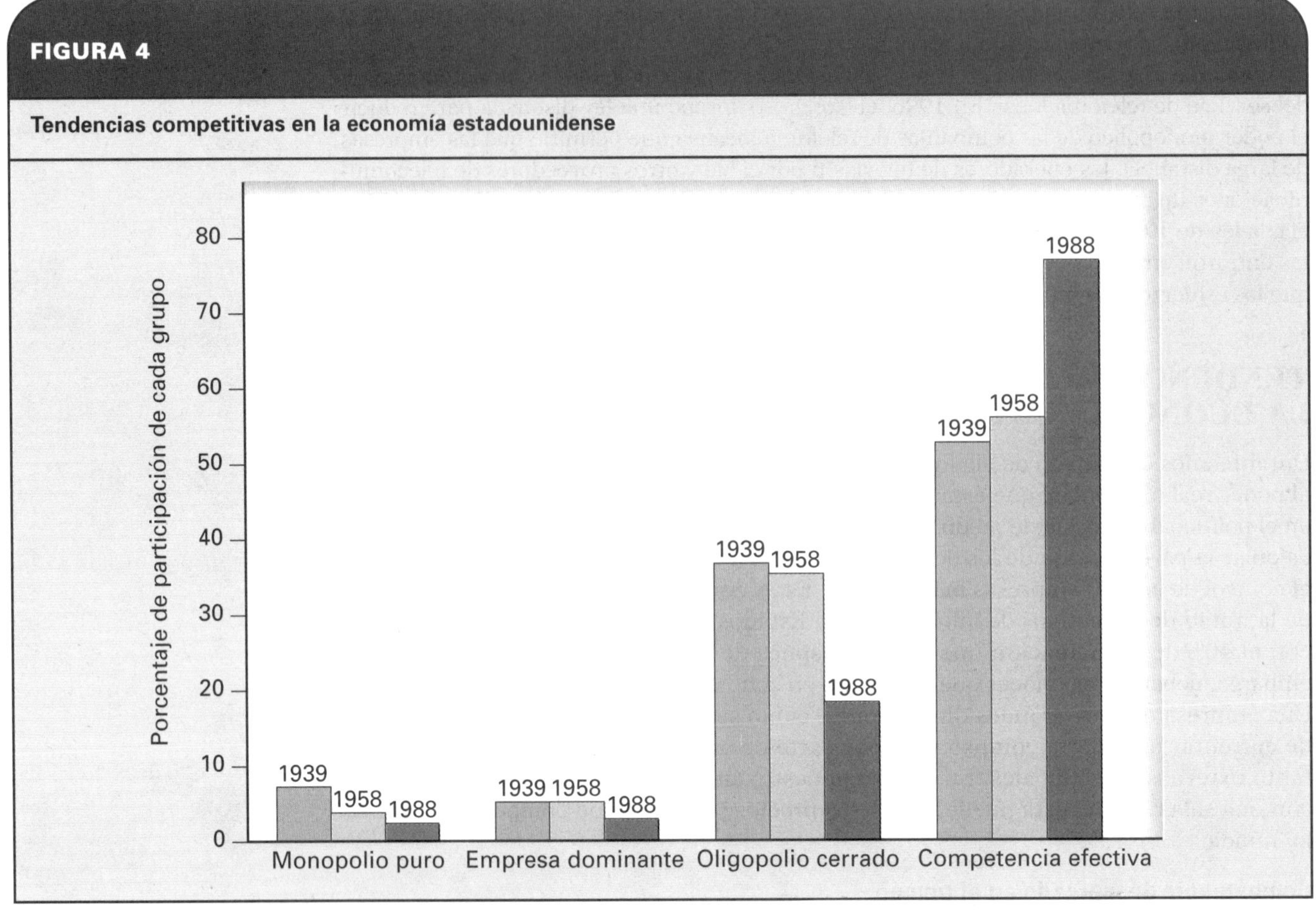

Fuentes: W. G. Shepherd, "Causes of Increased Competition in the U.S. Economy, 1939-1980", *Review of Economics and Statistics,* núm. 64, noviembre 1982; y W. G. Shepherd, *The Economics of Industrial Organization* 3a. ed. Englewood Cliffs, N.J., Prentice Hall, 1990, p. 15.

incremento acentuado en la competitividad de la economía, ya que la participación de las industrias eficazmente competitivas aumentó de 56 a 77%.

De acuerdo con Shepherd, el crecimiento observado en la competencia de 1958 a 1988 se atribuye a tres causas principales: *competencia derivada de las importaciones, desregulación y actividad antimonopolio*. Las importaciones entre 1958 y 1988 incrementaron la competencia en 13 de las principales industrias, incluidas la automotriz, la de neumáticos y la siderúrgica. Según Shepherd, el crecimiento en las importaciones representó una sexta parte del incremento general en la competencia. Las importaciones resultaban atractivas para los consumidores por su calidad superior y precio más bajo. Al encontrar desventajas tanto en costos como en tecnología, los productores estadounidenses buscaron inicialmente la protección a través de barreras comerciales, como aranceles y tarifas, ante los competidores externos.

Shepherd sostiene que la desregulación representó una quinta parte del incremento en la competencia. Entre las industrias desreguladas durante 1958 y 1988 se encontraban la de transporte, las aerolíneas, el mercado de valores, la banca y las telecomunicaciones. Ya hemos analizado algunos de los efectos de la desregulación en las aerolíneas, sobre todo la reducción de las barreras a la entrada y la eliminación de los programas de fijación de precios. En el campo de las comunicaciones, en 1982 AT&T se vio obligada a vender 22 compañías que prestaban la mayor parte del servicio telefónico local en el país. Desde 1984, la participación de AT&T en el mercado de larga distancia disminuyó a menos de 50%. Esta mayor competencia redujo las tarifas de larga distancia. Sin embargo, como ya lo apuntamos, los prestadores de servicio local han empezado a unir sus fuerzas de nuevo.

Si bien es difícil atribuir un incremento en la competencia a determinados casos de actividad antimonopolio, Shepherd atribuye a dicha actividad dos quintas partes del crecimiento en la competencia entre 1958 y 1988. En síntesis, según Shepherd, las tres principales razones que explican el aumento en la competencia fueron: el comercio internacional, la desregulación y la actividad antimonopolio. Una sexta parte del crecimiento en la competencia entre 1958 y 1988 provino de las importaciones, una quinta parte de la desregulación y dos quintas partes, el porcentaje más elevado, de las actividades antimonopolio. A la luz de la importante función que Shepherd concede a la actividad antimonopolio, consideremos el caso más significativo de actividad de este tipo en la última década.

MICROSOFT AL ESTRADO

Microsoft lanzó su tan esperado sistema operativo Windows 98 en junio de 1998 bajo circunstancias un tanto oscuras. Un mes antes, el Departamento de Justicia de Estados Unidos y 20 fiscales generales de diferentes estados habían interpuesto demandas alegando que Microsoft incurría en un comportamiento desleal para proteger su monopolio en el mercado de sistemas operativos y ampliarlo al de software de internet. En aquel entonces, 90% de las computadoras de toda la nación utilizaban el software de Windows. Los demandantes argumentaban que la integración que Microsoft había hecho de su navegador, Internet Explorer, en Windows 98 no sólo era, como afirmaba la empresa, para facilitarle la vida a los clientes, sino que tenía por objeto ampliar la participación de mercado de Explorer. El dominio en el software de navegación es importante porque controlar la puerta de acceso a internet es un primer paso para dirigir después el tráfico y el comercio cibernético. Los funcionarios gubernamentales querían que los clientes de Microsoft estuvieran en libertad de elegir el navegador que mejor les pareciera. Por su parte, Microsoft refutó las acusaciones afirmando que el gobierno estaba interfiriendo en su derecho a crear nuevos productos que beneficiaran a los consumidores.

Antes de que se emitiera cualquier fallo judicial sobre el caso, las opciones de Microsoft eran: (1) separar de Windows 98 su navegador de internet, tarea que la empresa aseguraba que le llevaría "meses sino es que años" realizar; (2) instalar el navegador de su principal competidor, Netscape, junto con su propio navegador en Windows 98, tarea que Bill Gates consideraba como "exigirle a Coca-Cola que incluyera tres latas de Pepsi en cada paquete de seis que vendiera"; o bien, (3) incluir, junto con Windows 98, el navegador de Microsoft en el mismo paquete de software. Microsoft optó por la tercera opción, la cual suponía cierto riesgo pues la práctica podría considerarse en última instancia ilegal.

El juicio inició en octubre de 1998. El gobierno declaraba que Microsoft había realizado prácticas desleales, cuyo objeto era ganar la guerra de mercado de los navegadores y perjudicar a los competidores (el comportamiento de la empresa se consideraría ilegal sólo si se descubría que Microsoft poseía un poder monopólico). El gobierno, al centrarse en el *comportamiento* anticompetitivo de Microsoft, estaba aplicando un método derivado de la regla de la razón. Microsoft, por su parte, se caracterizaba como un participante agresivo, pero legal, en una industria ferozmente competitiva. Los abogados de Microsoft sostenían que la empresa no habría obtenido una participación de mercado tan grande si no hubiera mejorado la calidad y el valor con cada nueva versión. Argumentaban que la gran participación de mercado "no empieza a reflejar la dinámica intensamente competitiva en la industria del software". Incluso una participación de mercado así, afirmaban, es "susceptible a un rápido deterioro si el líder del mercado no logra innovar a un ritmo rápido y competitivo".

Caso de **estudio**

Política pública

*e***Actividad**

El diario *The New York Times* cuenta con un archivo de todos sus artículos publicados en **http://www.nytimes.com/library/tech/reference/index-microsoft.html**. Microsoft tiene su propio archivo de artículos en su sitio en internet denominado *Freedom to Innovate*, el cual se encuentra en **http://microsoft.com/freedomtoinnovate/default.as**. Consultte la respuesta que dio Bill Gates al editor de la revista *Economist*, la cual respaldaba las demandas interpuestas contra Microsoft. Usted puede acceder a la demanda original, a otras acciones procesales y las transcripciones realizadas durante el juicio en el sitio electrónico de la División Antimonopolios del Departamento de Justicia en **http://www.usdoj.gov/atr/cases/ms_index.htm**. A partir de la información de estos sitios, ¿qué remedio o paliativo busca el gobierno aplicar ante el comportamiento supuestamente anticompetitivo de Microsoft?

WALL STREET JOURNAL
La interpretación correcta

¿Cuál es la importancia de la siguiente declaración en The Wall Street Journal*?: "A Microsoft no le dio pena flexionar su músculo político en Washington para influir en los legisladores y reguladores".*

Bill Gates no testificó en vivo, pero los abogados del gobierno lo interrogaron durante una declaración grabada en video, partes de la cual se mostraron durante el juicio para respaldar la causa del gobierno. El juez Thomas Penfield Jackson, quien presidía el juicio, afirmó: "Considero que es evidente para cualquier espectador que, por la razón que sea, el Sr. Gates no ha sido particularmente sensato en su declaración en muchos aspectos".

Luego de 78 días de testimonios y meses de deliberación, el juez Jackson determinó que Microsoft mantenía un monopolio en el mercado de software de sistemas operativos por medios anticompetitivos y trataba de monopolizar el mercado de los navegadores de internet al "integrar" ilegalmente el Internet Explorer a Windows. Llamó a Microsoft "monopolio indigno que se niega a abandonar prácticas mercantiles ilegales tendientes a aplastar a los competidores y perjudicar a los consumidores". Como remedio, propuso limitar las prácticas mercantiles de Microsoft y dividir a la empresa en una compañía dedicada a la elaboración del sistema operativo basado en Windows y otra especializada en el software de aplicaciones.

Microsoft apeló el fallo ante el Tribunal de Apelaciones de Estados Unidos, argumentando que ni mantenía un monopolio ni realizaba prácticas desleales; asimismo, que el juez Jackson había manifestado prejuicios durante la exposición de su fallo. En junio del 2001, el tribunal de apelaciones confirmó por unanimidad el fallo de que Microsoft había infringido las leyes antimonopolio y había actuado ilegalmente al mantener un monopolio con su sistema operativo. Sin embargo, el tribunal también dictaminó que el juez Jackson había incurrido en una "grave y mala conducta judicial" al realizar ante los medios de comunicación comentarios peyorativos sobre Microsoft, de modo que un nuevo juez debía decidir la sentencia.

Incluso antes de que se llegara a un fallo final, Microsoft informó que modificaría sus acuerdos de concesión de licencias con los fabricantes de computadoras personales para que éstos pudieran añadir software de otros fabricantes al sistema operativo Windows siempre y cuando los productos de Microsoft también aparecieran. Microsoft ahora sostiene: "Nuestra filosofía consiste en que los usuarios elijan". En septiembre del 2001, el Departamento de Justicia anunció que no buscaría la división de Microsoft en dos empresas, sino que solicitaría a los tribunales que se le impusiera una serie de restricciones estrictas.

En noviembre del 2001, Microsoft llegó a un acuerdo extrajudicial con el Departamento de Justicia y con la mayoría de los fiscales generales. El acuerdo, que aún tiene que ser aprobado por un juez federal, concede a los fabricantes de computadoras personales mayor libertad para instalar en las nuevas máquinas un software que no sea de Microsoft y eliminar el acceso a características competitivas de esta empresa, tales como los navegadores de internet. También prohíbe represalias en contra de empresas que aprovechen tales libertades, impide los contratos de exclusividad, y exige que Microsoft revele información de diseño a los fabricantes de software y hardware para que éstos puedan elaborar productos competitivos que funcionen adecuadamente con Windows. Los estados que no llegaron a este acuerdo con Microsoft siguen promoviendo su causa ante los tribunales.

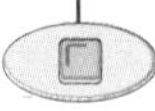

Fuentes: James Grimaldi, "Judge Orders Microsoft Split in 2", *Washington Post,* 8 de junio 2000; Ted Bridis, "Microsoft Ruling Sets High Standard for Proving Antitrust-Law Violations", *The Wall Street Journal,* 2 de julio 2001; Paul Krugman, "The Smell Test", *The New York Times,* 1 de julio 2001; John Wilke *et al.,* "Ruling Sends Case to Lower Court, Denounces Judge Jackson's Findings", *The Wall Street Journal,* 29 de junio 2001; John Wilke y Ted Bridis, "Justice Department Says It Won't Seek Court-Ordered Breakup of Microsoft", *The Wall Street Journal,* 7 de septiembre 2001; "Microsoft Announces Concessions on Licensing Deals with PC Makers", *The Wall Street Journal,* 11 de julio 2001; Steven Levy, "Shooting with Live Ammo", *Newsweek,* 13 de agosto 2001; y un sitio en internet en el cual se analiza el desarrollo y consecuencias de este caso; la dirección es http://www.msnbc.com/news/COMJUSTICEVSMS_Front.asp.

Tendencias competitivas recientes

El análisis de la competencia que hizo Shepherd se extendía sólo hasta 1988. ¿Cuál ha sido la tendencia en la competencia desde entonces? El comercio mundial ha incrementado la competencia en la economía estadounidense. Por ejemplo, en la unión americana la participación de mercado de los tres fabricantes de autos más importantes disminuyó de 80% en 1970 a 60% en el 2000. Las acciones federales para desregular el servicio de telefonía internacional disminuyeron el precio promedio de las llamadas telefónicas internacionales de $0.88 por minuto en 1997 a cerca de $0.20 por minuto en el 2002.

Hay otros mercados importantes que también se están volviendo más competitivos en parte como resultado del *cambio tecnológico*, factor que Shepherd no identificó en su estudio como una de las principales causas del aumento en la competencia. En las dos últimas décadas, la participación de mercado en las horas de mayor audiencia de las tres principales cadenas de televisión (NBC, CBS y ABC) disminuyó de 91 a 46% debido a que la tecnología de transmisión por satélite y por cable permitió la aparición de muchas más cadenas. Pese al dominio de Microsoft en los sistemas operativos, en 1980 el mercado de paquetes de software para computadoras personales era muy reducido, pero ha florecido en un entorno enriquecido por la tecnología, el cual está ahora poblado por más de 8 000 productores. Además, internet ha abierto posibilidades para una mayor competencia en diversas industrias, desde el intercambio de valores en línea hasta todo tipo de comercio electrónico.

Sin embargo, algunas desregulaciones han tenido tropiezos. Actualmente las aerolíneas están más concentradas que antes de la desregulación, aunque el servicio de vuelos continúa siendo más económico y seguro que en la época de la regulación. La bancarrota de muchas instituciones de ahorro durante los ochenta se ha atribuido en parte a la desregulación. California está experimentando cada vez más dolores debido a la desregulación parcial de la industria eléctrica. Los recientes esfuerzos federales por promover la competencia en el servicio de telefonía local parecen haber fracasado, ya que los proveedores locales se fusionan con otros en todo el país. Pese a estos reveses, la tendencia hacia la desregulación sigue aumentando la competencia, tanto en Estados Unidos como en otras partes.

Problemas con la legislación antimonopolio

Pese a la publicidad y a los bombos y platillos que rodearon al caso antimonopolio en contra de Microsoft (hubo incluso una película apenas disfrazada sobre Microsoft titulada *Antitrust*), hay cada vez más dudas sobre el valor económico de algunos de los prolongados juicios antimonopolio del pasado. Un caso en contra de Exxon, por ejemplo, permaneció en los tribunales durante 17 años antes de que la compañía fuera exonerada de los cargos en 1992. Otro caso se inició en 1969, cuando a IBM, que contaba casi con 70% de las ventas en Estados Unidos de equipo electrónico para el procesamiento de datos, se le acusó de monopolizar ese mercado. IBM respondió que su amplia participación de mercado obedecía a que sus productos eran muy innovadores y a sus economías de escala. El juicio se inició en 1975, al gobierno le tomó casi tres años presentar su causa y el litigio se alargó otros cuatro años más. Mientras tanto, muchos otros fabricantes de computadoras surgieron tanto en Estados Unidos como en el extranjero y contrarrestaron el dominio que ejercía IBM. En 1982, el gobierno abandonó el caso, argumentando que la amenaza de monopolio había disminuido en tal grado que el caso "carecía de importancia".

Demasiado énfasis en el modelo competitivo. Joseph Schumpeter afirmó hace medio siglo que la competencia debía considerarse como un proceso dinámico, capaz de una "destrucción creativa". Las empresas están renovándose continuamente: introducen nuevos productos y desechan a los obsoletos, y tratan de competir por el dinero del consumidor de distintas maneras. Ante esto, la política antimonopolio no debería marcarse como objetivo incrementar la cantidad de empresas en cada industria. En algunos casos, las compañías llegan a adquirir grandes dimensiones porque son más eficientes que sus competidores y ofrecen a los consumidores lo que éstos desean. En consecuencia, el tamaño de la empresa no debería ser la preocupación fundamental. Además, como señalamos en el capítulo sobre la competencia perfecta, los economistas han demostrado, mediante experimentos de mercado, que casi todas las propiedades deseables de la competencia perfecta pueden lograrse con una cantidad relativamente pequeña de empresas.[6] Por ejemplo, los dos principales fabricantes de chips, Intel y Ad-

[6] Véase, por ejemplo, Vernon Smith, "Markets as Economizers of Information: Experimental Examinations of the 'Hayek Hypothesis'", *Economic Inquiry*, núm. 20, 1982; y Douglas Davis y Charles Holt, *Experimental Economics*, Princeton, NJ, Princeton University Press, 1993.

vanced Micro Divices, se han enfrascado en una guerra de precios durante años, ya que cada una lucha por su participación de mercado.

Abuso del antimonopolio. Las partes que demuestran los perjuicios sufridos por parte de empresas que han infringido las leyes antimonopolio pueden demandar a la compañía agraviante y recuperar tres veces la cantidad de daños que alegan haber padecido. Estas demandas, llamadas de *daño triple*, se incrementaron después de la Segunda Guerra Mundial. Actualmente, son más de 1 000 los juicios que se presentan cada año. Los tribunales se han mostrado relativamente generosos con las partes que afirman haber sufrido perjuicios. Sin embargo, los estudios demuestran que esos juicios llegan a utilizarse para intimidar a un competidor agresivo o para convertir una disputa de contrato entre, digamos, una empresa y su proveedor en compensaciones por daño triple. El resultado puede tener un efecto paralizante en la competencia. Muchos economistas consideran que los costos anticompetitivos derivados del abuso de los juicios de daño triple pueden rebasar cualquier beneficio de estas leyes en favor de la competitividad.

Importancia cada vez mayor de los mercados internacionales. Finalmente, un modelo estándar para medir el poder de mercado de una empresa es su participación de mercado. Sin embargo, con el crecimiento del comercio internacional, la participación de mercado local, o incluso nacional, se ha vuelto menos importante. General Motors probablemente domine la fabricación de automóviles en Estados Unidos, ya que representa más de la mitad de las ventas en ese país por parte de empresas de propiedad estadounidense. Pero cuando se incluyen las ventas de automóviles de productores japoneses y europeos, la participación de GM en el mercado estadounidense de vehículos desciende a 28%. La participación de GM en la producción mundial ha disminuido de manera sostenida desde mediados de los cincuenta. *Cuando los mercados están abiertos a la competencia externa, la aplicación de las leyes antimonopolio que se centra particularmente en los productores internos tiene un menor sentido económico.*

CONCLUSIÓN

La competencia se ha incrementado en las últimas décadas debido a los cambios tecnológicos, el crecimiento del comercio internacional, la desregulación de la industria y la actividad antimonopolio. El movimiento actual en favor de las fusiones podría disminuir la competencia, pero el jurado aún no se pronuncia a este respecto. El presidente de la Reserva Federal, Alan Greenspan, al testificar ante el Congreso sobre la política antimonopolio, expresó su escepticismo sobre ciertas intervenciones antimonopólicas, arguyendo que los cambios en las condiciones del mercado y las tecnologías suelen minar a los monopolios con el paso del tiempo. Pidió "un mayor grado de humildad cuando los encargados de aplicar las leyes hagan [...] sus proyecciones" sobre los efectos duraderos del poder monopólico. Sin embargo, durante la misma comparecencia, Joel Klein, entonces director de la División Antimonopolios del Departamento de Justicia, afirmó: "Rechazamos categóricamente la noción de que los mercados se puedan regular solos y que nosotros debamos sentarnos a contemplarlo".[7] Así se da el debate sobre la política pública.

[7] Según cita John R. Wilke, "Greenspan Questions Government's Antitrust-Enforcement Campaigns", *The Wall Street Journal,* 17 de junio 1998.

RESUMEN

1. En este capítulo examinamos dos tipos de regulación gubernamental en los negocios: (1) la regulación económica, como el control de los monopolios naturales; y (2) la actividad antimonopolio, la cual promueve la competencia y restringe los esfuerzos por monopolizar o darle carácter de cártel a una industria.
2. Los gobiernos regulan los monopolios naturales, de manera que la producción es mayor y los precios más bajos de lo que serían si se permitiera que el monopolio maximizara sus ganancias. Uno de los problemas con la regulación es que el precio que maximiza el bienestar social genera una pérdida económica, mientras que el precio que permite a la empresa obtener una ganancia normal no maximiza el bienestar social.
3. Hay dos planteamientos sobre la regulación económica. El primero sostiene que la regulación económica actúa en favor del interés público, o del consumidor, ya que controla los monopolios naturales donde la producción de una o unas cuantas empresas es más eficiente. El segundo planteamiento arguye que la regulación no actúa en favor del interés público, o del consumidor, sino más bien en beneficio de los productores sujetos a regulación a manera de fijación de precios y bloqueo a la entrada al mercado de nuevos participantes.
4. La industria de las aerolíneas permaneció regulada durante buena parte del siglo XX. El efecto de la regulación consistía en restringir el acceso y fijar los precios. La desregulación de 1978 estimuló la entrada de nuevos participantes, promovió la competencia de precios y redujo los precios en general, aunque actualmente la industria se está concentrando una vez más debido a que los aeropuertos de la nación y el sistema de control del tráfico aéreo no se han mantenido al ritmo del crecimiento del número de viajes.
5. Las leyes antimonopolio tienen la finalidad de promover la competencia y prohibir los esfuerzos por imprimir un carácter de cártel, o monopolizar, a una industria. Las leyes Sherman, Clayton y FTC proporcionan el marco de referencia legal o institucional para sancionar las acciones antimonopolio, marco que ha sido esclarecido y adicionado con enmiendas y fallos judiciales posteriores.
6. Las investigaciones indican que la competencia en las industrias estadounidenses ha ido en aumento desde la Segunda Guerra Mundial. Tres razones han propiciado el crecimiento de la competencia: el comercio exterior, la desregulación y la actividad antimonopolio.

PREGUNTAS DE REPASO

1. *Comportamiento comercial y política pública* Defina lo que es el poder de mercado y luego analice los fundamentos de la regulación gubernamental de las empresas que tienen poder de mercado.
2. *Regulación gubernamental* ¿Cuáles son las tres clases de políticas gubernamentales que se aplican para modificar o controlar el comportamiento de las empresas? Determine qué tipo de regulación se emplea en cada una de las siguientes situaciones:
   (a) Evitar fusiones que a juicio del gobierno pueden disminuir la competencia.
   (b) Las actividades de la Dirección de Alimentos y Fármacos.
   (c) Regulación de las tarifas que cobra una compañía de autobuses municipales.
   (d) Regulaciones en cuanto a seguridad y salud en el trabajo que influyen en las condiciones laborales.
3. *Regulación de monopolios naturales* ¿Cuál es el "dilema de la regulación"? Es decir, ¿qué equilibrios tienen que considerar los organismos reguladores cuando deciden cómo controlar un monopolio natural?
4. *Teorías de la regulación*
   (a) Compare y contraste las teorías del interés público y el interés especial de la regulación económica. ¿Cuál es la teoría de la captura de la regulación?
   (b) ¿Cuáles de estas teorías describen mejor el caso de la desregulación de las aerolíneas? ¿Cuál de ellas explica mejor la acusación del gobierno en contra de Microsoft?
5. *Caso de* **estudio:** *Regulación y desregulación de las aerolíneas* Desde la ley de desregulación de las aerolíneas de 1978, ¿considera que la concentración en la industria de las aerolíneas ha aumentado o disminuido? Explique por qué.
6. *Leyes antimonopolio y aplicación legal* Exponga la diferencia entre la ilegalidad *per se* y la regla de la razón.
7. *Actividad antimonopolio* "La existencia de sólo dos o tres grandes fabricantes de automóviles en Estados Unidos es prueba suficiente de que la estructura del mercado es anticompetitiva y que las leyes antimonopolio se transgreden." Evalúe esta afirmación.
8. Fusiones y política pública ¿En qué circunstancias, y por qué el gobierno debería oponerse a la fusión de dos empresas? ¿Cómo decide el Departamento de Justicia qué fusiones recusar?
9. *Tendencias competitivas en la economía estadounidense* El estudio de William Shepherd sobre de las industrias estadounidenses demostró un claro incremento en la competencia en la economía de Estados Unidos entre 1958 y 1988. ¿Cómo explica Shepherd esta tendencia?

PROBLEMAS Y EJERCICIOS

10. *Regulación del monopolio natural* La gráfica siguiente representa un monopolio natural:

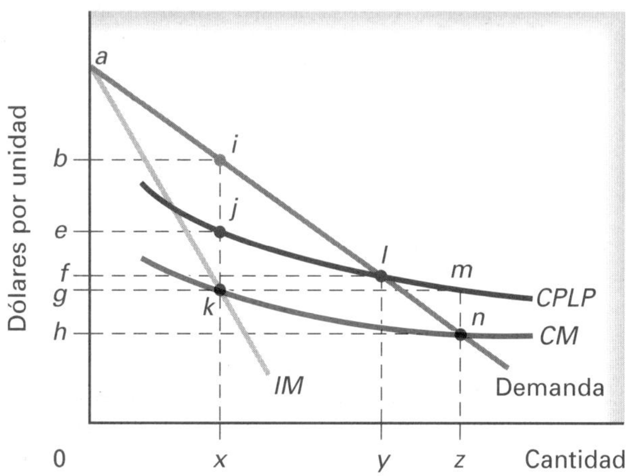

(a) ¿Por qué se considera que esta empresa es un monopolio natural?

(b) Si una empresa no está regulada, ¿qué precio y producción maximizarían sus ganancias? ¿Cuáles serían sus ganancias o pérdidas?

(c) Si una comisión reguladora establece un precio con la finalidad de lograr la eficiencia en la asignación, ¿cuáles serían el precio y la producción? ¿Cuáles serían las ganancias o pérdidas de la empresa?

(d) Si una comisión reguladora establece un precio con la finalidad de permitir que la empresa obtenga un "rendimiento justo", ¿cuáles serían el precio y la producción? ¿Cuáles serían las ganancias o pérdidas de la empresa?

(e) ¿Cuáles de los precios en los incisos (b), (c) y (d) maximizan el excedente del consumidor? ¿Qué problema, de haberlo, ocurre a ese precio?

11. *Orígenes de la política antimonopolio* Identifique el tipo de comportamiento anticompetitivo que se ilustra en cada una de las siguientes situaciones:

(a) Una universidad exige que los compradores de boletos para la temporada de juegos de baloncesto adquieran también las entradas para los juegos de fútbol.

(b) Proveedores de lácteos que licitan para obtener los contratos de las escuelas se coluden con el propósito de inflar artificialmente el precio de la leche que se vende a los distritos escolares.

(c) Un mismo individuo que ocupa un puesto en los consejos de administración de General Motors y Ford.

(d) Un minorista importante que vende su mercancía por debajo del costo en ciertas regiones para expulsar del mercado a los competidores.

(e) Un productor de refrescos carbonatados que le vende a un minorista sólo si éste accede a no comprarle al principal competidor de dicho productor.

12. *Fusiones y política pública* Calcule el índice de Herfindahl para cada una de las siguientes industrias. ¿Qué industria es la más concentrada?

(a) Una industria con cinco empresas que tienen las siguientes participaciones de mercado: 50%, 30%, 10%, 5% y 5%.

(b) Una industria con cinco empresas que tienen las siguientes participaciones de mercado: 60%, 20%, 10%, 5% y 5%.

(c) Una industria con cinco empresas cada una de las cuales tiene 20% de participación de mercado.

CASOS PRÁCTICOS

13. *Fusiones y política pública* Busque los lineamientos en materia de fusiones del Departamento de Justicia y la Comisión Federal de Comercio en el sitio http://www.antitrust.org/law/us/mg.html. ¿Cómo aplica el gobierno el índice de Herfindahl para determinar qué propuestas de fusión permitir y cuáles recusar? ¿Estos lineamientos indican que el Departamento de Justicia aplica el método de la ilegalidad *per se* o la regla de la razón para aplicar las leyes antimonopolio?

14. *Caso de* **estudio:** *Microsoft al estrado* La información más reciente sobre el caso del Departamento de Justicia contra Microsoft está disponible en el sitio http://www.usdoj.gov/atr/cases/ms_index.htm. Para obtener la otra versión de la historia, consulte la página de Press-Pass de Microsoft en http://microsoft. com/presspass/legalnews.asp. ¿Qué nuevos sucesos se han presentado desde que este libro se publicó?

15. *Política regulatoria* Investigue un reciente caso antimonopolio en el sitio en internet del Departamento de Justicia (http://www.usdoj.gov/atr). Resuma el caso incluyendo a las partes en conflicto, el fundamento legal del caso y el estado actual del proceso.

CAPÍTULO 16

Bienes públicos y elección pública

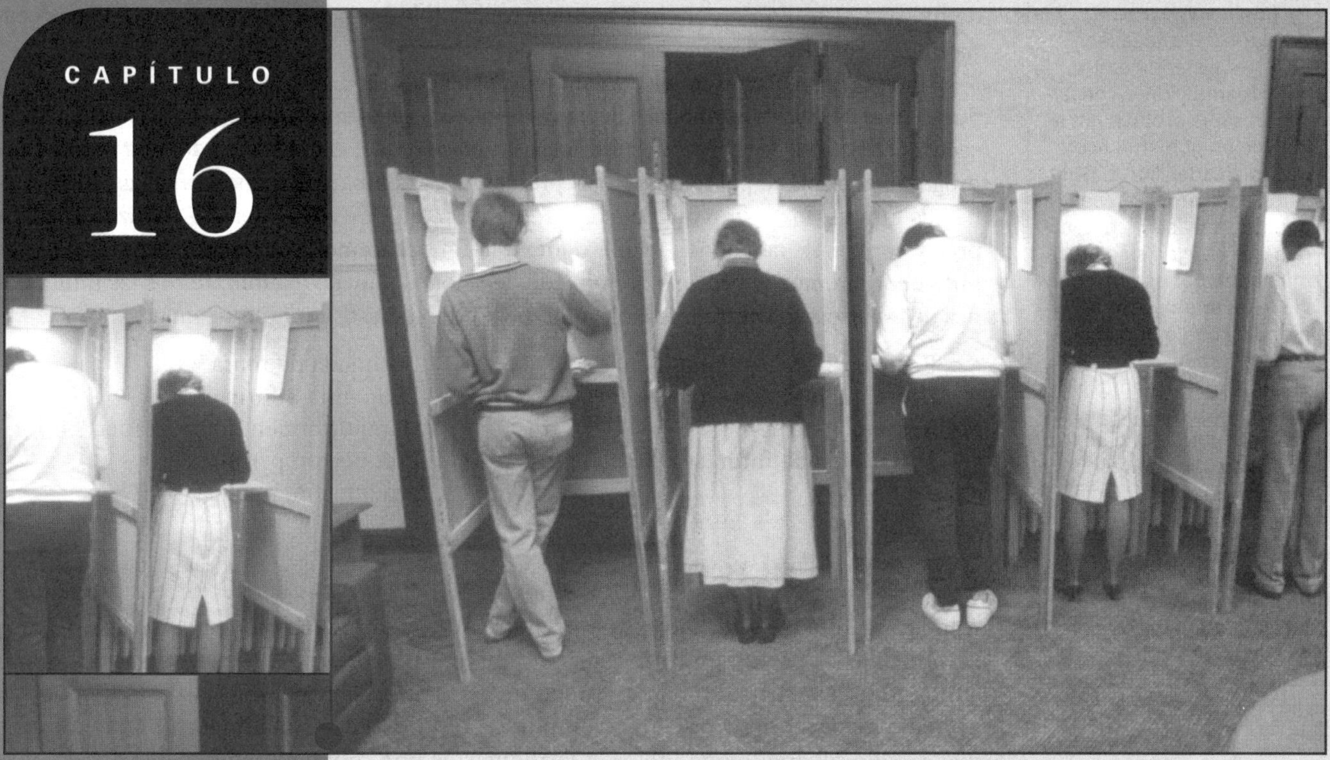

¿Qué diferencia hay entre los bienes públicos y los privados? ¿Por qué la mayoría de la gente ignora lo que sucede en el sector público? ¿Por qué es tan bajo el nivel de asistencia de votantes a las urnas? ¿Por qué los políticos satisfacen intereses particulares? ¿Por qué es más probable que los funcionarios elegidos respalden los límites a los gastos de campaña que sus contendientes? En este capítulo responderemos a estas preguntas y nos enfocaremos en el sector público, tanto en la razón de ser de los bienes públicos como en las elecciones públicas respecto a esos bienes.

Los efectos del gobierno se perciben en todo lo que nos rodea: en las prendas de ropa que se puso esta mañana aparecen etiquetas con instrucciones de lavado que el gobierno exigió que se incluyeran. Los precios de la leche y el azúcar que le agrega a su cereal se mantienen en su nivel gracias a apoyos del gobierno. Las condiciones del autobús en el que se transporta a la universidad u oficina están

NetBookmark

El Instituto Cato, cuyo sitio es http://www.cato.org/, y la Fundación Heritage, en http://www.heritage.org/, son organizaciones conservadoras que promueven la idea de un gobierno acotado y mercados libres. Sus sitios en internet ofrecen noticias, análisis y comentarios que reflejan su planteamiento de por qué no conviene tener un gobierno grande y cómo puede limitarse la dimensión de éste. El ganador del premio Nobel en economía, James Buchanan, ha sido uno de los defensores con mayor influencia en esta filosofía. Buchanan cuenta su historia en una entrevista otorgada a *The Region*, la cual puede consultar en http://minneapolisfed.org/pubs/region/95-09/int959.html.

reguladas por el gobierno, lo mismo que la velocidad a la que se debe manejar y la sobriedad del conductor. Su educación fue subsidiada por el sector público de diversas maneras. El gobierno ejerce una influencia dominante en todos los aspectos de su vida y en la economía. De hecho, el gobierno es un gran negocio. Cada año, el gobierno federal gasta más de $1 800 000 000 000, es decir, $1.8 *billones*, lo que incluye el gasto de más de $1 millón en clips. Por su parte, los gobiernos estatales y municipales recaban y gastan otro billón más.

En este libro hemos analizado la función del gobierno. En su mayor parte, hemos supuesto que éste lleva a cabo las adecuaciones necesarias en respuesta a las deficiencias del sector privado; es decir, al enfrentar fallas en el mercado, el gobierno adopta e implanta el programa apropiado para subsanar el problema. Sin embargo, la eficacia del gobierno tiene sus límites, lo mismo que la eficacia del mercado. En este capítulo analizaremos los pros y contras de la actividad gubernamental. Empezaremos por los bienes públicos, después abordaremos el proceso de toma de decisiones y luego examinaremos las limitaciones de ese proceso. Entre los temas que se abordan en este capítulo se encuentran:

- Bienes privados *versus* bienes públicos
- Democracia representativa
- Ignorancia racional
- Legislación de intereses particulares
- Búsqueda de renta
- Economía informal
- Comportamiento burocrático
- Producción privada *versus* producción pública

BIENES PÚBLICOS

A lo largo del contenido de este libro hemos hablado de los *bienes privados*. Dichos bienes tienen dos características importantes. En primer lugar, *compiten* por el consumo, lo que significa que la cantidad que consume una persona no está disponible para el consumo de otras. Por ejemplo, cuando usted y sus amigos comparten una pizza, cada rebanada que ingieren los demás es una rebanada menos disponible para usted, razón por la cual come un poco más rápido cuando comparte algo. Una segunda característica medular de los bienes privados consiste en que los proveedores pueden excluir fácilmente a quienes no pagan. Sólo los clientes que pagan obtienen pizzas. Por tanto, se dice que los bienes privados *compiten* y son *exclusivos*.

Bienes privados, bienes públicos y bienes intermedios

En comparación con los bienes privados, los bienes públicos, como la defensa nacional, el servicio climatológico nacional, el Centro para el Control de las Enfermedades o bien, un programa de control de mosquitos en una comunidad, *no compiten* por el consumo. El consumo de un individuo no mengua la cantidad disponible para los demás. Una vez producidos estos bienes, están disponibles para todos en la misma cantidad; el costo marginal de ofrecer el bien a un cliente más es igual a cero. Sin embargo, una vez que se produce un bien público, los proveedores no pueden negarlo tan fácilmente a quienes no pagan. Por ejemplo, si una empresa realiza una fumigación para combatir una plaga de mosquitos, todos los hogares se benefician con ello. La empresa no puede excluir a los que no pagaron. Por tanto, la fumigación *no es exclusiva*, disponen de ella todos los hogares, al margen de quién pague y no. Sin embargo, hay quienes piensan: "Si puedo disfrutar de los beneficios sin pagar, ¿para qué molestarme en hacerlo?" A quienes producen con fines lucrativos les resulta muy difícil o imposible que a la gente se le cobre por bienes no exclusivos.

En suma, los bienes públicos *no compiten* y *no son exclusivos*. Una vez producidos, dichos bienes están disponibles para que todos los consuman, independientemente de quién pague y no. En consecuencia, las empresas con fines de lucro no pueden vender en forma redituable los bienes públicos. No hay máquinas expendedoras de dichos bienes. En este caso de falla del mercado, el gobierno entra al rescate ofreciendo bienes públicos y pagando por ellos mediante imposiciones fiscales. En ocasiones, los organismos sin fines lucrativos también ofrecen bienes públicos, financiándolos mediante contribuciones y otras fuentes de ingreso.

Con todo, la economía consiste en algo más que bienes privados y públicos. Algunos bienes *no compiten* pero son *exclusivos*. Por ejemplo, un programa de televisión puede ser visto en más hogares de lo habitual sin afectar con ello la recepción de la señal televisiva de otros espectadores. No hay una cantidad limitada de la señal televisiva. Las señales de televisión no compiten por el consumo. Sin embargo, los productores de los programas, si así lo deciden, podrían exigir que los hogares contaran con receptores de señales especiales y cobrar a cada uno por el programa, tal y como sucede con la televisión por cable, de modo que la señal televisiva se haría exclusiva. Un bien que no compite pero que es exclusivo se denomina **bien casi público**.

Bien casi público Bien que no compite pero que es exclusivo, como la televisión por cable.

Siguiendo este mismo principio, cerca del punto de congestión, las personas pueden beneficiarse en mayor número de un campo de golf, una piscina, un concierto de rock o un puente sin que mengue el beneficio para los demás usuarios. Estos bienes, cuando no se congestionan, no compiten. No obstante, los productores pueden excluir, con relativa facilidad, a quienes no pagan la tarifa ecológica, la admisión a la piscina, el precio de la entrada al concierto o el peaje del puente. Estos bienes no congestionados no compiten ni son exclusivos y, por tanto, son bienes casi públicos. Sin embargo, si se genera una congestión, tales bienes se vuelven competidores, el espacio es escaso en un campo de golf con mucha demanda, en una piscina muy concurrida, en un concierto de rock que está lleno de entusiastas seguidores o bien, en un puente cargado de automóviles. Una vez que se genera la congestión, estos bienes casi públicos se vuelven bienes privados: compiten y son exclusivos.

Hay otros bienes que *compiten* pero *no son exclusivos*. Se compite por los peces en el océano en el sentido de que cada pez atrapado no está disponible para que otros lo pesquen; lo mismo se aplica en el caso de aves migratorias, como los patos salvajes. Sin embargo, los peces en el océano y las aves migratorias no son exclusivos, ya que resultaría costoso o imposible que una empresa privada impidiera el acceso a estos bienes. A un bien que es competidor pero no exclusivo se le denomina **bien de acceso abierto**, ya que sería difícil y oneroso impedir que los individuos consumieran el bien. En el siguiente capítulo, examinaremos los problemas que surgen con los bienes de acceso abierto.

Bien de acceso abierto Bien que compite pero que no es exclusivo, como los peces en el mar.

En la figura 1 aparece una matriz en la que se clasifican los cuatro tipos de bienes analizados. En la parte superior, los bienes son *competidores* o *no competidores*, y en el margen izquierdo, los bienes son *exclusivos* o *no exclusivos*. El sector privado es el que suele ofrecer los bienes privados. Los bienes casi públicos en ocasiones son propor-

FIGURA 1

Categorías de bienes privados y públicos

	Competidor	**No competidor**
Exclusivo	1. Bienes privados —Pizza —Piscina saturada	2. Bienes casi públicos —Televisión por cable —Piscina no saturada
No exclusivo	3. Bienes de acceso abierto —Peces en el océano —Aves migratorias	4. Bienes públicos —Defensa nacional —Control de mosquitos

cionados por el gobierno, como en el caso de un campo de golf municipal; y a veces por el sector privado, como sucede con un campo de golf privado. Los bienes de acceso abierto los regula, por lo común, el gobierno, tal y como lo comprobará en el capítulo siguiente. Los bienes públicos, por otro lado, suelen ser ofrecidos por el gobierno.

Suministro óptimo de bienes públicos

Como los bienes privados son sustitutos en el consumo, la demanda de mercado de un bien privado es la suma de las cantidades que demanda cada consumidor. Por ejemplo, la cantidad de pizza en el mercado que se demanda cuando el precio es de $10 es la cantidad que demanda Alan más la cantidad que demanda María más la cantidad que demandan todos los demás consumidores en el mercado. La curva de la demanda de mercado de un bien privado es la suma *horizontal* de las curvas de demanda individuales, idea que se desarrolló en la figura 7 del capítulo 6. La cantidad eficiente de un bien privado ocurre cuando la curva de la demanda de mercado se interseca con la curva de la oferta de mercado.

Sin embargo, un bien público no compite por el consumo, de modo que tal bien, una vez producido, está disponible para todos los consumidores en la misma cantidad. Por ejemplo, la demanda de mercado de un determinado nivel de control de mosquitos refleja el beneficio marginal que María obtiene de la cantidad más el beneficio marginal que obtienen todos los demás en la comunidad por esa cantidad del bien. Por tanto, la curva de la demanda de mercado de un bien público es la suma *vertical* de la demanda del bien público de cada consumidor. Para llegar al nivel de eficiencia del bien público, buscamos el punto en el cual la curva de la demanda de mercado se interseca con la curva del costo marginal, es decir, donde la suma de las valoraciones marginales es igual al costo marginal.

Suponga que el bien público del que se trata es el control de mosquitos en un barrio, el cual, para simplificar, aplica solamente en dos hogares, uno encabezado por Alan y el otro por María. Alan pasa más tiempo en el jardín y, por ende, valora más un ambiente libre de mosquitos que María, quien pasa más tiempo fuera de casa. Sus curvas de demanda aparecen en la figura 2 como D_a y D_m, lo que refleja los costos marginales de que disfrutan Alan y María en cada tasa de producción. La cantidad se mide aquí en horas de fumigación para el combate del mosquito por semana.

Por ejemplo, cuando el municipio fumiga dos horas a la semana, María valora la segunda hora en $5 y Alan en $10. Para derivar la suma de los beneficios marginales para el barrio, sólo sumamos el beneficio marginal de cada residente y obtenemos $15, como se identifica en el punto *e*. Al sumar verticalmente las valoraciones marginales en cada tasa de producción, derivamos la curva de demanda del barrio, *D*, de la fumigación para el combate del mosquito.

¿Qué cantidad de fumigador de mosquitos debe proporcionar el gobierno? Suponga que el costo marginal de fumigar es una constante de $15 por hora, como se aprecia en la figura 2. El nivel de eficiencia de producción se encuentra donde el beneficio marginal para el barrio es igual a la curva de costo marginal, lo que ocurre donde la curva de demanda del barrio se interseca con la curva de costo marginal. En nuestro ejemplo, estas curvas se intersecan donde la cantidad es de dos horas por semana.

El gobierno paga por la fumigación de mosquitos mediante impuestos, cuotas a los usuarios o alguna combinación de ambas modalidades. El modelo más eficiente sería imponer un impuesto a cada residente igual a su valoración marginal. Sin embargo, aunque esto parece sencillo, existen al menos dos problemas. En primer lugar, una vez que la gente se da cuenta de que sus impuestos se basan en lo que el gobierno considera que ellos valoran el bien, la gente suele subestimar su verdadera valoración. ¿Para qué admite usted que valora el bien si, como resultado, obtiene un aumento en los impuestos? Por tanto, los contribuyentes se muestran renuentes a ofrecer información sobre la verdadera valoración que hacen de los bienes públicos. Esto genera el **problema del polizonte**, el cual ocurre porque la gente trata de beneficiarse

Problema del polizonte
Como un bien público no es exclusivo, la gente trata a menudo de beneficiarse de él sin pagar.

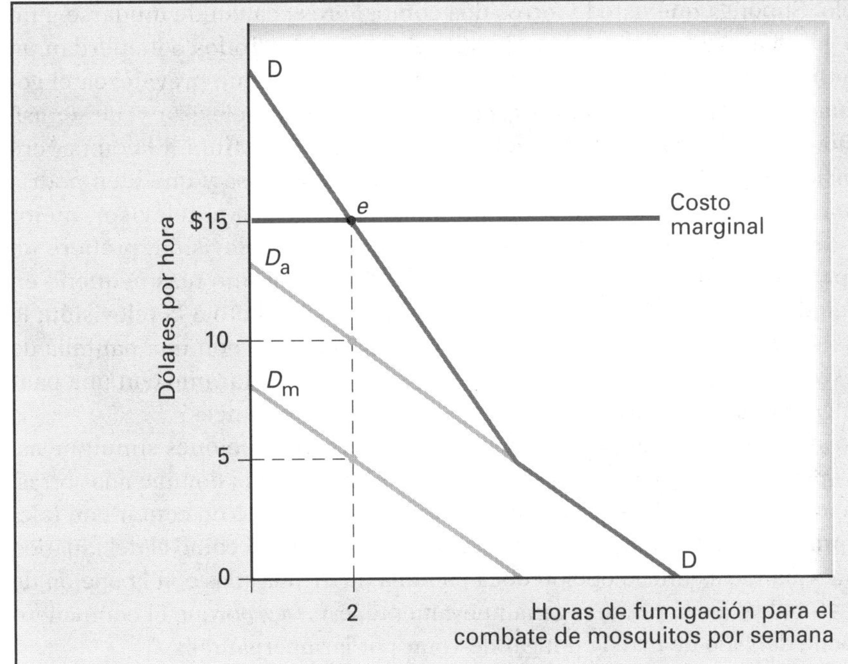

FIGURA 2

Mercado de bienes públicos

Como los bienes públicos, una vez producidos, están disponibles para todos en cantidades idénticas, la demanda de un bien público es la suma vertical de la demanda de cada individuo. Por tanto, la demanda de mercado de fumigación de mosquitos es la suma vertical de la demanda de María, D_m, y la demanda de Alan, D_a. El nivel de eficiencia de provisión se encuentra cuando el costo marginal de fumigación de mosquitos es igual a su beneficio marginal. Esto ocurre cuando la curva de costo marginal se interseca con la curva de demanda del mercado, *D*, lo que da por resultado el punto *e*.

del bien público sin pagar por él. Por ejemplo, pueden disfrutar de los beneficios del combate a los mosquitos paguen o no. Pero aun cuando el gobierno tuviera información precisa sobre las valoraciones marginales, algunos hogares ganan mucho más que otros y, por tanto, tienen una mayor capacidad para pagar impuestos. En nuestro ejemplo, Alan valora el control de mosquitos más porque pasa más tiempo en el jardín que María. ¿Qué sucede si Alan pasa más tiempo ahí porque no puede encontrar trabajo? ¿Sus impuestos serían menores que los de María, quien, digamos, tiene un empleo muy bien remunerado? Por tanto, gravar a las personas en función de las valoraciones marginales que hacen del bien público tal vez resulte eficaz, pero no se consideraría justo, o equitativo, si la capacidad de pago es diferente.

Una vez que se produce el bien público, sólo se dispone de esa producción. En virtud de que sólo se produce una cantidad, el consumo de cada individuo se limita a esa cantidad en particular. Por otro lado, en el caso de los bienes privados, cada consumidor está en libertad de comprar la cantidad que prefiera. Por tanto, los bienes públicos son más complejos que los privados ya que debe determinarse qué tipo de éstos se van a proporcionar, en qué cantidades se van a producir y finalmente, quién deberá pagarlos. Estas decisiones se toman mediante elecciones públicas, tema que examinaremos en lo que resta de este capítulo.

ELECCIÓN PÚBLICA EN LA DEMOCRACIA REPRESENTATIVA

Las decisiones gubernamentales en materia de suministro de bienes y servicios públicos, y la recaudación de ingresos fiscales son *elecciones públicas*. En una democracia, las elecciones públicas exigen, por lo general, la aprobación de la mayoría de los votantes. Podemos explicar la elección del electorado con gobierno de mayoría si nos centramos en las preferencias del votante medio. El *votante medio* es aquel cuyas preferencias se ubican en el nivel intermedio del conjunto de preferencias de todos los votantes. Por ejemplo, si el tema es el tamaño del presupuesto gubernamental, la mitad de los votantes prefieren un presupuesto mayor y la mitad uno más reducido.

Modelo del votante medio

El **modelo del votante medio** predice que, en ciertas condiciones, la preferencia del votante intermedio, o medio, predominará sobre otras elecciones. Veamos la lógica

Modelo del votante medio En determinadas condiciones, la preferencia del votante medio, o intermedio, predominará sobre otras elecciones públicas.

de este modelo. Suponga que usted y otros dos compañeros acaban de mudarse a un apartamento y que entre los tres deben decidir el mobiliario. Todos concuerdan en compartir equitativamente los costos comunes y que dejarán que prevalezca el gobierno de la mayoría. El asunto a tratar es si debe comprarse un televisor y, de ser así, de qué tamaño. Sin embargo, cada uno tiene una preferencia distinta. El compañero estudioso considera que la televisión es una distracción fastidiosa y que bien podría prescindir de ella; pero, en todo caso, cuanto más pequeño sea el televisor, mejor para él. Otro de los compañeros, un verdadero fanático de la televisión, prefiere un aparato con pantalla de 48 pulgadas, pero se conformaría con uno más pequeño en lugar de prescindir de éste. Si bien usted está lejos de ser un adicto a la televisión, le gusta verla como un alivio a la rutina de la escuela; un televisor con una pantalla de 27 pulgadas es su primera elección, pero estaría dispuesto a aceptar uno con una pantalla de 48 pulgadas que no contar con ninguno. ¿Qué hacer entonces?

Todos acceden a someter la decisión a votación sobre dos opciones simultáneas, luego unen la opción ganadora con la opción restante hasta que una domine a las otras. Cuando la opción del televisor de 27 pulgadas se une a la opción de no contar con televisor, gana la primera opción porque obtiene tanto el voto de usted como el del fanático de la televisión. Cuando se une la opción de la pantalla de 27 pulgadas con la opción de la pantalla de 48 pulgadas, la primera gana nuevamente, esta vez porque el compañero estudioso se pone del lado de usted en lugar de votar por la superpantalla.

En efecto, la votación mayoritaria delega la elección pública a la persona cuya preferencia es la media del grupo. Usted, como votante medio en este caso, puede salirse con la suya. Si hubiera preferido un televisor con pantalla de 13 o 36 pulgadas, hubiera obtenido un respaldo mayoritario para cualquiera de esos dos tamaños. De manera similar, *el votante medio en un electorado suele determinar las elecciones públicas. Los candidatos políticos buscan resultar electos y para ello recurren al votante medio*. Ésta es una de las razones por las que los candidatos a menudo se parecen tanto. Advierta que bajo el gobierno de la mayoría, sólo el votante medio obtiene lo que desea. Por tanto, los otros se ven obligados a conformarse con lo que desea dicho votante. Así pues, los otros votantes terminan pagando por lo que consideran que es excesivo o demasiado poco por un bien público, y éste es otro de los costos que tienen los bienes públicos para el bienestar.

La gente vota directamente sobre ciertos asuntos en reuniones municipales realizadas en Nueva Inglaterra y en referéndum ocasionales, pero la democracia directa no es el medio más común de elección pública. Si usted considera las miles de elecciones públicas que deberían hacerse en favor de los votantes en lo individual, queda de manifiesto que la democracia directa a través de referéndum sería complicada y poco práctica. En lugar de tomar decisiones por medio del referéndum directo, los votantes eligen a *representantes*, quienes, al menos en teoría, hacen elecciones públicas que reflejan las opiniones de sus electores. En ciertas condiciones, las elecciones públicas resultantes son un reflejo de las preferencias del votante medio. A continuación, exploraremos algunas de las complicaciones que se presentan al hacer elecciones públicas a través de la democracia representativa.

Interés particular e ignorancia racional

Suponemos que los consumidores maximizan la utilidad y las empresas maximizan las ganancias; pero, ¿qué sucede con los gobiernos? Como señalamos en el capítulo 4, no hay un acuerdo común sobre qué es lo que maximizan los gobiernos o, de manera más concreta, lo que los funcionarios elegidos maximizan, si es que lo hacen. Una teoría que guarda paralelismo con la premisa del interés personal racional empleado en las elecciones privadas es que los funcionarios elegidos tratan de *maximizar su respaldo político*.

Es posible que los representantes elegidos atiendan intereses particulares en lugar de atender los de la mayoría. El problema surge por la asimetría entre los intereses particulares y el interés público, idea que presentamos en el capítulo anterior. Considere tan sólo una de las miles de decisiones que los representantes elegidos toman cada año: financiar un oscuro programa federal que subsidia la producción de lana en Estados Unidos. Según el programa de subsidio a la lana, el gobierno federal garantiza que se pague un precio mínimo a los ovejeros por cada libra de lana que produzcan, subsidio que a los contribuyentes les cuesta cerca de $75 millones al año. Durante las deliberaciones para renovar el programa, la única persona que testificó ante el Congreso fue un representante de la Asociación Nacional de Criadores de Ganado Lanar, quien afirmó que el subsidio era vital para el bienestar económico de la nación. ¿Por qué ningún contribuyente refutó el subsidio? ¿Por qué los criadores de ovejas pudieron taparle el cielo a los contribuyentes con un harnero?

Los hogares consumen tal diversidad de bienes y servicios públicos y privados que no tienen ni el tiempo ni el incentivo para entender los efectos de las elecciones públicas sobre cada producto. Lo que es más, los votantes se dan cuenta de que individualmente sólo tienen una posibilidad insignificante de influir en el resultado de las elecciones públicas. Aun cuando un votante de alguna manera pudiese influir en el resultado, probablemente el impacto en ese votante sea menor. Por ejemplo, si un contribuyente pudiera realizar exitosamente una campaña rural con el fin de eliminar el subsidio de la lana, el contribuyente ahorraría, en promedio, menos de $0.60 al año en impuestos federales sobre la renta (con base en los aproximadamente 130 millones de declaraciones de impuestos individuales en el 2001). Por tanto, a menos que los votantes tengan un interés particular en la legislación, adoptan una postura de **ignorancia racional**, lo cual significa que permanecen en gran medida ajenos a los costos y beneficios de las miles de propuestas que consideran los funcionarios elegidos. El costo para el votante común de obtener tal información y actuar a partir de ésta generalmente es mayor que cualquier beneficio que pueda esperar.

Ignorancia racional Postura que adoptan los votantes cuando descubren que los costos de entender y votar sobre un determinado asunto rebasan los beneficios que esperan al hacerlo.

En comparación, los consumidores tienen un mayor incentivo para reunir información y actuar a partir de ésta respecto a las decisiones que toman en los mercados privados, ya que obtienen beneficios directos de tal información. *Como la información y el tiempo necesario para recopilarla y asimilarla son escasos, los consumidores se concentran en las elecciones privadas en lugar de las públicas. La retribución que obtienen al hacer elecciones privadas suele ser más inmediata, más directa y más sustantiva.* Por ejemplo, un consumidor que incursiona en el mercado en busca de un automóvil nuevo tiene el incentivo de examinar los antecedentes de funcionalidad de diferentes modelos, conducir varios para probarlos y revisar los precios en las concesionarias y en internet. Sin embargo, esa misma persona se sentirá menos motivada a examinar los antecedentes de desempeño de los candidatos a un cargo público dado que ese votante prácticamente no tiene probabilidades de decidir la elección. Lo que es más, los candidatos aspiran a complacer al votante medio, por lo que suelen adoptar posturas que de cualquier manera son similares.

Distribución de costos y beneficios

Pasemos ahora a un tema diferente: cómo se distribuyen en la población los costos y beneficios de las elecciones públicas. Los beneficios de una determinada legislación pueden conferirse sólo a un pequeño grupo o a una buena parte de la población. Asimismo, los costos que impone una determinada medida legislativa pueden distribuirse estrecha o ampliamente en la población. Las posibles combinaciones de beneficios y costos generan cuatro categorías de distribuciones: (1) beneficios y costos generalizados, (2) beneficios concentrados y costos generalizados, (3) beneficios generalizados y costos concentrados; y (4) costos concentrados y beneficios concentrados.

La **legislación de bienes públicos tradicionales**, como sería la defensa nacional y un sistema de justicia, tienen beneficios y costos generalizados, casi todos se benefician y pagan. La legislación de bienes públicos tradicionales suele ejercer un impacto positivo en la economía, ya que los beneficios totales rebasan los costos totales.

Legilación de bienes públicos tradicionales Legislación que supone costos y beneficios generalizados, casi todos pagan y todos se benefician.

Legislación del interés particular Legislación que genera beneficios concentrados, pero impone costos generalizados.

Legislación del interés público Legislación que tiene beneficios generalizados pero costos concentrados.

Legislación de competencia de intereses Legislación que ofrece beneficios concentrados a un grupo imponiendo costos concentrados a otro.

En el caso de la **legislación del interés particular**, los beneficios se concentran, pero los costos se generalizan. Por ejemplo, como habrá de ver pronto, los apoyos en precios a los productos lácteos beneficia a los granjeros que los generan con precios más elevados. Los costos del programa se distribuyen en casi todos los consumidores y contribuyentes. La legislación que atiende a intereses particulares suele perjudicar a la economía, ya que los costos totales a menudo rebasan los beneficios totales.

La **legislación del interés público** supone beneficios generalizados, pero costos concentrados. Aprobar este tipo de legislación suele ser difícil, ya que el grupo que habrá de beneficiarse, por lo común, se mantiene racionalmente ignorante a la propuesta de legislación, de modo que estos votantes proporcionan un reducido apoyo político. Sin embargo, el grupo que resulta perjudicado con los costos concentrados objetará airadamente. Por ejemplo, la legislación para reformar los juicios civiles beneficiaría a la economía en su conjunto ya que limitaría las acciones procesales por responsabilidad de productos, reduciría los costos de los seguros y llevaría algunos productos al mercado que, debido a los juicios de responsabilidad, han desaparecido, como la aviación personal. Sin embargo, los abogados, el grupo más perjudicado por tales limitaciones, han bloqueado exitosamente las reformas durante varios años. Como el pequeño grupo que soporta el costo está muy enterado del impacto de la propuesta de legislación, pero quienes cosecharían los beneficios son racionalmente ignorantes, la legislación del interés público tiene pocas probabilidades de aprobación, a menos que los funcionarios elegidos logren de algún modo llevar el asunto a la pantalla de los votantes. Se ha dicho que "no es fácil interesar al público en el interés público".

Por último, la **legislación de competencia de intereses** incluye costos y beneficios concentrados, como la legislación que afecta la posición de mercado relativa de Microsoft en comparación con AOL, o bien, la legislación que afecta el poder de los sindicatos en sus tratos con los patrones.

En la figura 3 aparecen las cuatro categorías de distribuciones. En la parte superior, los beneficios de la legislación son *generalizados* o *concentrados*, y en el margen izquierdo, los costos son *generalizados* o *concentrados*. En el recuadro 1 se muestra la legislación de bienes públicos tradicionales con los beneficios y costos, tales como la defensa nacional. En el recuadro 2 se aprecia la *legislación del interés particular* con beneficios concentrados pero costos generalizados, como los subsidios agrícolas. En el recuadro 3 aparece la *legislación del interés público* con beneficios generalizados pero costos concentrados, como la reforma en materia de juicios civiles. Finalmente, en el recuadro 4 aparece la *legislación de competencia de intereses* con beneficios y costos concentrados, como los asuntos relacionados con los sindicatos.

En el siguiente caso de estudio, consideramos un programa de interés particular: los apoyos al precio de la leche.

FIGURA 3

Categorías de las legislaciones con base en la distribución de costos y beneficios

		Distribución de beneficios	
		Generalizados	**Concentrados**
Distribución de costos	**Generalizados**	1. Bienes públicos tradicionales —Defensa nacional	2. Interés particular —Subsidios agrícolas
	Concentrados	3. Populista —Reforma a los juicios civiles	4. Competencia de intereses —Asuntos sindicales

SUBSIDIOS AGRÍCOLAS

A la Propuesta de Acuerdo Comercial Agrícola (*Agricultural Marketing Agreement*) se le confirió la categoría de Ley en 1937 para impedir lo que se concebía como una "competencia ruinosa" entre los agricultores. En los años siguientes, el gobierno introdujo diversas políticas para fijar precios mínimos a una amplia gama de productos agrícolas. Hasta que el gobierno federal empezó a retirar los subsidios agrícolas en 1996, los costos directos rebasaban los $10 mil millones anuales para docenas de productos agrícolas. Los programas de apoyo directo a la leche, el azúcar y algunos otros productos aún persisten, y la ayuda federal ha promediado más de $7 mil millones anuales desde 1998.

En buena parte del país, los precios de la leche son los que mayor regulación tienen en comparación del resto de los productos agrícolas. Explicar las complejidades del programa de apoyo a los precios de la leche se lleva tres volúmenes del Código de Regulaciones Federales (*Code of Federal Regulations*), y aplicar las regulaciones emplea a 650 personas en el Departamento de Agricultura de Estados Unidos (*U.S. Department of Agriculture*), una cantidad mayor de la que se necesita para supervisar todo el presupuesto federal en la Oficina de Administración y Presupuesto (*Office of Management and Budget*). Estas reglas cuestan a los consumidores al menos $1.7 mil millones anuales, según los estudios del Departamento de Agricultura.

Mediante un ejemplo hipotético, veamos el funcionamiento de los apoyos a los precios en la industria de los productos lácteos. En la figura 4 se ilustra una panorámica simplificada del mercado de la leche. Suponga que, en ausencia de la intervención del gobierno, el precio de mercado de la leche promedia $1.50 por galón y la cantidad de equilibrio promedia 100 millones de galones mensuales. En una situación de equilibrio de largo plazo, los productores de lácteos obtendrían una tasa de rendimiento normal en esta industria competitiva. Los consumidores captarían el excedente del consumidor que se representa mediante el área sombreada en color azul. Recuerde que el excedente del consumidor es la diferencia entre lo máximo que los consumidores habrían estado dispuestos a pagar y la cantidad que en realidad pagan.

Sin embargo, suponga que los productores de lácteos convencen al Congreso de que el precio de mercado es demasiado bajo, de modo que el legislativo establece un precio mínimo de, digamos, $2.50 por galón. Este incremento en el precio mínimo estimula a

*e*Actividad

En las "Disposiciones de la Ley Federal para el Mejoramiento y la Reforma de la Agricultura de 1996" (*Provisions of the Federal Agriculture Improvement and Reform Act of 1996*), disponible en **http://www.ers.usda.gov/publications/aib729/**, se describe la nueva legislación orientada a reducir la dependencia de los agricultores de los programas de apoyo a los precios. En el resumen de "Structure of Dairy Markets: Past, Present, Future", disponible en **http://www.ers.usda.gov/publications/aer757**, puede leer sobre el impacto que esta legislación tiene en el sector de lácteos. ¿Qué tipo de empresa compra más leche de los productores de lácteos? ¿Qué le depara el futuro a los mercados de lácteos? La Universidad de Maryland cuenta con la National Dairy Database en **http://www.inform.umd.edu/EdRes/Topic/AgrEnv/ndd/marketing/** donde aparecen más informes sobre la comercialización de los productos lácteos.

FIGURA 4

Efectos de los apoyos al precio de la leche

En ausencia de la intervención del gobierno, el precio de mercado de la leche es de $1.50 por galón, y se venden 100 millones de galones al mes. Si el Congreso establece un precio mínimo de $2.50 por galón, entonces la cantidad de oferta se incrementará y la cantidad de demanda disminuirá. Para poder mantener el precio más elevado, el gobierno debe adquirir la cantidad en exceso a $2.50 el galón.

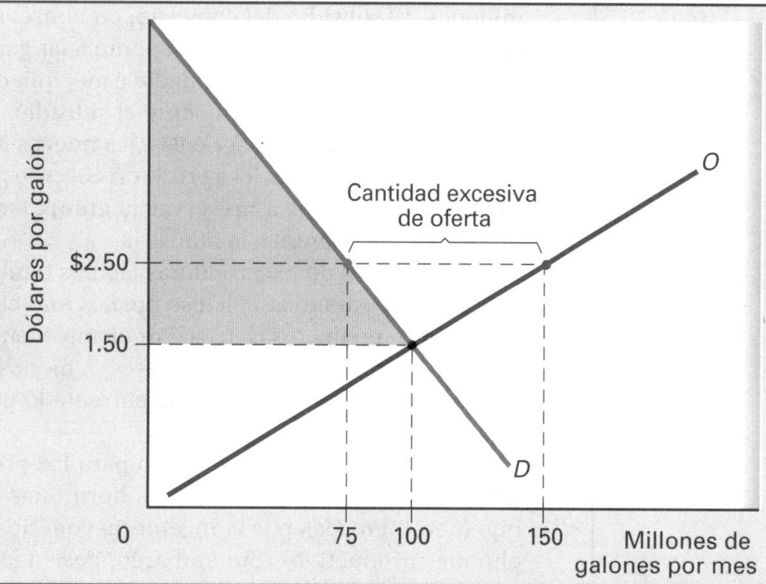

los productores de leche a que aumenten la cantidad de oferta a 150 millones de galones al mes. Pero, en respuesta al aumento en el precio, los consumidores reducen su cantidad de demanda a 75 millones de galones. Para hacer que el mayor precio permanezca, el gobierno debe comprar los 75 millones de galones de leche "excedente" generados por el precio mínimo o bien, hacer que de alguna manera los productores de lácteos restrinjan su producción a 75 millones de galones al mes. Por ejemplo, el gobierno podría pagar a los productores de leche por no producir o en el caso extremo, comprarles vacas a fin de reducir la producción, tal como se hizo en los ochenta.

Finalmente, los consumidores terminan por pagar muy caro el subsidio a los agricultores. En primer lugar, el precio se incrementa en $1 por galón; en segundo lugar, los consumidores, como contribuyentes, deben pagar por el excedente de leche o, en todo caso, pagar a los granjeros por no producir ese excedente del producto; y, en tercer lugar, si el gobierno adquiere la leche excedente, los contribuyentes deben pagar entonces por su almacenamiento. De modo que el consumidor paga $2.50 por cada galón de leche que adquiere en el mercado, otros $2.50 por cada galón que el gobierno adquiere, más, digamos, $0.50 extra por galón para convertir el excedente de leche en polvo y poder así almacenarla. En lugar de pagar sólo $1.50 por galón de leche, es decir, el precio libre de mercado, el consumidor-contribuyente común paga en efecto $5.50 (= $2.50 + $2.50 + $0.50) o bien, cerca de cuatro veces más por cada galón consumido realmente.

Por otro lado, ¿cómo les va a los productores? Cada uno recibe $1 extra por galón en ingreso adicional en comparación con el precio de mercado libre. Sin embargo, conforme los granjeros incrementan su producción, el costo marginal de producción aumenta; al margen, el precio más alto compensa los costos más altos de producción. El subsidio aumenta el valor de los recursos especializados, como ganado vacuno y tierra de pastoreo, entonces los granjeros que poseen este tipo de recursos se beneficiarán cuando el programa de subsidio se apruebe. Los productores que adquieran tales recursos después de que entra en operación el subsidio, sólo obtienen una tasa de rendimiento normal sobre su inversión. Por tanto, con un acceso libre a la industria de los productos lácteos, los granjeros sólo obtienen a la larga una tasa de rendimiento normal, pese a los miles de millones que se destinan a los subsidios agrícolas.

Si el dólar extra por galón que obtienen los productores de leche fuera pura ganancia, las ganancias en la agricultura se incrementarían en $150 millones al mes. Pero los costos para el consumidor-contribuyente se incrementarían en $300 millones mensuales ($75 millones por el precio más alto de cada uno de los 75 millones de galones que compran los consumidores, más $187.5 millones en mayores impuestos por los 75 millones de galones excedentes que adquiere el gobierno, más $37.5 millones para almacenar los 75 millones de galones excedentes). Por tanto, los costos para el consumidor-contribuyente representan el doble de la posible ganancia máxima de los granjeros de $150 millones. El subsidio del gobierno, en consecuencia, ejerce un impacto negativo en la economía, ya que las pérdidas superan a las ganancias de esta legislación del interés particular. Esto no significa que nadie gane, quienes poseen recursos especializados ganan cuando se introduce inicialmente el subsidio. Sin embargo, una vez que se incrementa el precio de los recursos agrícolas, los nuevos productores deben pagar más para ubicarse en una posición que les permita recoger los frutos de los subsidios. Irónicamente, los subsidios destinados a preservar la granja familiar elevan los costos de un joven emprendedor que ingresa a la industria.

La industria de los productos lácteos también recibe otros apoyos. Algunos programas estatales garantizan incluso precios más elevados. Hay otras leyes que promueven el consumo de productos lácteos. Por ejemplo, en muchos estados las leyes prohiben que se sirva margarina en los restaurantes, a menos de que los clientes la soliciten en lugar de mantequilla. La margarina ha enfrentado un largo historial de discriminación que se remonta desde hace un siglo.

El problema en el largo plazo para los productores de lácteos consiste en que los progresos tecnológicos, como las hormonas que estimulan la producción de leche y que fueron creadas por la ingeniería genética, han hecho que los granjeros sean mucho más productivos. Sin embargo, pese a las campañas ampliamente difundidas en favor de la leche, el consumo de ésta permanece en el mismo nivel. La combinación de incremento en la oferta y estancamiento de la demanda genera una cantidad de oferta excedente.

Todos estarían en mejores condiciones si el gobierno hiciera un pago directo a los productores de lácteos, un pago no ligado a la producción o al precio de la leche. Sin embargo, aunque alguien pudiera idear un sistema de pago a los productores de lácteos, tal compensación podría atraer la atención del público y condenarlo al fracaso.

Fuentes: Bruce L. Gardner, "Changing Economic Perspectives on the Farm Problem", *Journal of Economic Literature,* núm. 30, marzo 1992, pp. 62-101; Ken Bailey y José Gamboa, "A Regional Economic Analysis of Dairy Compacts", Universidad de Missouri, enero 1999; "Proposed Bill Sets Up Milk Price Minimums", *Milwaukee Journal Sentinel,* 3 de agosto 2000; "The OPEC of Milk", *The Wall Street Journal,* 20 de junio 2001; Philip Shenon, "Senate Passes Farm Measure Supported by President", *The New York Times,* 4 de agosto 2001; y el sitio de servicio de comercialización para los productos lácteos del Departamento de Agricultura de Estados Unidos en http://www.ams.usda.gov/dairy/index.htm.

Búsqueda de renta

Una característica importante de la democracia representativa es el incentivo y el poder político que ofrece a los participantes de servirse de la legislación para acrecentar su riqueza, ya sea mediante transferencias directas o a través de desembolsos públicos y regulaciones favorables. Los grupos que tienen intereses particulares, como los productores de lácteos y los abogados, tratan de persuadir a los funcionarios elegidos de que aprueben medidas que atiendan a los intereses particulares con determinada ventaja de mercado, alguna transferencia o bien, un subsidio directo. En ocasiones, a estos beneficios se les denomina *rentas*. El término en este contexto significa que la transferencia o subsidio del gobierno constituye un pago al propietario del recurso que rebasa las ganancias necesarias para producir tal recurso: *un pago que excede el costo de oportunidad*. La actividad que realizan los grupos de interés para generar estos favores especiales del gobierno se conoce como *búsqueda de renta*, un término que ya presentamos.

¿Cuál es la importancia de la siguiente declaración en The Wall Street Journal*?: "La Cámara Baja votó para rechazar una propuesta de reducción en los apoyos a los precios del azúcar. El programa mantiene artificialmente elevados los precios en Estados Unidos".*

Con frecuencia, el gobierno concede alguna ventaja especial a un productor o a un grupo de productores, y son abundantes los recursos que se gastan para garantizar estos derechos. Por ejemplo, los *comités de acción política*, popularmente conocidos como CAP, contribuyen con sumas millonarias a las campañas parlamentarias. Más de 4000 CAP tratan de dar forma a la legislación federal; recientemente, entre los principales contribuyentes se hallaban los cabilderos de la industria tabacalera y de la Asociación Americana de Abogados (*American Trial Lawyers Association*). A la industria tabacalera le gustaría influir en la legislación en materia de consumo de cigarrillos, y los abogados temen las reformas en materia de juicios civiles que pudieran limitar los juicios de responsabilidad.

El grado de participación de los grupos con intereses particulares en la búsqueda de renta desvía, en la misma proporción, los recursos hacia actividades orientadas más a la transferencia de ingresos a esos grupos, recursos, hay que decirlo, que podrían destinarse a empresas productivas que generarían producción e ingreso. *Los recursos empleados para persuadir al gobierno de que redistribuya el ingreso y la riqueza resultan improductivos pues no hacen nada por incrementar la producción y casi siempre terminan por reducirla*. A menudo muchas empresas compiten por la misma ventaja gubernamental, lo cual hace que se desperdicien aún más recursos. Si la ventaja conferida por el gobierno a algún grupo de intereses especial exige que se incremente el impuesto sobre la renta, disminuirá el rendimiento neto que las personas individualmente esperan obtener de su trabajo y sus inversiones, por lo cual habrá menos trabajo y menos inversión. Si esto sucede, la actividad productiva se reduce.

Cuando la rentabilidad de una empresa depende en gran medida de las decisiones que se toman en Washington, los recursos se desvían de la actividad productiva y se canalizan a la búsqueda de rentas, o a los esfuerzos de cabildeo para obtener una ventaja especial. Una empresa puede llegar a prosperar cuando asegura alguna ventaja especial del gobierno en un momento crucial; otra empresa puede fracasar debido a que sus directivos se interesaron más en la eficiencia productiva que en la búsqueda de renta.

Los grupos de intereses particulares tienen pocos incentivos para hacer más eficiente la economía. De hecho, apoyarán en general una legislación que les transfiera riqueza aunque mengüe la eficiencia general de la economía. Por ejemplo, suponga que la Asociación Americana de Abogados estuviera en posibilidades de hacer que se modificaran las leyes de responsabilidad civil en materia de productos de tal manera que se incrementaran los ingresos anuales de los abogados en $1 mil millones en total, o cerca de $1 900 por cada abogado en la práctica privada. Suponga, además, que la medida aumentara las primas de seguros, lo que elevaría por consiguiente el costo total de la producción en, digamos, $2 mil millones anualmente. Los abogados mismos tendrían que absorber parte de este incremento en los costos, pero como ellos representan únicamente alrededor del 1% del gasto en la economía, absorberán sólo cerca del 1% del incremento de $2 mil millones en los costos, o un total de $20 millones, lo cual asciende a aproximadamente $40 por abogado anualmente. Por tanto, la legislación constituye un beneficio para los abogados, ya que los ingresos anuales por abogado crecen alrededor de $1 900, pero los costos para cada uno sólo se incrementan $40, lo que genera una ganancia neta promedio de $1 860 por abogado.

Imagínese la producción de la economía en un determinado periodo como si fuera un pastel. Éste representa el valor total de los bienes y servicios que se producen. Para responder a las preguntas de "qué", "cómo", y "para quién" que planteamos en el capítulo 2, quienes formulan las políticas tienen tres opciones: (1) pueden introducir cambios que incrementen el tamaño del pastel, es decir, cambios de suma positiva; (2) pueden optar sencillamente por repartir el pastel de manera diferente, redistribuir el ingreso; o (3) pueden empezar a reñir por la forma en que debe repartirse el pastel y hacer con ello que parte de éste termine en el suelo, cambios de suma negativa. Muchas legislaciones que favorecen intereses particulares generan una reducción neta en el bienestar social. Por ejemplo, algunas de las mentes más brillantes del país se ocupan en idear esquemas que permitan eludir impuestos o desviar el ingreso hacia grupos favorecidos a expensas de la eficiencia del mercado.

Hay cientos de grupos de intereses particulares que representan a agricultores, médicos, abogados, maestros, fabricantes, barberos, etc. Una forma en que estos grupos tratan de obtener acceso al proceso político es mediante las aportaciones de campaña. En el siguiente caso de estudio se aborda el elusivo tema de la reforma al financiamiento de las campañas.

Caso de **estudio**

Política pública

*e*Actividad

En el sitio **http://www.prospect.org/issue_pages/checkbook/** puede encontrar una lista de todas las páginas electrónicas especializadas en las reformas de las campañas políticas. Esta información fue reunida por la empresa Electronic Policy Network. Entre la variedad de sitios encontrará uno dirigido por el grupo Common Cause, una asociación de cabildeo no partidario que promueve la existencia de un gobierno con responsabilidad. Su dirección electrónica es **http://www.commoncause.org/issue_agenda/campaign_finance.htm**. ¿Qué propuestas de ley hay pendientes? Asimismo, el senador McCain mantiene un sitio en internet denominado "Its Your Country", la dirección es **http://www.itsyourcountry.com/**. Este espacio cuenta con noticias y planteamientos sobre su campaña para reformar el financiamiento a las campañas políticas.

REFORMAS AL FINANCIAMIENTO DE LAS CAMPAÑAS

Los críticos del sistema actual de financiamiento a las campañas políticas afirman que la política estadounidense está llena de dinero en favor de los intereses particulares. En una encuesta reciente, dos terceras partes de los entrevistados dijeron que respaldarían el financiamiento público a las campañas siempre y cuando éste eliminara el financiamiento proveniente de las grandes donaciones privadas y de los grupos de interés organizados. Desde los setenta, las campañas presidenciales han sido financiadas, en parte, por el público, pero no así las de las contiendas parlamentarias. Las campañas de Bush y Gore recibieron $67.6 millones cada una durante la elección presidencial del 2000.

Los senadores John McCain y Russ Feingold han propuesto una restricción a las llamadas aportaciones de dinero blando a los partidos nacionales. El *dinero blando* permite que los partidos reúnan cantidades ilimitadas por parte de individuos, corporaciones y sindicatos, y que las gasten libremente en actividades de construcción del partido, como serían los esfuerzos por obtener votos, pero no en apoyo directo a los candidatos. El *dinero duro* es el dinero que los partidos reúnen bajo ciertas reglas que limitan las aportaciones individuales y que además se exige reporten públicamente de dónde proviene. Desde 1974, las aportaciones individuales de los candidatos se limitaron a $1 000 por persona; en dólares actuales, se trata de menos de una tercera parte del valor de 1974. La medida de McCain y Feingold no reunió los 60 votos en el Senado que eran necesarios para evitar que la propuesta de ley se quedara en el congelador. En la Cámara Baja, una propuesta de ley similar no obtuvo los votos suficientes en el 2001.

Aun cuando se aprobara, la medida enfrentaría obstáculos legales. La Suprema Corte de Justicia ha declarado como inconstitucional cualquier esfuerzo que impida a los ciudadanos gastar su propio dinero en difundir su apoyo a una corriente política siempre y cuando los anuncios no apoyen a un determinado candidato; por ejemplo, "Esperanza González para presidenta: donde hay Esperanza hay posibilidades". Según la Constitución: "El Congreso no expedirá ley alguna [. . .] que coarte la libertad de expresión". La Suprema Corte dictaminó que "el dinero no se introduce en las urnas de electores [. . .] El factor mediador que convierte el dinero en votos es el discurso [. . .] El apoyo no puede proscribirse porque es eficaz".

Los límites a las aportaciones de grupos de intereses particulares pueden coadyuvar a que se reduzca la influencia de éstos en el proceso político, pero tales límites acentuarían la actual ventaja que conlleva a estar en el poder. Cerca del 95% de los congresistas son reelegidos. Los observadores afirman que esto se debe a las injustas ventajas que los congresistas tienen en el proceso electoral, sobre todo debido a que a su personal es remunerado con los fondos de los contribuyentes y a que gozan de privilegios de gratuidad en el servicio postal, propaganda de campaña disfrazada de mensajes oficiales.

Los límites a los gastos de campaña podrían magnificar las ventajas de los congresistas ya que reducirían la capacidad de un contendiente para apelar directamente a los votantes. Algunos pensadores liberales *y* conservadores coinciden en que la oferta de dinero para fines políticos debería incrementarse y no disminuirse. Como dijera Curtis Gans, director del Comité para el Estudio del Electorado Estadounidense: "El abrumador cuerpo de investigaciones académicas [. . .] indica que los límites impuestos al gasto mermarán la competencia política en virtud de que acrecentarán las ventajas existentes del ejercicio público". *El dinero le interesa más a los contendientes que a los congresistas*. Los contendientes deben estar en posibilidades de gastar lo suficiente para transmitir su mensaje. En un estudio, se descubrió que había una relación positiva entre el gasto de los contendientes y su éxito en las elecciones, pero no se encontró relación alguna entre el gasto de los congresistas y su éxito en las reelecciones. De manera que limitar el gasto favorece a los congresistas.

Según el grupo Common Cause, los partidos políticos registraron un total de $441 millones en dinero blando para la elección del 2000, de los cuales los republicanos reunieron $225 millones y los demócratas $216 millones. Ese dinero se empleó para financiar las contiendas presidenciales y parlamentarias en todo el país. Cerca de medio millón de dólares parece mucho, pero Coca-Cola gastó casi cinco veces más en publicidad en el 2000.

El caso es que la legislación suele tener consecuencias imprevistas. Los esfuerzos por limitar los gastos de campaña tal vez reduzcan o no la influencia de los grupos de intereses particulares, pero la imposición de un límite reduciría las posibilidades de un contendiente de llegar a los votantes y, por consiguiente, incrementaría la ventaja del ejercicio público, con lo que se reduciría la competencia política.

Fuentes: Stanley Brubaker, "The Limits of Campaign Spending Limits", *Public Interest*, otoño 1998, pp. 33-54; Carey Golberg, "Publicly Paid Elections Put to Test in 3 States" *The New York Times*, 19 de noviembre 2000; Alison Mitchell, "Blacks and Hispanics in House Balk at Campaign Finance Bill", *The New York Times*, 9 de mayo 2001; Robert Zausner, "Both Parties on a 'Soft Money' Spending Spree", *Philadelphia Inquirer*, 2 de noviembre 2000; Bradley Smith, "Free Speech Costs Money", *The Wall Street Journal*, 29 de marzo 2001; "The Costliest Race Ends", *Forbes*, 7 de noviembre 2000; el sitio de la Comisión Federal Electoral en http://wwwfec.gov/; y el grupo Common Cause en http://www.commoncause.org.

Economía informal

Un subsidio gubernamental promueve la producción, tal y como lo vimos en el caso de estudio sobre los apoyos al precio de la leche. Por el contrario, un impuesto desalienta la producción. Tal vez sería más preciso decir que cuando el gobierno grava la actividad productiva, *se reporta* una menor producción. Si alguna vez ha trabajado como camarero o camarera, ¿acaso declaró fielmente todas sus propinas a la Secretaría de Hacienda? En la medida en que no lo haya hecho, su ingreso pasó a formar parte de la economía informal. La **economía informal** es un término que se utiliza para designar toda actividad de mercado que se realiza sin reportarla al gobierno, ya sea para eludir el pago de impuestos o porque la actividad en sí es ilegal. Los ingresos que se obtienen en la economía informal van desde propinas no declaradas hasta las ganancias de los narcotraficantes.

Economía informal Actividad económica que se realiza sin informar al gobierno ya sea para eludir el pago de impuestos o bien, porque está fuera de la ley.

Gravar la actividad productiva tiene dos efectos. En primer lugar, los propietarios de los recursos pueden ofrecer menos del recurso gravado ya que disminuye el salario después de impuestos. En segundo lugar, para evadir impuestos, algunas personas pasarán de la economía formal y declarable a una economía clandestina, es decir, "al margen de los libros". Por tanto, cuando el gobierno grava el intercambio de mercado o el ingreso que éste genera, se declara una actividad menor de mercado.

Debemos distinguir entre *elusión* fiscal y *evasión* fiscal. La elusión fiscal es un intento legal por organizar los aspectos económicos personales a fin de pagar la menor cantidad posible de impuestos, como es el hecho de adquirir bonos municipales, ya que éstos generan intereses libres de impuestos. Por otra parte, la evasión fiscal es *ilegal*, y se manifiesta ya sea faltando a la presentación de una declaración de impuestos o bien, mediante una declaración elaborada de manera fraudulenta en la cual se manifiesta un monto menor al ingreso real o bien, se exagera en la cantidad de deducciones. Las investigaciones realizadas en todo el mundo señalan que la economía informal crece más cuando: (1) aumentan las regulaciones gubernamentales, (2) se incrementa la tasa impositiva, y (3) la corrupción gubernamental está más generalizada.[1]

El Departamento de Comercio calcula que las cifras oficiales captan únicamente 90% del ingreso de Estados Unidos. En un estudio realizado por el equivalente en Estados Unidos a la Secretaría de Hacienda (*The Internal Revenue Service*), se estima que sólo 87% del ingreso gravable se expone en las declaraciones de impuestos. Estos estudios señalan que la economía informal se situó entre los $700 mil millones y los $900 mil millones en el 2001.

Quienes realizan actividades de búsqueda de renta y quienes participan en la economía informal perciben al gobierno desde puntos de vista opuestos. Los buscadores de renta desean que el gobierno participe activamente en la transferencia de riqueza en favor de ellos, pero quienes se encuentran en la economía informal quieren evitar cualquier contacto con el gobierno. *Los subsidios y otras ventajas que otorga el gobierno aproximan más a ciertos grupos al gobierno; los impuestos hacen que otros opten por la economía informal.*

BUROCRACIA Y DEMOCRACIA

Los diputados elegidos aprueban la legislación, pero la tarea de aplicarla suele dejarse en manos de las **dependencias públicas**, que son organismos gubernamentales cuyas actividades se financian con asignaciones presupuestarias de los cuerpos legislativos.

Dependencias públicas
Organismos del gobierno encargados de aplicar la legislación y cuyo financiamiento proviene de asignaciones presupuestarias de los cuerpos legislativos.

Propiedad y asignación de fondos para dependencias públicas

Podemos hacernos una idea más clara de lo que son las dependencias públicas si las comparamos con las corporaciones. La propiedad de una corporación se basa en las acciones que tiene cada accionista. Los accionistas comparten toda ganancia o pérdida derivada de la operación de la empresa; además, tienen voto en importantes asuntos de la corporación con base en la cantidad de acciones que tengan. La propiedad sobre una corporación es *transferible*, las acciones pueden comprarse o venderse en el mercado de valores. Los contribuyentes son, en cierto sentido, "propietarios" de las dependencias públicas de la jurisdicción en que viven. Si la dependencia obtiene una "ganancia", los impuestos pueden reducirse; si la dependencia opera con "pérdidas", como sucede con casi todas, tales pérdidas deben cubrirse con impuestos. Cada contribuyente sólo tiene derecho a un voto, al margen de los impuestos que pague. El contribuyente sólo renuncia a la propiedad de la dependencia pública cuando fallece o bien, se muda de la jurisdicción; la propiedad no es transferible, no puede comprarse o venderse directamente.

Mientras que las empresas reciben su ingreso cuando los clientes voluntariamente adquieren sus productos, las dependencias públicas suelen ser financiadas por una asignación presupuestaria de la legislatura. La mayor parte de este presupuesto proviene de los contribuyentes. Algunas dependencias públicas obtienen ingresos a través de cobros a usuarios, como son cuotas de admisión a los parques estatales o inscripciones en las

[1] Para un resumen de estos estudios, véase Simon Johnson *et al.*, "Regulatory Discretion and the Unofficial Economy", *American Economic Review*, núm. 88, mayo 1998, pp. 387-392.

universidades del estado, pero los fondos complementarios para estas actividades a menudo provienen de asignaciones presupuestarias. Debido a estas diferencias en las formas de propiedad y en las fuentes de ingreso, los incentivos de las dependencias públicas son diferentes a los de las empresas con fines de lucro, de modo que probablemente se comporten de manera distinta.

Propiedad y comportamiento organizacional

Una premisa fundamental de la economía es que la gente se comporta en forma racional y responde a incentivos económicos. Cuanto más estrechamente se vincule la compensación a los incentivos individuales, más personas se comportarán conforme a tales incentivos. Si el sueldo de un cartero se basa en la satisfacción del consumidor, aquél se esforzará más por entregar el correo intacto y de manera oportuna.

Una empresa privada recibe un flujo continuo de retroalimentación por parte del consumidor. Si el precio que ofrece al mercado es demasiado elevado o bajo, se manifestarán evidentemente excedentes o déficits. La retroalimentación del consumidor no sólo es abundante, sino que los propietarios de la empresa tienen un incentivo de ganancias para actuar con base en esa información, buscando satisfacer los deseos del consumidor. La promesa de recibir ganancias también crea incentivos para generar la producción al mínimo costo. En consecuencia, los dueños de la empresa estarán en condiciones de ganar a partir de cualquier mejora en la satisfacción al cliente o de cualquier reducción en los costos.

Como los bienes y servicios públicos no se venden en los mercados, las dependencias públicas reciben menos retroalimentación del consumidor y tienen menos incentivos para actuar con base en cualquier retroalimentación que reciban. No hay precios ni tampoco excedentes o déficits evidentes. Por ejemplo, ¿cómo podría saber si hubo un déficit o excedente en la protección policíaca de su comunidad? ¿Acaso la presencia de grupos de policías en los expendios de Dunkin' Donuts es indicio de un excedente? Las dependencias públicas no sólo reciben menos retroalimentación del consumidor que las empresas, también tienen menos incentivos para actuar con base en la información disponible. Dado que cualquier tipo de "ganancia" o "pérdida" que surge en la dependencia pública se distribuye entre todos los contribuyentes, y en vista de que no existe la posibilidad de transferir la propiedad, tales oficinas cuentan con menos incentivos para satisfacer a los clientes o para generar su producción utilizando la combinación de costos de menor monto. Las leyes impiden que los burócratas puedan llevarse a casa cualquier "ganancia".

Los votantes pueden hacer llegar a los representantes elegidos cierto grado de presión para lograr la satisfacción del cliente y la minimización de costos. Estas demandas también pueden llegar a las dependencias públicas. Sin embargo, esta disciplina dista de ser precisa, sobre todo porque cualquier ganancia o pérdida en la eficiencia se difunde entre todos los contribuyentes. Por ejemplo, suponga que es usted uno entre un millón de contribuyentes en una ciudad y se entera de que si se adquiere una máquina copiadora Kinko para obtener todas las copias públicas, la ciudad podría ahorrarse $1 millón al año. Si mediante cartas al editor y llamadas a los funcionarios locales convenciera a la ciudad de que adoptara esta medida que ahorra costos, usted mismo se ahorraría alrededor de un dólar al año.

Los votantes pueden abandonar una jurisdicción si consideran que el gobierno es ineficiente. Este mecanismo, mediante el cual la gente "vota con los pies", promueve cierta eficiencia y satisfacción del consumidor en los niveles estatal y municipal, pero es bastante burdo. Además, en el caso de los votantes inconformes con quien más gasta, es decir, el gobierno federal, no pueden votar fácilmente con los pies.

En virtud de las diferencias que hay entre las organizaciones públicas y privadas, en capacidad de los propietarios para transferir la propiedad y adueñarse de las ganancias, cabe esperar que las dependencias públicas se preocupen menos por satisfacer la demanda del consumidor y minimizar los costos que las empresas privadas. En diversos estudios empíricos se han comparado los costos de los productos que ofrecen las dependencias públicas y las empresas privadas, como, por ejemplo, la recolección de basura. De entre los estudios que muestran una diferencia, en pocos se considera que las dependencias públicas sean más eficientes, pero en casi todos se ha descubierto que las empresas privadas tienen un mayor grado de capacidad.

Objetivos burocráticos

Suponga que las dependencias públicas no están a la entera disposición de la legislatura, es decir, suponga que los burócratas gozan de cierta autonomía, ¿qué clase de objetivos *perseguirán*? El planteamiento tradicional es que los burócratas son "servidores públicos" que tratan de servir a la comunidad de la mejor manera posible. No cabe duda que muchos empleados públicos así procedan, ¿pero se trata de una suposición realista que se aplique a todos ellos? ¿Por qué deberíamos suponer un comportamiento de sacrificio de parte de los empleados del sector público cuando no hacemos una suposición semejante en el caso de los empleados del sector privado?

Hay una teoría del comportamiento burocrático, en la cual se sostiene que las dependencias públicas tratan de *maximizar su presupuesto*, ya que a un presupuesto mayor se asocian factores como grandes dimensiones, prestigio, comodidades, personal y mejores sueldos, características sumamente apreciadas por los burócratas.[2] Según este planteamiento, las dependencias públicas son proveedores monopolísticos de su producción para la legislatura. En lugar de cobrar un precio por unidad, las dependencias ofrecen a la legislatura la cantidad total como un paquete negociable a cambio de la asignación solicitada. La legislatura tiene poca capacidad para ahondar en el presupuesto y suprimir artículos específicos. Si la legislatura trata de recortar el presupuesto de la dependencia pública, ésta amenazará con hacer que tales recortes resulten tan dolorosos como sea posible para la legislatura y sus votantes. Por ejemplo, si los funcionarios municipales tratan de reducir el presupuesto de educación, los burócratas de este sector, en lugar de incrementar las cargas de enseñanza, pueden amenazar con eliminar los jardines de niños, suprimir el equipo de fútbol de la escuela preparatoria o reducir la compra de libros de texto. Si tales amenazas obligan a la legislatura a retractarse de los recortes, el presupuesto del gobierno resulta mayor que lo que los contribuyentes verdaderamente desearían. *La maximización del presupuesto hace que éste se incremente más de lo que desea el votante medio*. La clave de este argumento es que las dependencias públicas son proveedores monopolísticos. Si los contribuyentes tienen alternativas en el sector privado, el poder monopolístico de la dependencia pública disminuye.

Producción privada *versus* producción pública

El hecho de que algunos bienes y servicios públicos sean financiados por el gobierno, no significa que éste deba producirlos. Los funcionarios elegidos pueden contratar directamente a empresas privadas para que generen la producción pública. Por ejemplo, un consejo municipal puede contratar a una empresa para que recolecte la basura de la ciudad. Las empresas con fines de lucro proporcionan de todo, desde protección contra incendios hasta prisiones en ciertas jurisdicciones. Los funcionarios elegidos también pueden recurrir a cierta combinación de dependencias públicas y empresas privadas para poder generar la producción deseada. Por ejemplo, el Pentágono, una oficina gubernamental gigantesca, contrata y capacita a personal militar, pero también contrata a empresas privadas para que desarrollen y produzcan diversos sistemas de armas. Los gobiernos estatales suelen recurrir a contratistas privados para construir carreteras, pero emplean a trabajadores del estado para que les den mantenimiento. La combinación de empresas privadas y dependencias públicas varía en el tiempo y de una jurisdicción a otra, pero la tendencia es hacia una mayor *privatización*, o producción a cargo del sector privado, de los bienes y servicios que ofrece el gobierno.

Cuando los gobiernos producen bienes y servicios, utilizan *la organización interna del gobierno*, es decir, la burocracia para suministrar el producto. Cuando contratan a empresas privadas para producir bienes y servicios públicos se sirven *del mercado* para abastecer el producto. Los legisladores probablemente prefieran tratar con las dependencias públicas que con las empresas privadas por dos razones. En primer lugar, en situaciones en las que resulta difícil especificar un contrato en el cual se delineen claramente todas las posibles contingencias, la organización interna de la dependencia pública puede ser más sensible a las preocupaciones de la legislatura que el director de una empresa. En segundo lugar, las dependencias públicas ofrecen oportunidades a los legisladores de recompensar a amigos y partidarios con puestos gubernamentales.

[2] William A. Niskanen Jr. en *Bureaucracy and Representative Government*, Nueva York, Aldine-Atherton, 1971.

CONCLUSIÓN

En este capítulo analizamos los bienes públicos y cómo las preferencias se reflejan en las elecciones públicas. Luego de examinar los bienes públicos, abordamos los problemas que surgen de la democracia representativa y, finalmente, analizamos las dependencias públicas, organizaciones que por lo general llevan a la práctica las elecciones públicas. También consideramos las transferencias indirectas de ingresos o búsqueda de renta, las cuales surgen debido a los cambios en las reglas que rigen la actividad económica en el sector privado.

Los gobiernos tratan de atender las fallas del mercado en la economía privada. Sin embargo, transferir al gobierno los problemas que se perciben en el mercado tal vez no siempre sea la mejor solución, pues el gobierno tiene sus propias fallas. La participación en los mercados se basa en el intercambio voluntario. Sin embargo, los gobiernos tienen la facultad legal de hacer que se cumplan las elecciones públicas. Al juzgar el desempeño del gobierno, cuyas asignaciones tienen fuerza legal, deberíamos emplear al menos un estándar tan elevado como el que usamos para juzgar el mercado privado, cuyas asignaciones se deciden por intercambio voluntario entre las partes concertantes.

RESUMEN

1. Los bienes privados son competidores y exclusivos, tal y como sucede con las pizzas. Los bienes públicos no compiten y no son exclusivos, como en el caso de la defensa nacional. Entre los bienes intermedios se encuentran los bienes casi públicos, que no compiten pero son exclusivos, como la televisión por cable y los bienes de acceso abierto que compiten pero no son exclusivos, como los peces en el océano. Debido a que los productores del sector privado no pueden excluir tan fácilmente a quienes no pagan por el consumo de un bien público, los bienes públicos suelen ser ofrecidos por el gobierno, el cual tiene la facultad de recaudar los impuestos.
2. Las elecciones públicas basadas en la regla de la mayoría suelen reflejar las preferencias del votante medio. Otros votantes a menudo deben "comprar" más o menos del bien público de lo que preferirían.
3. Los productores tienen un interés permanente en cualquier legislación que afecte su medio de vida. Sin embargo, los consumidores adquieren miles de productos y servicios diferentes, y no muestran un interés personal en la legislación que pueda afectar a cualquier producto en particular. La mayoría de los consumidores adoptan una postura de ignorancia racional, dado que los costos esperados de mantenerse a la par de los aspectos relacionados con los intereses particulares rebasan los beneficios esperados.
4. El marcado interés que manifiestan los grupos de productores con respecto a legislaciones importantes, aunado a la ignorancia racional de los votantes sobre casi todos los asuntos, deja a los funcionarios gubernamentales vulnerables ante los grupos que tienen intereses particulares y que están a la búsqueda de renta. Los funcionarios elegidos que tratan de maximizar su apoyo político quizás tiendan a satisfacer los intereses de los productores en lugar de los intereses de los consumidores, es decir, a darle prioridad a los intereses particulares a expensas del interés público.
5. Las dependencias públicas difieren de las empresas en la cantidad de retroalimentación que reciben, su incentivo para minimizar costos y la capacidad de transferencia de su propiedad. Debido a estas diferencias, las dependencias públicas puede que no sean tan eficientes o sensibles a las preferencias del consumidor como las empresas con fines de lucro.

PREGUNTAS DE REPASO

1. *Bienes privados y públicos* Realice la distinción entre bienes privados, bienes casi públicos, bienes de acceso abierto y bienes públicos. Mencione ejemplos de cada caso.
2. *El problema del polizonte* ¿Cree que el problema del polizonte surge de las características de la rivalidad por el consumo, la exclusión o de ambas?
3. *Modelo del votante medio* En una votación para decidir un solo asunto, como en el ejemplo de la televisión que expusimos en este capítulo, ¿el votante medio obtiene siempre el resultado que más prefiere?
4. *Democracia representativa* Generalmente los partidos políticos crean plataformas de "postura intermedia" en lugar de adoptar posiciones extremas. ¿Es esto congruente con los conceptos de votante medio e ignorancia racional que comentamos en este capítulo?
5. *Distribución de costos y beneficios* ¿Por qué la influencia en las legislaciones de los grupos de interés que favorecen a los consumidores suele ser menos eficaz que la de los cabilderos que representan los intereses de los productores?

6. *Distribución de costos y beneficios* ¿Qué grupos suelen cargar con los costos y qué grupos disfrutan de los beneficios de: (1) los bienes públicos tradicionales, (2) la legislación de intereses particulares, y (3) la legislación de intereses competitivos?

7. ***Caso de* estudio:** *Subsidios agrícolas* "Subsidiar el precio de la leche u otros productos agrícolas no es muy costoso si se considera la gran cantidad de consumidores que hay en Estados Unidos. Por tanto, el efecto perjudicial que ocasionan tales subsidios es menor". Evalúe este planteamiento.

8. ***Caso de* estudio:** *Subsidios agrícolas* Los programas de subsidios agrícolas probablemente tengan diversos efectos secundarios además del efecto directo en los precios de los lácteos. ¿Qué impacto supone que tales subsidios pueden tener en los siguientes casos?
   (a) Precios de la vivienda.
   (b) Cambios tecnológicos en la industria de los productos lácteos.
   (c) El precio de los sustitutos de los productos lácteos.

9. *Búsqueda de renta* Explique cómo puede la búsqueda de renta conducir a una disminución en la producción. ¿Qué función podría tener la economía informal para atenuar la disminución en las actividades productivas?

10. *Economía informal* ¿Qué es la economía informal?¿Qué impacto tiene en la imposición de un impuesto a determinada actividad productiva?

11. *Burocracia y democracia representativa* ¿Qué diferencias hay entre los incentivos y la retroalimentación que tienen las dependencias gubernamentales de los que tienen las empresas con fines de lucro?

12. *Burocracia y democracia representativa* Al describir a una empresa se dice que ésta combina la coordinación gerencial con el intercambio de mercado para producir sus bienes o servicios. ¿Ocurre un comportamiento similar en las dependencias gubernamentales? Explique su respuesta.

PROBLEMAS Y EJERCICIOS

13. *Oferta óptima de bienes públicos* Con base en por lo menos dos consumidores individuales, muestre cómo se deriva la curva de la demanda de mercado de las curvas de demanda individuales en el caso de: (1) un bien privado, y (2) un bien público. Una vez que haya derivado la curva de la demanda de mercado en cada caso, introduzca una curva de oferta de mercado y luego muestre el nivel de producción óptimo.

14. *Modelo del votante medio* Suponga que en un asunto fiscal relacionado con la propiedad de una escuela, los votantes pueden dividirse en tres categorías: A, B y C. El gráfico de la derecha ilustra las preferencias de estos grupos en relación con la dimensión del presupuesto de la escuela. Si la decisión presupuestaria se toma votando al mismo tiempo sobre dos opciones, ¿cuál es el resultado más probable del voto?

15. *Distribución de costos y beneficios* Suponga que el gobierno decide garantizar un precio por encima del mercado para un bien. Para cumplir tal objetivo, compra cualquier excedente a ese precio. Con base en un diagrama convencional de oferta y demanda, ilustre las siguientes ganancias y pérdidas derivadas de un apoyo al precio de esta naturaleza.
   (a) La pérdida del excedente del consumidor.
   (b) La ganancia del excedente del productor en el corto plazo.
   (c) El costo de aplicar el programa gubernamental, suponiendo que no hay costos de almacenamiento.
   ¿Cuál es el costo total del programa para los consumidores? ¿Los costos y beneficios del programa de apoyo son generalizados o concentrados?

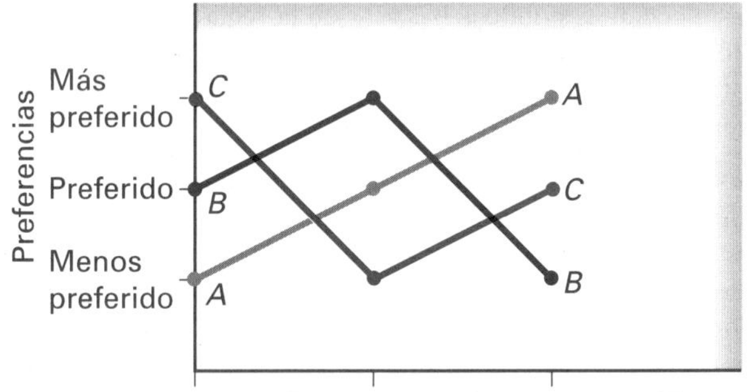

CASOS PRÁCTICOS

16. *Ignorancia racional* Loren Lomasky, en "The Booth and Consequences" en http://www.magnolia.net/~leonf/sd/t bac.html lucha con la pregunta de por qué a la gente le molesta el voto. Lea el artículo y conteste: ¿el voto es racional?

17. Los ingresos y gastos del presupuesto federal se detallan en el sitio http://www.whitehouse.gov/omb/budget. Analice la información que se expone y ubique la sección en donde se hace un detallado análisis del gasto. Busque varios gastos que le resulten interesantes. Identifique a los grupos que cargan con los costos y a los que cosechan los beneficios de tales gastos.

Externalidades y medio ambiente

CAPÍTULO

17

¿Qué relación guardan las siguientes situaciones con la economía? Los ríos en Jakarta, Indonesia, están muertos, acabados por ácidos, alcoholes y combustible. La pesca con dinamita ha destruido muchos arrecifes de coral en el Pacífico Sur. Respirar el aire en Bombay equivale, según se informa, a fumar 10 cigarrillos diarios. En la ciudad de México hay quienes compran tanques de oxígeno para consumo casero. Cinco de las 10 ciudades más contaminadas del mundo están en China, donde los niveles de contaminación son de dos a cinco veces superiores a las normas de exposición segura. El aire en algunas ciudades de Estados Unidos no cumple con las normas de salud y algunos arroyos en Colorado aún se consideran tóxicos como resultado de la extracción de oro que terminó hace más de un siglo.

¿Qué tiene que ver todo esto con la economía? Mucho. Los precios de mercado permiten asignar eficientemente los recursos sólo cuando los derechos de propiedad están bien definidos. Sin embargo, los derechos a tener agua, aire y suelo limpios, a pescar en el océano, a gozar de paz y tranquilidad en un bello paisaje resultan difíciles de establecer y hacer valer. En este capítulo examinaremos la dificultad que supone asignar los derechos de propiedad a ciertos recursos clave y por qué la ausencia de tales derechos genera un uso ineficiente de esos recursos.

Como vimos en el capítulo 4, las externalidades, que son subproductos inapreciables de la producción o el consumo, pueden ser negativas, como la contaminación del aire, o positivas, como el mejoramiento general del entorno cívico que se deriva de un mejor nivel educativo. En este capítulo nos centraremos fundamentalmente en las externalidades negativas. El enfoque está basado en la influencia que las externalidades ejercen en la asignación de recursos y en cómo las políticas públicas debidamente diseñadas pueden aumentar la eficiencia. Entre los temas que se abordan en este capítulo se encuentran:

- Recursos no renovables
- Recursos renovables
- Problema de la reserva común
- Derechos de propiedad privada
- Contaminación óptima
- Costo marginal social
- Beneficio marginal social
- Teorema de Coase
- Mercado de derechos de contaminación
- Protección ambiental

EXTERNALIDADES Y EL PROBLEMA DE LA RESERVA COMÚN

Recurso no renovable Recurso disponible en una cantidad fija, como sucede con el petróleo crudo o el mineral de cobre.

Comencemos por distinguir entre recursos *no renovables* y *recursos renovables*. Un **recurso no renovable**, como el petróleo, el carbón o el mineral de cobre, no se renueva y, por tanto, tiene una disponibilidad finita. Cada galón de petróleo que se quema se extingue para siempre. Tarde o temprano, todos los pozos petroleros se secarán. Las reservas de petróleo del mundo no son renovables.

Recursos renovables

Recurso renovable Recurso que se regenera y, por tanto, puede emplearse periódicamente cuando se explota en forma conservadora, como sucede con un bosque debidamente administrado.

Un recurso es **renovable** cuando puede aprovecharse de manera indefinida siempre y cuando su explotación sea conservadora. Por tanto, la madera es un recurso renovable si los árboles que se talan se reemplazan para poder ofrecer una oferta constante de este recurso. La atmósfera y los ríos son recursos renovables pues absorben y neutralizan cierto nivel de contaminantes. En términos más generales, recursos biológicos como los peces, los animales de caza, los bosques, los ríos, los pastizales y la tierra de labranza son renovables si se administran apropiadamente.

Algunos recursos renovables son también *bienes de acceso abierto*, idea que presentamos en el capítulo anterior. Si bien un recurso de acceso abierto compite en el consumo, evitar el acceso al recurso resultaría oneroso. Los peces que se atrapan en el océano, por ejemplo, no están disponibles para que otros los pesquen, de modo que las personas compiten por el consumo de estos recursos. Además, resultaría difícil que una persona o empresa "poseyera" peces que aún viven en el mar y que además impidiera que otros los pescaran, por ello es que la exclusión es costosa. A menudo, un recurso de acceso abierto está sujeto al **problema de la reserva común**, el cual se debe a que la gente consume ese bien hasta que el valor marginal del uso adicional del recurso disminuye hasta llegar a cero. La gente pescará en el océano hasta que las reservas de peces "se agoten". Los bienes de acceso abierto se pescan, cazan y explotan de manera excesiva.

Problema de la reserva común Acceso irrestricto a un recurso que genera un uso excesivo del bien hasta que el valor marginal del recurso disminuye hasta llegar a cero.

Como la atmósfera es un recurso de acceso abierto, el aire se utiliza como vertedero de gases indeseables. La contaminación del aire es una externalidad negativa que los contaminadores imponen a la sociedad. Como ya dijimos, las *externalidades negativas* son subproductos inapreciables de la producción o el consumo que imponen costos a otros consumidores o empresas. Por ejemplo, ciertas latas de rociadores liberan fluorocarbonos a la atmósfera; se dice que estos gases ocasionan el adelgazamiento de la capa de ozono que nos protege de los rayos ultravioleta del sol.

En un sistema de mercado, determinadas personas suelen poseer los derechos sobre ciertos recursos y, por tanto, tienen un gran interés en utilizarlos de manera eficiente.

Los **derechos de propiedad privada** permiten que los individuos empleen los recursos o cobren a otros por su uso. Tales derechos los define y hace valer el gobierno mediante acciones sociales informales y normas éticas. Sin embargo, debido a que especificar y hacer valer los derechos de propiedad sobre los recursos de acceso abierto, como el aire, es sumamente costoso, estos recursos en general no se poseen como propiedad privada.

Derechos de propiedad privada Derecho que tiene un propietario a utilizar, arrendar o vender su propiedad.

La contaminación y otras externalidades negativas surgen porque no existen derechos de propiedad privada que sean prácticos y aplicables sobre los recursos de acceso abierto, como el aire. En general, los precios de mercado no contemplan los costos que las externalidades negativas imponen a la sociedad. Por ejemplo, el costo de una lata de rociador para el cabello que arroja fluorocarbonos no refleja el efecto de las emisiones de gas en la capa de ozono de la atmósfera. El precio que paga por la gasolina no refleja los costos que impone el hecho de tener un aire más sucio y los grandes congestionamientos de tránsito que se generan cuando maneja su automóvil. Las tarifas eléctricas, en la región central de Estados Unidos, no reflejan las externalidades negativas, o costos *externos*, que las emisiones de bióxido de sulfuro imponen a la gente que vive en lugares a donde llegan los contaminantes de las plantas de energía impulsadas por combustibles fósiles y que son arrastrados por el efecto del viento. Observe que las externalidades constituyen efectos colaterales no deliberados de acciones que en sí son útiles y tienen una finalidad. Los productores de electricidad, por ejemplo, no ingresan al negocio con la finalidad de contaminar.

Solución al problema de la reserva común

Los usuarios de la atmósfera, las vías fluviales, la vida silvestre y otros recursos de acceso abierto suelen ignorar el impacto que su uso ocasiona en la capacidad renovable de los recursos. Conforme disminuyen la cantidad y calidad de los recursos debido a la explotación excesiva, los recursos se vuelven más escasos, y podrían llegar a desaparecer. Por ejemplo, el banco de peces Georges, ubicado frente a las costas de Nueva Inglaterra, el cual durante mucho tiempo fue una de las reservas pesqueras más productivas del mundo, se redujo a tal grado por la pesca excesiva que en los noventa la pesca había disminuido 85% en relación con los años de mayor producción.[1] Las Naciones Unidas informan que 11 de las 15 principales reservas de pesca han sufrido graves reducciones de producción.

Si las regulaciones gubernamentales imponen restricciones al uso de los recursos, el problema de la reserva común se puede reducir. Las restricciones o los impuestos a la producción podrían obligar a las empresas a utilizar los recursos en un nivel, o tasa, que resultara socialmente óptima. Por ejemplo, ante la tendencia a la explotación excesiva de la pesca y la captura de peces antes de que estén lo suficientemente maduros, el gobierno ha impuesto diversas restricciones a la industria pesquera. Hay límites a la pesca total, al tamaño de los peces, a la duración de la temporada de pesca, al equipo empleado y a otros aspectos de esta actividad comercial.

En términos más generales, *cuando imponer o hacer valer los derechos de propiedad privada resultara demasiado costoso, el gobierno podría establecer regulaciones que mejoren la eficiencia en la asignación*. Por ejemplo, las señales de alto y los semáforos distribuyen el escaso espacio urbano en una intersección vial, las restricciones al tamaño mínimo de la langosta controlan la pesca de este crustáceo, las temporadas de cacería controlan las reservas de animales de caza y las horas de estudio oficiales atenúan el barullo en los dormitorios universitarios.

Sin embargo, no todas las regulaciones son igualmente eficaces. Por ejemplo, en ocasiones las autoridades pesqueras limitan la pesca *total* de toda la industria dedicada a esa actividad y permiten que otras empresas pesquen hasta que se alcanza ese nivel. En consecuencia, cuando inicia la temporada de pesca, se genera un verdadero caos pues todos quieren pescar tanto como sea posible antes de alcanzar el límite impuesto a la industria. Como el tiempo es esencial, las empresas no hacen nada por pescar en forma selectiva. Finalmente, todo el resultado de la pesca llega al mismo tiempo a las procesadoras y se genera una congestión en toda la cadena de suministro. Además, cada empresa tiene el

NetBookmark

Lea la historia de la Dirección de Protección del Ambiente (*Environmental Protection Agency, EPA*) en http://www.epa.gov/nrmp/history/topics/25year/index. htm. Bajo la sección de "New Directions", busque evidencias de la función que ejercen los incentivos basados en el mercado en la política ambiental. Los economistas suelen mencionar el programa para el combate de la lluvia ácida como un ejemplo de cómo pueden implementarse tales incentivos. El programa está debidamente documentado en http://www. epa. gov/airmarkets/ acidrain/. Para obtener información introductoria sobre casi cualquier problema ambiental, consulte el sitio http://www. epa.gov/students/.

[1] Deborah Cramer, "Troubled Waters", *Atlantic Monthly*, junio de 1995, pp. 22-26.

incentivo de incrementar su flota pesquera para pescar más durante esas pocas semanas. Por tanto, las grandes flotas constituidas por botes pesqueros, tecnológicamente eficientes, permanecen en puerto casi todo el año, salvo durante el inicio de la temporada de pesca. *Cada empresa actúa de manera racional, pero el efecto colectivo de la regulación resulta terriblemente ineficaz en términos de bienestar social.* Considere la naturaleza compleja y, en ocasiones, confusa de las regulaciones a la pesca en Islandia:

> *El gobierno de Islandia se dio cuenta de que tenía que limitar la capacidad de su propia flota. Sin embargo, los pescadores compensaron esto adquiriendo más barcas pesqueras de arrastre. Luego, el gobierno restringió el tamaño de la flota y la cantidad de días que ésta podía pescar en el mar; los pescadores respondieron comprando aparejos más grandes y eficaces. Las reservas de bacalao seguían disminuyendo. En 1984, el gobierno introdujo cuotas sobre las especies por navío y por temporada. Éste fue un sistema controvertido y a menudo oneroso. Un banco de peces recogido en 50 brazas [91 metros] muere por el cambio de presión. Sin embargo, si hay bacalao y la cuota de éste se ha agotado, el bacalao se tira por la borda. O bien, si el precio del bacalao es más bajo esa semana y resulta que en la red cae este pez, el pescador lo desechará pues no desea agotar su cuota de bacalao cuando no obtiene por éste un precio adecuado.*[2]

La pesca sigue siendo un recurso de reserva común ya que la tecnología aún no ha avanzado al grado de establecer y hacer valer los derechos sobre determinados cardúmenes. Sin embargo, los avances tecnológicos podrán permitir algún día la creación de derechos de propiedad privada sobre la pesca marítima, las aves migratorias e incluso el aire que respiramos. En otros tiempos, el establecimiento de derechos de propiedad sobre el ganado en las Grandes Planicies parecía imposible, pero la invención del alambre de púas permitió que los ganaderos cercaran las praderas. En cierto sentido, el alambre de púas domó al "Viejo Oeste".

NIVEL ÓPTIMO DE CONTAMINACIÓN

Si bien el problema de la contaminación dista de estar resuelto, las investigaciones señalan que el bióxido de sulfuro, emitido por las plantas de energía alimentadas con carbón durante la producción de electricidad, se combina con la humedad en el aire y esto genera ácido sulfúrico, el cual es transportado por los vientos prevalecientes y descargado en la tierra por las precipitaciones pluviales a manera de lluvia ácida. Muchos afirman que la lluvia ácida ha terminado con bosques y lagos, y además, ha corroído edificios, puentes y otras estructuras. Por tanto, la producción de electricidad conlleva el costo externo de utilizar la atmósfera como vertedero de gases. Por ejemplo, Ohio es la entidad que más contamina en Estados Unidos debido a que en esa región se ubica la mayor cantidad de plantas industriales alimentadas por carbón.[3] En esta sección veremos cómo analizar el problema de las externalidades negativas.

Costos externos con tecnología de producción fija

Suponga que D, en la figura 1, representa la demanda de electricidad en la región central de Estados Unidos. Recuerde que la curva de la demanda refleja el beneficio marginal de los consumidores en cada nivel de consumo. La línea horizontal inferior refleja el *costo marginal privado* de la producción de electricidad. Si los productores basan sus decisiones de fijación de precios y producción en sus costos marginales privados, la cantidad de equilibrio de electricidad que se utiliza por mes es de 50 millones de kilovatios hora y el precio de equilibrio es de $0.10 por kilovatio-hora. Bajo ese precio y nivel de producción, el costo privado marginal de producción coincide exactamente con el beneficio marginal del cual disfrutan los consumidores de electricidad.

---

[2] Mark Kurlansky, *Cod: A Biography of the Fish That Changed the World*, Nueva York, Walker & Co., 1997, p. 172.

[3] Robert Melnbardis, "Report: Coal, Oil-Fired Power Plants Top Polluters", Reuters, 20 de julio 2001.

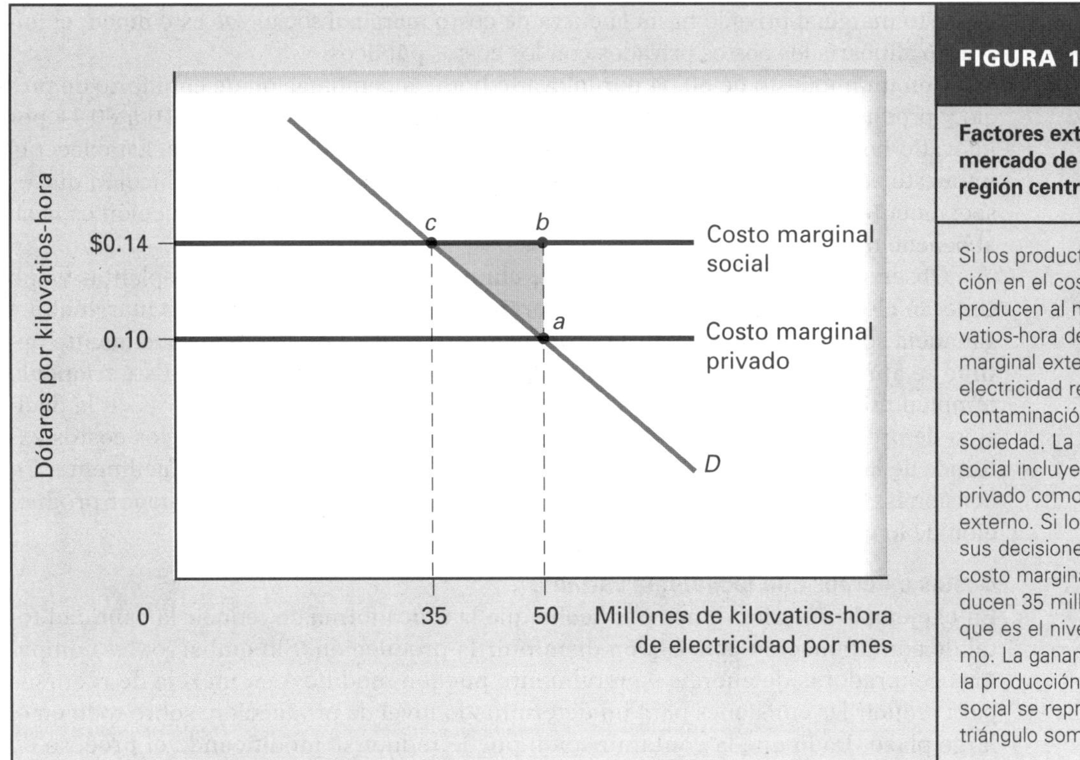

FIGURA 1

Factores externos negativos: el mercado de la electricidad en la región central de Estados Unidos

Si los productores basan su producción en el costo marginal privado, se producen al mes 50 millones de kilovatios-hora de electricidad. El costo marginal externo de la producción de electricidad refleja el costo de la contaminación impuesto a la sociedad. La curva de costo marginal social incluye tanto el costo marginal privado como el costo marginal externo. Si los productores basan sus decisiones de producción en el costo marginal social, sólo se producen 35 millones de kilovatios-hora, que es el nivel de producción óptimo. La ganancia social total de basar la producción en el costo marginal social se representa mediante el triángulo sombreado en color azul.

La generación de electricidad supone no sólo el costo privado de los recursos empleados, sino también el costo externo de utilizar la atmósfera como vertedero de gases. Suponga que el costo marginal externo impuesto sobre el ambiente por la generación de electricidad es de $0.04 por kilovatio-hora. Si la única manera de reducir las emisiones radica en disminuir la generación de electricidad, entonces la relación entre la producción de electricidad y la producción de contaminación está fija; en este caso, la contaminación ocurre con una **tecnología de producción fija**.

Tecnología de producción fija Producción que ocurre cuando la relación entre la tasa de producción y la generación de un factor externo es fija; la única forma de reducir el factor externo consiste en disminuir la producción.

Costo marginal social Suma del costo marginal privado y el costo marginal externo de la producción o el consumo.

La distancia vertical entre la curva de costo marginal privado y la curva de costo marginal social en la figura 1 muestra el costo marginal externo de $0.04 por kilovatio-hora. El **costo marginal social** incluye el costo marginal privado y el *costo marginal externo* que la producción impone a la sociedad. Como se supone que el costo marginal externo es constante, las dos curvas de costo son paralelas. Note que en el nivel de producción de equilibrio del sector privado de 50 millones de kilovatios-hora, es decir, el costo marginal social, identificado en el punto *b*, excede el beneficio marginal de la sociedad de esa unidad de electricidad, identificada como el punto *a* en la curva de demanda. El último kilovatio-hora de electricidad producido le cuesta a la sociedad $0.14, pero genera un beneficio marginal de sólo $0.10. Debido a que el costo marginal para la sociedad rebasa el beneficio marginal, la elección de la empresa en cuanto a producción da por resultado una *falla de mercado*. Se genera demasiada contaminación porque el precio de la electricidad no refleja el costo social.

Desde el punto de vista de la sociedad, la tasa de producción eficiente de 35 millones de kilovatios-hora al mes ocurre donde la curva de demanda, o beneficio marginal, se interseca con la curva de costo marginal social, en el punto identificado como c en la figura 1. ¿Cómo podría restringirse la producción al nivel socialmente eficiente? Si quienes formulan las políticas gubernamentales conocieran las curvas de demanda y costo marginal, sencillamente impondrían limitaciones a las plantas generadoras de energía eléctrica para que no produjeran más allá de ese nivel óptimo. O bien, podrían imponer a cada unidad de producción un *impuesto por contaminación* equivalente al costo marginal externo. Si se determina correctamente, tal impuesto elevaría la curva de costo marginal privado hasta la curva de costo marginal social. De este modo, el impuesto alinearía los costos privados con los costos públicos.

Con un impuesto de $0.04 por kilovatio hora, la combinación de equilibrio de precio y producción pasa del punto *a* al punto *c*. El precio aumenta de $0.10 a $0.14 por kilovatio-hora, y la producción se reduce a 35 millones de kilovatios-hora. Establecer el impuesto equivalente al costo marginal externo genera un nivel de producción que es socialmente eficiente; en el punto *c*, el costo marginal social de la producción es igual al beneficio marginal.

Observe que la contaminación no se elimina en el punto *c*, pero las plantas ya no generan electricidad porque el costo marginal social excede el beneficio marginal. La ganancia social total de reducir la producción al nivel de producción socialmente óptimo se aprecia en el triángulo sombreado en color azul de la figura 1. Este triángulo también mide el costo social total de ignorar las externalidades negativas en la decisión de producción. Aunque la figura 1 ofrece una solución aceptable, los costos externos de la contaminación a menudo no pueden calcularse o gravarse fácilmente. En ocasiones, la intervención del gobierno puede propiciar una mayor o menor producción de lo que exige la solución óptima.

Costos externos con tecnología variable

En el ejemplo anterior dimos por hecho que la única forma de reducir la cantidad total de contaminación consiste en disminuir la producción. Sin embargo, las compañías generadoras de energía generalmente pueden modificar su mezcla de recursos para reducir las emisiones para un determinado nivel de producción, sobre todo en el largo plazo. Dado que la contaminación puede reducirse modificando el proceso de producción en lugar de ajustar la tasa de producción, se dice que estas externalidades se producen bajo condiciones de **tecnología variable**.

Tecnología variable
Condiciones que ocurren cuando la cantidad de factores externos generados por una determinada tasa de producción pueden reducirse modificando el proceso de producción.

Para examinar la cantidad óptima de contaminación en condiciones de tecnología variable, considere la figura 2. El eje horizontal mide la calidad del aire. Ésta puede mejorarse si se adopta una tecnología de producción más depurada. Por ejemplo, se pueden instalar "purificadores" de aire en las plantas que queman carbón y así reducir las emisiones tóxicas. Sin embargo, la producción de un aire más limpio, como sucede con la de otros bienes, está sujeta a rendimientos decrecientes. Reducir la

FIGURA 2

Nivel óptimo de calidad del aire

El nivel óptimo de calidad del aire se encuentra en el punto *a*, donde el costo marginal social de tener un aire más limpio es igual a su beneficio marginal social. Si el gobierno implantara cierto nivel de calidad de aire más elevado, el costo marginal social excedería el beneficio marginal social, y esto generaría un desperdicio social. El desperdicio social total derivado de una calidad del aire más elevada del nivel óptimo se indica mediante el triángulo sombreado en color rosa.

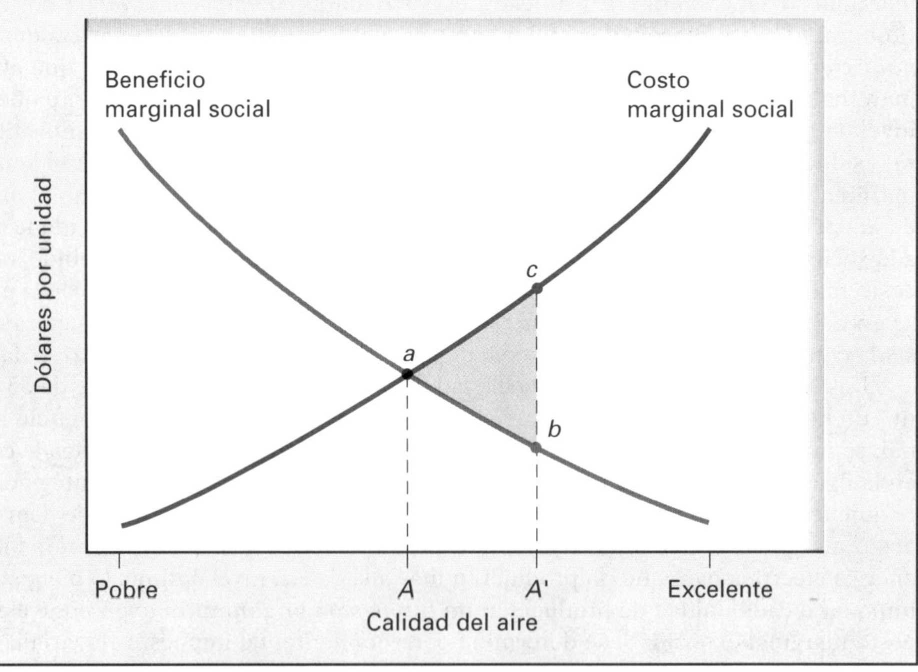

emisión de las partículas más grandes puede suponer simplemente la instalación de una pantalla sobre la chimenea, pero eliminar partículas cada vez más pequeñas exige procesos más complejos y costosos. Por tanto, la curva de costo marginal social de limpiar el aire presenta una pendiente ascendente, como se aprecia en la figura 2.

La curva de **beneficio marginal social** refleja el beneficio adicional que la sociedad obtiene de las mejoras en la calidad del aire. Cuando ésta es mala, una medida para "curarla" puede salvar vidas y por tanto, la sociedad la apreciará más que cuando la calidad del aire es excelente. Un aire cada vez más limpio, como sucede con otros bienes, tiene un beneficio marginal decreciente para la sociedad, aunque el beneficio total continúa incrementándose. Por tanto, la curva de beneficio marginal social derivada de un aire más limpio presenta una pendiente descendente, como se ve en la figura 2.

Beneficio marginal social Suma del beneficio marginal privado y el beneficio marginal externo de la producción o el consumo.

El nivel óptimo de calidad del aire para un determinado nivel de producción se encuentra en el punto *a*, donde el beneficio marginal social de un aire más limpio es igual al costo marginal social. En este ejemplo, el nivel óptimo de calidad del aire es *A*. Las empresas no alcanzarían este nivel óptimo en forma voluntaria. Si las empresas toman sus decisiones de producción únicamente con base en su costo privado, es decir, si el costo de la contaminación les es ajeno, entonces las empresas no tendrían incentivos para buscar métodos de producción que redujeran la contaminación, en consecuencia, se generaría mucha más contaminación.

¿Qué sucedería si el gobierno decretara que el nivel de calidad del aire debería estar por encima de *A*? Por ejemplo, suponga que una ley establece que *A*' es el nivel aceptable mínimo. El costo marginal social, identificado como *c*, de alcanzar ese nivel de calidad del aire excede el beneficio marginal social, identificado como *b*. El desperdicio social total asociado con la imposición de un nivel de calidad del aire superior al óptimo se representa mediante el triángulo sombreado en color rosa, *abc*. Se trata de la cantidad total mediante la cual los costos sociales adicionales de un aire más limpio, que se asocia con un desplazamiento de *A* a *A*', excede los beneficios sociales adicionales.

La idea de que toda la contaminación debería eliminarse es una concepción popular errónea. Por lo común, cierto grado de contaminación es compatible con la eficiencia. *Mejorar la calidad del aire beneficia a la sociedad en su conjunto mientras el beneficio marginal de un aire más limpio exceda su costo marginal.*

¿Qué sucedería con el nivel óptimo de calidad del aire si la curva de costo marginal o bien, la curva de beneficio marginal se modificara? Suponga, por ejemplo, que alguna innovación tecnológica redujera el costo marginal de gozar de un aire más limpio. Como se aprecia en el panel (a) de la figura 3, la curva de costo marginal social de reducir la contaminación se desplazaría en forma descendente a *CMS*', incrementando con ello el nivel óptimo de la calidad del aire de *A* a *A*'. La lógica consiste simplemente en que *cuanto menor es el costo marginal de reducir la contaminación, si permanecen constantes otros factores, mayor será el nivel óptimo de la calidad del aire.*

Un aumento en el beneficio marginal de la calidad del aire tendría un efecto similar. Por ejemplo, en investigaciones recientes, se descubrió que las enfermedades cardiacas y pulmonares disminuirían en 0.7% en las grandes ciudades si las partículas suspendidas disminuyeran en sólo 1/100 000 gramos por metro cúbico de aire.[4] Este hallazgo aumenta los beneficios percibidos de un aire más limpio. Por tanto, el beneficio marginal percibido de un mejor aire aumentaría, como se refleja en el panel (b) de la figura 3, mediante un desplazamiento ascendente en la curva del beneficio marginal social a *BMS*'. En consecuencia, se incrementaría el nivel óptimo de la calidad del aire. *Cuanto mayor sea el beneficio marginal de un aire más limpio, si se mantienen constantes otros factores, mayor será el nivel de la calidad del aire.*

[4] Investigación publicada en el *New England Journal of Medicine* en diciembre 2000. Citada también en el artículo escrito por Todd Zwillich, "Link Confirmed Between Air Pollution and Death Risk", Reuters Health, 13 de diciembre 2000.

FIGURA 3

Efectos de los cambios en los costos y beneficios del nivel óptimo de la calidad del aire

Una reducción en el costo marginal social de un aire más limpio, como se aprecia en el panel (a), o un incremento en el beneficio marginal social de un aire más puro, como se ilustra en el panel (b), aumentará el nivel óptimo de la calidad del aire.

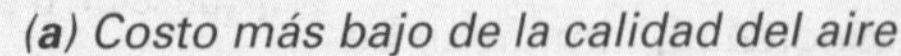

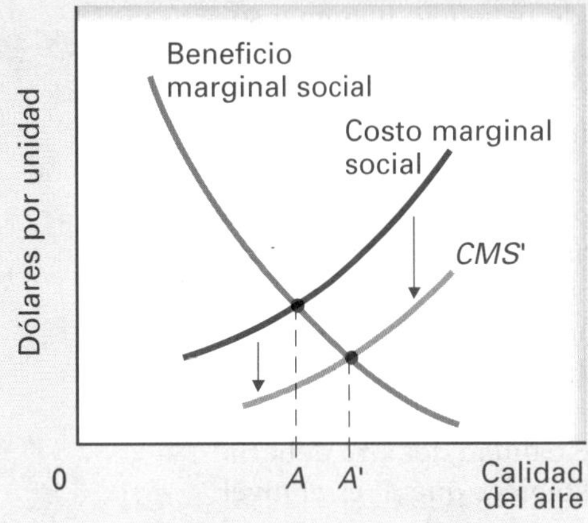

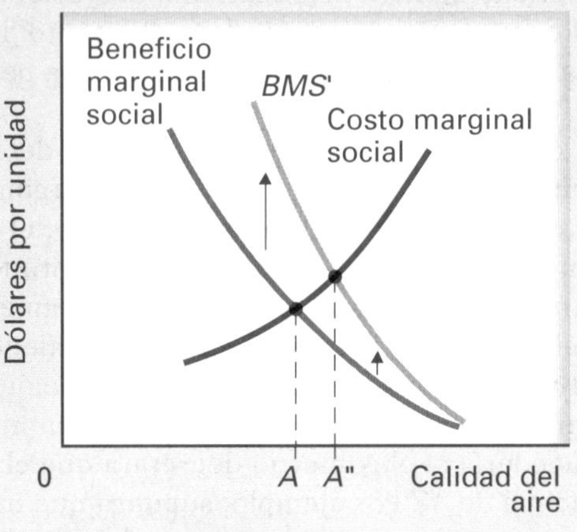

La atmósfera tiene la capacidad de liberarse de ciertas emisiones por sí sola, pero la destrucción de las selvas tropicales ha reducido esta capacidad, tal y como se expone en el siguiente caso de estudio.

DESTRUCCIÓN DE LAS SELVAS TROPICALES

*e*Actividad

La Rainforest Alliance, cuyo sitio es http://www.rainforestalliance.org/ representa una organización internacional sin fines lucrativos dedicada a la preservación de las selvas tropicales. Su meta consiste en promover opciones económicamente viables para detener la destrucción de este recurso natural en peligro. Consulte esta página y encontrará ejemplos de la función que la economía desempeña en los proyectos e investigaciones que respalda el grupo. La Rainforest Action Network es otro grupo dedicado

A las selvas tropicales se les han denominado "los pulmones del mundo", ya que son capaces de reciclar de forma natural el bióxido de carbono y además, de transformarlo en oxígeno y madera, con lo cual se absorben los gases que retienen el calor y así, se mantiene el equilibrio atmosférico de la Tierra. Estas selvas también contienen cerca de la *mitad* de las especies de plantas y animales del mundo, lo que representa una fuente abundante de frutos, cosechas y medicinas, cerca del 70% de todas los fármacos para el combate del cáncer. Por ejemplo, la selva del Amazonas cuenta con el conjunto de vida silvestre y animal más grande de la Tierra, así como con el 20% del total de agua dulce del planeta.

Sin embargo, los bosques tropicales del mundo se localizan en países relativamente pobres, como Brasil, Indonesia, Zaire, Bolivia, Colombia, Venezuela, Sudán y Filipinas. Los campesinos sin tierra y los colonos queman estas selvas para crear tierras de cultivo y pastizales. Peor aún, la gran demanda mundial de madera ha propiciado que los leñadores arrasen con las selvas tropicales. Si bien el reclamo de las selvas para la explotación de la madera y la agricultura consiste normalmente en la práctica de que "el primero en llegar es el primero en servirse", los colonos pobres y las compañías madereras suelen aplicar un método de tala y quema con este recurso de acceso abierto.

a la preservación de las selvas, pero está enfocada principalmente en el activismo civil. Consulte su sitio en http://www.ran.org/ y compare los modelos de ambos grupos.

La quema de las selvas del mundo ejerce un efecto triple: el fuego agrega más gases dañinos a la atmósfera, la pérdida de árboles reduce la capacidad que tiene la atmósfera de limpiarse y el subsuelo de la selva contiene enormes cantidades de carbono que se oxidan cuando los árboles se eliminan. En virtud de que la atmósfera es una reserva común, los costos de la deforestación se imponen a todos los habitantes del planeta. Una vez que se despeja una selva, el suelo se erosiona con las lluvias y se quema con el sol y por lo general, pierde nutrientes luego de dos temporadas de cosecha. Cuando estos nutrientes se pierden, el sistema no se recupera tan fácilmente. De hecho, a un claro de selva le lleva un siglo volver a su estado original.

La pérdida de selvas tropicales incluye otros costos. Mientras la selva cuente con su cubierta de árboles, es posible que se mantenga como un ecosistema rico y genéticamente diverso. Las selvas cubren actualmente sólo el 6% de la superficie terrestre (lo que representa una disminución si se compara con el 12% que cubría hace 50 años), pero, como ya apuntamos, contienen la mitad de las especies de plantas y animales de la Tierra. De las decenas de millones de especies que hay en el mundo, los científicos han clasificado sólo cerca de 1.5 millones y han estudiado a profundidad a un número mucho menor. El planeta pierde, según se estima, 30 millones de acres, extensión comparada con la zona de Pennsylvania, de selvas tropicales cada año en los países en vías de desarrollo.

Las selvas tropicales, en su función de pulmones del mundo, confieren beneficios a todo el planeta. Sin embargo, estos efectos positivos suelen ignorarse cuando se decide despejar los terrenos. *No es la codicia de los campesinos y las compañías madereras lo que lleva al empleo ineficaz, o desperdicio, de los recursos, sino el hecho de que la selva y la atmósfera son recursos de acceso abierto que pueden degradarse con un bajo costo inmediato personal para quienes se dedican a talar los terrenos.*

La pobreza en los países que gozan de selvas, aunada a la ausencia de títulos de propiedad legales sobre la tierra, propicia que la gente explote esos bosques y suelos en lugar de seguir un modelo que maximice el valor de estos recursos en el largo plazo. Por ejemplo, contar con un derecho garantizado sobre la tierra reduciría la necesidad de despejar un lote a fin de poder reclamarlo para fines agrícolas. Un campesino con título de propiedad también podría legar su parcela de bosque a sus hijos. Las investigaciones sobre personas a quienes se les han concedido derechos de propiedad sobre la tierra como parte de un esfuerzo de colonización en la selva del Amazonas, señalan que contar con el título alienta a los propietarios a explotar la tierra en forma más conservadora. Los derechos de propiedad promueven la cosecha eficiente de maderas nobles y las actividades de reforestación. Por ejemplo, la frecuencia de reforestación entre quienes gozaban de título de propiedad fue aproximadamente 15 veces mayor que entre aquellos que no lo tenían. De hecho, el incentivo por preservar y cuidar la tierra es mucho mayor entre los propietarios que entre aquellos que no lo son, los cuales sólo pueden reclamar un valor mediante un modelo de tala y quema.

Los programas gubernamentales que promueven la tala y replantación selectiva permiten que los bosques sigan siendo filtros de aire y una fuente renovable de productos forestales. Actualmente, se realizan esfuerzos por proteger las selvas. Con ayuda del Banco Mundial y el Fondo Mundial para la Vida Silvestre, Brasil planea proteger una zona selvática del tamaño de Colorado. Asimismo, una importante empresa maderera ha renunciado a sus derechos de explotación de lo que se considera que es la selva más antigua de África. Hoy en día, Estados Unidos cancela las deudas de algunos países en vías de desarrollo a cambio de que los gobiernos de estas naciones realicen esfuerzos por preservar sus selvas. Hay otras ideas en la mesa, pero aún está muy lejana una solución sistemática.

Fuentes: Gary Libecap *et al.*, "Property Rights and the Preconditions for Markets: The Case of the Amazon Frontier", *Journal of International and Theoretical Economics,* núm. 151, marzo 1995, pp. 89-107; Claudia Rosett, "Pity the Planet?" *The Wall Street Journal,* 30 de julio 2001; Charles Wood and Robert Walker, "Saving the Trees by Helping the Poor", *Resources for the Future,* verano 1999, pp. 14-17; Jenny Lin, "Pristine Congo Rain Forest Spared from Logging", Reuters, 6 de julio 2001; "US House Votes to Protect Global Rain Forest", Dow Jones Newswire, 20 de julio 2001; y Gerald Urquhart *et al.*, "Tropical Deforestation", *NASA Earth Observatory* en http://earthobservatory.nasa.gov/Library/Deforestation/.

Teorema de Coase

El análisis tradicional de las externalidades supone que las fallas de mercado surgen porque la gente ignora los efectos externos que acarrean sus acciones. Suponga que un laboratorio de investigación en el cual se realizan experimentos y pruebas de instrumental muy delicado se localiza junto a una fabrica de maquinaria pesada. Las vibraciones provocadas por el proceso de manufactura desajustan la delicada maquinaria del laboratorio vecino. El profesor Ronald Coase, ganador del premio Nobel en 1991, señaló que la externalidad negativa en este caso no necesariamente la impone el fabricante de maquinaria pesada al laboratorio de pruebas, sino que *se deriva de las actividades incompatibles que realizan ambas partes*. La externalidad es consecuencia de las vibraciones que genera la fábrica *y* de que el laboratorio de pruebas se ubique contiguo a la fábrica. Una solución eficaz a este problema de externalidad consistiría en modificar las máquinas que se utilizan en la fábrica, otra sería modificar el equipo que utiliza el laboratorio de pruebas y hacerlo más resistente a las vibraciones o bien, cambiar de ubicación al laboratorio.

Según Coase, *la solución eficiente a un problema de externalidad depende de cuál de las partes puede evitar el problema al costo más bajo*. Suponga que la fábrica determina que le costaría $2 millones reducir las vibraciones para permitir que el laboratorio funcione normalmente. Por su parte, el laboratorio llega a la conclusión de que no puede modificar su equipo para reducir los efectos de las vibraciones, de modo que su único recurso sería mudar el laboratorio a otra parte a un costo de $1 millón. Con base en estos costos, la solución menos onerosa, o más eficiente, al problema de la externalidad es que el laboratorio se reubique en otro lado.

Coase sostiene que *cuando se asignan derechos de propiedad a una u otra parte, ambas acordarán una solución eficiente a un problema de externalidad siempre y cuando los costos de transacción sean bajos. A esta solución eficiente podría llegarse independientemente de qué parte obtenga los derechos de propiedad*. Suponga que al laboratorio de pruebas se le otorga el derecho de operar libre de las vibraciones provenientes de las instalaciones contiguas, de manera que el laboratorio tiene el derecho a solicitar a la fábrica que reduzca su nivel de vibraciones. En lugar de reducir las vibraciones a un costo de $2 millones, la fábrica le ofrece al laboratorio cubrir los costos de su traslado a otro sitio. Cualquier pago que realicen los propietarios de la fábrica superior a $1 millón, pero inferior a $2 millones, redundará en una mejor situación para ambas empresas, ya que el laboratorio recibirá una suma superior a su costo de traslado y la fábrica pagará menos de lo que le costaría reducir las vibraciones. Por tanto, el laboratorio se mudará, lo cual en sí constituye el resultado eficiente.

Suponga que otra opción es que a la fábrica se le otorgara el derecho a generar vibraciones en su proceso de producción, al margen de cualquier efecto en el laboratorio de pruebas. Para la fábrica, esto significa que sus negocios se mantienen sin cambio alguno. El laboratorio podría considerar la posibilidad de pagarle a la fábrica para que modifique su método de producción, pero como el pago mínimo que la fábrica estaría dispuesta a aceptar es de $2 millones, el laboratorio preferiría mudarse a un costo de $1 millón. Por tanto, ya sea que los derechos de propiedad se confieran al laboratorio o a la fábrica, el laboratorio finalmente se mudará, lo cual constituye la solución más eficiente, o de menor costo. El **teorema de Coase** establece que mientras los costos de negociación sean reducidos, la asignación de derechos de propiedad generará una solución eficiente a un problema de externalidad, independientemente de cuál de las partes se le otorguen los derechos de propiedad. Una asignación específica de derechos de propiedad sólo determina quién incurre en los costos de la externalidad y no el resultado eficiente.

Teorema de Coase
Planteamiento según el cual mientras los costos de negociación sean reducidos, una solución eficiente al problema de las externalidades se logrará mediante la asignación de los derechos de propiedad.

Sin embargo, los resultados ineficaces también se presentan cuando los costos de transacción para llegar a una solución son elevados. Por ejemplo, a un aeropuerto ubicado en una zona poblada se le dificultaría negociar los niveles de ruido con todos los residentes de los alrededores. O bien, a una planta de energía que emana bióxido de sulfuro le sería difícil negociar con los millones de personas repartidas en todos los estados a los que llegan las emanaciones de la planta. O bien, un posible granjero que considera la posibilidad de despejar parte de una selva tropical no podría negociar con los millones, y tal vez miles de millones, de personas afectadas en última instancia por tal decisión. Cuando la cantidad de partes que intervienen en la transacción es grande, la probabilidad de una solución voluntaria es remota.

Mercados para derechos de contaminación

Según el teorema de Coase, en muchas ocasiones la asignación de derechos de propiedad basta para resolver la falla de mercado que suele estar asociado con las externalidades. La intervención del gobierno no es necesaria. Si la contaminación puede supervisarse fácilmente y los contaminadores son detectados sin problema, el gobierno está en posibilidades de lograr una solución eficiente al problema de la contaminación por medio de la asignación del derecho a contaminar. Para ver como funciona esta medida, consideremos un ejemplo. Las compañías que arrojan desperdicios a un río evidentemente valoran la capacidad que tienen para descargar sus desechos de esta manera. Para ellos, el río les ofrece una salida económica a sus contaminantes, los cuales de otra manera tendrían que desecharse a un costo mayor. El río proporciona servicios de desecho, y la curva de demanda de este sistema de transporte de contaminantes presenta una pendiente descendente, como sucede con la demanda de otros recursos.

La demanda del río como sistema de descarga está representada como *D* en la figura 4. El eje horizontal mide las toneladas de contaminantes que se depositan en el río diariamente y el eje vertical mide los beneficios marginales de las empresas de eliminar sus contaminantes de esa manera. Por tanto, la curva de demanda mide el valor marginal para las empresas de servirse del río como recurso para descargar contaminantes. Si no hay restricciones a la contaminación del río, es decir, si todos estuvieran en libertad de arrojar desechos a este lugar, la descarga continuaría mientras generase cierto beneficio marginal privado. La tasa de descarga ocurriría en el punto en que el beneficio marginal privado llegara a cero, el cual equivale a las 250 toneladas diarias en la figura 4.

El río, al igual que la atmósfera y el suelo, puede absorber y neutralizar diariamente cierta cantidad de contaminantes sin que su calidad se deteriore. ¿Qué pasaría si los votantes hicieran una elección pública para determinar que el río debe estar en condiciones lo bastante favorables como para poder nadar y pescar? Suponga que los ingenieros determinan que este nivel de calidad del agua puede mantenerse siempre y cuando no se descarguen más de 100 toneladas diarias. Por tanto, si se piensa pre-

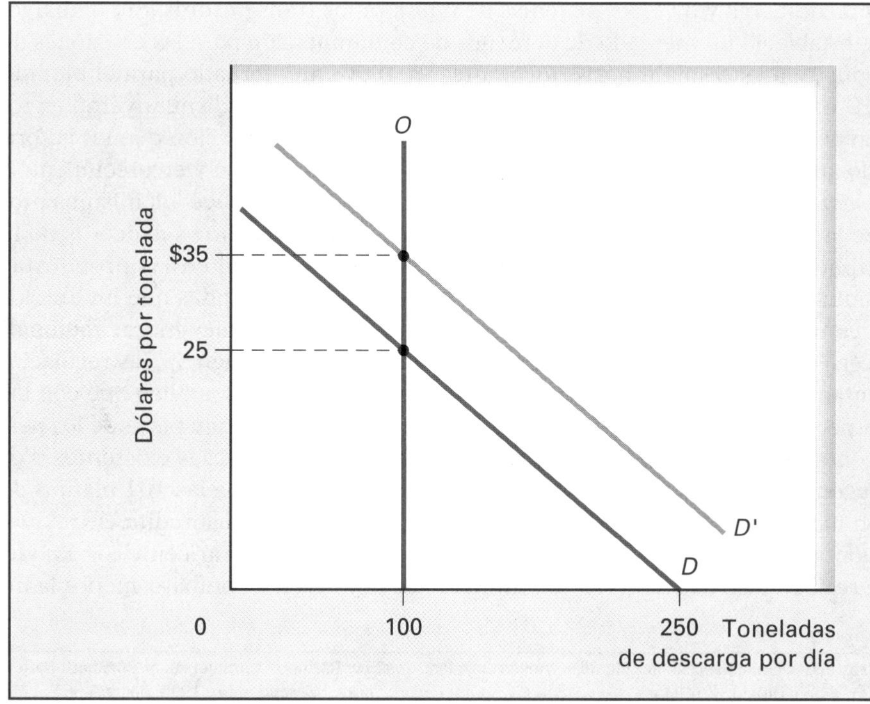

FIGURA 4

Asignación óptima de derechos de contaminación

Suponga que la demanda de un río como desagüe para productos contaminantes es *D*. En ausencia de controles ambientales, la contaminación sería de 250 toneladas diarias, donde el beneficio marginal de una mayor contaminación es igual a cero. Si las autoridades reguladoras establecen 100 toneladas como el nivel máximo permisible de contaminación y luego venden los derechos de contaminación, el mercado para estos derechos se compensará a $25 por tonelada. Si la demanda de derechos de contaminación se incrementa a *D'*, el precio de equilibrio de mercado se elevará a $35 por tonelada.

servar el nivel especificado de calidad del río, la "oferta" del río disponible como fuente de descarga debería fijarse en 100 toneladas diarias, tal y como se aprecia en la curva de oferta vertical, *O*, en la figura 4.

Si los reguladores gubernamentales pueden identificar fácilmente a los contaminadores y supervisar su comportamiento, las autoridades pueden asignar permisos para descargar 100 toneladas diariamente. Si a los contaminadores simplemente se les otorgan estos permisos, es decir, si el precio de los permisos es de cero, habrá una demanda excesiva de ellos, ya que la cantidad de oferta es de 100 toneladas, pero la cantidad de demanda a un precio de cero sería de 250 toneladas. Una opción consiste en *vender* los permisos por 100 toneladas de contaminación al precio de equilibrio del mercado. La intersección de la curva de oferta, *O*, y la curva de demanda, *D*, genera un precio de permiso de $25 por tonelada, que es el valor marginal de verter la tonelada 100 al río diariamente. Para la mayor parte de los compradores, el valor marginal de un permiso rebasará los $25 por tonelada.

La perfección de este sistema radica en que los productores que valoran en mayor grado los derechos de descarga acabarán obteniéndolos a fin de cuentas. Los productores que le asignan un valor marginal más bajo, obviamente tienen medios más económicos de resolver sus problemas de desechos, lo que incluye modificaciones a las técnicas de producción. Si los grupos de conservación, como el Sierra Club, desean una mejor calidad en las aguas del río que la demandada por la norma gubernamental, digamos, que el agua estuviese lo suficientemente limpia para que pudiera beberse, pueden adquirir permisos de contaminación y no ejercerlos.

¿Qué sucedería si surgieran nuevas empresas en las orillas del río y que quisieran descargar ahí sus desperdicios? Esta demanda adicional de derechos de descarga se refleja mediante *D*' en la figura 4. Este incremento en la demanda aumentaría el precio de mercado de los permisos de contaminación a $35 por tonelada. Algunos de los actuales titulares de los derechos venderán éstos a quienes más los valoren. Independientemente de la entrada y salida de potenciales contaminadores, la cantidad total de derechos de descarga se limita a 100 toneladas diarias, de modo que la calidad del río podrá mantenerse. Por consiguiente, el valor de los permisos de contaminación, pero no la cantidad total de ésta, puede fluctuar al paso del tiempo.

Si el derecho a contaminar pudiera concederse, supervisarse y hacerse valer, entonces lo que habría sido un problema de una externalidad negativa podría resolverse por asignación de mercado. Históricamente, el gobierno de Estados Unidos ha optado por fijar normas de descarga y diversos sistemas de multas a los transgresores. Sin embargo, en 1989, se estableció un mercado de derechos de contaminación para las emisiones de fluorocarbono, y a éste siguió posteriormente, en 1990, un mercado para el bióxido de sulfuro. Durante los noventa, las emisiones de bióxido de sulfuro disminuyeron en toda la nación en más de la mitad, lo que rebasó las metas de la legislación que los autorizó. De modo que el mercado de derechos de contaminación está vivo y en crecimiento.[5]

Por desgracia, la legislación en materia de contaminación padece los mismos problemas que la democracia representativa, los cuales trastocan otros aspectos de la política pública. Los contaminadores tienen un interés especial en las propuestas gubernamentales relativas a la contaminación y combaten las medidas que limiten los índices de contaminantes. Sin embargo, el público en general suele ignorar racionalmente la legislación relacionada con la contaminación. En consecuencia, las regulaciones a la contaminación se mantienen menos acordes con el interés público que con los intereses especiales de los contaminadores. Ésta es la razón por la que parte de los permisos de contaminación suelen asignarse sin costo alguno a empresas existentes. Por ejemplo, según el programa de regulación de bióxido de carbono, a las 101 plantas de energía con mayores índices de contaminantes de la nación se les acredita entre 30 y 50% de la contaminación que emitían antes de que el programa entrara en vigor. En virtud de que reciben algo de valor, los contaminadores tendieron a combatir menos la in-

[5] Para un análisis de las emisiones de bióxido de sulfuro, véase Paul Joskow, Richard Schmalensee y Elizabeth Bailey, "The Market for Sulfur-Dioxide Emissions", *American Economic Review,* núm. 88, septiembre 1998, pp. 669-685.

troducción del programa. Una vez que se otorgaron los permisos, a algunos permisionarios les resultó rentable vender estos documentos a otras empresas que los valoraban más. Por tanto, surgió un mercado que generó una asignación eficiente de permisos de contaminación. Según ciertos analistas, el programa de regulación de bióxido de sulfuro ahorra hasta $3 mil millones anuales en comparación con el sistema anterior. En términos más generales, un sistema de derechos de contaminación comerciable puede disminuir el costo de la reducción de la contaminación hasta en un 75%.

Antes de 1990, las **regulaciones ambientales de orden y control** eran la norma, es decir, un modelo que exigía a los contaminadores, como las plantas de energía eléctrica, que introdujeran determinadas tecnologías para reducir las emisiones en cantidades específicas. Estas regulaciones se basaban en normas de ingeniería y no reconocían las circunstancias particulares de cada instalación, como el diseño de la planta, la capacidad para introducir purificadores y la facilidad de cambiar a combustibles bajos en sulfuro. Sin embargo, el mercado de derechos de contaminación refleja un **modelo de eficiencia económica** que ofrece a cada planta de energía eléctrica la flexibilidad para reducir las emisiones de la manera más eficiente en cuanto a costos, sobre la base de sus costos particulares. Las empresas que tienen menores costos de control de emisiones cuentan con un incentivo para implementar una mayor reducción en las emisiones y luego vender las asignaciones no utilizadas a quienes tienen mayores costos de control.

Regulaciones ambientales de orden y control Modelo que exigía a los contaminadores adoptar determinadas tecnologías para reducir las emisiones en cantidades específicas; regulaciones inflexibles basadas en normas de ingeniería que ignoran el costo de reducción de la contaminación particular de cada empresa.

Modelo de eficiencia económica Modelo que ofrece a cada contaminador la flexibilidad para reducir las emisiones de la manera más eficiente en cuanto a costos, sobre la base de sus condiciones de costo particulares; el mercado de derechos de contaminación es un ejemplo de este modelo.

Ahora que ya sabe algo sobre la teoría de las externalidades, pasemos a una aplicación importante de esta teoría: la protección ambiental.

PROTECCIÓN AMBIENTAL

Los esfuerzos federales por atender los problemas de la reserva común de aire, agua y suelo están coordinados por la Dirección de Protección Ambiental (*Environmental Protection Agency*, EPA). Existen cuatro leyes federales, así como diversas enmiendas posteriores, que respaldan los esfuerzos de Estados Unidos por proteger el ambiente: La Ley de Aire Limpio de 1970, la Ley de Agua Limpia de 1972 y la Ley de Conservación y Recuperación de los Recursos de 1976, la cual regula la eliminación de desechos sólidos, y la Ley *Superfondo* de 1980, legislación que se centra en la eliminación de desperdicios tóxicos. En 1970, la EPA contaba con cerca de 4 000 empleados y un presupuesto de $200 millones. Para el 2000, tenía alrededor de 18 000 empleados y un presupuesto que rebasaba los $5 mil millones.

De acuerdo con la EPA, el cumplir con las regulaciones de control de contaminación le cuestan a los productores y consumidores estadounidenses una cantidad equivalente al 2% del PIB, es decir, el valor del mercado de todos los bienes y servicios finales producidos durante un año. Podemos dividir el gasto de control de contaminación en tres categorías: gasto a favor del control de la contaminación del aire, gasto a favor del control de la contaminación del agua y gasto a favor del control de desperdicios sólidos. En Estados Unidos cerca del 40% de los gastos a favor del control de la contaminación se destinan a campañas para sanear y limpiar el aire; otro 40% a la limpieza del agua y un 20% al depósito adecuado de los desechos sólidos. En las siguientes secciones nos enfocaremos a la contaminación del aire, el agua y a las medidas necesarias para el almacenamiento y trato de los residuos sólidos.

Contaminación del aire

En la Ley de Aire Limpio de 1970, así como en las enmiendas posteriores, el Congreso estableció normas nacionales sobre la cantidad de contaminación que podía emitirse a la atmósfera. El Congreso, por tanto, reconoció a la atmósfera como un recurso económico, el cual, al igual que otros, tiene usos alternos. El aire puede utilizarse como fuente de oxígeno esencial para la vida, como prisma para apreciar paisajes espectaculares o como vertedero capaz de llevarse el hollín y los gases indeseables. La ley de 1970 le confirió a los estadounidenses el derecho a respirar un aire de cierta calidad y al mismo tiempo, otorgó a los productores el derecho a emitir determinadas cantidades de contaminantes específicos.

El *smog* es la forma más visible de contaminación del aire. Las emisiones de los automóviles representan 40% del total de este contaminante. Otro 40% proviene de productos de consumo, como disolventes de pintura, rociadores de fluorocarbono, solventes para lavado en seco y subproductos de la levadura de las panaderías. Sorprende el hecho de que sólo 15% del *smog* provenga de las fábricas. La Ley de Aire Limpio de 1970 estipuló una reducción de 90% en las emisiones de los automóviles, dejando a la industria automotriz la tarea de alcanzar este objetivo. En ese entonces, los fabricantes de automóviles argumentaron que el objetivo era imposible de lograr. Sin embargo, entre 1970 y 1990, las emisiones de plomo disminuyeron en promedio 97%, las de monóxido de carbono en 41% y las de óxido de sulfuro en 25%. De hecho, en un estudio reciente realizado por la EPA, se llegó a la conclusión de que en virtud de que las emisiones de los automóviles y el humo industrial se habían reducido, la contaminación del aire ahora es mayor *en el interior* que en el *exterior*. Por ejemplo, en la zona de Los Ángeles ocurrió una alerta ambiental, lo que significaba que el aire había alcanzado niveles peligrosos, según la base semanal que se tomó como referencia durante los ochenta. Afortunadamente, en el 2000 no se presentó ninguna alerta ambiental. *La calidad del aire en Estados Unidos se considera actualmente buena en comparación con la del resto del mundo*. Sólo una ciudad de Estados Unidos, Nueva York, se ubica entre las 20 locaciones con mayores índices de óxido de nitrógeno. Sin embargo, ninguna ciudad de esa nación se ubica entre las 20 poblaciones con mayores índices de bióxido de sulfuro.

Pese a las recientes mejoras en la calidad del aire, Estados Unidos es aún una de las principales fuentes de emisiones de bióxido de carbono. Como puede apreciar en la figura 5, en la cual aparecen las 20 naciones del mundo con mayor índice de emisiones de bióxido de carbono por año, Estados Unidos se ubica en cuarto lugar con 20 toneladas *per cápita*. Actualmente, se realizan esfuerzos por mejorar la calidad del aire a escala mundial. Un acuerdo tentativo al que se llegó en Kyoto, Japón, en 1997, exigiría que los 38 países más industrializados del mundo redujeran sus emisiones de bióxido de carbono y otros gases denominados "de invernadero" en una tercera parte al cabo de 10 años. La medida impondría un impuesto de carbono al carbón, al gas natural y al petróleo. El costo para la economía de Estados Unidos alcanzaría los $300 mil millones anuales, según un estudio. Sólo a los países más industrializados se les exigiría que redujeran sus emisiones; los países en vías de desarrollo no estarían incluidos. Por tanto, aun cuando las naciones industrializadas lograran las metas de Kyoto, las emisiones de bióxido de carbono seguirían aumentando ya que la mayor parte del incremento mundial proyectado provendría de los países que no participaron. El tratado exige la aprobación de los cuerpos legislativos en Estados Unidos y otras naciones, lo cual parece difícil en este momento. Quienes critican el tratado afirman que un aire más limpio exigiría un mayor compromiso por parte del mundo en desarrollo, como China y la India, que son contaminadores importantes. Argentina es la primera nación en vías de desarrollo que ha ofrecido reducir sus emisiones de gases de invernadero.

En el siguiente caso de estudio examinaremos el problema de limpiar un aire contaminado en la ciudad capital de un país en desarrollo.

UNA CIUDAD ENTRE LAS NUBES

Antes de 1940, la ciudad de México era conocida por las espectaculares vistas de sus volcanes coronados de nieve. Ahora, esas montañas pocas veces se pueden apreciar. ¿Cuál es el problema? La población aumentó de 3 millones en 1950 a 20 millones en la actualidad. Más personas significan más industria y una mayor cantidad de vehículos, la cual aumenta de manera sostenida 6% anualmente en promedio. Más de la mitad de la producción industrial de México se genera dentro o cerca de la capital. Millones de vehículos y decenas de miles de pequeños negocios mal re-

*e*Actividad

La GAIA, un esfuerzo de colaboración de centros de investigación y universidades europeos, construye herramientas multimedia para educación ambiental y manejo del ambiente. Asimismo, presenta un interesante caso de

FIGURA 5

Las 20 naciones con mayores índices de emisiones de bióxido de carbono *per cápita*

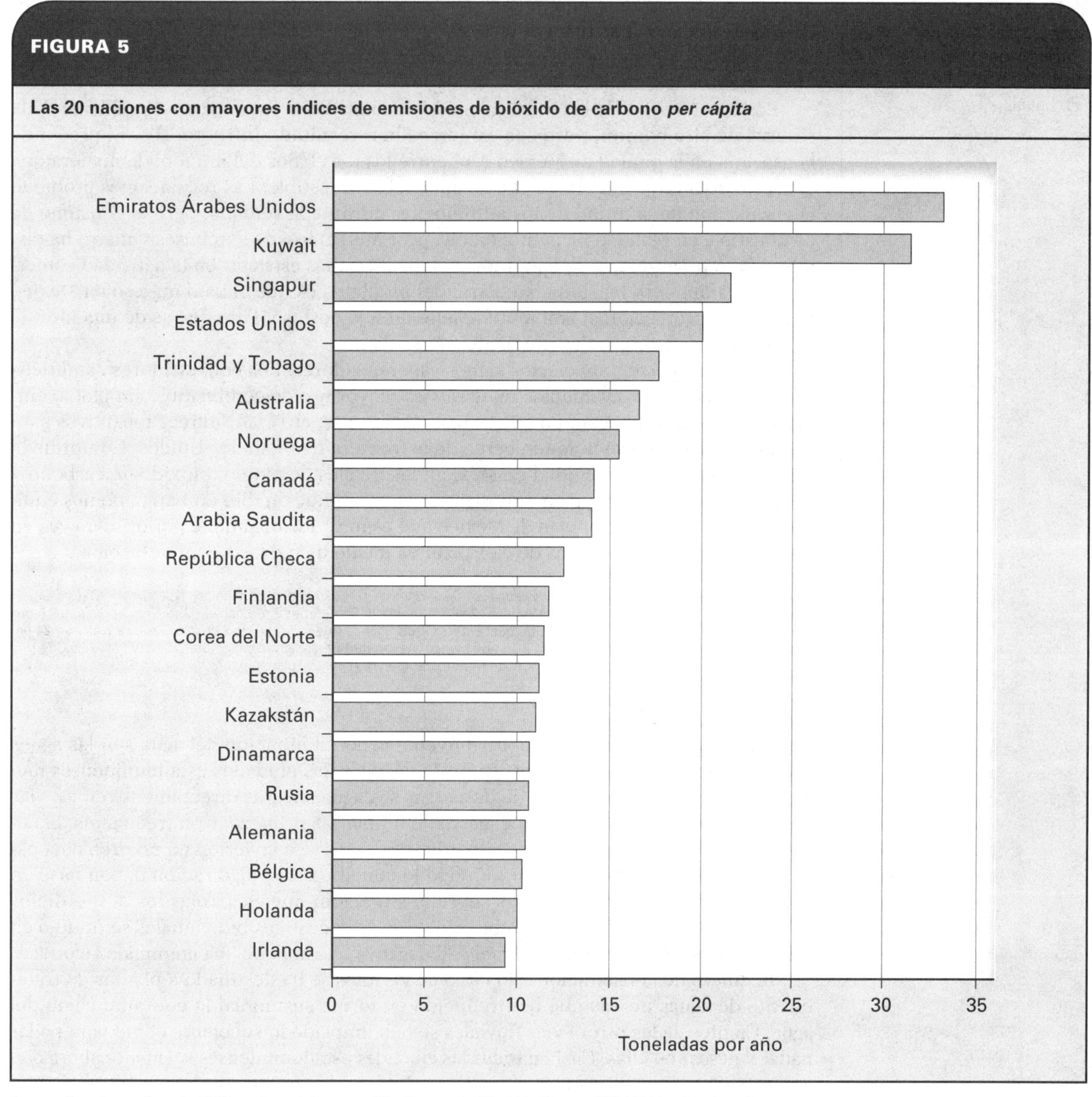

Fuente: Basado en cifras de 1996 según se informa en *The Economist World in Figures: 2001 Edition*. Londres, Profile Books, 2001, p. 94.

gulados emiten a la atmósfera una densa nube de contaminación. Por ejemplo, los fabricantes de ladrillos alimentan sus hornos con neumáticos viejos y aserrín empapado en queroseno, combustibles que generan un humo negro y corrosivo.

La ubicación geográfica y la altitud de la ciudad complican aún más los problemas de la contaminación. La ciudad de México está rodeada por montañas en tres de sus lados, de modo que el viento que sopla desde el norte, el lado abierto, atrapa la contaminación sobre la ciudad. Peor aún, la urbe se encuentra a 2 255 metros sobre el nivel del mar, lo cual provoca una reducción de aproximadamente una cuarta parte en el oxígeno de la atmósfera. La combinación de un alto grado de contaminación, un bajo nivel de oxígeno y un sol intenso da origen a un aire insalubre, razón por la cual al lugar se le llama "Ciudad de Makesiko". En 1998, se estimó que 7.2 millones de personas visitaron a su médico por problemas en las vías respiratorias, un aumento

estudio denominado "Urban Air Pollution in Mexico City" en http://www.ess.co.at/GAIA/CASES/MEX/index.html. ¿Cuáles son las principales fuentes de contaminantes en el aire de la ciudad de México y cuáles son sus principales efectos? ¿Qué planes hay para controlar las emisiones? La Sociedad National Geographic ha realizado un ensayo fotográfico que ilustra el problema, el cual puede consultar en http://www.nationalgeographic.com/features/96/mexico/a011.html.

de 20% en relación con el año anterior. En 1999, el Instituto de Recursos Mundiales (*World Resources Institute*) determinó que el aire de la ciudad era el más peligroso del mundo para los niños. En otros países, recomiendan a sus diplomáticos no tener hijos mientras permanecen en esa ciudad.

Los funcionarios de la ciudad han adoptado medidas para atacar el problema de la reserva de aire común, pero sus esfuerzos han resultado infructuosos. El precio de la gasolina en la ciudad de México está entre los más bajos del mundo, de manera que el precio no influye mucho en el consumo del combustible. Las regulaciones prohíben la circulación de la mitad de los automóviles durante la semana, pero el consumo de combustible en realidad ha aumentado y, peor aún, el uso de autobuses y metro ha disminuido. A pesar de que se han impuesto medidas más estrictas en la actividad comercial, el acatamiento ha sido laxo. Parte del problema es que el bajo ingreso en México hace que la protección al ambiente resulte un lujo costoso. Para que se dé una idea, el salario mínimo es equivalente a menos de $5 diarios.

Pese a todo esto, hay ciertos signos esperanzadores. Los convertidores catalíticos que se colocan en los vehículos nuevos y un mayor uso de combustible sin plomo empiezan a aclarar la imagen. Lo que es más importante, el TLCAN ofrece incentivos para que los productores se ubiquen cerca de la frontera con Estados Unidos. Conforme la industria se aleja de la ciudad de México, los niveles de plomo, bióxido de carbono y bióxido de sulfuro comienzan a mostrar cierta disminución. Sin embargo, no nos equivoquemos, el aire de la ciudad de México aún es muy sucio, aunque por primera vez en mucho tiempo aparecen islas de cielo azul en medio de toda esa contaminación.

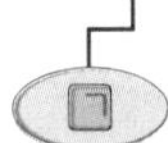

Fuentes: *World Development Report: Knowledge for Development 1999/2000*, Banco Mundial, Nueva York, Oxford University Press, 2000; Tim Weiner, "Traffic News in Mexico City: Air Is Sometimes Breathable", *The New York Times*, 5 de enero 2001; Howard LaFranchi, "20,000 Lightpost Filters Scrub Mexico City's Dirty Air", *Christian Science Monitor*, 24 de septiembre 1999; "Mexico Volcano Spews Ash on Towns", Associated Press, 31 de diciembre 2000; y "Mexico City Chokes on Record Air Pollution", *Planet Ark*, 2 de febrero 2000 en http://www.planetark.org.

Contaminación del agua

Dos factores importantes que contribuyen a la contaminación del agua son las aguas negras y los productos químicos. Durante décadas, las ciudades estadounidenses han tenido el incentivo económico de descargar sus aguas negras directamente en las vías fluviales en lugar de incurrir en el gasto de limpiarlas primero. Con frecuencia, la corriente o las mareas se llevan los desperdicios y éstos se convierten en un problema para alguien más. Aunque cada comunidad lo concibe como algo racional, con base en un planteamiento corto de miras sobre la situación, que es arrojar los desperdicios en las vías fluviales, el efecto combinado de estas decisiones individuales se tradujo en contaminación del agua, una externalidad negativa que impone una comunidad a otras.

El dinero de la federación a lo largo de los años se ha destinado a plantas de tratamiento de aguas negras que han reducido en forma sustancial la contaminación del agua. Cientos de las otrora vías fluviales se han limpiado lo suficiente como para poder nadar y pescar en ellas. Casi en todas las ciudades estadounidenses se cuenta ahora con sistemas de control de aguas residuales modernos. Una excepción importante es la ciudad de Nueva York que junto con Nueva Jersey, desechan aguas negras sin procesar al océano Atlántico, utilizando un punto de descarga situado a unos 160 kilómetros.

Los químicos son otra fuente de contaminación del agua. La contaminación por químicos puede compararse con una chimenea que arroja desperdicios a un río. Sin embargo, sólo un 10% de la contaminación del agua por este tipo de tóxicos proviene de una contaminación *puntual*, es decir, de la contaminación que emiten algunas fábricas y plantas industriales. Cerca de dos terceras partes de este tipo de contaminación proviene de lo que se conoce como contaminación *no puntual*, o sea, de los residuos agrícolas de pesticidas y fertilizantes. Desgraciadamente, las medidas que el Congreso ha tomado para limitar el uso de pesticidas no han sido lo bastante rígidas y efectivas, a pesar de que este tipo de químicos contaminan el agua de riego y por tanto, los alimentos.

En 1970, el Congreso turnó el control de plaguicidas, el cual estaba en manos del Departamento de Agricultura de Estados Unidos, a la recién integrada EPA. Sin embargo, este organismo ya estaba bastante ocupado tratando de aplicar la Ley de Agua

Limpia, así que decidió traspasar este asunto a cada una de las autoridades de los estados. La mayoría de éstos, a su vez, turnaron la tarea a sus respectivos departamentos de agricultura. Sin embargo, estos organismos estatales suelen *promover* los intereses de los agricultores y no *restringir* lo que éstos hacen. La EPA actualmente informa que, en la mayor parte de los estados, los plaguicidas han contaminado aguas friáticas. *La EPA también sostiene que los residuos de plaguicidas en los alimentos causan mayores problemas de salud que los desechos tóxicos o la contaminación del aire*. El inspector general de la EPA comentó que los funcionarios federales y estatales no han logrado hacer que las leyes nacionales de agua y aire sean respetadas. Por ejemplo, la mayor parte de los arroyos de Missouri no están lo suficientemente limpios como para poder nadar en ellos. Es claro que en ese estado no se ha logrado alcanzar la meta central de la Ley de Agua Limpia.[6]

Desechos peligrosos y la Ley Superfondo

La industria de productos químicos sintéticos de Estados Unidos ha florecido en los últimos 40 años. Por lo regular se utilizan alrededor de 55 000 sustancias químicas, algunas de las cuales ejercen efectos nocivos en los seres humanos y en otras criaturas vivientes. Estas sustancias plantean riesgos en cada una de sus etapas: producción, uso y desecho. En virtud de que Nueva Jersey elabora más productos químicos tóxicos que cualquier otro estado en la Unión Americana, no sorprende que tenga la carga más pesada de desperdicios tóxicos. Antes de 1980, la eliminación de desechos tóxicos creaba oportunidades de riqueza instantánea a cualquiera que pudiera rentar o adquirir unos cuantos acres de terreno para abrir un vertedero de desperdicios tóxicos. Como ejemplo extremo, un sitio en Nueva Jersey admitió 71 millones de galones de productos químicos peligrosos durante un periodo de tres años.[7]

Antes de 1980, una vez que una compañía le pagara a alguien para que se llevara sus desperdicios peligrosos, ésta dejaba de ser responsable. La Ley Integral de Respuesta, Compensación y Responsabilidades Ambiental de 1980, conocida más popularmente como Ley *Superfondo*, estipula que cualquier empresa que genere, almacene *o* transporte desperdicios peligrosos deberá pagar por limpiar cualquier desperdicio que se deseche indebidamente. A un productor o transportista que vierta incluso un solo barril de desperdicios contaminantes en un sitio se le puede responsabilizar de la limpieza de todo el sitio.

La Ley Superfondo le confiere al gobierno federal autoridad sobre los sitios contaminados con toxinas. Sin embargo, para hacer que una compañía transgresora acate las disposiciones de esta ley, la EPA a menudo debe interponer una querella. El proceso es lento y casi la mitad del presupuesto se destina a pagar abogados, consultores y administradores en lugar de limpiar los sitios. Por otro lado, esta ley no exige que los beneficios excedan los costos o incluso que se intenten tales comparaciones. Para agosto del 2001, había 1 230 sitios, de los cuales cerca de 10% se encontraban en Nueva Jersey. El trabajo de construcción necesario para limpiar se ha realizado en cerca de la mitad de los sitios, pero la limpieza real podría llevarse años.

Aunque hasta ahora se han gastado miles de millones de dólares, según en un estudio reciente, la EPA llegó a la conclusión de que se han exagerado notablemente los riesgos para la salud de los sitios supervisados por la Ley Superfondo. Las sustancias químicas que se encuentran bajo tierra se mueven con suma lentitud, a veces les lleva años desplazarse unos cuantos metros, de modo que cualquier posible amenaza para la salud puede confinarse al sitio mismo. En comparación, la contaminación del aire representa un peligro mucho más generalizado, dado que el aire tiene una gran movilidad y el aire contaminado llega directamente a los pulmones. Quienes viven cerca de lugares donde se depositan desechos tóxicos saben muy bien esto y pueden ejercer presión política para lograr que se haga algo. Sin embargo, quienes están expuestos al aire o las aguas contaminadas pueden haber contraído ya alguna enfermedad provocada por la contaminación aunque aún no lo sepan. Por tanto, la mayoría

---

[6] John Cushman, "E. P. A. y States Found to Be Lax on Pollution Law", *The New York Times*, 7 de junio 1998.

[7] Jason Zweig, "Real-Life Horror Story", *Forbes*, 12 de diciembre 1988.

no ve motivo alguno para presionar a los funcionarios públicos para imponer una legislación que exija una mayor limpieza del aire y el agua. *En virtud de su gran urgencia política y atractivo para los medios informativos, los vertederos de desechos tóxicos suelen recibir mayor atención que la contaminación del aire o el agua.*

Desperdicios sólidos: "¿Papel o plástico?"

Durante casi toda la historia, los hogares arrojaban su basura al exterior como forraje para cerdos y cabras. La ciudad de Nueva York, al igual que otras urbes, no contaba con un sistema de recolección de basura, de modo que los desperdicios domésticos se arrojaban a la calle, donde se mezclaban con el lodo y el estiércol de los caballos. Este proceder que duró décadas explica por qué las calles más viejas de Manhattan tienen una altura de 1 a 5 metros por encima de sus niveles originales. Hace cerca de 200 años, la gente empezó a enterrar la basura cerca de su hogar o a llevarla al basurero del poblado. En la actualidad, los hogares estadounidenses generan diariamente alrededor de 2 kilogramos de basura por residente, más del doble de lo que se generaba en 1960 y la cantidad más grande *per cápita* en el mundo. Gran parte de nuestros desperdicios sólidos consisten en material de embalaje. La interrogante es ¿cómo disponer de las 200 millones de toneladas de basura doméstica que se generan cada año en Estados Unidos?

Las economías avanzadas producen y compran más que las economías menos desarrolladas, de manera que hay más basura que desechar. En vista de que los ingresos en las economías avanzadas son mayores, el costo de oportunidad en términos de tiempo es más elevado, así que solemos desechar artículos en lugar de repararlos o reciclarlos. Por ejemplo, en Estados Unidos resulta más barato adquirir un tostador nuevo en $25 que pagar $40 para que lo reparen, suponiendo que pueda encontrarse un taller de reparaciones.

Alrededor del 70% de la basura de la nación se reúne y cubre con tierra en vertederos. Aunque un basurero bien utilizado plantea pocos riesgos ambientales, hubo un tiempo en que las comunidades desechaban todo tipo de materiales tóxicos en ellos, materiales que podían filtrarse a través del suelo y contaminaban pozos y mantos acuíferos. Por tanto, los basureros se ganaron una mala reputación. La actitud prevaleciente con respecto a estos lugares es: "No quiero la basura en mi patio trasero". Todos queremos que recojan nuestra basura, pero nadie desea que la pongan cerca de donde vive.

Como el costo de eliminación de desperdicios sólidos se incrementa, los gobiernos estatales y municipales están emprendiendo medidas que les permitan economizar el proceso, para tal efecto exigen a las familias que clasifiquen su basura, les cobran la recolección por kilo de desperdicios y les piden que utilicen envases retornables. Aproximadamente la mitad de las familias estadounidenses participan en programas de reciclaje *curbside* (contenedores de clasificación de basura que hay en las calles de las ciudades de Estados Unidos). El **reciclaje** es un proceso que consiste en convertir productos de desecho en material reutilizable. Aun así, según la EPA, se recicla sólo 15% aproximadamente de la basura que se genera en Estados Unidos; alrededor de 15% se incinera y, como ya apuntamos, el 70% restante va a parar a los basureros. Del material reciclado, tres cuartas partes consisten en cajas de cartón corrugado, periódico y papel de oficina. Parte del papel se envía a Corea y Taiwán, donde se transforma en material de embalaje para productos que se importan a Estados Unidos, como videocaseteras, reproductores de CD y componentes de cómputo. En la figura 6 aparece una lista de las 20 naciones más importantes del mundo en el rubro de reciclaje de papel. Alemania encabeza la lista, ya que recicla 70% de su papel. Estados Unidos se ubica en el decimoquinto lugar, pues sólo recicla 41%.

Reciclaje Proceso que consiste en convertir productos de desecho en material reutilizable.

Del 15% de la basura que se incinera, una cantidad considerable se quema en plantas de conversión de basura en energía, las cuales generan electricidad a partir del calor de la incineración. Hasta hace poco, estas plantas parecían ser la tendencia del futuro, pero el tratamiento fiscal menos favorable que reciben y las inquietudes ambientales por la ubicación de las plantas de incineración, de nuevo el problema de "no quiero la basura en mi patio trasero", han mermado considerablemente el movimiento de conversión de basura en energía.

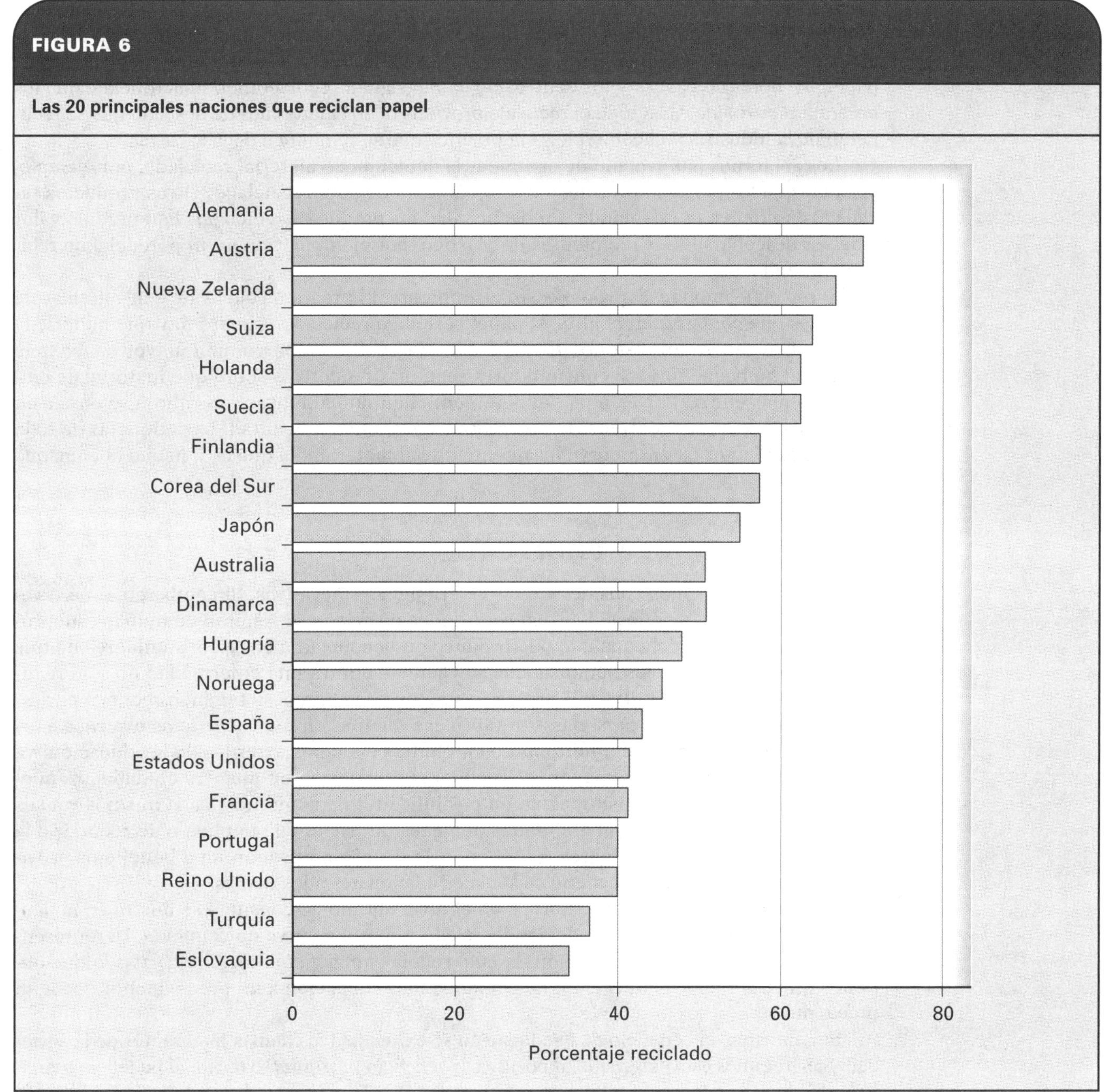

Fuente: Basado en cifras de 1997 según se informó en *The Economist World in Figures: 2001 Edition* Londres, Profile Books, 2001, p. 96.

Reiterémoslo, alrededor del 70% de la basura que se genera en Estados Unidos va a parar a los basureros y sólo 30% se incinera o recicla. En comparación, los japoneses reciclan 40% de sus desperdicios e incineran 33%, lo que significa que sólo 27% se deposita en los basureros. Las familias japonesas clasifican su basura hasta en 21 categorías. Debido a que la tierra es escasa en Japón, razón por la que cuesta relativamente más, no sorprende que los japoneses depositen una parte mucho menor de su basura en vertederos.

El reciclaje de ciertos productos es claramente económico, como las latas de aluminio, que constituyen una fuente barata de aluminio si se compara con el proceso que supone producirlo en bruto. En la actualidad, se reciclan aproximadamente dos de cada tres latas de aluminio, aunque sólo 10 estados exigen depósitos de devolución. El reciclaje de papel y cartón también resulta económico. De hecho, esta práctica se realizaba mucho antes de que surgiera el movimiento ambientalista. Aun así, pese a los esfuerzos promocionales, los programas de reciclaje *curbside* sólo representan una sexta parte del reciclaje que se lleva a cabo en Estados Unidos. Los viejos métodos, como los recolectores de papel, los botes de basura y los centros de canje, siguen recolectando más tonelaje que los programas *curbside*. Casi todo el reciclaje proviene de los materiales de desecho que se recuperan de la industria y el comercio, una práctica que se remonta a décadas atrás.

Los gobiernos han tratado de estimular la demanda de material reciclado, por ejemplo, al exigir que los periódicos utilicen cierta cantidad de papel reciclado. Otros productos reciclados no tienen esa demanda. De hecho, algunos productos reciclados han perdido valor y deben desecharse. Los recipientes de plástico, por ejemplo, tienen un potencial de reciclaje limitado.

El reciclaje impone su propio costo al ambiente. El programa *curbside* exige flotillas de camiones que contaminan el aire. Al papel periódico reciclado primero hay que quitarle la tinta, lo que genera un residuo que debe eliminarse. Sin embargo, una mayor conciencia ambiental ha hecho que los consumidores sean más receptivos sobre qué material de embalaje es más eficaz. Por ejemplo, el detergente líquido para lavar ropa ahora se ofrece en una forma "ultra" concentrada, lo que reduce el volumen a la mitad. Las etiquetas de toda clase de productos ostentan orgullosamente que el material del que está hecho el empaque es reciclado.

EXTERNALIDADES POSITIVAS

Hasta ahora, sólo hemos considerado las externalidades negativas. Sin embargo, éstas a veces son positivas o benéficas. Las *externalidades positivas* se generan cuando los subproductos inapreciables del consumo o la producción benefician a otros consumidores u otras empresas. Por ejemplo, las personas que se vacunan contra una enfermedad no sólo reducen la probabilidad de contraer la afección, sino que en el proceso también reducen el riesgo de transmitirla a otras personas. Por tanto, las vacunas ofrecen *beneficios externos* a los demás. La sociedad en su conjunto también recibe beneficios externos de la educación, ya que quienes adquieren una mayor instrucción se convierten en mejores ciudadanos, pueden leer las señales de tránsito, están en posibilidades de mantenerse a sí mismos y a sus familias, y tienen menos probabilidades de necesitar asistencia pública o de recurrir a la delincuencia para obtener ingresos. Así pues, la educación proporciona beneficios privados, pero también confiere beneficios sociales adicionales a los demás.

El efecto de los beneficios externos en el nivel óptimo de consumo se ilustra en la figura 7, la cual muestra la oferta y demanda de educación. La curva de demanda, *D*, representa la demanda privada de educación, la cual refleja el *beneficio marginal privado* que obtienen quienes reciben educación. Se demanda más educación a un precio menor que a un precio mayor.

Sin embargo, el beneficio de la educación se extiende a los demás integrantes de la sociedad. Si agregamos esta externalidad positiva, o *beneficio marginal externo*, al beneficio marginal privado de la educación, obtenemos el beneficio marginal social de la educación. El *beneficio marginal social* incluye todos los beneficios que obtiene la sociedad de la educación, tanto pública como privada. La curva de beneficio marginal social está por encima de la curva de demanda privada en la figura 7. En cada nivel educativo, el beneficio marginal social excede el beneficio marginal privado por la cantidad de beneficio marginal externo que se genera mediante ese nivel educativo específico.

Si la educación fuera una decisión de índole estrictamente privada, la cantidad adquirida estaría determinada por la intersección de la curva de demanda privada, *D*, con la curva de oferta, *O*. La curva de oferta refleja el costo marginal de producir cada unidad del bien. Esta intersección en el punto *e* genera el nivel educativo *E*, donde el beneficio marginal privado de la educación es igual a su costo marginal.

Sin embargo, en el nivel *E*, el beneficio marginal social de la educación rebasa su costo marginal. El bienestar social neto se incrementará si la educación crece más allá de *E*. *Mientras el beneficio marginal social de la educación exceda su costo marginal, el bienestar social aumentará si la educación crece*. El bienestar social se maximiza en el pun-

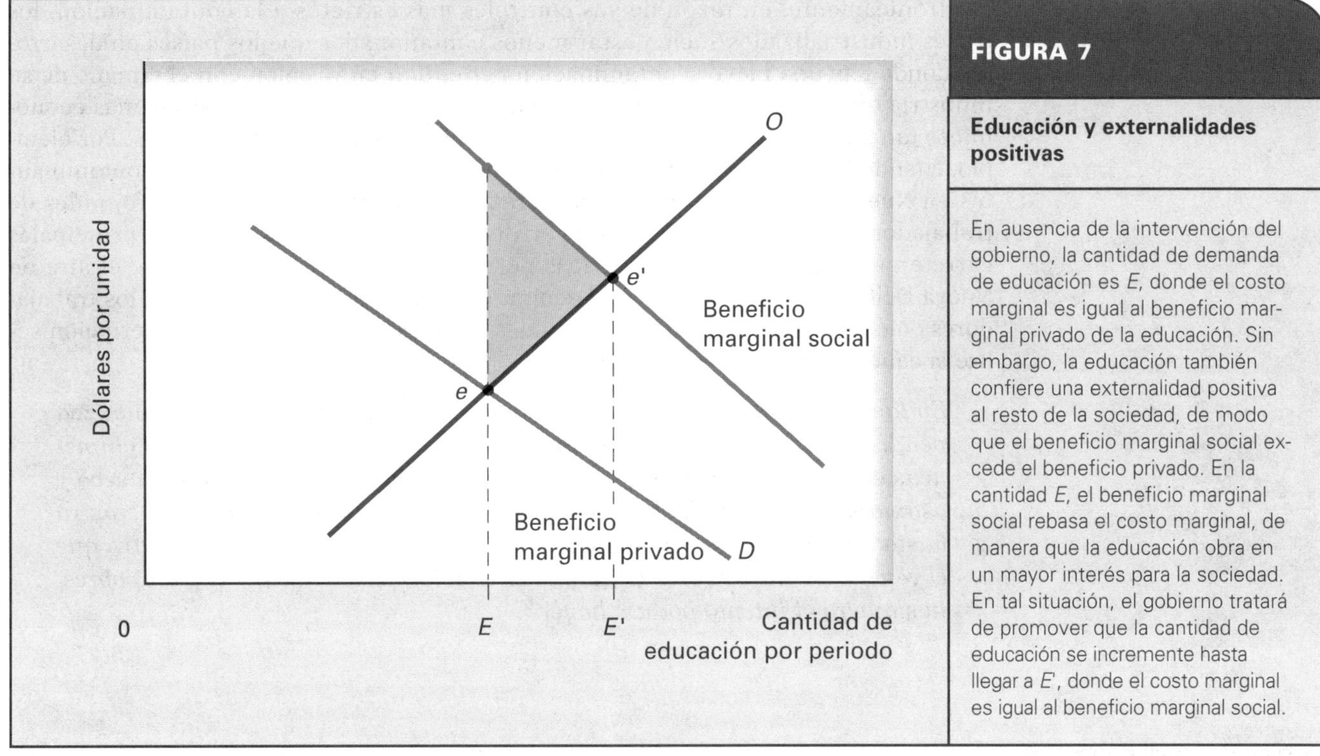

FIGURA 7

Educación y externalidades positivas

En ausencia de la intervención del gobierno, la cantidad de demanda de educación es *E*, donde el costo marginal es igual al beneficio marginal privado de la educación. Sin embargo, la educación también confiere una externalidad positiva al resto de la sociedad, de modo que el beneficio marginal social excede el beneficio privado. En la cantidad *E*, el beneficio marginal social rebasa el costo marginal, de manera que la educación obra en un mayor interés para la sociedad. En tal situación, el gobierno tratará de promover que la cantidad de educación se incremente hasta llegar a *E*', donde el costo marginal es igual al beneficio marginal social.

to *e*' en la figura 7, donde se ofrecen *E*' unidades de educación, es decir, donde el beneficio marginal social es igual al costo marginal, como lo refleja la curva de oferta. El triángulo sombreado en color azul identifica el incremento neto en bienestar social que se deriva al aumentar la cantidad de educación a *E*'.

Por consiguiente, la sociedad está en mejores condiciones si el nivel educativo rebasa el equilibrio privado. *Cuando se presentan externalidades positivas, las decisiones basadas en los beneficios marginales privados generan una cantidad socialmente óptima menor del bien*. Por tanto, como sucede con las externalidades negativas, las externalidades positivas por lo general apuntan a una *falla del mercado*, razón por la cual el gobierno a menudo entra en escena. Cuando hay beneficios externos, la política pública busca incrementar el nivel de producción más allá del nivel óptimo privado. Por ejemplo, los gobiernos tratan de incrementar la educación ofreciendo para ello educación primaria y secundaria gratuita, exigiendo que los estudiantes permanezcan en la escuela hasta los 16 años de edad. Asimismo, subsidian la educación superior privada y ofrecen deducciones fiscales a algunos gastos educativos.

CONCLUSIÓN

Más de 6 mil millones de personas habitan el planeta y cada año se suman 90 millones. Se calcula que la población mundial alcanzará los 9 mil millones para mediados del siglo XXI, y la mayor parte de este crecimiento ocurrirá en los países menos desarrollados, donde la mayoría de la gente apenas consigue lo necesario para sobrevivir. La presión poblacional, aunada a una falta de incentivos para preservar los recursos de acceso abierto, genera deforestación, disminución de los bancos de peces y contaminación del aire, el suelo y el agua. Los precios de mercado pueden dirigir la asignación de recursos sólo cuando los derechos de propiedad están definidos apropiadamente y pueden hacerse valer a un costo razonable. La contaminación del aire, el suelo y el agua surge no tanto de la codicia de productores y consumidores, sino del hecho de que estos recursos de acceso abierto están sujetos al problema de la reserva común.

¿Cuál es la importancia de la siguiente declaración en The Wall Street Journal*?: "Sólo cuando tenemos la suficiente riqueza podemos empezar a pensar, preocuparnos y enfrentar los problemas ambientales".*

Irónicamente, en razón de sus controles más estrictos a la contaminación, los países industrializados suelen estar menos contaminados que los países en desarrollo, donde hay una mayor contaminación *per cápita* en relación con el tamaño de su industria que es menor. Casi todos los países en desarrollo tienen problemas económicos tan graves que la calidad del ambiente no es una de sus prioridades. Por ejemplo, cuando la Suprema Corte de la India trató de cerrar algunas fábricas contaminantes en Nueva Delhi como medida para reducir la contaminación del aire, miles de trabajadores incendiaron autobuses, arrojaron piedras y bloquearon las principales carreteras, exigiendo que las fábricas permanecieran abiertas.[8] Aunque el aire en Nueva Delhi es tan sucio que suele ocultar cualquier rastro de cielo azul, los trabajadores consideran que sus empleos son más importantes. Veamos una descripción sobre la calidad del aire en Nueva Delhi:

> *En las tardes en las que el calor arrecia, una mezcla amarillo-blancuzca pende sobre la ciudad y deja caer un hollín ácido en el polvo y las chimeneas exhaustas. Por la noche, la mezcla se condensa en una niebla seca y asfixiante que cubre los faros de los automóviles que circulan, y se arrastra hasta las casas más cerradas. Los residentes poco podían hacer para que el veneno no entrara en sus pulmones o en los de sus hijos, y si eran pobres, ni siquiera el intento podían hacer.*[9]

RESUMEN

1. Un recurso no renovable está disponible en una cantidad finita, como el petróleo crudo o el mineral de cobre. Un recurso renovable se regenera y, por tanto, puede usarse en forma periódica si se explota en forma conservadora, como sería un bosque debidamente administrado. Algunos recursos padecen el problema de la reserva común, ya que el acceso irrestricto genera un uso excesivo.
2. Las externalidades negativas generan un exceso de producción y las externalidades positivas muy poca. La política pública debería gravar o, en todo caso, limitar la producción que genera externalidades negativas y subsidiar, o promover, la producción que genera externalidades positivas.
3. La cantidad óptima de calidad ambiental ocurre cuando el beneficio marginal social de una mejora es igual al costo marginal social. Un desplazamiento ascendente de la curva de beneficio marginal de la calidad ambiental o un desplazamiento descendente de su curva de costo marginal incrementarán el nivel óptimo de la calidad ambiental.
4. Las selvas tropicales del mundo reciclan gases nocivos y los convierten en oxígeno y madera. Dado que las selvas suelen ser recursos de acceso abierto, los colonos y las empresas madereras las están destruyendo para ganarse la vida. Esta destrucción reduce la capacidad de depuración del ambiente.
5. El teorema de Coase señala que mientras los costos de negociación sean reducidos, la asignación de derechos de propiedad a una determinada parte genera una solución eficiente al problema de las externalidades. El mercado de los permisos para contaminar es un ejemplo del teorema de Coase.
6. En las últimas tres décadas, se han logrado avances en la limpieza del aire y las vías fluviales de Estados Unidos. El aire es más limpio gracias que se han establecido normas más estrictas en materia de emisiones a los vehículos automotores; y las vías fluviales están más limpias gracias a los miles de millones de dólares invertidos en los centros de tratamiento de aguas negras. Aunque gran parte de la atención y el presupuesto federal se destina a limpiar los basureros de desechos tóxicos, éstos no plantean una amenaza tan grave para la población en su conjunto como el que representan otras formas de contaminación, como el smog y los plaguicidas.

[8] Celia Duggar, "A Cruel Choice in New Delhi: Jobs *vs.* A Safer Environment", *The New York Times*, 24 de noviembre 2000.

[9] William Langewiesche, "The Shipbreakers", *Atlantic Monthly*, agosto 2000, p. 42.

PREGUNTAS DE REPASO

1. *Externalidades* Complete cada uno de los siguientes enunciados:

   (a) Los recursos que sólo están disponibles en una cantidad finita se denominan recursos __________.
   (b) La posibilidad de que un recurso no renovable se utilice hasta que el valor marginal neto de un uso adicional sea igual a cero se conoce como __________.
   (c) Los recursos cuyo uso periódico puede continuarse de manera indefinida se conocen como recursos __________.
   (d) Si nadie en lo individual puede captar fácilmente el valor de un recurso, a éste se le domina __________.

2. *Solución al problema de la reserva común* ¿Por qué a las autoridades les ha resultado tan difícil regular la pesca y permitir una producción sostenible?

3. *Nivel óptimo de contaminación* Explique la diferencia entre tecnología de producción fija y tecnología variable. ¿El gobierno debería establecer el objetivo de reducir el costo marginal social de la contaminación a cero en las industrias que cuentan con tecnología de producción fija? ¿Debería hacerlo en el caso de las industrias que tienen tecnología variable?

4. *Caso de* **estudio:** *Destrucción de las selvas tropicales* ¿Por qué una solución a la tala excesiva de árboles en las selvas tropicales exige cierto tipo de cooperación internacional? ¿Sería suficiente una solución así al problema de la deforestación?

5. *Teorema de Coase* Suponga que una empresa contamina un arroyo que tiene un valor recreativo sólo cuando la contaminación está por debajo de cierto nivel. Si los costos de transacción son bajos, ¿por qué la asignación de derechos de propiedad sobre el arroyo genera el mismo nivel (eficiente) de contaminación ya sea que la empresa o los usuarios del sitio recreativo tengan los derechos de uso del arroyo?

6. *Teorema de Coase* Ronald Coase señala que una falla de mercado no surge simplemente porque las personas ignoran el costo externo de sus acciones. ¿Qué otra condición es necesaria? ¿Cuál considera que es la solución eficiente a una externalidad negativa?

7. *Externalidades positivas* El valor de una casa depende en parte de lo atractivas que sean las otras y de lo bello de los jardines del vecindario. ¿De qué manera las ordenanzas de zonificación locales tratan de promover usos de la tierra que generan beneficios externos para los vecindarios?

PROBLEMAS Y EJERCICIOS

8. *Costos externos con tecnología de producción fija* Revise la situación que se ilustra en la figura 1 de este capítulo. Si el gobierno fija el precio de la electricidad al nivel socialmente óptimo, ¿por qué la ganancia neta es igual al triángulo *abc*, aun cuando los consumidores ahora paguen un precio mayor por la electricidad? ¿Cuál sería la ganancia neta si el gobierno fijara el precio por encima del nivel óptimo?

9. *Externalidades negativas* Suponga que desea reducir una externalidad negativa gravando un impuesto sobre la actividad que genera la externalidad. Cuando la cantidad de la externalidad que se genera por unidad de producción se incrementa conforme la producción crece, el impuesto adecuado puede determinarse mediante un diagrama de oferta y demanda, demuéstrelo. Suponga que el costo marginal privado presenta una pendiente ascendente.

10. *Costos externos* Con base en los datos de la tabla de la derecha, responda a las siguientes preguntas.

    (a) ¿Cuál es el costo externo por unidad de producción?
    (b) ¿A qué nivel producirá la economía si no hay regulación a la externalidad?
    (c) ¿A qué nivel deberá producir la economía para alcanzar la eficiencia económica?
    (d) Calcule el valor en dólares de la ganancia neta para la sociedad después de corregir la externalidad.

Cantidad	Beneficio marginal privado (demanda)	Costo marginal privado (oferta)	Costo marginal social
0	—	$ 0	$ 0
1	$10	2	4
2	9	3	5
3	8	4	6
4	7	5	7
5	6	6	8
6	5	7	9
7	4	8	10
8	3	9	11
9	2	10	12
10	1	11	13

11. *Costos externos con tecnología variable* Considere una industria que contamina el agua y tiene acceso a una tecnología variable para reducir la contaminación del agua. Ilustre gráficamente y explique el impacto que ejerce cada una de las siguientes situaciones, si permanecen constantes otros factores, en el nivel óptimo de calidad del agua:
    (a) Se descubren nuevas evidencias de que hay un mayor riesgo de contraer cáncer por la contaminación del agua.
    (b) El costo se incrementa del equipo para el control de la contaminación.
    (c) Una mejora tecnológica reduce el costo del control de la contaminación.

12. *Mercado de derechos de contaminación* La siguiente gráfica muestra el mercado de derechos de contaminación.

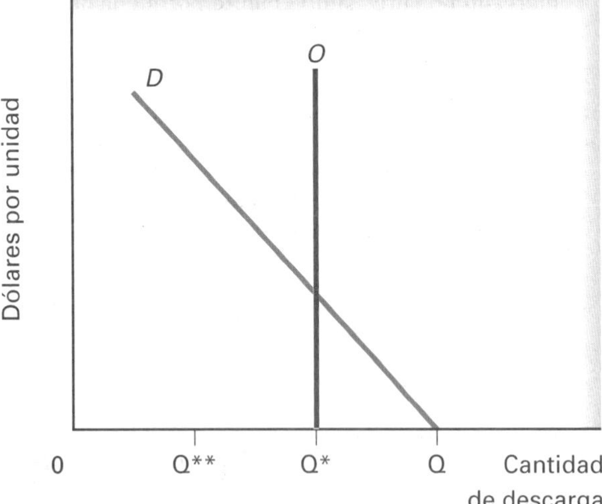

(a) Si no hay restricciones a la contaminación, ¿cuál será la cantidad de descarga?
(b) ¿Cuál será la cantidad de oferta y la cantidad de demanda si el gobierno limita la cantidad de descarga a Q^*, pero otorga los permisos?
(c) ¿Dónde se ubica el equilibrio de mercado si el gobierno vende los permisos? Ilústrelo en la gráfica.
(d) ¿Qué sucede con el equilibrio de mercado si el gobierno reduce la cantidad de descarga permisible a Q^{**}? Ilústrelo en la gráfica.

CASOS PRÁCTICOS

13. ***Caso de estudio:*** *Una ciudad entre las nubes* Imagínese que es el jefe de gobierno de la ciudad de México. ¿Cómo aplicaría algunas de las técnicas descritas en este capítulo para controlar la contaminación en esa ciudad? Para información adicional, consulte el sitio http://www. ess.co.at/GAIA/CASES/MEX/index.html.

14. *Problema de la reserva común* El artículo escrito en 1968 por Garret Hardin denominado "The Tragedy of the Commons" está disponible en internet en el sitio http://www. aloha.net/~jhanson/page95.htm. Lea este interesante comentario y describa algunos ejemplos del problema de la reserva común o, como él lo llama, la tragedia de los comunes.

15. *Costos externos con tecnología fija* Lea el artículo "Pollution Allowances Help Clear the Air" escrito por Betty Joyce Nash, el cual puede encontrar en http://www.rich.frb.org/cross/cross134/2.html. Con base en lo que ha aprendido en este capítulo, evalúe el caso de Nash sobre las excenciones fiscales a quienes no contaminan como forma de controlar las externalidades negativas.

16. Visite el sitio en internet de la Dirección de Protección al Ambiente de Estados Unidos (*Environmental Protection Agency*, EPA) y examine la información que ahí se presenta sobre los programas de interés general. La dirección es http://www.epa.gov/epahome/general.htm. Esta institución ha instrumentado diversos programas encaminados a mejorar la calidad del aire y el agua. Describa alguno de los programas y el problema que aborda. Ilustre geográficamente y explique el modelo de la EPA.

Distribución del ingreso y pobreza

CAPÍTULO

18

¿Por qué hay algunas familias pobres incluso en la economía más productiva del mundo? ¿Quiénes son los pobres y por qué lo son? ¿Cuál ha sido la tendencia de la pobreza a través del tiempo? ¿Cómo han influido los cambios estructurales de la familia en la pobreza? ¿Qué programas públicos buscan reducir la pobreza y qué tan efectivos han sido? En este capítulo abordaremos las respuestas a éstas y otras preguntas; asimismo, analizaremos la distribución del ingreso y la pobreza en Estados Unidos.

Para establecer un punto de referencia, primero examinaremos la distribución del ingreso, prestando especial atención a las tendencias de los últimos años. Luego evaluaremos la "red de seguridad social", programas gubernamentales destinados a ayudar a los pobres. También consideraremos el impacto que los cambios en la estructura familiar ejercen en la pobreza, concentrándonos sobre todo en el incremento de los hogares que dependen de las mujeres. Finalmente, examinaremos las reformas a la asistencia social. Entre los temas que abordaremos en este capítulo se encuentran:

- Distribución del ingreso
- Nivel oficial de pobreza
- Política pública y pobreza
- La feminización de la pobreza
- Pobreza y discriminación
- Reformas a la asistencia social

DISTRIBUCIÓN DEL INGRESO FAMILIAR

En una economía de mercado, el ingreso depende fundamentalmente de los pagos a los factores de producción, mismos que se subordinan a la productividad de los factores. El problema de asignar el ingreso en función de la productividad es que a algunas personas se les dificulta percibirlo. Quienes nacen con discapacidades mentales o físicas suelen ser menos productivos y tal vez no estén en posibilidades de ganarse el sustento. Otros quizá enfrenten opciones laborales limitadas y salarios reducidos debido a situaciones como la edad, un deficiente nivel educativo, discriminación, mala fortuna o bien, las exigencias que impone el cuidado de los hijos.

Distribución del ingreso por quintiles

Como punto de partida, consideremos la distribución del ingreso en la economía y veamos cómo ha cambiado a través del tiempo, centrándonos particularmente en los hogares como unidad económica. Luego de dividir la cantidad total de hogares estadounidenses en cinco grupos de igual tamaño, o *quintiles*, clasificados en función de su ingreso, podemos examinar el porcentaje de ingreso que recibe cada grupo. Esta división aparece en la figura 1 y representa varios años a partir de 1970. Dedique unos instantes a analizarla. Observe que en 1970 los hogares ubicados en el quintil inferior, o más pobre, de la población obtenían sólo 4.1% del ingreso, en tanto que los hogares ubicados en el quintil superior, o más rico, recibían 43.3% del ingreso. La Oficina del Censo de Estados Unidos (*The U.S. Census Bureau*) mide el ingreso después de que se han recibido los pagos por transferencia de efectivo, pero antes del pago de impuestos.

En los últimos años, la parte correspondiente al ingreso del quintil superior se ha incrementado y la del quintil inferior ha disminuido ligeramente. La proporción de ingresos del grupo más rico aumentó de 43.3% en 1970 a 49.7% en el 2000. Uno de los principales elementos que han contribuido a este incremento en la proporción de la renta del grupo de mayores recursos ha sido el crecimiento de hogares cuyo mantenimiento está dividido entre los dos cónyuges en el grupo superior y el aumento de los hogares de un solo cónyuge en el grupo inferior. En la figura 1 también se aprecia la parte correspondiente al ingreso del 5% superior de las familias, la cual ha crecido desde 1980, pues representa todo el crecimiento del 20% superior de las familias. Debido a las reducciones sustanciales que se hicieron en las tasas impositivas marginales superiores en 1981 y 1986, quienes obtenían ingresos elevados tenían menos incentivos para eludir o evadir el pago de impuestos, de modo que el ingreso declarado aumentó, lo que estimuló la proporción del ingreso declarado correspondiente al 5% más rico de los hogares.

Curva de Lorenz

Curva de Lorenz Curva que muestra el porcentaje de ingreso total percibido por un determinado porcentaje de receptores, cuyos ingresos se han ordenado en forma creciente.

Acabamos de examinar la distribución del ingreso con una gráfica de barras. La curva de Lorenz es otra forma de ilustrar la distribución del ingreso en una economía. La **curva de Lorenz** muestra el porcentaje del ingreso total recibido por un determinado porcentaje de hogares cuando se ordenan los ingresos en forma creciente. Como se aprecia en la figura 2, el porcentaje acumulado de hogares se mide en el eje horizontal y el porcentaje acumulado de ingresos se mide en el eje vertical. Cualquier distribución dada del ingreso puede compararse con una distribución de ingreso semejante entre los hogares. Si el ingreso se distribuyera uniformemente, cada 20% de los hogares recibiría 20% del ingreso total y la curva de Lorenz sería una línea recta con una pendiente igual a 1.0, como se aprecia en la figura 2.

Conforme la distribución se vuelve menos uniforme, la curva de Lorenz tiende a descender hacia la derecha, apartándose de la línea de la distribución equitativa. Las

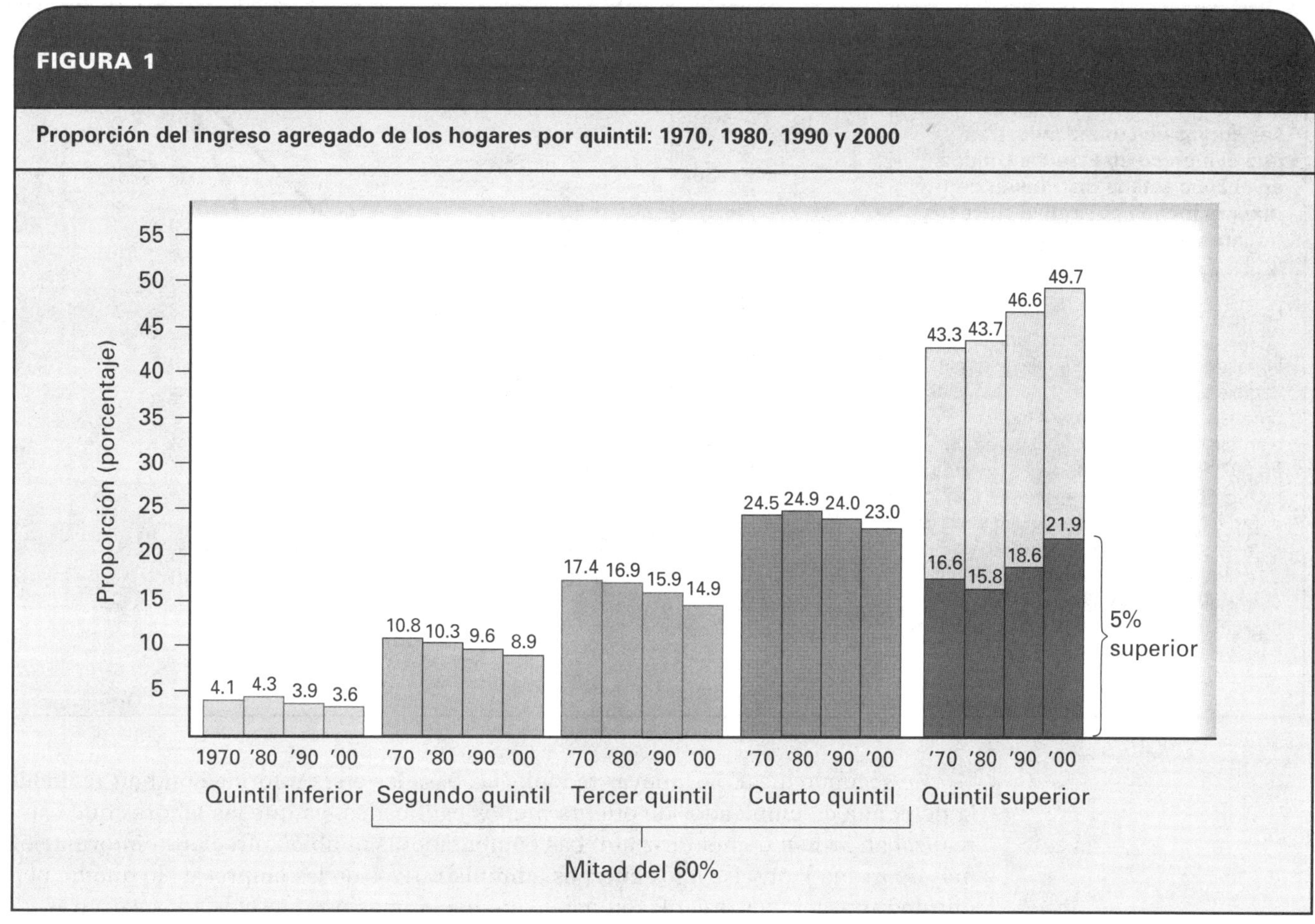

Fuente: Oficina del Censo de Estados Unidos, *Money Income in the United States: 2000,* Reportes actuales de población, septiembre 2001, tabla C, http://www.census.gov/hhes/www/income00.html.

curvas de Lorenz que aparecen en la figura 2 se calcularon para los 1970 y el 2000, con base en los datos de la figura 1. Como referencia, el punto *a* en la curva de Lorenz de 1970 indica que en ese año el 80% inferior de los hogares recibió 56.7% del ingreso y el 20% superior obtuvo 43.3%. El punto *b* en la curva del 2000 muestra que el 80% inferior recibió 50.3% del ingreso y el 20% superior obtuvo 49.7%. La curva de Lorenz para el 2000 está más lejos de la línea de distribución equitativa que la curva para 1970, lo que demuestra que el ingreso entre los hogares se ha distribuido en forma menos uniforme.

La instrucción universitaria genera mayor ingreso

Otro factor que contribuye al predominio del grupo superior es el monto cada vez mayor que se paga a quienes tienen una instrucción universitaria. En las últimas dos décadas, el salario medio, ajustado por la inflación, de quienes sólo contaban con preparatoria disminuyó 6%, en tanto que el salario medio de quienes tenían un título universitario aumentó 12%. ¿Por qué les ha ido mejor a los trabajadores que tienen una mayor instrucción? En primer lugar, tendencias como la desregulación de la industria, la disminución de la afiliación sindical y la liberalización del comercio internacional han reducido la demanda de trabajadores que cuentan con un menor nivel educativo. Los sindicatos, por ejemplo, coadyuvan a que aumenten los salarios de muchos trabajadores que de lo contrario, terminarían en la parte inferior de la distribución del ingreso. Sin embargo, la participación de la fuerza laboral sindicalizada disminuyó de 26% en 1973 a sólo 14% en el 2000.

FIGURA 2

Las curvas de Lorenz muestran que el ingreso en Estados Unidos en el 2000 estaba distribuido de manera menos equitativa entre los hogares que en 1970

La curva de Lorenz es una forma conveniente de mostrar el porcentaje de ingreso total recibido por cualquier porcentaje de los hogares cuando éstos se ordenan de menor a mayor ingreso. Por ejemplo, en el punto *a* se aprecia que en 1970 el 80% inferior de los hogares recibía 56.7% de todo el ingreso. El punto *b* muestra que en el 2000 la parte correspondiente al ingreso total del 80% inferior de los hogares fue menor que en 1970. Si el ingreso estuviera equitativamente distribuido entre los hogares, la curva de Lorenz sería una línea recta.

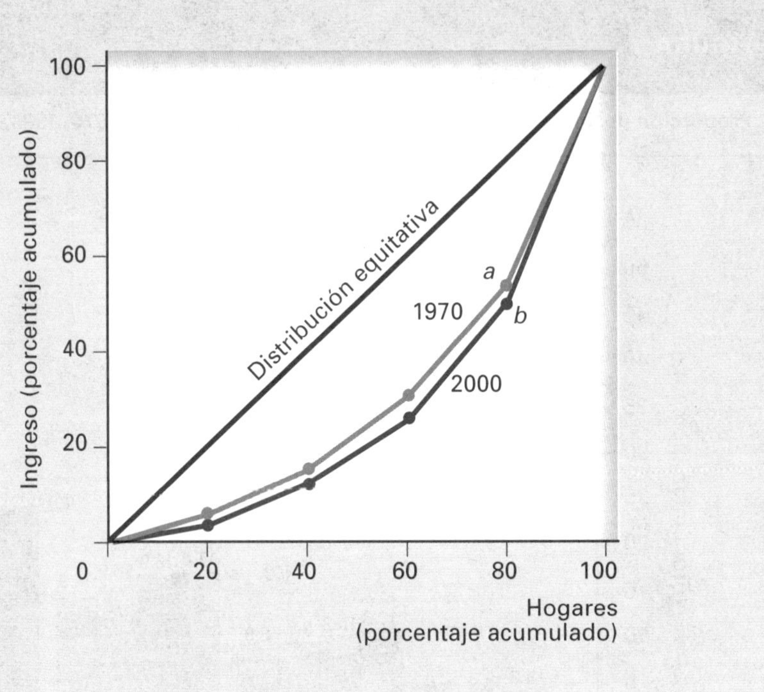

En segundo lugar, las nuevas tecnologías basadas en la información han reducido la demanda de empleados de oficina menos calificados, ya que las labores que éstos realizaban se han computarizado. Las computadoras también ofrecieron información más oportuna y precisa a los cuerpos administrativos de las empresas, lo que ha permitido innovaciones organizacionales que hacen más productivos a los gerentes y a otros profesionales.[1] Por tanto, las computadoras redujeron la demanda de trabajadores menos calificados, como el personal administrativo y los empleados de ventanilla en los bancos, mientras que la demanda de quienes utilizan computadoras, como gerentes y contadores aumentó con el fin de estimular la productividad laboral.

En tercer lugar, la oferta de trabajadores con menor nivel educativo aumentó más que la oferta de trabajadores que contaban con mayor instrucción, lo cual provocó un incremento en las recompensas a la educación. Por ejemplo, los inmigrantes que han llegado recientemente a Estados Unidos suelen estar menos instruidos que los residentes, lo que, según se estima, comprende a unos 6 millones de extranjeros ilegales en la fuerza laboral. Por tanto, la inmigración ha aumentado la oferta de trabajadores con un nivel educativo relativamente bajo, lo que ha deprimido los salarios en general de quienes están menos instruidos. La población hispana creció en más del doble entre 1980 y el 2000. Asimismo, el porcentaje de hispanos en Estados Unidos nacidos en el extranjero aumentó. Entre los varones hispanos de 25 años de edad y mayores, sólo el 57% tenía al menos un nivel educativo medio en el 2000, en comparación con el 85% de los individuos de raza blanca y el 79% de los individuos de raza negra. En términos más generales, la proporción de personas nacidas en el extranjero y que ahora forman parte de la población estadounidense se duplicó pasando de 5% en 1970 a 11% en el 2000, la participación más grande desde los treinta.

En consecuencia, las tendencias económicas de los últimos años han beneficiado a quienes están más instruidos y esto ayuda a explicar la creciente disparidad en el ingreso de los hogares. El ingreso en Estados Unidos está distribuido en forma menos equitativa que en otros países desarrollados del mundo, como Canadá, Francia, Gran Bretaña, Italia y Australia, pero se distribuye en forma más uniforme que

[1] Timothy Bresnahan, "Computerization and Wage Dispersion: An Analytical Reinterpretation", *Economic Journal*, junio 1999.

en la mayor parte de los países en desarrollo, como Brasil, Chile, México, Nigeria y Filipinas. Algunas naciones también cuentan con programas de redistribución mucho más amplios que los de Estados Unidos, ya que basan diversas políticas públicas en el ingreso. Por ejemplo, Finlandia basa las multas de tránsito en el ingreso de los conductores. Un joven *junior* al que se le sorprende manejando a 70 kilómetros por hora en una zona en la que el límite de velocidad es de 40 kilómetros por hora, está obligado a pagar una multa de $71 000.[2]

NetBookmark

En el sitio en internet de la Oficina del Censo de Estados Unidos (*U.S. Census Bureau*) en http://www.census. gov/hhes/www/income.html aparecen diversos datos y análisis sobre la distribución del ingreso. Esta página especializada en el campo de los ingresos incluye un vínculo con otra página dedicada a la desigualdad del ingreso. Ahí puede encontrar datos sobre la distribución del ingreso por quintil y el informe *The Changing Shape of the Nation's Income Distribution, 1947-98.* ¿Qué herramienta se emplea en este informe para medir la distribución del ingreso? ¿En qué año éste fue menos equitativo? ¿Cuál es la tendencia actual?

Problemas con los parámetros de distribución

Un problema que surge al examinar las distribuciones del ingreso es que no hay un estándar objetivo para evaluarlas. La premisa común es que una distribución más equitativa del ingreso es lo más deseable, pero ¿acaso una distribución perfectamente uniforme sería lo más adecuado? De no ser así, entonces ¿qué tan desigual debería ser la distribución? Por ejemplo, entre los jugadores de béisbol de las grandes ligas, mucho más de la mitad de lo que se paga en sueldos se destina al 20% de los jugadores. El contrato de 10 años de Alex Rodríguez por $252 millones resulta que es de cerca de $43 000 por cada vez que toma el bat o aproximadamente de $173 000 por juego. El sueldo de los jugadores de baloncesto profesionales tiene un sesgo aún más pronunciado hacia los jugadores estrellas. ¿Significa esto que la economía en su conjunto es en cierto sentido “más justa” que estos deportes profesionales?

Un segundo problema es que como vemos en las figuras 1 y 2 el ingreso monetario se mide tras haberse hecho las transferencias en efectivo, pero antes de pagarse los impuestos, se omite los efectos de los impuestos y las transferencias en especie, como son vales de alimentos y servicio médico gratuito para familias pobres. El sistema fiscal en su conjunto es progresivo, lo que significa que las familias con ingresos mayores pagan una fracción más elevada de sus ingresos en impuestos. Las transferencias en especie benefician en mayor medida a los grupos de ingresos más bajos. En consecuencia, si en la figura 1 se incorporaran los efectos de los impuestos y las transferencias en especie, la proporción de ingresos destinada a los grupos más bajos se incrementaría, la parte correspondiente a los grupos superiores decrecería y el ingreso se distribuiría de manera más uniforme.

En tercer lugar, al centrarse en la proporción de ingresos correspondientes a cada quintil, no se contempla el hecho de que el tamaño de los hogares difiere de un quintil a otro. La mayor parte de los hogares que se encuentra en el quintil inferior consta de personas que viven solas. Sólo uno de cada 16 hogares en el quintil superior está constituido por una persona que vive sola. Los hogares que se encuentran en la parte superior son dos terceras partes más grandes en promedio que los de la parte inferior, lo cual ayuda a explicar parcialmente la diferencia en la proporción de ingresos correspondientes a cada quintil.

En cuarto lugar, las figuras 1 y 2 incluyen sólo fuentes de ingreso *declaradas*. Si la gente obtiene pagos “por debajo del agua” para evadir impuestos o bien, si gana dinero por actividades ilegales, su ingreso real rebasará su ingreso declarado. La omisión del ingreso no declarado distorsionará los datos si el ingreso no declarado como porcentaje del ingreso familiar total difiere entre los distintos niveles de ingresos.

Finalmente, la figura 1 se enfoca en la distribución del ingreso. Sin embargo, un mejor indicador del bienestar de los hogares sería la distribución del gasto. Los datos sobre el gasto que realizan los hogares no se recopilan en forma sistemática tal y como sucede con los datos sobre el ingreso, pero las evidencias disponibles indican que el gasto por quintiles está mucho más equitativamente distribuido que el ingreso por quintiles.

¿Por qué los ingresos de los hogares difieren?

La **media del ingreso** de todos los hogares es el ingreso medio cuando se clasifican los ingresos de menor a mayor. En cualquier año, la mitad de los hogares se encuentra por encima del ingreso medio y la otra mitad por debajo de éste. Las diferencias de

Media del ingreso Ingreso medio cuando se clasifica los ingresos de menor a mayor.

[2] Seven Stecklow, “Finnish Drivers Don't Mind Sliding Scale, But Instant Calculation Gets Low Marks”, *The Wall Street Journal*, 2 de enero 2001.

ingreso entre los hogares se derivan en parte de las diferencias que hay en la *cantidad* de trabajadores por familia. Por tanto, *una de las razones por las que el ingreso de los hogares difiere es porque la cantidad de integrantes que trabajan en las familias también difiere*. Por ejemplo, entre los hogares que se encuentran en el 20% inferior con base en el ingreso, sólo uno de cada cinco cuenta con un integrante que trabaja de tiempo completo todo el año.

La media del ingreso en los hogares de doble ingreso es 87% más elevada que la de los hogares en los que sólo trabaja uno de sus integrantes, y cerca de cuatro veces mayor que la media de los hogares en los que no hay proveedores de ingreso. El ingreso también difiere por las mismas razones que difieren los ingresos laborales, como son diferencias educativas, capacidad, experiencia en el trabajo, etc. En cada edad, quienes están más instruidos ganan en promedio más. Por ejemplo, según la Oficina del Censo de Estados Unidos (*U.S. Census Bureau*), los hombres que tienen un título profesional ganan aproximadamente cuatro veces más que los que sólo cuentan con una instrucción media. La edad en sí también ejerce un efecto importante en el ingreso. Conforme los trabajadores maduran, adquieren experiencia laboral valiosa, obtienen ascensos y ganan más.

Las diferencias en las ganancias basadas en la edad y la instrucción reflejan una pauta normal del *ciclo de vida* del ingreso. De hecho, casi todas las diferencias en términos de ingresos entre los hogares reflejan los mecanismos normales de los mercados de recursos, según los cuales los trabajadores son recompensados en función de su productividad. En razón de estas pautas que se dan a lo largo de la vida, no necesariamente son los mismos hogares los que permanecen ricos o pobres en el tiempo. En realidad, en un estudio sobre movilidad del ingreso, se descubrió que más de tres cuartas partes de quienes se encontraban en el 20% inferior en 1975 se desplazaron hacia el 40% superior al menos durante un año en 1991.[3] Pese a la movilidad temporal, aún podemos caracterizar a los hogares ricos y pobres en un determinado momento en el tiempo. Lo que significa que las familias de altos ingresos a menudo están constituidas por parejas que recibieron una educación superior y que cuentan con un trabajo. Las familias de bajos ingresos suelen estar encabezadas por una sola persona, la cual suele ser joven, mujer, con un nivel educativo bajo o bien, sin empleo. Los bajos ingresos son un tema de preocupación pública, sobre todo cuando hay niños de por medio, como veremos en la siguiente sección.

LA POBREZA Y LOS POBRES

En virtud de que la pobreza es un concepto tan relativo, ¿cómo la medimos objetivamente y cómo garantizamos que nuestra medición pueda aplicarse con la misma pertinencia en el tiempo? El gobierno federal ha creado un método para calcular el nivel oficial de pobreza, el cual se ha convertido en el parámetro para el análisis de la pobreza en Estados Unidos.

Nivel oficial de pobreza

Nivel oficial de pobreza en Estados Unidos Nivel de ingreso de referencia que calcula el gobierno federal para dar seguimiento a la pobreza en el tiempo, inicialmente basado en tres veces el costo de una adecuada canasta alimenticia.

Para obtener el **nivel oficial de pobreza en Estados Unidos**, en 1959 el Departamento de Agricultura de ese país estimó por primera vez el costo de una adecuada canasta alimenticia. Luego, con base en la premisa de que los pobres gastan alrededor de una tercera parte de su ingreso en alimento, el nivel oficial de pobreza se calculó multiplicando el costo en alimentación por tres. La Oficina del Censo de Estados Unidos da seguimiento al nivel oficial de pobreza y realiza ajustes en función del tamaño de las familias y la inflación. El nivel oficial de pobreza en términos del ingreso monetario de una familia de cuatro integrantes era de $17 601 en el 2000; se consideraba que una familia integrada por cuatro miembros vivía en la pobreza si ésta se ubicaba en o por debajo de ese umbral de ingresos. Los niveles de pobreza en el 2000 oscilaban entre $8 787 en el caso de una persona que vivía sola y $35 574 en el de una familia

[3] W. Michael Cox y Richard Arm, "By Our Own Bootstraps", *Federal Reserve Bank of Dallas: 1995 Annual Report*.

compuesta por nueve o más integrantes. La definición de pobreza se basa en el ingreso monetario antes de impuestos, lo que incluye transferencias en efectivo, pero excluye el valor de las transferencias que no son en efectivo, como vales de alimentos, Medicaid, vivienda subsidiada o seguro de salud proporcionado por el empleador.

Cada año, desde 1959, la Oficina del Censo ha realizado una encuesta en la que se comparan los ingresos anuales en efectivo de las familias en lo individual con el nivel de pobreza anual aplicable a la familia. Los resultados de esta encuesta se presentan en la figura 3, la cual indica tanto los millones de personas que viven por debajo del nivel oficial de pobreza como el porcentaje de la población estadounidense ubicada por debajo de ese nivel. También se aprecian los periodos de recesión que ha sufrido Estados Unidos, la recesión se define como dos o más trimestres sucesivos de disminución en el producto interno bruto. Note que la pobreza aumentó durante las recesiones.

La mayor disminución en la pobreza ocurrió antes de 1970; *el índice de pobreza descendió de 22.4% en 1959 a 12.1% en 1969*. Durante ese periodo, la cantidad de pobres disminuyó aproximadamente de 40 a 24 millones de personas. El índice de pobreza no mostró grandes fluctuaciones desde la caída inicial. De manera más reciente, dicho índice disminuyó de 15.1% en 1993 a 11.3% en el 2000, el más bajo desde 1973. Las 31.1 millones de personas en condiciones de pobreza en el 2000 representan una disminución de 8.2 millones por debajo del nivel de 1993.

La pobreza es un término relativo. Si examináramos la distribución del ingreso entre los países del mundo, descubriríamos que hay brechas enormes entre las naciones ricas y pobres. El nivel oficial de pobreza en el ingreso de Estados Unidos es varias veces superior al ingreso promedio de las tres cuartas partes de la población mundial.[4] Por ejemplo, el nivel de pobreza de una familia de cuatro integrantes en Es-

FIGURA 3

Cantidad y porcentaje de la población estadounidense en condiciones de pobreza: 1959-2000

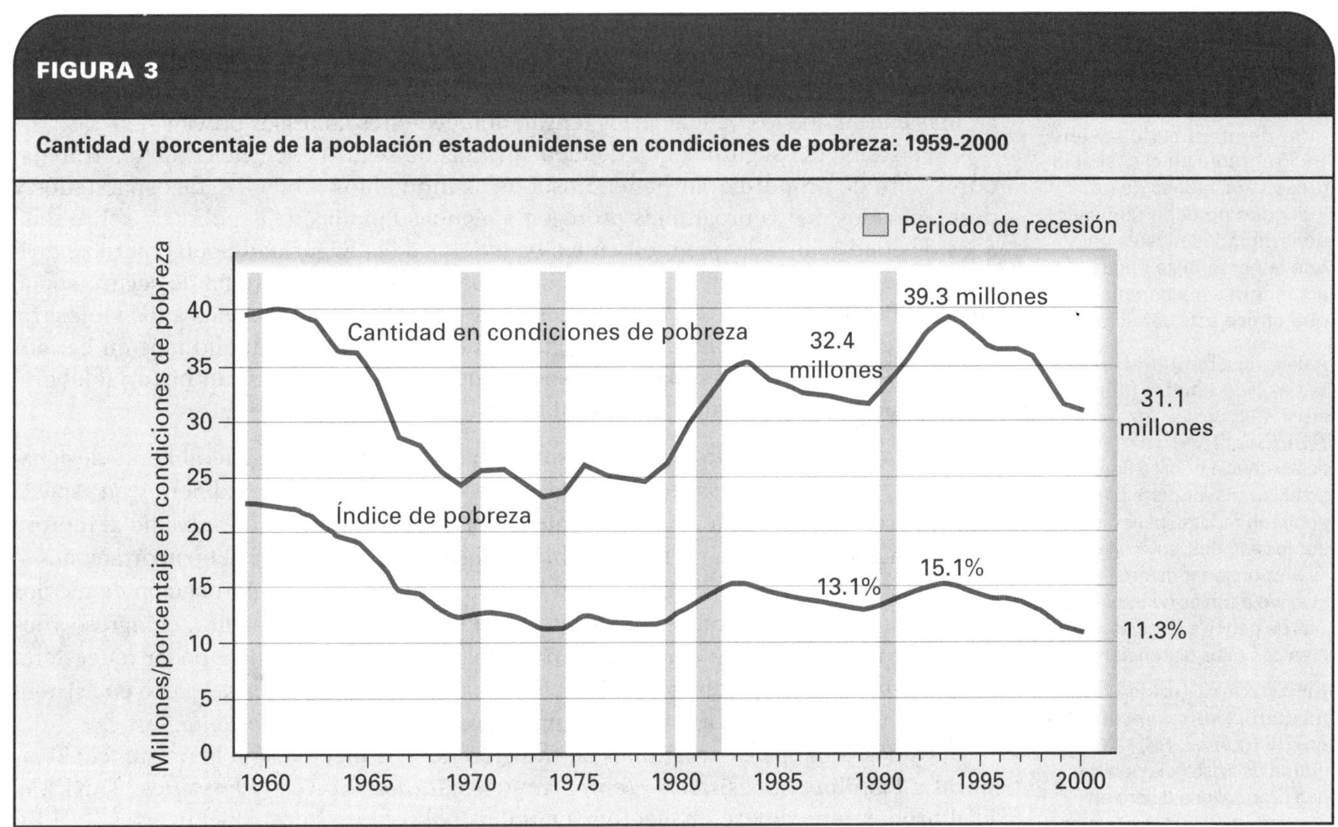

Fuente: Oficina del Censo de Estados Unidos, *Poverty in the United States: 2000*, Reportes actuales de población, septiembre 2001, figura 3. Consulte el sitio en http://www.census.gov/hhes/poverty/poverty00/pov00.html.

[4] Banco Mundial, *World Development Report 2000/2001*. Nueva York, Oxford University Press, 2001, tabla 1.

Seguro Social Programas gubernamentales ideados para ayudar a compensar la pérdida de ingreso de quienes trabajaron pero ahora están jubilados, desempleados o imposibilitados para trabajar debido a alguna discapacidad o lesión relacionada con el trabajo.

Seguridad Social Complementos al ingreso de jubilados que tienen un registro de aportaciones hechas al programa durante los años que trabajaron. Por mucho, éste es el programa de redistribución gubernamental más grande.

Medicare Programa de seguro social que ofrece seguro de salud para cuidado médico de corto plazo a los estadounidenses de mayor edad, independientemente de su nivel de ingreso.

Programas de subsidio al ingreso Programas de asistencia social que proporcionan subsidios en dinero y en especie a los pobres; los beneficios no dependen de aportaciones anteriores.

Programa de comprobación de medios de sustento Programa en el cual el ingreso y los bienes de un individuo no deben rebasar determinados niveles para que la persona se haga acreedora a los beneficios que ofrece este servicio.

Asistencia Temporal a Familias Necesitadas (*Temporary Assistance for Needy Families*, TANF) Programa de asistencia pública financiado en su mayor parte por el gobierno federal, pero dirigido por los estados, cuya finalidad es proporcionar dinero en efectivo a través de transferencias de pagos a familias pobres con hijos dependientes.

Ingreso de Seguridad Suplementaria (*Supplemental Security Income*, SSI) Programa de asistencia pública que proporciona dinero en efectivo a través de transferencias de pagos a las personas pobres de mayor edad y discapacitadas; un pago federal uniforme se complementa con transferencias que varían de un estado a otro.

tados Unidos resulta que es de $12 por persona al día aproximadamente, en tanto que en China se usa un nivel de pobreza de alrededor de $0.30 por persona al día.

Programas para ayudar a los pobres

¿Cuál debería ser la respuesta de la sociedad a la pobreza? *Las familias en las que uno de sus integrantes trabaja de tiempo completo tienen nueve veces más probabilidades de salir de la pobreza que las familias desempleadas*. Por consiguiente, la primera línea de defensa que adopta el gobierno para combatir la pobreza es promover una economía saludable. Sin embargo, suele suceder que aun cuando la tasa de desempleo es baja, algunas personas siguen estando en condiciones de pobreza. Aunque ciertos programas gubernamentales destinados a ayudar a los pobres suponen una intervención directa en el mercado, como son las leyes del salario mínimo, los programas más palpables redistribuyen el ingreso luego de que el mercado ha hecho una distribución inicial. Desde mediados de los sesenta, los gastos en asistencia social en todos los niveles del gobierno se han incrementado en forma significativa. Podemos dividir estos programas en dos amplias categorías: seguro social y subsidio al ingreso.

***Seguro Social*.** Los programas del **Seguro Social** se diseñaron para ayudar a compensar la pérdida de ingreso de quienes trabajaron, pero ahora están jubilados, y de quienes están desempleados temporalmente o imposibilitados para laborar debido a alguna discapacidad o lesión relacionada con el trabajo. El programa de seguro social más importante es la **Seguridad Social**, establecido durante la Gran Depresión de los treinta para complementar los ingresos de los jubilados que tenían un historial laboral y un registro de aportaciones al programa. **Medicare**, otro programa de seguro social, proporciona un seguro de salud para atención médica de corto plazo a personas, en su mayoría, de 65 años o más, independientemente de su nivel de ingresos. En el 2001 hubo alrededor de 40 millones de beneficiarios de la Seguridad Social y Medicare. Entre otros programas de seguro social se encuentran el *seguro de desempleo* y la *compensación a los trabajadores*, los cuales apoyan a quienes sufren una lesión en el trabajo; ambos programas exigen que los beneficiarios tengan antecedentes laborales previos.

El sistema del seguro social deduce "primas de seguro" del sueldo de los trabajadores a fin de proporcionar beneficios a otros individuos jubilados, discapacitados y desempleados. Estos programas protegen a algunas familias de la pobreza, sobre todo a las de edad avanzada que reciben los beneficios de la Seguridad Social, pero se dirigen más a quienes tienen un historial de trabajo. Aun así, el sistema de seguro social suele redistribuir el ingreso de los ricos a los pobres y de los jóvenes a los viejos. La mayoría de los beneficiarios de la Seguridad Social obtienen mucho más en beneficios de lo que aportan al programa, especialmente quienes tienen un historial laboral breve o un registro de bajos niveles salariales.

***Subsidio al ingreso*.** Los **programas de subsidio al ingreso**, lo que generalmente designamos como programas de asistencia social, proporcionan subsidios en dinero y en especie a los pobres. A diferencia de los programas del seguro social, los de subsidio al ingreso no exigen que el beneficiario tenga un historial laboral o que haya hecho aportaciones al programa. Los programas de subsidio al ingreso se basan en la comprobación de medios de sustento. En un **programa de comprobación de medios de sustento**, el ingreso y los bienes de un hogar deben encontrarse por debajo de cierto nivel para poder tener derecho a los beneficios. El gobierno federal financia dos terceras partes del gasto en asistencia social y los gobiernos estatales y municipales la tercera parte restante.

Los dos principales programas de transferencia de efectivo son la **Asistencia Temporal a Familias Necesitadas** (*Temporary Assistance for Needy Families,* TANF), el cual proporciona dinero en efectivo a familias pobres con hijos dependientes, y el **Ingreso de Seguridad Suplementaria** (*Supplemental Security Income*, SSI), el cual proporciona dinero en efectivo a los pobres de mayor edad y discapacitados. Las transferencias en efectivo se relacionan inversamente con el ingreso familiar derivado de otras fuentes. En 1997, el TANF, por sus siglas en inglés, reemplazó a la Ayuda a las Familias con Hijos Dependientes (*Aid for Families with Dependent Children*,

AFDC), el cual se inició durante la Gran Depresión y originalmente tenía por objeto ofrecer apoyo a viudas con hijos menores de edad. Si bien el AFDC, por sus siglas en inglés, era un programa federal de *ayuda social*, lo que significa que cualquiera que cumpliese con los criterios se hacía acreedor a los beneficios, el TANF está bajo el control de cada estado y no supone ayuda federal directa. El gobierno federal otorga a cada estado una subvención fija para ayudar a financiar los programas TANF.

El programa SSI, por sus siglas en inglés, proporciona apoyo a los pobres de mayor edad y con alguna discapacidad. Se trata del programa de transferencia de efectivo de más acelerado crecimiento, ya que los desembolsos de este programa se han cuadruplicado de $8 mil millones en 1980 a $32 mil millones en el 2000. La cobertura del SSI se ha ampliado e incluye a drogadictos y alcohólicos, niños con problemas de aprendizaje y, en algunos casos, a indigentes. La aportación federal a este programa es uniforme de un estado a otro, pero éstos pueden complementar la ayuda federal. Los niveles de beneficio en California promediaron el doble que en Alabama. La mayor parte de los estados ofrecen también una ayuda modesta de *Asistencia General* a quienes son pobres, pero que no cumplen con los requisitos de los programas TANF o SSI.

El gobierno federal también ofrece una **deducción fiscal al ingreso sobre la renta**, que complementa los salarios de los trabajadores pobres. Por ejemplo, una familia que en el 2000 tenía dos hijos e ingresos de $13 000 no sólo estaba exenta del pago del impuesto sobre la renta federal, sino que además recibía una transferencia de efectivo de $3 900. Más de 12 millones de trabajadores obtuvieron este tipo de transferencias en el 2000, lo que generó un desembolso federal de $30 mil millones, casi el doble del gasto federal en el TANF.

Deducción fiscal al ingreso sobre la renta Programa federal que complementa los salarios de los trabajadores pobres.

Además de los programas de transferencia de efectivo, diversos programas de *transferencia en especie* proporcionan a los pobres atención médica, vales de alimentos y subsidio a la vivienda. **Medicaid** cubre los costos de atención médica de quienes perciben ingresos por debajo de cierto nivel y tienen una edad avanzada, son invidentes, discapacitados o viven en familias con hijos dependientes. Medicaid es por mucho el programa de asistencia social más grande, ya que cuesta casi el doble que todos los demás programas de transferencia de efectivo combinados. Ha crecido más que cualquier otro programa de atención a la pobreza, pues se cuadruplicó en la década pasada y representa casi una cuarta parte del presupuesto estatal común, aunque los estados reciben subvenciones federales que cubren la mitad, o más, de su presupuesto para Medicaid. El nivel de ingreso para tener derecho al programa lo determina cada estado, y algunas entidades son sumamente estrictas. Por tanto, la proporción de pobres al amparo de Medicaid varía considerablemente de un estado a otro. En el 2000, aproximadamente 36 millones de personas recibieron atención médica gratuita de Medicaid por un costo total de $200 mil millones. Los desembolsos promediaron cerca de $5 600 por paciente. Para muchos ancianos, Medicaid cubre los costos de atención por parte de enfermeras en el largo plazo, Medicaid cubre la mitad de los costos de los hogares para ancianos a nivel nacional. Aunque la mitad del presupuesto nacional para asistencia social se destina a la atención médica, casi 43 millones de residentes estadounidenses, o una de cada siete personas, no contaba con seguro de salud en el 2000.

Medicaid Programa de transferencia en especie que ofrece atención médica a los pobres. Por mucho, el programa de asistencia social más costoso.

Los **vales de alimentos** son cupones que pueden canjearse por víveres. El programa, financiado por el gobierno federal, es uniforme de un estado a otro y su objetivo es reducir el hambre y proporcionar alimentación a las familias pobres. En el 2000, aproximadamente 17.2 millones de personas recibieron vales de alimentos mensualmente, una disminución en relación con el aumento sin precedentes de 27.5 millones de beneficiarios en 1994. En el 2000, los beneficios mensuales promediaron $72 por cada uno de los afiliados.

Vales de alimentos Programa de transferencia en especie que se ofrece a los hogares de bajos ingresos. Estos cupones se pueden canjear por alimentos. Los niveles de beneficio se relacionan inversamente con el ingreso de los hogares.

Los programas de *asistencia a la vivienda* incluyen ayuda directa para el pago de la renta y subsidios a la vivienda para personas de bajos ingresos. Los gastos en asistencia a la vivienda han aumentado en más del 100% desde 1990. Aproximadamente 10 millones de personas obtuvieron algún tipo de asistencia a la vivienda. Entre los otros programas de transferencia en especie se encuentran *el programa de desayunos escolares* para niños pobres, los vales de alimentos complementarios para embarazadas, infantes y niños, el *subsidio a la energía* para ayudar a pagar las cuentas de las familias de escasos recursos, y la *ayuda para educación y capacitación* de familias pobres, como el programa *Head Start*. *En total, hay cerca de 75 programas federales de asistencia social sujetos a comprobación de medios de sustento.*

¿QUIÉNES SON LOS POBRES?

¿Quiénes son los pobres y cómo ha cambiado la composición de este grupo en el tiempo? Dividamos las estadísticas de la pobreza de diversas maneras para examinar la conformación del grupo. Considere que nos basamos en cálculos oficiales sobre la pobreza, en los cuales no se considera el valor de las transferencias en especie ni las deducciones fiscales al impuesto sobre la renta, de modo que, en esa medida, las estimaciones oficiales sobreestiman la pobreza.

Pobreza y edad

Ya examinamos el índice de pobreza de toda la población. Ahora nos centraremos en la pobreza y la edad. En la figura 4 se aprecian los índices de pobreza correspondientes a tres grupos de edad desde 1959: personas menores de 18 años, de 18 a 64 años, y de 65 años a más. Como puede ver, los índices de pobreza de cada grupo disminuyeron entre 1959 y 1968. A mediados de los setenta y principios de los ochenta, el índice de los menores de 18 años de edad ha tenido una tendencia ascendente, pero ha disminuido desde 1993 a 16.2% en el 2000.

En 1959, los ancianos formaban el grupo más pobre, con un índice de pobreza de 35%. Desde entones, la pobreza entre los ancianos ha disminuido a 10.2% en el 2000, ligeramente por encima de la tasa de 9.4% de quienes tenían entre 18 y 64 años. La reducción en la pobreza entre los ancianos se deriva de un enorme crecimiento en el gasto asignado a la Seguridad Social y Medicare. En términos reales, esos dos programas crecieron diez veces, de $62 mil millones en 1959 a cerca de $620 mil millones en el 2000, medidos con base en el poder adquisitivo de los dólares del 2000. *Aunque no se trata de programas de asistencia social en sentido estricto, la Seguridad Social y Medicare han logrado reducir la pobreza de manera eficaz entre los ancianos.*

Pobreza y elección pública

En un país democrático como Estados Unidos, las políticas públicas dependen en gran medida del poder político de los grupos de interés que intervienen. En los últimos años, los ancianos se han convertido en una poderosa fuerza política. La tasa de participación de votantes de 65 años o más es más elevada que la de cualquier otro grupo de edad. Por ejemplo, en los sondeos de opinión, las personas de 65 años y mayores mostraron una tasa de participación tres veces mayor que la de quienes tenían entre 18 y 24 años, y cuatro veces más elevada que la de los beneficiarios de los programas de asistencia social. El músculo político de los ancianos se ha flexionado siempre que surge a votación algún tema relacionado con los beneficios de la Seguridad Social.

A diferencia del resto de los grupos de interés, los ancianos constituyen un grupo al que todos perteneceremos algún día. En realidad, están representados por cinco electorados: (1) los ancianos mismos, (2) las personas de menos de 65 años a quienes les preocupan los beneficios que reciben actualmente sus padres u otros parientes de edad, (3) quienes tienen menos de 65 años y se interesan en los beneficios que ellos mismos recibirán en el futuro, (4) quienes se ganan el sustento cuidando ancianos, como son médicos, enfermeras y administradores de hogares para ancianos, y (5) los candidatos a ocupar cargos públicos que desean cosechar los votos que emiten las personas de edad. Por tanto, los ancianos constituyen un amplio electorado y esto se refleja en términos de redistribución del bienestar a ese grupo.

Feminización de la pobreza

Una forma de clasificar la incidencia de la pobreza es hacerlo en función de la edad, otra sobre la base del estado civil y la raza del jefe de familia. En la figura 5 se comparan, en términos de familias de blancos no hispanos y de raza negra e hispanos, los

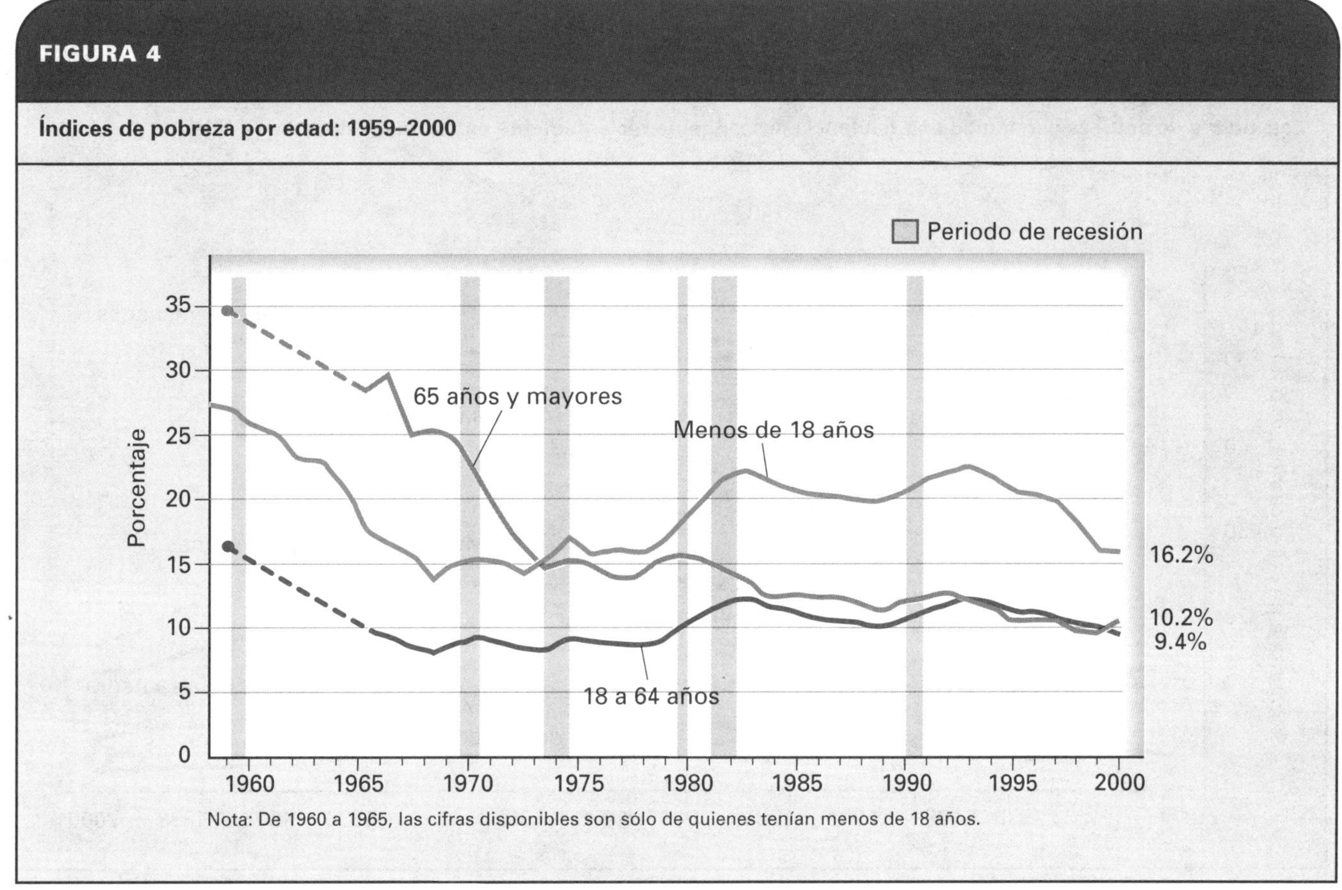

FIGURA 4

Índices de pobreza por edad: 1959–2000

Fuente: Oficina del Censo de Estados Unidos, *Poverty in the United States: 2000,* Reportes actuales de población, septiembre 2001, figura 2. Consulte el sitio en http://www.census.gov/hhes/poverty/poverty00/pov00.html.

índices de pobreza de las parejas casadas con los índices que tienen las familias que dependen de una mujer. Tres tendencias son inequívocas. En primer lugar, los índices de pobreza de las parejas casadas promedian sólo una tercera parte de los índices correspondientes a los hogares que dependen de mujeres. En segundo lugar, las familias hispanas tienen los índices de pobreza más elevados, los individuos de origen hispano pueden ser de cualquier raza, seguidas por las familias de raza negra y las familias de blancos no hispanos. En tercer lugar, desde mediados de los noventa, los índices han tenido una tendencia descendente en todos los tipos de familias. En la figura no aparecen, aunque efectivamente existen, los índices de pobreza de hogares que dependen de un hombre sin pareja, los cuales son más elevados que los índices de las parejas casadas, pero equivalen solamente a la mitad de los índices de los hogares que dependen de mujeres. Los índices de pobreza de los hogares que dependen de mujeres permanecieron elevados hasta las disminuciones que hubo recientemente.

En la figura se aprecia el índice de pobreza de los hogares que dependen de mujeres, pero lo que no aparece es el crecimiento que ha experimentado este tipo de familias. Desde 1960, la cantidad de hogares que dependen de mujeres casi se ha triplicado, en tanto que las familias formadas por parejas casadas crecieron sólo 40%. El porcentaje de nacimientos de madres solteras es cinco veces mayor ahora que en 1960. En ese año, sólo uno de cada 200 niños vivía con un solo progenitor que nunca se había casado. En la actualidad, uno de cada 10 niños vive en esa condición.

Estados Unidos tiene la tasa más elevada de embarazos adolescentes del mundo desarrollado, dos veces la tasa de Gran Bretaña y 15 veces la de Japón. Dado que el padre en tales casos suele asumir poca responsabilidad por el sustento del hijo, los niños que nacen fuera del matrimonio tienen más probabilidades de ser pobres que los

FIGURA 5

Los índices de pobreza han tenido una tendencia descendente recientemente en todos los tipos de familias

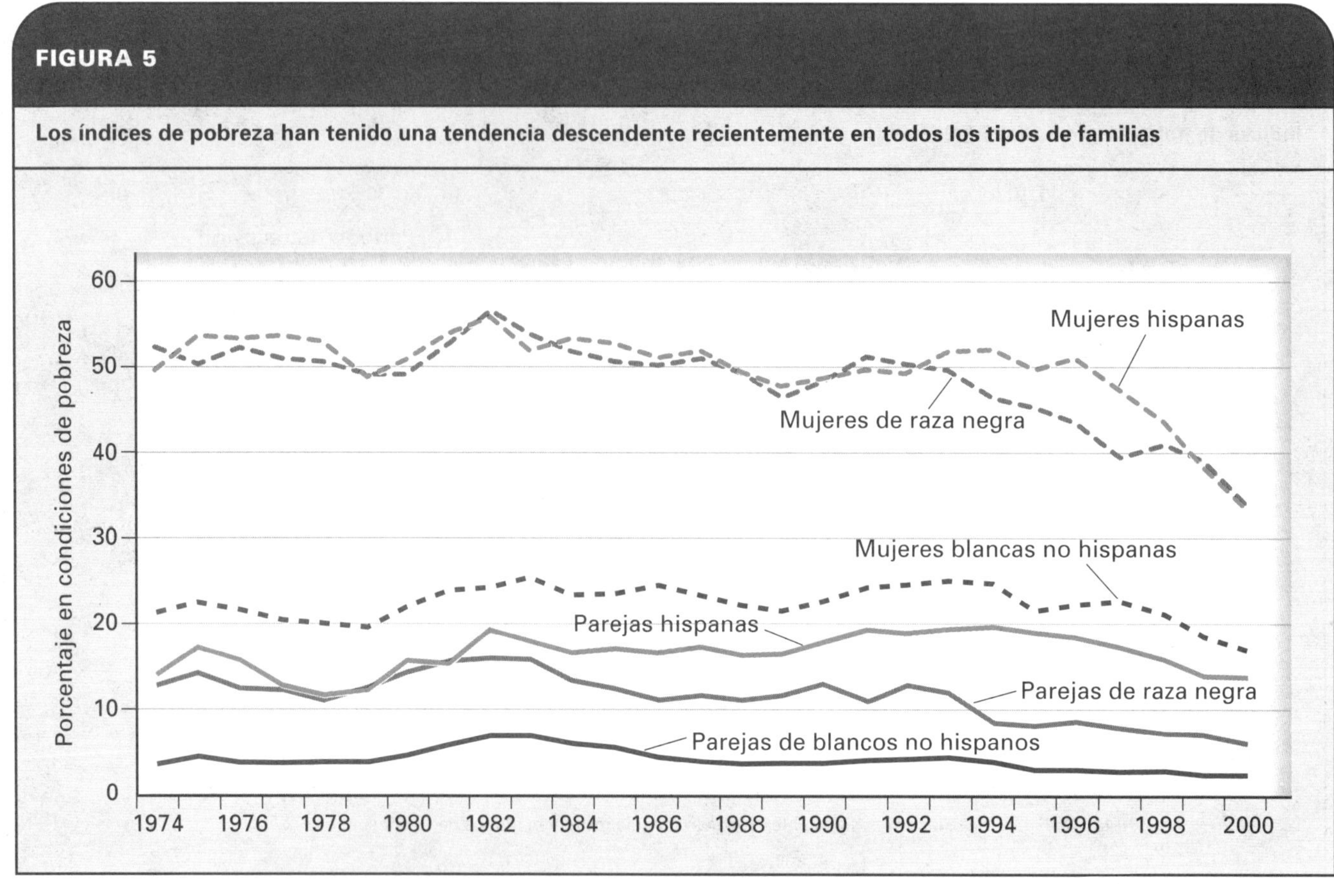

Fuente: Oficina del Censo de Estados Unidos, *Poverty in the United States: 2000,* Reportes actuales de población, septiembre 2001, tabla A-1. Consulte el sitio en http://www.census.gov/hhes/poverty/poverty00/pov00.html.

demás infantes. Asimismo, la tasa de divorcios se ha incrementado desde 1960. En razón de la elevada tasa de divorcios, hasta los niños que nacen de parejas casadas enfrentan ahora una mayor posibilidad de vivir en un hogar que depende de un solo progenitor antes de desarrollarse completamente. Por lo general, el divorcio reduce los recursos de que disponen los hijos.

El crecimiento en la cantidad de familias pobres desde 1969 se produjo, en su mayor parte, a partir de un crecimiento en la cantidad de hogares que dependen de mujeres. Desde 1969, la economía de Estados Unidos ha generado cerca de 50 millones de nuevos empleos. Las familias que dependen de mujeres se encontraban en la peor posición para aprovechar ese crecimiento en el empleo. *Los hijos de hogares que dependen de mujeres tienen cinco veces más probabilidades de vivir en la pobreza que los demás niños.*

Ser joven, madre y soltera es sinónimo de pobreza. A menudo las madres jóvenes abandonan la escuela, lo cual reduce sus posibilidades de ingreso a futuro cuando deciden buscar trabajo fuera del hogar. Incluso una economía sólida es de poca ayuda para los hogares cuyos integrantes no pertenecen a la fuerza de trabajo. Peor aún, hay menos probabilidades de que las futuras madres jóvenes y solteras busquen atención médica adecuada. El resultado de esto es una mayor proporción de bebés prematuros o bien, con bajo peso al nacer. Ésta es una de las razones por las que la tasa de mortalidad infantil en Estados Unidos rebasa la de muchos otros países industrializados. En comparación con las familias constituidas por padre y madre, los niños de familias de un solo progenitor tienen dos veces más probabilidades de abandonar la escuela, y las niñas de este tipo de familias tienen el doble de probabilidades de convertirse a su vez en madres solteras.

Debido a la falta de educación y las limitadas habilidades laborales de las madres solteras, la mayoría de ellas recurre a la asistencia social. Antes de que se impusieran límites para recibir este tipo de beneficio, la madre promedio que no se casaba pasaba diez años dependiendo de esta ayuda, aproximadamente, el doble de tiempo que las madres divorciadas. De todas las adolescentes que dieron a luz, la proporción de madres solteras fue de 13% en 1950, 30% en 1970, 67% en 1990 y 79% en el 2000.[5]

Por consiguiente, la pobreza se ha feminizado cada vez más, sobre todo porque los hogares que dependen de mujeres se han vuelto más comunes. Los hijos de madres que terminaron la secundaria, se casaron antes de tener hijos y dieron a luz después de los 20 años, tienen 10 veces menos probabilidades de ser pobres que los niños de madres que no lograron hacer estas cosas.[6] Como la cantidad de hogares que dependen de mujeres ha crecido con mayor rapidez entre los individuos de raza negra, la feminización de la pobreza ha sido más dramática entre las familias de color. Un promedio de 69% de todos los nacimientos de bebés de raza negra en el 2000 fueron de mujeres solteras, en comparación con el 43% de todos los nacimientos de mujeres de origen hispano y 22% de los nacimientos de mujeres blancas no hispanas.[7] Sin embargo, hay que ser cuidadosos al extraer conclusiones sobre el papel que desempeña la raza o el origen étnico en sí, ya que los hogares negros e hispanos son más pobres que los blancos, y el bajo ingreso podría explicar buena parte de las diferencias en las tasas de nacimientos. En otras palabras, una mejor comparación ajustaría las diferencias de ingreso entre los grupos, pero tales datos no están disponibles.

Pobreza y discriminación

¿En qué medida la discriminación racial ha limitado las oportunidades laborales y ha provocado un aumento en la pobreza entre las minorías? La discriminación puede ocurrir de muchas maneras: en el financiamiento de las escuelas, en la vivienda, en el empleo y en el progreso profesional. Además, la discriminación en un ámbito puede afectar las oportunidades en otro rubro. Por ejemplo, la discriminación en la vivienda puede reducir las oportunidades de empleo cuando una familia de color no puede desplazarse fácilmente a las mejores opciones de trabajo. La discriminación en el mercado laboral puede adquirir muchas formas. Un empleador podría abstenerse de contratar a un solicitante de color debido a que éste carece de capacitación. Sin embargo, esta falta de capacitación puede deberse a la discriminación en las escuelas, en los programas de aprendizaje de los sindicatos o en los programas de capacitación dirigidos por otros empleadores. Por ejemplo, las evidencias señalan que los trabajadores de raza negra reciben menos capacitación en el trabajo que los trabajadores blancos por lo demás similares.

Consideremos primero la diferencia entre los ingresos de los trabajadores que son blancos y los que no lo son. Luego de ajustar diversos factores que podrían afectar el salario, como son el nivel educativo y la experiencia laboral, las investigaciones señalan que los individuos de raza blanca ganan más que los de raza negra. La brecha entre ambos grupos disminuyó entre 1940 y 1976 a tal grado que los trabajadores de color ganaban sólo 7% menos que los trabajadores de raza blanca; poco después se volvió a ensanchar.[8] Desde 1993, la brecha volvió a reducirse.

Además de la discriminación en el trabajo, ¿podría haber otras explicaciones que dieran una razón lógica a esta brecha salarial? Aunque los datos se ajustan por *años* de escolaridad, algunas investigaciones señalan que los trabajadores de raza negra recibían una educación de menor *calidad* que los blancos. Por ejemplo, los estudiantes de raza negra tienen menos probabilidades de utilizar computadoras en la escuela. Las escuelas de los barrios pobres en las grandes urbes a menudo enfrentan más problemas disciplinarios dentro del salón de clases, lo cual resta tiempo y atención a la enseñanza. Estas diferencias en la calidad podrían explicar, al menos, una parte de la brecha restante en los salarios estandarizados.

---

5 *National Vital Statistics Report,* vol. 49, núm. 5, 24 de julio 2001, tabla C.
6 James Q. Wilson, "Human Remedies for Social Disorder", *Public Interest*, primavera 1998, p. 27.
7 *National Vital Statistics Report,* vol. 49, núm. 5, 24 de julio 2001, tabla 5.
8 M. Boozer, A. Krueger y S. Wolken, "Race and School Quality Since Brown *versus*. Board of Education", *Brookings Papers on Economic Activity: Microeconomics*, 1992, pp. 269-326.

Las evidencias directas de discriminación provienen de estudios sobre adultos, en los cuales se ha enviado a solicitantes blancos y de grupos minoritarios, por lo demás similares, a las mismas fuentes a buscar empleo, apartamentos en renta o créditos hipotecarios. Por ejemplo, los individuos de raza blanca y negra que solicitan empleo y que cuentan con títulos y currículos similares, solicitaron el mismo empleo. En estos estudios se descubrió que es menos probable que los empleadores entrevisten u ofrezcan empleo a solicitantes de grupos minoritarios. A éstos también suelen tratarlos en forma menos favorable los agentes de bienes raíces y los prestamistas. El Consejo de Asesores Económicos del Presidente (*The President's Council of Economic Advisers*) llegó a la conclusión de que la discriminación en contra de los integrantes de las minorías raciales y étnicas, aunque "bastante menos predominante y manifiesta" de lo que fuera en otros tiempos, aún persiste.[9]

Acción afirmativa

La Comisión para la Igualdad de Oportunidades en el Empleo (*The Equal Employment Opportunity Comission*), establecida por la Ley de Derechos Civiles de 1964, supervisa los casos en que se otorga un sueldo desigual por un trabajo similar y acceso inequitativo a los ascensos. Todas las empresas que realizan intercambios comerciales con el gobierno federal deben establecer una serie de objetivos numéricos de contratación, ascensos y capacitación para garantizar que al contratar no aplican discriminaciones sobre la base de la raza, el sexo, la religión o la nacionalidad de origen. La contratación de personas de color se incrementó en las empresas a las que se exigió implantar planes de acción afirmativa.[10] La fracción de la fuerza laboral de color empleada en trabajos administrativos se incrementó de 16.5% en 1960 a 40.5% en 1981, aumento que rebasó en gran medida el crecimiento de los empleos administrativos en la fuerza laboral en su conjunto. Las investigaciones también señalan que la legislación sobre derechos civiles desempeñó un papel importante para que se cerrara la brecha entre lo que ganan los trabajadores negros y blancos entre 1960 y mediados de los setenta.[11]

La atención se centró en las prácticas de contratación y la igualdad de oportunidades, así como en los ámbitos estatal y municipal, ya que los gobiernos introdujeron los llamados programas de "reserva" para garantizar a las minorías una participación de los contratos. Sin embargo, en 1995 un fallo de la Suprema Corte de Estados Unidos recusó los programas de acción afirmativa, dictaminando que el Congreso debía cumplir con un riguroso estándar legal para justificar cualquier práctica contractual o de contratación con base en la raza, sobre todo en el caso de los programas que reservaban plazas para minorías y mujeres. El Supremo Tribunal estableció que debe demostrarse que los programas actúan en respuesta a injusticias generadas por discriminaciones del pasado.

En resumen, las evidencias señalan que los individuos de raza negra ganan menos que los de raza blanca luego de adecuar otros elementos que podrían influir en el salario, como son nivel educativo y experiencia laboral. Parte de esta brecha salarial tal vez refleje diferencias en cuanto a la calidad de la educación, disimilitudes que en sí podrían deberse a la discriminación. Tenga presente que las tasas de desempleo son más elevadas entre los individuos de raza negra que entre los de raza blanca, y son aún más altas entre los adolescentes de color, grupo que más necesita de habilidades laborales y de experiencia en el trabajo. *Con todo, también debemos hacer notar que las familias negras no constituyen un grupo homogéneo. De hecho, la distribución del ingreso es menos uniforme entre las familias de color que en la población en su conjunto.*

En la parte superior, según el *Informe Económico del Presidente* (*Economic Report of the President*), desde 1993, la media del ingreso de las familias de color se ha elevado con mayor rapidez que la de las familias blancas. La proporción de familias negras que viven por debajo del nivel de pobreza ha experimentado una disminución sin precedentes. Existe una clase media cada vez más numerosa de familias de raza negra. Desde

[9] *Economic Report of the President*, febrero 1998, p. 152.

[10] James Smith y Finis Welch, "Black Economic Progress After Myrdal", *Journal of Economic Literature*, núm. 27, junio 1989, pp. 519-563.

[11] David Card y Alan Krueger, "Trends in Relative Black-White Earnings Revisited", *American Economic Review*, núm. 83, mayo 1993, pp. 85-91.

1970, la cantidad de médicos, enfermeras, profesores universitarios y periodistas de raza negra ha aumentado en más del doble. La cantidad de ingenieros, programadores de cómputo, contadores, gerentes y administradores de raza negra se ha incrementado en más del triple. La cantidad de funcionarios de raza negra se ha cuadruplicado, y la cantidad de abogados de color ha aumentado seis veces. Tres de los estadounidenses más admirados por la sociedad son de raza negra: la presentadora del *talk show* más famoso, Oprah Winfrey, la leyenda del baloncesto, Michael Jordan y el secretario de estado, Colin Powel, quien posiblemente podría resultar electo si compitiera para la presidencia.

EFECTOS SECUNDARIOS DEL SUBSIDIO AL INGRESO

En términos positivos, los programas para combatir la pobreza incrementan las posibilidades de consumo de las familias pobres, y esto es significativo, sobre todo porque los niños constituyen el grupo en condición de pobreza más numeroso. Sin embargo, los programas para ayudar a los pobres pueden tener efectos secundarios que limiten su capacidad para abatir la pobreza. A continuación consideramos algunas consecuencias no deliberadas de estos programas.

Falta de incentivos

La sociedad, a través del gobierno, trata de proporcionar a las familias un estándar de vida adecuado, pero también desea asegurar que sólo quienes lo necesitan obtengan los beneficios. Como hemos visto, el subsidio al ingreso consta de una combinación de programas de transferencia de efectivo y en especie. Dado que estos programas están diseñados para ayudar sólo a los pobres, el nivel de beneficios se relaciona inversamente con el ingreso proveniente de otras fuentes. Esto ha generado un sistema en el cual las transferencias disminuyen abruptamente a medida que el ingreso devengado aumenta, lo cual impone en efecto una mayor tasa de impuesto marginal sobre ese ingreso percibido. Un incremento en los ingresos puede reducir los beneficios del TANF, Medicaid, los vales de alimentos, la asistencia a la vivienda, el subsidio a la energía y otros programas. Si se quita una tajada a cada programa conforme se incrementa el ingreso percibido, el trabajo puede constituir un incremento menor o nulo al ingreso total. En ciertos intervalos de ingresos, el beneficiario de la asistencia social puede perder más de $1 en beneficios de transferencias por cada dólar adicional en sus percepciones. Por tanto, la *tasa de impuesto marginal* sobre el ingreso devengado podría rebasar el 100%.

Por ejemplo, conservar incluso un empleo de tiempo parcial supone gastos adicionales de transporte y cuidado de los hijos, por no mencionar la pérdida de tiempo libre. Un sistema de incentivos negativos de esta índole puede frustrar a quienes buscan salir de la asistencia social. *La elevada tasa del impuesto marginal desalienta el empleo y la autosuficiencia*. En muchos casos, el valor de los beneficios de la asistencia rebasa el ingreso disponible derivado del empleo de tiempo completo.

Cuanto más tiempo permanecen las personas fuera de la fuerza de trabajo, más se deterioran sus habilidades laborales; así que cuando buscan empleo, su productividad y su sueldo son más bajos que la última vez que estuvieron contratadas. Esto reduce el salario que esperan recibir y hace que el trabajo les resulte menos atractivo. Algunos economistas sostienen que, de esta manera, los beneficios de la asistencia social pueden generar una dependencia de largo plazo. Si bien la asistencia parece ser una elección racional en el corto plazo, tiene consecuencias desfavorables a la larga tanto para la familia como para la sociedad.

Los programas asistenciales pueden desincentivar de otras formas. Por ejemplo, a los niños que tienen problemas de aprendizaje se les otorga el Ingreso de Seguridad Complementario. Según un informe de primera mano, algunos padres de bajos recursos alientan el mal comportamiento de sus hijos en la escuela para recibir los beneficios de este programa.[12]

[12] Jacqueline Goldwyn Kingon, "Education Life: A View from the Trenches", *The New York Times*, 8 de abril 2001.

¿La asistencia social genera dependencia?

Permanecer al amparo de la seguridad social durante un periodo relativamente breve sería evidencia de un grado de dependencia menor. Pero una misma familia que depende de la asistencia año tras año es un problema que preocupa. Para explorar el tema de que si la asistencia social produce dependencia, en un estudio realizado por la Universidad de Michigan se dio seguimiento a 5 000 familias durante varios años y se prestó particular atención a la movilidad económica tanto de un año a otro como de una generación a la siguiente.[13] En el estudio, se examinó primero la pobreza de un año a otro, o la dependencia en una generación. Se descubrió que la mayoría de los beneficiarios recibieron la asistencia social durante menos de un año, pero cerca de 30% permaneció al amparo de la beneficencia al menos ocho años. En consecuencia, hubo un núcleo de beneficiarios de largo plazo.

Un segundo aspecto más grave es saber si los hijos de los pobres también terminan en la pobreza. ¿Existe acaso un ciclo de pobreza? ¿Por qué deberíamos esperar que hubiera un mecanismo de transmisión de ese tipo? Los hijos de familias que dependen de la asistencia pública pueden aprender el funcionamiento del sistema asistencial e incluso llegar a concebirlo como una forma de vida normal y no como un puente temporal para atravesar un periodo difícil. Las investigaciones señalan que las hijas de familias dependientes de la asistencia social tienen más probabilidades de participar en el sistema asistencial y tener hijos antes del matrimonio.[14] Resulta difícil determinar si la asistencia social "genera" el vínculo entre madre e hija, ya que los mismos factores que contribuyen a poner a la madre en la condición de beneficiaria de la asistencia social también pueden contribuir a poner a la hija en la misma condición. Las evidencias de este tipo de vínculo no están muy bien fundadas cuando se trata de hijos varones de familias amparadas bajo la asistencia social.

REFORMA A LA ASISTENCIA SOCIAL

En los últimos años ha habido una gran insatisfacción con el sistema de asistencia social, tanto de parte de quienes pagan los programas como de los beneficiarios directos de la asistencia. Las reformas al sistema de asistencia social introducidas en años recientes se han encaminado a reducir la dependencia de largo plazo.

Reformas recientes

Algunos analistas consideran que una forma de reducir la pobreza consiste en proporcionar a los beneficiarios de la asistencia social habilidades laborales y hacer que busquen empleo. Incluso antes de la reforma al sistema de asistencia social de 1996, que analizaremos en breve, en la mayor parte de los estados operaba una especie de componente de "cuota de trabajo" para los beneficiarios de la asistencia. En esos estados, como condición para obtener los beneficios de la asistencia, el jefe de familia debía participar en programas de instrucción y capacitación, buscar empleo o aceptar un puesto remunerado o no. La idea era familiarizar a los beneficiarios de la asistencia social con el mercado de trabajo. Las evidencias de varios estados indican que los programas que conllevaban la búsqueda obligatoria de empleo, trabajos de corto plazo sin goce de sueldo y capacitación podían operar a bajo costo e incrementar el empleo. El gobierno ahorraba dinero debido a que quienes estaban en los programas de asistencia por trabajo dejaban las listas de la asistencia con mayor rapidez.

Las reformas en el ámbito estatal sentaron las bases para las reformas federales. La reforma al sistema de asistencia social más importante en los últimos 60 años se dio con la legislación de 1996, la cual reemplazó al programa AFDC por el TANF. Si bien el AFDC establecía reglas para la obtención de beneficios sociales y no tenía un límite de vigencia a través de los costos federales de las subvenciones correspondientes a los estados, el TANF transfiere una subvención en bloque a las entidades para que administren sus pro-

13 Greg J. Duncan *et al.*, *Years of Poverty, Years of Plenty*. Ann Arbor, University of Michigan Press, 1984.

14 Robert Moffit, "Incentive Effects of the U.S. Welfare System: A Review", *Journal of Economic Literature* núm. 30, marzo 1992, p. 37.

gramas asistenciales. Los estados dieron por terminado el AFDC e iniciaron el TANF el 1 de julio de 1997. La subvención estatal total se fijó en $16.4 mil millones anuales de 1997 al 2002, aunque se destinan subvenciones complementarias a las entidades que tienen un crecimiento poblacional más elevado. Según el nuevo sistema, los estados tienen mayor libertad para administrar sus propios programas asistenciales. Sin embargo, las preocupaciones relacionadas con la dependencia de la asistencia social promovieron algunas disposiciones especiales. La ley impone un límite temporal según el cual el beneficiario de la asistencia sólo está amparado por un periodo de cinco años.

Además de los límites temporales y las tasas de participación laboral que impuso el gobierno federal, los estados están en libertad de establecer niveles de beneficio y experimentar como mejor les convenga. Por ejemplo, cerca de la mitad de los estados imponen límites temporales menores a los cinco años. Algunos observadores temen que las entidades tengan ahora un incentivo para mantener bajos los costos de la asistencia social, reduciendo para ello los beneficios. Para evitar convertirse en destinos de los pobres, es decir, para no convertirse en "imanes de la asistencia", los estados podrían sentirse tentados a ofrecer niveles de beneficios relativamente bajos. El temor es que los estados reduzcan los beneficios en lo que ha dado por llamarse la "competencia por la reducción".

En el siguiente caso de estudio examinaremos algunos de los resultados que la reforma a la asistencia social ha generado hasta ahora.

¿FUNCIONA LA ASISTENCIA POR TRABAJO?

Caso de **estudio**

Política pública

Veamos algunas conclusiones preliminares sobre el curso que ha tomado la reforma a la asistencia. Los requisitos de trabajo generan *al parecer* disminuciones sustanciales en la cantidad de casos. En enero de 1994, la cantidad de beneficiarios de la asistencia social en Estados Unidos alcanzó su punto máximo de 14.2 millones, en su mayoría mujeres solteras con hijos. Para el 2000, las listas habían disminuido a 5.8 millones, o 60% por debajo del punto máximo. En la figura 6 se aprecia el porcentaje de la población estadounidense que ha estado al amparo de la asistencia desde 1960. Observe la marcada disminución ocurrida en los últimos años. Como parte de la población, el porcentaje de beneficiarios de la asistencia disminuyó de 5.5% en 1994 a 2.1% en el 2000, la tasa más baja desde 1963. Por fortuna, las reformas ocurrieron durante un periodo de expansión de la economía, en el cual había abundancia de empleos, y cuya tasa de desempleo fue la más baja en tres décadas. Sin embargo, las listas de asistencia social disminuyeron tanto en economías saludables, como la de Wisconsin, como en economías rezagadas, como la de la ciudad de Nueva York. Tan sólo en el 2000, 1.2 millones de padres que recibían los beneficios de la asistencia social trabajaban.

Muchos de quienes se encontraban al amparo de la asistencia tenían otras formas de mantenerse. Un experto que consideró todo, desde los vales de alimentos hasta el ingreso por trabajos no declarados, comentó que las transferencias de efectivo sólo representaban cerca de 34% del ingreso promedio que obtenía el beneficiario de la asistencia social. Los vales de alimentos proporcionaban alrededor del 25%, y 36% provenía de fuentes no declaradas como empleos secretos, novios, aportaciones de parientes u organizaciones caritativas privadas. Medicaid no se consideró como ingreso, aunque cuesta a los contribuyentes más que otros programas asistenciales juntos.

En virtud de que la mayoría de la gente que se encuentra al amparo de la asistencia social tiene un nivel educativo deficiente y pocas habilidades laborales, los niveles salariales de quienes encuentran empleo siguen siendo bajos. El trabajo de tiempo parcial también es común, lo mismo que la pérdida de empleo entre quienes inicialmente encuentran trabajo. Visto desde el lado positivo, la deducción al impuesto so-

*e*Actividad

El Urban Institute es una organización dedicada a la investigación de políticas. Asimismo, reúne esfuerzos para aumentar la conciencia de los ciudadanos sobre las elecciones públicas importantes. Según su informe denominado "Does Work Pay?", el cual está disponible en **http://newfederalism.urban.org/html/anf28.html**, trabajar mejora el nivel de vida de las madres solteras de bajos ingresos amparadas por la asistencia, siempre y cuando otros programas de beneficios sigan proporcionando ayuda. ¿Cuáles son algunos de estos otros programas y políticas asistenciales? ¿Qué sucede con el ingreso cuando aumentan los salarios pero los beneficios disminuyen? El Urban Institute también ofrece actualizaciones sobre la reforma a la asistencia social en Minnesota y otros estados. Para conocer más informes sobre el funcionamiento de la asistencia, consulte los vínculos que recomienda la sección *Idea Central* sobre pobreza, ingreso y riqueza en **http://www.epn.org/ whatsnew/ subjects/welfare-1. html**.

FIGURA 6

Los beneficiarios de la asistencia social como porcentaje de la población estadounidense disminuyeron acentuadamente después de 1994

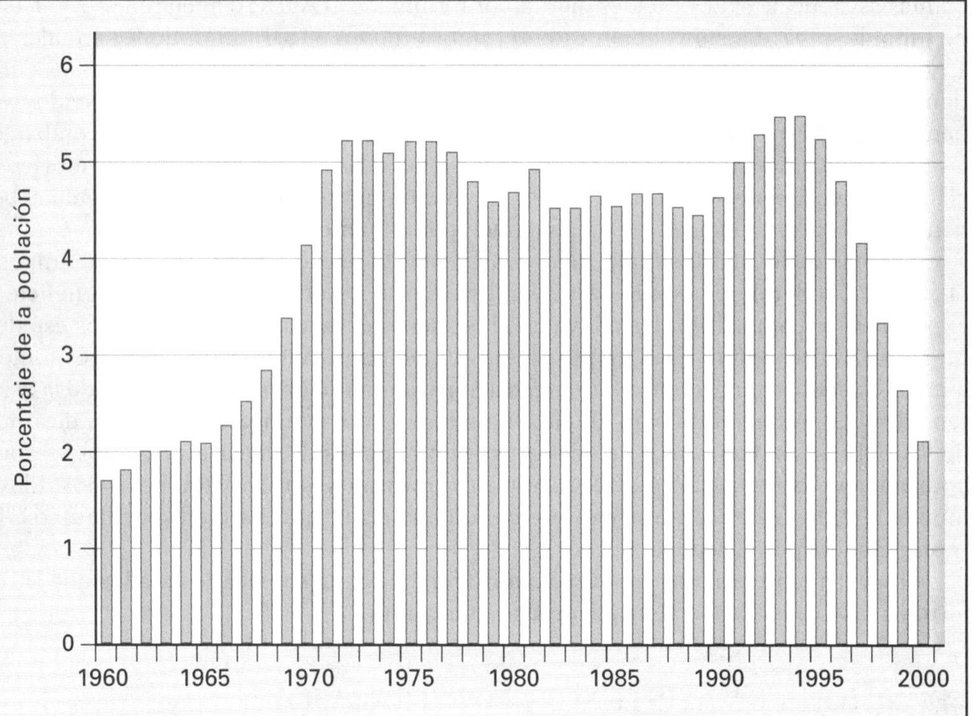

Fuente: Departamento de Salud y Servicios Humanos de Estados Unidos. Las cifras representan a los beneficiarios de los programas AFDC antes de 1997 y TNF después de 1997.

bre la renta en el 2000 proporcionó hasta $3 900 anuales de ingreso adicional a los trabajadores de bajos ingresos. La mayoría de quienes laboran también pueden recibir vales de alimentos, cuidado para los niños y Medicaid.

A pesar de que las listas de la asistencia han disminuido, las subvenciones federales a los estados permanecen constantes y el gasto en asistencia por beneficiario se ha incrementado de manera significativa. La mayor parte de los estados combina nuevas reglas estrictas con un menú más amplio de servicios asistenciales. Las entidades han hecho grandes inversiones en servicios relacionados con el trabajo como colocaciones de empleo, transporte y, sobre todo, cuidado de los niños.

Entre los desarrollos positivos se encuentran la disminución en los índices delictivos y de consumo de drogas, reducción en la pobreza infantil, sobre todo la pobreza de niños de raza negra, desde los sesenta, y un aumento sustancial en el empleo de las madres cuyas familias dependen de ellas, sobre todo las que nunca se han casado. La proporción de niños de color que viven con padres casados aumentó de 35% en 1995 a 39% en el 2000. En un estudio realizado en Michigan se descubrió que las madres antes amparadas bajo la asistencia social, pero que actualmente trabajan, tienen significativamente menos probabilidades de reportar violencia doméstica o indigencia que aquellas madres que aún se benefician de la asistencia.

WALL STREET JOURNAL

La interpretación correcta

¿Cuál es la importancia de la siguiente declaración en The Wall Street Journal*?: "Los hogares que dependen de mujeres solteras experimentaron un aumento de 4.0% en sus ingresos, es decir, de $28 116 de 1999 al 2000, comentó el Departamento del Censo. Otro tipo de hogares no tuvieron un cambio significativo en la media del ingreso familiar".*

Uno de los efectos que han tenido los requisitos de trabajo por asistencia de las reformas a la asistencia social ha sido el aumento en el "precio" de la asistencia para los beneficiarios. Elevar el precio de los beneficios asistenciales redujo la cantidad de solicitudes de asistencia. Como señalara uno de los directores de los programas de asistencia, muchos de los que viven al amparo de la beneficencia comentan: "No vale la pena tanto fastidio". Podríamos decir que la curva de demanda de la asistencia presenta una pendiente descendente, donde "fastidio" mide el precio en el eje vertical. Cuanto mayor es el "fastidio", menor es la asistencia demandada.

Las listas de asistencia social disminuyeron más en los estados cuyos esfuerzos por hacer que la gente trabaje son mayores. Por ejemplo, Wisconsin y Minnesota cuentan con economías similares, tal y como lo reflejan sus tasas de desempleo idénticas, pero los requisitos de trabajo por asistencia más estrictos de Wisconsin redujeron las lista de asistencia social tres veces más rápido que en Minnesota. El éxito de Wisconsin sin duda fue un factor que influyó en el nombramiento que le diera el presidente Bush al gobernador de ese estado, Tommy Thompson, como director del Departamento de Salud y Servicios Humanos (*Department of Health and Human Services*), organismo que administra los programas de asistencia federales. Durante sus 14 años como gobernador, Thompson redujo los pagos de asistencia a los padres cuyos hijos abandonaban la escuela y pagó más a los padres de hijos adolescentes si se mantenían casados. Durante su mandato, la cantidad de familias al amparo de la asistencia disminuyó en ese estado aproximadamente de 100 000 en 1986 a sólo 16 000 en el 2000. En Wisconsin, los casos denunciados de violencia doméstica han disminuido desde 1995.

Pese a las buenas nuevas sobre la asistencia, los pobres aún tienen grandes dificultades. La demanda de refugios de emergencia creció un 15% en el 2000, el aumento más grande en una década, según la Conferencia de Alcaldes de Estados Unidos (*U.S. Conference of Mayors*). Las solicitudes de alimentación de emergencia ascendieron 17%. Como ya apuntamos, aunque Medicaid es por mucho el programa de asistencia social más costoso, se calcula que unos 43 millones de estadounidenses carecían de seguro social en el 2000.

La ley de la reforma a la asistencia social expiró en el 2002 y el Congreso deberá autorizarla de nuevo o modificarla para que continúe.

Fuentes: June O'Neill y M. Anne Hill, "Gaining Ground? Measuring the Impact of Welfare Reform on Welfare and Work", Manhattan Institute, Civic Report núm. 17, julio 2001; Blaine Harden, "Two-Parent Families Rise After Changes in Welfare", *The New York Times*, 12 de agosto 2001; Mark Zawislak, "Use of Food Pantries, Shelters Rises Sharply", *Chicago Daily Herald*, 15 de diciembre 2000; William Julius Wilson y Andrew J. Cherlin, "The Real Test of Welfare Reform Still Lies Ahead", *The New York Times*, 13 de julio 2001; y el sitio federal de la reforma a la asistencia social en http://www.acf.dhhs.gov/news/welfare/index.htm.

Junto con Wisconsin, una de las reformas más exitosas en Estados Unidos se está dando en Oregón, como exponemos en nuestro último caso de estudio.

PROGRAMA DE "APOYO SOCIAL" EN OREGÓN

Caso de **estudio**

Política pública

La cantidad de habitantes en Oregón que recibían asistencia social disminuyó de 116 390 en enero de 1994 a 38 667 para septiembre del 2000, lo que constituye una reducción de 67%, el promedio nacional fue de 60%. La disminución no se debió a límites temporales estrictos o normas de elegibilidad más rigurosas, sino a que se proporcionaron incentivos laborales más sólidos y se trabajó más estrechamente con los clientes. El programa TANF en Oregón ofrece un nivel de beneficios correspondiente al tercio superior para todos los estados.

Después de abandonar el programa TANF para ponerse a trabajar, la gente en Oregón sigue teniendo derecho a los beneficios de salud por lo menos durante un año, a los servicios de cuidado de los hijos hasta que el ingreso alcanza el 200% del nivel de pobreza federal, a los vales de alimentos en el caso de quienes cumplen con los requisitos para recibirlos por razones de ingreso y a la deducción al impuesto sobre la renta, lo cual en efecto puede incrementar el salario en más de $1 por hora. Al trabajar de tiempo completo en el nivel de salario mínimo estatal de $6 por hora, el estándar de vida de una familia aumenta a 130% por encima del nivel de pobreza. En comparación, la familia común amparada bajo la asistencia social y que recibe vales de alimentos sólo vivía al 75% por encima del nivel de pobreza. Por tanto, el trabajo resulta más atractivo que la asistencia. El salario inicial promedio en el primer empleo después de la asistencia rebasó los $7 por hora.

En un estudio federal se dio seguimiento a 5 500 solicitantes y beneficiarios de asistencia social en Oregón durante un periodo de dos años. La mitad del grupo parti-

*e*Actividad

Visite el sitio en internet de la institución Salud, Servicios humanos y Política laboral de Oregón en **http://www.governor.state.or.us/gol_health.htm** para que conozca informes sobre los progresos en la política de reforma a la asistencia social. Note que la política se denomina "apoyo social". El sitio incluye un vínculo con un boletín trimestral. Lea el informe "The Oregon Strategy for Social Support", para que conozca los pormenores sobre la forma en que se está instrumentando la política. ¿Cuál es la diferencia entre el apoyo y los servicios? ¿Cómo piensa modificar el estado la prestación de los servicios?

cipó en el programa de asistencia por trabajo y la otra mitad no lo hizo. El hecho de haber formado parte del programa aumentó el empleo en 18%, elevó los beneficios recibidos en 35% durante los dos años e incrementó en 71% la proporción de individuos que contaban con un seguro de salud proporcionado por el empleador.

Oregón se convirtió en el primer estado en exigir que los adictos a las drogas asistieran a tratamiento como condición para recibir la asistencia social. En una evaluación de ese programa se descubrió que los clientes que terminaron el tratamiento para la adicción ganaban 65% más que los clientes similares en un grupo de comparación. Los que terminaban el tratamiento de adicción tenían 45% menos probabilidades de que los arrestaran y sólo el 50% de que los investigaran por abuso o descuido de los hijos. En el estudio se descubrió también que por cada dólar que Oregón gastaba en tratamiento para adicciones se ahorraba $5.60 en otros servicios sociales. El modelo en casi todos los demás estados consiste sencillamente en prohibir que los delincuentes drogadictos reciban ayuda.

El programa de Oregón ofrece servicios abundantes, pero los solicitantes de la asistencia social primero deben dedicar un mes a buscar trabajo antes de recibir la ayuda. El gobierno federal exigió que, para el 2002, los estados hayan inscrito al 50% de sus beneficiarios en alguna actividad relacionada con el trabajo. Sin embargo, para octubre de 1997, Oregón ya contaba con 89% de sus beneficiarios en alguna actividad laboral. Tal vez la evidencia más convincente de que el modelo de Oregón de apoyo social está funcionando sea que después de 18 meses, sólo 8% de quienes dejaron la asistencia social volvieron a solicitarla.

Con todo, no ha sido fácil el camino hacia la reforma a la asistencia social, incluso en Oregón. Quienes dejan la asistencia suelen empezar cerca de la línea de pobreza. En un estudio de la Universidad de Oregón se dio seguimiento a 1 000 familias de esa localidad que abandonaron el cobijo de la asistencia social durante el primer trimestre de 1998. Al cabo de dos años, cerca de 70% estaban empleados y alrededor de 70% contaba con cobertura de asistencia médica, aunque los salarios de muchos aún se hallaban cerca del nivel de pobreza federal.

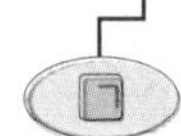

Fuentes: Kate Taylor, "Poverty Shadows Those Leaving Welfare", *The Oregonian*, 6 de julio de 1999; *National Evaluation of Welfare Strategies*, Manpower Demostration Research Corporation, junio 2000; "Welfare and Food Stamp Caseloads in Oregon", diciembre 2000, Departamento de Servicios Humanos de Oregón, y Gary Weeks, "Oregon's Welfare Reform Produces Results", diciembre 2000, Departamento de Servicios Humanos de Oregón. Un resumen del programa de asistencia por trabajo de Oregón, así como toda la información sobre la cantidad de casos está disponible en http://www.afs.hr.state.or.us/services.html. La información sobre la cantidad de casos por estado aparece en http://www.acf.dhhs.gov/news/tables.htm.

CONCLUSIÓN

Los programas de redistribución gubernamentales han reducido con éxito la pobreza entre los ancianos. Sin embargo, hasta hace muy poco, los índices de pobreza entre los niños se han incrementado debido al crecimiento en la cantidad de hogares que dependen de mujeres. Cabría preguntarse por qué los programas de transferencia han reducido los índices de pobreza más entre los ancianos que entre las mujeres que mantienen a su familia. Los programas de transferencia no estimulan a la gente a envejecer; tal proceso ocurre de manera natural y es independiente del nivel de transferencias. Sin embargo, el nivel y la disponibilidad de programas de transferencia influyen, al margen, en algunas mujeres jóvenes solteras ya que deciden si tener un hijo o no y pueden, también al margen, influir en la decisión de una madre casada de divorciarse.

La mayor parte de las transferencias en la economía no provienen del gobierno, sino que se trata de transferencias en especie dentro de la familia, de los padres a los hijos. Por tanto, cualquier cambio en la capacidad de la familia para ganar un ingreso tiene serias consecuencias en los hijos dependientes. La estructura de la familia es uno de los principales determinantes del ingreso familiar. Uno de cada seis niños en Estados Unidos vive en condición de pobreza. Los niños son las víctimas inocentes de los cambios en la estructura familiar. Las recientes reformas a la asistencia social están encaminadas a romper el ciclo de la pobreza.

RESUMEN

1. El ingreso monetario en Estados Unidos se distribuyó de manera más uniforme entre 1970 y el 2000. Desde 1959, el índice de pobreza ha disminuido más entre los ancianos.

2. Ser madre, joven y soltera significa estar más propensa a la pobreza. A menudo las madres jóvenes abandonan la escuela, lo cual reduce sus posibilidades de ingreso a futuro cuando deciden buscar trabajo fuera del hogar. El crecimiento en la cantidad de hogares que dependen de mujeres en las últimas tres décadas ha incrementado la pobreza entre los niños, aunque ese índice de pobreza ha disminuido desde el momento en que alcanzó su punto máximo en 1993.

3. La brecha salarial entre individuos de raza negra y blanca disminuyó entre 1940 y 1976, se ensanchó desde entonces hasta principios de los noventa y se ha reducido nuevamente desde 1993. Los programas de acción afirmativa y los aumentos en la educación al parecer se han incrementado entre la población de raza negra.

4. Entre los efectos no deseables de la asistencia al ingreso se encuentra una elevada tasa de impuestos marginales sobre el ingreso percibido, la cual desalienta el empleo y estimula la dependencia de la asistencia social. Antes de las recientes reformas hechas a la asistencia, cerca de 30% de las familias beneficiarias permanecía al amparo de la asistencia durante ocho años o más.

5. Las reformas estatales sentaron las bases para reformas federales a la asistencia social encaminadas a promover la transición de la asistencia al trabajo. Los estados empezaron a experimentar con diferentes sistemas para promover una mayor responsabilidad personal. Como resultado de las reformas estatales, la reforma federal y una economía más sólida, la lista de beneficiarios al amparo de la asistencia social disminuyó aproximadamente 60% entre 1994 y el 2000.

PREGUNTAS DE REPASO

1. *Distribución del ingreso de los hogares* Examine de nuevo la figura 1 de este capítulo. ¿Cómo explicaría el desplazamiento en la distribución del ingreso en Estados Unidos en las últimas dos décadas?

2. *Curva de Lorenz* ¿Qué es la curva de Lorenz? ¿Qué ilustra en la figura 2?

3. *Nivel oficial de pobreza* Aunque el índice de pobreza de las madres solteras ha permanecido relativamente constante durante las últimas tres décadas, la cantidad de niños pobres de estas familias ha aumentado más del doble. Explique por qué sucede esto.

4. *Diferencias de ingreso* Haga una lista de algunas de las razones por las que los ingresos de las familias difieren. ¿Qué factores son los más importantes?

5. *Nivel oficial de pobreza* ¿Cómo calcula el Departamento de Agricultura de Estados Unidos el nivel oficial de pobreza? ¿Qué programas de asistencia gubernamental considera la Oficina del Censo al calcular el ingreso de los hogares? ¿Qué programas se ignoran?

6. *Programas para ayudar a los pobres* Distinga entre los programas de la seguridad social y los programas de asistencia al ingreso. Identifique los ejemplos clave de cada uno.

7. *Pobreza y edad* La pobreza entre los ancianos disminuyó notablemente entre 1959 y 1974, y ha seguido reduciéndose desde entonces. Sin embargo, la pobreza entre la parte de la población estadounidense menor de 18 años de edad es más elevada en la actualidad que a mediados de los setenta. ¿Por qué las experiencias de estos dos grupos han diferido?

8. *Pobreza y elección pública* ¿Por qué es difícil aprobar una legislación para reducir los beneficios de la Seguridad Social o Medicare?

9. *Pobreza y discriminación* ¿Qué tipos de discriminación pueden generar una brecha entre lo que ganan los blancos y lo que ganan quienes no lo son? Considere la discriminación en la escolaridad, por ejemplo. ¿Cómo podría detectar ese tipo de discriminación?

10. *Falta de incentivos* ¿Qué influencia podría tener el impuesto implícito en los beneficios percibidos, a manera de beneficios perdidos de los programas de asistencia del gobierno, en los incentivos para trabajar? ¿De qué manera algunas personas evitan el impuesto implícito?

11. *Reforma a la asistencia social* ¿Qué ha pasado con la cantidad de casos de la asistencia social en los últimos años? Exponga algunas de las diferencias que ha habido en los resultados entre los estados.

12. ***Caso de estudio:** ¿Funciona la asistencia por trabajo?* Exponga las características clave de las reformas a la asistencia social introducidas por el gobierno federal en 1996. ¿Por qué quienes elaboran las políticas temen que transferir la asistencia a los estados se convierta en una "competencia por la reducción"?

Comercio internacional

CAPÍTULO

19

Esta mañana se puso sus *jeans* Levis hechos en México, su suéter Benetton fabricado en Italia y sus botas Timberland hechas en Tailandia. Luego de un buen desayuno que incluyó plátanos provenientes de Honduras y café de Brasil, se subió a su Volvo ensamblado en Suecia y cuyo tanque está lleno del combustible que se obtiene en Arabia Saudita. Finalmente, se dirigió a la conferencia de un profesor visitante de Hungría. Si Estados Unidos es una nación tan rica y productiva, ¿por qué importa tantos bienes y servicios?, ¿por qué no produce todo por su cuenta? y más aún, ¿por qué algunos grupos tratan de restringir el comercio externo? En este capítulo responderemos a éstas y otras preguntas.

El mundo es un gigantesco centro comercial y los estadounidenses son los grandes compradores. Compran autos japoneses, vino francés, relojes suizos, toman sus vacaciones en Europa y adquieren miles de otros bienes y servicios de todo el mundo. Sin embargo, los extranjeros también gastan mucho en productos estadounidenses: cereales, computadoras personales, aeronaves, películas, viajes a Disney World y miles de otros bienes y servicios. En este capítulo, examinaremos los beneficios del comercio internacional y los efectos que tienen las restricciones al comercio en la asignación de los recursos. El análisis se basa en los ya conocidos instrumentos de la oferta y la demanda. Entre los temas que abordaremos en este capítulo se encuentran:

- Beneficios del comercio
- Ventaja absoluta y comparativa
- Aranceles
- Cuotas de importación
- Pérdida de bienestar social por restricciones comerciales
- Argumentos respecto a las restricciones comerciales

BENEFICIOS DEL COMERCIO

Una familia de Virginia que se sienta a disfrutar de una comida que incluye costillas provenientes de Kansas, papas de Idaho, alubias de California y duraznos en almíbar de Georgia como postre, de hecho está disfrutando de los beneficios del comercio interestatal. Usted ya entiende por qué los residentes de un estado comercian con los de otro. En el capítulo 2 aprendió sobre los beneficios derivados de la especialización y el intercambio. Probablemente recuerde el análisis que hicimos de cómo usted y su compañero de habitación podrían maximizar la producción especializándose cada uno en una actividad diferente. La ley de la ventaja comparativa señala que el individuo que tiene el menor costo de oportunidad para producir un determinado bien debe especializarse en la producción de ese bien. Así como los individuos se benefician de la especialización y el intercambio, también lo hacen los estados y, de hecho, las naciones. Para cosechar los frutos derivados de la producción especializada, las naciones participan en el comercio internacional. *Mediante el comercio, cada país se especializa en los bienes que produce al costo de oportunidad más bajo.*

Perfil de las importaciones y las exportaciones

Así como algunos estados tienen mayor participación en el comercio interestatal que otros, algunas naciones participan más en el comercio internacional que otras. Por ejemplo, las exportaciones representan alrededor de una cuarta parte del producto interno bruto (PIB) en Canadá y Gran Bretaña; cerca de una tercera parte del PIB en Alemania, Suecia y Suiza; y aproximadamente la mitad del PIB en Holanda. Pese al hecho de que Japón cuenta con un sector exportador gigantesco, las exportaciones en esa nación constituyen sólo una séptima parte de su PIB.

En Estados Unidos, las exportaciones de bienes y servicios ascendieron a cerca de 12% del PIB en el 2000. Aunque pequeñas en relación con el PIB, las exportaciones desempeñan un papel cada vez más importante en la economía estadounidense. Las cuatro principales exportaciones de Estados Unidos son: (1) productos tecnológicos, como software y hardware para computadoras, aeronaves, equipo de telecomunicaciones y hardware militar; (2) suministros y material industrial; (3) productos agrícolas, sobre todo trigo, maíz y soya; y (4) productos de entretenimiento, como películas y música grabada.

Estados Unidos depende de las importaciones de ciertas materias primas, sobre todo petróleo y metales. Las cuatro principales importaciones de Estados Unidos son: (1) bienes de consumo manufacturados, como automóviles de Japón y Alemania, y equipo electrónico de Taiwán; (2) bienes de capital, como imprentas de alta tecnología de Alemania; (3) petróleo; y (4) metales, como plomo, zinc y cobre. *Las importaciones de bienes y servicios de Estados Unidos registraron 14% del PIB en el 2000.*

El gran cambio ocurrido en las exportaciones estadounidenses durante los últimos 25 años ha sido un crecimiento en el valor en dólares de las exportaciones de maquinaria; cerca de la mitad de los bienes de capital producidos en Estados Unidos se exportan. La gran transformación en las importaciones de estadounidenses durante los últimos 25 años ha sido el incremento en el gasto en petróleo extranjero. Canadá es el principal socio comercial de Estados Unidos, seguido por Japón y México. Otros socios comerciales clave son Alemania, Gran Bretaña, Corea del Sur, Francia, Hong Kong, Italia y Brasil.

Centrémonos de momento en las materias primas. En la figura 1 se aprecia la producción de Estados Unidos, en 12 productos, como porcentaje del consumo en ese país. Si la producción rebasa el consumo, Estados Unidos exporta la diferencia; si la producción queda por debajo del consumo, importa la diferencia. Por ejemplo, como Estados Unidos no cultiva café, la producción de este producto en esa nación equivale a 0% del consumo, de modo que todo el café se importa. En la figura también se muestra que la producción estadounidense queda por debajo del consumo en petróleo y metales como plomo, zinc, cobre y aluminio. En el extremo opuesto, el trigo que se cultiva en Estados Unidos asciende a 184% del consumo de trigo de ese país, así que cerca de la mitad de las cosechas de este producto se exporta. La producción estadounidense también rebasa el consumo de otros cultivos, entre los que se encuentran el algodón, las semillas oleaginosas: soya, semilla de girasol, semilla de algodón y los granos gruesos como el maíz, la cebada y la avena. En síntesis, cuando se trata de productos básicos, Estados Unidos es un importador neto de petróleo y metales, y un exportador neto de cosechas.

Posibilidades de producción sin intercambio

La razón que hay detrás de ciertos intercambios internacionales es obvia. Estados Unidos no cultiva café porque su clima no es adecuado para este producto. Sin embargo, algo más revelador son los beneficios del comercio donde la ventaja comparativa no es tan patente. Suponga que sólo se producen y consumen dos bienes: alimentos y ropa, y que sólo hay dos países en el mundo: Estados Unidos, con una fuerza laboral de 100 millones de trabajadores y el mítico país Izodia, con 200 millones de trabajadores. Las conclusiones derivadas de este modelo simple tendrán una importancia general en el esquema del comercio internacional.

FIGURA 1

Producción de Estados Unidos como porcentaje del consumo estadounidense de diversos productos

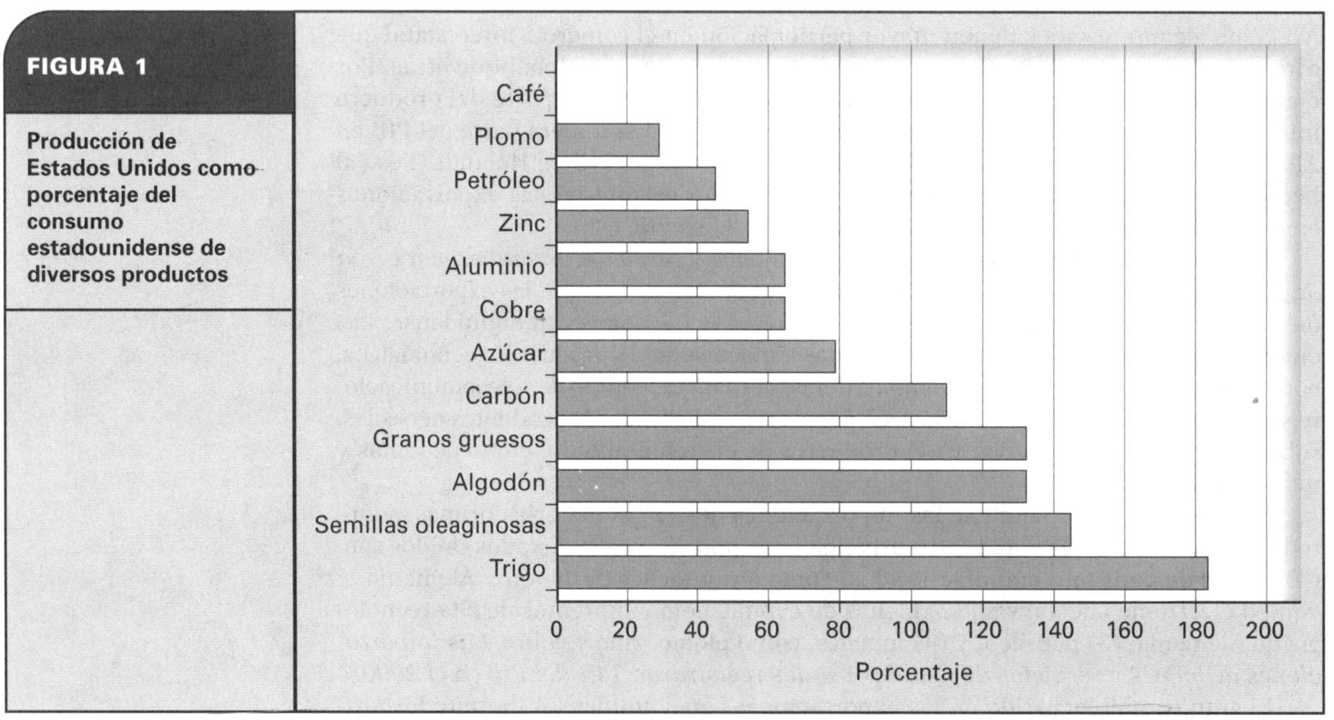

Fuente: Basada en las cifras anuales presentadas en *The Economist World in Figures: 2001 Edition*. Londres, Profile Books, 2001.

En la figura 2 se presentan las tablas de posibilidades de producción de cada país, con base en las dimensiones de la fuerza laboral y la productividad de los trabajadores de cada nación. En la figura se da por hecho que cada país cuenta con una determinada tecnología y que la fuerza laboral está empleada completa y eficazmente. Si no ocurriera intercambio entre los países, en la figura 2 también se presentan las tablas de *posibilidades de consumo* de cada nación, lo que refleja las opciones de consumo de cada país. Las cifras de producción suponen que cada trabajador en Estados Unidos puede producir 6 unidades de alimento o 3 unidades de ropa al día. Si los 100 millones de trabajadores estadounidenses están empleados en la industria alimentaria, producen 600 millones de unidades al día, como se aprecia en la columna U_1 del panel (a). Si todos los trabajadores estadounidenses producen ropa, resulta que elaboran 300 millones de unidades diariamente, como se ve en la columna U_6. Las columnas intermedias muestran que algunos trabajadores producen alimento y otros ropa. Dado que un trabajador estadounidense puede producir 6 unidades de alimento o 3 unidades de ropa, *el costo de oportunidad de 1 unidad adicional de alimento equivale a ½ unidad de ropa.*

Suponga que los trabajadores de Izodia están menos instruidos, trabajan con menos capital y cultivan un suelo menos fértil que los trabajadores estadounidenses, de modo que cada uno puede producir 1 unidad de alimento o 2 unidades de ropa al día. Si los 200 millones de izodianos se especializan en los alimentos, pueden producir 200 millones de unidades de alimento diariamente, como se aprecia en la columna I_1 del panel (b) de la figura 2. Si todos producen ropa, la producción total es de 400 millones de unidades de ropa al día, como se ve en la columna I_6. En la figura también se presentan algunas posibilidades de producción intermedias. En virtud de que un trabajador izodiano puede producir 1 unidad de alimento o 2 unidades de ropa, *el costo de oportunidad de 1 unidad adicional de alimento equivale a 2 unidades de ropa.*

Podemos convertir los datos de la figura 2 en un límite de posibilidades de producción para cada país, tal y como se muestra en la figura 3. En cada diagrama, la cantidad de alimentos producidos se mide en el eje vertical y la cantidad de ropa en el eje horizontal. Las combinaciones de Estados Unidos aparecen en el panel izquierdo indicadas como U_1, U_2, etc. Las combinaciones de Izodia aparecen en el panel derecho representadas como I_1, I_2, etc. Como suponemos que los recursos se adaptan perfectamente a la producción de cada artículo, la curva de posibilidades de producción de cada uno es una línea recta que refleja el costo de oportunidad constante.

En la figura 3 se ilustran las posibles combinaciones de alimento y ropa que los residentes de cada nación pueden producir y consumir si todos los recursos se emplean completa y eficazmente, y sobre todo, si no hay intercambio entre los dos países. La **autarquía** es la situación de autosuficiencia nacional en la cual no hay interacción económica con productores o consumidores extranjeros. Suponga que en Estados Unidos

Autarquía Situación de autosuficiencia nacional en la cual no hay interacción económica con el extranjero.

FIGURA 2

Frontera de posibilidades de producción de Estados Unidos e Izodia

(a) Estados Unidos

Posibilidades de producción con 100 millones de trabajadores (en millones de unidades diarias)

	U_1	U_2	U_3	U_4	U_5	U_6
Alimento	600	480	360	240	120	0
Ropa	0	60	120	180	240	300

(b) Izodia

Posibilidades de producción con 200 millones de trabajadores (en millones de unidades diarias)

	I_1	I_2	I_3	I_4	I_5	I_6
Alimento	200	160	120	80	40	0
Ropas	0	80	160	240	320	400

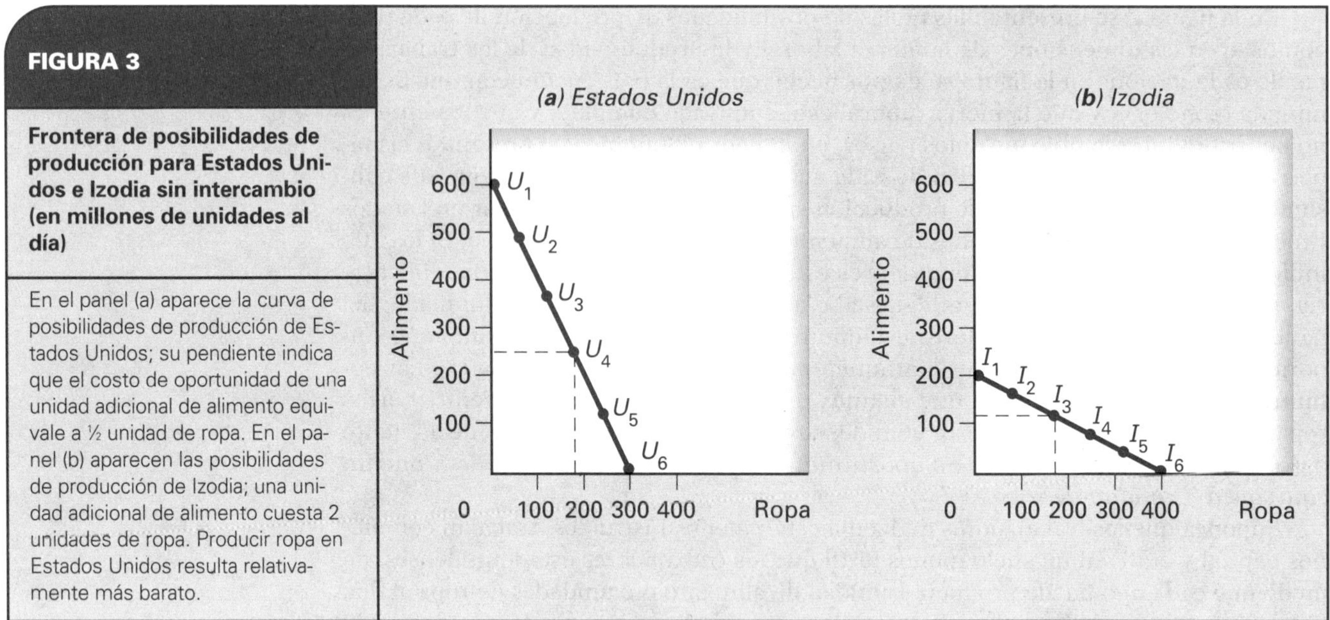

FIGURA 3

Frontera de posibilidades de producción para Estados Unidos e Izodia sin intercambio (en millones de unidades al día)

En el panel (a) aparece la curva de posibilidades de producción de Estados Unidos; su pendiente indica que el costo de oportunidad de una unidad adicional de alimento equivale a ½ unidad de ropa. En el panel (b) aparecen las posibilidades de producción de Izodia; una unidad adicional de alimento cuesta 2 unidades de ropa. Producir ropa en Estados Unidos resulta relativamente más barato.

los productores maximizan las ganancias y los consumidores maximizan la utilidad con la combinación de 240 millones de unidades de alimento y 180 millones de unidades de ropa, combinación U_4. A esta combinación la llamaremos *equilibrio autárquico*. Suponga que los izodianos también se encuentran en equilibrio autárquico, identificado como la combinación I_3, de 120 millones de unidades de alimento y 160 millones de unidades de ropa.

Posibilidades de consumo basadas en la ventaja comparativa

En nuestro ejemplo, cada trabajador estadounidense produce más ropa y más alimento al día que cada trabajador izodiano, de modo que los trabajadores estadounidenses cuentan con una *ventaja absoluta* en la producción de ambos bienes. Recuerde que en el capítulo 2 establecimos que tener una ventaja absoluta significa estar en posibilidades de producir algo empleando para ello menos recursos de los que necesitan otros productores. ¿Considera que la economía estadounidense debería permanecer en la autarquía, es decir, ser autosuficiente en la producción de alimentos y de ropa o bien, obtener beneficios por el establecimiento de un intercambio comercial?

Mientras el costo de oportunidad de la producción difiera entre las dos naciones, puede haber beneficios derivados de la especialización y el comercio. El costo de oportunidad de producir 1 unidad adicional de alimento equivale a ½ unidad de ropa en Estados Unidos en comparación con las 2 unidades de ropa en Izodia. *Según la ley de la ventaja comparativa, cada país debe especializarse en la producción del bien que tiene el menor costo de oportunidad*. En razón de que el costo de oportunidad de producir alimento es más bajo en Estados Unidos que en Izodia, ambas naciones se beneficiarán si Estados Unidos se especializa en alimentos y exporta parte de éstos a Izodia y si este país, por su parte, se especializa en ropa y exporta parte de ésta a Estados Unidos.

Términos de intercambio comercial Cantidad de un bien que se intercambia por una unidad de otro.

Antes de que los países puedan comerciar, deben acordar, de algún modo, la cantidad de un bien que intercambiarán por otro, es decir, deben establecer **términos de intercambio comercial**. Mientras los estadounidenses puedan obtener más de ½ unidad de ropa por cada unidad de alimento, y mientras los izodianos puedan obtener más de ½ unidad de alimento por cada unidad de ropa, a ambas naciones les convendrá más especializarse y comerciar que permanecer en estado de autarquía. Suponga que las fuerzas del mercado moldean los términos de intercambio comercial de manera que 1 unidad de ropa se intercambia por 1 unidad de alimento. Por tanto, los estadounidenses intercambian 1 unidad de alimento por una unidad de ropa con los izodianos. Para producir 1 unidad de ropa por su cuenta, los estadounidenses tendrían que sacrificar 2 unidades de alimento. De igual modo, los izodianos intercambian 1 unidad de ropa por 1 unidad de alimento con los estadounidenses, lo cual es sólo la mitad de lo que los izodianos sacrificarían para producir 1 unidad de alimento por su cuenta.

En la figura 4 se aprecia que con 1 unidad de alimento intercambiada por 1 unidad de ropa, los estadounidenses y los izodianos pueden consumir en cualquier punto a lo largo o por debajo de su límite de posibilidades de consumo, el cual se ilustra en color azul. El *límite de posibilidades de consumo* muestra las posibles combinaciones de bienes disponibles que tiene una nación como resultado de la producción y el comercio exterior. Note que la curva de posibilidades de consumo de Estados Unidos no se extiende hacia la derecha de los 400 millones de unidades de ropa, ya que ese el máximo que los izodianos pueden producir. La cantidad que consuma cada país dependerá realmente de sus preferencias relativas de alimento y ropa. Suponga que los estadounidenses eligen el punto *U* del panel (a) y los izodianos optan por el punto *I* del panel (b).

Sin intercambio comercial, Estados Unidos produce y consume 240 millones de unidades de alimento y 180 millones de unidades de ropa. Con intercambio, Estados Unidos se especializa en los alimentos y produce 600 millones de unidades; los estadounidenses consumen 400 millones de unidades e intercambian el resto por 200 unidades de ropa izodiana. Esta combinación de consumo se refleja en el punto *U*. A través del intercambio, los estadounidenses incrementan su consumo de alimento y ropa.

Sin intercambio comercial, los izodianos producen y consumen 120 millones de unidades de alimento y 160 millones de unidades de ropa. Con intercambio, los izodianos se especializan en producir 400 millones de unidades de ropa, de las cuales consumen 200 millones de unidades e intercambian el resto por 200 millones de unidades de alimentos de Estados Unidos. Esta combinación de consumo se aprecia en el punto *I*. A través del intercambio, los izodianos, como los estadounidenses, están en posibilidades de incrementar su consumo de alimentos y ropa. ¿Cómo es posible esto?

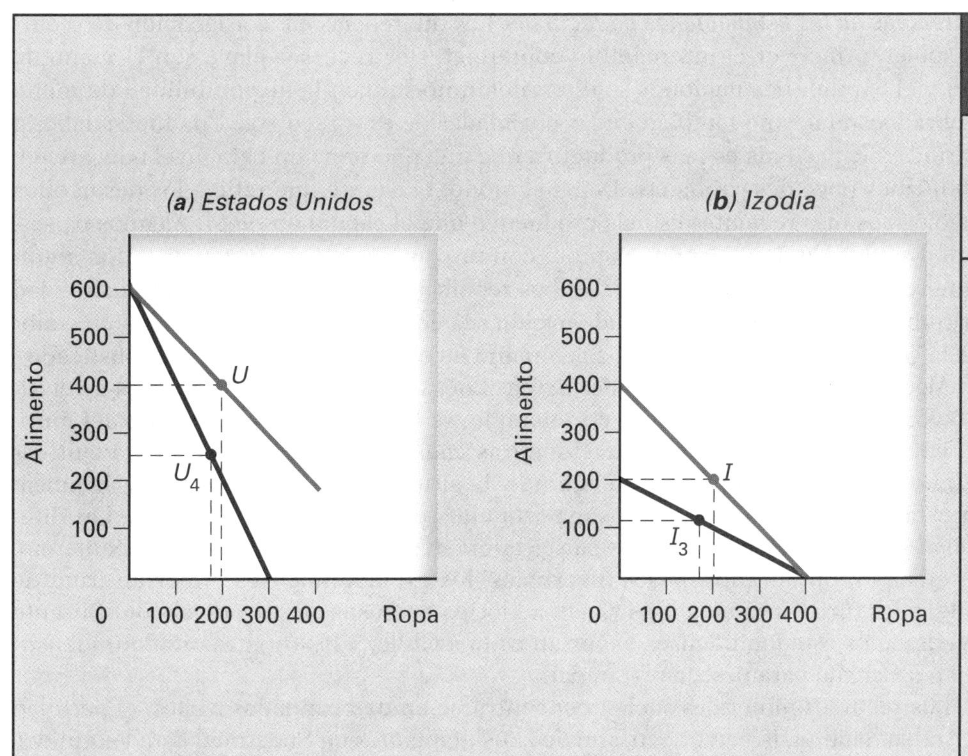

FIGURA 4

Frontera de posibilidades de producción (y consumo) con comercio (en millones de unidades al día)

Si Izodia y Estados Unidos comercian a una tasa de 1 unidad de ropa por 1 unidad de alimento, ambos se benefician. Las posibilidades de consumo en esos términos de intercambio comercial se ilustran mediante las líneas azules. Estados Unidos producía y consumía anteriormente la combinación U_4. Al comerciar con Izodia, sólo puede producir alimento y consumir la combinación *U*, combinación que contiene más alimento y más ropa que la combinación U_4. De igual modo, Izodia puede alcanzar la combinación preferida, *I*, al intercambiar su ropa por alimento de Estados Unidos. Ambas naciones están mejor como resultado del comercio internacional.

Dado que los estadounidenses son más eficientes en la producción de alimento y los izodianos en la producción de ropa, la producción total aumenta cuando cada uno se especializa en lo suyo. Sin especialización, la producción total mundial era de 360 millones de unidades de alimento y 340 millones de unidades de ropa. Con la especialización, la producción de alimento aumenta a 600 millones de unidades y la de ropa a 400 millones de unidades. La única restricción comercial es que, por cada bien, *la producción mundial total debe ser igual al consumo mundial*. En nuestro mundo de dos países, esto significa que la cantidad de alimento que exporta Estados Unidos debe ser igual a la cantidad de alimento que importa Izodia. Lo mismo se aplica en el caso de las exportaciones de ropa de Izodia.

En consecuencia, ambas naciones aumentan el consumo con el intercambio comercial. *Aunque Estados Unidos tiene una ventaja absoluta en ambos bienes, las diferencias en el costo de oportunidad entre las dos naciones garantizan que la especialización y el intercambio generen beneficios mutuos*. Recuerde que la ventaja comparativa, y no la ventaja absoluta, es la que genera los beneficios de la especialización y el intercambio comercial.

En nuestro ejemplo, simplificamos las relaciones comerciales para destacar los beneficios de la especialización y el comercio. Dimos por hecho que cada país debía especializarse completamente en la producción de un determinado bien, que los recursos se adaptaban igualmente a la producción de cada bien, que el costo de transportar los bienes de una nación a otra eran intrascendentes y no había problemas para llegar a los términos del intercambio comercial. En el mundo real las cosas no son tan simples. Por ejemplo, no esperamos que un país produzca un solo bien. Aún bajo esa circunstancia, la ley de la ventaja comparativa nos indica que el intercambio comercial genera beneficios.

Razones para la especialización internacional

Los países mantienen relaciones comerciales unos con otros, o de manera más precisa, las personas y empresas de un país realizan intercambios comerciales con las de otro, debido a que cada parte espera obtener una ganancia de esta actividad. ¿Cómo saber qué debe producir cada país y qué debe intercambiar?

Diferencias en las asignaciones de recursos. Las diferencias en la asignación de recursos suelen promover el intercambio comercial. Dos recursos clave son la mano de obra y el capital. Las naciones se diferencian no sólo en la disponibilidad de mano de obra y capital, sino también en las cualidades de esos recursos. Una fuerza laboral instruida y capacitada es más productiva que una que tiene un bajo nivel educativo y habilidades poco desarrolladas. De igual modo, el capital que refleja los desarrollos tecnológicos más recientes es más productivo que el capital obsoleto. Algunos países, como Estados Unidos y Japón, cuentan con una fuerza laboral instruida y una abundante reserva de capital moderno. Ambos recursos generan una mayor productividad por trabajador, lo que hace que cada nación sea competitiva a nivel mundial en cuanto a la generación de bienes que exigen mano de obra calificada y capital sofisticado.

Algunos países gozan de grandes extensiones de tierra fértil y estaciones de cultivo favorables. A Estados Unidos, por ejemplo, se le ha llamado el "granero del mundo" por su rica tierra de labranza. Honduras cuenta con el clima ideal para cultivar plátanos. El café crece mejor en el clima y la altitud de Colombia, Brasil y Jamaica. Por estas razones, Estados Unidos exporta maíz e importa café y plátanos. Las diferencias en las estaciones entre los países también sirven como base para el comercio. Por ejemplo, durante los meses invernales, los estadounidenses importan fruta de Chile, y los turistas canadienses viajan a Florida en busca de sol y diversión. Durante el verano, los estadounidenses exportan fruta a Chile, y los turistas estadounidenses viajan a Canadá para pescar y acampar.

Los recursos minerales suelen concentrarse en determinados países: el petróleo en Arabia Saudita, la bauxita en Jamaica, los diamantes en Sudáfrica. Estados Unidos cuenta con abundantes reservas de carbón, pero no con el petróleo suficiente para satisfacer su demanda interna. Por tanto, Estados Unidos exporta carbón e importa petróleo. En términos más generales, *los países exportan los productos que pueden generar a un menor costo a cambio de los que no disponen internamente o cuya producción resulta más costosa que adquirirlos a otros países*.

Economías de escala. Si la producción está sujeta a las *economías de escala*, es decir, si el costo en el largo plazo disminuye conforme las empresas amplían la producción, los países pueden beneficiarse del intercambio comercial si cada nación se especializa. Tal especialización permite que las empresas de cada nación generen a una mayor tasa de producción, lo cual reduce los costos de producción promedio. La principal razón para establecer el mercado único en Europa Occidental fue ofrecer a los productores europeos un mercado más grande y abierto compuesto por cerca de 320 millones de consumidores. De este modo, los productores lograron aumentar su producción, experimentar economías de escala y, en el proceso, volverse más competitivos en los mercados internacionales.

Diferencias de gustos. Aun cuando las naciones asignaran en forma idéntica sus recursos y los combinaran con la misma eficiencia, cada país se beneficiaría del intercambio comercial siempre y cuando los gustos, y las preferencias, entre las naciones fueran diferentes. Los patrones de consumo son diferentes. Por ejemplo, los checos y los irlandeses beben tres veces más cerveza *per cápita* que los suizos y los suecos. Los franceses beben tres veces más vino que los australianos. Los daneses comen dos veces más carne de cerdo que los estadounidenses. Los estadounidenses consumen el doble de pollo que los húngaros. Los refrescos son cuatro veces más populares en Estados Unidos que en Europa Occidental. A los ingleses les gusta el té; a los estadounidenses, el café. Argelia posee un clima ideal para cultivar la vid, pero su gran población musulmana se abstiene de consumir alcohol; por tanto, Argelia exporta vino.

NetBookmark

¿Qué bienes y servicios intercambia Estados Unidos? ¿Con quién? ¿Quiénes son sus socios comerciales más importantes? Las respuestas a éstas y muchas otras preguntas relacionadas con el comercio pueden encontrarse en el sitio de la Oficina del Censo de Estados Unidos en http://www.census.gov/foreign-trade/www/statistics.html.

RESTRICCIONES AL COMERCIO Y PÉRDIDA NETA DE BIENESTAR

A pesar de los beneficios del comercio internacional, casi todos los países, en uno u otro momento, construyen barreras comerciales a lo largo de sus fronteras. Las restricciones nacionales suelen beneficiar a los productores, pero perjudican a los consumidores internos. En esta sección consideraremos los efectos de las restricciones y las razones por las que se imponen.

Aranceles

Un *arancel*, término que presentamos en el capítulo 4, es un impuesto que se aplica a las importaciones y a las exportaciones. Sin embargo, en este momento nos centraremos únicamente en el campo de las importaciones. Un arancel puede ser *específico*, como por ejemplo, aplicar una tarifa de $5 por barril de petróleo o bien, *ad valorem*, como aplicar una tarifa 10% al precio de unos jeans importados. Consideremos los efectos que ejerce un arancel específico en un determinado bien. En la figura 5, *D* es la demanda estadounidense de azúcar y *O* es la oferta de azúcar de los agricultores de Estados Unidos. En el 2001, había cerca de 10 000 productores de azúcar. Suponga que el precio mundial del azúcar es de $0.10 por libra, como fue en el 2001. El **precio mundial** se determina en función de la oferta y la demanda mundial de un producto. Se trata del precio al que cualquier proveedor puede vender la producción en el mercado mundial y al que cualquier comprador puede adquirirla en dicho mercado.

Precio mundial Precio al que se intercambia internacionalmente un bien. Está determinado por la oferta y la demanda mundial del bien al que se aplica.

En condiciones de libre mercado, los consumidores estadounidenses pueden comprar cualquier cantidad que deseen al precio mundial de $0.10 por libra, así que la cantidad de demanda es de 70 millones de libras al mes, de las cuales los productores estadounidenses suministran 20 millones de libras e importan 50 millones de libras. Como los compradores estadounidenses pueden adquirir azúcar al precio mundial, los productores de Estados Unidos no pueden cobrar más.

Ahora suponga que se impone un arancel específico de $0.05 a cada libra de azúcar importada, lo que eleva el precio del azúcar de importación de $0.10 a $0.15 por libra.

FIGURA 5

Efecto de un arancel

A un precio mundial de \$0.10 por libra, los consumidores estadounidenses demandan 70 millones de libras de azúcar al mes y los productores de Estados Unidos proveen 20 millones de libras mensualmente, la diferencia se importa. Con la imposición de un arancel por libra de \$0.05, el precio en Estados Unidos se eleva a \$0.15 por libra. Los productores de Estados Unidos incrementan la producción a 30 millones de libras y los consumidores estadounidenses reducen su consumo a 60 millones de libras. Las importaciones disminuyen en 30 millones de libras. Con el aumento en el precio en Estados Unidos, los consumidores salen perdiendo; la pérdida en el excedente del consumidor es la suma de las áreas *a, b, c,* y *d*. El área *a* representa un incremento en el excedente de producción, una transferencia de los consumidores a los productores. Las áreas *b* y *f* reflejan la parte de las ganancias adicionales para los productores que compensan los elevados costos de producción de ampliar la producción estadounidense en 10 millones de libras. El área *c* muestra la ganancia del gobierno por el arancel. La pérdida neta de bienestar para la sociedad es la suma del área *d*, que refleja la pérdida en el excedente del consumidor derivada de la disminución en el consumo, y el área *b*, que refleja el aumento en el costo marginal de generar internamente la producción que podría haberse obtenido de forma más económica en el exterior.

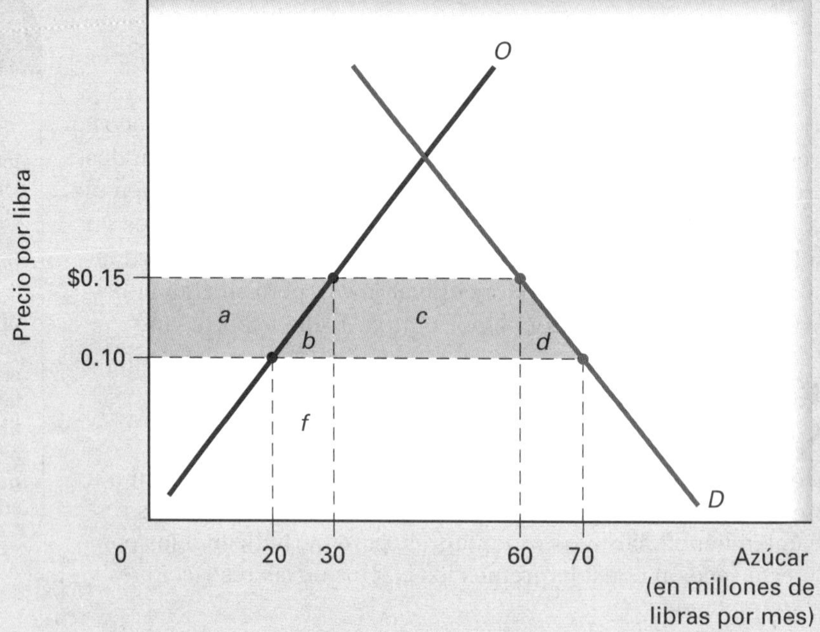

En consecuencia, los productores estadounidenses también pueden aumentar su propio precio a \$0.15 por libra sin el riesgo de perder clientes con las importaciones. Con el aumento de precio, la cantidad de oferta de los productores estadounidenses aumenta a 30 millones de libras, pero la cantidad de demanda de los consumidores estadounidenses disminuye a 60 millones de libras. Dado que la cantidad demandada ha disminuido y la cantidad ofrecida por los productores estadounidenses ha aumentado, las importaciones a Estados Unidos disminuyen de 50 millones a 30 millones de libras.

En virtud de que el precio es más elevado después del arancel, los consumidores salen perdiendo. La pérdida en excedente del consumidor se identifica en la figura 5 mediante la combinación de las áreas sombreadas en color azul y rosa. Dado que tanto el precio de Estados Unidos como la cantidad de oferta de los productores de esa nación han aumentado, las ganancias totales de los productores estadounidenses se incrementan a razón de las áreas a más *b* más *f*. Sin embargo, sólo el área *a* representa un aumento en el excedente del productor. El incremento en las ganancias representado por las áreas *f* más *b* apenas compensa el incremento en el costo marginal de ampliar la producción de azúcar en Estados Unidos de 20 millones a 30 millones de libras. El área *b* representa parte de la pérdida neta de bienestar para la economía interna, ya que esos 10 millones de libras podrían haberse importado a \$0.10 por libra en lugar de producirse internamente a un costo marginal más elevado.

Los ingresos que obtiene el gobierno por el arancel se identifican en el área *c*, que representa el arancel de $0.05 por libra multiplicado por los 30 millones de libras importados, o $1.5 millones al mes. Las ganancias derivadas del arancel representan una pérdida para los consumidores, pero como los aranceles son absorbidos por el gobierno, éstos pueden usarse para reducir los impuestos o para aumentar los servicios públicos. En el área *d* se aprecia una pérdida en el excedente del consumidor, ya que con el aumento en el precio se consume menos azúcar. Esta pérdida no se redistribuye a nadie más, de modo que el área *d* refleja parte de la pérdida neta de bienestar debida al arancel. Por tanto, las áreas *b* y *d* muestran la pérdida neta de bienestar de la economía interna debida al arancel: *los dos triángulos miden una pérdida en el excedente del consumidor que no se compensa con un beneficio para nadie en la economía interna.*

En suma, de la pérdida total en el excedente del consumidor estadounidense (áreas *a, b, c* y *d*) derivada del arancel, el área *a* se redistribuye a los productores estadounidenses, el área *c* se convierte en ganancias para el gobierno y las áreas *b* y *d* reflejan la pérdida neta de bienestar social interno causada por el arancel.

Cuotas a las importaciones

Una *cuota a las importaciones* es un límite que se impone legalmente a la cantidad que puede importarse de un determinado producto. Las cuotas suelen centrase en las importaciones de ciertos países. Por ejemplo, una cuota puede limitar la importación de automóviles de Japón o de zapatos de Brasil. Para que una cuota ejerza impacto en el mercado interno, o sea *eficaz*, debe limitar las importaciones en menos de la cantidad importada en condiciones de libre mercado.

Consideremos el impacto de una cuota en el mercado estadounidense del azúcar. En el panel (a) de la figura 6, *D* es la curva de la demanda estadounidense y *O* es la curva de la oferta de los productores de azúcar de Estados Unidos. Suponga de nuevo que el precio mundial del azúcar es de $0.10 por libra. En condiciones de libre mercado, el precio predominará en el mercado estadounidense, y la demanda será de 70 millones de libras en total. Los productores estadounidenses ofrecerán 20 millones de libras y los importadores 50 millones de libras. Con una cuota de 50 millones de libras o más al mes, el precio en Estados Unidos permanecería igual que el precio mundial de $0.10 por libra, y la cantidad sería de 70 millones de libras mensuales. En suma, una cuota de al menos 50 millones de libras no elevaría el precio en Estados Unidos por encima del precio mundial. Sin embargo, una cuota más restrictiva reduciría las importaciones, lo cual, como veremos, elevaría el precio en Estados Unidos.

Suponga que las autoridades de comercio de Estados Unidos imponen una cuota de 30 millones de libras al mes. Mientras el precio en Estados Unidos esté en o por debajo del precio mundial de $0.10 por libra, la oferta de los productores externos será de 30 millones de libras. En consecuencia, a precios de $0.10 por libra o inferiores, la oferta total de azúcar en el mercado estadounidense se encuentra sumando los 30 millones de libras de azúcar importada a la cantidad de oferta de los productores de Estados Unidos. Los productores internos y externos nunca venderían la cantidad que ofrecen en menos de $0.10 por libra en el mercado estadounidense, pues pueden obtener ese mismo precio en el mercado mundial. Por tanto, la curva de oferta que suma la producción interna y las importaciones es horizontal al precio mundial de $0.10 por libra y permanece así hasta que la cantidad de oferta alcanza los 50 millones de libras.

Una vez más, en el caso de los precios que están por encima de $0.10 por libra, la nueva curva de la oferta, *O*', suma horizontalmente la cuota de 30 millones de libras a *O*, la curva de la oferta de los productores estadounidenses. El precio en Estados Unidos se encuentra donde esta nueva curva de oferta, *O*', se interseca con la curva de la demanda interna, que en el panel izquierdo de la figura 6 ocurre en el punto *e*. *Una cuota eficaz, al limitar las importaciones, eleva el precio interno del azúcar por encima del precio mundial y reduce la cantidad por debajo del nivel de libre comercio*. Observe que para comparar más fácilmente los efectos de los aranceles y las cuotas, esta cuota se diseñó con la idea de que generara el mismo precio de equilibrio y la misma cantidad que el arancel que examinamos anteriormente.

FIGURA 6

Efecto de una cuota

En el panel (a), *D* es la curva de la demanda estadounidense y *O* es la curva de la oferta de los productores de Estados Unidos. Cuando el gobierno establece una cuota al azúcar de 30 millones de libras al año, la curva de la oferta de la producción estadounidense y de las importaciones se vuelve horizontal al precio mundial de $0.10 por libra, y permanece así hasta que la oferta alcanza los 50 millones de libras. Con precios más levados, la curva de la oferta es igual a la suma horizontal de la curva de la oferta estadounidense, *O*, y la cuota. El nuevo precio en Estados Unidos, $0.15 por libra, se determina por la intersección de la nueva curva de oferta, *O'*, con la curva de demanda estadounidense, *D*. El panel (b) muestra el efecto en el bienestar derivado de la cuota. Como resultado del aumento en el precio en Estados Unidos, se reduce el excedente del consumidor en la cantidad que muestra el área sombreada. El área *a* representa una transferencia de los consumidores estadounidenses a los productores estadounidenses. El área rectangular *c* muestra el beneficio para quienes pueden importar azúcar al precio mundial y venderla al precio interno más elevado. El área triangular *b* refleja una pérdida neta; representa la cantidad en que el costo de producir 10 millones de libras de azúcar extra en Estados Unidos rebasa el costo de comprarla en el exterior. El área *d* también refleja una pérdida neta, es decir, una reducción en el excedente del consumidor una vez que el consumo disminuye. Por tanto, las áreas sombreadas en color azul ilustran la pérdida en el excedente del consumidor que captan los productores internos y aquellos a quienes se les permite cubrir la cuota, los triángulos sombreados en color rosa, por su parte, ilustran el costo neto mínimo en bienestar.

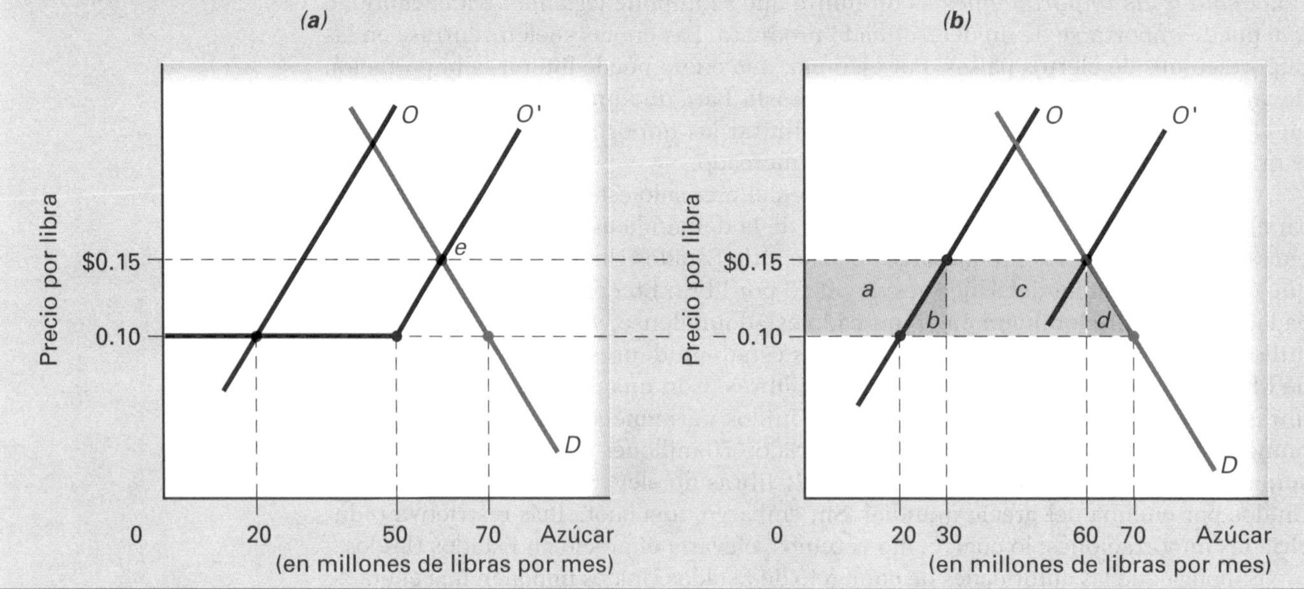

En el panel (b) de la figura 6 se aprecia la distribución y los efectos eficaces de la cuota. Como resultado de ésta, el excedente del consumidor estadounidense disminuye en las áreas azul y rosa combinadas. El área *a* se convierte en el excedente del productor y, por ende, no constituye pérdida alguna de bienestar en Estados Unidos. El área c muestra el incremento en las ganancias de aquellos a quienes, bajo la merced de la cuota, se les ha permitido vender a los estadounidenses 30 millones de libras a $0.15 por libra, o $0.05 por encima del precio mundial. En la medida en que los exportadores externos, y no los importadores estadounidenses, se beneficien de esta ganancia, el área c reflejará una pérdida neta de bienestar interno.

El área *b* muestra la cantidad en la cual el costo marginal de producir otros 10 millones de libras en Estados Unidos rebasa el precio mundial del bien. Se trata de una pérdida de bienestar para la economía estadounidense, ya que el azúcar podría haberse comprado en el exterior a $0.10 por libra, y los recursos estadounidense empleados para incrementar la producción de azúcar podrían haberse empleado en forma más eficaz en la elaboración de otros bienes. El área *d* también es una pérdida de bienestar, pues refleja una reducción en el excedente del consumidor sin que haya una ganancia que compense a alguien. Por tanto, el área *b* y *d* en el panel (b) de la figura 6 mide el costo mínimo de bienestar impuesto a la economía interna por una cuota eficaz. En la medida en que la ganancia derivada de los derechos de cuota (área c) se acumule para los productores externos, se incrementará la pérdida de bienestar que resulta de la cuota para Estados Unidos.

Las cuotas en la práctica

Estados Unidos ha concedido cuotas a determinados países. Éstos, a su vez, distribuyen tales derechos a sus exportadores por diversos medios. *Al recompensar a los productores internos con precios más elevados y a los productores externos con el derecho a vender bienes a Estados Unidos, el sistema de cuotas crea dos grupos que están decididos a garantizar y perpetuar las cuotas.* Los cabilderos de los productores externos trabajan en los pasillos del Congreso buscando el derecho a exportar a Estados Unidos. Este fuerte apoyo de los productores, aunado a una falta de oposición por parte de los consumidores, los cuales permanecen racionalmente ignorantes de todo esto, ha provocado la generación de cuotas que han durado décadas. Las cuotas impuestas a la ropa han estado vigentes durante más de 30 años y las cuotas al azúcar durante cerca de medio siglo.

Algunos economistas sostienen que si Estados Unidos tiene que aplicar cuotas, debería licitarlas a los productores externos, captando así la diferencia entre el precio mundial y el precio en Estados Unidos. Licitar las cuotas no sólo incrementaría las ganancias federales, sino que también reduciría la rentabilidad de las cuotas, lo cual, a su vez, reduciría la presión que ejerce Washington por perpetuarlas.

Comparación entre aranceles y cuotas

Considere las semejanzas y diferencias que hay entre aranceles y cuotas. Dado que el arancel y la cuota de nuestro ejemplo tienen efectos idénticos en el precio, ambos reflejan el mismo cambio en la cantidad de demanda. En los dos casos, los consumidores estadounidenses padecen la misma pérdida en excedente del consumidor y los productores de ese país cosechan el mismo beneficio en excedente del productor. La principal diferencia radica en que la ganancia derivada del arancel se dirige al gobierno, en tanto que la ganancia de la cuota queda en manos de quien ha asegurado el derecho a vender los bienes externos en el mercado estadounidense. *Si los derechos de cuota se acumulan en los productores externos, entonces la economía interna pierde más con una cuota que con un arancel.* Sin embargo, aunque los derechos de cuota vayan a parar a los importadores internos, las cuotas, como los aranceles, aún incrementan el precio interno, limitan la cantidad y, por ende, reducen el excedente del consumidor. Las cuotas y los aranceles también estimulan a los gobiernos externos a tomar represalias, lo cual se traduce en la aplicación de cuotas y aranceles, lo cual reduce los mercados para las exportaciones estadounidenses y genera una mayor pérdida de bienestar de lo que se puede apreciar en las figuras 5 y 6.

Otras restricciones comerciales

Además de los aranceles y las cuotas, existen diversas medidas que también afectan el libre comercio. Un país puede otorgar *subsidios a las exportaciones para promoverlas y préstamos con bajos intereses* a los compradores externos para fomentar las exportaciones de bienes de capital. Algunas naciones imponen *requisitos de contenido nacional*, en los cuales se especifica que cierta parte de un bien terminado debe producirse internamente. Hay otros requisitos que están relacionados con la salud, la seguridad y las normas técnicas, los cuales suelen discriminar los bienes externos. Por ejemplo, los países europeos prohíben la comercialización de carne de ganado alimentado con hormonas, una medida que busca restringir la importación de carne estadounidense. Las leyes de pureza en Alemania prohíben la importación de muchas cervezas de producción extranjera. Hasta que la Comunidad Europea adoptó normas uniformes, los diferentes requisitos técnicos obligaban a los fabricantes a ofrecer hasta siete modelos diferentes del mismo televisor para ese mercado. En ocasiones, los exportadores limitan voluntariamente su actividad, tal y como sucediera cuando los fabricantes de autos japoneses acordaron reducir el número de exportaciones a Estados Unidos. *El caso es que los aranceles y las cuotas son sólo dos de los muchos instrumentos que restringen el comercio externo.*

Investigaciones recientes sobre el costo del proteccionismo indican que las barreras al comercio internacional hacen que sea más lenta la introducción de nuevos bienes y mejores tecnologías. Por tanto, en lugar de elevar solamente los precios internos, las restricciones comerciales hacen que el progreso económico resulte más tardado.

Un comercio más libre por acuerdo multilateral

Consciente de la pérdida de bienestar que ocasionan las restricciones comerciales, Estados Unidos, después de la Segunda Guerra Mundial, invitó a sus socios comerciales a negociar medidas menos restrictivas. El resultado fue el **Acuerdo General sobre Aranceles y Comercio** (*General Agreement on Tariffs and Trade*, GATT), tratado de comercio internacional que fue adoptado por 23 naciones, incluido Estados Unidos, en 1947. Cada integrante del GATT, por sus siglas en inglés, acordó: (1) tener un trato uniforme para todos los integrantes en materia de comercio, (2) reducir las tasas arancelarias mediante negociaciones multinacionales, y (3) reducir las cuotas a las importaciones.

Acuerdo General sobre Aranceles y Comercio (*General Agreement on Tariffs and Trade*, GATT) Tratado internacional de reducción de aranceles adoptado en 1947, el cual generó una serie de "rondas" de negociación encaminadas a liberar el comercio. La Ronda de Uruguay creó la institución sucesora del GATT, la Organización Mundial de Comercio (OMC).

Las principales mejoras en la liberalización del comercio se derivaron de las negociaciones comerciales establecidas entre diversas naciones, o "rondas comerciales", bajo los auspicios del GATT. Las rondas comerciales ofrecen un sistema de negociación en paquete y no de tema por tema. Las concesiones necesarias, pero que por lo demás son difíciles de defender en términos de política interna, pueden tener una mejor aceptación en el contexto de un paquete que también contenga atractivos beneficios políticos y económicos. En su mayoría, las primeras rondas comerciales del GATT buscaban reducir los aranceles. La Ronda Kennedy, realizada a mediados de los sesenta, incluyó nuevas disposiciones en contra del ***dumping***, que es vender un bien en el exterior en menos de lo que se vende en el mercado interno. La Ronda de Tokio, la cual tuvo lugar en los setenta, fue un intento más decidido por ampliar y mejorar el sistema.

Dumping Vender un producto en el exterior en menos de lo que se vende por él en el mercado interno.

La ronda de negociaciones más reciente se inició en Uruguay en septiembre de 1986 y fue ratificada por los 123 países participantes. El resultado fue un texto con 550 páginas llenas de pormenores. La cantidad de naciones que firmaron el acuerdo creció a 142 para el 2001. La llamada **Ronda de Uruguay**, la más completa de las ocho negociaciones comerciales multilaterales de la posguerra, introdujo paulatinamente reducciones arancelarias en 85% del comercio mundial y finalmente, llegará a eliminar las cuotas. La Ronda de Uruguay también creó la Organización Mundial de Comercio (OMC), la cual reemplazó al GATT.

Ronda de Uruguay La más reciente y completa de las ocho negociaciones comerciales multilaterales de posguerra bajo el auspicio del GATT; este acuerdo de 1994 redujo los aranceles, formó la Organización Mundial de Comercio (OMC) y eliminará finalmente las cuotas.

Organización Mundial de Comercio (OMC) Fundamento legal e institucional del sistema de comercio multilateral que sucediera al GATT en 1995.

La Organización Mundial de Comercio

La **Organización Mundial de Comercio (OMC)** ofrece fundamentos legales e institucionales al sistema de comercio multilateral. Si bien el GATT era un acuerdo multilateral sin fundamentos institucionales, la OMC es una institución permanente con sede en Ginebra, Suiza. Actualmente cuenta con un grupo de 450 miembros encabezados por un director general. Entre las responsabilidades de los empleados se encuentran apoyar a los cuerpos delegados, ofrecer análisis sobre políticas comerciales, coadyuvar a la resolución de disputas comerciales y proporcionar apoyo técnico a los países en desarrollo.

Mientras que el GATT sólo incluía el intercambio comercial de productos, la OMC incluye servicios y aspectos comerciales relacionados con la propiedad intelectual, tales como libros, películas y programas de cómputo. La OMC proscribirá finalmente las cuotas, pero los aranceles y los derechos aduanales seguirán siendo legales. Los aranceles disminuirán en promedio de 6 a 4%. Cuando por primera vez se inició el GATT en 1947, los aranceles promediaban 40%. En noviembre del 2001, los integrantes de la OMC acordaron iniciar una nueva ronda de pláticas sobre comercio multilateral para ayudar a promover el crecimiento económico en todo el mundo. El acuerdo, logrado en una reunión en Katar, esbozó las pláticas cuya duración se estima sea de por lo menos tres años. Estas pláticas se centrarán en la disminución de los aranceles en diversos productos industriales y agrícolas.

Mientras que el GATT dependía de la cooperación voluntaria, la OMC tiene un cuerpo de resolución de controversias que debe ser más expedito, más automático y menos susceptible de bloqueo que el sistema GATT. Hasta ahora, Estados Unidos es el principal usuario del sistema de resolución de controversias de la OMC. Entre las demandas interpuestas por Estados Unidos se encuentran la acusación a Japón de establecer impuestos injustos a los licores, la discriminación de Canadá en contra de los editores de revistas estadounidenses, la violación por parte de Pakistán de los derechos de propiedad farmacéutica y los impuestos excesivos de Turquía a las películas estadounidenses. La OMC también ha fallado en favor de Estados Unidos en disputas con la Unión Europea en materia de carne de res y plátanos. En general, Estados Unidos interpuso aproximadamente una tercera parte de los casos llegados a la OMC y ha obtenido resoluciones favorables en muchos de ellos.

La OMC también se ha convertido en un pararrayos de asuntos relacionados con la globalización, tal y como se expone en el siguiente caso de estudio.

LA OMC Y LA "BATALLA EN SEATTLE"

Caso de **estudio**

Pongamos en práctica la teoría

***e*Actividad**

En el sitio de la Organización Mundial de Comercio se describe el papel y las funciones de esta institución. Asimismo, se explican las ventajas que ofrece la reducción de las barreras comerciales. Los fundamentos sobre lo que es la OMC y su funcionamiento pueden encontrarse en http://www.wto.org/english/thewto_e/whatis_e/whatis_e.htm. ¿Qué políticas respaldan la meta del comercio no discrecional? Para conocer un ejemplo de cómo se ha visto afectada una industria, lea los informes sobre las actividades en el campo textil en http://www.wto.org/english/tratop_e/texti_e/texti_e.htm. Para conocer más sobre la respuesta que da Nike a las críticas expuestas en contra de sus prácticas laborales, consulte la sección dedicada a este tema en su sitio electrónico, cuya dirección es http://www.nikebiz.com/labor/index.shtml.

Cuando en noviembre de 1999 los integrantes de la OMC se reunieron en Seattle con el objeto de establecer una agenda y un programa para la siguiente ronda de pláticas comerciales, todos tuvieron que salir huyendo porque 50 000 manifestantes irrumpieron en la ciudad. En su mayoría eran manifestantes pacíficos, pero la policía arrestó a más de 500 personas en tres días y los daños a la propiedad privada alcanzaron los $3 millones. En las camisetas que se vendieron y promovieron una semana antes, como mote de la concentración, aparecía la leyenda "Batalla en Seattle" y efectivamente así fue. Los manifestantes más violentos arremetieron contra las compañías multinacionales, rompieron ventanas en Starbucks, McDonald's, Nike Town y además, Old Navy y además, quemaron pantalones caqui frente a la tienda de ropa Gap. Del otro lado del Atlántico, alrededor de 2 000 simpatizantes protestaron en Londres, donde la policía arrestó a 40 personas por volcar automóviles y provocar incendios.

La "Batalla en Seattle" fue por mucho la demostración más grande en contra del libre comercio en Estados Unidos. Los organizadores de la protesta se valieron del libre comercio como centro focal para organizar y reunir fondos para diversos grupos, incluidos algunos sindicatos y diversos grupos ecologistas. Los manifestantes podían abanderar su causa favorita, los afiliados a los sindicatos temían perder sus empleos, los ecologistas temían la contaminación de todo el territorio y el resto de los otros grupos temían a los desarrollos tecnológicos, tales como la carne de res alimentada con hormonas y los alimentos transgénicos.

A los manifestantes probablemente les sorprendería saber que no todos los integrantes de la OMC están de acuerdo con los asuntos comerciales. Por ejemplo, Estados Unidos y Europa ejercen presión para proteger a los trabajadores de todo el mundo, pero los países en desarrollo, entre los que se encuentran México, Egipto, la India y Pakistán, se oponen rotundamente a discutir los derechos laborales. A estas naciones les preocupa más que la ropa, los zapatos y los textiles que producen no hayan ingresado rápidamente a los mercados de las naciones poderosas. Muchos países en desarrollo consideran que los esfuerzos por imponer normas laborales y ambientales son la última tentativa por mantener en la pobreza a las naciones que ya de por sí son pobres.

Sin grupos internacionales como la OMC, los cuales ofrecen un foro para discutir los asuntos laborales y ambientales del mundo, las condiciones de los países empobrecidos tal vez serían peores. El ambiente laboral, sobre todo en las naciones pobres, ha registrado grandes mejorías gracias a las oportunidades comerciales y a las campañas a favor de los derechos laborales creadas por la OMC y diversas agrupaciones internacionales. Por ejemplo, Camboya es uno de los países más pobres del mundo, pero los salarios más elevados en el país los gana el 1% de la población que trabaja en el sector de exportaciones. Los manifestantes de Seattle deberían hablar con Deth, una chica que cose camisetas y shorts para las marcas Nike y Gap en la fábrica June Textile en

WALL STREET JOURNAL
La interpretación correcta

¿Cuál es la importancia de la siguiente declaración en The Wall Street Journal*?: "La meta de la AFL-CIO al tratar de aumentar los salarios y los costos relacionados en lugares como Camboya, consiste en evitar que las empresas estadounidenses puedan crear nuevas fuentes de trabajo en este país".*

Camboya. Trabaja de 6:15 a.m. a 2.15 p.m. con media hora para almorzar. Obtiene la tarifa de sueldo y medio por tiempo extra y se le paga doble durante sus vacaciones. Aunque su salario es bajo en comparación con los estándares estadounidenses, a ella le permite sostener a su familia y es más del doble de lo que obtienen algunos jueces y médicos en Camboya. Su ingreso y condiciones laborales son también mucho más atractivos que los que tenía en su trabajo anterior: la prostitución.

En los países pobres, aún persiste el trabajo infantil, pero es más común en las granjas familiares que en las fábricas. En Camboya, uno de cada seis niños de entre 10 y 14 años trabaja, el índice más elevado en el sudeste asiático. Sin embargo, los sectores manufacturero y comercial sólo representan el 10% de los 600 000 trabajadores menores de edad que se estima laboran en ese país, de acuerdo con el Programa de Desarrollo de Naciones Unidas. El resto trabaja en granjas o pesquerías familiares, incluso algunos de estos niños son alquilados como trabajadores a familias vecinas. Algunos utilizan identificaciones falsas para obtener empleo en una fábrica, en donde la edad mínima requerida es de 15 años.

La reunión de la OMC en Seattle se suspendió sin que se pudiera establecer una fecha o una agenda para la siguiente ronda de pláticas comerciales, de modo que los manifestantes lograron su objetivo. Como respuesta a la presión ejercida por los medios, Nike dio por terminado su contrato con la fábrica June Textile en Camboya a finales del 2000. Ahora Deth está preocupada. "No sé cuál será el destino de mis hijos si pierdo mi empleo", manifestó a la revista *Asiaweek*.

Se espera que la reducción en las barreras comerciales derivadas de la Ronda de Uruguay incremente el ingreso mundial en $510 mil millones para el 2005, fecha límite para la instrumentación completa, o cerca de $100 por persona en todo el mundo. Este beneficio, producto de un comercio más libre, tal vez no impresione mucho a quienes rompieron ventanas en Seattle, pero en Camboya, y en otras naciones pobres de todo el mundo, puede representar la salvación.

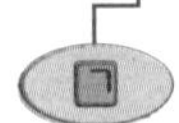

Fuentes: Gina Chon, "Dropped Stitches", *Asiaweek*, 22 de diciembre del 2000; Naomi Koppel, "Bush Policy May Break WTO Deadlock", Associated Press, 27 de diciembre del 2000; David Postman y Linda Mapes, "Why WTO Unified So Many Foes", *Seattle Times*, 6 de diciembre 1999; Leslie Kaufman y David González, "Labor Standars Clash with Global Reality", *The New York Times*, 24 de abril 2001; y el sitio de la Organización Mundial de Comercio en http://www.wto.org.

Mercados comunes

Algunos países han considerado como un éxito la economía de Estados Unidos, que esencialmente es una zona de libre comercio entre 50 estados. Asimismo, han tratado de desarrollar sus propios pactos de libre comercio. El más grande y conocido es la Unión Europea, la cual inició en 1958 con seis naciones. Actualmente, está conformada por más doce países. La idea principal era la creación de un mercado europeo libre de barreras, como el de Estados Unidos, en el cual los diferentes bienes, servicios, personas y capital pudieran desplazarse libremente y con un mayor valor. Doce integrantes de la Unión Europea han adoptado una moneda común, el *euro*, el cual reemplazó a las monedas nacionales en el 2002.

Estados Unidos, Canadá y México han creado un pacto comercial llamado Tratado de Libre Comercio de América del Norte (TLCAN). Mediante este tratado, México espera atraer mayores inversiones de Estados Unidos con la promesa de que aquellas empresas que construyan fábricas dentro de su territorio, tendrán el acceso libre de impuestos a los mercados estadounidenses, que es adonde van a parar dos terceras partes de las exportaciones mexicanas. Por su parte, a Estados Unidos le conviene este tratado, ya que los 100 millones de habitantes del país vecino representan un mercado atractivo para las exportaciones de sus productos y porque, además, las enormes reservas petroleras de México resolverían los problemas energéticos que actualmente enfrenta. Asimismo, a Estados Unidos le convendría que México transformara su economía a una estructura más orientada al mercado, como lo refleja, por ejemplo, la privatización que hiciera ese país de su sistema telefónico y bancario. Sin embargo, los sindicatos mexicanos temen la pérdida de empleos.

Las zonas de libre comercio están proliferando. Media docena de países latinoamericanos actualmente conforman el Mercosur, la Asociación de Naciones del Sudeste Asiático constituyó el ASEAN. Sudáfrica y sus cuatro países vecinos crearon la Unión Aduanal de

África del Sur. Los acuerdos comerciales regionales exigen una excepción a las reglas de la OMC, pues los integrantes en bloque pueden establecer tratos especiales y, por tanto, discriminar a quienes no pertenecen a su grupo. Según los requisitos de la OMC, cualquier concesión comercial otorgada a un país miembro debe concederse a *todos* los demás integrantes.

ARGUMENTOS A FAVOR DE LAS RESTRICCIONES COMERCIALES

A menudo, las restricciones comerciales son al parecer poco más que dádivas para las industrias internas que protegen. En razón de la pérdida de bienestar social que se deriva de estas restricciones, sería más eficaz transferir simplemente el dinero de los consumidores a los productores nacionales. No obstante, tal transferencia pura resultaría políticamente impopular. Los argumentos en favor de las restricciones comerciales evitan mencionar las transferencias a los productores internos y, en cambio, sólo hacen alusión a las nobles metas. Como veremos ahora, algunos de estos argumentos son más válidos que otros.

Argumento sobre la defensa nacional

Algunas industrias afirman que necesitan protección contra la competencia de las importaciones porque su producción es vital para la defensa nacional. Productos como los metales estratégicos y el hardware militar suelen aislarse de la competencia externa mediante restricciones comerciales. Por tanto, las consideraciones sobre la defensa nacional tienen más peso que las relacionadas con la eficiencia y la equidad. ¿Qué tan válido es este argumento? Las restricciones comerciales probablemente protejan al sector de la defensa nacional, pero hay otros medios, como los subsidios gubernamentales, que podrían ser más eficaces. O bien, el gobierno podría almacenar el hardware militar básico, de manera que mantener una capacidad productiva constante resultase menos esencial, aunque los cambios tecnológicos hacen que ciertas armas se vuelvan rápidamente obsoletas. Como la mayor parte de las industrias desempeñan cierto papel en la defensa nacional, instituir restricciones comerciales sobre esta base puede llegar a crear exageraciones. Por ejemplo, los productores de lana estadounidenses obtuvieron una protección porque lograron convencer a todo el mundo de que la lana resultaba crucial para los uniformes militares.

Argumento de la industria naciente

El argumento de la industria naciente se formuló como base para proteger a las industrias internas emergentes de la competencia externa. De acuerdo con la línea de razonamiento sustentada en el lema “Hecho en Estados Unidos”, en las industrias donde el costo promedio por unidad de las empresas disminuye conforme la protección crece, las nuevas empresas nacionales necesitan protección contra las importaciones hasta que tales compañías logran alcanzar el desarrollo suficiente para ser competitivas. Las restricciones comerciales permiten que las nuevas empresas alcancen las economías de escala que necesitan para competir con los productores externos maduros.

Sin embargo, ¿cómo podemos identificar a las industrias que merecen protección, y cómo saber cuando adquieren el desarrollo suficiente para velar por sí mismas? La mera existencia de la protección podría provocar ciertas ineficiencias que las empresas tal vez no sean capaces de superar. El costo inmediato de tales restricciones es la pérdida neta de bienestar provocada por los elevados precios internos. Estos costos pueden volverse permanentes si la industria no alcanza las economías de escala esperadas y, por ende, no logra volverse competitiva. Como sucede con el argumento de la defensa nacional, quienes elaboran las políticas deberían ser cuidadosos al adoptar restricciones comerciales basadas en el argumento de la industria naciente. En este caso, una vez más, los subsidios temporales a la producción tal vez resultarían más eficaces que las restricciones a las importaciones.

Argumento *antidumping*

Como ya apuntamos, el *dumping* consiste en vender un producto en el exterior en menos de lo que se vende en el mercado interno. Los exportadores pueden estar en condiciones de vender el bien a un menor precio en el extranjero gracias a los subsidios que se aplican. Quizá a las empresas les resulte rentable vender a un menor precio en mercados externos en donde la demanda tiene una mayor elasticidad en los precios, lo que significa que las compañías discriminan los precios. Los críticos del dumping exigen un arancel para elevar el precio de los bienes sujetos a este régimen.

¿Por qué se impide a los consumidores estadounidenses comprar productos al menor precio posible, aun cuando estos precios bajos sean resultado de un subsidio externo o una discriminación de precio? Si el *dumping* es *permanente*, el precio bajo puede aumentar el excedente del consumidor en una cantidad que compensa por mucho las pérdidas de los productores internos. *No hay una buena razón para no permitir que los consumidores adquieran productos importados a un precio permanentemente más bajo.*

Otra forma de *dumping*, llamado *dumping depredador*, consiste en vender temporalmente en el exterior a precios por debajo del mercado, o incluso por debajo del costo interno, para eliminar a los productores competidores en ese mercado. Una vez que la competencia desaparece, la historia se repite y la empresa exportadora probablemente incremente el precio en el mercado externo. El problema con este argumento es que si quienes realizan acciones de *dumping* tratan de aprovecharse de su posición monopólica, incrementando para ello repentinamente el precio, entonces otras empresas, internas o externas, podrían ingresar al mercado y vender a un menor precio. Hay pocos casos documentados de *dumping* depredador.

En ocasiones, el *dumping* puede ser *esporádico*, ya que las empresas venden sus productos con descuento para deshacerse de existencias en exceso, los minoristas realizan "ventas" periódicas por la misma razón. El *dumping* esporádico puede resultar desestabilizador para los productores internos, pero el impacto económico no es un asunto de gran interés público. No obstante, en Estados Unidos, la Ley de Acuerdos Comerciales de 1979 prohíbe cualquier acción de *dumping*, ya que exige la imposición de aranceles cuando un bien se vende a un menor precio en Estados Unidos del que se vende en el mercado externo. Además, las reglas de la OMC permiten la imposición de aranceles compensatorios cuando los productos se venden "en menos de su valor justo" y cuando existe un "perjuicio material" para los productores internos. Por ejemplo, los productores de madera y cerveza estadounidenses han acusado a sus competidores canadienses de *dumping*.

Argumento de los empleos y el ingreso

Una de las razones que se oyen comúnmente en Estados Unidos para justificar las restricciones comerciales, y que fueron expresadas por los manifestantes de Seattle, es que éstas sólo protegen los empleos y los niveles salariales de ese país. Recurrir a restricciones comerciales para proteger los empleos internos es una estrategia que se remonta a siglos atrás. Uno de los problemas de una política de esta índole es que las otras naciones adoptan represalias parecidas restringiendo *sus* importaciones a fin de salvar *sus* empleos y, en consecuencia, el comercio internacional se reduce, se pierden trabajos en las industrias exportadoras y los posibles beneficios del comercio no logran materializarse.

Los índices salariales en otras naciones, sobre todo en los países en desarrollo, con frecuencia representan una pequeña fracción de los índices de salarios en Estados Unidos. Sin embargo, considerar simplemente las diferencias salariales constituye un enfoque muy corto de miras. El salario representa sólo uno de los componentes del costo de producción total y tal vez no sea necesariamente el más importante. A los patrones les interesa el costo de mano de obra por unidad de producción, el cual depende tanto del índice salarial como el de la productividad de la mano de obra.

En Estados Unidos, los índices salariales son elevados porque la productividad de la mano de obra es la más alta del mundo. Esta gran productividad se debe a la buena instrucción y capacitación de los trabajadores, así como a la enorme cantidad de recursos tecnológicos y físicos que permite mejorar las habilidades productivas de los empleados. Los trabajadores en Estados Unidos también se benefician de un entorno empresarial relativamente estable y que además ofrece los incentivos necesarios para producir.

Sin embargo, ¿qué sucede con los bajos salarios en muchos países en desarrollo? Tales salarios suelen relacionarse con la falta de instrucción y capacitación de los trabajadores, el precario capital físico disponible y un entorno empresarial inestable y poco atractivo para los productores. En las industrias estadounidenses donde se registran altos salarios, cuyo sustento está basado en la alta producción de los empleados, el costo de mano de obra por unidad de producción probablemente sea tan bajo o incluso menor al costo de mano de obra registrado en países que tienen bajos salarios y baja productividad. Por ejemplo, aunque la compensación total por hora es más del doble en Birmingham Steel, una corporación estadounidense, que en las plantas de Corea del Sur, la productividad de la mano de obra de Birmingham es cuatro veces mayor, de modo que el costo de mano de obra por tonelada es más bajo para la empresa estadounidense.

Sin embargo, una vez que las empresas multinacionales construyen más plantas y proporcionan conocimientos técnicos a los países en desarrollo, los trabajadores estadounidenses pierden parte de su ventaja competitiva. Esto puede provocar que sus salarios relativamente altos eleven el precio de los productos estadounidenses y en consecuencia, sean expulsados del mercado mundial. Esto ya ha sucedido en la industria electrónica de aparatos estereofónicos y de consumo. A este respecto, General Motors, por ejemplo, planea fabricar más autos en México. Además, la mayor parte de la producción de aparatos electrodomésticos y calzado se ha establecido en el extranjero.

A la larga, a medida que la productividad de la mano de obra aumente en los países en desarrollo, las diferencias salariales entre las naciones se reducirán, tal y como se redujeron entre las entidades del norte y del sur en Estados Unidos. Conforme la tecnología y el capital se extiendan, los trabajadores estadounidenses, sobre todo los que no estén calificados, no podrán mantener niveles salariales por encima de los de otros países. El gobierno de Estados Unidos puede promover la investigación y el desarrollo para mantener a sus productores a la vanguardia en los desarrollos tecnológicos, pero mantenerse a la delantera en la competencia tecnológica es una batalla constante.

Los productores internos no quieren competir con productores externos cuyos costos son más bajos, de modo que suelen presionar para que se apliquen restricciones comerciales. Sin embargo, si las restricciones invalidan cualquier ventaja en costos que pudiera obtener un productor externo, la ley de la ventaja comparativa se vuelve inoperante y a los consumidores internos se les niega la posibilidad de acceder a bienes cuyo precio es menor.

Argumento de las industrias en decadencia

Cuando una industria interna establecida se encuentra en peligro de cerrar debido a importaciones cuyo precio es menor, podría haber razones para imponer restricciones *temporales* a las importaciones y permitir con ello el ajuste gradual de la industria nacional. Después de todo, los productores internos emplean muchos recursos específicos de la industria: maquinaria y mano de obra especializada. Este capital físico y humano tiene un valor inferior en su mejor uso opcional. Si se impide la desaparición de la industria nacional mediante la instrumentación de restricciones comerciales, la maquinaria se desgastará de manera natural y los trabajadores especializados podrán retirarse voluntariamente o emprender gradualmente carreras con mejores perspectivas.

Por tanto, en el caso de las industrias internas en decadencia, la restricción comercial puede ayudar a reducir los impactos adversos en la economía y permitir una transición paulatina a una nueva combinación industrial. Sin embargo, la protección que se ofrezca no debe llegar al grado de promover la inversión continua en esa industria. La protección debe tener una duración específica y debe retirarse gradualmente durante ese periodo.

La industria del vestido es un ejemplo de industria estadounidense en decadencia. Los 22 000 empleos salvados como resultado de una restricción comercial reciente generan en promedio $23 000 al año. Si embargo, en un estudio de la Oficina de Presupuesto del Congreso se estimó que, debido al aumento en los precios internos, los consumidores estadounidenses pagan entre $39 000 y $74 000 al año por cada empleo que logró rescatarse en la industria textil y del vestido. De acuerdo con la Ronda de Uruguay en materia de acuerdos comerciales, se espera que las restricciones comerciales en la industria del vestido y textil en Estados Unidos desaparezcan gradualmente.

El libre comercio probablemente elimina algunos empleos estadounidenses debido a las importaciones, pero también crea empleos a merced a las exportaciones. Cuando se realiza una ceremonia para inaugurar una nueva empresa de software, nadie reconoce que esos empleos se deben al libre comercio, pero cuando una planta siderúrgica cierra, todos reclaman que esos empleos se fueron al extranjero. Lo que es más, muchas empresas de otros países han construido plantas en Estados Unidos y emplean a trabajadores de esa nación. Por ejemplo, una docena de fabricantes extranjeros de televisores y los principales fabricantes de automóviles japoneses ahora cuentan con plantas en Estados Unidos.

La cantidad de empleos en Estados Unidos ha crecido más del doble desde 1960. Reconocer este crecimiento en el empleo no es negar los problemas que enfrentan los trabajadores desplazados por las importaciones. Algunos de estos desplazados, sobre todo los obreros de la industria siderúrgica y de otras industrias sindicalizadas, probablemente no logren encontrar empleos tan bien remunerados como los que perdieron. Sin embargo, como sucede con las industrias nacientes, los problemas que plantean las industrias en decadencia no necesitan la imposición de restricciones comerciales. Para apoyar a la industria afectada, el gobierno podría ofrecer subsidios al empleo o reducciones fiscales especiales que disminuyan con el tiempo. El gobierno también cuenta con programas de financiamiento para capacitar a los trabajadores en empleos que tienen mayor demanda.

Problemas con la protección

Las restricciones comerciales plantean diversos problemas además de los que ya hemos mencionado. En primer lugar, proteger una de las etapas de producción a menudo exige proteger otras etapas. Proteger a la industria textil estadounidense de la competencia externa, por ejemplo, puede elevar el costo de la ropa para los fabricantes del vestido estadounidenses, lo cual reduce su competitividad. Por tanto, si el gobierno protege a los fabricantes de textiles nacionales, también tiene que proteger a la industria de la confección del vestido.

En segundo lugar, el costo de la protección no sólo incluye la pérdida de bienestar derivada del aumento en el precio interno, sino también el costo de los recursos utilizados por los productores y grupos internos para garantizar la protección que los favorece. El costo de *búsqueda de renta*, honorarios por cabildeo, propaganda y acciones legales, puede ser igual o superior a la pérdida directa del bienestar debida a las restricciones. Un tercer problema al imponer restricciones comerciales es que los demás países suelen tomar represalias, lo que provoca una reducción en los beneficios del intercambio comercial. Las represalias pueden consistir en restricciones comerciales aún mayores, lo cual conduce a una guerra comercial abierta. Un último problema con las restricciones al comercio se relaciona con los costos de transacción que supone imponer las diversas cuotas, aranceles y otras restricciones. En el siguiente caso de estudio se exponen los costos relacionados con las políticas y aplicación de restricciones.

eActividad

El Servicio de Aduanas de Estados Unidos cuenta con un sitio electrónico en donde se detallan las actividades que realiza en materia de legislación. La dirección es **http://www.customs.gov/enforcem/enforcem.htm**. ¿Qué temas sobre aplicación de leyes se presentan actualmente? La información sobre la protección de material con derechos reservados puede localizarse en la categoría de importaciones y exportaciones?

APLICACIÓN DE RESTRICCIONES COMERCIALES

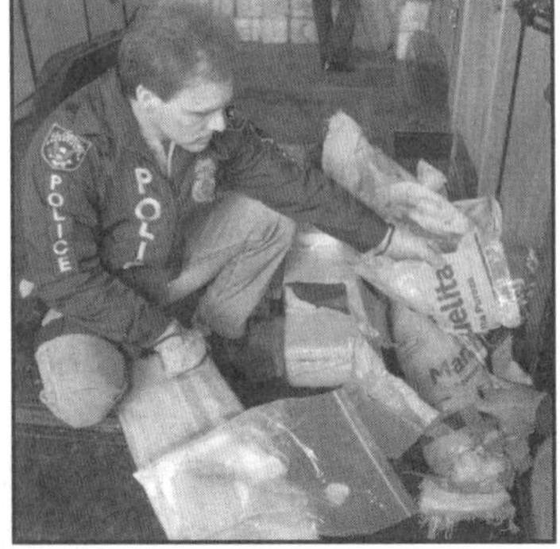

Estados Unidos es el mercado más rico y atractivo del mundo. Las restricciones comerciales suelen hacer que los mercados estadounidenses resulten más interesantes para los productores externos, debido a que los precios en Estados Unidos rebasan los precios mundiales. Con miles de clasificaciones de cuotas y aranceles, y con porcentajes de éstos que oscilan entre cero a cerca de 100%, los costos de transacción que supone supervisar todo esto son enormes y deben sumarse al costo del bienestar debido a las restricciones comerciales. El Servicio de Aduanas de Estados

Unidos (*U.S. Customs Service*) opera las 24 horas del día durante los 365 días del año y debe inspeccionar el equipaje de cerca de 500 millones de personas que ingresan al país cada año por aire y mar, así como unos 300 puntos de entrada por tierra. Por ejemplo, en la carretera I-35 en Laredo, Texas, sólo uno de las docenas de cruces fronterizos que existen, cerca de 6 000 camiones de 18 ruedas ingresan todos los días provenientes de México.

No debería sorprendernos que algunos importadores traten de eludir las restricciones comerciales, ya sea por medio de la evasión, redefiniendo ligeramente el producto o bien, importando legalmente bienes que están restringidos por cuotas. Por ejemplo, la madera de Canadá está sujeta a restricciones de cuotas. Sin embargo, tome una tabla, hágale unos cuantos orificios para cables eléctricos e inmediatamente esa tabla se convierte en un producto de "carpintería", el cual no está sujeto a cuotas. Diversos bienes se importan infringiendo las cuotas, entre los que se encuentran ropa, azúcar, café, piedras preciosas y hasta tuberías. Se ha calculado que más de 10% de todas las importaciones son ilegales.

Las restricciones no sólo influyen en la cantidad de las importaciones, sino también en la calidad de éstas. Casi todos los esquemas de importación ilegal de ropa conllevan al uso de documentos en los cuales se presenta incorrectamente la ropa para que corresponda a cierta cuota o bien, reciba un arancel menor. En ocasiones, las prendas se alteran para evadir la detección. Por ejemplo, en vista de que los shorts para correr de hombre están controlados por cuotas, los fabricantes suelen agregarles un delgado forro para que pasen por trajes de baño, los cuales no están sujetos a cuotas.

Dado que Estados Unidos asigna a algunos países cuotas más altas que a otros, los exportadores en países bajo controles más estrictos, algunas veces envían sus mercancías a través de naciones donde las cuotas son nulas. Por ejemplo, Japón produce muy poca ropa para exportar con el objeto de que Estados Unidos no le imponga una cuota. Como resultado, la ropa hecha en Corea se envía a través de Japón para así evadir las cuotas que Estados Unidos le ha fijado. Del mismo modo, dado que Nepal no paga cuotas por sus exportaciones de ropa, pero India sí, este país envía sus cargamentos a través de Nepal. Para evadir las cuotas al azúcar impuestas por Estados Unidos, Brasil exporta melasa a Canadá para que posteriormente, ésta sea enviada a Estados Unidos libre de cuota.

Algunos productores externos e importadores estadounidenses realizan "compras portuarias", lo que significa probar suerte en diversos puertos con la intención de detectar aquellos en los que las inspecciones son menos rigurosas. Los documentos suelen falsificarse. Los inspectores de aduanas de Estados Unidos son responsables de la supervisión de toda esta actividad. Tales funcionarios deben estar actualizados en cuanto a los miles de aranceles, cuotas y otras restricciones comerciales en vigor y sobre todo, de los diversos trucos que se utilizan para evadirlos. Todo este esfuerzo está encaminado a proteger a los productores estadounidenses de la competencia externa, pero ¿ a qué costo para los consumidores y contribuyentes de Estados Unidos?

Fuentes: Michael Fletcher, "Fewer People Searched by Customs in Past Year", *Washington Post*, 19 de octubre 2000; Alex Keto, "White House Watch: Bush Put on Notice on Trade", Dow Jones Newswire, 2 de agosto 2001; Daniel Machulaba, "U.S. Ports Are Losing the Battle to Keep Up with Overseas Trade", *The Wall Street Journal*, 9 de julio 2001; Jim Yardley, "Truck-Choked Border City Fears Being Bypassed", *The New York Times*, 15 de marzo 2001; y la página principal del Servicio de Aduanas de Estados Unidos en http://www.customs.treas.gov/.

Comparación entre la sustitución de las importaciones y la promoción de las exportaciones

El progreso económico de una nación con frecuencia supone una evolución que va de la producción de materias primas y productos agrícolas a la manufactura. Si un país es afortunado, esta transformación ocurre gradualmente gracias a las fuerzas naturales del mercado. Pero, en ocasiones, es el gobierno el que impulsa la evolución. Muchos países en desarrollo, entre los que se encuentran Argentina y la India, siguieron una política de desarrollo llamada **sustitución de importaciones**, mediante la cual el país comienza a fabricar productos que hasta ese momento se habían importado. Para aislar a los productores internos de la competencia externa, el gobierno impone aranceles y cuotas. Esta estrategia de desarrollo se volvió popular por diversas razo-

Sustitución de importaciones Estrategia de desarrollo que subraya la fabricación interna de productos que se importan en la actualidad.

nes. En primer lugar, la demanda de esos productos ya existía, así que la interrogante "qué producir" estaba resuelta. En segundo lugar, la sustitución de importaciones proporcionaba a las industrias nacientes un mercado protegido. Por último, la sustitución de importaciones era popular para quienes ofrecían capital, mano de obra y otros recursos a las industrias nacionales favorecidas.

Sin embargo, como sucede con todas las medidas proteccionistas, la sustitución de importaciones eliminó los beneficios de la especialización y la ventaja comparativa entre las naciones. A menudo, el país en desarrollo reemplazaba bienes externos de bajo costo por bienes internos de costo elevado. Con frecuencia, los productores internos, protegidos de la competencia externa, no lograban volverse eficientes. Peor aún, los demás países solían tomar represalias imponiendo sus propias restricciones comerciales.

Promoción de las exportaciones Estrategia de desarrollo que se concentra en producir para el mercado de exportaciones.

Los críticos de la sustitución de importaciones afirman que la promoción de las exportaciones es la ruta más segura para el desarrollo económico. La **promoción de las exportaciones** es una estrategia de desarrollo que se concentra en producir para el mercado de exportación. Este modelo empieza con productos relativamente sencillos, como los textiles. Conforme un país en desarrollo consolida su base tecnológica y educativa, es decir, cuando la nación aprende haciendo, los productores pueden entonces exportar productos más complejos. Los economistas suelen favorecer la promoción de las exportaciones sobre la sustitución de importaciones, ya que el énfasis está puesto en la ventaja comparativa y la expansión comercial, y no en la restricción comercial. La promoción de las exportaciones también obliga a los productores a crecer en forma más eficiente para poder competir en los mercados mundiales. Las investigaciones señalan que la competencia mundial ejerce un profundo efecto en la eficiencia interna.[1] Lo que es más, la promoción de las exportaciones exige menos intervención del gobierno en el mercado que la sustitución de importaciones.

La promoción de las exportaciones ha sido la estrategia de desarrollo más eficaz, como lo reflejan, por ejemplo, los nuevos países industrializados de Asia del Este, Taiwán, Corea del Sur, Hong Kong y Singapur, los cuales en décadas recientes han crecido mucho más que los países que practican la sustitución de importaciones como Argentina, la India y Perú. Desde 1965, las cuatro nuevas economías industrializadas de Asia del Este elevaron su ingreso real promedio de 20 a 70% de las economías industriales. La mayor parte de las naciones de América Latina, que durante décadas han favorecido la sustitución de importaciones, ahora persiguen acuerdos de libre comercio con Estados Unidos. Incluso la India se encuentra en proceso de desmantelar las barreras comerciales, aunque su objetivo se ha centrado en la importación de bienes de capital de alta tecnología. Uno de los lemas de los funcionarios comerciales de la India es "Microchips, sí. Potato chips, no".

CONCLUSIONES

El comercio internacional surge del intercambio voluntario entre compradores y vendedores que persiguen sus propios intereses. Desde 1950, la producción mundial se incrementó siete veces y el comercio mundial ha aumentado 17 veces. El comercio mundial ofrece muchas ventajas a los países que intercambian: acceso a los mercados de todo el mundo, costos más bajos gracias a las economías de escala, la oportunidad de utilizar recursos abundantes, un mejor acceso a la información sobre los mercados y la tecnología, una mejor calidad estimulada por la presión de la competencia y precios más bajos para los consumidores. La ventaja comparativa, la especialización y el comercio permiten que la gente utilice sus escasos recursos en forma más eficiente para satisfacer sus necesidades ilimitadas.

Pese a los claros beneficios del libre comercio, las restricciones al comercio internacional se remontan a siglos atrás y la presión por imponer restricciones comerciales continúa en nuestros días. Los productores internos, y sus proveedores de recursos, se benefician de las restricciones comerciales ya que pueden vender su producción a un

[1] Véase Martin Baily y Hans Gersbach, "Efficiency in Manufacturing and the Need for Global Competition", artículo incluido en el libro *Brookings Papers on Economic Activity: Microeconomics*. M. Baily, P. Reiss y C. Winston, editores. Washington, D.C., Brookings Institution, 1995, pp. 307-347.

precio interno más elevado. La protección aísla a los productores internos de los rigores de la competencia mundial, reprimiendo en el proceso la innovación y dejando a la industria vulnerable al cambio tecnológico en otras partes. En un sistema de cuotas, entre los ganadores también se encuentran quienes han asegurado el derecho a importar bienes a precios mundiales y venderlos a precios internos.

Los consumidores que tienen que pagar los precios más elevados por los bienes protegidos son quienes padecen las restricciones comerciales. Otros de los que resultan perjudicados son los exportadores de Estados Unidos, los cuales enfrentan barreras comerciales mayores, ya que los extranjeros toman represalias e imponen sus propias restricciones. Aun cuando los demás países no adoptaran represalias, las restricciones comerciales estadounidenses reducen los beneficios de la ventaja comparativa y, por tanto, reducen el ingreso mundial. Con un ingreso mundial más bajo, los exportadores estadounidenses descubren que sus mercados externos se contraen. Algunos de estos exportadores pueden quebrar y otros posibles productores tal vez ni siquiera sean capaces de iniciar sus actividades comerciales.

Los grupos de productores se concentran como un rayo láser en las legislaciones comerciales, pero éstas son ignoradas por los consumidores. Éstos compran miles de bienes diferentes y, por tanto, no tienen un interés especial en los efectos que la política comercial ejerce en ciertos bienes. El Congreso suele apoyar al grupo que hace más ruido, de manera que las restricciones comerciales persisten, pese a los claros beneficios del libre comercio.

RESUMEN

1. Aun cuando un país tenga una ventaja absoluta en la producción de todos los bienes, el país debe especializarse en producir los bienes en que tenga una ventaja comparativa. Si cada país se especializa y comercializa de acuerdo con la ley de la ventaja comparativa, todos los países tendrán mayores posibilidades de consumo.

2. Los ingresos arancelarios que acumula el gobierno podrían utilizarse para reducir los impuestos. Las cuotas confieren beneficios a quienes tienen el derecho a comprar el bien al precio mundial y venderlo a un precio interno más elevado. Tanto los aranceles como las cuotas perjudican a los consumidores internos más de lo que pueden ayudar a los productores nacionales. La diferencia es que los aranceles generan ingresos para el gobierno, los cuales pueden utilizarse para financiar programas públicos valiosos o bien, para reducir los impuestos.

3. Pese a los beneficios derivados del libre comercio y las pérdidas netas del bienestar que se derivan de los aranceles y las cuotas, las restricciones comerciales han estado presentes desde hace cientos de años. El Acuerdo General sobre Aranceles y Comercio (*General Agreement on Tariffs and Trade*, GATT) fue un tratado internacional ratificado en 1947 para reducir los aranceles. Las negociaciones posteriores lograron disminuirlos y las restricciones comerciales se redujeron. La Ronda de Uruguay, ratificada en 1994, minimizó los aranceles, eliminó paulatinamente las cuotas y creó la Organización Mundial de Comercio (OMC) como sucesora del GATT.

4. Entre los argumentos utilizados para respaldar las restricciones comerciales se encuentran: promover la defensa nacional, estimular a las industrias nacientes, impedir que los productores externos practiquen el dumping a los bienes en los mercados internos, proteger los empleos nacionales y dar tiempo a las industrias en decadencia para que desaparezcan progresivamente.

5. La sustitución de importaciones es una estrategia de desarrollo que subraya la fabricación interna de productos que se importan actualmente. En comparación, la promoción de las exportaciones se concentra en producir para los mercados externos. Con los años, la promoción de las exportaciones ha resultado más exitosa, ya que se basa en la especialización y la ventaja comparativa.

PREGUNTAS DE REPASO

1. *Perfil de las importaciones y las exportaciones* ¿Cuáles son las principales exportaciones e importaciones de Estados Unidos? ¿En qué influye el comercio internacional en las posibilidades de consumo?

2. *Razones del comercio* ¿Cuáles son las principales razones del comercio internacional?

3. *Beneficios del comercio* Complete cada uno de los enunciados siguientes:
   (a) Cuando una nación no tiene interacción económica con el exterior y produce todo lo que consume, la nación se encuentra en un estado de ____________.
   (b) De acuerdo con la ley de la ventaja comparativa, cada nación debe especializarse en la producción de bienes en los cuales tiene el menor ____________.
   (c) La cantidad de un bien que una nación puede intercambiar por una unidad de otro bien se conoce como ____________.

(d) La especialización de acuerdo con la ventaja comparativa y el comercio con otras naciones genera ___________.

4. *Razones para la especialización internacional* ¿Qué factor determina qué bienes debe producir y exportar un país?

5. *Aranceles* Los altos aranceles por lo común provocan la proliferación del mercado negro y el contrabando. ¿De qué manera se ha reducido el ingreso del gobierno por el aumento de esa actividad? Relacione su respuesta con el gráfico de la figura 5 de este capítulo. ¿El contrabando tiene beneficios sociales?

6. *Restricciones comerciales* En las figuras 5 y 6 se aprecian las pérdidas netas para la economía de un país que impone aranceles o cuotas al azúcar importada. ¿Qué clase de ganancias y pérdidas ocurrirían en la economía de los países que exportan azúcar?

7. *La Organización Mundial de Comercio* ¿Qué es la Organización Mundial de Comercio (OMC) y cómo ayuda a promover el comercio multilateral? Le recomendamos consultar el sitio de esta organización en http://www.wto.org/

8. ***Caso de* estudio:** *La OMC y la "Batalla en Seattle"* ¿Por qué los manifestantes protestaron durante las reuniones de la OMC en Seattle en noviembre de 1999?

9. *Argumentos en favor de las restricciones comerciales* Explique los argumentos expuestos por la defensa nacional, las industrias en decadencia y las industrias nacientes con los que se busca proteger a una industria doméstica de la competencia internacional.

10. *Argumentos en favor de las restricciones comerciales* Las empresas perjudicadas por la importación de productos más baratos suelen argumentar que la restricción al comercio salva empleos en Estados Unidos. ¿Cuál es el error de este argumento? ¿Hay alguna razón para respaldar tales restricciones comerciales?

11. ***Caso de* estudio:** *Aplicación de restricciones comerciales* Cada vez son más los bienes manufacturados en los que se emplean diversas partes y recursos internos e importados. ¿Qué problema genera esto para hacer cumplir las restricciones comerciales?

PROBLEMAS Y EJERCICIOS

12. *Ventaja comparativa* Suponga que cada trabajador estadounidense puede producir 8 unidades de alimento o 2 unidades de ropa diariamente. En Fredonia, que cuenta con la misma cantidad de trabajadores, cada trabajador puede producir 7 unidades de alimento o 1 de ropa diariamente. ¿Por qué Estados Unidos tiene una ventaja absoluta en ambos bienes? ¿Qué país disfruta de una ventaja comparativa en alimento? ¿Por qué?

13. *Ventaja comparativa* Los límites de las posibilidades de consumo que se aprecian en la figura 4 suponen términos comerciales de 1 unidad de ropa por 1 unidad de alimento. ¿Cómo serían los límites de las posibilidades de consumo si los términos comerciales fueran de 1 unidad de ropa por 2 unidades de alimento?

14. *Cuotas a las importaciones* ¿Qué significa una cuota a las importaciones eficaz? Con ayuda de un diagrama de oferta y demanda, ilustre y explique la pérdida neta que resultaría de imponer tal cuota en el bienestar. ¿Bajo qué circunstancias la pérdida neta de bienestar derivada de una cuota de importación rebasaría la pérdida neta de bienestar derivada de un arancel equivalente, uno que genere el mismo precio y nivel de importación como cuota?

15. *Restricciones comerciales* Suponga que el precio mundial del acero está por debajo del precio interno en Estados Unidos, pero el gobierno exige que todo el acero empleado en Estados Unidos se produzca en forma interna.
    (a) Utilice un diagrama como el de la figura 5 para mostrar las ganancias y pérdidas de una política de esa naturaleza.
    (b) ¿Cómo estimaría la pérdida neta de bienestar y la pérdida de peso muerto a partir de un diagrama de este tipo?
    (c) ¿Qué respuesta a tal política esperaría recibir de las empresas, tales como las productoras de automóviles, que utilizan acero estadounidense?
    (d) ¿Qué ganancias para el gobierno se generan mediante este tipo de política?

16. *Comparación entre la sustitución de las importaciones y la promoción de las exportaciones* Dos estrategias que se utilizan a menudo para estimular el desarrollo económico son la promoción a las exportaciones y la sustitución de importaciones. Describa las ventajas y desventajas de cada estrategia.

CASO PRÁCTICO

17. *Argumentos en favor de las restricciones comerciales* Consulte la página de la Oficina del Representante Comercial de Estados Unidos (*Office of the U.S. Trade Representative*) en http://www.ustr.gov/. Este representante forma parte del gabinete y actúa como el principal asesor, negociador y vocero comercial del presidente sobre asuntos relacionados con las inversiones. Examine algunos de los comunicados de prensa más recientes. ¿Cuáles son algunos de los asuntos comerciales que Estados Unidos enfrenta actualmente?

Glosario

A

Acción corporativa Certificado que refleja parte de la propiedad de una corporación.

Acciones ocultas Problema de información asimétrica en el cual una de las partes en una relación económica emprende una medida determinante que la otra parte no observa.

Actividad antimonopolio Medidas gubernamentales que tienen por objeto impedir la formación de monopolios y promover la competencia en mercados en donde ésta es deseable.

Acuerdo General sobre Aranceles y Comercio (*General Agreement on Tariffs and Trade*, GATT) Tratado internacional de reducción de aranceles adoptado en 1947, el cual generó una serie de "rondas" de negociación encaminadas a liberar el comercio; la Ronda de Uruguay creó el sucesor del GATT, la Organización Mundial de Comercio (OMC).

Agente Persona que realiza un trabajo o presta un servicio en favor de otra persona, específicamente, el principal.

Agente económico sin influencia en los precios Empresa que enfrenta un determinado precio de mercado y cuyas acciones no ejercen efecto alguno en tal precio.

Anualidad Suma determinada de dinero que se recibe cada año durante una cantidad específica de años.

Arancel Impuesto a las importaciones o exportaciones.

Arbitraje obligatorio Negociación en la cual el sindicato y la dirección acceden a aceptar la resolución a la disputa por parte de un observador imparcial.

Asistencia Temporal a Familias Necesitadas (*Temporary Assistence for Needy Families*, TANF) Programa de asistencia pública financiado en su mayor parte por el gobierno federal, pero dirigido por los estados, cuya finalidad es proporcionar dinero en efectivo a través de transferencias de pagos a familias pobres con hijos dependientes.

Autarquía Situación de autosuficiencia nacional en la cual no hay interacción económica con el extranjero.

Avenencia sujeta a aprobación de tribunal Acuerdo legal mediante el cual la parte acusada, sin reconocer su culpabilidad, accede a abstenerse en el futuro de realizar la actividad presuntamente ilegal si el gobierno desecha los cargos.

B

Balanza comercial de mercancías Corresponde al valor de las exportaciones de bienes del país menos el valor de sus bienes importados durante un periodo dado.

Balanza de pagos Es el registro de todas las transacciones económicas entre los residentes de un país y los residentes del resto del mundo durante un tiempo dado.

Barrera a la entrada Cualquier impedimento que evita que nuevas empresas compitan en igualdad de circunstancias con las ya existentes en un sector de la industria.

Beneficio marginal social Suma del beneficio marginal privado y el beneficio marginal externo de la producción o el consumo.

Bien Artículo tangible usado para satisfacer necesidades.

Bien casi público Bien que no compite, pero es exclusivo, como la televisión por cable.

Bien de acceso abierto Bien que compite pero que no es exclusivo, como los peces en el mar.

Bien inferior Un bien para el cual disminuye la demanda o se desplaza a la izquierda cuando el ingreso del consumidor aumenta.

Bien normal Un bien para el cual aumenta la demanda o se desplaza a la derecha, conforme se incrementan los ingresos de los consumidores.

Bien público Bien que, una vez producido, está disponible para el consumo de todos, sin considerar quién paga y quién no.

Bienes alternativos Otros bienes que usan algunos de los mismos tipos de recursos utilizados para producir el bien en cuestión.

Bono Certificado que refleja la promesa por parte de la empresa de pagar a su tenedor un pago periódico de interés hasta la fecha de vencimiento.

Buscadora de precios Empresa que debe hallar el precio que maximice las ganancias cuando la curva de la demanda de su producto presenta una pendiente descendente.

Búsqueda de rentas Actividades que emprenden individuos o empresas para influir en la política pública de tal manera que les redistribuya el ingreso directa o indirectamente.

C

Cantidad demandada La cantidad solicitada a un precio específico, según se refleja en un punto en una curva determinada de demanda.

Cantidad ofrecida La cantidad ofrecida para la venta a un precio específico, según se refleja en un punto en una curva determinada de oferta.

Capital Todos los edificios, el equipo y la habilidad humana que se utiliza para producir bienes y servicios.

Capitalismo puro Sistema económico caracterizado porque los recursos son propiedad privada, así como el uso de los precios para coordinar la actividad económica en mercados no regulados.

Características ocultas Problema de información asimétrica en el cual una de las partes del mercado sabe más que la otra parte sobre características importantes del producto.

Cártel Grupo de empresas que acuerdan coordinar sus decisiones en cuanto a producción y establecimiento de precios para maximizar las ganancias del grupo, comportándose así como un monopolio.

Colusión Acuerdo entre empresas para dividirse el mercado o para fijar el precio de mercado a fin de maximizar la ganancia económica.

Competencia monopolística Estructura de mercado que cuenta con una gran cantidad de empresas, las cuales venden productos que son sustitutos aproximados, pero lo suficientemente diferentes como para que la curva de demanda de cada empresa tenga una pendiente descendente.

Competencia perfecta Estructura de mercado en la cual existen numerosos compradores y vendedores plenamente informados respecto a un producto homogéneo y sin ningún obstáculo a la entrada o salida de las empresas en el largo plazo.

Complementarios Son bienes, como la leche y los bizcochos, que se relacionan de tal manera que una reducción en el precio de uno desplaza la demanda por el otro a la derecha.

Contratación externa Fenómeno que consiste en que una empresa se apega a su competencia fundamental y al mismo tiempo adquiere los insumos de proveedores externos.

Contrato colectivo Proceso mediante el cual el sindicato y el cuerpo directivo de una empresa negocian un acuerdo laboral.

Contrato de exclusividad de compras Situación que se presenta cuando un productor le prohíbe a sus clientes comprar a otros vendedores.

Contrato de suministro obligatorio Acuerdo mediante el cual el vendedor de un bien exige que los compradores adquieran también otros bienes.

Corporación Entidad legal en la que los dueños son accionistas con responsabilidad limitada al valor de sus acciones.

Corto plazo Periodo durante el cual al menos uno de los recursos de la empresa es fijo.

Costo de oportunidad El valor de la mejor alternativa que se deja pasar por alto cuando un artículo o actividad es elegida.

Costo explícito Costo de oportunidad de los recursos de una empresa que toma la forma de pagos en efectivo.

Costo fijo Cualquier costo de producción que sea independiente de la tasa de producción de la empresa.

Costo fijo promedio El costo fijo dividido entre la producción.

Costo hundido Costo en que se debe incurrir sin importar qué; por tanto, es un costo irrelevante cuando se hace una elección económica.

Costo implícito El costo de oportunidad de una empresa en cuanto al uso de sus propios recursos o aquéllos proporcionados por sus propietarios sin un correspondiente pago en efectivo.

Costo marginal El cambio en el costo total que resulta de un cambio de 1 unidad en la producción; el cambio en el costo total dividido entre el cambio en la producción o bien, $CM = \Delta CT / \Delta q$

Costo marginal del factor de producción Cambio en el costo total cuando se contrata una unidad adicional de un factor si se mantienen constantes otros factores.

Costo marginal social Suma del costo marginal privado y el costo marginal externo de la producción o el consumo.

Costo promedio constante a largo plazo Costo que tiene lugar cuando entre algunos límites de producción la curva de costo promedio a largo plazo no se incrementa ni se reduce con cambios en el tamaño de la empresa.

Costo total La suma del costo fijo y el costo variable o bien, $CT = CF + CV$.

Costo total promedio El costo total dividido entre la producción o bien, $CTP = CT/q$; la suma del costo fijo promedio y el costo variable promedio o bien, $CTP = CFP + CVP$.

Costo variable Cualquier costo de producción que aumente a medida que la producción crezca.

Costo variable promedio El costo variable dividido entre la producción o bien, $CVP = CV/q$

Costos de transacción Costos de tiempo e información necesarios para llevar a cabo el intercambio.

Crecimiento económico Es un cambio hacia afuera en la frontera de posibilidades de producción; constituye un incremento en la habilidad de la economía para producir bienes y servicios.

Cuota Límite legal sobre la cantidad de un producto en particular que puede importarse o exportarse.

Curva de costo promedio a largo plazo Curva que indica el costo de producción promedio más bajo en cada nivel de producción cuando es posible hacer variar las dimensiones de la empresa; también llamada curva de planeación o curva envolvente.

Curva de demanda Curva que muestra las cantidades de un bien demandado a varios precios posibles durante un periodo determinado, las demás cosas constantes.

Curva de demanda de elasticidad constante El tipo de demanda que se presenta cuando la elasticidad precio es la misma en cualquier punto de la curva; el valor de esta elasticidad es constante.

Curva de demanda de elasticidad unitaria En todos los puntos a lo largo de la curva de demanda, el cambio porcentual en el precio causa un cambio porcentual de igual dimensión pero compensatorio en la cantidad demandada, así que el ingreso total sigue siendo el mismo; la elasticidad tiene un valor absoluto de 1.0.

Curva de demanda lineal Una curva de demanda en línea recta. Esta curva de demanda tiene una pendiente constante, pero una elasticidad precio variable.

Curva de demanda perfectamente elástica. Refiere a una línea horizontal que refleja una situación en la cual cualquier incremento en el precio reduce a cero la cantidad demandada; el valor de la elasticidad es menos infinito.

Curva de demanda perfectamente inelástica. Refiere a una línea vertical que refleja una situación en la cual un cambio en el precio no afecta la cantidad de la demanda; el valor de la elasticidad es cero.

Curva de Lorenz Curva que muestra el porcentaje de ingreso total recibido por un determinado porcentaje de receptores, cuyos ingresos se han ordenado en forma creciente.

Curva de oferta Muestra las cantidades de un bien ofrecido a varios precios, estando las demás cosas constantes.

Curva de oferta atípica de mano de obra Fenómeno que ocurre cuando el efecto de ingreso domina el efecto de sustitución de un salario mayor.

Curva de oferta de corto plazo de la empresa Curva que indica la cantidad que una empresa suministra a cada precio en el corto plazo; en condiciones de competencia perfecta, es la parte de la curva de costo marginal de una empresa que se interseca y se eleva por encima del punto más bajo de su curva de costo variable promedio.

Curva de oferta de corto plazo de la industria Curva que indica la cantidad suministrada por las empresas de la industria a cada precio en el corto plazo; en condiciones de competencia perfecta, la suma horizontal de la curva de oferta de corto plazo de cada empresa.

Curva de oferta de elasticidad unitaria. Un cambio porcentual en el precio ocasiona un cambio porcentual idéntico en la cantidad ofrecida, el cual se representa por una curva de oferta que es una línea recta desde el origen; el valor de la elasticidad es igual a 1.0.

Curva de oferta de largo plazo de la industria Curva que muestra la relación entre el precio y la cantidad de oferta de la industria, una vez que las empresas se ajustan completamente a cualquier cambio en la demanda de mercado.

Curva de oferta perfectamente elástica Refiere una línea horizontal que refleja una situación en la cual cualquier disminución en el precio baja la cantidad ofrecida a cero. El valor de la elasticidad es infinito.

Curva de oferta perfectamente inelástica Refiere una línea vertical que refleja una situación en la cual un cambio en el precio no tiene efecto alguno en la cantidad de la oferta. El valor de la elasticidad es cero.

D

Daño moral Situación en la cual una de las partes que celebran un contrato tiene un incentivo para alterar su comportamiento de manera tal que perjudica a la otra parte del contrato.

Deducción fiscal al ingreso sobre la renta Programa federal que complementa los salarios de los trabajadores pobres.

Demanda Relación que muestra las cantidades de un bien que el consumidor está dispuesto y en posibilidades de comprar a varios precios durante un periodo determinado si los demás factores siguen constantes.

Demanda de elasticidad unitaria El cambio porcentual en la cantidad demandada es igual al cambio porcentual en el precio; la elasticidad resultante al precio tiene un valor absoluto de 1.0.

Demanda de fondos prestables Relación entre la tasa de interés de mercado y la cantidad de fondos prestables solicitada, si se mantienen constantes otros factores.

Demanda del mercado La suma de las demandas individuales de todos los consumidores en el mercado.

Demanda derivada Demanda de un recurso que se deriva de la demanda que del producto genera el recurso.

Demanda elástica Un cambio en el precio tiene relativamente un gran efecto en la cantidad demandada; el cambio porcentual en la cantidad demandada excede el cambio porcentual en el precio. La elasticidad precio resultante tiene un valor absoluto mayor de 1.0.

Demanda individual La demanda de un consumidor individual

Demanda inelástica Un cambio en el precio tiene un efecto relativamente pequeño en la cantidad demandada; el cambio porcentual en la cantidad demandada es menor que el cambio porcentual en el precio. La elasticidad resultante al precio tiene un valor absoluto menor a 1.0.

Dependencias públicas Organismos del gobierno encargados de aplicar la legislación y cuyo financiamiento proviene de asignaciones presupuestarias de los cuerpos legislativos.

Derechos de propiedad privada Derecho que tiene un propietario a utilizar, arrendar o vender su propiedad.

Descuento Conversión del ingreso que habrá de recibirse a futuro en valor presente.

Deseconomías de escala Fuerzas que propician que el costo promedio de una empresa se incremente a medida que la escala de operaciones aumenta a largo plazo.

Desequilibrio Generalmente es una desigualdad temporal entre la cantidad ofrecida y la cantidad demandada mientras el mercado restablece su equilibrio.

Desplazamiento de una curva de demanda Representa un cambio en la cantidad demandada resultante de un cambio en uno de los determinantes de la demanda, fuera del precio del artículo.

Desplazamiento de una curva de oferta Representa un cambio en la oferta, como resultado de un cambio en uno de los determinantes de oferta, que no sea del precio del artículo.

Dirección entrelazada Acuerdo mediante el cual una misma persona ocupa un cargo en el consejo de administración de empresas competidoras.

Discriminación de precios Incrementar las ventas vendiendo un producto a precios diferentes a distintos grupos de consumidores cuando las diferencias en los precios no se justifican por diferencias en los costos de producción.

Dividendos Ganancias corporativas, después de impuestos, que la empresa paga a los accionistas en lugar de retenerlas y reinvertirlas.

División del trabajo La organización de producción de un bien, separado en diferentes tareas en la que la gente se especializa.

Dumping Vender un producto en el exterior en menos de lo que se vende por él en el mercado interno.

Duopolio Mercado en el que hay sólo dos productores; forma de estructura de mercado oligopólica.

E

Economía Estudio de cómo la gente elige usar sus recursos escasos en un intento por satisfacer sus ilimitadas necesidades.

Economía capitalista mixta Sistema económico que se caracteriza por la propiedad privada de alguno de los recursos y otros recursos de propiedad pública. Algunos mercados no están regulados, otros sí.

Economía centralizada Sistema económico que se caracteriza por la propiedad pública de los recursos y la planeación económica centralizada.

Economía informal Actividad económica que se realiza sin informar al gobierno ya sea para eludir el pago de impuestos o bien, porque la actividad en sí es ilegal.

Economías de alcance Fuerzas que hacen que resulte más económico para una empresa generar diferentes productos que uno solamente.

Economías de escala Fuerzas que ocasionan una disminución en el costo promedio de una empresa a medida que la escala de operaciones aumenta a largo plazo.

Efecto ingreso por un incremento salarial Una tasa salarial más elevada aumenta el ingreso del trabajador, con lo que aumenta la demanda de todos los bienes normales, incluido el ocio, de manera que disminuye la cantidad de mano de obra proporcionada al mercado laboral.

Efecto ingreso de un cambio en el precio Una caída en el precio de un bien incrementa el ingreso real de los consumidores, permitiendo que éstos puedan comprar todos los bienes; en el caso de bienes normales, aumenta la cantidad demandada.

Efecto sustitución de un cambio en el precio Cuando se reduce el precio de un bien, los consumidores lo sustituirán por otros bienes que cuestan ahora más.

Efecto sustitución por un incremento salarial Cuando la tasa salarial aumenta, el trabajador sustituye el trabajo que ofrece al mercado laboral por otras actividades, que ahora cuentan con un mayor costo de oportunidad.

Efectos secundarios Consecuencias no buscadas de la actividad económica que se presentan lentamente con el paso del tiempo cuando la gente reacciona a los hechos.

Eficiencia Condición que existe cuando no hay manera de que los recursos puedan redistribuirse para incrementar la producción de un bien sin disminuir la producción de otro.

Eficiencia en la asignación Condición que existe cuando las empresas generan la producción que más prefieren los consumidores; el beneficio marginal es igual al costo marginal.

Eficiencia productiva Condición que existe cuando la producción de mercado se genera mediante la combinación de insumos al menor costo posible, con base en el nivel de la tecnología.

Eficiencia salarial Idea según la cual ofrecer salarios elevados atrae a una reserva de mano de obra más capacitada, lo que facilita a las empresas la contratación de trabajadores más productivos; asimismo, refiere a la idea según la cual un salario elevado alienta a los trabajadores a realizar una buena labor.

El dilema del prisionero Juego que muestra por qué a dos jugadores se les dificulta cooperar aun cuando ambos podrían beneficiarse si lo hicieran.

El enunciado de economía normativa Enunciado que representa una opinión que no puede ser aprobada o rechazada.

El enunciado de economía positiva Enunciado que puede probarse o desaprobarse por referencias a los hechos.

El supuesto otras-cosas-constantes El supuesto, cuando se enfoca sobre variables claves, de que otras variables permanecen sin cambio.

Elasticidad ingreso de la demanda. Cambio porcentual en la demanda dividido entre el cambio porcentual en el ingreso; el valor es positivo para los bienes normales y negativo para los bienes inferiores.

Elasticidad precio cruzada de la demanda Refiere a un cambio porcentual en la demanda de un bien como consecuencia de un cambio porcentual en el precio de otro bien.

Elasticidad precio de la demanda. Corresponde a la medida de la capacidad de respuesta de la cantidad demandada ante un cambio de precio. Se obtiene mediante el cambio porcentual en la cantidad demandada dividido entre el cambio porcentual en el precio.

Elasticidad precio de la oferta Medida que refiere el grado de respuesta de la cantidad ofrecida a un cambio de precio. Se obtiene mediante el cambio porcentual en la cantidad ofrecida dividido entre el cambio porcentual en el precio.

Emprendedor Empresario que en su búsqueda de obtener ganancias organiza una empresa asumiendo el riesgo de la operación.

Empresa tomadora de precios o precio aceptante Empresa que enfrenta un determinado precio de mercado y cuyas acciones no ejercen efecto alguno en tal precio.

Empresas Unidades económicas formadas por empresarios que buscan utilidades y que utilizan recursos para producir bienes servicios para su venta.

Equilibrio Es la condición que existe en un mercado cuando los planes de los compradores se ajustan a los de los vendedores, de modo que la cantidad demandada es igual a la cantidad ofrecida y el mercado se liquida.

Equilibrio de la estrategia dominante En la teoría de juegos, se refiere al resultado conseguido cuando la elección de un jugador no depende de lo que haga el otro.

Equilibrio del consumidor Condición en la cual el presupuesto de un consumidor individual se gasta por completo y el último dólar gastado en cada bien proporciona la misma utilidad marginal; la utilidad se maximiza.

Escala eficiente mínima La tasa de producción más baja a la cual la empresa puede aprovechar al máximo las economías de escala.

Escasez Cuando la cantidad de un bien o servicio que la gente desea es mayor a la cantidad disponible a un precio cero.

Especialización del trabajo Se enfoca al esfuerzo del individuo en un producto determinado o en una sola tarea.

Estrategia En la teoría de juegos, se refiere a un plan operativo que adopta uno de los jugadores.

Estructura a plazos de las tasas de interés Relación entre la duración de un préstamo y la tasa de interés que se cobra; las tasas de interés suelen incrementase si aumenta la duración del préstamo.

Estructura de mercado Características importantes de un mercado, como la cantidad de empresas que lo integran, la uniformidad del producto entre las empresas, la facilidad de entrada y salida de las empresas y las formas de competencia.

Excedente A un precio específico, la cantidad que los productores están dispuestos y son capaces de proporcionar excede la cantidad que los consumidores están dispuestos y son capaces de solicitar; un excedente suele bajar el precio.

Excedente de capacidad Diferencia entre el nivel de producción al costo promedio mínimo de una empresa y el nivel de producción que maximiza las ganancias.

Excedente del consumidor Es la diferencia entre la cantidad máxima que un consumidor puede pagar por una cantidad determinada de un bien y lo que realmente paga.

Excedente del productor Bonificación para los productores en el corto plazo; monto por el cual el ingreso total de la producción excede al costo variable.

Externalidad Costo o beneficio que recae en una tercera persona y por tanto, no es considerado por las dos partes que realizan transacciones en el mercado.

F

Factores complementarios Dos recursos relacionados por el hecho de que una disminución en el precio de uno genera un incremento en la demanda del otro.

Factores sustitutos Dos recursos relacionados por el hecho de que un incremento en el precio de uno aumenta la demanda del otro.

Falacia de que asociación es causación La idea incorrecta es que si dos variables están asociadas en el tiempo, una necesariamente debe causar la otra.

Fallas del mercado Situación que se da cuando no hay restricciones en las operaciones del mercado y conllevan a resultados indeseables para la sociedad.

Fijación de precios desleales Tácticas de fijación de precios, como vender temporalmente por debajo del costo marginal o reducir el precio sólo en ciertos mercados, empleadas por una empresa dominante para sacar del mercado a los competidores.

Fijador de precios Empresa que debe hallar el precio que maximice las ganancias cuando la curva de la demanda de su producto presenta una pendiente descendente.

Fórmula de la elasticidad precio. El cambio porcentual en la cantidad dividido entre el cambio porcentual en el precio; la cantidad promedio y el precio promedio se usan como base para calcular los cambios porcentuales en la cantidad y en el precio.

Frontera de posibilidades de producción Curva que muestra todas las combinaciones posibles de bienes que pueden producirse cuando los recursos disponibles se utilizan eficientemente.

Función de producción Relación entre la cantidad de los recursos empleados y el producto total de una empresa.

Fusión de conglomerado Fusión que supone la combinación de varias empresas pertenecientes a diferentes industrias.

Fusión horizontal Fusión en la cual una empresa se une a otra que produce el mismo tipo de productos.

Fusión vertical Fusión en la cual una empresa se une a otra a la que le compra sus insumos o a la que le vende su producción.

G

Ganancia contable El ingreso total de una empresa menos su costo explícito.

Ganancia económica El ingreso total de una empresa menos sus costos explícitos e implícitos.

Ganancia normal La ganancia contable que se obtiene cuando todos los recursos empleados por la empresa ganan su costo de oportunidad.

Ganancias retenidas Ganancias corporativas, después de impuestos, que la empresa reinvierte en lugar de pagarlas a los accionistas como dividendos.

Gustos Preferencias del consumidor: gustos y aversiones en el consumo que se suponen permanecen constantes a lo largo de una curva determinada de demanda.

H

Habilidad empresarial Administración y destreza organizacional combinada con la voluntad de tomar riesgos.

Hipótesis Enunciado acerca de la relación entre variables claves.

Huelga Esfuerzo sindical por suspender el trabajo en una empresa.

I

Ignorancia racional Postura que adoptan los votantes cuando descubren que los costos de entender y votar sobre un determinado asunto rebasan los beneficios que se esperan al hacerlo.

Ilegalidad *per se* Categoría de ilegalidad en la ley antimonopolio que se aplica a las prácticas comerciales que se consideran ilegales independientemente de su razón económica o sus consecuencias.

Imposición de trabajadores Esfuerzos que realizan los sindicatos para obligar a los empleadores a contratar más trabajadores de los que necesitan para una determinada tarea.

Impuesto progresivo El impuesto como porcentaje de los ingresos sube conforme éstos aumentan.

Impuesto proporcional El impuesto como porcentaje del ingreso permanece constante al aumentar los ingresos. También se le denomina impuesto fijo.

Impuesto regresivo El impuesto como porcentaje de los ingresos baja conforme éstos aumentan.

Incidencia fiscal Distribución de la carga impositiva entre los contribuyentes.

Índice de Herfindahl Indicador del grado de concentración de mercado en una industria; suma de los porcentajes al cuadrado de la participación de mercado de todas las empresas en una industria.

Industria de costo constante Industria que puede expandirse o contraerse sin afectar el costo de producción por unidad de largo plazo; la curva de oferta de largo plazo de la industria es horizontal.

Industria de costo creciente Industria que enfrenta costos de producción más altos por unidad a medida que la producción de la industria se expande en el largo plazo; la curva de oferta de largo plazo de la industria presenta una pendiente ascendente.

Información asimétrica Situación en la cual una de las partes del mercado cuenta con información más confiable que la otra.

Ingreso de Seguridad Suplementaria (*Supplemental Security Income*, SSI) Programa de asistencia pública que proporciona dinero en efectivo a través de transferencias de pagos a las personas pobres de mayor edad y discapacitadas; un pago federal uniforme se complementa con transferencias que varían de un estado a otro.

Ingreso en dinero La cantidad de dinero que se recibe por un periodo; por ejemplo, $100 por semana.

Ingreso marginal generado por un factor Cambio en el ingreso total cuando se contrata una unidad adicional de un factor, si se mantienen constantes otros elementos.

Ingreso promedio Ingreso total dividido entre la producción, o $IP = IT/q$; en toda estructura de mercado, el ingreso promedio es igual al precio de mercado.

Ingreso real El ingreso medido en términos de los bienes y servicios que puede comprar.

Ingreso total El precio multiplicado por la cantidad demandada a ese precio.

Innovación Proceso que consiste en convertir un invento en un producto comercializable.

Integración vertical Expansión de una empresa en etapas de producción previas o posteriores a aquellas en que se ha especializado, como un productor de acero que opera en la extracción de hierro.

Intercambio de divisas La moneda de otro país necesaria para llevar a cabo transacciones internacionales.

Interés Pago que recibe el propietario del recurso por el uso de su capital.

L

La falacia de composición La creencia incorrecta de que lo verdadero para un individuo, o parte, debe ser necesariamente verdadero para un grupo, o para el todo.

La Revolución Industrial Desarrollo en gran escala de la producción en fábricas que comenzó en Gran Bretaña alrededor de 1750 y se extendió al resto de Europa, América del Norte y Australia.

Largo plazo Periodo durante el cual todos los recursos que controla la empresa son variables.

Legislación de bienes públicos tradicionales Legislación que supone costos y beneficios generalizados, casi todos pagan y todos se benefician.

Legislación de competencia de intereses Legislación que ofrece beneficios concentrados a un grupo imponiendo costos concentrados a otro.

Legislación del interés particular Legislación que genera beneficios concentrados, pero impone costos generalizados.

Legislación del interés público Legislación que tiene beneficios generalizados, pero costos concentrados.

Ley Clayton de 1914 Ley que sancionaba ciertas prácticas que no prohibía la Ley Sherman, entre las que se hallaban la discriminación de precios, los contratos de suministro obligatorio, los contratos de exclusividad de compras, la dirección entrelazada y la compra de acciones de un competidor. Esta ley daba sustento a la Ley Sherman.

Ley de la Comisión Federal de Comercio de 1914 Legislación mediante la cual se estableció un organismo federal que coadyuvara a hacer cumplir las leyes antimonopolio; la comisión está dirigida por inspectores asistidos por un cuerpo de economistas y abogados.

Ley de la demanda La cantidad de un bien demandado está relacionado inversamente a su precio, estando otras cosas constantes.

Ley de la oferta La cantidad del producto ofrecido en un periodo dado está por lo regular relacionado directamente con su precio, estando las demás cosas constantes.

Ley de la utilidad marginal decreciente Mientras más sea la cantidad que una persona consume por periodo, menor será el incremento en la utilidad total debido al consumo de una unidad más, siempre y cuando los demás datos se mantengan constantes.

Ley de la ventaja comparativa El individuo, empresa, región o país con el menor costo de oportunidad de producir un bien en particular, debería especializarse en producir ese bien.

Ley de los rendimientos marginales decrecientes A medida que se agrega más de un recurso variable a una cantidad dada de un recurso fijo, el producto marginal finalmente declina y podría hacerse negativo.

Ley del costo de oportunidad creciente Para producir cada incremento adicional de un bien, se debe sacrificar un incremento cada vez mayor de un bien alterno en caso de que los recursos de la economía se estén utilizando eficientemente.

Ley Sherman antimonopolio de 1890 Primera legislación nacional en el mundo contra los monopolios. Esta ley prohibía los consorcios, limitaba el comercio y la monopolización; sin embargo, el lenguaje de la ley era vago y, en sí, ineficaz.

Líder de precios Empresa cuyo precio adopta el resto de la industria.

M

Macroeconomía Estudio del comportamiento económico de toda la economía.

Maldición del ganador Situación difícil que enfrenta el mejor postor por un activo de valor incierto que ha sobrestimado.

Marginal Incremento, adicional o extra; este término se utiliza para describir un cambio en una variable económica.

Matriz de retribuciones En teoría de juegos, se refiere a la tabla en la que se listan las retribuciones que cada jugador puede esperar con base en la estrategia que cada jugador adopte.

Mediador Observador imparcial que ayuda a resolver diferencias entre el sindicato y la dirección de una empresa.

Media del ingreso Ingreso medio cuando se clasifica los ingresos de menor a mayor.

Medicaid Programa de transferencia en especie que ofrece atención médica a los pobres. Por mucho, el programa de asistencia social más costoso.

Medicare Programa de seguro social que ofrece seguro de salud para cuidado médico de corto plazo a los estadounidenses de mayor edad, independientemente de su nivel de ingreso.

Mercado Conjunto de arreglos por los cuales compradores y vendedores llevan a cabo el intercambio en términos de acuerdo mutuo.

Mercado de fondos prestables Mercado en el que los ahorradores (proveedores de fondos) y los prestatarios (solicitantes de fondos) coinciden a fin de determinar la tasa de interés del mercado.

Mercado de productos Mercado en el cual se intercambian bienes y servicios.

Mercado de recursos Mercado donde se intercambian recursos.

Microeconomía Estudio del comportamiento económico en mercados específicos, tal como el mercado de computadoras o el de trabajo no calificado.

Modelo de eficiencia económica Modelo que ofrece a cada contaminador la flexibilidad para reducir las emisiones de la manera más eficiente en cuanto a costos, sobre la base de sus condiciones de costo particulares; el mercado de derechos de contaminación es un ejemplo de este modelo.

Modelo de flujo circular Diagrama que ilustra el flujo de recursos, productos, ingresos y entradas entre los agentes económicos.

Modelo del votante medio En determinadas condiciones, la preferencia del votante medio o intermedio, predominará sobre otras elecciones públicas.

Monopolio Refiere a un solo productor de un artículo para el cual no hay sustitutos.

Monopolio discriminador perfecto Monopolio que cobra un precio distinto por cada unidad de un bien; también conocido como el suelo del monopolio.

Monopolio natural Empresa que puede atender a todo un mercado y que ofrece un precio más bajo por unidad al que pueden vender dos o más empresas.

Movimiento a lo largo de una curva de demanda Representa un cambio en la cantidad solicitada resultante de un cambio en el precio del artículo, siguiendo las demás cosas constantes.

Movimiento a lo largo de una curva de oferta Representa un cambio en la cantidad ofrecida, resultante de un cambio en el precio del bien, si permanecen constantes las demás cosas.

N

Nivel oficial de pobreza en Estados Unidos Nivel de ingreso de referencia que calcula el gobierno federal para dar seguimiento a la pobreza en el tiempo, inicialmente basado en tres veces el costo de una adecuada canasta alimentaria.

O

Ocio Tiempo que se dedica a actividades ajenas al trabajo.

Oferta Relación que muestra las cantidades de un bien que el productor está dispuesto y en posibilidades de vender a varios precios durante un periodo dado, estando las demás cosas constantes.

Oferta con elasticidad unitaria. El cambio porcentual en la cantidad ofrecida es igual al cambio porcentual en el precio. La elasticidad precio de la oferta resultante es igual a 1.0.

Oferta de fondos prestables Relación entre la tasa de interés de mercado y la cantidad de fondos prestables ofrecidos, si se mantienen constantes otros factores.

Oferta del mercado La suma de las ofertas individuales de todos los productores en el mercado.

Oferta elástica Un cambio en el precio tiene un efecto relativamente grande sobre la cantidad ofrecida. El cambio porcentual en la cantidad ofrecida excede el cambio porcentual en el precio; la elasticidad precio de la oferta resultante excede 1.0.

Oferta individual La oferta de un productor individual.

Oferta inelástica Un cambio en el precio tiene relativamente poco efecto en la cantidad ofrecida; el cambio porcentual en la cantidad ofrecida es menor que el cambio porcentual en el precio. La elasticidad precio de la oferta tiene un valor inferior a 1.0.

Oferta pública inicial (OPI) Venta inicial de acciones corporativas al público.

Ojo por ojo. En la teoría de juegos, se refiere a la estrategia en juegos repetitivos en la cual un jugador en una ronda del juego imita el comportamiento del otro jugador en la ronda anterior.

Oligopolio Estructura de mercado caracterizada por una cantidad reducida de empresas cuyo comportamiento es interdependiente.

Organización Mundial de Comercio (OMC) Fundamento legal e institucional del sistema de comercio multilateral que sucediera al GATT en 1995.

P

Patente Barrera legal a la entrada que confiere a su propietario el derecho exclusivo de vender un producto durante 20 años.

Pérdida de peso muerto del monopolio Pérdida neta para la sociedad cuando una empresa se sirve de su poder de mercado para limitar la producción y aumentar el precio.

Poder de mercado Capacidad de una empresa para elevar sus precios sin perder a sus clientes a manos de los competidores.

Política fiscal El uso del gasto público, transferencias, impuestos y endeudamiento para influir en la actividad económica agregada, tales como la inflación, el empleo y el crecimiento económico.

Política monetaria Regularización de la oferta monetaria para influir en la actividad económica agregada, tales como la inflación, el empleo y el crecimiento económico.

Precio mundial Precio al que se intercambia internacionalmente un bien. Está determinado por la oferta y la demanda mundial del bien al que se aplica.

Precio piso Precio mínimo legal por debajo del cual no se puede vender un bien o servicio. Para ejercer un impacto, este precio debe establecerse por arriba del precio equilibrio.

Precio techo Precio máximo legal por arriba del cual no se puede vender un bien o servicio. Para ejercer un impacto, este precio debe establecerse por debajo del precio equilibrio.

Principal Persona que contrata a un agente con la esperanza de que éste actúe en su favor.

Principio de beneficios recibidos por impuestos Aquellos que reciben más prestaciones del programa gubernamental con caudales de impuestos deben pagar más impuestos.

Principio de capacidad de pago de impuestos Aquellos contribuyentes con una mayor capacidad de pago, como los que perciben mayores ingresos, deben pagar más impuestos.

Problema de la reserva común Acceso irrestricto a un recurso que genera un uso excesivo del bien hasta que el valor marginal del recurso disminuye hasta llegar a cero.

Problema del polizonte Como un bien público no es exclusivo, la gente trata a menudo de beneficiarse de él sin pagar por éste.

Problema entre agente y principal Situación en la cual los objetivos del agente difieren de los del principal, y el agente puede iniciar acciones ocultas.

Producto marginal Cambio en el producto total que ocurre cuando el empleo de un recurso en particular se incrementa en una unidad sin que cambien los otros recursos.

Producto total La producción total que genera una empresa.

Programa de comprobación de medios de sustento Programa en el cual el ingreso y los bienes de un individuo no deben rebasar determinados niveles para que la persona se haga acreedora a los beneficios que ofrece este servicio.

Programas de subsidio al ingreso Programas de asistencia social que proporcionan subsidios en dinero y en especie a los pobres; los beneficios no dependen de aportaciones anteriores.

Promoción de las exportaciones Estrategia de desarrollo que se concentra en producir para el mercado de exportaciones.

Propiedad individual Es la empresa que tiene un dueño, el cual tiene derecho a todas las utilidades y asume la responsabilidad ilimitada de saldar las deudas de la empresa.

R

Racionalidad acotada Noción según la cual hay un límite en cuanto a la cantidad de información que puede abarcar el gerente de una empresa.

Reciclaje Proceso que consiste en convertir productos de desecho en material reutilizable.

Recurso fijo Cualquier recurso que no pueda hacerse variar a corto plazo.

Recurso no renovable Recurso disponible en una cantidad fija, como sucede con el petróleo crudo o el mineral de cobre.

Recurso renovable Recurso que se regenera y, por tanto, puede emplearse periódicamente cuando se explota en forma conservadora, como sucede con un bosque debidamente administrado.

Recurso variable Cualquier recurso que puede hacerse variar a corto plazo a fin de incrementar o disminuir el nivel de producción.

Recursos Son los insumos o factores de producción utilizados para producir los bienes y servicios que la gente desea; los recursos consisten en trabajo, capital, tierra y habilidad empresarial.

Recursos relevantes Recursos utilizados para producir un bien.

Regla de la razón Principio que se aplica en los tribunales para examinar las razones de ciertas prácticas comerciales y sus efectos en la competencia antes de dictaminar su legalidad.

Regla de oro de la maximización de ganancias Para maximizar las ganancias o minimizar las pérdidas, una empresa debe producir la cantidad a la cual el ingreso marginal es igual al costo marginal; esta regla se aplica a todas las estructuras de mercado.

Regulación económica Disposiciones gubernamentales que tienen por objeto controlar los precios, la producción, la entrada y salida del mercado, y la calidad del producto en situaciones en las cuales, debido a economías de escala, los costos de producción promedio son más bajos cuando sólo una o unas cuantas empresas abastecen el mercado.

Regulación social Medidas gubernamentales que tienen por objeto mejorar la salud y la seguridad.

Regulaciones ambientales de orden y control Modelo que exigía a los contaminadores adoptar determinadas tecnologías para reducir las emisiones en cantidades específicas; regulaciones inflexibles basadas en normas de ingeniería que ignoran el costo de reducción de la contaminación particular de cada empresa.

Rendimientos marginales crecientes El producto marginal de un recurso variable crece conforme se emplea cada unidad adicional de ese recurso.

Renta Pago que el propietario recibe por el uso de su tierra.

Renta económica Parte de las ganancias totales de un recurso por encima de su costo de oportunidad; ganancias por encima de la cantidad necesaria para mantener el uso actual del recurso.

Revolución de la información Es el desarrollo generado por la invención del microchip en la última mitad del siglo XX y está basado en la adquisición, análisis y transmisión de información.

Ronda de Uruguay La más reciente y completa de las ocho negociaciones comerciales multilaterales de posguerra bajo el auspicio del GATT; este acuerdo de 1994 redujo los aranceles, formó la Organización Mundial de Comercio (OMC) y eliminará finalmente las cuotas.

S

Salarios Pago que recibe el propietario del recurso por su trabajo.

Seguridad Social Complementos al ingreso de jubilados que tienen un registro de aportaciones hechas al programa durante los años que trabajaron. Por mucho, éste es el programa de redistribución gubernamental más grande.

Seguro Social Programas gubernamentales ideados para ayudar a compensar la pérdida de ingreso de quienes trabajaron pero ahora están jubilados, desempleados o imposibilitados para trabajar debido a alguna discapacidad o lesión relacionada con el trabajo.

Selección Proceso que utilizan los empleadores para seleccionar a los empleados más calificados sobre la base de características fácilmente observables, como nivel educativo y calificaciones.

Selección adversa Situación en la cual quienes se encuentran en la parte informada del mercado hacen una selección que perjudica a la parte desinformada del mercado.

Señalización Utilizar una variable sustitutiva para comunicar información sobre características no observables; la señal es más eficaz cuando a los trabajadores productivos les resulta más fácil transmitirla que a los trabajadores menos productivos.

Servicio Actividad intangible que se usa para satisfacer necesidades.

Sindicato de trabajadores Grupo de empleados que se unen para mejorar sus condiciones de empleo.

Sindicato gremial Sindicato cuyos miembros poseen una determinada habilidad o trabajaban en un oficio específico, como los plomeros o carpinteros.

Sindicato industrial Sindicato integrado por obreros calificados y no calificados de un determinado sector de la industria, como son los obreros automotrices o del acero.

Sistema autoritario puro Sistema económico que se caracteriza por la propiedad pública de los recursos y la planeación económica centralizada.

Sistema económico Conjunto de mecanismos e instituciones que contestan las preguntas de qué, cómo y para quién.

Sociedad Es la empresa con múltiples dueños que comparten las utilidades y cada uno de ellos tiene responsabilidades ilimitadas de las deudas de la empresa.

Supuesto de comportamiento Supuesto que describe el comportamiento esperado de los agentes económicos.

Sustitución de importaciones Estrategia de desarrollo que subraya la fabricación interna de productos que se importan en la actualidad.

Sustitutos Son bienes, como Coca-Cola y Pepsi, que están relacionados en tal forma que un incremento en el precio de uno desplaza la demanda del otro a la derecha.

T

Tasa de interés Cantidad que se paga anualmente a los ahorradores como porcentaje de la cantidad ahorrada y que se cobra a los prestatarios como porcentaje del monto prestado.

Tasa impositiva marginal Corresponde al porcentaje de cada unidad monetaria adicional de ingresos que se reserva al pago de impuestos.

Tasa marginal de rendimiento sobre la inversión Ingreso marginal del capital expresado como porcentaje de su costo marginal.

Tasa positiva de preferencia temporal Valor que los consumidores dan al consumo presente por encima del consumo futuro.

Tecnología de producción fija Producción que ocurre cuando la relación entre la tasa de producción y la generación de un factor externo es fija; la única forma de reducir el factor externo consiste en disminuir la producción.

Tecnología variable Condiciones que ocurren cuando la cantidad de factores externos generados por una determinada tasa de producción pueden reducirse modificando el proceso de producción.

Teorema de Coase Planteamiento según el cual mientras los costos de negociación sean reducidos, una solución eficiente al problema de las externalidades se logrará mediante la asignación de los derechos de propiedad.

Teoría de la captura de la regulación Idea según la cual el poder político de los productores y su marcado interés en los resultados de la regulación los llevan, en realidad, a "apoderarse" del organismo regulador y convencerlo de que atienda a los fines de los productores.

Teoría de juegos Modelo que analiza el comportamiento oligopólico como una serie de movimientos y contramovimientos estratégicos por parte de empresas competidoras.

Teoría económica, modelo económico Simplificación de la realidad que se utiliza para hacer predicciones acerca del mundo real.

Términos de intercambio comercial Cantidad de un bien que se intercambia por una unidad de otro bien.

Tierra Arar la tierra y otros recursos naturales usados para producir bienes y servicios.

Trabajo Esfuerzo físico y mental que el hombre utiliza para producir bienes y servicios.

Trabajo en el mercado laboral Tiempo que se vende como mano de obra a cambio de un salario en dinero.

Trabajo independiente del mercado Tiempo que se invierte para producir bienes y servicios en el hogar o para recibir algún tipo de instrucción.

Transferencias Beneficios en efectivo o en especie que el gobierno otorga a los individuos como concesión.

Trueque El intercambio directo de un bien por otro, sin usar dinero.

U

Utilidad Rendimiento que el propietario del recurso recibe por su habilidad empresarial; el total de la recaudación de las ventas menos el costo total de los recursos empleados por el empresario.

Utilidad marginal El cambio que ocurre en la utilidad total propiciado por el cambio en una unidad en el consumo de un bien.

Utilidad total La satisfacción total que un consumidor obtiene del consumo. Se podría referir, ya fuera a la utilidad total de consumir un bien específico o a la utilidad total de todo el consumo

V

Vales de alimentos Programa de transferencia en especie que ofrece a los hogares de bajos ingresos. Estos cupones se pueden canjear por alimentos. Los niveles de beneficio se relacionan inversamente con el ingreso de los hogares.

Valor presente Valor actual del ingreso o flujo de ingreso que se recibirá en el futuro.

Valoración marginal Refiere al valor del dólar de la utilidad marginal derivada del consumo de cada unidad adicional de un bien.

Variable Es una medida, como el precio o cantidad, que puede tomar diferentes valores.

Ventaja absoluta La habilidad de producir algo con menos recursos que los que usan otros productores

Ventaja comparativa La habilidad para producir algo a un menor costo de oportunidad que otros productores.

Vicios ocultos Problema de información asimétrica en el cual una de las partes del mercado sabe más que la otra parte sobre características importantes del producto.

Índice

A

Accenture, 75
Acción afirmativa, 394-395
Acciones corporativas, 293-294
Acciones ocultas, 309, 310
Accionistas, 293
Actividad antimonopolio, 319, 327-328, 332-334
Acuerdo Comercial Agrícola (1937), 347
Acuerdo General sobre Aranceles y Comercio (*General Agreement on Tariffs and Trade*, GATT), 414
Acuerdo multilateral, 414
Acuerdos comerciales regionales, 417
Ad valorem, arancel, 409
Adams, Scott, 16
Adobe Acrobat Reader, 6
Adquisiciones hostiles, 330
Advanced Micro Devices, 335
AFL-CIO, 271
Agente, 310
Agentes económicos, 4
  externos, 83-85
  V.t. Empresa(s), Gobierno(s), Familias
Agilent Technologies, 152
Agua, paradoja diamantes agua, 122
Ahorro
  como porcentaje del ingreso personal, 72
  consumo, tiempo y, 283
  producción, tiempo y, 282-283
  tasas de interés y, 290-291
Air Traffic Forecasts for the United Kingdom, 92
Airbus, 330
Ajuste de largo plazo a un cambio en la demanda, 179-182
Alcatel, 304
Alcoa, 195-196, 208,328
Alemania, 80, 84, 371, 374, 375, 403, 404
Alemania del Este, 41
Alemania Occidental, 41
Alianzas corporativas, 154-155
Alianzas de mercadotecnia, 61
Alpert, William, 255
América Latina, 85
America West, 324
American Airlines, 225, 233, 323,325
American Trial Lawyers Association, 349-350
Amtrak, 321
Análisis económico, 1-16
  arte del, 6-8
  ciencia del, 8-16
  fallas del, 12-13
Análisis marginal, 7
  pendientes, unidades de medida y, 21-22, 23
Ancianos, como grupo de interés, 390
Antioco, John, 222
Anualidad, 291-292
AOL, 330
Aplicación de las leyes antimonopolio, 327-328
Apoyo político, maximización, 344
Apoyo social, 399
Apoyos a los precios, 347-349
Apoyos al precio de la leche, 347-349
Arabia Saudita, 371, 409
Arancel específico, 409
Aranceles, 84-85, 409-411, 413, 414
  ganancias derivadas de, 411, 413
  y cuotas, 413
Aranceles y cuotas, efectos de, 411
Arbitraje, 270-271
Arbitraje obligatorio, 271
Archer Daniels Midly, 228
Argentina, 85, 421, 422
Argumento *antidumping*, en las restricciones comerciales, 417-418
Argumento de la industria naciente en las restricciones comerciales, 417
Argumento de las industrias en decadencia, en las restricciones comerciales, 419-420
Argumento de los empleos y el ingreso en las restricciones comerciales, 418-419
Argumento sobre la defensa nacional en las restricciones comerciales, 417
Arquitectos, derivada de, 253
Arrendamiento, 71, 72
Arroyo, Gloria Macapagal, 16
Artículos de lujo, 104
Artículos de primera necesidad, 104
ASEAN, 416
Asiaweek, 416
Asignación de fondos para dependencias públicas, 352
Asignación de precio de lista, 188
  doble subasta continua, 188
  utilidad marginal y, 129
Asignación de recursos
  monopolio y, 205-207
  socialmente óptima, 321
Asignación del tiempo
  incremento salarial y, 263
  teoría de la, 260-262
Asignación óptima de derechos de contaminación, 367
Asignaciones de recursos, 408
Asistencia general, 389
Asociación de Pilotos de Líneas Aéreas, 323, 324
Asociación Nacional de Agentes Inmobiliarios (*National Association of Realtor®*), 306
Asociación Nacional de Criadores de Ganado Lanar, 345
AT&T, 152, 277, 305, 332
Atención médica gratuita, valor marginal de, 127-128
Aumento de capital realizado, 76
Australia, 85, 371, 375, 385
Austria, 375
Autarquía, 405-406
Autointerés racional, 6, 9
Avenencia sujeta a aprobación del tribunal, 327
Ayuda a Familias con Hijos Dependientes (*Aid for Families with Dependent Children*, AFDC), 389, 396

B

Balanza comercial de mercancías, 84
Balanza de pagos, 84
Banco Mundial, 365
Bancos, 288
Barreras a la entrada, 194-197
  cárteles y, 229
  competencia monopólica y, 220-221
  oligopolio y, 225-227, 235
Bélgica, 371
Beneficio marginal, 7
Beneficio marginal de la búsqueda, 306, 307
Beneficio marginal externo, 376-377
Beneficio marginal privado, 376-377
Beneficio marginal social, 363-364, 376-377
Beneficios, elecciones públicas y distribución de, 345-349
Bethlehem Steel, 304
Bien casi público, 341, 342
Bien de acceso abierto, 341, 342
Bien(es), 3-4
  consumo de, 260
  curva de demanda y cambios en los precios de bienes relacionados, 50, 57
  definición de, 3
  familias como demandantes de, 71-72
  gratuitos, 3-4
  inferior, 104
  mercado de, 241
  normal, 104
  privado, 78, 340-341, 342
  producción de, 38-39
  público, 40, 78, 340-343
  V.t. Complementarios, Sustitutos
Bienes alternativos, curva de oferta y cambios en los precios de, 54,58
Bienes de capital, 34, 35
  costo de oportunidad y producción de, 36
Bienes de consumo, 34, 35
  costo de oportunidad y producción de, 36
Bienes duraderos, 72
Bienes elaborados por trabajadores no sindicalizados, incremento en la demanda de mano de obra sindicalizada, y, 273-274, 275
Bienes elásticos respecto al ingreso, 104
Bienes gratuitos, 3-4
  evaluación marginal y, 128
Bienes inelásticos respecto al ingreso, 104
Bienes inferiores, 49, 104
  efecto de ingreso y, 138
Bienes no duraderos, 72
Bienes normales, 49, 104
Bienes privados, 78, 340-341, 342
Bienes públicos, 40
  definición de, 78
  mercado de, 343
  suministro óptimo de, 340-343
Bienes públicos que no compiten por el consumo, 78, 340, 342
Bienes y servicios,
  cómo se producirán los, 39
  para quiénes se producirán los, 39
Bienestar para el consumidor, maximización de ganancias no reguladas y, 319
Bienestar social
  intercambio de mercado y, 187
  maximización, 377
  regulación del monopolio natural y, 321
Bióxido de sulfuro, mercado de derechos de contaminación, 368-369

Bird, Larry, 61
Birmingham Steel, 418
Blockbuster Video, 221-222
BMW, 85
Boeing, 330
Bolsa de Valores de Nueva York, 177, 294
Bonos, 294
Bonos corporativos, 294
Brasil, 385, 404, 408, 421
Brecha salarial, raza y, 393-395
Brookings Institution, 350
Bryant, Kobe, 61, 262
Buchanan, James, 340
Burocracia, democracia representativa y, 352-354
Bush, George W., 398
Búsqueda de rentas, 208, 349-351, 420
Búsqueda óptima cuando se tiene información imperfecta, 306-308
buy.com, 308

C

Cable de banda ancha, 222
Calidad, 302
Calidad del trabajo, sindicalización y, 271
Cambio tecnológico
  barreras a la entrada y, 197
  cantidad de producción y, 159
  creación de derechos de propiedad privada y, 359
  curva de oferta y, 53, 58
  desplazamientos en la demanda de recursos y, 252-253
  efecto de un, 38
  efecto en el Servicio Postal de Estados Unidos, 209
  especialización y división del trabajo y, 32, 33
  frontera de posibilidades de producción y, 37-38
  fusiones y, 329
  ingresos agrícolas y, 107
  mayor competencia en la economía estadounidense y, 334-335
  monopolio y, 213, 222
  producción familiar y, 74
  producción fija con costos externos y, 360-362
Cambios de suma negativa, 350
Cambios de suma positiva, 350
Cambios en las líneas, 24
Cambios en los precios
  curva de demanda y, 50, 57
  curva de oferta y bienes alternativos, 54, 58
  desplazamiento en la demanda de recursos y, 252
  efecto ingreso de, 47,116, 136-137
  efecto sustitución de, 46-47
Camboya, 415-416
Canadá
  como socio comercial de Estados Unidos, 404, 421
  desembolsos del gobierno en, 80
  disputas comerciales en, 415
  distribución del ingreso en, 385
  emisiones de bióxido de carbono en, 371
  exportaciones como porcentaje del PIB en, 403
  exportaciones estadounidenses a, 84
  intercambio turístico en, 408
  TLCAN y, 416
Cantidad de equilibrio, 57
  curvas de demanda y oferta y cambio en la, 59-61
Cantidad demandada, 48
Cantidad suministrada, 53
Cantidad, cambios en, 57-62
CAP (Comités de acción política), 349
Capacidad, ingresos y, 268
Capacitación, diferencias de ingresos y, 267-268
Capital
  definición, 2-3, 5
  demanda de, 240
  especialización internacional y, 408
  financiamiento de las corporaciones, 293-295
  físico, 2-3, 34
  función en la producción, 35, 281-295
    función del tiempo en la producción y el consumo, 282-290
    valor presente y descuentos, 290-293
  humano, 3, 34
Capitalismo puro, 39-40
  fallas del, 40
Capitalistas sin escrúpulos, 326
Captura de la regulación, teoría de la, 322
Cargos a usuarios, 81, 82
Cártel(es), 227-230
  aerolíneas como, 323
  teoría de juegos y, 234
Carter, Vince, 61
Casa, como inversión, 306
Chamberlin, Edward, 217
Chile, 385, 408
China, 41, 85, 287, 414
Chrysler, 85; *v.t.* Daimler-Chrysler
Ciclo de vida del ingreso, 386
Cines AMC, 153
Circunstancias, costo de oportunidad y, 29
Cisco, 277
Citibank, 305
Coase, Ronald, 299, 366
Coca-Cola, 61, 122, 227
Coleco, 204
Colgate-Palmolive, 227
Colombia, 408
Colusión, 78, 227-230
  teoría de juegos y, 234
Combinación de equilibrio, 120
Combinaciones de insumos, 162
Comercio de diamantes, 196-197
Comercio electrónico, 177
Comercio internacional, 83-84, 402-423
  acuerdos multilaterales, 414
  aranceles, 84-85, 409-411, 413, 414
  argumentos en favor de las restricciones comerciales, 417-422
  beneficios del, 403-409
  cuotas a las importaciones, 84-85, 411-413, 414
  distribución del ingreso y, 384
  industria de las aerolíneas estadounidenses y, 225
  leyes antimonopolio y, 336
  mayor competencia en la economía estadounidense y, 332, 333, 334
  mercados comunes, 416-417
  Organización Mundial de Comercio, 414-416
  restricciones comerciales, 409-414
  sustitución de importaciones y promoción de las exportaciones, 421-422
Comercio mundial; *v.t.* Comercio internacional
Comisión de Valores y Cambios (*Securities and Exchange Commission*, SEC), 294
Comisión Federal de Comercio (*Federal Trade Commission*, FTC), 327
Comisión para la Igualdad de Oportunidades en el Empleo, 394
Comité para el Estudio del Electorado Estadounidense, 351
Compaq Computer, 304
Compensación a los ejecutivos, 268, 269
Compensación a los trabajadores, 388
Competencia
  capacidad de las aerolíneas y, 324-325
  leyes antimonopolio y, 335
  monopólica, 217-224
  promover la, 78
  y monopolio, 317-318
Competencia de mercado en el tiempo en Estados Unidos, 331-334
Competencia efectiva, 331
Competencia externa. *Véase* Comercio internacional
Competencia monopolística, 217-224
  características de la, 217
  diferenciación del producto y, 217-218
  equilibrio de largo plazo en, 220-221
  ganancia económica de cero en el largo plazo y, 220-222
  maximización de ganancias o minimización de pérdidas en el corto plazo y, 218-220
  y competencia perfecta, 222-224
Competencia perfecta, 164-192
  definición de, 165
  demanda en condiciones de, 166-167
  eficiencia y, 184-188
  en el largo plazo, 178-179
  introducción a la, 165-167
  maximización de ganancias en el corto plazo en condiciones de, 167-170
  precio y producción en condiciones de, 206
  y competencia monopólica, 216, 222-224
  y oligopolio, 234-235
Competidores por el consumo, bienes privados y, 78, 340, 342
Complementarios, 50
  elasticidad de la demanda y, 108
  factores, 252
Comportamiento
  del mercado con información imperfecta, 306-308
  predicción del comportamiento promedio, 12
  propiedad y comportamiento organizacional, 353
  regulación gubernamental del comportamiento comercial, 318-319, 327-328
Compradores. *Véase* Consumidores
Compras portuarias, 421
Condición del empleo y efecto en la oferta de mano de obra, 265
Condiciones laborales, efecto en la oferta de trabajo, 265
Conferencia de Alcaldes de Estados Unidos (*U.S. Conference of Mayors*), 398
Congreso de Organizaciones Industriales (*Congress of Industrial Organizations*, CIO), 270
Consejo de Aeronáutica Civil (*Civil Aeronautics Board*, CAB), 323
Consejo de Asesores Económicos del Presidente, 394
Consejo de Comercio de Chicago, 177
Consorcio, 326
Consumidor(es)
  curva de demanda y cambios en el número o la composición de, 51, 57
  en la competencia perfecta, 165, 188
  intercambio de mercado y, 185-186
Consumo, 120
  ahorro, tiempo y, 283
  beneficios externos en el ni-

vel óptimo de consumo, 376
comercio y, 408
costo de, 129
función del tiempo en, 282-290
Consumo personal, 71-72
Contaminación
como externalidad negativa, 357-359
costos externos
con tecnología de producción fija, 360-362
con tecnología variable, 362-365
del agua, 372-373
del aire, 369-372
desechos peligrosos, 373
desperdicios sólidos, 374-376
eficiencia y, 363
función de los intereses especiales en la reglamentación a, 368-369
mercados para derechos de contaminación, 367-369
nivel óptimo de, 360-369
Contaminación no puntual, 372
Contaminación puntual, 372
Contaminación química, 372-373
Continental Airlines, 225
Contratación externa, 304-305
Contrato colectivo, 270-271
Contratos
cumplimiento de, 77
de suministro obligatorio 326
Contratos de exclusividad de compras, 326
Control centralizado de la producción, 299-300
Control de aguas negras, 372
Control, contratación externa y pérdida de, 304-305
Cook, Philip, 269
Corea, 374
Corea del Norte, 40, 41, 371
Corea del Sur, 41, 83, 84, 375, 404, 421, 422
Corporación S, 76
Corporaciones, 76, 77
definición de, 76, 293
desventajas de, 76
valor de mercado de, 295
V.t. Empresa(s)
Corto plazo
costos en, 144-150
para un monopolio, 202
promedio, 148, 150-152
total y marginal, 145-148
decisión de cerrar y pérdidas en, 204-205
definición de, 142
elasticidad de la oferta y, 103-104
elasticidad de precio de la demanda y, 98-99
ganancia económica en, 170
maximización de ganancias en, 167-170, 176, 219-220
maximización de pérdidas en, 170-174, 219-220
producción en, 142-144
Costo de mano de obra por unidad de producción, 418
Costo de oportunidad
búsqueda de renta y, 349
cálculo, 29
comercio internacional y, 83
comercio y, 406, 408
creciente, ley del, 36
de asistir a la universidad, 27-28, 262
de información imperfecta, 306
de inversión y tasa de interés de mercado, 286
definición de, 27
elección y, 27-30
empresas y, 140
frontera de posibilidades de producción y, 38
producción de bienes de capital y, 36
renta económica y, 244-247
subjetividad de, 28-29
subsidios y, 321
Costo del ingreso marginal, 286
Costo explícito, 140, 141
Costo fijo
contratación externa y, 304
definición, 144
en el corto plazo, 146, 148
en el largo plazo, 178
excedente del productor y, 187
minimización de pérdidas y, 170-172
producción y, 173-174
Costo fijo promedio, 150
Costo hundido, 30
Costo implícito, 140, 141
Costo marginal, 7
costo promedio y, 148-150
en el corto plazo, 146
fijación de un precio igual al, 320-322
Costo marginal de la búsqueda, 306, 307
Costo marginal de la producción, cártel y, 228
Costo marginal del recurso, 250-252, 254, 286
decisión de empleo y, 266-267
Costo marginal externo, 361
Costo marginal privado, 361
Costo marginal social, 361, 364
Costo por unidad de trabajo, 144
Costo promedio
costo marginal y, 148-150
en el largo plazo, 148
fijación de un precio igual a en un monopolio natural, 321
Costo social, marginal, 361, 364
Costo total, 171-172
en el corto plazo, 145-146
Costo total promedio, 148, 149, 150
Costo variable promedio, 148, 149, 150
decisión de producción y, 204
Costo variable
competencia monopólica y, 220
contratación externa y, 304
curva de, 147
definición de, 144
en el corto plazo, 146, 148
en el largo plazo, 178
Costo(s), 3, 140-142
costo por unidad de trabajo, 144
de las empresas, 201-205
de transacción, 55
elecciones públicas y distribución de, 345-349
en el corto plazo, 144-150
en el largo plazo, 150-155
marginal del recurso, 250-252
V.t. Costo promedio, Costo fijo, Costo marginal, Costo total, Costo variable
Costos administrativos de préstamo, 289
Costos de transacción
comercio electrónico y, 75
de las restricciones comerciales, 420-421
definición de, 55
doble subasta continua y, 188
empresas y reducción de, 73, 299-300
producción familiar y, 74
Costos externos, con tecnología variable, 362-365
Costos iniciales, 226
Costos privados, 78
Costumbres, economía basada en, 41
Crecimiento de la población mundial, 377-378
Crecimiento económico, 36
frontera de posibilidades de producción y, 38
función del gobierno en, 79
Cruise, Tom, 28, 262
Cualidades físicas, diferenciación del producto y, 224
Cuisinart, 204
Cuota de trabajo, 396
Cuota por existencias, 227
Cuotas, 84-85, 411-413, 414
y aranceles, 413
Curva de costo promedio constante de largo plazo, 153
Curva de costo promedio, 149
de largo plazo, 150-152, 178
Curva de costo total, 146-148
competencia monopólica y, 220
Curva de demanda, 47-49
cambios en los precios y, 136-137
curva de demanda lineal, 92-93
de elasticidad constante, 93-96
de elasticidad unitaria, 95-96
desplazamientos de la, 49-52, 57-58
desplazamientos simultáneos con la curva de oferta, 59-62
elasticidad precio de la demanda y, 90-91
en condiciones de competencia monopólica y perfecta, 222-223
perfectamente elástica, 94-95, 167
perfectamente inelástica, 95
Curva de demanda con pendiente descendente, 23, 90
Curva de demanda en línea recta, 93, 94
Curva de demanda lineal, 93
elasticidad de precio y, 92-93
Curva de ingreso, 201
Curva de oferta, 52-53
cambios simultáneos en la curva de demanda y, 59-62
comportamiento del productor y, 139
desplazamientos de, 53-55, 58-59
monopolio y, 205, 220
oligopolio y, 229
perfectamente elástica, 102
perfectamente inelástica, 102
unitaria-elástica, 102-103
Curva de oferta de mano de obra al mercado, derivación, 266
Curva de oferta atípica de mano de obra, 263
Curva de oferta con pendiente ascendente, 90
Curva de oferta de largo plazo de la industria, 182-184
Curva de oferta de mano de obra
atípica, 263
del mercado laboral, 264
derivación, 266
Curva de oferta de mercado, 176
efectos de un aumento en la demanda, 180
Curva de planeación; *V.t.* Curva de costo promedio de largo plazo
Curva de producto total, 144, 145
Curva del producto del ingreso marginal, 250
Curva del producto marginal, 144, 145
Curva en forma de U, 23
Curvas costo promedio total a corto plazo, 150-152
Curvas de costo a corto plazo, 150
Curvas de costo marginal, 146-148, 149, 150
Curvas de costo, en la competencia monopólica y perfecta, 222-224
Curvas de demanda de elasticidad constante, 93-96

Curvas de indiferencia
definición de las, 133
maximización de la utilidad y, 133-138
propiedades de las, 135
Curvas de oferta a corto plazo, empresa e industria, 174-177

D

DaimlerChrysler, 65, 85, 305
Daño moral, 311
De Beers Consolidated Mines, 196-197
De Beers, Johannes, 196
Decisión de cerrar, 204-205
Decisión de empleo
equilibrio de mercado y, 251
piso salarial y, 271-272
producto del ingreso marginal y costo marginal del recurso y, 266-267
Declaración económica normativa, 10
Declaración económica positiva, 10
Deducción fiscal al ingreso sobre la renta, 389
Delorean, John, 226
Delta Airlines, 90, 225, 233, 325
Dell Computer, 304
Demanda, 46-49
ajuste de largo plazo a un cambio en, 179-182
creación de mercado y, 55-57
de fondos prestables, 288-289
discriminación de precios y, 210
efectos de un incremento en la, 179-180
efectos de una disminución en la, 181-182
elasticidad de la, 89-114
elasticidad de precio de, 90-96
en condiciones de competencia perfecta, 166-167, 206
función del tiempo en, 129
individual, 49
ley de la, 46-47,123-124
monopolio y, 197-198, 200, 201, 206
Demanda de inversión, 286
Demanda de mercado, 49
de bienes públicos, 341-342
de recursos, 241-242
excedente del consumidor y, 126-128
Demanda de recursos, 240, 241-247
costo marginal del recurso, 250-252
demanda de recursos del mercado, 241-242
demanda de un solo recurso por parte de la empresa, 247-248
desplazamientos en la demanda de recursos, 252-254
producto del ingreso marginal, 248-250
uso óptimo de más de un recurso, 254-256
Demanda derivada, 241-242, 286
de arquitectos, 253
Demanda elástica, 92
Demanda externa, ingresos agrícolas y, 107
Intercambio de divisas, 84, 189
Demanda individual, 49
Demanda inelástica, 92
Demanda unitaria-elástica, 92
Demandas por daño triple, 335-336
Democracia directa, 344; *v.t.* Democracia representativa
Democracia representativa
burocracia y, 352-354
elección pública en, 343-352
regulación de la contaminación en, 368-369
Departamento de Agricultura de Estados Unidos (*U.S. Department of Agriculture*), 105-106,386
Departamento de Comercio de Estados Unidos (*U.S. Commerce Department*), 352
Departamento de Justicia de Estados Unidos *(U.S. Department of Justice*)
directrices para fusiones, 328-329
División Antimonopolios, 327, 328, 333
Departamento de Transporte de Estados Unidos (*U.S. Department of Transportation*), 324
Departamento General de Sanidad de Estados Unidos, 99, 100
Dependencia, asistencia social y, 396
Dependencias públicas, 352
Deportes profesionales, ingresos en, 269
Derechos aduanales, 414
Derechos de contaminación
asignación óptima de los, 367
mercados para, 376-369
Derechos de propiedad, 39, 77, 357-359, 366, 378
Derechos de propiedad privada, 39, 357-359
asignación de recursos y, 378
externalidades y, 366
salvaguarda, 77
Derechos laborales, Organización Mundial de Comercio y, 415-416
Derechos reservados, 286
Descuentos, 290-293
loterías estatales y, 292-293
Deseconomías de escala, 152-154
a nivel de la empresa, 154-155
Desechos peligrosos, 373
Desempleo
efecto del salario mínimo en, 255
tasa de desempleo en Estados Unidos, 20
Desequilibrio, 63
Desequilibrio en los precios, 63-65
Desplazamiento de una curva de demanda, 51-52
Desplazamiento de una curva de oferta, 55
Desregulación, economía estadounidense y, 332-333, 335
Destrezas, producción de las familias y, 74
Destrucción creativa, 222
DHL, 209
Diferenciación del producto
competencia monopólica y, 217-218
gastos en, 227
oligopolio y, 224, 227
Diferencias en costo, cárteles y, 229
Diferencias en los salarios, 243-244
Diferencias físicas, diferenciación del producto y, 218
Diferencias permanentes en los precios de los recursos, 243-244
Dilema del prisionero, el, 231
Dilema de la regulación, 321-322
Dinamarca, 371, 375
Dinero, 5, 32
Dinero blando, 350
Dinero duro, 350
Dirección de Protección Ambiental (*Environmental Protection Agency*, EPA), 359, 369, 372-373
Dirección entrelazada, 326
Dirección Federal de Aviación (*Federal Aviation Administration*, FAA), 324
Discriminación de precios, 209-213
condiciones para, 210
ejemplos de, 211
legislación antimonopolio y, 326
modelo de, 210-211
monopolio y, 209-213
perfecta, 212-213
Discriminación en el trabajo, diferencias de ingreso y, 270
Discriminación en la vivienda, 393
Discriminación, pobreza y, 393-394
Disney World, 129, 211
Disneylandia, 129
Distribución del ingreso, 79, 382-386
curva de Lorenz, 382-383, 384
educación universitaria y, 383-385
por qué difieren los ingresos de los hogares, 386
por quintiles, 382, 383
problemas con los parámetros de distribución, 385
Dividendos, 71, 72, 294
División del trabajo, 32-33
Divorcio, feminización de la pobreza y, 392
Doble subasta continua, 187-188
Domino's, 218
Dumping depredador, 418
Dumping, 414, 417-418
Duopolio, 232
DuPont, 304
Duración del préstamo, diferencias en la tasas de interés y, 289
Dyson, Esther, 16

E

eBay, 177, 178
Economía
definición, 2
experimental, 187-188
Economía capitalista mixta, 40-41
Economía informal, 351-352
Economía transicional, 40-41
Economías de alcance
empresas y, 305-306
fusiones y, 330
Economías de escala, 152, 153
a nivel de la empresa, 154-155
como barrera a la entrada, 195
en oligopolio, 225-226
especialización internacional y, 409
Economist, The, 13, 333
Economistas
concepto de inversión y, 295
ingresos de, 13, 14, 15
Edad
diferencias de ingresos y, 267-268,386
pobreza y, 390, 391
Educación
costo de oportunidad de asistir a la universidad, 27-28
efecto del salario mínimo en la, 255
externalidades positivas y, 376-377
ingresos y, 14-16, 267-268, 356, 394-395
Educación superior
costo de oportunidad de la, 27-28, 262
efecto en los ingresos, 14-16, 383-385
Efecto sustitución, 115, 137-138
de un cambio en el precio, 46-47
de un incremento salarial, 263, 264
Efectos de asignación

de la competencia perfecta, 207
del monopolio, 207
y distribución 206
Efectos de distribución
de la competencia perfecta, 207
del monopolio, 207
Efectos de ingreso, 97, 116, 137-138
de un cambio en el precio, 47
de un incremento salarial, 263
sustitución y, 263
Efectos primarios, 13
Efectos secundarios, 13
Eficiencia
competencia perfecta y, 184-188
contaminación y, 363
externalidades y, 366-367
frontera de posibilidades de producción y, 35, 38
función producción y, 159
Eficiencia en la asignación, 184, 185
regulación gubernamental de los derechos de propiedad y, 359
Eficiencia productiva, 184, 185
Egipto, 415
Einstein, Albert, 4
Eje horizontal, 19
Eje vertical, 19
Ejes, 19
El ganador se lleva todo el mercado de trabajo, 268-269
Elasticidad, 90, 91
elasticidad ingreso de la demanda, 104-107
elasticidad precio cruzada de la demanda, 108
ingreso total y, 92, 93
V.t. Elasticidad de precio, Elasticidad precio de la demanda; Elasticidad de la oferta
Elasticidad de la oferta
categorías de la, 101-103
determinantes de la, 103-104
división de los recursos y, 245
incidencia de impuestos y, 113-114
Elasticidad de la oferta, formula, 101
Elasticidad de precio de la demanda, 90-96
cálculo de la, 90-92
categorías de la, 92
competencia monopólica y, 218-219
determinantes de la, 96-100
resumen de, 96
Elasticidad ingreso de la demanda, 104-107
Elasticidad precio
curva de demanda lineal y, 92-93
incidencia de impuestos y, 112-113
Elasticidad precio cruzada de la demanda, 108
Elasticidad precio de la oferta, 101-104
Elección
costo de oportunidad y, 27-30
costo hundido y, 30
frontera de posibilidades de producción y, 38
privada, 41, 345
V.t. Elección pública
Elección pública, 41, 339
democracia representativa, 343-352
modelo del votante medio, 343-344
distribución de costos y beneficios de, 345-349
ignorancia racional y, 345
pobreza y, 390
Elección y demanda del consumidor, 115-129, 133-138
análisis/medición de la utilidad; *v.t.* Utilidad
curvas de indiferencia, 133-135
efecto de un cambio en el precio, 136-137
efecto ingreso y sustitución, 137-138
equilibrio del consumidor, 136
función del tiempo en la demanda, 129
línea de presupuesto, 135-136
preferencias del consumidor, 133-135
Elusión fiscal, 352
Emery, 209
Emiratos Árabes Unidos, 371
Emisiones de bióxido de carbono
las 20 peores naciones con, 371
regulación de, 370
Empleadores, lista de los mejores, 240
Empleo
efecto del salario mínimo en el, 255
falta de incentivos en el, 395
pleno, 79
sindicatos y, 271-278
Empresa dominante, 331
Empresa tomadora de precios o precio aceptante, 165, 201, 217, 285
venta de la producción como, 248-249
Empresa(s)
ajuste de largo plazo a un cambio en la demanda, 179-182
alcance de operaciones, 299-306
cierre de corto plazo, 173-174
combinación óptima de insumos en la, 162
como agentes económicos, 4, 5, 72-74
como prestatarios, 287-288
competencia perfecta en el largo plazo y, 178-179
costos de la, 140-142
en el corto plazo, 144-150
en el largo plazo, 150-155
reducción de la, 300
curvas de oferta
de corto plazo, 174-177
de largo plazo, 182-184
definición de, 73
demanda de recursos y, 247-248
desaliento de esfuerzos de organización sindical por parte de la, 277-278
elasticidad de precio y, 108
equilibrio de mercado y oferta de la, 176-177
escala de eficiencia mínima, 302-303
evolución de la, 73
función producción, 143, 159, 163
ganancias, 140-142
maximización de ganancias en el corto plazo, 167-170
límites de la, 300-305
minimización de pérdidas en el corto plazo, 170-174
producción en el corto plazo, 142-144
razón de ser de la, 299-306
reducción de costos de transacción y, 299-300
tamaño de la, 152-153
tipos de, 15-77
trayectoria de expansión de la, 162-163
V.t. Financiamiento de las corporaciones, Corporaciones, Monopolio
Empresario, 73,
Equilibrio, 57
de la estrategia dominante, 232
de largo plazo de una empresa y la industria, 179
ingreso marginal y costo marginal en, 168-169
Equilibrio autárquico, 406
Equilibrio de la estrategia dominante, 231
Equilibrio de largo plazo, en la competencia monopólica, 220-221
Equilibrio del consumidor, 121-122
sobre la tangente, 136
Equilibrio del mercado, 56-57
de un recurso, 251
en condiciones de competencia perfecta, 166
experimentos en el, 187
oferta de la empresa y, 176-177
Ernst & Young, 75
Escala
de la empresa, 142
de la planta, 150
Escala de eficiencia mínima, 154, 302-303
Escalas de ingresos, 199-200
Escasez
cambio en el precio y, 47
definición de, 3-4
frontera de posibilidades de producción y, 38
maximización de la utilidad en un mundo con, 120-121
maximización de la utilidad en un mundo sin, 119-120
Eslovaquia, 375
España, 375
Especialización
beneficios de la, 32-33
costos de transacción y, 299-300
del trabajo, 33
desventajas de la, 33
economías de escala y, 152
empresas y, 73
evidencia de, 33
internacional, 408-409
Estabilidad en los precios, función del gobierno en, 79
Estado contable, 140
Estados Unidos
aranceles al azúcar, 409-411
asignación de recursos de, 408-409
beneficiarios de la asistencia social como porcentaje de la población, 398
cambios estructurales en la economía y afiliación sindical en, 275-276
crecimiento del empleo en, 420
cuotas en, 413
desembolsos federales, 81
distribución del ingreso en, 382-386
dumping y, 418
emisiones de bióxido de carbono en, 371
esfuerzos de reciclaje en, 374, 375
exportaciones como porcentaje del PIB en, 403
feminización de la pobreza en, 390-393
fronteras de posibilidades de producción, 406
fuentes de ingreso personal en, 71, 72
importaciones como porcentaje del PIB en, 403
impuestos a la nómina en, 82, 83
índices de tabaquismo en, 99-100
índices salariales en, 418
industria del vestido en, 419-420
nivel de pobreza oficial en, 386-388
número y ventas de cada tipo de empresa en, 77

oferta y consumo de agua en, 122
Organización Mundial de Comercio y, 415
pobreza en, 387, 388, 391
producción como porcentaje del consumo estadounidense, 404
programa de posibilidades de producción, 405
reforma al financiamiento de las campañas en, 350-351
sistema económico de, 40
tasa de desempleo desde 1900, 20
tendencias competitivas en, 331-336
TLCAN y, 416
Estimaciones de la elasticidad, 98-99
Estonia, 371
Estrategia, en la teoría del juego, 231
Estructura a plazos de las tasas de interés, 289
Estructura de mercado perfectamente competitiva, 165-166
Estructura de mercado, 165
aplicación de las leyes antimonopolio y, 328
perfectamente competitiva, 165-166
Estructura familiar
como determinante del ingreso familiar, 390-393, 400
sistema económico y, 41
euro, 416
Evaluación del desempeño, 312
Evasión fiscal, 352
Everest, 304
Excedente de capacidad, 223
Excedente del consumidor, 124-126, 128, 185-186, 187
cuotas y, 412
demanda de mercado y, 126-128
monopolio y, 207
Excedente del productor, 185-187
Exclusivos, bienes privados, 78, 340, 342
Expectativas del consumidor, curva de demanda y cambio en, 50-51, 57
Expectativas del productor, 55, 58
Experiencia laboral, 265
Experiencia, diferencias de ingresos y, 267-268
Exportaciones, 83-86, 403-404
promoción de, 422
subsidios a las, 413
producción de energía eléctrica y, 360-362
Externalidades, 78-79, 357-378
negativas, 78-79, 358-359
positivas, 78-79, 376-377
problema de la reserva común y, 358-360
Teorema de Coase, 366-367
V.t. Protección ambiental, Contaminación
Exxon, 335

F

Falacia de la composición, 13
Falacia de que asociación es causación, 12-13
Falacias económicas, 12-13
Faltante, 56-57
Falla de mercado, 77-79, 361
del capitalismo, 40
externalidades positivas y, 377
Familias, 4
como agentes económicos, 5, 70-72
como prestatarios, 288
distribución del ingreso, 382-386
evolución de, 70-71
utilidad y, 71
V.t. Hogares
Familias de doble ingreso, 70-71
Fecha de vencimiento, 294
Federación Estadounidense del Trabajo (*American Federation of Labor*, AFL), 270
FedEx, 209
Feingold, Russ, 350
Feminización de la pobreza, 390-393
Fields, Bill, 221
Fijación de precios desleales, 327
Fijador de precio, 201, 210, 217
monopólico, 221
vender la producción como, 249-250
Filipinas, 385
Financiamiento de las corporaciones, 293-295
acciones corporativas y ganancias retenidas, 293-294
mercados de valores y cambios, 294-295
Finlandia, 371, 375
Flujo de ingreso, valor presente del, 291-292
Fondo Mundial para la Vida Silvestre, 365
Fondos prestables
demanda de, 288-289
oferta de, 288-289
Forbes, 268
Ford Motor Company, 85, 305
Fórmula de la elasticidad precio, 91
Fortune, 240
Francia, 80, 84, 375, 385, 404
Frank, Robert, 269
Franklin, Ben, 122, 129
Franquicias, 313-314
Fraude, 230
Fraude, cárteles y, 229
Frontera de posibilidades de consumo, 135, 407; *v.t.* Línea de presupuesto
Frontera de posibilidades de producción (FPP), 34-39, 406
cambio tecnológico y, 37-38
cambios en la disponibilidad de recursos y, 36
desplazamiento, 36-38
forma de, 35-36
incremento en el stock de capital y, 37
Función producción, 143, 159, 163
Fundación Heritage, 323, 340
Fundación Nacional para las Ciencias (*National Science Foundation*), 14
Funerarias, 223
Fusiones, 326-331
conglomerado, 330
horizontal, 327, 329
leyes antimonopolio y, 326
movimientos de fusión, 329-331
no horizontal, 329
política pública y, 328-329
vertical, 327, 329-330

G

GAIA, 370
Ganancia, 140-142
contables, 141-142
definición de, 3
económica de cero en el largo plazo, 220-222
económica, 141-142
empresas y, 73
medidas alternativas de, 140-142
normal, 142
oligopolio y, 235-236
Ganancia económica, 141-142, 167
cero en el largo plazo, 178-179, 184, 220-222
en el corto plazo, 170
excedente del productor y, 187
expansión de la industria y, 180
Ganancia máxima, ingreso marginal de la producción igual a costo marginal y, 251; *v.t.* Maximización de ganancias
Ganancia normal, 142
Ganancias contables, 141-142
Ganancias retenidas, 293-294
Ganancias, por la venta monopólica de una unidad adicional, 198-199
Gans, Curtis, 351
Gap, 414
Gardner, David, 294
Garnett, Keven, 62, 262
Gasto, distribución de, en los hogares, 385
Gates, Bill, 333, 334
Gateway Computers, 307
Generación de electricidad, externalidades negativas y, 360-362
General Electric, 295, 305
General Motors, 85, 276, 336, 419
Género, afiliación sindical y, 275
Gerente, racionalidad acotada de, 301
Gobierno federal, 79; *v.t.* Gobierno(s)
Gobierno(s), 4
asignación de recursos y, 254-256
bienes casi públicos y, 341
bienes de acceso abierto y, 341
como agentes económicos, 77-83
como prestatarios, 288, 289-290
condición de monopolio conferida por el, 194
desequilibrio y, 63-64
dificultad para definir los objetivos del, 79-80
efectos del gobierno en bienes públicos y elección pública, 339-340
elasticidades y, 108
estímulo a la demanda de material reciclado, 376
estructura y objetivos, 79-80
externalidades positivas, fallas del mercado y, 377
fuentes de ingreso del, 81-82
función del, 77-79
en el sistema mixto, 41
en el capitalismo puro, 40
en el sistema autoritario puro, 40
problema de la reserva común y, 359
protección de las selvas y, 365
regulación gubernamental del comportamiento de las empresas, 318-319, 327-328
tamaño y crecimiento del, 80-81
Gobiernos estatales, 79, 108, 372-373; *v.t.* Gobierno(s)
Gobiernos locales, 79, 108
V.t. Gobierno(s)
Golden, Claudia, 70
Gompers, Samuel, 270
Gráfica de serie de tiempo, 19, 20
Gráficas, 19-24
definición de, 19
dibujo de, 19-21
Gran Bretaña, 84, 85, 391, 404
V.t. Reino Unido
Granjas, elasticidades de precio e ingreso de la demanda y, 105-107
Grano, inestabilidad de la demanda de, respecto al ingreso, 106-107
Greenspan, Alan, 336
Gretzky, Wayne, 262
Griffey, Ken, hijo, 262

Grupos de intereses especiales
ancianos como, 390
búsqueda de renta y, 349-350
cuotas y, 413
de los productores y regulación económica, 322-325
ignorancia racional y, 344-345
regulación de la contaminación y, 368-369
Grupos profesionales, restricciones a la entrada, 273
Guerra comercial, 420
Guerras de precios, 233
Gusto por el trabajo, efecto en la oferta de mano de obra, 265-266
Gustos
combinación de equilibrio y, 120
curva de demanda y cambios en los gustos del consumidor, 51-52, 57
definición de, 116
especialización internacional y diferencias en, 409
Gustos del consumidor, curva de demanda y cambios en, 51-52, 57

H

Habilidad empresarial, 3, 5
Handspring, 304
Harley-Davidson, 305
Herramientas del análisis económico, 26-41;
costo de oportunidad; *v.t.* Costo de oportunidad
elección, 27-30, 41
especialización, 30-33, 299-300, 408-409
intercambio, 32
posibilidades de producción, 34-39, 404-406
sistemas económicos, 39-41
ventaja comparativa, 30-33, 406-408
Hertz Rent-a-Car, 305
Hewlett-Packard, 152, 277
Hipótesis, 9
Holt, Charles, 187
Honduras, 408
Hong Kong, 404, 422
Horas laboradas, flexibilidad en, 264
Horizonte de planeación, 150
Huelga, 271, 276
Hungría, 375

I

IBM, 61, 152, 211, 335
Idea central, 397
Ignorancia racional, 344-345
Ilegalidad *per se*, 327
Imagen del producto, 218, 224
Impaciencia, 283
Importaciones, 83-86, 403-404
competencia de, en la economía estadounidense, 332-333
cuotas, 411-413
Imposición de trabajadores, 274-275
Impuesto a la propiedad, 81
Impuesto al consumo, 82
Impuesto por contaminación, 361
Impuesto progresivo, 82
Impuesto proporcional, 82
Impuesto regresivo, 83
Impuesto sobre la renta, 81, 82
Impuesto(s)
a la propiedad, 81
a los ingresos, 81, 82
como ingeso del gobierno, 81
como porcentaje del gasto del ingreso personal, 72
contaminación, 361
deducción fiscal al impuesto sobre la renta, 389, 397
economía informal y, 351-352
efecto en la distribución del ingreso, 385
índices de tabaquismo e impuestos a los cigarrillos, 100
ingreso de las coronaciones, 76
principios, 82
problema de la reserva común y, 359
producción familiar e, 74
proporcional, 82
tasa del impuesto marginal, 83, 395
Impuestos a la nómina, 81, 82, 83
Impuestos a las ventas, 81, 82
elasticidades de la demanda y, 112
elasticidades de la oferta y, 113
Impuestos corporativos, 81, 82
Incentivos a la invención, 194
Incertidumbre, 283
Incidencia de los impuestos, 82-83
elasticidad de la oferta y, 113-114
elasticidad precio y, 112-113
Incremento salarial
efecto en el ingreso de, 263
efectos de sustitución de, 263, 264
India, 41, 85, 378, 415, 421, 422
Índice de Herfindahl, 328
Índice de tabaquismo, 99-100
Industria, 165
barreras a la entrada a la, 194-197
curvas de oferta de corto plazo, 174-177
curvas de oferta de largo plazo, 182-184
distribución del ingreso y desregulación de, 384
Industria automotriz
guerras de precios en la, 233
restricciones comerciales y, 85
Industria concentrada, 328
Industria de las aerolíneas
barreras a la entrada en, 225
desregulación de, 323-325, 335
guerras de precios en, 233
regulación de, 323-325
Industria del entretenimiento, 269
Industria del juguete, 64-65
Industria del vestido, 419-420
Industria eléctrica, desregulación de la, 335
Industria farmacéutica, 207-208, 213
Industria siderúrgica, 230, 327-328, 329
Industrias de costo constante, 182, 184
Industrias de costo creciente, 182-184
Información
cálculo del costo de oportunidad e, 29
elección racional e, 6-7
en la competencia perfecta, 165, 188
V.t. Información asimétrica, Información imperfecta
Información asimétrica
cómo afrontar la, 311
en los mercados de productos, 308-311
en los mercados de seguros, 310-311
en los mercados laborales, 311-314
Información imperfecta
búsqueda óptima con, 306-308
comportamiento del mercado con, 306-308
Información perfecta, 307
Informe Económico del Presidente, 79,394
Ingreso
asignación del, 120-121
cambios en el consumidor, 49-50, 57
definición, 3, 5
del monopolio, 197-201
dinero, 47
distribución del; *v.t.* Distribución del ingreso
fuentes ajenas al salario, 264
fuentes de ingreso declaradas, 385
ganancia contable y, 141
línea de presupuesto e, 136
pauta del *ciclo de vida* del, 386
producto del ingreso marginal, 248-250
real, 47
total, 92, 93, 94
Ingreso de los propietarios, 71, 72
Ingreso del consumidor, cambios en, 49-50, 57
Ingreso en dinero, 47
Ingreso futuro, oferta de mano de obra e, 265
Ingreso marginal
costo marginal igual a, 173, 202-203, 219
monopolio e, 197-198, 200, 206
precio e, 170
igual a costo marginal en equilibrio, 168-169
Ingreso personal, fuentes de, 71,72
Ingreso por intereses, 71, 72
Ingreso promedio, 170
monopolio e, 197-198,201
Ingreso real, 47
Ingreso total, 92, 93, 94, 171-172
menos costo total, 167-168, 169, 201-202, 204
Ingresos
de jugadores de baloncesto, 62
diferencias en
y capacidad, 268
y capacitación, edad y experiencia, 267-268
y diferencias en cuanto a riesgos, 269
y diferencias geográficas, 269
y discriminación en el trabajo, 269
y filiación sindical, 270
como renta económica, 245-246
de los economistas, 13, 14, 15
como costo de oportunidad, 245-246
efecto de la instrucción en, 14-16, 267-268, 383-385
raza y, 393-395
retenidos, 293-294
Inmigración, distribución del ingreso e, 384-385
Innovación, 194
Inomics, 47
Instituciones no lucrativas, 76-77
Instituto de Política Económica, 255
Instituto de Políticas de Empleo, 255
Instituto Estadounidense de Arquitectos (*American Institute of Architects*), 253
Instrucción y programas de ayuda para capacitacón, 390
Integración vertical, 300-301
escala de eficiencia mínima y, 302
Intel, 277, 335
Intercambio, 32
Intercambio de mercado
ganancias de, 185-188
y producción interna, 301
Intercambio voluntario, 186
y coerción, 80

Interés, 3
Interés público, regulación económica en, 322
Intereses del consumidor, regulación económica, 322
Intermediarios financieros, 288
Internet
aspectos legales, 286
competencia e, 213, 335
eficiencia de los mercados de recursos e, 37
especialización e, 33
industria de las aerolíneas e, 225
protección de derechos reservados e, 287
subastas en, 177, 178
Inversión
concepto de, 295
óptima, 284-287
tasa marginal de rendimiento sobre, 284, 285-286
valor presente y decisiones sobre, 292
Inversionistas institucionales, 295
Investigación y desarrollo interno, 301
Irlanda, 371
Isocuentas, 159-161, 162, 163
propiedades de las, 160, 161
ISS (Ingreso de seguridad suplementaria), 389
Italia, 80, 385, 404
Iverson, Allen, 61

J

Jackson, Thomas Penfield, 334
Jagger, Mick, 16
Jamaica, 408, 409
Japón
asignación de recursos, 408
cuotas estadounidenses y, 421
desembolsos gubernamentales, 80
esfuerzos de reciclaje, 374, 375
importaciones estadounidenses a, 84
industria automotriz, 85
máquinas expendedoras en, 11-12
Organización Mundial de Comercio y, 415
sector exportador, 83, 403, 404
tasa de embarazo de adolescentes en, 391
Johnson, Magic, 61
Jordan, Michael, 61, 395
Journal of Economic Literature, 33
Juego de la guerra de las colas, 233-234
Juego del establecimiento de precios, 232-233
Juego excepcional, 234
Juego repetitivo, 234

K

Kazakstán, 371
Kellogg, 227
Kentucky Fried Chicken, 302
King, Stephen, 287
Kleen, Joel, 336
Kuwait, 371

L

Laissez-faire, 40
Largo plazo
competencia perfecta en, 178-179
costos en, 150-155
definición de, 142
elasticidad de la oferta y, 103-104
elasticidad precio de la demanda y, 98-99
ganancia económica de cero en, 220-222
maximización de ganancias en, 205
precios en condiciones de monopolio y oligopolio en, 235-236
Lee, Spike, 61
Legislación de bienes públicos tradicional, 345, 346
Legislación de competencia de intereses, 346
Legislación del interés particular, 345-349
Legislación del interés público, 346
Legislación para reformar los juicios civiles, 346
Legislación populista, 345, 346
Lemieux, Mario, 262
Leuthold, Jane, 27
Ley Celler-Kefauver antifusiones (1950), 327
Ley Clayton (1914), 326
Ley de Acuerdos Comerciales (1979), 418
Ley de Agua Limpia (1972), 369
Ley de Aire Limpio (1970), 369-370
Ley de Conservación y Recuperación de los Recursos (1976), 369
Ley de Derechos Civiles (1964), 394
Ley de la Comisión Federal de Comercio (1914), 327
Ley de la demanda, 46-47, 123-124
Ley de la oferta, 52
Ley de la utilidad marginal decreciente, 117
ocio y, 260
Ley de la ventaja comparativa, 30-31
Ley de los rendimientos marginales decrecientes, 143-144, 150
Ley de tasa marginal de sustitución decreciente, 134, 135
Ley del costo de oportunidad creciente, 36
frontera de posibilidades de producción y, 38
oferta y, 52-53
Ley Federal para el Mejoramiento y la Reforma de la Agricultura (1996), 347
Ley Sherman Antimonopolio (1890), 326
Ley Superfondo (1980), 369, 373
Leyes antimonopolio, 78, 325-326
abuso de las, 335-336
aplicación de las, 327-331
caso Microsoft, 333-334, 335
problemas con las, 335-336
Leyes de pureza, 413
Leyes de salario de vida, 255
Leyes en materia de tecnología, 286
Leyes para automóviles chatarra, 311
Libre comercio, demostración en contra, 415-416
Licencias, 194
Licitación del espectro radiofónico, 308
Liderazgo en los precios, 230
Línea de presupuesto, 135-136
Líneas
pendientes de líneas curvas, 22-24
pendientes de líneas rectas, 21, 22
Líneas de isocosto, 161, 162, 163
Liquidez, 295
Loterías de los estados, 292-293
Lucent Technologies, 152
Lluvia ácida, 359, 360

M

Macroeconomía, 7-8
Maldición del ganador, 308
"Mano invisible", 39-40, 55
Mapa de indiferencia, 134-135
Máquinas vendedoras, 11-12
Marca, 217, 286
Marginal, definición, 7
Matif, 177
Matriz de retribuciones, 231, 232, 233
Maximización de ganancias
en el corto plazo, 167-170, 176, 218-220
en el largo plazo, 205
en el monopolio, 201-204
no reguladas, 319-320
producto del ingreso marginal igual a costo del recurso y, 251
producto del ingreso marginal y, 250
Maximización de ganancias no reguladas, monopolios naturales y, 319-320
Maximización de utilidades, 136, 261-262
condiciones para, 121-122
curvas de indiferencia y, 133-138
en un mundo con escasez, 120-121
en un mundo sin escasez, 119-120
familias y, 71
Maximización del presupuesto, 354
McCaen, John, 350
McDonald's, 61, 154-155, 227, 313-314, 415
McDonnell Douglas, 330
McGwire, Mark, 262
Mediación, 270-271
Mediador, 270-271
Mediana del ingreso, 386
Medicaid, 127, 128, 387, 389, 395
Medicare, 127, 128, 388, 390
Medidas
de ganancia, 140-142
de utilidad, 117-128
Medio de intercambio, 32
Medios de comunicación, concepto de inversión y, 295
Mercado de alimentos, 105-107
Mercado de fondos prestables, 287-289
Mercado laboral, señalización en, 313
Mercado secundario, 295
Mercado(s), 4, 55, 165
barreras a la entrada, 194-197
capitalismo y, 39
demanda, oferta y creación de, 55-57
para derechos de contaminación, 367-369
Mercados comunes, 416-417
Mercados de divisas, 84, 165
Mercados de materias primas, 165, 188, 189
Mercados de productos, 4
información asimétrica en, 308-311
Mercados de recursos, 239-256
demanda de mercado, 241-242
demanda de recursos, 240, 247-256
demanda y oferta de recursos, 241-247
oferta de mercado, 242-243
oferta de recursos, 240-241
Mercados de seguros, información asimétrica en, 310-311
Mercados de subastas, 177
Mercados de trabajo, 259-278
el ganador se lleva todo, 268-269
información asimétrica en, 311-314
oferta de mano de obra, 260-270
selección adversa en, 312
Mercados de valores y cambios, 294-295

autointerés racional, 6, 9
capitalismo, 39
Mercados de valores, 177, 188
Mercedes-Benz, 85
Mercosur, 416
Método científico, 8-10
México
como socio comercial de Estados Unidos, 404
contaminación del aire en la ciudad de, 370-372
derechos laborales en, 415
distribución del ingreso en, 385
exportaciones estadounidenses a, 84
Ford Motor Company en, 85
TLCAN y, 416
Microeconomía, 7-8
Microsoft
consejos para la adqusición de casas, 306
contratación externa en, 304
demandas antimonopolio, 333-334, 335
organización sindical en, 277
Minimización de pérdidas, 218-220
en el corto plazo, 219-220
Minnesota, reforma a la asistencia social en, 398
Modelo de eficiencia económica aplicado a la contaminación, 369
Modelo de liderazgo en los precios, 234
Modelo del flujo circular de la toma de decisiones económicas, 4-5
Modelo del votante medio, 343-344
Modelo económico, 8
Monopolio, 193-213
asignación de recursos y, 205-207
barreras a la entrada al mercado, 194-197
cártel como, 228, 229
competencia y, 317-318
costos y maximización de ganancias de una empresa en condiciones de, 201-205
definición de, 78
dependencias públicas como, 354
discriminación de precios y, 209-213
estimación del costo social del, 207-209
etimología del, 193
ingreso para el monopolio, 197-201
local, 197
monopolio perfectamente discriminador, 212
natural, 78, 195, 197, 318, 319-322
pérdida de peso muerto del monopolio, 207
precio y producción en condiciones de, 206-207
puro, 216-217,331
regulación económica y, 318
Monopolio local, 197
Monopolio natural, 78, 195, 197
regulación, 78, 318, 319-322
subsidio, 321
Monopolio perfectamente discriminador, 212
Monopolio puro, 216-217, 331
Movilidad de los recursos
diferencias permanentes en los precios y, 244
en condiciones de competencia perfecta, 165, 188
Movimiento a lo largo de una curva de demanda, 51
Movimiento a lo largo de una curva de oferta, 55
Mujeres casadas en la fuerza laboral, 70
mySimon.com, 308

N

Naciones industrializadas, contaminación y, 378
Napster, 287
Nasdaq, 177,294
National Basketball Association (NBA), 61-62
National Business Employment Weekly, 240
National Dairy Database, 347
National Geographic Society, The, 371-372
NCR, 305
Necesidades
definición de, 46
recursos escasos y, 2-5
Nepal, 421
New York Times, The, 13, 333
Nickles, Don, 255
Nicholson, Jack, 61
Nigeria, 385
Nike, 416
Nike Town, 415
Nivel de la empresa, 154
Nivel de planta, 154
No exclusivos, bienes públicos, 78, 340, 342
Nombres de marca
como barrera a la entrada, 225, 226-227
protección, 314
Normas uniformes, 413-414
Northwest Airlines, 225
Noruega, 371, 375
Nueva Zelanda, 375

O

Objetivos burocráticos, 354
Occupational Outlook Handbook, 253
Ocio, 260, 261
O'Connor, Sandra Day, 16
Oferta, 52-53
creación de mercado y, 55-57
de fondos prestables, 288-289
de recursos, 240-241
elástica, 101
elasticidad de; *v.t.* Elasticidad de la oferta
inelástica, 101
ley de la, 52
oferta de mano de obra, 260-270
oferta de mercado de recursos, 242-243
unitaria-elástica, 101
V.t. Elasticidad precio de la oferta
Oferta de bienes elaborados por trabajadores sindicalizados, restringir la, 274
Oferta de mano de obra, 260-270
condiciones laborales y, 265
determinantes ajenos al salario, 264-266
ingresos futuros y, 265
maximización de utilidades y, 260-262
oferta de mano de obra al mercado, 266
razones de las diferencias salariales, 266-270
salarios y oferta individual de mano de obra, 262-264
sindicatos gremiales y reestructuración, 273,275
Oferta de mercado, 53
de mano de obra, 266
de recursos, 242-243
Oferta de recursos, 240-241
Oferta individual, 53
Oferta inelástica, 101
Oferta pública inicial (OPI), 294
Oferta unitaria-elástica, 101
Oficina de Contabilidad del Gobierno (*Government Accounting Office*, GAO), 225
Oficina de Estadísticas del Trabajo de Estados Unidos (*U.S. Bureau of Labor Statistics*), 277
Oficina del Censo de Estados Unidos (*U.S. Census Bureau*), 382, 385, 386, 409
Oficina virtual, 74, 75
Ojo por ojo, 234
Old Navy, 415
Oligopolio, 222, 224-235
diferenciación del producto y, 227
duopolio, 232
economías de escala, 225-226
elevado costo de la entrada, 226-227
ganancias y, 235
introducción al, 222, 224-227
modelos de, 227-235
colusión y cárteles, 227-230
teoría del juego, 231-234
liderazgo en los precios, 230
precio y, 234-235, 236
variedades de , 224-225
y competencia perfecta, 234-235
O'Neal, Shaquille, 65, 244-245, 247
OPEP (Organización de Países Exportadores de Petróleo), 85, 108, 227, 228, 229
OPI (Oferta pública inicial), 294
Orbitz, 225
Oregón, reforma a la asistencia social en, 399-400
Organización Mundial de Comercio (OMC), 85, 414-416, 417
antidumping y, 418
"Batalla de Seattle", 415-416
Origen, 19

P

Pagos de transferencia, 71, 72, 79, 81
Países Bajos, 371, 375, 403
Países en desarrollo, contaminación y, 378
Pakistán, 415
Paradoja diamantes agua, 122
Participación accionaria, 294
Participación de mercado, índice de Herfindahl y, 328
Participación en la fuerza laboral, mujeres casadas y, 70
Patentes, 194, 196, 205, 286
Pendientes
de líneas curveadas, 22-24
de líneas rectas, 21, 22
negativas, 23, 24
positivas, 23, 24
unidades de medida y, 21-22, 23
Pepsi, 122, 227
Pérdida
decisión de cerrar y pérdida de corto plazo, 204-205
por venta de una unidad adicional en condiciones de monopolio, 198-199
Pérdida de bienestar social, 409-417
Pérdida de peso muerto del monopolio, 207
Pérdida del monopolio en el bienestar social, 207-209
Perdue, Frank, 302
Periodo de cierre, 174, 175
Permisos de contaminación, 368
Perpetuidad, 291
Perú, 422
PIB (producto interno bruto), 80, 403
Planes centrales, 40
Pleno empleo, 79
Plott, Charles, 187
Población de raza blanca estadounidense
Ingresos entre la, 393-395
Índices de pobreza entre la, 391, 392, 393

Población de raza negra en Estados Unidos
índices de pobreza en la, 391, 392, 393
ingresos en la, 393-395
Población hispana de Estados Unidos, 384
índices de pobreza entre la, 391, 392, 393
Pobreza, 381-382, 386-400
acción afirmativa y, 394-395
definición de, 387
discriminación y, 393-394
edad y, 390, 391
efectos secundarios del subsidio al ingreso, 395-396
elección pública y, 390
feminización de la, 390-393
programas para ayudar a los pobres, 388-390
reforma a la asistencia social, 396-400
Poder de mercado, 218, 318
ley antimonopolio y, 327-328
Poder ejecutivo del gobierno, 79
Poder judicial del gobierno, 79
Poder legislativo del gobierno, 79
Política antimonopolio, 325
orígenes de la, 325-327
Política fiscal, 79
Política monetaria, 79
Política pública
comportamiento de las empresas y, 318-319
fusiones y, 328-329
Portugal, 375
Posesión de la propiedad
Comuna, 40
privata, 358-359
Posibilidades de consumo, 405
basadas en la ventaja comparativa, 406-408
Posibiliidades de producción sin intercambio, 404-406
Powell, Colin, 395
Precio
curva de oferta de largo plazo de la industria y, 182-184
desequilibrio, 63-65
diferencias temporales y permanentes en los precios de los recursos, 243-244
dinero, 129
efecto en las decisiones de producción, 174
efectos sustitución y, 137-138
elección del consumidor y, 120
empresa perfectamente competitiva y, 165
en condiciones de competencia perfecta, 206
en condiciones de monopolio, 201, 204, 206-207
en condiciones de oligopolio, 235-236
entrada y expansión de la industria y, 178
equilibrio, 57-62
excedente del consumidor y, 124-128
fijación de precio en el nivel del costo promedio, en el monopolio natural, 321
fijación de un precio igual al costo marginal, en el monopolio natural, 320-322
ingreso marginal y, 170
línea de presupuesto y, 136
mundo, 409
oferta y, 52
relativo, 47
tabaquismo y aumento al precio de los cigarros, 100
tiempo, 129
utilidad marginal y, 121, 124-128
V.t. Precio de mercado
Precio de equilibrio, 57
cambios en el, 57-62
curvas de demanda y oferta y cambio en el, 59-61
Precio de las acciones, 209
Precio de mercado, 80
asignación de recursos y, 378
capitalismo y, 39
ingreso marginal como, 168
producción familiar y, 73-74
V.t. Precio
Precio del tiempo, 129
Precio en dinero, 129
Precio mundial, 409
Precio relativo, 47
Precio techo, 63-64
Precios piso, 63, 64, 347
Preferencias del consumidor, 133-135
Preferencias; *v.t.* Gustos
Premio Nobel, 13, 14
Préstamos con bajas tasas de interés, 413
Presupuesto del consumidor, elasticidad de precio de la demanda y, 97
Principal, 310
Principio de beneficios recibidos por impuestos, 82
Principio de capacidad de pago de impuestos, 82
Privatización, 354
Problema de la reserva común, 358-360, 372
Problema del polizonte, 342-343
Problema entre agente y principal, 310, 311
Producción familiar, 73-74
Producción indirecta, 283
Producción interna, 301
Producción privada y producción pública, 354
Producción pública y producción privada, 354
Producción tecnológicamente eficiente, 159
isocuantas y, 159-161
Producción
ahorro y, 282-283
cárteles y, 228
de las familias, 73-74
en el corto plazo, 142-144, 174
en las empresas; *v.t.* Empresa(s)
evolución de, 73
función del tiempo en, 282-290
ineficiente e inalcanzable, 34-35
ingreso y costo variable de, 170-171
privada y pública, 354
problema de la reserva común y restricciones a, 359
producción indirecta, 283
sustitución en, 241
V.t. Producto
Productividad de la mano de obra, restricciones comerciales y, 418-419
Productividad marginal, 146
Producto
costo marginal y, 149, 150
costo promedio y, 149, 150
en condiciones de competencia perfecta, 206
en condiciones de monopolio, 206-207
V.t. Producción
Producto del ingreso marginal, 248-250
costo marginal del recurso y, 250, 254
decisión de empleo y, 251, 266-267
establecimiento de precio y, 285
Producto homogéneo, 165, 188
Producto marginal, 143
Producto total, 143
Producto, cambio en la demanda, y desplazamiento en la demanda de recursos, 253
Productores, 139-140
curva de oferta y cambios en el número de, 55, 58
intercambio de mercado y, 185-186
V.t. Empresa(s)
Programa de Desarrollo de Naciones Unidas, 416
Programa de desayunos escolares, 389
Programas de acumulación de kilómetros para viajeros frecuentes, 225
Programas de asistencia a la vivienda, 389, 395
Programas de ayuda social, 389
Programas de bienestar social, 388-390
Programas de capacitación, programas asistenciales de, 390
Programas de comprobación de medios de sustento, 388, 390
Programas de seguro social, 388
Programas de subsidio a la energía, 389, 395
Programas de subsidio al ingreso, 388-390
efectos secundarios de los, 395-396
Programas federales de asistencia social, 390
Propiedad
comportamiento organizacional y, 353
de oficinas públicas, 352
Propiedad del capital, 294
Propiedad individual, 75, 77
Propiedad intelectual, 286-287, 414
Propietario individual, 75, 77
Protección ambiental
costo del reciclaje, 376
regulaciones ambientales de orden y control, 369
V.t. Externalidades, Contaminación
Proveedores, cantidad de y compra de insumos, 303-305
Punto de equilibrio, 57, 174
cambios en el, 57-62
curvas de demanda y oferta y cambios en el, 59-61

R

Racionalidad acotada, 301
Radio Shack, 222
Rainforest Action Network, 364
Rainforest Alliance, 364
Raza, afiliación sindical y, 275
Recesiones, nivel de pobreza y, 387
Reciclaje, 374-376
costo ambiental del, 376
Reciclaje de aluminio, 375
Reciclaje de desechos sólidos, 374-376
Reciclaje de papel, las 20 principales naciones, 375
Recurso(s), 2-3
acceso abierto, 358, 359
control oligopólico de recursos esenciales, 225
curva de oferta y cambios en los precios de los recursos relevantes, 53-54
diferencias temporales y permanentes en los precios de, 243-244
elección de combinaciones de insumos, 162
familias como oferentes de recursos, 71
fijos, 142
frontera de posibilidades de producción y cambios en la disponibilidad de, 36
isocuantas y, 159-161
líneas de isocosto y, 161
monopolio y control de recursos esenciales, 195-197
no renovable, 358
renovables, 358-359
trayectoria de expansión y, 163

uso óptimo de más de un, 254-256
variable, 142
ventaja comparativa y, 31
Recursos de acceso abierto, 358, 359
Recursos escasos, necesidades y, 2-5
Recursos especializados, renta económica y, 247
Recursos fijos, 142
Recursos minerales, 409
Recursos naturales, 3; *v.t.* Recursos
Recursos relevantes, curva de oferta y cambios en, 53-54
Recursos renovables, 358-359
Recursos sustitutos, 252
Recursos variables
costo marginal y, 146
definición de, 142
deseconomías de escala y, 152
Red de seguridad social, 381
Redistribución del ingreso, 350
Reforma al bienestar social, 396-400
Reforma al financiamiento de las campañas, 350-351
Regalos de la naturaleza; *v.t.* Recursos
Región geográfica
afiliación sindical y, 275
diferencias de ingresos y, 269
Regla de la razón, 327
Regla de oro de la maximización de ganancias, 169, 203
Reglamentación de plaguicidas, 372-373
Regulación
de la contaminación, 368-369
de la pesca, 359-360
de las aerolíneas, 323-325
de las empresas, 318-319, 329-328
de los derechos de propiedad, 359
de plagicidas, 372-373
del monopolio natural, 321
económica, 322-325
teoría de la captura de, 322-323
Regulación económica, 318-325
de los monopolios naturales, 319-322
otras teorías de, 322-325
regulación gubernamental, 318-319
V.t. Antimonopolio
Regulación social, 318
Regulaciones ambientales de orden y control, 369
Reino Unido, 80, 375, 403. *V.t.* Gran Bretaña
Relación directa, 21
Relación económica, 16
Relación funcional, 19
Relación inversa, 21
Relación negativa, 21
Relación positiva, 21
Religión, economía basada en la, 41
Rendimientos marginales, 159
crecientes, 143
decrecientes, 144
decrecientes, ley de, 143-144, 150
Renta, 3, 349
Renta de video, negocios, 221-222
Renta económica, 244-247, 282
República Checa, 371
Requisitos de contenido nacional, 413
Responsabilidad
corporaciones y, 76
propiedad individual y, 75
sociedades y, 76
Responsabilidad limitada, 76
Restaurantes satélite, 155
Restricción, tiempo como, 29
Restricciones comerciales, 84-85, 409-417
aplicación de las, 420-421
aranceles, 84-85, 409-411, 413, 414
argumentos en favor de las, 417-422
cuotas a las importaciones, 84-85, 411-413, 414
leyes de pureza, 413
normas uniformes, 413-414
préstamos con bajos intereses, 413
problemas con la protección, 420
requisitos de contenido nacional, 413
subsidios a las exportaciones, 413
Restricciones legales a la entrada al mercado, 194
Retroalimentación por parte del consumidor, 353
Revolución de la información, 74
Revolución Industrial, 73
Riesgo
diferencias de ingreso y, 269
diferencias en las tasas de interés y, 289
Roberts, Julia, 83
Robinson, Joan, 217
Robo Shop Super, 24, 11
Rodrigues, Alex, 385
Ronda de Tokyo, 414
Ronda de Uruguay, 414, 416, 419
Ronda Kennedy, 414
Rotación de personal, 274
Rukeyser, Louis, 294
Rusia, 371

S

Salario base, 271-272, 275
Salario mínimo, 254-256
Salarios
como fuente de ingreso personal, 71,72
definición de, 3
eficiencia de los, 312
explicación de las diferencias en, 266-270
oferta individual de mano de obra y, 262-264
sindicales, 271
Salarios, cómo se establecen, 259
Salas de cine, 153
Schumpeter, Joseph, 335
Schwarzenegger, Arnold, 16
Seguridad Social, 388, 390
Seguro de desempleo, 388
Seguros de salud, información asimétrica y, 311
Selección, 312-314
Selección adversa, 310
en los mercados laborales, 312
Selvas, destrucción de las, 364-365
Señal, 313
Señalización, 312-314
Servicio de Aduanas de Estados Unidos (*U.S. Customs Service*), 420-421
Servicio Nacional Británico de Salud, 311-312
Servicio Postal de Estados Unidos (*U.S. Postal Service*), 194, 208-209, 213
Servicio telefónico local, fusiones y, 331, 335
Servicios
como porcentaje del gasto de ingreso personal, 72
consumo de, 260
definición, 3-4
diferenciación del producto en, 218, 224
familias como demandantes de, 71-72
mercado de, 241
producción de, 38-39
Servicios públicos, 319
Shakespeare, 260
Shepherd, William, G., 331, 333
Sindicalización, compensación a ejecutivos y, 268
Sindicato de trabajadores, 270; *v.t.* Sindicatos
Sindicato gremial, 270, 273; *v.t.* Sindicatos
Sindicatos, 270-278
contrato colectivo y, 270-271
diferencias de ingresos y, 270, 384
huelgas, 271
incremento en la demanda de mano de obra sindicalizada, 273-275
industriales, 271-273
sindicalización de los trabajadores de la tecnología de la información, 277
sindicatos gremiales, 273
tendencias en la afiliación sindical, 275-278, 384
tipos de, 270
Sindicatos exclusivos, 273
Sindicatos inclusivos, 271-273
Sindicatos industriales, 270, 271-273; *v.t.* Sindicatos
Singapur, 371, 422
Sistema autoritario puro, 40
fallas del, 40
Sistema de conexiones a partir de un aeropuerto central, 225, 323-324
Sistema de derechos reservados, 287
Sistema de la industria de la aldea, 73
cabaña electrónica, 74-75
Sistema de marcas, 287
Sistema de patentes, 287
Sistemas de castas, 41
Sistemas económicos, 39-41
capitalismo puro, 39-40
economías basadas en las costumbres o la religión, 41
economías mixta y transicionales, 40-41
sistema autoritario puro, 40
tres preguntas para los, 38-39
Smith, Adam, 39, 40, 55, 122, 318
Smith, Vernon, 187
Smog, 370
Sobrante, 56-57
Sociedades, 75-76, 77
Software, perspectivas de empleo y cambios en, 252-253
Solución gráfica, costos e ingreso de un monopolio, 203-204
Southwest Airlines, 225, 325
Standard Oil, 327, 329
Starbucks, 415
Stigler, George, 307-308, 323
Stock de capital, frontera de posibilidades de producción e incrementos en, 36-37
Subastas
de cuotas, 413
de espectro radiofónico, 308
de flores, 177
doble subasta continua, 187
en línea, 177, 178
holandesa, 177
inglesa a grito abierto, 177
Subsidio al monopolio natural, 321
Subsidios
a la lana, 344-345
agrícolas, 347-349
Sudáfrica, 409
Suecia, 375, 403
Suiza, 375, 403
Suprema Corte de Justicia de Estados Unidos, 394
Supuesto de comportamiento, 9-10
Supuestos, especificación de, 9-10
Sustitución
efectos de ingreso y, 263

tasa marginal de, 134
tasa marginal de sustitución técnica, 160
Sustitución de importaciones, 421-422
Sustitución en la producción, 241
Sustitutos
definición de, 50
elasticidad de la demandda y, 108
elasticidad de precio de la demanda y disponibilidad de, 96-97, 218
recursos, 252

T

Tabla de demanda, 47-49
Tabla de oferta, 52-53
Taco Bell, 90
Taiwán, 41, 84, 374, 403, 422
Tamaño de las empresas, 152-153
Tangente, 22
Tangente, equilibrio del consumidor sobre, 136
Tasa de interés de mercado
costo de oportunidad de la inversión y, 286
demanda y oferta de fondos prestables y, 289
tasa marginal de rendimiento sobre la inversión y, 285-286
Tasa impositiva marginal, 83
Tasa marginal de rendimiento sobre la inversión, 285, 286
Tasa marginal de sustitución (TMS), 134-136
decreciente, ley de tasa marginal de, 134, 135
equilibrio del consumidor y, 136
Tasa marginal de sustitución técnica (TMST), 160, 162
Tasa positiva de preferencia temporal, 283
Tasa preferencial, 289
Tasas de embarazo de adolescentes, 391-392
Tasas de interés
ahorro y, 290-291
definición, 283
estructura a plazos de, 289
explicación de las diferencias en, 289-290
valor presente, descuentos y, 290
Tecnología de la información, distribución del ingreso y, 384
Tecnología de producción fija, 360-362
Tecnología variable, costos externos con, 362-365
Telecomunicaciones, 332-333
Teletrabajadores, 74-75
Tema de la distribución, 39
Tendencias competitivas en la economía estadounidense, 331-336
Teorema de Coase, 366-367
Teoría de juegos, 230-234
dilema del prisionero, 230-232
juego de la guerra de las colas, 233-234
juego del establecimiento de precios, 232-233
juego excepcional o repetitivo, 234
Teoría de la captura de la regulación, 322-323
Teoría de la eficiencia salarial, 312
Teoría económica, 8
Teoría, papel de, en el análisis económico, 8
Términos de intercambio comercial, 406-407
Thompson, Tommy, 398
Tiempo
cálculo del costo de oportunidad y, 29
como recurso, 153
como última restricción, 29
consumo, ahorro y, 283
elasticidad de la oferta y, 103-104
elasticidad de precio de la demanda y, 97-98
elección racional y, 6-7
escasez, necesidades y, 2, 3
función del tiempo en la producción y el consumo, 282-290
inversión óptima y, 285
papel en la demanda, 129
producción, ahorro y, 282-283
Tierra
como recurso, 282
en zonas metropolitanas, 254
definición de, 3
demanda de, 240
hogar como fuente de, 5
Time Warner, 330
Tipos de cambio, 84
TLCAN (Acuerdo de Libre Comercio de América del Norte), 372, 416
TMS (tasa marginal de sustitución), 134-136
TMST (tasa marginal de sustitución técnica), 160, 162
Toma de decisiones económicas
autointerés racional y, 6
modelo del flujo circular de, 4-5
tiempo, información y, 6-7
TopsyTail, 304
ToySource, 64
Trabajadores de la tecnología de la información, sindicalización de, 277
Trabajadores Estadounidenses de Comunicaciones (*Communications Workers of America*, CWA), 277
trabajadores, ingreso y cantidad por hogar, 386
Trabajo
como costo variable, 144
definición de, 2
demanda de, 240, 273-275
división del, 32-33
especialización internacional y, 408
gusto por el, 265-266
independiente del mercado, 261, 262, 306
las familias como proveedoras de, 5
mercado, 260, 262, 264
producto marginal de, 247
producto total y marginal de, 145
utilidad y, 261
V.t. Sindicatos
Trabajo en el mercado laboral, 260, 262
curva de oferta de mano de obra individual y, 264
Trabajo independiente del mercado, 261, 262, 306
Trabajo infantil, 416
Transferencias de efectivo, 71, 387, 389
Transferencias en especie, 71, 387, 389
distribución del ingreso y, 385
Transferencias indirectas de ingresos, 208, 349-351, 420
Tratamiento fiscal, de los diferentes tipos de préstamos, 289-290
Trayectoria de expansión, 162-163
Trinidad y Tobago, 371
Trueque, 32
Turquía, 375, 415

U

U.S. Steel, 230, 327-328, 329
Ubicación, diferenciación del producto y, 218, 224
Ubid, 177
Unión Aduanal de África del Sur, 416-417
Unión Europea, 415, 416
United Airlines, 225, 233, 323, 325
Universal Studios Orlando, 129
Universal Studios, 211
Urban Institute, 397
US Airways, 325
USAir, 225
Uso del servicio telefónico de larga distancia, discriminación de precios y, 211
Utilidad, 116-128
análisis de, 116-117
excedente del consumidor y, 124-126
demanda de mercado y, 126-128
marginal; *v.t.* Utilidad marginal
unidades de, 118-119
trabajo y, 261
Utilidad marginal, 117, 119, 120
ley de la demanda y, 123-124
ley de la utilidad marginal decreciente, 117, 260
precio y, 121, 129
Utilidad neta del trabajo, 261
Utilidad total, 117, 119, 120, 123

V

Valent Software, 75
Vales de alimentos, 387, 389, 395
Valor presente, 290-293
de un flojo de ingreso, 291-292
de un pago al cabo de un año, 290-291
descuento y, 290-293
en una anualidad, 291-292
loterías de los estados y, 292-293
para pagos en años posteriores, 291
Valoración marginal, 125
de la atención médica gratuita, 127-128
Valores de segunda mano, 294
Variable dependiente, 19, 20
Variable independiente, 19,20, 21
Variables
definición de, 8-9
relaciones entre, 21
Vendedores, en condiciones de competencia perfecta, 165, 188
Venta de producción
como agente económico sin influencia en el precio, 248-249
como empresa fijadora de precios, 249-250
Ventaja absoluta, 406, 408
y ventaja comparativa, 31-32
Ventaja comparativa, 30-33, 408
empresas y, 73
intercambio de mercado y, 301
ley de la, 30-31
posibilidades de consumo basadas en la, 406-408
y ventaja absoluta, 31-32
Vertederos, 374
Viajes de negocios, discriminación de precios y, 211
Vicios ocultos, 309-310
capacidades de los trabajadores como, 312
señalización y, 312-313
Visa, 209

W

Wal-Mart, 46, 65, 155
Walton, Sam, 46

Wall Street Journal, The, 14, 39, 60, 75, 98, 126, 152, 173, 212, 229, 255, 273, 287, 304, 334, 349, 377, 398, 415
Wall Street Week, 294
Whaples, Robert, 255
WillMaker, 252
Winfrey, Oprah, 395
Wisconsin, reforma al bienestar social en, 397, 398
Woods, Tiger, 28, 268
World Wide Web; *v.t.* Internet

Y

Yahoo!, 177